U0693693

张掖市林业志

（远古—2010）

张掖市林业志编纂委员会　编

甘肃文化出版社

图书在版编目（ＣＩＰ）数据

张掖市林业志. 远古—2010 / 张掖市林业志编纂委
员会编. -- 兰州：甘肃文化出版社，2017.12
ISBN 978-7-5490-0798-1

Ⅰ. ①张… Ⅱ. ①张… Ⅲ. ①林业史－张掖－远古-
2010 Ⅳ. ①F326.274.23

中国版本图书馆CIP数据核字(2017)第317613号

张掖市林业志(远古—2010)

张掖市林业志编纂委员会｜编

责任编辑｜李 园

封面设计｜张志纯

出版发行｜ 甘肃文化出版社

网　　址｜http://www.gswenhua.cn

投稿邮箱｜press@gswenhua.cn

地　　址｜兰州市城关区曹家巷 1 号｜730030(邮编)

营销中心｜王 俊　贾 莉

电　　话｜0931-8454870　　8430531(传真)

印　　刷｜兰州新华印刷厂

开　　本｜787 毫米×1092 毫米　1/16

字　　数｜1200 千

印　　张｜69.5　彩插｜33 页

版　　次｜2017 年 12 月第 1 版

印　　次｜2017 年 12 月第 1 次

书　　号｜ISBN 978-7-5490-0798-1

定　　价｜268.00 元

版权所有 违者必究 (举报电话：0931-8454870)

(图书如出现印装质量问题，请与我们联系)

《张掖市林业志》编纂委员会

主　任：聂　斌

副主任：杨恩怀　傅　弘　杨富春　王清忠　周全民

　　　　土建雄　贺红元　闫劲涛　李庆会

委　员：（按姓氏笔画排序）

　　　　于伟华　马　力　王兴平　王迪东　王　瑛

　　　　朱荣元　全有军　汪永洋　刘文红　刘宏军

　　　　刘贤德　闫卫明　汤兴贵　许尔文　李　鑫

　　　　杨卫东　杨多军　杨　青　张建民　张文学

　　　　张永祥　张浩林　张　萍　苗　东　明海国

　　　　赵文龙　柳　毅　柴洲泮　梁　军　葛红元

　　　　葛军元　傅筱林　鲁立军　谢建荣　强　翔

　　　　雷强兴　谭多相　魏德胜

《张掖市林业志》编辑部

主　　编：聂　斌　张志纯
副　主　编：杨富春（常务）　贺红元　闫劲涛　李庆会
执行副主编：汤兴贵　魏德胜
编 写 人 员：（按姓氏笔画排序）

丁丽萍	于伟华	王　文	王玉慧	王兴义	王红义
王绍辉	王秋菊	王艳霞	王　燕	王　霞	韦　炜
毛卫国	文双明	孔建军	石晓萍	石　磊	占玉芳
史　超	付宗斌	达世彩	成彩霞	朱俊玲	刘小春
刘文红	刘国军	闫卫明	汤兴贵	安国栋	祁国佐
孙春荣	杜文学	李兰萍	李春雷	李　钧	李雪峰
李　霞	李　鑫	杨万宏	杨卫东	杨光祖	杨自芳
杨自勉	杨志峰	杨苏亭	杨忠庆	杨　萍	何修仁
宋恩泰	张永勤	张秉德	张学龙	张建民	张　鹏
陈玉琴	陈建平	苗　东	明海国	金正光	郑三军
赵文龙	赵建才	郝宏杰	胡喜梅	柳　毅	保　颖
聂永辉	贾玉琴	顾生贵	徐晓龙	郭宏亮	盛吉兴
梁　军	葛军元	曾万祺	温晓丽	强　翔	雷东泽
雷强兴	滕玉凤	魏治国	魏　程	魏德胜	濮文成

编志办公室

主　　任：魏德胜
副 主 任：汤兴贵
工作人员：达世彩　石晓萍　赵建才　于伟华　徐晓龙
　　　　　姚正泽　武应鹏　郝宏杰　侯　波　周海霞

序　一

张永利

　　《张掖市林业志》即将出版,张掖的同志邀我作序,我欣然应允,亦藉此对《张掖市林业志》成书表示祝贺。

　　张掖素有"金张掖"之誉,是古丝绸之路上的要塞重镇。因工作原因,我到过张掖几次,这里虽地处西北内陆干旱地区,但历史文化之悠久、地理地貌之独特、生态环境之优良,至今印象深刻。特别是近年来在生态文明、生态经济和现代林业建设上大胆创新、不懈努力,成效显著,为地方经济社会发展做出了重要贡献。

　　"全国绿化模范城市""全国国土绿化突出贡献单位""全国生态文明示范工程试点市""全国林业信息化示范市",这些桂冠是张掖党政坚强领导的结果,是张掖人民挥汗的硕果,它既是往昔的金牌,又是未来的旗帜。再接再厉,将会出现更大的辉煌。

　　"名非天造,必从其实。"张掖林业工作在甘肃、在西北是老典型、老先进。因地理位置南依祁连山、中踞黑河流域沃野、北临巴丹吉林沙漠,故一直秉持"南保青龙、中建绿洲、北锁黄龙"的建设思路,全面实施退耕还林、"三北"防护林、防沙治沙等国家重点生态工程,并积极倡导全民义务植树活动,全市上下不遗余力、一以贯之地举生态旗、走转型路,可谓用心良苦。功夫不负有心人,多年来坚持不懈努力,取得了丰硕成果,这是历届市委、市政府正确领导的结果,也凝聚着广大林业干部职工的心血和汗水。《张掖市林业志》,上溯林业之发端,横及生态之所涉,体例完备,结构合理,清晰翔实地勾画了张掖林业发生、发展的历程,字里行间表露着对历代林业人沐雨栉风、艰苦奋斗的肯定与敬佩。张掖林业人迈出的每一步,都因此留下了耐人寻味的历史印迹。编印此志书,正可谓其志可鉴,其书可传,其功可表,其德可嘉。

志之所存,所以纪事实、备观览、鉴兴废。从农耕文明到工业文明,进而发展到生态文明,林业作为一切文明的重要载体,曾经并将继续迸发出灿烂的光辉。时下,全国人民正在为共圆"中国梦"而努力,相信张掖林业战线上的同志们一定会以史为鉴、开拓创新、奋发有为,在新的起点上谱写张掖林业发展的新篇章!

是为序。

二〇一六年六月

(张永利,国家林业局副局长)

序 二

张掖位于河西走廊中部，南依祁连，北有合黎、龙首诸山，中间为广袤的平川，境内自然景观壮丽。自古以来，就是开疆定边、保卫中原的前哨阵地，是通往中亚、西亚以及欧洲的要冲，也是古丝绸之路黄金段上的商贾重镇。这里既有"千里冰封，万壑雪积"的北国风光，又有"田畴沃野，河渠纵横"的南国水色；既是"林海涵水，草原牧畜"的沃土佳地，又是"农根植茂，盛产粮油"的鱼米之乡。

5000 多年前，张掖曾是森林茂盛、水草丰美的地方，先民们逐水草而居，"风景江南似，人家塞北嬉""不望祁连山顶雪，错将张掖认江南"。据史料记载，西汉时期，张掖郡长城以北山里"生奇材木""匈奴西边诸侯作穹庐及车，皆仰此山材木"。祁连山"有松柏五木，美水草"。从高台、嘉峪关一带魏、晋墓里出土的采桑、园林等画像砖中，可以看出当时河西走廊的绿洲地区"果树满园、采桑繁忙的情景"。汉唐时期，张掖就有植树造林活动。明清时期，植树已成了当时官府或一些开明官员的重要政事活动。清朝同治十年（1871 年）至光绪四年（1878 年），陕甘总督左宗棠曾指导清军沿陕甘、甘新古丝绸之路两侧及附近广植树木，仅七八年时间，道路两旁杨、柳成行，绵延数千里，蔚为壮观，后人称为左公柳，还留有诗曰："大将筹边尚未还，湖湘子弟满天山。新栽杨柳三千里，引得春风度玉关。"是对当时左宗棠督导部属广栽树木的美好赞誉。

中华人民共和国成立以来，党和国家高度重视林业工作，始终把加快林业发展、加强生态建设放在重要战略位置。发出"绿化祖国""全党动员，全民动手,植树造林,绿化祖国""再造祖国秀美山川"等一系列伟大号召。启动实施了"三北"防护林、天然林资源保护、退耕还林等重大生态建设工程;持续开展了中国历史上乃至人类历史上规模空前的植树造林运动。中共十八大将生态文明建设写进党章,从此,生态文明建设与经济建设、政治建设、文化建设、社会建设并列,共同构成中国特色社会主义事业"五位一体"的总体布局,成为"努力建设美丽中国,实现中华民族永续发展"宏伟蓝图的重要内容。

经过几十年的发展,张掖林业从小到大,从弱到强,衍生出一个庞大而独特的体系。特别是改革开放以来,市委、市政府以科学发展观为指导,坚持"南保青龙、北锁黄龙、中建绿洲"的林业发展战略,依托"三北"防护林、天然林保护、退耕还林等重点生态建设工程,持续开展大规模义务植树活动,张掖人民用智慧和汗水在祁连山区、黑河两岸描绘了一道道绿色屏障,谱写了一曲曲雄壮乐章,演绎了从"灰色印象"到"绿色主题"的艰辛跨越,铸就了一个又一个辉煌。其间,林业几代人栉风沐雨、艰苦奋斗,在林业生态建设和产业发展中创造了辉煌的业绩。

盛世修志,存录历史,功在当代,惠泽千秋。借鉴历史,发扬传统,眷念先贤,激励来者,是当代林业工作者不可推卸的责任。市林业部门组织善文通史之班,集阅群书,饱览文案,广征博采,精心取舍,费时四年,五易其稿,编纂《张掖市林业志》,顺应了历史潮流和广大林业干部职工的良好愿望和热切要求。本志于今刊行于世,既可告慰林业先贤,使其彪炳史册,又可弘扬林业精神,服务经济社会建设。其文可传,其功可褒,其德可嘉。

林业兴则生态兴,生态兴则文明兴。张掖的生态环境非常脆弱,建设天蓝、地绿、水清的美丽家园,是贯彻落实新发展理念的必然要求,是历史赋予当代林业建设者的神圣使命,也是全市人民群众的热切期盼。当今,全市上下正在围绕建设生态张掖、构建西部生态安全屏障市的目标任务,积极启动"百万亩造林绿化行动",加快建设走廊生态带和黑河大林带这一功在当代、惠及千秋的大规模造林绿化工程。要实现这一蓝图,需要全市动员,全民动手,全社会行动;需要各行各业特别是林业部门奋发图强,振奋精神,真抓实干。真心希望广大林业工作者更加坚定理想信念,反骄破满、以史为鉴,承前启后、继往开来;更加坚定绿色发展理念,把"中央精神""市委决策"和"群众要求"三者紧密结合起来,坚定不移推进绿色发展、共筑生态文明,大做青山绿水文章,奋力开创人与自然和谐共生的发展新境界,书写出张掖现代林业的壮丽诗篇!

二○一七年五月

(王海峰,张掖市人民政府副市长)

2004 年 4 月 22 日，国家林业局副局长祝列克（右四）在市委书记田宝忠（左三）陪同下视察山丹县退耕还林工程建设

2005 年 5 月 8 日，国家林业局副局长马福（中）在省林业厅厅长马尚英（右三）陪同下视察指导张掖护林防火工作

2012 年 8 月，国家林业局副局长张永利（中）来张掖视察林业工作

2016 年 10 月，国家林业局副局长陈凤学（前右）调研祁连山生态保护工作

2017 年 10 月 17 日，国家林业局副局长李树铭（左二）在肃南县西水林场观台管护站调研资源保护管理情况

1999 年 5 月 8 日，甘肃省委书记孙英（前排左一）视察指导张掖林业工作

2007 年 9 月 7 日，省委书记陆浩视察临泽县设施葡萄基地建设（右二）

2009 年 7 月，省委副书记、省长刘伟平（中）视察张掖湿地

2002年7月，省委副书记马西林（左一）视察张掖市林业工作

2017年2月，省委副书记、省长林铎（左一）调研祁连山生态保护工作

2017年5月，省委副书记、省长唐仁健（左四）在张掖市寺大隆林场调研并与护林人员合影留念

2008年8月20日，省林业厅厅长高清和（右二）在市委书记陈克恭（左二）陪同下视察张掖林业工作

2013年8月7日，省林业厅厅长石卫东（右三）在副厅长张平（右一）、副市长王向机（左一）陪同下调研临泽县防沙治沙工作

2005年7月，市委副书记、市长何振中（左一）深入祁连山林区考察

2016年4月，市委书记毛生武（左二）、市委副书记梁蓉兰（左一）、常务副市长韩正明（左四）带领干部职工开展义务植树活动

2016年3月，市委副书记、市长黄泽元（右四）、副市长勇强（右三）到张掖市林业科学研究院调研

1989年，省人大常委会副主任王道义（右一）出席甘肃祁连山国家级自然保护区建设发展研讨会

2005年10月12日，甘肃省林学会治沙专业委员会暨林业治沙科研院所联谊会、张掖市林业科学研究院及林业调查规划院揭牌仪式在张掖市林业科学研究院举行

市绿化委员会每年在春季植树造林前期召开全体委员会议，图为2008年召开委员会议场景

全市林业工作会议

1989年，中国工程院院士关君蔚（右一）出席祁连山保护区建设发展研讨会

2007年，春季植树造林动员暨绿化表彰大会召开

2009年1月6日，首届设施红地球葡萄科技竞赛评奖会召开

2015年3月12日，副市长王海峰（右二）在张掖举办的甘肃省3·12植树节宣传活动开幕式致辞

祁连山水源涵养林

祁连山保护区核心区保存完好的天然植被

张掖市寺大隆林区天然林保护工程

肃南县西水林场天然林保护一角

肃南县康乐林场九排松

甘州区东大山天然林

护林站检查过往车辆

护林人员开展巡山查林活动

甘州区"三北"工程营造的红枣复合林网

高台"三北"防护林

"三北"工程封滩育林。图为甘州区石岗墩
2004年封育区内生长茂盛的天然植被

高台县宣化镇农田防护林

在绿洲农田防护林庇护下的高台县宣化镇高效
节能温室一角

新疆杨、二白杨带状混交农田防护林

高台县农田林网建设

采用粘土沙障营造的固治沙林

组织群众防沙治沙

临泽县板桥镇在沙荒地营造的万亩葡萄基地

临泽县干部职工压麦草沙障

沙区综合治理技术推广基地

注水打孔防沙造林技术

治沙中的芦苇草沙障

治沙中的化纤沙障

山丹县大黄山退耕还林水平阶整地

高台宣化镇退耕还林

肃南县退耕还林林草间作

临泽县赵兴旺农场退耕还林

民乐县西山2003年退耕还林区内栽植的青海云杉和祁连圆柏

山丹县退耕还林沙棘片林

大黄山林缘区退耕还林地

高台县黑河湿地公园桥头景观区一角

甘州城区东入城口道路绿化

张掖市滨河新区湖区绿化

民乐县西区同心广场绿化

山丹县南湖生态园绿化

临泽县大沙河景观绿化一角

肃南县城绿化全景

乡村道路绿化

临泽县丹霞快速绿色通道

张掖市林科院营造的绿色通道

甘州区国道 227 线绿色通道

高台境内 312 国道绿色通道建设

临泽县平川镇渠道绿化

1988 年，张掖市义务植树场景

为绿化美化家园植棵爱心树

肃南县干部职工在喇嘛坪开挖植树穴

2012 年 4 月，市委书记陈克恭（左），市委副书记、市长黄泽元参加义务植树活动

2008 年，甘州区在湿地公园倡议栽植的公仆林

2009 年 4 月 25 日，森林武警官兵义务植树场景

干部职工义务植树

学生义务植树

大黄山祁连圆柏培育基地

市林科院刺柏种苗繁育基地

智能温室林木种苗快繁生产线

寺大隆林场苗木繁育基地一角

甘肃三鑫农林科技有限公司育苗基地

全光照喷雾嫩枝扦插育苗

新引进彩叶树种金枝国槐

全自动十连体种苗培育智能温室

山丹县设施花卉培育

甘州区新墩镇花卉市场

张掖市苗圃基地规模化繁育的芍药

甘州区西城驿林场牡丹园

高台县合黎乡花卉制种基地

张掖市林果业研究所设施花卉种植一角　　　　郁金香种苗培育基地

林下养殖的绿乌鸡

祁连山林区人工圈养的马鹿

高台县南华镇种植的万亩酿酒葡萄园

梅花鹿养殖场

林下养殖的赤麻鸭

山丹县大马营乡林下生态养殖场

珍禽养殖场

治沙先锋树种
梭梭接种培育的肉
苁蓉

甘州区大满镇引进的大果沙棘

引进的红梨新品种结果状

民乐苹果梨

临泽小枣

引进的优良杏良种——杏王

设施红地球葡萄结果状

市林科院引进的李子新品种

甘州区九龙江林场晾晒枸杞场景

甘肃祁连山生物科技开发有限责任公司外景

临泽县祁连红枣业开发有限公司生产的红枣系列产品

甘肃西域食品有限责任公司以红枣为原料生产的系列产品

张掖市润星生物科技有限公司以沙棘为原料开发生产的沙棘果酒

甘肃西域食品有限公司红枣产品生产线

甘肃祁连葡萄酒业集团工业园外景

张掖人造板厂加工的中密度纤维板

西城驿林场啤酒花烘干车间

海潮湖森林公园风光

民乐县扁都口生态景观

焉支山森林公园

张掖市森林公园景观

大野口风光

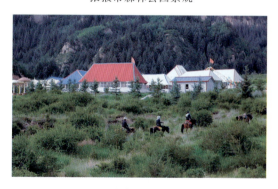

马蹄寺森林公园

焉支山生态旅游

湿地博物馆

民警实战演练

伐木案件现场勘查

森林公安民警治安巡查

执法办案场所建设

森林公安大练兵

森林公安人员救治国家一级保护野生动物金雕

森林公安销毁查获的国家重点保护野生动物及其制品

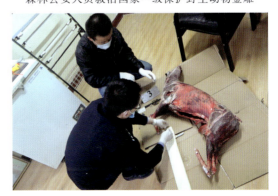

提取野生动物 DNA 鉴定样本

寺大隆林区瞭望塔

森林消防支队在国家湿地公园巡查

森林防火项目扑火机具装备发放仪式

半专业森林消防队伍在祁连山林区开展扑火实战演练

2010 年 3 月 10 日，张掖市森林防火实战演练

国家级重点火险区防火宣传牌

森林防火知识培训

森林防火物资库

天鹅救护

2009 年 6 月 10 日，举行救获的国家一级珍贵濒危野生动物雪豹放归仪式

2008 年爱鸟周宣传活动时爱鸟护鸟签字场景

祁连山珍贵野生动物标本展厅

西藏野驴（国家一级）

白唇鹿（国家一级）

野牦牛（国家一级）

雪豹（国家一级）

兀鹫（国家二级）

东大山岩羊（国家二级）

黑鹳（国家一级）

普氏原羚（国家一级）

白尾海雕（国家一级）

一级古树——神柳

二级古树——杨树

二级古树——红军槐

二级古树——侧柏

二级古树——白榆

二级古树——国槐

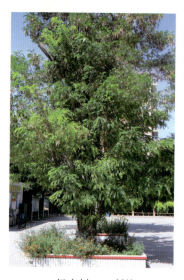
二级古树——刺槐

湿地资源管护成效显著

黑河流域湿地飞禽保护区

张掖国家城市湿地公园

祁连山七一冰川湿地

黑河湿地国家级自然保护区

高台县月牙湖公园

张掖国家湿地公园

临泽县平川镇造林大户赵兴旺在退耕还林地防虫

林木病虫害防治机械作业

国有林场病虫害防治一角——寺大隆林场青海云杉人工喷药病虫害防治场景

甘州区沙井镇黄斑星天牛危害后更新改造的新疆杨林网

甘州区红枣食心虫防治现场会

调查杨树林木病虫害

查看杨树天牛防治效果

1959年，在张掖首次用飞机喷药防治林木害虫

张掖市林业局办公大楼

张掖市林业科学研究院办公大楼

甘肃省祁连山水源涵养林研究院办公楼

寺大隆林场向阳台护林站

市林业科学研究院职工食堂

寺大隆林场大孤山护林站

通勤车

图书室

张掖市林业志 集体林改

国家林业局林业改革发展司副司长林斌（右五）检查指导张掖市林改工作

全市林改领导小组扩大会议召开

分林到户后新造林木

三闸镇林改办工作人员开展勘界确权工作

高台县档案局、林改办人员装订林改档案

民乐县举办第二期林改培训班

群众签字领取林权证

山丹县大马营乡发放林权证

外专项目专家来张掖指导设施葡萄栽培

与德国弗莱堡大学 Helmer 教授合作开展土壤试验

科研项目获奖证书

杨树良种收集与繁育示范基地

桃、李、杏等优质杂果种质资源库

青海云杉林地表径流测量

融雪观测

甘肃祁连山水源生态系统定位研究鉴定会

2007年义务植树宣传活动　　　　　　　　开展宣传咨询服务

科技活动周开展宣传咨询活动　　　　　　森林武警开展宣传咨询活动

凤凰卫视《大地寻梦》摄制组对张掖林业工作进行采访　　　　市森林公安局进课堂进行禁毒宣传教育

野生动植物保护宣传　　　　　　　　学生在义务植树倡议长卷签字

2005年，临泽县红枣标准化栽培管理现场培训会

甘肃农业大学常永义教授在山丹县开展设施葡萄培训

林科院组织专业技术人员"三下乡"开展科普活动

张掖市林业技术推广站科技服务活动生物有机肥料发放仪式

张掖市林果产业科技服务队在高台县新坝镇和平村杏树园嫁接

张掖市林业局科技人员在临泽县进行林业实用技术培训

正高级工程师李庆会现场讲解经济林嫁接技术

2008年，临泽县林业局举办核桃栽培管理技术培训班

2008 年张掖市第三届林业运动会开幕式

2008 年市林业局践行科学发展观知识竞赛

2010 年 6 月 27 日，市林业局组织全体党员到高台西路军烈士陵园扫墓

2008 年市林业局迎新春茶话会

2010 年市林业局庆"三八"广播体操比赛

甘肃祁连山水源涵养林研究院"关注生态、情系祁连"院庆书画、摄影展开幕式

职工文体活动——拔河比赛

2010 年"迎新春·水涵院杯"慰问离退休老同志文艺演出

2014年1月24日,《张掖市林业志》编纂工作推进会

2014年3月26日,《张掖市林业志》编纂工作初审会

《张掖市林业志》主编、副主编及工作人员合影

2017年1月11日,《张掖市林业志》复审会合影

前排左起:石晓萍、杨富春、张志纯、聂　斌、吴克明、何成才、胡元肇、汤兴贵、达世彩

后排左起:侯　波、武应鹏、于伟华、闫劲涛、何茂活、李庆会、贺红元、魏德胜、徐晓龙、郝宏杰

凡 例

一、**指导思想**　以科学发展观为指导,运用辩证唯物主义与历史唯物主义的立场、观点和方法,实事求是地记述张掖林业的历史与现状。

二、**载事断限**　以"详今略古,详近略远"的方法,上起远古,或自事物发端,不求统一;下迄2010年,个别事物酌情逾限。

三、**结构体例**　结构为编、章、节、目四级,有关事物视情属设子目或条目。体例为概述、大事记、志文、人物、地图、表格、附录。志文为主体,其他为辅。

四、**志书文体**　叙事述物统用语体文、记述体。运用简明、朴实、流畅的文字秉笔直书,不虚构、不渲染、不溢美、不夸张。言简意赅,文约事丰。

五、**资料采辑**　入志资料以历史档案、现行文书、方志文献、权威图书报刊为主,采访口碑为辅。各种资料经原始核对,反复考证,确保真实性与可靠性。

六、**内容撰写**　以"章"为主线,以"节"为主题,以丰赡翔实的资料表述"节"含内容,涵盖周全,语言恰切,可读性强。

七、**记载专辑**　编与编、章与章、节与节、目与目之间,既分门别类,又相互照应;既保持独立,又相对联承。述事撰文无交叉重复,无冗长累赘。

八、**荣誉收录**　涉及林业系统单位及个人历年受国家部级以上,省委、省政府,省厅局及地(市)党委、政府表彰者。

九、**人物收编**　人物传——历史上对张掖林业做出突出贡献的已故人物。人物录——受国家、部委,省委、省政府表彰的先进人物;现任行政管理领导人;历任市(专区、地区)林业局(处、总场)主要领导人;享受正县(处)级以上待

1

遇的干部;享受政府津贴专家;正教授级林业专家。人物表——享受副县级以上待遇的其他领导干部;受国家部委(局)级,省委、省政府,省厅(局)级、地(市)表彰者;副教授级林业专家。

十、数字运用 统计数字采用历年政府统计部门发布的数据,未入统计库的数据以本机关的统计年报或工作总结为准。凡统计意义的数据,皆用阿拉伯数字;属口语表达的数字用汉字数字。

十一、纪年用字 清朝以前的年代一律为历史朝代纪年括注公元纪年,例如"清道光五年(1825年)",朝代年用汉字数字,公元年用阿拉伯数字。民国纪年用汉字数字,括注公元纪年:如"民国二十八年(1939年)"。中华人民共和国成立以后的纪年为公元纪年。

十二、地名书写 历史地名按各时期的古称书写,现代地名按1982年各县市《地名普查资料》书写,个别古地名括注今地名。凡涉及肃南管辖地区的地名,遵照2010年民族出版社《肃南裕固族自治县标准地名录》。

十三、记述地域 各朝代和中华人民共和国成立以来专区迭变之期,皆按现行六县(区)行政区域记述;必要时注明原隶属关系。

十四、物种称谓 各种树木、植物、动物、昆虫等称谓,统一使用既定规范的普通名称,必要时括注学名。

十五、计量单位 木材蓄积量、林木数量与单位等,遵照国家标准计量局和林业局的规定。

十六、附录文献 为引证史志和存史资治需要,遴选价值珍贵的历史和现行文献入志,来源出处校订精确,文字数据校对无误。文言文断句标点,疑难之语酌加注释。

目　录

第四编　林业产业

附　录

概　述

森林是陆地最大的生态系统,是关系国计民生、实施可持续发展战略的宝贵资源;林业是国民经济的主要组成部分。广袤的森林、发达的林业,是国家富足、民族兴旺、经济繁荣、生态文明的重要标志。

张掖自然环境得天独厚。森林、绿洲、雄伟雪山、绿茵草原、戈壁沙海、水系、湿地,铸造出独具西部特色的富庶版块,千百年前就以富饶美丽闻名遐迩。中华人民共和国成立后,张掖林业发展很快,成绩斐然。

一

张掖市位于甘肃省西北部, 河西走廊中段, 地理坐标为北纬 37°28′—39°57′,东经 97°20′—102°12′。张掖东邻武威、金昌,西连酒泉、嘉峪关,南枕祁连山与青海省毗邻,北依合黎山、龙首山,和内蒙古自治区接壤,黑河贯穿全境。东西长 210—465 千米,南北宽 30—148 千米,辖甘州、山丹、民乐、临泽、高台、肃南一区五县。民族以汉族为主,伴有裕固族、回族、藏族、蒙古族等 26 个少数民族。2010 年总人口 126 万,总面积 421 万公顷,占全省总面积的 9.2%。其中林业用地面积(不含山丹马场)104.1 万公顷,占总土地面积的 24.8%。境内分布大小河流 26 条,分别属于黑河流域的黑河、梨园河、马营河、洪水河四大水系。区域内绿洲、农田、牧场和沙漠、戈壁、盐碱滩地交错分布,有两条大沙带横穿全境,风沙线长达 400 多千米。气候除祁连山区属于高寒半干旱气候外,其余各地均属典型的大陆性中温带干旱气候。年平均温度 3.0—7.7℃,年平均降水量 104—495 毫米。干旱少雨,植被稀疏,风大沙多,干旱、霜冻、洪涝、沙尘暴、干热风等灾害性天气对农林牧业生产和经济社会发展影响较大。植物分布受地形、气候、土壤影响较为明显。

古代,张掖境内分布茂密的森林。在地质时代,祁连山及周边地域就是古森林的孕育地。全新世中期(距今 8000 年—3000 年),祁连山的山间盆地为温带森林草原,走廊地区为暖温带草原,北山山地为温带荒漠区。秦汉之前,境内水草茂密,是月氏、匈奴的游牧地区。之后,随着人口的增多、农业的兴起,林地逐渐被辟为农田,毁灭了大量的森林,加上伐木、樵薪、山火和战争对森林的破坏,森林面积逐步减少。

张掖植树造林历史悠久,随着屯垦的开创而兴起。早在汉朝,先民就开始在庭院、房前屋后栽树植林。唐朝屯垦事业发达,沟渠两岸绿树成荫。明、清时期植树造林已成为官府的一项政事活动。清朝同治十年(1871 年)至光绪四年(1878 年),陕甘总督左宗棠曾指导清军沿陕甘、甘新丝绸之路两侧及附近城乡广植树木。数年后,杨柳成行,绵延数千里,后人称为"左公柳""左公杨"。诗赞:"大将筹边尚未还,湖湘子弟满天山。新栽杨柳三千里,引得春风度玉关。"民国时期植树造林运动逐步走向正轨。据《中国森林史料》记载:民国四年(1915 年)农商部制定《造林奖励条例》,"定清明为植树节";民国十七年(1928 年)农矿部通令全国"广设苗圃,积极造林""改农历清明植树节为总理逝世纪念植树式";民国十八年(1929 年)农矿部发布《总理逝世纪念日举行植树式暂行条例》;民国十九年(1930 年)农矿部将 3 月 9 日—15 日定为"造林运动宣传周",并发布《堤防造林及限制倾斜地垦植办法》;民国二十九年至三十七年(1940 年—1948 年),农林部陆续制定《经济林场组织通则》《水土保持实验区组织通则》《全国公路植树规则》等。民国时期,张掖林业基础极为薄弱,林业的发展十分缓慢。一方面由于山火频仍,刀耕火种,乱砍滥伐毁林不止;另一方面则因时局动荡,战火连绵,经济凋敝,且林木生长期长,群众无心经营,造林很少。1937 年—1939

年,前后经过两年严重破坏,民乐的大都麻口、酥油口、小都麻口和甘州的冰沟台、大鹞子沟、小鹞子沟等地带的古代森林皆砍伐无遗。据《河西志》载:1944年全区植树35.48万株;1948年植树88.36万株,成活63.69万株,成活率为72.08%;到1949年中华人民共和国成立前,全区人工林保存面积1200公顷,森林覆盖率4.5%。

二

中华人民共和国成立后,政府投入大量资金和劳力,开展大规模的林业生态建设,在经过艰难曲折的道路之后,取得巨大成就。

1950年,根据中央人民政府政务院《关于全国林业工作的指示》提出的"以普遍护林为主,严格禁止一切破坏森林的行为""在风沙水旱灾害严重的地区……有计划地进行造林"的方针和任务,当年春,配合减租清债,各级政府及农会组织发动群众互相调剂树苗,在宅旁、渠堤、道路空旷隙地植树,成片造林46.67公顷,零星植树16.8万株。1952年,根据西北首届林业会议精神,遵照"自栽、自护、自采、自育"和"自愿互助合作"的原则,配合土地改革运动,实行公私合作造林。各乡成立公私合作造林委员会,造林地段由乡政府和农会选定,动员农民自愿投树苗、畜力、劳力造林,登记入册。造林成材后,以股分红。全区组织公私合作造林406.55公顷。是年,张掖、高台等县川区有计划、有组织地大规模营造防风固沙林。1956年1月,中共中央发布《1956年到1967年全国农业发展纲要(草案)》,提出12年内"绿化一切可能绿化的荒地荒山"的要求,对张掖林业建设起到很大的推动作用。是年,在党和国家"绿化祖国"号召和农业合作化的推动下,全区掀起第一次造林绿化高潮,当年造林6320公顷,比1950年—1955年6年造林2160公顷增长1.93倍。张掖林业建设走上恢复发展的轨道,确立以营造"绿色长城"为中心的发展方略,全区城乡掀起大规模群众植树造林运动。1953年—1957年造林12226.67公顷。1958年在"大跃进""人民公社"和"大炼钢铁"的冲击下,林业建设遭受巨大的挫折,造林声势很大但浮夸严重,当年统计造林面积6793.33公顷。1958年—1959年开展全民"大炼钢铁"运动,大量砍伐林木,森林资源遭到严重破坏,祁连山森林总蓄积量下降53万立方米,减少比率25%。

1961年,贯彻执行"调整、巩固、充实、提高"八字方针和中共中央《关于确定林权保护山林和发展林业的若干政策规定》,重新确定山林权属,稳定了群众植树造林的信心,调动了生产积极性,林业建设稳步前进,林业基础工作和造林技术推广得到加强,造林质量有所提高。1962年起,各县陆续组建国营林场,招收初、高中毕业生为林场工人,国营林场在植树造林中发挥了骨干和示范作用。林业教育和科研工作有所加强。1965年春季,省上和专区在张掖县清凉寺、万家墩大队及临泽县板桥大队蹲点,推广新疆农田林网建设经验,收到良好效果。1962年—1965年,造林4333.33公顷。

1966年下半年,"文化大革命"扩展到农村,受极"左"思潮影响,盗伐乱伐林木,毁林毁果造田,挤占国营林场、苗圃林地,林业生产遭到破坏。但广大干部群众顶住压力,认真贯彻1969年全国平原绿化会议和1971年全国林业会议精神,围绕建设"五好"(好渠道、好道路、好条田、好林带、好居民点)农田为中心的农田防护林,地、县试办25个"五好"农田样板点。地、县分别组织由领导、群众、技术人员参加的"三结合"规划队伍,以农、林、牧、副、渔全面发展,渠、路、林、田、宅合理布局,打破社与社之间的界限,以渠系、道路林网为骨架,以以田定渠、以渠定路、林随渠路、条田成方为标准,选择速生、小冠的杨、榆为主栽树种,建设农田林网,在风沙区营造防风固沙林。1966年—1977年,全区造林3.83万公顷。但其中也有面积不实、效果不好等问题。

三

中共十一届三中全会之后,张掖林业发展迎来新的时机。1978年—1995年,张掖被国家列入"三北"防护林体系重点建设地区之一,实施一、二期工程建设,并从资金、水利工程设施等方面重点扶持;大力调整林种、树种结构,实行带、片、网配套,乔、灌、草结合,防护林、用材林、经济林并举;加强组织领导,放宽落实林业政策,调动国家、集体、个人等各方面的造林积极性,全区掀起第三次造林绿化高潮。到1981年底,中部绿洲区有8.27万公顷耕地基本实现林网化。绿化干、支、斗、农渠5367条,总长7100多千米;绿化各级道路6395条,总长 6210 千米。1982 年,林业部"三北"防护林建设局在张掖召开甘肃、宁夏、内蒙古三省灌区农田林网建设现场会,总结推广张掖地区农田林网建设的经验。此后,省内外分批组织 3000 多人陆续到张掖参观学习,推动了张掖农田林网建设的发展。1989 年 10 月至 12 月,遵照国务院办公厅转发林业部《关于国有林权证颁发情况及限期完成发证工作意见报告的通知》和全省颁发国有林权证平凉试点工作会议及有关文件精神,为全区各级各类林业单位颁发了《林权证》。1978 年—1995 年,18 年造林 12.45 万公顷,年均 6933 公顷,比 1978 年前 30 年,年均增长 1.9 倍。张、临、高三县(区)实现平原绿化达标,受到全国绿化委员会和林业部表彰。

"九五"期间,林业改革与发展取得长足进步,沙产业发展方兴未艾。全市林业建设坚持生态优先的原则,坚持"南保青龙,北锁黄龙,中建绿洲"的发展战略,以著名科学家钱学森创立的沙产业理论为指导,立足丰富的水土光热资源,应用先进的科技手段治理沙漠,开发利用沙漠,绿色屏障初步形成。先后启动实施"三北"防护林三期、天然林保护、农田林网、防沙治沙等一批重点建设工程,营造起总长 440 千米的大型防风固沙基、支干林带 15 条;在沙区造林 9.3 万公顷,封滩育林(草)5 万公顷,保护农田 10 万公顷,开发利用沙荒地 2 万公顷;绿洲 9 处较大沙窝得到治理改造,沙压农田得到恢复,绿洲 65% 的道路和 80% 的渠系实现林网化,造林绿化成果得到巩固和提高。全区森林面积达到 37.25 万公顷,其中人工林 10.98 万公顷,森林覆盖率由中华人民共和国成立初期的 4.5% 提高到 8.67%。

"十五"期间,全市围绕建设"生态文明,生态安全,生态良好"和谐张掖的目标,林业工作按照"南北封育、中间改造、周边退耕"的总体布局,依靠科技兴林,坚持依法治林,实施项目强林,组织实施"三北"四期、退耕还林、天然林保护、重点防护林、绿色通道和林果产业建设等重点林业工程,成效显著。五年完成造林面积 12.83 万公顷,比"九五"期间增长 4.4 倍;活立木总蓄积量达 1418 万立方米,增长 30 多万立方米;争取国家对林业建设的总投入 5.1 亿元,净增 3.3 倍,仅退耕还林 8 年补助期内总投资 7.1 亿元,全市 97.8 万农村人口年人均补助 72.6 元,向农民发放种苗及粮款补助 3.07 亿元;林果产业总产值 4.5 亿元,比"九五"期末增长 1.2 倍。天然林资源、野生动植物资源得到有效保护;林业产业和非公有制林业得到迅速发展;林业科技事业取得新进步;林业信息网络和生态环境监测体系初步形成;林业的社会化服务能力得到全面提升。

"十一五"期间,围绕建设"生态文明、生态安全、生态良好"的目标,坚持生态和产业并重的方针,按照"南北封育、中间改造、周边退耕"的总体布局,抢抓国家实施西部大开发战略和林业重点工程建设的机遇,组织实施退耕还林、"三北"四期、天然林保护、重点防护林、绿色通道和林果产业建设等重点林业工程;不断深化林业经营和管理体制改革,强化科技兴林、依法治林,较好地完成各项建设目标。五年累计完成人工造林 3.17 万公顷,封育 2.39 万公顷,育苗3373.33 公顷,绿色通道 386.52 千米,农田林网更新改造 5020 公顷,义务植树1780.83 万株,重点公益林管护面积 21.16 万公顷,实现森林面积、森林覆盖率、活立木蓄积量的同步快速增长,生态、社会和经济效益显著,为经济社会可持续发展提供良好的生态保障。张掖市先后获全国"国土绿化突出贡献单位""全国绿色生态示范城市""全国防沙治沙地级综合示范区""全国绿化模范城市""甘肃绿化模范城市""甘肃园林城市"和全省"退耕还林先进市"等荣誉称号。

四

经过 61 年的艰苦奋斗,张掖林业生态建设取得重大成就,初步形成以下四个体系。

林业生态体系　长期以来,中共张掖市委、市政府高度重视区域生态环境保护与建设,按照"南保青龙、北锁黄龙、中建绿洲"的思路,尊重自然,遵循规律,多树种合理搭配、多品种优化组合,渠路林配套、带片网结合、造封管并举,大力营建生态防林体系,林业建设得到全面发展。特别是进入新世纪以来,从市域整个社会功能系统出发,统一规划,分类指导,突出重点,分步实施,依托"三北"防护林、天然林保护、退耕还林、防沙治沙等国家重点生态工程,采用护、封、造、固、用多种措施综合治理,着力构筑南部祁连山、中部绿洲城市、北部荒漠区绿色生态安全屏障,全市区域性生态环境明显改善,为市域经济社会持续快速健康发展发挥了重要作用。仅 2010 年,全市完成退耕还林补植补造1.4 万公顷,其中退耕地补植补造 0.14 万公顷、荒山荒滩重造 1.25 万公顷;三北四期工程人工造林 1240 公顷,封育 5466.67 公顷;农田林网建设 1006.67 公顷, 义务植树 340.8 万株;市区园林绿化总面积 2.63 万平方米,共栽植苗木 14.22 万株。与 20 世纪末相比,全市森林总面积由 38.47 万公顷增加到 54.67 万公顷,净增 16.2 万公顷,森林覆盖率由 9.17%提高到 13.04%,提高 3.87 个百分点,活立木总蓄积量由 1418 万立方米增加到 1466 万立方米,净增 48 万立方米。在风沙沿线建立起基支干林带、护田林网、护渠林、护路林带,总长 1.68 万千米,林地面积 2.53 万公顷。除此,还治理绿洲区点、片、块、线状沙地 233 处,营造林 2.92 万公顷;封沙育林(草)12.77 万公顷,其中已成林 8.34 万公顷,恢复沙生植被 10.34 万公顷。绿洲内 10 万余公顷土地、65%的道路和 80%的渠系实现林网化。

林业产业体系　中华人民共和国成立以来,在张掖历届党委、政府高度重视下,实施了系列绿色富民工程,特别是进入 21 世纪以来,科学规划布局,制定优惠政策,加大扶持力度,壮大基地规模,林果产业发展成效明显,产业结构进一步优化。一是木材产业,1955 年—2010 年,全市累计生产木材 100.61 万立方米,其中国有天然森林成林抚育出材 39.55 万立方米,占 39.31%;川区的国有营林单位、乡(镇)集体及单位、村、村以下组织及个人采伐 61.06 万立方米,占 60.69%。全市木材经营、加工单位及个体户 464 家,年加工销售木材 3.1 万立方米,从业人员 2089 人。二是经济林果产业,从"七五"时期开始,把经济林果业纳入林业建设的总体规划。按照"统一规划、连片开发、扩大规模、提高水平"的原则,建设果品生产基地,持续不断引进繁育和推广优良品种。"九五"以来,实行规划设计、建园标准、基础设施、苗木调配和栽植管理"五个统一",大力推广系列配套技术和综合管理措施。至 2010 年,全市建成以葡萄、红枣、优质梨、枸杞、沙棘等为主的特色林果基地 5.6 万公顷。张掖市被评为"中国优质葡萄生产基地""中国设施延后葡萄第一市"和全国绿色食品原料(临泽小枣)标准化生产基地。一些名牌果品进行商标注册,获得绿色食品标志,成为市场上的畅销品种。经济林成为农民致富的一项主要来源。三是种苗、花卉产业。从 20 世纪 80 年代末期开始,国家加大生态建设和城镇绿化的投入,社会对种苗、花卉的需求快速增加。2010 年,全市从事林业种苗的国营单位、私营企业和个体育苗户达 278 家,苗木从业人员 5 万余人,生产绿化苗木 3799.88 万株,苗木产值超过 6459.8 万元。年产盆花 3800 万盆、鲜切花 1860 万支,花卉业成为新兴产业。四是森林旅游产业。全市以独特的山水资源为背景,深入挖掘森林生态文化、历史、人文内涵,依托马蹄寺、焉支山、海潮湖等省级森林公园,形成点、线、面结合,游、购、行、吃、住、娱功能齐全的森林生态旅游体系。至 2010 年,建成省级森林公园 5 个,国家湿地公园 1 个,国家城市湿地公园 1 个,以湖泊、水库为依托的水上公园 8 个,国家沙漠地质公园 1 个。其中马蹄寺、焉支山森林景区和张掖国家湿地公园被评为国家 4A 级旅游景区。全市森林旅游业年接待游客突破 50 万人次,森林旅游呈现蓬勃发展态势。五是发展林下经济。张掖市林下经济蓬勃发展,1996 年以后,各级政府和林业主管部门引导支持国营单位和农户,利用退耕还林地、承包或转让的集体林地,大力发展以肉苁蓉、枸杞、优质牧草为主的林下种植业和以鸡、羊等为主的林下养殖及以森林人家、农家乐为主的林缘产业,形成立体开发、循环利用、多头并进的集体林业和林下经济发展新模式。至 2010 年,全市共建立林下经济发展示范点 13 个;发放林权抵押贷款 6371.1 万元;流转林地 515.13 公顷,流转金额 537.2 万元;组建农民林业专业合作社 30 个,成立各类林业协会 8 个;农户投资 318.98 万元,造林 2200 公顷,总产值 4.3 亿元。

森林资源保护管理体系　坚持"建管并重"的原则,大力宣传和认真落实《森林法》《森林防火条例》《野生动物保护法》等法规,全社会依法保护生态的意识不断提高。坚持以森林管护、林地管理、造林封育、森林防火、病虫防治为重点,跟踪落实"六长"防火责任制,强化林区火源管理,自中华人民共和国成立以来全市未发生较大森林火灾;建立健全森林有害生物和野生动物疫源疫病监测网络体系,有效遏制林业有害生物传播,森防"四率"全面达标,野生动物种群数量、分布范围大幅增长;严厉打击乱砍滥伐林木、乱垦滥占林地、乱捕滥猎野生动物等违法犯罪行为,森林资源及生物多样性得到有效保护。

林业科技体系　建立健全市、县(区)、乡(场)三级林业科技网,加强科研项目研究,组织科技攻关,开发和引进高新技术。重视科研成果推广和转化,以试验、示范基地作为科技成果的孵化器,及时把科技成果转化为生产力。"十五""十一五"期间,全市完成各类林业科技项目 50 余项,其中获省部级以上奖励科研成果 13 项、获地厅级奖励 37 项;推广新品种 317 个、新技术 63 项,各类林业适用技术推广面积达 14 万余公顷。建成防沙治沙综合地级示范园区、绿洲农业示范区,创办沙荒地综合治理、经济林建设、水源保护林建设等 10 个科技试验示范区。利用科技优势,与中国林科院、甘肃农业大学林学院、西北农林科技大学等科研教学单位合作,推广应用林业科学技术,提高林业科技成果的转化率、覆盖率和贡献率。抓培训促普及,举办各类技术培训班,提高林业人员素质;抓良种建基地,1984 年以来,在林业部的帮助和指导下,全市先后新建和扩建种子园 10 处 153.87 公顷,推广大批青海云杉、祁连圆柏、良种沙枣等优质苗木。林业科技水平的提高,有力推动了张掖林业生态建设的健康发展。

张掖林业生态建设任重道远,建设"一山一水一古城,宜居宜游金张掖",任务十分艰巨。需要全党动员,全民动手,全社会动作;需要奋发图强,深化改革,扩大开放,振奋精神,真抓实干,进一步解放林业生产力,使全市林业生态建设跨上新的飞跃,迈向新的靓境。

大　事　记

传说中的三皇五帝时代

皇帝轩辕氏(约公元前 2697—2596 年)

皇帝访广成子于北崆峒(在今平凉市西)不遇。乃西涉雪山,过焉支山,披荆斩草木,直至西崆峒〔《元和志》说,镇义(高台天城)城东十五里有崆峒山,为皇帝问道处〕。

帝颛顼高阳氏(约公元前 2513—前 2435 年)

帝颛顼高阳氏西巡至流沙(今张掖市北部)。

帝尧陶唐氏八十六年(约公元前 2272 年)

禹治水功成。禹导弱水到合黎山,余波泄入流沙。(山丹城西北角曾有大禹导弱水碑,碑文原为蝌蚪文,专家译为汉文77字:"承帝曰嗟,翼辅佐卿,洲渚与登,鸟兽之门,参身洪流,而名发而兴,久旅忘家,宿岳麓庭,智营形折,心罔弗辰,往求平定,华岳、泰、衡,宗疏事衮,劳余伸禋,郁塞昏徒,南渎衍亨,衣制食备,万国其宁,窜舞永奔。")禹西巡到流沙地区,声教布于四海。

西 晋

惠帝永康元年(公元 300 年)

11 月 25 日夜　大风折木,飞沙走石,时经六日方息。

明

武宗正德十六年(公元 1521 年)

12 月　辛卯狂风,昼晦,摧毁民舍、树木不计其数。

清

嘉庆七年(公元 1802 年)

是年　甘肃提督苏宁阿著《引黑河水灌溉甘州五十二渠说》,主要论述森林调节祁连山冰雪融水的功能。

光绪六年（公元 1880 年）

4 月　左宗棠饬各防营,于操防护运之暇,次第承修各县的房屋、道路、桥梁、祠庙、学校,并修渠筑坝,广植树木。张掖县开渠 7 道,修复马子渠 56 千米,扩宽通往东西的道路(基本走向同今甘新公路)3—10 丈,道旁植杨树、柳树,被后人誉为"左公柳"或"左公杨"。左的老部下杨昌浚赋诗曰:"大将筹边尚未还,湖湘子弟满天山。新栽杨柳三千里,引得春风度玉关"。

宣统三年（公元 1911 年）

是年　人祖山发生火灾,"灼火月余,林木毁之"。

中华民国

民国十九年（公元 1930 年）

是年　国民党西北长官马步芳将大黄山甘沟至流水沟 40 多平方千米的山林"剃了光头",造成大面积荒山秃岭,流水沟成为无水沟。

民国二十六年（公元 1937 年）

是年　国民党军驻张旅长韩起功派 4 个营兵力滥伐祁连山林木。其中伐黑河口树木 22 万株,大都麻 15 万株,其他山沟 10 余万株。

民国二十八年（公元 1939 年）

是年　国民党军驻张旅长韩起功再次派兵滥伐祁连山林木。

民国三十年（公元 1941 年）

4 月 8 日 民乐县政府颁行《甘肃省第六行政督察区民乐县祁连山森林保护办法》。

7 月 17 日 甘肃省政府主席谷正伦密令第七专员公署专员"对于保护林木、严禁砍伐等事项,速即妥拟计划,切实实施为要"。

是年 甘肃省第七区行政督察专员公署下达《甘肃省第七行政区保护祁连山麓林木计划》。▲国民政府监察院院长于右任赴新疆东返住张掖山西会馆,赋诗一首:"山川不老英雄逝,环绕祁连几战场。莫道葡萄最甘美,冰天雪地软儿香。"

民国三十一年（公元 1942 年）

4 月 3 日 行政院转发农林部《祁连山国有林区管理处组织规程》。

4 月 17 日 甘肃省第七区行政督察专员公署保安司令部颁发《高台县辖境祁连山森林保护办法》。

8 月 成立"农林部祁连山国有林区管理处",驻酒泉县。

民国三十二年（公元 1943 年）

5 月 6 日 甘肃省政府发出训令,令民乐县政府遵照协助推行《祁连山国有林区管理处公私有林登记规则》及《伐木查验规则》。

11 月 17 日 河西国防工程处令高台县砍伐祁连山树木 1.5 万余株。翌年元月 18 日,又令砍伐 7.5 万株,限 6 月底全部完成。

民国三十三年（公元 1944 年）

9 月 民乐县在县城东门外征地百亩,建立洪水苗圃。

民国三十四年(公元 1945 年)

10 月 "祁连山国有林区管理处"裁撤,护林工作由甘肃省政府接管。在第六、第七行政督察区专署各设护林督导员 1 人;所属武威、永昌、山丹、民乐、张掖、临泽、高台、酒泉 8 县各设护林指导员 1 人;警察及自卫队兼充林警,由各县警察局局长任队长。

民国三十五年(公元 1946 年)

是年 甘肃省政府颁布《甘肃省祁连山天然林区管理暂行办法》。

民国三十六年(公元 1947 年)

8 月 13 日 省政府制定颁布《甘肃省河西国防林营造实施办法》。

民国三十七年(公元 1948 年)

3 月 民乐县县长张汝伟从外地调来各种树苗 12 万株,分配各乡(镇)植树造林。县政府发布植树造林命令。

民国三十八年(公元 1949 年)

是年 高台县参议长杜梓楠在梨园河一带森林中砍伐树木 20 多万株。▲武威专员张作谋勾结土豪,在杂木河、西营河林区伐木 30 多万株。

中华人民共和国

1949 年

10 月 19 日　中国人民解放军张掖军管会组织征集木材，抢修甘新公路 518 千米处的黑河大桥。

1950 年

年初　甘肃省农林厅在张掖设立"祁连山林务处"，组织管理东至永登连城，西至高台的祁连山天然林。

是年　祁连山林务处在张掖专区境内设立民乐马蹄寺，张掖安阳、康乐，高台红湾寺 4 个森林管护站和 1 个苗圃(即黑河苗圃)。

1951 年

是年　成立"武威专区专员公署林业局"，设立连城、南冲寺、哈溪滩、西把截(今西营河)、六河坝、民乐、安阳、康乐、白庄子(今隆畅河)9 个工作站，建立区乡护林委员。

是年　1 月至 6 月祁连山林区发生森林火灾 40 处，共焚坏林地约 977.2 公顷，烧坏林木 8.3 万余株。

1952 年

4 月 9 日　下午 3 时，发生 9 级以上大黑风，飞沙走石，遮天蔽日，昏暗时间 1 小时 20 分。

7 月 22 日　山丹县降暴雨约 2 小时，洪水汇集县城南山丹河，洪峰高达 6

米,冲毁田禾 630.47 公顷,冲塌梁坝 107 条,冲倒树木 0.3 万多株。

1953 年

年初 甘肃省农林厅撤销"祁连山林务处",武威专区专员公署林业局接管祁连山林区的森林经营保护工作。各森林管护站的行政工作分别由所在县政府建设科管理。

1954 年

7 月 民乐县马蹄、城关、永固、顺化、南古等区(乡)发生蝗灾,八卦营村草滩每平方米有蝗虫 720—1080 只。

12 月 山丹县从兰州、新疆等地引进国光、红星、黄元帅、黄奎等苹果树苗,开始栽培苹果树。

是年 成立"临泽县林业工作站"和"肃南裕固族自治县林业工作站"。

1955 年

3 月 12 日 内蒙古自治区政府与甘肃省人民政府批准《山丹县与内蒙古阿拉善右旗边界协议方案》。《方案》规定:双方应保持和平的放牧关系,不能因划界限制放牧;山丹群众在阿拉善右旗境内放牧应按阿拉善右旗现行税务制度缴纳草头税;禁止双方群众越境砍伐树木。

10 月 10 日 撤销武威、酒泉专区,合并成立张掖专区,专员公署下设农林水组,林业由农林水组统管。

1956 年

2 月 成立"张掖专署林业局",内设秘书、造林、经营、木材、计划统计 5 个股。1957 年将上述各股改设为科。

9月8日 出台《张掖专区主要树木采集、收购、供应试行办法(草案)》。

9月27日 张掖专署林业局制定下发《关于绿化工作若干问题意见》。

是年 全区18个县(除肃北、阿克塞)均设立林业科。主要天然林区建立6个森林经营所,从事祁连山水源的保护经营。▲专署召开林业技术、经验交流座谈会议,会期3天。

1957年

5月7日 张掖专署同意专署林业局《关于建立国营林场的意见》。

7月9日 张掖专员公署第51次行政会议决定:撤销原武威、张掖两县木材公司,分别在天祝、武威、张掖、酒泉、肃南设立行政上归县领导的木材分销处及永昌购销组。分销处及购销组为报账单位,名称为:"甘肃省木材公司××县分销处(组)"。

是年 国务院副总理邓小平在河西视察时指出:河西战略地位重要,北部是沙漠戈壁,没有什么屏障,把祁连山管好治好,以利把经济搞上去。▲张掖专署林业、水利两局合并成立林水局,原有人员减少11%。

1958年

4月27日—5月7日 张掖专署下发《关于建立国营林场的批复》,将祁连山林区现有的马蹄、黑河、梨园河森林经营所和祁丰区林业站改建为国营林场。新建7个国营林场。张掖朝元寺、高台南滩、山丹丰城堡、民乐六坝林场以经营用材林为主,肃南寺大隆、张掖东大山、山丹大黄山国营林场以更新、封育、绿化荒山为主。

4月28日 甘肃、青海两省农林厅在永昌县水磨关乡窄峡寨子联合召开"祁连山林区经理地区第一次森林经理会议"。青海农林厅厅长李含英、甘肃省农林厅林业局局长张文辉出席会议。

是月 张掖专署林水局与专署农业局合并成立专署农林牧局。

6月26日 中国科学院专家施雅风带领中国高山冰雪利用考察队100多

人对祁连山冰川进行系统考察。

7月1日 考察队在祁连山腹地柳条沟地区的托勒山脉发现"七一冰川"，这是中国人自己发现并命名的第一条冰川。

7月8日 张掖专署同意专署农林局在民勤、安西、肃南、马蹄寺各建一所林业学校的方案。

7月19日 张掖地区第一所大学——张掖农学院正式开学，设有农业、林业、果树等专业。

8月9日 苏联专家彼得洛夫教授来张掖专署作《河西走廊沙地的特征及国民经济对沙地开发利用影响》的学术报告。

12月 山丹、永昌和军马场联合在山丹县大马营滩举行围猎活动。数万名群众组成包围圈，围追捕猎，捕获黄羊2000多只，狐狸、狼、兔等无数。

是年 建立肃南县隆畅河、专区五泉林场。

1959 年

1月 中国冰川学第一部区域性专著《祁连山现代冰川考察报告》出版。

2月2日 张掖专署农林牧局编制《治沙实施计划》。张掖营造北部防护林带指挥部更名为"营林治沙指挥部"，内设办公室。

7月12日 张掖农学院改名为张掖农业专科学校。

11月 民乐县成立大河口、海潮坝林场。1962年海潮坝林场合并于大河口林场。

是年 高台县从新疆引进白马奶子、红葡萄等葡萄品种，栽培葡萄树。▲根据《中华人民共和国林业部国营造林技术规程》和《甘肃省各类地区造林技术规程(草稿)》制定颁行《甘肃省造林技术规程(草稿)》。

1960 年

3月17日 张掖专署作出《营造万里绿色长城的计划》。

7月30日—8月25日 由西北师范学院教师、学生,省博物馆、农林厅、气象局及张掖专署共计 22 人组成的祁连山资源考察团,对大泉沟、疏勒河流域、托勒河流域的自然地理概况、植被、动物资源进行考察,测绘路线地形图 10 张,采集植物标本 120 种、动物标本 20 余种,记录土壤剖面 10 个,形成《祁连山资源考察报告》。

是年　协和林场划分为"祁连林场"和"西水林场"。西水林场由肃南县管理,祁连林场于 1989 年更名为"马蹄林场"。▲武威西营河林场移交肃南县管理。▲黑河林场 1960 年改为"泉源林场",1982 年更名"康乐林场"。

1961 年

12 月　张掖专区划分为酒泉、张掖、武威三个专区。张掖专区设"专署农林牧局",局内保留造林科。

是年　高台县首次采用飞机大面积防治作物病虫害。

1962 年

1 月 12 日　大黄山林区发生火灾,烧毁山林 1.33 公顷。

是月　中共张掖地委发布《关于贯彻执行中共中央〈关于确定林权、保护山林和发展林业的若干政策规定〉(试行草案)的意见》。

是年　"张掖地区林业工作站"成立,由专署农林牧局领导。▲祁连山水源林区 9 个经营林场,保护和管理天然森林 22.02 万公顷,完成造林更新累计保存面积 0.18 万公顷,培育各类苗本 5900 多万株。实现 46 年无森林火灾。▲建立龙首山国营林场、管护站和临泽沙河林场。

1963 年

7 月 29 日　甘肃省人民委员会下发《关于祁连山、子午岭林区林场交接问题的通知》,要求对张掖专区各县原属的祁连山各国营林场进行交接。

8 月　民乐县洪水公社山城大队田得廉等 5 人到青海省祁连县野牛沟林

区捕猎旱獭,染腺鼠疫死亡,省上派防疫队对全区开展鼠疫病防治工作。

11 月 22 日 祁连山林业局制定《森林更新操作技术试行办法》和《苗圃育苗操作技术试行办法(草案)》。

12 月 省人民委员会批准成立"甘肃省祁连山林业局",局址张掖,辖区 9 个经营林场移交其管理。

是年 张掖县从新疆调进秋里蒙、夏里蒙苹果苗 1 万株,定植果园 33.33 公顷。

1964 年

9 月 14 日—19 日 全区果品品种鉴定暨园艺工作会召开,会议讨论果树发展 7 年规划及园艺生产等工作。

12 月 24 日 经国家林业部批准建立"甘肃省张掖机械林场",由林业部和甘肃省林业局双重领导,1969 年 3 月 27 日下放张掖县,更名"张掖县机械林场",1984 年撤销。

1965 年

11 月 1 日—5 日 河西及中部地区果树越冬座谈会议在张掖九公里园艺场召开。

是月 甘肃省祁连山林业局分设为肃南、天祝两个森林经营管理局。肃南森林经营管理局负责张掖专区境内的 9 个经营林场。1967 年 1 月 27 日、1969 年、1970 年、1974 年 1 月分别更名"甘肃省张掖专署森林经营管理局""张掖地区森林经营总场""张掖地区革命委员会森林经营管理局""张掖地区森林经营管理局"。

是年 中共甘肃省委书记汪锋在张掖县梁家墩公社清凉寺大队蹲点,组织干群建设"五好"(好渠道、好道路、好林网、好条田、好居民点)新农村。至 1966 年新建干渠 2 条,支、斗渠 3 条,农渠 18 条,乡村主干道 2 条,条田 194.93 公顷;干渠、主干道、支渠、斗渠、农渠两旁栽植钻天杨 4.18 万株,形成农田林网格 11 个,每个网格面积 16.67 公顷。

1966 年

6 月 12 日 张掖专区经济计划委员会向省计委请示,成立"寺大隆公路工程处",直属专署领导。经省林业局和专署领导研究决定,寺大隆公路工程由省林业局投资测量设计,专区组织力量修建。8 月 15 日至 11 月 10 日施工 85 天,支出 16.3 万元,完成一期工程大野口至塔尔沟全长 18.19 千米的建设任务。

1967 年

3 月 20 日 经省人民委员会批准,对国营林区林副产品征收山价。

是年 祁连山林区康乐施业区的梢柳沟、干沟、头道沟一带 6666.67 公顷林木遭受球果卷叶蛾、松梢螟等害虫危害,枝叶发黄、枝梢干枯,每株约有虫 800 余条。

1968 年

2 月 25 日—3 月 13 日 专署森林经营管理局召开首届职工代表大会,张掖驻军代表到会并讲话,会议通过《关于抓革命,促生产的决议》。

3 月 民乐县园艺场从张掖引进吉林省延边地区优质梨品种,培植成功,取名为"民乐苹果梨"。

1969 年

9 月 26 日 地区森林经营总场制定《全区 1970 年森林经营计划和"四五"规划》。

是年 地区革委会农林牧局与水电局合并,成立"农水局"。▲祁连山水源林区兴办民乐县大河口、海潮坝、协和和武威西营河 4 个国有林场。▲张掖机械林场及下属九龙江、西城驿、十里行宫、红沙窝 4 个国营林场下放张掖县管辖,并将东大山林场、新墩苗圃统归机械林场管辖。

1970 年

9 月 7 日 地区森林管理局制定 1971 年计划和"四五"设想。

是月 地区农水局分设为"地区农牧局"和"地区水电局"。地区农牧局下设办公室、政工、林业等 5 个组。

1971 年

6 月 3 日 地区革命委员会森林经营管理局制定《建设塔尔沟后方基地四五规划设想》,内容包括动力建设、木料加工、化纤、机修车间、交通运输、福利设施等。

10 月 26 日—11 月 6 日 地区革命委员会森林经营管理局召开全区林业工作会议,传达全国林业工作会议精神,讨论研究建设祁连山林区的方向、政策、规划和 1972 年计划。

是年 地区革命委员会森林经营管理局组织人员赴上海等地参观学习,与上海二纤厂浆粕车间合作进行云杉、山杨、锦鸡儿植物纤维原料制造人纤浆粕实验。

1972 年

7 月 22 日 地区革命委员会森林经营管理局编制《新建日产五吨木制浆粕厂设计任务书》,呈报地区革委会。

8 月 12 日 祁连山北坡的寺大隆站区暴发大型冰雪融水型泥石流,历时 3 小时,总径流量达 435 万立方米,林区道路多处被毁,损失 37.9 万元。

8 月 21 日晚 8 时 40 分 寺大隆林场天涝池、盆沟等沟谷发生泥石流,冲毁淹没商品材 3500 立方米,房屋 25 间 770 平方米,电动机、架子车等生产工具 150 余件,共计损失 37.87 万元。

是年 地区革命委员会森林经营管理局在肃南县境内的大依玛隆滩建立"制材厂"。1984 年 7 月 14 日,因原料供应不足撤销。

1973 年

9 月 5 日 地区革命委员会森林经营管理局编制《"五五"期间森工基本建设规划》。

10 月 5 日 中国人民解放军 4898 工程建委会奉上级命令,到肃南县皇城区铧尖公社水关河地区进行国防战备施工,将水关河地区一带的林区划分为国防战备施工基地,成为禁区,林权、地权不变。

12 月 地区农牧局改名"地区农林牧局",下设 3 个科室和农、林、牧 3 个工作站。

是年 张掖、临泽、高台、山丹 4 县川区被国家林业部列为"三北防护林体系"重点工程县。▲寺大隆林场华北落叶松引种成功。

1974 年

3 月 19 日 地区卫生局批复成立"张掖地区森林经营管理局职工医院"。

4 月 16 日—23 日 "全区林业工作会议"召开,地委副书记王林出席会议并讲话。

4 月 29 日 "张掖地区森林经营管理局森林调查队"和"张掖地区农林牧局林业调查队"成立。1984 年两队合并成立"张掖地区林业勘察设计队",隶属行署林业处领导,2003 年、2005 年先后更名为"张掖市林业调查规划队""张掖市林业调查规划院"。

12 月 13 日—翌年 1 月 31 日 地区森林经营管理局组织制材厂、工程队、局机关、调查队、职工医院、汽车队职工在寺大隆林场进行抚育积材大会战。

12 月 17 日 寺大隆林区发生小蠹虫等林木蛀干害虫,危害面积 1400 多公顷。

是年 地区森林经营管理局设立"野生动物调查队"。1976年、1979年、2003年、2006年分别更名为"张掖地区珍贵野生动物资源保护办公室""张掖地区野生动物资源管理站""张掖市野生动物资源管理站""张掖市野生动植物资源管理局"。

1975 年

3月 地区机构编委批复成立"张掖地区林业科学研究所",隶属张掖地区农林牧局。1986年4月、2003年2月、2005年8月,先后更名为"张掖地区林果业研究所""张掖市林果业研究所""张掖市林业科学研究院"。

5月5日—6月3日 地区森林经营管理局组织机关科室、医院、汽车队、办事处及大黄山林场职工共75人,在大黄山林场开展造林、育苗、更新大会战。

8月20日—10月20日 甘肃省天然林区林业规划调查试点组一行70人,在西营河林场搞试点,编制完成《西营河林业试验场规划调查设计方案(草案)》。

11月27日 国务院农林部、甘肃省委、张掖地委共计12人组成联合调查组,到地区森林经营管理局调查林业学大寨、普及大寨县工作。

是年 地区森林经营管理局制定《林业规划调查技术规定(草案)》和《作业设计调查技术规定(草案)》。▲地区组织祁连山天然林区和农区人工林区两个调查队共计209人,完成森林资源清查工作。

1976 年

7月14日 中国科学院祁连山冰川考察队气候变化组到寺大隆林场调查森林采伐与水源、更新、滑坡、雪线上升等情况,撰写调查报告。

11月21日—25日 全区护林防火会议召开,地委副书记王林出席会议并讲话。

是年 地区森林经营管理局组织西营河、祁连、大河口、西水4个林场在大黄山林场黄花台子集中更新造林,至 1978 年累积造林 546.07 公顷。▲东大山、龙首山管护站更名为"自然保护区管理站"。▲成立"临泽县治沙试验站"。

1977 年

3 月　国家林业部授予临泽县"林业学大寨先进单位"称号。

8 月 19 日—23 日　地区森林经营管理局召开林业技术工作会议。会议总结林业科研成果,提出林业技术工作的任务及 1978 年—1980 年林业科学试验三年规划。

10 月　民乐苹果梨在全省果品鉴评会上荣获梨果鉴评第一名。

1978 年

6 月 15 日　成立"甘肃省张掖祁连山水源林研究所",所址设于塔尔沟原森林经营管理局医院。1986 年和 2001 年 5 月 16 日分别更名为"甘肃省祁连山水源涵养林研究所"和"甘肃省祁连山水源涵养林研究院"。

10 月　中国科学院兰州冰川冻土研究所冰川考察队前来考察祁连山冰川,查明祁连山冰雪水资源冰川的 70% 以上分布在北坡,属大陆性冰川。

12 月 20 日—24 日　全区护林防火会议在民乐县召开,地委书记王林出席会议并讲话。

12 月　民乐、高台两县被国家林业部列为"三北"防护林体系建设县。

是年　张掖县确定国家、集体、个人林木权属,实行林业"三定"(确定林木权属、划定"三荒地"、制定林业生产责任制),给农户划定三荒地,加快农田林网建设的步伐,此后平均每年林网植树 500 万株。

1979 年

5 月　内部出版《张掖林业科技》水源林专辑。

是年　高台县首次引进花棒、梭梭、紫穗槐、白榆等树种苗木。

1980 年

5 月 17 日　地区森林经营管理局制定《林业建设十年规划方案》。

8 月 29 日　地区农林牧局制定《张掖地区林业发展规划(草案)》。

9 月　国务院批准祁连山林区列为"国家级水源涵养林区"。

10 月 16 日　张掖地区森林经营管理局和张掖地区农林牧局造林科、地区林业工作站合并成立"张掖地区林业局"。原管辖的林场、林科所等单位,统归地区林业局管辖。

10 月 30 日　成立民乐县林业局,下设林业资源股和林业公安股。

是月　省人民政府转发《关于加强保护和发展祁连山水源林的报告》,确定"以管护为主,积极造林,封山育林,因地制宜进行抚育,不断扩大森林资源,提高水源涵养能力"的经营方针,作出停止采伐森林的决定。

11 月 14 日　成立山丹县林业局。

11 月 26 日　成立张掖县林业局。

是年　国务院公布祁连山森林为"水源涵养林"。

1981 年

3 月 23 日　张掖县东大山林场被划为省级自然保护区。

10 月 6 日　地委、行署下发《关于认真贯彻省林业会议精神的安排意见》,成立"三定"领导小组,地委副书记马怀西任组长。

10 月 13 日　地区行政公署印发《张掖地区林木管理试行办法》。

是年　成立临泽县林业局。▲张掖县开展全县林业区划,8 月经过省农业区划委员会验收为合格。

1982 年

2 月 12 日　张掖县人民政府成立县绿化委员会,办公室设在县林业局。

3 月 17 日　地区计委批复地区林业局农场改建为苗圃。

5 月 10 日—12 日　全区林木病虫害防治工作座谈会在张掖召开。

5 月 24 日—28 日　全区林业工作会议召开。

7 月　甘肃省张掖祁连山水源涵养林研究所采集祁连山(北坡)植物标本636 种,其中木本 130 种、草本 563 种,鉴定定名 42 科 200 种。

10 月 6 日—13 日　国家林业部"三北"防护林建设局在张掖召开甘肃、宁夏、内蒙古三省(区)灌区农田林网建设现场会,林业部副部长郝玉山和甘肃省副省长张建纲到会并讲话。会议结束前,兰州军区政委萧华、甘肃省委第一书记冯纪新到会接见代表。

12 月　由张掖地县林业科研推广单位完成的《沙荒地改造利用研究(第一阶段)》课题获林业部科技进步二等奖。

是年　国务院《关于全民义务植树运动的实施办法》公布后,成立"张掖地区绿化委员会",行署专员任主任。

1983 年

3 月　省委、省人民政府授予高台县"植树造林、绿化祖国先进单位"称号。

5 月　张掖县林业局在十里行宫林场开展地膜覆盖育苗试验成功,并在全县大面积推广。

7 月 6 日　张掖县政府颁发《林木林地所有权证》,确定东大山自然保护区林权范围。

11 月　张掖地区林业局改设为"张掖地区行署林业处"和"甘肃省张掖地区森林总场"。

12 月 12 日　撤销民乐北滩苗圃,业务并于六坝林场;增设北滩天然植被保护站,与六坝林场合署办公。▲撤销三堡林业站、新天林业站,增设民乐县林业技术工作站。▲东滩苗圃改为"民乐县苗圃"。

是年　全国林业系统自然保护区工作会议在新疆召开。甘肃省林业厅副厅长李卫芳提出的"甘肃祁连山建立自然保护区的意见"被采纳并正式列入林业部拟定建立的全国森林及野生动物类型国家自然保护区名录。

1984 年

3 月 17 日 中共张掖地委、地区行署出台《关于进一步放宽林业政策的具体规定》。

3 月 张掖县成立石岗墩滩天然植被管护站,管护面积 6666.67 公顷。

是月 全国绿化委员会授予高台县"全国绿化先进单位"称号。

6 月 20 日 民乐县顺化、丰乐、新天、南古、杨坊乡 29 个村暴雨成灾,洪水冲毁黄草沟桥和大都麻东干渠支渠 7 条、冲毁苗木 8500 株。

是年 成立"张掖地区林木种子公司",挂靠地区林产品经销公司,1988 年 10 月更名"张掖地区林木种子站",2002 年 3 月 13 日更名为"张掖地区林木种苗管理站"。▲张掖县机械林场撤销,下属九龙江分场、西城驿分场、十里行宫分场、红沙窝分场、西洞分场更名为林场。▲张掖县机械林场机械修造厂撤销,人员分流各林场。

1985 年

3 月 25 日 甘肃省绿化委员会办公室通知,对无故不履行义务植树的单位和年满 18 岁的成年公民收缴绿化费。

5 月 4 日 中共张掖地委、张掖地区行署制定《关于进一步活跃农村经济的十项政策》,规定扩大经济作物种植面积,延长土地承包期,允许农民在承包地内培植小果园,对乡镇企业实行低税政策,鼓励县、乡利用当地资源开展对外经济协作。

5 月 13 日 公安部、最高人民检察院、最高人民法院印发《关于盗伐滥伐森林案件改由公安机关管理的通知》,盗伐、滥伐森林案件划归公安机关立案侦查。

5 月 14 日 国务院批准设立张掖市(县级),原张掖县林业局及下属单位随之更名。

6 月 14 日 甘肃省计划委员会、甘肃省对外经济贸易厅《关于中外合作经营祁连山区康乐狩猎场项目建议书的复函》：肃南康乐和西营河划出林地4972.2公顷建设祁连山区康乐狩猎场，由省林业厅野生动物管理局与外商合作经营。

7月11日—13日 全区经济林座谈会在张掖召开。

9月18日—20日 全区林木管护及种苗工作座谈会在张掖召开。会议讨论通过《张掖地区林木管护工作的若干规定》《张掖地区林木种子苗木及种子生产基地经营管理试行办法》。

是月 《沙荒地改造利用研究（第二阶段）》课题获国家科技进步二等奖。

11月 民乐县苹果梨首次参加全国优质农产品展评会，荣获"全国梨果鉴评第一名"，获农牧渔业部"全国优质农产品"证书及奖杯。

12月26日 改革祁连山国营林场管理体制，中共张掖地委、张掖地区行政公署制定下发《关于改革祁连山林区国营林场管理体制的决定》，将肃南县境内的西营河、祁连、西水、康乐、隆畅河、祁丰6个林场移交肃南裕固族自治县管理，大河口林场移交民乐县管理，大黄山林场移交山丹县管理；寺大隆林场作为地区水源涵养林研究所的科研试验基地，暂由地区林业处管理。地区野生动物资源管理站承担山区和川区野生珍贵动物管理任务；地区森林总场撤销，与地区林业处合并。

1986 年

3月25日—26日 召开全区城镇绿化会议，地区行署专员崔岩出席会议并讲话。

4月3日 省环境保护局批复地区环委会，在祁连山区建立蓝马鸡驯养场。2003年7月8日更名为"祁连山濒危物种张掖救护繁育中心"。

4月25日 成立"张掖地区森林防火指挥部"，行署专员崔岩任总指挥。

5月2日 张掖市人民政府批复，将张掖中学农场20公顷土地划拨龙渠种子园，作为青海云杉种子园扩建用地。

5月16日 省计委、省农业厅同意建设以民乐县园艺场为主的河西9个国营林场苹果梨商品生产基地，计划总投资80万元，定植苹果梨350公顷。

8月23日—28日 经省人民政府批准在张掖地区召开河西地区林业工作会议,讨论、部署河西林业发展战略规划和建立祁连山国家级自然保护区问题。祁连山保护区范围由原拟定的寺大隆、西水林区,扩展到整个东部祁连山区。

9月 国家林业部副部长董智勇、保护司副司长卿建华在省林业厅副厅长禹贵民、张掖地区行署专员崔岩的陪同下,深入西水林区考察祁连山水源涵养林管理工作。

10月15日 省人民政府上报《关于将我省祁连山水源涵养林区划为国家级自然保护区的请示》,向国家林业部请示将祁连山林区划为国家级自然保护区。

11月 国家林业部在北京召开自然保护区工作会议,省政府副秘书长邹雅林、省林业厅副厅长李卫芳等向林业部汇报建立"祁连山国家级自然保护区"问题。

12月22日 中共张掖地委、地区行政公署《关于建立健全我区林业公检法机构的通知》,同意行署林业处设公安科,挂靠地区护林防火指挥部;肃南、民乐两县法院、检察院各增加两名编制,负责审判、检查林业案件;肃南县马蹄区设林业法庭。

是年 苹果梨技术开发、背负式多功能农机具等研究列入国家星火计划项目。▲国务院"三北"防护林领导小组、林业部授予张掖市、高台县人民政府"三北防护林体系一期工程建设先进单位"等荣誉称号。

1987 年

1月 国家林业部授予肃南县"全国护林防火先进单位"称号。

2月28日 甘肃林业职工教育研究会成立暨第一届年会在张掖召开,省林业厅厅长蒲泽、副厅长李卫芳出席会议并讲话。

3月21日 地区行署发出布告,严禁猎捕雪豹、野驴、白唇鹿等46种珍贵、稀有野生动物。

4月27日 在纪念著名国际友人路易·艾黎来华工作60周年之际,甘肃省山丹县培黎农林牧学校正式招生。路易·艾黎从北京发来贺电:"发扬创造性精神,把学校办好。"

5月23日 成立"张掖地区蓝马鸡驯养场",驯养祁连山雉鸡类珍禽。

7月9日 国家林业部《对六届全国人大五次会议第1652号建议的答复》明确提出:"(一)首先请甘肃省人民政府批准祁连山为地方级自然保护区。(二)请甘肃省人民政府向国务院报请批准祁连山自然保护区为国家级自然保护区,同时抄送林业部。"

8月4日下午8时 寺大隆林场河脑和桦木沟上游持续降强暴雨1个多小时,引起山洪暴发,冲毁学校沟6年生云杉苗圃地0.13公顷,苗圃围墙50米,封山育林围栏80米,桦木沟和寺大隆河沿岸的杨树1万余株,通往场部的主干道28处、桥梁6座,共损失196443元。

9月2日 省林业厅向省人民政府呈报《关于建立祁连山自然保护区的请示报告》。

是月 中共甘肃省委书记李子奇到祁连山林区视察,了解祁连山森林的生长和管护、山区各族群众的生产生活情况,并赞同建立自然保护区。

10月24日 省人民政府下达《关于建立祁连山自然保护区的批复》,批准祁连山自然保护区为省级自然保护区。明确了祁连山保护区的范围、机构设置、人员编制及主要任务。确定祁连山保护区的总面积为176.7万公顷。

10月28日—30日 地区行署召开全区护林防火工作会议,行署专员周明辉出席会议并讲话。

11月31日 《祁连山西段青海云杉小蠹虫综合防治》课题获林业部科学技术进步三等奖。

是年 副省长路明、国务院"三西"办公室相关负责人在省林业厅副厅长张志全、地区行署专员周明辉陪同下,深入祁连山林区,研究祁连山保护区的组建工作。▲张掖市绿化覆盖率达16.2%,国家林业部授予"全国平原绿化县"先进单位称号。

1988 年

1 月 22 日　省人民政府办公厅下达《关于同意建立哈尔腾、哈什哈尔、康隆寺三个对外开放狩猎点的批复》,同意甘肃省建立三个对外开放的狩猎场。是年,肃南县在康乐林区建立康隆寺对外狩猎场,首次接待西班牙猎人 1 批 2 人。

5 月 9 日　国务院下达《关于公布第二批国家级森林和野生动物类型自然保护区的通知》,批准甘肃省祁连山自然保护区为"国家级森林和野生动物类型自然保护区"。

8 月 30 日　省林业厅转发国家林业部办公厅《关于统一国家级自然保护区名称的通知》,将国家级森林和野生动物类型自然保护区更名为"甘肃祁连山国家级自然保护区"。

9 月 7 日　省机构编制委员会通知,批准成立"甘肃省祁连山自然保护区管理局",9 月 19 日更名为"甘肃祁连山国家级自然保护区管理局"。

10 月　国务院批准设立祁连山水源涵养林国家级自然保护区。总面积 49.9 万公顷,地跨武威、张掖、酒泉 3 地区,其中张掖地区 23 万公顷。

是年　山丹县大黄山林区发现云杉阿扁叶蜂,危害云杉面积 631.2 公顷。

1989 年

3 月 16 日　行署专员崔岩主持召开全区造林绿化工作专题会议。

7 月 13 日　地区农业委员会、行署统计处、行署林业处颁发《张掖地区造林、育苗检查验收办法(试行)》。

9 月 5 日—9 日　甘肃祁连山国家级自然保护区建设发展研讨会在张掖召开。

9 月 14 日　中国民主同盟中央委员会主席、全国人大常委会副委员长费孝通考察民乐县园艺场。

12 月 31 日　国家林业部下达《关于祁连山国家级自然保护区计划任务的

批复》,同意祁连山国家级自然保护区区划面积为 265.3 万公顷,决定由中央和地方联合建设。1990 年 1 月 31 日,国家林业部保护司和甘肃省林业厅联合签署《联合建设祁连山国家级自然保护区协议书》。

是月 全区开征农林特产税。

是年 国家林业部副部长王殿文在省林业厅副厅长李卫芳陪同下视察祁连山水源涵养林建设情况和西水林场。

1990 年

3 月 26 日 《兰州大学学报》刊发《甘肃祁连山水源涵养林的研究》专辑。

3 月 28 日 行署专员崔岩主持召开全区造林绿化工作专题会议。

10 月 国家自然科学基金委员会下达由中国林科院主持,甘肃省张掖祁连山水源涵养林研究所参加的"全国森林生态系统结构与功能规律及监测网络的研究"项目启动。

是月 林业部副部长董智勇来张掖,视察祁连山林区,并题词"功在当代、利在千秋,造福桑梓、造福子孙"。

11 月 祁连山森林生态站被林业部列入全国首批 11 个森林生态系统定位站。

12 月 1 日 省林业厅下达《关于祁连山国家级自然保护区总体设计的批复》,拟定 1990 年至 1995 年基本建设总投资 818.41 万元,其中国家林业部投资 400 万元,甘肃省投资 418.41 万元,完成建设项目 30 个。

是年 "苹果梨技术开发"获国家星火科技二等奖。▲国务院"三北"防护林领导小组、林业部授予张掖市人民政府"三北防护林体系建设二期工程先进单位"称号。▲省林业厅、省物价委员会、省公安厅、省工商行政管理局和省对外经济贸易委员会联合发文,实行《狩猎证》《野生动物、猎物运输证》制度。

1991 年

4 月 14 日 召开全区春季造林绿化动员大会。

5月3日 高台、临泽两县发生林地纠纷,毁坏杜梨 5000 余株、白杨扦插苗 780 株、沙枣苗若干株,填平树枝围栏 390 米。

是月 开展祁连山国家级自然保护区森林病、虫、鼠害普查工作,至 1994 年 5 月全面完成。共调查林地 38.7 万公顷, 占林地面积的 89.4%, 采集标本 11823 头(份)。经专家鉴定,发现林木病原真菌新种 1 种,昆虫国内新记录 109 种,省内新记录 8 种。在祁连山北坡林区第一次记录林木病害 64 种,昆虫 504 种。编印《甘肃祁连山国家级自然保护区森林病虫鼠普查成果汇编》。

6月8日 省林业厅转发国家林业部通知,实施《国家重点保护野生动物驯养繁殖许可证管理办法》。

8月2日 在兰州召开的全国治沙会议上,临泽县被全国绿化委员会、林业部、人事部联合授予"全国治沙先进单位"称号。

8月11日—12日 国家林业部副部长董智勇视察张掖林业工作,并为地区林果业研究所题词"科技兴林,造福人民"。

10月20日 "祁连山水源涵养效益的研究"通过国家林业部科技司鉴定。

是年 全区开展森林资源连续清查第二次复查及人工林资源清查工作。

1992 年

1月 张掖地区外贸部门首次向国外出售民乐苹果梨 45000 千克。

1月17日 省林业厅转发林业部通知,收取四项征占用林地费(征、占用林地的林地、林木补偿费、安置补助费和森林植被恢复费)。

1月24日 国家税务总局对林业系统免征土地使用税。

2月26日 民乐县大河口林场灌木林地失火,受灾面积 8.71 公顷。

4月8日 召开全区春季造林绿化动员大会。

4月 省长贾志杰在新华社《国内动态清样》(1992 年 4 月 11 日第 900 期)批示,要求专门研究,提出相应对策,制订治理规划,争取国家支持,动员全省力量,实行军民共建,保住河西走廊的"命根子"。在省林业厅的主持下,张掖地区行署林业处起草上报《甘肃祁连山林区综合治理规划》和《关于根本扭转祁连山区生态环境恶化的建议》。

5 月 3 日—10 日 首届"金张掖"梨花会在张掖市小满乡康宁村召开,30多万人次游园赏花。

5 月 12 日—16 日 祁连山区连续普降几十年罕见的大雪,降雪时间长达45—60 小时,平均积雪厚度 45—55 厘米,部分林区厚度达 1 米以上。山区林场受灾面积 4.22 万公顷,受灾林木 1460952 株,折算立木蓄积量 106355.8 立方米,重点受灾林班 104 个。

5 月 13 日 地区行政公署林业处、地区经济委员会下达《关于成立甘肃省张掖平原堡园艺场的批复》,同意建材总厂利用现有土地建立"甘肃省张掖平原堡园艺场",占地面积 213.33 公顷。

7 月 2 日 已故全国政协主席李先念的部分骨灰,照他生前遗愿,由其夫人林桂梅率子女和有关方面人员护送到张掖,然后转乘飞机,撒向他生前曾经战斗过的祁连山林区、康乐草原和梨园河畔。

8 月 12 日 中共中央总书记、国家主席江泽民到肃南县马蹄林场莲花湾视察,亲笔题词:"祁连松柏挺拔俊秀,各族人民情深意长。"

9 月 1 日 全省林业科技教育宣传工作座谈会在张掖召开,张掖地区行署副专员夏培生出席开幕式并讲话。

9 月 15 日 国家计委副主任郝建秀考察临泽县板桥园林中学。

9 月 20 日 省林业厅批复成立"甘肃祁连山养鹿集团公司",隶属甘肃祁连山国家级自然保护区管理局。

11 月 13 日 省林学会造林(杨树)专业委员会主办的"河西名优特品种研讨会"在张掖地区召开。

是年 省林业厅批准设立"高台县黑河流域自然保护区"。2004 年,省政府批准建立"甘肃张掖黑河湿地省级自然保护区"。

1993 年

3 月 11 日 省林业厅批准,在山丹县大黄山林区成立省级森林公园,定名"焉支山森林公园"。

4 月 19 日 召开全区春季造林绿化动员大会。

5月5日下午2时25分　民乐县遭受7—9级大风袭击,全县果树花卉损失22.5%,直接造成果品减产100多万千克。

8月4日　全国人大常委会环境保护委员会主任曲格平、联合国环境保护机构中国首席代表赫尔康一行来张掖,考察张掖蓝马鸡养殖场、马蹄寺自然风景区和地区野生动物保护站。

是年　国家林业部通知,规定县以上(含县)林业主管部门对当地经批准捕捉、出售、收购和利用野生动物或其产品进行表演、展览及外国人依法对境内野生动物进行野外考察研究、拍摄电影、录像、狩猎等,收取野生动物资源保护管理费。

1994 年

3月30日　"祁连山水源涵养林效益的研究(第二阶段)"获林业部科技进步二等奖。

4月8日　召开全区春季造林绿化动员大会。

6月下旬　地、县(市)分别召开沙漠化土地普查与监测工作会议,传达学习全国、全省沙漠化土地普查与监测工作会议精神,安排部署沙漠化土地普查与监测工作。1995年底全面完成普查任务。

7月13日　国家林业部副部长刘广运在祁连山进行立法调研,并题词:"保护祁连山自然资源,功在当代、利在千秋。"

是年　国家林业部批准祁连山水源林研究所在大野口增设森林生态系统定位观测点。▲国家林业部授予张掖市小满镇康宁村经济林"千亩村"称号。

1995 年

1月10日　国家林业部通知实行《使用林地许可证管理制度》。

3月　临泽县被评为首批"全国造林绿化百佳县"。

4月10日　召开全区春季造林绿化动员大会。

5月　国家林业部副部长沈茂成和野生动植物保护司副司长卿建华视察

指导祁连山林区工作。

7月27日 省林业厅批准,山丹县大黄山林场开展"飞防云杉阿扁叶蜂虫害"工作。作业飞行35架次,防治面积1120公顷,杀虫效果达93%。

是月 全国人大常委会环资执法检查团及省人大常委会领导来祁连山国家级自然保护区检查指导工作。▲实行科、工、贸一体化经营模式,民乐六坝林场划拨53.33公顷果园、213.33公顷荒地组建成立"滨河集团"。

9月18日 经中国人与生物圈国家委员会批准,祁连山自然保护区被接纳为"中国人与生物圈保护网络"正式成员。

10月10日 全省木材市场实行经营加工许可证制度。

11月11日 东大山林场护林人员冯学诗巡山查林时以身殉职。1997年5月,省人民政府授予冯学诗"革命烈士"称号。

11月24日—12月2日 国家林业部、中国科协、甘肃省人民政府联合在张掖召开甘肃河西走廊沙产业开发工作会议,原中共中央政治局常委宋平出席会议,著名科学家、沙产业理论奠基人钱学森向大会发来书面发言。

是年 张掖地区五泉林场移交临泽县人民政府管理。

1996 年

2月8日 正式启用"甘肃祁连山国家级自然保护区木材、林木产品调拨运输专用章",保护区范围内的木材、林产品开始实行凭证运输制度。

2月12日 张掖地区人造板厂中密度纤维板生产线正式投产。该项目填补全省中密度纤维板生产的空白。

4月5日 召开全区春季造林绿化动员大会。

7月13日—17日 全国螨类(红蜘蛛)学专家、南京农业大学国海源博士、教授,应邀来张掖地区举办螨类专题讲座。

7月30日 地区行政公署第四次专员办公会议同意设立肃南县白庄子、西水,高台县元山子,张掖市哈寨子,民乐县城东5个木材检查站,报省政府审批。

是月 寺大隆林区连降暴雨,造成山洪暴发,山体滑坡,塌方和泥石流淤积路面,大部分路段护坡被冲毁、路基下陷,直接经济损失 705.6 万元。10 月 18 日地区行政公署第六次专员办公会议决定,由地区财政拨出 16.4 万元用于修建寺大隆林场道路,并决定寺大隆林场场部由柳树园子搬迁至塔尔沟。

8 月 16 日 "96'金张掖'马蹄寺旅游观光节"在张掖开幕。

是月 甘肃省祁连山水源涵养林研究所高级工程师傅辉恩、副所长刘建勋在云南现代林业研究所参加"国际热区人工群落与生物多样性协会现代林业委员会成立大会",傅辉恩担任首届理事。▲省政府政策研究室、省林业厅联合组织的调查组,深入林区对祁连山保护区存在的问题和面临的形势作调查研究,事后向省政府专题汇报。

9 月 13 日 省林业厅厅长郭继芳,副厅长张生贤、田志勇、陈耀仁等实地考察祁连山国家级自然保护区,并召开了有关祁连山国家级自然保护区管理局改革发展等问题的现场会。

9 月 17 日 地区行政公署第四次专员办公会议讨论通过行署林业处《张掖地区森林公园管理暂行条例》,并决定经行署法制处审核后,由行署印发执行。

12 月 全区 9 个林果产品在全省第二届名优特产品评选会上获全省名特奖。

是年 开展森林资源连续清查第三次复查。▲高台县首次发现杨树蛀干害虫黄斑星天牛,林业部门组织专业技术人员在全区范围内开展专项普查,张掖、高台、山丹 3 县(市)发现疫情点 9 处,发生面积 398.07 公顷。

1997 年

3 月 4 日—5 日 甘肃省河西五地(市)杨树蛀干天牛疫情专项普查工作会议在张掖召开。

是月 省政府法制局、省人大常委会环资委有关领导着手对《甘肃祁连山国家级自然保护区管理条例》进行实地调研、审定。

4 月 1 日 河西走廊农田林网座谈会议在兰州召开。

4 月 10 日 省林业厅批复成立黑河省级 B 等森林公园。

4 月 12 日 召开全区春季造林绿化动员大会。

6 月 联合国开发计划署援助项目《中国森林可持续经营研究与实施能力建设》（UNDP/CPR96/109）正式启动。

7 月 1 日 甘肃祁连山水源涵养林研究所办公楼及培训中心落成。

7 月 11 日—12 日 中共中央政治局委员、国务院副总理姜春云来张掖视察科教兴农、沙产业开发及祁连山自然保护区等工作。

8 月 16 日 国务委员宋健由省长孙英陪同到马蹄寺风景旅游区视察。

8 月 22 日 甘肃省治沙联谊会年会在张掖召开。

9 月 3 日—6 日 全国农发行信贷支持沙产业现场会在河西召开，张掖沙产业开发得到国家支持。

9 月 12 日—14 日 省政府在兰州召开祁连山自然保护区工作会议，专题研讨祁连山国家级自然保护区建设发展问题。会议听取了省人大常委会环资委关于《甘肃祁连山国家级自然保护区管理条例（草案）》的情况介绍，讨论修改《关于祁连山水源涵养林保护与建设的意见》。

9 月 29 日 《甘肃祁连山国家级自然保护区管理条例》经省八届人大二十九次常务委员会议通过。

10 月 11 日 国家林业部副部长刘于鹤视察张掖地区林果业研究所，并题词"地级林业科研机构的典范"。

12 月 1 日 地委书记马西林主持召开"关于贯彻落实《甘肃祁连山国家级自然保护区管理条例》"座谈会。会后地委秘书处、行署办公室联合下发《关于印发贯彻〈甘肃祁连山国家级自然保护区管理条例〉的通知》。

是年 肃南县境内 7 个林场 46 个护林站完成通讯组网试点工作，投资93.1 万元。

1998 年

1 月 13 日 出席省九届人大一次会议的张掖代表团代表马西林、安维堂、尹积录等向会议提交反映祁连山的地位、现状及保护建议提案。

1 月 15 日 甘肃日报刊发记者周奉真的《心系祁连话保护》一文，登载几

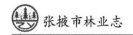

位代表的意见和发言。

是月 省政协委员提交的《关于祁连山水源涵养林列入国家天然林保护工程的提案》被国家林业部采纳,并获优秀提案奖。

4月12日 召开全区春季造林绿化动员大会。

4月上旬 中国人民解放军张掖军分区被评为"全军绿化先进单位"。

是月 临泽县荣获"全省林果支柱产业十强县"称号。

5月上旬 民乐县连续出现霜冻、沙尘暴、浮尘等灾害性天气,致使梨花授粉不良,坐果率大幅度下降,造成全县苹果梨减产5400万千克,经济损失4300多万元。

7月31日—8月2日 国家环保总局副局长祝光耀一行来张掖调查研究自然保护及生态环境建设。

11月8日 祁连山自然保护区一期基本建设工程建成,通过国家林业局委托省林业厅主持的验收。

是年 祁连山林业生态工程经林业部"三北"局批准,列入国家"三北"防护林体系,总投资300万元,每年计划工程造林333.33公顷,封山育林333.33公顷,育苗333.33公顷。▲张掖地区政协委员向省政协八届一次会议提交《关于加快祁连山水源林生态工程建设步伐的议案》。▲省林业厅下发《关于确认全省林业调查规划设计单位资格的通知》,地区林勘队被确认为乙级单位资格。

1999 年

1月7日 省林业厅批复民乐县大河口林场建立"海潮坝省级A等森林公园",占地面积16040公顷。

2月16日 中共甘肃省委书记孙英赴地区林果所慰问林业干部职工。

4月14日 成立张掖地区林政稽查大队,挂靠行署林业处资源科。

4月15日 召开全区春季造林绿化动员大会。

4月23日 取消"育林基金营业税"。

5月7日—8日 省委书记孙英来张掖视察,走访视察张掖市碱滩乡高效节水示范区等示范点(区)14个。

6月16日 省人大常委会《森林法》执法检查组来张掖检查森林资源保护和管理情况。

7月19日 "中国西北干旱、半干旱区森林可持续经营研讨会"在张掖召开。《甘肃日报》以《祁连深处的庆典》为题进行报道。

8月3日 "甘肃祁连山国家级自然保护区水源涵养林及生物多样性保护工程"立项实施,工程总投资1242.1万元,其中国家投资745万元、自筹497.1万元,工程完成建设项目18个,2003年通过验收。

10月 国务院批准实施天然林保护工程,祁连山被列入工程建设范围。

11月15日 成立张掖地区林果花卉种苗培育中心,与地区林果业研究所合署办公。2002年撤地建市后更名为"张掖市林果花卉种苗培育中心"。

是年 省林业厅将民乐县列为全省22个防沙治沙重点县之一,并将海潮坝林区批准为省A级森林公园。▲张掖地区第二次荒漠化普查工作展开。

2000 年

是年初 张掖地区西部大开发战略全面启动。地委、行署下发《关于启动西部大开发战略的实施意见》。

1月8日 《张掖报》载,肃南县祁连山林区实现50年无火灾。

4月6日 地直各部门、企事业单位、省属驻张单位、部队及大、中专院校学生1万多人掀起春季植树造林高潮。

4月19日 召开全区春季造林绿化动员大会。

4月23日—25日 北京林业大学专家组来张掖地区考察生态建设和林业发展情况,同林业部门建立西部大开发院地共建机制,达成7个方面的经济技术合作协议。

4月下旬 祁连山自然保护区森林资源规划设计调查工作正式开始(二类资源调查),由省林业勘察设计研究院承担,2001年4月29日通过鉴定验收。

5月24日 地委、行署召开紧急会议,号召全社会紧急行动起来消灭杨树食叶害虫。

6月18日 中共中央总书记江泽民视察石岗墩高科技示范园区。国家副主席曾庆红视察地区林果研究所。

6月17日—18日 国家林业局副局长马福在省林业厅厅长马尚英陪同下考察张掖林业建设工作。

7月1日—3日 原中共中央政治局常委宋平来张掖考察,先后深入地区林果业研究所、青东沙产业开发区等地,对沙产业开发等作出重要指示。

8月12日—13日 中国农学会葡萄分会秘书长、北京大学教授晁无疾来张掖,考察葡萄生产并作指导。

9月16日 地委书记黄植培一行到寺大隆林场园林站视察。

9月19日 中共甘肃省委副书记仲兆隆到高台县视察葡萄基地建设。

9月中旬 地委、行署决定,用3—5年时间,发展优质葡萄基地1.33万公顷,把张掖地区建成全国重点葡萄生产基地,以此带动和建设葡萄深加工等相关产业。

是月 张掖森林公园被全国保护母亲河行动领导小组命名为首批"全国保护母亲河行动生态教育基地"。是全国14个入选单位中甘肃省唯一入选的单位。

11月20日 地区行政公署批复行署林业处成立"张掖地区林业开发总公司"。

11月28日 省林业厅批复建立"张掖地区中心苗圃",分十里行宫林场、红沙窝林场和祁连山水源涵养林研究所3个作业区,总规模666.67公顷,总投资2000万元,其中国家投资1600万元。2003年7月统一移交甘肃省祁连山水源涵养林研究院管理。

12月29日 滨河集团万吨葡萄酒项目投产,工程总投资6千万元,设计规模5万吨,为国内一流的现代化葡萄酒厂。

2001 年

1月3日 省护林防火指挥部办公室主持建设的"甘肃祁连山林区无线电通讯组网工程"通过验收并投入使用。

是月 张掖、临泽、高台、民乐 4 县（市）被省林业厅列入河西地区绿色通道、农田林网建设试点县（市）。

2 月 16 日 国家林业局保护司副司长陈建伟一行对祁连山自然保护区森林生态效益补偿有关问题进行调研，并深入西水等林场实地考察。

4 月 6 日 "祁连山自然保护区天保工程封山育林工作"会议在张掖河西宾馆召开。

4 月 16 日 召开全区春季造林绿化动员大会。

是月 国家投资 1.96 亿元，地方配套 4893.5 万元的祁连山天然林保护工程在张掖全面启动。▲民乐县童子坝河流域水土保持综合治理计划被列为国家财政预算内专项资金水土保持项目，计划用 5 年时间全面治理童子坝河流域生态环境。

5 月 29 日 "国家级生态功能保护区建设试点建设规划论证会"在张掖召开。来自国家有关部门，科研院校、所及 15 个省（市、区）环保局的领导和专家 70 余人参加会议。

6 月 22 日—24 日 中国科学院副院长、院士陈宜瑜来张掖视察黑河流域水源、生态、经济综合管理示范项目实施情况。

7 月 12 日 《甘肃省黑河干流退耕还林（草）工程规划方案》通过专家审定。

8 月 3 日 国务院批复甘肃省人民政府《黑河流域近期治理规划》，将黑河流域综合治理纳入西部大开发重点工程。

8 月 21 日—23 日 省长陆浩带领省直有关部门负责人，就黑河流域水资源和生态环境问题进行专题调研。

9 月 1 日 全国政协副主席、著名水利专家钱正英在地委书记李希的陪同下，到民乐滨河集团绿野生态林种苗引育及节水示范基地视察。

9 月 7 日—8 日 国务院参事考察团一行 20 人来张掖考察退耕退牧还林、科技兴林、节水高效农业等方面工作。

9 月 20 日 "全省绿色通道农田防护建设现场会议"在张掖召开。

10 月 16 日—17 日 省林学会治沙专业委员会三届五次会议暨林业治沙研究院（所）联谊会在张掖召开，来自全省 8 个会员单位的 40 多名林业、治沙专家和技术骨干参加会议。

10月28日—29日 德国专家 Frank Flasche 先生和 Comelia Sepp 女士到肃南县西水林场进行实地考察,并于10月30日至31日召开中德技术合作祁连山林区可持续发展座谈会。

11月25日 地委、行署召开全区黑河流域近期治理工程建设动员大会。

12月3日 张掖地区行署人事处批复同意在甘肃祁连山水源涵养林研究院内设立"张掖地区专业技术人员继续教育基地"。

是年 全区开展森林资源连续清查第四次复查。

2002 年

3月20日 市机构编制委员会批准成立"张掖市森林资源及荒漠化监测中心",同市林业勘察设计队合署办公。2008年更名为"张掖市生态环境监测监督管理局"。

3月30日 甘肃省九届人大常委会第二十七次会议通过《关于修改〈甘肃祁连山国家级自然保护区管理条例〉的决定》。

是月 地委、行署"两办"发文,从地区农口部门抽调74名工作人员赴各县开展退耕还林工程宣传发动和挂项包县蹲点指导。▲肃南县被国家林业局确认为"全国林业工作站建设合格县"。

4月5日 地委、行署在高台县召开全区林业重点工程建设现场汇报会。

4月9日 亚洲银行支援荒漠化防治方案考察座谈会在张掖召开,来自澳大利亚、加拿大及中国的水利、农村社会学、农耕制度、牧场管理、旱区林业、扶贫等方面的专家组,以张掖为重点进行现场调查,并研讨河西绿洲生存发展大计。

4月15日 市纪委、监察局颁布《关于对违反退耕还林(草)工作政策行为给予党纪政纪处分的暂行规定》。

4月18日 召开全市春季造林绿化动员大会。

4月23日—27日 国家林业局"三北"防护林建设局局长王成祖一行来张掖检查指导"三北"防护林建设工作。

是月 退耕还林还草、重点防护林、"三北"四期、绿色通道、天然林保护和林果产业六大林业重点工程全面启动实施。▲张掖斯丹纳酒花有限公司无偿为张掖农场和西城驿林场等单位提供 18 万株(价值 80 多万元)高钾酸酒花新品种种苗,支持地区酒花产业发展。

5 月 18 日—22 日 全国政协副主席杨汝岱、全国政协经委副主任刘方运、原林业部部长陈耀邦等一行,来张掖视察黑河流域综合治理情况和高台县林业工作。

7 月 16 日—18 日 省人大组织甘肃日报、人民之声报、兰州晚报、甘肃电视台等 10 家新闻单位的 12 名记者成立"陇原环保世纪行'聚焦祁连'采访团",来张掖开展祁连山水源涵养林保护的专题采访。

是月 国务院函复撤销张掖地区和县级张掖市,设立地级张掖市和县级甘州区。张掖地区行署林业处更名为张掖市林业局,张掖市(县级)林业局更名为甘州区林业局,两单位所辖直属单位及科室相继更名。▲肃南马蹄寺景区被国家旅游局公布为 AAA 级景区。

9 月 9 日—12 日 全省林业事业单位改革现场会议在张掖召开。

9 月下旬 草原兴发"绿鸟鸡"在肃南喂养成功。▲山丹境内首次出现国家一级保护动物灰鹤。

12 月 24 日 省林业厅批复东大山、龙首山自然保护区在原体制不变的情况下分别加挂"甘肃祁连山国家级自然保护区管理局东大山自然保护站""甘肃祁连山国家级自然保护区管理局龙首山自然保护站",2003 年 3 月举行挂牌仪式。

12 月 26 日 经国家级生态功能保护区专家评审委员会评审通过,"黑河中上游生态功能保护区"被列为第一批国家级生态功能保护区,并上报国务院审批。

是年 国务院副总理温家宝在河西地区考察时指出:"祁连山的生态保护既直接关系到黑河和石羊河流域的治理,也关系到河西的长远发展。要重点做好天然林保护、草场保护和冰川水资源保护三个方面的工作。"▲实施退耕地还林减免征收农业税政策。

2003 年

1 月 17 日 市科技局组织林业、农业、畜牧等方面的专家和科技人员编写的科技培训教材《农村实用技术丛书》出版发行。

是月 国家自然科学基金重点项目《祁连山森林植被与水资源的相互影响及合理调控机理研究》和国家自然科学基金面上项目《祁连山土壤呼吸沿海拔梯度变化规律研究》正式启动实施。

3 月 30 日 全国森林生态系统定位研究站会议暨第三次中国林业科技论坛会议在海南召开,国家林业局为"中国森林生态系统定位研究网络(CFERN)祁连山森林生态站"授牌。

4 月 9 日 召开全市春季造林绿化动员大会。

6 月 "甘肃祁连山林区国家级重点森林火险区综合治理工程"启动实施,项目批准建设投资 1187 万元,其中国债投资 593 万元,地方配套 594 万元。

8 月 6 日 省人大常委会副主任李德奎对祁连山自然保护区和黑河张掖段的生态环境状况进行考察调研。

是月 中共张掖市委书记李希到山丹县大黄山林场调研。

9 月 22 日 甘肃省祁连山水源涵养林研究院科技部国家重点野外科学观测试验站、国家林业局中国森林生态系统定位研究网络祁连山森林生态站、中国科学院寒区旱区环境与工程研究所黑河流域(上游)综合研究基地、兰州大学水文学科研教学基地、甘肃农业大学林学院科研教学基地揭牌。

9 月 24 日—27 日 "甘肃省学术年会第三分场暨甘肃省林学会建会 40 周年庆祝大会"在张掖召开,全国政协副主席钱正英、省委副书记马西林出席会议并讲话,中国工程院院士沈国舫作学术报告,省林业厅厅长马尚英致辞。

10 月 11 日 甘肃省外专局引智项目"祁连山水源涵养林研究"启动,以色列水文学专家 Dr. Avi Gafni 教授来张掖开展为期 13 天的合作交流。

是年 成立张掖市园林绿化局,内设办公室、建设科、湿地管理科、规划设计科、绿化站,为市林业局下设二级局。▲张掖市绿化委员会制定印发《张掖市适龄公民义务植树绿化费收缴管理实施细则》。

2004 年

2 月 19 日 全市日元贷款风沙治理项目启动。

是月 张掖市破获一起特大非法收购、贩运珍贵、濒危野生动物及其制品案。

3 月 28 日 召开全市春季造林绿化动员大会。

4 月 22 日 国家林业局副局长祝列克在省林业厅厅长马尚英、市委书记田宝忠陪同下,检查全市退耕还林等工作。

5 月 3 日—5 日 张掖市出现强霜冻,致使全市果树大面积遭受冻害。全市成灾面积 7.87 万公顷,因灾损失 53103 万元。

7 月 1 日 张掖市人民政府颁布《张掖市封山禁牧实施办法》。

7 月 8 日 国家"三北"局副局长张炜一行来张掖检查"三北"四期工程以来整体实施情况和造林绿化工作。

7 月 17 日 寺大隆林场杨哥资源管护站管护人员与青海省私自入山采挖冬虫夏草人员发生围攻殴打事件。肃南县人民政府与青海省祁连县人民政府在青海省祁连县召开边界维稳协调工作会议,并达成协议。

9 月 国家林业局组织的公益林分类区划补偿费项目核查小组对祁连山自然保护区重点生态公益林建设情况进行核查,核准率 91% 以上。

10 月 19 日 中共张掖市委、张掖市人民政府印发《关于进一步加快林业发展的意见》。

11 月 9 日 全市林业可持续发展战略研讨会召开。

2005 年

3 月 18 日 召开全市春季造林绿化动员大会。

3 月 21 日—22 日 "甘肃祁连山国家级自然保护区工作会议"在张掖召开,市委副书记管钰年出席会议。

3 月 27 日 中共张掖市委书记田宝忠到寺大隆林场园林站检查指导工作。

5 月 16 日—18 日 "全省林业产业调研河西片座谈会"在张掖召开,会议由省绿化办公室副主任魏至公主持,张掖市副市长安永红出席会议并讲话。

8 月 22 日 "甘肃省干旱半干旱森林可持续发展与生态环境综合治理高级研修班"在张掖举办。

9 月 2 日 中国科学院郑度院士到祁连山森林生态站考察。

9 月 26 日—29 日 全市林业系统"林业杯"第二届职工运动会在山丹县举行。

10 月 3 日 中共张掖市委书记田宝忠到大黄山林场调研林业产业开发工作,并到焉支山森林公园进行实地调研。

10 月 12 日 "张掖市林业科学研究院"揭牌仪式暨成立 30 周年庆典在市林业科学研究院举行。市委副书记王锐、中国林业科学院研究员兰再平出席庆典大会并揭牌。

11 月 28 日 《张掖市湿地保护与恢复工程规划(2005—2030)》由市政府第九次常务会议通过评审。

是年 甘肃祁连山国家级自然保护区部分林地纳入国家重点生态公益林补偿范围。▲开展全市重点公益林区划界定,并实施补偿措施。▲省财政厅、省林业厅通知施行《森林植被恢复费征收使用管理实施办法》。▲张掖市人民政府印发《张掖市造林质量事故行政责任追究办法(试行)》。

2006 年

1 月 "祁连山水涵院红沙窝荒漠化综合防治试验站"被国家林业局确定为全国 128 个国家级沙尘暴及荒漠化野外监测站之一。

3 月 23 日 召开全市春季造林绿化动员大会。

4 月 10 日 省人民政府主持的"甘肃祁连山国家级自然保护区范围调整评审会"在兰州召开,会议研究通过保护区面积调整意见,形成上报国务院和有关部门的审批文件。

7 月 张掖市黑河流域湿地资源管理局成立,为副县级建制事业单位,隶属张掖市林业局,2009 年升格为正县级,与张掖市园林绿化局合署办公。

8 月 27 日—29 日 全国政协人口资源环境委员会关注森林活动组委会主任陈邦柱、副主任张洽,国家林业局党组成员、关注森林活动组委会主任兼执委会主任、中央纪委驻国家林业局纪检组组长杨继平一行组成的联合调研组来张掖,对祁连山自然保护区建设和水资源可持续利用及节水型社会建设情况进行调研。

是月 红沙窝荒漠化综合防治试验站被国家林业局荒漠化监测中心纳入全国典型沙化监测网络定位监测站。▲省林业厅以大黄山保护站焉支山森林公园为主题,拍摄专题影片,在甘肃卫视播放。▲山丹南湖生态园景区被综合评定为国家 AA 级旅游景点。

10 月 13 日 国家水利部规划司副司长高而坤一行来张掖调研黑河流域综合治理。

10 月 28 日 甘州区湿地保护与绿化工程奠基。工程总面积 118.25 公顷,总投资 2038 万元。

11 月 5 日 内蒙古自治区阿拉善右旗阿拉腾朝克苏木乡在东大山保护站闸子沟林区拉设刺丝围栏时,与闸子沟资源管护站护林人员发生纠纷,强行摘除 "东大山自然保护区管理站闸子沟护林站""甘肃祁连山国家级自然保护区管理局东大山自然保护站闸子沟资源管理站" 标牌和护林防火宣传牌,并强行带走东大山保护站护林人员 2 名,扣留 10 天。

11 月 13 日 张掖市人民政府第八次常务会议讨论通过《张掖市黑河流域湿地管理办法》。

11 月 20 日—22 日 北京绿色环保前线栏目组记者到龙首山保护站后石门资源管护站,对林区动植物资源和职工工作、生活情况进行专访,编辑制作长达 60 分钟的《沙漠边缘护绿人》纪录片。

是年 张掖市被国家林业局纳入全国 6 个 "防沙治沙综合地级示范园区" 之一。▲全市森林资源连续清查第五次复查启动。

2007 年

2 月 17 日 中共中央总书记、国家主席胡锦涛到兰州中心气象台考察。期间就祁连山冰川锐减、民勤绿洲退缩等事宜作出重要指示。

3月4日　全国政协十届五次会议委员杨新华向全国"两会"提交《关于祁连山环境保护问题的提案》。

3月6日　国务院总理温家宝在参加甘肃代表团审议时提出,希望做好甘肃生态环境建设和保护方面的四件大事:"第一件事是一定不要使民勤成为第二个'罗布泊'。第二件事是要坚决保护好敦煌的生态环境和文物古迹。第三是千方百计不使祁连山环境恶化,冰川消失,这关系整个甘肃人民的生存。第四,我还关心几条河流的沙化和盐碱化,特别是石羊河和黑河流域综合治理以及洮河水源保护。这四件事悬在我心里,我觉得这都是影响子孙后代的事情。"

3月26日　省长徐守盛召集有关副省长、省政府秘书长和省直部门负责人,专题研究落实温家宝总理关于保护祁连山冰川和生态环境的重要指示,编制《祁连山冰川和生态环境综合治理规划》。

3月28日　《张掖市实施〈甘肃省全民义务植树条例〉办法》发布施行。

3月30日　市政府第三次常委会议研究决定成立"张掖市黑河流域湿地管理委员会"。

4月5日—9日　全国人大常委会副委员长许嘉璐实地考察河西走廊星火产业带建设,指出要充分考虑石羊河上游祁连山的生态环境问题,强化水源涵养林的保护和建设。

4月12日　召开全市春季造林绿化动员大会。

4月15日　新西兰红梨落户民乐县童子坝水管所农场和县民政局农场。

4月16日　中央人民广播电台《穿越"三北"风沙源》西线采访报道组来张掖市,就临泽、甘州两县(区)生态建设和防沙工作进行现场报道。

5月　"全省森林资源规划设计调查工作会议"在张掖召开,张掖市被确定为全省率先开展森林资源规划设计调查试点工作的五个市(州)之一。

6月22日　国家科技部科技基础性工作项目"中国冰川资源及其变化调查",对祁连山冰川展开考察。

6月27日　国家武警森林指挥部副主任朴东赫少将就张掖市武警森林部队选址一事进行调研。

7月23日　在张掖举办"全省干旱半干旱区荒漠化监测技术应用及湿地

资源保护与恢复技术"高级研修班。

8月7日—11日 陇原环保世纪行组委会组织的"陇原环保世纪行2007人与自然和谐记者采访团",深入马蹄、西水、寺大隆和东大山林场采访调研。人民网、甘肃电视台、《甘肃日报》等新闻媒体对采访活动刊发多次报道。

8月20日 副省长孙小系到肃南县西水林场视察自然保护区建设和生态工程建设。

8月24日 埃及国家植物营养、流域灌溉研究中心 Osama Mi. I. Nofal,Maybelle Saad Gaballah,Abdel-Halim I. Rezk 三位专家就祁连山生态环境保护问题进行座谈。

是月 在中国传统文化促进会、中国生态学会旅游生态专业委员会、中国县域旅游网、影响力传媒机构主办的66个独具魅力的"中国生态旅游大县"评选活动中,肃南县名列前10名。

9月4日 "张掖市设施葡萄丰产栽培技术"高级研修班举办。

12月 在兰州召开"全省第二届林果花卉交易会",张掖"红提"荣获金奖,"红梨"被评为十大名果之一。

是年 中共中央总书记胡锦涛视察甘肃,明确要求"要下更大的力气,继续推进天然林保护、退耕还林、退牧还草、防沙治沙等工作,努力遏制生态恶化趋势,实现人与自然和谐发展"。

2008 年

3月27日 召开全市春季造林绿化动员暨防沙治沙会议。

4月11日 市委书记陈克恭带领林业部门负责人到国家林业局汇报衔接相关工作。

是月 张掖市被省人民政府授予"甘肃绿化模范城市"称号。

6月28日 中国人民武装警察部队张掖市森林支队成立。

7月12日 市委书记陈克恭在大黄山林场检查天然林保护工程建设。

7月31日—8月1日 省政协副主席张世珍一行来张掖调研黑河流域湿地保护。

8月20日 省林业厅厅长高清和调研山丹县"三北"防护林建设及设施葡萄有机栽培工作。

9月1日—5日 市政府召开"张掖市城市总体规划修编暨湿地公园规划设计"招标会,澳大利亚和北京、上海、江苏、天津等地的9家规划设计单位参加竞标。

9月19日—21日 在张掖召开"甘肃省林学会治沙专业委员会暨林业科研院所联谊会四届四次会议"。

9月22日 国家林业局森林生态系统定位研究网络中心主办的"中国森林生态质量状况评估与技术报告"专题会议在张掖召开。

是月 国家林业局祁连山生态站暨甘肃省祁连山水源涵养林研究院成立30周年庆典仪式在张掖举行。

11月14日 市委书记陈克恭主持召开市委常委(扩大)会议,研究讨论"张掖市城市建设总体规划局部调整和张掖国家城市湿地公园规划方案"。

11月15日 市委常委会研究成立"张掖市黑河流域(张掖)湿地管理委员会"。

11月20日 市委书记陈克恭带领市委办、市林业局、市湿地管理局负责人赴京,向国家林业局局长贾治邦汇报张掖市湿地保护工作。

12月31日 黑河湿地保护工程滨河新区开工。

是年 临泽县被确定为"全省林权制度改革试点县",实行集体林地分林到户政策,并办理林权证、股权证。

2009 年

1月15日 张掖市委、市政府在兰州举行"银地战略合作暨项目推介会",对12个湿地项目进行推介。

1月17日—18日 国际湿地保护咨询专家、中国人民大学环境学院院长马中教授一行来张掖,实地考察黑河流域湿地保护工程。

2月19日 市民政局批准成立"张掖市葡萄协会"。

2月22日 "甘肃祁连山水源涵养林研究院龙渠青海云杉无性系种子园"

被国家林业局确定为全国首批 131 个国家级重点林木良种基地之一。

3 月 1 日　张掖国家湿地公园建设开工仪式举行。

3 月 10 日　甘肃省人民政府下发《关于调整张掖黑河湿地省级自然保护区范围的批复》，同意将保护区更名为"甘肃张掖黑河湿地省级自然保护区"，范围由 35600 公顷调整到 41164.56 公顷。

3 月 17 日　中共张掖市委、市人民政府印发《关于推进全市集体林权制度改革的实施意见》。

4 月 7 日　召开全市林业生态建设暨春季造林绿化动员大会。

4 月 29 日—5 月 2 日　民乐县遭受低温雨雪冻灾天气，沿山地区降雪厚度平均达 16 厘米，地面最低温度达−11.5 摄氏度，致使 10 个乡（镇）96 个村 2.8 万户苹果梨、杏树等果树遭受冻灾。

6 月 15 日　"台湾海峡两岸经贸考察团"来张掖，考察黑河流域湿地保护工程。

7 月 12 日—15 日　"全国森林生态功能评价技术高级研修班"在张掖举办。

7 月 16 日　在张掖召开"甘肃黑河湿地生态系统定位研究站（2009—2020年）建设发展规划论证会"。

7 月 28 日—29 日　"民乐、山丹沙棘综合加工基地"开工奠基仪式举行。

8 月 1 日　省委副书记刘伟平来张掖，视察高台湿地保护情况。

9 月 2 日　中共张掖市委、市人民政府召开"张掖市设施葡萄延后栽培研讨会"。

9 月 10 日　以"祁连山生态建设及可持续发展"为主题的甘肃省 2009 年学术年会在张掖召开。

9 月 11 日　第十一届全国政协人口资源环境委员会副主任、中科院院士秦大河来张掖考察国家湿地公园。

是月　临泽县银先葡萄在敦煌召开的第十五届全国葡萄学术研讨会和第二届中国葡萄节会上获得金奖。▲甘肃祁连山国家级自然保护区成立 20 周年庆典暨保护区展览馆举行揭牌仪式。

10 月中旬　祁连葡萄酒业公司第一批出口产品顺利通过海关检验行销日

本,成为甘肃省首个出口销售的葡萄酒产品。

11月20日 在北京召开的国家级自然保护区评审委员会上,张掖市申报的"甘肃张掖黑河湿地国家级自然保护区"顺利通过国家级评审。▲张掖市第二届人大常委会第二十次会议通过《关于保护黑河湿地建设生态张掖促进科学发展的决议》。

是月 在张掖召开"第五届甘肃祁连山国家级自然保护区护林防火联防会议"。

12月1日 省委副书记、省长徐守盛深入张掖国家湿地公园和滨河新区,视察黑河流域湿地保护工程建设。

12月3日 国家城乡建设部批复命名"张掖国家城市湿地公园"。

12月5日 在张掖召开"河西五市贯彻落实全省林业工作会议精神汇报会"。

12月23日 国家林业局批复命名"张掖国家湿地公园试点"。

是月 在中国(广州)国际果蔬、加工技术及物资展览会上,张掖市被评为"中国优质葡萄生产基地",金张掖红提荣获"中华名果"称号。▲张掖市实现祁连山林区及川区60年无森林火灾。

2010 年

3月6日 全国人大代表、肃南县县长安国锋向中共中央政治局常委、国务院总理温家宝汇报祁连山生态环境保护和黑河中游综合治理的有关情况。

3月28日 张掖林业系统5名专业技术人员被确定为甘肃省领军人才。

4月7日 召开"全市林业生态建设暨造林绿化动员大会"。市委常委、副市长陈义在会上强调,要以建设"生态安全屏障"为目标,大力实施退耕还林、"三北"四期、国家公益林、特色林果产业等重点林业工程。

4月23日 临泽县平川镇贾家墩村30岁的村民贾其煜出资152万元竞买林场,返乡播绿。

5月14日—17日 省人大常委会副主任洛桑一行来张掖,调研祁连山生态保护与系统治理。

5 月 16 日 山丹焉支山省级森林公园顺利通过国家 4A 级旅游终评。

5 月 18 日 市政府授予为全市设施葡萄产业发展做出突出贡献的甘肃农业大学教授、硕士研究生导师常永义"张掖市科学技术特殊贡献奖"称号,奖金 10 万元。

5 月 21 日 张掖市被全国绿化委员会授予"全国绿化模范城市"称号。

5 月 25 日 国务院参事室组织的"区域经济参事甘肃循环经济示范区"考察团一行来张掖,就湿地生态保护情况进行考察调研。

7 月 11 日—13 日 由中国科学院、国家自然科学基金委员会、中国农业科学院、甘肃省人民政府共同主办,张掖市人民政府、河西学院、张掖绿洲现代农业示范区管理委员会联合承办,以"生态可持续·绿洲更和谐"为主题的首届绿洲论坛在张掖举办。国内外 230 多名专家学者参加交流和研讨。▲"全省湿地保护与可持续发展高级研修班"在张掖举办,围绕"保护湿地和生物多样性,应对全球气候变化,推动可持续发展"这一主题,进行了学术交流与研讨。

7 月 15 日—17 日 在民乐县举行张掖市林业系统第四届职工运动会。

是月 甘肃祁连山水源涵养林研究院申报的"甘肃省森林生态与冻土水文水资源重点实验室"通过省科技厅批复立项。

8 月 3 日 第十届全国人大常委会副委员长成思危来张掖考察时指出:努力保护好湿地资源和生态环境。

8 月 6 日—7 日 全国人大常委、民盟中央副主席索丽生来张掖,视察祁连山生态保护与综合治理。

是月 国家人力资源和社会保障部、全国博士后管理委员会批准成立"甘肃祁连山水源涵养林研究院博士后科研工作站",开展博士后培养工作。

9 月 7 日 参加"全省葡萄酒产业发展国际研讨会"的专家来张掖,考察葡萄种植基地环境、酿酒工艺、葡萄酒企业发展等。

9 月 10 日—11 日 召开"全市设施葡萄产业发展研讨会",中国农学会葡萄分会会长晁无疾出席。

9 月 11 日 中外合作研究项目《中亚内陆干旱区聚落水管理和湿地恢复》的外方专家黑河流域考察组来张掖,市委书记陈克恭会见。

9 月 11 日—13 日 国际工程咨询公司农村经济与地区发展部副主任邹

涤带领的"甘肃省祁连山水源涵养区生态保护和综合治理规划专家组"对祁连山水源涵养区生态保护和综合治理规划进行现场评估,市委书记陈克恭、常务副市长王军陪同。

10月8日 张掖市圆冠榆、垂榆、红佳人梨、白榆、紫叶矮樱5个品(树)种被省林业厅审定和认定为省级林木良种。

10月11日—12日 省委书记、省人大常委会主任陆浩来张掖调研,对张掖以保护促进生态环境修复、以旅游业发展体现湿地多元价值、以生态建设引领城市发展的做法给予充分肯定。

10月13日 祁连山水源涵养林区生态保护和综合治理规划专家组现场评估反馈会议召开。

10月18日 张掖润泉湖公园举行揭牌仪式,成为国家住建部在甘肃省命名的首家国家级城市湿地公园。

10月22日 市委常委会提出,转变经济发展方式,建设生态文明大市。

10月26日 甘肃祁连山国家级自然保护区"国家生态文明教育基地"正式挂牌成立。

是月 张掖市获得首批国家湿地保护补助资金300万元。

10月28日 国务院总理温家宝对民盟中央副主席蒋树声、第一副主席张梅颖提交的《关于祁连山生态保护与综合治理的建议》作出重要指示。

11月21日 国家发改委祁连山生态保护与综合治理调研组来张掖调研。

12月3日—4日 张掖市人民政府主办,市林业局、市葡萄协会承办的"全国设施葡萄科技研讨会暨金张掖红提开园仪式"举行。

12月19日 中共张掖市委、张掖市人民政府出台《关于建设生态文明大市的意见》。

是年 开展全市森林资源规划设计调查(二类调查)工作。

第一编　环境·资源

张掖行政区域呈东西广长,南北衾狭。地质雄厚,地貌奇特,山脉连绵,气候适宜,土壤肥沃,植被丰茂,环境优美。林业资源包含历代森林面积、蓄积量、覆盖率,树木种类、森林植被、古树分布、野生动物和湿地、宜林地、荒漠地等。

第一章　自然环境

张掖位于甘肃省西北部,河西走廊中段,东西长 210 千米—465 千米,南北宽 30 千米—148 千米。全市总面积 4.21 万平方千米,占全省总面积的 9.2%,其中耕地占 5.1%,林地占 7.1%,草地占 52%,水域占 0.9%,交通道路占 1.5%,城乡建设和居住用地占 1%,高山秃岭、盐碱苇塘、裸土荒滩、沙漠戈壁等难利用地占 33.6%。区内地质结构复杂,地貌类型多样,总体上呈现山盆结构。沙漠戈壁广布,黑河贯穿全境,土壤肥沃。气候属大陆性温带气候,宜农宜林宜牧。

第一节 地质地貌

一、地 质

辖区地质构造复杂,所处大地构造位置重要,是青藏高原向内蒙古高原跌落过渡的分界处,也是地壳重力梯度的分界带。南部和北部地层岩性、地质构造、地壳厚度、成矿条件不同,差别较大。

地层发育齐全,前古生界至第四纪均有分布。地层中普遍储存丰富的金属和非金属矿藏,是全市经济建设和人民生活的重要资源。

境内南北分属两个不同的大地构造单元,北部以前震旦系片岩、片麻岩、白云质大理岩、石英岩为基底的震旦系及其之后沉积地层为盖层的中朝地台阿拉善台块;南部和中部为昆仑—秦岭地槽褶皱系的北祁连褶皱带和走廊过渡带,在屡次构造运动影响下形成一系列地向斜、地背斜及断裂构造和断陷盆地。特别是第四纪以来,新构造运动使祁连山、合黎山、龙首山、大黄山、榆木山急剧上升,成为年轻的中华式高大险峻山体及山前沉降剧烈的断陷盆地。在区域地质构造格局控制下,南部和北部褶皱、断裂和新构造运动特征有所不同。

(一)褶 皱

境内地层经受前加里东期、加里东期、海西期、印支期、燕山期、喜山期六次主要褶皱构造运动,形成复杂的地向斜、地背斜和短轴背斜、短轴向斜。

1. 北祁连褶皱带肃南褶皱束。位于境内南部,南侧以深断裂与祁连中间隆起带相邻,北侧至祁连山山前深断裂带由数条地向斜及地背斜组成。这些褶皱构造主要发育在古生界及中新生界中,褶皱轴走向以北西方向为主,两翼不对称,向南东和北西方向延伸,有时走向为北东—南西方向的断裂构造错断。

2. 走廊过渡带。位于境内中部,北侧以龙首山山前深大断裂为界,南抵祁连山山前深断裂。其间发育有一系列短轴背斜和短轴向斜,主要有榆木山复式背斜、牛毛山复式背斜、大黄山复式背斜、吴宁寨背斜、平坡向斜、新坝—皂矾沟向斜6条。

3. 阿拉善台块。位于境内北部的龙首山及合黎山地区。龙首山地区发育有

1 条复向斜,其南侧以山前深大断裂为界,北面以山前中、新生界凹陷为界,呈南东—北西向延伸。合黎山地区发育有 20 余条短轴褶皱。

(二)断 层

境内地层在漫长的地质年代里,岩石遭受多次构造变动而受到挤压破碎、扭裂和位移。构造形迹纵横交错而复杂,归纳起来有走向断层和平推断层两类。走向断层在祁连山地区呈断层束分布,在河西走廊地区呈阶梯状展布,在龙首山和合黎山地呈分枝派生或聚拢。平推断层境内主要断层有龙首山北侧大断裂、河西走廊北侧深大断裂、河西走廊南侧深断裂、北祁连褶皱带肃南褶皱束南侧深断裂 4 种。

(三)新构造运动

南部祁连山山区是新生代以来上升幅度最大地区。上新世末(距今大约260 万年—248 万年之间)印度洋海底扩张加剧,印度板块向北移动。祁连山开始新一轮的继承性活动,形成 5 条走向为北西西的断块上升的高大山体和 4 条走向为北西西的山间断块沉陷谷地,自南而北分布有托勒南山和托勒谷地、托勒北山和黑河谷地及走廊南山(祁连山)。大约在早更新世末期(距今 73 万年左右),祁连山山区曾遭受一次普遍的大面积的强烈剥蚀,在海拔 3000 米—3200米之间形成诸如张掖平顶山、肃南牛心墩山的夷平面。大约在距今 73 万年之后祁连山区呈现以震荡式上升为主,形成多达 Ⅱ 级的堆积台地。大约距今 20万年以来,新构造运动特征呈现以右旋滑动为主,水平位移量大于垂直上升量,同时伴随地震发生和河流袭夺。

中部河西走廊,新生代以来沉降幅度较大,特别是 248 万年以来的第四纪表现尤为突出。在距今 248 万年—94 万年之间,河西走廊为急剧沉陷时期,走廊内普遍沉积厚 600 米的玉门砾岩和 300 米左右的坝格楞组亚砂土、亚黏土夹砂砾石。在距今 94 万年—55 万年之间的文殊运动影响下,青藏高原向北东方向的压应力增加,河西走廊基底断块复苏,民乐永固以北和大黄山地区隆起,形成低山丘陵,并把山丹盆地、马营盆地与张掖盆地分开,形成独立的水文地质单位。在距今 55 万年—20 万年之间,张掖盆地和红崖子地区继续沉降,堆积厚度大于 300 米的下酒泉组砾石层。在距今 20 万年左右,由于鸣沙山运动的影响,元山子及其以南地区缓慢上升,使第三系疏勒河组泥岩、下更新统玉门砾岩和中更新统下酒泉组砾石层发生褶皱,形成区域性向斜。

北部龙首山和合黎山,是在第四纪(距今248万年)以来不均匀上升运动作用下形成的。龙首山地区第四纪以来上升高度达1000米—2000米,形成陡峻的山坡和东大山、龙首山、独峰顶等险峻的山峰。合黎山一带上升幅度较小,不足500米,形成低缓的大青山、小岵山、卧牛山、慕少梁等低山丘陵和台地。中更新世末期(距今大约20万年左右),合黎山西端的金塔南山断块上升,金塔盆地与张掖—酒泉盆地分开,黑河在正义峡一带切割200米—250米,形成长10千米,宽30米—50米的峡谷。

二、地 貌

辖区自南向北分为祁连山山地、中部平原、北部山地三大地貌单元。祁连山山地群峰巍峨,山脉连绵;中部平原地域广袤、地势平坦,绿洲、沙漠、戈壁相间;北部山地岩石裸露,植被稀疏。

(一)祁连山山地

祁连山,又名南山,是我国主要山脉之一。古匈奴呼天为"祁连",因而得名。祁连山西接阿尔金山,东南接西秦岭,走向南东—北西,绵延千余千米。境内祁连山为中段和东段的一部分,长440千米,南北宽约20千米—75千米,面积24501平方千米,占全市总面积59.3%。山系由几条大体平行的山脉组成,山、谷相间,地貌类型有高山、中低山和山间谷地。

1.高山区。主要分布在肃南、民乐和山丹县境内,面积14046平方千米,占全市总面积的34%。自东向西由冷龙岭、走廊南山、托勒山、托勒南山等山系72峰组成。素珠链峰是祁连山的最高峰,位于酒泉市东南60千米的肃南裕固族自治县境内。构成山体的地层是古生界浅变质岩和侵入岩等。在阴坡海拔4500米以上、阳坡4800米以上终年积雪,分布有大小冰川988条,面积423.79平方千米,冰储存量达14.36立方千米,是本区各主要河流的发源地和河西走廊地表水资源的主要产流区,俗称"天然水库"。

高山区气候寒冷,冻土层广泛发育。阴坡海拔3800米以上、阳坡海拔4000米以上为常年冻土区,冻土厚一般30米—50米,最厚可达150米以上。在冻土区,植被类型主要为高山草甸和高山稀疏植被;在海拔3200米—3800米之间,以高山灌丛为主;在海拔 2800 米—3200 米之间,阴坡以青海云杉林和灌丛为主,阳坡以中生草甸草原和灌丛为主。由于气候变暖和人类活动等因素,黑河上游山区林线明显后移，森林覆盖率由 20 世纪 50 年代的 20.4%减少到 12.3%。

2. 中低山区。主要指榆木山,东、西牛毛山,大黄山,九条岭及盖掌大坂地区和祁连山前山地带,总面积为 7672 平方千米,占全市总面积 18.6%。主要分布在甘州区和肃南、高台、民乐、山丹县境。地层由下古生界变质岩及上古生界,中、新界沉积岩及各期侵入岩组成。山体走向大体呈北东南西向。中低山域山势高峻,山体绵延,峰高林密,林牧业发达,也是野生动物繁衍生息的适宜环境。在海拔 3000 米—3200 米之间,普遍发育有一期夷平面。沟谷切割深度一般为 300 米—600 米,水系切割最深地段可达 800 米—1000 米。

中低山区海拔一般较低,受人类活动影响较大,森林和灌木丛多数被破坏,今存天然森林面积 2177 平方千米,由乔木、灌木和疏林地组成。这些可贵的林区是河西走廊水资源的主要涵养区。

3. 山间盆地。在历次造山运动影响下,南部山区以断块沉陷形成黑河—珠龙关断陷盆地、托勒河断陷谷地和皇城河流谷地。山间盆地总面积 2783 平方千米,占全市总面积 6.7%,气候温凉,土地肥沃,水草丰茂,是最佳的天然牧场。

黑河—珠龙关盆地　位于黑河、洪水坝河、珠龙关河上游,面积 1549 平方千米,占全市总面积的 3.7%,海拔 3480 米—4145 米。南部由托勒山山前断裂沉降,北部由走廊南山山前断裂沉降,后经黑河、洪水坝河、珠龙关河冲刷、移动堆积而成。谷地内第四纪厚 50 米—150 米,由卵砾石和亚砂土组成。地势海拔较高,降水较多,气候阴凉,多数地区属于常年冻土区,夏季融冻形成高山沼泽。

托勒河谷地　位于托勒河上游,面积 937 平方千米,占全市总面积 2.3%,海拔 3400 米—3800 米。东西长约 80 千米,南北宽 4 千米—20 千米。基底为下古生界变质岩。第四纪厚 300 米—500 米,最厚达 1000 米以上,由沙砾卵石、亚砂土及冰水湖积物组成。谷地以 3‰的坡度由东向西倾斜。

皇城河流冲积谷地　位于东大河中游,面积 295 平方千米,占全市总面积 0.7%。海拔 2620 米—3200 米。是斜河和石桥河在皇城以南地区交汇形成的河流冲积三角洲。盆地第四纪厚 30 米—100 米,由沙砾石及亚砂土组成。地势平坦,地形以 5‰ 的坡度向北倾斜。

（二）中部绿洲平原

中部绿洲平原又称"河西走廊平原",海拔 1284 米—2500 米,面积 1.146 万平方千米,占全市总面积 27.7%。由山前冲积洪积戈壁平原、冲积洪积细土平原、冲积细土平原组成,并以 1.4‰ 的地形坡度由东向西垂降。走廊平原区地势平坦,土地肥沃,温差变化大,光热充足,水资源丰富,是全市农、林、牧、渔诸业的主要产区。

1. 山前冲积洪积砾石戈壁平原。分布在张掖盆地南部祁连山前的石岗墩、柴岗墩、甘浚堡和龙首山前、榆木山前及红崖子、元山子一带。面积 5166 平方千米,占全市总面积 12.5%。由洪水形成的山前洪积扇和黑河、梨园河、山丹河、马营河等较大河流出祁连山后形成的 Ⅳ—Ⅶ 级阶地组成。海拔 1450 米—2200 米。表面大部分被戈壁砾卵石覆盖,仅在倪家营、甘浚堡和新坝、红崖子一带表面分布有薄层亚砂土。戈壁平原区生长有稀疏的耐旱植物,呈现一片荒漠草原景象,可进行季节性放牧。表面为薄层亚砂土分布区,多数开垦为农田,成为绿洲。

2. 山前洪积细土平原。主要分布在山丹马营盆地和民乐地区,海拔 2550 米—3050 米,以 23‰ 的地形坡度向北倾斜。面积 1231 平方千米,占全市总面积 3.1%。气候温凉湿润,降水丰富,植被密茂,是甘肃省主要油料生产和优良军马培育基地之一。

3. 走廊冲积细土绿洲平原。主要分布在黑河流域的甘州、临泽、高台等地。面积 5050 平方千米,占全市总面积 12.2%。海拔 1300 米—1600 米。由河流冲积的 Ⅰ—Ⅲ 级河谷阶地组成。地表物质由冲积和湖积的亚砂土、亚黏土及粉细砂组成。Ⅰ—Ⅱ 级阶地分布于山丹河、黑河、梨园河河谷两岸,地势平坦。生长有稀疏矮小的灌木丛,适宜水稻生产,具有发展渔业的优越条件。Ⅲ 级阶地分布在冲积细土绿洲平原广大地区,地势平坦。地表物为冲积的亚砂土、亚黏土和粉细砂,并经长期耕作改良,土地肥沃,水源充足,引流灌溉条件优越,为主要商品粮生产基地。

4. 沙漠。辖区沙漠面积 1846 平方千米,占全市总面积 4.5%,其中甘州区 235 平方千米,占沙漠面积 12.7%;山丹县 57 平方千米,占 3.1%;民乐县 113 平方千米,占 6.1%;临泽县 279 平方千米,占 15.1%;高台县 683 平方千米,占 37.1%;肃南县 479 平方千米,占 25.9%。沙漠形态多而复杂,常见的有新月形沙丘、垄岗状沙丘和丛草沙丘。

新月形沙丘 主要分布在石岗墩、红沙窝、明花滩、盘头山以北地区。沙丘相对高差 20 米—30 米,两侧不对称,迎风坡缓,背风坡陡,宽 30 米—40 米,长 300 米—500 米,由数个相连形成沙链,呈南西—北东方向排列。流动性大,随风移动,给农作物和道路造成极大危害。

垄岗状沙丘 主要分布在朝元寺以东,西城驿、小鸭—蓼泉、明花滩及北山慕少梁等地区。沙丘垂直风向延伸,并多弯曲,其间也有新月形沙丘分布。垄岗状沙丘迎风面坡度为 15°左右,背风面坡度为 20°—30°,横断面不对称,纵断面呈波状起伏。相对高差一般 30 米左右,最高可达 50 米—60 米以上。

丛草沙丘 主要分布在古寨堡—五泉林场、鸭暖—蓼泉、板桥—平川、明花滩及茇茇台子等地。一般高 1 米—2 米,直径 5 米—10 米或更大一些。其上生长有大量植物,流动沙粒被植物固定后迎风面坡度较缓,约 8°左右,背风面坡度较陡,一般 40°左右。

(三)北部山地

北部山地包括龙首山及合黎山,统称"走廊北山"。面积约 5395 平方千米,占全市总面积 13%,是张掖免受北部风沙侵袭的天然屏障。

1. 龙首山山地。龙首山为中高山地,位于山丹县北部。海拔 2700 米—3000 米,最高峰东大山,海拔 3633 米。面积 880 平方千米,占全市总面积 2.1%。山体由震旦系及石炭系变质砂岩、板岩、千枚岩及花岗岩等组成。加里东运动使该区褶皱隆起成山,后经海西运动、燕山运动形成高大山体,尤其受喜马拉雅运动的影响,使山势更加陡峻,形成以构造侵蚀为主的断块上升的中高山地形。沟谷发育呈树枝状分布,多"V"字形沟谷和障谷、岩坎和跌水。气候干燥,植被分带受地势海拔高度影响明显。海拔 2900 米以上为高山森林景观,有青海云杉、山柳等乔灌林木 24.7 平方千米;海拔 2900 米以下,岩石裸露,植被稀疏,呈现以草本植物为主的荒漠景观。

2. 合黎山山地。合黎山位于甘州、临泽、高台县北部。海拔 1350 米—1800 米之间,最高峰大青山,海拔 2084 米。面积 4515 平方千米,占全市总面积

10.9%。合黎山山地由剥蚀低山、丘陵和山前高平原组成。

低山区由黑山、盘头山、大青山等组成。山体由前震旦系变质岩及海西期花岗岩构成,沿北西方向延伸。震旦纪早期的晋宁运动使合黎山隆起至今。在漫长的地质历史时期内,遭受强烈风化剥蚀,基岩裸露,呈现童山秃岭、一片岩漠景观。

丘陵地带分布在平易、北大山、杨台山及小孤山等地。由古生界变质岩,加里东期花岗岩,石英闪长岩及白垩系和第三系砂岩、泥岩、砾岩等组成。第四纪以来,在内外应力作用下,形成梯状高平原和丘陵地形。海拔 1400 米—1800 米,呈东高西低,北高南低。山顶平坦,山脊圆滑,山坡平缓。沟谷切割深度 60 米—100 米,宽 200 米—500 米,为箱型谷。受干旱气候影响,降水较少,植被稀疏,呈岩漠和砾漠景观。

山前高平原主要分布在临泽、高台北部的正北山、方架山和石泉子等地。海拔 1400 米—1500 米,高于河西走廊 100 米—250 米。是由合黎山区的低山和丘陵区岩石经长期风化和水流搬运,在山前地带堆积而成。地势平坦,由北向南倾斜。表面由洪积的含砾砂及含砾亚砂土、砂砾石组成。长期在风力吹扬

祁连山地貌

作用下,细粒物质被风搬运,砾石遗弃地表,呈现表面坚硬、下部松软的砾漠景观,故称"软戈壁"。气候干旱,降水较少,植被稀疏,沙丘和丛草沙堆遍布。

走廊北山山地地貌

第二节 水 文

一、河 流

分布在张掖境内的 26 条河流,年径流量在千万立方米以上的有黑河、马营(山丹)河、童子坝河、洪水河、海潮坝河、小都麻河、大都麻河、酥油口河、大野口河、大磁窑河、梨园河、摆浪河、水关河、石灰关河 14 条。其他三十六道沟、流水口、磁窑口、玉带河、山城河、黄草沟、柳家坝、马蹄河、河牛口、大河、黑达坂河 12 条小河,或汇入临近河道,或单独引灌少量土地而断流。其中黑河年径流量 17.26 亿立方米,为河西走廊最大的河流。全长 928 千米,境内流长 204 千米,年径流量 15.5 亿立方米,最大流量每秒 1150 立方米,流域面积 2.32 万平方千米,为境内生产和生活用水的主要水源。

表1-1 张掖市河流年径流量表

单位：千米、亿立方米

河流名称	河道长度	年径流量	注	河流名称	河道长度	年径流量	注
黑河	821	17.26		黄草沟河		0.035	（正常无水）
马营河（山丹河）	175	0.63	马营河 0.43	柳家坝河		0.05	
			霍城河 0.18	马蹄河		0.085	
寺沟河	54	0.107	汇入马营河	河牛口河		0.06	汇入马蹄河
三十六道沟		0.0281	汇入寺沟、马营河	酥油口河	60	0.448	
流水口河		0.0473	汇入马营河	大野口河	60	0.145	
磁窑口河		0.082	汇入马营河	大磁窑河	40	0.136	
童子坝河	95	0.738		梨园河	143	2.31	
洪水河	80	0.931		摆浪河	120	0.409	
玉带河		0.08	汇入洪水河	大河		0.0514	
山城子河	12	0.111	汇入洪水河	水关河		0.126	
海潮坝河	60	0.483		石灰关河		0.126	
小都麻河	50	0.174		黑达坂河		0.0505	
大都麻河	60	1.000					

二、地下水

张掖由于气候、地形、地质构造的不同，地下水的形成与分布具有明显的地理带性差异。

南山地下水 在海拔3200米以上的祁连山发育着多年冻土。冻结层厚度随地势增高由薄变厚，海拔3800米的黑河谷地冻结层厚度76米，4100米处冻结层厚度达141米。河谷地段，冻结层上水水量较小，冻结层下水水量略大，单位涌水量可达1.5升/秒·米。水质较好，属重碳酸钙型水。

较大的山间盆地有托勒河谷地和皇城盆地。托勒河谷地地下水类型为潜水—承压水性质,含水层厚度 35 米—94 米,单井涌水量 400 立方米 / 日—2500 立方米 / 日,矿化度小于 0.4 克 / 升。皇城盆地潜水含水层砂砾卵石,埋深 1 米—35 米,含水层厚度 10 米—45 米,单井涌水量 2000 立方米 / 日—3000 立方米 / 日,矿化度 0.4 克 / 升—0.5 克 / 升。

北山地下水 合黎、龙首山区受干燥气候的制约,除短暂的洪流外,无长年地表径流。由降水和洪水渗入形成的地下水,主要贮存于岩石风化缝隙和中新生界松散及碎屑岩类中。由于补给量有限,水量贫乏,单井出水量多不足 50 立方米 / 日。尤其是合黎山区,地下水资源极为贫乏,且水质很差,矿化度多大于 5 克 / 升,人畜用水十分缺乏。在靠近较高山体(海拔 2000 米以上)的中新界盆地,水量较山区相对丰富些,单井出水量可达 100 立方米 / 日以上,但水质较差,矿化度达 3 克 / 升。

平原地下水 走廊平原由一系列呈南、北展布的地貌盆地组成,盆地内堆积巨厚的新生界松散岩类,构成主要含水层。从地表到 200 米—300 米深度范围内的浅层含水层,是走廊各盆地地下水主要赋存层位。由于所处的地貌部位不同,每个盆地内由南向北其含水层岩性、厚度、地下水类型、富水性、水质等有明显差异。

盆地南部祁连山前洪积—冲积扇带,地下水为扇形砾石平原潜水,含水层由大厚度砾卵石组成。渗透性强,富水性亦强,单井出水量大于 3000 立方米 / 日,单位涌水量 10 升 / 秒·米—50 升 / 秒·米,潜水水质好,矿化度小于 1 克 / 升,为良好的饮用和灌溉水源。

盆地下中部细土平原,主要含水层厚度多为 50 米—100 米。单井出水量以张掖盆地最大,钻孔单井涌水量 5 升 / 秒·米—20 升 / 秒·米,渗透系数 50 米 / 日—200 米 / 日。矿化度一般小于 1 克 / 升,为 HCO_3–SO_4–Ca–Mg 型水或 SO_4–HCO_3–Ca–Mg 型水。酒泉东盆地钻孔单位涌水量 1 升 / 秒·米—2 升 / 秒·米,渗透系数 10 米 / 日—30 米 / 日。

三、冰 川

主要分布在肃南裕固族自治县和民乐县境海拔 4000 米以上的祁连山巅。共有冰川 988 条,面积 423.84 平方千米,冰贮量 14.36 立方千米。其中肃南 965

条,面积 416.9 平方千米,冰贮量 14.20 立方千米;民乐 23 条,面积 6.89 平方千米,冰贮量 0.16 立方千米。

黑河流域有冰川 260 条,面积 80.84 平方千米,冰贮量 2.10 立方千米。冰川平均面积 0.31 平方千米,最大冰川面积 2.81 平方千米。流域冰川折含水总贮量约 24.74 亿立方米,年均冰融水量 0.723 亿立方米,占黑河年径流量 15.5 亿立方米的 4.7%。

第三节　气候资源

张掖处于中纬度地带,深居大陆腹地,远离海洋,受青藏高原影响,属大陆性温带干旱气候,祁连山地区属高寒半干旱气候。具有光能丰富、温差大,夏季短而酷热,冬季长而严寒,干旱少雨、分布不均等特点。

一、光能资源

(一)太阳辐射

光能资源是可利用的太阳辐射能,通常以太阳总辐射量来表示。张掖市因晴天多,海拔高,年太阳总辐射量为 133.36 千卡/平方厘米—148.42 千卡/平方厘米,由东南向西北递增,最大值在甘州、临泽、高台一带。川区地形开阔,云量少,年总辐射量为 146.89 千卡/平方厘米—148.42 千卡/平方厘米,仅次于全国年辐射最大的西藏和柴达木盆地。在省内仅次于酒泉 150.7 千卡/平方厘米和敦煌 154.6 千卡/平方厘米。属太阳辐射量的高值区。辖区光照丰富,太阳辐射量大,有利于植物光合作用,提高农作物、林木、牧草单位面积产量,是本市得天独厚的一大宝贵资源。光质优越,生产的果品色浓、鲜艳、风味好、含糖量高、苹果梨、苹果、葡萄等果品畅销全国各地,都是因太阳辐射中多蓝紫光的缘故。

表 1-2　张掖市各县区太阳辐射量

单位:千卡/平方厘米·年

县区名	年总量	生理辐射	
		稳定≥0℃期间	稳定≥10℃期间
甘　州	148.42	55.38	40.06
山　丹	145.65	52.89	36.21
民　乐	143.35	46.05	25.52
临　泽	146.89	55.55	41.04
高　台	148.24	56.96	41.54
肃　南	133.36	43.55	23.70

（二）日照时数

张掖年日照时数为 2683 小时—3088 小时,日照百分率 60%—70%,比同纬度的天津(2705 小时)多 300 小时。分布情况是北多南少,随着海拔高度增加,日照时数和日照百分率也相应减少。川区的高台、临泽、甘州日照时数为 3051 小时—3088 小时,日照百分率 60%—70%;浅山区的山丹、民乐、肃南为 2683 小时—2996 小时,日照百分率 60%—67%;山区的大马营为 2823 小时,日照百分率 64%。

日照时数的年际变化,不论是川区和山区,都是夏、秋季最大,冬季最小。一年中日照时数从 3 月份开始逐月增多,6 月份达到最高值, 伏期和秋季维持次高状况,直到冬季的 12 月—2 月降到最低值。全市从川区到山区其年变化基本趋于一致。

表 1-3　　张掖市各县区年日照时数

单位:小时

县区名	年总量	作物生长季日照时数	
		稳定≥0℃期间	稳定≥10℃期间
甘 州	3085.5	2128.5	1459.9
山 丹	2996.3	1996.2	1301.7
民 乐	2932.3	1683.7	899.8
临 泽	3051.1	2144.8	1707.6
高 台	3088.2	2212.8	1527.6
肃 南	2683.0	1567.6	819.1

二、热量资源

(一)年平均气温

辖区地域辽阔,山川交错,气温、地温差异较明显。从空间分布看,川区的甘州、临泽、高台 3 县(区)年平均气温为 7.0℃—7.6℃,稳定通过 0℃和 10℃的年平均积温分别为 3388℃—3564.1℃和 2896.6℃—3078.4℃,适宜多种林木生长。沿山山丹、民乐两县年平均气温分别为 5.8℃和 2.8℃,稳定通过 0℃和 10℃的年平均活动积温为 2263.0℃—3108.2℃和 1611.4℃—2582.1℃。东乐、清泉和北滩、六坝等地,稳定通过 10℃活动积温在 2200℃以上。肃南县地处祁连山区,年平均气温县城所在地为 3.6℃,浅山区为 2℃—3℃,山区为 0℃—1℃,稳定通过 0℃和 10℃的活动积温,浅山区为 2336.4℃和 1631.0℃,山区≥10℃的活动积温不足 1000℃。

全市年平均最高气温为 13.0℃—15.7℃,其中川区 15.4℃—15.7℃,山区 10.3℃—14.5℃,祁连山区 5℃—11℃。平均最低气温冬季(1 月)最小,夏季(7月)最大,春季(4 月)大于秋季(10 月)。

表1-4 张掖市各县区年均热量状况

单位:天、℃

县区名	无霜期	≥0℃积温	≥5℃积温	≥10℃积温	≥15℃积温
甘 州	147	3388.0	3234.3	2896.6	2165.7
山 丹	149	3108.2	2971.0	2582.2	1854.4
民 乐	141	2263.0	2046.9	1611.4	357.3
临 泽	141	3557.0	3409.3	3078.4	2360.9
高 台	149	3564.1	3402.8	3063.6	2386.4
肃 南	115	2336.4	2134.8	163.0	411.4

(二)无霜冻期

甘州、山丹、民乐、临泽、高台5县(区)无霜冻期为141天—149天,肃南县为115天。随着海拔高度增加无霜冻期逐渐减少,海拔每上升100米,无霜冻期减少3天—4天。

(三)气温变化

1. 气温年变化。张掖各地气温年内变化均为单峰型。夏季气温最高,月平均气温的最大值出现在7月,平均为16.1℃—22.3℃,川区20.3℃—22.3℃,山区16.0℃左右,祁连山区12℃—14℃;冬季气温最低,最小值出现在1月,平均为-11.7℃—9℃,川区-9.5℃—9.1℃,山区-11.7℃—10.2℃,祁连山区为-14.6℃—11.4℃;春温高于秋温,春季气温回升的速度小于秋季气温下降的速度,春季4月平均为4.7℃—10.2℃,川区9.7℃—10.2℃,山区4.7℃—8.1℃,祁连山区0.5℃—2.0℃。气温年较差山区为26.3℃—27.6℃,川区为31.0℃—31.6℃,祁连山区为23.5℃—28.1℃。高台为全市气温年较差最大的地方(32℃),肃南是年较差最小的地方(26.3℃)。

2. 气温日变化。气温日变化受云量影响较大,晴天气温日变化曲线呈单峰型。夏季日最高气温出现在14点—15点,冬季出现在13点—14点。气温最大日较差,全市为27.7℃—44.9℃。祁连山区为22.9℃—30.5℃。春季24.6℃—30.8℃,夏季19.6℃—29.2℃,秋季22.3℃—35.5℃,冬季25.0℃—35.4℃。最大日较差一般出现在3月,有的年份出现在12月和2月。

气温平均日较差分布与气温年较差大体一致,即由山区向川区增大。山区

13.0℃左右,川区 14.2℃—15.5℃,其中甘州、山丹气温平均日较差最大,高山区气温平均日较差最小,为 7.8℃—14.2℃。春季(4 月),全市气温日较差在 13.0℃—16.2℃,祁连山区 8.2℃—13.7℃;夏季(7 月),11.4℃—15.1℃,祁连山区为 7.7℃—13.3℃;秋季(10 月),12.3℃—16.3℃,祁连山区为 7.1℃—13.8℃;冬季(1 月),14.0℃—16.7℃,祁连山区为 8.1℃—15.4℃。其中最大值一般出现在 1 月,高台、临泽在 4 月,祁连山区在 4 月和 6 月;最小值川区出现在 11 月,山区在 7 月,祁连山区在 9 月—10 月。

据研究,日平均气温稳定通过 5℃的日期,是多数林木恢复生长期,川区为 4 月 5 日—7 日,山区为 4 月 26 日—30 日,此时 5 厘米地温 10.2℃,10 厘米地温 9.6℃,土壤完全解冻日期川区为 4 月上旬,山区为 4 月下旬;果木物候期,平均芽开放期 4 月上旬,平均气温 7.0℃,5 厘米—50 厘米土壤湿度为 15%—20%;展叶期 4 月中旬,平均气温 9℃—10℃,土壤湿度 14%—19%。从水热条件分析,川区 4 月 1 日—20 日为植树造林(5 厘米—10 厘米地温 10℃—13℃),其中 4 月 5 日—15 日为造林最适宜期;山区 4 月下旬—5 月上旬为宜。而秋季造林川区以 10 月初,山区 9 月中旬为宜,此时正是 ≥10℃ 的终止期,且土壤湿度 14%—20.5%,墒情好,气候凉爽,蒸腾耗水显著减少,只要管理得当,就可提高成活率。

(四)界限温度与积温

川区 ≥0℃ 初日平均为 3 月 11 日—17 日,终日为 11 月 9 日—12 日,平均间隔日数为 240 天—247 天,活动积温为 3390℃—3567℃,最少年份为 3179℃,最多年份为 3569℃,80%保证率活动积温为 3315℃,比平均值减少 76℃;浅山区 ≥0℃ 初日平均为 4 月 5 日(民乐县),终日为 10 月 27 日,间隔日数为 205天,活动积温为 2267℃,最少年份为 2130℃,最多年份为 2395℃,80%保证率活动积温为 2175℃,比平均值减少 91℃;山区活动积温最少年份为 1590℃,最多年份为 1896℃,80%保证率活动积温为 1663℃,比平均值减少 73℃。

≥10℃ 初日川区平均日数为 4 月 19 日—25 日,终日为 10 月 2 日—4 日,间隔日数为 160 天—169 天,活动积温为 2870℃—3085℃。最多年份为 3095℃,80%保证率为 2735℃,比平均值少 135℃,浅山区最少年份为 1240℃,最多年份为 1940℃,80%保证率为 1435℃,比平均值少 130℃;山区最少年份为 810℃,最多年份为 1351℃,80%保证率为 903℃,比平均值少 130℃。

（五）气温极值

农业气候指标温度,亦即植物生长发育的界限温度,是调整作物布局和改革耕作制度的重要依据。春季至秋季日平均气温稳定通过 5℃的日期,与农作物、大多数林木、果树恢复或停止生长的日期吻合,为作物生长期;日平均气温稳定通过 10℃以上的日期为活跃期;日平均气温稳定通过 15℃以上的时期是喜温树木积极活动生长期。

表 1-5　张掖市各县区气温极值

单位:℃

县　区	年平均	1 月平均	7 月平均	极端最低	极端最高	年较差	日较差
甘　州	7.0	−10.2	21.4	−28.7	38.6	31.6	15.7
山　丹	5.8	−11.3	20.3	−33.3	37.8	31.6	13.3
民　乐	2.8	−12.3	15.9	−31.5	31.7	28.2	13.3
临　泽	7.6	−9.7	22.2	−28.0	39.1	31.8	14.5
高　台	7.6	−9.7	22.3	−31.0	38.7	32.0	14.9
肃　南	3.6	−10.4	15.9	−27.6	32.4	26.3	15.7

三、降　水

张掖深居内陆,受大气环流和蒙青高原大地形的影响,降水量少,蒸发量大。年均降水量由东南向西北递减,东南多,西北少;山区多,川区少。川区各县及走廊北山,年平均降水 60 毫米—200 毫米,为干旱、特干旱区;南部沿山年平均降水 250 毫米—330 毫米,为半干旱、半湿润区;祁连山区年平均降水 400 毫米—500 毫米,为半湿润区、湿润区。分布特点南坡多于北坡,山丹军马场降水量在 360 毫米—400 毫米,肃南县马蹄区大都麻一带为全市降水量最多的地方,最多年份可达 500 毫米以上。

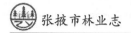

四、降 雪

张掖降雪期比较长,开始于 9 月末到 11 月初,结束于 4 月中旬到 5 月中旬,其中山区开始于 9 月底、10 月初,结束于 5 月中旬;川区开始于 10 月下旬到 11 月初,结束于 4 月中旬、下旬。降雪期长达 164 天—233 天,年平均降雪日数 15 天—43 天,祁连山区开始于 8 月中旬—9 月中旬,结束于次年 5 月下旬—6 月中旬,个别地方到 7 月中旬,降雪期 248 天—300 天,年平均降雪日数 51 天—60 天。

五、蒸发量

张掖蒸发量较大,川区大于浅山区和山区,年蒸发量川区为 2047.9 毫米—2341.0 毫米,是年降水量的 16 倍—23 倍。全市蒸发量临泽县最大。浅山区和山区为 1700 毫米左右,为年降水量的 5 倍—12 倍。一年中 5 月—6 月蒸发量最大,12 月—1 月最小。蒸发和降水相差之大,是本市荒漠气候特征之一,也是生态脆弱、自然灾害频繁的原因之一。

六、风

区内各地年平均风速变化不大,一般 2 米/秒—3 米/秒之间。由于受地形影响,年最多风向各地不一致,高台多东风,甘州、临泽、山丹县大马营多西北风,山丹、民乐多东南风,肃南多东北风,祁连山多西南风。大多数地方以春季风速最大,在 3 米/秒以上,最大值出现在 4 月;夏季次之,为 2.5 米/秒—3.4 米/秒;冬、秋两季最小。风向的年变化不明显:高台各季盛行东风;临泽各季盛行西北风;祁连山各季盛行西南风;甘州除夏季盛行东南风外,其余各季盛行西北风;民乐春、夏两季盛行西北风,秋季盛行偏东风;肃南春、夏两季盛行南风和东北风。

七、灾害性气候

(一)干 旱

辖区降水量少,旱灾成为主要的自然灾害。自公元 26 年(汉光武帝建武二年)起到 1995 年的 1969 年间,共发生重大灾害 96 年次。其中:全区性的 51 年次,局部性的 45 年次;连续 2 年发生的 7 次,连续 3 年发生的 3 次,连续 5 年发生的 2 次,连续 6 年发生的 1 次。从历史旱灾发生的时间看,四季皆有,多发生在春、夏,其次为冬季,秋季较少。春旱出现在 2 月—5 月,夏季为 5 月—7 月。一次旱季的持续时间多数为 40 天左右,重旱年份达 80 至 100 多天,个别也有连续数月无雨。

(二)洪 涝

辖区南北依山,中间低洼。虽年降水量少,但沿山地区常发生暴雨、山洪,且很凶猛,时有淹没村庄农田,冲毁渠路林木,危及人畜财产,造成严重灾害。史志记载张掖水灾最早年份是魏明帝青龙三年(公元 235 年),至 1995 年共发生较大水灾 103 年次,其中全区性 11 年次,局部性 92 年次。1949 年以来特大水灾有 4 次,即 1949 年的高台新坝、红崖乡洪水,1952 年甘州区黑河洪水和山丹县山区洪水,1974 年的高台县六条河洪水。从洪水发生的地域看, 民乐 27 次,山丹 26 次,甘州 21 次,高台 16 次,临泽 13 次。

(三)冰 雹

多发生在祁连山北麓的山丹、民乐、甘州、临泽、高台的南部沿山地区。六七月份较多。夏秋之季空气湿度大,气温骤变,容易形成冰雹。雹粒一般似豌豆大小,大者有枣大,个别的有鸡蛋大小。每次降雹时间,短则 10 分钟,长则半小时。时间虽短,但破坏性大。

(四)霜 冻

初夏和仲秋,天气环流发生回变,导致较强冷空气入侵,局部出现强烈降温,形成霜冻。由于气候干燥,有时不出现白霜却仍有冻害,故以日最低气温≤1℃为霜冻指标。霜冻是春、秋两季市内发生的自然灾害,农作幼苗、果花易受冻害,轻者减产,重者绝收。甘州、临泽、高台 3 县(区)川区春季的晚霜冻结束时间一般是 4 月下旬到 5 月上旬,对农作物危害最大;山丹、民乐、肃南 3 县山区在 5 月中、下旬,对作物危害较大。秋季早霜冻沿山区较早,马营一带出现在 9 月上旬,为全市早霜最早的地区;民乐、山丹出现在 9 月中、下旬;甘州、临泽、高台 3 县(区)出现在 9 月下旬至 10 月上旬。

(五)风 暴

张掖春季和夏初多风,4 级—6 级风每月都有。史志记载的大风 44 次,其中 8 级—9 级 28 次。大风来时飞沙走石,拔树折木,刮倒房屋,击打禾苗,埋压农田,破坏设施,危害生命财产安全。大风过后,多要降雨。很多地震与刮风相连,先风后震。高台、临泽、甘州、山丹风次较多,民乐、肃南较少。

（六）干热风

干热风又名"热东风",主要发生在甘州、临泽、高台、山丹 4 县（区）,民乐个别年份偶有发生。干热风的气象指标是平均日气温 30℃ 以上,持续 48 小时以上,大气湿度低于 30% 以下,每天 14 时有偏东风或静风的天气过程。干热风一般发生在 6 月中旬至 7 月中旬,使果树水分供应失调,造成落花落果。1954年—1980 年 27 年中,出现干热风的次数:甘州 49 次,高台 49 次,山丹 31 次,临泽 23 次,共计 152 次,年均 5.8 次,其中重型年均 1.8 次、2.8 天。1996 年—2015 年,干热风的次数:甘州 5 次,山丹 3 次,临泽 3 次,高台 10 次。

第四节　土　壤

第二次土壤普查鉴定,全市有 21 个土类,55 个亚类,74 个土属,约 96 个土种。因受地理、气候、生物和人类活动的影响,土壤类型和养分状况的分布规律和特点极为明显,土壤养分由东南的肥沃向西北的黏重盐沙过渡,颗粒南粗北细,土层南薄北厚,质地南松北紧。

一、土壤类型

草甸土　面积 3.832 万公顷,占全市土壤总面积 1.23%。主要分布在黑河沿岸、平原洼地、湖盆低地、地下水埋深小于 3 米的地方。是受地下水浸润,在草甸植被下发育的半水成形土壤。土壤剖面由腐殖层（包括草皮层）、锈色斑纹层、潜育化层组成。有草甸土、暗色草甸土、灰色草甸土、沼泽草甸土、盐化草甸土 5 个亚类。草甸土区为良好的天然牧场。

林灌草甸土　面积 1.8022 万公顷,占土壤总面积的 0.44%。分布在甘州、临泽、高台 3 县（区）的冲积扇缘和河岸的低阶地上,系杨树、沙枣、红柳等人工林与草甸植物混生条件下发育的半水成性土壤。土壤剖面同草甸土,腐殖层薄,有机质含量低。有林灌草甸土、盐化林灌草甸土 2 个亚类。有利灌木生长和防风固沙。

灰棕漠土　面积 37.28 万公顷，占土壤总面积的 9.14%。分布辖区海拔 1300 米—1700 米的龙首山、合黎山等山前洪积扇及祁连山北麓洪、冲积扇下部的细土平原。有灰棕漠、石膏灰棕漠土、风蚀灰棕漠土 3 个亚类。有水源的情况下，大部分可开垦利用。

灰漠土　面积 14.81 万公顷，占土壤总面积的 3.63%。系漠境生物气候条件下在黄土母质上发育的地带性土壤。分布祁连山北麓龙首山南北低丘陵和山前洪积—冲积平原上部，与灰棕漠土、棕钙土、灰钙土相接。有灰漠土、盐化灰棕漠土 2 个亚类。分布在山前洪积平原地带的因有水源条件，大多已开垦利用。如民乐北部滩、民联、六坝、李寨、杨坊，高台新坝、红崖子，甘州安阳滩，临泽倪家营等地。

灰钙土　面积 42.2 万公顷，占土壤总面积的 10.34%。广泛分布祁连山、龙首山、合黎山、大黄山等山前黄土丘陵地带，以及山丹马营、丰城堡、青阳口和肃南皇城等盆地或低槽地。有淡灰钙土、灰钙土、草甸灰钙土、盐化灰钙土 4 个亚类。灰钙土所处地区光照及热量条件好，土层深厚，冲积平原区地形平坦，植被覆盖度高，有利于发展林牧业，有灌溉条件的可实行粮草间作。

棕钙土　面积 18.96 万公顷，占土壤总面积的 4.65%。系荒漠草原地区的地带性土壤，分布肃南县境祁连山北坡和龙首山南坡的山前丘陵及中山垂直地带，皇城等地海拔 2300 米左右，大河、康乐和龙首山南坡海拔 2100 米—2500 米，祁连山一带为海拔 2300 米—2700 米以上。有棕钙土和淡棕钙土 2 个亚类。

栗钙土　面积 45.25 万公顷，占土壤总面积的 11.095%。系干旱荒草原植被下发育的地带性土壤，是辖区草原土壤的主要类型。有暗栗钙土、栗钙土、淡栗钙土 3 个亚类。栗钙土所处的地带雨量较多，土层深厚，土壤肥沃。

黑钙土　面积 1.95 万公顷，占土壤总面积的 0.48%。系草原及草甸草原植被下发育的地带性土壤。集中分布肃南皇城、马蹄、康乐和山丹大马营南部到民乐南丰乡南部及海拔 2700 米—3000 米的缓坡丘陵地带。土壤剖面由腐殖层、过渡层及钙积层组成，腐殖层呈黑灰色或黑色，厚约 60 厘米—70 厘米，有机质含量 7%—10%。有黑钙土、碳酸盐黑钙土、草甸黑钙土 3 个亚类。黑钙土区地形平缓,土层深厚,土壤肥沃,雨量充沛,植被覆盖度高。

黑土 面积 1.84 万公顷,占土壤总面积的 0.45%。系草原化草甸植被条件下发育的地带性土壤。主要分布山丹大马营盆地南部边沿到民乐南丰乡南部缓坡丘陵的平坦地带、肃南皇城、西大河水库南和康乐、寺大隆等地海拔 3000 米—5150 米的地区。介于黑钙土、暗栗钙土与亚高山草甸土之间,成土母质为黄土状冰水沉积物。有草甸黑土和黑土 2 个亚类。黑土土色深黑,土层深厚,有机质含量丰富,属理想的天然牧场。

灰褐土 面积 12.01 万公顷,占土壤总面积 2.95%。是发育在以青海云杉为主的针叶林下的半淋溶地带性土壤。分布东至冷龙岭西至肃南祁丰前山一带,海拔 2650 米—3200 米的祁连山阴坡;大黄山、龙首山亦有大面积分布。土壤剖面主要由 5 厘米—12 厘米的枯枝落叶层、40 厘米—60 厘米的黑棕色或暗灰褐色腐殖层、碳酸钙聚积层组成。灰褐土具有发达的腐殖层,加上其枯枝落叶层和苔藓层,具有良好的纳水吐水能力,它与森林植被共为一体,具有良好的水源涵养功能,是祁连山区的"天然水库"。

高山土 面积 134.2 万公顷,占土壤总面积的 32.90%。分布冷龙岭、大黄山及龙首山等山区海拔 2900 米以上地带。有亚高山土、高山草甸土及高山寒漠土 3 个亚类。亚高山灌丛草甸土亚类是祁连山区水源涵养林的重要组成部分。

沼泽土 面积 5173.33 公顷,占土壤总面积的 0.13%。分布川区冲积细土平原下部,地下水溢出并滞积的地段;山丹、民乐、肃南零星分布丘陵间、沟谷洼地上泉水露头并滞积的地段。成土母质以湖相沉积为主,质地黏重。地下水一般小于 40 厘米,地表呈季节性积水,局部长期积水。植被呈堆丛状草丘,生长茂密。植物根系在表层土壤中密集盘结,形成 0 厘米—15 厘米草皮层。因土壤中微生物活动弱,有机质分解不充分,形成泥炭层,局部有机质分解程度高的形成泥炭化腐殖层。因土壤矿物质的转化以还原为主,形成灰蓝色潜育层。有草甸沼泽土、腐泥沼泽土、盐化沼泽土 3 个亚类。2000 年以来随着湿地保护工程的实施,大部被保护利用。

泥炭土 面积 6966.67 公顷, 占土壤总面积的 0.17%。分布肃南县海拔 3000 米以上的祁连山间洼地,或高山丘陵顶部平台较低洼的地段。成土母质为黄土状冰水沉积物,以泥炭化过程为主,形成 50 厘米以上的泥炭层,有机质含量大于 20%。有低位泥炭土、高位泥炭土和中位泥炭土 3 个亚类。泥炭土有机质含量丰富,氮素含量高,是一种良好的自然资源。因其植被浓密,也是良好的天然牧场。

盐土 面积 13.9 万公顷,占土壤总面积的 3.41%。分布甘州、临泽、高台及肃南县明花区等地冲积细土平原的低平碟形洼地、河流低阶地和冲积扇缘地带。山丹县白水泉、位奇新开等地亦有零星分布。有草甸盐土、盐土、干旱盐土、沼泽盐土 4 个亚类。

风沙土 面积 63.09 万公顷,占土壤总面积的 8.81%。分布甘州、临泽、高台 3 县(区)北部及肃南明花区等荒漠地区,临泽明水河、黄水沟以北,高台黑河南部,甘州西城驿、红沙窝、九龙江、石岗墩等绿洲边缘地区也有小片分布。风沙土处于灰棕漠土地带内。有流动、半固定、固定 3 个亚类,其中流动风沙土亚类 13.46 万公顷,占本土类 37.30%;半固定风沙土亚类 6.2 万公顷,占 17.19%;固定风沙土亚类 16.42 万公顷,占 45.51%。固定风沙土亚类中的灌耕风沙土,是固定风沙土开垦后,经人为因素形成的农业土壤,面积 0.39 万公顷。

龟裂土 面积 5606.67 公顷,占土壤总面积的 0.14%。分布肃南明海乡西南、临泽南板滩、甘州平山湖以北等地,多与灰棕漠土、风沙土形成复区。龟裂土俗称"板土",所处地形平坦,热量条件好,但水源缺乏,植被覆盖度低,有灌溉条件的可开垦利用。

石质土 面积 12.03 万公顷,占土壤总面积的 2.95%。分布高台、临泽北部的合黎山、大青山等地,为石质剥蚀山地。

二、利用分区

辖区分为 3 个主区、14 个亚区和 9 个片。

(一)走廊南山水源涵养林保护区

该区包括肃南县大部分及山丹、民乐两县山地。面积 235.73 万公顷,占土地总面积的 57.78%,分 5 个亚区,其中适宜发展林业的有下述 3 个亚区:

祁连山高山—森林土壤水源涵养林保护亚区 面积 127.01 万公顷,占全市土地总面积 31.13%,其中林地 8.57 万公顷。此区为祁连山的主体区,由冷龙岭和祁连山南山组成。海拔 4200 米以上为雪线,下为高山寒漠土,是祁连山主要水源涵养及分流区;海拔 3250 米—3700 米为亚高山草甸土区,产草量最高,是主要放牧区,也是水源涵养地之一;海拔 2650 米—3300 米为亚高山灌丛草甸土和灰褐土,土壤肥沃,生长着青海云杉,是主要的水源涵养林区。亚区属于高寒温润草甸灌丛草原气候,平均降水量 250 毫米—500 毫米,自产水总量 30.3 亿立方米/年(积雪、降水),有冰川 964 条,总贮量 159.154 亿立方米,俗有"固体水库"之称。草地类型复杂,林地面积大,林木单一。

浅山丘陵荒漠土壤改良亚区 面积 18.41 万公顷,占全市土地总面积的 4.51%,其中耕地约 1000 公顷,林地 29600 公顷,多为灌丛疏林地,其他均为荒漠半荒漠草场。分布祁连山北坡西部浅山丘陵区,包括肃南县祁丰、祁连、祁林、韭菜沟、青龙、白银等乡。海拔 1800 米—2500 米,地形比较复杂。西部祁丰一带为山前洪积扇倾斜平原,坡度 1°—5°。上部风蚀较弱,土层深厚;下部风蚀严重,多为砾石戈壁;中部为丘陵高平地,母质多为风积黄土,土层深厚。东部开阔,为中山丘陵区,气候干燥,植被稀疏,风蚀严重,岩石裸露。加之地形起伏大,水蚀严重,有水土流失现象。

大黄山高山—森林土壤保护改良亚区 面积 27600 公顷,占全市土地总面积的 0.68%。包括山丹老军、花寨子乡的部分村社和大黄山林场。土壤类型有栗钙土、亚高山草甸土、灰褐土、灰钙土。海拔 3500 米—3978 米,沟窄坡陡,岩石裸露,顶部平缓,土层薄厚不一,水土流失严重。植被阴坡有草甸草原—云杉林—灌丛草原,阳坡是以爬地柏为特征的干草原,植被单一,在山梁平缓的灌丛草原开垦有耕地(撞田)。该亚区应以发展人工涵养林木、增加植被、稳定涵养水源为目标,封山育林、育草,严禁砍伐林木。

(二)走廊中部绿洲综合利用培肥区

该区为主要农业区,面积 127.13 万公顷,占全市土地总面积的 31.16%,其中林地 37.34 万公顷,荒地 20.55 万公顷,荒地中有宜林地 738027 公顷,占全市宜林荒地的 81.12%。土壤类型有灌漠土、潮土、灰棕漠土、风沙土、草甸土、灰漠土、灰钙土、沼泽土等,分 4 个亚区。

山前绿洲—荒漠土壤改良亚区 面积 48.77 万公顷,占全市土地总面积的 11.95%,其中耕地 12.67 多万公顷,包括山丹、民乐,甘州安阳、花寨及高台新坝、红崖子乡的农田部分。该区海拔 1750 米—2500 米,地形起伏不平,气候冷凉,无霜期短。耕地土壤类型简单,以灌漠土为主。土壤瘠薄,属灌溉半干旱农业区,俗称"沿山冷凉灌区"。

洪积—冲积平原绿洲土壤改良亚区 包括甘州、临泽、高台 3 县(区)的绿洲区,面积 30.58 万公顷,占全市土地总面积 7.5%,其中耕地 13.33 万公顷。土类有灌漠土、潮土、灌耕草甸土、灌耕灰棕漠土、草甸土、盐土、沼泽土等。海拔1350 米—1750 米,地势平坦,土壤肥沃,灌耕条件好,土壤利用和集约化程度高。

西部盐—岩土壤改良亚区 分布肃南明花区,高台盐池乡和南华、黑泉等部分风沙地;临泽蓼泉至鸭暖乡南部,新华镇西部;甘州小河、沙井乡至乌江北部等地。面积 23.03 万公顷,占全市土壤总面积的 5.65%。海拔 1330 米—1400米。该亚区分两片:

明花区生物盐改固沙片:分布肃南明花区和高台盐池、黑泉乡西部,面积20.37 万公顷。土类有风沙土、灰棕漠土、盐土、草甸土、沼泽土等。呈封闭式碟形盆地,地下水位高,导致土壤盐渍化,地表呈新月形沙丘链,盐化草地较粗纵横。气候干旱少雨,蒸发强烈,风沙严重。

河岸风沙地防风固沙片:分布高台南华至小海子一带和临泽至甘州黑河南岸一带风沙地,面积 2.67 万公顷。土类有风沙土、灰棕漠土、盐土。风沙土多为半固定风沙土和固定风沙土,流动沙丘相对较少。片间平地地下水位较高,土壤盐渍化现象较为严重,适宜种草种树。

山前砾石戈壁土壤改良亚区 分布六坝滩、石岗墩滩、安阳滩、马郡滩、扎尔墩滩、南华滩、骆驼城滩、许三湾滩等,面积 24.74 万公顷,占全市土地总面积的 6.02%。海拔 1500 米—1600 米。该亚区分两片:

石岗墩滩综合开发改良片:包括六坝滩、石岗墩滩、安阳滩和西洞滩。地形由南向北倾斜,南部多为砾石戈壁带,中为沙砾戈壁,北为裸土带。裸土带分布大小不等沙丘,植被稀疏。主要土类有灰棕漠土、风沙土和灰钙土。气候干燥,水源匮乏,农林业难利用的土地面积大。对天然植被实行封护,成效显著。

骆驼城风沙—灰棕漠土综合改良片:包括临泽马郡滩、扎尔墩滩和高台兰新铁路沿线,面积 12.49 万公顷。该片呈东西长、南北窄条带状,沿山地带地势高,地表砾石粗大,植被稀疏;北部沙丘和沙地连绵不断,土壤盐渍化现象严重;偏西中部分布大片裸土,有利于综合开发,骆驼城滩等地开发已取得明显的生态和经济效益。

(三)走廊北部荒漠改良区

位于张掖北部合黎山区、龙首山区及山前地带,海拔 1500 米—2100 米,面积 45.12 万公顷,占全市土地总面积的 11.06%。分 5 个亚区:

合黎山石质土放牧改良亚区 面积 13.4067 万公顷,分布合黎山、大青山、小青山等地。干旱荒漠,年降水量 40 毫米—80 毫米。山体岩石裸露,坡度陡峭,山前多为砾石戈壁,植被稀疏,只能放牧山羊和骆驼。

碱洼灰棕漠土自然植被保护亚区 分布卧牛山、碱洼、鸭子墩滩等地。面积 8.5667 万公顷,占全市土地总面积的 2.1%。海拔 1500 米—1700 米。地势平坦,地表风蚀沟、水蚀沟纵横交错,丘陵零星分布,地表质地粗糙,植被稀疏。土壤有沙砾质灰棕漠土、石质土和盐土等,仅能放牧。

平川北风沙土植树种草改良亚区 包括高台、临泽和甘州的北部,为巴丹吉林沙漠的延伸地带。面积 10.5 万公顷,占全市土地总面积的 0.86%。海拔 1500 米左右。土类多为流动风沙土、半固定风沙土和砾质灰棕漠土。该亚区南部为"三北"林带主区,形成绿色长城;中部为沙垄间低地,有的已发展为人工草地;北部多为沙丘链或沙垄。

平山湖荒漠草原土壤放牧改良亚区 分布临泽砚台洼、白山子滩、三道胶水、马跑泉、甘州平山湖蒙古族乡。面积 13.3467 万公顷,占全市土地总面积的 3.27%。海拔 1550 米—2900 米。土类有灰棕漠土、风沙土、石质土、山地栗钙土、旱盐土等。多数土壤土层薄、质地粗或含盐高、无水源,只能发展畜牧业,有少量耕地。

龙首山高山草原土壤自然植被保护亚区 分布东大山、龙首山、红寺湖、花草滩等地。面积 6.2933 万公顷,占全市土地总面积的 1.54%。海拔 2100 米—3600 米。北部为剥蚀堆平原;中部为龙首山和东大山,山势陡峭,其阴坡有云杉林和灌木,东南低地为花草滩,属于干旱草原;南部有大片砾石戈壁。由于降水较多,植被覆盖率在 30% 以上,属荒漠草场。

第二章　天然林

　　境内首次出现森林是在石炭纪中期,距今约 3.3 亿年,后随着海陆地貌和气候的不断演变,森林资源发生着"沧海桑田"的演变,植物在荒漠与森林草原间交替发展,生物由低级向高级进化繁衍。在秦以后的 2000 多年间,森林经历经营、营造、培育过程,面积、资源呈缓慢减少趋势。从 1980 年以后森林蓄积量呈上升态势。

第一节　森林演变

一、地质时代祁连山(河西)的森林概貌

(一)森林的首次出现

　　早在中泥盆世时(同位素年龄 3.87 亿年—3.74 亿年),甘肃省境内的景泰、靖远、文县、肃北等县(自治县)的一些地方,发现有工蕨、带蕨、霍土蒂姆蕨、镰木、冷岸蕨、纤原始鳞木和大拟鳞木分布。晚泥盆世时(同位素年龄 3.74 亿年—3.6 亿年),气候温暖、炎热、潮湿,靖远、景泰一带和天祝的局部地段发现有 10 余种属植物,其中以斜方薄皮木最为丰富,奇显亚鳞木、无锡亚鳞木、楔羊齿、楔叶、根座、鳞木和古芦木等亦有多处发现;在疏勒河、党河上游发现有斜方薄皮木、奇异亚鳞木、锉拟鳞木和科达分布。

(二)石炭纪大森林的发展(同位素年龄 3.6 亿年—2.86 亿年)

　　早石炭世时,形成森林的植物主要分布于景泰、武威、古浪、天祝、永昌、安西等县,呈高大的森林景观。中石炭世时,植物大量繁衍,主要种属分布景泰、山丹、天祝、肃南、敦煌、永昌、张掖等县,仍是高大茂密的森林景观,以肃南、永昌、金昌、张掖、玉门、嘉峪关、安西等县(自治县、市)的植物最为繁盛,约有 22

属44种。

（三）二叠纪（同位素年龄2.86亿年—2.48亿年）

二叠纪的早期森林比较茂密，晚期不如前期繁荣。早二叠世（同位素年龄2.86亿年—2.58亿年）时，总的植物景观和晚石炭世相似。形成森林的植物主要分布肃南、永昌、景泰、山丹等县。晚二叠世（同位素年龄2.58亿年—2.48亿年）时，甘肃西部的部分地方位于干燥气候区，故植物种属变化较多。高大的科达纲植物较前减少，喜湿热的高大鳞木目植物仅在今金昌市发现有内模相1种，新出现的植物有松柏纲的纵型枝和纹鳞杉，银杏纲的瓣扇叶，苏铁纲的侧羽叶、异羽叶和蕉羽叶等。这些植物主要分布肃北、肃南、玉门、安西、敦煌、金昌等县。

（四）三叠纪（同位素年龄2.48亿年—2.13亿年）

三叠纪时由气候变旱所致，植物相当衰败，大部分时间似难形成森林。晚三迭世（同位素年龄2.31亿年—2.13亿年）时，气候由干燥转变为半潮湿，植物种属较前增多，但松柏、银杏等乔木树种仍然很少。

（五）侏罗纪（同位素年龄2.13亿年—1.44亿年）

早侏罗世（同位素年龄2.13亿年—1.88亿年）时，拟刺葵（凤尾银杏）—锥叶蕨植物群发育，形成规模浩大的森林。主要树种分布肃北、敦煌、安西、玉门等县（自然县）。中侏罗世（同位素年龄1.88亿年—1.63亿年）时，森林规模更大。相对来说，阿尔金山、托勒南山、冷龙岭以北地区的植物化石比此线以南地区丰富；线北的早期比晚期丰富，属于锥叶蕨—拟刺葵之北方型植物群，共有植物54属158种，银杏类占26.6%，以似银杏和拟刺葵为主体。到晚侏罗世（同位素年龄1.63亿年—1.44亿年）时，由于燕山运动使得甘肃全区地势上升，气候转变为炎热干旱，植物化石普遍贫乏，多难形成森林。较多的永登县喇嘛沟享堂群剖面，计有松柏纲等15个种属，似可形成森林或疏林。

（六）白垩纪（同位素年龄1.44亿年—0.65亿年）

这一时期的气候变为热带—干旱亚热带性气候。早白垩世（同位素年龄1.44亿年—0.975亿年）时，植物的化石、孢粉虽然多处发现，但多不丰富。在玉门市红柳峡剖面首次出现植物木兰，其他地区则因高大植物稀少，多难形成森林。晚白垩世（同位素年龄0.975亿年—0.65亿年）时，甘肃境内植物化石、孢粉记载很少,有无森林,难得其详。

（七）早第三纪（同位素年龄0.65亿年—0.246亿年）

这一时期基本属于亚热带气候,植物界有了新的发展。森林主要由木本被子植物和松柏纲等裸子植物形成。始新世（同位素年龄0.549亿年—0.38亿年）的后期,河西走廊地形分化不大,仅分出中等的高山、高原、浅丘、盆地和广阔的平原,气候炎热而干旱,只是在较高的山地有较多的降雨,属于"北、中亚热带干旱疏林半荒漠"区,森林稀少。祁连山地有针叶林,由冷杉、云杉、雪松组成,前两种分布在山地上部,松栎混交林在山的下部。在较低的丘陵湿润地区,还有亚热带的木兰科、山龙眼和桃金娘科乔木。北山是干旱的稀树草原。广阔的低平原发育着亚热带稀树草原,河谷中有走廊状森林。渐新世（同位素0.38亿年—0.246亿年）时,河西走廊基本上位于亚热带及亚热带—温带的过渡地带,平原地区一般干热,山地具有针叶林。酒泉一带山上有松林分布,丘陵或低山有木兰和银杏,林下有紫萁和其他蕨类,说明山地具有温暖而湿润的环境。可是在平原地区,麻黄丛生,接近荒漠。

（八）晚第三纪（同位素年龄0.246亿年—0.02亿年）

这一时期的气候"有缓慢变冷趋势。当时亚热带北界可能在北纬35°左右……到上新世时亚热带北界进一步南移,于现在位置十分接近"。在中新世（同位素年龄0.246亿年—0.051亿年）时,祁连山有"松和云杉林"。河西走廊"已是麻黄、藜科、蓼科、豆科、菊科、百合科、禾本科、莎草科的种类形成的草原,荒漠成分已经出现"。上新世（同位素年龄510万年—200万年）时,祁连山出现"松、云杉、冷杉树种的花粉,其中云杉林现在祁连山的森林中仍然占有显著地位"。敦煌县铁匠沟有赫定榆、上新世槭、变叶杨、霍纳蔷薇、极宽香蒲等。

（九）第四纪（同位素年龄200万年到现代）

这一时期全球的气温普遍下降。亚热带北界已移到现在的位置。河西地区,早更新世气候较湿润。酒泉盆地的山上有云杉、松科组成的针叶林,低山和丘陵有桦属、栎属、桑科、盐肤木、忍冬科、苦木科、朴属等组成的落叶阔叶林。平原则是蒿属、藜科、禾木科、泡泡刺等形成的荒漠草原。

二、历史时期的祁连山(河西)森林概况(中石器时代—清末)

(一)中石器时代至商末

全新世中期(距今 8000 年—3000 年)祁连山的山间盆地为温带森林草原,走廊地区为暖温带草原,北山山地为温带荒漠区。

(二)西周、春秋、战国时期

肃北蒙古族自治县别盖乡佛山岩画有"梅花鹿、盘羊、野骆驼、长鼻象、斑斓虎,还有茂密的乔木,多姿的芳草等"。考古人员认为"当是春秋、战国至西汉年间生活在河西走廊西段的月氏、乌孙等古代游牧民族的文化遗存"。反映当时祁连山的西段有森林分布,气候也较温暖。

(三)秦、汉、魏时期

西汉时张掖郡长城以北山里"生奇材木"。"匈奴西边诸侯作穹庐及车,皆仰此山材木。"祁连山"有松柏五木,美水草"。南起金塔县的古弱水两岸和居延海的自然景观,与额济纳河下游和嘎顺淖尔周围相似,天然植被由三层构成,上层为胡杨、梭梭林,中层为红柳,下层为冰草、苦豆子。居延汉简记载,由于河岸的树木过于茂密,烽火台之间观察不到信号,以致一个士兵在递送情报的路上,被匈奴伏兵俘虏。疏勒河两岸红柳成林,河滩多芦苇。汉武帝天汉二年(前99 年)至太始元年(前 96 年)间,自敦煌至盐泽(今罗布泊),沿疏勒河所修长城是"一层泥土,一层芦苇或红柳,层隔三四十公分"。敦煌城西 100 多公里的湾窑,发现汉代丝绸古道旁有保存至今的汉代石灶台群;沿途烽火台的附近,都有一片汉代的建筑遗址;有些烽火台旁还发现有汉代遗留下来的"积薪"。这些建筑用材和薪柴,除戈壁地段外,应是取于当地或附近。从酒泉、嘉峪关一带魏、晋墓里采桑、园林等砖画中,可以看出当时河西走廊的绿洲地区"果树满园、采桑繁忙的情景"。但在流沙地区,则是"上无飞鸟,下无走兽",一片荒凉。

(四)隋、唐、宋、金时期

唐贞观初年,玄奘西去印度求经时,与少胡夜至玉门关(今瓜州县东约 40 公里)的疏勒河边,河"宽丈余,旁有梧桐(胡杨)树丛,胡人乃斩木为桥,布草填沙,驱马而过"。可知河旁胡杨较多。但"关外西北又有五烽,候望者居之,各相去百里,中无水草"。唐开元十五年(727 年),吐蕃陷瓜州(治今瓜州县东南),

"是时渠碣为虏毁。材木无所出,守珪密祷于神,一昔水暴至,大木数千章塞流下,因取之修复堰坊"。剔除迷信糟粕之后,说明瓜州以南的祁连山区分布有林。张掖县南的祁连山区"多材木箭杆"。到宋乾德四年(966年),西大王曹元忠夫人重修北大像(莫高窟96窟)需"梁栋则谷中采取,总是早岁枯干。椽干为之从城斫来"。表明敦煌县南山中早岁有林分布。祁连山区并非全为森林覆被,张掖、酒泉二界上,唐代是"美水茂草,山中冬温夏凉,宜放牧,牛羊充肥"。焉支山也基本如此。"匈奴失祁连、焉支二山,乃歌曰:'亡我祁连山,使我六畜不蕃息;失我焉支山,使我妇女无颜色。'"

(五)元、明、清时期

河西地区的天然森林主要分布在祁连山区,走廊和北山很少。明时松山一带有林,马雅雪山"有松林"。清时武威县东南约125千米的青山上(今昌岭山保护站)"多松柏,冬夏常青";县南牛心山"多林木",即今哈溪林区;县南上古城所辖天梯山、卯藏寺"峰峦耸起,树木荫蔽",县西第五山有"清泉茂林"。古浪县东南石门山"多松柏",显化山"树林荫郁";县东南黑松林山"多松";县东南的柏林山"多柏";县东南的不山"环山皆林,独此山不生草木"。永昌县西南的云庄山"丰林木""且多松"。乾隆时县西焉支山"林壑茂美,最宜畜牧,药草尤蕃"。主峰在山丹县东南,"有松柏古木,美水草,与祁连山同"。东乐县(治今山丹东乐镇)南西水关至双树寺有大片森林,"西水关以内林木甚繁,自应严禁入山,以兴水源"。甘州(治今甘州区)西南平顶山"产松柏木植,通黑河源",约在今西水林场东北一带;寺大隆林场以南的八宝山(今走廊南山)有"松林"(主要树种是青海云杉)。抚彝厅(治今临泽县蓼泉镇)南梨园谷(今梨园口)"响山河(今梨园河)水所自出,甘人材木率取于是","泛时可运巨木,木商赖之"。反映出梨园谷以上有大片森林,即今肃南县隆畅河林区。高台县南榆木山"产榆树,故名。东起梨园,西尽暖泉(今暖泉堡),延长百余里";县南约40千米的白城山"有林泉之胜"。肃州城东南40余千米的金佛寺观音山口"林木参天"。这一带今有祁丰林场。

清时河西走廊和北山仅少数地方有林,山丹县北的"合黎山(今龙首山)产材木"。抚彝厅北10千米的"合黎山多植草木"。光绪末年"合黎山亦童,唯以北百余里近蒙界有植草木处"。平原地区林木较多。祁韵士《万里行程记》中记载:

"抚彝……林树苍茫……河西风景，无逾此邑。"肃州东北临水"草木葱茂，距肃州益近，林木尤多"；肃州西文殊山"幽林雅趣，允称胜景"。托勒、卯来二泉附近及所灌农田，"树木遍野森罗"。敦煌县"清雍正年间西湖树密，使牧人迷途。栖息有野马、野骆驼、野猪等"。

清时祁连山和走廊地区分布较普遍的树种有：云杉、柏、桧、侧柏、千枝柏、白杨、青杨、槐、榆、柳、柽柳、桑、椿、枸、沙枣。地区性树种，祁连山东段有桦、黄栌、油松等，走廊东部沙区有霸王柴、红砂柴、梭梭等，肃州以西有梧桐（胡杨）、梭梭、羊奶子木（杠柳）等。果类树木，分布较普遍的有杏、林檎（红、白、黄3种）、李、桃、黑梨、樱桃、楸子、枣、葡萄等，走廊地区东部有核桃（种植不多）、梨（有鸡腿梨、香水梨、雁过红、麦梨等），走廊地区中部有巴丹杏、羊屎杏、胭脂杏、青皮梨、鹅头梨、酸梨、棠梨、红宵梨等。

三、民国时期的祁连山森林

据祁连山国有林区管理处民国三十二年—三十三年（1943 年—1944 年）勘查，森林总面积最少约 7.8261 万公顷。

民乐林区　大都麻林地可分东、西两部：东部林地东至黄草沟，南至牛帽僧山顶，西至大都麻河，北至山麓，面积约 2700 公顷；西部林地东至大都麻河，南至烟囱沟梁，西至光心山顶，北至剌沟河，面积约 2000 公顷。小都麻林地在大都麻林地东南，南接青海省境，面积约 2000 公顷。林地总计约 6700 公顷。

张掖林区　酥油口河林地面积约 4000 公顷，小野口河林地面积约 2000 公顷，大野口河林地面积约 2700 公顷，康隆寺林地面积约 700 公顷，9 个达坂林地为最老的原始林。由康隆寺东南行至黄藏寺，途经 13 个达坂，其中较大的达坂 9 个，云杉林密布，面积约 1.25 万公顷，为当地最大林区。龙首山有云杉残幼林，面积 700 公顷。总面积约 2.26 万公顷。

临泽林区　海牙沟河林地面积约 1.25 万公顷，重岗木（今称孔岗木）河林地面积约 58 公顷，白杨河林地面积约 63 公顷，石窑河林地面积约 200 公顷，迭山杯林地面积约 23 公顷，总计约 1.29 万公顷。

高台林区　东柳沟林地面积约 525 公顷，西柳沟林地面积约 6 公顷，天桥湾林地面积约 7 公顷，梨园河源各沟湾林地面积约 9000 公顷，长沟寺林地面积 1 公顷，慈云寺林地面积约 1 公顷，黑大坡林地面积约 1 公顷。总面积约 9541 公顷。

酒泉林区（肃南） 三叉河林地在深山中，系云杉天然林，由瓷窑口越重岭约行 2 日可达。白杨河林地，即北大河发源地，系白杨天然林。此两处森林，因交通不便，林木未受摧残，面积约 3000 公顷。卯来泉林地，包括红泉山、浪柴沟、灰条沟、石灰沟、大黄沟、冰沟、柴爪沟、大、小火烧沟等处，系块状分布的天然林，面积约 1250 公顷。自黄草坝至喷嚏坑一段山中，有林地 21 处，面积约 1826 公顷。总面积约 6076 公顷。

八宝林区 黄藏寺至八宝寺及大通河上游各山谷中天然林地面积约 6750 公顷。此区亦称"八宝山林区"（约相当今连城林区。经考证，应为寺大隆南林区），因山遥路远，交通不便，故尚未大量采伐，林相一般整齐。

四、历史时期祁连山森林的变迁

自秦汉至民国，祁连山森林经历 4 次大规模破坏。

（一）秦汉时期的第一次森林破坏

秦至西汉末年，甘肃首次大规模由牧变农，森林遭到第一次大破坏。秦并六国，完成统一大业后，秦及西汉王朝极力向西开拓边疆。汉元狩二年（前 121 年），霍去病夺河西走廊。甘肃多数地区收归汉王朝管辖，实行屯垦戍边政策，由内地向边疆各郡大量移民，其中比较重要的有 6 次，每次移民达数 10 万之多，使农耕区向西北方向大力推进，多数牧区转化为农耕区。内地移民以农为本，筑城郭、置田器、开辟森林和草原。自陇东到河西，呈现一派阡陌纵横、村落相望的繁荣景象。河西走廊人口达 20 万，全省总人口从 70 万猛增到 179 万，人口密度达到 9.7—15.4 人／平方千米。当时除尚为游牧诸羌占据的地区外，森林、灌丛、草原都受到前所未有的破坏。河西走廊的天然植被基本上无复存在。接着山地森林也受到破坏，南北两山森林不时遭受侵害。

（二）唐宋时期的第二次森林破坏

唐、宋之前，从东汉开始，历经魏、晋、南北朝前半期，森林因农耕区的缩小得到相对恢复，北魏以后，发生甘肃森林的第二次大破坏。唐代立国之后，经过贞观之治，经济迅速恢复。这种广种薄收的农业对天然植被的危害很大。"安史之乱"以后,土地兼并日益剧烈,许多农民不得不四处逃亡,依靠开辟荒闲陂泽山原为主。到大中初年,收复一度陷于吐蕃的陇右,便悉听百姓垦耕。因为所有良田均为豪富大家占据,农民只能开垦废弃牧场和无人耕种的坡地、山地,从而导致甘肃森林以及其他天然植被的第二次大破坏。

(三)金至清初的第三次森林破坏

自金、元、明到清初,是唐、宋时期森林破坏的延续。元、明两代重视屯田。元代即有"天下无不可屯之田,亦无不可耕之地"一说。明代"屯田遍天下","而西北为最"。洪武二年(1369年)大将徐达西征。明王朝为了鼓励农业的发展,除大力发展屯田外,还鼓励流民开荒,"毋以旧田为限"。洪武二十六年(1393年)陕西布政司辖区(今陕、甘、宁、青四省区)耕地面积达210万公顷,现代甘肃农耕区的基础在当时大体奠定。清王朝初期,经历几十年的休养生息之后,进入乾隆"太平盛世"。由于实施"定垦荒兴屯之令,凡州、县、卫无主荒地,均分给流民及官兵屯垦。无力不能垦者,官给牛具、种子,或量假屯资""卫屯给军分佃,罢其瑶役"等政策,农业再次发展。政局安定,经济繁荣,随之而来的是人口激增。明代中叶到清代初,甘肃省人口达500万左右,经过顺治、康熙、雍正三朝的平缓发展之后,乾隆年间更大发展,嘉庆、道光年间尤盛,嘉庆二十五年(1820年)人口增至1540万(相当于20世纪70年代初期的水平)。尽管耕地面积在百年之内增长1倍,达138.4万公顷,人均耕地面积却由0.4公顷降至0.1公顷,大大低于当时人均0.27公顷这个"温饱常数"。换而言之,就是大大超越了当时自然环境、科技水平和社会经济条件所能容纳的人口极限,为求生存,毁林、毁草开荒成为必然。此外,人口激增,对燃料的需求日甚一日,也成为破坏森林的重要原因。"山为求薪形渐瘦""老树无有尽作猴(柴)"。人口膨胀形成的压力和能源危机,使人类对森林等天然植被的破坏达到灾难性的程度。

随着社会需求的增加,以及采伐、运输工具的进步,木材采伐量剧增。祁连山森林被切割成片状,仅分布在酒泉以东的深山。浅山近百里范围内不见森林踪迹。垂直分布下限由海拔1900米上升到2300米。

另据郑守格、胥明肃在《祁连山国家级自然保护区历史沿革和变迁》一文中记载:历代统治阶级,为争夺权力,频发战争。不但人民的经济生活受到长期摧残,得不到恢复,而且森林的保护,有名无实,亦惨遭蹂躏,逐渐破坏。失火焚林,任其砍伐滥用,造成河西森林覆盖面积日益缩小。前山的绿洲处处,平铺青青,苍松拖地;绿影参天的美景,变成荒山秃岭,景色黯淡。尤其合黎山变成灰色斑斓、草木不生、光秃秃的火焰山。民国《创修民乐县志》载:"松山在城西门外五里许的大河西岸,亦祁连山之支脉也;山上山下,布满松柏,今虽变为良田,而松山之名,犹未改也。"《新修张掖县志》载:"在清嘉庆年间,八宝山之森林,被奸商籍采铅名义,大肆砍伐。"《新西北》载:"酒泉之西沟寺,在二百年以前,林山苍郁,绵延百余里之远,今已失本来面目,证之实事,所传匪虚。"《肃州志》载南山诗,形容当时军队践踏森林之情况,内云:"南山松百里,阴翳军师东,参天拔地如虬龙,合抱岂止数十围,拜爵已受千年封。其间最古之老树,或曾阅历汉唐平西戎,山俶居险筑营垒,牧夫采樵松枝空,金戈铁马恣蹂躏,燎原不尽仍青葱。"又据《甘肃新通志》载:"公元1704年(清雍正二年)五月,岳钟琪征剿庄浪的谢尔苏部番族,在桌子山、木茂山等地,纵火焚林,大破番兵。"公元1896年(清光绪二十二年),"甘州提督周大武,藉修衙宅的名义,派兵进山,在黑河口一带,砍伐林木甚多"。合黎山的童秃,据记载当是烈火焚烧,或大肆砍伐森林的恶果;古代有"焚林驱兽"之说。《新西北》载:"河西北面之沙漠戈壁非天生者,全属人谋不减,在千百万年前为沃野,但滥伐树木,废渠道而河流干涸,乃逐渐风化而成沙漠地矣。"足证森林遭受破坏之大!祁连山森林在历史各朝代中都是随行政管辖,由地方统治者分隔小片管理,各自争夺伐木,故使天然森林由盛及衰,逐渐凋零。张掖以南广袤祁连山森林面积由当年的数千万公顷,变成今日的13.33多万公顷。分布在酒泉以东的祁连山一带。

(四)清至民国时期的第四次森林破坏

第四次森林破坏,其范围、规模、强度都是空前的。在荒漠地带祁连山森林被切辖成片状,仅分布在酒泉以东的深山。浅山近百里范围内不见森林踪迹。垂直分布下限由海拔1900米上升到2300米,焉支山已无森林。《河西志》载:"1937年3月间,韩起功派四营兵力,从民乐的小都麻口、大都麻口、酥油口和张掖的龙首堡口(黑河口)进入祁连山中,在冰沟台、大鹞子沟、小鹞子沟一带,大肆砍伐草薙以尽。仅大都麻1处,就砍伐松木15万株,黑河口砍伐约22万株,其他各处砍伐数,每年不下10万株。1938年夏季,他们将木料从黑河水上运出,除一部分卖给玉门油矿外,其余全部卖给张掖、山丹、民乐、临泽4县的民众。1939年春季,又在大都麻一带,进行了一次破坏性的砍伐。前后经过两年的严重破坏,竟将上述地方的古代森林,砍伐无遗。"

五、当代森林史调查

2003年下半年,甘肃省林业厅下发《关于在全省天然林区开展当代森林史调查的通知》,部署森林史调查工作。至2005年底,县区各单位基本完成调查,上报调查报告。总况是祁连山林区和小片天然林区的森林分布线（下称"林线"）均存在不同程度的退缩现象,森林内部的条块状退缩均有发生,且比较突出,森林面积在缓慢缩小,并由连片分布向块、片状甚至嵌镶式分布转变。

（一）祁连山林区的森林变迁

祁连山林区的森林为块状嵌镶式分布。经对隆畅河、马蹄、西水、康乐、西营河、祁丰、大黄山、寺大隆、中牧马场等相对独立的林块分片进行调查,结果显示,1949年—1998年,森林的外围分布线,除西营河林区北侧林线中约12千米的一段,有0.01千米—0.015千米的萎缩外,均没有退缩现象,但在以下林区内部有条块状退缩。

西营河林区 20世纪90年代期间,由于气候变暖等因素,有两个林班发生条状死亡而退缩。

祁丰林区 灌木林条、块状退缩21处10290公顷,其中条状退缩8处2058公顷,块状退缩13处8232公顷。

马场林区 灌木林条状退缩,约6654公顷。

调查显示,近50多年来,祁连山林区的有林地面积、单位面积蓄积量、总蓄积量均有较大幅度的增加和提高,林区森林覆盖率由1987年的14.4%提高到21%,表明林区的林相林貌正向好的方面转化。虽有退缩现象,但林相林貌大有改观。被列为基本稳定区。

1. 经营方针变迁

1954年,肃南裕固族自治县成立后,提出"护林中生产,生产中护林""靠山吃山、吃山养山改造山和靠林吃林、吃林养林改造林"的经营方针。

1963年,甘肃省成立祁连山林业局,提出"以护林为基础,更新、抚育为中心,增强水源涵养作用为目的。采取更新、抚育、改造、利用相结合,扩大和提高并重"的经营方针。

1970年,林场的领导管理机构由"张掖地区森林总场"改名"张掖地区革命委员会森林经营管理局",提出"以营林为基础,采育结合,造管并举"的经营方针。

1974年,林场的领导管理机构又更名为"张掖地区森林经营管理局",提出"以营林为基础,积极造林更新,加强森林管护,合理抚育,促进林分改造"的经营方针。

1980年,成立"张掖地区林业局",林区划归林业局管理,省政府对祁连山水源林提出"以管护为主,积极造林,封山育林,因地制宜地进行抚育,不断扩大森林资源,提高水源涵养能力"的经营方针。

1986年,提出"以管护为主,积极造林,封山育林,综合培育森林,不断扩大森林面积,提高水源涵养效能"的经营方针。

1988年,提出"坚持以管护为主,加强科学研究,积极造林更新,大力封山育林,因地制宜地综合培育森林,科学合理地利用资源,开展多种经营,不断扩大森林资源,提高森林质量,增强森林生态、社会经济综合效益"的经营建设方针。直到1998年天然林资源保护工程实施森林经营管理统一到管护为主的轨道。

2. 管理体制变迁(详见第七编第一章机构演变)

3. 森林分布线变迁

林缘(即外围)分布线及变化以1950年为基数,经实地勘查,查阅现存档案和定点走访当地长者确定。1998年的分布线,入记森林演变。

隆畅河林区 该区北侧林缘分布线自1950年至1998年10月无明显退缩。北线肃南县界,由西向东经马营河、小河龙口、东水泉、高台新沟、小磨沟、水关河水库、头湾、二湾、杨家庄、梧桐泉、寨坡泉,全长约80千米;东向隔隆畅河与康乐林区相接,自北向南经红泉、临泽县水泥厂、隆畅河、黄疙瘩、岭子滩、孔岗木东岔、东梁、海牙沟东岔脑,全长约60千米;南线经隆畅河南分水岭与张掖市寺大隆林区及青海省接壤,全长约30千米;西线经走廊南山、马营河与祁丰林区接壤,全长约100千米。

马蹄林区 东侧林线与民乐县大河口林区接界,约30千米;南侧以走廊南山主峰为界与青海祁连县相接,林线分布在走廊南山北坡海拔2500米—3400米之间的地带;西侧林线与西水乡接界,约27千米;北侧林线自东向西大致在肃南县大泉沟乡南城子村、东城子村、榆草村、圈坡村、二道沟村、徐家湾村、大泉村、新升村、石峰村,民乐县丰乐乡易家湾村,肃南县大都麻乡大坡头村、肖家湾村、黄草沟村、李家沟村、长岭村、药草村、马蹄村一线。至1998年10月森林分布保持在1959年的林线分布状态。

西水林区 北侧林缘(即外围)分布线1950年至1998年10月没有较明显的退缩。东侧至酥油口河与马蹄林区接界,约15千米;南侧以魏拉达坂、草达坂、鸡心达坂分水岭与张掖市寺大隆林区接界,约17千米;西侧与康乐林区以黑河接界,约11千米。

康乐林区 北侧林缘分布线无明显退缩。北线由西向东经梨园河、肃南县与临泽县交接;东线与西水相接,自北向南经南台子、甘州区、龙家坡、龙王庙、黑河,全长约48千米;南线经拉盖梁分水岭与张掖市寺大隆林区接壤,全长约32千米;西线经马圈沟、孔岗木与隆畅河林区接壤,全长约48千米。

西营河林区 建场以前属无人管理区,人为流动极少,林木状况处于原始半原始状态,森林分布线也无改变。1958年后,在西营河河坝靠北河岸自石羊墩湾上至峡门12千米内程度不同地向内退缩10千米—15千米,所伐树种主要是河柳和小部分杨树,但均属集体林。

祁丰林区 林缘分布线没有发生明显变化。

大河口林区 分为东、西两片。东片大河林区包括扁都口、玉带、冰沟、大河。东侧以扁都口东岸凉州坡为界,与山丹军马场林区接界,约29千米;南侧以祁连山南山主峰为界,与青海省接界,约38千米;西侧以三大河为界与马蹄林区接界,约31千米;北侧自东向西大致在南丰乡炒面庄村、秦庄、张连庄村、玉带村、冰沟村、铁城子村为一线,约16千米。西片海潮坝林区,主要分布于海潮坝河两侧,其中东侧、南侧和西侧为马蹄林区所环抱,接界约53千米;北侧自东向西,大致在民乐县顺化乡石蹄子村、青松村、窑沟村,丰乐乡卧马山村、何庄村、易湾村为一线,约11千米。

大黄山林区 东西长约30千米,南北宽约20千米,东连永昌、甘州,南仰祁连,北眺龙首。该林区1958年建场初期到1998年间林缘分布线无明显变化。东侧分布线自北向南在山丹县老军乡羊虎口村、羊虎口煤矿与永昌县的交接处;南侧自东向西以山丹军马二场、四场草场,山丹县大马营乡窑坡村(南窑)为界;西侧自南向北以山丹县大马营乡窑坡村、圈沟村,山丹县花寨子乡上河村、中河村、下河村及山丹县陈户乡寺沟村为界;北侧自西向东以山丹县陈户乡盘山村、范营村、陈户村,山丹县老军乡焦家湾村、老军村、祝庄村、李泉村、潘庄村及郭泉村为界。

寺大隆林区　东西长约 66 千米,南北宽约 56 千米。东线以大孤山、鸡心大顶、草达坂、夹道寺和黑河为界并与西水林区毗邻;西接大岔丫豁、隆畅河林区;南与祁连山主脉子午梁、雪山达坂分水岭与青海省祁连县接壤;北线经兰沙岗拉盖梁、鲁布藏顶和康乐林区相接。

马场林区　森林分布线自西向东经大、小香沟,后稍沟,白石崖沟,大、小鸡龙沟,狼牙沟,平羌沟,脑儿墩至一棵树沟止。

4. 林区内条状、块状退缩

隆畅河林区、马蹄林区、西水林区、康乐林区自 1950 年—1980 年以后无明显条状、块状退缩。西营河林区进入 20 世纪 90 年代,由于气候变暖等因素,在三、五沟林班内林缘有条状死亡。祁丰林区:自 1985 年以后,因气候变暖、干旱,加之超载放牧,牲畜践踏、啃食,导致大量灌木林逐渐以条、块状干枯死亡。自 1950 年以来,祁丰林区内灌木林块状退缩 13 块 82332 公顷,条状退缩 8 处 2058 公顷,乔木林基本保持原状,无退缩。寺大隆林区:1982 年,甘、青两省重新核定边界,林场的夹道寺林班被划归青海省祁连县。马场林区:在灌木林区有条状退缩,约 443.6 公顷,最大的退缩在平羌口以北的长沟处,退缩约 354.06 公顷。

(二)小片林区的森林变迁

在河西走廊和走廊北山地带,孤立分布一些小片天然森林。这些乔灌木植被,是镶嵌在重水蚀区荒漠、半荒漠草原和荒漠化石质山地上的绿色宝珠。保护和发展这些植被,对增强生态防护功能和研究荒漠地区森林生态系统,具有重要的科学价值。

1. 明花林区

林区概貌　明花是肃南裕固族自治县北部的一块飞地,设明海、莲花两乡,简称"明花"。东、北、南与高台县接壤,西与酒泉市肃州区为界。属河西走廊南北部冲积洪积平原,地势呈南高北低、西高东低。气候属典型的大陆性温带气候。区内灌木与半灌木植被和少量天然胡杨林分布在沙丘和丘间低地以及南缘戈壁上,呈现出明显的沙漠戈壁景观,历史上分布的主要是天然胡杨林,灌木林主要是红柳和白刺。明花林区至今未作过系统的资源调查。按 2003 年森林史调查推估,林区总面积为 57873 公顷,其中有林地 74 公顷,灌木林及疏林 57799 公顷,森林覆盖率低于 20%。

森林变迁　50 多年前,在明海、莲花两乡境内分布四片相对集中的胡杨林,约 368.7 公顷。到 1998 年,四片胡杨林的退缩情况是:①分布南沟村的 200 公顷,残留 46.7 公顷;②分布小海子村的 133 公顷,残留 26.7 公顷;③分布中沙井村的 33 公顷,1996 年前全部消失;④小海子村固定沙丘地,于 1978 年前全部消失,其缩减 295.3 公顷,占原有面积的 80%。

另据调查,50 多年来,全林区 2466 公顷的天然红柳林,其中莲花乡境内 2333 公顷,明海乡境内 133 公顷,分布范围无明显变化。林相已退化,呈现零星分布,平均盖度仅 20%,已退化为疏林地。林区的固定、半固定沙丘地带有 48700 公顷的白刺灌丛,分布范围无明显变化,林相变化近似红柳林。

经营方针及管理体制变迁　该林区在 1972 年前由所在的乡、村管理,1973 年建立肃南县明海林场至今。管辖范围 9000 公顷,其他林地仍有乡村管理。明海林场设立管护站,固定专人管护。明海林场 1973 年—1984 年利用国家投资建场和进行天然林管护、营造防风固沙林等。1986 年明海林场由治沙造林为主,转向保护明花区天然沙生植被为主。1998 年起,在做好天然林保护工作的同时,开展以治理开发为主的利用建设,保护与建设并重。

2. 龙首山林区

林区概貌　龙首山位于河西走廊北山的中部,处于龙首山山脉的西部。距山丹县城 50 多千米,行政区划属于山丹县红寺湖乡。地质构造属阿拉善台块的一部分,是中生代以来发育成的断块山。据 2001 年省林业规划院首次调查,林区总面积 3490 公顷(管理范围),有林地 204.9 公顷,灌木林地 890.4 公顷,森林覆盖率 31.4%。

森林变迁　由于调查基础资料缺失,无法反映林相及林区退缩状况,未能列入稳定区,而被列为基本稳定区。

经营方针的变迁　龙首山林区在 1949 年时,林区基本处于无人管理状态,到 20 世纪 70 年代,由山丹县林业局管理,到 80 年代由山丹机械林场管理。一直以管护为主,没有任何封育。到 1992 年建立省级自然保护区,业务上由祁连山保护区管理局管理,行政管理仍属山丹县林业局。1998 年实施天保工程以来,贯彻执行"以管护为主、积极造林、封山育林、封山禁牧,综合培育森林,不断扩大森林面积,提高水源涵养效能"的经营方针。

3. 东大山林区

林区概况　位于甘州区东北部平山湖乡境内。东山寺以东三个泉以南,东南向与山丹县交界,东北向与阿拉善右旗接壤。南北宽约 7 千米,东西长约 9 千米。2000 年进行森林资源清查时总经营面积 5200 公顷,其中有林地面积 1141.8 公顷,疏林地面积 8.5 公顷,灌木面积 928.6 公顷。

森林变迁　近 50 年来,四侧林相无明显变化,林内无条、块状退缩,林相林貌有所改观,列为基本稳定区。

经营方针变迁　中华人民共和国成立初期,林区基本处于无人管理状态,只有平山湖乡派两人看护。1958 年建立张掖县东大山国营林场,这一时期的经营以"靠山吃山,吃山养山"和"护林中生产,生产中护林"为方针,以"以林为主,多种经营,综合利用"为方向。1980 年划为自然保护区以来的经营方针是:"以管护为主,积极造林,封山育林,因地制宜地进行抚育,不断扩大森林资源,提高水源涵养能力。"1996 年实行以"以林为主,多种经营"的方针。1998 年天然林禁伐后,转变为"管护为主,积极造林,封山育林,综合培育森林,不断扩大森林面积,提高水源涵养能力"的经营方针。

表 1-6　张掖市小片天然林区资源统计表

(按 2003 年—2004 年森林史调查报告汇总)

单位:公顷、%

序　号	林区名称	所在地	林区面积	其　中			森林覆盖率
				有林地	疏林地	灌木林地	
合　计			66563	1421		59616	
1	明　花	肃南县	57873	74		57799	20

续表

序　号	林区名称	所在地	林区面积	其　中			森林覆盖率
				有林地	疏林地	灌木林地	
2	龙首山	山丹县	3490	205		890	31
3	东大山	甘州区	5200	1142		927	40

（三）沙生植物的变迁

1982 年的一份报告中讲"河西风沙线上的 20 万公顷沙生灌木林，今剩 6 万余公顷"。1998 年《甘肃省土地资源开发利用调查与评价》报告，数列河西 5 地（市）1985 年、1995 年的灌木林面积，即以 1985 年为基数，经过 10 年，以 1995 年数看变化，结果显示，张掖地区增加 39666 公顷。

第二节　森林类型与分布

一、针叶林

（一）青海云杉林（Form. *Picea crassifolia*）

属寒温性常绿针叶林群系组、云杉冷杉群系，为祁连山重要的森林类型。主要分布海拔 2400 米—3300 米的阴坡、半阴坡、半阳坡。常以带状或块状，与阳坡的草原呈复合镶嵌分布，构成山地森林草原景观。群落种类组成不丰富，主要由青海云杉组成纯林，高山地带有少数祁连圆柏混交，低山地带与少量的山杨、桦树混交，林分郁闭 0.4—0.8。林下土壤主要为森林褐色土。青海云杉是西北地区特有树种，为优良的用材林和水源涵养林。胸径和树高生长量最大时期在 40 年，约在 90 年时开始下降。材积生长于 130 年后急剧下降，数量成熟在 10 年左右。今已成为祁连山林区主要森林更新树种和荒山造林树种，在涵养水源、水土保持方面的作用极强。由于其四季常绿，树冠呈圆锥状，冠形优美，被广泛用于城市绿化、园林栽植、小康村美化及高速公路绿化等。

（二）祁连圆柏林（Form. *Sabina przewalskii*）

属寒性常绿松林群系，广泛分布冷龙岭和河西走廊南山的阴坡、阳坡和半阳坡。在冷龙岭北坡分布的海拔高度为 2500 米—3200 米,在河西走廊南山南坡分布较高,一般在 2800 米—3400 米。多为单层纯林,高山地带有少数与青海云杉混交,郁闭度 0.4—0.5。林木生长缓慢,120 年生林分平均高 7 米—9 米,平均胸径 14 厘米—20 厘米,蓄积量 80 立方米 / 公顷,心腐率 40% 以上。祁连圆柏是西北地区的特有树种,耐寒、耐旱、耐土壤瘠薄,是较好的用材林和水源涵养林树种,其直径和树高生长量 40 年前缓慢,60 年左右生长较快,以后又逐渐减缓,180 年后接近平稳,数量成熟在 200 年左右。

(三)华北落叶松林(Form. *Principis-rupprechtii*)

属寒温性落叶针叶林群系组、落叶松群系。1957 年开始引种,1973 年后开始在寺大隆、大河口、西营河、西水等林区栽培。华北落叶松是阳性树种,能耐低温,耐旱性强,对造林立地条件要求不很严格,适合于海拔 1600 米—3000 米的阴坡、半阴坡造林。在海拔 2000 米—2600 米的浅山区和部分沿山林缘地带造林效果好。

二、阔叶林

(一)山杨林(Form. *Populus davidiana*)

主要分布西营河林区及冷龙岭北麓海拔 2000 米—2600 米的阴坡、半阴坡及谷地。零星小片状分布黑河以东林区,平均年龄 20 年—50 年,平均树高 7 米—12 米,平均直径 6 厘米—12 厘米,蓄积量 30 立方米 / 公顷—80 立方米 / 公顷。

(二)红桦林(Form. *Betula albo-sinensis*)

分布海拔 2600 米—3000 米的阴坡及半阴坡,常处于山地陡坡中下部,坡度 30°—40°。通常为单层纯林,有时有少量山杨、青海云杉组成混交林;混交林则为两层,红桦为第一层,山杨或青海云杉为第二层。林分年龄 50 年—140 年,平均高 15 米—20 米,平均直径 16 厘米—30 厘米,林分郁闭度 0.6—0.7,蓄积量 70 立方米 / 公顷—150 立方米 / 公顷。

(三)白桦林(Form. *Betula platyphylla*)

分布于海拔 2600 米—2830 米的半阴坡,多为单层纯林,有时有少量的山杨、红桦、青海云杉组成混交林;林分平均年龄 20 年—40 年,平均高 8 米—10

米,平均直径 12 厘米左右,林分郁闭度 0.4—0.7,蓄积量 50 立方米 / 公顷。

三、灌 丛

(一)常绿落叶灌丛

沙地柏灌丛(Form. *Sabina vulgaris*)。常绿匍匐灌木,刺形叶常生于幼枝顶部,球果成熟时含 2 粒—3 粒种子,分布东大山及祁连山海拔 2800 米以下阳坡荒地或干旱阳坡,为水土保持的优良树种。组成灌木主要有小叶金露梅、置疑小檗、西藏忍冬、驼绒藜等,盖度 5%—10%,平均高度 40 厘米—60 厘米。

(二)落叶阔叶灌丛

1. 杯腺柳灌丛(Form. *Salix cupularis*)。杯腺柳是柳属的耐寒种类,以其为优势种组成的矮灌丛,属于高寒落叶阔叶灌丛。在祁连山东段垂直分布在青海云杉林以上,是一种相对稳定的原生植被。其海拔高度,在冷龙岭、乌鞘岭北麓阴坡 3000 米—3500 米,在走廊南山北麓阴坡为 3000 米—3750 米。多见于阴坡和部分半阳坡及一些陡崖坡地。在云杉林线后退、亚高山草甸显著下移的一些谷底、坡麓及河滩地段,常出现小片状的次生柳灌丛,呈窄带状镶嵌于高寒草原之中。

2. 鬼箭锦鸡儿灌丛(Form. *Caragana jubata*)。主要分布海拔 3000 米—3800 米的山地阴坡,阳坡、半阳坡也有分布。喜高山冷凉阴湿环境,也耐干旱。鬼箭锦鸡儿株高 50 厘米—70 厘米,茎单生直立,具有轴刺和地下根状茎,可进行无性繁殖;群落总盖度 60%—80%,灌木层以鬼箭锦鸡儿占优势,盖度 30%—50%。

3. 金露梅灌丛(Form. *Potentilla fruticosa*)。分布于海拔 2700 米—3700 米的半阴坡、半阳坡和河谷地区,土壤为高山灌丛草甸土,群落总盖度 50%—80%,株高 40 厘米—100 厘米,盖度 20%—40%。

4. 小果白刺灌丛(Form. *Nitraria tangutorum*)。属温带落叶阔叶盐生灌丛,主要分布在祁连山、龙首山等低山残丘、剥蚀戈壁、冲积扇下缘地下水溢出地带等,呈团状或带片状分布。

四、灌木荒漠、半灌木荒漠

（一）灌木荒漠

1. 膜果麻黄荒漠（Form. *Ephedra przewalskii*）。属典型灌木荒漠。主要分布于祁连山山前戈壁平原。群落结构简单，以膜果麻黄为建群种，其间亦伴生有裸果木、绵刺、霸王、木紫菀、木本猪毛菜、珍珠猪毛菜、红砂、驼绒藜、垫状短舌菊等灌木和半灌木；草本植物有沙生针茅、沙米等。膜果麻黄群落分布的土壤环境是砾质石膏荒漠土，且在山前地带，能受雪水滋润，故生长都较良好。由于其枝条密集，阻沙能力强，故常见有被固定的高 50 厘米—80 厘米，直径 2 米—3米的沙丘，膜果麻黄生长于沙丘的背风面。而上述伴生的植物，则处于沙丘之间。膜果麻黄是一种良好的药用植物，利用过度则造成砾质荒漠化。

2. 泡泡刺荒漠（Form. *Nitraria sphaerocarpa*）。属典型灌木荒漠。分布于祁连山、龙首山山前戈壁平原。土壤为砂质及龟裂状灰棕荒漠土。泡泡刺常单一形成带状、团状或零散生长的稀疏群落。群落盖度差异甚大，低者 3%，高者可达 10%，一般为 5% 左右。泡泡刺通常高 15 厘米以上，最高可达 50 厘米。丛径0.5 米—2 米。鲜草产量 149.9 千克 / 公顷—749.9 千克 / 公顷，在粘土荒漠稍高，可达 1049.5 千克 / 公顷。伴生植物有珍珠猪毛菜、红砂、合头草、猫头刺、短叶假木贼、沙蒿、紫菀木、绵刺等。草本植物有盐生草、多根葱、蒙古葱、草霸王等，层次结构单一。

3. 裸果木荒漠（Form. *Gymnocarpos przewalskii*）。属典型灌木荒漠。见于祁连山保护区龙首山山麓。

4. 刺旋花荒漠（Form. *Convolvulus tragacanthoides*）。属草原化灌木荒漠。见于保护区龙首山中东部北麓。

5. 绵刺荒漠（Form. *Potaninia*）。属草原化灌木荒漠。见于祁连山保护区龙首山山麓。

（二）半灌木、小半灌木荒漠

1. 珍珠猪毛菜荒漠（Form. *Salsola passerina*）。属盐柴类半灌木、小半灌木荒漠。广泛分布祁连山、龙首山、大黄山的山前洪积平原地带。植丛高 10 厘米—20 厘米；群落盖度为 2%—7%，最大可达 25%—35%，前者鲜草产量 1499

千克/公顷—2249 千克/公顷。当群落盖度小时,伴生植物种类就少,反之种类就多。常见的有红砂、泡泡刺、木本猪毛菜、垫状短舌菊、灌木亚菊、旱蒿、合头草、绵刺等。草本植物有戈壁针茅、石生针茅、沙生针茅、三芒草、细柄茅、盐生草等。

2. 驼绒藜荒漠(Form. *Ceratoides latens*)。属盐柴类半灌木、小半灌木荒漠。在保护区龙首山、东大山山麓有零星分布。植丛高 22 厘米—60 厘米,群落盖度为 10%—15%,最大可达 30%—35%,鲜草产量 8996 千克/公顷—11994 千克/公顷。伴生植物有红砂、绵刺、紫菀木、沙蒿等。草本植物有沙生针茅、盐生草等。骆绒藜具较好的适口性,开辟为牧场很有前景。

3. 合头草荒漠(Form. *Sympegma regelii*)。属盐柴类半灌木、小半灌木荒漠。合头草分布很广泛,是荒漠区主要的植物群落。在祁连山、龙首山的山前洪积平原上,都有大面积分布。群落盖度一般为 5%—7%,最大可达 25%—30%。植丛高 18 厘米—35 厘米,鲜草产量 224.9 千克/公顷—449.8 千克/公顷,最高达 749.6 千克/公顷,伴生植物有盐生草、草霸王、多根葱、冠芒草等。

4. 猫头刺荒漠(Form. *Oxytropis aciphylla*)。属草原化荒漠。见于龙首山的山前洪积冲积扇上。

5. 垫状短舌菊荒漠(Form. *Brachanthemum pulvinatum*)。分布祁连山、龙首山的山前低山和洪积平原地带。植丛高 10 厘米—28 厘米;群落盖度为 3%—25%,最大可达 25%—35%,前者鲜草产量 149.9 千克/公顷—224.9 千克/公顷。伴生植物有珍珠猪毛菜、尖叶盐爪爪、木本猪毛菜、紫菀木、驼绒藜、泡泡刺等,草本植物有沙生针茅等几种禾本科植物。

6. 尖叶盐爪爪荒漠(Form. *Kalidium cuspidatum*)。属多汁盐柴类半灌木、小灌木荒漠。尖叶盐爪爪群落,主要分布祁连山等山前冲积盐化土壤上。群落盖度也随岁分而异,低的只有 5%—15%,高的可达 40%。植丛高 15 厘米—34厘米。鲜草产量,在盐化粘土上,一般为 404.8 千克/公顷—1019.5 千克/公顷,最高达 1649.2 千克/公顷—1949 千克/公顷,在湖盆低地盐碱土上,达 85457 千克/公顷。伴生植物,在盐化粘土上有红砂、珍珠猪毛菜、合头草、紫菀木,草本植物有冠芒草、多根葱、刺砂蓬、盐生草等。

7. 圆叶盐爪爪荒漠(Form. *Kalidium*)。属多汁盐柴类半灌木、小灌木荒漠。

见于龙首山山麓的局部地段。

（三）垫状小半灌木（高寒）荒漠

1. 垫状驼绒藜高寒荒漠（Form. *Ceratoides compacta*）。分布祁连山西段海拔3900米以上的高寒地带，气候干旱寒冷。土壤为高寒荒漠土，常含有盐分，表土夹有小砾石；群落盖度一般为2%—4%，若在积雪较多的环境，有时可达15%—20%；植丛高3厘米—7厘米，冠幅较大，约25厘米×30厘米至43厘米×90厘米。鲜草产量低的只有149.9千克/公顷—299.9千克/公顷，高的可达449.8千克/公顷—599.8千克/公顷，最高为749.6千克/公顷。伴生植物有囊种草、垫状点地梅、苔状蚤缀、藏刺矶松、西藏亚菊等。草本植物有矮风毛菊、藏芥、镰形叶棘豆、镰叶韭等。可作为高山牧场。

2. 垫状蚤缀群系（Form. *Arenaria serpyllifolia*）。分布祁连山东、中段海拔3900米以上的高寒地带，地势起伏不大，为古老的冰渍丘以及寒冻分化作用形成的比较平缓的岩屑坡及其坡麓地段，地表石质性强，局部地段有薄土层。群落盖度约15%—20%，是祁连山特有植物，枝叶紧密，高度20厘米—30厘米，冠幅40厘米—50厘米，最大的可达100厘米。伴生植物有水母雪莲花、暗绿紫堇、甘青虎儿草、聚叶虎虎儿草、双脊草、穗三毛、无瓣女娄菜、矮垂头菊、多刺绿绒蒿等。个别地段有蒿草侵入。可作为高山牧场。

第三章　森　林

第一节　森林面积·蓄积量

1949年中华人民共和国成立到2010年间,省、市(地)林业厅(局),先后组织完成6次比较全面系统的森林资源清查和统计工作。

一、1963年统计的森林面积、蓄积量

1962年底,将1950年—1962年间各林区调查统计成果进行首次汇总。

(一)祁连山林区土地资源

祁连山林区土地面积为13.15万公顷,占全省各林区土地总面积538.4万公顷的24.4%。

表1-7　1963年祁连山林区土地资源表

单位:公顷

林　区	合　计	林　业　用　地					非林业用地	
		计	有林地	灌木林地	疏林地	宜林地	计	其中:农业用地
祁连山	1264986	601101	134298	204191	32609	230003	663885	65857
%	100	88	21	30	4	33	12	7

(二)有林地面积资源

1963年祁连山林区有林地面积13.4万公顷,占全省有林地总面积141.8万公顷的28%。

表1-8 1963年祁连山林区有林地面积资源表

单位:公顷

林 区	合 计	幼龄林	中龄林	近疏林	成过熟林
祁连山	134298	42654	42318	12766	36560
%	100	32	31	9	28

(三)祁连山林区森林蓄积资源

1963年祁连山林区森林蓄积量为1787.5万立方米,占全省各林区森林总蓄积量14262.7万立方米的12.5%。其中有林地蓄积量1147.1万立方米,疏林和散生木蓄积量640.4万立方米。

(四)祁连山林区有林地森林蓄积资源

1963年祁连山林区森林蓄积量为1147.1万立方米,占全省各林区有林地森林总蓄积量12873.8万立方米的8.9%。

表1-9 1963年祁连山林区有林地蓄积量表

单位:万立方米

林 区	合 计	幼龄林	中龄林	近疏林	成过熟林
祁连山	1147.1	228.1	341.7	132.7	439.2
%	100	20	30	12	38

二、1974年森林面积、蓄积量

1974年5月至1975年底,完成森林及宜林地资源调查。此次清查是以县或国营林业局(场)为单位,资源数据落实到县或林业局(场)。大片天然林区采用抽样调查方法。小片天然林和中华人民共和国成立后营造的人工林及未成林造林地,采用罗盘仪实测面积样地推算蓄积量的方法,把资源数据落实到地块。

(一)土地资源

1974年—1975年全区林区总面积392.39万公顷,其中地区森林管理局管辖的祁连山林区390.2万公顷。在总面积中林业用地38.07万公顷,非林业用地 354.32 万公顷。

(二)有林地面积资源

全区有林地总面积 75884.92 公顷。其中地区森林管理局管辖的祁连山林区 60520.02 公顷。

(三)森林蓄积量资源

全区总蓄积量 884.4 万立方米,其中地区森林管理局 865.69 万立方米,占总蓄积量的 97.88%;张掖县 11.07 万立方米,占 1.25%;山丹县 7532.72 立方米,占 0.85%;民乐县 3019.99 立方米,占 0.34%;临泽县 3.64 万立方米,占 0.004%;高台县 2.76 万立方米,占 0.003%;肃南县 1634.47 立方米,占 0.018%。

(四)全区人工林及未成林造林地资源

中华人民共和国成立后到 1975 年,全区人工林保存面积 22593.33 公顷(均为中幼林),蓄积量 12.14 万立方米,未成林造林地 7307 公顷,全部为防护林。

表 1-10　张掖地区 1975 年林业用地面积统计表

单位:万公顷

统计单位	总面积	林业用地										非林业用地
		林业用地合计	有林地				疏林地	灌木林地	未成林造林地	苗圃地	无林地	
			合计	防护林								
				小计	天然	人工						
张掖地区	392.39	38.07	7.59	7.59	6.17	1.42	2.46	14.01	0.73	0.12	13.16	354.32
森林管理局	39.02	22.06	6.05	6.05	6.05		2.38	10.88	0.15	0.02	2.58	16.96

注:非林业用地中含果园面积 2330.52 公顷。

106

表 1—11 张掖地区 1975 年林分面积、蓄积量统计表

单位：公顷、立方米

统计单位	活立木总蓄积	林分各龄组面积、蓄积									疏林蓄积	散生木蓄积	枯立木蓄积
		面积合计		幼龄林		中龄林		成熟林					
		面积	蓄积	面积	蓄积	面积	蓄积	面积	蓄积				
总 计	8844033.24	75885.10	8034892.03	24447.37	1333649.03	38551.0	446435.66	1206.33	2264388.32	809141.21		5126
森管局	8656941.64	60520.02	7847800.44	14398.38	1302541.94	33245.04	4251172.03	12096.2	2263667.46	809141.21		5126
张掖县	110788.17	8586	110788.17	5576	8721.1	3010	102067.07					
山丹县	7532.72	283.78	7532.72	213.24	3923.02	60.41	2888.84	10.13	720.86			
民乐县	3019.99	514.09	3019.99	471.39	1612.75	42.70	1407.24					
临泽县	36441.12	4079.66	36441.12	2737.60	7581.03	1342.06	28860.10					
高台县	27675.12	1889.2	27675.12	1043.4	9158.27	845.8	18516.85					
肃南县	1634.47	12.35	1634.47	7.36	110.93	4.99	1523.54					

三、部分年份森林面积、蓄积量

1984 年全区森林总面积 32.42 万公顷，总蓄积量 1218.2 万立方米，比 1974 年分别增加 7.674 万公顷和 333.8 万立方米。1992 年森林总面积 36.25 万公顷，总蓄积量 1297.7 万立方米，比 1984 年分别增加 3.79 万公顷和 79.5 万立方米。1995 年森林总面积 39.24 万公顷，总蓄积量 1438.72 万立方米，比 1992 年分别增加 2.99 万公顷和 141.02 万立方米。

（一）天然林面积、蓄积量

1984 年天然林面积 25.94 万公顷，蓄积量 1095.32 万立方米，比 1974 年分别增加 3.41 公顷和 223.06 万立方米。1992 年天然林面积保持 1984 年的数量，蓄积量增加 41.88 万立方米。1995 年天然林面积为 26.79 公顷，蓄积量 1169.58 万立方米，比 1992 年分别增加 0.87 公顷和 32.38 万立方米。

（二）人工林面积、蓄积量

1984 年人工林面积 6.52 万公顷，蓄积量 122.87 万立方米，林木生长率 8.6%，林木生长量 10.56 万立方米，年抚育采伐量 2.1 万立方米，年实际增长量 8.46 万立方米，1984 年比 1974 年人工林蓄积量增长 8.1 倍。1992 年人工林面积 10.33 万公顷，蓄积量为 190.5 万立方米，比 1984 年分别增加 10.32 万公顷和 87.83 万立方米。1995 年人工林面积为 12.45 万公顷，蓄积量 269.14 万立方米，比 1992 年分别增加 2.12 万公顷和 78.64 万立方米。

表 1-12　张掖地区部分年份森林面积、蓄积量

单位:万公顷、万立方米、%

年度	总计		其中				森林覆盖率
	面积	蓄积	天然林		人工林		
			面积	蓄积	面积	蓄积	
1984	32.46	1218.2	25.94	1095.32	6.52	122.87	6.4
1992	36.25	1297.7	25.92	1137.20	10.33	190.50	
1995	39.24	1438.72	26.79	1169.58	12.45	269.14	8.67

表 1-13　张掖地区 1995 年林木分布一览表

单位:万公顷、%、万株

项目单位	林地面积			林地类型				森林覆盖率	四旁植树
	合计	人工林	天然林	有林地	疏林地	灌木林地	未成林造林地		
总　计	44.6	18.66	25.94	14.83	0.76	20.00	2.31	8.67	3192
张掖市	4.09	3.88	0.21	3.09	0.13	0.17	0.67	10.49	1200
山丹县	5.55	0.56	4.99	0.95	0.04	4.55	0.02	3.8	230
民乐县	4.09	1.23	2.86	0.63	0.17	2.62	0.67	15.59	490
临泽县	3.03	3.03		1.69	0.08	0.8	0.47	10.1	642
高台县	3.21	3.20	0.01	1.16	0.03	1.59	0.43	7.06	580
肃南县	24.62	6.76	17.86	7.30	0.32	10.31	0.03	8.7	50

四、2010 年森林资源

(一)林业用地资源

张掖市总土地面积 419.24 万公顷,全市调查区总面积 385.92 万公顷,林地面积 98.6 公顷,占调查区总面积的 25.55%,其中:有林地 13.19 万公顷,占 3.42%;疏林地 1.317 万公顷,占 0.34%;灌木林地 65.2487 万公顷,占 16.91%;未成林地 59880 公顷,占 1.55%;苗圃地 1015.05 公顷,占 0.03%;无立木林地 2679.88 公顷,占 0.07%;宜林地 124421.90 公顷,占 3.22%;林业生产辅助用地 503.04 公顷,占 0.01%。非林地面积 2873194.3 公顷,占 74.45%。

张掖市林业志

表 1-14 张掖市 2010 年各类土地面积统计表

单位：公顷

统计单位	总面积	林地									非林地
		合计	有林地	疏林地	灌木林地	未成林地	苗圃地	无立木林地	宜林地	林业辅助生产用地	
合计	3859200	986005.70	131846.35	13171.12	652487.71	59880.65	1015.05	2679.88	124421.90	503.04	2873194.30
甘州区	366100	91005.78	14746.33	359.46	48817.87	1855.86	230.41	83.62	24626.39	285.84	275094.22
山丹县	340650	154260.18	9266.77	186.78	86022.79	40840.38	30.66	67.64	17839.14	6.02	186389.82
民乐县	223320	63379.67	10476.48	416.14	43374.81	6143.77	406.06	50.83	2511.58		159940.33
临泽县	272970	64868.16	9374.04	1344.56	30446.98	5562.47	98.65		18015.27	26.19	208101.84
高台县	434660	86509.30	4532.12	250.83	47186.55	2901.48	168.52	831.35	30493.60	144.85	348150.70
肃南县	2017470	460007.82	81710.46	10303.23	333651.95	2576.69	74.53	1214.40	30436.42	40.14	1557462.18
山丹马场	204030	65974.79	1740.15	310.12	62986.76		6.22	432.04	499.5		138055.21

(二)森林面积资源

1. 起源。全市森林(按有林地+国家特别规定的灌木林地统计)总面积 63.7382 万公顷。按起源分,人工起源的 73055 公顷,占森林总面积的 11.46%, 天然起源的 56.4327 万公顷,占森林总面积的 88.54%。

表 1-15 张掖市 2010 年森林面积资源统计表

单位:公顷、%

统计单位	合 计	起 源			
		人 工		天 然	
		面 积	占总面积	面 积	占总面积
张掖市	637382.53	73055.98	11.46	564326.55	88.54
甘州区	63564.2	15309.4	24.08	48254.8	75.92
山丹县	95289.56	9462.06	9.93	85827.5	90.07
民乐县	53851.29	13070.28	24.27	40781.01	75.73
临泽县	39821.02	15037	37.76	24784.02	62.24
高台县	51718.67	15312.3	29.61	36406.32	70.39
肃南县	285395.83	1806.55	0.63	283589.28	99.37
山丹马场	47741.96	3058.34	6.41	44683.62	93.59

2. 权属。全市森林面积按权属划分,国有 584969.74 公顷,占森林总面积 的 91.78%;集体 52412.79 公顷,占森林总面积的 8.22%。

表 1-16 张掖市 2010 年森林面积按权属、地类统计表

单位:公顷、%

统计单位	合 计	权 属			
		国 有		集 体	
		面 积	占总面积	面 积	占总面积
张掖市	637382.53	584969.74	91.78	52412.79	8.22
甘州区	63564.20	54785.94	86.19	8778.26	13.81

续表

统计单位	合 计	权 属			
		国 有		集 体	
		面 积	占总面积	面 积	占总面积
山丹县	95289.56	87359.09	91.68	7930.47	8.32
民乐县	53851.29	41063.42	76.25	12787.87	23.75
临泽县	39821.02	28872.05	72.50	10948.97	27.50
高台县	51718.67	39847.68	77.05	11870	22.95
肃南县	285395.83	285299.6	99.97	96.23	0.03
山丹马场	47741.96	47741.96	100		

(三)活立木蓄积量资源

全市活立木总蓄积量 15805656 立方米,其中:有林地蓄积 14859244 立方米,占总蓄积量的 94.01%;疏林地蓄积 425182 立方米,占总蓄积量的 2.69%;四旁树蓄积 448999 立方米,占总蓄积量的 2.84%;散生木蓄积 72231 立方米,占总蓄积量的 0.46%。

表 1-17 张掖市 2010 年活立木蓄积量统计表

单位:立方米

统计单位	合计	有林地	疏林地	四旁树	散生木
张掖市	15805656	14859244	425182	448999	72231
比例(%)	100.00	94.01	2.69	2.84	0.46
甘州区	921039	731777	3967	182343	182343
山丹县	923962	861564	5801	49678	6919
民乐县	799073	640899	9102	110414	38658
临泽县	562206	518574	22548	19302	1782
高台县	537205	469638	741	66258	568
肃南县	11837203	11420222	375740	19934	21307
山丹马场	224968	216570	7283	1070	45

五、森林覆盖率

1949 年森林覆盖率 4.5%,1974 年 5.1%,1984 年 6.4%,1995 年 8.7%,2000 年 9.17%。2010 年 16.52%,其中有林地覆盖率 3.42%,灌木林覆盖率 13.1%。

表 1-18　张掖市 2010 年森林覆盖率情况表

单位:%

统计单位	森林覆盖率	其　　　中	
		有林地覆盖率	灌木林覆盖率
张掖市	16.52	3.42	13.10
甘州区	17.36	4.03	13.33
山丹县	27.97	2.72	25.25
民乐县	24.11	4.69	19.42
临泽县	14.59	3.43	11.15
高台县	11.90	1.04	10.86
肃南县	14.15	4.05	10.10
山丹马场	23.4	0.85	22.55

六、林木绿化率

2008 年—2009 年二类调查时,依据《甘肃省森林资源规划设计调查技术操作细则》规定,计算林木绿化率。全市林木绿化率为 20.41%,其中:甘州区为 17.73%, 山丹县为 28.11%, 民乐县为 24.43%, 临泽县为 14.65%, 高台县为 12.01%,肃南裕固族自治县为 20.59%,中牧山丹马场为 31.73%。

第二节　生　物

一、树种资源

(一)针叶树种

青海云杉、刺柏、北京桧、祁连圆柏、沙地柏、白皮松、华山松、望都塔柏、华北落叶松、侧柏、油松、樟子松、杜松、黑松等。

(二)落叶阔叶树种

甘肃杨、新疆杨、合作杨、群众杨、箭河小、赤峰杨、白城杨、意大利214、辽杨、毛白杨、箭小、河北杨、箭胡毛杨、椴新、哈美、银白杨、芦胡、山毛杨、银新杨、青海8号、青海9号、青海10号、青海12号、胡小青美2号杨、北京杨、三倍体毛白杨、欧美杨、辽育杨、银白杨、大叶杨、北京杨、欧美杨、中林46杨、欧美杨107、欧美杨108、银中杨、84K杨、抗虫杨、山银杨等100多个,漳河柳、金丝柳、水蜡、樱花、紫叶矮樱、白杜鹃、紫杜鹃、白榆、园冠榆、大叶榆、长枝榆、复叶槭、五角枫、国槐、紫穗槐、洋槐、紫叶李、黄杨、红叶小檗、法桐、海棠、红瑞木等。

(三)灌木树种

1. 祁连山水源林区树种灌丛。沙地柏、麻黄,山生柳、山丹柳、洮河柳、光果线叶柳、青海柳、中国黄花柳、鲜黄小檗、置疑小檗、甘青茶藨、狭果茶藨、天山花楸、灰栒子、水栒子、金露梅、银露梅、窄叶鲜卑木、高山绣线菊、蒙古绣线菊、锦鸡儿、甘青锦鸡儿、鬼箭锦鸡儿、短叶锦鸡儿、沙棘、肋果沙棘、千里香杜鹃、头花杜鹃、烈香杜鹃、陇蜀杜鹃、北极果、甘肃瑞香、红花忍冬、小叶忍冬、葱皮忍冬、刚毛忍冬等。

2. 绿洲农田防护林区灌丛。花棒、毛条、柠条,荒漠锦鸡儿、紫穗槐,枸杞、霸王,筐柳、黄柳、乌柳、线叶柳、密花柽柳、多枝柽柳、榆叶梅、珍珠、沙棘、红砂、骆驼刺、白刺、沙拐枣等。

3. 东大山、龙首山自然保护区灌丛。沙杞柳、吉拉柳、北沙柳、山生柳,小檗、沙地柏、白刺、茶藨子、麻黄、小叶忍冬、陇塞忍冬、灰栒子、金露梅和骆驼刺、铁线莲等。

（四）经济林树种

全市果树资源分属蔷薇科、鼠李科、葡萄科、核桃科4科10属500多个品种。50年代开始引种栽培,90年代起大量引进林果新品种,至2010年底,共引进林果新品种14个大类,600个品种（品系）,广泛推广的有250多个。

苹果属果树　有200多个品种、品系。地方品种有楸子、红果子、绵苹果、海棠、黄果子、黄奈子等;引进品种有黄魁、红魁、早生旭、祝光、伏锦、旭、夏里蒙、蒙派斯、秋里蒙等早中熟品种,晚熟品种主要有金冠、元帅、红冠、红星、葵花、国光、青香蕉、倭锦、赤阳等品种。20世纪90年代初引进丰产优质的短枝型元帅系新红星、超红、首红、艳红和第五代的阿斯矮生,金冠系的金矮生、乔纳金,短枝型红富士等。砧木树种主要有海棠、倒挂珍珠、山定子、红果子、新疆野苹果等。

梨属果树　有60多个品种。地方品种主要有楸子梨系统的软儿梨、红肖梨、腊台梨,褐梨系统的吊蛋子、黑奈子、黄奈子,白梨系统的张掖圆梨,麻梨系统的黑梨子(墨梨子),新疆梨系统的鬼头梨(猪头梨)、长把梨、香水梨等。50年代后,从兰州、河北、山东等地引进冬果梨、鸭梨、雪花梨、苹果梨、锦丰梨、早酥梨等白梨;还引进身不知、长十郎等日本梨,引进巴梨、日面红、三季香等80多个品种。

樱属果树　分3个亚属,有大红灯、矮樱桃等40多个品种。

杏亚属果树　分布最广,地方品种有五月黄、胭脂红、青皮杏、毛杏、黄干杏等,90年代初引进大接杏、金妈妈、李广杏、大偏头、曹杏、梅杏、安宁18号、唐汪川大接杏等50多个品种。

桃亚属果树　地方品种有黄甘桃、紫皮桃、白桃、李光桃、毛桃等,90年代引进大久保、仓房早生、麦香、水蜜桃、春蕾、庆丰、岗山白等80多个品种。

李亚属果树　地方品种有黄李子、红李子,90年代初开始引进盖县李、京红李、美丽李、黑宝石、澳大利亚14号、新疆奎冠、跃进、大黄李等40多个品种。

山楂属果树　境内原无山楂栽培,70年代后引进山里红、山楂、辽宁大金星、新疆山楂等品种。

鼠李科果树　地方品种有临泽小枣、临泽大枣、双瓣枣,引进品种有金丝小枣、梨枣、骏枣、大白玲枣、胎里红枣、吴堡大枣、大白枣、大力园枣、龙须枣、壶瓶枣、冬枣、鸣山大枣、磨盘枣、灰枣等 10 多个品种。

葡萄科果树　地方品种有紫葡萄、牛奶子、白水晶。60 年代以后引进玫瑰香、无核白、新疆红、马奶子、哈什哈尔、巨峰、里扎马特等 60 多个品种。

胡桃科果树　只有胡桃属核桃 1 个品种。境内越冬差,抽条严重,仅在庭院零星栽植。90 年代后引进新疆白核桃、美国黑核桃、新疆薄皮核桃等品种。

表 1-19　张掖市 2010 年树种名录

科	属	种(品种)	
		乡土树种	引进树种
松科	云杉属	青海云杉	欧洲云杉
	松属		油松、樟子松、斑克松、白皮松、华山松、黑松
	落叶松属		长白落叶松、华北落叶松、新疆落叶松、兴安落叶松、日本落叶松
柏科	侧柏属	侧柏	洒金柏
	圆柏属	祁连圆柏、臭柏、沙地柏、爬地柏、双子叶圆柏	北京桧、河南桧、塔柏、杜松、望都塔柏
	扁柏属		日本花柏
杨柳科	杨属	山杨、青杨、小叶杨、毛果小叶杨、甘肃杨、胡杨、钻天杨、箭杆杨	麻皮二白杨、银白杨、北京杨、加拿大杨、新疆杨、84K 杨、中岭 10 号、群众杨、优胜杨、合作杨、大关杨、沙兰杨、毛白杨、三倍体毛白杨、河北杨、箭胡毛杨、赤峰杨、白城杨、辽育杨(辽育 1 号、辽育 2 号、辽育 3 号)、意大利 214、欧美杨、欧美杨(107、108)、抗虫杨、山银杨、中林 46 杨、银中杨等
	柳属	旱柳、杯腺柳、杞柳、紫枝柳、中国黄花柳、乌柳、山生柳、吉拉柳、山丹柳、线叶柳、光果线叶柳、洮河柳	白柳、怀线柳、龙爪柳、金丝柳、馒头柳、漳河柳、垂柳、新疆大叶柳、黑皮高杆柳、桧柳、弯弯柳桧柳、弯弯柳等

续表

科	属	种(品种)	
		乡土树种	引进树种
桦木科	桦木属	白桦、天山桦	
榆科	榆属	白榆	圆冠榆、大叶榆、裂叶榆、长枝榆、垂榆、美国黄榆、欧洲大叶榆、中华金叶榆等
槭树科	槭属	复叶槭、五角枫	
藜科	梭梭属	梭梭	
	盐爪爪属	尖叶盐爪爪、圆叶盐爪爪,盐爪爪	
	猪毛菜属	珍珠猪毛菜	
	驼绒藜属	驼绒藜	
	合头草属	合头草	
	滨藜属		四翅滨藜
蝶形花科（豆科）	槐属	国槐	香花槐、金叶国槐、金枝槐、朝鲜槐、蝴蝶槐、龙爪槐
	紫穗槐属	紫穗槐	
	岩黄芪属	花棒	
	刺槐属	洋槐	四倍体刺槐、红花洋槐
	锦鸡儿属	鬼箭锦鸡儿、柠条锦鸡儿（毛条）、白皮锦鸡儿、甘蒙锦鸡儿、红花锦鸡儿、藏锦鸡儿、甘青锦鸡儿、川青锦鸡儿	
	棘豆属	猫头刺	
	沙冬青属	沙冬青	
芸香科	花椒属		花椒

续表

科	属	种(品种)	
		乡土树种	引进树种
木犀科	白蜡属		小叶白蜡、大叶白蜡
	女贞属		水蜡
	连翘属		连翘、朝鲜连翘
	丁香属	丁香、紫丁香	花叶丁香、华北紫丁香、暴马丁香、欧洲丁香
楝科	香椿属		香椿
桑科	桑属	桑树	良桑、胡桑
苦木科	臭椿属	臭椿	
柽柳科	柽柳属	多枝柽柳(红柳)、密花柽柳、长穗柽柳、短穗柽柳、紫杆柽柳、刚毛柽柳、多花柽柳、细穗柽柳、沙生柽柳、白花柽柳、甘蒙柽柳、甘肃柽柳等	
	红砂属	红砂	
	水柏枝属	水柏枝、三春柳	
胡颓子科	沙枣属	沙枣	新疆白沙枣
	沙棘属	肋果沙棘、中国沙棘、西藏沙棘	俄罗斯大果沙棘、闪光、橙色、辽阜、阿列伊、楚伊、太阳、向阳、浑金、霞光、巨人等
蓼科	沙拐枣	沙拐枣	
胡桃科	胡桃属	核桃	新疆白核桃、美国黑核桃、新疆薄皮核桃
石竹科	裸果木属	裸果木	
旋花科	旋花属	刺旋花	
鼠李科	枣属	临泽小枣、临泽大枣、双瓣枣	金丝小枣、梨枣、骏枣、大白玲枣、胎里红枣、吴堡大枣、大白枣、大力园枣、龙须枣、壶瓶枣、冬枣、鸣山大枣、磨盘枣、灰枣
列当科	肉苁蓉属	肉苁蓉	

续表

科	属	种(品种)	
		乡土树种	引进树种
漆树科	盐肤木属		火炬树
茶藨子科	茶藨子属	茶藨子	
茄科	枸杞属	宁夏枸杞、北方枸杞、黑果枸杞	宁杞1号、宁杞2号
无患子科	无患子属		文冠果
紫葳科	梓属	梓树	
漆树科	漆树属		火炬树
卫矛科	卫矛属	卫矛、丝棉木	
麻黄科	麻黄属	膜果麻黄	
菊科	垫状短舌菊	垫状短舌菊	
蒺藜科	白刺属	白刺、泡泡刺	
葫芦科	栝楼属	老鼠瓜	
山茱萸科	梾木属		红瑞木、毛梾
小檗科	小檗属	鲜黄小檗(黄檗、三颗针、黄花刺)、歪头小檗	
蔷薇科	苹果属	楸子、花红(沙果)、海棠花(海棠)、红绵苹果、白果子、酸果子、冬红果、冬白果、甜冬果、民乐海棠等	红玉、新疆野苹果、沙红果、国光、黄葵、印度、倭锦、黄元帅、秋里门、红星、秋富、顶红、新红星、红冠、首红、超红、玫瑰红、毛里斯、金矮生、雪球、长富2号、大红宝、新冠、新帅、秋富、王林、魁红、红世界1号、华光、新红星五代1号、新红星五代2号等

119

续表

科	属	种(品种)	
		乡土树种	引进树种
蔷薇科	梨属	楸子梨系统:软儿梨、红宵梨、蜡台梨、酥木梨;褐梨系统:吊蛋子、黑奈子、黄奈子;白梨系统:张掖圆梨;麻梨系统;黑梨子(墨梨子);新疆梨系统:鬼头梨(猪头梨)、香水梨、长把梨、密长把梨等	苹果梨、早酥、东宁5号大梨、南果梨、库尔勒香梨、京白梨、早美酥、红香酥、七月酥、八月酥、黄金梨、伏茄、十月红、大果水晶、华丰、北海道王、巴黎新芽变、爱宕、新兴、绿宝石、丰水梨、新高、幸水、嘉宝、二十一世纪、新二十世纪、冬果梨、莱阳梨、锦丰梨、雪花梨、鸭梨、巴梨、日面红、水晶梨、砀山酥梨、法兰西、长十郎、身不知等
	桃属	黄干桃、紫皮桃、白桃、毛桃、李光桃、蒙古扁桃	仓方早生、砂子早生、安农水蜜、上海水蜜、庆丰、八月脆、筑波87、早红2号、NJN72、NJN76、曙光、华光、艳光、远光、早美光、美味油桃、超硬红、硬红王、甜桃王、红帝王、中秋红、皮球硬红、丰白巨桃、实生三号、京艳、明星、白凤、北农一号、美香、麦香、冈山白、布目早生、岗山早生、蟠桃、安宁1-2号、丽格兰特、津井黄肉、早红珠、阿姆肯、春雷、雨花露、京红、五月鲜、大久保、沙红桃、阿布白桃、小李广桃、高墨、中华圣桃、原始毛桃1号、瑞光28号、瑞光3号、瑞光18号、万寿红、中油8号、皮球硬红、有明桃、金秋红蜜桃、晚巨蟠、美蟠677、美国红蟠、枣庄巨王桃、秦王、莱山密、早肉、中肉、早水、晚水、瑞光18号、新川中岛、突围桃、大春雪桃、韩国美脆桃、紫艳肉桃、水桃、中秋红、红叶桃等
	扁桃亚属		榆叶梅、重瓣榆叶梅

续表

科	属	种（品种）	
		乡土树种	引进树种
蔷薇科	杏属	五月黄、胭脂红、青皮杏、毛杏、黄干杏	鲜食品种有曹杏、海东、金妈妈杏、唐汪川大接杏、骆驼黄、兰州大接杏、梅杏、李广杏、猪皮水杏、大金黄、大扁头、比利时大接杏、牛角黄、华县大接杏、小金黄、大青皮、张公园、安宁18号、华县大接杏、新红杏、杏王、金杏梅、凯特杏、金太阳、供佛杏、珍珠油杏、银香白、丰园29号、丰园红杏、李广杏、美国金杏、木牙格、红丰、欧洲杏王、早橙、沙金红1号、银香白、二壮子、大红杏、大树上干、小树上干、皇太一号、甘李、女皇、美女杏、八月红、新疆大拳王杏、红杏梅、红玉冰晶杏、欧洲双甜杏杏王等；仁用杏品种：龙王帽、一窝蜂、优1、优2、白玉扁等
	李属	黄李子、红李子	澳大利亚14号、美丽李、黑宝石、盖县大李、牛心李、早红李、奎冠、奎丰、奎丽、绥李3号、北方1号、幸运李、巨王李、沸腾李、绥棱红李、皇后李、大石早生、美国蛇李、牡红甜李、美国红宝石、红心鸭蛋李、黑巨李、绥李1号、月光、玉皇李、密思李、跃进李、大黄李、京红李、紫叶李等。杏李有风味玫瑰、皇太一号、风味皇后、恐龙蛋、味帝、味厚、味馨、红天鹅绒等8个品种。樱桃亚属：有大红灯、矮樱桃等
	山楂属		山里红、山楂、辽宁大金星、新疆山楂、大红袍、超红、红星山楂、山东大果等
	绣线菊属	高山绣线菊	
	栒子属	灰栒子、黑果栒子、水栒子、毛叶栒子、西北栒子	
	绵刺属	绵刺	
	金露梅属	金露梅、银露梅、小叶金露梅	
	花楸属	天山花楸	
	蔷薇属	红刺玫、黄刺玫、山刺玫	

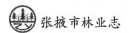

续表

科	属	种（品种）	
		乡土树种	引进树种
葡萄科	葡萄属	紫葡萄、牛奶子、白水晶。	鲜食品种有新疆红、玫瑰香、红提、美人指、京亚、京秀、青岛早红、巨峰、乍娜、黑奥林、里扎马特、京超、法国蓝、明露泽、白雷斯林、贵人香、秋黑、晚红、森田尼无核、龙宝、新疆红、先锋、马奶子、无核白、兴华1号、绯红无核、无核鸡心、矢富罗莎、奥古斯特、红脂、红贵族葡萄、魏可、摩尔多瓦、克瑞森无核、圣诞玫瑰、中葡2号、金手指、巨玫瑰、户太8号、黎明无核、无核早红、金星无核、寒香蜜等；酿酒品种：梅鹿辄、赤霞珠、品丽珠、白玉霓、夏多利、佳美、黑比诺等。砧木有抗砧3号、SO4、5BB、贝达等

二、其他植物资源

全市有高等植物84科399属1044种，其中裸子植物3科6属10种，被子植物74科38属1020种，蕨类植物7科13属14种。按乔、灌、草统计，乔木48种，灌木145种，草本936种。属于国家一级保护的珍稀植物有发菜（*Nostoc commune* var. *flagelliforme*），二级保护植物有虫草（*Cordyceps militaris*）、星叶草（*Circaeaster agristis*），三级保护植物有肉苁蓉（*Cistanche deserticola*）、蒙古扁桃（*Amygdalus mongolica*）、桃儿七（*Sinopodophullum hexandrum*）、裸果木（*Gymnocarpos przewalskii*）等。

（一）乔　木（见树种资源）。

（二）灌　木（见树种资源）。

（三）野生经济植物

纤维植物　罗布麻、荨麻、黄瑞香、狼毒、柳叶兰、雀麦、拂子茅、披碱草、芦苇、马蔺、芨芨草、荆三棱、小香蒲等。

芳香植物　野蔷薇、草木樨、葫芦巴、五加、蒿、芫、小茴香、香薷、薄荷、荆芥、黄芩、蒿类、茅香、山丹花、野菊等。

观赏植物 丁香、红花黄芪、东陵门山花、山梅花、天山花楸、铁线莲、唐松草、翠雀、毛茛、石竹、红花绿绒蒿、全缘绿绒蒿、山丹花、柳叶兰、野芍药、白喉乌头、高乌头等。

农系植物 白头翁、白屈菜、曼陀罗、黄花蒿、艾、高乌头、柴禾、扁蓄、曲荬菜、大黄、茜草、天仙子、水菖蒲、益母草、紫苏、防虫菊、旋复花、麻、狼毒、瓦松等。

饲用植物 野豌豆、紫花针茅、藏异燕麦、老芒麦、披碱草、发草、草地早熟禾、冰草、山早熟禾、蒿草、矮蒿草、西藏蒿草、黑褐苔草、骆驼蓬等。

药用植物 贯众、麻黄、解寄生、珠芽金银花、荆芥、苁蓉、灰绿铁绒莲、王不留行、蒲公英、苦苣菜、蓼、何首乌、西伯利亚滨藜、地肤、猪毛菜、旋复花、千里光、白蒺藜、胡麻、败酱草、益母草、马齿苋、柴胡、乌头、侧金盏花、打破碗花、补血草、苍耳子、车前子、菟丝子、甘草、莱菔子、青箱子、升麻、芍药、播娘蒿、瓦松、虎耳草、龙牙草、黄精、锁阳、远志、木贼、荨麻、大黄、拳蓼、瞿麦、狭叶歧繁缕、铁棒槌、红花、防风、羌活、秦艽、枸杞、白头翁、淫羊藿、紫堇、独行菜、薪蓂、牛蒡子、鬼针草、雪莲花、列当、茜草、颉草、细叶百合、小麦冬、射干、手参、甘肃瑞香、薄荷、天仙子、野芝麻、桃儿七、龙胆、卫茅、大戟、牻牛儿苗、委陵菜、兰香草、鹿蹄草、香附子、软毛独活、冬葵、泽漆、米口袋、野决明等。

淀粉植物 珠芽蓼、沙蓬、鹅绒萎陵菜、黄精、玉竹等。

油料植物 灰绿碱蓬、遏蓝菜、香薷、苍耳、艾蒿、蒺藜、平车前、大车前等。

染料植物 茜草、小叶鼠李、猪毛菜、牻牛儿苗、狼巴草、龙葵、苍耳、刺沙蓬、地肤、扁蓄、红花、蜀葵、凤仙花等。

橡胶植物 罗布麻、细毛牛皮消、蓬子草、蒲公英、叉枝雅葱等。

烤胶植物 狼毒、酸模、赤芍、掌叶大黄等。

菜食植物 头发菜、地软、蕨、草石蚕、慈姑、荠菜、野薄荷、蒙古葱、黄花韭、天蓝韭、唐古韭、多根葱、白藜、地肤、麦蓝菜、沙芥、泡果荠、独行菜、曲荬菜、山莴苣、蒲公英、马齿苋等。

浆果植物 大刺茶藨、细枝茶藨、东方草莓、白茨、枸杞等。

蜜源植物 萼果香薷等。

固沙植物 白沙蒿、沙蓬、沙鞭、中亚虫实、蒙古猪毛菜、阿拉善碱蓬、盐爪爪、细枝盐爪爪、黄喇嘛、大海蓝刺头、骆驼刺、粗毛黄芪、沙芥、大叶野麻、芦苇、芨芨草、赖草、沙生针茅、戈壁针茅、细毛牛皮消、霸王、梭梭、白茨、沙拐枣、柠条、花棒等。

普通植物 毛果荨麻、百蕊草、锐枝木蓼、苦荞麦、卷茎蓼、圆穗蓼、头状蓼、卷旋蓼、尼泊尔酸模、白茎盐生草、盐生草、盐角草、优若藜、蚤缀、霞草、女娄菜、喜马拉雅蝇子草、鹤草、尼泊尔蝇子草、繁缕、薄朔草、狭叶孩儿参、柔子草、银莲花、耧斗菜、飞燕草、水葫芦苗、驼蹄花、乳突拟漏斗菜、红紫桂竹香、柳叶山嵛草、蜘果芥、红景天、长叶无尾果、水杨梅、沙冬青、老鹳草、地丁草、丝瓣芹、小芹、旱芹、迷果芹、点地梅、互叶醉鱼草、湿生扁蓄、肋柱花、西藏微孔草、附地菜、斑种草、玻璃草、刺种、筋骨草、小棘针、异叶青兰、夏至草、新风轮、甘青山莨菪、马尿泡、芯芭、小米草、疗齿草、玄参、莲座蓟、聚水蓟、狗哇花、火绒草、橐吾、蜂斗菜、鳍蓟、蟹甲、草泽泻、小糠草、看麦娘、三芒草、菵草、白羊草、隐子草、滨发草、偃麦草、画眉草、藏异燕麦草、黑毒麦草、甘肃臭草、细叶臭草、华山新麦草、微药碱茅、多变鹅观草、冠毛草、贴木儿草、锋芒草、毛籽羊茅、微药羊茅、拐棍竹、扎屁股草、叉齿苔草、干生苔草、白颖苔草、中间型针蔺、展苞灯芯草、蒙古韭、锐果鸢尾、小花火烧兰、无喙兜被兰、二叶兜被兰、长苞凹舌兰、堪察鸟巢兰等。

彩叶植物 紫叶矮樱、美人梅、钻石海棠、宝石海棠、绚丽海棠、红瑞木、红叶李、紫叶桃、红叶小檗、金叶莸、金叶女贞、红风箱果、黄风箱果、紫叶酢浆草、四季锦带、红王子锦带等。

(四)花卉

露地木本花卉 紫丁香、花叶丁香、华北紫丁香、红王子锦带、四季锦带、梗海棠、珍珠梅、紫花醉鱼木、水蜡、暴马丁香、欧洲丁香、探春、连翘、朝鲜连翘、榆叶梅、重瓣榆叶梅、红刺玫、黄刺玫、棣棠花、重瓣黄刺玫、牡丹、紫斑牡丹、荷苞牡丹、芍药、甘青铁线莲、飞燕草、花毛莨、大花耧斗菜、月季、玫瑰、欧洲玫瑰、蔷薇、紫荆、凌霄、木槿、迎春、毛樱桃、日本樱花、紫薇、金露梅、银露梅、秋菊、康乃馨、瓜叶菊、百合、非洲菊、郁金香、勿忘草、紫叶矮樱、美人梅、钻石海棠、红宝石海棠、绚丽海棠、海棠果、花叶海棠、三叶海棠、花红、山荆子红瑞木、红叶李、紫叶桃、蒙古扁桃、红叶小檗、鲜黄小檗、金叶菀、金叶女贞、罗布麻、红柳、风箱果、金叶风箱果、四季锦带、红王子锦带、望春玉兰、花菱草、虞美人、醉蝶花、羽衣甘蓝、桂竹香、屈曲花、香雪球、东陵八仙花、山梅花、华茶藨子、二球悬玲木、高山绣线菊、蒙古绣线菊、金山绣线菊、金焰绣线菊、灰栒子、水栒子、合欢、国槐、紫穗槐、刺槐、香花槐、金枝国槐、臭椿、银边翠、火炬树、小叶锦鸡儿、柠条锦鸡儿、胡枝子、沙冬青、胶东卫矛、栓翅卫矛、丝棉木、五角枫、文冠木、凤仙花、千屈菜、水枝柳、柳兰、毛梾、大叶补血草、二色补血草、黄花矾松、雪柳等。

露地草本花卉 君子兰、仙人球、白毛掌、蟹子兰、令箭、百子兰、对兰、文竹、绣球、芦荟、马蹄莲、虎皮令箭、吊兰、金丝莲、秋海棠、蝴蝶兰、芍药、荷兰菊、四季菊、黑心金光菊、秋菊、早小菊、九月菊、金盏菊、翠菊、波斯菊、大花冰菊、矢车菊、蛇目菊、宿根天人菊、孔雀菊、松果菊、福禄考、德国鸢尾、黄菖蒲鸢尾、黄花鸢尾、大花萱草、金娃娃萱草、多色石竹、地被石竹、美国石竹、松塔景天、胭脂红、德国景天、五叶地锦、红叶景天、大丽花、唐菖蒲、紫叶酢浆草、美人蕉、一串红、万寿菊、牵牛、矮牵牛、矮鸡冠、三色堇、孔雀菊、高山积雪、美女樱、百日草、彩叶草、日精、九华、洋耆草、石碱花、芡实、睡莲、八宝景天、三七景天、爬山虎、蜀葵、紫茉莉、大花马齿苋、白三叶、百脉根、绣球小冠花、红花酢浆草、大花亚麻、旱金莲、夜落金钱、锦葵、马蔺等。

观赏盆花 金虎、白头翁、君子兰、春羽、蒲葵、龟背竹、绣球、杜鹃花、朱槿、仙客来、芦荟、南洋杉、巴西木、喜林芋、瓜栗、苏铁、文竹、吊兰、水仙花、榕树、蟹爪兰、鸭掌木、米兰、金橘、橡皮树、倒挂金钟、万年青、凤尾竹、虎尾兰、酒瓶兰、吊竹梅、满天星、马蹄莲,南天竹、龙舌兰、三角梅、红背竹芋、天鹅绒竹芋、绿萝等。

鲜切花 秋菊、玫瑰、康乃馨、瓜叶菊、金盏菊、香石竹、百合、非洲菊、风信子、郁金香、勿忘草等。

(五)低等植物

轮藻、问荆、散生木贼、木贼、节节草、高山扇羽阴地蕨、五角叶粉背蕨、银粉背蕨、华北鳞毛蕨、耳蕨、中华槲蕨、乌苏里瓦韦、扭瓦韦、稀叶珠蕨、蕨、掌叶铁线蕨、黑鳞短肠蕨、羽节蕨、高山冷蕨等。广泛分布祁连山冷龙岭北坡海拔

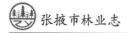

2300 米林缘、荒坡、草地,有些生长于低洼沼泽地。

三、菌 类

(一)食用真菌

普遍分布林地、草地,农田地中也有少量生存。

1. 林地:秀口蘑、蜜环口蘑、花盖菇、黑脉羊肚菌、翘鳞肉齿菌、大白菇、松乳菇、紫丁香菇、变绿纵枝、块根菇、麻脸菇、卷边网褶菌菇等。

2. 草地:双孢蘑菇、白香蘑、白鳞菇、野蘑菇、灰包菇、草地蘑菇、地耳等。

3. 荒漠区:毛头鬼伞、黑汁鬼伞、发菜等。

4. 人工栽培:香菇、凤尾菇、金针菇、木耳、灵芝、平菇等。

(二)有毒菌类

大孢花褶伞、变黑蜡伞、狗尿苔、树茅菇、马勃、梨形灰包、松塔牛肝等。

四、植 被

辖区南部有隆起的青藏高原阻隔,北有巴丹吉林沙漠和内蒙古高原包绕,海拔高,相对落差大,自然降水少而不均,气候干旱,土壤含盐量较高。天然植被属温带荒漠植被,种类单一,除耐寒性针叶林和一些落叶阔叶林外,超旱生性小灌木、多年生草本植物分布较为广泛;也有大面积的盐生植物,少量喜温、中性及一年生种子植物。

(一)南部祁连山区植被

祁连山区的植被,随海拔高度的变化,具有明显垂直地带性规律。海拔1900 米—2600 米为山地草原和山地荒漠草原带,植被主要有沙生针茅、短叶针茅、戈壁针茅、驴驴蒿、珍珠、红砂、扁穗冰草、合头草、紫苑木、丛生禾草等,具有旱生灌木、小半灌木组成的草原化荒漠群落。呈复合体分布,海拔高度有些地段可以上升到 2400 米—3500 米以上的低山地带。

海拔 2400 米—2600 米(有些地方上限可达 2900 米)为山地草原,带内类型组合以克氏针茅、冷蒿、扁穗冰草、丛生禾草草原为主,其中夹有紫苑、萎陵菜等杂草。

海拔 2600 米—3400 米为山地森林和草原带,阴坡分布寒温性青海云杉常绿针叶林,具有灌木层、草本层、苔藓层和乔木层四层结构。森林上限可伸入亚高山灌丛草甸带,下限可伸入草原带,林窗扩大,山杨、油松侵入。阳坡为草原,并分布有少量祁连圆柏常绿针叶林,阳坡海拔 2600 米—3200 米为典型草原,植物成分有克氏针茅、短花针茅、沙生针茅、冰草等。

海拔 3200 米—3400 米为亚高山草甸,生长有苔草、萎陵菜、乳白清香、裂叶蒿等。

海拔 3200 米—3600 米,最高可达 3700 米,为亚高山灌丛草甸带。阴坡为常绿革叶杜鹃灌丛、灌叶阔叶高山柳灌丛和金露梅短灌丛等;阳坡为亚高山灌丛,或仅有稀疏的金露梅分布,主要植被为苔草占优势的亚高山杂草草甸。

海拔 3600 米—3900 米为高山草甸,主要是矮草型的蒿草高寒草甸和杂草高寒草甸、粗喙苔草高寒草甸。

海拔 3900 米—4200 米为高山寒漠, 由高山带流石滩植被组成的寒漠,主要有垫状蚤缀、雪莲、红景天、高山葶苈、囊种草、苔状蚤缀等组成,外貌极为稀疏、耐寒、低矮的植被类型。

海拔 4000 米以上为山岳冰川区,常年积雪。

祁连山区有高等植物 1044 种,隶属于 84 科 399 属,其中乔木 48 种、灌木 145 种、草本 851 种。纤维植物 17 种,芳香植物 20 种,药用植物 300 多种,观赏植物 25 种,农药植物 8 种,属国家二级保护的有裸果木、星叶草、桃尔七、蒙古扁桃等。

(二)走廊平原植被

该区介于南部祁连山以北,北部和合黎山、龙首山以南的狭长地带。海拔 1300 米—2000 米,地势开阔平坦,日照充足(3200小时/年—3088 小时/年);降水量少(200 毫米以下),气候干燥,寒、暑、冷、热变化剧烈,风大沙多,为典型的温带荒漠气候。除有大片绿洲外(27.6 万公顷耕地),天然植被为荒漠半荒漠植被及少量的沼泽盐生草甸植被。

1. 荒漠植被类型

为平沙、小沙丘地和风蚀地带。气候、土壤干燥,地下水位深,植被种类为半灌木沙生或盐生植物,草本植物较少。分 3 个亚型:

沙砾质荒漠亚型　约占荒漠类型的一半, 主要分布合黎山南部和其山间平地,走廊平原的沙漠、戈壁地带。沙暴频繁,风蚀、风积现象严重。植被以红砂为主,伴有沙拐枣、白茨、冰草、珍珠等沙生半灌木,只有临泽县北部的砚台洼—北山子滩间有少量针茅、骆驼蓬、苦豆子和蒿属等植物。红砂发育正常,株高9厘米—18厘米,最高为33厘米。植被覆盖度以临泽砚台洼—北部滩最高(10%—20%),其他地区均为5%以下,一般年亩产鲜草约13千克。有些地方如临泽一工程滩、三坝滩、高台十坝滩等几乎寸草不生。

荒漠草原亚型 主要分布高台县马营滩、骆驼城滩、许三湾南部,甘州区南滩的中下部和山丹县的北滩等。覆盖度多在10%以下。植被优势种为珍珠和红砂,间有少量白茨。植被退化严重,有些地方死株率高达20%—40%。滩面风蚀现象异常明显,骆驼城南部、许三湾东部以与沙漠相连,植被沙生种白茨、红砂为主。

盐生荒漠草原亚型 主要分布山丹红寺湖一带,土壤为盐土。由于干旱,土壤含盐量高,故草本植物较少,并呈季节性显露。植被优势种以珍珠、红砂、合头草等半灌木为主;草本植物有酥油草、骆驼蓬、驴驴蒿等;沟槽地段有芨芨草、冰草、白茨、麻黄等,覆盖率在20%左右,个别地方达30%。属于荒漠与半荒漠植被的过渡地带,开展天然植被封护,促其向半荒漠草原转化。

2. 半荒漠草原植被类型

自然条件稍优于荒漠地带,大致可以分为半荒漠草原和典型盐生半荒漠草原植被。

半荒漠草原 主要分布民乐县北部、甘州区南山坡前和山丹县境内。海拔在1700米—2000米之间,降水量为190米—300米,年干旱度在4以上。土壤水分靠自然降水补给,因降水量随海拔的升高而相对增加,故荒漠景观随海拔的升高而减退。在植物群落中,超旱生植物占优势。群落组合主要有:

茶油草(矮花针茅、克氏针茅)群丛:分布山丹县四坝至于定滩、花草滩最西部,伴有驴驴蒿、骆驼蓬、羊胡子等,覆盖度10%—70%。

酥油草+驴驴蒿——珍珠群丛:广泛分布山丹县花草滩、黄草坝滩、大青阳—马莲井滩,高台县、甘州区南山坡地的上部,处在向荒漠草原过渡的地带,个别地段的珍珠、红砂占优势地位,酥油草、驴驴蒿等组成其底草。

酥油草+驴驴蒿——红砂群丛:分布山丹县东北部的白墩子—石缝山滩,

覆盖度 20%—70%。

半荒漠草原分布区夹有珍珠和碱柴群丛，这是地势低洼或丘陵周围盐碱积累较多所致。

盐生半荒漠草原　主要分布走廊平原的低洼、排水不畅的地带。如临泽县的西平滩、小屯滩，高台县西北部双井子、盐池，肃南县明花区低地一带，土壤含盐量高，植被以多年生耐盐草本为主。

冰草—芦苇群丛：分布临泽县的西平滩、小屯滩和小泉滩等地，覆盖度 30%—40%。伴生植物有盐爪爪、白茨等，盐碱轻处有茵陈、黄花苦豆、马断肠和蒲公英等。

芨芨草+芦苇+冰草+白茨群丛：分布肃南县明花区低地和高台县的双井子、盐池等地。土壤含盐碱量较高，覆盖度 20%—30%。

3. 草甸草原

草甸草原　分布绿洲洼地和沼泽地的外围。植被茂密，覆盖度多在 60%—90% 左右。主要草种有水三棱、苔草、芦苇、冰草等，高度一般在 15 厘米上下。

沼泽草甸草原　分布低洼积水处、泉水溢出带的最低部和大型排阴沟沟底，主要生长有小香蒲、当针蔺、海韭菜、水葱秆、小灯芯草等水生植物。在自然排水不良、含盐量较高的地方，生长有海韭菜、海蓬子等盐生物和水生植物。

（三）北部合黎山、龙首山区植被

北部合黎山地势较低，海拔 1400 米—1900 米，多呈残丘，植被大体与走廊区荒漠植被融为一体。东部龙首山地势陡峻，植被随着海拔升高，呈现垂直分布带。

东大山主峰高 3616 米，年降水量在 400 毫米左右，蒸发量大于 1000 毫米，平均气温为 0℃，无霜期 100 天，由于气候垂直差异，导致土壤、植被发生明显变化。阴坡自下而上为山地草原、山地森林草原和高山草甸带，阳坡为荒漠、山地草原和高山草甸。

山地草原带　分布阴坡海拔 2400 米—2600 米之间、阳坡 2600 米—3200 米地带。阳坡 2600 米以下，阴坡 2400 米以下为荒漠地带。山地草原带坡度较缓（平均 20 度左右），雨量偏少，气温较高，土壤为栗钙土，厚而干旱，有机质含量 0 厘米—99 厘米层为 4.5%，土层为 1.2 米。优势灌木有小檗、忍冬、灰栒子、沙地柏、狭叶锦鸡儿、木紫苑等。草本有芨芨草、克氏针茅、冰草等。另外在阳坡还分布有零星的祁连圆柏,总面积占乔木的 1.67%。该带因放牧频繁,植被低矮、草原退化,有向荒漠化过渡之趋势。

山地森林草原带 分布阴坡 2600 米—3350 米之间,是青海云杉分布区。土壤为山地灰褐土,苔藓和枯枝落叶层厚度 3 厘米—8 厘米(最厚为 10 厘米),有机质含量丰富(0 厘米—96 厘米层为 8.54%),质地为轻壤,土壤疏松,是涵养水源、调节径流的主要地带。主要树种除青海云杉外,还有山杨等,林下灌木有金露梅、沙地柏、吉拉柳、箭叶锦鸡儿等。草本主要有珠牙蓼、苔草、棘豆等,苔藓植物有山羽藓。

高山灌丛草甸带 分布海拔 3350 米—3650 米之间。该带气温低,雨量较多,地势平缓,植被生长低矮。土壤为高山草甸和高山灌丛草甸土,有机质含量较高(0 厘米—94 厘米层为 7.5%),质地轻壤至中壤,土壤紧实,结构良好,含水量高,平缓处出现积水。植被主要有苔草—羊茅等。在海拔 3200 米—3500 米之间,出现团状吉拉柳群落和吉拉柳—箭叶锦鸡儿群落,混生有少量金露梅。

(四)走廊平原和北部山区植被

1. 走廊平原和北部山区天然植被。除龙首山主峰东大山和龙头山,因海拔高度超过 3000 米,植被具有垂直地带谱外,其他广大地区为荒漠草原和草原荒漠化植被。另外在一些低洼地区有盐渍化草甸和盐渍化沼泽,具体特征和分布如表:

表 1-20　张掖川区、北山植被类型一览表

类　型	亚　型	主　要　特　征	群　丛　组　合	分布位置
荒漠	沙砾质荒漠	地下水深，沙砾质灰棕荒漠土，半灌木为主，覆盖度 5%—30%	白茨、红砂、沙拐枣	甘州兔儿坝；临泽砚台洼滩—白山子滩，一工程滩；高台胶泥洼滩、十坝滩和走廊平原的沙漠地带
	荒漠草原	地下水深，灰棕荒漠土，干旱，半灌木为主，覆盖度 5%—10%，放牧或人为破坏较重	珍珠、红砂、合头草	甘州南滩、平山湖，高台马营滩、骆驼城滩和许三湾北部，山丹北滩，临泽南板滩
	盐生荒漠草原	地下水深，盐土，干旱，半灌木为主，覆盖度 20%—30%，多为牧地	珍珠、碱柴、红砂、合头草	山丹红寺湖
半荒漠草原	半荒漠草原	地下水深，雨水较多，干—润，灰钙土，草本为主，覆盖度 10%—70%	酥油草、酥油草+驴驴蒿+珍珠、酥油草、酥油草+驴驴蒿+红砂	山丹四坝于定滩、花草滩、黄草滩、白墩子—石缝滩、大青阳至马莲井滩，甘州、高台南山坡的上部
	盐生荒漠草原	地下水浅，有时渍化，草甸土，覆盖度 60%—90%	冰草+芦苇；芨芨草+芦苇、冰草	临泽西平滩—小屯滩、小泉滩，高台盐池滩，双井子滩、南华滩，肃南明花区大部
草　甸	草甸草原	地下水浅，有时渍化，草甸土，覆盖度 60%—90%	水三棱、苔草、芦苇、冰草	绿洲洼地和沼泽地外围
	沼泽草甸草原	渍水洼地，含盐量高	沼针蔺、小香蒲、海韭菜、水葱杆	绿洲盐水洼地、水库和盐地周围洼地、大型排阴沟底，渍地

2. 平原绿洲区的人工植被。按其性质和功能可分为农作物植被和园林植被。

农作物植被 主要有小麦、玉米、青稞、大麦、蚕豆、黄豆、豌豆、红豆、谷子、糜子、水稻、荞麦、油菜、胡麻、洋芋、甜菜、苜蓿及各类瓜菜等。

园林植被 防风固沙林带和农田林带主要由杨、柳、沙枣、榆树等树种组成。经济林有桃、李、杏、梨、红枣、苹果、山楂、葡萄等。

五、野生动物资源

陆栖脊椎动物有 285 种,其中鸟类 206 种、18 个亚种,兽类 66 种,两栖爬行类 13 种。

(一)哺乳动物

主要生存在天然林区,草地和荒漠区也有。区内哺乳动物 66 种,占全国总种类的 15%,占甘肃总种类的 44%。属于北古界的 58 种,占全区总数的 88%;东洋界 3 种,两界兼有的 5 种,占 8%。有刺猬、长耳猬、棕蝠、北棕蝠、巨耳蝠、高原兔、蒙古兔、草兔、达呼耳鼠兔、西藏鼠兔、红耳鼠兔、旱獭、黄鼠、小飞鼠、黑线仓鼠、中华鼢鼠、麝鼠、沙鼠、家鼠、五趾跳鼠、鼧鼠、狼、豺、狐、熊、貂、鼬、艾虎、狗獾、水獭、猫、荒漠猫、兔狲、斑猫、猞猁、雪豹、野驴、马麝、狗、白臀鹿、白唇鹿、野牦牛、岩羊、盘羊、藏原羚、普氏原羚、鹅喉羚等。

(二)两栖、爬行类

张掖市分布的两栖类动物有 1 目 2 科 2 种,即无尾目蟾蜍科的花背蟾蜍和蛙科的中国林蛙 2 种,占甘肃省两栖类 24 种的 8.33%。主要以农林害虫以及卫生害虫为主食,在生态系统中具有重要作用。

表 1-21　张掖市两栖类动物名录

序号	目、科、种	拉丁学名	地理分布	保护等级	注
一	无尾目	*ANURA*			
〔1〕	蟾蜍科	*Bufonidae*			
1	花背蟾蜍	*Bufo raddei*	全市	国家三有	〔俗〕癞蛤蟆
〔2〕	蛙科	*Ranidae*			
2	中国林蛙	*Rana chensinensis*	全市	省重点	〔俗〕哈士蟆

张掖市分布的爬行类动物有龟鳖、蜥蜴、蛇3目5科7种,占甘肃省爬行类60种的11.67%,均为国家三有保护动物,主要分布于祁连山区、灌溉农业区有较少分布。龟鳖、蜥蜴目以昆虫为主食,对农林生产并无危害。蛇目以农林害鼠为主食,对消灭野鼠危害有很大作用,同时捕食蛙类、蜥蜴类、蚯蚓和小鸟等有益动物,对农林生产造成负面影响。中介蝮对人畜有一定的危害。

表1-22　张掖市爬行类动物名录

序号	目、科、种	拉丁学名	地理分布	保护等级	注
一	龟鳖目	*TESTUDOFORMES*			
〔1〕	淡水龟科	*Bataguridae*			
1	乌龟	*Chinemys reevisii*	河西走廊	国家三有	
〔2〕	鳖科	*Trionychidae*			
2	鳖	*Trionys siensis*	河西走廊	国家三有	
二	蜥蜴目	*LACERTIFORMES*			
〔3〕	蜥蜴科	*Lacertidae*			
3	密点麻蜥	*Eremias mutiocellata*	河西走廊	国家三有	〔俗〕麻蛇子、四脚蛇
4	荒漠麻蜥	*E. przewalskii*	河西走廊	国家三有	〔俗〕麻蛇子、四脚蛇
5	虫纹麻蜥	*E. vermiculata*	河西走廊	国家三有	〔俗〕麻蛇子、四脚蛇
三	蛇目	*SERPENTIFORMES*			
〔4〕	蟒科	*Boidae*			
6	红沙蟒	*Eryx miliaris*	河西走廊	国家三有	〔俗〕土公、两头齐
〔5〕	奎科	*Viperidae*			
7	中介蝮	*Gloydius intermedius*	全市	国家三有	〔俗〕七寸子

(三)鱼类

1. 主要土著鱼类。张掖土著鱼类主要有:高背鲫、鲫鱼、祁连裸鲤、鲶鱼、花斑条鳅、马口鱼、大鲮泥鳅和泥鳅等,还有小型杂鱼棒花鱼、麦穗鱼及石斗鱼等。其中高背鲫、鲶鱼和泥鳅具有经济价值,肉嫩鲜美,生长较快,是选育养殖的优良地方品种。

2. 引进品种。引进品种主要有池沼公鱼、大银鱼、虹鳟、金鳟、建鲤、武昌鱼、革胡子鲶、银鲫、乌鳢、锦鲤、福瑞鲤、异育银鲫、长丰鲢和芙蓉鲤鲫等优良淡水品种。引进的冷水鱼品种有七彩鲑、鲟鱼、白斑狗鱼、哲罗鲑等。

（四）鸟类（17目39科117属205种）

属北古界134种、14亚种，占全区鸟类65.4%；属东洋界3种，占总数1.3%；属两界兼有的17种和4亚种，占总数8.3%。北古界鸟类占绝对优势。鸟类总数占全国鸟类1186种的17.3%，占甘肃省鸟类441种的46.5%。在区系组成上可分祁连山地、孤立区、农田林网等类型（详见附录四）。

（五）国家保护的珍稀动物

境内被列入国家重点保护的动物有59种。其中：一级保护有雪豹、西藏野驴、白唇鹿、普氏原羚、金雕、白肩雕、胡兀鹫、斑尾榛鸡、雉鹑、大鸨15种；二级保护动物44种，主要有豹、马熊，水獭、猞猁、马麝，白臀鹿（甘肃马鹿）、藏原羚、鹅喉羚、盘羊，大天鹅、小天鹅、猎隼、雀鹰、草原雕、秃鹫、白尾鹞、藏雪鸡、暗腹雪鸡、蓝马鸡等；省重点保护有赤狐、沙狐、狍3种；国家和省"三有"有达乌尔猬、大棕蝠、兔耳蝠、草兔、灰尾兔、花鼠、虎鼬、艾鼬、香鼬、狗獾、狼11种。

属于《中日候鸟保护协定》中迁徙于两国之间，季节性栖息于地区的保护候鸟有61种，其中主要有大白鹭、黑鹳、大天鹅、小天鹅、灰鹤，白头鹞、凤头麦鸡、鹤鹬、红嘴鸥、普通燕鸥，白腰雨燕、角百灵、家燕、金腰燕，寒鸦、黄眉柳莺、鹀类等。属中国特产鸟类有斑尾榛鸡、血雉、蓝马鸡，山鹛、凤头雀莺、白腰雪雀、棕颈雪雀等15种。

祁连山林区有野生动物229种。其中兽类47种，鸟类169种，两栖爬行类13种。国家级保护动物50种：其中一级保护动物有雪豹、西藏野驴、白唇鹿、野牦牛，金雕、白肩雕、玉带海雕、白尾海雕、胡兀鹫、斑尾榛鸡、雉鹑等11种；二级保护动物38种，有兽类13种，鸟类25种；季节性栖息候鸟51种。

东大山、龙首山自然保护区有野生动物49种，其中鸟类36种，兽类13种。一级保护动物有雪豹，二级保护动物有白臀鹿、岩羊、盘羊、黄羊、猞猁、豺狼、鹅喉羚等7种。

六、森林昆虫资源

1980 年—2004 年,先后组织开展三次较大规模的森林病虫害普查,已鉴定的有害昆虫 8 目 61 科 231 种;天敌昆虫 9 目 31 科 95 种,其中新种 5 种,中国新纪录 4 种(详见附录四)。

第三节 古 树

1982 年 3 月 30 日,国家城市建设总局《关于加强城市和风景名胜区古树名木保护管理的意见》对古树有明确界定, 即古树是指树龄 100 年以上的大树,名木是指树种稀有、名贵或具有历史价值和纪念意义的树木;树龄 300 年以上和特别珍贵稀有或具有重要历史价值和纪念意义的古树名木定为一级,其余古树名木定为二级。古树有较高的人文、历史、地理、科研价值,从一个重要侧面传记着中华民族的传统文化,尤其各种宗教文化、历史人物活动。张掖历史悠久,自然条件复杂多样,造就丰富的古树资源。为查清古树,甘肃省林业厅三次发文,要求组织开展古树普查,至 2008 年,基本查清全市古树资源。

一、树 种

1983 年 7 月,张掖地区行署林业处组织开展全区古树名木资源普查、挂牌和建档管理,全区百年以上古树 71 株。2005 年,市园林绿化局组织开展古树名木资源二次普查和建档管理,对境内所有古树名木进行更新复壮和科学养护。2008 年对新增古树名木进行调查建档,境内新增古树 23 株,其中二级古树 7 株,三级古树 16 株;新增古树群 5 处,其中胡杨古树群 1 处,枣树古树群 4 处。全市有古树 18 种 89 株,分属 6 科 7 属。名木 1 种 1 株,古树群 2 种 7 处 3668 株。

按树种分,共有 11 种,其中杨树 41 株,占古树总数的 46.1%;侧柏 9 株,占 10.1%;白榆、国槐均 8 株,占 9%;柳树 4 株,占 4.5%;青海云杉 5 株,占 5.6%;果树主要有梨、杏、枣、楸子、海棠 5 种 14 株,占 15.7%,其中梨树 4 株、杏树 2

株、枣树 3 株、楸子树 2 株、西府海棠 3 株。

按树龄分,100 年—200 年的 48 株,其中杨树 16 株、侧柏 9 株、白榆 5 株、国槐 5 株、云杉 3 株、柳树 2 株、果树 9 株;201 年—300 年的 18 株,其中杨树 15 株、白榆 2 株、枣树 1 株;301 年—400 年的 14 株,其中杨树 6 株、白榆 1 株、云杉 2 株、旱柳 1 株、梨树 1 株、海棠 3 株;400 年以上的 8 株,其中杨树 4 株、国槐 3 株、旱柳 1 株。

二、分　布

境内古树名木资源分布于山丹、民乐、甘州、临泽、高台 5 个县(区)。山丹县分布最广,今存古树 35 株,占辖区内古树总数的 39.3%,其中小叶杨 23 株分布最广,国槐 3 株、旱柳 2 株、青海云杉、白榆各 1 株,西府海棠 3 株,杏树、木梨树各 1 株。最大树龄年 653 年,最小树龄 100 年。

民乐县次之,今存古树 20 株,占境内古树总数的 22.5%,均为乡土乔木,其中小叶杨 14 棵,榆树 2 棵,国槐、楸树、杏树、青海云杉各 1 株。估测树龄最小的 103 年,最长的 600 年。

甘州区今存古树群 1 种 1 处 68 株,占境内古树群总种数的 1.9%;古树 10 种 18 株,占张掖辖区内古树总种数的 20.2%。主要分布甘浚、西洞、安阳、花寨、龙渠、明永、大满 7 个乡(镇)。树种以柏科侧柏和杨柳科二白杨为主,榆科白榆次之,豆科、松科均有分布。

临泽县主要有分布沙河镇鼠李科枣属枣和蔷薇科梨属梨、奈子,平川乡柏科侧柏属侧柏和松科云杉属青海云杉及板桥、鸭暖、倪家营、新华乡的胡杨、旱柳、楸子、国槐共 7 科 8 属 14 株,占境内古树总种数的 15.7%,古树群 1 种 4 处 187 株,占辖区内古树群总数的 5.1%。

高台县 2002 年对全县古树名木进行普查,结果显示胡杨古树群 2 处,分别分布罗城乡天城石峡和黑泉乡十坝沙窝;国槐 1 株,在县政府大院;甘肃杨 2 株,在城关镇武装部大门前;青海云杉 1 株,在合黎乡七八村十社尹玉、尹俊住宅后面(原鲁家花园)。2006 年合黎乡七坝村古树云杉枯死后采伐。2010 年,城关镇武装部大门前的 2 株甘肃杨由于生长年代长久,树木枯死,请示上级业务主管部门审批后伐除。至今古树 2 科 2 属 2 种 2 株,名木 1 种 1 株,古树群 2

种 2 处 3413 株,占辖区内古树群总种数的 9.1%。

三、等 级

境内名木均为二级,古树群均为三级,一级古树 5 株、二级古树 14 株,分别占古树总数的 5.6% 和 15.7%。一级古树中有 600 年国槐 2 株,分别分布于高台县、民乐县六坝乡六坝村;653 年小叶杨 2 株,分布于山丹县位奇镇新开村三社。二级古树中有小叶杨 5 株,西府海棠 3 株,枣树 2 株,圆柏、木梨、青海云杉各 1 株。主要分布甘州、临泽、山丹 3 县(区),其中山丹县 11 株,临泽县 2 株。

四、传奇古树

山丹神柳 山丹县位奇乡柳树庄内有一 500 龄旱柳,是树体最大的旱柳,高 15 米,基围 15 米,胸围 11.4 米,冠幅 441 平方米,4 个大枝中最大枝围 5 米,最小 1.9 米,"柳树庄"因此而得名。民间相传,古柳还有两死两生一说,元末明初和 1962 年几近枯死,在村民的精心呵护下又复生,故以"神柳"称之。

三官庙槐 民乐县六坝乡原三官庙遗址,今六坝小学涝池旁边,生长 1 株国槐,树高 12 米,胸围 480 厘米,基围 625 厘米,树冠南北 18.5 米、东西 18.7 米,树干粗壮,树冠开阔,侧枝健壮,虽树干下部出现空心,但长势良好。民国《东乐县志》记载:"三官庙内有古槐 1 株,丈数围,高耸庙外。"据《民乐文史资料》考证,树龄 400 多年。

红军槐 高台县人民政府院内,有 1 株树龄 300 年左右的国槐,树高 10 多米,胸围 345 厘米,基围 400 厘米,树冠东西 16.6 米、南北 15.7 米,平均 16.1 米,树姿美观,枝叶茂盛、冠大荫郁。据《甘肃通志》记载:"原高台县政府,明天顺二年(1458 年)所建,清顺治十五年(1658 年)重建。"古槐系重建后所植。据记载,1937 年 1 月,国民党军马步芳部曾凶残地将红军一张姓女护士长活活钉死在槐树上,出于

红军槐

对先烈的敬仰,称为"红军槐",凡到高台县的党和国家领导人及游人总要观瞻"红军槐"。1982 年列为县级文物保护古树。

红军杨 1936 年冬,中国工农红军西路军第五军某部曾临时在甘州大佛寺住过。后来人们惊奇地发现,院内一株杨树上,任意取下一枝,随便折断一截,断口上出现一颗很工整的五角星,故称"红军杨"。

表 1-23 张掖市古树名木一览表

单位:年、株

序号	树名	科 属	树龄	数量	保护级别	树 址
	合 计			89		
	甘州区			18		
1	小叶杨	杨柳科杨属	310	1	二级	甘浚镇星光村五社
2	白榆	榆科榆属	280	1	三级	西洞乡高家庄村二社
3	甘肃杨	杨柳科杨属	250	1	三级	安阳乡金王庄村一社
4	甘肃杨	杨柳科杨属	250	1	三级	花寨乡新城村三社
5	甘肃杨	杨柳科杨属	250	1	三级	花寨乡新城村四社
6	侧柏	柏科侧柏属	200	1	三级	甘州区道教协会
7	绦柳	杨柳科柳属	200	1	三级	甘州区东街办事处
8	圆柏	柏科圆柏属	200	1	三级	龙渠乡龙首村七社
9	侧柏	柏科侧柏属	150	1	三级	张掖二中
10	侧柏	柏科侧柏属	120	1	三级	西洞乡中沟林场
11	国槐	豆科槐属	120	1	三级	甘州区青东小学
12	白榆	榆科榆属	100	1	三级	甘州区文化宣传中心
13	白榆	榆科榆属	100	1	三级	甘州区文化宣传中心
14	国槐	豆科槐属	100	1	三级	河西学院
15	青海云杉	松科云杉属	100	1	三级	甘浚镇祁连村七社
16	侧柏	柏科侧柏属	100	1	三级	明永乡夹河村四社
17	侧柏	柏科侧柏属	100	1	三级	明永乡夹河村四社

续表

序号	树名	科 属	树龄	数量	保护级别	树 址
18	白榆	榆科榆属	100	1	三级	大满镇小堡村三社
	山丹县			35		
19	小叶杨	杨柳科杨属	653	1	一级	位奇镇新开村三社
20	小叶杨	杨柳科杨属	653	1	一级	位奇镇新开村三社
21	旱柳	杨柳科柳属	500	1	一级	位奇镇暖泉村一社
22	小叶杨	杨柳科杨属	406	1	二级	李桥乡下寨村三社
23	小叶杨	杨柳科杨属	406	1	二级	李桥乡下寨村三社
24	国槐	豆科槐属	400	1	二级	东乐乡城西村三社
25	西府海棠	蔷薇科苹果属	400	1	二级	陈户乡寺沟村
26	西府海棠	蔷薇科苹果属	400	1	二级	陈户乡寺沟村
27	西府海棠	蔷薇科苹果属	400	1	二级	陈户乡寺沟村
28	木梨	蔷薇科梨属	400	1	二级	陈户乡寺沟村
29	青海云杉	松科云杉属	400	1	二级	陈户乡寺沟村
30	小叶杨	杨柳科杨属	350	1	二级	清泉镇南关村五社
31	小叶杨	杨柳科杨属	350	1	二级	东乐乡西屯村一社
32	旱柳	杨柳科柳属	326	1	二级	清泉乡南湖生态园
33	小叶杨	杨柳科杨属	266	1	三级	位奇镇四坝村六社
34	小叶杨	杨柳科杨属	253		三级	陈户乡刘伏村二社
35	小叶杨	杨柳科杨属	250	1	三级	清泉镇郑庄村二社
36	小叶杨	杨柳科杨属	236	1	三级	陈户乡东门村一社
37	小叶杨	杨柳科杨属	216	1	三级	大马营乡新墩村一社
38	小叶杨	杨柳科杨属	206	1	三级	霍城镇上西山村三社
39	小叶杨	杨柳科杨属	206	1	三级	霍城镇上西山村三社
40	小叶杨	杨柳科杨属	205	1	三级	位奇镇四坝村六社
41	白榆	榆科榆属	200	1	三级	位奇镇位奇煤矿

续表

序号	树名	科　　属	树龄	数量	保护级别	树　　址
42	杏树	蔷薇科李属	200	1	三级	陈户乡寺沟村
43	小叶杨	杨柳科杨属	200	1	三级	陈户乡西门村五社
44	小叶杨	杨柳科杨属	156	1	三级	位奇镇黄庄村五社
45	国槐	豆科槐属	146	1	三级	山丹县人民医院
46	国槐	豆科槐属	146	1	三级	山丹县人民医院
47	小叶杨	杨柳科杨属	136	1	三级	位奇镇四坝村六社
48	小叶杨	杨柳科杨属	130	1	三级	清泉镇南湖村一社
49	白榆	榆科榆属	130	1	三级	位奇镇位奇村二社
50	小叶杨	杨柳科杨属	120	1	三级	陈户乡东门村二社
51	小叶杨	杨柳科杨属	116	1	三级	陈户乡范营村三社
52	小叶杨	杨柳科杨属	106	1	三级	大马营乡马营村二社
53	小叶杨	杨柳科杨属	100	1	三级	清泉镇南关村五社
	民乐县			20		
54	国槐	豆科槐属	600	1	一级	六坝镇六坝村
55	小叶杨	杨柳科杨属	360	1	二级	三堡乡宏寺村
56	小叶杨	杨柳科杨属	360	1	二级	李寨乡吕庄村
57	榆树	榆科榆属	350	1	二级	南古镇城南村
58	小叶杨	杨柳科杨属	350	1	二级	民联乡复兴村
59	青海云杉	松科云杉属	350	1	三级	南古镇彭刘村
60	小叶杨	杨柳科杨属	260	1	三级	丰乐乡易家湾村
61	小叶杨	杨柳科杨属	250	1	三级	三堡乡宏寺村
62	小叶杨	杨柳科杨属	220	1	三级	南丰乡何庄村
63	小叶杨	杨柳科杨属	210	1	三级	洪水镇下柴村
64	榆树	榆科榆属	210	1	三级	新天镇林荫村
65	小叶杨	杨柳科杨属	200	1	三级	南古乡高赫村

续表

序号	树名	科　属	树龄	数量	保护级别	树　　址
66	楸树	蔷薇科花楸属	130	1	三级	六坝镇城皇台村
67	杏树	蔷薇科李属	120	1	三级	丰乐乡刘庄村
68	小叶杨	杨柳科杨属	190	1	三级	民联乡洋湖滩
69	小叶杨	杨柳科杨属	150	1	三级	三堡乡宏寺村
70	小叶杨	杨柳科杨属	150	1	三级	三堡乡宏寺村
71	小叶杨	杨柳科杨属	140	1	三级	民联乡邵家河湾
72	小叶杨	杨柳科杨属	103	1	三级	民联乡太和村
73	小叶杨	杨柳科杨属	110	1	三级	顺化乡宗寨村
	临泽县			14		
74	枣树	鼠李科枣属	382	1	二级	沙河镇城关广场
75	枣树	鼠李科枣属	381	1	二级	沙河镇城关广场
76	枣树	鼠李科枣属	250	1	三级	沙河镇兰家堡村五社
77	胡杨	杨柳科杨属	200	1	三级	板桥乡东柳村香姑寺
78	旱柳	杨柳科杨属	200	1	三级	鸭暖乡小屯村六社
79	梨树	蔷薇科梨属	151	1	三级	沙河镇西关村九社
80	青海云杉	松科云杉属	150	1	三级	平川乡黄一村四社
81	侧柏	柏科侧柏属	150	1	三级	平川乡黄一村四社
82	侧柏	柏科侧柏属	150	1	三级	平川乡黄一村四社
83	侧柏	柏科侧柏属	150	1	三级	平川乡黄一村四社
84	奈子	蔷薇科梨属	150	1	三级	沙河镇西关村九社
85	梨树	蔷薇科梨属	150	1	三级	沙河镇西关村九社
86	楸子	蔷薇科苹果属	100	1	三级	倪家营乡沙家垌村四社
87	国槐	豆科槐属	100	1	三级	新华乡政府大院
	高台县			2		
88	国槐	豆科槐属	600	1	一级	六坝乡六坝村
89	云杉	松科云杉属	105	1	三级	合黎乡七坝村十社

续表

序号	树名	科　　属	树龄	数量	保护级别	树　　址
	名　木			1		
90	红军槐	豆科槐属	300	1	二级	高台县人民政府
	古树群			3668		
91	胡杨群	杨柳科杨属	120	68	三级	沙井镇东五村
92	枣树群	鼠李科枣属	100	50	三级	倪家营中学
93	枣树群	鼠李科枣属	100	82	三级	倪家营中学
94	枣树群	鼠李科枣属	150	27	三级	昭武十社十一社
95	枣树群	鼠李科枣属	150	28	三级	昭武五社六社
96	胡杨群	杨柳科杨属	150	1805	三级	黑泉乡十坝村一社
97	胡杨群	杨柳科杨属	130	1605	三级	罗城乡天城村

第四节　宜林地

一、1974 年宜林地

1974 年—1975 年对全区宜林地和沙漠、戈壁资源进行清查,查出宜林地和沙漠、戈壁总面积 63.65 万公顷。

(一)宜林地

全区宜林地总面积 13.2 万公顷,其中张掖市 2.88 万公顷,山丹县 0.8 万公顷,民乐县 3.51 万公顷,临泽县 1.19 万公顷,高台县 1.7 万公顷,肃南县 0.55 万公顷,森管局管辖的 9 个经营林场 2.58 万公顷。

(二)沙漠戈壁

1974 年,全区沙漠戈壁面积为 50.32 万公顷,其中张掖市 18.62 万公顷,山丹县 1.65 万公顷,民乐县 1.63 万公顷,临泽县 13.93 万公顷,高台县 12.98 万公顷,肃南县 1.51 万公顷。

表 1-24 张掖地区 1974 年宜林地及沙漠戈壁统计表

单位:万公顷

项目	合计	张掖市	山丹县	民乐县	临泽县	高台县	肃南县	森管局
宜林地	13.20	2.88	0.80	3.51	1.19	1.70	0.55	2.58
沙漠戈壁	50.32	18.62	1.65	1.63	13.93	12.98	1.51	
1. 沙漠	9.77	40.55		0.41	2.95	3.03	1.51	
2. 戈壁	40.55	16.74	1.65	1.22	10.98	9.96		

二、1992 年宜林地

(一)全区宜林地资源

1992 年,张掖地区有荒滩宜林地 10.65 万公顷。主要分布两滩(即绿洲边缘的南、北二滩),七河(黑河、梨园河、马营河、洪水大河、海潮坝河、大都麻河、马蹄河)流域,五路〔甘新、张青、张肃、张马(蹄寺)、张板罗公路〕两侧。

(二)县(市)分布范围

张掖市有宜林地 1.51 万公顷。主要分布境内东沙窝、红沙窝、兴隆沙窝、西城驿沙窝及双墩子滩、瞭马墩滩、兔儿坝滩、石岗墩滩、南滩、巴吉滩和黑河、山丹河滩及两岸的荒滩、沙荒地和戈壁滩。山丹县有宜林地 3.15 万公顷。主要分布甘新公路两侧的西屯至新河段、山马公路两侧,马营河、山丹河滩,山羊堡滩以及农田林网上宜植树的渠路两旁。民东县有宜林地 0.84 万公顷。主要分布北部滩、707 公路两侧和洪水大河、海潮坝河、大都麻河、马蹄河滩,以及农田林网上宜植树的渠路两旁。临泽县有宜林地 2.84 万公顷。主要分布南部小泉滩、南板滩、中部蓼泉沙窝、双墩子滩,黑河北岸一工程滩、平沙墩滩和黑河滩、沙河滩以及农田林网两旁宜植树的地方。高台县有宜林地 0.93 万公顷。主要分布境内甘新公路两侧、黑河滩、南华滩、骆驼城滩、许三湾滩及中部的西沙窝,北部的十坝滩等处。肃南县有宜林地 1.4 万公顷。主要分布祁连山水源林区的荒山、河滩、明花区及其他各区适宜栽树的小片荒滩。

三、2010 年宜林地

2010 年,张掖市(不包括山丹马场)宜林地总面积 12.55 万公顷,其中:宜林荒山荒地 5.24 万公顷,宜林沙荒地 7.11 万公顷,其他宜林地 2072.8 公顷。按土地使用权分:国有 11.11 万公顷,集体 8898.7 公顷,个人 5441.1 公顷。

(一)县(区)宜林地资源

甘州区有宜林地 23115 公顷,其中宜林沙荒地 22090 公顷,其他宜林地 1025 公顷。山丹县有宜林地 15274.3 公顷,其中宜林荒山荒地 15168.6 公顷,宜林沙荒地 105.7 公顷。民乐县有宜林地 2205 公顷,其中宜林荒山荒地 1803.5 公顷,宜林沙荒地 375.6 公顷,其他宜林地 25.9 公顷。临泽县有宜林地 17154.1 公顷,其中宜林沙荒地 16716.7 公顷,其他宜林地 437.4 公顷。高台县有宜林地 28711.5 公顷,其中宜林沙荒地 23668.2 公顷,其他宜林地 391 公顷。肃南裕固族自治县有宜林地 1176.9 公顷,其中宜林荒山荒地 129 公顷,宜林沙荒地 1047.9 公顷。

(二)省厅直属单位宜林地资源

祁连山国家级自然保护局共有宜林沙荒地 35260.5 公顷。白龙江林管局河西综合开发局有宜林沙荒地 2562.3 公顷。

表 1-25　张掖市 2010 年宜林地面积统计表

单位:公顷

统计单位	土地使用权	小　计	宜林荒山荒地	宜林沙荒地	其他宜林地
张掖市	合计	125459.6	52368.5	71018.3	2072.8
	国有	111119.8	44207.6	65078.1	1834.1
	集体	8898.7	3036.5	5822.1	40.1
	个人	5441.1	5124.4	118.1	198.6
甘州区	合计	23115.0		22090.0	1025.0
	国有	23013.9		22008.2	1005.7
	集体	96.0		81.8	14.2
	个人	5.1			5.1

续表

统计单位	土地使用权	小　计	宜林荒山荒地	宜林沙荒地	其他宜林地
山丹县	合计	15274.3	15168.6	105.7	
	国有	8818	8818.1		
	集体	1328.2	1226.1	102.1	
	个人	5128.0	5124.4	3.6	
民乐县	合计	2205.0	1803.5	375.6	25.9
	集体	2205.0	1803.5	375.6	25.9
临泽县	合计	17154.1		16716.7	437.4
	国有	16754.8		16317.4	437.4
	集体	370.8		370.8	
	个人	28.5		28.5	
高台县	合计	28711.5	6.9	28120.1	584.5
	国有	24059.2		23668.2	391.0
	集体	4372.8	6.9	4365.9	
	个人	279.5		86.0	193.5
肃南县	合计	1176.9	129.0	1047.9	
	国有	651.0	129.0	522.0	
	集体	525.9		525.9	
祁连山保护局	合计	35260.5	35260.5		
	国有	35260.5	35260.5		
河西开发局	合计	2562.3		2562.3	
	国有	2562.3		2562.3	

第四章　湿　地

2004 年 6 月—2005 年 12 月,张掖市林业局依据《湿地公约》及《全国湿地资源调查与监测技术规程》,首次组织开展中华人民共和国成立以来大规模的湿地资源调查,取得重要成果。全市有各类湿地 21.04 万公顷,占全市土地总面积 419.24 万公顷的 5.02%。为保护湿地生物多样性及候鸟的生存环境等提供重要依据,特设此章。

第一节　湿地类型

全市湿地分为两大类 4 个类型 13 个类别,其中天然湿地包括永久性河流、季节性河流、泛洪平原湿地、永久性淡水湖、季节性淡水湖、草本沼泽、高山湿地、灌丛湿地、内陆盐沼 9 个类别,人工湿地包括池塘、灌溉渠系及稻田、蓄水区、盐田 4 个类别。

一、天然湿地

全市有天然湿地面积 199709.97 公顷,占全市湿地总面积的 94.9%。

(一)高山湿地

主要包括祁连山冰川、高山沼泽化草甸和高山灌丛三大部分。

1. 高山灌丛、草甸湿地。主要分布祁连山高山地带,生长植物主要为珠芽蓼、香青、高山龙胆、红花绿绒蒿、羽叶点地梅、金露梅等。面积大、分布广。由高山沼泽化草甸和高山灌丛湿地两部分组成,总面积 80932 公顷,占沼泽湿地面积的 57.42%,占天然湿地总面积的 40.51%,占全市湿地总面积的 38.46%。其中沼泽化草甸 73670.6 公顷,灌丛湿地 7261.4 公顷。主要分布肃南、山丹、民乐

3 县,肃南分布最广,面积最大。

2. 祁连山冰川。分布祁连山区海拔 4000 米以上的高山地区,水源补给主要靠天然降水,是发源于张掖市大小河流的重要水源。冰川湿地面积 40008.08 公顷,占天然湿地总面积的 20.03%,占全市湿地面积的 19.01%。主要分布在肃南、民乐两县,其中肃南分布最广,面积最大。

(二)黑河流域湿地

包括境内分布的永久性河流、季节性河流和泛洪平原,总面积 58110.95 公顷,占天然湿地面积的 29.1%,占全市湿地面积的 27.62%。

1. 永久河流湿地。在黑河流域范围内,分布面积较大的河流有黑河干流、马营(山丹)河、童子坝、洪水河、海潮坝、小都麻、大都麻、酥油口、大野口、大磁窑、梨园河、摆浪河、水关河、石灰关河等河流,湿地总面积 43866.4 公顷,占河流湿地总面积的 75.49%,占天然湿地总面积的 21.97%,占全市湿地总面积的 20.85%。

2. 季节性河流。水源主要由自然降雨补给。一般仅在夏秋季节进入汛期才有洪水下泄,年积水约 80 天—120 天,主要分布肃南、临泽、高台及民乐县,全市面积在 100 公顷以上的季节性或间歇性河流有马蹄河、黄草沟河等,总面积 6579.85 公顷,占河流湿地面积的 11.32%,占天然湿地面积的 3.29%,占全市湿地总面积的 3.13%。

3. 泛洪平原湿地。全市总面积 7664.7 公顷,占河流湿地面积的 13.19%,占天然湿地总面积的 3.84%,占全市湿地总面积的 3.64%。主要分布黑河沿岸、地势平坦被河水淹没的河滩、泛滥河谷、季节性泛滥的草地。高台县分布较广,巷道、合黎、宣化、黑泉、罗城等均有分布,面积 6833 公顷。甘州区的乌江镇、新墩镇、西城驿林场黑河滩也有分布,面积 687.1 公顷;民乐永固镇有泛洪平原湿地 150 公顷。

(三)沼泽湿地

辖区均有分布,既有大面积的高山湿地,也有成片的草本沼泽和灌丛湿地,还有零星分布的内陆盐沼。水源由降水或地下水补给而形成。黑河流域中游的沼泽湿地有三个类型,分别是草本沼泽、灌丛湿地和内陆盐沼,总面积 20014.94 公顷,占天然湿地面积的 10.02%,占全市湿地面积 9.51%。

1. 草本沼泽。水源为地下水和天然降水,生长植物主要以苔草为主,为夏季畜牧业生产的主要活动场所,也是许多野生动物的栖息地和重要活动场所。总面积 9498.5 公顷,占沼泽湿地面积 47.46%,占天然湿地总面积 4.76%,占全市湿地总面积 4.51%。

2. 灌丛湿地。地处地表过湿或积水的地段上,以喜湿的灌木为主。甘州、肃南、山丹、高台、临泽 5 县(区)均有分布,代表植物有鬼箭锦鸡儿、金露梅等,总面积 2860.8 公顷,占沼泽湿地面积 14.29%,占天然湿地总面积 1.43%,占全市湿地总面积 1.36%。

3. 内陆盐沼。主要分布黑河、山丹河沿岸及泉水溢出带和河流、渠系的退水区域。面积 7655.64 公顷,占沼泽湿地面积 38.25%,占天然湿地总面积 3.83%,占全市湿地总面积 3.64%。由一年生和多年生耐盐生植物群落组成,土壤为重盐碱潮土,植物主要以怪柳、盐爪爪、碱蓬等为代表种。

(四)湖泊湿地

全市湖泊湿地以淡水湖为主,主要分布肃南、高台和临泽三县,面积为 644 公顷,占天然湿地面积的 0.32%,占全市湿地面积的 0.31%。是季节性候鸟栖息的主要场所。

1. 永久性淡水湖。主要分布肃南明花乡,面积为 254.25 公顷,水源以地下水为主,季节性集水特征明显。祁连乡境内分布有 223.37 公顷,其水源为冰雪融水,是重点保护动物黄鸭等一些候鸟的栖息地。另外在临泽县平川镇北部巴丹沙漠地区也有分布,今存有锁龙潭、墩风燧及其周围滩地等几处,面积 20 公顷,总面积 572 公顷,占湖泊湿地面积 88.82%,占天然湿地面积 0.29%,占全市湿地总面积 0.27%。由地下水涌出地表汇集于低洼地而成。地表常年积水,春秋季节地下水位上升湖面较大,水深 1.2 米—1.6 米,夏季地下水位下降,湖面缩小。

2. 季节性淡水湖。仅分布高台宣化镇,面积较小。仅 72 公顷,占湖泊湿地面积 11.18%,占全市天然湿地总面积 0.04%,占全市湿地总面积 0.03%。

二、人工湿地

人工湿地包括水塘、灌溉地及渠系、蓄水区和盐田 4 个类别,面积 10710.45 公顷,占全市湿地总面积 5.1%。

（一）盐　田

盐田是河西走廊干旱半干旱荒漠地带分布的具有典型特征的湿地类型之一,分布高台县盐池乡,总面积2581公顷,占人工湿地面积24.18%。境内分布的盐田,盐的种类比较齐全,储量较大。盐湖中,不仅贮存大量的食盐、芒硝、天然碱等普通盐类,而且还富集着硼、锂等多种稀有元素。盐田资源开发利用价值大。

（二）水　塘

水塘在本市呈零星分布,面积为162.9公顷,占人工湿地总面积1.52%。主要分布在甘州、临泽、高台、山丹县。以渔业生产为主。

（三）灌溉地及渠系

指主要的灌溉干支渠和稻田,全市总面积3060公顷,占人工湿地面积28.57%。渠系在全市范围均有分布,稻田主要分布在甘州、临泽、高台3县（区）。

（四）蓄水区

系指本市境内用于农业灌溉蓄水库,有可利用中小型水库44座。

湿地资源

2004年,蓄水量达2.18亿立方米。蓄水区面积4906.55公顷,占人工湿地面积45.81%,占全市湿地面积2.33%。

第二节　湿地分布

一、祁连山冰川湿地区

该区域属黑河流域的天然湿地。位于祁连山海拔4300米以上区域,终年积雪,冰川湿地以天然降雪而沉积,形成"固体水库",是河西人民的生命线,也是我国第二大内陆河流的补充源,总面积约40008公顷,是西北地区最大的冰川湿地分布区。

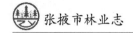

二、高山湿地区

区域属黑河流域的天然湿地。湿地主要分布祁连山区,包括沼泽、草甸及高山灌丛湿地,总面积约 80932 公顷,是冰川湿地下面的二级水源贮存基地。土壤类型主要以灰褐土为主,分布植物有苔草、蒿草、香薷、香青、唐松草、细叶马蔺、麻黄、珠芽蓼、大黄、芹叶铁线莲、金露梅、银露梅、高山柳、高山锈线菊、锦鸡儿、忍冬、天山花楸、枸子、藓黄小檗、青海云杉等。

该区湿地面临的主要问题是草场过度放牧,致使植被退化,沼泽、湖泊萎缩面积减少,荒漠化逐年加剧,生态环境恶化,湿地功能减退。

三、黑河流域湿地区

区域包括天然湿地中的永久性河流湿地、季节性河流湿地、泛洪平原湿地、沼泽湿地、湖泊湿地和人工湿地。土壤主要以栗钙土、盐碱土、风沙土等为主。分布植物主要有黑三棱、线叶眼子菜、浮叶眼子菜、菖蒲、冰草、银露梅、藓黄小檗、锦鸡儿、柳树、杨树等。

区内湿地面临的主要问题是,流域内农业人口密集,过度垦食沼泽,围湖造田,水质污染,湿地生境质量下降,生物多样性减少,缺乏统一规划和管理,造成湿地面积的减少和功能衰退。加之流域上游来水量的减少,使部分支流干涸,沼泽、湖泊面积萎缩,湿地生境恶化,导致荒漠化加剧,沙尘暴发生频率增大,给河西走廊的农业生产和社会经济发展造成严重威胁。

黑河干流湿地区系指莺落峡—正义峡之间的流域区域,区内分布有湖泊、沼泽、河流等多种湿地生态类型。

四、高台县黑河流域湿地及候鸟保护区

区域属黑河流域的天然湿地。位于高台县境内,气候是温带干旱气候,冬季寒冷,夏季干热,春季多风。平均气温 7.6℃,极端高温 38.7℃,极端低温-28℃,年平均降水量 99 毫米,蒸发量高达 1923 毫米,日照 3088 小时,无霜期为 164天。自然土壤主要为平丝土、生丝土和碱潮土。植被主要有杨树(*Populus* sp.)、柳树(*Salix matsudana*)、榆树(*Ulmus Pumila*)、沙枣(*Elaeaguns angustifolia*)、白

刺（*Nitraria sp.*）、红柳（*Tamarix sp.*）、麻黄（*Ephedra Przewalskii*）、沙拐枣（*Calligonum mongolicum*）、骆驼刺（*Alhangi sparsifolia*）等。主要动物资源是鸟类，有47种，分布11目23科，占甘肃省鸟类总数的8.3%，其中国家一、二级重点保护有黑鹳（*Ciconia nigra*）、大天鹅（*Cygnus cygnus*）、小天鹅（*C·colombianus jankowskii*）、鸢（*Milvus korschun*）、红隼（*Palco tinunculus*）5种，占全省重点保护鸟类8.3%。该区域湿地面临的主要问题是水资源污染和人为利用农药、火枪等捕杀保护动物，对候鸟的栖息造成威胁。

五、肃南县明海湿地区

区域属黑河流域的天然湿地。主要分布祁连山浅山区洪积扇与荒漠戈壁的过渡带，以芦苇沼泽和草本沼泽为主，总面积约5677公顷。季节性集水特征明显，植被种类贫乏，生物多样性丰富度低，是牧民从业生产的主要基地。该区土壤以荒漠土、沼泽土为主，分布植物有芦苇、蒿草、碱蓬、冰草、红柳、白刺、盐爪爪、胡杨等。该区湿地面临的问题是大面积的农业开发，使地下水位下降，湖泊面积萎缩、草场退化，荒漠化日趋严重，对河西走廊中部绿洲的农牧业生产和人们的生存环境构成威胁。

六、高台县盐田湿地区

区域属黑河流域的人工湿地。位于高台县西北部的盐田湿地区，是西北荒漠地区独特的咸水湖，总面积2581公顷。为有效利用盐田资源，应在保证原有生态环境不受威胁的前提下，合理的开发利用。土壤以盐碱土为主。分布植物主要有碱蓬、芦草、盐爪爪、猪毛菜、柽柳等。湿地保护面临的主要问题是地下潜流水源逐年减少，开采面积不断扩大，盐业生产采用打井注水的方式超量生产，导致盐田生产功能减弱，湿地生态环境退化。

七、山丹马营河流域湿地保护区

区域属黑河流域的天然湿地。位于山丹县境内，该流域包括霍城河、寺沟河和马营河3个支流，流域湿地面积2064.2公顷。该区土壤以草甸土、褐土、沼泽土和灌耕土为主，分布植物有冰草、芨芨草、针茅、苔草、锦鸡儿、银露梅、委陵菜、鲜黄小檗、杨树等。

区域存在的主要问题是过度开垦、放牧和植被资源的不合理利用,造成湿地生物多样性的降低和湿地生态功能的锐减。为提高流域湿地的生态功能,应开展流域源头的防护林建设,通过退耕还林(草)等工程措施,加速流域植被的恢复,使湿地的综合功能得到极大的提高。

八、双泉湖草本沼泽湿地保护区

区域属黑河流域的天然湿地。位于临泽县境内,南起环城北路、花音村、大寨村,西至西磨沟,北至黄土岗、白寨村和蓉泰公司,东至蓼沙公路,湿地面积1200公顷。土壤以沼泽土为主,分布植物主要有冰草、蒿草、鸡爪芦苇、红柳等。面临的主要问题是对湿地的围垦、过度放牧和水资源的不合理利用,造成湿地面积的萎缩。

应采取围栏封禁、退耕还泽、推广节水灌溉的生态工程措施,改善湿地生态环境,逐步恢复湿地生态功能。

九、甘州区城郊芦苇湿地保护区

区域属黑河流域的天然湿地。位于张掖市城郊周围。分布面积1000公顷的芦苇沼泽和草本沼泽,为净化城市环境起着巨大的作用,在建设园林化城市中占有重要地位。

该区湿地面临的主要问题是,人口密集,过度围垦沼泽,水质污染,湿地生境质量下降,生物多样性减少,造成湿地面积的减少和功能衰退。

十、民乐永固沼泽湿地区

区域属黑河流域的天然湿地。位于民乐县永固镇境内,面积985.3公顷。土壤以沼泽土为主,分布植物主要有苔草、蒿草、冰草等。

区域面临的主要问题是围垦和过度放牧,造成湿地的萎缩和功能的衰退。为提高该区湿地的生态功能,恢复湿地生态系统,应有效地控制因农业发展对湿地的围垦和过度放牧,并通过退耕还林(湖)工程,加强对湿地的有效保护。

第三节 湿地植物

一、湿地植被种类

黑河流域内有森林、草原、荒漠、寒漠、冻原、农田、水域、冰川等多种生态系统,2004 年,参照甘肃省祁连山水源涵养林研究院对祁连山北坡植物种类的调查,结合湿地区域植物资源的野外调查,湿地区域分布的高等植物种类有 84 科 399 属 1044 种,其中蕨类植物 7 科 13 属 14 种;裸子植物 3 科 6 属 10 种;被子植物 74 科 380 属 1020 种;乔木有 48 种,灌木有 145 种。其中尚存有一些珍贵稀有的植物种类资源,如裸果木(*Gymnocarpos przewalskii*)系中亚荒漠的特有植物, 起源于地中海旱生植物区系的第三纪古老残遗成分;星叶草(*Circaeaster agrestis*)为我国特有种,分布于林下及山坡阴湿之地。如此丰富的植物资源,在祁连山区气候条件的多样性和地貌类型的复杂性孕育下,物种多样性在世界上占有相当重要的位置。可以说是西北地区物种遗传重要的基因中心之一。

在黑河流域分布的高等植物中, 包含 20 种以上的大科有:菊科(Asteraceae)、禾本科(Gramineae)、毛茛科(Ranunculaceae)、蔷薇科(Rosaceae)、豆科(Leguminosae)、藜科(Chenopodiaceae)、玄参科(Scrophulariaceae)、十字花科(Cruciferae)、莎草科(Cyperaceae)、石竹科(Caryophyllaceae)、伞形科(Umbelliferae)、龙胆科(Gentianaceae)、虎耳草科(Saxifragaceae)、百合科(Liliaceae)、杨柳科(Salicaceae)、蓼科(Polygonaceae)等 16 科。其中含有 50 种以上的科有蔷薇科、豆科、毛茛科、禾本科与菊科。上述 16 科所分布的植物种类有 748 种,占该区植物种类总数的 71.4%。许多种类是祁连山北坡主要植被类型的建群种和优势种。

表1-26 黑河流域植物分布较大科序列表

单位:%

科	中国	甘肃	黑河流域	占中国	占甘肃
	属数 / 种数	属数 / 种数	属数 / 种数	属 / 数	属 / 数
菊科	227/2323	88/426	40/116	17.6/5	45.5/27.2
禾本科	288/1202	82/271	42/96	14.6/7.9	51.2/35.4
毛茛科	40/736	28/303	20/79	50/10.7	71.4/38.9
蔷薇科	48/855	39/316	21/66	43.8/7.7	53.8/20.8
豆科	163/1252	46/308	13/53	7.9/4.2	28.3/17.2
藜科	38/184	25/84	16/48	42.1/26.1	64/57.1
玄参科	60/634	26/97	9/39	15/6.1	34.6/40.2
十字花科	96/411	50/156	18/36	18.8/8.8	36/23.1
莎草科	31/688	11/123	5/31	161/45	45.5/25.2
莎草科	31/372	17/87	12/31	38.7/8.3	70.6/35.6
伞形科	95/525	46/117	20/29	21.1/5.5	43.5/33.3
龙胆科	19/269	10/65	7/28	36.8/10.4	70/43.1
虎耳草科	26/440	10/75	6/26	23.1/5.9	60/34.7
百合科	55/335	37/152	7/25	12.7/7.5	18.9/16.5
杨柳科	3/230	2/110	2/22	66.7/9.57	100/20
蓼科	11/180	10/78	4/23	36.4/12.8	40/29.5

二、湿地植被类型

辖区湿地分布范围广泛,海拔高低不同,区域气候条件差异大。湿地生态系统的物种组成和植被类型较为丰富。地处祁连山区的高山草甸、沼泽和灌丛湿地,总面积80932公顷,湿地植被主要有沼泽草甸植被和灌丛植被两大类型。沼泽草甸植被主要分布于河边、水漫滩和冰川下游,以嵩草—苔草群落为代表,植物种类有多种嵩草和苔草、水毛茛、灯心草、三裂碱毛茛、高原毛茛、委陵菜、龙胆属和马先蒿属等类群。湿地灌丛植被主要分布在祁连山海拔3800

米左右的区域,植物种类以金露梅、高山柳、高山绣线菊、箭叶锦鸡儿等为主,伴生分布有多种蒿草和苔草,以高山柳+金露梅+草本群落为代表。河西荒漠地区的湿地,如肃南县明海湿地区,湿地分布面积约 5677 公顷,组成湿地的植被主要以湿生和沼生植物为主,植被以芦苇+草本群落为代表,植被组成的建群种主要有芦苇、苔草、冰草等。分布在黑河流域中下游区域的沼泽湿地,由于地势低洼,湿地分布植物主要有水生和湿生两大类,但以湿生和挺水植物为主,如多茎委陵菜、菖蒲和苔草等。

湿地区植物群落的种类组成主要以广布性的湿生、盐生和中生植物为主。植物群落以盐生、湿生和沼泽型的植物群落为主。按照《张掖市湿地资源调查技术规程》的调查方案,湿地区域的植被类型可划分为 3 个植被型,即盐生灌丛植被、高草湿地植被和低草湿地植被。各植被型具有不同的植物种群系。植被型和群系的特征主要描述如下:

水菖蒲群落(Co·*Acorus calamus*) 群落生长于地下水长期滞留形成的积水滩和污水沟两侧,呈块状分布于积水坑的四周、浅水处。夏季季相绿色,由水菖蒲、水葱(*Scirpus tabernaemontanii*)组成,水菖蒲生长良好,植被高达 40 厘米—50 厘米,具香味,根径粗壮。叶剑形,长达 50 厘米—60 厘米,中脉突起,拂焰茎叶状,不包花序,盖度 30%—50%;水葱生长较弱,高 50 厘米—60 厘米,数量较少,盖度仅为 5%左右;尚生长有一些藻类,各自集生。

水葫芦苗群落(Co·*Halerpestes cymbalaria*) 群落外貌相对整齐,夏季季相灰绿色,结构分为 2 层。第一层以水葫芦苗为主,高 20 厘米—30 厘米,盖度 30%左右。第二层以苔草为主,散生于浅水处。整个群落由低矮浓密的草本植物组成。

芦苇群落(Co·*Phragmites australis*) 群落外貌整齐,夏季季相绿色,主要由芦苇组成,零星散生一些湿生植物,结构简单,株高约 2 米—5 米,盖度 80%—100%。

黑三棱群落(Co·*Sparganium stoloniferum*) 群落外貌整齐,夏季季相为翠绿色或绿黄色,由挺水植物、浮水植物和沉水植物组成,总盖度 80%左右。挺水植物主要是黑三棱,多生于渠两边,密集呈带状,在静水中植株挺立,植株高 40 厘米—80 厘米,翠绿色或绿黄色,球状花序,盖度 30%—60%,有水蓼(*Polygonum hydropiper*)伴生,植株直立或斜升,散生或集生,高 30 厘米—50 厘米,植株紫红色。浮水植物为浮叶眼子菜(*Potamogeton natans*),生长于群落水深处,沉水植物为线叶眼子菜(*Potamogeton pusillus*),植株长30厘米—40厘米,顺水流方向匍匐水中,盖度10%—20%。

柽柳群落（Co·*Tamaricaceae*） 主要生长于盐渍化程度较高的湿地区域,植株高度达80厘米—400厘米,盖度达60%—80%。冠层下生长有多种湿生植物,平均高10厘米—25厘米,盖度20%—40%。

金露梅—箭叶锦鸡儿群落（Co·*Potentilla-Cragana*） 主要有金露梅、鬼箭锦鸡儿、高山柳(*Salix cupularis*),高山绣线菊等多种灌木组成,平均高度40厘米—350厘米,盖度70%—90%。灌木层下生长有蒿草(*Kobresia bellardii*)、珠芽蓼(*Polygonum viviparum*)、高山龙胆(*Gentiana algida*)等多种草本植物,平均高度5厘米—25厘米,盖度10%—30%。

线叶眼子菜—狐尾藻群落（Co·*Potamogeton*-myriophyllum） 群落外貌整齐,夏季季相暗绿色,线叶眼子菜生长良好,夏季季相暗绿色,盖度40%—60%,狐尾藻呈块状镶嵌集生在线叶眼子菜群落中,夏季季相绿黄绿色,盖度10%—15%。

第四节　湿地野生动物

一、湿地动物种类

(一)动物种类组成

张掖在动物地理区划上处于青藏区青海藏南亚区、蒙新区西部荒漠亚区,由于地处青藏、蒙新高原的交汇地带,气候、地形、地貌等因素的差异及繁多的植被类型使境内自然条件十分复杂,湿地及其周边的动物资源,尤其是鸟类资源比较丰富。仅脊椎动物就有5纲、30目、65科,计312种。鱼类1目、3科、13种,占甘肃省鱼类种数的12.75%;两栖类1目、2科、2种,占甘肃省两栖类种数的8.33%;爬行类4目、5科、15种,占甘肃省爬行类种数的25.86%;鸟类是张掖脊椎动物中最多的一个类群,有17目、39科、206种,占甘肃省鸟类种数的41.63%;兽类有7目、16科、76种,占甘肃省兽类种数的43.43%。

典型的湿地动物及在湿地生境生活的动物共计 5 纲、29 目、60 科、229 种，其中鱼纲 1 目、3 科、13 种，两栖纲 1 目、2 科、2 种，爬行纲 3 目、6 科、9 种，鸟纲 17 目、36 科、166 种，兽纲 7 目、13 科、39 种。

（二）保护动物种类

黑河流域分布的国家和省保护野生动物有 225 种，隶属于 5 纲 29 目 56 科，其中国家重点保护野生动物 60 种（一级 16 种，二级 44 种），省重点保护野生动物 10 种，国家和省保护的有益的或者有重要经济、科学研究价值的陆生野生动物 155 种。国家一级重点保护野生动物分别是：雪豹、西藏野驴、马麝、白唇鹿、野牦牛、普氏原羚、黑鹳、金雕、白肩雕、玉带海雕、白尾海雕、胡兀鹫、斑尾榛鸡、雉鹑、大鸨、遗鸥。国家二级重点保护野生动物分别是：豺、棕熊、石貂、黄喉貂、水獭、草原斑猫、荒漠猫、猞猁、兔狲、马鹿、黄羊、藏原羚、鹅喉羚、岩羊、盘羊、大天鹅、小天鹅、疣鼻天鹅、猎隼、红隼、鸢、苍鹰、雀鹰、棕尾鵟、大鵟、普通鵟、草原雕、秃鹫、兀鹫、白尾鹞、白头鹞、短趾雕、鹗、淡腹雪鸡、暗腹雪鸡、血雉、蓝马鸡、灰鹤、蓑羽鹤、雕鸮、纵纹腹小鸮、长耳鸮、短耳鸮、鬼鸮。

二、湿地动物分布

（一）高山湿地动物

高山湿地动物有 125 种。在积水较深处可见两栖类的中国林蛙，鸟类有池鹭、凤头潜鸭、白腰草鹬 3 种及喜湿的鹡鸰等 95 种，兽类约 26 种，其中食肉兽有雪豹、猞猁、豺、狼等 17 种，甘肃马鹿、白唇鹿、马麝、狍、藏原羚、野牦牛、岩羊、盘羊、野驴 9 种有蹄动物常在湿地觅食、饮水、泥浴，高山湿地是食肉兽和有蹄类动物地的重要组成部分。

（二）沼泽湿地动物

沼泽湿地动物有 124 种。两栖类只有花背蟾蜍 1 种，但最为常见，爬行类 9 种。《湿地公约》定义的水禽在张掖有凤头、普通鸬鹚、大白鹭、池鹭、苍鹭、黄斑苇鳽、黑鹳、灰雁、大天鹅、小天鹅、疣鼻天鹅、翘鼻麻鸭、赤麻鸭、绿翅鸭、绿头鸭、斑嘴鸭、琵嘴鸭、白眼潜鸭、凤头潜鸭、红胸秋沙鸭、普通秋沙鸭、普通秧鸡、骨顶鸡、灰鹤、蓑羽鹤、凤头麦鸡、金〔斑〕鸻、金眶鸻、环颈鸻、黑尾塍鹬、鹤鹬、红脚鹬、白腰草鹬、林鹬、矶鹬、扇尾沙锥、黑翅长脚鹬、红胸滨鹬、长趾滨鹬、乌脚滨鹬、弯嘴滨鹬、鱼鸥、遗鸥、红嘴鸥、棕头鸥、普通燕鸥、斑鸠、鹬鸽、戴胜、杜鹃、啄木鸟、伯劳、椋鸟、燕类、柳莺、苇莺、猛禽等。以昆虫、鱼、蛙、水草甚至鼠类为食,主要分布在高台、甘州、临泽的沼泽、河流、库塘生境中;属夏候鸟的有24种、冬候鸟的有2种、旅鸟的有20种。其中黑鹳、遗鸥属于国家一级保护鸟类,大天鹅、小天鹅、疣鼻天鹅、灰鹤、蓑羽鹤属于国家二级保护鸟类。尚有39种属国家保护的有益的或者有重要经济、科学研究价值的陆生野生动物。在重点湿地区可见黑鹳的群体一般为5只—20只,大天鹅的群体有20只—50只,赤麻鸭、绿翅鸭、绿头鸭、斑嘴鸭的混合群体可达200只—500只。常见的湿地兽类只有根田鼠、麝鼠、黑线仓鼠3种,栖于湿地岸边的湿生草甸和沼泽芦苇丛中,湿地周边荒漠草原有黄羊、鹅喉羚、兔狲、虎鼬等兽类17种。

（三）河流湿地动物

河流湿地的动物除在上述沼泽湿地分布的种类外,还有短尾高原鳅、重穗唇高原鳅、梭形高原鳅、酒泉高原鳅、背斑高原鳅、大鳍骨鳔鳅、花斑裸鲤、鲫鱼、麦穗鱼、草鱼、鲤鱼、白鲢、波氏栉鰕虎鱼等13种鱼类,其中前8种为土著种,后5种为引入种。土著种以底栖为主,少数为中层鱼类,除鲫鱼外体表无鳞。土著鱼是水禽的重要食物,在水体食物链中占有重要地位,但随着河流变窄,种群数量大幅度下降。

黑河流域湿地保护区

第二编　区划规划

本编包含林业区划、计划、规划和资源调查三项工作。国家林业部曾先后在祁连山区和川区局部地区部署开展。1979年开始,配合省林业勘查设计院每五年进行一次森林资源规划设计调查。张掖根据不同区域的自然条件和生产特点,1984年编制《张掖地区林业区划》。从"三五"开始,随着张掖生态环境建设事业的发展,先后制定张掖市林业发展总体规划和造林绿化总体规划;市林业局还陆续制定"三北"防护林等造林规划,在张掖林业建设中发挥指导和促进作用。

第一章　林业区划

1981年,张掖地、县林业处(局)成立林业资源调查和林业区划领导小组,下设办公室,开展全区林业资源调查和林业区划工作。

第一节　县级林业区划

县级林业区划工作按照统一安排,统一培训,统一要求,由各县林业局自行组织完成。1981年3月开始,历时两年半时间,于1984年9月结束,各自编写了区划成果报告。至1984年,全区6县林业区划成果全部通过验收,达标合格。

表2-1　各县林业区划分区表

县区名称	I(II)级区编号	分区及命名
张掖县	1	北部荒漠草原护牧林区
	2	东大山自然保护林区
	3	绿洲农田防护林区
	4	防风固沙林区
	5	南部薪炭水土保持林区
山丹县	1	北部荒漠封滩育林育草区
	2	平川农田防护林网用材林区
	3	沿山水土保持薪炭林区
	4	大黄山水源涵养林区
		马营滩草原护牧林区
		祁连山水源涵养区
民乐县	1	北部荒漠草原护牧林区
		北部荒漠封滩育林育草亚区
		防风固沙林亚区
	2	绿洲农田防护林区
	3	祁连山水源涵养林区
		沿山水土保持林亚区
		水源涵养林亚区

续表

县区名称	I(II)级区编号	分区及命名
临泽县	1	北部荒漠封滩育林育草区
		黑河中游农田防护、防风固沙林亚区
		中部农田防护、盐碱改良灌木林亚区
		东南部农田防护、经济林亚区
		南部农田防护林亚区
	2	南部农田防护林区
高台县	1	盐池薪炭林区
	2	北山荒漠草原区
	3	川区农田防护林区
	4	沿山薪炭水土保持区
肃南县	1	北部荒漠草原护牧林区
	2	祁连山水源涵养林区

第二节 地区级林业区划

1985年,县级林业区划全部完成后,以地区为单位,把地域相连、发展方向相同或相似的县级林业区划的分区合并,形成地区林业区划成果报告。经地区区划办公室汇总后纳入《张掖地区农业区划》。1990年《张掖地区林业区划》获甘肃省林业科技进步三等奖。

一、区划分区

地区级林业区划区分为3个一级区,2个二级区。2个二级区又区分为2个亚区。

表 2-2　张掖地区林业区划表

一级区	二级区	范　　围
北部荒漠草原护牧林区		肃南县　明花区(莲花、明海、前滩乡)国营明海林场 高台县　盐池乡、合黎乡、卧牛山、碱洼滩等 临泽县　大孤山、照背山、阳台山等地 张掖市　平山湖乡、东大山自然保护区 山丹县　红寺湖乡、老军乡的丰城、硖口村、龙首山、花草滩等
绿洲农田防护林区	农田林网经济林亚区	高台县　罗城、黑泉、巷道、正远、宣化、骆驼城、南华、合黎乡及南华、三桥湾、三益渠林场、园艺场 临泽县　平川、板桥、蓼泉、鸭暖、小屯、新华、沙河乡和倪家营乡的上营、下营、江淮、汪家墩、高庄、马郡、倪家营村、沙河林场、地区五泉林场及县园艺场、新华农场 张掖市　小河、沙井、乌江、靖安、三闸、明永、新墩、上秦、碱滩、廿里堡、龙渠、和平、大满、小满、党寨、长安、梁家墩和甘浚、西洞的部分村及国营林场、农场、园艺场 民乐县　六坝、三堡、李寨、杨坊、北部滩。洪水的叶官、里仁、李尤、烧房、马庄、单庄、益民、刘总旗、乐民、八一、城关村,民联乡的张明、河湾、西寨、朱庄、复兴、屯粮、太平、东升、民联、新堡、刘兴、顾庄村和南古、新天、丰乐、顺化乡的部分村及国营林场、园艺场 山丹县　东乐、清泉、位奇和李桥、陈户乡的部分村,国营林场、农场、园艺场
	沿山水土保持薪炭林亚区	高台县　红崖子、新坝乡 临泽县　倪家营乡的梨园、南台子、寺湾、红山湾村 张掖市　安阳、花寨、甘浚的祁连、小泉村,西洞的高家庄、西洞村、国营西洞林场 民乐县　南丰、永固、南古的景会、高郝、柳谷、马蹄、左卫、岔家堡、水磨、城东、城南、牛毛寺、杨武村、新天的吴油、马均、太平、王石、山寨、大王庄村、丰乐的武城、易家湾、何家庄、卧马山、白庙、丰乐村、顺化的曹营、列四坝、土家城、旧堡、窑沟、石蹄子、张宋、顺化村,洪水的新丰、黄青、费寨、汤庄、新墩子、吴庄、戎庄、刘山庄、上柴、下柴、友爱、红光、老号、石家沟、山城子村,民联的泉源、雷台、杨庄、郭湾、龙山、黄庄、高寨村 山丹县　马营、霍城、花寨、陈户、李桥、老军乡的部分村
祁连山水源涵养林区		肃南县　皇城、马蹄、祁丰、康乐、大河区及国营祁丰、隆畅河、西水、康乐、寺大隆、祁连、西营河林场 山丹县　花寨乡的上河、中河、下河村、国营大黄山林场、军马场 民乐县　国营大河口林场

二、分区概述

(一)北部荒漠草原护牧林区

范围 该区指绿洲以北的干旱荒漠地区,北与内蒙古阿拉善右旗接壤,西与酒泉、金塔相连,东与金昌毗邻。包括肃南明花区,高台盐池乡、合黎山、卧牛山、碱洼滩,临泽大孤山、照背山、阳台山、张掖平山湖乡、东大山,山丹龙首山、红寺湖、花草滩等地。面积75507公顷,占全区总面积的1.8%。

自然条件 境内由合黎山—龙首山系形成断断续续的剥蚀低山、中山、亚高山。剥蚀山体周围比较平坦的准平原为荒漠、沙漠和戈壁。海拔1320米—2600米,张掖东大山最高峰3616米。气候属内陆荒漠气候,年平均气温2.6℃—8℃,≥0℃积温2660℃—3670℃,年降水量90毫米—240毫米。干燥度2.0—4.0,蒸发量2270毫米—2874毫米,冬季严寒,夏季炎热,光照充足。土壤类型有灰棕荒漠土、盐化灰棕荒漠土、荒漠灰钙土、盐土和风沙土。东大山随着坡位、坡向和海拔高度的不同,山顶到山麓土壤具有明显的垂直带谱,北坡3000米—3600米为亚高山草甸土,2850米—3000米为灰褐土,2500米—2850米为黑钙土,2300米—2500米为灰钙土,2300米以下为灰棕漠土。阳坡3000米—3500米为栗钙土,2700米—3000米为棕钙土,2700米以下为灰棕漠土。植被稀疏,种类较少,呈现荒漠植被的特征,主要有白刺、红砂、碱蓬、骆驼刺、甘草、芦苇、芨芨、麻黄、沙蒿、柽柳等。

社会经济概况 该区为荒漠区。张掖平山湖乡、山丹红寺湖乡、肃南明花区均以牧业为主。高台、临泽为季节性放牧草场。该区人口5815人,其中牧业人口3314人,有饲料地131.07公顷。

林业概况 境内森林很少,林业用地403.79公顷,占该区面积8%,其中:有林地1311.13公顷,疏林地352.93公顷,灌木林地3484.27公顷,未成林造林地27.6公顷。天然林除肃南明花区有红柳、胡杨2400公顷外,主要分布在张掖东大山,森林面积2080公顷,其中乔木林1008公顷,疏林地318公顷,灌木林754公顷,有蓄积量81.9万立方米。森林分布界限在2700米—3400米之间,呈暗针叶林的特征。山丹龙首山也有小片青海云杉林分布,面积459.53公顷,其中乔木林10.27公顷,灌木林305.53公顷。人工林仅有1.49公顷,"四旁"树

8160 株,人工林蓄积量 1480 立方米。该区有国营林场 1 处,自然保护区管理站 1 处,护林站 2 处,天然植被管护站 4 处,职工 41 人。因干旱缺水,造林有很大的局限性。肃南明海林场采取打井造林,1973 年—1983 年投资 63 万元,造林保存面积 75.06 公顷,未成林造林地 15.73 公顷,苗圃 16.53 公顷,投资大,效果不理想。由于旧的习惯,无计划的放牧、打柴,挖药材,不仅天然植被长势衰退,覆盖度下降,且面积缩小,沙漠化加剧。东大山、龙首山林区,林牧矛盾尖锐,在干旱年份、干旱季节尤为突出。天然云杉林的发展受到很大影响。

发展方向 该区以保护天然植被为主,有条件的地方进行小面积的植树造林,扩大东大山自然保护区。实行封滩育草育林,轮封轮牧。对肃南明花区的天然胡杨林、红柳林,进行全面封育,禁止破坏。有条件的引洪漫灌,或雨后播草、灌木种子,扩大植被面积,提高植被覆盖度。禁止打荒漠植被沤肥。有组织有计划地生产麻黄、甘草等野生药材。严禁“推光头”,尤其杜绝大片连根刨除的破坏性作业方式。在泉水露头地方和水井附近,营造小面积的片林。地下水位活动幅度在 3 米以内,土壤含盐量低,水质矿化度轻的沙壤土地带,推广杨树、旱柳、沙枣深栽造林技术,营造块状或带状护牧。经营管护好东大山自然保护区。东大山天然青海云杉林,是干旱荒漠区的“绿色明珠”,对研究荒漠地区森林生态系统具有科学价值,需要认真保护,积极更新,进行必要的抚育,在今有 2080 公顷的基础上,扩大森林植被面积,改善草原生态环境。

(二)绿洲农田防护林区

范围 该区主要指走廊绿洲地带,北起绿洲农田边缘,西接肃南明花区、高台盐池乡,南至祁连山北麓和大黄山北麓,东到山丹陈户乡、老军乡。包括高台罗城、黑泉、合黎、巷道、宣化、正远、南华、骆驼城、新坝、红崖子乡,临泽的平川、板桥、蓼泉、鸭暖、沙河、小屯、新华、倪家营乡,张掖的靖安、三闸、乌江、沙井、小河、明永、甘浚、西洞、新墩、小满、和平、廿里堡、长安、上秦、碱滩、梁家墩、党寨、花寨、安阳乡,民乐的六坝、杨坊、李寨、北滩、三堡、南古、新天、丰乐、顺化、洪水、南丰、永固、民联乡,山丹的清泉、东乐、位奇、老军、霍城、陈户、马营乡。总面积 94.59 万公顷,占全区总土地面积 22.6%。

自然条件 位于青藏高原和内蒙古高原之间的过渡地带,南北高,中间低而平坦,并由东向西北倾斜。海拔 1300 米—2400 米,为明显的冲积—洪积平原。土地辽阔,地势平坦。除耕地外,尚有沙漠、戈壁分布。气候干燥少雨,昼夜温差大,春季多风。年降水量100毫米—300毫米,蒸发量2000毫米—3000毫米。年日照时数2800小时—3600小时。年平均气温6℃—8℃。年平均沙暴日12.3天,平均风速2.0米/秒。6月下旬到7月上旬,常有干热风出现。土壤受地形地貌和水文地质的影响,垂直分布明显,有栗钙土、灰钙土、灰棕漠土、绿洲灌淤土、草甸土、盐土和风沙土。植被结构简单,种类稀少,主要有红柳、白刺、盐爪爪、骆驼刺、芦苇、苦豆子、芨芨、红砂、苔草等。野生经济植物有甘草、麻黄,零星分布有胡杨、银白杨、河柳、沙棘等。造林树种有甘肃杨、新疆杨、优胜杨、钻天杨、旱柳、白柳、白榆、沙枣、花棒、梭梭等,果树有苹果、梨、桃、杏、红枣、葡萄等。

社会经济概况 该区为商品粮基地精化地带,作物品种多,产量高,盛产瓜果,畜牧业和工、副业都有一定基础。人口97.1万人,其中农业人口88.4万人,耕地面积约25600公顷,占全区土地面积6.1%。

林业概况 该区主要是人工林,林业用地18.78万公顷,占该区总面积19.8%,其中有林地3.23万公顷,未成林造林地1.54万公顷,宜林地13.43万公顷。有林地中经济林3049.33公顷,防护林2.93万公顷,乔木林3.23万公顷,灌木林4170.13公顷。活立木蓄积量267789立方米,平均每人0.3立方米。全区植树造林已有一定的基础和规模,有国营林场9处,治沙站2处,林科所1处,乡村林场502处,林业两户462个。到20世纪80年代末,绿洲边缘和风沙沿线营造的防风固沙林带,基本上"锁住黄龙"。有9万公顷耕地实现农田林网化,绿化干、支、斗、农渠4193千米,占应绿化水渠的75%。张掖的小河、三闸、碱滩,临泽的平川、鸭暖、板桥、蓼泉、小屯,高台的黑泉、合黎等10个乡,实现万亩林乡、千亩林村达90多个。林业生产中存在的问题:(1)对荒漠地区造林和灌溉造林的特点注意不够,造林水利设施跟不上;造的多,成活保存率低,重乔木,轻灌木;造林密度大,约有三分之一的杨树呈"小老树",经济效益和生态效益都不高。(2)重造轻护,经营粗放。(3)树种单一,杨树纯林多,混交林少,特别是沙枣纯林,虫害严重。

发展方向 该区发展林业,既是保护绿洲,改善生态环境,保障农业稳产,建设商品粮基地的重要措施,又是调整农业结构,提高经济效益,治穷致富的重要条件。为此,根据因地制宜、因害设防、适地适树的原则,以营造农田林网和经济林为主攻方向,发展防风固沙林、用材林和水土保持林、薪炭林,建立新的林业基地。

区内分为农田林网经济林亚区和沿山水土保持薪炭林亚区。

1. 农田林网经济林亚区

范围 该区范围,西接肃南明花乡和高台盐池乡,北至绿洲边缘,南至高台元山子,临泽新华滩,张掖安阳滩,民乐、山丹的川区地带,包括高台罗城、黑泉、宣化、合黎、巷道、正远、骆驼城乡和国营三桥湾、三益渠、碱泉子林场,临泽平川、板桥、蓼泉、鸭暖、沙河、小屯、新华乡、倪家营乡的上营、下营、江淮、倪家营、汪家墩、高庄、马郡和沙河林场、地区五泉林场、新华农场、县园艺场,张掖靖安、三闸、小河、沙井、明永、新墩、乌江、大满、小满、和平、长安、梁家墩、廿里堡、上秦、龙渠、党寨、碱滩和甘浚、西洞乡的部分村,张掖机械林场、张掖农场,民乐六坝、三堡、李寨、杨坊、北部滩和南古、新天、顺化、丰乐、洪水、民联的部分村,山丹的东乐、清泉、位奇和陈户的部分村,以及山丹农场、十里堡林场、机械林场,总面积78.42万公顷,占全区土地总面积的18.7%。地势平坦,海拔1300米—1700米。年降雨量66毫米—190毫米,蒸发量1925毫米—2340毫米。年平均气温6℃—8℃,≥0℃积温3320℃—3670℃,≥10℃的积温2790℃—3175℃,干燥度2.99—5.5。造林不灌溉或灌水不足,成活率不高,或成活不成林,或成林难成材,经济效益低。但光、热资源丰富,为灌溉农业区。水利设施较完善,实行灌溉造林,能够较好地实现生态效益和经济效益的结合。森林资源:该亚区是人工造林的主要地带,林业用地17.2万公顷,占该区总面积21.9%,其中有林地3.16万公顷,灌木林地1533.33公顷,未成林造林地1.45万公顷。有林地中,防护林2.86万公顷,经济林2933.33公顷。活立木蓄积量25.9万立方米,树种有杨类、柳类、榆、臭椿、白蜡、槭、国槐、刺槐、油松、樟子松、侧柏、火炬树、沙枣、沙棘、花棒、梭梭、沙拐枣、沙木蓼、毛条、柽柳等。生长较快的二白杨,10年生,平均树高14.8米,平均胸径16.7厘米,20年生,平均树高26米,平均胸径28厘米。油松、樟子松年高生长可达40厘米以上。经济树种有红枣、苹果、苹果梨、桃、杏、葡萄,优良种和品种近100个,年产各类果品1000万千克。

发展方向 该区为张掖农业精华地带,旱涝保收。为保障商品粮基地建设,在绿洲边缘和风沙沿线,营造防风固沙林,建立绿色屏障,锁住"黄龙"。绿洲内部,大力发展农田林网,对有灌溉条件或地下水位较高的荒滩荒地,营造小片用材林、薪炭林,建立带、片、网相结合,乔、灌、草相结合的防护林体系。充分利用光热资源和灌溉优势,有计划地发展经济林。通过以上林种的实施,最大限度地发挥生态效益、社会效益和经济效益。

2. 沿山水土保持薪炭林亚区

范围　为沿山冷凉地区,包括高台新坝、红崖子,临泽倪家营乡的梨园、南台子、红山湾、寺湾,张掖的花寨、安阳、西洞的高家庄、西洞村、甘浚的祁连、小泉和国营西洞林场,民乐的南丰、永固、南古、高郝、景会、马蹄、柳谷、左卫、水磨、岔家堡,新天的马均、王什、山寨、吴油、太平、大王庄,丰乐的武城、易家湾、何家庄、卧马山、白庙,顺化的曹营、列四坝、土城、旧堡、窑沟、石蹄子、张宋,洪水的新丰、黄青、费寨、汤庄、新墩、吴庄、戎庄、刘山庄、上柴、下柴、友爱、红光、老号、石家沟、山城子,民联的雷台、泉源、杨庄、郭湾、龙山、黄庄、高寨,山丹陈户的寺沟,李桥高庙村以上的霍城、马营和花寨的部分村。土地面积 16.17 万公顷,占全区总土地面积的 3.9%,耕地 6.23 万公顷,占全区耕地面积的 21.6%,天然林面积 2611.67 公顷,全部为灌木林,人工林面积 734.6 公顷,四旁树 374.7 万株。地形为祁连山山前冲积—洪积扇,土壤为褐色土、栗钙土、灰棕荒漠和古河床卵石滩。海拔 1800 米—2600 米。降雨量 250 毫米—300 毫米。年平均气温 0.6℃—5℃,≥0℃的积温 1769℃—2889℃,≥10℃的积温 1095℃—2307℃。蒸发量 1638 毫米—2270 毫米。相对湿度 55%,干燥度 1.24,为半湿润区。海拔 2200 米以下为灌溉农业,2200 米以上为旱作农业。

发展方向　该亚区靠近祁连山山麓,为森林草原带和干旱荒漠带的过渡地带,由于历代垦耕,树木稀少,以农为主,并以种植大麦、油菜为主,干旱、霜冻灾害频繁,产量低而不稳,木材、烧柴奇缺。气温低,生长期短,树木生长缓慢,雨量少且时空分布不均,可发展水土保持林和薪炭林,有条件的发展秋子、海棠、杏等经济林,水浇地营造农田林网,逐步扩大林业比重,调整农林牧结构,达到兴林致富的目的。

(三)祁连山水源涵养林区

范围　南临青海,东到武威土塔河,西至玉门石油河,北以山麓坡积带与走廊分界。包括肃南县全部山区,民乐县大河口、海潮坝,山丹县大黄山和军马总场。总面积317.07万公顷,占全区总面积的76%。

自然条件 祁连山位于青藏高原北部边缘,境内中段有走廊南山、托勒山及托勒南山,东段为冷龙岭及其分支大黄山,由西北—东南方向延伸。西北略高于东南,海拔2500米—4500米,最高峰在肃南祁丰区5547米。境内4300米以上终年积雪,冰川广布,呈高寒砾漠景观;2500米—4100米为森林草原地带,靠近走廊地带的前山区。由于气候干燥,岩石裸露,植被稀疏,呈山地荒漠景观。区内气候由于地理位置和地形地貌的影响,属高寒湿润区。光能丰富,热量不足,年日照时数2200小时—2800小时。年平均气温0℃—4℃,七月平均气温9℃—14℃,一月平均气温-14℃—-17℃,≥10℃的年有效积温<1040℃。无霜期40天—80天。年降水量350毫米—490毫米,年蒸发量1028毫米—1747毫米,相对湿度55%左右。土壤有明显的地域性和垂直分布地带性特征,从山顶到山麓,分别有高山寒漠土、高山草甸土、高山草原土、亚高山草原土、森林灰褐土、山地黑钙土、山地栗钙土、山地棕钙土、灰漠土、灰棕漠土、沼泽土、草甸土和潮土。

祁连山东段和中段为森林草原,西段为荒漠草原。植物种类较少,结构较简单,垂直分布较明显。海拔1800米—2200米为山地荒漠草原带,分布在祁连山山前丘陵或倾斜坡地。肃南康乐、大河、祁丰区浅山,植被主要有灌木亚菊、珍珠、猪毛菜红砂、尖叶盐爪爪、黑果枸杞、骆驼蓬、合头草等旱生和超旱生植物。海拔2200米—2600米,为山地半干旱草原带,主要有旱生、中旱生的针矛、火绒草、冰草、冷蒿、芨芨、醉马草、早熟禾等植物。海拔2400米—3300米为山地森林草原带,青海云杉为建群种,有少数祁连圆柏、山杨混生,河谷有小片青杨、小叶杨、榆树分布。灌木以线叶柳、金露梅、鬼箭锦鸡儿、高山绣线菊等占优势。还间有刚毛忍冬、陇塞忍冬、黄果悬钩子、窄叶鲜卑花、天山花楸、枸子、银露梅等,草本植物有披针苔草、鲜生马先蒿、珠芽蓼、唐松草、甘肃棘豆、草莓、膜荚黄芪、羌活、早熟禾、鹿蹄草及菊科、禾本科、百合科的多种植物。海拔3300米—3600米为高山灌丛草原带,分布有高山柳类、锦鸡儿、金露梅、紫花针矛等冷中生植物。海拔3400米—3800米为高山草甸带,植被为耐寒湿生、湿中生植物,有苔草、灯心草、莎草科牧草和珠芽蓼、风毛菊、藏异燕麦等。海拔3800

米—4100米为高山寒漠带,位于雪线以下,植被为寒生植物,有雪莲、景天等。据初步调查鉴定,张掖境内祁连山高等植物有71科297属703种,药用植物如黄芪、羌活、大黄、雪莲等93种,纤维植物16种,芳香植物20多种,属于国家三级保护的植物有苁蓉、蒙古扁桃、裸果木等。

社会经济概况　肃南裕固族自治县和山丹军马总场,均以畜牧业为主。民族有裕固、藏、土、回、汉、蒙古族等,总人口55240人。草原面积134.51万公顷。各类大牲畜698995头,羊567583只,猪4255口。有饲料地约1.67万公顷。工业有煤矿、铜矿、石灰等。公路从肃南和民乐通青海,区、乡、林、牧场也已通车。

林业概况　1975年清查:林业用地25.53万公顷,其中有林地面积6.56万公顷,疏林地1.87万公顷,灌木林地15.77万公顷,宜林荒山荒地1.29万公顷,苗圃地40.93公顷,森林覆盖率7%。活立木蓄积量1087.5万立方米,其中幼龄林蓄积114.7万立方米, 占活立木总蓄积的10.6%;中龄林蓄积487.2万立方米,占活立木总蓄积的44.8%;成熟林蓄积278.4万立方米,占活立木总蓄积的25%;疏林蓄积173.2万立方米,占活立木总蓄积的15.9%;散生木蓄积33.7万立方米,占总蓄积3.1%。森林主要分布在海拔2400米—3300米的阴坡、半阴坡和半阳坡。阳坡除有稀疏的祁连圆柏、灌木外,主要为草原。海拔2400米—2700米,主要为灌木云杉林,水热条件较好,云杉生长较好。海拔2700米—3000米,主要为藓类云杉林,面积较大,是祁连山水源林的主要组成部分。林分密度较大,林木生长良好。海拔3000米—3300米,为苔草灌木云杉林,气温低,生长期短。土层较浅,林木生长不良,尖削度大。海拔3300米以上,云杉乔木林较少,主要为高山灌木和高山草原。森林的伴生动物,有国家一类保护动物雪豹、野驴、白唇鹿、野牦牛、白肩雕、黑鹳、斑尾榛鸡、淡腹雪鸡。二类保护动物:水獭、猞猁、兔狲、白臀鹿、马麝、盘羊、藏原羚、普氏原羚、岩羊、马熊、荒漠猫、鸢、苍鹰、纵纹腹小鸮、棕尾鵟、大鵟、普通鵟、胡兀鹫、白尾鹞、白头鹞、燕隼、短趾雕、蓝马鸡、血雉、暗腹雪鸡、遗鸥、啄木鸟等39种, 占全省保护动物66种的43.9%。森林益鸟有三趾啄木鸟、黑啄木鸟、斑啄木鸟、蚁䴕、灰喜鹊、黑冠山雀、大杜鹃、戴胜、柳莺、凤头雀莺、花彩雀莺、家燕、毛脚燕、岩燕、普通旋木雀等。本区林业生产在普遍护林的基础上,开展封山育林、更新造林和森林抚育。到20世纪末,实现36年无森林火灾,完成封山育林4.67万公顷,更新造林成活保存 3600 公顷，森林抚育 3.89 万公顷。生产木材 268272 立方米。森工采伐 763 公顷，生产木材 56116 立方米，建立母树林 27 公顷，建立青海云杉种子园 5 公顷，引种华北落叶松 49 公顷，营林水平日益提高。存在问题是:(1)林牧矛盾较为突出，肃南县各类牲畜由中华人民共和国成立初期的 7 万多头(匹)，发展到 70 多万头(匹)。天然更新和人工更新的幼树受到牛羊践踏啃伤，严重影响水源林的发展。(2)对保护祁连山水源林的战略意义认识不足，强调本部门工作，忽视森林资源的保护和发展。营林水平低，经营管理措施不适应新的发展形势。(3)无计划地挖药材。20 世纪 70 年代初，祁连山林区羌活、大黄、黄芪、秦艽等药材年收购量达 19.5 万千克;到 20 世纪末，年收购不到 4 万千克。(4)乱捕乱猎珍贵野生动物现象较为严重。野牦牛、野驴、盘羊(大头羊)、鹅喉羚(黄羊)已濒于灭绝，马麝资源密度急剧下降，西营河林区马麝密度由 1975 年的 6.43 只／平方千米，1985 年下降到 2.65 只／平方千米，同期康乐林区马麝密度下降 82.4%。

发展方向　祁连山水源林是河西走廊的"绿色水库"，关系到商品粮基地建设的成败，关系到广大群众的生存，关系到河西地区的兴衰。保护和发展祁连山水源林，是张掖国民经济建设的首要任务和重点工程。要树立保护森林，发展林业，长期封护的思想，坚持"以管护为主，积极造林，封山育林，因地制宜地进行抚育，不断扩大森林资源，提高水源涵养能力"的方针。在保护好现有森林植被的前提下，实行植被建设和发展经济相结合，合理利用土地资源，进行综合治理。本着"阴坡森林，阳坡草场"的自然分布格局，力争森林覆盖率达到 20%以上，以改善自然面貌和经济面貌。

第二章　计划与规划

计划、规划是林业生态建设的基础工作。中华人民共和国成立以来，历届政府和林业行政主管部门十分重视林业计划和规划的制定，对指导林业建设科学发展发挥着重要作用。

第一节　计　划

清代以前,张掖各级历代地方政府均未编制林业计划。民国四年(1915年)农商部颁布《森林法实施细则》与《造林奖励条例》,规定承领官属荒山地造林者须附具《造林计划书》或《实业计划之要领》。甘肃省指令辖属营林事业单位编制计划。曾编有年度、中期计划和专项计划。但因未建立林业计划体系,并且指挥不统一,缺乏连续性、整体性,故执行困难,成效有限。

中华人民共和国成立后,地方林业主管部门把计划管理作为林业经济建设的中心环节。长期以来,计划经济处于主导地位。20世纪80年代后,林业计划管理逐步改革。总体上是在国家计划指导下,按照中央和省上的统一部署,编制和执行各项生产建设计划,实现国家和省、地(市)预定的目标。

一、计划制度的建立

1951年10月,政务院财经委员会颁布《国民经济计划编制暂行办法》,对计划工作制度作出规定。从1953年第一个五年计划开始,张掖专区、县各自建立"统一计划,分级管理"的林业计划制度。

按时期分为长期计划(10年或10年以上)、中期计划(五年)和年度计划。年度计划按内容分为生产计划和基本建设计划(以后改为固定资产投资计划)

两大类。地级直属林业单位还要编制劳动工资计划和财务计划等。

中、长期计划的编制一般采取"两下一上"的程序,即省林业主管部门对省计划部门下达的控制指标,平衡后下达各基层单位,各基层单位据此编制计划建议,逐级上报。由省林业主管部门审核平衡后再汇总上报省计划部门,省上平衡后上报国家,按规定程序审核后批准下达,地方按省上的正式计划执行。

年度计划,一般采用"一上一下"的程序编制,即基层单位依据国家批准的中、长期计划分年度指标和上级主管部门的原则意见,自下而上的编制计划建议指标,逐级上报,省林业主管部门汇总平衡后报省计划主管部门,经批准后逐级下达执行。

二、营林生产和基本建设计划管理

20 世纪 60 年代,全区林业基本建设项目 39 个。到 70 年代,林业基本建设项目增加到 61 个(新建 42 个)。80 年代到 1995 年,林业基建项目 38 个。项目总数有所减少,投资额大幅度增加,林业新品种开发、集约经营、规模经营项目大量增加。苹果梨基地建设、"三北"防护林建设、林木良种基地建设、沙漠绿洲生态试验、云杉种子园建设以及农村智力开发等项目,对林业行业的发展具有重要的推动作用。

对于国家批准的专项工程,如"三西"建设中有林业建设内容的,由县级林业主管部门、"两西"(定西、河西)农建办公室提出林业生产、基建计划建议,分别上报项目主管单位,经平衡后按管理渠道下达执行,林业部门负责业务指导、服务,监督完成。

三、统计监督

民国时期,张掖林业系统没有专业统计机构与人员,统计制度不全,统计指标口径不一致,林业各项统计资料不完整,缺乏连续性和系统性。

中华人民共和国成立初期,造林面积、木材产销量、林副产品产销等数据统计分属各业务主管部门。统计对象、范围、分类方法和表示指标不统一,统计资料难以综合,可比性差。1952 年,张掖专区林业统计制度开始建立。1959 年秋,张掖各级林业部门与基层事业单位均配备兼职统计人员,承担林业各统计填报工作。"文化大革命"初期,原有统计制度受到破坏,许多历史资料与统计调查材料散失。70年代初,林业统计制度逐步恢复执行。1976年起,张掖林业统计工作逐步走上正轨,取得一定成绩,多次受到省林业局和省统计部门的表彰。在编报定期统计报表时,各级统计人员搜集抢救汇编历年统计年鉴资料,开展统计调查,编写典型资料,为各级领导和生产业务部门提供决策依据。

第二节　规　划

一、总体规划

（一）祁连山林业局"三五"规划

经营方针　根据祁连山林区森林在国民经济中的特殊作用和地区高寒、生长季节短、林木生长慢及林相残败的特点,采取"以管护为基础,更新造林为中心,不断恢复和扩大森林资源,适当抚育、改造、利用,提高林分质量,以增强蓄水保土效益为目的"的方针。

目标任务　1964年—1970年目标任务:1. 森林保护。该林区火源较多,病虫害严重。主要树种云杉感染病株平均达27.8%,球果病害平均达69.7%,虫害平均达74.1%。必须建立和健全护林组织及其他必要的护林防火与病虫害防治措施。7年内分期增设洪水坝、皇城两个林场,并在西营河、泉源设立两个病虫害防治站,杜绝乱砍滥伐,控制林火和病虫害。2. 更新造林。根据气候特点,采取"人工更新为主,人工促进更新为辅"和"植苗为主,直播为辅"的方针,由近及远、先易后难、集中成片、打歼灭战的方法,在因地制宜、适当混交的原则下,针、阔、乔、灌一起抓,7年育苗24.2公顷,更新造林864公顷。3. 森林抚育。全林区中现有幼龄林、中龄林、过熟林面积5.49万公顷,除陡坡、陡岭和地处偏远,暂时不能不需进行抚育者外,7年抚育2006.67公顷,平均年抚育286.7公顷,出材3010立方米,出薪柴418千克。4. 更新采伐。本着"更新过半数不采伐,基建过半数不采伐"的原则,从1968年开始,重点试行更新采伐。每年平均采伐50.33公顷,出材2475立方米。5. 封山育林。是该林区最有效最经济的一种办法。全林区疏林灌丛有10.01万公顷,与当地党政部门和林区群众共同商讨,结合放牧的需要,采取轮封轮牧的办法,促进自然恢复成林。7年封育3.13万公顷,年均封育4466.67公顷。6. 木材加工。为充分利用抚育、更新、采伐等所产生的小径木、枝梢木,设立小型综合加工厂,生产农具家具等7.5万件。

主要措施 1. 建立健全组织机构。为适应林区林业建设的需要,1964年请求上级按编制计划配备,1965年局内增设科学研究室,西营河实验林场分设科学研究、业务、计财和办公室4个股室。1966年以后,局内增设人事保卫、物资供应及档案资料科。泉源林场分设生产、物资供应、计划及办公室4个股室。到1970年局内人员达100人。2. 加强林区建设。7年修建大车道80千米,电话线路110千米,修建场房2900平方米,森林保护设施350立方米。3. 科学研究。着重探索主要林木自然生长规律、针叶树种育苗、更新造林、病虫害防治研究、森林涵养水源性能及森林抚育改造和林副产品加工等课题。

(二)张掖地区林业发展规划(1981年—1990年)

1980年,地区林业局制定《张掖地区林业发展规划(草案)(1981—1990年)》。《规划》总结1949年以来林业建设成绩,至1979年底,全区人工林保存面积3.6万公顷,按农业人口平均每人0.043公顷;四旁植树保存7200多万株,人均85株;天然林22.53万公顷;活立木总蓄积量955万立方米,人均10立方米。

目标任务 充分发挥林业优势,因地制宜,因害设防,积极保护"青龙"(南部祁连山水源涵养林),大力发展"绿龙"(中部绿洲区农田防护林),坚决制服"黄龙"(北部风沙线上的防风固沙林),是历史赋予全区人民的光荣使命。今后10年,计划人工造林4.67万公顷,保存3.67万公顷。到1990年,人工造林补充面积达7.27万公顷,人均0.067公顷,尽快实现木材自给,基本建成带、片、网相结合的防护林体系。

工作重点 1. 切实保护和经营好祁连山水源涵养林。全面贯彻"以管护为主,积极造林,封山育林,因地制宜地进行抚育,不断扩大森林资源,提高水源涵养能力"的方针,今后营林工作的重点放在更新造林、封山育林、护林防火、防治林木病虫害等方面。10年内,计划封山育林1.33万公顷,更新造林3333.33公顷。严禁乱砍滥伐,严禁毁林、毁草原开荒。牧场、煤矿要加强管理,没有批准手续,不得随意进入林区开矿挖煤。对已开荒地进行清理,限期退耕还林还牧。2. 在中部绿洲区,搞好农田林网和"四旁"植树。今后 10 年,每年计划"四旁"植树 1200 万株,保存 1000 万株,除间伐更新的树木外,到 1990 年保存 1 亿株,人均过百株。3. 在北部风沙地区,大力营造防风固沙林。全区基干林带规划长度 263 千米,设计面积 1.4 万公顷,已绿化 130 千米,造林保存面积 7466.67 公顷,分别占任务数的 49% 和 52%。

(三)张掖地区林业建设发展规划(1986 年—1990 年)

指导思想　各方动员,发挥优势,分类指导。坚持生态效益、社会效益和经济效益并重,营林和封育并重。坚持带、网、片结合,乔、灌、草结合。积极造林,造管并举,加工增值,提前实现林果业翻番目标。

奋斗目标　积极保护"青龙",大力发展"绿龙",坚决锁住"黄龙"。两年打好基础,三年艰苦奋斗,力争完成"三个 100 万"。到 1990 年,农村户均达 2.2 公顷林、110 千克果。

规划指标　1. 造林。5 年新增造林面积 5.33 万公顷,力争达 6.67 万公顷。其中经济林 1.45 万公顷,力争 1.82 万公顷;防护林 2.44 万公顷,力争 3.05 万公顷(农田林网 5926.67 公顷,防风固沙林 2.22 万公顷,水源涵养林 2333.33 公顷);薪炭林 1.18 万公顷,力争 1.47 万公顷;用材林 2666.67 公顷,力争 3333.33 公顷。2. 育苗。5 年完成 6666.67 公顷,年均 1333.33 公顷。3. 封山育林。5 年新封 6.67 万公顷。4. 封滩育林育草。5 年新封 7.47 万公顷。5. 次生林改造。5 年完成 1666.67 公顷。6. 中幼林抚育。每年完成 3 万公顷。7. 林果业总产值。"七五"期末达 1.1224 亿元。

(四)张掖地区林业发展十年规划和"八五"计划

指导思想　以保"青龙"、建"绿龙"、治"黄龙"为重点,全党动员,全民动手,科教兴林,造管并举,治理、利用结合,"三个效益"兼顾,为建设多功能的林业产业而奋斗。

目标任务　1. 造林。10 年造林 6 万公顷,其中"八五"期间造林 3.33 万公顷,每年 6666.67 公顷。2. 育苗。10 年育苗 4000 公顷,其中"八五"期间 2000 公顷,每年 400 公顷。3. 封山育林。10 年完成 6.67 万公顷,其中"八五"期间 3.33 万公顷,每年 6666.67 公顷。4. 沙生植被封护。10 年完成 12 万公顷,其中"八五"期间 6.67 万公顷,每年 1.33 万公顷。5. 中幼林抚育。10 年完成 12 万公顷,其中"八五"期间 5.33 万公顷，每年 1.07 万公顷。到"八五"期末，全区人工造林保存面积达 11.33 万公顷，森林总面积达 37.33 万公顷，森林覆盖率由 7.3% 提高到 8.5%。

基本思路 在服从总体规划布局的前提下，从林业建设的实际出发，在思想上实行五个转变，在建设布局上突出五个重点，走好五条路子，在工作上处理好五个关系，促进林业建设持续、稳定、协调发展。

五个转变 由生态型向生态效益型转变，发展多功能和复合林业；由单一的营林、造林，向多种经营、综合利用转变；由粗放经营向集约经营转变，实行科学造林、营林，不断提高质量；由单纯依靠国家办林业，向全社会办林业、全民搞绿化转变，动员社会各方，实行多渠道集资造林；由一般造林向工程造林转变，使造林绿化工作走向规范化。

五个重点 切实保护和发展祁连山水源林；积极创造条件，大力营造防风固沙林；加快沿山地区农田防护林建设步伐；抓好农业开发区的造林绿化；持续抓好经济林的营造。

五条路子 坚持全党动员，全民动手，走全社会办林业的路子；大力推广适用技术，走科教兴林的路子；继续办好国营、乡村林场和机关企事业单位林场，走大办绿色企业的路子；加强林政管理，走依法治林的路子。

五个关系 处理好造林与育苗的关系，造与管的关系，农林牧和林业内部的比例关系；国家、集体、个人三者利益的关系，领导与服务的关系。

（五）张掖地区经济林发展规划（草案）（1993 年—2000 年）

指导思想 以改革为动力，以市场为导向，全党动员，全民动手，依靠科技，突出名优，狠抓重点，规模经营，强化管理，主攻效益。实行国家、集体、个人一起上，努力开创张掖经济林建设的新局面。

目标任务 "八五"期末，全区经济林总面积发展到 2.67 万公顷，力争达到 3.33 万公顷。其中以苹果梨为主的优质梨 1—1.33 万公顷，优质苹果 1—1.33 万公顷，桃、杏、葡萄、李等优质杂果类 5333.33 公顷，红枣 1333.33 公顷。各类果品年总产量在 1992 年的基础上翻一番，力争突破 6000 万千克，产值上亿元。"九五"期末，全区经济林发展到 5.33 万公顷，力争达到 6.67 万公顷，实现农村人均一亩经济林目标。其中：优质梨 1.67—2 万公顷，优质苹果 2.33—2.67

万公顷，桃、杏、葡萄、李、枸杞等优质杂果 6666.67—9333.33 公顷，红枣 3333.33—5333.33 公顷，桑树 3333.33—5333.33 公顷。果品年总产量达 3 亿千克，产值 5 亿元。

主要措施　1.加强领导，落实责任；2.合理规划，规模经营；3.依靠群众，坚持国家、集体、个人一起上；4.坚持政策、技术、物资一体化，提高经济林建设的总体水平；5.坚持生产、加工、销售一条龙，搞活林果产品流通。

（六）张掖地区沙区综合治理和沙产业开发"九五"计划及 2010 年规划

指导思想　以增加农产品总量、农民经济收入、提前实现小康为目标，以建立比较完备的林业生态体系和比较发达的林业产业体系为重点，充分利用沙区光、热、水、土资源，加大高新技术投入，运用现代生物、工程科学等技术成果和手段，以市场为导向，以名优特新及加工业为龙头，加快形成林业产业体系，实现经济增长方式从粗放型向集约型转变，把全区沙区建成农业综合开发的高新科技示范区，实现富县、富民、兴林的战略目标。

布局与重点　结合治沙工程规划，科学合理布局，确定综合治理和沙产业开发的重点项目。1. 在抓好造林绿化的同时，走林产品增值，效益调高的路子；2. 开源与节流并重，大力推广低压管道灌溉，滴管、渗灌等高新节水技术，提高水资源利用率；3. 坚持"三龙"方针，搞好水源涵养林、防风固沙林、农田防护林和高效经济林建设，充分发挥林业的经济、社会、生态效益；4. 以发展温室林业为突破口，大力发展暖棚果树等产业，充分挖掘今有产业的增产潜力；5. 建立龙头骨干企业，搞好沙区林副产品深加工和系列开发，使林产品先进工厂再上市场，提高附加值。在继续抓好 10 个农业开发小区经济林果业、林网建设的同时，加快优质产品高新技术示范区为重点的基地建设，推动沙区林业建设进程。

具体目标　1. 沙区综合治理建设项目。"九五"期间全区完成沙区综合治理面积 9.7 万公顷，其中防沙治沙工程 1 万公顷，每年完成 2000 公顷；封滩育林育草 6.67 万公顷，每年完成 13334 公顷；沙地育苗 350 公顷，每年完成 70 公顷。2001 年—2010 年完成沙区综合治理面积 19.33 万公顷，其中防沙治沙工程 2 万公顷，封滩育林育草 13.33 万公顷，中幼林抚育 4 万公顷，沙区育苗 700 公顷。国营林场、治沙站"九五"期间完成沙区综合治理面积 3.23 万公顷，其中防沙治沙工程 4100 公顷,封滩育林育草 2.5 万公顷,中幼林抚育 3000 公顷,沙区育苗 200 公顷。2. 沙区沙产业开发项目。"九五"期间完成沙产业开发面积 3.55 万公顷,其中低产经济林改造 6500 公顷(节水滴灌等 600 公顷),经济林营造 3600 公顷(节水滴灌 700 公顷),种植药材及经济作物 1 万公顷(温室蔬菜 120 公顷),种草 1 万公顷(改良草场 5000 公顷),发展养殖业 15.5 万头(只)(养猪 10 万口),治沙造田 200 公顷,改造低产田 5000 公顷,开发水面 200 公顷,贮运、加工 4000 万千克。2001 年—2010 年全区完成沙产业开发面积 9.26 万公顷。国营林场、治沙站"九五"期间完成产业开发 1.14 万公顷,其中低产经济林改造 333 公顷,经济林营造 1000 公顷,种植药材及经济作物 2000 公顷,种草 5000 公顷,养殖业 1.54 万头(只),治沙造田 2000 公顷,改造低产田 1000 公顷,开发水面 100 公顷,贮运、加工 2200 万千克。2001 年—2010 年全区完成沙产业开发面积 22.86 万公顷。

(七)"再造张掖"林业发展规划(1999 年—2003 年)

指导思想 继续坚持"三龙"发展战略,依靠科技,调整结构,突出重点,加快发展,逐步建立比较完整的林业生态体系和比较发达的林业产业体系,为全区经济社会发展和富民富区做出更大贡献。

发展目标 1999 年—2003 年,全区每年造林 9333.33 公顷,合格率达 80% 以上,合格面积达 7333.33 公顷。五年完成造林 4.67 万公顷,其中合格面积 3.73 万公顷,保存率达到 80% 以上,新增人工林面积 3 万公顷。全区森林面积达到 41.45 万公顷,增长 7.8%。森林覆盖率提高到 9.89%,增加 7.2 个百分点。活立木蓄积量增加 100 万立方米,达到 1517.7 万立方米,增长 7%。到 2003 年,果品总产量达到 3.8 亿千克,增长 2.3 倍。林果业总产值达到 5.86 亿元,增长 80%。农民人均林果纯收入在 153 元的基础上,达到 500 元以上。

建设重点 1. 南部祁连山区水源涵养林建设工程。组织山区林场和乡村大搞人工造林,每年完成造林 1333.33 公顷,其中 9 个国营林场 666.67 公顷,林缘乡村 666.67 公顷;争取启动林区腹地 7800 多名群众搬迁工程,每年退耕还林 33.33 公顷,对林缘、疏林地、灌木林地和人工造林地采取封育保护措施,年封育 3.33 万公顷,封育期五年,达到基本郁闭成林。2. 北部风沙区防沙治沙建设工程。每年完成造林 5333.33 公顷。(1)依托 15 个农业综合开发区,发展小片林、混交林、果粮间作,年造林 3166.67 公顷。(2)推广生物治沙技术,年造林 2166.67 公顷。(3)加快封滩育林(草)步伐,年封护面积 4.67 万公顷,封育期五年,植被覆盖度恢复到 0.3 以上,使绿洲向沙区推进。3. 中部绿洲区优质高效林业建设工程。(1) 大力发展名优特新经济林。五年新植 1.33 万公顷,年均 2666.67 公顷,其中临泽小枣年均 2000 公顷,杏、李、桃、葡萄等 666.67 公顷。(2)加大林种树种结构调整。经济林按照品种调优,效益调高的原则,采取高接换优、使用调节剂等综合措施,加快低产劣质果园改造,每年改造 4000 公顷。防护林重点推广抗天牛性能强、速生丰产的新疆杨、樟子松、三倍体毛白杨、美国黑核桃等优良树种。(3)加快农田防护林更新改造步伐。通过杨改松、杨改果和营造混交林办法,使林网结构得到完善提高,年改造面积 133.33 公顷,控制面积 1333.33 公顷。4. 黑河流域生态环境综合治理工程。以造林绿化为主,实行乔灌草结合,经济林和生态林结合,沿黑河河道全面进行造林绿化。采取各县市分段分片包干,坚持"谁所有谁治理,谁造林谁受益"的政策,配合环保等部门完成植树造林 6666.67 公顷,育苗 66.67 公顷,推广华北落叶松 6666.67 公顷,改造乔灌混交林 6666.67 公顷和建设水保防护林(草)13.13 万公顷,把黑河沿岸河川建成一条绿色长带。5. 民乐、山丹县灭荒达标工程。按照全省灭荒达标要求,民乐、山丹县要把灭荒达标当作实施林业可持续发展战略,实现"再造"目标和全区林业建设再上新台阶。力争 2002 年和 2003 年宜林荒山荒地剩余率小于 10%,实现灭荒达标。

(八)"十五"林业发展规划(2001 年—2005 年)

指导思想　以实现经济社会可持续发展为目标,围绕"抢抓三大机遇,实施三大战略,加快张掖发展"主题,以增加林草植被,改善生态环境,提高经济效益为目标,继续坚持"南拓青龙、北退黄龙、中扩绿洲"的林业发展战略,重点突出"南北搞封育,中间抓改造",深化改革,优化结构,依靠科技,创新机制,走保护与建设并重,治理与开发并举,生态效益与经济效益相结合的路子。加强分类指导,加快结构调整,促进林业产业走向良性循环,推动全区林业跨越式发展

发展目标　"十五"末,全区完成人工造林 6.67 万公顷,年均 1.33 万公顷;退耕还林还草 10 万公顷,年均 2 万公顷;封山(滩)育林育草 5.6 万公顷,年均

1.12万公顷；森林覆盖率在9.17%的基础上达到11.6%；全区林果业总产值在3.7亿元的基础上达到6亿元；农民人均林果业收入在258元的基础上达到415元。

建设重点 1. 祁连山天然林保护工程。"十五"期间，在9个经营林场、2个植被保护站和浅山区及林缘地带封山（滩）育林（草）9333.33公顷。坚决打击乱砍滥伐、乱捕乱猎、毁林开采等违法活动，严厉查处毁林案件，确保天然林资源安全。2. "三北"防护林四期工程。"十五"期间，完成人工造林4万公顷，年均0.8万公顷；封沙（滩）育林（草）4.67万公顷，年均0.93万公顷。3. 退耕还林（草）工程。"十五"期间，完成10万公顷，年均2万公顷。4. 优质种苗基地建设工程。2000年为试点，发展种苗基地1000公顷。到2005年建成7333.33公顷，每年提供各类优质苗木6.12亿株。5. 林业产业体系建设工程。发展以酿酒葡萄为主的经济林基地6666.67公顷，建立速生丰产林基地2万公顷。坚持一、二、三产业协调发展，推动中、小型加工企业改造提升，大力发展林产品贮藏、加工、运销业，开发新的森林景观，完善和健全森林公园旅游基地建设。

（九）"十一五"及"中长期"规划（2006年—2050年）

指导思想 坚持"南保青龙，北锁黄龙，中建绿洲"的林业发展战略，以项目建设为支撑，调整布局为主线，提高质量为重点，保护与建设并重，造林与封育结合，生态建设和林业产业协调并进，增加林草植被，构建绿色屏障，提高综合效益，实现人与自然的和谐，努力建设比较完备的林业生态体系和比较发达的林业产业体系，使林业更好地为构建和谐社会服务。

1. "十一五"发展目标

总体目标 到2010年，森林覆盖率由9.17%提高到12.2%，沙漠化治理率达2%，林业产业总产值达10亿元，年果品产量达2万吨，农民人均林果业纯收入达500元，全市生态治理取得突破性进展，黑河流域的主要风沙区沙漠化有所缓解，生态状况整体恶化趋势得到初步遏制，壮大林业产业体系，产业结构趋于合理，实现森林资源快速增长和林业产业逐步升级。

具体指标 全市森林总面积达51.27万公顷，国家重点保护生态公益林面积达20万公顷，占森林总面积39%以上；全市完成人工造林20万公顷，封滩育林（草）12.7万公顷。各级自然保护区面积达27.02万公顷，占国土面积

6.44%,其中:国家级自然保护区面积达 25.93 万公顷,占国土面积 6.19%左右。全市六县(区)城市林木覆盖率达 30%,市区规划建设区用地面积 25.84 平方千米,建设区绿地率达 27%,绿化覆盖率达 31%,人均公共绿地达 7.5 平方米以上。造林基地供种率达 70%,良种使用率达 50%;科技成果转化率由"十五"末 40%提高到 45%;林业科技进步贡献率达 50%。

林业资源保护管理控制目标 林木病虫害受灾率由"十五"末 0.79%下降到 0.6%以下,林木病虫害防治率由"十五"末的 60%提高到 68%,病虫监测覆盖率由"十五"末的 70%提高到 86%,产地检疫率由"十五"末的 75%提高到 91%,森林火灾受害率低于 1‰。

2. 2011 年—2020 年发展目标

总体目标 2020 年森林覆盖率达 15.8%以上,全市生态状况明显改善,林业产业实力显著增强,林业产值和农民人均林果业纯收入在"十一五"末的基础上翻一番。

具体指标 全市森林总面积达 63.33 万公顷。国家重点生态公益林得到全面保护,各级自然保护区面积占国土面积 30%左右,其中国家级自然保护区面积占国土面积 20%。市、县(区)城市规划建成区绿地率达 31%,绿化覆盖率达 36%。市区规划建成区面积 44.28 平方千米,人均公共绿地面积达 8.5 平方米,力争进入国家园林城市行列。东北郊新区建成 200 公顷森林公园。依托北郊山丹河沿岸、东郊九龙江林带建设城市外围防护林带 40 千米,形成完整的防护林体系。科技成果转化率由"十一五"末的 45%提高到 50%,林业科技进步贡献率达 55%。造林基地供种率达 80%,良种使用率达 65%。

林业资源保护管理控制目标 林木病虫害受灾率由 2010 年的 0.6%下降到 0.5%,林木病虫害防治率由 2010 年的 68%提高到 90%,病虫监测覆盖率由 2010 年的 86%提高到 95%,产地检疫率达 96%,森林火灾受害率低于 1‰。

3. 2021 年—2050 年发展目标

2021 年—2050 年,是林业建设的巩固提高完善阶段,在稳定提高森林覆盖率同时,将重点转移到森林可持续经营,不断提高森林质量,充分发挥森林三大效益。总体目标:2050 年全市森林总面积达 76 万公顷,森林覆盖率达到并稳定在 18%以上,初步实现山川秀美,生态良性循环,林产品供需矛盾得到缓

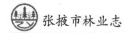

解,建成比较完备的森林生态体系和比较发达的林业产业体系。

二、重点工程规划

(一)张掖地区杨树用材林基地建设规划(草案)

1984年,地区行署林业处与有关县协商,拟定在水土条件较好的农耕区,发展以农田林网为主的杨树用材林基地,编制完成《张掖地区杨树用材林基地建设规划(草案)》。

规划指标 到1990年,有效灌溉耕地全部实现农田林网化,其中张掖、临泽、高台三县于1986年完成农田林网建设,山丹、民乐于1990年基本实现农田林网化。国营五泉林场、临泽沙河林场、张掖机械林场力争建成杨树用材林基地。全区杨树速生丰产林面积将达到1.95万公顷6824.3万株,其中农田林网1.34万公顷4415.4万株,"四旁"植树4020公顷1989.9万株,成片林2100公顷419万株。加强农田林网和"四旁"树木经营管理,促进丰产。到2000年,全区新造、更新速生用材林2.1万公顷7370.3万株,其中农田林网1.44万公顷4758.6万株(新造4913.33公顷1621.4万株,更新9506.67公顷3137.2万株),"四旁"4373.33公顷2164.8万株(新造1220.00公顷603.9万株,更新3153.33公顷1560.9万株),成片林1220公顷446.9万株(新造2100公顷419万株,更新140公顷27.9万株)。

(二)张掖地区治沙工程规划(1991年—2000年)

指导思想 以深化改革为动力,加强领导,依靠群众,动员全社会力量,自力更生,艰苦奋斗。统一规划,分工负责,防治并重,治用结合,突出重点,讲求实效,确保治沙工作持续不断地向前发展。

总体布局 以北部风沙带为主线,以保护扩大林草植被和沙生植被为中心,建立防、治、用有机结合的防沙工程体系。首先以治理绿洲内部沙窝及周边沙荒地为重点,围绕恢复扩大土地资源及合理开发利用,进行综合治理,缩小沙漠化土地面积。北部沙线和绿洲沙窝,以防风固沙、保护农田为主要目的,进行综合治理;戈壁地区以保护沙生植被为重点,有条件地区发展林草植被,防止流沙扩张。

建设任务 在切实保护好植被,巩固提高治沙成果基础上,10年间综合治理开发沙漠化土地12.17万公顷,其中人工造林2.26万公顷(包括防风固沙林1.53万公顷,速生丰产用材林2666.67公顷,经济林4666.67公顷),封沙育林育草7.07万公顷,人工种草及改良草场1.67万公顷,治沙造田和改造低产田6666.67公顷,种植药材及发展经济作物4666.67公顷,开发利用水面333.33公顷。"八五"期间,计划治理开发7.34万公顷,占规划总任务的60.3%,其中人工造林9066.67公顷(包括营造防风固沙林6133.33公顷、速生丰产林1066.67公顷、经济林1866.67公顷),封沙育林育草5.3万公顷,人工种草及改良草场6666.67公顷,治沙造田及改造低产田2666.67公顷,种植药材及经济作物1866.67公顷,开发利用水面133.33公顷。

建设重点 根据"突出重点,集中治理"的原则。10年期间建设6个重点项目,治理开发12.13万公顷,其中"八五"期间,治理开发7.33万公顷。6个重点建设项目如下:

张掖地区石岗墩滩综合治理与开发:治理地点张掖、民乐、山丹三县(市)在石岗墩滩的沙荒地。治理开发总面积6400公顷,其中人工造林3866.67公顷(防风固沙林2600公顷、经济林1266.67公顷),人工种草及改良草场666.67公顷,治沙造田及改造低产田1000公顷,种植药材及经济作物866.67公顷。"八五"期间治理开发2313.33公顷,其中人工造林1480公顷(防风固沙林1000公顷、经济林480公顷),人工种草及改良草场200公顷,治沙造田及改造低产田366.67公顷,种植药材及经济作物266.67公顷。

张掖地区黑河两岸沙害治理与开发:治理地点黑河流经张掖、临泽、高台三县(市)及地直单位沙荒地。治理总面积5.64万公顷,其中人工造林1.19万公顷(包括防风固沙林8133.33公顷、速生丰产用材林2033.33公顷、经济林1766.67公顷),封滩育林育草3.2万公顷,人工种草及改良草场6533.33公顷,治沙造田及改造低产田3733.33公顷,种植药材及经济作物2200公顷。"八五"期间治理面积3.63万公顷,其中人工造林4342.67公顷(防风固沙林2846.67公顷、速生丰产用材林786.67公顷、经济林709.33公顷),封沙育林育草2.69万公顷,人工种草及改良草场2670公顷,治沙造田及改造低产田1492公顷,种植药材及经济作物910.67公顷。

临泽小泉子滩综合治理与开发:由临泽县小泉子境内治沙站和乡村承担。

治理开发面积 6000 公顷,其中人工造林 1400 公顷,封滩育林育草 4000 公顷,人工种草及改良草场 133.33 公顷,治沙造田及改造低产田 333.33 公顷,植药材及经济作物 133.33 公顷。"八五"期间治理面积 3918 公顷,其中人工造林 510.67 公顷,封滩育林育草 3140 公顷,人工种草及改良草场 63.33 公顷,治沙造田及改造低产田 148 公顷,种植药材及经济作物 56 公顷。

高台南华、阅群、骆驼城滩综合治理与开发:治理开发面积 1.51 万公顷,其中人工造林 4066.67 公顷,封滩育林育草 5333.33 公顷,人工种草及改良草场 3333.33 公顷,治沙造田及改造低产田 1400 公顷,种植药材及经济作物 933.33 公顷。"八五"期间治理开发面积 7093.33 公顷,其中人工造林 1933.33 公顷,封滩育林育草 2666.67 公顷,治沙造田及改造低产田 593.33 公顷,人工种草及草场改良 1400 公顷,种植药材及经济作物 500 公顷。

民乐、山丹、张掖平山湖封沙育林育草及适度放牧开发利用:由民乐、山丹县和张掖平山湖乡管辖范围内的国营林场、治沙站和乡村承担。治理开发面积 3.35 万公顷,其中人工造林 1400 公顷,封沙育林育草 2.8 万公顷,人工种草及改良草场 3333.33 公顷,治沙造田及改造低产田 200 公顷,种植药材及经济作物 533.33 公顷。"八五"期间治理开发面积 2.2 万公顷,其中人工造林 800 公顷,封沙育林育草 1.97 万公顷,人工种草及改良草场 1333.33 公顷,治沙造田及改造低产田 66.67 公顷,种植药材及经济作物 133.33 公顷。

肃南明花区人工草场改良:由肃南明花 3 个乡和国营明海林场承担。治理开发面积 4000 公顷,其中封沙育草 1333.33 公顷,人工种草及改良草场 2666.67 公顷。"八五"期间治理开发面积 2333.33 公顷,其中封沙育草 1333.33 公顷,人工种草及改良草场 1000 公顷。

(三)张掖地区绿色通道建设规划(1998 年—2008 年)

指导思想 以改善和优化社会生产生活环境为宗旨,以河流、道路、渠系绿化为网络,点面结合,统一布局,分类指导,全面推进,构成国土绿化新格局。

建设目标 工程规划项目期限 10 年,1999 年—2003 年全面完成宜林地段的绿化任务,2004 年—2008 年为巩固提高完善阶段。总体目标完成道路、铁路、河床绿化 1360 千米,库区绿化 1200 公顷。民乐、山丹两县实现灭荒达标,提高城镇绿化水平;实现通道沿线林木连线成带,春有花、夏有荫、秋有果、冬有青,每一条绿色通道都建成绿化线、风景线、致富线。

建设重点 1. 公路线绿化工程:按照先易后难的原则,分层次、分地域、分地段确定建设标准,科学配置林种、树种,力争可绿化路段全部绿化。规划期内,完成宜林路段道路绿化 600 千米,年均 120 千米,其中国道 312、227 线完成 257.17 千米(因改线需重新绿化),县乡道路 328.61 千米,专用道 14.22 千米。对已绿化路段缺株断带的,采取补植、强化抚育管理、综合防治病虫害等措施,促进林木生长、优化林带结构,使现有林带达到通道建设标准。2. 铁路线绿化工程:穿经张掖的铁路主要是兰新铁路,地处沙漠戈壁之中,造林难度极大,适宜栽植的树种为沙生灌木,宜绿化路段 120 千米,已绿化 94 千米,需绿化 26 千米,每年完成 5.2 千米。3. 河道绿化工程:河道绿化以护岸固堤、减少泥沙流入为主要目标,在河道干流两侧,以水利工程护岸为基础,进行流域治理。五年内完成河床绿化 610 千米,年均 122 千米;干支渠 792.5 千米,年均 158.5 千米。4. 库区绿化工程:全区用于农业灌溉的大、中、小型水库 13 座,占地 1273.33 公顷,需绿化 786.67 公顷,每年完成 157.33 公顷。5. 平原绿化达标工程:全区六县(市)现已实现平原绿化县市 3 个。力争 2003 年以前民乐、山丹两县实现达标,高台、临泽、张掖 3 县市在现有基础上,优化结构,提高可绿化路、河、渠、堤绿化率和城镇、村屯绿化覆盖率,改善林带质量,提高平原绿区森林覆盖率。

(四)张掖市林业小康建设规划

总体目标 2017 年张掖林业建设的总体目标:全市森林面积由目前 38.47 万公顷扩大到 63.33 万公顷,森林覆盖率达到 15%,林木蓄积量达到 2300 万立方米。森林树种结构科学合理,水土流失和土地沙化得到有效治理,环境总体恶化的趋势得到根本扭转。林果产业和森工企业有较大幅度发展,形成较强的竞争力。城镇居民区达到绿化、美化、净化、香化要求,林草覆盖度达 45%以上,其中常绿树种如花灌木在 20%以上,努力实现村庄乡镇森林化,山区森林扩大化,川区农田林网化,渠路水系林带化,荒山荒地林草化的目标。

分阶段建设任务 第一阶段(2003 年—2007 年):紧紧抓住国家加快生态环境建设的有利时机,开展以退耕还林为主的林业重点工程建设,在短期内迅速扩大林草植被面积。到 2007 年,全市森林总面积达 50 万公顷,森林覆盖率达 12%,40%以上的村镇达到林业生态小康村镇的标准。第二阶段(2008 年—2010 年):在继续抓好工程造林的基础上,优化林种树种结构,提高科技含量,加强新造林地抚育和资源管护。到 2010 年,全市森林总面积达 54.67 万公顷,森林覆盖率达 13%,50%以上村镇达林业生态小康村镇的标准。第三阶段(2010 年—2014 年):到 2014 年全市森林总面积达 60 万公顷,森林覆盖率达 14.3%,70%以上村镇达到林业生态小康村镇的标准。第四阶段(2014 年—2017 年):到 2017 年全市森林总面积达 63.33 万公顷,森林覆盖率达 15%,整体实现林业生态小康建设目标。

(五)张掖市生态节水发展规划

规划目标 1. 近期目标(2003 年—2005 年)。把生态用水纳入全市供水体系,在确保现有生态体系内森林植被灌溉需水量的前提下,扩展森林面积,大力调整树种、林种结构,推广节水树种,配套应用林业节水技术,使生态灌水定额亩均降低 12%—15%,林草灌溉面积达到 8 万公顷,生态用水比例调整到 20%。初步建立起林业生态节水管理、运行体系。全市森林覆盖率由 9.17%提高到 11.6%,城镇绿化覆盖率达 30%,湿地面积基本得到保护并有所扩展,节水型生态体系框架初具雏形。2. 远期目标(2006 年—2010 年)。节水生态管理、运行体系基本完善,林种、树种结构基本达到合理,综合节水措施得到合理配套应用,灌水定额亩均降低 20%,林草灌溉面积达 12 万公顷,生态用水比例达 30%。全市森林覆盖率达 15%,城镇绿化覆盖率达 32%,湿地面积得到全面保护,节水型生态体系框架基本形成,土地荒漠化得到遏制,生态环境向良性循环的方向发展。

建设内容 1. 保护和发展祁连山区生态林,提高涵养水源的功能。依托全市 9 个山区林场和 2 个植被保护站,在划分保护区、培养区和重建区的基础上,以天然林保护、退化残次灌木林的封育恢复为重点,分期实施以天然林保护和退耕还林为主体的植被恢复工程,发挥水源林涵养水源的功能,为黑河流域经济社会的可持续发展提供保障。2. 降低生态用水量。以构建绿洲区和北部风沙前沿完善的防护林体系为主线,增加林草种植面积,调整生态用水比例;大力培育抗旱低耗水树种,调整树种、林种结构布局,降低生态定额灌溉标准;加大高新节水灌溉工程建设力度,提高生态用水的利用率。3. 在育苗、造林各环节普遍应用节水保水新技术和新产品。开展径流林业、旱作造林技术、地膜育苗、日光节能温室育苗、地膜栽植、果园覆草、林草（果草）间作等适用技术的推广，配套应用旱地龙、生根粉、保水剂等节水新技术新产品，使新技术、新产品的应用率达85%以上，实现农艺节水目标。4. 加快城市林业和生态小康村镇建设，改善人居生活环境。以张掖市中心城市为重点，辐射带动各县县城，建立总量适宜、分布合理、植物多样、高效节水、景观优美，具有干旱荒漠区特色的城市绿地系统，塑造生态健全、充满活力的城市形象，构建良好的人居环境，不断完善和提升城市功能。5. 开展湿地保护工程建设。在保护好现有湿地资源的基础上，对重点区域开展退耕还湖、围栏封护工作，建立3.33万公顷湿地保护区，在高台县境内马尾湖段建成面积5200公顷的荒漠湿地候鸟保护区，创造适宜湿地生物生存、繁衍的环境，促进湿地生物多样性发生发展，维护湿地水体系和陆地系统相互作用的平衡关系，更好地发挥湿地的自然水文生态效益和社会效益。6. 实行生态定额用水。在生态用水总量控制下，推行定额灌溉制度，逐渐达到生态林川区3375立方米/公顷、山区1500立方米/公顷、经济林川区5625立方米/公顷、山区4500立方米/公顷的定额灌溉标准，形成完善的生态用水管理、运行机制。

（六）张掖地区山区林业综合开发规划

规划任务　1. 造林。1996年—2010年完成人工造林24665公顷，其中经济林13332公顷，防护林11333公顷；封山育林育草10万公顷，平均每年6667公顷，其中当年新封3333公顷，续封3334公顷。"九五"期间，完成造林13696公顷，其中经济林5333公顷，防护林8363公顷；封山育林育草33335公顷。2. 种苗。1996年—2010年完成育苗面积100公顷，其中1996年—2000年完成33公顷，每年6.7公顷。3. 重点项目。(1)优质杂果基地建设工程。在平均气温3℃以上，海拔2000米以下的乡村建设以杏、李等为主的优质杂果基地1.3万公顷。(2)祁连山林区护林防火和封山育林育草工程。1996年—2010年完成封山育林育草10万公顷，其中：1996年—2000年完成3.3万公顷；2001年—2010年完成6.7万公顷，每年0.67万公顷。(3)营造生态经济型复合农田林网。按照主林带定植杨树、副林带定植果树的要求，建立多层次的生态复合型林网，计划完成6667公顷，其中1996年—2000年完成3333.5公顷，2001年—2010年完成 3333.5 公顷。(4)营造华北落叶松。计划 1996 年—2010 年完成造林面积 5333 公顷,其中 1996 年—2000 年完成 1333 公顷,2001 年—2010 年完成 4000 公顷。(5)果品加工企业建设。在资源相对集中的区域,适当发展林果加工企业,计划 2000 年以后在沿山地区发展果品加工企业 3 个,年加工能力 2770 吨,产值 2500 万元。4. 国营林场开发建设。祁连山林区的西营河、马蹄等 9 个国营林场,在保护好现有资源的前提下,充分利用地上地下各种可利用资源,通过种植、养殖、加工利用等方式,增强自我发展能力,计划发展养鹿场 5 个,鹿茸加工企业 1 个,年加工能力达到 0.5 吨,增值 9.5 万元。5.其他资源开发。省上批准的肃南马蹄寺、山丹大黄山森林公园,正在准备挂牌,投入营业;创造条件,逐步在海潮坝林区、窟窿峡景区、焉支山百花池等处建立旅游景点,规划面积 1500 公顷,预计投资 500 万元,年收入 50 万元。6. 服务体系建设及实用技术推广。在抓好现有服务体系的基础上,沿山地区的每个乡建立一个林业科技推广服务站,每站 2 人—3 人,其中新增站数 20 个,总计 60 人,重点开展优质杂果推广示范、低产林改造、主要病虫害防治、乔灌草良种的引进、祁连山珍稀动植物资源开发利用及药材种植推广示范、生态复合型林网栽培、林业新技术综合开发利用等 12 项技术,推广面积 6667 公顷。

第三章 林业调查设计

张掖林业调查规划设计主要包括森林资源调查、造林调查设计、林业区划、国营林场总体设计、专业调查及林区道路勘测设计、林业工程项目规划设计、古建园林工程规划设计、征占用林地勘验和森林资源资产评估等。1996年以来，以"3S"为核心的地理信息系统、全球定位系统和航天遥感技术的引进和开发应用，提高了调查规划设计成果质量，降低了劳动强度，开创了林业调查规划的新局面。

第一节 发展历程

一、组建和发展（1950年—1960年）

中华人民共和国成立初期，张掖地区无专门林业调查设计队伍，林业调查工作由甘肃省调查队负责组织实施，调查对象主要集中在祁连山林区。1958年，省林业调查队配合国家林业部第三森林调查大队对祁连山林区22个施业区进行森林经营调查。是年，成立"张掖专区林业调查队"，负责辖区内的林业调查工作。1960年，根据林业"三化"的标准要求，专区林业调查队同山丹县社、队抽调的26名干部，为建立林场和采种基地进行基础数据调查。1961年张掖专区林业调查队撤销，调查工作中断。

二、曲折中前进（1961年—1977年）

1961年3月，山丹县林业工作组对大黄山、大河口、海潮坝3个国营山区林场砍伐木料情况展开调查。是年5月，山丹县人民委员会根据调查结果制定《1961年山丹县林业生产规划》。同年6月6日，山丹县委下发《关于林权划分的意见》，制定林权划分、林木管理、采伐抚育制度。1973年，国家林业部要求开展一次全国性的森林资源清查工作，也叫"第四个五年计划""森林资源清查"（简称"四五清查"）。1974年，张掖山区成立森林调查队，川区成立林业勘察设计调查队。相继在全区开展并完成农区人工林、"四旁"树及林业用地在内的"四五"造林清查工作。

三、全面发展（1978年—2010年）

1979年以来，全区林业事业迅速发展，先后开展林业区划、规划、造林调查设计及林业工程勘察设计工作。

1978年—1980年，由省林业勘察设计院牵头，开展"五五"森林资源清查（又称"一类调查"），建立森林资源连续清查制度，确立森林资源清查和管理体系。1982年，由省林业勘察设计院组织天然林区规划设计调查。

1981年—1985年，组织开展以稳定山权林权，划定"三荒地"，制定林业生产责任制为中心的林业"三定"工作，完成林业资源调查和林业区划、《全区发展林业生产规划》（1983年—2000年）、"三北"防护林体系建设二期工程规划、沙生植被封护项目规划设计等工作。1984年2月，成立"张掖地区林业勘察设计队"，承担森林资源、野生动植物资源、湿地资源、荒漠化土地调查监测评价，森林分类区划界定，占用征收林地可行性报告编制，森林资源规划设计调查，实施方案编制，林业专项检查，林业作业设计调查，营造林设计，林业数表编制。

1986年—1990年，完成城镇绿化规划（1986年—1990年）、"七五"期间农田林网规划、经济林发展规划、治沙造林规划、造林作业设计、封山育林作业设计、造林重点项目设计、沙生植被封护工程设计等规划设计任务。1989年，民乐县林业局成立"森林资源管理股"，编制2名，人员及所需经费暂由县林业局内部调剂解决。1990年6月，成立"民乐县林业勘察设计队"，编制5人。2003年9月，更名"民乐县林业调查规划队"。

1991年5月—7月，完成山丹县森林资源连续清查第二次复查工作，形成《山丹县森林资源连续清查第二次复查工作报告》。

1991年—2000年，完成防护林工程建设设计、祁连山水源涵养林营造工程设计、封山育林工程设计、北部沙生植被封护作业设计、苹果梨基地建设10

年规划设计、北部沙生植被封护规划设计、国营林场"八五"及 10 年规划、人工林资源清查、森林资源二类清查等规划设计任务。

2001 年—2010 年,以张掖林业调查规划院为主体的调查设计单位完成全区森林资源连续清查,森林资源规划设计调查,5 个县农田防护林造林规划设计,世界银行贷款造林项目;完成 23 个国有林场森林经营方案编制,4 个国家级和 2 个省级森林公园总体规划设计;完成全区种苗工程(林木采种基地、林木良种基地、苗圃建设)规划设计;完成 1 期—4 期"三北"防护林建设工程作业设计;完成湿地建设项目设计;完成张掖地区林业区划二期工程中期检查,6 个县(区)林业有害生物防治建设项目设计和 6 个森林防火建设项目设计;完成林业总体规划和张掖地区防沙治沙规定;完成经济林及花卉基地建设项目设计;完成全市沙化土地普查与两次监测和 1985 年—2010 年年度营造林实绩核查验收。参加甘肃省林业勘察设计院承担的祁连山自然保护区总体规划的外业调查及马蹄寺、民乐县翟寨子水库坝区、黑河草滩庄枢纽工程坝区绿化规划、地区建材总厂果园的规划设计等 120 多项任务。承担完成 825 项林业生态建设项目可行性研究报告、实施方案、初步设计等工作,并通过省、市有关部门审定,完成国家重点公益林地理信息系统,搭建全市 1∶5 万数字化地图平台。

第二节 森林调查设计

一、森林资源连续清查(一类调查)

一类调查即森林经理调查。1953 年前,由中央林垦部森林大队、西北林野调查大队及甘肃省林野调查队,对祁连山林区的部分区域进行清查。1953年—1961 年,按照当时林业部颁发的有关规程,省林业局在祁连山林区进行一类调查和综合调查。1979 年,张掖地区森林经营管理局根据省林业局《关于全省天然林区建立森林资源连续清查体系的通知》要求,成立由 5 人组成的森林资源清查小组,抽调职工 26 人,临时工 10 人,组成森林调查队。5 月 1 日开始外业工作,9 月底全部完成外业作业,10 月份上报成果。全区森林资源连续清查体系分Ⅱ、Ⅲ两个副总体,是甘肃省森林资源连续清查工作的重要组成部分。布设在区内的Ⅱ副总体样地,大多地处祁连山区,属自然保护区。由于地理位置较偏僻,实施天然林保护工程以及实行禁伐、封育、禁牧等措施,加上人为活动较少,样地标志、样地周界标志、样木标记、标牌受破坏程度小,样地、样木保存完好,有林地林分生长良好,天然更新一般,样地地类变化不大。Ⅱ副总体点间距3×3千米,固定样地布设在1:10万或1:5万地形图公里网交叉点上,样地西南角埋设水泥桩,做三棵定位树,样地内检尺样木挂牌编号,作为固定样地标志。固定样地面积为0.08公顷的正方形,边长为28.28米,采用闭合导线法以引线终点为样地西南角,将罗盘仪安置该点,按0°、90°、180°、270°的磁方位角测设各边,进行样地因子的调查。Ⅲ副总体的样地主要位于甘州、临泽、高台等川区。由于退耕还林及配套荒山荒(滩)造林、国家重点公益林保护项目、"三北"防护林工程、治沙造林等其他规划调整原因以及人为因素,两期地类发生变化的固定样地较多。Ⅲ副总体点间距4×8千米(其他内容同Ⅱ副)。至2010年,配合省上完成全省森林资源连续清查1—6次复查。

二、规划设计调查(二类调查)

规划设计调查,包括综合调查、总体设计规划调查和类型调查等。1976年,开展规划设计调查(二类调查)。本次清查主要是对川区人工林资源进行全面清查。以乡(镇)、村(单位)、社为单位区划统计,分人工小片林、农田林网和"四旁"植树清查面积、蓄积。经过外业调查和内业分析整理,基本查清全市的人工林资源现状。

1997年,根据1996年5月全省森林资源一类清查第三次复查工作会议确定的河西地区二类调查,依据"三北"防护林体系一、二期工程规划数据抄录,不搞外业,只进行内业统计、汇总的具体要求,利用《张掖地区"三北"防护林建设二期工程规划》《张掖地区"三北"防护林建设二期工程成果验收标准》《张掖地区沙漠化土地普查报告》等资料数据进行转抄、统计、汇总,完成森林资源二类调查报告编写、二类调查统计表汇总、森林资源分布图编绘。

2000年,地区林业调查队抽调技术干部,协助省林业勘测院完成张掖地区寺大隆林场、肃南西水林场、山丹大黄山林场的森林资源二类调查外业工作。2008年报请省林业厅批复,从8月起,6县(区)开展森林资源规划设计调查。

将肃南县确定为全市率先开展二类外业调查试点县,在明花乡开展外业调查。是年10月,各县(区)外业调查工作全面展开。本次调查由张掖市林业调查规划院负责技术指导、质量监督检查,各县(区)承担调查任务。市规划院和各县(区)林业局抽调93名技术人员组成12个外业组

林业科技人员在野外调查设计

和2个质量检查组,于2009年5月完成外业调查。2009年7月完成外业调查初步统计。2009年11月,由甘肃省林业调查规划院及张掖市林业调查规划院技术人员组成外业检查组,对外业调查工作进行抽查,根据抽检结果对存在的问题进行纠正。2010年3月15日—22日,由省林业厅资源管理处组织省林业调查规划院组成外业质量检查验收组,对外业调查进行检查验收,7月通过省级成果初审。

三、伐区调查设计

伐区调查设计主要有森林主伐、森林抚育伐及其他采伐(低产林改造、散生木采伐、更新采伐和占地采伐)的调查设计,内容包括伐区区划、小班因子调查、应伐木确定、生产工艺设计、工程勘测设计、伐区剩余物及林副资源的利用、编制调查设计文件等。调查设计工作以国家的有关法律法规及国有林区采伐更新调查设计规范、森林经营方案总体设计和年度生产计划为依据,本着"严格保护、积极发展、科学经营、持续利用"的林业建设方针和全面经营、综合培育、合理开发利用的原则,为林业生产经营和森林资源管理提供依据,达到科学经营、合理利用森林资源的目的。1987年—2000年,全区完成伐区调查设计23项,其中地区林业调查规划院完成10项,山丹县完成13项。

四、森林资源管理

森林资源管理工作,1980年前,实行调查规划设计和资源数字管理。1980

年后,资源管理包括调查规划、资源统计、建立资源档案。实行限额采伐、资源动态监测、造林更新成果验收等工作。对林地和林木资源进行账面监测管理,达到扩大森林资源,提高森林质量,发挥森林的多种效益的目的。

20 世纪 50 年代—60 年代,森林资源的调查管理,以省级调查队伍为主进行,内容单一。80 年代后,仍由省上主持,增加内容,建立档案。省勘察设计院有专门机构管理,从省到县的林业主管部门正式纳入行政管理。1983 年省林业勘察设计院编绘出版 1∶100 万《甘肃省森林分布图》,1994 年张掖地区林业勘察设计队编绘 1∶45 万《张掖地区森林资源分布图》。

第三节 造林调查设计

一、调查设计项目

张掖开展造林调查设计的项目主要有:

1. 沙荒地造林规划设计。1956 年—1958 年,完成造林林场的调查规划设计;配合中国科学院治沙队民勤综合试验站,对沙漠的综合治理进行考察和治理研究。1960 年—1966 年,对风沙区宜林地进行普查。

2. 机械造林规划设计。1963 年—1964 年完成张掖机械造林林场的调查设计。

3. 造林典型设计。20 世纪 60 年代配合省林业勘察设计队编制全省 12 个类型区 471 个造林典型设计。1980 年—1983 年,重新编制全省《造林典型设计》,共 258 个类型。

4. "三北"防护林工程规划设计。1979 年,由省林业勘察设计院配合地区行署林业处审定汇总全区 6 县(市)"三北"防护林工程建设任务书。

表2-3 1984年—2010年林业工程作业设计统计表

设 计 单 位	作业设计数	其 中		
		造林作业设计	森林采伐作业设计	其他作业设计
合 计	336	276	22	38
张掖市林业调查规划院	187	160	7	20
张掖市园林绿化局设计室	12	10		2
张掖市林业科学研究院设计室	18	14		4
甘州区林业勘察设计队	35	28	5	2
山丹县林业勘察设计队	26	18	5	3
民乐县林业勘察设计队	21	17	2	2
临泽县林业勘察设计队	14	10	3	1
高台县林业勘察设计队	15	13		2
肃南县林业勘察设计队	11	6	3	2

二、调查设计方法

各项调查设计，60年代遵照《山地造林调查设计工作方法》《沙荒地造林调查设计工作方法》及《水库库岸防护林造林调查设计工作方法》等；70年代末到1985年，执行《三北防护林规划设计方法》及新编《造林调查设计规程》等。

造林调查设计工作的野外成图，五六十年代主要靠使用各种测量仪器工具进行实测完成，专业调查独立进行。自70年代末以后，采用以航片或适当比例尺的"国测"地形图为地图，进行实地调绘，同步开展专业调查。90年代中期开始，在造林调查设计工作中广泛应用GPS导航系统。

三、项目可行性研究报告

2001年—2010年，张掖市林业调查规划院完成甘州、山丹、民乐、临泽、高台、肃南6县（区）和市林业局系统黑河流域灌区节水改造项目、防沙治沙、有害生物防治、林果产业基地、基础设施建设等林业建设项目可行性研究报告75项。

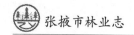

第四节　专业调查

一、"三年停止植被破坏"调查

1983 年 12 月—1984 年 4 月,根据甘肃省提出的"三年停止植被破坏,五年解决温饱"的奋斗目标,地、县(市)两级林业部门抽调 60 多人,采取重点抽样调查与全面普查相结合,走访群众与实地查看相结合,以及查阅历史资料、回忆对比、算细账等方法,对全区现有林木、天然植被的管护情况、破坏原因等进行调查,提出植被恢复发展的初步设想。

二、果树资源普查

1988 年,经地区行署同意,由行署农建办牵头,农业处、林业处、财政处、统计处等 5 部门共同组织,并抽调专业技术骨干组成地区果树资源普查技术指导小组负责实施。各县(市)根据地区"一办四处"联合通知精神和普查实施方案要求,结合实际制定相应的普查技术方案,组成领导班子和普查专业队伍,经培训试点后,相继于 1988 年 7 月下旬开始外业普查。全区参加普查的人员共计 518 人,其中专业技术人员 160 人,乡村干部和农民技术员 358 人。采取自下而上,逐户、逐社、逐村、逐乡、逐单位实地丈量果园面积、清点株数的普查方法,造册登记。果园面积和果树株数普查精确度分别达到 96.74% 和 95.77%。至 1989 年 2 月底,完成内业汇总和资料整理编写。经普查,止 1988 年底,全区共有果树 4248961 株,其中结果树 794273 株。1987 年成片果园各类果品总产量 12432377 千克,亩均 303.2 千克,结果树平均株产 21.75 千克。全区人均果树 4.6 株,人均果品占有量 11.47 千克。

三、森林分类区划界定

2001 年—2002 年,根据《甘肃省森林分类区划界定工作细则》要求,以 1996 年全区二类资源清查和 2001 年"三北"防护林体系建设三期检查验收成果为基础数据和图面资料,在参考有关资料的基础上,采用实地调查、勘察、现场测绘、界定，完成外业调查，资料数据汇总，编写出《甘肃省张掖地区森林分类区划界定报告》。在外业调查中充分运用 GPS 等先进技术设备，内业数据统计运用计算机分析完成。成果资料经县（区）自查，省市复查、抽查，合格率达99%，质量评定等级为"优"。

四、荒漠化普查

1999 年 3 月，张掖荒漠化普查与监测工作全面展开。地区及各县（市）分别成立由林业、财政、统计、环保、水利、土地六部门组成的荒漠化普查与监测工作领导小组；地区成立土地荒漠化监测中心，各县（市）下设办公室，抽调由多名大中专学历且具有丰富野外调查经验的专业人员组成普查队伍。首次应用GPS、TMP 片等高科技技术和仪器，至 2000 年 10 月，完成内业汇总、制图、验收工作。2002 年编写完成《甘肃省张掖市荒漠化土地监测报告（1995 年—2002年）》，监测质量被评定为"优"。

五、生态公益林区划界定

2004 年，根据《财政部、国家林业局重点公益林区划界定办法》和《甘肃省公益林区划界定办法》，组织开展此项工作，2008 年结束。区划界定方法：①重点公益林区划界定到林班（村），统计到地类，登记到组到户。②凡应区划界定的林地，无论是何种地类、林种和树种，都应进行区划。③不同权属、不同地块和不同公益林林种区的公益林应分别进行区划界定，并按照省上统一制定的格式分别填写重点公益林现场认定书。④一份界定书，包括多种地类、多个树种和多个小班。⑤公益林面积不能重复计算。⑥公益林的林种应根据该公益林保护的主要目的和功能来划定，即该区域内的有林地、疏林地、未成林造林地、灌木林地、灌丛地、宜林地、苗圃地均应区划界定为相应的二级林种。界定结果：张掖市天然林保护工程外共区划界定公益林 29.14 万公顷。1. 按地类划分。有林地面积 1.5 万公顷，疏林地面积 956.53 公顷，灌木林地面积 27.49 万公顷，未成林造林地 443.6 公顷。2. 按林种划分。水源涵养林 552.3 公顷，防风固沙林面积 28.71 万公顷，护岸林面积 2155.33 公顷，其他 1548.13 公顷。3. 按权属划分。国有公益林 25.79 万公顷，集体公益林 9728.6 公顷，个人公益林 2.38

万公顷。4. 按工程划分。天然林保护工程外公益林面积 27.06 万公顷,退耕还林区公益林面积 2.08 万公顷。5. 按事权等级划分。国家一级公益林面积 2.85 万公顷,国家二级公益林面积 26.03 万公顷,省一级公益林面积 486.6 公顷,省二级公益林面积 2074.87 公顷。6. 按补偿划分。已补偿公益林面积 21.59 万公顷,未补偿公益林面积 7.55 万公顷。

六、征用占用林地勘验

2002 年—2010 年,市林业调查规划院和高台县、民乐县林业调查规划队,完成征占用林地勘验及可行性报告 21 项。其中国家重点工程项目 1 项,省重点工程项目 9 项,一般工程项目 13 项。林地勘验按照《森林资源采伐更新作业调查设计规程》(三类调查)的要求,对项目区域内征用占用范围内的林地和林木进行现场调查;林地勘验方法采用小班调绘法,根据委托单位提供的地形图现场对坡目测勾绘小班界;小班调查采用样地实测法;调查内容主要包括征用占用林地面积、地类、权属、林种、优势树种(组)、起源、龄组、蓄积量等。通过林地勘验为各类工程建设项目使用林地的可行性和各级林业行政主管部门受理或办理征用占用林地审核审批提供依据。

第五节　技术应用

一、新技术应用

(一)数据库应用技术

数据库技术在张掖林业中主要在森林资源连续清查(简称"一类清查")、森林资源规划设计调查(简称"二类调查")、公益林区划界定的项目中应用。2005 年公益林区划界定应用 CAD 建立全市国家级重点公益林图形库;2008 年二类调查应用 Arc View GIS 遥感影像图片区划软件,建立森林资源规划设计调查属性数据库;在随后开展的一类清查中应用甘肃省连清录入程序建立《样地调查记录表》,在县级林地落界工作中应用 Arc View 软件建立森林资源小班图形库和数据库。

（二）遥感系统

1999 年，全区在荒漠化普查中，首次应用 GPS、TMP 片等高科技技术和仪器，遥感技术在张掖森林资源调查中的应用。随后在 2006 年第 5 次和 2011 年第 6 次森林资源连续清查及 2010 年森林资源规划设计调查中得到应用，减轻工作量，提高森林资源调查的精度和进度。

（三）地理信息系统

地理信息系统（GIS）是依托计算机软硬件，把各种地理信息按照空间分布及属性，以一定的格式输入、存储、检索、更新、显示、制图、综合分析和应用的技术系统。新世纪以来，GIS 技术在林业领域的应用已越来越广泛，在森林资源信息管理、森林分类经营管理、天然林保护工程管理、森林限额采伐管理、森林结构调整、造林管理、森林灾害监测及动态管理、林业专题制图及精准林业等方面都发挥着重要作用。地理信息系统（GIS）在张掖林业中主要在森林资源连续清查、森林资源规划设计调查、林地利用保护规划、林地落界等项目中有所应用。

（四）全球定位系统

GPS 技术在林业系统中的大量应用，是从 20 世纪末开始的，其主要应用范围包括：面积测量、样地定位、护林防火、林权界定、伐区划定、造林验收以及病虫害防治等方面，所用的 GPS 接收机的机型大多是 GPS 手持式接收机。2001 年首次引进 GPS 手持式接收机，成为森林资源调查与动态监测的有力工具。

1. 样地定位。运用手持机 GPS 定位仪进行样地定位，只需在地形图上查出样地西南角点的坐标，将其输入 GPS 机内，启用 GPS 机的"航点"功能，当 GPS 接收机接收到卫星信号后，以图形和数据两种方式直观明了地引导持机者到达样地。在林木郁闭度大、卫星信号弱的情况下，可以采用罗盘仪辅助 GPS 进行样地定位。这一技术已广泛运用在森林资源一类清查和二类调查的样地定位中。张掖在 2001 年第 4 次至 2011 年第 6 次森林资源连续清查、2010 年森林资源规划设计调查的样地定位中逐步得以应用。

2. 面积测算。全市在林业调查中主要应用 GPS 航迹法进行面积量算，最先应用于 2002 年开始的退耕还林工程中，随后在各项林业调查中凡地块面积较大（一般 1 公顷以上）的面积量算多采用 GPS 航迹法进行；GPS 航线法的应用不多。

3. 伐区验收。使用 GPS 可以对准备采伐的伐区、小班进行踏查,初步确定小班及伐区的位置、面积、运材线路等,经过内业筛选后,确定采伐小班。伐区采伐后,对采伐的小班进行验收,使用 GPS 可快速、准确地测定所采伐的小班位置是否正确、面积是否准确、是否超边越界等项内容。

二、图表制作

(一)青海云杉材积表编制

1980 年—1996 年,组织林业科技人员 32 人,在祁连山林区 6 个经营林场、140 处林内采伐树木 1372 株,在南京林产工业学院的指导下,应用 TQ-16 电子计算机编制出《青海云杉一元立木材积表》《青海云杉根径立木材积表》。1994年 4 月,甘肃省林业厅批准立项开展研究,对成果进行检验。研究成果于 1995年 4 月 4 日通过省级鉴定,成果达到国内先进水平。

(二)青海云杉测树图表编制

1981 年 10 月,张掖地区林业局、祁连山水源林研究所,利用南京林产工业学院林学系、甘肃农大林果系、林业部第三森林经理大队、甘肃省森林调查队、武威地区森管局、青海省大通县林业工作站、青海省大通县东峡林场、张掖地区森管局、张掖地区林业局、祁连山水源林研究所的师生和科技人员,经过多年辛勤劳动积累的宝贵资料,编印《青海云杉测树图表》。内容包括:1. 断面积蓄积量标准表;2. 胸径立木材积表;3. 根径立木材积表;4. 根径、胸径相关表;5. 地位级表、地位指数表、立地指数表;6. 祁连山西部青海云杉上层高与平均高换算表;7. 青海云杉生长过程表;8. 祁连山北坡西部林区调查因子统计表;9. 青海云杉胸径定量间伐标准表;10. 祁连山西部青海云杉密度控制图编制;11. 祁连山西部青海云杉地位级指数图。

第三编　生态建设

　　林业是张掖整个生态环境建设的主体,具有保护和建设森林生态系统、保护和恢复湿地生态系统、改善和治理荒漠生态系统、维护生物多样性的重要职能。中华人民共和国成立以来,张掖林业建设从护林、零星小片造林开始起步,随着经济社会的快速发展和对市情林情的认识深化,20世纪80年代,确立"南保青龙、中建绿洲、北锁黄龙"的林业建设方针。针对祁连山水源涵养区、黑河湿地、荒漠戈壁三大生态系统交错衔接的独特属性和生态环境极其脆弱的状况,坚持把林业建设作为生态建设的主攻方向,依托国家陆续启动实施的"三北"防护林、天然林保护、退耕还林、重点公益林管护、防沙治沙、中央财政补贴造林等林业重点生态工程,张掖林业建设步入大规模造林绿化的新阶段。遵循宜林则林、宜荒则荒、适地适树的自然规律,加强林木种苗建设。采取护、封、造、固等综合治理措施,着力构建区域性生态防护林体系,林业生态建设和防沙治沙得到长足发展。1949年以来的61年完成人工造林29.76万公顷、封山育林32.77万公顷。至2010年,全市森林总面积达46.41万公顷,其中天然林25.93万公顷,人工林20.48万公顷;活立木总蓄积量达1446万立方米,森林覆盖率达16.52%。人工林比民国后期的1200公顷扩大170.67倍。森林覆盖率提高12.02个百分点。成为国家西部生态安全重要屏障。

第一章　林木种子

1960 年以前张掖林木种子工作比较薄弱,1960 年以后逐步得到加强,到 1980 年林木种子经营管理得到规范。经历由点到面,从单一采收到全面经营管理的发展过程。

第一节　种源分布

一、主要种源分布

(一)青海云杉

主要分布祁连山林区,总面积 6.2 万公顷,采种面积 2.1 万公顷,最高年份可采种 10 万千克,年平均采种量近 8 万千克,除满足张掖育苗需要外,还可支援外省。据《肃南县志》记载:1966 年—1988 年采集青海云杉种子 11.3 万千克,净度可达 92.6%,千粒重 4.6 克,发芽率 77%,含水量 6.6%。

(二)沙　枣

分布川区和北部沙区,从 20 世纪 50 年代起就大力营造沙枣林,至 2010 年,全市培育人工林 2 万多公顷,年产沙枣种子 80 万千克,除满足区内需要外,每年调拨外省区 30 余万千克。发芽率 90% 以上,在良好贮藏条件下,5 年—6 年后发芽率仍达 60%—70%。张掖分布的良种沙枣品种主要有大白沙枣、牛奶头大沙枣、羊奶头沙枣等。

(三)花　棒

在全市范围内天然零星分布,面积较小。从 1978 年开始,川区国营林场分别营造花棒采种基地和人工林,1982 年张掖共有 320 公顷。一般 3 年开始结果,5 年后进入盛果期。50 年代培育的人工林,1961 年开始结果,累计采种 0.6

万多千克,平均每公顷产种量为 35 千克—45 千克。1982 年—1985 年检验 22 份样品,种子净度 83.6%,千粒重 28.48 克,发芽率 86%,含水量 6.5%。

(四)毛 条

主要分布川灌区及沙区。1979 年,省林木种子公司投资在国营五泉林场、甘州区西城驿林场建设毛条采种基地。1980 年开始组织实施,至 1987 年建成毛条采种基地 146.67 公顷。到 1990 年采集种子 0.3 万多千克。种子净度 89.0%,千粒重 59.3 克,发芽率 76%,发芽势 66%,含水量 6.4%。

(五)沙 棘

多为天然林,人工林较少。天然林主要分布在山丹、民乐、肃南、甘州四个县(区)。2002 年开始结合退耕还林工程营造人工林约 3.33 万余公顷。一般 3 年开始结实,每公顷产果量约 149.9 千克,平均出种率为 9.8%。经检验,种子净度 73.5%,发芽势 65.5%,含水量 8.5%。

二、优树选择与子代测定

1981 年 7 月,根据省林业厅《关于林木良种资源普查的安排意见》和《全省林木良种资源普查经验交流会议》精神,张掖地区行署林业处组织科技人员组成专业调查队,开展林木良种资源普查。经过半年调查,初选优良单株 186 株,其中杨树 85 株、沙枣 61 株、云杉 40 株。翌年复选,实留优树 146 株,其中青海云杉 40 株(肃南县 27 株、张掖县 13 株),甘肃杨 80 株(民乐 4 株、山丹县 3 株、张掖县 37 株、临泽县 19 株、高台县 17 株),小叶杨 2 株(民乐县),中林 10 号杨 1 株(张掖),箭杆杨 2 株(张掖),沙枣 21 株(张掖县 11 株、临泽县 2 株、高台县 8 株)。后由祁连山水源涵养林研究所补选云杉优树 260 株。1984 年,张掖地区林果业研究所对甘肃杨优株采条试育。1989 年分别在张掖地区林果业研究所、张掖市党寨乡林场定植观测。党寨乡林场 45 个供试品系 1200 多株甘肃杨,1994 年观测结果是:6 年生甘肃杨平均树高 11.09 米、最高 12.6 米,平均胸径 10.95 厘米、最大胸径 12.17 厘米,平均冠幅 1.96 米、最大 2.02 米;对照平均树高 11.26 米,胸径 10.72 厘米,冠幅 1.65 米。

三、优树和优良林分选定

1984 年—2002 年，在甘肃祁连山水源涵养林研究院选定青海云杉优树 260 株。根据国家林业部《林木良种目标管理实施办法(初稿)》，甘肃省林木种苗管理站会同张掖市种苗管理站，在二类资源清查和人工林资源调查的基础上，对起源、产地条件、生长状况、结实量及种子质量作了详细调查。选定 6 个树种，2006.23 公顷采种优良林分，可产种子 137183.5 千克，种条 130000 根。

表 3-1　张掖市优良林分面积分布表

树　种	林分面积（公顷）	分　布　范　围	预产种量（千克、根）
合　计	2006.23		137183.50 130000(穗条)
青海云杉	1000.00	山丹大黄山、民乐大河口、肃南西水	7093.50
沙　枣	200.00	临泽五泉林场	124890.00
花　棒	500.00	临泽五泉林场、甘州区西城驿林场	3000.00
祁连圆柏	100.00	祁连山水源涵养林研究院	600.00 40000(穗条)
毛　条	200.00	临泽五泉林场	1600.00
苹果梨	6.23		90000(穗条)

四、良种审定

1986 年省林业厅组织开展林木良种审定工作，至 2010 年审定确认 5 批林木良种。张掖市 29 个树种(品系)被审定确认为林木良种，审定确认的良种占甘肃省审定确认的 116 个良种树种(品系)的 25%。

(一)第一次良种审定

1995 年 11 月 20 日，甘肃省林木良种审定委员会审定确认 19 个树种(品系)，并认定油松等树种为甘肃省第一批林木良种。张掖地区 7 个树种(品系)

被审定确认为林木良种。

1. 用材林树种

(1)毛白杨(*Populus tomentosa*)(1347、T31 南毛新)2 个优良无性系适宜于张掖有灌溉条件的地区。

(2)麻皮二白杨 3 号(*P. gansuensis* cv"Mp-3")。对土壤要求不严,在张掖等河西灌溉区生长良好。

(3)北京 10000r 杨(*P. beijingensis*—10000r)。适宜范围:要求日温差大,可分布海拔 1000 米左右的台地,适宜张掖等河西地区。

(4)箭胡毛杨〔*P. thevestina* × (*euphratica+tomentosa* 5000r)〕。可在张掖沙区推广。

2. 引种驯化树种

(1)华北落叶松(*L. Principis*—*rupprechtii*)。适宜范围:张掖沿山地区。

(2)新疆杨(*Populus alba* var. *Pyramidalis*)。适宜范围:张掖灌区。

(二)第二次良种审定

1999 年 4 月 22 日,经甘肃省林木良种审定委员会审定、确认青杨 10 号等 39 个树种(品系)为甘肃省第二批林木良种,其中张掖地区 12 个树种。张掖地区审定通过的树种名录有:

1. 用材林树种

甘肃杨。张掖 2 号、3 号、6 号、11 号、16 号、18 号,是河西走廊灌区的主要栽培树种,张掖有灌溉条件的地域均能生长。

2. 经济林树种

(1)苹果梨(*Pyrus ussuriensis*)。适宜范围:张掖等冷凉地区,在梨适生区栽培。

(2)锦丰梨(*Pyrus*)。适宜范围:抗寒力强,适于冷凉地区栽培,喜深厚沙壤土,昼夜温差大,光热资源丰富的梨适生区栽植。

(3)梨枣(*Zizyphus Jujuba*)。适宜范围:枣适生区。

(4)晋枣(*Zizyphus Jujuba*)。适宜范围:适应性广,抗逆性强,抗寒、耐旱、耐瘠薄、耐盐碱,在庆阳、平凉市等枣适生区均能生长。

(5)临泽小枣(*Zizyphus Jujuba*)。适宜范围:适应性广,抗风、抗盐碱。适于

205

沙性土壤生长。可在张掖等地栽植。

（6）无核白葡萄（*Vitls vinifera*）。适宜范围：在温差大，气候干燥，平均气温7℃，有效积温3000℃以上，土壤pH值7—8的葡萄适生区栽植。

（三）第三次良种审定

张掖无审定良种。

（四）第四次良种审定

2007年7月6日，经甘肃省林木良种审定委员会审定、确认河北杨等23个树种（品系）为甘肃省第四批林木良种。张掖市审定通过和适宜的5个树种名录是：

1. 用材林树种

（1）青海云杉（祁连山）种子园种子（*甘S-CSO-PC-02-2007*）

（2）祁连圆柏（祁连山）母树林种子（*甘S-SS-SP-04-2007*）

2. 经济林树种

（1）金张掖梨（*甘S-SV-PU-09-2007*）

（2）黑比诺酿酒葡萄（*甘S-ETS-VV-13-2007*）

（3）红地球葡萄（*甘S-ETS-VVI-14-2007*）

（五）第五次良种审定

2010年，经甘肃省林木良种审定委员会审定刺槐、楸树等26个树木品种和认定通过的大果沙棘等8个林木品种为甘肃省第五批林木良种。张掖市审定、认定通过的树种名录是：

1. 审定通过品种

（1）用材林树种

①圆冠榆（甘州区、山丹县）（*甘S-ETS-UD-006-2010*）

②垂榆（山丹县）（*甘S-ETS-UP-013-2010*）

（2）经济林树种

①红佳人（张掖红梨2号）（张掖红色梨业有限公司）（*甘S-ETS-PS-021-2010*）

2. 认定通过品种

（1）用材林

①白榆(甘州区)(甘 S-ETS-UPU-028-2010)
②紫叶矮樱(张掖林科院)(甘 S-ETS-PC-029-2010)

五、种子基地建设

(一)种子园

1984 年—2010 年,全市新建和扩建种子园 10 处 153.87 公顷,其中青海云杉 42.7 公顷,祁连圆柏 68 公顷,沙枣 6.67 公顷,沙棘 33.5 公顷,柽柳 3 公顷。

表 3-2　张掖市林木种子园建设统计表

树种	面积(公顷)	新建	扩建	建设年份	密度(株/公顷)	无性改良	地点	预计产量(千克)
青海云杉	42.7	新	扩	1981—2001	400	无性系	祁连山水涵院、山丹县十里堡林场、肃南县西营河林场	
祁连圆柏	68.0	新	扩	1984—2006	550—557	0.05—0.2	祁连山水涵院、民乐县大河口林场、肃南县西营河林场	150
沙枣	6.67	新		1986	210	无性系 3 个	市林科院	5000
沙棘	33.5	新		2002—2009	2565		山丹县大马营乡、陈户乡	665
柽柳	3.0	新		2002	3300	无性系	肃南明海林场	

(二)母树林

1977 年—2010 年,全市建立母树林 641.77 公顷,其中:青海云杉 423.5 公顷、沙枣 66.67 公顷、祁连圆柏 141.3 公顷。

表 3-3　张掖市母树林建设情况统计表

树种	地　点	面积（公顷）	林龄（年）	建设年份	母树林质量状况			
					密度（株/公顷）	优良木（%）	平均株产种量	提高产种量
青海云杉	肃南县西营河林场、西水林场、山丹县大黄山林场、民乐县大河口林场	423.5	27—83	1977—2002	552—750	45.4	0.4	840
沙枣	甘州区十里行宫林场	66.67	15	1981	900	39.8		
祁连圆柏	水涵院、民乐县大河口林场	141.3	15	1984—2006	550—557	69	0.05—0.2	150

注:甘州区十里行宫林场已改建为工业开发区,沙枣母树林已不存在。

(三)采种基地

1980 年—2010 年,建立采种基地 4277.01 公顷,其中:青海云杉 830 公顷,花棒 605 公顷,毛条 462.67 公顷,沙枣 666.67 公顷,沙棘 1000 公顷,胡杨 20 公顷,枣树 15 公顷,柽柳 677.67 公顷。

表 3-4　张掖市林木种子采种基地建设成果统计表

单位:公顷、株、千克

基地树种	面积	采种基地地点	建设年限	密度	产种量	分布区
合计	4277.01				611346	
云杉	830	水涵院、寺大隆林场、山丹、民乐、肃南	1984—2005	7—13	11712	祁连山水涵院、寺大隆林场、山丹县大黄山林场、民乐县大河林场、肃南县西水林场

续表

基地树种	面积	采种基地地点	建设年限	密度	产种量	分布区
花棒	605	临泽、甘州、民乐	1980—2003	825—2962	11410	临泽五泉林场、甘州区西城驿林场、民乐县六坝林场
毛条	462.67	临泽、甘州、高台	1980—2006	1110—6840	18927	临泽县五泉林场、甘州区西城驿林场、高台县合黎乡、南华镇、宏达公司
沙枣	666.67	甘州、高台	2002—2005	1245	350000	甘州区九龙江林场、红沙窝林场,高台县三益渠、三桥湾林场
沙棘	1000	山丹	2002—2009	2565	2850	山丹县大马营乡、陈户乡的7个村
胡杨	20	肃南	2002—2003	1245	270	肃南县明海林场
枣树	15	临泽县	2002—2005	666	12.6万根（接穗）	临泽县五泉林场二站
柽柳	677.67	高台、肃南	2002	4995—9990	1082500（插条）	高台县三益渠、三桥湾林场,肃南县明海林场

第二节　种子生产和经营

一、种子工作的方针政策

中华人民共和国成立以前,张掖市林木种子工作无资料记载。中华人民共和国成立之初,依靠农民群众采种,由政府订约收购,供当地农民育苗。1951年全区采种602.5千克。1952年根据国家林业部的通知,张掖、山丹、民乐、临泽、高台县推广山东省"发动群众,自己采种,自己育苗,自己造林"的"三自"经验。是年采种1.26万千克。1954年,甘肃省人民政府发布《关于加强林业工作的指示》,把种苗工作作为主要任务来抓。1955年甘肃省农林厅召开全省林业工会议,提出"依靠互助组、农业社,开展自采、自育、自造、自护"的"四自"方针。在贯彻执行中,张掖专区充分发动群众,提出"一人一把种,一户一畦苗""有一株,采一株,有一片,采一片"的口号,同时采取国营与群众结合、集体与社员个人结合以及母树林采集与零星树采集相结合的采种办法,形成采集林木种子的群众运动,使大部分造林树种的种子能够自给自足。1956年,国家林业部在全国林木种子工作会议上确定"自用自采,积极支援缺种地区"的经营方针。有些地方因从单纯经济观念出发,出现破坏母树、见种就采和种子质量下降等问题。1958年,甘肃省农林厅发出《关于加强杨树沙枣母树保护工作的通知》,要求节约用种,保护母树。

1959年9月,甘肃省农林厅、教育厅、商业厅、水利厅、共青团甘肃省委员会、甘肃省妇女联合会联合发出《关于发动广大青少年、妇女、学生开展采集树种育苗工作的联合通知》,号召全省青少年、妇女、学生投入采种工作,多采种,解决造林任务加大后出现的种子不足的矛盾。1963年,各级供销社开展部分林木种子收购工作,以补充林业部门的种子不足。1964年—1966年采种量猛增到135.48万千克,年均45.16万千克。1966年后由于"文化大革命"的影响,种子生产工作基本处于停顿状态。1971年后开展农业学大寨,造林事业逐步得到恢复。1978年贯彻全国林木种子工作会议精神,林木种子开始面向全面经营和繁育良种。张掖地区提出"种子生产专业化,质量标准化、造林良种化"的目标。

二、种子采收

1951年全区(今辖区,下同)采收种子602.5千克,1980年为15.61万千克,1985年为19.41万千克,分别比1950年增加53倍和67倍。主要树种有青海云杉、沙枣、刺槐、山杏、花棒、沙棘等。历年种子采收量,随着育苗和造林工作的起伏,出现几次较大波动,而总趋势是数量、质量有所提高。从1951年—1959年,年采种量由602.5千克增加到46.58万千克(部分是果实,不全是纯种子);1960年—1966年间,年采种量则在2.7万多千克至16万多千克之间波动;1964年—1966年采种量增加到135.48万千克,年均45.16万千克。1967年—1977年间,由于"文化大革命"的影响,前期采种量起伏增加,至1977年,全区采种264.6万千克,年均37.8万千克。沙枣、云杉等种子除自用外,还支援省内其他地区及内蒙古、河北、辽宁等省区。从 1981 年起,逐步调整林种、树种结构,广泛栽植经济林、杨树和灌木树种。1981 年—1994 年采种 54.2 万千克,年平均 3.87 万千克。1995 年—2010 年采种 96.69 万千克,年平均采种约为 6.45 万千克。2005 年为最多,年采种 8.53 万千克。一般造林树种的种子自给自足;沙枣、青海云杉、山杏、花棒、毛条、祁连圆柏等树种的种子,可支援外省区一部分。油松、华北落叶松、樟子松、国槐、杜梨、山定子等树种种子大部分从外省区调入。

表 3-5　张掖市 1950 年—2010 年林木种子采收量统计表

单位:千克

年　份	采收量	年　份	采收量	年　份	采收量
合计	7766750	1966	472620	1983	32800
1950		1967	121590.5	1984	32100
1951	602.5	1968	105055.4	1985	35400
1952	12574	1969	108000	1986	36700
1953	55393.5	1970	156992.5	1987	38600
1954	12365.5	1971	338530	1988	46200
1955	43842.5	1972	352860	1989	33537
1956	156164	1973	368570	1990	42280
1957	107855.5	1974	375400	1991	30800
1958	289777.5	1975	386480	1992	48400
1959	408669.5	1976	409850	1993	54300
1960	104778	1977	414310	1994	52600
1961	1400	1978	247250	1995	32400
1962	2150	1979	248106	1996	24200
1963	68010	1980	156050	1997	34200
1964	428500	1981	21500	1998	45300
1965	453680	1982	22600	1999	70500

续表

年　份	采收量	年　份	采收量	年　份	采收量
2000	84000	2004	81500	2008	52400
2001	64400	2005	5300	2009	59300
2002	65700	2006	63300	2010	56100
2003	76200	2007	72100		

三、种子贮藏和调拨

（一）贮　藏

张掖树种为秋冬采收，随采随播或翌春播种育苗，种子无须长期贮藏。民间少量、短期贮藏的，多在完全干燥后用容器干藏或密封干藏。随着生产发展，为调剂种子丰歉余缺，减少损失，1984年—1985年，在林业三站院内建立地区首座种子库，面积80平方米，贮藏量2.8万多千克。20世纪90年代，因大量种子外调，贮藏工作处于停顿状态。2000年以后，开始恢复。2001年，在大黄山林场林木采种基地新建种子晒场1720平方米，种子库、烘干机房、检验室等273平方米，种实凉棚530平方米。2005年，寺大隆林场在祁连山腹地建成种子库200平方米、晒场1000平方米、烘干房80平方米，并购置种子加工设备、生产工具、检验设备各1套。2006年，民乐县在大河口林场投资409万元，建成510平方米种子生产用房和1000平方米晒场。至2010年底，全市共建成种子贮藏库近1200平方米，年贮藏量150万吨。

（二）调　拨

种子的贮藏调拨开始于80年代末期。1989年张掖地区林木种子站采集（包含外地采购）青海云杉、沙枣、花棒、毛条、杜梨、樟子松、侧柏等各类种子8.25万千克，除满足张掖生产用种外，还支援外省区青海云杉、沙枣、花棒等8321千克。1990年，张掖地区林木种子站采收、定购沙枣、花棒、毛条、酸刺、杜梨、山毛桃、白榆等7个树种种子1.12万千克，其中从外省调入种子750千克，用于贮藏销售。1992年，地区林木种子站根据各县（市）种苗供需计划，采收、调购种子2.5万千克，其中经济林1025千克、阔叶乔木21045千克、沙生灌木

2929 千克,除张掖自用外,向外省销售 3821 千克,储备青海云杉种子 7000 千克。1994 年张掖地区林木种子站调拨种子 6000 多千克,其中一级种子 50%,二级种子 34%,三级种子 16%。1995 年,张掖地区林木种子站采收、订购、调拨各类种子 10 多个品种 4635 千克,除青海云杉调往外地,其余 3185 千克种子用于张掖春季育苗。1996 年—2010 年,全市调入种子 28.5 万千克,年均 1.9 万千克,调出 25.1 万千克。

(三)种子价格

50 年代种子价格由地方自行制定,但各地区之间的差别不大。60 年代开始差距相对较大,1964 年,肃南县青海云杉种子收购价 0.8 元/千克。1965 年甘肃省人民委员会批转甘肃省林业厅、供销社、外贸局、物价局协商制定《甘肃省主要林木种子价格的初步调整意见》,对全省林木种子价格做出统一规定,各种优良品种价格可高于同一树种一般种子价格的 10%—30%。1983 年省林木种子公司调整调拨价格。1985 年,全省林木种子工作会议讨论全省种子的调拨价格。张掖地区严格执行调拨价。到 80 年代后期,种子市场开放,出现国家、集体、个人多渠道经营,种子生产管理跟不上,规定的种价无约束力,且受其他物价和社会劳动工资影响,林木种子价格上涨幅度较大。

表 3-6　张掖市(地区)部分年份主要树木种子收购价格统计表

单位:元/千克

树种	年　　份						
	1950	1965	1972	1980	1985	2000	2010
云杉	3.00	5.60—6.00	6.00	5.00—7.00	5.60	50.00—60.00	80.00—100.0
侧柏	2.40	1.80—2.20	2.00	2.00—3.00	2.00	30.00—40.00	50.00—60.00
刺槐	2.40	1.80—2.20	1.00	1.00	1.00	6.00—8.00	12.00—15.00
山杏	0.20	0.60		0.30	0.70	2.00—4.00	8.00—10.00
酸刺		1.00—1.40			3.00	12.00—15.00	20.00—25.00
沙枣		0.32—0.44	0.60	0.60	0.60	2.00—3.00	3.00—5.00
白榆		0.30—0.40	0.40	0.60—0.80	0.80	4.00—6.00	8.00—10.00
杜梨					8.00—10.00	40.00—50.00	80.0—120.0

续表

树种	年 份						
	1950	1965	1972	1980	1985	2000	2010
文冠果		2.40—3.00	1.20	2.40—2.80	10.00	15.00—20.00	25.00—30.00
柠条		0.8—1.20	0.60	1.20	1.60	3.00—4.00	6.00—8.00
白蜡			0.50	1.00—1.60	0.40	2.00—3.00	6.00—8.00
山定子			2.00		22.00—30.00	40.00—50.00	100.0—120.0
花棒			0.40	0.80		3.00—4.00	8.00—10.00
梭梭			0.50	4.00	6.00	20.00—30.00	50.00—60.00
毛条				1.60	2.60	5.00—6.00	10.00—15.00

第三节　全国支援甘肃林木种子

　　1983年,时任中共中央总书记胡耀邦视察甘肃时作出"种草种树,发展畜牧,改造山河,治穷致富"的指示后,共青团中央于是年8月向全国青少年发出"积极行动起来,采集草种树种,支援甘肃改变面貌"的号召,要求全国青少年主要是北方11省(市、区)的青少年开展每人每年采集1两种子,支援甘肃绿化。由甘肃省林木种子公司具体承办接收工作,确定兰州、定西巉口、天水3个仓库为主要接收点;成立3个种子接收小组,1个代管组,并对外援种子的接收、保管、发放、检验、检疫以及运杂费的支付等,拟定具体办法。为了解外援树种品质及生长状况,当时在全国不同类型区确定4个种植点进行育苗试验,对大部分种子还进行品质检验和检疫, 共检验233个种批25.96万千克种子。1983年—1986年,张掖共接受支甘种子(含草种)29724千克,主要有白榆、白蜡、臭椿、侧柏、国槐、五角枫、柠条、山毛桃、山樱桃、油松、杜松、樟子松、紫穗槐、柳杉、沙拐枣等24个品种。其中:1983年接收树木种子15个品种20302千克,草种子2个1160千克;1984年接收树木种子11个品种2967千克,草种子1个品种55千克;1985年接收树木种子9个品种3340千克;1986年接收树木种子7个品种1900千克。

第四节　引种试验

为了扩大优良树种的种源,丰富栽培类型,替代不良树种,全市各县(区)和市直单位,从 50 年代开始陆续展开林木引种试验工作。至 1995 年,引进优良乔、灌、针、阔经济林等树种 50 类 200 多个品种,在全区推广。到 1998 年,全区加大林木引种工作力度,取得显著成效。至 2010 年,先后引进树种(品种) 635 个,其中杨树 285(214)个品系,针叶树 14 个,阔叶乔木树种 185 个,固沙树种 16 个,经济林树种 10 个 284 个品种(品系)。在生产中应用推广的有 80 多种,其中华北落叶松、樟子松等乔木树种 40 余个,花棒、沙木蓼、爬地柏等灌木树种 20 个,经济林树种 20 多个。

一、乔木树种

生长好和推广面积最大的有以下树种:

1. 华北落叶松。在祁连山林区,进行引种驯化试验,共造林 2000 多公顷。1968 年,从山西关帝山林区引入祁连山林区,在寺大隆、大河口、祁连、康乐、西营河等林场进行育苗试验。1973 年, 寺大隆林场进行首次华北落叶松造林试验。后在大河口、祁连、隆畅河、西营河等林场相继进行造林试验。1981 年后,又引入民乐县沿山的低山地区和临泽县五泉林场及地区林业科学研究所。到 1983 年,各引种点保存 22.9 公顷,有少量郁闭成林,开花结实。经过 15 年的引种驯化证明,华北落叶松在祁连山林区生长发育正常。幼龄期比当地的青海云杉生长快,10 年—15 年的树高生长是青海云杉的两倍以上。5 年生苗木高生长、地径生长分别比青海云杉大 495% 和 137%。使华北落叶松在祁连山林区和沿山地带的引种获得成功。

2. 樟子松。1976 年,中科院兰州沙漠所在临泽县结合沙荒地改造利用研究课题,从辽宁章古台调进樟子松苗木,以临泽治沙试验站为重点,栽植樟子松 2 公顷,以国营五泉林场、沙河林场等村办林场为辐射点进行引种定植试验。此后又在甘州区西城驿林场、地区林科所等地进行引种、育苗和造林试验,均获得成功。试验表明：经过 30 多年的引种试验和示范推广表明，樟子松是适宜沙区造林有前途的针叶树种之一，具有抗寒、耐旱、耐瘠薄、生长迅速、防风固沙能力强、寿命长等特点，是用于沙地造林、农田林网营造、园林绿化、速生丰产林营造、庭院绿化等的理想树种。

3. 杨树。全市从 50 年代起就从新疆、北京、陕西、青海、宁夏等省、区、市引进不同杨树品系 204 个，在全市各县区及市直单位栽培。在引种过程中，筛选出适合全市栽植的主要有新疆杨、中林 10 号杨两个品种。生长较好，成为防护林、用材林的主要树种之一。2000 年，张掖地区林果业研究所引进三倍体毛白杨插穗 4000 株进行育苗试验。

2008 年以来，以国有林场和苗圃为主，以林果新品种引进为重点，先后从省内外大量引进防护林、经济林及城市园林观赏性花卉灌木树种等新品种三大类 379 个，其中防护林乔木树种 54 个。引种试验成功的有山丹县十里堡林场从河南引进的大叶垂榆，从北京引进的中华红叶杨，寺大隆林场从河南引进的中华垂杨、金枝国槐等。试验观察的有：祁连山水涵院从江苏常州引进的合欢、樱花、美国红枫、紫薇，民乐大河口林场从内蒙古包头引进的碧玉杨等树种。

二、灌木树种

2002 年，民乐大河口林场采用日光温室种子育苗和大田培育方式，开展祁连山野生灌木金露梅、银露梅实生苗驯化培育，培育出圃的金露梅、银露梅实生苗 50 多万株。2005 年以来，市林科院从山东等地引进城市园林观赏性花卉灌木树种 183 个。甘州区林业技术推广站从内蒙古、河南引进硕美（万寿菊）、里程碑（万寿菊）、小矮人（翠菊）、黎明（金盏菊）、棒棒（金盏菊）、典雅（百日草）、舞会（百日草）、孔雀草等。临泽县林果业技术推广中心从河南引进薰衣草，从新疆引进紫枝玫瑰、忍冬、黑果桑树、红叶海棠等均获成功。高台县种苗站从江苏常州引进金叶女贞、金叶犹、月季。肃南县祁丰林场、马蹄林场、隆畅河林场从青海引进樱桃、珍珠梅、日本海棠、树锦鸡等。民乐县大河口林场从河南遂平引进红瑞木，从宁夏林科所引进美国野刺玫、暴马丁香。

三、经济林树种

适应果品市场的需求,苹果重点推广优质、丰产的短枝型品种。20世纪80、90年代引进、推广的苹果新品种主要有:新红星、着色系富士、首红、超红、新乔纳金、北海道9号、金矮生等。梨新品种,除苹果梨外,重点推广发展锦丰梨、早酥梨等优质梨。引进大久保、岗山白、仓方早生、麦香、水蜜、庆丰、春蕾等十多个桃品种。引进唐汪川大接杏、金妈妈、大偏头、朱皮水杏、曹杏、梅杏、李广杏、安宁18号等良种杏,和里扎马特、巨峰、玫瑰香等葡萄,奎冠、奎丽、跃进、大黄李、盖县李、京红李、美丽李、黑宝石、澳大利亚14号李子等优质果树。到1995年,引进果树新品种200多个,推广20多个品种。

1995年开始,山丹县林业局从天水、兰州、敦煌、陕西引进鲜食杏品种在国营十里堡林场、大黄山林场、东十里铺林站、陈户乡孙营村、花寨子乡花寨村等地,采用高接换优的办法发展张公园杏、兰州大接杏、李广杏、大偏头杏、梅杏、唐汪川桃杏等鲜食杏100余公顷,生长性状良好。

1996年,张掖地区林木种子站引进经济林品种六大类36个品种,其中苹果16个(红王将、2001红富士、红世界一、藤木1号、新嘎啦、斯嘎利短、爱丽

首红苹果

红梨

特、美红、首红、珊夏、嘎啦、早富士、宁丰、宁酥、寒富、寒光），葡萄类 7 个（晚红、夕阳红、京亚、87–1、藤稔、无核白鸡心、秋黑），杏类 5 个（骆驼黄、玛瑙杏、红荷包、龙王帽、一窝蜂），油桃 3 个（早红 2 号、早美光、美味），李子 3 个（红心李、玫瑰皇后、密斯特李），红枣 2 个（骏枣、梨枣），针叶树 2 个（美国班克松、日本落叶松）。

1997 年，临泽县从沈阳农业大学引进寒富短枝、宁丰苹果接穗 300 枝，在国营林场和农户家进行引种栽培，成活率在 70% 以上。1998 年，山丹县苗圃开展优质苹果、梨和杂果类采穗圃建园试验工作。苹果有寒光、寒富、宁丰、宁酥、新红星、纽红、顶红，梨品种有红香酥、七月酥、八月酥、锦丰梨，杂果类品种有李广杏、张公园、金妈妈、大扁头杏、梅杏、唐汪川大接杏、沙金红、曹杏、奎丰、奎李、绥棱红、黑宝石等 20 多个品种。初始建园面积 3.33 公顷，经过几年的培育筛选，保留 10 个品种 2.33 公顷，且树势生长健壮。2000 年开始，每年可提供接穗条 10000 根。

2002 年 8 月，市上组织林业专家，对全市 1995 年以来引进试验的 11 大类 396 个品种（品系）林果新品种进行评审，可推广的品种 112 个，不能推广的品种 47 个，待试验观察的 237 个，继续试验尚未下结论的品种 57 个。

表 3-7　张掖市引进林果新品种统计表

树种	引进品种合计	可推广品种		不宜推广品种		继续试验品种	
		小计	品　种	小计	品　种	小计	品　种
合计	396	112		47		237	
一、经济林树种		92		41		206	

续表

树种	引进品种合计	可推广品种		不宜推广品种		继续试验品种	
		小计	品　种	小计	品　种	小计	品　种
苹果	52	11	首红、超红、玫瑰红、毛里斯、金矮生、雪球、新红星、长富2号、大红宝、新冠、新帅	7	红王将、北海道9号、秦冠、珊夏、乔纳金、王林	34	新世界一、美红、藤木1号、嘎啦、新嘎啦、皇家嘎啦、早富士、宫腾富士、寿红富士2号、烟富1号、烟富3号、烟富6号、秋富、早红霞、极早红、爱丽特、宁丰、宁酥、寒光、寒富、斯嘎利短、2001富士、顶红、纽红、艳红、银红、魁红、阿斯、瓦里短枝、红矮生、岩富10号、岩富1-6号、早婕、红乔纳金
梨	45	8	早酥、东宁5号、库尔勒香梨、京白梨、早美酥、红香酥、七月酥、八月酥			37	早酥6号、早酥8号、香蕉梨、红南果梨、新水、幸水、硕丰、丰水、新世纪、新高、金二十世纪、黄金梨、水晶梨、红秀1号、金香水、爱宕梨、伏茄梨、新芽梨、北海道王梨、81-14-50、80-2-2、82-10-10、81-15-10、81-11-69、81-17-19、82-3-30、80-8-8、82-8-18、81-6-6
桃	57	19	蟠桃、仓方早生、砂子早生、安农水蜜、上海水蜜、庆丰、八月脆、筑波87、筑波84,5-9、早红2号、NJN72、NJN76、曙光、华光、艳光、远光、早美光、美味油桃	19	金山早生、麦香、安宁1-2号、春雷、北农1号、李格兰特、冈山白、白凤、京红、林白7号、大久保、五月鲜、明星、京艳、泸401、2110、雨花露、实生3号、津#黄肉	19	瑞蟋4号、早红珠、瑞光5号、瑞光7号、瑞光11号、瑞光18号、丰白巨桃、白油桃、中华寿桃、潍坊甜油桃、伊尔2号、25-17、NJN78、阿姆肯、金红、早油118号、丹墨、紫烟水桃、紫胭肉桃

续表

树种	引进品种合计	可推广品种		不宜推广品种		继续试验品种	
		小计	品　种	小计	品　种	小计	品　种
杏	33	22	曹杏、金妈妈杏、唐汪川大接杏、骆驼黄、兰州大接杏、梅杏、李广杏、猪皮水杏、比利时大接杏、牛角黄、华县大接杏、小金黄、大青皮、张公园、安宁18号、龙王帽、一窝蜂、优1、优2、白玉扁			11	红玉杏、金皇后、大海东、玛瑙杏、沙金红、串枝红、荷包杏、小玉巴丹、金太阳、凯特、意大利1号
李	26	9	澳大利亚14号、黑宝石、盖县大李、牛心李、早红李、奎冠、奎丰、绥李3号、北方1号	3	寺田实生、奎丰、香蕉李	14	牡红甜李、矮甜李、跃进李、133、大红梨、蜜思李、凯尔斯、大石中生、红心李、玫瑰皇后、黑珍珠、金帅李、陇秋李、幸运李
枣	41	10	梨枣、骏枣、大白玲枣、胎里红、大白枣、大力园枣、龙须枣、壶瓶枣、磨盘枣、晋枣	1	义乌大枣	30	相枣、赞皇枣、雪枣、胜利枣、晋枣、团枣、郎枣、婆枣、辣角枣、尖枣、灵宝枣、团玲枣、六月鲜枣、吾堡枣、小口枣、长木枣、晋矮1-3号、甜脆枣、蛤蟆枣、耙齿枣、民勤枣、民勤贺枣、兰州小枣、疙瘩枣、鸣山大枣、大雪枣、型枣、早熟1号、新疆大蜜枣、冬枣

续表

树种	引进品种合计	可推广品种		不宜推广品种		继续试验品种	
		小计	品　种	小计	品　种	小计	品　种
葡萄	63	17	京亚、京秀、青岛早红、巨峰、乍娜、黑奥林、里扎马特、京超、黑比诺、法国蓝、梅鹿辄、白雷司令、贵人香、品丽珠、黑提、红提	5	白鸡心、玫瑰香、新疆红、白羽、佳丽酿	41	红提、红指、夕阳红、瑞比尔、87-1、藤稔、早藤、户太8号、峰后、香妃、红井川、凤凰51、红瑞宝、先锋、红富士、大粒六月紫、高妻、选拔巨峰、赤霞珠、蛇龙珠、宝石洁白兰、白诗南、晚红蜜、森田尼无核、黑大粒、绯红、长粒无核白、紫珍香、金星无核、京玉、红伊豆、奥林比亚、白比诺、公酿、大红球、早红霞、京优、8611、8612、兴华1号
草莓	15	3	金明星、群星、美国四季	3	红鸡心、宝交早生、早红光	9	星都1号、星都2号、明旭、J10、费杰尼亚、红宝石、鬼怒甘、丰香、株克拉
核桃	12	1	新疆白核桃			11	美国黑核桃93-1至93-11
樱桃	2	2	大红灯、矮樱桃				
树莓	3			3	美国22号、红树莓、黄树莓		
二、造林绿化树种	47	10	三倍体毛白杨、毛白杨、84K杨、青杨、二白杨无性系8号、二白杨无性系16号、哈美杨67001、河北杨、北京1万伦	6	合欢、梧桐、阿月浑子、巴旦杏、杜仲、银杏	31	毛青杨、意大利杨、昭武6号杨、箭胡毛杨、52号杨、赤峰34号、中华46号、中林2000、俄罗斯1号杨、俄罗斯2号杨、俄罗斯3号杨、中华1号杨、湟林1号杨、乐都杨、青甘1号杨、93美8-6、93美8-17、天演速生杨、青杨雄株、大叶金丝柳、金丝柳、快柳、大果沙棘、俄罗斯大果沙棘、大粒沙棘、美国黄松、香花槐、四倍体刺槐、红叶李、印度榕、垂叶榕、日本榕

2002 年—2010 年,全市科研、推广单位,从省内外引进桃、油桃、李、杏、杏李、西梅、梨、葡萄及砧木品种(品系)150 多个。市林业科学研究院收集引进桃、李、杏、杏李、西梅等优质杂果 5 个树种 98 个品种,选育出适宜推广良种 26 个、优良砧木 3 个,引进的瑞光 28、万寿红、新围、金秋红蜜、韩国美脆桃等,生长良好。山丹县从武威、河北省涿鹿引进龙王帽、优 1、优 2、白玉扁、一窝蜂等仁用杏苗木和接穗,在霍城镇下西山村、陈户乡王城村等地栽植和嫁接 413.33 多公顷,生长挂果良好;引进木瓜杏、金杏梅、凯特、金太阳、杏王等鲜食杏新品种 5 个,在孙家营滩采用嫁接、移植、建园 16.67 公顷,经观察,生长旺盛,适应性好。

第五节　林木种子检验和标准

一、种子检验

1959 年,甘肃省农林厅林业局发出《关于进行主要林木种子检验工作的通知》,对林木种子检验工作作了若干规定。1985 年甘肃省林业厅批转省林木种子公司《关于加强林木种子购销使用管理意见》,强调在种子购销中注意种子质量,根据全省各地不同情况,对 20 个树种种子品质主要技术指标作了规定,检验有据可依。

1985 年,地区林木种子站建立种子检验室 38 平方米,仪器 10 多件,专职检验员 3 人。2000 年起,全市有 5 个县(区)相继成立林木种子检验室,配备专门的检验人员及经营仪器设备。至 2010 年,全市建立种子检验机构 6 处,种苗质量监督检测体系初步形成。

二、种子标准

1980 年前全省没有制定过林木种子标准。1981 年开展林木良种资源普查,1984 年 12 月由甘肃省林业厅主持通过油松、青海云杉、甘肃杨、河北杨、小叶杨、毛白杨、青杨、核桃等 9 个树种选优技术标准审定,并经甘肃省标准局批准于 1985 年 5 月 1 日起实施。

  1985 年，制定《主要造林树种种子质量分级标准》《主要造林树种苗木》。《主要造林树种种子质量分级标准》于 1989 年 9 月 1 日正式颁布实施，《主要造林树种苗木》经修订后于 1998 年 12 月 1 日正式实施。

祁连山水涵院龙渠种子园培育的圆柏母树林

第二章　苗木培育

张掖民间有丰富的采种育苗经验。但早期多属农民自给性生产，零星分布，数量不多。民国时期，开始出现公营和民间苗圃，经营林木种苗。中华人民共和国成立后，随着绿化造林事业的发展，种苗生产规模逐年扩大，从零星分布的母树采种，到集中成片建立林木种子生产基地，从自给性育苗，到多种形式大面积集中育苗，逐步形成完整的种苗生产体系。

第一节　发展历程

一、民国时期的苗木生产

民国后期已开展育苗工作。民国二十九年（1940 年）民乐县政府在洪水城东门外创办"洪水苗圃"，是年育小叶杨 6000 余株，柳树 2500 株。民国三十年（1941 年）张掖县在大满堡建立县苗圃，育苗面积 1.4 公顷。民国三十一年（1942年）临泽县在县城（今蓼泉）龙王庙之北建苗圃 1 处，面积 0.27 公顷。民国三十三年（1944 年）全区育苗面积 63.6 公顷，祁连山林务处建立苗圃 1.33 公顷，采集白榆、国槐、桃、杏、沙枣育苗种子供城区机关、学校植树。民国三十四年（1945 年）民乐县创办 34 个临时性苗圃，是年育苗 17.63 公顷，年产树苗 3.35 万株。民国三十五年（1946 年）3 月 22 日，临泽县政府训饬苗圃播种榆籽。是年，甘肃省政府指令临泽县播种洋槐，配发种子 50 千克，并附《洋槐播种注意事项》。

二、中华人民共和国成立后的苗木生产

（一）恢复阶段

中华人民共和国成立初期，为了恢复和发展育苗事业，1950 年 5 月，政务

院在发布的《关于全国林业工作指示》中指出："在未经土地改革的地区,在土地改革时,各县应保留一定数量之土地,准备经营苗圃。"根据这一指示,当时恢复民乐县东滩国营苗圃,并新建国营苗圃1处。祁连山林务处在新墩、民乐洪水苗圃开展育苗活动,在五泉、西营河林场开展沙枣、青海云杉种子育苗,同时提倡群众育苗。1950年全区育苗6.7公顷,1951建立张掖县新墩苗圃,1952年创建山丹县城北苗圃。全区育苗面积增加到60公顷。初步建立起育苗队伍,为以后育苗事业的发展打下基础。这一阶段育苗的主要特点:一是育苗树种单一,以杨、柳、沙枣、杏、洋槐、紫穗槐为主;二是育苗技术简易,以扦插和少数大粒种子播种育苗为主;三是育苗规模小,零星、分散。

(二)开始发展阶段

1953年,随着农村互助合作运动的兴起和发展,群众造林用苗量日渐增多。全区贯彻执行1953年7月政务院发布的《关于发动群众开展造林、育林、护林工作的指示》中有关"群众造林所需苗木,主要依靠发动各村、各户、各互助组、合作社自己采种、育苗解决"的方针和1955年9月全国种苗工作座谈会《关于当前育苗工作要依靠农业生产合作社积极开展合作社的自育、自造的决定》,在全区范围内宣传、动员群众实行"自采、自育、自造"的方针,苗木生产开始出现新的转折,新建国营苗圃4处,累计达到10处(含国营林场苗圃)。1953年—1956年育苗面积2000公顷,年均育苗33.33公顷。1956年育苗面积达到1660公顷,相当于中华人民共和国成立后6年育苗总面积的4倍。比前6年(1950年—1955年)年均育苗增长10.3倍。这一阶段育苗特点:(1)积极开展合作社育苗,苗木紧张状况有所缓解,但仍不能满足群众造林的需要;(2)仍以杨、柳等扦插育苗为主,积极推广沙枣、杏、桃、榆等播种育苗;(3)育苗管理比较粗放。

(三)曲折发展阶段

1957年以后,大部分苗圃地种粮、菜,剩余苗圃转变方向或停办。1961年—1963年,年平均育苗33.33公顷,三年共育苗100公顷,后逐步回升。1964年,通过贯彻"调整、巩固、充实、提高"的八字方针,各县办起示范苗圃,国营苗圃达到17处,社队开展4级育苗,育苗事业有了新发展。至1966年,育苗面积回升到453.33公顷。其中:公社、大队、生产队、组四级育苗274.26公顷,占60.5%。国营育苗179.07公顷,占39.5%。"文化大革命"开始后,苗木生产连年下滑,到 1969 年,全区育苗面积仅有 166.67 公顷。1971 年以后,由于大搞农田基本建设和植树造林的迫切需要,育苗事业得到恢复和发展。到 1973 年全区育苗面积回升到 660 公顷, 比 1966 年增加 45.6%,1976 年上升到 1346.67 公顷,约为 1966 年育苗面积的 3 倍。国营育苗也有新的发展,1971 年—1975 年间,国营林场新建苗圃 8 处,共 25 处。1976 年,国营育苗面积上升到 1009 公顷,比 1966 年增加 5.6 倍。这一阶段国营苗圃得到巩固和发展,集体育苗形成公社、大队、生产队、组四级育苗形式;育苗方法有所提高,由扦插育苗发展到播种育苗, 小粒种子播种育苗也有突破和发展, 但经营管理仍较粗放。1964 年—1978 年,全区 15 年育苗 5306.67 公顷,年平均育苗 353.78 公顷,年产苗量 4000 万株—5000 万株,基本可满足造林需要。

(四)改革发展阶段

1980 年—1981 年,中共中央、国务院先后发布的《关于大力开展植树造林的指示》和《关于保护森林发展林业若干问题的决定》中指出:"一定要按照造林计划,选育良种,培育壮苗";"要挑选热爱林业的积极分子,办好社队苗圃。国营苗圃要繁殖、推广优良树种,指导社队育苗。"1981 年五届全国人大四次会议通过的《关于开展全民义务植树运动的决议》和 1982 年国务院发布的《关于开展全民义务植树运动的实施办法》中明确指出:"为确保义务植树所需苗木,各地应当努力办好现有的国营苗圃和集体苗圃, 并安排必需数量的土地和专业人员,扩建或新建苗木基地,培育良种壮苗。凡是有条件的单位,都要积极自办苗圃。"为贯彻执行这些指示、决定、办法,促进育苗事业发展,从 1984 年起,按照省上"每年育苗面积达到耕地面积的 1%的要求,从灌水、化肥等方面,对国营林场、苗圃和育苗专业户给予适当扶持。1984 年—1986 年,全区三年共育苗 3393.33 公顷,年平均 1131.11 公顷。育苗最多的 1986 年,面积高达 1433.33 公顷,育苗 1 亿株,沙枣、杨树、沙生灌木苗木过剩。90 年代,经济林发展加快,各级政府对经济林育苗给予优惠扶持,适当调整育苗面积。1990 年—1995 年,全区育苗 2186.67 公顷,年平均育苗 366.67 公顷,其中六年育经济林苗 160 公顷,年平均育苗约 26.67 公顷,基本满足造林绿化需要。1996 年—2000 年,育苗 2733.33 公顷(其中新育 1466.67 公顷),占计划任务 2200 公顷的 124%。

（五）提升发展阶段

2000年起,在西部大开发的推动下,出现多元化育苗的格局。2001年—2003年,共育苗4340公顷(其中新育1466.67公顷),年均1446.67公顷。至2003年,全市苗木生产基地1026处,其中国有林场22处,专业苗圃6处,机关企事业单位园林场291处,乡村林场499处,个体育苗206户。年苗木总产量1.65亿株,造成大量苗木积压。2004年后,育苗面积逐步减少,树种结构日趋合理。至2010年全市年平均育苗面积600公顷左右。其中国有林场、苗圃育苗面积占80%以上,年生产各类苗木近1.3亿株。主要以防护林乔木树种类为主,经济林树种及沙棘、柠条、花棒、梭梭等沙生灌木类为主,呈逐年下降趋势。甘州、临泽、高台3县(区)育苗面积较大,约占全市育苗面积70%以上;山丹、民乐、肃南3县主要以针叶树种育苗为主。

表3-8 张掖市1950年—2010年育苗面积统计表

单位:公顷

年 份	育苗面积	年 份	育苗面积	年 份	育苗面积
1950	6.67	1963	66.67	1976	1346.67
1951	13.33	1964	273.33	1977	786.67
1952	60.00	1965	426.67	1978	460.00
1953	100.00	1966	453.33	1979	433.33
1954	93.33	1967	373.33	1980	326.67
1955	146.67	1968	146.67	1981	286.67
1956	1660.00	1969	166.67	1982	586.67
1957	1126.67	1970	200.00	1983	633.33
1958	2100.00	1971	220.00	1984	1173.33
1959	2086.67	1972	320.00	1985	786.67
1960	200.00	1973	660.00	1986	1433.33
1961	20.00	1974	746.67	1987	833.33
1962	20.00	1975	566.67	1988	140.00

续表

年 份	育苗面积	年 份	育苗面积	年 份	育苗面积
1989	133.33	1997	113.33	2005	673.33
1990	193.33	1998	340.00	2006	640.00
1991	266.67	1999	366.67	2007	613.33
1992	406.67	2000	1373.33	2008	566.67
1993	433.33	2001	1733.33	2009	620.00
1994	366.67	2002	1153.33	2010	620.00
1995	320.00	2003	1233.33	总 计	34546.67
1996	293.33	2004	606.67		

第二节　育苗技术

一、育苗技术的发展

20世纪50年代以前的育苗技术比较简单,一般只能用扦插和大粒种子育苗,且多用于大田播种育苗。60年代根据生产需要,试验小粒种子(杨、桑等)育苗成功,一般多用小畦育苗。70年代到80年代,以攻关解决针叶树种中难或较难的青海云杉、油松、樟子松、落叶松等育苗技术为主,在全区总结推广容器育苗、地膜育苗、大棚育苗等育苗技术。1986年以后,随着育苗新技术的引进、吸收、创新,育苗事业得到蓬勃发展。引进推广全光照喷雾育苗、ABT生根粉育苗、芽苗移植育苗、组培繁育、自控温室育苗等新技术。作业方式由过去以手工、畜力为主转变为以机械作业为主,育苗模式转向旱作育苗、垄作套种育苗、林间育苗、阴湿山地育苗等多模式育苗。1986年—2010年,新技术育苗总面积946.7公顷,占同期育苗总面积60%,其中地膜覆盖、大棚、容器三项育苗面积占新技术育苗面积92%。2010年,采用新技术育苗的面积达486.4公顷,占当年育苗面积的78.6%。

二、育苗技术规程和苗木标准

1982 年开始，按地区部署，选定有代表性的苗圃、林场，从 1982 年—1983 年抽调 10 多名技术人员，为制定育苗规程和苗木标准开展外业调查工作，取得大量基础数据，后制定《张掖地区育苗技术细则和苗木标准》上报省林业厅，由省林业厅汇总制定《甘肃省林木育苗技术规程》和《甘肃省主要造林树种苗木质量、产量标准》。1985 年 6 月通过专家审定。1985 年 8 月甘肃省标准管理局发布甘肃省企业标准《甘 Q/LY11-85 林木育苗技术规程》《甘 Q/LY12-85 主要造林树种苗木质量、产量标准》，1985 年 10 月 1 日实施。

三、标准化苗圃建立

按照国家林业部统一部署，甘肃省自 1993 年开始，按照中华人民共和国林业行业标准《国有林区标准化苗圃》（LY/T1185-1996）规定，推进苗圃建设达标活动，经过 1993 年—2005 年的努力，全市标准化苗圃由"八五"时期的 1 处增加到"十五"期的 11 处，标准化苗圃占总数的 31.4%。

育苗基地

表 3-9　张掖市国有林业单位标准化苗圃建设情况表

单位:处

时　期	苗圃总数	标准化苗圃	标准化苗圃占%
"七五"期间	3		
"八五"期间	3	1	33.3
"九五"期间	28	4	14.3
"十五"期间	35	11	31.4

第三章　植树造林

张掖植树造林历史悠久,随屯垦的开创而兴起。早在汉朝先民就开始在庭院、房前屋后栽果植树。唐朝屯垦事业发达,沟渠两岸绿树成荫。《甘肃新通志》记载:"匈奴西边诸侯,作弯庐及车箭,皆仰合黎之材木"。清《万里行程记》述:"路出抚彝(今临泽)林树苍茫。"中华人民共和国成立后,1950 年 5 月 16 日,中央人民政府政务院发出《关于全国林业工作指示》,提出林业工作方针应以普遍护林为主,在风沙水旱灾害严重的地区发动群众有计划地进行植树造林,地方政府也及时发布相应的规则、布告和指示,推动植树造林活动的开展。60 多年以来,以农民为主体,各行各业踊跃参加的群众性植树造林活动蓬勃开展,成就辉煌。

第一节　造林历程

一、中华民国以前

明、清时期植树造林成为官府的一项政事活动。清朝同治十年(1871 年)至光绪四年(1878 年),陕甘总督左宗棠曾指导清军沿陕甘、甘新古"丝绸之路"两侧及附近城乡广植树木。数年后,杨柳成行,绵延数千里,后人称为"左公柳""左公杨"。诗赞:"大将筹边尚未还,湖湘子弟满天山。新栽杨柳三千里,引得春风度玉关。"

民国时期植树造林运动逐步走向正轨。据《中国森林史料》记载:民国四年(1915 年)农商部制定《造林奖励条例》,"定清明为植树节";民国十七年(1928年)农矿部通令全国"广设苗圃,积极造林""改农历清明植树节为总理逝世纪念植树式";民国十八年(1929 年)农矿部发布《总理逝世纪念日举行植树式暂行条例》;民国十九年(1930年)农矿部将3月9日—15日定为"造林运动宣传周",并发布《堤防造林及限制倾斜地垦植办法》;民国二十九年—三十七年(1940年—1948年),农林部陆续制定《经济林场组织通则》《水土保持实验区组织通则》《全国公路植树规则》等。《河西志》载:民国三十三年(1944年)全区植树35.48万株;民国三十七年(1948年)植树88.36万株,成活63.69万株,成活率为72.08%;到1949年成片造林1200公顷。

二、中华人民共和国成立以来

中华人民共和国成立后,各级政府重视造林绿化。1950年2月,全国第一次林业会议提出"普遍护林,重点造林,合理采伐和合理利用"的方针。1950年3月20日,林垦部发出《关于春季造林的指示》,发动群众普遍栽树,有计划地营造防护林,尽可能普遍地有计划地推行封山育林,重点培植薪炭林,开展育苗。是年张掖专区(下称全区)造林46.67公顷。

1953年,根据政务院《关于发动群众开展造林、育林、护林工作的指示》,开展了群众性的植树造林活动。1953年—1955年的三年间全区造林1753.33公顷。1956年,毛泽东主席发出"植树造林、绿化祖国"号召,中央制定《1956年到1967年全国农业发展纲要》,提出"在12年内,绿化一切可能绿化的荒地荒山,在一切宅旁、村旁、路旁、水旁以及荒地上荒山上,只要是可能的,都要求有计划地种起树来"。全区掀起第一次造林绿化高潮,是年造林6320公顷,比1950年—1955年6年内年均造林360公顷,增长17.5倍。张掖林业建设初步走上恢复发展的轨道,确立以营造"绿色长城"(防护林体系)为中心的发展思路,全区城乡掀起大规模群众植树造林运动。1957年—1962年6年间共造林2.06万公顷,年均1373.33公顷。1963年,中央下发《关于确定林权、保护山林和发展林业的若干政策规定(试行草案)》(简称"林业十八条"),造林绿化逐步得到恢复和发展。经过17年的努力,全区造林面积增加3.32万公顷,年平均造林1953.33公顷。

1966年—1977年,为治理风沙,营建绿色屏障,适应国民经济发展,全区林业建设以"五好"农田(好渠道、好道路、好条田、好林带、好居民点)为中心的农田防护林,开展大规模的植树造林,并逐步建立发展国有林场和乡村林场,林业建设稳步推进,取得明显效果。特别是从1971年起,贯彻全国北方地区农业会议精神,渠路林田统一规划,综合治理,掀起以建设农田防护林网和治沙造林为中心的第二次绿化高潮。1971年—1977年7年,全区造林2.32万公顷,年均3313.33公顷。比张掖解放后21年间的年均造林2446.67公顷,增长0.35倍。

1978年—1995年,张掖被国家列入"三北"防护林体系重点建设地区之一,先后实施一、二期工程建设,并从资金、水利工程设施等方面给予重点扶持,大力调整林种、树种结构,实行带、片、网配套,乔、灌、草结合,防护林、用材林、经济林并举,加强组织领导,放宽落实林业政策,调动国家、集体、个人等各方面的造林积极性,全区掀起第三次造林绿化高潮。1982年,原国家林业部"三北"防护林建设局在张掖召开甘肃、宁夏、内蒙古3省区灌区农田林网建设现场会,推进张掖农田林网建设健康发展。18年造林12.45万公顷,年均6933.33公顷,比1978年前30年,年均增长1.9倍。张掖、临泽、高台3县(市)实现平原绿化达标,受到全国绿化委员会和林业部的表彰。

1996年—2000年,张掖林业改革与发展取得长足进步。全市林业建设坚持生态优先的原则,坚持"南保青龙,北锁黄龙,中建绿洲"的林业发展战略,先后启动实施"三北"防护林三期、天然林保护、农田林网、防沙治沙等一批重点建设工程,营造起总长440千米的15条大型防风固沙基、支干林带,保护农田10万公顷,绿洲9处较大沙窝得到治理改造,沙压农田得到恢复,65%的道路和80%的渠系实现林网化,造林绿化成果得到巩固和提高。

2001年后,张掖林业按照"项目强林、科技兴林、依法治林"的可持续发展战略,以生态建设为中心,大力实施天然林保护、退耕还林、"三北"四期、重点公益林、湿地保护、防沙治沙六大林业重点工程,开展大规模的林业生态和产业建设,全市林业生态建设保持持续迅猛发展势头。2001年—2010年10年完成营造林面积14.66万公顷(人工造林9.69万公顷,封山封滩育林4.45万公顷),年均营造林面积1.53万公顷,是1978年—2000年间营造林面积12.47万公顷的1.2倍。2010年底,全市森林总面积达到46.41万公顷,其中:天然林25.93万公顷,人工林20.48万公顷;活立木总蓄积量达1446万立方米。人工林比中华人民共和国成立前的1200公顷扩大170.7倍。林业的大发展为张掖经济社会的持续快速健康发展提供良好的生态保障。

表 3-10 张掖市 1949 年—2010 年植树造林情况统计表

单位:公顷、万株

年 度	造林面积	零星植树	年 度	造林面积	零星植树
1949	26.67	0.3	1974	2846.67	1088.49
1950	46.67	16.8	1975	3466.67	1191.68
1951	80.00	30.8	1976	5040.00	2056.09
1952	280.00	41.4	1977	3380.00	1492.87
1953	386.67	51.86	1978	2493.33	1335.59
1954	520.00	84.91	1979	2513.33	1109.49
1955	846.67	52.22	1980	2360.00	1023
1956	6320.00	510.66	1981	3540.00	903.49
1957	4153.33	82.19	1982	5286.67	1020.01
1958	6793.33	24.3	1983	5706.67	960.05
1959	5713.33	366.23	1984	10426.67	1241.95
1960	3526.67	92.37	1985	13826.67	801.32
1961	126.67	4.81	1986	11680.00	841.89
1962	260.00	1058.76	1987	9940.00	1100.2
1963	1080.00	184.94	1988	6220.00	889.35
1964	1180.00	218.4	1989	4666.67	650.9
1965	1813.33	296.32	1990	5373.33	380.19
1966	2800.00	234.49	1991	5086.67	615.94
1967	2973.33	302.42	1992	3433.33	663.87
1968	3460.00	292.18	1993	2000.00	554.28
1969	3093.33	354.05	1994	2886.67	522.3
1970	2980.00	546.67	1995	2566.67	545.74
1971	2860.00	379.31	1996	2460.00	488.47
1972	2893.33	590.45	1997	2840.00	576.67
1973	2686.67	850.68	1998	4253.33	502.09

续表

年　度	造林面积	零星植树	年　度	造林面积	零星植树
1999	5733.33	474.87	2005	6546.67	281.6
2000	9766.67	554.32	2006	3646.67	211.4
2001	10853.33	637.71	2007	3566.67	296.02
2002	19320.00	429.26	2008	4380.00	158.5
2003	30920.00	370.04	2009	7373.33	211.8
2004	11460.00	307.55	2010	2866.67	209.9

第二节　水源涵养林

一、营林措施

境内水源涵养林主要分布在祁连山天然林区,9个国有林场综合经营,采取造(造林)、封(封山育林)、改(改造低产林)相结合的办法,建设与保护水源涵养林。1978年,张掖地区建立祁连山水源涵养林研究所,专门从事有关森林涵养水源等多方面的研究。1982年,《甘肃林业区划》将祁连山划为水源涵养林区。"三北"防护林一期工程在祁连山累计营造水源涵养林2.27万公顷。1983年后,张掖地区将祁连山生态环境保护与建设纳入全区经济社会发展战略规划,大力组织实施天然林保护、封山(滩)育林、退耕还林、退牧还草、重点公益林管护等工程,切实强化林地、草地、湿地及野生动物的保护与管理,持续开展生态保护、植被恢复等方面的科学研究和技术推广。至2010年,完成封山禁牧2149.73万公顷,人工造林4333.33公顷,天保工程封山育林1.64万公顷,培育各类苗木1.2亿多株,草场补播改良33.87万公顷。实施林区移民搬迁工程,有效缓解水土资源矛盾和生态压力,使林草植被得到较快恢复,水源涵养能力得到有效提升。

二、水源涵养林效益

1978年开始，张掖祁连山水源涵养林研究所对祁连山青海云杉林涵养水源功能进行研究，取得如下成果：

1. 森林植被贮水调节功能。水源林是高山"水源水库"的源泉，使山区降水、地下水和冰雪融水的径流，通过森林植被的拦截、贮水和调节作用，长流不息，源源不断地注入河流渠道，供应河西地区主要河流中、下游农业、工业和居民生活用水。

2. 森林水文生态效益。（1）林冠层对降水的截流作用。据测定，藓类云杉林的林冠层对降水的截流量为28.4%，森林郁闭度每降低0.2时，林冠截流量以4.6%的速度递减。（2）苔藓枯枝落叶层的蓄水作用。云杉林地表面积累的苔藓枯枝落叶等地被物，平均总量为97.3吨/公顷，容水量362.78吨/公顷，吸附着相当于自身重3倍—4倍的水量。藓类云杉林涵养的水量约为865立方米/公

祁连山水源涵养林

顷—1651 立方米/公顷,仅青海云杉林就能涵蓄总水量 10380 立方米—19812 立方米,相当于 1 座 1—2 亿立方米的水库。祁连山森林植被成为"天然绿色水库"。(3)森林根系层防止侵蚀作用。青海云杉林每公顷根系重 58.3 吨,据测定,每年可贮存水量 1.3 亿吨,每年可减少泥沙淤积 15 万立方米。

3. 森林调节河川径流速度。据测定,在坡长 500 米距离内,苔藓枯枝落叶层内的蓄水要流到沟底需 2 小时,土壤表土层的水分流到沟底需要 72 小时,底土层的水分流到沟底需要 4 个月。

第三节　土地荒漠化与防风固沙林

中华人民共和国成立以来,各级政府组织广大群众根据"寸草遮丈风"的经验,坚持在农田周围用插风墙、植树造林、埋压沙障等办法,遵循"因地制宜、因害设防,先易后难、先近后远"的原则,实行乔、灌、草结合,带、片、网配套,防护林、用材林、经济林、灌木林统筹兼顾,防沙、治沙、开发利用相结合,促进经济效益、社会效益、生态效益的同步提高。

一、土地荒漠化概况

《张掖地区沙漠化普查报告(1995 年)》表明:全市沙漠化土地总面积 66.2 万公顷,占全市总土地面积 14.93%。在沙漠化土地中,流动沙丘(地)14.82 万公顷,半固定沙丘(地)13.86 万公顷,固定沙丘(地)4.57 万公顷,非生物工程固沙 2116 公顷,耕田 47 公顷,戈壁 30.7352 万公顷,重盐碱地 1.6617 万公顷,盐漠 3300 公顷,潜在沙漠化土地面积 1.6028 万公顷,非沙化土地 117.1418 万公顷。

境内腾格里、巴丹吉林沙漠横贯全市,分为山丹、民乐沙区,甘州至高台沙区。山丹、民乐沙区包括山丹、民乐两县的北部地区和甘州石岗墩一带。沙漠分布在山丹的东乐、清泉、位奇和民乐的六坝、北滩、李寨、杨坊乡。沙漠类型有新月形沙丘、新月形沙丘链和垄岗沙丘三种。沙丘高约 5 米左右,垄岗沙丘高 1 米—2 米,尚有大面积沙滩分布,多被绿洲农田所包围或隔离,地下水位深,造林种草难度较大。甘州至高台沙区包括甘州区、临泽、高台 3 县(区)及肃南明花区。沙漠主要分布在黑河水系的干、支流两岸,成片状、零星,散布于绿洲农田区和交通沿线。沙漠类型以无定形、新月形沙丘和新月形沙丘链为主,沙丘高多在 7 米以下,地下水位 1 米—3 米,在绿洲内和绿洲边缘,沙区土壤、地面水、降水量条件较好,治理条件优越。

二、土地荒漠化演变

《张掖地区沙漠化普查报告》结果显示,全市土地荒漠化 1949 年—1990 年呈增长趋势。40 年间增加 12883 公顷,年均递增 4%,其中:1949 年—1960 年,年均递增 0.8%;1961 年—1970 年,年均递增 1.5%;1971 年—1990 年,年均递增 2.5%。1991 年—1993 年,出现土地荒漠化减少的态势,年均递减率 0.08%,全市荒漠化土地面积 1993 年普查时已达 321755 公顷。《甘肃省张掖地区荒漠化土地监测报告》(1999 年)监测结果表明:沙化土地面积 72.12 万公顷,占总土地面积 17.2%;非沙化土地 3471182 公顷,占总土地面积 82.8%。在沙化土地中,有流动沙丘地 147684 公顷,占 20.48%;半固定沙丘(地)134356.9 公顷,占 18.63%;固定沙丘 47617.8 公顷,占 6.6%;非生物工程固沙地 28 公顷,占 0.0039%;戈壁 335394.1 公顷,占 46.5%;风蚀残丘 35580.6 公顷,占 4.96%;潜在沙化地 20556.6 公顷,占 2.58%。

2004 年第三次荒漠化监测,全市沙化土地面积 67.15 万公顷,占总土地面积 16.02%;有明显沙化趋势的土地面积 51.16 万公顷,占总土地面积 12.2%。在沙化土地中,有流动沙丘地 14.84 万公顷,半固定沙丘(地)2.72 万公顷,固定沙丘 15.54 万公顷,戈壁 33.81 万公顷,风蚀劣地 2593.33 公顷。

2009 年,甘肃省第四次荒漠沙化监测成果表明,与 2004 年沙化土地普查基础数据相比,监测期 5 年内全市荒漠化土地面积减少 5733.33 公顷,沙化土地面积减少 11466.67 公顷(其中流动沙丘地减少 7333.33 公顷,半固定沙丘地增加 6233.33 公顷,固定沙丘减少 3780 公顷,戈壁减少 6593.33 公顷,风蚀劣地减少 100 公顷,新增沙区耕地 93.33 公顷),有明显沙化趋势的土地减少 1.58 万公顷,轻度沙化土地减少 966.67 公顷,极重度沙化土地减少 87746.67 公顷,封禁保护区沙生植被平均覆盖度由原来的 20% 提高到 30% 以上。2006 年以来,全市共完成沙化土地治理总面积 34.98 万公顷,其中:人工造林 3.55 万公顷,荒漠植被封禁保护 31.43 万公顷。防沙治沙综合示范区建设项目实施以来,完成人工造林 3446.67 公顷,生态建设成效显著,为构筑绿洲外围生态屏障、阻挡风沙南侵、维护绿洲生态安全提供有力保障。

表 3-11　张掖市荒漠化土地演变情况表

单位:万公顷

统计单位	1949 年以前		1949—1960		1961—1970		1971—1990		1991—1993	
	合 计	固定半固定	合 计	固定半固定	合 计	固定半固定	合 计	固定半固定	合 计	固定半固定
合计	32.18	12.84	32.15	13.35	32.66	15.43	33.49	18.43	33.46	18.64
甘州	2.25	0.01	2.25	0.01	2.77	0.50	2.44	1.06	2.41	1.06
山丹										
民乐	1.38	0.43	1.44	0.70	1.44	0.73	1.56	0.73	1.56	0.72
临泽	12.49	8.48	12.41	8.70	12.40	9.93	12.29	10.14	12.29	10.35
高台	9.56	0.50	9.57	0.51	9.56	0.78	10.71	3.01	10.71	3.01
肃南	6.50	3.43	6.49	3.43	6.49	3.49	6.49	3.49	3.49	3.49

表 3-12　张掖地区 1993 年沙漠化状况统计表

单位:万公顷

区域	普查土地总面积	沙漠化土地									
		合 计		流动沙丘	半固定沙丘	固定沙丘	非生物工程固沙	戈壁	重盐碱地	盐漠	潜在沙漠化土地
		面积	占总面积比率(%)								
合计	184.94	66.20	35.79	14.82	13.86	4.57	0.21	30.74	1.66	0.33	1.60
张掖	34.84	8.27	23.74	1.35	0.34	0.72		5.86			
山丹	18.59	1.09	5.86					1.09			0.79
民乐	7.10	2.40	33.78	0.84	0.73			0.83			0.81
临泽	39.44	18.55	60.95	1.93	8.11	2.03	0.21	6.23	0.03		
高台	44.04	26.13	59.34	7.70	1.75	1.26		13.49	1.61	0.33	
肃南	49.94	9.76	19.53	3.00	2.93	0.56		3.24	0.03		

三、土地沙化成因

（一）气候变化

张掖市由于深居大陆腹地，是全球同纬度地区降水量最少、蒸发量最大、最为干旱的地带。气候变暖、降水减少，加剧该区域气候和土壤的干旱化。这使得植被盖度降低，土壤结构变得更加松散，加速土地的荒漠化。气候变暖，大范围气候持续干旱，大面积的植被因缺水而死亡，失去保护地表土壤功能，加速沙化土地的扩展及沙漠边缘沙丘的活动，使荒漠化面积不断扩大。

（二）开　荒

随着人口增加，扩大垦殖面积，发展旱作农业来提高粮食总产。由于扩大耕地面积破坏地表，改变下垫面的原始形态，土壤失去植被保护，加上强烈西北风提供动力源，土壤风蚀加剧，引起沙漠化扩大。

（三）过度放牧

过度放牧造成对草地地表的过度践踏，草原地表土壤结构破坏严重，经过风力作用，出现风蚀缺口，放牧越多的草地，土壤裸露的越多，形成荒漠化面积也越大。

（四）水资源利用不合理

张掖市农业灌溉比重大，农业、林业用地面积持续增加，水资源短缺矛盾加剧。加之张掖市向黑河下游调水，地下水超采，地下水位下降，直接引起沙区地表自然植被衰亡，土地沙化加快。

四、风沙危害

《甘肃河西的风沙问题》记述："河西地区受风沙危害的县计有民勤、古浪、武威、张掖、临泽、高台、鼎新（1956年并入金塔县）、金塔、酒泉、安西（今瓜州）、敦煌诸县。其中较严重的如张掖城西15千米的古黑水国，埋没于沙丘之下；高台县合黎山下的几个村庄，蒙受风沙灾害，其中胭脂堡，清光绪年间耕地为200余公顷，今有46.7公顷，50年间埋没的耕地约占80%。"另有沙埋麦苗、沙淤渠道、沙尘暴、干热风等灾害性天气，最严重的是1993年5月5日沙尘暴的侵袭。1993年，全市因土地荒漠化损失1680.9万元，占全市当年国民生产总值26.26

亿元的 0.64%。其中耕地受害率为 29.8%，草地受害率 7.7%，村庄受害率 49.2%，道路受害率 63.7%，水渠受害率 43.8%。

表 3-13　张掖市 1993 年风沙危害统计表

调查单位	耕地（公顷）	草地（公顷）	风沙危害状况								年损失人民币（万元）
			村庄（个）		铁路（千米）		公路（千米）		水渠（公顷）		
			总计	受害	总计	受害	总计	受害	总计	受害	
合计	63733	166132	516	254	162.8	133.9	672.6	398.2	2340.1	1025.9	1680.9
甘州	37666.67	20933.33	194	97	50.8	35.9	416.1	303.2	1071.0	501.1	105.8
山丹	12533	9733	20	9					12.0	5.0	50.0
民乐	933	2067	50	14							41.0
临泽	5200	82133	104	66	25.0	11.0	161.5		1146.3	438.0	962.1
高台	7333	1333	132	59	62.0	62.0	61.0	61.0	104.0	75.0	447.0
肃南	67	49933	16	9	25.0	25.0	34.0	34.0	6.8	6.8	75.0

资料来源：《张掖地区沙漠化普查报告》

五、治沙造林

（一）营造历程

民国三十一年（1942 年）《甘肃省施政纲领的内容及其实施的要义》中，将治沙列为内容之一，要求"所有毗连沙漠各县，必须切实注意防沙林之培植，阻止沙漠南移"。民间常用的防风固沙方法有：①种植柽柳、芨芨草等防风挡沙；②封沙育林育草；③在沙丘上插柴草风（沙）障；④在风口、地畔打土墙阻挡风沙；⑤引洪灌沙窝，促进沙区天然植被生长，并利用洪水沉淀的泥沙覆盖地面，以免沙随风走。

20 世纪 50 年代，组织群众开展固沙造林活动，总结推广"插风墙""护柴湾"和"土埋沙丘"等群众治沙经验；同时发动群众利用当时地下水位高的有利条件，在丘间低地、沙漠前沿的荒滩和河流两岸，采取插干、插条方法营造沙枣、杨、柳、柽柳等人工林，对防御风沙危害农田起到一定作用。1958 年，国家林业部在内蒙古召开陕、甘、宁、青、新和内蒙古6省、区治沙工作会议,确定治沙的方针和任务。1959年3月,中国科学院成立治沙队,在全国范围内开展治沙综合考察和治沙试验工作,下设6个治沙试验站,其中在甘肃境内设有民勤治沙综合试验站,还建立金塔、安西、敦煌3个治沙研究中心站。民勤站曾组织15个单位的180多位专家(分属15个学科专业)和科技人员,组成10个专题组,在河西沙区进行野外与室内相结合的调查观测与试验研究。通过试验,肯定梭梭、毛条、花棒、沙拐枣、柽柳等灌木在治沙造林中的重要性,并解决了梭梭、花棒的育苗造林技术。60年代初,在沙区推广民勤治沙综合试验站及有关单位试验成功的"铺设粘土沙障"与"营造梭梭灌木林"相结合的"孤身削顶,截腰分段"的固沙造林技术,建设民勤西沙窝固沙样板,张掖沙区移植推广半隐蔽式带状草上沙障和多种灌木造林。经过技术人员努力,解决沙枣、杨树的播种(扦插)育苗和植树造林中的技术问题,并以沙枣作为木本粮食和沙荒盐碱地造林的先锋树种。至60年代末,在风沙沿线营建防风固沙林1.33多万公顷。

70年代末至80年代,在北部风沙区进行大规模治沙造林,以杨树、沙枣以及梭梭、花棒、柠条、红柳等为主,营建大型骨干防护林体系。1984年,全区治沙造林面积达4.72万公顷。1991年,国家启动防沙治沙工程(详见本编第五章第三节)。

(二)造林模式

沙地造林模式　在地下水位较浅,土壤条件较好的丘间低地直接造林,然后逐年紧靠沙丘迎风坡跟踪植树,使沙丘逐步扩散到林地而被固定;在有河水灌溉的地方,开挖沙梁,引水冲沙,开辟林地、植树种草,沙丘前移后形成波浪起伏的沙地,流沙被固定在林中;对固定或半固定沙丘,用前挡后拉、分片治理,以林促草,以草挡沙;对低矮沙丘,直接在大风天气扬沙或推平,进行育苗造林。

盐碱地造林模式　国有林场、乡村林场,或有条件的乡村,以施入农家肥,种植红豆草、紫穗槐、紫花苜蓿、披碱草等绿肥和耐盐作物,改良土壤。灌水洗盐、翻犁暴晒,或盖沙压碱,降低地表含盐量。选用沙枣、红柳、金刚刺等抗盐耐碱树种,植树造林,效果较好。

河滩低洼地造林模式　选择耐湿、耐盐碱的杞柳、金刚刺、沙枣、红柳等树种,进行开沟造林。

沙漠腹地营造的防风固沙林

(三)造林措施

1. 因地制宜,适地适树

各沙区从当地条件出发,采取相应的技术措施,在固沙造林中多有创新。

(1)张掖沙区。年降水量 100 毫米,地下水埋深较浅,土壤条件较好。该区流沙面积不大,散布于绿洲的红沙窝、九龙江等地,用营造沙枣固沙林的方法固定。一是丘间低地造林;二是随着沙丘前移,逐年紧靠沙丘迎风坡的退沙畔,跟踪栽植,使沙丘逐步扩散到林地,变成波浪起伏的沙地而被固定。

(2)临泽沙区。1951 年—1952 年,临泽县在板桥、平川北部营造防风固沙林 96.8 公顷。1953 年制定防风固沙林带营造方案,在第一个五年计划期间,以"先易后难、先近后远、先育苗后造林"为指导思想,5 年营造防风固沙林带 67.5 千米,计 0.19 万余公顷。

(3)高台沙区。有河水灌溉条件,在黑泉公社的九坝、十坝一带,群众挖开大沙梁,引水冲沙,开辟林地。头年冬季灌足底水,次年春季营造杨树用材林。在背风坡基部,用粗四五厘米,长二三米的插干造林,离背风坡渐远,插干可以渐短,直栽到另一沙丘迎风坡脚。沙丘逐步前移,就被拉成波浪起伏的沙地,固定在杨树林中。造林后每年夏季灌一两次水,冬季深灌一次冬水。此外,高台沙区还利用麦草来源多的优势,采用草方格沙障压沙,在方格眼中栽植梭梭等灌木林的方法固沙。1984 年,高台县合黎乡八坝村大面积固沙造林的成

临泽县治沙中的粘土沙障

活率在 85% 以上。

2. 以灌木为主,乔灌草结合,营造防风固沙林带

在绿洲农田和大片流沙接壤地带,采用工程措施(设置沙障)和植物措施(营造灌木林和种草)结合的办法,"固身削顶"、固定沙丘;在丘间低地营造灌木林或乔灌混交林,形成防沙固沙宽林带。在靠近农田一侧,用沙枣、杨树、白榆等乔木树种,镶边造林,形成窄形防风林带。宽窄林带结合起来,即可形成一条纵深数百米至千米左右宽的防风固沙林带。

3. 以水分平衡为中心,调整造林密度

由于各河上游来水量逐年减少,加之地下水超采,70 年代后,水位持续下降,引起天然植被衰退,人工乔、灌木林成片死亡。80 年代,调整沙区灌木造林密度,由原来的每公顷 4500 株(丛)以上调整为每公顷 1650 株(丛)左右,沙丘造林调整为每公顷 300 株—750 株。

4. 封沙育林育草,保护天然植被

辖区在河漫滩、戈壁滩和沙荒滩地上,残存有成片、成带的沙枣、梭梭、柽柳、毛条、胡杨等天然乔、灌木林。在远离农田、村庄,防风固沙林带外围的地势低凹的浅水地带,分布许多芦草、冰草、碱蓬等固定或半固定沙地或沙滩。这些天然植被是绿洲外围阻截流沙,防止风沙危害的第一道防线。封育和保护好这些天然植被,对扩大绿洲面积,保障农业稳产高产,作用很大。据观测,在宽 3 米—5 米的甘草、冰草植被带内测的风速 9 米/秒时,风沙流的输沙量为 7.2 克/厘米/小时,为无植被地段的 14.4%,有 89%—94% 的跃移沙和流动沙粒被拦截在植被带内,削减风速 30%。在地面上生长甘草、沙生旋覆花,盖度达 70% 时,积沙厚度达 50 厘米,在以芦草为主的固定沙地前哨,年积沙量达 11 立方米/米宽,而下风向 1000 米处的年积沙量仅 5.93 立方米/米宽,半数流沙被拦阻在稀疏的草带内。从 1982 年开始,沙区国营林场划定绝对封禁区、封禁区、半封禁区,加强管护,植被恢复很快,到 1989 年,植被盖度由封禁初期的 10%—15%,提高到 20%—45%。

5. 机械造林

为加快治沙造林进度,60 年代初开始机械造林。至 70 年代,地区五泉林场和张掖、山丹两个机械林场实施机械造林。至 1978 年,共造林 1 万多公顷,当

年成活率80%以上。70年代,省上曾安排张掖、山丹飞播造林任务,因干旱少雨,未获成功。

（四）建设成效

自1978年按照"三北"防护林建设总体规划开始,到1995年,全区形成外有防风固沙林带,内有农田防护林网的防护林体系。在北部地带的甘新公路两侧初步建成15条大型基、支干防风固沙林带。沙区的林地总面积达10.38万公顷,其中人工造林9.66万公顷,天然林0.72万公顷。沙区有经济林1.98万公顷,其中结果面积1.17万公顷。治沙造田2.52万公顷,其中:已开发利用荒地1.1万公顷,恢复沙压地0.75万公顷,改良盐碱地0.54万公顷。

1996年后,加大防风固沙林营造力度,至2010年,新营造防风固沙林3.26万公顷。沿312、227线国道和北部风沙线营造起总长度440千米的防风固沙基支干林带15条,绿洲区10万公顷农田得到有效保护,65%的道路、80%的渠系实现林网化,9处较大的沙窝得到治理改造,形成以"农田林网化为主体、带片网点相结合、渠路林田相配套"的防护林体系,使市内无霜期延长15天左右,干热风、沙尘暴发生频率大为降低。1991年,临泽县被国家林业部树立为"全国治沙造林先进县"。该县平川乡三一村林场场长谢成贵带领群众坚持治沙,营造防风固沙林330余公顷,被树立为"全国治沙劳动模范"并录入"全国造林绿化功臣碑"。1992年,张掖地区行署和临泽县分别被省人民政府表彰为"全省治沙造林先进地区"和"全省治沙造林先进县"。

表3-14　张掖地区1995年治沙造林情况一览表

单位:万公顷

林　带	合计	张掖	山丹	民乐	临泽	高台	肃南
基支干防风固沙林带	15（条）	4（支干）	3（支干）	1（支干）	3（支干）	2（支干）	1（支干）
沙区林地总面积	10.38	3.35	0.16	0.84	3.17	2.36	0.50
其中:人工造林	9.66	3.13	0.14	0.84	3.17	2.36	0.01
天然林	0.72	0.21	0.02				
沙区经济林面积	1.97	0.82	0.02	0.32	0.55	0.26	0.01

续表

林　带	合计	张掖	山丹	民乐	临泽	高台	肃南
其中:已结果面积	1.17	0.67	0.02	0.17	0.22	0.08	
治沙造林面积	2.52	1.13		0.22	0.67	0.47	0.03
其中:开发利用沙荒地	1.10	0.27		0.18	0.33	0.29	0.03
封滩封沙育草面积	6.21	0.80	0.81	1.00	2.33	1.20	0.07

资料来源:《张掖地区志》(上卷)

第四节　农田防护林

防护林建设始于 50 年代。开始规模不大,处于摸索阶段;60 年代后期—70 年代初期,结合农田基本建设,将田、渠、路、林统一规划,大规模营造窄林带、小网格的农田林网。

一、营造概况

(一)风沙区周边林带

绿洲边缘风沙区周边地带的造林,本着"因地制宜、因害设防,先易后难、讲求实效"的原则,结合农田防护林建设,选择地势平坦、土质较好、有灌溉等立地条件较好的地段,先造杨树、沙枣、灌木小片林或窄林带,后在林内统一规划,营造林果。

(二)绿洲区农田林网

1965 年春季,省上工作组和地区在张掖县清凉寺、万家墩及临泽县板桥大队蹲点,推广新疆农田林网建设经验,收到良好效果。1971 年,贯彻全国北方农业会议精神,全区试办 25 个"五好"农田样板点。地、县组织由领导、群众、技术人员参加的"三结合"规划队伍,以农、林、牧、副、渔全面发展,渠、路、林、田、宅合理布局,打破社与社之间的界限,以渠系、道路为林网骨架,以田定渠、以渠定路,林随渠路,条田成方为标准,选择速生、小冠的杨、榆为主栽树种,建设农

高台县营造的农田林网

田林网。1981年底,中部绿洲地区有8.27万公顷耕地基本实现林网化。绿化干、支、斗、农渠5367条,总长7100多千米;绿化各级道路6395条,总长6210千米。干支渠、主干道每边植树2行—3行,斗、农渠、田间道路每边1行—2行。1982年国家林业部"三北"防护林建设局在张掖召开甘肃、宁夏、内蒙古三省(区)灌区农田林网建设现场会,肯定和推广张掖农田林网建设经验。1996年开始,按照"树种优、结构新、效益高、抗性强"的原则,加大农田防护林建设力度,至2000年营造农田林网1万公顷,65%的道路、80%的渠系实现林网化,农田防护林蓄积量达到150万立方米。2001年,针对树种老化、缺株断带、防护效能降低等问题,对重点渠系全面皆伐,一次性更新,选择多树种配置;在农毛渠栽植红枣等经济林树种,提高林网抗病虫性能。

(三)沿山地区农田林网

1987年,张掖地区行署林业处分别在民乐县李寨乡阎户村,山丹县花寨乡城南村开展沿山地区造林规划试点。沿农田、路、渠按规格植树,选择有灌水条件的小片宜林地和宅基地,营造窝窝林,开展村宅绿化。路、渠旁栽植杨树,村宅和部分农田栽植杏、海棠、山楂、楸子等耐寒杂果。1987年—1995年,全区五个农业县(市)的沿山地区,建成绿化村104个,占沿山地区村总数44%。民乐县每年造林1000公顷—1333公顷,比过去年均造林面积增长1倍多,1995年全县造林保存面积1.63万公顷。山丹县每年造林533公顷—667公顷,比过去年均造林面积增长2.5倍,到1995年造林保存面积4940公顷。1996年—2010年,全市沿山地区营造农田林网2133.33公顷。

二、营造技术

(一)林带走向

林带走向与主风方向夹角对防风效果影响大,主林带最好与主风方向垂直。据张掖等地观测,在形成防护林网之后,由于网格小,当主风方向与主林带夹角变小时,与副林带的夹角则相应增大,四边的林带都可发挥防护作用。

(二)林带结构和宽度

据测定,林带结构不同,防风有效距离和降低风速效果不同。林带结构和林带宽度、断面形式、树种组成、栽植密度有关。河西灌区林带结构有以下几种形式:(1)一路二渠4行杨树林带,上部树冠紧密,下部仅有树干,形成透风结构,透风系数0.4—0.56,林带背风面弱风区出现在7倍树高处。这类林带沿渠、路栽植,不占耕地,树木生长旺盛,林后20倍树高范围内降低风速38%—65%;(2)6行杨树、1行沙枣树、2行紫穗槐组成的9行林带,紫穗槐和沙枣分配在两侧,林带纵断面透光孔隙均匀,林带背风面弱风区出现在3倍树高处,形成疏透结构。林带后20倍树高范围内降低风速37%—44%。可以看出在灌区营造农田林网,透风结构的窄林带是防护效果好的类型。

(三)林带高度

林带越高,林带防护距离越长。河西农田防护林主栽树种二白杨、新疆杨,一般树高20米,林带有效防护距离20倍—30倍。因此林带间距可为400米—600米。网格面积4公顷—15公顷,水渠设计密度保证农田灌水,林带防护距离在有效范围内。

(四)树种选择和配置

适宜河西农田林网的主要树种有甘肃杨、新疆杨、箭杆杨、旱柳、白榆、小叶白蜡、枣树等。树种配置,透风结构的林带,仅有乔木树种,不搭配灌木。干、支渠及其并行的道路,一般4行—6行,由杨树或其他乔木树种组成,可栽植1行枣树。为减少胁地面积,农渠可以空下1条或2条不植乔木,种植紫穗槐或杞柳,在第3条或第4条农渠栽乔木。一路二渠4行的林带,在水渠两旁乔木株间混交紫穗槐或杞柳,形成乔灌结合的疏透结构林带。

(五)林带更新方法

各地在50年代—60年代营造的林带,今已基本采伐殆尽。70年代后期营造林带,亦多成熟或过熟。更新的方法:(1)择伐。林带内树木分化明显,大小不等,进行大径阶择伐,群众称之为"拔大毛",这在河西林网区较为普遍。(2)换带更新与半带更新。带幅宽,林带行数多,进行换带更新,有的地方则采用半带更新。(3)全面更新。此法分两种:一种是全面皆伐,挖出伐根,更新造林;另一种是在全面皆伐后,保留伐根,翌年萌发的枝条中保留1株—3株,称之为"萌蘖更新"。

第五节 绿色通道建设

一、"八五"以前时期

由张掖公路交通管理部门,组织沿线群众植树,绿化美化公路。"七五"期间共栽植行道树61.71万株,"八五"期间栽植行道树29.37万株。省养公路把绿化重点放在国、省道和主要干线上,打井修渠,培育树苗,采取段、道班绿化责任制。

表3-15 张掖地区1985年—1995年全区县、乡公路绿化情况表

单位:万株

年份	张掖市	临泽县	高台县	民乐县	肃南县	山丹县	合计
1985	0.68	1.2	3.78	5.85		0.25	11.76
1986	7.3	1.5	1.5	0.28			10.58
1987	4.13	1.27	5.88	6.39			17.67
1988	0.59	0.5	2.86	0.9		1.82	6.67
1989	0.32	0.28	2.52	2.4			5.52
1990	0.01	0.08	1.91	3.5	0.06		5.56
1991	0.68		0.65		0.41		1.74
1992	0.48	0.55	0.75				1.78
1993	0.45		2.36		0.03		2.84
1994	0.18		9	0.3			9.48
1995	0.8		0.97	0.23	1.8		3.8
总计	15.62	2.98	31.5	10.9	16.4		77.4

表 3-16　张掖地区 1995 年省养公路绿化状况一览表

单位:千米、万株、亩、口

路线名称		里程	宜植树里程	达到绿化标准	栽植行道树	路树保有量	苗圃	机井
合计		833.99	263.6	193	2.28	22.81	378	8
其中	沪伊	254.63	263.6	84	1.0	8.33	128	2
	西张	92.54	119	31		3	250	2
张掖公路管理段		223.24	44.5	109	0.28	12.16	250	2
山丹公路管理段		195.1	134	20.5		1.45	32	2
高台公路管理段		188.3	44	48.5	1.0	7.29	96	
民乐公路管理段		81.3	60.1	15		1.91		
肃南公路管理段		196.15	25.5					

二、"十一五"时期(1996 年—2010 年)

1996 年,地委、行署提出五年完成市内国道全程绿化的目标,制定 1996 年—2000 年国道造林绿化规划。1996 年,完成 312 线、227 线新植和补植 56.5 千米,栽植各类树木 11.67 万株。1997 年,完成国道绿化 128.5 千米,完成县、乡道路绿化 196.9 千米,植树 94.67 万株。1998 年—2000 年,完成各项道路绿化 468.4 千米,其中,县乡道路绿化 108.3 千米,乡村主干道 284.4 千米,栽植树木 220.2 万株。2001 年—2003 年,按照"大通道、宽林带、多树种、高标准"的要求进行绿色通道建设,至 2003 年完成 118.5 千米。2004 年—2005 年,完成国道 45 线、312 线、227 线新植和补植 69.2 千米,县、乡道路绿化 121.6 千米,栽植各类树木 135.67 万株。2006 年—2008 年,围绕穿境高速公路 45 线、国道 312 线及县、乡主干道路,调整树种结构,优化林种配置模式,完成各级道路绿化 213.3 千米。

第六节　薪炭林

一、概　况

中华人民共和国成立后,各级人民政府为解决农村燃料问题,号召群众营造薪炭林。从60年代起,临泽县在五泉林场和沙河林场、黑河沿岸四乡(镇)及新华镇各村的沙漠、荒滩、湿地中营造薪炭林,山丹县在六坝、五坝、北部滩等地集中成片营造薪炭林6处,主要造林树种为沙棘。1980年,甘肃省人民政府批转省林业局《关于加快河西地区薪炭林建设,解决群众烧柴问题的报告》,要求除采取供煤、办沼气和建设太阳灶等措施外,将薪炭林的营造纳入"三北"防护林体系建设,扩大薪炭林的营造规模。山丹县从2005年起,结合退耕还林工程,在大马营乡、陈户乡、李桥乡的10个村,实施农村小型公益设施林业建设项目,营造薪炭林1712.87公顷。全市历年营造薪炭林的主要树种有沙枣、梭梭、怪柳、毛条、花棒、沙棘、沙拐枣等,营造兼用薪炭林的树种有杨树、榆树、沙枣等。从60年代至2010年,甘州、山丹、临泽、高台等县(区)营造薪炭林4352.57公顷。

二、建设措施

(一)政策措施

对河西地区北部从景泰到敦煌长达1600千米风沙线上的敦煌、安西、玉门、酒泉、金塔、高台、临泽、张掖、山丹、永昌、民勤、古浪、皋兰、靖远和景泰等16个县的缺柴问题,甘肃省人民政府1980年批转省林业局《关于加快河西地区薪炭林建设,解决群众烧柴问题的报告》,要求除采取供煤、办沼气和建设太阳灶等措施外,将薪炭林的营造纳入"三北"防护林体系建设,按规定标准给予造林费用补助。省林业厅于1980年通知,放宽有关林业政策,要求本着国家、集体、个人一起上和"谁造谁有"的原则,划给农户荒山、荒坡、荒滩地营造薪炭林。1984年,省人民政府,定西、河西农业建设指挥部先后作出关于营造薪炭林的规定,其造林补助款由省"两西"建设指挥部和省财政各出一半。

（二）技术措施

（1）类型区划。1985 年,省林业厅薪炭林区划办公室依据全省生态环境特点、社会经济状况、燃料需要量等,在全省林业区划的基础上,将全省划分为 4 个薪炭林类型区,张掖属河西杨树沙枣区。全市在薪炭林建设中,严格按照类型区划和造林技术规程实施,同时在树种选择、造林密度、栽种方法、经营利用等方面,探索出一些可行的办法,在发展薪炭林方面积累成功经验。（2）经营利用办法。①矮林作业。培育的薪炭林达到高度要求和粗度时,冬季齐地面砍下树干,砍弱留壮,形成二伐林分,重复利用;②中林作业。在同一块林地采用乔林和矮林两种作业,形成上下两层林相,乔林为兼用薪炭林,矮林为专用薪炭林,进行皆伐与轮伐采薪作业。③头木作业。对旱柳等一些萌生力强的树种,采用高干造林,在主侧枝分明之后截头,待发枝后选留若干健壮侧枝,过三四年后再截枝取薪,多次砍伐利用。

第七节　全民义务植树

一、民国时期

民国时期,国民政府提倡民众义务植树。每年 3 月 12 日植树节期间,各县以不同形式组织开展义务植树活动。民国二十七年—三十年（1938 年—1941 年）,山丹县在县城南门外植杨树 11.8 万株,成活 6.3 万株。三十四年（1945 年）县长薛兴唐动员民众,于拐坝湾植树 1.4 万株。民乐县民国三十一年到三十八年（1942 年—1949 年）期间,植树 47.264 万株,民国三十七年（1948 年）3 月,县政府发布植树造林命令,县长张汝伟从外地调来各种树苗 12.33 万株,分配各乡种植,并派员检查指导,此为民国时期植树造林规模最大、数量最多的一年。张掖县民国三十一年（1942 年）,提倡民众义务植树。各乡给民众摊派任务,在道路、渠旁义务栽种。所植树木,乡、村由保甲长管理,城区由警察局管理。至民国三十六年（1947 年）,累计义务植树 35 万株。1942 年临泽县各乡镇给民众摊派任务,在路、渠旁义务栽树,乡村由保甲长管理,城区由警察局管理。高台县在历史上就有在乡村、庙宇、坟茔及河渠两旁种植杨、柳等绿化苗木的习惯。

二、中华人民共和国成立以来

中华人民共和国成立初期,各县人民政府每年组织机关、厂矿、学校、军队和城乡群众大张旗鼓开展群众性的植树造林活动,所植之树称为"零星植树"。1950年,山丹县植树0.23万株,民乐县植树2.5万株。民乐县1951年植树3万株,1953年植树8.7万株。1956年《全国农业发展纲要》中提出绿化宅旁、村旁、路旁、水旁之后,始改"零星植树"为"四旁植树"。山丹县成立由县长任司令的造林指挥部,全县15个乡成立绿化委员会,营造青年林15处、青年杏花林3处、护岸林3处、少年林4处0.15万株。1963年,全县机关单位造林0.47公顷,0.284万株,居民个人零星植树0.163万株。1965年,全县机关单位和部队学校、社教干部、城市居民利用机关院落空地和沟旁、渠旁、公路两旁造林9.93公顷,共0.021万株,每人平均10株。

1981年12月13日,全国人大常委会第四次会议《关于开展全民义务植树运动的决议》及国务院《实施办法》颁布后,全区各级组织在每年春季造林前,分别召开各种会议,层层安排部署,广泛宣传动员,有计划有组织大规模地开展义务植树活动。城区义务植树任务由所在县(区)政府及绿化委员会分配,集中时间到国有林场或义务植树基地,集中完成任务,经检查验收,发给证书;发动行业、部门、单位大办机关农林场,凡是有农林场的单位,在本单位农林场植树;没有农林场或义务植树基地的单位,由当地政府划给土地义务植树,一包几年,限期绿化。到1995年,全市兴办机关园林场242个,从业人员3700多人,经营面积1.34万公顷,造林绿化面积4106.67公顷。农村义务植树由各乡镇村社组织,一般在乡、村办林场或渠旁、路旁、河滩及主干道两旁完成义务植树任务。

"十五"以来,为切实推进义务植树工作,市上先后颁发《张掖市适龄公民义务植树绿化费收缴管理办法》《张掖市实施甘肃省全民义务植树条例办法》《张掖市造林质量事故

1989年,张掖市义务植树场景

行政责任追究办法》等,使义务植树工作趋于规范。在各级党政组织的正确领导下,市、县(区)绿委和林业部门发挥职能作用,结合重点生态工程建设和城镇园林绿化,开辟义务植树基地,切实加强全民造林绿化的组织协调、检查监督,形成政府推动,社会参与的发展格局。造林主体由过去的机关单位、学校、部队掀高潮向街道社区、乡镇村社、农民群体规模推进,并不断向基地化、规模化方向扩展。

2008 年,全市上下响应市委、市政府"建设生态张掖"的战略号召,由市绿化委员会发出《我为张掖植棵树活动倡议书》,市直及省属驻张各部门、各企事业单位广大干部职工积极参与。通过捐植、认养大树和捐款等形式,大力营建爱心纪念林,以实际行动投身于张掖绿化事业。有 108 个单位的 4356 名干部职工参与活动,捐植(认养)树木 4387 株。2006 年以来,建立义务植树基地 184 处,面积 5946.67 公顷,完成全民义务植树 3631.43 万株,造林合格率 85%以上,保存率 70%以上,义务植树尽责率 90%以上。

表 3-17　张掖市 1982 年—2010 年全民义务植树统计表

单位:万人、%、万株

年度	应参加人数	实际参加人数	尽责率	完成数量	占计划
1982	57.5	49.6	86.3	477	143
1983	57.6	50.4	87.5	372.4	112
1984	58.0	52.9	91.2	417.6	125
1985	58.4	53.1	90.9	369	117
1986	58.5	53.5	91.5	392.09	117
1987	59.6	54.2	90.9	403.77	121
1988	60.0	57.5	95.8	357.22	106.6
1989	61.3	49.3	80.4	401.13	119.7
1990	61.5	50.8	82.6	340.89	113.6
1991	62.7	57.6	91.9	350.57	108.5
1992	63.2	52.8	83.5	363.57	121.1

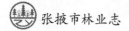

续表

年度	应参加人数	实际参加人数	尽责率	完成数量	占计划
1993	63.8	58.7	92.0	343.8	115
1994	63.9	58.5	91.6	320.1	100
1995	64.3	60.3	93.8	340	106
1996	66.5	61.1	91.9	324.2	101.3
1997	67.8	61.8	91.1	365.4	114.2
1998	67.8	62.5	92.2	343.2	107.3
1999	68.4	64.3	95.1	335	105
2000	69.9	64.8	92.7	395	123
2001	70.98	64.8	91.3	427.1	133.5
2002	70.85	66.4	93.7	268	109
2003	71.7	65.5	91.4	374.6	111.5
2004	72.45	67.5	93.2	339.1	102
2005	68.10	63.55	93.3	349.8	104.1
2006	69.45	64.18	92.4	360.7	105.8
2007	71.53	65.88	92.1	714.6	107.2
2008	72.71	66.92	92.0	714.6	109.3
2009	72.77	67.53	92.8	355.7	102.8
2010	73.93	69.34	93.8	340.8	106.7

第八节　城乡绿化

一、城镇绿化

(一)绿化综述

中华人民共和国成立后,经过坚持不懈的建设,辖区6县(区)城市园林绿化取得巨大成就。1984年以前,全区6县的城区街道,栽植许多树木,但没有统一规划,树木高低大小、前后左右参差不齐。1984 年,张掖县先在县府街搞试点,把拓宽街道与街路两旁栽植国槐等绿化任务,纳入统一规划、同步进行、一次完成绿化。当年栽植国槐 365 株,绿化带内种植花草 2905 平方米。1985 年以来,城区的东环路、南环路、西环路、马神庙街和东街、南街、西街等 10 多条街路,都按上述要求进行绿化。至 1995 年,全区新建公园 6 个,面积 52.7 公顷。绿化覆盖面积 389.5 公顷,园林绿化面积 259 公顷,公共绿地面积 82.1 公顷,人均公共绿化面积 5.1 平方米,比 1949 年分别增长 9.25 倍、10.4 倍、9.4 倍、1.6 倍和 1.3 倍。园林绿化部门按照"城区园林化、城郊森林化、道路林荫化、庭院花园化"的工作思路,大力实施城乡园林绿化重点工程,持续提升城乡园林绿化水平。

1987 年开始,各县(市)先后学习张掖市的经验,一条街、一条路的搞绿化美化,使城市园林绿化经历由弱到强的发展历程,城市环境面貌发生了较大的变化。2004 年 1 月城市园林绿化事权上划成立"张掖市园林绿化局"以来,贯彻落实市委、市政府"顺应自然,建设生态张掖,塑造张掖新形象"的总体要求,以建设"生态文明大市"为目标,按照"生态城、绿荫城、文化城"理念,创建"国家园林城市"为目标,坚持高起点规划、高标准设计、高质量建设、高水平管理,全力推进规划建绿、项目强绿、科技兴绿、依法治绿,使城市园林绿化工作取得突破性进展。到 2010 年底,全市人均公共绿地面积 11.96 平方米,建成区绿化覆盖率 40.23%、建成区绿地率 35.04%。其中市区建成区绿地率 36.06%、绿化覆盖率 40.94%,人均公园绿地面积提高到 15.07 平方米,形成总量适宜、分布合理、植物多样、景观优美、生态良好的城市园林绿化新格局。张掖市先后荣获"甘肃省园林城市""甘肃省绿化模范城市""全国绿化模范城市"等荣誉称号,城市园林绿化工作走在全省前列。临泽县先后跻身"甘肃绿化模范县""全国绿化模范县"行列,高台县跻身"甘肃绿化模范县"行列。

(二)绿化业绩

1. 地级城市绿化

张掖古城古刹栉比,亭台林立,古木参天,湖水清湛,形成"一片山光,半城塔影,连片苇溪,遍地古刹"。清诗人赵蕴崇《春日登三台阁晴眺》中描绘古城雄姿云:"高阁临城亦壮哉,凭栏苍翠四周开。风从柳谷来偏急,云向花门去不回。雪岭千层斜缥缈,甘泉一勺细潆洄。苇芽夹岸稔桃李,红白纷纷点碧苔。"誉为

"河西第一城"。中华人民共和国成立前,各主要街道两旁绿树成荫,居民院落前后栽植榆、杨,院落辟地种花,环境优美。至1949年,绿化覆盖面积10公顷,人均公共绿地面积1.38平方米。

中华人民共和国成立后,人民政府每年发动群众开展义务造林活动。1966年—1971年,在8条排水沟两岸义务植树1.5万株。1973年,在张火公路(从市区到火车站)两旁植树4万株。1977年—1979年,投入绿化资金4.34万元,在主要街道两侧植国槐3530株,首次在南环路开辟长450米、宽5.2米花坛,种植国槐、侧柏、黄刺玫721株,草花1.37万平方米。1984年后,统一规划,与硬化、美化、绿化相结合,植树逐步向标准化、多样化,乔、灌、花、草结合立体化方向发展。建成甘泉公园、东关芦苇池、南大池绿地、大佛寺景区等绿地。机关、学校、企事业单位开展小花园、小景点建设,同时与小品雕塑配套。到1995年,绿化覆盖面积207公顷,园林绿地165公顷,公共绿地38公顷,分别比1949年增长20.7倍、18.3倍和7.6倍。公园面积33公顷,人均占有公共绿地面积3.71平方米,比1949年人均1.38平方米增加2倍以上;机关庭院、公路、街道两旁植树栽花,市内树木苍翠,花红草绿。1995年被省人民政府授予"文明城市"称号。

1996年起,城市园林绿化事业健康、快速发展。2004年,结合市、区城市园林绿化事权划分,按照市委、市政府的总体要求,市园林绿化局坚持高起点设计、高标准建设和科学化养护,组织实施二环路、新建街、南环路西延段、张大公路出城口、劳动南街、民主东街等城市园林绿化精品工程建设,开展城区绿化养护、城市外围防护林建设、城乡湿地和古树名木保护、单位庭院及居住区绿化达标建设等工作。2005年开始,张掖市(区)持续实施新建、改造、美化、补植等园林绿化工程和"三十万株鲜花扮靓市区"美化工程,在主要街道摆放花箱、灯杆花盘、花柱,栽植草花、安装行道树池箅子等。至2010年,市区建成区绿地面积793.3公顷,绿地率36.06%,绿化覆盖率40.94%,人均公园绿地面积15.07平方米。形成总量适宜、分布合理、植物多样、景观优美、生态良好的新格局。

表 3-18　张掖市政府驻地城市绿化统计表

时　段	绿化覆盖面积（公顷）	绿化覆盖率（%）	城市人口（万人）	人均公共绿地（平方米/人）
1949 年	10	10.0	3.63	1.38
1978 年	23	15.3	6.13	1.63
1985 年	109.6	16.7	7.56	2.65
1990 年	133.9	19.4	7.79	3.85
1995 年	207	26.8	10.24	3.71
2000 年	301.3	28.5	12.2	7.07
2005 年	436.61	23.43	17.5	5.41
2010 年	901	40.94	19.11	15.07

2. 县城绿化

山丹县城　民国三十四年（1945 年）在南湖拐把湾植杨树 1 万余株。中华人民共和国成立后,政府重视绿化城区。1951 年在拐把湾扩大造林。并在街道路旁植树。1980 年,由县城市建设局负责城区绿化和林木管护工作。1983 年成立城区绿化领导小组,逐年营造,初具规模。重点绿化 11 条街道,植树面积达 3755 平方米,以杨树为主,还试种国槐、松树、龙爪柳等。动员机关、厂矿、学校实行驻地绿化,美化环境,有 15 个机关院内树木葱茏、花卉争艳。城区共有公共草地 8.87 公顷,果园林地 83.73 公顷,绿化面积 92.6 公顷。1984 年后,加大城区绿化力度,提出“砍掉杨家将、请进花木兰”的城区绿化总体思路,县城绿化由单一杨树向国槐、垂柳等多树种方向发展,并种植花草,美化街道。至 1995 年,绿化覆盖面积 45 公顷,园林绿化面积 32 公顷,公共绿地面积 18 公顷。建成公园 1 处,面积 5.1 公顷,人均绿地 5.8 平方米;比 1949 年绿化覆盖面积 6.5 公顷、园林面积 3.5 公顷、公共绿地 1.1 公顷、人均公共绿地 2.1 平方米,分别增长 5.9 倍、8.1 倍、15.4 倍和 1.8 倍。1996 年后,城区绿化在规模、特色上都有新突破。绿化树种以常青树为主,发展国槐、紫穗槐等树种,花草搭配,向园林化城区迈进。至 2010 年,建成区绿地面积 228.88 公顷,绿地率 32.06%,绿化覆盖率 38.11%,公园绿地面积 29.26 公顷,人均公园绿地 5.97 平方米。

民乐县城 民国时期，县府街衙门东西两侧，有杨树几十株。县立初级中学校园有杨、杏树数十株。1952年后，县人民政府动员机关单位在门前院落栽植杨树，但年年栽树，成活较少。1958年春，县人民委员会派张志纯从武威县购来槐树苗2000株栽在县府街和南街，当年存活，翌年死光。1975年，县绿化委员会统一规划，分段包干，植树点、线逐年扩大。至1995年，绿化覆盖面积4.2公顷，园林绿化面积8公顷，公共绿地面积4.2公顷，比1949年5.1公顷、3公顷、1.2公顷分别增长1.5倍、1.7倍和2.5倍，人均公共绿地由1.5平方米增加到4平方米，增长1.7倍。1996年后，不断优化树种结构，干部群众绿化意识不断增强，完成民乐公园、中心广场、迎宾广场、建材市场小广场、彩虹门东侧绿地、工商局东侧绿地、三角岛绿地及道路、机关、企事业单位、居住区等附属绿地的建设，城市形象得到很大提升。并开展一系列绿化、美化城市的活动，如"千棵大树进城"工程和"万盆花卉"示范活动。至2010年，建成城区绿地面积152.97公顷，绿地率33.99%，绿化覆盖率37.13%，人均绿地8.1平方米（公园绿地2.67平方米）。

临泽县城 1983年以前，县城绿化简单，只有几条街道栽植行道树和几个花坛。1984年后加快绿化进程，街道院落植树2万多株；红西路军烈士陵园占地面积54公顷，种植树木12万株；有苗圃1处，面积5.6公顷；儿童乐园占地面积2000平方米，树木3000余株，培植草坪400多平方米；1995年城区绿化覆盖面积62公顷，人均公共绿地6.3平方米，比1978年3.6平方米增长75%。1996年后，城区绿化步伐逐年加快，建设城区永久性绿地，建成"颐和绿苑"、12生肖音乐喷泉、假山、儿童戏水池、溪流、人行步道等设施，栽植常青树和花灌木，空闲地种植草坪。2003年县林业局接管城区绿化，实施百棵大树进城工程，栽植以青海云杉、油松、樟子松、落叶松、柳树等大树200多株。2004年起，国道两侧栽植柳树和圆柏、垂柳、新疆杨及河柳，对部分花坛进行绿化改造，点缀各种树木，安装喷灌设施和种植草坪，建成以彩叶灌木造型为主、草坪花卉为辅的绿化模式，改善县城生态面貌和窗口形象。至2010年，建成区绿地总面积133.07公顷，绿地外树木遮阴面积达51.95公顷，绿地率38%，绿化覆盖率41.7%，人均公共绿地面积22.71平方米。

高台县城 1949年绿化覆盖面积6公顷，园林3.7公顷，栽植树木1.1万株。公共绿化面积1.5公顷，人均公共绿地3平方米。到1978年，绿化覆盖、园林、公共绿地分别增加到 8.1 公顷、4.5 公顷和 3 公顷,植树 2.5 万株,人均公共绿地面积 3.1 平方米。至 1995 年绿化覆盖面积 28 公顷,园林 16 公顷,公共绿地面积 8.1 公顷,有公园 1 处,面积 6.3 公顷,人均公共绿地面积 5.7 平方米,比 1949 年增长 90%。1996 年起,由过去单一的乔木树种向乔、灌、草、花相结合,国槐、刺柏、云杉、樟子松、侧柏、刺玫、园冠榆、红叶小檗、水蜡、三叶草相搭配的格局。建成月牙湖公园、大湖湾风景区、湿地公园等 10 多个绿化精品,城市绿化档次和水平大幅提升。建成市级园林化、花园式单位 9 处,县级园林化、花园式单位 26 处。至 2010 年,绿地面积 168.1 公顷,绿地率 33.62%,绿化覆盖率 39.48%,公园绿地面积 18.6 公顷,人均公园绿地 7.19 平方米。

肃南裕固族自治县城　至 1995 年,街巷植树 1 万株,建公园 1 处,面积 3 公顷。城区绿化覆盖面积 35 公顷,园林绿地面积 18 公顷,公共绿地面积 4.6 公顷,人均公共绿地面积 3 平方米。到 2010 年底,建成区绿地面积 70.24 公顷,绿地率 41.32%,绿地覆盖率 47.08%;建成公园 1 处,人均公园绿地 17.1 平方米。

表 3-19　张掖市 5 县政府驻地绿化统计表

单位:公顷、%、平方米/人

县名	1949年末					1978年末					1995年末						
	绿化覆盖面积	绿化覆盖率	园林绿地面积	公共绿化面积	人均公共绿地	绿化覆盖面积	绿化覆盖率	园林绿地面积	公共绿化面积	人均公共绿地	绿化覆盖面积	绿化覆盖率	园林绿地面积	公共绿化面积	公园个数	公园面积	人均公共绿地
合计	46.1		16								182.5		94	44.1	4		
山丹县	11	6.5	3.5	1.1	2.1			5	3	2.8	45	17	32	18.0	1	5.1	7.8
民乐县	10	5.2	3	1.2	1.5			3	1.5	2.1	12.5	9.2	8	4.2			8
临泽县	13	6.3	3.8	1.3	3.5			6.5	3.1	3.6	62	21	20	8.2	1	5.3	5.6
高台县	8.1	6	3.7	1.5	3			4.5	3	3.1	28	12.1	16	8.1	1	6.3	7.5
肃南县	4	4	2	0.7	0.2			3	1.1	3	35	15.7	18	5.6	1	3.0	5.3

续表

县名	2000年末 绿化覆盖面积	绿化覆盖率	园林绿地面积	公共绿化面积	公园 个数	公园 面积	人均公共绿地	2005年末 绿化覆盖面积	绿化覆盖率	园林绿地面积	公共绿化面积	公园 个数	公园 面积	人均公共绿地	2010年末 绿化覆盖面积	绿化覆盖率	园林绿地面积	公共绿化面积	公园 个数	公园 面积	人均公共绿地
合计	298.7		149.4	93.28	4	40.1		466.3		174.7	210.93	5			753.26	203.5	309		5		
山丹县	62	21	36	26.82	1	12.1	9.6	138.1	25	41	54.17	1	18.3	11.5	228.88	38.11	80.3	95.23	1	29.26	46.71
民乐县	36.4	11.3	16	15.73			10	88.3	14	22.3	58.86	1	6.8	20	152.97	37.13	52.1	88.51	1	12.03	33.99
临泽县	85.3	25	42.5	14.17	1	10.3	7.3	102.2	32	50.1	22.87	1	18.2	10.5	133.07	41.7	76.8	31.25	1	39.505	66.54
高台县	68.5	13.2	28.4	28.88	1	10.8	15.6	96.5	19.1	31.2	60.58	1	12.5	25	168.1	39.48	58.6	82.86	1	18.6	64.90
肃南县	43.5	23.7	26.5	7.68	1	6.9	8	51.2	40	30.1	14.45	1	10.2	13.5	70.24	47.08	41.2	20.2	1	19.15	62.71

（三）主要成就

1. 园林规划工作稳步推进。2006年10月，委托兰州市园林设计院编制《张掖市城市绿地系统规划（2006—2020）》，上报省建设厅批复实施。临泽、民乐、高台、山丹县编制实施《县城绿地系统规划》，使全市城市园林绿化发展步入科学化轨道。严格实施建设项目绿化规划方案审核、建设项目附属绿化工程竣工验收制度，要求道路绿地率不低于20%，新城区绿地率不低于35%，旧城区绿地率不低于30%，保证城市发展所需的绿地资源。严格执行《城市道路绿化设计规范》等行业标准及规范，实行城市园林绿化工程设计方案评审制度，提升城市园林绿化景观质量。

2. 园林绿化建设成效显著。2004年以来，依据市、县《城市绿地系统规划》中的分期规划，坚持景观效果与生态效益相结合，乔、灌、花、草合理搭配，地面绿化与空间美化相结合，大力实施公园绿地建设、道路绿化美化工程，城市园林绿化空间不断拓展。全市建成道路绿地109.99公顷，公园绿地420.18公顷。其中：市区建设道路绿地46.6公顷，公园绿地29处301.63公顷，建设金张掖大道等园林景观路5条，东、南、西、北大街等特色绿化路20条，新建道路绿化达标率95%。城市园林绿化建设与城市建设同步跟进、无缝对接，基本形成总量适宜、分布合理、植物多样、景观优美、生态良好的城市园林绿化格局。

3. 绿化养护水平逐年提升。市区创新绿化养护管理机制，采取双向选择和竞争上岗、分组管理与个人承包相结合，整合资源，将道路绿地、街头绿地的养护管理实行分片定段承包管理，并与养护人员签订《目标管理责任书》，制定实施绿化养护质量标准及考核管理办法，推行工效挂钩。加大绿化养护新技术、新产品引进推广力度，根据不同路段实际情况和植物生长习性采取科学合理的养护措施。使60%地段养护水平达省一级标准，其余路段达省二级标准。各县（区）按照《甘肃省城市园林绿地养护管理质量标准》，分类制定绿化养护管理方案，全面实行月考、季评，责任到人，工效挂钩，绿化养护水平稳步提升，确保城市园林绿化景观质量。

4. 园林绿化职能不断强化。依据国务院《城市绿化条例》等有关规定，上报市物价部门批复实施《张掖市损坏城镇绿化植物和园林设施赔（补）偿标准》，加强执法队伍建设，规范行政执法程序，严格依法查处破坏城市园林绿化的违法案件。至 2010 年,受理园林绿化违法案件 251 件,查处结案 243 件,结案率 97%。严格执行占用城市绿化用地许可、园林绿化企业资质审批等 7 项行政审批(许可)事项,启动开展行业管理,受理行政审批(许可)申请 267 件,办理 267 件,逐步强化城市园林绿化监管职能。

二、农村"四旁"植树

1957 年 1 月 23 日,中共中央政治局通过的《一九五六年到一九六七年全国农业发展纲要(修正草案)》中,要求在"一切宅旁、村旁、路旁、水旁,只要是可能,都要有计划地种起树来",历年造林工作通知中对"四旁"的数量和质量都有要求。张掖"四旁"植树与护庄、护田、护渠、护路相结合,成效显著。张掖、民乐、山丹、临泽、高台 5 县(市)共植"四旁"树木 16.8 万株。1964 年 3 月 7 日,共青团甘肃省委作出全省青少年积极投入春季植树造林运动的决定, 号召全省共青团员和青年积极参加 4 月 1 日和 10 月 1 日的造林绿化活动,除成片造林外,还要在村庄附近、道路两旁植树,并要绿化、美化城镇、机关、学校、工厂。至 1975 年,全区农村"四旁"植树保存 2343.8 万株,占全省 2.5 亿株的 9.21%。

1975 年后,农村"四旁"植树发展较快,并成为全区林业建设的一项重要任务。1976 年—1985 年,农村"四旁"植树达 11943.86 万株,年均 1194 万株。其中:1984 年全区 "四旁"树木保存株数 2248.5 万株, 折合面积 4990.67 公顷。1985 年"四旁"树木蓄积量 34.65 万立方米。1978 年—1985 年,为农村提供 10 万余间房屋建筑所需木材,提供薪柴 3000 余万千克,成为农村民用木材和薪柴的主要来源。

1986 年—1995 年,全区完成"四旁"植树 6764.66 万株,1996 年—2010 年完成"四旁"植树 5710.2 万株。2010 年,全市"四旁"树活立木蓄积量 48.29 万立方米,占总蓄积量 19.37%。

表 3-20　张掖市乡(镇)、村寨绿化统计表

代表年	乡(镇)数	村寨数	绿化覆盖率达20%以上		绿化覆盖率达30%以上		绿化覆盖率达40%以上	
			乡(镇)	村寨数	乡(镇)	村寨数	乡(镇)	村寨数
1986	89	877	31	358	15	142		
1990	90	892	24	323	20	180		
1995	90	904	19	250	28	281	1	1
2000	90	922	19	215	30	329	2	9
2005	65	911	18	217	31	352	7	40

三、乡村绿化

(一)概　况

随着建设林业小康村与建设社会主义新农村的推进,乡村绿化被提到议事日程。2004 年 6 月,省绿化委员会、省林业厅在永靖县召开全省村镇绿化建设现场会议,对全省乡(镇)驻地的绿化作出中期安排,从目标、任务、政策、措施等多个方面提出要求,全面规划乡镇村绿化。按照省上生态小康村镇建设规划和标准,以"森林城市、森林乡镇、森林村庄"为目标,以省、市级新农村建设示范点绿化为重点,建立绿化示范点 35 个(省级 7 个、市级 6 个、县区和乡镇级 22 个),开展"创绿色家园、建富裕新村"行动,推进城乡绿化一体化进程。

(二)业　绩

90 年代,全区各级党政组织大抓农村庄前屋后、街前巷后植树绿化工作,到 1995 年,农村门前、院落设置花池 2.2 万个,种花种草面积 30 多万平方米。临泽县平川乡芦湾村统一规划,建设门前果树街,院内零星果,院后花果园。有的村还培育大量盆花盆景,绿化美化村宅环境。

至 2010 年,村镇绿化面积 2433 公顷,其中乡(镇)绿化面积 586 公顷,绿化率 28.2%;行政村绿化面积 1213 公顷,绿化率 24.4%;乡镇周围面山绿化面积 464 公顷,人均公共绿地达 3.87 平方米以上。2007 年中央宣传部、中央文明办、全国绿化委员会、国家林业局联合组织评选活动,临泽县获"全国绿色小康

县"称号,甘州区沙井镇三号村、高台县合黎乡五一村、民乐县民联乡龙山村获
"全国绿色小康村"称号,全市有 15 户农家获"全国绿色小康户"称号。

表 3-21　张掖市 2005 年—2010 年园林化单位、花园式单位名录

年　度	园林化单位	花园式单位
	市直及省属驻张单位(驻军)	
2005	张掖电力局	张掖市人民政府
	驻军某部	张掖军分区
	张掖市人民医院	张掖市邮政局
	河西学院	市财会培训中心
	七九六矿社区	张掖中学
	张掖市委党校	张掖市职教中心
	滨河集团	张掖宾馆
	张掖市供水总公司	甘州区青西中学
	张掖市三强化工公司	张掖市电信局
	张掖第二中学	张掖烟草专卖局
	张掖第四中学	
	张掖试验中学	
	玉门油田度假村	
	甘肃祁连山国家级自然保护区管理局	
2006	市环保建材公司	张掖一中
	甘肃省祁连山水源涵养林研究院	
	张掖市林业科学研究院	
	张掖市寺大隆林场	
	甘肃金土地酒业公司	
	甘肃电投张掖发电公司	
	省地矿局水文地质勘测院	
	张掖市国家税务局	

续表

年　度	园林化单位	花园式单位
2007	甘肃电投张掖发电公司	
	省地矿局水文地质勘测院	
	张电嘉园	
	张掖市污水处理厂	
2008	张掖市劳动和社会保障局	张掖市公安局交警支队
	张掖市恒达热力燃气公司	甘肃煤田地质局 145 队
	张掖市馨宇丽都小区	
2009	张掖市财政局	
	甘肃张掖小孤山水电公司	

甘 州 区

年　度	园林化单位	花园式单位
2005	甘州区博物馆	甘州区人民政府
	甘州区东湖小区	甘州区电力局
	甘州区新乐小区	甘州区北街小学
	甘州区人民医院	
2007		甘州区红沙窝林场
2008	甘州区新墩镇人民政府	
	甘州区兔儿坝天然植被保护站	
2009	甘州区龙渠三级水电开发公司	

山 丹 县

年　度	园林化单位	花园式单位
2006	山丹县人民政府	山丹县电力公司
	山丹县南湖生态植物示范园	山丹县林业局
2007	山丹县李桥乡人民政府	
	山丹县十里堡林场	
2008	山丹培黎学校	
2010	山丹县大黄山林场	
	甘肃山丹宏定元化工有限公司	

续表

年 度	园林化单位	花园式单位
民 乐 县		
2006	民乐县人民政府	甘肃银河食品公司
2007	民乐县职教中心	民乐县洪水中学
	甘肃锦世化工公司	
	民乐县丰乐乡人民政府	
2008	民乐县世纪嘉园小区	民乐县大河口林场
2009	民乐县洪水河管理处	
2010		民乐县六坝林场
临 泽 县		
2006	临泽县职教中心	
	临泽县第一中学	
	临泽县房管局	
2007	临泽县水务局	
	临泽县西路军烈士陵园管理处	临泽县电力局
	临泽县人民医院	临泽县第二幼儿园
	临泽县五泉林场	临泽县苗苗幼儿园
2008	临泽县驻军某部	
	临泽县委党校	
	临泽县平川中学	
2009	临泽县人民法院	临泽县气象局
	临泽县消防大队	临泽县人民检察院
2010	临泽县机关事务管理局	
	临泽县板桥中学	
高 台 县		
2006	高台烈士陵园	高台县职业中等专业学校
	高台县人民医院	高台县水务局

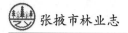

续表

年　度	园林化单位	花园式单位
2007	高台县委、县政府	高台县城关初级中学
	高台县第一中学	高台县中化番茄制品公司
	中央储备粮高台直属粮库	
2010	高台县三益渠林场	高台县合黎乡人民政府
肃 南 县		
2006	肃南裕固族自治县马蹄林场	肃南裕固族自治县第一中学
		肃南裕固族自治县明花乡人民政府
2007	肃南裕固族自治县康乐乡政府	中共肃南裕固族自治县委、县人民政府
	肃南裕固族自治县西营河林场	
	肃南裕固族自治县马蹄寺旅游区管委会	
2008		肃南裕固族自治县林业局
		肃南裕固族自治县红湾小学
		甘肃祁连山生物科技开发公司
2009		肃南裕固族自治县祁丰乡人民政府

四、部门及单位庭院绿化

从 20 世纪 50 年代起到 2010 年,全市行政机关、企事业单位、省属驻张单位、部队、学校等单位,结合全民义务植树,坚持不懈地开展绿化美化活动,绿化档次逐年提升,成效显著。至 2010 年, 全市建成单位庭院及居住区绿地 315.68 公顷,创建"全国绿化模范单位"2 个、"甘肃绿化模范单位"4 个、市级"园林化单位"和"花园式单位"121 个。51 个居住区中创建市级园林化小区和花园式小区 36 个。推行墙体绿化 32 处,屋顶绿化 5 处。

（一）厂矿区、园区

甘肃省山丹县电力有限责任公司　2000 年以来, 组织实施以公司绿化为主要内容的城市建设"绿亮清"工程,开展绿化年和园林绿化达标创建活动,每年筹措并逐年增加园林绿化资金,建立健全园林绿化管理办法和实施措施,引入先进园林绿化生产和管理手段,购置园林绿化机械化装备。通过规划建绿、拆房建绿、筑路辟绿、治脏补绿、租地种绿、破墙透绿、见缝插绿等形式,因地制宜扩绿增绿。至2005年底,公司大院和家属院区建成绿地总面积3600多平方米,绿地率26.5%,绿化覆盖率32%。2005年,公司被张掖市绿化委员会、张掖市精神文明建设指导委员会命名为"市级花园式单位"。

张掖市山丹水泥集团有限责任公司 2006年,在东乐乡创办甘肃山丹恒昌新型建材有限责任公司,是工业生产集造林绿化、生态治理为一体的新型建材工业企业。为使厂区绿化上水平,张掖市山丹水泥集团在设计之初充分考虑绿化、生产以及与周边环境的协调,争取县委、县政府和县林业局的支持,完成人工造林33.33公顷,种植各类苗木8.6万株,埋设低压输水管道2.5千米,配套灌溉用机井2眼,修建蓄水池2座,架设刺丝围栏5000米。成立由专业人员任队长的绿化队,负责树木管护,按时对林地绿化植物进行修剪、施肥、除草、防虫等专业的绿化养护工作,厂区绿化档次明显提升。

张掖市巨龙铁合金有限公司 2006年以来,在西洞滩投资45万元,埋设根区导管灌溉设施,用GGR、保水剂蘸根等抗硫酸盐技术,在园区东、西路和南、北路及生活区绿化带内栽植垂榆、白榆、垂柳等苗木3249株。开挖土方6.3万立方米,覆沙1万立方米,换土5万立方米,栽植林带长5.2千米、宽26.3米,绿化面积212亩,栽植云杉、樟子松、国槐等苗木3万株。

张掖循环经济示范园区 是甘州区机关单位义务植树基地,由兔儿坝植被管护站承担完成"六横两纵一带"(横一路、横二路、横三路、横四路、横五路、火电厂自建路,张平公路延伸段、纵二路,北部防护林带)的规划建设。至2010年,栽植以白榆、沙枣、红柳、柠条、梭梭、新建杨、甘肃杨为主的绿化树种34.97万株,道路绿化总长度18.6千米,折合造林面积72.4公顷。

(二)校园绿化

山丹培黎学校 多年来,学校充分利用地形、地貌、水体、植被、建筑等自然、人文条件,选用适合当地自然条件的花草树木,注重与建筑物、教育设施的和谐统一,突出亮点,形成特色。至2010年,栽植各类树木12000余株,种植草坪5000平方米,假山1座,大型雕塑2座,文化长廊100米,八角亭2个,小凉亭4个,花坛12个,县级爱国主义教育基地1处,葡萄长廊150米,日光花卉温室 1 座,玫瑰园 1 处。各类树木分树种集中种植。种一株活一株,种一片活一片,形成以垂柳、刺柏、油松、梨树、榆树等树种为代表的景观。并建成以芍药、一串红、牡丹、美人蕉、八角莲、玫瑰等花种构成的花坛 9 处。草坪花坛边绿草如茵,玫瑰含露,妖艳芬馥,姚黄魏紫,国色天香。学校绿化面积占校园面积的 35% 以上。

临泽县职教中心 1995 年投资兴建的一所政府统筹、教育主管、一校多制,融中职学历教育、成人继续教育、职业技能培训为一体的国家级重点中等职业学校。学校占地面积 9.2 万平方米,建筑面积 2.3 万平方米。经过全体师生员工 10 余年建设,校园形成春有花、夏有荫、秋有果、冬有景,绿树与鲜花错落其间,雕塑与花坛点缀交相的绿化美化格局。校园绿化面积 25175 平方米,绿化覆盖率 30%,师生人均绿化面积 21.4 平方米,形成文明、干净、优美的花园式学校,为师生创造优雅、整洁的学习、生活、工作环境。

(三)营区绿化

中国人民解放军驻张部队,一面执勤,一面绿化,改变营区面貌。营区绿化覆盖率达 30% 以上。

张掖军分区 1977 年以来,把植树造林、绿化营区作为营区建设内容之一。至 2010 年,营区存活树木 10 万余株,绿化覆盖率 35%,其中:营造成片林 11 公顷,栽植果园 20 公顷;育苗 2 公顷,育成苗木 6.65 万株;营区"四旁"保存树木 2.68 万株,栽植绿篱 368 米,修建花坛 34 个,种草种花 3087 平方米,养盆花 1500 盆;引进油松、云杉、国槐、槭树和 30 余种花卉。1983 年以来,被省军区、兰州军区和全军评为"绿化先进单位"。

驻军某部南湖营区 山丹县南湖营区有土地面积 105.33 公顷,绿化面积约 20 公顷,绿化率 19%。有灌溉用 U 型渠 1100 米,绿化管道 1950 米。种植树种主要以新疆杨、甘肃杨、国槐、垂柳、馒头柳等耐旱树种为主。营区四周种植防风林,主干道两侧种植林荫道。

驻军某部营区 多年来,部队坚持生态化、人文化的建设理念,围绕争创"绿色营区"活动,开展植树造林和绿化美化,加大绿化美化改造力度,按照经济林区、沙荒地造林区、亮化美化区的布局和地形特点,因地制宜,分步实施,新增和改造绿地 6 万多平方米,使绿化面积提高到 21.6 万平方米,营区绿化覆盖率 34%。

金张掖大道绿化景观

第四章 森林抚育

森林抚育包括幼林抚育、成林抚育、封山(滩)育林三部分内容。张掖民间历来营造杨、榆、果树等,十分注重抚育、补植、修枝、疏伐和护林防火。中华人民共和国成立后,幼林抚育、成林抚育、封山育林不断取得新发展、新成效。

第一节 幼林抚育

幼林抚育古有记述。明王象晋《群芳谱》记载:"凡树根下,常耙草令尽。草多则虫蛀,亦能分地力。""插杉后,每年耕锄,勿杂他木。或种谷麦,以当耕锄;高三四尺,则不必锄。"祁连山区林农历史上栽植青海云杉、祁连圆柏等,幼林阶段都注意抚育管理。中华人民共和国成立初,幼林抚育沿袭旧法,对人工栽植的林木进行抚育,在栽植后数年进行劈草、除杂,有的进行松土或间种杂粮,以耕代抚。

一、抚育历程

20世纪50年代初期,幼林抚育比较薄弱,造林后进行抚育措施只在国营林场和有专业队伍的部分乡、村中开展。1950年—1962年,幼林抚育面积无资料记载。

1963年,省林业厅发出《关于开展幼林抚育,巩固造林成果的指示》和"造抚并举"方针,要求各地克服只管造林、不管抚育的倾向,在两年内把可望成林的幼林全部抚育起来。1965年,全区幼林抚育面积204公顷。大河口林场进行青海云杉幼林全面深翻15厘米—20厘米抚育和全面锄草抚育对比试验。据1976年调查测定,深翻的比锄草的幼林胸径生长增14%。1967年,省林业厅发出《关于开

272

展春季造林大检查,加强幼林抚育管理的通知》,要求进一步落实幼林抚育工作,但由于"文化大革命"的影响,幼林抚育工作仍较薄弱。1963年—1977年,幼林抚育面积仅为1.2万公顷,年均800公顷,1977年抚育面积最大,为4433.33公顷。中共十一届三中全会后,林业工作逐年走向正规,幼林抚育逐年加强,1978年—1995年,抚育面积为19.45万公顷,年均1.08万公顷。1996年—2005年,抚育面积为20.2万公顷,年均2.02万公顷。2006年后,年抚育面积达4.13万公顷以上,2008年达6.22万公顷。

二、幼林抚育措施

综合各级林业单位对幼林抚育的做法,主要有三种:

1. 平茬。截去已成活苗木或幼树的大部分主干,促使保留在地表以上的部分长出新干或新茎。

2. 除蘖。对一些萌蘖性很强的树种,从根茎附近发生许多萌蘖条,致使林木主干不明显,长势受到极大削弱。为了集中使用营养物质,须将多余的萌蘖条除掉。

3. 整形修剪。有规则地对幼树进行修剪。

表3-22　张掖市1963年—2010年幼林抚育统计表

单位:公顷

年份	抚育面积	年份	抚育面积	年份	抚育面积	年份	抚育面积
1963	393.33	1972	613.33	1981	12120.00	1990	9866.67
1964	50.00	1973	926.67	1982	8020.00	1991	9560.00
1965	204.00	1974	620.00	1983	4660.00	1992	11306.67
1966	140.00	1975	660.00	1984	10366.67	1993	8000.00
1967	620.00	1976	1420.00	1985	7000.00	1994	16960.00
1968	586.67	1977	4433.33	1986	19640.00	1995	13846.67
1969	486.67	1978	5973.33	1987	11066.67	1996	13293.33
1970	593.33	1979	10020.00	1988	18913.33	1997	12333.33
1971	280.00	1980	6866.67	1989	10320.00	1998	15600.00

续表

年 份	抚育面积	年 份	抚育面积	年 份	抚育面积	年 份	抚育面积
1999	15926.67	2002	20800.00	2005	40580.00	2008	62153.33
2000	14453.33	2003	25600.00	2006	41780.00	2009	59526.67
2001	14060.00	2004	29386.67	2007	47593.33	2010	47946.67

第二节　成林抚育

张掖林业生产第一线对进入中龄的人工林和天然次生林,进行有计划、按规范地抚育间伐,调整林分密度,伐除病腐木、枯立木、风倒木等工作,改善林内卫生状况,达到提高林分质量的目的。

一、天然林抚育

综合抚育　1964年—1980年,根据森林抚育规程,各林场每年有计划地开展伐除上层成过熟林木、下层被压木(枯梢断顶木、枯立木)及部分过密林木,清除盗伐高槎桩等综合抚育。17年抚育森林面积3.86万公顷,年均0.23公顷,出材26.75万立方米,年均1.6万立方米,其中1968年—1972年抚育量较大,5年抚育1.46万公顷,年均2920公顷,5年出材11.87万立方米,年均2.37万立方米。

经营择伐　1958年—1959年开展经营择伐。在祁连山寺大隆林区寺大隆河两岸的成熟林地,采伐林地面积333.33公顷,砍伐木材1.6万立方米,靠黑河水运出1万立方米。1970年—1973年,在寺大隆河流域,采取团状、窄带择伐和强度、弱度择伐等形式,生产木材5.6万立方米。在山丹县国营大黄山林区直沟等林班砍伐木材近1万立方米。

卫生抚育　为提高林分的卫生状况,促进林木生长,自1954年以来,分阶段进行卫生抚育。

1954年—1957年,张掖专署林业局组织国营林场、森林经营所,以清除枯立木、风倒木、盗伐遗留的高槎桩及濒临死亡的柳灌等进行卫生抚育。

1959年—1963年,开展伐除枯立木、病腐木、风倒木及盗伐遗留下的高槎桩等,清理拉运出历年采伐的山塄林地捆山材0.6万立方米。

1978年—1984年,祁连山区9个经营林场,开展以清除病腐木、风倒木、枯立木和烧柴为主的卫生抚育1.65万公顷,出材0.42万立方米,清理烧柴425.88万千克。

1981年后,根据省人民政府《转发省林业局关于加强保护和发展祁连山水源林的报告的通知》,祁连山区全面停止采伐,只开展以清理"三木"(病腐木、枯立木、风倒木)为内容的林地卫生。至2010年,清理"三木"作业面积4296.64公顷。灾害性林木的清理,改善林分的卫生状况,减轻火灾隐患、病虫害滋生和蔓延,森林生态系统的功能得到有效恢复。

二、次生林改造

1964年,各国有林场在立地条件较好的灌木林地,用人工植苗的方法,营造青海云杉、华北落叶松等;在林分疏密度极低(不足0.3)的云杉林内通过细致整地,补栽云杉或其他针叶树种;在立地条件较好的林间空地上,营造云杉与落叶松等形式的混交林,取得一定效果。1974年开始,山丹县国营大黄山林场在黄花台子灌木林地和林缘稀疏林地上,用人工播种、植苗造林,促进天然林更新。经过20多年的管护、培育,改造成以云杉与华北落叶松、云杉与灌木等为主的针叶林和针、灌混交林666公顷。每平方米有云杉苗10株左右,到1995年,绝大部分已郁闭成林。民乐县国营大河口林场海潮坝等林班的林缘或灌木林地,经过20多年的培育,改造次生云杉林200余公顷。

70年代后,各造林林场对营造的沙枣、杨树等人工林,通过隔行间伐、隔株间伐、砍差留优、砍稠留稀等措施开展抚育,至1980年抚育面积1.08万公顷。1981年后,各国营林场加强对杨树"小老树"等低产林改造和成林抚育。至2000年,全市人工林抚育面积3.49万公顷,年均1744.47公顷。2001年以后,根据省林业厅"河西地区绿色通道及农田林网建设项目座谈会"精神及省林业厅《关于印发甘肃省杨树蛀干天牛国家级工程治理示范项目实施方案和技术方案的通知》,在张掖、高台、临泽3县(市)6个乡镇9个村(社)实施天牛虫害木除治和农田林网更新改造,采伐树木 7581 株。至 2010 年,抚育杨树、沙枣等低产林 10.12 万公顷。"十一五"期间,高台县三清渠水管所农场、国有三益渠林场、三桥湾林场、八坝村等,对低产杨树、沙枣林抚育面积 401.33 公顷。

三、森林更新

民国时期就已在祁连山水源林区开始森林更新。中华人民共和国成立后,尤其是 1964 年以后,根据林业部《森林采伐更新规程》,各国营林场组织开展人工更新造林活动。1964 年—1995 年的 32 年间,更新造林 1.3 万公顷,年均更新造林 420.43 公顷,实际保存面积 1806.67 公顷,保存率 13.90%。

表 3-23　张掖市 1956 年—2010 年成林抚育面积统计表

单位:公顷

年度	抚育面积			年度	抚育面积		
	小计	其 中			小计	其 中	
		祁连山区	川区			祁连山区	川区
1956	2296.47	2296.47		1969	2923.8	2923.8	
1957	10612.27	10612.27		1970	3684.87	3684.87	
1958	4679.8	4679.8		1971	2916.4	2411.4	
1959	1016.4	1016.4		1972	3268	2740	
1960	3987.67	3987.67		1973	3299.47	2145.47	
1961	302.67	302.67		1974	2210	1674	
1962	396.4	396.4		1975	3192.93	2100.93	
1963	373.4	373.4		1976	2667.33	2087.33	
1964	546.33	546.33		1977	2915.5	2294.5	
1965	540.73	540.73		1978	2827.47	2195.47	
1966	3414.87	3414.87		1979	2592.73	1982.73	
1967	3190.87	3190.87		1980	7438.07	1788.07	
1968	2823.33	2823.33		1981	1071.33		

续表

年度	抚育面积			年度	抚育面积		
	小计	其 中			小计	其 中	
		祁连山区	川区			祁连山区	川区
1982	699.73	14.73		1997	6096.67	150	5946.67
1983	1266.33	16.33		1998	1433.33		1433.33
1984	1673.8	27.13	1646.67	1999	946.67		946.67
1985	1777.6	32.93	1744.67	2000	2231	231	2000
1986	1379.34	162.67	1216.67	2001	2236.82		2236.82
1987	3613.17	84.5	3528.67	2002	1786.67		1786.67
1988	1324.67	92	1232.67	2003	20526.67		20526.67
1989	1504		1504	2004	21746.67		21746.67
1990	1530		1530	2005	21533.33	333.33	21200
1991	5783.33		5783.33	2006	8453.34	386.67	8066.67
1992	389.87	433.87	1688	2007	10234.86	433.33	9801.53
1993	721.3		721.3	2008	1144	466.67	677.33
1994	480		480	2009	3446.67	546.67	2900
1995	1653.33		1653.33	2010	12793.33	566.67	12226.66
1996	2182.53	349.2	1833.33				

第三节　封山育林

张掖封山育林,有文字记载可追溯到民国时期。中华人民共和国成立以来,各级政府把此项工作列为重要议事日程,为保护山林,制定封禁法令;为有效育林,采取各种措施,成就斐然。

一、封育历程

民国时期,境内祁连山天然林区、各山口设有专为保护山林所修建的庙宇、宫、所,固定专人看护山林,如大都麻的五圣寺、小都麻的五圣宫、海潮坝的保林宫、六坝的保林公所、大河口的双树寺等。为严禁破坏林木,历届官府都组织乡民议订护林公约叫"作禁"。乡民推举有威望、办事公道、不徇私情的人担任保林所长。保林所长带领所丁、保丁,经常到林区守山、查山。偷砍林木者,一经查获,视其情节轻重,处以罚金和徭役,叫"罚禁"。当时,除地方绅士进山偷砍林木外,一般群众不敢犯禁。对寺庙、名胜古迹、水源涵养林亦多实行封禁。一些邻近乡村易受破坏的山林,私有林由山主呈报,族有林由族绅申报,明确山地四止与封禁年限,由政府明令或乡族公约封禁。民国三年(1914年)的《森林法》和民国四年的《森林法实施细则》《造林奖励条例》等,都提出封山育林。民国三十年(1941年),保林所长杨如桂为保护海潮坝森林献出了生命。

封山育林因地制宜。对新封育的人工幼林、天然幼林和小块疏林地,采取挖壕沟、筑围墙、架围栏等工程措施,实行划片包干,加强管护,或在林缘密植沙棘等灌木加以保护;对大片疏林地,插标牌,设置保护点,专人看管,严禁放牧。肃南县国营西水林场小口子至半大口一带的森林,1958年因其林相残败,未划入经营区的疏林地。经过30多年的封山育林,森林郁闭度恢复到0.4以上者约192公顷,蓄积量5612立方米。

封育时间因林制宜。人工栽植的灌木林,封育5年即可郁闭成林;大面积疏林地,可封育10年—15年,辅以人工补植、天然更新,使疏林变密林;在覆盖度40%以下的灌木林地,可封育5年以上,待覆盖度达70%以上时,允许放牧。

中华人民共和国成立后,从上级到基层都很重视封山护林、育林。1953年—1961年,祁连山林区完成封山育林3.88万公顷,年均4333.33

封山育林

公顷。1964 年—1984 年，祁连山区完成封山育林 6.42 万公顷，年均封育 2918.18 公顷。1985 年—1995 年，年均封山育林 4026.67 公顷，共 6.45 万公顷。1996 年—2000 年，完成封山育林 3.23 万公顷，年均封山育林 6460 公顷。

2001 年以后，随着国家天然林保护工程、退耕还林工程、"三北"四期防护林工程的实施和省政府关于在重点区域实施封山禁牧意见的通知，张掖市人民政府出台《张掖市封山禁牧实施办法》，将天然林保护工程区及封山（滩）育林区，退耕还林工程区，生态脆弱区（包括山丹山羊堡滩、北山滩、王城滩，民乐县北部滩，甘州区石岗墩滩、南滩、甘浚滩、兔儿坝滩，临泽一工程滩、平沙墩滩、双墩子滩，高台南华滩、骆驼城滩、阅群滩，肃南明花滩），植被覆盖度在 15% 以下的区域，确定生态移民移出区域以及 3300 米以上的高山草甸、黑河流域的各类湿地及库区周围林地确定为封山禁牧范围。2001 年—2010 年，国家通过天保工程下达给各林场封山育林任务 12.77 万公顷。

表 3-24　张掖市 1953 年—2010 年封山育林面积统计表

单位：公顷

年份	封育面积	年份	封育面积	年份	封育面积	年份	封育面积
1953	5700.00	1965	560.00	1977	3266.87	1989	1333.33
1954	5453.33	1966	386.67	1978	9473.33	1990	1333.33
1955	5793.33	1967	1275.33	1979	6200.00	1991	2666.67
1956	2560.00	1968		1980	6571.67	1992	8393.33
1957	4733.33	1969	810.93	1981	6666.67	1993	666.67
1958	7300.00	1970	630.00	1982	6666.67	1994	3066.67
1959	2200.00	1971	1313.33	1983	3342.33	1995	3333.33
1960	2933.33	1972	866.67	1984	7350.33	1996	10000
1961	2333.33	1973	1749.73	1985	6666.67	1997	5533.33
1962		1974	3613.33	1986	16666.67	1998	9333.33
1963		1975	1936.53	1987	13333.33	1999	3333.33
1964	730.00	1976	798.87	1988	7000.00	2000	4113.33

续表

年份	封育面积	年份	封育面积	年份	封育面积	年份	封育面积
2001	1333.33	2004	5486.67	2007	13433.33	2010	13286.67
2002	16086.67	2005	21666.67	2008	16526.67		
2003	9826.67	2006	13393.33	2009	16626.67		

注:1992年、1995年各封滩育林草2.53万公顷

二、封育成效

全市确定封山禁牧、休牧、轮牧点39个,总面积221.42万公顷。2003年以来,通过逐年实施封山禁牧措施,封禁218.07万公顷,占应封禁总面积98.49%。结合"三北"四期、退耕还林等工程建设和重点公益林补偿制度的实施,在北部风沙区将土地沙化较重的荒滩划为天然植被保护区,重点地段采取刺丝围栏和生物围栏措施,累计封山(滩)育林5176公顷,植被覆盖度由封育前的14%上升到30%以上,封禁区内林草植被得到较快恢复。

山丹县沙生植被封育

第五章　林业重点工程

20 世纪 90 年代末期开始,张掖林业建设步入发展的快车道,呈现蓬勃发展的良好态势。全市坚持走以大工程带动大发展的路子,以林业重点工程建设带动林业快速发展,全面实施天然林保护工程、退耕还林、"三北"四期、绿色通道、农田林网更新改造、林果产业等六大重点工程,取得显著成效。

第一节　天然林保护工程

一、方案编制

2000 年 12 月,全省天然林资源保护工程工作会议在兰州召开。2001 年 1 月,祁连山国家级自然保护区管理局召开保护区天然林资源保护工程工作会议,成立"天然林资源保护工程甘肃祁连山国家级自然保护区实施方案》编制工作领导小组",安排部署保护区天然林资源保护工程实施方案的编制工作,组建项目编制组和天然林资源保护办公室。2 月,项目组进行 20 多天的外业调查,对各保护站的资源状况、富余人员分流、生态公益林建设、多种经营项目、管护责任、管护现状等问题进行详细的调查摸底,为编制天保工程方案掌握第一手资料。是年 4 月,开始方案编制。根据省林业调查规划院提供的最新森林资源调查成果,进行森林分类区划。收集保护站人事工资表册,按各站森林资源面积制定富余人员分流规划,把管护责任落实到山头地块和每一个管护人员,并对生态公益林建设项目逐年逐站进行分解。在省实施方案的严格控制下,编制《甘肃祁连山国家级自然保护区天然林资源保护工程实施方案》(简称"天保工程")。2002 年 3 月 24 日,省林业厅在兰州组织省内有关专家对方案进行论证,认为该方案达到省内同类项目的领先水平,2002 年 4 月省林业厅批复同意实施该方案。

二、方案实施

(一)天保工程区资源概况

1. 工程区土地总面积

天保工程区土地总面积为 220.934 万公顷,占全市土地总面积 419.4 万公顷的 52.7%。按地类分,林业用地 36.3 万公顷,占工程区土地总面积的 16.43%;非林业用地面积 184.63 万公顷,占 47.3%;非林业用地中农耕地 1.3 万公顷。

表 3-25 天然林保护工程区各类土地面积统计表

单位:万公顷

统计单位	总面积	林业用地	非林业用地					
			非林地合计	农地	牧地	水域	未利用地	其他
合计	220.9340	36.5019	184.6320	1.3021	104.9807	0.2315	77.8142	0.3035
大黄山	2.8790	1.8830	0.9960	0.2236	0.7044		0.0675	0.0005
龙首山	0.3490	0.1095	0.2395		0.2385		0.0010	
山丹军马场	14.1600	5.5392	8.8208	0.0444	4.9961	0.0329	3.7474	
大河口	5.9810	3.0288	2.9522	0.0319	1.5056	0.0014	1.4133	
东大山	0.5200	0.4090	0.1111		0.1023		0.0088	
寺大隆	17.5120	4.7980	12.7140		7.6722	0.0187	5.0216	0.0014
西营河	28.4340	5.2796	23.1545	0.5414	18.7755	0.0615	3.6250	0.1512
马蹄	10.1110	2.9877	7.1233	0.2120	3.4811	0.0014	3.4199	0.0089
西水	7.2390	2.2962	4.9428	0.0091	4.2775	0.0066	0.6470	0.0027
康乐	9.8080	2.2814	7.5266	0.0815	5.1648	0.0111	2.2622	0.0070
隆畅河	35.1150	4.5894	30.5256	0.1311	24.6064	0.0492	5.7064	0.0326
祁丰	88.8260	3.3001	85.5258	0.0272	33.4564	0.0489	51.8942	0.0991

2. 林业资源现状

工程区林业用地面积 36.3 万公顷,其中有林地 9.79 万公顷,占林业用地面积的 26.98%;疏林地 9573.9 公顷, 占 2.64%;灌木林地 24.35 万公顷,占 67.08%;未成林造林地 386.6 公顷,占 0.11%;苗圃 76 公顷,占 0.02%;无林地(宜林地)1.15 万公顷,占 3.18%。活立木蓄积量 1234.34 万立方米,森林覆盖率 23.78%,其中有林地覆盖率 3.07%,灌木林覆盖率 9.69%。

表 3-26 天保工程区林业用地统计表

单位:公顷

统计单位	总面积	林地合计	有林地	疏林地	灌木林地	未成林造林地	苗圃	无林地
合计	2209340	363019.7	97935.3	9573.9	243515.5	386.6	76	11532.4
大黄山	28790	18829.8	6264.8	268.1	8934.4	168.9	2	3191.6
龙首山	3490	1095.3	204.9		890.4			
山丹军马场	141600	53391.9	1404	246	51390	32.5	6.1	313.3
大河口	59810	30287.9	5432.4	466.9	24061.2	66.3	20.3	240.8
东大山	5200	4089.5	1141.8	8.5	928.6			2010.6
寺大隆	175120	47980.4	15180	1447.3	30898.9	19	2.5	432.7
西营河	284340	52795.5	14174.5	830.5	37564.5		19	207
马蹄	101110	29876.8	7817.8	447.8	21382.1	52.2	6.9	170
西水	72390	22962.3	11289.2	796.1	10371.6	13	2.9	489.5
康乐	98080	22814.4	11049.7	950.8	9498.7	14.7	4	1296.5
隆畅河	351150	45894	16261	3095.5	26370.5		9	158
祁丰	888260	33001.9	7715.2	1016.4	21224.6	20	3.3	3022.4

(二)工程区的主要生态问题

1. 水土流失日趋严重;2. 森林涵养水源能力锐减;3. 荒漠化面积不断扩大;4. 气候旱化继续加剧;5. 生物多样性受到严重破坏;6. 广种薄收。

（三）工程区的行政区域范围

1. 祁连山林区。工程区为祁连山国家级自然保护区。涉及全市山丹、民乐、肃南、甘州4县（区）的12个国有林场（自然保护站），隶属市林业局管辖的寺大隆林场，山丹县大黄山和龙首山保护站，民乐县大河口林场，肃南县的隆畅河、康乐、西水、西营河、马蹄、祁丰6个林场，甘州区东大山保护站。保护总面积220.93万公顷，其中林业用地36.5万公顷，非林业用地184.63万公顷。

2. 明花林区。明花是肃南裕固族自治县北部的一块飞地，设明海、莲花两乡，简称"明花"。东、北、南与高台县接壤，西与酒泉市肃州区为界。历史上分布的主要是天然胡杨林，灌木林主要是红柳和白刺。林区总面积为5.79万公顷，其中有林地74公顷，灌木状疏林5.78万公顷，森林覆盖率低于20%。林区由肃南县明海林场管理。

（四）建设期限、目标、任务

1. 建设总期限。工程建设期限暂定为11年（2000年—2010年），其中2000年—2005年为第一期，2006年—2010年为第二期。

2. 建设目标。经过10年建设，保护区将建立比较完备的森林资源保护体系、生态环境监测体系、科学研究体系和林业产业体系，使祁连山森林资源得到有效保护，生态环境恶化的趋势得到扭转。生物多样性得到有效保护，动植物种群不断扩大，保护区优势产业得到发展。森林覆盖率由2000年的21.3%提高到2010年的23.5%，实现保护区由传统林业发展模式向现代林业发展模式的转变，为全面建设小康社会提供强有力的生态环境支撑。

3. 主要建设内容。构建保护区比较完备的林业生态体系、重点生态保护区区划、管护措施、生态公益林建设、天保工程富余人员的分流与安置以及资金的估算和统计。

三、工程区清查

省林业厅根据省天保工程领导小组1998年9月24日第一次会议精神，于1998年9月25日，向各市（州）、厅直各单位下发《关于认真贯彻省政府停止国有天然林采伐决定的紧急通知》，要求省内有采伐任务的8地（州、市）、15个国有林业局（总场）、118个林场立即对所有采伐工具进行登记造册，入库封存。1998年9月26日,停止国有天然林采伐作业设计和林木采伐许可证的审批和发放。已批准核发的一律停止执行。9月28日零时起,停止天然林保护工程实施区范围内的木材、林木产品准运证签发;9月30日24时起,停止这些地区(单位)的木材、林产品运输,关闭林区及林缘区木材市场。

省天保工程领导小组第二次会议审议批准省林业厅制定的《甘肃省国有天然林区清查工作方案》,省林业厅于1998年10月7日向各市(州)林业局、厅直各单位印发《甘肃省国有天然林区清查工作方案》,方案对清查的目的、任务、内容、方法、组织、时间、步骤、结果作出规定。

四、实施措施

(一)成立组织机构

按照天保工程的建设要求,祁连山国家级自然保护区管理局成立天保工程领导小组,具有天保工程的山丹、民乐、肃南、甘州4县(区)和12个保护站亦成立相应的组织机构。建立统一、高效、科学的运行机制。全面实行森林资源管护承包责任制。管理局与保护站、保护站与资源管护站、资源管护站与护林员层层签订《管护责任书》,将森林资源管护面积进行层层分解落实。制定符合实际的责任书及考核评分办法,做到管护人员、管护面积、管护职责、奖惩"四到位"。公示管护位置图、管护责任落实表和管护职责。形成主要领导亲自抓、分管领导全力抓、其他领导配合抓的局面,保证天保工程有序推进。管护面积落实率100%,为顺利实施天然林保护提供有力的组织保障。

(二)加大宣传力度

为了提高对实施天然林保护工程重大意义的认识,12个国有林场(自然保护站)(下同)始终把宣传工作放在首位,并贯穿于工程建设的全过程,充分发挥舆论导向作用,为确保天然林保护工程的顺利实施创造良好的舆论氛围。每年对护林人员进行《森林法》及有关法律、法规和政策的知识培训,提高管护人员的综合素质和管理水平,增强依法保护森林资源的意识;定期由各保护站组织宣传人员,深入林区村庄、牧业点等,通过印发宣传材料、张贴宣传标语、制作宣传画册、宣传口杯、宣传扑克牌、办宣传专栏以及法律法规宣讲等形式,向广大群众宣传森林资源保护的法律、法规及政策和森林防火知识,提高广大群众遵法守法、爱林护林的观念;建立"林业网站",将工程进展及建设情况随时在网上公布,提高天保工程建设知名度,促进工程健康发展。通过多形式、多渠道、多层次的宣传,使天然林保护工程建设的政策深入人心,成为人人保护森林的自觉行动。

(三)加强资源管护

天保工程实施以来,各林场不断加强外来入山人员管理,严格入山管理制度,加强林地管理,严格对已批准建设使用林地的建设项目管理。在签订林地保护协议的基础上,严格工矿企业和生产经营活动登记及档案建立。加强对野外火源、野生动植物资源的管理。督促管护人员对管护范围和资源状况的知情度,做到林情、山情、社情熟悉,巡查、处理、核实检查及时,资源管护、巡护工作步入程序化、规范化。加大林业案件查处力度,开展声势浩大的林业严打整治专项活动。严厉打击乱砍滥伐、乱占林地、乱捕乱猎等违法行为。充分发挥林区派出所、检查站、各护林站等机构的群体力量,坚守"源头、道路、市场"三道防线,打击破坏森林资源的违法犯罪行为,使天然林资源得到有效保护。

(四)严抓防火工作

天保工程实施以来,各林场强化野外火源管理,坚决消除火灾隐患。在全林区牧户、生产经营单位进行摸底登记,签订联防合同、防火协议,实行倒查制。督促生产经营单位、牧户高度负责该活动区域内的森林防火工作。加强野外火源管理,严格执行野外用火"九严禁"(严禁焚烧秸秆杂草根茬、烧荒燎堰和焚烧垃圾等;严禁私自开山采石、私架电线;严禁上坟烧纸烧香、燃点蜡烛、燃放烟花爆竹和燃放孔明灯等;严禁祭拜庙宇和古树时燃点蜡烛和点火烧香;严禁利用"电猫"、土枪等打猎狩猎;严禁点火抽烟、随意抛扔烟头和烧烤干粮;严禁在公路两侧绿化林带内焚烧秸秆杂草根茬;风景区、林区乡村等管理单位必须在重点地段入口处设立哨卡,由专人把守,严禁一切火种进山入林;严禁其他非生产性用火)管理规定,加强"三头"(山头、人头、坟头)管理,组织专人巡查。尤其在春节、元宵节、清明节等高火险期,安排护林员巡逻,实行定点守护,并建立巡查日志;加强防火基础设施管理,各林区设有专门的防火物资库,扑火工具配置齐全。市、县(区)建立护林防火指挥部 11 个,县级护林联防委员会 13 个,乡级联防委员会 78 个,村级防火委员会 367 个。建立 12 支 743 人组成的半专业森林消防队,群众义务扑火队 377 个 18336 人。建防火检查站 155 处,形成保护区森林火灾的防控、扑救网络体系。

(五)强化质量管理

严格工程管理,充分利用先进科技,提高公益林建设质量是搞好天保工程的重要措施。在保护好现有森林资源的同时,通过公益林建设,提高森林覆盖率,达到改善生态环境的目的。在公益林建设中,坚持科技先导、生态优先的建设原则,把提高工程质量、确保工程成效放在工程建设的首位。在强化"五制"(招投标制、合同制、工程监理制、项目法人负责制、责任追究制)管理,统一工程建设标准,严格检查验收,推行行政与技术双向责任承包等一系列工程质量保障措施的基础上,创新造林机制,加大科技投入,不断提高公益林建设的质量和效益。人工造林讲求"三分栽,七分管",在新造林地管护工作中,坚持造管并举、边造边管的方针,对人工幼林和新造林地、原封区和新封育区及时落实管护人员,签订《管护责任合同》,划定管护责任区,做到人员、责任、地块、措施、效果"五落实"。在工程区设立醒目标牌,在牛羊易入区域设置围栏进行封护,加大管护与宣传力度,严禁人畜践踏和破坏。积极营造林区群众爱林、护林的良好氛围。适时进行有害生物防治,确保工程成效。

(六)严格资金管理

各林场严格按照《天保财政资金管理规定》《林业重点生态工程资金管理办法》和《甘肃省森林生态效益补偿基金管理实施细则(暂行)》等相关规定使用天保资金、生态效益补偿资金,做到专户储存,支出合法、合规;专款专用,无资金外借、挤占、挪用和串用项目资金的现象。凡购置的固定资产都经过财政审批。严格执行《会计法》《会计工作基础规范》,各项财务管理制度健全,档案管理规范。凡收入和支出均按规定进行会计核算,做到会计科目正确,实行单独建账,单独装订凭证,核算及时、准确、真实,原始凭证要素齐全,记账凭证填制合规、附件齐全,证证相符、账证相符;会计档案整理及时、规范、账账相符、账表相符。

第二节 "三北"防护林工程

张掖从 1978 年实施"三北"（西北、华北和东北）生态建设工程。张掖属西北工程部分，以人工造林和封山（沙）育林为主要建设任务。至 2010 年共组织实施完成四期工程建设任务。

一、工程实施

1978 年—2010 年，张掖市已完成规划第一阶段三期工程和第二阶段第四期工程建设任务。人工造林保存 16.95 万公顷，封山（沙）育林 15.82 万公顷。其中：一期（1978 年—1985 年）人工造林保存 3.63 万公顷；二期（1986 年—1995 年）人工造林保存 5.25 万公顷，封山（沙）育林 7.27 万公顷；三期（1996 年—2000 年）人工造林保存 2.27 万公顷，植被封护及封山（沙）育林 5.71 万公顷；四期（2001 年—2010 年）人工造林 6.83 万公顷，保存 5.81 万公顷，其中封山（沙）育林 2.85 万公顷。

（一）一期工程（1978 年—1985 年）

张掖地区贯彻"社队集体造林为主，积极发展国有造林，鼓励社员个人植树"的造林方针，以"讲求质量、注重效益，以质量求速度，以效益求发展"为指导思想，按照"因地制宜、因害设防、先易后难、由近及远"和"林跟水走、林跟渠走、林跟路走"的建设原则，组织全市广大干部群众，采取用材林、经济林相结合，乔灌草相结合、成片造林和农田林网相结合的措施，深入开展造林绿化工程建设，一期人工造林保存 3.63 万公顷。

（二）二期工程（1986 年—1995 年）

全区贯彻落实"增资源、增活力、增效益、绿起来、活起来、富起来"的方针，按照"南保青龙、中建绿洲、北锁黄龙"的建设思路，实行国家、集体、个人一起上，以防风固沙为重点，在沙丘间栽植杨、榆、沙枣等乔木树种，沙丘上栽植花棒、毛条、红柳等灌木树种，控制流沙移动。在农田林网区，营造农田防护林，发展经济林和用材林，提高防护林，增加植被，提高覆盖率，防止水土流失。二期人工造林保存 5.25 万公顷,封山(沙)育林 7.27 万公顷。

(三)三期工程(1996 年—2000 年)

全区以"带片网齐抓、乔灌草结合、渠路林配套、三大效益并重"的发展模式,有步骤、有计划地实施"三北"防护林工程建设。重点开展沙漠、荒地、戈壁滩营造防护林,封滩育草、保护天然植被,挖掘地下水资源,扩大防风固沙林区,控制流沙移动,防止风沙危害,保护农田。三期人工造林保存 2.27 万公顷,植被封护及封山(沙)育林 5.71 万公顷。

(四)四期工程(2001 年—2010 年)

全市按照"严管林、慎用钱、质为先"的林业方针,坚持"统一规划、集中连片、分步实施、突出重点、防治并重、因地制宜、综合治理、讲求实效"的发展思路,抢抓国家实施西部大开发战略的历史机遇,以防沙治沙为核心,采取生物和工程措施,因地制宜,综合施策,在绿洲与沙漠、戈壁交界处营建大型防风固沙林;沙漠前沿腹地压沙障、植灌木,有效控制流沙,对生态环境尚未破坏的区域,加大封育力度,有效保护天然原生植被;绿洲营造"大林带、小网格"的农田防护林,形成"乔灌草、带片网"相结合的大型骨干防护林体系。四期人工造林 6.83 万公顷,保存 5.81 万公顷,其中封山(沙)育林 2.85 万公顷。

二、建设成效

1. 扩大森林资源。张掖市被列入国家"三北"防护林体系建设重点地区以来,各级各部门精心组织,统筹协调,突出重点,规模推进,实现森林面积、蓄积双增长。全市森林总面积达 31.52 万公顷,活立木总蓄积量达 1446 万立方米,森林覆盖率 17.49%。林种结构得到调整,防护林、用材林、经济林协调发展,林业生态体系和产业体系发展格局基本形成。曾先后受到国务院、国家绿委、国家林业局及省委、省政府的表彰奖励,甘、临、高 3 县(区)实现平原绿化达标。

2. 带动产业发展。"三北"防护林建设,立足沙区资源,既抓林草植被的保护、恢复和重建,又抓沙化土地的综合开发利用。建基地、兴产业,帮助农牧民脱贫致富,取得防沙治沙、改善生态与增加经济收入并举的效果。通过新植和更新改造,经济林基地总面积达 3.59 万公顷,其中干果类种植 9646.67 公顷,水果类种植 2.63 万公顷,已挂果投产 2.8 万公顷,果品总产量达 18.76 万吨,果品总产值达 4.15 亿元,产销率 77%。2007 年以来,以红地球葡萄、红梨和红枣为主的"三红"林果产业作为建设社会主义新农村和现代林业的突破口,以此辐射带动相关产业的发展,达到农民增收、林业增效、农村经济增长的目标。全市发展设施红地球葡萄 800 公顷,新西兰红梨 40 公顷,临泽红枣 8667 公顷。建立沙棘产业基地 2 万公顷,年产值达 2000 万元以上。2007 年,引进肉苁蓉栽培技术,在临泽县建立试验示范基地 67 公顷,效益初步显现,成为沙产业发展新的经济增长点。立足林果资源,建起甘肃祁连葡萄酒业公司、滨河酒业集团、临泽西域食品公司、民乐林河果汁有限公司等具有一定规模的林果产品加工企业 28 家,年加工果品 970 多万千克,销售额达 7695 万元。建立以生产人造板、刨花板、胶合板、家具等为主的木材加工企业 160 多家,年加工各类板材、木制品 1.78 万套(件),销售额达 7639.7 万元。建成各类果窖、气调库等贮藏设备 977 座,年贮存量 1.46 万吨。初步形成"市场牵龙头、龙头带基地、基地连农户"的产业化发展模式。

3. 保障农业丰产。"三北"防护林建设,着重实施林网更新改造、绿色通道建设、沙区防风固沙林营造,已基本形成带片网点相结合、渠路林田相配套的防护林体系结构。建成沿 312、227 线国道和北部风沙线总长度 440 千米的 15条大型防风固沙基支干林带,沙区造林 9.33 万公顷,绿洲约 10 万公顷农田、65% 的道路和 80% 的渠系实现林网化,9 处较大的沙窝得到治理改造,保护农田近 6.67 万公顷,为农牧业生产创造良好的生态条件,生产水平不断提高,农业和农村经济得到全面发展。"三北"防护林工程建设,为农业稳产高产提供良好的绿色屏障。

"三北"防护林

4. 增加农民收入。"三北"防护林工程建设的实施,有效保护农牧业生产,促进农民收入增长。全市人工林总蓄积量中,农防林蓄积达 150 多万立方米,相当于在"绿色银行"存款3亿多元,人均近250元。林分材积年均生长量约19.8万立方米,年增值近4000万元,人均增值32元以上。仅甘州、临泽、高台三县(区)近10年更新采伐林网树木650多万株,折合材积80多万立方米,价值2.4亿多元,群众用材自给有余,70%以上的木材用于加工或外销。在不断扩大林地资源的同时,推广林草、果草间作,走种草养畜、舍饲圈养的路子,带动养殖业发展。国有林场(圃)养殖规模达到3.38万头(只),产值817万元;非公林型企业养殖规模达106.5万头(只),产值1682万元。"树多草多、草多畜多、畜多肥多、肥多粮多"的生物链结构已经形成,各业之间协调发展,相得益彰。

5. 改善小气候。通过"三北"防护林工程的实施,在绿洲基本形成带片网点相结合、渠路林田相配套的防护林体系,从而改变区域小气候,减轻干旱风沙对农林生产的不利影响。气象资料表明:张掖市平均风速由80年代的2.2米/秒降低到当今的1.6米/秒,平均沙尘暴天气(日数)由20.6天减少到7.5天;平均降水量由119.7毫米增加到135.2毫米;平均蒸发量由2037毫米增加到2963毫米;强度干热风未出现,中度干热风由平均2次减少到0.7次;早晚霜冻由9月20日左右推迟到10月上、中旬。随着"三北"工程的实施,林草植被增加,树木通过光合作用吸收大气中大量的二氧化碳,森林的碳汇作用明显。据郎奎建等人的研究,"三北"防护林工程森林吸收$CO_2$5.34吨/亩,定价为872.2元/吨,释放$O_2$3.93吨/亩,定价为1267.7元/吨。张掖市仅"三北"四期16520多公顷人工林,可吸收$CO_2$132.33万吨,释放$O_2$97.39万吨,产生效益分别为115418.2万元、123461.3万元,两项效益之和高达238879.5万元。

第三节　防沙治沙工程

防沙治沙工程开始于1991年。国务院颁布《1991—2000年全国防沙治沙工程规划要点》《关于治沙工作若干政策措施的意见》和国家税务局《关于对治沙和合理开发利用沙漠资源给予税收优惠的通知》。是年第一次全国治沙工作会议在兰州召开,工程正式启动。

一、工程区范围

1991年,张掖地区行署林业处编制《张掖地区 1991 年—2000 年治沙工程规划》。按照规划要求,全区纳入防沙治沙工程区的有 6 个县(市),其中整县纳入的有张掖、临泽、高台 3 县(市),县域部分纳入的有山丹县、民乐县、肃南裕固族自治县 3 个县。临泽县纳入全国防沙治沙试验示范县。1991 年全国治沙工作会议后,在国家政策资金扶持下,本着"因地制宜,沙林田水路统一规划,综合治理"的原则,防沙治沙进入按规划、有步骤、成规模治理的阶段。90 年代后,以建设完善防风固沙林带和风沙口治理为重点,沙区完成人工治沙造林 4 万公顷,使阅群滩、胭脂堡滩、许三湾滩等风沙口得以有效治理。基本形成带、片、网、点有机结合,乔、灌、草、花搭配的风沙区防护林体系,"沙进人退"的现象得到根本扭转,并已转为"人进沙退"的局面。

二、防沙治沙模式

(一)带、片、网三位一体综合治理模式

"带"是指在绿洲外围农田与沙地交界地带营造培育的带状大型防风固沙林。林带的宽度视土地利用条件而定,一般在几十米到百米以上。大型防风固沙林带由人工营造的乔灌木混交林组成,也可以由乔灌木混交林带和前沿封沙育林草带共同构成。其主要作用是阻拦外围沙源入侵危害绿洲,并削弱绿洲地面风速,防止土地的风蚀沙化。

"片"是绿洲外围一些条件稍好的丘间低地和绿洲沙地上营造的防风固沙小片林,也包括绿洲的经济林、用材林、特用林等。其主要作用是充分开发利用区域内的土地资源,增加区域内的森林覆盖率,固定沙源,防止流沙危害,并调节区域内的林种、树种结构,提高体系的防护效果和其他生产功能。

"网"是绿洲内部农田区全面营造培植连片、集中、完整的护田系统。张掖川区农田林网最适宜的配置规格为"窄林带、小网格"形式。"带"宽 1 行—6 行,"带"间距 15 倍—20 倍树高。以高大乔木树种形成通风结构林带或以乔灌木树种混交搭配形成疏透结构林带。窄林带、小网格农田防护林体系对减弱控制近地表风速,防止风蚀沙化,减轻和防御多种农业自然灾害都具有直接和显著的作用,并能调节改善农田小气候,保证和促进农业增产增收。

带、片、网三位一体综合治理模式,通过层层设防,不仅能有效阻截切断沙源、减弱近地表风速、提高区域内植被盖度、减轻和防御土地风蚀沙化,且能促进区域内土地利用率和生产力的恢复提高,并有效调节和改善区域内生态环境条件,促进生态系统良性循环。这种模式已在全省推广应用。

(二)生物和工程措施相结合的治理模式

生物措施是以栽植植物为手段改造利用沙化土地,包括造林、种草、封沙育林育草等措施。生物措施具有生产性能突出、效果稳定、作业效益期长等特点,是改造和治理沙漠化土地的一项根本措施。但生物治理措施也有一定的局限性(需要一定的水、肥条件)、见效慢等特点。

工程治理措施包括设置机械沙障、化学固沙、引水拉沙等多种非生物治理措施,在生物措施治理难以奏效的区域,是一种重要的治沙措施。但工程措施具有造价高、寿命短(容易失效)等不足。

因地制宜地将生物治理措施和工程治理措施有机结合。例如在机械沙障的保护下营造防风固沙林,或进行引水拉沙浇灌林草地,或移沙造田、引洪淤地后造林种草等,可充分弥补二者的不足,发挥两种治沙方式的优点。

(三)生态经济型治沙模式

这种模式是沙漠化土地治理中的一种新型模式,即在治理体系中将生态效益(治沙)和经济效益(收益)有机结合的一种治理模式。在沙漠化土地治理中,提高生态效益一直是人们所重视和要求的主要目标,也只有当治理体系产生了良好的生态效益时,土地沙漠化才能得到适度控制和逆转。

在生态经济型治理模式中,生态效益是经济效益的前提,而经济效益则是促进生态效益正常发挥和持续发展的支柱和基础。在沙漠化土地整治中坚持两个效益有机结合的发展模式,各沙区根据自身条件都探索出适合本区域的生态经济型治沙模式,其中比较突出的优化模式有"庄园式治沙"和"沙地薄膜种植模式"。

三、工程实施业绩

2006 年,张掖市被国家林业局纳入全国 6 个"防沙治沙综合地级示范园区"之一,到 2010 年防沙治沙工程实施完成面积 2066.67 公顷。

表 3-27 张掖市防沙治沙工程业绩统计表

单位:公顷

年份	人工造林	年份	人工造林
2006	400.00	2007	500.00
2008	466.67	2009	300.00
2010	400.00	合 计	2066.67

第四节 退耕还林工程

1999 年,国家提出"退耕还林、封山绿化、以粮代赈、个体承包"方针,并将甘肃列入试点省(市)。2002 年 1 月 10 日,国务院决定全面启动实施"退耕还林工程"。由此,该工程在全市范围内拉开帷幕。至 2010 年,累计完成退耕还林7.31 万公顷,涉及 6 县(区)57 个乡(镇)和 58 个国有(个体)农林牧场、364 个村、5.6 万农户、19.88 万人。该工程参与人数众多、投入资金之大、产生的影响深远,为张掖生态建设史上之最。张掖市被评为"全省退耕还林工程建设先进市",山丹县被评为"全省退耕还林工程建设先进县",市林业局等 3 个单位被评为"全省退耕还林工程建设先进单位"。

一、组织领导机构

为加强退耕还林工程的组织领导,张掖市和 6 县(区)于 2002 年退耕还林工程实施之初,成立退耕还林工程领导小组和检查验收领导小组,为全市退耕还林工程的顺利实施提供坚强的组织保障。

张掖市退耕还林工程建设领导小组 2002 年,张掖地区行署按照《国务院关于进一步完善退耕还林政策措施的若干意见》精神,成立张掖地区退耕还林工程建设领导小组,下发《张掖地区行署办公室关于成立退耕还林工程建设领导小组的通知》,市级领导小组由地区行署副专员任组长,地区农委主任、地区计委主任、行署林业处长、行署办公室副主任任副组长,行署财政处、粮食处、监察局、审计处、国土资源局、水电处、农业处、林业处、农业发展银行张掖市分行等单位的 11 名副处(局、行)长为领导小组成员。领导小组办公室设在行署林业处。

张掖市退耕还林工程检查领导小组 为切实加强对全市退耕还林工程建设的组织领导和检查验收工作,推动退耕还林工作的顺利开展,2003 年,市政府成立退耕还林工程检查领导小组。领导小组办公室设在行署林业处,负责日常工作。从 2002 年起,全市 6 县(区)相继成立退耕还林工程建设领导小组和退耕还林工程检查领导小组,领导小组办公室设在县(区)林业局。

二、工程实施

2002 年实施退耕还林工程以来,完成工程建设任务 7.86 万公顷,其中:退耕地造林 3.54 万公顷、荒山滩造林 2.65 万公顷、封山育林 1.67 万公顷,完成量占工程计划建设任务的 100%。工程建设任务分年度统计:2002 年完成 1.2 万公顷,全部为退耕地造林;2003 年完成 3.34 万公顷,其中退耕地造林 1.77 万公顷、荒山滩造林 1.57 万公顷;2004 年 8866.73 公顷,其中退耕地造林 1333.33公顷、荒山滩造林 7533.4 公顷;2005 年完成 10046.8 公顷,其中退耕地造林 4046.8 公顷、荒山滩造林 333.33 公顷、封山育林 5666.67 公顷;2006 年完成 2073.27 公顷,其中退耕地造林 339.97 公顷、荒山滩造林 1733.3 公顷;2007 年完成 1200 公顷,全部为荒山滩造林;2008 年完成 2933.33 公顷,全部为封山育林;2009 年完成 3933.43 公顷,全部为封山育林;2010 年完成 4200.13 公顷,全部为封山育林。

表 3-28　张掖市 2002 年—2006 年退耕还林工程实施期分县(区)完成面积统计表

单位:公顷

工程范围	2002年 任务	2002年 完成退耕	2003年 任务	2003年 完成退耕	2003年 完成荒造	2004年 任务	2004年 完成退耕	2004年 完成荒造	2005年 任务	2005年 完成退耕	2005年 完成荒造	2005年 封育	2006年 任务	2006年 完成退耕	2006年 完成荒造
合计	12000.0	12000.0	33333.3	17666.73	15666.67	8866.73	1333.33	7533.4	10046.6	4046.8	333.3	5666.7	2073.27	339.97	1733.3
甘州区	2333.3	2333.3	1333.3	666.7	666.7				1813.3	480.0		666.7	53.3	53.3	
山丹县	4006.7	4006.7	12000.0	6333.3	5666.7	4400.0	400.0	4000.0	4133.3	2466.7	333.3	1333.3	733.3	66.7	666.7
民乐县	3360.0	3360.0	10666.7	6333.3	4333.3	3866.7	533.3	3333.4	2333.3	666.7		1666.7	933.3	133.3	800.0
临泽县	1086.7	1086.7	2533.3	1666.7	866.7	266.7	66.7	200.0	360.0	26.7		333.3	20.0	20.0	
高台县	333.3	333.3	1800.0	666.7	1133.3				340	6.7		333.3			
肃南县	213.3	213.3	1000.0	666.7	333.3				666.7			666.7	266.7		266.7
山丹马场			4000.0	1333.33	2666.67	333.33	333.33		400	400			66.67	66.67	

表3-29 张掖市2007年—2010年退耕还林工程实施期分县(区)完成面积统计表(续表)

单位:公顷

工程范围	2007年				2008年				2009年				2010年			
	任务	完成			任务	完成			任务	完成			任务	完成		
		退耕	荒造	封育		退耕	荒造	封育		退耕	荒造	封育		退耕	荒造	封育
合计	1200.0		1200.0		2933.3			2933.3	3933.43			3933.43	4200.13			4200.13
甘州区					800.0			800.0	866.7			866.7	866.7			866.7
山丹县	666.70		666.70		400.0			400.0	600.0			600.0	666.7			666.7
民乐县	533.30		533.3		400.0			400.0	666.7			666.7	666.7			666.7
临泽县					400.0			400.0	533.3			533.3	533.3			533.3
高台县					533.3			533.3	666.7			666.7	666.7			666.7
肃南县					400.0			400.0	266.7			266.7	466.7			466.7
山丹马场									333.33			333.33	333.33			333.33

注:甘州区含市园林局封滩育林1266.7公顷,其中:2005年封滩育林666.7公顷,2008年封滩育林666.7公顷,2009年封滩育林333.3公顷,2010年市红平荒漠植被管护站封滩育林333.3公顷。

三、后续产业

沙棘产业基地 全市建成沙棘产业生产基地3.4万公顷,部分植株已开始挂果。进入盛果期后,可年产沙棘果4000万千克。引进大果沙棘新品种21个,栽种面积达333.3公顷。

草畜产业基地 全市推行林草间作和牧草单种,其中林草间作9653.33公顷,连同辐射带动种植面积2.73万公顷。间作牧草纯收入达1383.98万元。退耕前(2001年),牛、羊的饲养量为12655.02万头(只),纯收入达11739.56万元;退耕后(2004年),全市牛、羊饲养量达14724.62万头(只),纯收入16887.17万元,比退耕前增收5162.55万元。

特色果品基地 以红枣、葡萄、杏3个树种为主,形成一定市场竞争力的特色新品种20多个。川区红枣基地达到8593.33公顷,年总产量4880万千克;浅山区建成连片面积千亩以上的良种杏示范点11个,优质良种杏基地2000多公顷;临泽县建成林产品基地1293公顷,其中设施葡萄81.6公顷,露地葡萄34.4公顷,红枣277.07公顷,肉苁蓉801.73公顷,红梨24公顷,核桃6.67公顷,杏7.2公顷,梨7.2公顷,枸杞7.2公顷。

四、典型模式

林草间作+养畜模式 民乐县丰乐乡共有耕地面积5133.33公顷,退耕还林总面积3133.33公顷(退耕地造林1688.75公顷)。乡成立养殖协会,制定章程,严格管理。协会定期为农户投放畜禽,第一年每户投1只小尾寒羊、1头牛,3年内,农户给协会上缴4只小尾寒羊、2头肉牛。起始的发展资金由乡政府解决。

特色果品基地建设模式 通过退耕还林,甘州、临泽、高台三县(区)红枣基地,民乐、山丹及高台沿山区优质良种杏基地不断扩大。山丹县在2002年,率先在霍城镇下西山村建成180公顷集中连片的仁用杏基地,套种紫花苜蓿,实行规模化经营,规范化管理。部分苗木在2003年开始挂果,在全市创造第一个千亩以上面积的仁用杏林草间作互动模式。带动陈户、霍城、花寨子、东乐、老军、位奇6个乡镇,建成6个仁用杏基地。民乐县种植仁用杏1040公顷。

整村退耕模式 山丹县霍城镇下西山村通过退耕还林,年人均获得811元国家补助。每户节余1个劳力,全村节余劳力272个。外出务工每个劳力年收入3000元,总收入81.6万元,人均增收703元。套种240公顷优质牧草,每亩当年舍饲养羊2只,计7200只,出栏2400只,每只200元,共收入48万元,人均收入414元。70岁的姚有仁,2002年筹资2万多元,修建舍饲羊棚11间400平方米,利用套种的牧草,舍饲养羊120只,出栏40只。全县1.2万户退耕农户年户均增收1810元,年人均增收450元。

非公有制林业模式 全市退耕还林工程采取承包、拍卖、租赁、产权改制、抵押、转让等办法,鼓励发展非公有制林业,变官办林业为民办林业,变单纯由国家、集体投入为国家、集体、个人多元化投入,变单一的行政措施护林为全民护林。群众成为造林绿化的主体。造林成活率、保存率显著提高。临泽县已有非公有制造林大户55户,造林面积1073.33公顷,占退耕还林总面积27.62%。

灌木节水造林模式 退耕地造林中,全市水浇地面积8600公顷,退耕前川灌区每年浇灌次数6次—8次,浅山区4次—6次。退耕后川灌区每年浇灌次数3次—5次,浅山区2次—5次,亩均年节水300立方米。临泽县新华镇明昌公司,2002年—2003年退耕还林548.87公顷,以沙棘、沙枣和红柳灌木树种为主,采用沟灌,前两年灌水次数未减少,但亩灌水量由以前的150方/次减少到60方/次,每年灌水次数减少到2次,比种植农作物减少灌水4次,每年可节约水电费25万元。

五、检查验收

2004年:工程建设任务8533.33公顷,核实面积8046.67公顷,面积核实率94.3%,其中:退耕地还林1000公顷,面积核实率100%,荒山造林7046.67公顷,面积核实率93.5%;平均成活率67.8%。

2005年:完成面积9646.67公顷,核实面积9575.63公顷,面积核实率99.3%,其中:退耕地还林核实率98.1%;荒山造林核实率100%;封山(沙)育林核实5666.67公顷,核实率100%。本次核查只抽中退耕地还林,平均成活率84.7%。面积合格率:全市平均面积合格率91.4%,其中退耕76.9%,荒造100%,封育100%。张掖市综合评分95.7分,在全省排名第六位。

2006年：是年任务完成率100%，面积核实率100%，平均成活率84.6%，完成面积平均合格率80.5%。历年工程核查结果：造林面积核实率99.9%，成活（保存）率83.8%，造林面积合格率84.3%，封山育林面积核实率100%，面积核实率100%。张掖市综合评分90.97分，全省排名第七位。

2007年：是年任务完成率100%，面积核实率100%，平均成活（保存）率84.2%，平均合格率78.9%。张掖市综合评分87.93分，全省排名第七位。

2008年：面积平均核实率99.9%，其中：甘州、临泽、肃南、山丹4县（区）为100%，民乐县为99.9%，高台县为98.7%；平均成活（保存）率79%。各县（区）造林成活（保存）率从高到低依次为：临泽县88.7%、肃南县88%、甘州区81.3%、高台县81.2%、山丹县80.6%、民乐县76%。平均面积合格率91.5%，其中：荒山造林77.8%，封山育林100%。核查面积中合格2357.01公顷，基本合格394.29公顷，不合格498.19公顷，未核实17.2公顷。各县（区）面积合格率从高到低依次为：肃南县、临泽县100%，甘州区97.3%，高台县95.2%，民乐县89.9%，山丹县89.3%。张掖市综合得分94.81分，全省排名第四位。

2009年：全市平均面积核实率100%，平均成活（保存）率87.4%，全市平均面积合格率78.7%。张掖市综合得分93.74分，全省排名第六位。

2010年：全市原补助政策兑现期满工程面积1.55万公顷（全为2003年生态林），保存面积1.53万公顷，面积保存率99.0%。张掖市综合得分94.07分，全省排名第八位。

六、政策兑现

国家实行退耕还林资金和粮食补贴制度，按照核定的退耕地还林面积，在一定期限内无偿向退耕还林者提供适当的补助粮食、种苗造林费和现金（生活费）补助。黄河流域以及北方地区，每亩退耕地每年补助原粮100千克、现金20元，还生态林的至少补助8年，还经济林的补助5年，还草的补助2年。每亩退耕地和宜林荒山荒地补助种苗造林费50元。

2002年以后还草补助按2年计算，还经济林补助按5年计算，还生态林补助暂按8年计算。尚未承包到户和休耕的坡耕地退耕还林的，只享受种苗造林费补助。退耕还林者在享受资金和粮食补助期间，应当按照作业设计和合同的要求在宜林荒山荒地造林。

国家向退耕农户提供种苗造林补助费。种苗造林补助费标准按退耕地和宜林荒山荒地造林每公顷 750 元计算。退耕地还林营造的生态林面积以县为单位核算,不得低于退耕地还林面积的 80%。对超过规定比例多种的经济林只给种苗造林补助费,不补助粮食和生活费。

表 3-30 张掖市 2002 年—2010 年退耕还林工程政策兑现情况表

单位:公顷、千克、元

年度	退耕还林合计	合 计			县 区				中牧山丹马场			
		粮食折现	生活补助	种苗补助	小计	粮食折现	生活补助	种苗补助	小计	粮食折现	生活补助	种苗补助
合 计	66837.8	53426.8	7656	6151	65266.8	52362.8	7514	5796	1571	1064	142	355
2002	3780	2520	360	900	3780	2520	360	900				
2003	9620	6230	890	2500	9000	5950	850	2200	620	280	40	300
2004	8000	6405	930	665	7575	6055	880	640	425	350	50	25
2005	9057.3	7251.8	1042	753.5	8531.3	6817.8	990	723.5	526	434	62	30
2006	8130.5	6983	997	150.5	8130.5	6983	997	150.5	517	448	64	5
2007	7765	6716	959	90	7765	6716	959	90	512	448	64	
2008	7766	6525	933	308	7766	6525	933	308	512	448	64	
2009	7836	6526	932	378	7836	6526	932	378	512	448	64	
2010	4883	4270	613	406	4883	4270	613	406	512	448	64	

七、建设成效

1. 林草面积不断扩大。至 2010 年,退耕还林工程已有 80% 的林地面积成林,全市新增林地面积 50560 公顷,使过去沿山浅山区开垦的坡耕地、川灌区沙化耕地和盐碱地通过退耕还林变为林地,全市森林覆盖率由 2002 年的 9.17% 提高到 16.52%。

2. 生态环境初步改善。退耕还林工程的实施,在抑制土地沙化及风沙危害等方面发挥重要作用,区域生态环境得到初步改善。据监测,山丹县实施退耕还林工程后,局部小气候得到改善和调节,霍城河、马营河等流域内部分断流多年的小溪重新开始流水。林地土壤储水能力提高7.1%,多年不见的国家一、二类保护野生动物已频繁出现在山丹、民乐、肃南的部分退耕还林区,白天鹅、黑鹳、白鹳等已安家落户,麻鸭、猫头鹰等种群数量不断加大。

3. 农民收入有效增加。退耕还林工程使全市近20万人直接受益,累计补助资金6.84亿元,退耕区农民人均获得补助3420元,年人均428元。带动林果产业、草畜产业发展,项目区农业产业结构由粮—经二元结构向粮—经—林(草)三元结构转变,农民从土地束缚中解脱出来,从事劳务输出。2005年以来,工程区新增外出务工人员2.2万人,平均每退耕1.49公顷,向外输转劳力1名,外出务工人员年平均纯收入达7000元,相当于退耕地年亩均增收314元,外出务工收入超过退耕还林补助。

退耕还林

4. 后续产业发展较快。整合巩固退耕还林成果后续产业专项资金,大力发展以设施红地球、红枣、红梨为主的"三红"特色林果产业,全市发展设施红提葡萄446.67公顷,红梨233.33公顷,红枣9733.33公顷。大力推广林草、林药间作模式,甘州区退耕还林种草养畜大户达113户,年牲畜存栏量达35300万头只,民乐县建设退耕还林区养鸡场5个。扶持甘州区润星生物公司、甘肃高原圣果公司和高台县科瑞斯三家公司开展沙棘产品的初、深加工,已初具规模。

5. 非公有制林业蓬勃发展。退耕还林的优惠政策激活林业投融资体制的改革,社会各界参与退耕还林工程积极性空前高涨。全市涌现出3.33公顷以上的私营企业和造林大户220户,吸引资金0.86亿元,为工程建设注入活力,非公有制林业在全市蓬勃兴起。

第五节　湿地保护工程

一、湿地面积

2002 年,由市林业局牵头,抽调技术人员分 7 个专业组,对全市湿地资源进行了第一次普查。普查结果表明,全市湿地面积 21.04 万公顷,占全市土地总面积的 5.02%,其中天然湿地 19.97 万公顷、人工湿地 1.07 万公顷,有 4 个类型 13 个类别。在调查的基础上编制《张掖市湿地保护与工程规划(2005—2030年)》。

2010 年,根据国家林业局开展全国第二次湿地资源调查的要求,从湿地动态变化情况、湿地面积及分布情况、野生动植物资源等方面全面开展了调查。调查结果显示,全市湿地面积比第一次调查时增加 4.67 多万公顷,湿地保护与恢复工作取得良好成效,荣获"甘肃省湿地保护工作先进单位"。

二、工程实施

2006 年,张掖市、县(区)成立组织管理机构,按照规划中划定的区域和范围进行勘界确认,按照统一标准制作并埋设界桩 7742 个、界碑 604 块、标志牌 5 块,建设工程围栏 20 千米;查处湿地周边开荒造田、放牧等破坏资源的行为 2 起;初步建立湿地资源基础数据库和图形库;研究制定并报请市政府出台《张掖市黑河流域湿地管理办法》,编制《黑河流域省级湿地自然保护区区划》。

2008 年,市委二届四次全委(扩大)会议提出把《中国黑河流域(张掖)湿地保护工程》列为带动张掖经济社会发展的"十大工程"之首。至 2010 年,按照市委、市政府"顺应自然,建设生态张掖,塑造张掖新形象"的总体部署,利用离城市最近的 4108.13 公顷湿地资源,建立张掖国家湿地公园。依城而建的城市湿地公园通过国家建设部批复命名为"张掖国家城市湿地公园"。占地 733.33 公顷的滨河生态新区,定位于"高档居住、商务会展、教育科研和旅游休闲"四大功能,已完成道路基础、水源涵养、景观绿化、防洪堤坝等建设,勾勒"湿地之城"的喜人远景。在高台黑河流域湿地省级自然保护区的基地上,扩大到甘州、临泽、高台三县区黑河干流的4.12万公顷湿地,合理划分缓冲区、实验区和核心区功能,建立"甘肃张掖黑河流域国家级湿地保护区"。在肃南明海、民乐童子坝河、山丹马营河建立湿地保护小区,对连片湿地进行有效保护。严格控制湿地周边工业企业"三废"排放,减轻农药和化肥对湿地的危害,对原生态湿地进行垃圾清理及环境修复治理,恢复湿地清洁秀丽面目。在各县(区)建设瞭望塔3座,候鸟观测点2处,湿地保护点2处。

滨河新区自2008年12月31日开工建设,至2010年底,完成投资1.91亿元,按百年一遇设防标准新建防洪堤3.6千米;建成以滨河大道、滨湖路、水韵街、西三环路为主体的"一道、二路、一街"路网框架;完成防洪堤绿化景观带和滨河大道、滨湖路、水韵街及环湖路"一带三路一环"一期绿化工程37.8公顷,栽植树木40.3万株;建设占地150公顷的水源涵养工程。2010年,按照"戈壁玛瑙"的景观设计理念,以"树泡""花泡"为表现形式,坚持乔、灌、草搭配的原则,铺垫砂石方5.7万立方米,拉运覆土153.23万立方米,整理覆土面积108.2公顷,完成管沟开挖30千米,铺设灌溉管网24.33千米,安装出水栓281个,完成西三环路、滨河新区绿化任务,栽植绿化苗木93.2万株。

争取项目 2007年,张掖争取国家发改委、林业局批复的投资698万元的"甘肃黑河流域湿地保护建设项目",通过两年建设,已完成各项目标任务,共建设业务用房主体工程500平方米、保护点9个,设置界桩1050个、界碑300块、标志牌3块;建设瞭望塔3座,候鸟观测点2处,工程围栏45千米,封滩育草600公顷。2009年,争取到"甘肃黑河流域湿地恢复与治理"国家扩大内需项目,总投资3668.7万元,建设期3年,项目建设正在进行中。2010年,争取国家湿地补助资金300万元,主要用于生态监测、湿地恢复治理等。

依法保护 全市林业系统按照《甘肃省湿地保护条例》规定,提请市政府出台《张掖市黑河流域湿地管理办法》,市人大常委会通过《关于保护黑河湿地建设生态张掖促进科学发展的决议》,批准成立湿地园林公安派出所,为查处湿地周边围垦造田、乱采滥挖、无序放牧等违法案件提供法律保障,有效遏制破坏湿地资源的行为。至2010年,依法查处湿地周边开荒造田、放牧等破坏湿地资源的违法行为64起,有力地遏制破坏湿地资源的现象。

科普宣传 组织科技人员实施"张掖市黑河流域湿地重点区保护与利用

技术研究课题"。通过省科技厅组织的成果鉴定,研究成果达到国内同类研究领先水平;邀请国内外有关专家学者主讲,成功举办"中国张掖黑河流域湿地保护与开发知识讲座""甘肃省湿地保护与可持续发展高级研讨班""全国湿地生态保护高级研讨班"。利用"世界湿地日""爱鸟周"和"野生动物保护月"等时机,开展"湿地宣传进校园、进社区、进乡村""走近张掖湿地"等主题活动。在《人民日报》《甘肃日报》、甘肃电视台等新闻媒体刊发、播发新闻稿件400余篇,制作《保护湿地资源,建设生态张掖》《湿地之韵,金耀张掖》《走近张掖黑河湿地》专题片3部;经常在"湿地中国""张掖湿地"等网站发布湿地保护与建设工作动态、新闻图片及湿地生态知识等内容;编辑出版《印象张掖湿地》《图说张掖湿地》《感恩黑河——走近张掖黑河湿地》《金色张掖》书籍3部,编印《湿地工作动态》64期,编印《张掖湿地风光》2009年挂历2500份、明信片2000余张。

第六节　生态公益林保护工程

一、经营管理方式

国有或集体公益林　全市国有或集体公益林,包括国有林场、自然保护区、森林公园、村(组)集体、集体林场及其他经济组织等所经营的公益林,由县级林业主管部门与经营单位签订公益林经营合同。经营单位负责公益林营造、抚育、补植和管理,建立森林防火、有害生物防治、防止盗砍滥伐、乱捕滥猎和侵占林地等预防机制,选派专职或兼职护林员巡护山林,确保公益林区安全。绝大多数公益林采用集体经营管理方式,约占全省公益林面积90%。

林农个人承包公益林　各县(区)属乡(镇)人民政府或林业站与林农个人签订公益林经营管理协议。由林农个人负责公益林营造、补植、抚育和管理。严禁在公益林区内从事毁林种植、采石、采沙、取土、开矿等有损林木生长发育和破坏生态环境的活动。负责林区巡逻,做好森林灾害预防工作,发现森林火灾、森林病虫害或盗伐林木等重大灾害和盗情要及时采取有效措施,并立即报告当地政府或林业公安部门处理。

二、生态效益补偿

补偿政策　2001年11月,国家财政部颁布《森林生态效益补助资金管理办法(暂行)》,中央财政从2001年起设立森林生态效益补助基金,用于国家级公益林保护和管理的补助。2009年财政部、国家林业局印发《中央财政森林生态效益补偿基金管理办法》。2010年,甘肃省财政厅、甘肃省林业厅修订印发《甘肃省森林生态效益补偿基金管理实施细则(暂行)》,对中央财政和省级财政补助资金的补助对象、范围和标准进一步明确。

补助对象　中央财政和省级财政补助资金的补助对象为承担国家级公益林经营管理的单位、集体和个人,包括国有林场、国有苗圃、林业系统的自然保护区、集体林场、其他所有制形式的单位和个人。

补助范围　用于国家级公益林的保护和管理费用支出,主要包括管护人员劳务费用,公益林补植、抚育费,森林火灾预防与扑救费,林业有害生物预防与救治费,资源档案管理及监测费,管护基础设施建设费,检查验收费。

补助标准　张掖各级林业主管部门按照国家级公益林管护面积计算,国有国家级公益林每年每公顷补助75元,集体、个人经营的国家级公益林每年每公顷补助150元,其中省级财政统筹每年每公顷3.75元,由省上统筹安排用于省、市级林业主管部门组织的检查验收,跨区域开设防火隔离带、林区道路维护以及森林资源监测等开支。

资金兑现　2004年以来,全市两次对公益林进行区划界定。至2010年,张掖市纳入补偿范围的非天保区国家级公益林面积21.89万公顷,每年补偿基金1600多万元。其中:甘州区4.9万公顷,补偿基金359万元/年;临泽县3.26万公顷,补偿基金263万元/年;高台县3.41万公顷,补偿基金283万元/年;山丹县4.03万公顷,补偿基金287万元/年;民乐县2.37万公顷,补偿基金168万元/年;肃南县3.92万公顷,补偿基金280万元/年。

三、保护措施

1. 强化督促检查、提高管理水平。市政府每年从财政、林业等部门抽调人员组成补偿工作检查组,对全市补偿工作进行两次实地督促检查,将检查结果在全市通报,要求各县(区)及实施单位以查出问题为重点,进行全面自查自纠,对存在的问题及时整改。督查工作的开展,提高全市补偿工作管理水平,有效地促进补偿工作的健康发展。

2. 合理划分区域、加强队伍建设。全市按照生态区位、管护难度和权属,将公益林划分为82个管护责任区,理顺管理体制,提高管护质量。通过考试招聘护林员,集中开展业务知识培训。考核合格后配发护林员证,做到持证上岗。至2010年,全市聘用专、兼职护林员679名,其中林业系统差额补助单位职工303人,企业下岗职工13人,农牧民337人,社会其他人员26人,解决就业岗位376个。培训18场次、1337人次。持证上岗率达100%。采取多种方式调动广大护林人员扎根林区,爱林护林的积极性。

3. 靠实管护责任、提高管护质量。各级林业部门层层签订管护目标责任书。张掖各县(区)林业局与国营农林场、集体林场、村集体等单位和个人,国有林场、集体林场和村集体与专职护林人员签订管护合同,明确管护范围、目标、任务,将管护责任落实到人和山头地块。做到管护面积、人员、责任、报酬"四落实"。针对集体林权制度改革后的新形势、新要求,部分林区正在探索建立专职护林与群众承包护林相结合的管护机制。2010年,全市签订目标管理责任书206份,管护合同744份。为加强管理,规范管护行为,提高管护质量,县(区)林业局建立和完善护林员巡护查林制度,建立护林人员《巡护日志》。采取林场、乡(镇)每月检查考评、县(区)林业局每季度抽查和年终考核的办法,成效显著。

4. 总体规划布局、突出宣传实效。2004年以来,全市新建或维修管护站(点)33处。为加强宣传教育,市、县(区)两级林业部门充分利用各种媒体,多渠道、多层次、多方位开展宣传。广泛宣传落实森林生态效益补偿基金的重大意义及有关规定和制度。历年全市印发宣传材料30万份、播发稿件251余篇次、张贴标语13000多张。在公益林区设置宣传牌997块,标志牌220块,埋设公益林界桩6400多块。

5. 加强基础建设,提高生态效能。全市7年补植2386.67公顷,建设人工围栏513.86千米。并协调解决部分生态公益林区的灌水问题,年均灌水不少于2次,促进林木生长。各实施单位落实防火责任,加强森林病虫害和资源监测。加大公益林区的防火、防虫和定期定点监测投入力度,确保公益林安全。全市购置扑火器材 7297 台,新建监测点 118 处,瞭望台 8 个,配备防火交通运输工具、通信器材等。

6. 明确工作责任,确保资金安全。市、县(区)林业与财政部门通力合作,密切配合,完善制度,增强资金使用的透明度。主动接受社会监督。对生态效益补偿基金实行专户储存、单独核算,在银行建立专户,确保资金专款专用,杜绝了挤占、挪用补偿基金的现象发生。对专职管护人员的劳务费在银行建卡发放,按照签订管护合同将劳务费及时足额发放到护林人员手中;对补植、抚育资金实行报账制,从而规范资金的使用和管理,确保补偿资金用到实处。拨付张掖市生态公益林补偿资金 8000 多万元,资金到位率 100%,确保森林生态效益补偿项目的顺利实施。

四、保护成效

1. 公益林建设成效显著。严格按照"严管林、慎用钱,保护与建设同步"的工作原则,在做好管护工作的同时,加大公益林建设步伐,突出基础设施建设力度,在管护站点、林区道路、围栏及宣传设施的建设上取得显著成绩。全市建设围栏 513.86 千米,维护管护区道路 126.5 千米,新建或维修护林站 33 处。

2. 生态效益稳步提高。由于管护措施到位,公益林资源得到有效保护,面积、蓄积实现双增长,资源总量稳步增长,林分结构得到改善,生态功能逐步提高。以 2004 年和 2010 年统计数据作比较:张掖纳入补偿的国家级公益林面积由 3.7 万公顷增至 21.89 万公顷,增加 18.19 万公顷;2004 年,全市公益林区灌木林平均盖度为 30%,2010 年达 36%,提高 6 个百分点;公益林区岩羊、马鹿、雪鸡等国家保护野生动物种群数量呈逐年递增趋势,生物多样性发生显著变化。

3. 经济效益稳步提高。2005 年来,森林生态旅游发展迅速,东大山、大黄山等林区成为区内外游客避暑休闲、观光旅游的主要场所,经营收入不断增加。随着公益林补偿和集体林权制度改革的深入,农民在公益林管护和建设中得到实惠,促进农民增收,加快农村发展。

4. 社会效益稳步提高。实施森林生态效益补偿后,林区基础设施建设逐年改善,林区灾害防控能力全面提升,林区治安状况逐年好转,和谐林区、平安林区建设稳步推进。

第六章　基础设施建设

第一节　林区道路建设

20世纪50年代开始,在各林区修建道路,逐步形成纵横交错的林区道路体系。至2010年底,全市修建林区运输、防火道路1700多千米,其中防火道路1100千米,运输道路600多千米。

一、祁连山林区

为适应营林生产、木材运输、巡查林区、护林防火等方面的需要,各林场修建不同类型的林区公路、简易公路和林区便道。至1987年末,全市12个天然林经营管护单位共修建道路1206.55千米。到2010年末,增加到1700.1千米,净增493.55千米。有些公路延伸到林区偏僻牧区,成为境内重要的交通运输补充网络,也是川区与山区开展政治、经济、文化交流的重要通道。1953年,玉门油矿为运输木材修筑元山子至青沟的便道。1954年,肃南自治县申报《关于修建元肃公路的报告》,是年2月15日,经省交通厅批准,投资62830元,于是年年底建成自元山子起,经韭菜沟,翻红土大坂、青沟、白庄子抵红湾寺的简易公路60千米。

林区道路建设

祁连山林区的主要干线道路有:海牙沟便道 15 千米,季节性通车,隆畅河林场使用,1959 年建成。白杨河便道 25 千米,康乐林场使用,1966 年建成。响水河便道 22.82 千米,西营河林场使用,常年通车,1969 年建成。泉源沟便道 6.5 千米,康乐林场使用,常年通车,1964 年建成。大野口至寺大隆公路 78.4 千米,大桥 1 座,中、小桥 4 座,涵洞 19 个,1970 年建成。1994 年行政公署专员第七次办公会议决定,大野口至寺大隆林区公路由行署交通处列入地养公路计划,每年由交通处筹措 5 万元养护费。

表 3-31　张掖市国有林场道路建设情况统计表

单位:千米

序号	单位名称	1987 年末道路实有数	2010 年末道路实有数	净增道路
	合　计	1206.55	1700.1	493.55
1	寺大隆	116.05	116.05	
2	西营河	300.00	367.00	67.00
3	大黄山	18.00	18.00	
4	龙首山	8.00	35.00	27.00
5	山丹军马场	10.00	80.00	70.00
6	大河口	50.00	80.00	30.00
7	东大山	10.00	25.05	15.05
8	马蹄	75.00	105.00	30.00
9	西水	22.00	25.00	3.00
10	康乐	38.50	108.00	69.50
11	隆畅河	90.00	98.00	8.00
12	祁丰	469.00	643.00	174.00

二、川区营林单位

20 世纪 50 年代至 60 年代,川区营林单位只有少量的简易道路,交通运输不畅。从 70 年代开始,随着营林生产经营规模扩大,公路建设投入随之投入加大,建设步伐加快,道路建设质量逐步提高。至2010年,全市川区各营林单位共修建道路455.8千米。从各营林单位到营林区、作业现场,都有通畅的公路相连。部分公路与国道、省道、县道等交通主干线相连接。

第二节　房屋建设

至2010年底,全市林业系统房屋建筑面积为14.576万平方米,其中市直林业系统1.72万平方米,县区林业系统12.85万平方米(不含住宅)。

一、六县(区)林业系统

1980年末,全区六县(市)直系统实有房屋建筑面积1.52万平方米,1995年末增加到4.045万平方米,净增2.46万平方米。到2010年末,市辖县(区)林业系统增加到12.85万平方米,年均增加房屋面积0.58万平方米。

二、市(地区)林业局系统

1980年末,地区林业局(处)直系统实有房屋建筑面积0.34万平方米,1995年末增加到1.14万平方米,净增0.79万平方米;到2010年末,增加到1.72万平方米,比1995年净增0.59万平方米,年均增加房屋面积0.15万平方米。

(一)市林业局机关

1980年底以前,实有房屋1218.2平方米。1995年末增加到6262.66平方米(含办公楼3600平方米、林业三站1132.27平方米、原林业招待所1119.63平方米),净增5044.46平方米。到2010年末,增加到6727.66万平方米,年均增加房屋面积360万平方米。

(二)局直单位

局直单位有甘肃祁连山水源涵养林研究院、市林业科学研究院、市寺大隆林场。1980年底以前,实有房屋2147.69平方米。1995年末增加到5107.52平方米,净增2859.83平方米。到2010年末增加到10507.62万平方米,年均增加房屋360平方米。局直其他9个单位均无独立办公用房。

表 3-32　张掖市林业系统房屋建设情况统计表

单位：平方米

单位名称	1980年末房屋实有数	1995年末房屋实有数	净增房屋面积	2010年末房屋实有数	年均增加房屋面积
合　计	18603.89	51824.18	32551.29	145761.28	7021.71
市林业局及直属单位	3365.89	11370.18	7904.29	17235.28	1149.01
市林业局机关小计	1218.20	6262.66	5044.46	6727.66	448.51
局直单位小计	2147.69	5107.52	2859.83	10507.62	360.0
祁连山水源涵养林研究院		880	880	4440	237.33
市林业科学研究院	1284.48	2012.20	727.72	2832.16	54.66
市寺大隆林场	863.21	2215.32	1252.11	3235.46	68.0
县区小计	15238	40454	24647	128526	5872.7
甘州区	1280	5285	4005	22560	1151
山丹县	1020	4875	3855	25487	1374
民乐县	908	3650	2872	16022	826.8
临泽县	810	3682	2360	16282	840
高台县	980	4320	3340	19365	1003
肃南县	10240	18642	8242	28810	677.9

　　注：房屋面积包括市(地)林业系统以及各县(区、市)林业系统(含林场、苗圃)、区乡林业站的房屋。

第三节　通讯设施与信息化网络建设

一、通讯设施建设

　　中华人民共和国成立以来，全市林业系统通讯从无到有，逐步发展，至1985年实存线路里程722千米。"七五"期间建成通讯线路726千米，"八五"期间 893 千米,"九五"期间 1099 千米,"十五"期间 1059 千米。至 2010 年底,全市建成通讯线路 4499 千米。

二、信息化网络建设

张掖林业信息化发展经历三个发展阶段:(1)起步探索阶段。20 世纪 80 年代初至 90 年代初,以单机应用为特征,主要应用于森林资源清查、专项调查等方面,应用范围和程度都比较小。(2)拓展应用阶段。20 世纪 90 年代初至"十一五"初,以局域网技术和互联网技术在林业部门的逐步应用为特征,以林业电子政务建设为中心,现代信息技术在林业重点业务领域的应用不断拓展和深化。(3)全面加快发展阶段。"十一五"以来,尤以《全国林业信息化建设纲要》和《全国林业信息化建设技术指南》的正式发布以及首届全国林业信息化工作会议的胜利召开为标志,全市林业信息化建设进入统一规划、统一标准、统一管理、分工负责、全面加快发展的新阶段。

1998 年,张掖地区林果业研究所建成全区林业系统第一个网站"张掖林果花"信息网,成为首家宣传张掖林业的网络平台。2005 年,张掖市林业局建成门户网站"金张掖林业信息网",后经三次大型改版,为宣传推介张掖林业发挥了较好的作用。之后,有条件的县(区)林业局和局直单位陆续设置单位的门户网站。至 2010 年,全市林业系统有各类网站 10 个,市直林业系统、甘州、山丹、民乐、临泽、高台、肃南 6 县(区)林业系统配备电脑 160 余台,全能联通互联网,在遵守保密制度的前提下实现文件网络传输。

三、林业基层单位"五通"建设

至 2005 年,对全市六县(区)、市林业局直属 12 个单位统计,全市国营林场、苗圃、乡(镇)林业站、管理站、检查站及县城以外独立林业基层等单位共 151 个,已通路(通汽车)的 103 个,占基层林业单位数的 68.20%(下同);已通电或有自备发电设施的 94 个,占 62.2%;已通电话、邮路的 69 个,占 45.7%;已通电视的 85 个,占 56.3%;已通网络的 17 个,占 11.3%。2006 年后的 5 年中,全市林业基层单位"五通"变化情况稳定。

第四节　机械装备

一、运输机械

中华人民共和国成立初期,张掖没有林业机械,森林经营作业沿用传统的手工工具作业。1995年,全区林业系统拥有各种汽车67辆,拖拉机55台。2010年,全市林业系统各类运输机械(包括货运、客运、小车及林业警用、防火用车)由1980年底的39辆增加到181台(辆),净增142辆,其中小车由1980年的11辆增加到71辆,净增60辆。

表3-33　张掖市林业系统运输机械装备建设统计表

单位:台、辆

单位	运输机械			运输机械中小车数量		
	1980年末数	2010年末数	净增数	1980年末数	2010年末数	净增数
合　计	39	181	142	11	71	60
市林业局直属单位小计	20	89	69	2	18	16
县(区)小计	19	92	73	9	53	41
甘州区	5	20	15	2	18	16
山丹县	3	16	13	1	7	6
民乐县	3	14	11	1	7	6
临泽县	2	12	10	2	6	5
高台县	3	13	10	1	7	6
肃南县	3	17	14	2	8	6

二、动力、营林机械

1958年,为临泽五泉林场、民乐六坝林场等单位配购拖拉机、犁铧等机械。

1969 年开始增添植树机、中耕机、抽水机、起苗机、深钻机、发电机等多种机械。林业机械作业项目由机耕、机播等,逐步发展到运输、整地、开沟、筑埂、起苗、剪苗、栽植、中耕、提灌、防治病虫害等多种工序。到 1995 年,全区林业系统拥有各种拖拉机 55 台(其中大中型拖拉机 37 台),植树机 4 台,推土机 7 台,挖坑机 3 台,喷灌机 2 台,动力喷粉机 14 台,深钻机 1 台,发电设备 12 台、278 千瓦等。据六县(区)、市林业局下属单位统计,动力机包括柴(汽)油发电机组、柴(汽)油机、拖拉机等,由 1980 年的 20 台增加到 2010 年的 51 台,净增 31 台;营林机械(包括割灌机、植树机、起苗机等),由 1980 年的 10 台增加到 2010 年的 40 台,净增 30 台。其他林业机械(包括采伐、木材加工、工程机械等)由 1980 年的 1 台增加到 2010 年的 10 台,净增 9 台。

五泉林场 1958 年有 DT413、热特 35 中型拖拉机 2 台,60 年代购进东方红 54、铁牛 55 等大、中型拖拉机 6 台,以后相继购进各类作业机械。1995 年拥有大、中型拖拉机 10 台,植树机 4 台,沙枣电碾 1 台,防虫机械 1 套。修渠、筑路、开沟、加埂、耕地、播种、喷粉、起苗、剪条、运输等林业生产工序均实现了机械作业,机械作业水平达 80%,其中育苗、造林机械作业水平达到 90% 以上。

张掖机械林场 1966 年拥有中型拖拉机 5 台,植树机 10 台,筑床机、起苗机各 3 台,抽水机 10 台,高压喷粉、喷雾防虫机械等。1969 年张掖县机械林业总场撤销,原下辖各场(圃)到 1995 年,拥有大、中型拖拉机 20 台,各种林业机具 22 台(件),提灌设备 20 套,实现了整地、开沟、筑床、起苗、栽植、中耕、提灌、防虫等作业机械化。至 2010 年,甘州区国营林场有履带拖拉机 2 辆,大型轮式拖拉机 7 辆,小型拖拉机 12 辆。

祁连山区林场 全区有 9 个国营经营林场。80 年代,地区森林管理局管辖期间,拥有伐树油锯 59 台,植树机 3 台,割灌机 2 台,绞盘机 3 台,营林机械化水平占全部作业量的 60% 以上。

山丹县 1973 年,机械林场购置东方红 75 型拖拉机 2 台,大型开沟犁 1 部。1989 年,根据省地要求,县林业局购置风力灭火机 5 台,油锯 2 把,铁锨 60 张,十字镐 28 把,大肚锯 23 把,开山斧 23 把。1990 年—1992 年,配备摩托车 2 辆、开山斧 23 把。1994 年,新购置防火设施,单轮摩托 1 辆、风力灭火机 9 台、油锯 2 台、铁锨 86 张、十字镐 48 把、大肚锯 47 把、开山斧 28 把。2006 年—2010 年,祁连山自然保护局配给大黄山林场和龙首山自然保护站防火摩托 13 辆、光伏电源 7 套、对讲机 11 部、望远镜 2 部。2009 年,大黄山林场、龙首山自然保护站制作配发各资源管护站二号工具 100 件。县园林局购置绿篱机、草坪机等园林机械设备 10 台(件)。2010 年,为各乡镇林业工作站及国有林场基层护林站配备护林防火专用摩托车 10 辆,购置防虫车载喷雾器 1 台、GPS10 部。县城市园林绿化局购置高枝油锯、大力剪等各类园林机械设备 10 台(件)。

民乐县 1958 年两台苏式、德式拖拉机开进民乐,"犁地不用牛"开始逐步变成了现实。90 年代,六坝林场有东方红 75 型拖拉机 1 台;大河口林场有手扶拖拉机 1 台,油锯 3 台,机动喷粉器、水泵各 2 台。至 2010 年,六坝林场有 250 型拖拉机 1 台,时风 110 型拖拉机 1 台;大河口林场有 300 型拖拉机 1 台,油锯 3 台,机动喷粉器、水泵各 2 台;北滩林场有时风 210 型拖拉机 1 台;城市绿化大队有洒水车 2 辆,割草机 2 台,割灌机 1 台。

表 3-34 张掖市林业系统机械装备建设统计表

单 位	动力机械			营林机械			其他林业机械		
	1980年底数	2010年底数	净增数	1980年底数	2010年底数	净增数	1980年底数	2010年底数	净增数
合 计	24	51	31	17	48	29	1	10	9
市林业局直属单位	14	32	18	6	26	20	1	2	1
甘州区	18	21	3	9	12	3		2	2
山丹县	1	3	2	1	3	2		1	1
民乐县	1	3	2	1	2	1		1	1
临泽县		2	2		1	1		1	1
高台县	1	2	1		2	2		1	1
肃南县	1	4	3		2	2		2	1

注:1. 动力机械包括发电机组(台)、柴(汽)油机、拖拉机等。2. 营林机械包括割灌机、植树机、起苗机等。3. 其他林业机械包括采伐、加工、工程机械等。4. 统计数据包括各县(区)林业系统及市林业局(处)直属单位。

第四编　林业产业

中华人民共和国成立以来,张掖林业产业不断发展壮大,门类日趋丰富,逐步向基地化、规模化、产业化方向迈进。至 1995 年,全市有国营、集体、个体制材厂、家具厂 107 个,年加工木材 1.5 万多立方米,年产值 1775 万元;建成各类果品加工企业 12 个,年加工果品 260 万千克,产值 1920 万元,收入 360 万元;建成各种果窖(库)2198 个,年储藏果品能力 1820 万千克,贮藏增值 773.2 万元,每年外销苹果、苹果梨 4830 万千克,运销收入 4800 万元。

1996 年后,全区逐步建立起门类齐全、优质高效、竞争有序、充满活力的现代林业产业体系。2010 年,全市林业总产值 15.8 亿元,农民人均林业纯收入 922 元,占农民年人均总收入的 10.26%,其中木材及木制品加工产值 1.36 亿元,经济林果品产值 7.69 亿元,林下经济产值 1.35 亿元,种苗花卉产值 2.78 亿元,果品加工产值 2.16 亿元。

第一章　木材产业

　　木材是国民经济建设的主要生产资料和人民群众必不可少的生活资料,广泛用于建筑、装饰、造纸、家具、交通、能源和其他行业。进入 20 世纪后,特别在下半世纪,木材以其多层次加工产品的形式,开拓出愈来愈多的新用途,如以各种纤维板、刨花板和胶合板为主体的人造板及其他材料的复制品,在建筑、室内装修、家具、车船制造上找到新用途,而以纤维素、半纤维素和木素为主要成分的木材又找到较广泛的化学利用途径,其中以利用木材纤维素为主的木材制浆造纸业,更是成为提供高质量纸张和纸产品的主要原料,从而构成支持现代文明的主要支柱之一,展示林纸一体化发展的广阔前景。

　　张掖的木材生产有国有天然森林成林抚育出材、乡(镇)集体及单位采伐、村及村以下组织和个人采伐等渠道。1955 年—2010 年的 56 年中,生产木材 100.61 万立方米,其中:国有天然森林成林抚育出材 39.55 万立方米,占 39.31%;川区的国有营林单位、乡(镇)集体及单位、村、村以下组织及个人采伐 61.06 万立方米,占 60.69%。

第一节　木材生产与森林采伐

一、木材产区与产量

　　祁连山区　民国时期,祁连山林区的木材年产量占甘肃木材年产量 90 万株的 12%。中华人民共和国成立初期,境内木材产量无资料记载。"一五"—"五五"时期,木材产区主要集中在祁连山区的西营河、大黄山、大河口、马蹄、西水、寺大隆、隆畅河、康乐、祁丰 9 个经营林场,木材产量 39.55 万立方米。"六五"以后,国家对天然林实行禁伐,仅在个别年份对风倒木、枯立木和病腐木进行卫生伐除作业。

表 4-1 张掖市祁连山区经营林场木材集材量统计表

单位：立方米

年度	木材产量	年度	木材产量	年度	木材产量
"一五"小计	49340	1969	20279	"七五"小计	1773
1953		1970	31434	1986	1304
1954		"四五"小计	101038	1987	469
1955	10054	1971	27947	1988	
1956	11935	1972	27066	1989	
1957	27351	1973	15453	1990	
"二五"小计	78758	1974	13125	"八五"小计	9778.6
1958	22197	1975	17447	1991	
1959	26738	"五五"小计	61542	1992	4615
1960	16139	1976	9862	1993	960
1961	1371	1977	9579	1994	2637.4
1962	12313	1978	14434	1995	1566.2
调整时期小计	12313	1979	12936	"九五"小计	9726
1963	1065	1980	14731	1996	3151
1964	1882	"六五"小计	5070	1997	3357
1965	9366	1981	1050	1998	195
"三五"小计	95730	1982	1173	1999	65
1966	10557	1983	829	2000	2958
1967	20333	1984	415	合计	395582
1968	13127	1985	1603		

绿洲防护林区 20 世纪 60 年代，辖区张掖、山丹、民乐、临泽、高台 5 县开始在灌溉农业区营造杨树林带。80 年代后，林带渐趋成熟，成为木材产量的主要来源。1980 年—2010 年，木材总产量 63.75 万立方米。

表 4-2　张掖市绿洲防护林区 1980 年—2010 年木材采伐统计表

单位:万立方米

年　度	木材产量	年　度	木材产量
合　计	63.75	1995	1.85
1980	1.22	1996	2.19
1981	1.56	1997	1.69
1982	1.15	1998	1.580
1983	1.79	1999	0.68
1984	2.04	2000	1.6
1985	3.03	2001	3.40
1986	3.71	2002	3.40
1987	1.94	2003	3.42
1988	2.55	2004	2.97
1989	2.06	2005	3.01
1990	2.69	2006	2.35
1991	2.09	2007	1.12
1992	1.78	2008	1.12
1993	1.63	2009	2.34
1994	1.82	2010	1.97

二、森林采伐

(一)概　况

民国三十年(1941 年)祁连山国有林区管理处成立后,即实行采伐木材,由木商或林主向管理处申请,该处派技术人员勘察伐区,在认定符合采伐规定后,限定采伐株数,方能发给采伐许可证,准其采伐;不办伐木许可证采伐木材者,属非法行为,要受政府查纠严办。取得采伐许可证后,方能开展"号台子"(号树),雇人进山砍伐。

采运形式主要有三种:1. 买山或租山。木商多为购买山林伐木,在经营中因小材损失大,逐渐改用租山伐木,分为定期和不定期。定期是指木商在契约期内,按契约自由砍伐木材,期满后不管砍伐与否,须如期归还林主。不定期者俗称"林尽还山",即木商把所租山林的成材树木,不受时间限制,全部采伐后将林地归还林主。2. 买台子。这是民国三十年(1941 年)后盛行的一种采伐方式。木商与林主订约,于林内自行选择砍伐立木。3. 剁拨头。林主无力砍伐,买者又无钱付价,买卖双方约定,由买者在卖者的林内砍伐,所得木材按比例分成,一般为买卖双方对半或买四卖六或买三卖七,全视不同情况而定,无一定成规。

中华人民共和国成立初期,祁连山林务处根据林区自然环境和林木特性,采取"砍取不能成材的杂灌木,留下优良用材树种;砍取老弱病林木,留下健壮林木;间伐稠密,补种补栽稀疏"的做法。20 世纪 60 年代初,在国民经济"调整、巩固、充实、提高"八字方针指导下,森林采伐工作在"过热"的状态下"冷静"下来,减少采伐量,尽力调运"困山材",逐步形成比较合理的采伐方式,采取抚育伐、卫生伐和更新采伐的方式。1966 年,受"文化大革命"影响,以营林为基础的林业建设方针未能贯彻,各项规章制度被废除,经营择伐作业调查设计粗放,采伐径级下延,强度过大和超计划的采伐,采伐工作又一次上升到"过热"状态。据张掖地区森林管理局 1970 年—1975 年统计,境内 9 个经营林场 6 年采伐调运木材 19.31 万立方米。中共十一届三中全会后,随着工作重点的转移,"以营林为基础,采育结合,造管并举"的林业建设方针逐步得到落实。加强森林采伐的计划管理,建立、健全管理机构,完善各项规章制度,强调伐区作业调查设计的审批和验收,使伐区作业质量逐年提高,迹地更新工作逐年好转。

(二)采伐工具

民国时期,木材采伐工具以锯、斧为主。中华人民共和国成立后开始采用半机械化和机械化的木材采伐工具。1964 年,祁连山林业局开始用汽油动力锯采伐,主要使用马锯(大肚锯)和弯把锯采伐,经济合理。1967 年—1968 年,西水、寺大隆林区试验油锯采伐,因不适用于抚育间伐作业而停用。1973 年,油锯伐木生产作业开始固定下来,但机械化采伐量比重不大,采伐量逐年下降。

(三)采伐方式

祁连山林区为保护型林区,古人称该林区为"甘人养命之源"。1952 年,民乐、张掖、临泽、高台等县在林区内有计划地开展森林抚育工作,主要方式有抚育间伐、卫生伐、综合抚育和更新采伐等。1957年前,森林抚育主要是将过去不合理采伐后的弃材、枝桠、高伐根、枯立木、风倒木等进行清理,运出利用。

1958年—1960年,工农业生产需要大量木材,森林抚育逐步转变为间伐取材为主,间伐强度达到8%—45%。鉴于祁连山森林的防护效能,1961年,将采伐方式改为卫生抚育为主和弱度间伐。主要伐除病腐木、枯立木和间伐极端稠密的林木,抚育出材1371立方米。但因成、过熟林木没有伐除,林内幼树仍然受压,更新不良。1965年,科技人员进行调查研究和试验,提出适宜水源涵养林的抚育方法。主要做法:(1)适当保留林缘带;(2)对疏密度在0.7以上的林分,按抚育规程进行疏伐或生长伐;(3)在中弱疏密度的林分中,采取不同方式的卫生伐或综合抚育作业。1966年—1979年,主要采用卫生抚育为主的综合抚育方式,少部分采用更新采伐方式。主要作业是单株择伐或块状择伐,伐去胸径30厘米—40厘米之间的林木,伐后郁闭度保留在0.4以上。

1980年9月,甘肃省人民政府《转发省林业局关于加强保护和发展祁连山水源林的报告的通知》,要求贯彻祁连山水源涵养林的经营方针,组织造林,扩大森林资源,增加植被面积,提高水源涵养能力。此后,林区禁止一切形式的采伐,实行封禁,仅在个别地区对风倒木、枯立木和病腐木进行卫生伐除作业。

1998年9月30日,省人民政府、省林业厅相继下发《关于停止国有天然林采伐的决定》,从1998年10月1日起,全面停止天然林采伐,关闭林区和林缘地区的所有木材交易市场。从1999年起,不再下达天然林的采伐计划。

第二节　林产工业

一、制材工业

张掖市制材工业始于20世纪50年代末期。祁连山林区的制材工业,是1958年3月甘肃省第六次林业会议上提出大办林区工业,开发利用森林资源后起步。是年,张掖森林经营所设立制材厂,进行手工和半机械化制材。由于原料供应不足,于1962年停办。1963年以后,随着森林采伐规模扩大,木材加工稳步发展。其趋势:一是新企业由城市向木材集中区转移,实行产品就地加工调拨;二是生产由小型向中小型结合发展;三是木制品加工和资源综合利用相结合。到1985年底,全区建成投产的中小型制材厂60多处,其中全民所有制企业10处、集体所有制企业50处。拥有制材机械设备150多台(件)。职工人数320余人。年生产锯材8.6万立方米,产品有大方、小方、厚板、中板、薄板等普通锯材和特殊锯材。年总产值达250余万元,年上缴利税80余万元。1986年后,制材工业经历大起大落的发展过程。1998年,省人民政府发布天然林采伐禁令之后,绝大部分林产工业被政策性关、停、并、转,林业系统原有的林产企业停产、破产。

1992年—2010年,境内制材工业经历大起大落的发展过程。1992年,国家解除对木材专营,市场全面放开,区内各县(市)集体、个人木材加工企业遍布城乡,制材工业发展到鼎盛时期。1995年全区木材加工企业发展到453家,年需加工木材由2.1万立方米增加到12.79万立方米。1998年,由于森林资源缺乏,省人民政府发布关于停止国有天然林采伐决定。区内木材加工企业加工能力9.84万立方米,需原材料12.79万立方米,原料供应量5.13万立方米,原料严重供应不足,制材工业走向衰落。2010年底,全市保留木材加工企业364家,年销售加工木器3.1万立方米,从业人员2089人。其中,人造板生产厂家达30家,产量2.89万立方米,收入2884.22万元,利润432.6万元,林业系统原有制材企业全部破产。

张掖市林产工业企业有:

纤维板、刨花板生产厂家3家:张掖市纤维板厂,年产密度板3000吨。地区刨花板厂,主要进行废材回收加工,年生产能力7000立方米。张掖地区新型建材厂,主要进行废材回收加工,年生产能力1200立方米。

木材加工厂290家:其中国营3家,集体10家,个体木材加工厂277家。1992年,国家解除对木材专营,市场全面放开后,市内林业系统的林产工业开始滑坡。至2003年,仅保留234家,其中国有3家,集体6家,私营212家。至2010年,林业系统维持正常生产的有规模林产工业企业仅张掖市纤维板厂(人造板)1家。

张掖市人造板厂(原甘肃省张掖地区人造板厂),始建于1994年7月,厂址位于张掖市东郊工业园区,总占地面积 21 万平方米,其中建筑面积 1.18 万平方米,实有在册职工 258 人,其中:本科及其以上 8 人,大中专学历 89 人,高中及其以下 161 人;高级职称 2 人,中级职称 10 人,技术员 15 人。1996 年 2 月建成中密度纤维板生产线各 1 条,年生产规模 1.5 万立方米,年产量占市场总需量的 22%,产品远销新疆、陕西、四川、宁夏、青海等省区,是当年西北地区最大的以林区三剩物和次小薪材为原料的国有森工企业。2000 年,因资金缺口较大、生产期短、加之原料供应不足等原因,开始负债经营,至 2002 年资产负债率高达 179%。2003 年依法破产后,被张掖市天源机械制造有限责任公司整体购买,组建成立张掖市天源木业有限责任公司,原厂职工在岗 30 人,生产品种主要为中密度纤维板,规模 1.5 万立方米,年产量 0.4 万立方米—0.98 万立方米,2005 年产量 0.44 万立方米,销售量 0.44 万立方米,收入 489 万元,利润 21 万元,以后经营规模逐渐萎缩,市场份额下降。

二、森工企业

1977 年,全区有森工企业 7 家,总产值 260.82 万元,净产值 49.58 万元。1979 年达到 10 家, 总产值 246.59 万元, 净产值 37.05 万元。1983 年总产值 315.35 万元,净产值 61.69 万元。

表 4-3　张掖地区部分年份森林工业企业产值统计表

单位:万元

年度	企业个数	总产值	净产值	备　注
1977	7	260.82	49.58	张掖县 5 家,山丹 1 家,临泽 1 家。
1979	10	246.59	37.05 (独立核算单位)	张掖县 7 家,山丹县 1 家,临泽县 1 家,高台县 1 家;独立核算 4 家。
1981	9	304.92 (按 1980 价格核算)	50.70 (独立核算单位)	张掖县 6 家,山丹县 1 家,临泽县 1 家,高台县 1 家;独立核算 5 家。
1983	10	315.35	61.69 (独立核算单位)	张掖县 7 家,山丹县 1 家,临泽县 1 家,高台县 1 家;独立核算 6 家。

第三节 木器加工

一、加工企业

张掖木材加工业始于 20 世纪 50 年代。1950 年,全区建立木材加工企业 6 家,职工 250 余人,年加工生产能力 6200 立方米,以生产各种农具为主。1958 年—1959 年间,张掖各森林经营所引进水力自动锯木机,相继设立制材厂(车间),进行手工和半机械化制材。这些小厂(车间),由于一哄而起,终因原料供应不足,不具备建厂条件,1962 年停办。(详见本章第二节林产工业)。

二、加工产品

(一)木器制作

清代,民乐县四家村张景成设计建造的魁星楼,三层六角,造型优美,工艺精巧,颇具匠心,历经百年风雨寒暑,仍巍然屹立。

民国时,木器制作主要有桌、椅、箱、柜、床、蒸笼、桶及车、犁、耙、楼等生活、生产用具。民国三十七年(1948 年),张掖县有木器加工铺 58 家。

中华人民共和国成立后,木器制作业发展较快。1953 年—1985 年,建成临泽、高台县木器社。1956 年,张掖建成木器社、木器制造社和箩笼生产合作社,1958 年 3 社合并,转为"国营张掖木器厂",1962 年重新划归集体。是年,高台、山丹、临泽县均建成集体所有制木器厂。1969 年,全区 4 家木器厂产品达 30 多种,生产农具 1.86 万件,木制品 1.7 万件。70 年代,各县城关镇和部分街道分别组建木器加工组。1975 年生产小农具 4.59 万件,日用木制品 10.14 万件。1984 年,张掖县木器厂更名"张掖县农具厂"。1985 年,全区二轻系统木器加工企业 3 家,总投资 186.6 万元,固定资产原值 150 多万元,完成产值 277.5 万元。1995 年,张掖、临泽、高台 3 家县(市)木材加工企业拥有固定资产原值 229 万元,职工 312 人,主要设备 187 台(件),完成产值 367.6 万元,利润 4.3 万元,生产各种木制品 2.5 万件。高档桌、柜、箱、床、沙发、椅、组合柜等产品,美观实用,畅销嘉峪关、玉门等地。是年全区国营铁木器加工企业 10 家,职工 743 人,拥有固定资产 886.6 万元,完成产值 1563.6 万元,实现利税 81.9 万元。

木制农具 70 年代以前,木器厂生产农用皮车排、架子车排、扬场木锨、五股叉、驴马鞍以及锨把、镰把、锄把等农具,每年派遣支农人员,分赴各公社维修农具支援农业。70 年代,各公社农具厂承担农具维修制作。1977 年,全区生产木制小农具 5.64 万件,皮车排 685 付,架子车排 3999 付,其他小农具 5.17 万件;1979 年,生产铁木制小农具 23.7 万件。1980 年后,全市农业机械化步伐加快,农村木制小型农具应用大幅度减少,到 1981 年,全市小型农具生产下降到 3.78 万件。

木制家具 60 年代—70 年代,全区各木器厂定型的产品有 12 种:板材、桌类、椅凳、柜类、床类、架类、门窗类、钢木家具类、蒸笼和其他,年产量 2.6 万件。80 年代,木器厂更名"家具厂",学习上海、北京、西安等地的设计制图和制作技术,生产凹凸式、套装式、组合式、多功能式的优质家具,各类沙发、软椅、软床、箱包以及仿古家具八仙桌、琴桌、太师椅等。80 年代中期,新建"民乐县顺化乡木器厂""三堡乡木器厂""洪水乡木器厂"和"临泽县沙河乡木器厂",年生产能力 8100 件。1985 年,家具制造企业有 8 家,其中:乡办 4 家,联户 3 家,个体 1 家,从业人员 74 人,产值 25.85 万元。尔后,家具市场逐步放开,浙江、四川等外地木工大量涌入,制作新潮家具,工艺精细,款式新颖,价格便宜,区内木器加工业受到限制,发展较为缓慢。到 1990 年底,保留木器加工企业 7 家,从业人员 127 人,完成产值 44.8 万元。随着人民生活水平的提高,家具制作兴旺,个体企业逐渐增多。1995 年,全区有家具制造企业 83 家,其中:乡办 2 家,村办 1 家,联户合作 3 家,个体 77 家,从业 462 人,完成产值 1201 万元。1996 年后,随着流通经济和交通运输的快速发展,名目繁多的品牌家具进入市场,特别是家具电商的迅速崛起,当地家具行业逐步走向低谷,家具卖场集体"大衰败"。2002 年,生产木制家具 1885 件,至 2010 年,全市保留下来的家具生产厂仅有 10 余家。

(二)木质新型材料

80 年代,张掖地区森林管理局为张掖县制材厂提供原料,自制机械设备,试制成功胶合板,先后生产三合板、五合板、七合板等各种规格的胶合板 3000 多立方米,后因原料和热压设备不足而停产。同期在省轻工局和省纺织器材经销公司支持下,自制专用设备数十台,生产捻线管、并线管、倒线管数十万只。其后由于优质木料缺少而停产。1988 年,地区建材总厂从宁夏引进填充板生产技术,投资 99.8 万元,翌年建成年产 6 万平方米生产线。1991 年投资 82 万元,建成年产 80 吨尿醛树脂胶、2 万套木门柜、1000 立方米刨花板 3 条生产线。1995 年生产胶合填充板 6.31 万立方米。

第四节　木材运输

一、陆　运

林木采伐后从集材到木材运至市场销售的一系列人、畜力搬运工作,当时统称为陆运。包括集材、溜道运输、人畜力拉运、车运、驮运等。黑河流域木材陆运历史悠久,民国时期渐趋繁盛,民国二十六年(1937 年),达到鼎盛期。民国三十年(1941 年)7 月,黑河流域国有林区管理处成立后,因实行采伐管理,又受社会秩序不佳影响,从民国三十二年(1943 年)开始,直径 20 厘米以下小材已被禁运,全年运出直径 5 厘米—15 厘米木材 149 万根(为以前砍伐未运出的)、15 厘米—20 厘米木材 922 万根、30 厘米以上木材 3.54 万根,共计 27.66 万根。民国三十三年(1944 年),运出直径 30 厘米以上木材 298 根,20 厘米—30 厘米的木材 5.67 万根,10 厘米以下小材 21.6 万根,椽、架杆等 35.74 根,共 65.99 万余根。

中华人民共和国成立后,20 世纪 70 年代随着交通运输条件的改善,逐步发展到汽车拉运木材。1993 年 7 月,甘肃省林业厅下发《关于切实做好木材凭证运输有关问题的通知》后,木材运输施行凭证运输。省内木材、林木产品运输必须持有省林业厅统一印制、编号,由各地(州、市)或县级林业部门(含县级林业局、林业总场)签发的《木材、林产品准运证》《木材、林产品准运证》,实行一车一票制,还必须做到票、证、产品三相符。出省木材、林产品运输,必须持有林业部统一印制、编号,省林业厅签发的《出省木材运输证》《木材运输检尺小票》(五联单),要求《出省木材运输证》《木材运输检尺小票》与实际数量限定误差不得超过 0.5 立方米。

二、水　运

清代初期至民国时期,在黑河、隆畅河等流域,常采用单漂和筏运方式运输木材。

单漂　是利用流量较大的小河流水道运材。一般以流量较大的黑河支流,将木材漂至河口处,用大钩拉集上岸,称之"上岸",再雇人工或"牛脚"拉至较高岸边堆集,以待编筏下运或就地出售。

筏运　利用黑河之水道编成筏垛运材,是寺大隆林区、隆畅河林区重要的运材渠道。筏垛分为梁材垛、檩材垛、椽材垛、柱材垛4种垛型,一般梁材长5米,檩材长4米,椽材长5米,柱材长3.3米,材与材之间用芨芨草绳连接捆绑固定。筏运工具以大钩、斧、绳索为主,木杠为辅。大钩为牵引材垛的唯一工具,木柄长约3米—10米,多为云杉材所做。每筏运材视木材大小及河水流量而定,一般每筏可运40根左右,4层—6层,有3人—4人操作运输。水运费以筏为单位计,由木业商会定价,通常每根运费约0.1元—0.45元。因水手能多得收入,商会可省去许多烦琐事,故多采用。

三、索道运

1973年,寺大隆林场在滑道沟安装架空索道500米,7人作业,运输木材300多立方米。因操作不便、成本较高,运行两个月后停止。

第五节　木材购销

一、木材购销管理

中华人民共和国成立前,张掖木材消费用量较少,主要依靠当地林区和农民供给,处于自产自销状态。中华人民共和国成立后,特别是改革开放30多年来,木材流通体制、机制、政策发生很大变化。流通模式由单一计划调拨变为多渠道流通。中华人民共和国成立60多年来,木材流通体制变化经历以下阶段:

1. 自由购销阶段(1949年—1952年)。木材流通主要通过市场交易。参加流通的既有国营林业企业、贸易部门和需材部门,也有合作社和个体木商。由于木材多家经营,管理混乱,使国家无法控制森林资源的消长。

2. 统购统销阶段(1953年—1978年)。1953年7月,国家成立中国木材公司,统一组织全国木材的收购、分配、订货和调运,统一制定木材价格,统一管理全国木材市场。张掖集体林区实行由国家有计划地收购木材,供应国家和市场需要,控制木商投机倒把。木材的生产和流通业务,最初由林业部门统一管理。1960年8月起,国有林区的木材流通业务改由物资部门管理。1971年4月起,木材的分配计划和调运业务归林业部门管理。1977年起,木材调运和销售业务又划归物资部门。

3. 逐步开放阶段(1979年—1984年)。随着国家经济体制改革的推行,木材流通领域发生相应变化。国家逐步放宽木材流通政策,在完成国家木材生产计划后,允许产材县按树种超产的一定比例留县使用。间伐小材、社队木材加工厂加工的枝丫材、非规格材,与林业部门挂钩,可以产销见面,议价销售。

4. 木材流通"双轨制"阶段(1985年—1992年)。1985年,国家逐步取消集体林区的木材统购任务,允许农民将自产的木材上市场销售,允许国营林场利用抚育间伐材开展林、工、商综合经营。农民或集体所有的中、幼龄林和成熟林、过熟林可以有偿自由转让;国营林业企业可以利用国家不分配的小材、小料和采伐、造材、加工剩余物发展木材综合利用和多种经营,产品自由销售。这一阶段的主要特点是木材的议购议销与统购统销并存,市场调节和国家计划分配并存,随行就市的市场价和国家指令性、指导性价格并存。国产材的规格、数量、品种仍受"三总"的控制。统配材由计委制定计划,林业部门负责生产、组织和协调供货,物资部门按计划制定木材分配方案,林业和物资部门共同组织订货。非统配材的市场由林业部门进行管理。在国家计划指导和保护森林资源的前提下,木材流通渠道由单一计划调拨变为多渠道流通。由于对木材地位和属性重视不够,这一时期的木材流通体制不仅没有起到引导生产和保护资源的作用,反而刺激乱砍滥伐现象的加剧,破坏部分地区的生态平衡。

5. 市场流通体制阶段(1992年—2010年)。木材市场的流通格局发生根本变化,市场开放力度不断扩大,市场交易的种类和范围日益增多,建立初级市场、区域市场和国家级市场的木材交易体系,形成竞争的市场格局。1999年,外经贸部取消木材经营核定的管理方法，凡具有外贸经营权的企业都可以代理和经营进口木材，打破过去木材经营的限制。当今，已从根本上打破传统的木材流通体制，确立"把住源头、管好一级市场，搞活经营、放开二级市场"的新体制。

二、木材价格管理

中华人民共和国成立初期，木材价格随行就市，没有专门价格管理部门。随着国营木材生产和木材经营机制的逐步建立，木材价格的管理体制逐步建立起来。从 1953 年起，木材价格纳入国家统一管理轨道，直至 1985 年底，一直实行产、销两种价格管理形式，即省内产出木材出厂价格始终由省物价主管部门和省林业主管部门共同管理。1985 年后，国家全面放开集体林区的木材价格，木材价格进入双轨制管理时期，也就是进入计划经济和市场经济的过渡阶段。直到 1993 年，木材价格进入一个崭新时期，即木材价格市场调节期。

三、木材市场管理

1982 年，贯彻中共中央、国务院《关于制止乱砍滥伐森林的紧急指示》，全区关闭木材自由市场 10 余处。1985 年，中央决定集体林区开放木材市场。1986 年 8 月，国家工商行政管理局、林业部颁布《关于集体林区木材市场管理的暂行规定》。1988 年 4 月，甘肃省人民政府发布《甘肃省木材市场管理暂行办法》，规定："木材市场由当地工商行政管理部门进行管理，林业、公安、税务、物价、物资等部门要密切协调、配合，共同把木材市场管好。""参加木材市场交易活动的单位和个人，必须接受工商行政管理和有关部门的监督管理，并按规定缴纳税金和市场管理费。""在林区和林缘县一律不开放木材市场。其他地区需要开设木材市场时，应本着方便群众、有利管理的原则，经县（市、区）人民政府批准，在木材集散地开设固定木材市场。农贸市场上零星上市木材，也要在划定的地域内进行交易。坚决取缔木材黑市交易。""在木材市场出售木材及木制成品、半成品的单位，必须持有县以上（含县）林业主管部门发给的《销售证》；当地农民和城镇居民在自留地和房前屋后自产的木材及旧木料，凭村（居）民委员会发给的《销售证》上市交易；外省合法流入的木材及木制成品、半成品，必须持有有关省规定的木材运输证明才能进入木材市场销售。""林区和林缘县内的集体和村民自产木材,由县林业部门经销或由县林业部门委托的收购单位代销。其他单位和个人一律不准进入林区直接向木材生产者收购木材及其制品。""不允许个人贩运、经营木材。国营林业企事业单位生产的木材,按省上有关规定进行调拨和经销。严禁国营林业企事业单位生产的木材进入集贸市场销售。"

第六节 木材经营

一、木材经营与种类

1989年以后,市场逐步放开,计划外木材开始出现,除地区木材公司及县、市物资局(公司)经销木材外,地区物资局所属部分专业公司,其他国营、集体、私营企业及个体经营者也进入木材市场,打破过去独家经营局面。

境内历年经营的木材,一为国家统配木材。主要树种有:(1)针叶树种(红松、白松、落叶松、鱼鳞松、樟子松、马尾松、杉木、云杉、冷杉、柏木等);(2)阔叶树种(水曲柳、柞木、椴木、桦木、黄菠萝、樟木、榆木)等。主要材种有原木、板材和方材(锯木)。板材包括薄板、中板、厚板、特厚板及普通胶合板和硬质纤维板,方材包括小方、中方、大方和特大方。二为地方自产木材。本地自产的木材主要有沙枣木、杨木和青海云杉。

二、购 进

1983年以前,木材为国家统一分配物资,受国家计划控制。1956年—1995年,通过计划分配和市场购进两个渠道,购进各类木材23.01万立方米。木材来源有内蒙古,黑龙江、四川昭化、成都、金沙江,湖北武汉,广东石龙、清城,湖南郴州等地。甘肃木材来自白龙江、天水小陇山等地。地方产的沙枣木、杨柳木、青海云杉等在本区农村及林场购进。

三、供应销售

木材统配部分按照地区计委木材年度预配计划,与国民经济计划一起下达,由地区物资局执行。统配部分以外的地方木材,由地区物资局根据各单位用量自行编制计划收购供应。随着市场经济逐步建立,计划分配供应渠道取消,由物资系统自行购销。1982 年—1995 年,销售供应木材 22 万立方米,供销对象主要有农田水利、木器农具、乡镇企业、牧区棚圈、沼气温室菜窖、办公住宅装潢、厂房建设、采掘坑木、各种包装、城市维修等。

表 4-4　1957 年—1995 年部分年份木材供应价格统计表

品名	规格	单位	年　　　份								
			1957	1962	1965	1970	1975	1980	1985	1990	1995
圆木	二等东北松	元/立方米	142.67	131	144	144	144	215	268	680	950
制材	二等松板	元/立方米	174	158	172	172	172	248	288	350	1200
胶合板	二等松板	元/块	3.1					10	12	31	38

四、木材经营企业选介

(一)张掖地区物资供应公司

1956 年 1 月 23 日,中国木材公司甘肃省武威支公司设"张掖经营处",建立张掖专区第一个木材经营机构。2 月 25 日升格为"中国木材公司甘肃省张掖县公司",5 月 7 日划归省木材公司,受省公司和张掖县林业局双重领导,下辖酒泉、民乐、肃南 3 个分销处和临泽木材收购站。1957 年,在张掖县木材公司的基础上,成立"张掖专区木材公司",辖张掖、酒泉、武威、天祝、肃南 5 个分销处和永昌、民乐 2 个购销站。

1959 年 5 月 22 日,张掖、酒泉、天祝 3 个分销处分别合并到肃南、天祝所属的 9 个林场,11 月 1 日成立"张掖专区木材分销处"。1962 年 5 月 16 日,将原张掖专署林业局木材经营科与木材分销处合并为"甘肃省张掖木材分公司"(县级),其后恢复"肃南木材分销处"。1963 年 3 月,张掖木材分公司改称"中国木材公司甘肃省张掖分公司";3月21日,成立"张掖专员公署物资管理局"(含综合公司);7月3日,张掖木材分公司划归物资管理局领导,将原专区计委山丹物资库更名"张掖专署物资局山丹物资供应站";10月27日,综合公司更名"物资公司",并将原张掖专区经计委驻兰物资工作组更名"张掖专区物资管理局驻兰办事处"。

1964年,国家设立物资管理部,物资系统实行垂直管理。1967年5月9日,成立专区物资局"抓革命、促生产领导小组"。1969年9月12日,张掖木材分公司与专区物资管理局合并成立"张掖地区物质供应公司"。1970年,成立"甘肃省张掖地区革命委员会物资局",与物资供应公司一套人员,两块牌子。1975年2月17日,在山丹东水泉煤矿区域筹建地区物资局84号仓库。1976年2月,张掖、民乐、临泽、高台、肃南相继成立物资供应站。各县站的物资计划由地区计委管理,物流、财务统计、劳动工资由地区物资局管理。1979年4月9日,地区物资局设立木材、金属、机电、建化4个专业科级汽车队;9月4日,增设物资协作办公室。1983年12月2日,地区物资局改为企业建制,代行部分行政职能,与物资公司仍挂两个牌子。1984年9月10日,在原木材、储运等5个业务科基础上,分别成立科级建制的木材公司、物资储运公司等5个专业公司。各县物资站相继改为物资公司。(部分年份木材购销贮存情况见表4-5)。

表4-5 张掖地区物资系统部分年份木材购销存情况统计表

单位:立方米

年份	全 区			其中					
				地 级			县 级		
	购进	销售	库存	购进	销售	库存	购进	销售	库存
1963			163						
1965	19885	16391							
1970			3835						
1975	19259	20398	3012						
1980			2335			1496	6634	8586	839
1985	22288	21472	9187	9975	9841	3565	12313	11631	5622

续表

年份	全 区			其中					
				地 级			县 级		
	购进	销售	库存	购进	销售	库存	购进	销售	库存
1990	9978	10940	7547	3373	3044	4506	6605	7896	3068
1995	536	1622	724	80	780	500	456	842	224

注:结转部分未计入。

（二）张掖地区林产品经销公司

1981年11月,成立"张掖地区林产品经销公司",科级建制,编制9人,其中干部4人,工勤人员2人。1988年转为自主经营,企业化管理,自负盈亏。到1995年有职工13人,固定资产70万元。上缴税金24万元,创收46.4万元。2006年,保留机构,人员在林业系统内部分流。

（三）民乐县木材经销公司

1964年,成立"民乐县物资供应公司",木材实行统一购销。1975年,木材由上级物资部门调拨。1988年,成立"民乐县木材经销公司",后改名"林产公司"。1995年,因木材市场疲软而撤销。8年调运销售木材1800立方米,收入100万元。

（四）高台县林产品购销站

1984年成立,站址县城东南2千米处。1988年有职工5人。

五、木材经销量

20世纪50年代—60年代,境内木材销售主要集中在祁连山区9个经营林场,20年销售木材22.6万立方米。70年代初期,张掖地区森林管理局（总场）负责全区木材销售管理。1970年—1975年销售木材19.32万立方米。1975年,木材按计划指标,由上级物资部门调拨。1981年后,木材市场逐步放开,由农民自由销售。张掖地区木材经销公司,从1981年11月成立至2006年终止经营,从肃南林区采购销售各类木材3万余立方米,产值1600万元。

表 4-6　张掖地区森林管理局(总场)1970 年—1975 年木材经营统计表

单位:立方米

年度	销售总数	其中		计划外去向				
		计划内	计划外	商业	部队	厂矿机关企业学校	农村社队	私人
合计	193145	131281	61864	5525	5308	27556	16177	7298
1970	28740	20275	8465	417	691	4519	2282	556
1971	42602	30293	12309	994	940	6124	3114	1137
1972	47171	32547	14524	1265	1101	7770	3242	1246
1973	44777	32603	12174	1062	1625	5288	2443	1756
1974	13341	5737	7604	862	459	2565	2478	1240
1975	16514	9826	6688	925	492	1290	2618	1363

注:计划内以森管局统计为准。

第二章 经济林果业

中华人民共和国成立后,张掖大力发展经济林果产业,中部绿洲区和北部荒漠区特色林果栽植面积逐年扩大,经济林资源增量明显。至 1995 年,全市经济林果种植面积 3.12 万公顷,果品总产量 7129 万千克,其中苹果梨、红枣、苹果三种主要林果种植面积 2.54 万公顷,年总产量 5664.4 万千克,分别占经济林果种植总面积及总产量的 82%、79%。2010 年底,全市建成以小枣、葡萄、苹果梨及优质杂果为主的经济林基地 3.65 万公顷;结合退耕还林工程实施,建成沙棘基地 2.4 万公顷,全市年林业总产值达 15.8 亿元,果品年产量 2.01 亿千克,实现产值 7.69 亿元。建成具有一定规模的果品加工企业 13 家,年加工果品 3000 多万千克,实现产值 2.16 亿元。建立各类果品贮藏库 2200 多座,年贮存果品 4000 万千克,贮藏增值 1800 多万元。组建以乡村经合组织、果农协会和商贩为主的果品销售组织 116 个,年销售各类果品 7846 万千克,实现销售收入 6693.78 万元,实现利润 1853.57 万元。全市经济林果初步形成"市场牵龙头、龙头带基地、基地连农户"的产业化发展格局。

第一节 林果业的兴起与发展

张掖林果业发展历史悠久。西汉张掖郡建立后,张骞一行从西域带来核桃、葡萄等树种即在张掖落地生根。北魏时期(533 年—534 年)出版的《齐民要术》记载:"奈有白、青、赤三种,张掖有白奈,酒泉有赤奈。"书中所说的奈是指沙果类,白奈是白果子、黄果子,青奈是绵苹果,赤奈是红果子、楸子等。《河西志》称,张掖沙河镇的梨、枣,乌江的红枣、奈子、桃子、牛眼葡萄、水晶葡萄,甘浚的楸子很有名。甘州、临泽今有二三百年以上的枣、梨和楸子树,仍在正常结果。

中华人民共和国成立后,林果业经历由小到大不断发展的过程。1953年农业合作化后,倡导更新树种、修枝嫁接、新植果园,经济林开始起步。1958年后的三年自然灾害时期,经济林木损失严重。1963年,张掖县委、县人民委员会作出发展经济林的决定,当年从新疆调进秋里蒙、夏里蒙苹果苗定植果园,起到良好示范带动作用。尔后,各县相继开展果树品种的引进、试验、示范、推广。70年代,全区把经济林列为多种经营范围扶持发展,并组织涉农部门向社队投放树苗,指导培植。1985年,中共甘肃省委、省人民政府主要领导在省林业厅现场办公会上指出,林业建设要突出抓好经济林工作,林业部门管好农村群众营造的经济林,农业部门管好国营园艺场站。此后,全区将经济林纳入林业建设整体发展规划,以推行户均一亩经济林为基本思路,把经济林建设作为增强林业经济势力、帮助农民致富的重大战略措施,编制《张掖地区经济林"七五"发展规划》,全区经济林建设进入稳步发展的新阶段。1986年—2010年的25年间,张掖经济林果业(以下简称"林果业")发展大体经历四个阶段。

一、分散发展阶段

1986年—1990年,为推动全区经济林果业加快发展,地区及各县(市)相继制定并出台一系列政策措施,其中政策有"国家、集体、个人一起上,以个人为主","宜林荒山荒地实行多层次多形式承包、租赁和拍卖,谁种谁有,允许继承、转让,长期不变"和"原有果园可以集中承包、联户承包或作价转让,集体机动地、退耕地优先由果树专业户承包,在配水、配肥方面优先照顾,减免部分水费"。这些优惠政策措施,调动广大农民群众发展经济林的积极性,全区经济林发展进入以农户自发性建设为特征的发展阶段,发展速度与质量均超过1986年前,这个阶段延续将近10年。

二、农村支柱产业发展阶段

1992年,根据地委、行署《关于制定国民经济和社会发展十年规划和"八五"计划的意见》,地区行署林业处编制《张掖地区1993年—2000年经济林发展规划》,开始大规模发展经济林果业。1995年5月,全省农村支柱产业建设会议以后,各级林业部门贯彻落实省委、省政府《关于加快发展农村支柱产业的决定》，地区行署林业处编制《张掖地区沙区综合治理和沙产业开发"九五"计划及 2010 年规划》，确定"九五"期间全区林业支柱产业的重要奋斗目标，各县（市）从各自实际出发，抓主抓重抓落实，林果支柱产业建设取得重要进展。1996 年 8 月，省林业厅在天水市召开全省林果支柱产业暨山区林业综合开发现场会议，启动新时段的支柱产业建设。其间，以营造名优特新经济林为主，以名、优、特、新树种改造老果园为辅，发展速度与发展质量均超过前期，全区林果业逐步成为农村支柱产业。经济林重点县的林果支柱产业渐成规模，形成苹果梨、红枣、优质杂果（杏、李、山楂等）三大经济林基地区域化框架。在建设林果支柱产业的同时，中共张掖地委、地区行署决定，实施经济林万千百十工程，在坚持"一乡一品、一村一园、集中连片、规模发展"的同时，把建设千亩村、万亩乡、十亩户与千家万户的庭院经济林相配套，工程区农户基本实现 1 户 1 亩庭院经济林的目标。

三、产业化发展阶段

20 世纪 90 年代末至 2002 年，为继续贯彻执行中共甘肃省委、省人民政府《关于加快发展农村支柱产业的决定》和《关于推进农业产业化经营的决定》精神，在深化市情认识、总结经验教训、借鉴省内外先进经验的基础上，张掖市强化工作措施，把林果业推进到产业化发展阶段。确定重点发展名、优、特经济林产品，建立干鲜果名、优、特生产基地。通过龙头企业的联结，带动农户走向市场，推行种植、加工、销售一体化经营体系。

经济林产业化发展，带动果品贮藏、包装、运输、加工等相关产业的快速发展。良种区域化布局和质量提升，果品市场流通体系逐步健全。在此期间，市林业局多次举办和参加省内外的名、优、特林果产品鉴评会、博览会，加大宣传力度，推出不少精品和名牌产品。林果产品的销售半径得到扩张，产品广销全国，走向世界。

四、结构调整发展阶段

进入 21 世纪以来，随着西部大开发战略的实施和我国加入 WTO 后面临的新形势，市林业部门根据省林业厅《甘肃省重点经济林、花卉、用材林、薪炭林产业基地建设指导纲要》,2003年10月,编制相应的发展规划,确立发展思路和基本原则。即在林果业的发展上,立足市情,面向国内国际两个市场,以发展为主体,大力优化生产布局,调整树种、品种结构。特别强调以产业化经营及市场为导向,以销促产,坚持适地适树,坚持新建与低产林改造相结合,大力发展市场竞争力强、出口创汇潜力大的名、优、特、新树种和品种,提高经济效益,经济林发展进入结构调整的新阶段。

至2010年,已形成符合张掖自然地理生态条件的"三红"(红提葡萄、红枣、红梨)和酿酒葡萄为主的经济林良种区域化格局。①设施红提葡萄。在海拔1350米—2450米区域内,发展以红提为主的设施葡萄基地,形成沿山冷凉区设施葡萄产业带、荒漠区设施葡萄产业带及城郊设施葡萄产业圈"两带一圈"的基地建设格局。②红梨。在山丹、民乐两县和甘州、高台两县(区)的沿山区建设以红梨为主的优质梨基地。③红枣。以临泽全境及甘州北部为主建设红枣基地。④杂果。在山丹、民乐两县和甘州、高台两县(区)的沿山区建设以仁用杏、鲜食杏、李子、山楂为主的优质杂果基地。⑤酿酒葡萄。以甘州、临泽、高台三县(区)的川区为主建设酿酒葡萄基地。本阶段内,林果产品的营销、贮运、加工等第二、三产业在市场竞争中得到整合、重组、提升,基本适应产业化发展需求。

第二节　分布与产量

一、区域分布

经济林果业受自然环境条件和区域经济发展的影响。辖区经济林果分布根据各类果树的生物学特性和区域自然条件气温、土壤、水利等,统筹考虑生产水平、经济建设和人民需求,以提高经济效益为中心、兼顾生态效益的原则,以全区10个农业开发区为重点,统一规划,区域栽植。在海拔1600米—1900米的地带集中连片发展苹果梨;海拔1600米以下的灌溉地区,重点发展优质苹果、红枣、锦丰梨、桃、葡萄;海拔2000米上下的沿山乡村,结合绿化村建设,发展李、杏、楸子、海棠、山楂等杂果,至2010年底,苹果梨、杂果、红枣和优质苹果栽植区域初现雏形。

1. 苹果梨集中产区。苹果梨适宜温凉气候,在海拔 1900 米以下,光照充足,年均气温 5℃以上,年无霜期 140 天以上,最低气温不超过-30℃的地区都能正常生长。从山丹的位奇、清泉、东乐,到民乐的北滩、六坝、李寨、杨坊,经甘州的碱滩、党寨、和平、龙渠、西洞、甘浚、明永,到临泽的倪家营、新华,延伸到高台的南华、骆驼城、新坝等乡及该范围内的国营农林场站和海拔 1600 米—1850 米的村社,重点发展梨树,建设苹果梨商品基地,配置早酥、锦丰等优良品种。

2. 苹果区。苹果喜温,最适宜年均气温 8℃—12℃,土层深厚,土壤肥沃,排水良好的地区生长。从甘州的碱滩、党寨、上秦、和平、大满、小满、长安、新墩、明永、乌江,到临泽的板桥、平川、蓼泉,延伸到高台的巷道、合黎、正远、宣化、黑泉、罗城等乡和海拔 1400 米—1600 米、地势平缓、排水良好、土层深厚、质地肥沃、有灌溉条件的村社、农林站场,重点发展苹果,建设苹果商品基地,重点发展以金冠、红星、红冠为主的元帅系新品种、新品系,引进推广苹果短枝型新品系,更新老品种。

3. 杏树区。杏树耐寒耐旱、喜光,适应性强,适于沿山地区发展。从山丹的李桥、陈户、位奇,民乐的民联、三堡、洪水、顺化、丰乐、新天、南古,甘州的安阳、花寨和高台的新坝、红崖子乡,建设沿山冷凉灌区"杏树带",发展大接杏、曹杏及地方良种红海冬等鲜食品种,适度发展仁用杏品种,逐步形成商品杏基地。

4. 桃、枣区。桃、枣喜温。甘州的乌江、沙井、小河和临泽的沙河、新华、鸭暖、板桥等乡发展红枣,逐步形成红枣基地,重点发展临泽小枣、临泽大枣,引进推广一些外地良种。临泽的沙河、新华、鸭暖、板桥、平川和高台的巷道、合黎等乡发展桃树,重点发展临泽紫皮桃、黄干桃,引进推广早熟优良品种,建设商品桃基地。

5. 葡萄及杂果。在甘州的靖安,临泽的板桥、平川,高台的合黎、罗城等乡和黑河沿岸的沙荒地,结合开发性生产发展葡萄,重点发展早红、里扎马特、巨峰、乍娜等优良品种,建成葡萄基地。其中设施葡萄在全市 6 县(区)58 个乡(镇)海拔 1350 米—2450 米的区域内种植,划分为 3 个种植区:

(1)最适宜分布区。在海拔 1800 米—2100 米祁连山沿山冷凉区的山丹县陈户、位奇、李桥、清泉、东乐等乡(镇),民乐县的三堡、六坝、新天、民联、李寨等乡(镇),甘州区的花寨、安阳乡。该区域优良的气候条件可使葡萄生长健壮,充分成熟,成熟期延至元旦、春节前后鲜采上市,是发展设施延后葡萄栽培的最适宜区。

(2)适宜分布区。海拔1500米—1800米的临泽县的新华、沙河、板桥、倪家营等乡(镇),高台县的新坝、红崖子、南华等乡(镇),肃南县的白银、喇嘛湾乡,甘州区的大满、长安等乡(镇),在城郊沿线,环境条件良好,设施葡萄在12月中旬、元旦、春节成熟上市。海拔2100米—2400米的山丹县的军马场、霍城乡和民乐县的永固乡,光照充足,气候冷凉,土壤疏松,环境无污染源,设施葡萄于元旦至翌年2月鲜采上市。该两区域是发展设施延后葡萄栽培的适宜区。

(3)次适宜分布区。海拔1500米以下的临泽县鸭暖乡、蓼泉乡和高台县骆驼城乡、宣化镇,该区域设施葡萄于11月初成熟,不能延后;海拔2400米以上的山丹县大马营乡、军马场,肃南县雪泉乡,民乐县永固、南丰乡,设施葡萄栽培管理难度大,葡萄生长不良或不易成熟,是张掖设施葡萄发展的次适宜区。

其他杂果,按照果树种类、习性,合理配置在以上各果树区内。

二、面　积

张掖地区特殊的光、热、水、土自然条件,成就经济林果业的发展。民国时期,果树面积很小。民国十六年(1927年)物产统计资料载,鸭翅(今临泽县昭武和大鸭村)有梨、枣、桃园12公顷,梨园村有梨园2公顷,沙河也广有梨、枣园,面积13.33公顷。《创修临泽县志》载,在临泽县各乡桃杏果园随处皆有,而以沙河、鸭暖尤盛。民国三十七年(1948年),境内果园面积314.27公顷,有各类果树1.2万株。1949年,临泽县有经济林82.57公顷,各类果树4.65万株,主要为枣、梨、桃、杏树。

中华人民共和国成立后,经济林面积逐渐扩大。1963年,张掖县从新疆调进秋里蒙、夏里蒙苹果苗定植果园33.3公顷。70年代,全区加大对经济林的扶持力度,1976年,全区有经济林2333.33公顷。1979年以后,不断调整农业内部结构,提倡大力发展林果业。1984年经济林面积发展到3140公顷。1986年—2010年的5个五年计划时期,以林果业为主体的经济林面积呈波浪式的增加,其主要原因是品种老化,品质下降,苹果梨销路不畅,经济效益低下,导致大面积砍伐。1990 年,全区经济林面积由 1985 年的 5866.67 公顷增长为 11586.67公顷,净增长 97.5%。1995 年增加到 31147 公顷,其中水果类 8813 公顷、干果类 2523公顷,总面积比 1990 年净增长 168.4%。2000 年增加到 36687 公顷,其中水果类 27589 公顷、干果类 9098 公顷,总面积比 1995 年末净增长 17.8%。2005 年经济林面积下降到 36533 公顷,其中水果类 22820 公顷、干果类 13453 公顷、特用类 260 公顷,总面积比 2000 年减少 4.2%。2010 年底,全市经济林基地面积 31840 公顷,比 2005 年减少 8.7%,其中万亩(667 公顷)以上基地 25 处约2.4 万公顷,千亩以上的基地 13 处约 1880 公顷。25 处万亩以上的基地中,水果类 11 处约 18893 公顷,干果类 14 处约 12567 公顷。

<h3 style="text-align:center">表 4-7　张掖市经济林面积统计表</h3>

单位:公顷

年份	当年定植面积	年末实有面积	年份	当年定植面积	年末实有面积
1976		2337.40	1991	5066.67	36660.00
1977		2407.00	1992	4133.33	16400.00
1978		2494.33	1993	6680.00	23066.67
1979		2676.47	1994	3626.67	27240.00
1980		2746.67	1995	5693.33	31146.67
1981		2746.67	1996	6026.67	35026.67
1982		2806.67	1997	5066.67	36660.00
1983		2806.67	1998	2960.00	36766.67
1984		2786.67	1999	3313.33	37160.00
1985	3113.33	5866.67	2000	3626.67	36686.67
1986	3746.67	7153.33	2001	3133.33	36013.33
1987	2813.33	9766.67	2002	3813.33	36940.00
1988	3773.33	11226.67	2003	1753.33	35933.33
1989	1833.33	9400.00	2004	1586.67	35406.67
1990	2193.33	11586.67	2005	1333.33	35673.33

续表

年份	当年定植面积	年末实有面积	年份	当年定植面积	年末实有面积
2006	1333.33	35926.67	2009	400.00	33633.33
2007	160.00	35613.33	2010	480.00	33633.33
2008	1153.33	35173.33			

表4-8　张掖市万亩以上经济林基地概况表

单位:处、公顷

县　区	万亩以上基地			千亩基地	
	小计	水果类	干果类	数量	面积
合　计	25	11	14	13	1880
甘州区	7	4	3	4	580
山丹县	4	2	2	2	168
民乐县	5	3	2	3	276
临泽县	6	1	5	3	306
高台县	3	1	2	3	575
肃南县				1	75

三、产　量

清光绪三十四年(1908年),抚彝厅年产杏干8石—9石,红枣300余石,杏仁5石—6石,梨、枣、桃、杏、果树历年均有栽培。民国三十七年(1948年)境内水果产量40.3万千克。1950年,全区果品总产量达58.28万千克。1970年341.54万千克,是1960年87.18万千克的3.9倍。1980年—1990年,全区果品总产量由611.8万千克增长到2144.21万千克,年均增长153.24万千克。1995年,全区果品产量7129.43万千克,人均60千克。2000年—2010年,产量由16412.3万千克增长到20106.88万千克,年均增幅为2.25%。

表 4-9　张掖市经济林产量代表年情况统计表

单位:万千克

年　份	总产量	品　　种
1950	58.28	苹果、梨、桃、杏、葡萄、枣等
1955	129.14	苹果、梨、桃、杏、葡萄、枣等
1960	87.18	苹果、梨、桃、杏、葡萄、枣等
1965	302.72	苹果、梨、桃、杏、葡萄、枣、核桃、李、山楂等
1970	341.54	苹果、梨、桃、杏、葡萄、枣、核桃、李、山楂等
1975	284.35	苹果、梨、桃、杏、葡萄、枣、核桃、李、山楂等
1980	611.80	苹果、梨、桃、杏、葡萄、枣、核桃、李、山楂等
1985	1104.67	苹果、梨、桃、杏、葡萄、枣、核桃、李、山楂等
1990	2144.21	苹果、梨、桃、杏、葡萄、枣、核桃、李、山楂、仁用杏等
1995	7129.43	苹果、梨、桃、杏、葡萄、枣、核桃、李、山楂、仁用杏、枸杞等
2000	16412.30	苹果、梨、桃、杏、葡萄、枣、核桃、李、山楂、仁用杏以及少量的木本油料、木本药材、工业原料及森林食品等
2005	18452.53	苹果、梨、桃、杏、葡萄、枣、核桃、李、山楂、仁用杏以及少量的木本油料、木本药材、工业原料及森林食品等
2010	20106.88	苹果、梨、桃、杏、葡萄、枣、核桃、李、山楂、仁用杏以及少量的木本油料、木本药材、工业原料及森林食品等

四、关键栽培技术

(一)推广优良品种

经济林发展中,各级各相关部门高度重视优良品种的推广,建立多处经济林良种繁育基地。采取高接换优、培育驯化等技术措施,每年引进、试验、示范、推广新品种。1986 年—2010 年,推广种植苹果、梨、桃、杏、枣、葡萄、李、山楂等10 多个经济林树种,近 500 个优良品种。2010 年,全市推广种植的经济林优良品种占全市经济林品种的 80%以上。优良品种的引进和推广,为经济林品种更新换代和结构调整提供技术储备。

(二)速生丰产技术

按照经济林高产、优质、高效的原则,在栽培管理方面突出抓新技术、新成果的推广应用,重点推广砧木建园、高接换优、整形修剪、疏花疏果、矮化密植、树盘覆膜、果实套袋等10项丰产技术。对一些生产能力低、品种老化的旧果园通过改良土壤结构,增施有机肥料,利用高接换头等技术积极进行改造,达到丰产增收的目的。

(三)无公害技术

20世纪90年代中期,张掖地区的林果业已有一定规模,但在生产栽培技术上未达到完全依靠生物方法解决问题,使用化学农药造成有害物质残留、污染环境等问题较普遍。为响应"入世",使果品生产尽快与国际市场接轨,1996年开始,倡导"无公害"生产栽培技术。即在林果生产管理中,通过科学栽培技术,合理使用农药,把果品中有害健康的物质尽可能地控制在最低限度,使之符合"无公害水果"质量和卫生标准。全区推广的"无公害"生产栽培技术主要有:四季修剪和树形改造、高接换优和品种改良、配方施肥、疏花疏果、果实套袋、铺反光膜、病虫害防治、摘叶转果、分期采收和分级包装、贮藏保鲜等十大关键技术。至2010年,全市推广"无公害"生产栽培技术面积1.83万公顷,占全市经济林总面积的50%左右。

五、效 益

(一)经济效益

经济林的年产值（均以当年价计）1985年为0.22亿元,1990年为0.39亿元,1995年为1.28亿元,2000年为3.28亿元,2005年为5.17亿元,2010年为7.69亿元。

(二)生态效益

经济林的生态效益主要体现在对提高森林覆盖率的贡献上,2010年的经济林总面积占全市总土地面积的0.87%,如按密度0.2—0.3可入记森林覆盖率的参数衡量,全市的经济林面积均可计入森林覆盖率。在控制水土流失方面,凡集约经营的经济林,均可全部控制林地产流产泥沙。在改善气候、吸碳增氧、美化环境等方面,经济林同样可产生程度不同的生态效益。

（三）社会效益

1. 广开农户生产门路,吸纳农村剩余劳力。全市经济林面积中80%属于农户经营,为农户增辟生产门路。据典型调查后评估,1公顷集约经营的经济林,年均需投1.8个劳力（指全过程投劳）,按2010年经济林总面积31840公顷计算,需5.73万个劳动力,尤其是可优先吸纳农村妇女劳动力。如将围绕经济林果业发展的二、三产业所需劳力按1:0.3计算进去，则可吸纳1.72万个劳动力,两项合计可吸纳农村剩余劳动力近7.45万个。

2. 增加农户经济收入,推进农村小康建设。据全省40个经济林重点县进行调查（张掖调查的有甘州、民乐、临泽3县区）,2005年户均经济林收入1180元,约占全年总收入的40%左右。自经济林快速发展的1986年起,至2005年,上述3县（区）已有17795个农户脱贫,2287个农户致富。

表4-10 张掖市2010年农户经济林收入情况统计表

县（区）	经济林总面积（公顷）	总产值（万元）	农业人口（万户）	户均产值（元）	户均收入（元）	1986年至2010年依靠经济林脱贫致富的农户数量（户）	
						脱贫农户	致富农户
甘州区	13033.3	300.5	9.04	144	86	3560	432
民乐县	6325	11652	5.37	2170	1302	7340	1630
临泽县	10106.7	7473	3.24	2306	1384	6895	225

第三节 特色林果

一、沙 棘

1990年,经济价值较高的沙棘受到林农普遍重视。2004年开始,引进闪光、橙色、辽卓、阿列伊等大果沙棘优良品种22个,在甘州区大满镇润星公司建成沙棘良种繁育基地133.33公顷,初选出产量高、刺少、抗旱性强的品种3

个。2010 年,全年沙棘种植面积达到 2.4 万公顷,挂果面积 1.67 万公顷,产量 1.3 万吨。品种以中国沙棘为主,兼顾天然肋果沙棘和西藏沙棘,主要分布祁连山、大黄山沿山区和北部风沙区。

沙　棘

二、设施葡萄

2003 年,临泽县新华镇和银先公司率先种植设施葡萄 3.13 公顷,2006 年开始挂果,是年生产葡萄 3 万千克,经济效益显著。2007 年开始在全市示范推广。按照"多采光、少用水、新造地、新技术、高效益"的思路,发展规模稳步增长,产量逐年攀升。至 2010 年,全市设施葡萄种植面积 436 公顷,挂果 267 公顷,进

设施葡萄

入盛果期 172 公顷,商品果产量 300 万千克。金张掖红提葡萄先后荣获"甘肃省十大名果""全国晚熟、晚采优质葡萄评比金奖""全国鲜食葡萄评比金奖""第七届中国东盟博览会农村先进实用技术暨高新技术展优秀参展项目奖"等多项大奖,张掖市被评为"中国优质葡萄生产基地"称号。

加大扶持力度　2007 年—2010 年,市财政筹措经费 300 多万元,整合退耕还林后续产业、农业综合开发、黑河流域节水工程等项目资金 4000 多万元,对自筹资金发展设施葡萄集中连片 2 公顷以上新建的标准大棚,每棚补助 5000 元。争取治沙贴息贷款,对建棚农户每座棚贷款 2 万元,连续贴息 3 年,2009 年,种植户争取治沙贴息贷款 5000 多万元,贴息 167 万元,2010 年申请贴息贷款 8523.65 万元。各县(区)政府相继出台扶持政策,对新建标准大棚每座补助 5000—1 万元。

强化科技服务　2007 年开始,市、县(区)成立设施葡萄产业发展小组,下

设技术指导、市场营销等四个工作小组。聘请甘肃农业大学常永义教授为常年技术顾问。依托"全市30万农村劳动力技能培训工程",推进"112"林农科技培训工作,推行"良种良法到田、科技人员到户、技术要领到人"和"定人、定责、定棚、一定三年不变"机制。全市抽调115名技术人员,进村入户开展技术服务。每年举办设施葡萄培训班200多场次,培训各级科技人员和种植户8000多人次。制定《张掖市设施红地球葡萄果实质量分级》等5项地方标准,发布为甘肃省地方标准。

建立营销网络 组织营销人员赴敦煌、榆中学习营销经验,与南方客商广泛联系,掌握相关信息,结合全市葡萄产品质量,合理确定金张掖红提销售引导价格。赴兰州、银川、内蒙古、成都、武汉等省市考察市场,邀请上海、广州、重庆、青岛、宁波等外地客商来张掖考察洽谈,整理国内外客商信息300多条,建立金张掖红提营销信息网络。

加强宣传推介 2009年"金张掖红提"获有机认证、中华名果称号。制作"金张掖红提"专题宣传片和各类宣传画册,在兰州中心广场、火车站、国道入口处高速路口设立三块大型宣传牌;编印《张掖设施葡萄动态》,开通"金张掖红提"葡萄网站;2009年、2010年,邀请国内葡萄界专家及泰国、台湾、上海等地客商到张掖参加张掖设施葡萄会议。先后有120多人参加三届全国葡萄会议及敦煌葡萄节、中国国际果蔬、加工技术及物流展览会、厦门第八届海峡两岸农产品贸易会、南宁第七届中国东盟博览会、中国东盟商务与投资峰会。

三、酿酒葡萄

张掖市酿酒葡萄产业在国内起步较晚,但发展相对较快。1997年开始发展,2000年大面积推广。经过10多年的建设,已形成一定的产业规模和品牌效应,主要品种有蛇龙珠、赤霞珠、品丽珠、梅鹿辄、黑比诺、赛美容、贵人香、琼瑶浆、美乐、西拉、白羽、雷司令12个。2010年,全市酿酒葡萄面积达1693.33公顷,产量达7500吨,总产值3750万元。种植基地主要集中在甘州、临泽、高台3县(区),形成甘州平原堡和沙井子、临泽板桥、高台骆驼城4大酿酒葡萄主产区。葡萄种植主体以酿酒企业为主,辐射带动周边农林场和农户,种植基地的土地来源以开发沙荒地、戈壁滩地等为主,以农林场和农民的耕地为补充。市内有祁连、国风两家葡萄酒生产企业,主要产品有"祁连传奇"系列干红、干白、冰红、冰白葡萄酒,"国风"系列干红、干白葡萄酒。

四、临泽小枣

枣树是临泽古老的经济林树种,《临泽县志》记载,临泽红枣已有 1400 多年的栽培历史,大面积种植已达百年之久。临泽小枣因其品质优良,先后荣获全国、全省名、优、特、新果产品金奖和银奖,被国内贸易部命名"中华老字号"产品。临泽县 2000 年、2001 年被国家林业局分别命名"全国经济林建设示范县""中国名特优经济林枣之乡",被省林业厅命名"全省林果支柱产业十强县"。2008 年,临泽小枣获国家质监总局"国家地理标志产品"。

2010 年,全县红枣栽培面积 7473.3 公顷,占经济林总面积 63%,户均 0.17 公顷,人均 0.06 公顷。红枣总产量达 820 万千克,占各类果品总产量的 60%,年产值 2039 万元,农民人均红枣纯收入达 293 元,红枣业成为全市林果经济发展的支柱产业。

1997 年,临泽县把临泽小枣定为发展壮大全县经济、富民富县的支柱产业来发展,作出"做大、做强红枣产业,靠科技、强龙头、创品牌、拓市场、扩基地、增效益,加快临泽红枣产业综合开发"的重大战略决策。在经营管理上,加强技术服务工作,采取办班培训、放科教影像、广播讲座等形式,适时指导农户应用枣树开甲、花期喷水、放蜂传粉、科学采摘等林业实用技术,建立红枣新品种示范园。经过多年发展,探索出枣粮经间作、枣树复合林网、枣树丰产密植栽培和农户房前屋后栽培等四种栽培模式。红枣产业的发展,带动相关产业快速兴起,兴办昭武枣业酿酒有限公司、甘肃西域食品实业有限公司、临泽县京沙食品有限公司和荣鑫枣业开发有限责任公司 4 家枣产业龙头骨干加工企业。生产系列品牌产品,荣获国家及省部级奖 6 项,年生产能力 1000 万千克,产品远销国内 10 多个省(市、区)。

临泽小枣

五、民乐苹果梨

苹果梨原产于朝鲜,1921年从朝鲜引入我国吉林延边地区,在吉林、甘肃、内蒙古、青海、新疆等省(区)均有栽培,1968年引入民乐县后,其品质明显优于原产地,具有果心小、酸甜适宜、极耐贮藏的特点。1977年、1983年、1985年,在全省果品鉴评中均取得总分第一名;1985年和1989年两年在全国优质农产品鉴评中名列梨类第一名,1994年在全国林业博览会上再次夺金,"民乐苹果梨"因此而驰名全国,被誉为"中国一代梨王"。海拔1500米—1900米的民乐灌区是苹果梨栽培的最适宜区,中共民乐县委、县政府曾将苹果梨作为全县的六大特色产业之一,广泛动员民乐六坝、三堡、新天、民联、南古等5乡(镇)积极发展。1980年,全县栽培面积160公顷,果品总产量15.71万千克。到2001年,面积增加到8347公顷,产量增加到2866.79万千克,20年间苹果梨面积扩大52倍多,产量增加182倍多,成为全县的支柱产业。1986年,民乐苹果梨基地被列为国家"星火计划"项目,张掖市被列为全国苹果梨商品基地。2001年后,由于诸多原因,苹果梨种植面积大幅度递减,全县苹果梨面积2270公顷,5年面积减少6077公顷。

第四节　加工经营

一、加工企业

张掖市林果加工企业,经历一个曲折的过程。20世纪80年代兴起的沙棘加工企业、张掖县和平罐头厂等企业曾取得辉煌成就,在市场竞争中,水果罐头、香槟等加工企业已逐步淘汰。随着市场需求的变化,新的加工企业不断涌现,有的已发展成带动某一产业类发展的龙头企业,促进产业的规模化、标准化发展。1995年,张掖地区有各类果品加工企业12个,年加工果品能力260万千克,产值1920万元,收入360万元,上缴利税262万元,其中张掖地区电力局爱博果汁有限责任公司生产的苹果梨汁、枣汁,临泽鸭暖果品加工厂生产的枣泥,张掖市五松园果酒厂生产的各类系列果酒,张掖市和平罐头厂生产的苹

350

果、梨、桃、杏罐头,区内外享有盛誉。

2005 年,全市非木质林果产品加工企业 36 户,其中龙头企业 8 户,年加工千吨以上规模的 16 户(含 8 户龙头企业),其他小型加工企业 20 户,总加工量约 1.7 万吨,约占 2005 年总产量的 11%,加工增值 7428 万元。至 2010 年底,全市非木质林果产品加工企业发展到 48 户,其中龙头企业 10 户,年加工千吨以上规模的 22 户(含 10 户龙头企业),其他小型加工企业 26 户,总加工量约 2.5 万吨,约占 2010 年总产量的 12.4%,加工增值 9836 万元。

表 4-11　张掖市果品加工企业情况统计表

年　度	加工企业(户)	加工量(万吨)	其　中			加工增值效益(万元)
			龙头企业(户)	千吨以上加工企业(户)	其他小型加工企业(户)	
2005	36	1.7	8	16	20	7428
2010	48	2.5	10	22	26	9836

(一)加工企业选介

张掖市润星生物科技有限公司　张掖市润星生物科技有限公司成立于 2003 年,地处甘州区小满镇(张大公路 12 千米处),2010 年有职工 60 人,其中中级职称人员 30 名。建成大果沙棘试验示范基地 149.87 公顷,挂果面积 80 余公顷,年产沙棘鲜果 70 万千克。公司引进沙棘油、沙棘黄酮粉联合生产线和沙棘榨汁生产线,进行沙棘鲜果初加工,年处理鲜果 4000 吨,年产沙棘果原汁 2000 吨、浓缩果汁 400 吨,年产沙棘果酒 300 吨。生产的"弱水圣果"有机沙棘酒清澄透明、本色金黄、果香浓郁,口感醇厚,畅销温州市场,获"中国林业产业博览会金奖"。该公司沙棘产业的快速发展,带动周边地区农户栽植大果沙棘的积极性,实现沙棘产业的整体互动效应,把生态建设和沙棘产业综合开发结为一体,取得良好经济效益和社会效益,实现"国家增税,企业增效,农户增收"的目标。

甘肃省祁连葡萄酒业有限公司　甘肃省祁连葡萄酒业有限公司地处高台县南华镇,创建于 1999 年,隶属白龙江林管局,是一家集酿酒葡萄种植和葡萄酒生产为一体的现代化企业。公司拥有固定资产1.3亿元,现已建成优质酿酒葡萄基地667公顷,种植蛇龙珠、梅露辄、贵人香等优良品种,被中国农业大学葡萄研究中心认定为优质酿酒原料。于2001年建成年产5000吨葡萄酒生产线,引进全套意大利P25型除梗破碎机、EPC100气囊压榨机、P35报价系统连续性酒石稳定设备以及灌装设备,全程工序实现微机控制,自动化生产。主要产品有"祁连传奇"品牌葡萄酒,包括干红、冰红、冰白三大系列10个品种,其中冰红和冰白系列葡萄酒的研制与生产填补国内空白。"祁连传奇"品牌系列葡萄酒上市以来,以其纯正的酒香、醇厚丰满的酒体、优雅的果香和典型风格,赢得各阶层消费者好评。"祁连传奇"系列葡萄酒已通过ISO9000质量体系认证,2003年被中国轻工产品质量保障中心认定为"中国消费者放心购物质量可信产品",稳定占领省内市场,并销往北京、广州、深圳等大城市。2002年,公司完成工业产值7960万元,实现利税1820万元。

甘肃西域食品公司 甘肃西域食品公司位于临泽县西关街68号,注册资本2000万元,占地面积6892.9平方米,员工62人。该公司是临泽县人民政府确定的红枣产业化龙头企业,建成易拉罐红枣果汁饮料生产线1条,瓶装红枣果汁饮料生产线1条,红枣休闲小食品生产线1条,红枣干制品生产线1条,开发两大品牌、三大系列、16种红枣产品,年生产能力30000吨,年产值达8000万元。公司聘请陕西师范大学等高等院校的红枣专家和省轻工业研究所工程师为技术顾问。产品均获国家绿色食品认证,红枣枸杞汁饮料连续3年被甘肃省消费者协会认定为"向消费者推荐产品",数项科研成果获市、县科学技术进步二、三等奖。

甘肃临泽红枣业有限公司 属民营企业,主要产品红枣枸杞汁、红枣枸杞营养汁、临泽小枣酱、临泽真空枣、临泽精选枣、临泽醉枣,年加工红枣量1万吨。

民乐县天河饮品有限公司 2001年,民乐县天河包装制造厂整体改组成立"民乐县天河饮品有限公司",位于民乐县生态工业园区。2004年,公司同陕西宝鸡秋林果汁有限公司共同合资新建年产2000吨的苹果梨浓缩汁生产线,项目总投资1668万元,年加工苹果梨1.8万吨,实现销售收入1600万元。2005年3月,"苹果梨浓缩汁生产技术研究开发"项目获市科技进步二等奖。2009年

7月，由甘肃高原圣果沙棘制品有限公司投资建设民乐沙棘综合加工项目,率先引用国内先进的生产工艺和设备,开发出沙棘保健品、沙棘饮品、沙棘化妆品等6大类50余种系列产品。

（二）特色加工产品选介

全汁红葡萄酒　张掖市饮料食品有限责任公司生产。1989年、1994年两次荣获"甘肃省优质产品"称号。年产200吨,产品除供应张掖、酒泉地区各县外,还销往青海、新疆、山西、陕西、河北等省区。

山楂露　张掖市饮料食品有限责任公司生产。1990年获甘肃省乡镇企业局优质产品称号,1994年获"甘肃省优质产品"称号。年产1500吨,产品畅销西北5省区。

水果罐头　1979年,张掖县和平乡罐头厂投产,生产规模2500吨。1984年后,相继建成山丹县陈户乡、民乐县六坝乡、李寨乡林山村、临泽县板桥乡、沙河乡汪庄村、鸭暖乡等6个罐头厂和张掖县碱滩乡古城果品加工厂等,年生产规模4250多吨。1990年,全区有罐头厂13家,其中乡办7家,村办3家,联营1家,个体2家,从业人员257人,完成产值250.6万元,生产罐头901.5吨。1995年有15家,从业人员248人,生产罐头1267吨,完成产值616万元。生产的主要产品有苹果、桃子、苹果梨、李广杏、海棠、红枣等。1996年后,因经营不善,陆续停产。

二、贮藏设施建设

利用贮藏调节均衡供应市场,在销售上打时间差,获得较高效益是张掖林果业发展的策略,贮藏技术、设施建设随之兴起。1991年以来,主要的贮藏技术有冷藏、气调贮藏保鲜、调压保鲜、化学保鲜、电子保鲜5种。1995年,全区建成各类果窖、果库2198个,年贮藏果品1820万千克,贮藏增值773.2万元。每年外销苹果、苹果梨4830万千克,运销收入4800万元。2005年和2010年全市千吨级气调库分别为1座和3座,500吨—1000吨级冷库分别为2座和9座,50吨以下冷库(窖)分别为1800座和2060座,总贮量分别达27113吨和41500吨,占到当年总产量的15%和20%。

表4-12　张掖市林果产品贮藏设施发展情况统计表

单位:座、吨、%

代表年	千吨以上	500—1000吨	100—500吨	50—100吨	50吨以下	总贮量	占总产量%
1995		1	8	10	1160		
2005	1	2	12	16	1800	27113	15
2010	3	9	20	28	2180	41500	20

三、市场建设

20世纪80年代开始,兴建果品批发市场。至2005年底,全市建成县(区)级林果批发市场3处,产品上市量32690吨,交易额3657万元;乡(镇)级市场5处,产品上市量59110吨,交易额3657万元;经销公司5处,经销各类果品12211吨,交易额7268万元;个体运销户1731户。到2010年底,县(区)级批发市场发展到15处,产品上市量56320吨,交易额64160万元;乡(镇)级市场20处,产品上市量135220吨,交易额7218万元;经销公司15处,经销各类果品31620吨,交易额10820万元;个体运销户3280户。

甘州区南关果品批发市场

表4-13　张掖市林果产品市场建设情况统计表

单位:处、吨、万元

年度	县(区)市场			乡(镇)级市场			经销公司			个体运销户(个)
	处	吞吐量	交易额	处	吞吐量	交易额	处	吞吐量	交易额	
2005	3	28960	32690	9	59110	3657	5	12211	7268	1731
2010	5	56320	64160	20	135220	7218	15	31620	10820	3280

第五节　获奖产品

一、国家级获奖产品

1988 年—2010 年，市、县（区）苹果梨、临泽小枣、张掖红梨、红地球葡萄 4 种果品先后获国家奖励 23 次。

表 4-14　张掖市获国家级奖励林果产品一览表

获奖单位	获奖时间	获奖名称	颁奖单位
民乐县	1988 年	苹果梨获"全国优质农产品"奖	国家农牧渔业部
民乐县	1989 年	民乐苹果梨获 "全国林产品金奖"	国家林业部
临泽县林业局	1994 年 10 月	临泽小枣被评为"全国林业名特优新产品"博览会银奖	全国林业名特优新产品博览会组委会
临泽县林业局	1995 年	临泽小枣获"中华老字号"产品	国家贸易部
临泽县林业局	1995 年 10 月	临泽红枣被认定为 "中华老字号产品"	国家贸易部
临泽县林业局	2001 年 8 月	授予甘肃临泽"中国枣之乡"称号	国家林业局
张掖市葡萄协会	2005 年 9 月	红提葡萄获第十一届全国葡萄学术研讨会评比金奖	中国农学会葡萄分会
张掖市葡萄协会	2007 年 11 月	红提葡萄获"中华名果"称号	中国果品流通协会
张掖市葡萄协会	2008 年 9 月	红提葡萄获全国晚熟、晚采优质葡萄评比金奖	中国农学会葡萄分会金奖
临泽县林业局	2008 年 9 月	红提葡萄获全国晚熟、晚采优质葡萄评比金奖	中国农学会葡萄学会

续表

获奖单位	获奖时间	获奖名称	颁奖单位
临泽县	2008 年	临泽小枣获地理标志产品认证	国家质量监督检验检疫总局
临泽县林业局	2008 年 9 月	红地球葡萄获全国晚熟、晚采优质葡萄评比金奖	中国农学会葡萄学会
甘肃省银先立达商贸有限公司	2008 年 9 月	红地球在全国晚熟、晚采优质葡萄评比中获金奖	中国农学会葡萄分会
张掖市葡萄协会	2008 年 10 月	红提葡萄获第五届中国—东盟博览会农村先进适用技术暨高新技术展优秀参展项目奖	中国——东盟博览会农村先进适用技术暨高新技术展组委会
张掖市葡萄协会	2009 年 8 月	红提葡萄获全国鲜食葡萄评比金奖	中国农学会葡萄分会、中国果品流通协会葡萄分会
临泽县林业局	2009 年 8 月	红提葡萄获全国鲜食葡萄评比金奖	中国农学会葡萄学会、中国果品流通协会葡萄分会
甘肃省银先立达商贸有限公司	2009 年 8 月	红地球在全国鲜食葡萄评比中获金奖	中国农学会葡萄分会、中国果品流通协会葡萄分会
张掖市葡萄协会	2009 年 11 月	金张掖红提葡萄获"中华名果"称号	中国果品流通协会
张掖市葡萄协会	2009 年 3 月	金张掖红提获有机食品认证	中绿华夏有机食品认证中心
张掖市葡萄协会	2009 年 12 月	金张掖红提获绿色食品认证	中国绿色食品发展中心
张掖市	2009 年 11 月	"中国优质葡萄生产基地"	中国果品流通协会
张掖市	2010 年 11 月	第七届中国—东盟博览会农村先进适用技术暨高新技术展优秀参展项目奖	第五届中国——东盟博览会农村先进适用技术暨高新技术展组委会

续表

获奖单位	获奖时间	获奖名称	颁奖单位
张掖市	2010 年 12 月	全国设施葡萄评比金奖	中国农学会葡萄分会
临泽县兴科葡萄种植专业合作社	2010 年 12 月	红地球葡萄在全国设施晚熟葡萄产品评比中获金奖	中国农学会葡萄分会
临泽县红沟葡萄专业合作社	2010 年 12 月	红地球葡萄在全国设施晚熟葡萄产品评比中获金奖	中国农学会葡萄分会
山丹县林业局	2010 年 12 月	全国设施晚熟葡萄评比金奖	中国农学会葡萄分会
山丹县林业局	2010 年 12 月	全国设施晚熟葡萄评比银奖	中国农学会葡萄分会
临泽县兴科公司	2010 年 12 月	全国设施葡萄晚熟葡萄评比金奖	中国农学会葡萄分会

二、省级获奖产品

1997 年,张掖市平原堡园艺场苹果梨、临泽县小枣、甘肃西域食品实业公司红枣枸杞汁,分别获甘肃省首届林果产品展览交易会金奖,民乐县苹果梨、甘肃省猛士达酒厂猛士达保健酒获甘肃省首届林果产品展览交易会银奖。

1994 年—2007 年,张掖地区苹果梨、临泽小枣、红梨、红地球葡萄 4 种林果产品获省厅级以上奖励 10 余次。

表 4-15　张掖市获省级奖励林果产品一览表

获奖单位	获奖时间	获奖名称	颁奖单位
临泽县	1989 年 1 月	临泽小枣被评为"甘肃省优质农产品"奖	甘肃省农业委员会
临泽县林业局	1994 年 10 月	苹果梨获"甘肃省名优特色林果产品"鉴定会铜奖	甘肃省林业厅、甘肃省质量管理局
临泽县林业局	1994 年 10 月	临泽小枣获"甘肃省名优特林果产品"鉴评会金奖	甘肃省林业厅、甘肃省质量管理局

续表

获奖单位	获奖时间	获奖名称	颁奖单位
临泽县林业局	1996 年 10 月	临泽小枣获"甘肃省名优特林果产品"鉴评会金奖	甘肃省林业厅、甘肃省技术监督局
张掖地区林果业研究所	1996 年 10 月	苹果梨获"甘肃省第二届名优特林果产品"银奖	甘肃省林业厅、甘肃省技术监督局
祁连山水涵院	1996 年 10 月	苹果梨"全省名优特林果产品"银奖	甘肃省林业厅、甘肃省技术监督局
临泽县林业局	1997 年 11 月	临泽小枣获"甘肃省首届林果产品"展览会金奖	甘肃省首届林果产品交易会组委会
甘肃省银先立达商贸有限公司	2007 年 11 月	银先红地球葡萄获甘肃省第二届林果花卉展览金奖	甘肃省第二届林果花卉展览交易会组委会
甘肃西域食品有限公司	2007 年 11 月	"西域"公主枣获甘肃省第二届林果花卉展览金奖	甘肃省第二届林果花卉展览交易会组委会
甘肃西域食品有限公司	2007 年 11 月	太子枣获甘肃省第二届林果花卉展览金奖	甘肃省第二届林果花卉展览交易会组委会
张掖红梨公司	2007 年 11 月	张掖红梨获甘肃省第二届林果花卉展览银奖	甘肃省第二届林果花卉展览交易会组委会
甘肃祁尔康公司	2007 年 11 月	"祁尔康"鹿血营养胶囊获甘肃省第二届林果花卉展览银奖	甘肃省第二届林果花卉展览交易会组委会
张掖市寺大隆林场	2007 年 11 月	红香酥梨获甘肃省第二届林果花卉展览铜奖	甘肃省第二届林果花卉展览交易会组委会
张掖市林业科学研究院	2007 年 11 月	"绥李 3 号"李子获甘肃省第二届林果花卉展览铜奖	甘肃省第二届林果花卉展览交易会组委会
临泽县林业局	2007 年 11 月	"圣泽"红枣枸杞汁获甘肃省第二届林果花卉展览铜奖	甘肃省第二届林果花卉展览交易会组委会
张掖市葡萄协会	2007 年 11 月	张掖红地球葡萄被评为"甘肃省十大名果"	甘肃省第二届林果花卉展览交易会组委会
张掖市林业局	2007 年 11 月	张掖红梨被评为"甘肃省十大名果"	甘肃省第二届林果花卉展览交易会组委会
临泽县林业局	2007 年 11 月	临泽小枣被评为"甘肃省十大名果"	甘肃省第二届林果花卉展览交易会组委会

第三章　苗木花卉产业

　　苗木花卉业是林业产业中的新兴产业之一。20世纪80年代末期,苗木花卉业开始起步。随着经济社会的发展和人民生活水平的提高,国家加大生态建设和城镇绿化的投入,社会对种苗、花卉的需求快速增加,种苗、花卉业蕴含着巨大的发展机遇,培育苗木、花卉的积极性高涨,地方各级政府出台苗木花卉业发展的具体扶持政策,吸引非农和其他投资商涉足该行业,全市形成国营场圃育苗和个人投资者、私营企业和林木种苗专业合作社构成的多元化投资格局。

第一节　发展概况

　　全市苗木产业发展,经历20世纪80年代中期的萧条、90年代的稳步发展、21世纪初期迅猛壮大及后期的逐步收缩。1984年起,按照省上"每年育苗面积达到耕地面积1%"的要求,并从灌水、化肥等方面,对国营林场、苗圃和育苗专业户给予适当扶持。全区1984年—1986年,年平均育苗1131.11公顷。育苗最多的1986年,面积高达1433.33公顷,育苗1亿株,沙枣、杨树、沙生灌木苗木过剩。90年代,经济林发展加快,各级政府对经济林育苗给予扶持,调整育苗面积。1990年—1995年,全区育苗2186.67公顷,年平均育苗366.67公顷,其中六年育经济林苗160公顷,年平均育苗26.67公顷,基本满足全市造林绿化需要。1996年—2000年,全市育苗2733.33公顷(其中新育1466.67公顷),占计划任务2200公顷的124%。2000年起,在西部大开发政策推动下,出现多元化育苗的格局,年平均育苗面积600公顷左右,年生产各类苗木近1.3亿株,其中国有林场、苗圃育苗面积占80%以上,园林绿化苗木产业成为全市的支柱产业。

第二节　苗木基地与市场建设

一、苗木基地建设

2005年,全市从事林业种苗、园林绿化的厂家和公司有12家,生产绿化苗木1000多万株,苗木产值超过2000多万元,实现苗木生产总量和产品质量的同步增长。特别是一批大中型苗木企业积极推行公司办基地、订单联基地、服务带基地的经营管理模式,有效提升专业化、规模化经营水平,形成一批特色规模基地。2010年,全市林木种苗产业以国家级和省级示范基地为龙头,以各类种苗生产主体为基础,形成布局相对合理的多层次、多种所有制共同发展的林木种苗生产格局,全市林木种苗产业正朝着供应基地化、质量标准化、造林良种化的目标迈进。全市从事林业种苗国营单位、私营企业和个体育苗户278家,苗木从业人员50000余人,生产绿化苗木3799.88万株,苗木产值超过6459.8亿元。

(一)国有苗木基地

1. 市林业局直属单位苗木基地。至2010年,局属国有林场、科研单位有苗木基地3处,面积334.66公顷。

张掖市林业科学研究院　20世纪70年代中期,引进针阔叶树种和沙生灌木214种,建立苗木基地10公顷。1980年起,重点引进培育杨树、沙枣等防风固沙树种。至1985年,先后引进乔、灌树种310种,苗木基地面积达22.15公顷,年生产各类苗木17.5万株。到1998年,苗木繁育基地面积增加到53.33公顷。2010年,育苗总面积达到60余公顷,年培育销售各类绿化苗木100万余株、葡萄苗木10万株,产值120万元,利润40万元。引进林、果、花、草新品种260多种,选育出适宜推广良种26个、优良砧木3个。"神五""神六""神七"出征之际,宇航员们亲手种下的航天纪念树就是张掖市林业科学研究院培育的樟子松。

龙渠种子园科研试验站　隶属甘肃祁连山水源涵养林研究院。建站以来,重点开展各类树种、品种资源的引进、驯化、培育,取得显著成绩。至2010年,先后引进刺柏、樟子松、侧柏、快柳、馒头柳、金丝柳、垂柳、圆冠榆、国槐、白蜡、丁香、连翘、红黄刺玫等乔灌木及宿根花卉 50 余种，建成优质种苗繁育示范基地 128 公顷，其中青海云杉种子园 16.67 公顷、祁连圆柏母树林 8 公顷、苗木繁育基地 23.3 公顷，累计培育良种壮苗 5000 余万株，年销售各类苗木 400 万株，产值 100 万元，获利润 30 万元。1995 年，被省林业厅确定为"甘肃省林业综合科研试验基地"。2009 年，被国家林业局确定为全国首批 131 个国家重点林木良种基地之一。

张掖市寺大隆园林站　1992 年，响应张掖地委、行署"兴办机关园林场"的号召，在甘州区石岗墩滩投资开发建立"张掖市寺大隆林场园林站"，总经营面积 73.33 公顷，育苗树种以青海云杉、祁连圆柏、甘肃杨等乡土树种为主，占育苗总面积 70%以上。1996 年起，探索开展林木及林果新品种引种试验，累计引进筛选出林木及林果新品种 100 多个，成功解决刺柏、日本花柏等针叶树快繁、难繁问题。形成防护林、园林绿化、经济林三大苗木培育格局，至 2010 年，育苗总面积 34 公顷，年出圃各类优质苗木 20 余万株，产值 50 万元，利润 20 万元。

2. 县（区）苗木基地。六县（区）有苗木基地 28 个，80 年代育苗面积 459.4 公顷，年出圃各类苗木 4551 万株，90 年代育苗面积 321.33 公顷，年出圃各类苗木 4104 万株。2001 年—2010 年，年平均育苗面积 500 公顷，年出圃各类苗木 6500 万株。

甘州区新墩苗圃　新墩苗圃成立于 1951 年，地处甘州城西 8 公里新墩镇双堡村，是以培育林木种苗为主的生产经营单位。经营面积 41.48 公顷。2010 年底，固定资产总额 127 万元，苗圃育苗 26.67 公顷 47 个品种。2004 年，成立张掖市大地景观园林绿化有限责任公司，2007 年开始承揽张掖滨河新区、张掖市区、酒泉、嘉峪关等地各类绿化工程 8 个。2010 年开始，租赁九龙江林场残次林开发建立抗天牛林木良种繁育基地 53.33 公顷。至 2010 年底，基础设施总投资 210 万元。建圃以来，培育各类苗木 800 公顷，6000 万株，为甘州林业建设和发展提供种苗支撑。2002 年，被国家林业局、省林业厅命名为"全国质量信得过苗圃""甘肃省无检疫对象苗圃"。

民乐县苗圃　民乐县苗圃始建于 1974 年 9 月，位于民乐县民平公路 26

公里处羊湖滩。至 2010 年,育苗面积 32.33 公顷,针叶树面积 19.73 公顷,其中祁连圆柏 2.44 公顷、云杉 4.96 公顷、沙地云杉 0.8 公顷、樟子松 3.5 公顷、油松7.1 公顷;阔叶树面积 7.75 公顷,其中新疆杨 5.01 公顷、白蜡 1.01 公顷、柳树1.22 公顷、青杨 0.67 公顷、俄罗斯杨 0.15 公顷;各类花灌木 4.5 公顷,其中山杏1.23 公顷、榆叶梅 1.59 公顷、丁香 0.9 公顷、连翘 0.79 公顷;其他各类育苗 0.35公顷。

高台县苗木基地　2000 年以来,林业种苗花卉产业发展较快,成为当地农民增收致富的重要途径。全县有采种基地 1 处,骨干育苗基地 9 家,初步形成以县良种苗木繁育基地、三鑫苗圃、国有三桥湾林场、黑河生态园苗圃等重点育苗大户为主体,个体村户育苗为补充的多层次林木种苗生产供应体系。年繁育生产各类苗木 105.33 余公顷,培育各类苗木 1685 万余株,年产苗量达 600多万株,年产值达 1523.5 万元。

山丹县苗木基地　1985 年,国营十里堡林场在场部附近建立采穗圃面积1.33 公顷。1988 年,全县以县苗圃为中心,建成苗木生产基地 16.67 公顷。1990年—2000 年,建成苗木生产基地 30 公顷。至 2010 年,建成苗木繁育基地 80 公顷,培育的苗木主要有四大类、40 多个品种,其中防护林苗木有新疆杨、二白杨、俄罗斯杨、沙枣、沙棘等,经济林苗木有山杏、李、梨等,绿化苗木有青海云杉、刺柏、国槐、落叶松、祁连圆柏、垂柳、大叶垂榆、长枝榆、圆冠榆等,花灌木有连翘、丁香、探春、黄刺梅、榆叶梅等。在马寨滩基地建设育苗地 1 处,并完成渠、路、林等各项基础设施配套,实现在严重干旱缺水的条件下成功育苗的目标,培育新疆杨、俄罗斯杨和白榆苗木 50 多万株,实现经营收入 5 万元。

(二)私营苗木基地

90 年代,私营育苗逐步兴起。2000 年,全市私营育苗户 23 家,育苗面积350 公顷,出圃各类苗木 2625 万株。2005 年,生产绿化苗木 1000 多万株,苗木产值超过 2000 万元。至 2010 年,全市从事林业种苗私营企业和个体育苗大户达 150 家,从业人员 3000 余人。生产绿化苗木 8300 万株,苗木产值超过 1 亿元。

二、苗木市场

20 世纪 80 年代,苗木流通由林业部门按计划进行调拨,地区间流通很少,个人之间的苗木流通也只是在私下商议解决。80 年代以后,随着国民经济的发展,苗木市场开始逐步建立,国有林场和苗圃的苗木逐渐向外县流通,一些从事林木种苗交易的个人和专业合作社应运而生,促进苗木产业的发展。从苗木销售的特点来看,国营林场和单位集体苗圃主要围绕"三北"防护林工程,退耕还林工程,城市园林绿化工程所需的苗木生产经营;个人主要围绕乡村治沙造林工程,农田林网建设工程,乡村绿色通道建设工程,名、优、特经济林基地建设工程所需苗木生产经营。生产经营的模式主要以苗圃+农户的形式。20 世纪 90 年代中期前,张掖没有专业性的苗木市场,各县区相继建立各种规模的苗木市场。

2008 年以来,各县(区)注重适宜优良乡土树种的培育力度,使适宜张掖发展的乡土树种优良特性得到充分发挥,从一定程度上降低种苗成本。加大引种力度,引进繁育常青树、各种杨树、果树、沙生灌木、花灌木、城镇和小康居民点绿化树种等六大类 42 个树种品种,初步形成乔、灌、草、花卉立体苗木生产结构。科学合理地安排育苗计划、育苗地点和育苗树种,坚持按计划对口育苗,下达是年育苗品种与数量。建立苗木营销运行机制。苗木生产集散地向经营中心转型,培养苗木销售经纪人,通过不断开拓市场,使产品走向国内外、走向市场,并且充分利用网络平台,建立苗木供需信息平台,促进苗木生产的交流、沟通,加快苗木生产市场化步伐。

第三节 花卉基地与市场建设

一、花卉基地建设

至 2010 年,全市花卉生产基地总面积 154 公顷,年花卉总产量达 862.7 万株,总产值 4682.5 万元。

张掖市林科院花卉基地 20 世纪 80 年代,开始花卉引种栽培,规模逐年扩大,品种(品系)逐年增多。至1999年,建立牡丹系、月季系、大丽花系、菊花类等露地花卉基地4.67公顷,繁殖花卉6.57万株(盆)。建成日光节能温室8座,培育巴西木、红宝石、绿宝石等高档花卉2.1万盆,占地面积3000平方米。建成3016平方米金张掖连体大棚1座,繁育仙客来、酒瓶兰、康乃馨、百合、非洲菊、风信子等花卉品种20多个,每年向社会提供各类花卉5万盆(株),在保障"万盆鲜花进城市"工程用花的同时,为城市居民提供大量的优质花卉。2000年后,花卉发展步入快速发展时期,至2010年,新建4106平方米全自动十连体智能温室1座,花卉占地面积10公顷,年产露地花卉、花灌木4万株,室内观赏盆花0.5万盆,室外造景盆花5万株(盆),彩叶树种苗木1万株。引进、收集园林花卉56种96个品种(品系)。

甘州区花卉基地 1982年,新墩苗圃建成花卉温室300平方米,开始少量繁育花卉。新墩镇花儿村、南闸村个别农户开始小规模培育花卉品种。主要在露地生长季节培育,零星销售,供应甘州城区居民。1990年,城区个体户开始鲜切花经营,主要从兰州等市场进货,为病员和节日提供礼品花。1995年,新墩苗圃、区财政局农场、城建委等单位,修建花卉温室,从广州等地进购高档花卉经销。2000年起,繁育面积逐步扩大,品种逐步增多,城区个体经营者修建花卉温室,从兰州、河南、广州等地进行贩运花卉,经温室短期培育后销售。至2010年,全区鲜切花经销户达12户,花卉专业合作社1家,"旭君花业"等大型花卉温室3家,总面积1万平方米。农村花卉种植户20余户,年种植面积2公顷,从业人员200余人。

山丹县花卉基地 1990年开始,各国营林场和苗圃陆续从省内外引入月季、郁金香、大丽花、菊花、三角梅等鲜切花类和迎春、冬青、丁香、大叶黄杨、连翘、榆叶梅等花卉进行换床培育和推广。1995年起,一些日光温室、个体花卉经营者,调入唐菖蒲、百合花、金钱树、君子兰、发财树、文竹、对红等名贵花卉培育经营。但受经济和气候条件的制约,花卉产业发展较慢,规模较小,2004年,全县建立花卉基地10余处2公顷,其中露地栽植面积1.33公顷,日光温室种植0.67公顷。调入和生产各类花卉苗木15万株,产值达30万元。至2010年,全县经营花卉的个体户15户,平均年产值16万元。

民乐县花卉基地 1980年,开始小面积栽培,在市场上零星出售。至1990

年,全县花木总面积 6.67 公顷。1991 年后,改变传统栽培模式,由露地栽培到地膜、小弓棚、日光温室栽培花卉,并作为特色产业扶持发展。2002 年,民联乡新堡村建设 11 座温室大棚,开始花卉制种,培育万寿菊、四季海棠、富贵竹等花卉种子,经济效益可观。2006 年,新天镇许庄村党支部书记张兴祥投资建起第一座花卉制种温室。之后,村民陆续建起 26 座花卉制种温室,并与荷兰客商签订制种合同,翌年 1 月,繁育的花卉种子被荷兰客商收购。一座占地面积仅 0.03 公顷的花卉制种温室,最高收入 2.2 万元,最低 1.2 万元。随后,新天镇、顺化乡等乡镇开始大面积推广花卉制种。

高台县新坝乡花卉基地 20 世纪 90 年代以来,依托东方种子公司新坝实验农场等龙头企业,大力发展花卉产业助农增收。至 2010 年,全乡花卉种植面积达 1140 公顷,其中花卉制种 530 公顷,修建花卉温室 310 座 20.67 公顷,搭建花卉小拱棚 760 座 20.33 公顷,种植露地花卉 173.33 多公顷,引进花卉蔬菜制种品种 480 个。花卉产业呈现蓬勃发展态势。2010 年底,全县花卉基地面积 149.87 公顷,年总产值 1594 万元,成为全县生产规模最大、发展速度最快、运行机制最好、经济效益最佳的花卉基地。

二、花卉市场建设

改革开放以前,张掖花卉品种单一,主要有大丽花、牵牛花、绣球、万寿菊等 10 多个乡土品种,产花量小,没有形成产业链条。80 年代后,花卉消费需求不断增大,花卉市场建设开始起步。90 年代初,对木本花卉和球根花卉需求量明显增大。一些个体户在城郊附近利用大棚培育花卉,自产自销,互通有无,逐步形成规模。各县区也利用节假日,在固定的场所开展花卉销售活动。甘州区城区 10 余家个体商户开始经营鲜切花,主要从兰州等市场进货,供应城区需求,在几家医院附近设花卉商铺,用于看望病员礼品和节日礼品,年交易额 10 余万元。1992 年 9 月—10 月,市林科所举办首届"张掖金秋菊花展",这是张掖关于花卉展销活动的最早记录。

2000 年以后,随着人们生活水平的提高,观叶植物和盆花需求稳步增长,产品开始向高档化和大众化发展,鲜切花市场发展迅速。品种越来越多,花朵艳丽、叶色绚丽多变的观花、观叶类新优园林植物深受人们喜爱,需求量日益扩大。生产的彩叶植物及花卉在张掖、酒泉、嘉峪关、酒泉卫星基地、内蒙古阿拉善盟、阿右旗,金昌,宁夏银川、中卫,青海西宁等城市绿化中得到广泛应用。

2005年以来,随着全市城市化进程的加速和人居环境的不断提升,花卉产业成为朝阳产业。花木、盆景走入城市街道、公共场所、机关、企事业单位和居民家庭,成为人们装饰工作、生活环境的重要物景和馈赠亲朋好友的高雅礼品,花卉产业市场前景广阔。2010年,甘州区举办"菊花节",区林业局、城建委等单位、农村花卉种植户种植菊花10余公顷,培育品种20多个,年产各种菊花200万株,于国庆节、9月9日重阳节期间,在张掖中心广场、润泉湖公园、甘泉公园、滨河新区广场、城区各单位、各乡镇驻地摆放。区内有鲜切花经销户12户,形成城区马神庙街花卉交易市场、羊头巷绿阳花卉市场、西二环路旭君花卉,还有每个星期天早晨在甘州第二中学后门对面设有临时花市,展销花卉品种150余种。并根据花卉生产实际,成立林业花卉协会,通过行业协会,共享信息、共享技术、共享利益,营建有秩序、有信誉的花卉产业化体系。

第四章　沙产业

1984年,著名科学家钱学森提出"沙产业"的概念。他认为沙产业是:在"不毛之地上",利用现代科学技术,包括物理、化学、生物学等科学技术的全部成就,通过植物的光合作用,固定转化太阳能,发展知识密集型的农业型产业。倡议全力推进沙产业发展。之后,钱学森又先后发表《发展沙产业大有可为》和《建立沙产业的思考》等一系列科学设想和倡议,成为张掖市沙产业发展的重要指导思想。

第一节　布　局

沿绿洲北部风沙线及绿洲内散布的沙地营造防风固沙、阻沙林带和片林,采取封育天然沙生植被和人工种植耐旱的具有较高经济价值的适生药材,完善、提高防护效能,增强农业生态环境抵御风沙危害的能力,为沙产业开发提供生态环境屏障;在绿洲中部发展采用节水措施的名特新优质经济林栽培,并大力推广投入相对较低的枣粮间作;在沿祁连山地带大面积推广节水型中低产田改造;在交通便利、城市人口较集中的甘州、临泽、高台3县(区)城所在地,发展节水型日光暖棚精细蔬菜和设施果树种植;在农区加大地膜种植面积;建立微藻专业生产基地,为人类提供保健食品和为规模化暖棚养殖提供添加饲料。形成以防风固沙、阻沙林带为屏障,以多采光、少用水、新技术、高效益为建设内容的沙产业开发区。

第二节　开发历程与业绩

张掖市沙产业发展大体经历四个阶段：

第一阶段（1984年—1995年）　张掖地区以著名科学家钱学森创立的沙产业理论为主导，立足丰富的光、热资源优势，按照"统一规划、分工负责；因地制宜、综合治理，防治并重、治用结合；突出重点，讲求效益"的方针，多方筹措资金，不断加大沙产业开发力度，省上将张掖市列为沙产业开发与试验示范区。主要采取生态措施、工程措施、科技措施，遏制沙化蔓延，兴沙治沙，改变传统的农业生产方式，大力发展包括沙产业在内的"两高一优"农业，使农村经济的发展后劲不断增强。遵循"多采光、少用水、新技术、高效益"的原则，在发展立足丰富的光、热资源，节水农业上进行有益探索。沙产业发展取得明显成就，成为全国重要的商品粮基地和西菜东运基地。

第二阶段（1995年—2000年）　（1）开展科学研究。1997年，地区行署与中国科学院兰州分院协商，决定联合资助开展以沙产业支撑方向、技术模式、产业发展为主要内容的攻关课题，成立由领导和专家组成的课题领导小组，马西林（中共张掖地委书记）任组长，何易、黄植培（地区行署专员）、马英杰、孙之美任副组长，毛光友、刘新民、董希堂、侯俊民、胡正武、王学定、卫晓雪等为成员。沙产业奠基人和领导者钱学森、宋平和刘恕，对本项研究给予热情关心和鼓励。研究成果于1998年分别通过兰州分院和张掖地区组织的领导和专家组的论证，编著的《张掖地区沙产业发展对策与关键技术》由中国环境科学出版社出版发行。（2）发展对策。以省委、省政府"再造一个河西"的宏伟目标为契机，加快经济增长方式的转变，以发展高效节水农业为重点，以资源环境与经济协调发展为目标，以农业产业化经营为新的增长点，以节水农业、阳光农业、设施农业和特色农业为主攻方向，以引进、消化吸收国内外高新农业生产加工技术和先进管理经验为基础，制定建设国家张掖农业高新技术产业示范区的构想。（3）主要成效。全区立足水土光热资源和农业优势，紧紧围绕"集全国农业高新技术之成，创干旱灌区农业经济效益之先，依靠科技，再造张掖"的构想,坚持"先进、创新、特色、高效和引进、试验、示范、推广"的原则,以科技为动力、市场为导向、项目为纽带、效益为目标,以节水为重点,以资源环境与经济协调发展为经营方式,不断调整经济林品种结构,引进推广红枣、仁用杏、葡萄、李子等林果新品种 396 个,新技术 30 余项;大力推进果品精深加工,延伸林果产业链,增加附加值,形成西域食品集团、滨河集团等红枣、葡萄果品加工企业。5 年累计营造经济林 2.2 万公顷,年均 0.44 万公顷。建立起山丹清泉、民乐六坝、张掖石岗墩、临泽新华、高台骆驼城、肃南许三湾等 15 个示范基地,示范面积 1.33 万公顷。至 2000 年,全区农业科技推广应用率和覆盖率分别达到88% 和 90%,科技进步对农业的贡献率由 1995 年的 43% 提高到 50%,农业增加值由 20.6 亿元增加到 24.9 亿元,年均增长 5%;农民人均纯收入由 1651 元提高到 2860 元,人均净增 1209 元。

第三阶段(2001 年—2005 年) 以实施林业重点生态工程为契机,加快发展具有地方特色和优势的林果、加工、种苗、花卉、旅游、养殖六大支柱产业,有力地推动林业产业化进程。至 2005 年,全市建成以临泽小枣、葡萄、苹果梨和优质杂果为主的经济林基地 3.65 万公顷。结合退耕还林,建立沙棘基地 3.33万公顷。先后建起具有一定规模的果品加工企业 20 多家,年加工果品 2000 多万千克;建立 1200 吨果品气调库 1 座,普通中小型果窖 40 多座,各类家庭小果窖 3200 座,年贮存果品 4000 万千克,贮藏增值 1000 万元;组建以乡村经合组织、果农协会和商贩为主的果品销售组织 724 个,年销售各类果品 7846 万千克。初步形成"市场牵龙头、龙头带基地、基地连农户"的沙产业化发展格局。建成以花卉制种为主的生产基地 30 余处,面积 100 公顷,花卉总产值 2400 万元,年利润 247 万元。全市建成野生动物驯养繁殖基地 15 处,人工驯养甘肃马鹿、新疆马鹿、梅花鹿、蓝马鸡等 1000 多头(只),产值 200 多万元,开发出以鹿茸、鹿血、鹿鞭等为主要原料的系列保健食品 10 多个。

第四阶段(2006 年—2010 年) 全市围绕"多采光、少用水、新技术、高效益"的沙产业理论,立足市情,探索建立节水农业与生态保护相生相伴的耦合体系,因地制宜发展玉米制种、马铃薯、肉牛、果蔬等特色优势产业,加快培育符合现代农业发展需要的新型农民,推动传统农业向现代农业发展。至 2010年底,玉米制种、马铃薯加工、肉牛养殖、高原夏菜、设施葡萄等特色产业迅速发展,创建特色农产品品牌 34 个,标准化生产面积达到 17 万公顷。"十一五"期间,全市累计完成工程建设 44160 公顷,其中人工造林 17580 公顷,封育 26580 公顷;育苗 3373 公顷;绿色通道 386.52 千米;农田林网更新改造 5020 公顷;义务植树 1780.83 万株,公益林管护面积 218880 公顷。全市果品基地面积达 3.57 万公顷,发展设施红地球葡萄 446.67 公顷、红梨 233.33 公顷、红枣 0.97 万公顷,推广示范梭梭接种肉苁蓉 866.67 公顷,当年林果总产值达 11.8 亿元。建成以临泽小枣、设施葡萄和沙漠肉苁蓉等为特色的林果沙产业体系。全市国民生产总值由 2005 年的 110.8 亿元增至 2010 年的 212 亿元,年均增长 11.6%。人均生产总值由 8651 元增至 16400 元,年均增长 11.3%。农民人均纯收入由 3751 元增至 5575 元,年均增加 365 元。

第三节　开发成效

至 2010 年底,全市累计治理沙漠化土地 39.77 万公顷,营造防风固沙林 11 万公顷,封滩育林(草)11.73 万公顷,控制沙流 4.91 万公顷,恢复植被 3.14 万公顷,恢复耕地 1.01 万公顷,保护农田近 6.67 万公顷,重点风沙危害区建起带网片、乔灌草相结合的防护林体系,扭转风沙埋没公路、铁路,吞噬农田、草牧场,沙进人退的被动局面。有效地遏制流沙危害,阻止沙丘前移,改善农业生产基本条件,保证农业和农村经济的持续健康发展。

1. 沙区造林绿化成效显著。全市坚持"北治风沙、南保水源、中建绿洲"的建设方针,从实际出发,本着因地制宜、科学规划、因害设防、综合治理的原则,开展大规模的群众性防沙治沙运动。全市森林面积达到 44.93 万公顷,其中天然林 25.93 万公顷、人工林 19 万公顷,林木蓄积量 1418 万立方米,森林覆盖率达到 16.52%。绿洲中部 10 万公顷农田、65% 的道路和 80% 的渠系实现林网化,北部沙区营造起 15 条总长 440 千米的防风固沙基支干林带。

2. 沙区林果产业不断提升。经济林基地总面积达到 3.64 万公顷,其中干果类种植面积 1.9 万公顷,水果类种植面积 2.41 万公顷,其他类 0.13 万公顷。挂果投产面积 2.79 万公顷,果品总产量 10.05 万吨,果品总产值达 4.15 亿元,产销率 77%。2007 年以来,全市发展日光温室设施红地球葡萄 87.53 公顷,张掖红梨 200 公顷,临泽红枣 0.92 万公顷。依托退耕还林工程后续产业发展,建立沙棘产业基地 2.4 万公顷,年产值达到 2000 万元以上。2007 年引进肉苁蓉栽培技术,在临泽县建立试验示范基地 66.67 公顷,效益初步显现。立足林为主的木材加工企业 160 多家,年加工各类板材、木制品 2.9 万套、件,产值 1.09 亿元;建成各类果窖、气调库等贮藏设备 915 座,年贮存量 1.64 万吨。初步形成"市场牵龙头、龙头带基地、基地连农户"的产业化发展模式。为开发利用现有林地、林木资源,提高林业综合效益,先后建立省级森林公园 5 处。

3. 节水农业得到较快发展。坚持常规节水与高新技术节水相结合,重点抓 10 个高效节水示范区,兴建省轻机厂节水器材生产线、张掖市塑料厂、民乐保水剂厂等一批节水龙头企业。累计推广常规节水面积 12.8 万公顷(U 型渠 2.4 万公顷,低压管灌 1.07 万公顷,示范滴灌、喷灌等高效节水面积 0.13 万公顷;发展日光温室 0.2 万多公顷)。每年推广地膜覆盖 8.67 万公顷,FA 旱地龙和抗旱保水剂 8.67 万公顷。全市总投入达 5.35 亿元,年节水 1.6 亿立方米。

4. 沙区产业化经营初具规模。围绕粮食、油料、畜禽、蔬菜、林果、啤酒原料等 6 大主导产业,建成一批龙头骨干企业。高台、临泽棉花轧花厂、啤酒花烤花厂的建立,带动一批棉花、啤酒花基地建设。张掖甘绿脱水菜公司 2000 吨脱水蔬菜生产线和沙漠沿线的党寨、二十里堡等乡镇 0.4 万公顷加工型蔬菜种植,产品畅销全国 100 多个城市,部分产品销往国外,走出"西菜东运"的新路子。临泽新华生态农业开发区 3 万口种猪场的建设,带动全市工厂化规模养殖跨上新台阶。随着"龙头"企业的兴起和产业经营战略的实施,全市形成"公司加农户、企业带农户""基地连农户""一、二、三产业"协调发展的沙产业格局。

第五章　林下经济

全市充分利用林下土地资源和林荫优势,进行林下养殖、种植等立体复合生产经营,促使农、林、牧各业实现资源共享、优势互补、循环相生、协调发展的生态农业模式。张掖林下经济正处在蓬勃发展阶段。

第一节　发展概况

从 20 世纪 50 年代开始,全区国营林场、苗圃在"以林为主、多种经营,面向社会、勤俭办场,增强自身活力、加快发展步伐"的方针指引下,在完成育苗、造林、护林等生产任务外,利用林区资源,建立林副业生产基地,实行种植业、养殖业、工副业、采矿业和商贸服务业相结合,开展多种经营。1965 年,在"备战备荒"和"农业学大寨"中,要求"国营林场必须立足于战争,建立基本农田,实行林粮间种,发展木本粮油,开展多种经营,尽快做到粮食自给或部分有余,逐步做到以林养林,扩大生产"。张掖在贯彻执行过程中,造林林场、苗圃和部分经营林场,都较重视粮、油、菜的生产和果树类栽培。1979 年以后,实行改革开放,搞活经济的政策,贯彻林业"一下一稳三上"的调整方针,林业多种经营突破行业界限,向林工商一体化、产供销一条龙发展,生产经营项目、产量、收入有较大增长。到 1995 年,国有林场种植粮、油、瓜、菜和中药材面积 147.2 公顷;饲养牛、羊、猪、鹿等家畜 4880 多头(只);开办小煤窑、石灰石矿 10 多个,年产煤、石灰 6000 多吨,产值 49.6 万元。是年,各林场多种经营、林果产品总收入 332.24 万元,占当年国家林业各项投资总额(不含包干经费)的 114%。1996 年后,随着林业重点工程的实施,林下经济进入新的发展阶段。各级政府和林业部门引导支持国营单位和农户,利用退耕还林地、承包或转让的集体林地,大力发展以肉苁蓉、枸杞、优质牧草为主的林下种植业,以林下养鸡、林下养羊等为主的林下养殖,以及以森林人家、农家乐为主的林缘产业,形成立体开发、循环利用、多头并进的集体林业和林下经济发展新模式。至 2010 年,全市共建立林下经济发展示范点 13 个。发放林权抵押贷款 6371.1 万元,流转林地 515.13公顷,流转金额 537.2 万元。组建农民专业合作社 30 个,成立各类林业协会 8个。农户投资 318.98 万元,造林 2200 公顷,总产值达 4.3 亿元。

第二节　种植业

一、粮油、瓜(果)菜类

张掖辖区国营林场、苗圃的种植种类有粮、油、菜、果、瓜、药材和食用菌类等。50 年代末期,种植粮食作物主要是为解决牲畜饲料。60 年代后期扩大种植油料、蔬菜,主要用于职工(包括部分职工家属、民工)粮、油补贴,对度过经济暂时困难,巩固职工队伍,起到一定作用。大部分林场、苗圃在完成营林生产任务的同时,适当安排农业生产,川区林场粮、油、瓜、果、菜均有种植,山区经营林场仅种油料。70 年代后,部分林场、苗圃开始栽植果树。80 年代前后,国营林场陆续种植白兰瓜、西瓜、籽瓜等瓜类作物。1987 年,张掖糖厂建厂投产后,国营林场甜菜种植面积大幅度增加,年均甜菜种植面积 180 余公顷,年产甜菜800 万千克。从 90 年代起,进入快速发展阶段,大力调整种植结构,推行以油料、药材、瓜子为主的多种作物配套的种植模式,到 2010 年,全市国营林场、苗圃和科研推广单位,各类经济作物种植面积约 1333.33 公顷,其中新建改建果园 1200 多公顷,年产果品 2200 万千克,年产值 4400 余万元,纯收入 2500 万元。

二、药材类

(一)植物类药材

祁连山林区药材　祁连山林区分布有大黄、秦艽、羌活、防风(黄参)、柴胡、黄芪等 52 种药材。年产药材 5 万多千克。1964 年—1980 年的 17 年内,生产以大黄、秦艽、羌活为主的中药材 90 多万千克,为群众增收提供条件。

北部沙区药材　高台、临泽、张掖、山丹北部沙荒地区,分布大量的天然甘草、麻黄、车前子、薄荷、枸杞、锁阳等,年产甘草、麻黄 20 万千克。1991 年—1995年,高台等县引进新疆精河枸杞苗 16.5 万株,在黑泉、罗城、南华等乡试验栽培106.67 多公顷,推广宁夏枸杞 66.67 公顷;发展乌拉尔红甘草 133.33 公顷,成为张掖产量最大的中药材基地。2000 年开始,肉苁蓉得到开发利用,市场前景看好。2005 年以后,沙区大面积种植肉苁蓉。至 2010 年,全市利用人工种植的梭梭,建设肉苁蓉示范基地 867 公顷,其中临泽县 767 公顷,肃南县 100 公顷。共栽种肉苁蓉 130 万穴,成活 40 万穴,鲜品亩产量由 50 千克提高到 100 千克,每公顷鲜品产量达到 1530 千克,每公顷实现产值 22500 元。并与甘肃凯源生物技术开发中心、台湾杏辉天力公司开展技术经济合作,提取肉苁蓉的松果菊苷、毛蕊花糖苷等有效成分,开发苁蓉螺旋藻、苁蓉保健胶囊、保健酒、茶等新产品。

绿洲防护林区药材　绿洲药材主要有小茴香、芫荽、紫苏、艾蒿、车前子、薄荷、问荆、蒲公英等 30 多种,其中人工栽培党参、当归、大黄、红花、板蓝根等10 多种。高台、甘州、临泽、山丹沙区及川区国有林场的林区内生长着大量的天然甘草、麻黄等多种中药材,仅甘草、麻黄两项,全市年生产量 15 万千克—20万千克。

(二)动物类药材

祁连山水源林区分布有 200 多种野生动物,动物类药材资源丰富,尤以马鹿、马麝最为著名。马麝的麝香是名贵的中药材;马鹿全身是宝,鹿茸、鹿肾、鹿鞭是名贵中药材,鹿血、全鹿也有较高的药用价值。1958 年,肃南县从祁连山捕捉甘肃马鹿幼仔 11 只,办起第一个养鹿场,采用人工放牧。1976 年,西营河林场尝试马鹿养殖,饲养量只有两三头。80 年代后,野生动物驯养逐步发展,肃南县野生动物驯养场易名"肃南县鹿场",专门开展马鹿养殖。1990 年,康乐林场与红石窝村联办鹿场,养殖最多年份 80 头,2004 年因经济效益低关停。1991年,隆畅河林场开始马鹿围栏驯养繁殖,占地面积近 100 公顷。至 1995 年,有人工养鹿场 8 个,饲养马鹿 500 多只,年产鹿茸 1000 多千克。2010 年,肃南县有养鹿专业户 8 户,养鹿 62 只。

（三）药材价格

中药材主要依靠民间采集，医药经营部门每年只零星收购一部分，满足不了当地需要，绝大部分依靠外地调入。50年代，中药材打开销路，价格逐步上升。1963年，国家降低一部分偏高的中药材价格，"文革"期间，中药材价格基本稳定。1979年以后，中药材价格逐步放开，实行市场调节价格，价格水平逐年攀升。尤其是1996年以后，药材价格上升幅度较大。

表4-16　张掖地区部分年份几种主要中药材收购价格一览表

单位:元/千克

年份	甘草	大黄	鹿茸	麝香	枸杞
1950	0.17	0.1	55	492.8	1
1952	0.28	0.8	75.6	1110	1
1957	0.454	1.72	140	1344	1.6
1962	0.58	1.50	192	1344	1.6
1965	0.68	1.50	192	1344	1.88
1970	0.68	1.56	192	1344	1.88
1975	0.68	2	480	1344	1.80
1980	1	2	440	1344	1.80
1985	1	2	440	2600	2.40
1990	1.6	2	500	10000	2.40
1995	3.54	5.50	1194	10000	16

第三节　养殖业

一、传统养殖

林区有较多的荒山荒地，植被繁茂，有发展畜牧业的优越条件。在20世纪70年代以前，国营林场养殖业受到限制，处于自养自用状态。70年代末期至80

年代初期,林场养殖业规模数量小,发展缓慢。80年代后期,各国有林场充分利用土地资源,发展养殖兔、禽、鱼、蜂等。90年代,在不断扩大森林资源、拓展林果基地规模的同时,积极推广林草、果草间作,走种草养畜、舍饲养殖的路子,特别是随着退耕还林等重点林业工程的实施,使林业领域养殖业由国有林场(圃)延伸到非公林业企业和农户。养殖存栏数由"七五"末(1990年)的3110头(只),到"十一五"末(2010年)增加到6900头(只),其中养牛411头,养羊4260只,养猪720余口,养鸡1510只,年产值1600多万元。

表4-17　张掖市国有林业单位养殖业统计表

单位:头、只

单　位	养殖规模	其　　中			
		牛	羊	猪	鸡
"七五"期末累计	3110	200	2200	250	460
"八五"期末累计	4880	320	3520	290	750
"九五"期末累计	5264	346	3450	388	1080
"十五"期末累计	5548	372	3460	516	1200
"十一五"期末累计	6900	410	4260	720	1510

二、特种养殖

50年代以来,全区国有林场(圃)大力发展特色养殖业,至2010年,建成野生动物驯养繁殖基地15处,人工驯养甘肃马鹿、新疆马鹿、梅花鹿、蓝马鸡等1000多头(只),产值1000多万元。开发出以鹿茸、鹿血、鹿鞭等为主要原料的系列保健食品,养殖业走上稳步发展的道路。

(一)珍禽养殖

1987年国家投资13万元,建立"地区珍禽驯养中心"及"珍稀禽类养殖场",占地4.2公顷,建筑面积2000平方米,驯化养殖蓝马鸡。1990年饲养蓝马鸡70只,1995年饲养近200只,2010年达500多只。

（二）奶牛养殖

2002 年，明海林场建设奶牛场 1 个，养殖奶牛 60 头。2007 年底因经济效益低关停。

（三）蜂蚕养殖

1. 养蜂。张掖历史上养蜂甚少。民国时期，区内有个别农户养蜂。60 年代初创办社、队蜂场。张掖县乌江供销社从四川引进蜂群 60 箱，试养示范成功后在全区推广。由于蜜、糖比价不尽合理，养蜂事业发展不快。到 1975 年，养蜂 4970 箱，年产蜂蜜 20.34 万千克。1978 年 4 月，省供销社、农牧厅、外贸局在定西县联合召开全省养蜂、接蜂工作会议，落实有关政策，促进养蜂发展，是年养蜂 4389 箱，产蜜 18.39 万千克。1983 年养蜂 2779 箱，到 1988 年全区养蜂 5177 箱。90 年代蜂蜜滞销，产量逐年下降，到 1994 年底，养蜂 3400 箱，产蜜 6.73 万千克。2000 年，养蜂 4600 箱，产蜜 4.59 万千克。1995 年—2010 年，全市每年养蜂 3900 箱—4600 箱，年均产蜜 5.2 万千克。

2. 养蚕。50 年代初，区内有零星养蚕。1958 年，在张掖九公里筹建张掖专区蚕桑工作站，配备职工 11 人，其中技术干部 3 人，1961 年机构撤销。1989 年—1992 年，地区林木种子站在地区林果所、五泉林场、九龙江林场、新墩苗圃开展桑树引种繁育试验，播种面积 0.8 公顷。1991 年，省农业委员会下达《栽桑养蚕示范推广课题》，地区林业科技推广站引进良桑和蚕种，在张掖市大满乡马均村、小满乡金城村，开展栽桑养蚕试验示范获得成功，因项目中断，未能推广。

第六章　生态旅游

辖区内雪山森林、草原湿地、河流湖泊、农田绿洲和沙漠戈壁交错分布,形成独具特色的自然风光和丰富多样的生态景观。至 2010 年,市内有祁连山国家级自然保护区 1 个,建成国家 A 级景区 14 家,省级风景名胜区 3 家,省级森林公园 5 个,以湖泊、水库为依托的水上公园 8 个,丹霞地貌地质公园 1 个。随着生态旅游业的发展,已开发颇具特色的森林草原、丹霞冰川、民族风情、历史文化等旅游项目,取得较好的经济效益和社会效益。形成以沿祁连山的森林草原景观为主线,集自然观光、生态旅游、文化娱乐、休闲服务为一体的丝绸之路生态旅游产业带,呈现强劲发展势头。

第一节　旅游资源

一、森林景观资源

张掖境内的祁连山、焉支山、龙首山、东大山森林景观丰富多样,夏无酷暑,冬无严寒,三季有花,四季常绿,初春山花烂漫,盛夏青翠欲滴,金秋层林尽染,严冬玉树琼花。构成林海莽莽、松涛阵阵、白云绕山、绿草铺地、青松挺拔、白桦玉立、杨树刚强、柳树媚柔的森林景观资源。

二、林区自然景观资源

境内的山、滩、川构成美丽如画的林区风景区,有大河口风景区、石门风景区、海潮坝风景区、酥油口风景区、大野口风景区、康乐风景区,而最具观赏价值的是肃南马蹄寺自然风景区、焉支山自然风景区和窟窿峡风景区。

三、林区的水景观资源

在森林景观与自然景观森林植被对地表水的含蓄功能的共同作用下,林区内蕴藏着湿地(湖泊)、瀑布、平静而清澈的山涧流水,汹涌澎湃的峡谷急流,冰川,积雪等水景资源。这些水景资源成为张掖森林生态旅游的多个亮点。

四、林区的人文资源

张掖市人文旅游资源主要有:民乐东、西灰山的新石器时代遗址,距今约五千年左右;山丹的四坝文化,属火烧沟类型,其年代相当于夏朝;黑水国遗址的新石器时代遗存;肃南县祁连山北麓自西向东有文殊山石窟、马蹄寺石窟、金塔寺石窟、泱翔石佛崖、皇城古遗址;肃南祁丰元太子碑;高台县骆驼城遗址;临泽仙姑寺等。

五、林区的生物多样性资源

在林区的生物多样性、生态系统多样性、遗传基因多样性中,蕴藏着许多珍禽异兽、奇花异木、百草佳果、山珍良药,是重要的森林生态旅游资源,可为开发情趣旅游、旅游购物,延伸旅游产业链、提高产业效益提供资源基础,具有特殊优势。

六、古树奇木资源

古树奇木是特殊的旅游资源,张掖著名的旅游景区多有古树相衬,总的特点是科、属、种多,数量大,树形奇特者多,和历史名人有关的多,有神话传说的多,极具开发前景(详见第一编第三章第四节)。

第二节　生态旅游资源开发

一、起步阶段(1981年—1991年)

张掖市是开展经营性生态旅游较早市区之一。20世纪80年代前,祁连山林区就有旅游活动。1985年,肃南县在开辟马蹄寺森林风光旅游区的同时,开始挖掘、整理和编排马蹄、文殊等旅游景区的民族文化产品,组建民族歌舞演艺团体,完善歌舞演艺、裕固族集体舞、锅庄舞的表演形式,向游客展示独特的民族文化魅力,开发利用独具特色的民族工艺品系列、文物仿古系列、出版物系列等旅游商品。开展游客参与性强的挤奶子、打酥油、扎帐篷、织褐子、裕固婚礼再现等文化互动项目,展示民族风情。

二、稳定发展阶段(1992年—1997年)

1992年,国家林业部在大连召开全国森林公园暨森林旅游会议后,张掖对森林风景资源进行普查,经论证评价,逐级申报,按其规模及旅游价值的大小建立一批森林公园,推进全市森林生态旅游活动。至1997年,建立省级森林公园5个,森林旅游景点18处,年接待游客16.53万人,总收入50多万元。

三、发展提升阶段(1998年—2010年)

1998年7月,"全省森林公园暨森林生态旅游工作会议"在天水市召开,总结过去森林公园和森林生态旅游工作经验,分析森林生态旅游的发展前景,提出目标和任务,研究制订对策措施,为推动全市森林公园建设和森林生态旅游事业发展起到积极作用。以此次会议为标志,张掖生态旅游进入发展提升新阶段。

旅游发展方面:(1)由于1998年张掖天然森林全面停止采伐,发展森林旅游业进行创业、再创业,成为各森林管理单位的要务,为推进森林旅游的快速发展注入新的活力。(2)2005年以来随着黑河流域湿地保护工程的实施,立足"一山一水一古城",建设宜居宜游金张掖为主题,科学谋划布局,培育特色品牌,优化产业体系,着力打造"七彩丹霞、湿地之城、裕固家园、戈壁水乡"金张掖旅游新形象,生态旅游业呈现蓬勃发展的良好态势。至2010年,全市有省级森林公园5个,以湖泊、水库为依托的水上公园8个,丹霞地貌国家级地质公园1个,国家沙漠地质公园1个,生态旅游景区景点50多处,其中国家A级景区14处,年接待游客50万人次以上,旅游收入1300万元以上,旅游景点等基础设施建设长足发展,显示着张掖生态旅游巨大的市场潜力和发展前景。

第三节　生态旅游线路与旅游景区

一、生态旅游线路

张掖生态旅游业以实现社会效益、经济效益和生态效益良性循环发展的可持续发展战略,坚持资源合理开发、有效利用和保护第一原则,开辟六条生态旅游线路,打造六大生态旅游品牌。

1. 森林生态休闲游。沿祁连山脉走向东起西营河、西至祁丰,区域内自然、人文景观较多,天然林面积达 20 多万公顷,有焉支山、海潮坝、马蹄寺、西水、窟窿峡、大黄沟、康乐等省级森林公园及自然景观 20 余处,有马蹄寺、钟山寺、文殊寺等人文景观 10 多处,有著名的"七一"冰川及珍贵野生动植物资源等。此线生态旅游以森林公园为依托,以自然景观为主线,以人文景观为点缀,打造以林海探奇、雪山览胜、回归自然、休闲养生为主要内容的森林生态文化旅游品牌。

2. 草原风情生态游。东起山丹马场,经民乐扁都口至肃南康乐草原,该区域地势平坦,面积辽阔,水草丰茂,交通方便,旅游项目广。沿线有裕固、藏等少数民族居住,游客在旅游观光中通过骑马狩猎、观看马术比赛、观赏油菜花、参加篝火晚会,与裕固、藏少数民族联欢等形式体验牧歌飞扬的草原风光和民族风情。

3. 湿地水韵生态游。以张掖国家湿地公园为中心,沿黑河向西经临泽中部沼泽湿地,高台小海子、大湖湾、马尾湖等湿地,形成独特的水上景观,充分发挥湿地的生态功能和文化功能,沿途健全完善各类景观基础和服务设施,打造"水上游城,园中赏花,湖边观鸟,林下休闲"为主题的"戈壁水乡"生态旅游品牌。

4. 丹霞地貌生态游。张掖市临泽县倪家营和肃南县梨园峡谷一带的丹霞地貌和彩色丘陵,东西长 45 千米,南北宽 10 千米,为中国"七大丹霞地貌"之一。以祁连彩色丘陵和丹霞地貌为主线,打造祁连多彩丹霞地质地貌生态旅游品牌,成为张掖市旅游业发展新亮点。

5. 沙漠科普生态游。沙漠是陆地生态系统中的一个类型。沙漠生态系统凭借其苍凉荒芜的原始自然景色、神奇壮观的风蚀地貌及沙漠探险中所蕴含的冒险精神,强烈地吸引着众多的探险旅游者。以临泽、高台防沙治沙试验示范区为依托,以正在建设中的沙漠科学馆为中心,打造沙漠科普生态旅游区,开展科普教育、沙漠探险、游览滑沙、沙生植物观赏等活动。

6. 绿洲农业生态游。以古朴、原始的自然乡风野趣为背景,以现代绿色产业设施农业为主线,以田园风光、温室大棚、农家小院为依托,打造以"春可赏花观景,夏可避暑纳凉,秋可品果休闲"的绿洲生态休闲农业旅游品牌。

二、名胜旅游景区

(一)森林公园

森林公园是指经法定程序批准的,以森林生态环境为主体,自然景观和人文景观集中,具有一定规模,可供人们游览、休闲、度假或者进行科学、文化、教育等活动的场所。至2010年,全市共建立11处森林公园,其中省级森林公园5处。

张掖市森林公园 1992年10月,经甘肃省林业厅批准成立省级森林公园和国家AA级旅游景区。位于张掖市东郊9公里处,甘新公路、兰新铁路从旁而过,交通、通讯方便。地貌独特,地势开阔,林茂水秀,花繁草盛,是古丝绸道上文化名城"金张掖"的新型风景游览热点。北面有远景龙首山当户,田园村舍环围,南面九龙江沙枣林郁郁葱葱,园内沙滩、阳光、森林、湖水等紧靠园区,自成天地、环境优雅、意境深邃,是理想的园林佳地。公园总面积为1133公顷,其中森林面积1090公顷。公园分为湖光水色、中心景区、儿童游乐园、牧野缩影、沙滩湖影,试验示范展览6大景区。

焉支山森林公园 1993年12月2日,甘肃省林业厅批准成立的省级森林公园。焉支山,又名"胭脂山""燕支山""删丹山",俗称"大黄山"(因山中产大黄而名),系中国名山之一,在历史上享有盛誉。焉支山地处河西走廊咽喉地段,为军事要塞,历朝历代都驻重兵把守。焉支山有钟山寺,近年又新修亭台、殿宇、曲桥、道路服务设施等旅游景点,极富开发潜力。焉支山重峦叠嶂,松林密布,高山瑰玮,奇石竞秀。登高望远,山上林海松涛,碧波无际;山下沟壑纵横,清流激湍;林谷腹地有獐鹿、獾羊等野生动物出没其间;峡谷两侧崇山峭直,奇石兀立。夏秋之际,山丹花竞相怒放,争奇斗妍;晓日初升,云蒸霞蔚,重雾飘渺,气象万千,素有"小黄山"之称。是消夏避暑,度假旅游理想的自然风光游览胜地。

马蹄寺森林公园　1992年10月13日,甘肃省林业厅批准成立省级森林公园,公园占地面积1381.67公顷,位于肃南裕固族自治县马蹄区境内,距张掖市65千米,设立7个旅游项目,可供1万—2万人同时游览。历史上曾是河西走廊著名的佛教圣地,石窟群开凿于十六国北凉时期,距今约1600多年的历史,由金塔寺、千佛洞、上观音洞、中观音洞、下观音洞、胜果寺、普光寺7个单位组成,尚存有文物遗迹的洞窟37个,佛雕舍利塔100多个,窟群分布在长约20公里的山崖或近水的岩壁上。窟内保存有北凉、北魏、西魏、隋、唐、元、明、清历代珍贵塑像500余身,壁画2500多平方米,是集自然风光、人文景观、民族风情、佛教文化为一体的省级风景名胜区。1996年11月马蹄寺石窟群被国务院公布为全国重点文物保护单位,2004年10月被省政府公布为省级风景名胜区,2005年12月被全国旅游景区质量等级评定委员会公布为国家AAAA级旅游区。

黑河森林公园　1996年6月,甘肃省林业厅批准成立省级森林公园。位于甘州城区西郊、国道312线2737千米处的黑河滩林区。占地面积376公顷。已建成人工湖、露天游泳池、环形跑马场、围猎竞射场、珍禽观赏园、儿童乐园、垂钓池等观赏娱乐项目和以汉、回、蒙、裕固族风俗为主的地方民俗风情帐篷、蒙古包及林间卡厅、度假村等一批休闲餐饮景点。公园建有停车场、园内公路、林间步道、卫生设施以及水、电、通讯、道路等基础设施。至2010年,接待游客46万人次,经济、社会、生态效益显著。1997年被评为甘肃省B级森林公园,2001年被评为国家AA级旅游景区。是以自然风光和人工造景相融,集旅游、休闲、避暑、度假、餐饮服务为一体的园林胜地。

海潮坝森林公园　1998年,甘肃省林业厅批准成立省级森林公园。2000年被省旅游局列为省A级自然风光旅游区。公园位于祁连山自然保护区的海潮坝峡谷,因其内"松林如海,松涛如潮"而得名。整个旅游区南北长15千米,东西宽2千米,总面积30平方千米。是张掖有名的自然风光旅游区。有山水景

海潮坝林景

观游览区,水上游乐区,沙沟度假村及海潮坝云杉林、雪原、冰川游览区,野生
动物驯养狩猎场,干石河原始林探幽区,犁铧山北坡冰川景观游览区及人文景
观青龙寺景区等。公园内植物园、赛马场、狩猎场、打靶场、宾馆别墅等设施日
臻完善,整个风景区环境幽静,野味浓郁。成为集自然风光、人文景观、休闲娱
乐、旅游观光为一体的纳凉避暑胜地。独特的自然生态系统,丰富的生物资源
和绚丽多姿的自然景观,吸引众多游客消遣观光。自建设以来,投资 1000 多万
元,2010 年接待游客 10 余万人次。

(二)湿地公园

张掖国家湿地公园 2009 年 9 月 3 日,通过国家林业局专家组评审,12
月 23 日,国家林业局批复命名为“张掖国家湿地公园”,2010 年 7 月 12 日正式
揭牌成立。成为目前甘肃省唯一、全国内陆河流域首家国家湿地公园。公园规
划占地面积 4108.13 公顷,其中有湿地 1733 公顷,地处张掖城北郊,东至昆仑
大道,西至 312 国道新河桥段及黑河东岸,南至城区北一环路,北至兰新铁路。
是沼泽湿地、河流湿地和人工湿地的复合体,分布的植物有 45 科 124 属 195
种,有常见动物 116 种,是一片天然的生态园区。自成立以来,按照“顺应自然、
简单梳理、恢复原生态”的理念,通过实施退耕还湿地、水系疏浚、植被恢复、植
物造景、观景栈道、非机动车道、园林小品等基础工程,形成连片整体性湿地景
观。公园分湿地科教宣传区、合理利用区(生态体验区和生态产业园区)、湿地

恢复区和湿地封育保护区 4 部分。在建设中,以"亲近自然,回归自然"为宗旨,坚持"因地制宜、因势利导、自然和谐、持续发展"的原则,力求恢复"甘州城北水云乡"的如画美景,建成张掖生态建设的地标性工程、城市的后花园和重要的避暑度假胜地。

张掖国家城市湿地公园 又名张掖润泉湖公园,于 2006 年 10 月 28 日开工建设,是市、区两级政府为建设生态城市、展示城市特色、优化发展环境、丰富市民生活而建设的生态性、公益性的城市生态公园。规划面积 170.67 公顷,其中苇溪原生态保护面积 46.67 公顷,湖区水域面积 124 公顷。公园于 2009 年 9 月 26 日通过专家评审,12 月 3 日国家住房和城乡建设部批复命名,成为甘肃省首家国家级城市湿地公园,2010 年 10 月 18 日正式揭牌。公园建设按照大水面、大绿地、大湿地、多岛屿、多芦苇环绕、多文化元素配置的原则,合理布局湖面岛屿、园林景观、综合服务功能,采取政府主导、市场化运作和整合资源、商业化运营方式,已建成湖面浏览区、植物园林区、山体景观区、湿地保护区、健身活动区和人文科普区 6 大功能区为主体的生态型公园。自开工建设以来,投资 9900 万元,移动土方量 80 多万立方米,绿化面积 478.22 公顷,栽植青海云杉、刺柏、圆柏、国槐、梓树等树种 20 多类 56 种 83.31 万株,种植草坪 21.6 公顷。公园的建成不仅为当地群众提供理想的休闲健身场所,也为省内外游客创造新的自然景观。对改善生态环境、提升城市品位和促进旅游产业具有重要作用。

临泽双泉湖湿地公园 位于临泽县城北部 5 千米处,总面积 800 公顷,东至蓼沙公路,西至磨沟,南至环城路及化音村耕地,北至马营村,包括双泉湖水库库区及其周围的水产养殖区、沼泽、草甸草地、灌丛等。该区域为人工拦蓄地表泉水而建设的人工水库,包括水库库区、塘坝、水产养殖水面、沼泽、草甸草地、红柳灌丛、沙枣林、盐化干草地、引水渠等 10 多个地类。地下水位约 0.5 米—0.8 米,大部分地段地下水露头富集成为沼泽。自然植被以莎草科、禾本科植物为主,主要有芦苇、香蒲、冰草、柽柳等,优势种为芦苇,耐水湿、耐盐碱特征明显,盖度较高,植物多样性丰富,具有显著的内陆沼泽湿地的景观特征。湿地野生动物包括鸟类、两栖类、爬行类等,以鸟类种类和数量最大,其中黑鹳、白鹳 2 种为国家一级重点保护野生动物,大天鹅、疣鼻天鹅、鹗、鸢 4 种为国家二级重点保护野生动物。公园规划面积 286.67 公顷。已建设刺丝围栏 17 千米、埋设湿地界桩 126 块、宣传牌 64 块,设立大型宣传牌 2 块,并利用丰富的水资源开发水产养殖水面 46.67 公顷。

高台湿地公园 高台县黑河湿地保护示范区位于县城北郊的黑河沿岸,东起黑河大桥,西至大湖湾水库西侧,全长 7.5 千米,总面积 1333.33 公顷,分为河桥景观、湿地景观展示和野生水禽保护三个亚区。2009 年全面启动实施,完成投资 1.8 亿多元,完成土地征用 18 公顷;堆积建设岛屿 9 个,总面积达 2.5 万公顷;架设输水管道 10 千米,铺设、硬化道路 15 千米,架设高低压输电线路 3.5 千米,打配机井 5 眼,建木质栈道 400 米、观景亭 4 个、拱桥 2 座、吊桥 2 座;栽植各类绿化树木 60 余万株,种植草坪 4.67 公顷。人工湖与黑河水交相辉映,景观树与芦苇丛相间而生,各色乔灌木摇曳生姿。还有黑鹳、白鹭、麻鸭等水鸟,或嬉戏于水面,或展翅于天际,呈现"苇荡连天碧、水鸟漫云空"的迷人景象。

山丹南湖生态园 前身为"南湖公园",始建于 1982 年。位于山丹县城南郊,原转轮寺旧址,明代山丹八景"东湖落月"之处。1998 年,县委、县政府决定重新恢复建设南湖公园,占地面积 26.67 公顷。2001 年更名为"南湖生态植物示范园",划分为水上娱乐区、人文景观区、儿童游乐区、大众健身区、生态示范区、经营服务区 6 大区域。至 2010 年,抢救濒临枯死的树木,栽植圆柏、云杉等各类风景树 0.8 万株,种植草坪 2.6 万平方米、花坛 630 平方米,营造杨树速生林 6.67 公顷,引种培育牡丹、芍药等花、灌木 0.6 万多株,培育云杉、侧柏等风景绿化苗木 1 万多株。筹资 3000 多万元,完善基础设施,铺筑高标准条石主干道 320 米,新建人工湖、游泳池、钓鱼池各 1 处,建成富有特色的焉支阁、湖心亭、曲拱桥、兰池文物园、仙堤楼、转轮亭、法塔、昭文堂等人文景点近 20 处、游乐项目 10 多项。成为集历史人文景观与自然景观相融,观光旅游、休闲娱乐、餐饮聚会为一体的新型综合型公园。获得"市级文明单位""全市旅游行业十大文明单位""省级优秀体育公园"等殊荣。2007 年被评为甘肃省省级生态示范园、省级旅游景区,2008 年被国家旅游局评为 AA 级国家级旅游景区。

(三)国际狩猎游

国际狩猎游是张掖市典型的特色旅游项目。张掖市康隆寺狩猎场起始于

1988年,距张掖市区91千米,分为肃南猎点和东大山猎点,猎场境内主要地貌由高原裸岩、高山灌丛和森林草原组成,海拔2000米—4500米,面积602平方千米。主要动物有岩羊、马鹿、雪鸡等。具备适宜野外狩猎生活的旅行帐篷、发电机、食品、医药、越野汽车、睡袋、马匹等生活、交通设施,一次可接待10名猎人狩猎。外出狩猎主要是骑马,辅助于乘车或步行。面向对象主要是国际狩猎爱好者,狩猎成功率100%。自开放狩猎以来,先后接待德国、美国、西班牙、墨西哥、挪威等7个国家的猎客13批26人,成功猎获岩羊25只、甘肃马鹿7只,经济收入50多万元。2000年和2002年,省狩猎公司活捕岩羊200只。

(四)其他旅游景区

1. 祁连山冰雪、原始森林景区。祁连山区森林资源丰富,冰川、雪山广布。山脉海拔4000米—5000米之间,有高山积雪形成的硕长而宽阔的冰川地貌奇丽壮观;海拔4000米以上的地方,冰天雪地,常常会出现逆反的生物奇观;浅雪的山层之中,有名为雪山草甸植物的蘑菇状蚕缀,还有珍贵的药材——高山雪莲,以及一种生长在风蚀的岩石下的雪山草,雪莲、蚕缀、雪山草合称为祁连山雪线上的"岁寒三友"。所谓"祁连六月雪",就是祁连山气候和自然景观的写照。1987年被批准为国家级自然生态保护区,是集森林、草原、冰川为一体的自然生态旅游区。

2. 东大山名胜风景区。位于甘州城区东北32千米处。这里山峦起伏、气势雄伟、山秀峰奇、沟壑纵横、岩峻石怪、松柏苍翠、花草飘香,飞禽走兽繁多,一路山谷幽幽,杂树丛生,游人来此如入仙境,心旷神怡,流连忘返。山门前有一巨大石矗立,独守山门,称为女娲石,传说是女娲补天时剩下的一块,掷抛于此,若仔细观赏,女娲手印依稀可见。陡峭的奇峰异石还造就"棋盘绿荫、神仙赐福、接驾神泉"等自然景观。棋盘山中间有一条界线分明的"楚河",两边各一营盘,棋局对弈,传说是道家祖师袁天罡和张天师云游至此对弈,布下棋局的真实反映。棋盘山后有泉水涓涓,盘山而下,远望九曲长河,近则龙飞凤舞,充满活力,如同接驾之势,故名曰"接驾神泉"。更有以形取名的"天河飞渡、桦林佛钟,通天栈道,登天云梯、大漠逐鹿、无限风光"等自然景观,形神兼备,栩栩如生。古建筑东山寺又名"相国寺",始建于西夏,明亦有,清代鼎盛,红沙窝古堡始建于清朝同治年间。东大山风景以独特的魅力吸引各方游客,给人以美的享受。

3. 山丹军马场。位于祁连山之北,焉支山以南,始建于汉武帝年间。山丹良马之所以驰名中外,主要凭借地广滩袤、草丰宜畜、得天独厚的自然条件。这里草原苍茫,一望无际。远处祁连雪山银光四溢,茵茵绿草丛中马群驰骋,牛羊追逐;近处松柏苍翠葱绿,野花争艳,百鸟歌唱;山谷间云雾笼罩,神秘莫测。20世纪80年代,上海电影制片厂在山丹军马场拍摄的影片《牧马人》,使山丹马连同马场草原风光名声大震,中外影视厂家纷纷前来拍片,在这里拍摄《蒙根花》《文成公主》《王昭君》《祁连山的回声》《大漠紫禁令》《和平年代》《日光峡》《麦积烟雨》《新龙门客栈》等20多部影视片。山丹军马场的草原风光优美过人,无垠的绿色一望无际,游人尽可领略"天苍苍,野茫茫,风吹草低见牛羊"这一千古绝唱的壮美与奇绝。

4. 临泽县大沙河景区。始建于2009年,北起大沙河兰新铁路桥,南至连霍高速公路,全长6.5千米。分为一期工程和二期工程。一期工程绿化分为两段,即四辆桥以南为一段,桥北为一段。四辆桥以北河道宽阔,东西两岸绿化主要与宽阔平坦的河道相互映衬,基本保留原来的柳树,两岸坡面以耐旱植物红豆草和松塔景天为主。四辆桥以南分为南北两岸,南岸绿地以森林草地景观为主,保留河道原有河流、杨树等原生态植物,配置大量适合本地生长的各类乔灌木以及地被植物。北岸绿化则以彩叶灌木造型和草坪为主,体现简洁明快的现代绿化风格。两岸树木花草和五个人工湖水相互映衬、相得益彰,加之绿地内的蜿蜒步道、亭台水榭以及堤坝、桥梁、亲水平台、座椅、石林等景观设施,增加视觉效果和观赏价值,成为人们休闲、晨练、健身、纳凉的良好场所。二期工程包括丹霞桥以南占地13.33公顷的生态植物园、水域面积66.67公顷的5个人工湖近百亩湖坡绿化、表面积5万多平方米的人工砂砾石山—丹霞山绿化、占地33.33公顷的现代林业科技示范园以及丹霞广场、种业园区景观带、丹霞大道分车带等绿化景观组成的集科普培训、植物引种、林业观光、生态旅游为一体的开放型公园。

三、效 益

1986年—2010年,全市建成森林公园11处,总面积1.91万公顷。游客人数由 1984 年—1991 年的年均 12 万人次,增加到 2010 年的 50 万人次,收入由 10 万元左右增加到 2010 年的 1320 万元, 其中门票收入 850 万元, 食宿收入 380 万元,娱乐配套收入 31 万元,其他收入 59 万元。从事森林旅游的专职人员由 1993 年的 68 人增加到 720 人(林业职工 185 人)。

表 4-18　张掖市代表年份森林旅游业绩统计表

代表年	年接待游客（万人次）	年旅游收入（万元）					从业人员（人）
		总收入	门票	食宿	娱乐	其他	
1986 年前	12	10					
1993 年	15	32	16	11	3	2	68
1997 年	20	180	88	82	6	4	180
2000 年	26	220	142	64	8	6	260
2005 年	36	530	288	220	12	10	580
2010 年	50	1320	850	380	31	59	720

第五编　资源保护

　　祁连山水源涵养林是河西走廊人民赖以生存的生命线。对祁连山森林管护,历代官府和明官智吏皆有规则。《甘州府志》卷四载,嘉庆七年(1802年)甘肃提督苏宁阿记《八宝森林积雪说》:"甘州居民之生计,全仗松树多而积雪。若被砍伐,不能积雪,大为民患。自当永远保护。"宁阿还宣告"悬挂铁牌,禁止入山伐木",规定"祁连山森林,每三年伐木一次。斧不过八柄,人不过二十"。光绪年间,东乐县(即今民乐县)和山丹县共同规定:在划定的水源涵养林内"不准采薪";在薪炭林内,"采薪人员入山时只准用镰刀,不准用铁斧,如有砍伐松柏一株者,查获罚钱二十串文"。民国十六年(1917年),临泽县政府为使甘新公路两旁所植杨树不遭破坏,向全县发布公告,其中一条规定:"若有谁家的驴啃去树皮,当即割驴头示众。"这一告示果然生效,公路沿线树木得到很好保护,直到90年代,旧路旁的杨树依然高大挺拔,枝叶繁茂。民国三十年(1941年),为保护防沙林,"除责成各保长分别饬所属各甲户相互监护外, 不时派警察人员巡查"。纵观历史,造林护林的明君不少,而伐林毁林的愚人比比皆有。河西历代战乱频繁,多数官吏不思护林,匪盗豪绅肆意毁林,滥伐滥猎,盗伐滥砍,使祁连山森林遭到严重破坏。

　　中华人民共和国成立后,中央、省政府相继出台保护森林资源的一系列法

390

律法规。张掖历届党政把护林放在首位,从政策、组织、人力、物力等方面提供保障,建立完善管理体系,使资源保护得到可靠保证。

第一章　资源管理

中华人民共和国成立以来,国家及甘肃省的林业法律法规逐渐完备。张掖结合本区林业实际,制定了相应的政策、措施和规范性文件,保障张掖林业健康发展。1996年—2010年,坚持"一分造、九分管"的要求,不断强化资源林政管理,构筑市、县、乡三级森林资源管理体系,严格履行森林资源建档、采伐限额编制和执行林地管护等职责,确保全市森林资源面积、蓄积量"双增长"的目标。

第一节　林政管理

一、林地林权管理

祁连山、东大山等大片天然林历来属国家所有。20世纪50年代以来,山、川区相继成立国营林场,乡村兴办集体林场,农民群众栽植零星树木。农业合作化和人民公社化时期,部分群众入社的林木折价偏低,群众的零星树木被无偿"平调"。农村推行家庭联产承包责任制时,发生林权纠纷。

(一)国有林权清理及《林权证》颁发

1. 1963年—1965年,张掖专署根据中央《关于确定林权、保护山林和发展林业的若干政策规定》(试行草案),提出4条实施措施:(1)在人民公社化以前,已经划归国有的天然森林及国有林场营造的防风固沙林,仍归国有。(2)合作化和公社化时期,属于集体营造的成片林、小片林和个人栽植的零星树木,仍分别归集体、个人所有。(3)新造林木,坚持"谁种谁有"原则,国造国有,社造社有,队造队有,个人种植归个人所有。(4)在1958年公社化时期,集体营造的林木划并到国有林场的,仍划归集体所有。当时临泽五泉林场将 66.67 公顷防风固沙林退还给张掖县小河乡兴办红旗林场,张掖县九龙江林场将公社化时期碱滩乡二坝村营造的 66.67 公顷林木退还给二坝村集体所有。

2. 1981 年—1983 年,农村推行联产承包责任制,为明确林木权属,发挥国有、集体、个人造林积极性,中共张掖地委对林权作出新规定:(1)确定山林林权以权属为基础,凡是过去权属清楚,现在没有争议的,都应维持现状,稳定不变。(2)集体的林地、林权一般以 1962 年"四固定"和 1965 年"四清"运动时期确定的权属为准。(3)社员的自留树,已处理过的不再翻腾;有争议的,经过群众讨论妥善解决。(4)祁连山的森林是特用林,主要用以水源涵养和环境保护,根据中共甘肃省委、省政府决定不给社队划护村林,为照顾肃南少数民族聚居地区群众的利益,对 1962 年按《林业十八条》规定,划给的寺院林、自留山、河滩林以及承包给社队管护的山林,后收归国有林场的,原则上仍应退回。

3. 1981 年 9 月,全区开始林业"三定"(确定林木权属、划定"三荒地"、制定林业生产责任制)工作,地区林业局成立"三定"办公室,负责具体日常工作。到 1984 年,林权发证的乡 85 个,占乡总数的 98.8%;发证村 896 个,占村总数的 99.3%;发证村民小组 5436 个,占村民小组总数的 99.6%;发证国有林场(圃)26 个,占场(圃)的 89.7%;发证乡、村办林场 565 个,占乡、村办林场的 100%。全区共发放《林权证》(含"三荒地"证)83734 份。发证的林地面积 26.61 万公顷,占森林和宜林地面积的 70%;发证的"四旁"树木 2963 万株;给个人划定"三荒地"(荒山、荒坡、荒沟)3 万公顷。29 个国有林场(圃)和 565 个乡(村)办林场的 26.85 万公顷有林地建立责任制,其中专业承包面积 23.2 万公顷。通过林业"三定"清理,给肃南县有关区(乡)和县级单位划拨河滩林 399.91 公顷,林木蓄积量 1.39 万立方米;划给寺院林、照壁山 95.83 公顷,蓄积量 6532.6 立方米。行署还规定:"祁连山区的国有林场,卫生抚育木材,给肃南县分成 50%,农区沿林区社(队)分成 15%。"仅 1982 年,给肃南县林区社队解决木材 1345立方米,烧柴 340 万千克,农具把柄材 940 余根。

在林业"三定"清理中,川区林场经县、市同意,划给乡、村林地面积 483.07公顷,其中:张掖九龙江林场划出 348.67 公顷,临泽五泉林场划出 114.47 公顷,高台三桥湾林场划出 10.6 公顷,山丹十里堡林场划出 9.33 公顷。

4. 1989年10月—1990年12月,根据国家林业部《关于国有林权证颁发情况及限期完成发证工作意见报告的通知》精神,开始给38个国有林业单位颁发《林权证》。总经营面积36.12万公顷,活立木总蓄积量1062.96万立方米。在经营面积中,林业用地27.94万公顷,非林业用地8.18万公顷。在林业用地中,有林地7.54万公顷,疏林地2.201万公顷,灌木林地14.39万公顷,苗圃地431公顷,未成林造林地1636公顷,宜林地36063公顷。

(二)集体林权清理及《林权证》颁发

1989年—1990年对国有林权清查时,对部分集体林权进行清理。1992年9月,根据省林业厅《关于抓紧完成集体林权颁证工作的通知》,对面积0.067公顷以上的集体林进行清理发证。到1995年,除张掖市外,其他5县完成集体《林权证》发放工作。应发证1092个,已发证826个,占应发证数的75.6%;应发证面积3.96万公顷,已发证2.36万公顷,占应发证面积的59.66%。在发证时,处理林权纠纷24起,面积314.5公顷。

(三)个人林权清理及《林权证》颁发

对农业合作化、公社化中,低价或无偿占用个人的林木,通过贯彻执行《林业十八条》、"四清"运动进行清理兑现。1981年—1983年,在林业"三定"工作中,对群众种树种果,放宽政策。

1. 农民在自己的房前屋后、宅基地及指定地点栽植的树木,全部归个人所有,允许继承或转让。对个别有争议的林木和林地,本着"有利于生产、有利于团结"的原则,协商处理。

2. 扶持、鼓励农民个人植树造林。育苗地和农作物同样配水,灌溉尚无收益的幼林,免收或减收水费。国家造林投资的使用,集体、个人一样对待。

3. 1981年—1983年,在林业"三定"中,全区给个人发放《林权证》78831份,发证户数80550户,发证林木2963.45万株,户均实划"三荒地"0.14公顷。1983年—1995年,农民群众在承包地、自留地和房前屋后植树种果5.49万公顷,占13年造林总面积的50%。1995年,定植0.67公顷以上经济林的农民1023户,涌现出一批靠植树种果发家致富的农户。张掖市长安乡二闸村农民冶长凯一家三口人,在石岗墩滩上栽植苹果梨等果树5.33公顷,1991年仅果品收入9.02万元。

表 5-1 张掖市部分年份林地权属一览表

单位:万公顷、%

权 属	1984		1995		2010	
	面积	所占	面积	所占	面积	所占
林地总面积	32.46	100	39.24	100	104.11	100
国有林地	29.63	91.27	29.78	75.89	94.26	90.54
集体林地	2.35	7.25	4.20	11.71	3.25	3.12
个人所有林地	0.48	1.48	4.87	12.4	6.60	6.34

4. 退耕还林地《林权证》颁发。按照"当年退耕,当年验收,当年确权发证"的要求,2002 年—2003 年,全市发放退耕还林地《林权证》4.2 万份,发证面积 3.97 万公顷,占应发证面积的 96%。山丹、民乐、临泽三县全面完成退耕还林的确权发证工作;肃南县和甘州区发证比例为 97% 和 84%;高台县由于对 2003 年荒造任务进行重造,发证比例为 60%。2004 年,根据国家林业局《关于开展退耕还林林权登记发证自查工作的紧急通知》,市、县(区)林业局相继开展退耕还林林权登记发证自查工作,2004 年底以前完成 2002 年—2004 年退耕还林的确权发证任务。至 2005 年底,发放《林权证》4.5 万份,其中退耕还林地发证 3.47 万公顷、42187 份,发证率 86.4%;荒山造林发放《林权证》1.73 万公顷、1190 份,发证率 78.1%。

(四)发证检查整顿

2003 年,对林证发放进行清理整顿。全区共召开各种会议 103 次,参会人员 1907 人次,处理解决林地、林权纠纷 44 起,解决争议面积 744.2 公顷。高台、甘州、民乐、肃南等县(区)新树立界牌、界桩 407 块。(1)对林场林地与群众土地插花交错的,进行兑换处理。甘州区十里行宫林场与新墩乡流泉村七社兑换插花交错荒地 2.4 公顷。(2)个别林场林地和宜林地权属不清的,按县以上人民政府批准的原始文件为准,进行确权发证。(3)历史遗留的疑难问题,按现实情况进行妥善处理。高台碱泉子林场与公路段的土地权属问题,由县政府、林业局、土地管理局协商解决后土地权属归高台县,林业用地交碱泉子林场管理,农牧业用地由高台县公路段经营。规定每亩草地每年上缴承包费10元,耕地每亩上缴承包费30元,由土管局负责征收后上缴县财政。林网树木按照谁栽植谁受益的原则,今已成材的由公路段申请采伐利用,幼树、灌木归林场所有。(4)坚决杜绝乡村或机关单位无理挤占、抢占国营林地、宜林地和林中空地。五泉林场与蓼泉乡湾子村、小屯乡古寨村面积约240公顷的林权、地界,得到妥善处理。

2007年,根据国家林业局《关于开展林权登记发证检查整顿工作的通知》,张掖市成立检查整顿工作机构、制定工作方案,全面开展林权登记发证检查整顿。(1)检查林权登记发证情况。2003年《农村土地承包法》实施以来,全市依照林业建设实际和林业重点生态工程实施要求,登记发放林权证55871本,发证林地总面积204.86万公顷,其中天保区林权登记发证7本、179.68万公顷,退耕还林工程55573本、5.43万公顷,生态公益林林权登记281本、19.18万公顷,"三北"工程林权登记10本、0.6万公顷。(2)检查登记发证重点环节。自2003年以来,林权登记发证范围主要涉及退耕还林、"三北"工程、生态公益林等生态工程的林地权属。在林权登记申请受理、申请资质审查、勘验和公告、核准、档案管理等五个环节上,均按照国家林业局《关于开展林权登记发证检查整顿工作的通知》,在受理申请人林权登记申请表、身份证明材料和林地、林木权属证明的基础上,进行资质审查、实地勘验和按期公告,然后由林业主管部门登记并签署意见,县区政府进行统一核发。整个林权登记发证工作程序合法,资料齐备,制度健全,没有错误或违规发放林权登记现象。(3)总结工作经验,规范发证秩序。从林权登记申请受理、申请资质审查、勘验和公告、核准、档案管理等五个方面进行"回头看",逐项目、逐林地复查。严格按照有关法律规定,规范林权登记发证秩序,维护林权登记制度的严肃性和林地、林木权利人的合法权益。

二、征占用林地管理

1992 年 5 月,国家林业部、国家计委、国家土地局、国家物价局联合下发《关于进一步加强林地保护管理工作的指示》,要求严格征用占用林地审批管理,执行补偿制度,建立健全保护管理制度。1994 年 5 月,国务院办公厅下发《关于加强森林资源保护管理工作的通知》。1995 年 6 月,张掖地区制定《张掖地区〈使用林地许可证〉暂行规定》,在全区范围内施行。1998 年,根据省政府《关于转发国务院保护森林资源制止毁林开垦和乱占林地的通知》,组织力量对全区各类工程征占用林地情况进行全面清理清查。查处张掖昆仑公司、靖安纸浆厂、地区人造板厂、地区矿化公司、市农药厂、市选矿厂、华通钢厂等 8 个单位非法侵占使用林地,经处理后 8 个单位从张掖市十里行宫林场划拨林地 103.69 公顷,缴纳林木补偿费 163.47 万元。1998 年以后,"征占用林地"严格按照法定程序上报审批。1999 年—2005 年,全市依法报批甘绿脱水蔬菜厂、景德石膏粉厂、山临高速公路、西气东输、黑河梯级电站、三道湾水电站等 15 项征占用林地项目,征占用林地 94.48 公顷。

表5-2　张掖市林权证申领发放统计表

单位：公顷、%

县(区)	申领林权证本数	应发证面积	实发证面积	发证率	发证本数	其中											
						国营林业单位				集体				非公有制林业			
						应发证面积	实发证面积	发证率	发证本数	应发证面积	实发证面积	发证率	发证本数	应发证面积	实发证面积	发证率	发证本数
张掖市	49191	41918.9	41314	100	31515	6381.76	3762.81	75.4	81	5720.13	5646.24	60.7	187	29817.01	31904.95	100	31247
甘州区	2328	3666.7	3061.8	100	683	523.36	137.41	26.3	7	206.33	132.44	64.2	12	2937.01	2791.95	100	664
山丹县	25000	16006.7	16006.7	100	20979	4679	2446		46					11327.7	13560.7	100	20933
民乐县	20000	14026.7	14026.7	100	8047	857	857	100	22	3476.3	3476.3	100	25	9693.4	9693.4	100	8000
临泽县	504	3620	3620	100	499									3620	3620	100	499
高台县	1000	2800	2800	100	948					1133	1133	100	70	1667	1667	100	878
肃南县	359	1798.8	1798.8	100	359	322.4	322.4	100	6	904.5	904.5	100	80	571.9	571.9	100	273

三、限额采伐管理

1986年—2010年，张掖市遵循"采伐量要低于生长量"的原则，先后编制上报5个森林采伐限额规划，国务院批准下达森林采伐限额119.922万立方米，实际采伐53.9175万立方米，占下达指标的44.96%，节省林木66.0045万立方米，其中"1986年—1990年，下达全区年森林采伐限额3.77万立方米，为防止采伐超额，地区以年采伐限额3.64万立方米为准，4年内张掖地区实际采伐消耗林木10.97万立方米，占国家下达指标的72.75%，节省4.11万立方米；1991年—1995年，国务院审批下达年采伐限额3.36万立方米，5年内实际采伐消耗林木蓄积量9.6万立方米，且均为人工林，年均采伐消耗1.92万立方米，仅占下达指标的57.14%；1996年—2000年，下达全区年采伐限额3.687万立方米，年均实际采伐2.3万立方米，占下达采伐指标的62.4%；2001年—2005年，下达年采伐限额11.75万立方米，由于1998年国家对天然林全面禁伐，采伐限额均为川区人工林，5年内实际采伐14.94万立方米，年均2.988万立方米，占年下达指标的25.43%；2005年—2010年，省政府下达采伐限额10.862万立方米，实际采伐6.9075万立方米，其中2009年—2010年采伐4.3137万立方米，占省上下达指标的19.86%。通过森林采伐限额制度的试行，有效遏制了森林资源的非法流失。

四、木材流通与运输管理

（一）木材流通的变迁

中华人民共和国成立后，经济体制发生根本性变化。木材流通体制也随之发生变化，大体分为三个阶段：

第一阶段：指令性计划管理阶段（1950年—1978年）。全面实施计划经济体制，木材实行统筹统支管理。1962年1月，国务院成立中央木材领导小组，由国家物资总局木材局和中国木材公司，统管全国木材事业。张掖成立相应机构。这个时期，木材实行统筹统支，按指标指令性计划分配。由于统得死，市场基本没有木材零售。

第二阶段：计划分配与市场调节相结合阶段（1979年—1997年）。张掖逐步缩小指令性计划分配范围和数量，扩大市场调节供应，木材商品流通向开放式、多渠道、少环节的方向发展。1978 年以后，国家实行对外开放、对内搞活经济的方针后，木材的流通管理方式也发生很大变化。张掖市场的木材状况是，缩小指令性计划分配范围和数量，扩大市场调节供应。

第三阶段：完全市场条件下的木材商品流通阶段（1998 年以后）。张掖市木材流通全面实行市场化经营。

（二）木材运输管理

1982 年 3 月，甘肃省人民政府颁布《甘肃省木材、林木产品运输管理办法》。省内跨地、州、市、县的木材、林木出口的运输，必须分别具备下列手续，铁路交通运输部门方可承运：地、州属林业生产单位生产的应持有地、州属林业总场的运输证明；县属林场生产的应持有县林业局的运输证明；木材经销单位调剂调拨的应持有木材经销单位的运输证明；机关、厂矿、建筑、部队等单位内部调剂使用的木材和林木产品，应持有单位所在的地、州、市林业行政部门的运输证明；社队林场自产的木材、林木产品，社员个人自有的木材以及拆房旧木料，出县的

木材运输管理

应持有县林业行政部门的运输证明。上述规定于 2001 年 11 月 23 日废止。

1997 年 5 月 26 日，省林业厅下发《关于委托张掖地区林业处等单位办理〈出省木材运输证〉的通知》，委托张掖地区行署林业处承担《出省木材运输证》的核办工作。《出省木材运输证》办证点设在地区林业处资源科。1999 年 1 月 27 日出台《张掖地区木材准运证使用、发放管理制度》。

五、木材销售管理

（一）木材市场管理

1982 年，张掖根据中共中央、国务院《关于制止乱砍滥伐森林的紧急指示》，全区关闭木材自由市场 10 余处。

表 5-3　张掖市 1998 年—2000 年木材加工经营单位统计表

年度	经营加工单位（立方米）			年加工能力(立方米)			外地调入（立方米）	本地回收（立方米）	本地调出（立方米）	从业人员（人）
	合计	经营	加工	合计	经销	加工				
1998	345	122	223	35976	11730	16271	5434	6705	11147	1530
1999	384	87	297	4139	10750	30495	14550	8550	12000	2030
2000	464	102	362	31005	6530	2447.7	18870	16630	10865	2089

（二）木材经营、加工单位的登记与整顿

2002 年 5 月，国家林业局、国家经贸委、农业部、国家工商总局《关于开展木材经营(加工)单位清理整顿工作的通知》下达后，张掖先后在 6 县(区)开展两次木材经营和加工企业的清理整顿。严格控制木材经营加工许可证的发放，确保木材有序加工流通。会同工商部门开展企业执照年检，对经营加工许可证进行定期审核，符合条件的予以保留，反之予以取缔，收缴其经营加工许可证。全市原有木材加工单位 464 个，其中经营单位 102 个，加工单位 362 个。年消耗木材 31004 立方米，总产值 1249 万元，有从业人员 2089 人。通过清理整顿后保留 424 个，取缔非法经营加工单位 40 个。木材市场得到规范，木材经营加工步入法制化、规范化轨道。

表 5-4　张掖市木材经营加工单位清理整顿汇总表

单位：个

县　区	清理整顿前					清理整顿后				
	经营单位	加工企业	独资企业			经营单位	加工企业	独资企业		
			国有	集体	私营			国有	集体	私营
总　计	113	290	3	10	390	27	234	3	6	252
甘州区	75	112	3	6	178	12	133	3	5	137
山丹县	2	18		2	18	2	12		1	13
民乐县	3	34		2	35		6			6
临泽县	13	43			56	3	40			43
高台县	18	81			99	8	41			49
肃南县	2	2			4	2	2			4

表5-5　张掖市木材经营加工单位清理整顿汇总表

（2003年8月1日）

单位：个

县（区）	总计	人造板生产企业					其他木材加工企业		
		小计	胶合板企业<3万立方米	刨花板企业<5万立方米	纤维板企业<5万立方米	细木工板加工企业	小计	家具制造企业	年消耗1万立方米企业
总计	234	21	10	3	1	7	213	31	182
甘州区	133	13	5	2	1	5	120	4	116
山丹县	12						12	2	10
民乐县	6						6	2	
临泽县	40	4	1	1		2	36	2	28
高台县	41	4	4				37	13	24
肃南县	2						2	2	

注：按清理整顿后主要产品生产规模分类企业数。

第二节　林业行政执法

民国三年（1914年）颁布的《森林法》规定：于他人之森林内，未得所有者同意，而放牧牛马者，处1元以上30元以下之罚金；损坏移转他人为森林而设之标识或设备者，处2元以上50元以下之罚金；损坏他人之森林之苗栽植者，处2元以上百元以下之罚金。民国二十一年（1932年）和三十四年（1945年）颁布的《森林法》均增加"罚则"一章。

中华人民共和国成立后，甘肃省颁布的护林法规均涉及行政处罚内容。1999年，张掖先后颁布《张掖地区行署林业处行政执法实施意见》《张掖地区行署林业处行政执法考核办法》《张掖地区行署林业处行政执法责任追究办法》。对全区林业行政处罚的机构进行全面清理，对不具备行政处罚主体资格的单位,取消林业行政处罚资格;对具备行政处罚主体资格的单位,报经地区政法部门审查、地区行署审核确认。委托地区野生动物资源管理站、林木种子站、寺大隆林场,肃南县康乐林场、隆畅河林场、西水林场、马蹄林场、祁丰林场、西营河林场、明海林场,民乐县大河口林场,山丹县大黄山林场、龙首山自然保护站,张掖市(今甘州区)东大山自然保护站等14个管理公共事务单位行使林业行政处罚。

(一)林业行政处罚规定

1. 盗伐森林或其他林木不足 0.5 立方米或者幼树不足 20 株者,责令补种盗伐株数十倍的树木,没收违法所得,并处以价值 3 倍—5 倍的罚款。盗伐森林或者其他林木 0.5 立方米以上或者幼树 20 株以上者,责令补种盗伐株数十倍的树木,没收违法所得,处以价值 5 倍—10 倍的罚款。滥伐森林或者其他林木不足 2 立方米或者幼树不足 50 株者,责令补种滥伐株数 5 倍的树木,没收违法所得,处以价值 2 倍—3 倍的罚款。滥伐森林或者其他林木 2 立方米以上或者幼树 50 株以上者,责令补种滥伐株数 5 倍的树木,没收违法所得,处以价值 3 倍—5 倍的罚款。

2. 伪造或者倒卖林木采伐许可证、木材运输证件者,处以 50 元—100 元的罚款;对已获利者没收违法所得,处以获利价值 2 倍—5 倍的罚款。

3. 采伐林木的单位或者个人没有按照规定完成更新造林任务的,视情节严重,除承担代为更新造林费用外,处以所需造林费用的罚款。

4. 森林防火期违反规定用火者,处以 10 元—50 元罚款。

5. 无木材运输证件或伪造、倒卖、涂改木材运输证件非法运输木材者,处以运输木材价值 10%—50%的罚款。运输木材数量、材种、规格与运输证件不符又无正当理由者,没收其超过或不符部分;使用过期运输证件运输木材,又未能提供木材合法来源证明者,没收所运输全部木材;对承运无木材运输证明的单位或个人,处以运输木材价值 30%的罚款。

6. 用带有危险性病虫害林木种苗进行育苗、造林或发生森林病虫害不除治、除治不力或隐瞒、虚报病虫害情况,造成森林病虫害蔓延成灾者,责令限期除治,赔偿损失,并视情节处以 100 元—2000 元罚款。

7. 违犯植物检疫法规调运或进口森林植物、林产品及其他繁殖材料者,视情节处以其价值 10%—30% 的罚款。

8. 违反《森林法》规定,进行开垦、采石、采砂、采土、采脂、砍柴和其他活动,致使森林、林木受到毁坏者,责令赔偿损失,补种毁坏株树 1 倍—3 倍的树木。

9. 违反《野生动物保护法》猎捕野生动物,没收猎获物和违法所得,处以罚款,没收猎捕工具,吊销狩猎证;破坏重点保护野生动物主要生息繁衍场所者,责令停止破坏行为,限期恢复原状,处以罚款;出售、收购、运输、携带重点保护野生动物或者产品,没收实物和违法所得,并处罚款;伪造、倒卖、转让特许猎捕证、狩猎证、驯养繁殖许可证或者允许进出口证明书者,吊销证件,没收违法所得,并处罚款。

(二)林业处罚程序

为市、县(区)林业局和乡镇林业站的林政执法人员颁发省政府统一制作的林业行政执法检查证。林业行政执法人员调查林业行政处罚案件时,应向有关人员出示执法证件。案件经调查事实清楚,证据确凿的,应填写《林业行政处罚案件处理意见书》;凡决定给予林业行政处罚的,应制作《林业行政案件处罚决定书》。林业行政处罚案件事实清楚、案情简单,造成的损失较小或危害不大,被处罚人对处罚没有异议的,可直接给予处罚。《林业行政案件处罚决定书》应及时送达被处罚人。依法收缴罚没款的,应给被处罚人出具财政部统一印制的收据。被处罚人逾期不申请复议或不向人民法院起诉、又不履行林业行政处罚决定者,作出处罚的机关可申请人民法院强制执行。

第三节　林政稽查

一、林政稽查组织

民国时期,无专设林政管理机构。中华人民共和国成立后,市(地区)、县(区)林业行政主管部门兼管林政工作。1989 年,地区行署林业处成立森林资源管理科。之后,全区 6 县(市)林业局相续成立资源或林政科(股),配备林政管理专职人员,主管辖区林政管理工作。1996 年,根据省政府《关于各级政府及其林业主管部门要加强林政稽查队伍建设的通知》《关于地、县(市)林业主管部门尽快成立稽查队的通知》,地区林业处向行署上报《关于请求成立张掖地区林政稽查大队的报告》,1999年4月,张掖地区编办下发《关于成立地区林政稽查大队的通知》,同意成立地区林政稽查大队,正科级建制,所需经费列入地区财政预算。6县(区)也相继成立林政稽查大队。至2010年,全市有林政稽查组织7个,林政执法人员250人。

二、林政案件查处

1987年6月—1995年4月,祁连山林区发生各类森林案件2419起,其中:林业行政处罚案件1968起,受处罚2484人次。损失木材1371立方米、幼树4836株、野生动物279只(头),折款14.5万元。1995年10月,根据国家"两院两部一局"(最高人民法院、最高人民检察院、公安部、司法部、国家林业局)要求,张掖地委、行署召开五部门负责人联席会议,首次开展打击破坏森林资源违法犯罪专项活动。至1996年3月,全区立案查处各类破坏森林资源案件230起,其中:滥伐林木案136起,盗伐林木案15起,毁林开垦2起,毁坏林木案1起,违法收购加工木材39起,违法运输木材33起,非法狩猎案4起。查处结案224起,结案率97.4%,处理违法行为人223人次,其中逮捕2人、治安拘留3人、林政处罚218人,没收木材398.1立方米,没收违法所得5300元,收缴育林基金7.05万元,林政罚款17.63万元。

1996年开始,张掖林业行政执法逐步走上规范化、制度化、程序化轨道。"九五"(1996年—2000年)期间,全市查处各类毁林案件2700多起,其中刑事案件26起,处理违法行为3100人次,逮捕25人,收缴木材430立方米,收缴非法猎捕野生动物47头(只),罚金58万元。"十五"(2001年—2005年)期间,制定森林资源林政管理办法和公示制度,规范资源管理特别是采伐、运输、经营和加工等各个环节木材流通秩序,加大依法治林力度,案件发生率逐年下降,森林资源得到有效保护。查处各类毁林案件1739起(含林政案件1137起)。"十一五"(2006年—2010年)期间,健全完善行政执法评议考核制度、行政执法责任追究制度、行政执法主体资格制度、行政执法程序制度,强化对行政执法权力的制约和监督。结合林业行政执法工作实际,将17项林业行政执法许可审批项目入驻市政务大厅,实行行政审批项目集中办理;对群众申请公开的信息,依法在规定时限内公开,群众的知情权、表达权、参与权和监督权得到有效保障,全面加强依法行政和林业法制建设。全市森林公安、资源林政执法单位组织开展"资源林政管理治理整顿专项行动""林区社会治安整治"专项整治活动。立案查处各类森林案件1483起,处理各类违法人员1540人,结案率99.5%。

三、依法行政

张掖林业系统通过长期不懈地广泛深入宣传林业法律法规,林业行政执法水平有了较大提高,全民法制意识不断增强,依法治林、依法兴林成为全市人民的共识。林业执法组织得到充实和加强,林业行政执法逐步走上规范化、制度化、程序化轨道。"十一五"期间,全面加强依法行政和林业法制建设,健全完善行政执法评议考核制度、行政执法责任追究制度、行政执法主体资格制度、行政执法程序制度,强化对行政执法权力的制约和监督。结合林业行政执法工作实际,将17项林业行政执法许可审批项目入驻市政务大厅,实行行政审批项目集中办理,规范市政务大厅林业服务窗口审批工作,政务大厅按时接办率达100%;对群众申请公开的信息,依法在规定时限内予以答复,群众的知情权、表达权、参与权和监督权得到有效保障。

第二章　护林防火

旧时，境内祁连山天然林区各山口都设置专为保护山林所修建的庙宇、宫、所,固定专人看山护林。如大都麻的圣佛寺、小都麻的五圣宫、海潮坝的保林宫、六坝的保林宫所、大河口的双树寺等。为严禁破坏林木,历届官府都组织乡民议订护林公约《作禁》。乡民推举有威望、办事公正、不徇私情的人担任保林所长,保林所长带领所丁、保丁,经常到林区守山、看山。对偷砍树木者,一经查获,视其情节轻重,处以罚金和徭役,叫"罚禁"。当年,除地方绅士进山偷砍林木外,一般群众不敢犯禁。民国三十年(1941年),海潮坝保林宫保林所长杨如桂为保护海潮坝森林献出了生命。

1950年开始,地、县、区、乡各级人民政府及其派出机构陆续建立护林防火机构,逐步形成全区护林防火指挥体系。1951年,东大山林区建立护林委员会,下设5个护林小组,30人;1956年8月,建立大黄山护林防火委员会,由主管林业的副县长担任主任委员,全林区建立10个护林防火小组。从1964年开始,专区及祁连山水源林所在的肃南、民乐、山丹等县建立各级护林防火组织。以林场辖域组成联防区,区与乡结成联防片,村与社结成联防段,形成县内与县外联、上层与基层联、林区与农区联的专业护林与群众护林相结合的"纵横联防"体系。到1995年,全区建立护林防火指挥部5个,83人;建立基层护林防火联防委员会11个,137人;护林防火委员会62个,331人;护林防火小组168个,678人;护林站65个,检查站5个,配备专职护林员229人,兼职护林员123人;组建兼职扑火队12个,240人;义务扑火队120个,5013人。至2010年,全市有护林防火指挥部7个,组建半专业森林消防队9个270人,防火小组1224个,兼职护林员85人,义务扑火队248个18470人。

第一节 机构设置

一、护林防火指挥机构

（一）市（地）护林防火指挥机构

1986年4月25日，成立张掖地区护林防火指挥部，下设办公室。

总指挥：崔岩（行署专员）。

副总指挥：陈学武（地区农建办主任）、郑守格（行署林业处处长）、韩义昌（行署公安处处长）。

成　员：李龙海（行署办公室副主任）、蒋俊魁（行署计划处副处长）、孟恒玉（地区检察院检察长）、李尚武（地区中级人民法院院长）、张忠志（驻军某部后勤部部长）、武世鉴（军分区副司令员）、郭尚艮（地区邮电局局长）、彭伦（行署粮食处处长）、王孝同（地区物资公司经理）、淮趁一（行署商业处处长）、马纪元（行署财政处副处长）、王培尧（行署农牧处副处长）、周侃（行署卫生处副处长）、屈宗贤（行署林业处副处长）、薛德一（行署林业处副处长）、董永和（行署交通处处长）、曹兴业（地区气象局副局长）。郑守格兼任办公室主任，薛德一兼任副主任。

1989年1月，祁连山自然保护区管理局成立后，内设护林防火办公室。各县（区）森林（草原）防火指挥部领导本辖区森林防火工作。

1989年7月28日，鉴于人员变动，地区行署对指挥部成员作了第二次调整：

总指挥：周明辉（行署专员）。

副总指挥：毛郁生（行署副专员）、刘学璋（行署办公室主任）、郑守格（祁连山自然保护区管理局局长）、陈学武（地区农委主任）、毛光友（行署林业处处长）、韩义昌（行署公安处处长）。

成　员：孟恒玉（地区检察分院检察长）、李尚武（地区中级人民法院院长）、张忠志（驻军某部后勤部部长）、武世鉴（张掖军分区副司令员）、王风祥（张掖武警支队支队长）、师玉章（行署计划处副处长）、李廷奎（行署商业处副处长)、王维国(行署财政处处长)、周侃(行署卫生处副处长)、董永和(行署交通处副处长)、魏克勤(行署林业处总工程师)、屈宗贤(行署林业处副处长)、薛德一(行署林业处副处长)、王孝同(地区物资局局长)、张积德(地区邮电局局长)、曹兴业(地区气象局局长)、杨万益(地区畜牧中心主任)。薛德一兼任办公室主任,石西臣任副主任。

1996年5月6日,鉴于人员变动,地区行署对指挥部成员作了第三次调整:

总指挥:黄植培(行署专员)。

副总指挥:孙之美(行署副专员)、童国瑛(行署秘书长)、强国林(行署林业处处长)、陈荣(地区农委副主任)、李广裕(行署公安处处长)、胥明肃(祁连山自然保护区管理局局长)。

成　员:高新民(张掖检察分院检察长)、宋之堂(地区中级人民法院副院长)、钟朝友(驻军某部后勤部部长)、王德功(张掖军分区参谋长)、邹成仁(张掖地区武警支队支队长)、谢永生(地区计委副主任)、刘宗国(行署商业处副处长)、师宗德(地区物资局局长)、董永和(行署交通处副处长)、张积德(地区邮电局局长)、曹兴业(地区气象局局长)、陈义(地区广播电视局局长)、李文军(行署卫生处副处长)、傅万珍(行署财政处副处长)、武廷荣(行署林业处副处长)。古亚奇兼任办公室主任,党显荣任办公室副主任(专职)。

1999年10月,经张掖地区行署第三次专员办公室会议研究决定,将张掖地区护林防火指挥部改为张掖地区护林护草防火指挥部,并根据地区行署和有关部门领导的变化,对指挥部成员作了第四次调整:

总指挥:黄植培(行署专员)。

副总指挥:张正谦(行署副专员)、高新民(张掖检察分院检察长)、周三义(行署办公室主任)、强国林(行署林业处处长)、陈荣(地区畜牧局局长)、李广裕(行署公安处处长)、车克钧(祁连山自然保护区管理局局长)。

成　员:宋之堂(地区中级人民法院副院长)、刘军学(驻军某部后勤部部长)、徐光生(张掖军分区参谋长)、郭卓生(张掖武警支队支队长)、谢永生(地区计划处副主任)、袁淑珍(地区物资局局长)、张斌(地区电信局局长)、张长泰(行署交通处副处长)、郭建华(地区气象局局长)、张志平(行署卫生处副处长)、傅万珍(行署财政处副处长)、武廷荣(行署林业处副处长)、赵喜生(行署林业处副处长)、朵应福(地区畜牧局副局长)。护林防火办公室主任由赵喜生兼任,护草防火办公室主任由朵应福兼任。2000年10月赵开荣任护林防火办公室专职副主任。

2002年11月撤地设市后,张掖地区护林护草防火指挥部更名为"张掖市护林护草防火指挥部"。2003年3月15日,市政府对指挥部组成人员作了第五次调整:

总指挥:田宝忠(市政府市长)。

副总指挥:张育忠(市政府副市长)、易保斗(军分区副司令员)、董福寿(市中级人民法院院长)、张秀兰(市检察院检察长)、周三义(市政府秘书长、办公室主任)、孟仲(市林业局局长)、鲁立泰(市畜牧局局长)、车克钧(祁连山自然保护局局长)。

成　员:文泉(市政府办公室副主任)、贾登龙(市农办主任)、谢永生(市计委主任)、刘建英(市经贸委主任)、钱英文(市财政局局长)、阎玉海(市公安局局长)、李文军(市卫生局局长)、王金城(市广电局局长)、阎仲(张掖日报社总编)、张斌(市电信局局长)、陈白庭(武警支队支队长)、李江(市交通局局长)、郭建华(市气象局局长)、武廷荣(市林业局副局长)、赵开荣(市护林防火办公室专职副主任)、朵应福(市畜牧局副局长)。护林防火办公室设在市林业局,由赵开荣兼任主任。2003年11月,闫劲涛任张掖市护林护草防火指挥部办公室专职副主任。

2005年11月9日,市人民政府对市护林护草指挥部成员作了第六次调整:

总指挥:何振中(市人民政府市长)。

副总指挥:周双喜(市人民政府副市长)、张平(市人民政府副市长)、易保斗(张掖军分区副司令)、董福寿(市中级人民法院院长)、张秀兰(市检察院检察长)、阎玉海(市公安局局长)、王刚(市政府秘书长)、孟仲(市林业局局长)、鲁立泰(市畜牧局局长)、杨全生(祁连山自然保护局局长)。

成　员:冯玉才(市政府办公室副主任)、何格经(市农办主任)、安想忠(市发改委主任)、杨登义(市经委主任)、钱英文(市财政局局长)、李文军(市卫生局局长)、王金城(市广电局局长)、阎仲(市委宣传部副部长、张掖日报社总编)、张军(中国电信张掖分公司经理)、李儒学(武警支队支队长)、李江(市交通局局长)、郭建华(市气象局局长)、刘建勋(市林业局副局长)、闫劲涛(市护林防火办公室专职副主任)、王天懿(市畜牧局副局长)、王清忠(市护林防火办公室副主任)。指挥部下设两个办公室,护林防火办公室设在市林业局,由闫劲涛任办公室副主任(专职),王清忠任办公室副主任;护草防火办公室设在市畜牧局,由王天懿任办公室主任。

2010年6月3日,市人民政府第七次对张掖市护林防火指挥部更名及组成人员调整如下:

总指挥:陈义(市委常委、副市长)。

副总指挥:索国民(张掖军分区副司令员)、尹叶红(市政府办公室副主任)、伏世祖(市林业局局长)、马瑛(市公安局副局长)、宿胜华(武警张掖森林支队支队长)。

成　员:赵文江(市发展和改革委员会副主任)、董健(市经委副主任)、廖永宏(市财政局副局长)、丁一(市教育局副局长)、李中(市民政局副局长)、许多瑃(市交通局副局长)、苏建东(市农业局副局长)、张和平(市畜牧兽医局副局长)、魏向华(市林业局副局长)、王积福(市卫生局副局长)、王逢杰(市广电局副局长)、王晓军(市旅游局副局长)、杨青山(张掖火车站副站长)、付有智(市气象局副局长)、姚建新(市电信公司副总经理)、高海鹰(武警张掖森林支队参谋长)。指挥部办公室设在市林业局,伏世祖兼任办公室主任。

(二)省属林业单位护林防火指挥机构

1999年,祁连山国家级自然保护区管理局成立护林防火领导小组,组长由局长担任,成员由各科室负责人组成。指导保护区内森林防火工作。

(三)县(区)护林防火指挥机构

市上成立护林防火指挥部(办公室)的同时,各县(区)相继成立护林防火指挥机构。至2010年,全市六县(区)有护林(护草)防火指挥部6个。

甘州区护林护草防火指挥部　1988年12月,成立"张掖市护林防火指挥部",下设办公室,设在林业局。2003年5月,更名为"甘州区护林护草防火指挥部",下设两个办公室,护林防火办公室设在区林业局,护草防火办公室设在区畜牧局。至2010年,对指挥部组成人员作过5次调整。指挥部成员单位由成立时的 9 个增加到 19 个。

山丹县护林防火指挥部　1986 年,成立"山丹县护林联防委员会"。1987 年成立"山丹县护林防火指挥部"。至 2010 年,对指挥部组成人员作过 5 次调整。护林防火指挥部下设办公室、火线指挥组等 8 个室(组),办公室设在县林业局。指挥部成员单位由 1987 年的 16 个增加到 19 个。

民乐县护林防火指挥部　1990 年,成立"民乐县护林防火领导小组",由分管林业的副县长任组长,林业局局长任副组长,下设办公室,设在县林业局。2006 年,成立"民乐县护林防火指挥部",下设办公室,办公室主任由县林业局局长兼任,设专职副主任 1 名,编制 3 人。

临泽县护林防火指挥部　1987 年 8 月,成立"临泽县护林防火领导小组",由县长任组长,主管副县长任副组长,相关部门和各乡镇负责人为成员。2008 年,成立"临泽县护林护草防火指挥部",下设办公室,设在县林业局,由县林业局局长兼任办公室主任。

高台县护林护草防火指挥部　1986 年,成立"高台县护林防火领导小组",下设办公室,设在县林业局。2004 年,成立"高台县护林护草防火指挥部",下设办公室,设在县林业局,由县林业局局长兼任办公室主任。

肃南县护林防火指挥部　1987 年 8 月,成立"肃南县护林防火指挥部",由 12 人组成。下设办公室,设在县林业局,与林业局公安科合署办公。至 2010 年,对指挥部组成人员作过 5 次调整,成员增加到 18 人。全县有护林防火指挥部 1 个,成员 18 人;联防委员会 6 个,成员 91 人;防火委员会 54 个,成员 316 人;防火小组 172 个,成员 915 人。

二、乡(镇)村护林防火组织

1986 年以来,全市 6 县(市、区)相继成立护林防火组织。至 2010 年,有护林组织 1860 个,其中乡级 60 个,占乡镇总数的 88.9%;村级 576 个,占村民委员会总数的 63.8%;村民小组级 1224 个,占村民小组总数的 49.2%。

表5-6 张掖市乡(镇)村护林组织一览表

县(区)			合计	甘州区	山丹县	民乐县	临泽县	高台县	肃南县	寺大隆
『七五』期末	乡级	数(个)	88	4	10	5	8	10	50	5
		占乡镇总数%	77	17.4	100	38.5	100	83	100	100
	村级	数(个)	387	7	66	30	36	64	171	13
		占村总数%	47.5	3	60	14.5	35.3	50	100	100
	村民小组	数(个)	320	35		72		135	78	
		占村民小组总数%	29.4	1.8		16		15	100	
『八五』期末	乡级	数(个)	98	3	10	13	8	10	50	8
		占乡镇总数%	87.6	30.4	100	100	100	83	100	100
	村级	数(个)	447	22	82	44	58	69	171	19
		占村总数%	58.4	9	80	20.5	56.3	52	100	100
	村民小组	数(个)	866	15	547	86		140	78	
		占村民小组总数%	43.84	4.8	80	19.4		15	100	
『九五』期末	乡级	数(个)	115	8	10	13	8	10	54	12
		占乡镇总数%	88.2	34.8	100	100	100	83	100	100
	村级	数(个)	524	24	115	44	65	72	172	32
		占村总数%	63.8	10	100	20.5	65.1	53	100	100
	村民小组	数(个)	1202	101	743	86		143	129	
		占村民小组总数%	47.5	5	100	17.4		15	100	

续表

县(区)			合计	甘州区	山丹县	民乐县	临泽县	高台县	肃南县	寺大隆
『十五』期末	乡级	数(个)	117	9	10	13	8	10	54	13
		占乡镇总数%	88.9	39	100	100	100	83	100	100
	村级	数(个)	576	24	115	68	82	75	172	40
		占村总数%	68	10	100	31.8	78.8	55	100	40
	村民小组	数(个)	1224	104	743	102		146	129	
		占村民小组总数%	49.2	6	100	24.8		15	100	
『十一五』期末	乡级	数(个)	117	9	10	13	8	10	54	13
		占乡镇总数%	88.9	39	100	100	100	83	100	100
	村级	数(个)	576	24	115	68	82	75	172	40
		占村总数%	68	10	100	31.8	78.8	55	100	40
	村民小组	数(个)	1224	104	743	102		146	129	
		占村民小组总数%	49.2	6	100	24.8		15	100	

三、基层及群众性护林防火组织

基层护林防火组织是以林场、乡村为单位成立的护林防火组织。群众性的护林防火组织是各林区国家还未建立护林防火机构时,当地群众为保护山林,自发成立的群众性护林防火组织,体现广大人民群众爱林护林的积极性。张掖县 1951 年成立东大山林区护林委员会,下设 5 个护林小组,30 人;沿祁连山区在安阳乡成立 3 个护林委员会,分设 35 个护林小组,301 人;1952 年红沙窝林区成立护林小组,护林人员 30 人;1954 年在有林的乡村建立护林组 22 个;1964 年,集体林发展,成立乡村护林委员会 177 个,专业队 160 个,小组 1021 个,护林队伍 3522 人;1978 年,东大山、九龙江、西城驿 3 个国营林场重建护林委员会,组建护林防火队 350 个。

四、护林联防组织

(一)联防组织

联防组织,是一种在双方行政区域存在林地交叉和森林相连情况下,建立加强护林防火工作,通过双方协商,建立起来的松散型的组织。

1963年,成立"祁丰林区护林联防委员会",成员单位张掖、酒泉两专区。

1963年,甘、青两省西营河林区成立护林联防委员会,成员单位有甘肃省西营河林场、青海省仙米林场。

2005年,祁连山自然保护局成立东、中、西3个区域联防委员会,各县(区)林业局、保护站、林区派出所、所在地乡(镇)为成员单位。2007年调整为东、西2个区域联防委员会。

至2010年底,全市逐步建立和完善各级护林防火联防组织10个,成员156人,防火委员会434个2969人。

(二)联防组织活动

2005年9月下旬,祁连山国家级自然保护区第一届护林防火区域联防会议分东、中、西三片分别在肃南县隆畅河、永昌县东大河林场、古浪县十八里堡林场召开。张掖、金昌、武威市林业局,中牧集团公司甘肃山丹马场社会事务处,肃南、永昌、古浪、天祝县主要领导,肃南、甘州、民乐、山丹、永昌、古浪、天祝县(区)林业局和承办单位驻地的乡(镇)、村(社)及林区的厂矿企业代表和各保护站的负责人、派出所所长共300余人参加会议。随后各保护站相继召开会议,安排部署本林区的护林防火宣传工作。

2006年11月10日、15日、17日,祁连山国家级自然保护区第二届区域护林防火联防会议分别在民乐县、武威市、天祝县召开,大河口、祁连、华隆保护站分别承办会议。会议期间,张掖、武威、金昌林业局,中牧山丹马场社会事务处,民乐、天祝县的领导,甘州区、凉州区、民乐、肃南、山丹、永昌、古浪、天祝县(区)林业局领导及承办单位驻地的各乡(镇)、村负责人、派出所所长300余人参加会议。

2007年10月31日和11月8日,祁连山国家级自然保护区第三届区域护林防火联防会议分别在酒泉市肃州区和天祝县召开。会议分别由肃南祁丰和古城保护站承办,会议承办单位驻地县(区)领导,乡(镇)、村(社)负责人及市、县(区)林业局领导共 400 余人参加会议。会后各保护站各自召开本林区的联防会议。

(三)祁连山国家级自然保护区护林防火组织

至 2007 年,建立甘肃、青海 2 省 3 县(永登、天祝、乐都)护林联防委员会 1 个;建立属地市、县(区)护林防火指挥部 11 个;建立县级护林联防委员会 13 个,乡级联防委员会 78 个,村级防火委员会 367 个;将 22 个保护站分东、西片建立区域联防委员会并下设办公室。建立 22 支 743 人组成的半专业森林消防队,群众义务扑火队 377 个 18336 人。设立防火检查站 155 处,瞭望台 6 处,防火道路、防火设施、扑火工具配置基本齐全。初步形成保护区森林火灾防控、扑救网络体系,为实现"森林无火灾"提供保障。

第二节 森林火灾扑救队伍

一、专业森林消防队伍

2008 年 6 月 28 日,"中国人民武装警察部队张掖市森林支队"正式成立。为张掖市森林防火灭火的专业组织。职能是加强森林资源保护,加大黑河上游水源涵养保护,做好保持水土、防风固沙。

二、半专业森林消防队伍

张掖建立半专业森林消防队伍,通过培训,具有专业防火知识和扑火技能。掌握森林灭火常识,熟练使用灭活工具。

1986 年后,全市贯彻落实"预防为主,积极消灭"的方针,坚持专业为主,专群结合的原则,森林防火队伍建设逐步加强。2003 年以来,全市按照国家林业局《专业森林消防队管理规范》和全国森林消防队伍建设现场会议精神,以提高防火、灭火的总体实力为目标,以建设规模化、标准化、机具化防扑火队伍为标准,依托各县(区)、国有林场及有关单位,组建半专业森林消防队 37 个,849人,分别肩负扑救各个辖区森林火灾事故的任务。

表5-7 张掖市半专业森林消防队伍情况统计表

单位	"七五"期 (1990年数)		"八五"期 (1995年数)		"九五"期 (2000年数)		"十五"期 (2005年数)		"十一五"期 (2010年数)	
	队数	人数	队数	人数	队数	人数	队数	人数	队数	人数
全 市	15	337	30	412	31	515	37	849	37	849
甘州区	5	151	5	150	5	106	5	110	5	110
山丹县	1	40	1	40	2	50	2	50	2	50
民乐县	5	21	13	50	13	50	16	82	16	82
临泽县	4	125	4	147	4	163	7	356	7	356
高台县	0	0	0	0	0	0	0	0	0	0
肃南县	0	0	6	60	6	120	6	209	6	209
寺大隆林场	0	0	1	65	1	26	1	42	1	42

三、义务扑火队伍

各县(区)林业局通过乡、村组织动员,挑选具有一定扑火知识和经验的村民为主组成义务扑火队伍。在当地发生森林火灾时,由当地森林防火指挥部下达指令,参与义务性质的林火扑救活动,成为林火扑救中重要的社会力量。

张掖市森林义务扑火队的组建,可追溯到20世纪50年代,经过数十年的更替、重组、新建,至2010年,全市已组建义务扑火队248个,人员达到18470人,比"七五"末的1990年分别增加152个、14096人。由于全市范围内未发生过森林火灾,义务扑火队基本没有调用。

表5-8 张掖市森林义务灭火队伍组成情况统计表

单位	"七五"期 (1990年数)		"八五"期 (1995年数)		"九五"期 (2000年数)		"十五"期 (2005年数)		"十一五"期 (2010年数)	
	队数	人数	队数	人数	队数	人数	队数	人数	队数	人数
全市合计	96	4374	155	7574	219	10874	248	18470	248	18470
甘州区	15	525	15	725	18	1130	18	1130	18	1130
山丹县	7	620	22	743	22	743	22	743	22	743
民乐县	5	1300	13	2600	13	3800	14	5100	14	5100
临泽县	16	1280	23	2157	28	3450	56	9748	56	9748
高台县	0	0	0	0	0	0	0	0	0	0
肃南县	52	604	78	1309	132	1623	132	1623	132	1623
寺大隆林场	52	45	4	40	6	128	6	126	6	126

第三节 基础设施与装备

一、防火设施

1987年以前,张掖国有林场没有防火瞭望塔、防火道等防火设施。1988年以后,森林防火资金投入不断加大。2009年,经国家林业局批复实施张掖市森林防火重点火险区综合治理工程建设项目, 总投资850万元, 其中国家投入680万元。至2010年底,建设完成森林防火瞭望塔12座、防火检查站12个、防火物资仓库480平方米,维修防火道路40千米,购置防火指挥车2辆,建设森林防火地理信息系统1套,购置风力灭火机、消防水泵、二号工具等扑火机具装备1876台(套)及计算机网络系统等。至2010年,全市投入森林防火资金1000

甘州区九龙江林场瞭望塔

多万元,其中国家专项补助 774 万元,市级配套 226 万元,主要用于森林防火"四网两化"建设。

火险预测预报网　建设市气象台为依托的森林防护区火险预测预报网。在防火期内,每天定时发布各区的火险气象预报,为预防和扑救森林火灾提供气象依据。

通讯联络网　建成以市、县(区)及重点林场的森林防火三级通讯联络网。拥有无线电台、对讲机 97 部,有线专用电话 34 部,传真机 28 部,森林防火专用车 23 辆,保证森林防火巡查和森林火灾扑救调度运输的需要。

火情瞭望监测网　新建、改建瞭望台 10 座,添置望远镜 34 部,设立防火检查站(卡)70 个。全市有专职护林员 301 人,兼职护林员 85 人,坚持常年或在防火期间巡护监测、查禁野外火源。

阻火隔离带　新建及维修防火隔离带 163 千米、防火公路 329 千米。

扑火队伍专业化　全市有专业森林消防队 1 个 233 人,半专业森林消防队 37 个 849 人,义务森林消防队 248 个 18470 人。其中重点火险区半专业森林消防队 9 个 270 人,由市、县(区)森林防火指挥部调度。

扑火工具机具化　全市森林防火物资储备库 37 个,面积 634 平方米,储备各类扑火机具 1.8 万余件。森林消防专业队伍的扩大和扑火机具的增多,提升了预防和扑救森林火灾的综合能力。

二、扑火机具

1986 年以前,张掖护林防火基础设施及灭火装备基础差,底子薄。全区仅有 15 瓦单边带电台 9 部,小八一电台 6 部,有油锯、大肚锯、水桶、洋锯等小型二号灭火工具 358(台)件。林区公路状况差,大多是简易公路和便道,基本没有有线电话等通讯工具。

1986 年以后,各级政府及林业主管部门重视森林防火工作,逐步加大森林防火基础设施设备的投入,森林防火基础设施及扑火装备逐年改善。"七五"期末,全区有瞭望台 8 处,无线通讯网 54 处,有线电话 726 千米,林区公路 312.3 千米,防火线隔离带 11 千米;有风力灭火机 34 台,油锯 19 台,防火专用汽车 7 辆,摩托车 2 辆,其他灭火工具 535 件。"八五"期末,全区新增瞭望台 7 处,有线电话 170 千米,防火线隔离带 6 千米,林区公路 8 千米;增配风力灭火机 41 台,油锯 10 台,专用汽车 3 辆,专用摩托 14 辆,其他灭火工具 550 件。2005 年底,全市有防火瞭望台 24 处,无线通讯网 92 处,有线电话 1059 千米,林区公路 386.3 千米,防火线隔离带 113 千米;有风力灭火机 140 台,油锯 41 台,高倍望远镜 19 架,专用汽车 18 辆,专用摩托 23 辆,其他灭火工具 2718 件。全市设立防火器材库 13 个,实行专人、专库保管,定期检查,定期维修。除部分按规定年限报废不能继续使用的车辆外,市、县(区)及各林场防火装备完好率保持在 85%以上。2010 年底,全市有防火瞭望塔 10 座,专用电话线 1059 千米,有线电话 45 部,防火隔离带 163 千米,防火公路 329 千米;防火指挥车 13 辆,防火物资储备库 37 间 634 平方米,扑火机具有风力灭火机 240 台、灭火水枪 300 套、二号扑火机具(简易)5749 件。

表 5-9　张掖市 1986 年—2010 年护林防火基础建设统计表

时期	瞭望塔(处)	无线通讯网(处)	有线电话(千米)	林区公路(千米)	防火隔离带(千米)
"七五"期末	8	54	726	312	11
"八五"期末	15	54	893	320	17
"九五"期末	18	72	1099	365	68
"十五"期末	24	92	1059	386.3	113
"十一五"期末	26	95	1259	426.3	163

表5-10　张掖市1986年—2010年防火装备统计表

时期	风力灭火机(台)	油锯(台)	高倍望远镜(架)	专用汽车(辆)	专用摩托(辆)	其他灭火工具(件)
"七五"期末	34	19	3	7	2	535
"八五"期末	75	29	5	10	16	1085
"九五"期末	85	32	8	10	20	1204
"十五"期末	140	41	19	18	23	2718
"十一五"期末	240	71	39	20	23	4718

第四节　森林火灾与毁林案件

一、森林火灾发生

辖域历史上曾多次发生森林火灾。清雍正元年(1723年),征西将军年羹尧为平定反叛,带兵赴青海征讨地方势力罗卜藏丹津,因力量对比悬殊,罗卜藏丹津兵败后逃入祁连山密林。由于山大林深,清兵又不熟悉祁连山地形,清剿久拖不决。于是年羹尧下令放火烧山,使几万亩森林毁于一旦,成为焦土,这是历史上祁连山毁林最惨痛的一幕。1911年张掖的人祖山,"火灼月余,林木毁之",造成"光山秃岭和尚头,山大沟深无水流,一年四季风怒号,压了庄稼饿死牛"的惨景。《河西志》载:从清末至中华人民共和国成立初,"火烧随着开荒,挖草皮烧灰,引起森林、草原着火事件相当频繁,有时一连数十天不熄,连绵烧毁几千亩,甚至万亩。着火后任其发展,直到熄灭为止"。

中华人民共和国成立后到2010年,张掖市61年未发生森林火灾。发生的森林火警灾害有:"七五"期间发生林火警报3起,着火面积0.91公顷,成灾面积0.297公顷,投入扑救100人,投入财力0.32万元;"八五"期间发生林火警报8起,火灾面积55.077公顷,成灾面积1.878公顷,投入扑救317人,投入财力3.34万元;"九五"期间发生林火警报5起,火灾面积7.153公顷;"十五"期间发生林火警报1起,着火面积0.04公顷。

1986 年 3 月 12 日 15 时 30 分，隆畅河林区大石头沟梁 27 号林班发生森林火警。着火面积 0.03 公顷，成灾面积 0.027 公顷，起火原因未查明。火灾发生后，隆畅河林场及派出所 10 余人组织 40 多人开挖隔离沟，历经 24 小时扑灭明火，投入财力 0.32 万元。

1987 年 4 月 11 日，肃南县皇城区泱翔乡黑沟三叉发生草原荒火。受灾面积 1.64 公顷，成灾面积 1.53 公顷，烧毁草原 1.01 公顷，烧毁灌木林 0.63 公顷，起火原因是小孩玩火所致。火情发生后林场和当地群众 152 人参加扑救，投放财力 0.48 万元。

1987 年 9 月 18 日，肃南县隆畅河林区东流沟林班 12 号小班发生森林火警。着火面积 0.3 公顷，成灾面积 0.27 公顷，起火原因未查明。火警发生后，县政府高度重视，由县委书记安维堂主持召开紧急会议，抽调林业局、隆畅河林场、县林业站、县中队等单位 50 多人组织扑火队，在副县长安锋、公安局局长武炳元的带领下与县城其他干部职工及邻近乡、村农牧民群众于当日 9 时扑灭明火。

1991 年 9 月 18 日，隆畅河林区天桥湾林班发生森林火警。着火面积 0.1 公顷，成灾面积 0.09 公顷，起火原因系牧民吸烟引起。火情发生后，隆畅河林场和当地群众 15 人参加扑救，投入财力 0.12 万元。

1992 年 3 月 26 日，马蹄林区南城子护林站辖区大泉沟林班西台子发生火警。烧毁灌木 0.08 公顷，主要植被毛儿刺。起火原因为牧民用火不慎所致。火情发生后，肃南县马蹄林场南城子护林站、民乐大河口林场海潮坝护林站护林员及大泉沟村 25 人参加扑救，用两个半小时扑灭明火，投入财力 0.11 万元。

1992 年 4 月 18 日下午 2:00 点左右，在黑藏大岔牧场境内的天桥湾林班第 27 小班的未经理地带发生森林火警。着火面积 41.38 公顷，着火地带主要分布着柽柳、零星的金银露梅及苔草。起火原因经调查系大岔牧场职工杨桂芳、雇工薛志杰因抽烟点燃火柴后随手扔下未熄的柴杆引起。当火警发生后，大岔牧场职工 38 人迅速赶赴火场进行扑救，派人通知当地道路养路民工 20 人随后赶往火场进行扑火。经过 3 个小时的紧张扑救，于当日下午 5 点左右终将火熄灭。4 月 19 日肃南县公安局接到着火报告后，公安干警迅速赶往火场找到肇事者，查看现场，取得一定数据，即日进行处理。

1992年4月20日,肃南县马蹄林区螺圈沟发生森林火警。着火面积0.54公顷,成灾面积0.53公顷,起火原因是牧民用火不慎引发。火警发生后,马蹄林场职工及当地群众65人参加扑救,投入财力1.32万元。

1992年4月24日,马蹄林区大都麻林班马黄台子南下湾发生森林火警。着火面积0.54公顷,成灾面积0.35公顷,被烧灌木有置疑小檗、金银露梅、白刺等。起火原因系牧民吸烟点燃灌木所致。火警发生后37人参加扑救,投入财力0.24万元。

1992年4月27日,肃南县隆畅河林区长征峡林班3小班发生森林火警。着火面积0.27公顷,其中草原0.1公顷,灌木林地0.17公顷,起火原因是牧民吸烟引发。火警发生后林场职工30人和县直机关干部职工100多人参加扑救,出动车辆3辆,投入财力1.2万元。

1992年4月27日,马蹄林区南城子护林站干木头滩孤山疙瘩北坡发生森林火警。烧毁灌木林0.85公顷,着火面积1.01公顷,成灾面积0.85公顷。起火原因系人为用火不慎所致,火情发生后45人参加扑救,投入财力0.35万元。

1994年10月28日,肃南县隆畅河林区白泉门林班松木滩马圈沟大沟发生草原荒火。着火面积2.13公顷,其中草原1.89公顷,灌木林地0.21公顷。起火原因为人为引发所致。火灾发生后,林场职工及群众125人参加扑救,投入财力0.13万元。

1994年10月29日,隆畅河林区松木滩马圈沟发生草原荒火。烧毁灌木林地0.21公顷,烧毁草原1.92公顷,起火原因系民乐农民挖旱獭用火不慎所致。火灾发生后,林场职工及当地群众25人参加扑救,投入财力0.56万元。

1998年2月17日,西水林区芭蕉湾村马圈沟发生草原荒火。着火面积3顷,成灾面积2.77公顷,烧毁灌木林0.1公顷。火灾发生后,林场职工及群众155人参加扑救,投入财力0.25万元。

2000年5月18日下午,位于寺大隆林场黑河大桥林班的小干沟9号小班内发生一起森林火警(后经查为地下火)。着火面积0.023公顷,烧死云杉35株,折合材积17.79立方米,另烧死云杉幼树60株。火灾发生后,在场领导的指挥下,及时组织扑火队伍,携带简易灭火工具,火速奔赴着火现场,展开扑救工作。经全体人员6个昼夜的扑救,遏制森林火灾的蔓延和扩展。

2001年3月28日，位于寺大隆林区宝瓶河的黑沟梁林班29号小班发生一起森林火情。着火面积0.04公顷，烧树54株，其中幼树26株，胸径8厘米以上的28株，合计材积3.6153立方米。接到火情汇报后，林场主管领导及时组织工程技术人员连夜驱车奔赴现场，宝瓶河牧场积极协助组织人力进行扑救工作。经过牧场职工和护林站全体人员3个昼夜的共同努力，迅速控制火势，扑灭火源。

2001年6月23日，马蹄林区西番坟南岔坡172号林班发生森林火警。着火面积0.06公顷，成灾面积0.06公顷。起火原因系进山挖药人员吸烟引起，火灾发生后林场职工和群众38人参加扑救，投入财力0.28万元。

表5-11　张掖市1986年—2005年森林火灾发生情况统计表

单位		发生森林火警报（起）	发生林火（起）	火灾面积（公顷）	成灾面积（公顷）	投入扑救人数（人）	投入财力（万元）
『七五』期间	合计	3		0.91	0.297	100	0.32
	1986	1		0.03	0.027	50	0.32
	1987	1		0.3	0.27	50	
	1990	1		0.58			
『八五』期间	合计	8	0	55.077	1.878	317	3.34
	1991	1		0.097	0.088	15	0.12
	1992	6		43.47	1.79	302	3.22
	1995	1		11.51			
『九五』期间	合计	5		7.153			
	1997	3		7.09			
	1998	1		0.04			
	2000	1		0.023			
『十五』期间	合计	1		0.04			
	2001	1		0.04			

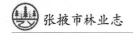

二、乱砍滥伐

清光绪二十二年(1896年),甘州提督周达武借"修衙宅名义,派兵入山黑河口一带,砍伐树木甚多"。马步芳统治河西期间,对林区采取竭泽而渔的办法,成片林木砍伐殆尽。《河西志》载:"1937年3月间,韩起功派四营兵力,从民乐的大都麻口、酥油口、小都麻口和张掖的龙首堡口(黑河口)进入祁连山中,在冰沟台、大鹞子沟、小鹞子沟一带伐树47万株,大肆砍伐草薙以尽,卖木变钱中饱私囊。仅大都麻1处,砍伐松木15万株,黑河口砍伐约22万株。1938年夏季,他们将木料从黑河水上运出,除一部分卖给玉门油矿外,其余全部卖给张掖、山丹、民乐、临泽4县的人民。1939年春季,韩起功派兵二次入山砍树,又在大都麻一带进行破坏性砍伐。前后经过两年的严重破坏,竟将上述地方的古代森林,砍伐无遗"。

1963年—1983年,祁连山林区发生盗伐林木案件7783起,盗伐林木19.38万根,其中大黄山林区发生盗伐林木案件2154起,毁林4.96万株。1966年—1968年,大黄山林区盗伐林木266.67余公顷,2.3万余株;青海省门源县西滩公社群众在西营河金洞沟林区盗伐林255株,毁林0.23公顷35.96立方米,把柄材等无法计算。1972年3月,肃南县709战备公路修建以来,野马沟、水沟等林地11.33公顷云杉林被砍伐4640株,沿河岸的杨树、阳山的柏树大部分被砍光。是年11月17日,祁丰林场西沟林区东岔、西岔的云杉林被三九公司西沟矿区的一些单位砍伐毁林面积20余公顷。

第五节　护林防火措施

一、开展宣传教育

1984年《中华人民共和国森林法》颁布实施后,各级林业部门以多种形式开展宣传活动。每年10月份,由林区领导带队,全力以赴投入护林防火宣传月活动。大会宣讲,走乡串户,印发资料,宣传林业方针、政策、法令,教育干部群众增强爱林护林意识和遵纪守法的自觉性。1987年—1995年,祁连山林区召开护林防火会议 7409 场次,参会 17.16 万人次,放映电影、电视、录像、广播、录音 1992 场次,收视、收听群众 54.3 万人次,登门家访 4.83 万户次、访问 39.27 万人次;张贴护林标语 3.4 万幅,设立永久性护林碑、牌 1339 座(个),印发各种宣传材料 2.84 万份;办宣传专栏 1348 期,各种护林防火学习班 125 期,受培 3740 人次。

1996 年—2004 年,组织护林防火检查组 666 个次,参加 53280 人次,召开各种形式的会议 13560 次,参会 4.5 万人次,走村串户 712 万户,登门宣传 365 万户次,受教育人数达 17 万人次,张贴宣传标语 9036 幅,刷写永久性宣传牌 845 块。做到电视里有图像,广播里有声音,乡村集镇、交通要道有醒目的防火标语,使《森林法》《森林防火条例》及林业各项法律、法规家喻户晓,人人明白。2005 年以来,全市平均每年召开护林防火宣传会 210 多次,出动宣传车巡回宣传 80 多次,发放各种宣传材料 3 万多份,电视、广播宣传 70 多次,发放张贴宣传画 3000 多份,书写张贴固定性宣传标语 200 多条,张贴临时标语 1300 多条,出黑板报 400 多期。平均每年受教育群众达 10 多万人次。通过有组织,有领导的大型宣传活动,在全社会、林缘区形成一种浓郁的森林防火氛围,干部群众认识到保护森林的重要性,使护林防火成为自觉行动。

二、健全规章制度

1. 实行各级领导责任制。1990 年 5 月,甘肃省人民政府发布的《甘肃省实施森林防火条例办法》颁布实施后,张掖市从上到下实行森林防火市长、县长、乡长行政首长负责制,县以下实行乡、村、组、场责任人负责制。层层签订责任书,一级对一级负责。责任落实到村组、林场及森林防火区附近的企事业单位,做到山有人管、林有人护、责有人担。每年防火期之前,各级领导负责检查部署森林防火工作,消除火灾隐患;防火期间,领导带班,指挥调度,随时组织扑火;领导工作变动,及时调整,搞好衔接。森林防火指挥部成员单位各司其职,各负其责。每年进入防火期前后,由市护林防火指挥部成员单位组成督查组,分片包干,深入林区、村组,巡回检查,现场督导,及时发现和解决问题。各级森林防火指挥部领导除定期深入各防火责任区检查指导外,还采取电话抽查等形式,随机查询、监控各防火责任区值班情况。市、县(区)、乡镇都成立督查机构,经常开展督查活动。查处重点火灾隐患之处,下达《整改通知书》,限期整改。

2. 实行责任追究制度。市政府明确规定,对火源没管住、责任没落实、火情没报告、扑救不及时、处理不严格等失职、渎职行为,依法追究当地政府、有关部门及相关责任人的责任。把森林防火列入重中之重的地位。

3. 建立健全管理制度。祁连山林区农、林、牧交错,矿点棋布,人员流动大,火源分布广,火险等级高,防火难度大。为了严格制止火灾,建立健全整套规章制度,1982年—1987年,地区行署林业处制定《祁连山护林防火具体规定》《张掖地区护林防火指挥部职责范围和工作制度》等。订立护林防火制度1.62万份,乡规民约5780份。防火指挥部建立会议、值班、通讯、检查、报告5项工作制度。提出"提前抓十月,重点抓四月,认真防范元旦和春节"的具体措施。完善"三包"(大人包小孩、雇主包帮工、干部包群众),"三管"(管小孩玩火、管放牧员和其他人员进山用火、管防火季节用火),"三防"(作业前部署防火、作业中检查防火、作业后总结管火),"四分"(按森林分布,以护林小组为单位,分山、分沟、分片、分段管护),"四落实"(组织、人员、责任、训练落实),"六制度"(入山登记、检查、用火、值班、汇报、奖惩制度)等措施。各县(市)实行森林防火行政领导(县长、乡长、村长)和部门领导(处长、局长、场长)"双轨六长"任期目标管理责任制,把护林防火责任层层分解,逐级落实。各营林单位实行"五无"(无森林火灾、无乱砍滥伐、无乱捕滥猎、无毁林开荒、无砍林搞副业)为目标的"五定一奖"(定人员、定经费、定面积、定标准、定出勤;经检查验收,完成任务者受奖)的护林承包责任制,强化森林保护。

4. 严格火源管理制度。森林经营单位与当地农、林、牧民普遍制订林区野外火源管理制度,明确防火责任,由用火单位写出保证书,在规定范围内有组织地作业;在每个作业点派专人跟班作业,监督实施,严密监控。对国有林场、森林公园、风景名胜区等重点林区,实行全面清山、搜山和封山戒严。通过封山禁火、设卡查火、巡逻管火、严防死守、依法治火等措施,制止林区烧荒、烧纸、吸烟、燃放鞭炮、燃柴做饭等行为。为防止火源进山,全市建立护林站、防火检查站70个,落实检查人员236人。在重点火险区的乡镇、自然村成立临时观察哨,固定专人负责。

5. 严格检查汇报制度。一般要求每半月查山一次,发现问题及时汇报,立即解决;从当年 10 月 1 日至第二年 5 月 31 日为防火期。在此期间,护林防火办公室指定专人负责护林防火的日常工作和值班,按照每月规定的时间向省护林防火指挥部电话汇报。

6. 严格督促检查制度。每年进入防火期前后,市护林防火指挥部成员单位组成督查组,分片包干,深入林区、村组,巡回检查,现场督导,及时发现问题。各级森林防火指挥部领导除定期深入各防火责任区检查外,还采取电话抽查等形式,随机查询、监控各防火责任区值班情况。市、县(区)、乡(镇)分别成立相应的督查机构,不间断地开展督查活动。查处重点火灾隐患处,下达《整改通知书》。1982 年—2010 年,先后制定护林防火规章制度 20 多份,各县(区)、乡(镇)、林场等单位也结合实际,制定多项制度。

7. 强化火灾监测和查处力度。在防火戒严期,对高火险地区实行专人重点防范,划区包片看管,不断加大防火巡查力度,全方位、全天候、全覆盖地监测火情。市、县(区)防火办、乡(镇)林业站、林场、森林公安派出所等部门实行联动机制,坚持按月例行检查。对重点时段和关键部位严格检查。坚决做到见火就查、违章就罚、犯罪就抓,做到发现一起,查处一起,打击一人,震慑一片。

三、查处毁林案件

1987 年 6 月—1995 年 4 月,祁连山林区发生各类毁林案件 2419 起,损失木材 1371 立方米、幼树 4836 株、野生动物 279 只(头),折款 14.5 万元。查处各类案件 2228 起,破案 2173 起,破案率 97.53%,其中刑事案件 47 起,森林治安案件 158 起,林业行政处罚案件 1968 起。受到各种处罚的 2484 人次,其中逮捕 39 人,治安拘留 74 人,警告 20 人,治安罚款 124 人次,林业行政罚款 2010 人次,其他处罚 217 人次。收缴木材 288.7 立方米,木材折价 3.62 万元,治安罚款 1.2 万元,林业行政罚款 9.49 万元,赔偿损失款 48.91 万元。标本兼治,打防结合,遏制毁林风。

"九五"期间,查处各类毁林案件 2700 多起,其中刑事案件 26 起,处理违法行为人 3100 人次,逮捕 25 人,收缴木材 430 立方米;收缴非法猎捕野生动物 47 头(只),罚金 58 万元。2001 年—2003 年,查处毁林案件 1797 起,其中刑事案件 39 起,处理违法者 1566 人次,逮捕 35 人,没收木材 733 立方米,罚金

103万元。

2004年—2005年,查处各类毁林案件830起,其中刑事案件19起,治安案件1起,林政案件810起,处理违法者675人,其中逮捕11人,判刑7人,治安拘留1人,警告2人,林政处罚654人。收缴野生动物皮张317件(只、张),收缴野生动物肉类、油脂制品111千克,收缴的野生动物制品总价值226.69万元。收缴小口径步枪2支,小口径子弹125发,猎枪火药3.5千克,猎枪弹底火86个,猎枪弹壳45枝,半自动步枪子弹2发,雷管1枚,铁夹子1个。收缴罚款261.8万元,违法所得11058元,收缴木材14立方米、树木59立方米。

2006年—2010年,全市森林公安、资源林政等执法单位组织开展"资源林政管理治理整顿专项行动",受理查处各类案件1728起,处理各类违法人员1862人(审查起诉16人,行政拘留2人,治安处罚15人,警告1人,罚款519人),案件查处率98%以上。

四、开展防火演练

"十一五"期间,全市组织开展五次规模较大的森林防火培训及实战演练。培训班由市森林防火指挥部和市林业局主办,各县(区)、各国有林场、相关乡镇、甘州滨河新区暨张掖国家湿地公园管理委员会等单位人员参加,邀请武警张掖市森林支队专业人员系统讲解森林火灾发生原理、林火种类、扑救火灾的方法、灭火组织指挥原则、森林灭火安全与紧急避险等内容,观看武警森林部队录制的全国扑救森林火灾案例。通过防火培训和演练,提高森林防火基层指挥员和半专业及义务扑火队员的防火基本知识和业务能力,增强扑火队员的森林防火知识和火灾扑救技能,为森林防火工作顺利开展打下良好基础。

防火演练

五、创建无火灾林区

1956 年,甘肃省第一届人民代表大会第三次会议作出《关于在全省范围内开展无森林火灾区竞赛运动的决定》,全省普遍开展这一竞赛活动,肃南、山丹被评为"无森林火灾县"。肃南县 1959 年被甘肃省农林厅评为全省护林防火先进单位;1966 年 2 月被林业部授予"十六年无森林火灾"的光荣称号;1986 年 12 月被评为"全国护林防火先进单位";1988 年,民乐县、肃南县林业局被甘肃省人民政府授予"护林防火先进集体"称号;1989 年,肃南县被林业部授予"全国护林防火先进集体"称号。至 2010 年,张掖市取得 61 年无森林火灾的好成绩,多次受到国家林业部,甘肃省委、省政府的表彰。

第三章　林业有害生物防治

中华人民共和国成立后,国家制定过一系列植保方针,张掖的林业有害生物防治工作按照国家在不同时期制定的方针开展。防治规模由小到大,防治对象由少到多,防治技术不断提高。1980年—2010年,在做好森林病虫鼠害防治工作的同时,完成三次森林病虫普查,建立健全全市森林病虫害测报网络和森林植物检疫网络,森林病虫害检疫防治机构、队伍日益健全壮大,相关法律、法规、标准得到有效贯彻落实,各项制度日趋完善,监测、检疫、防治能力得到提高,保障了森林的安全与健康。

第一节　森林病虫防治

20世纪50年代起,防治方法以人工为主,辅以小型喷雾喷粉器,主要农药是六六六、DDT等。随着林地果树增多,病虫害种类随之增多,防治手段采取人工防治与化学防治相结合的方法。所用农药除有机氯外,增加有机磷农药,如乐果等。推广使用石硫合剂和波尔多液,药械上增加动力机械。50年代末期至70年代末,川区国营林场大面积采用飞机、动力机械防治,药剂以六六六、乐果为主。

80年代初,地、县(市)分别成立森防机构,专业队伍逐步扩大,检疫防治工作不断取得新的进展。1989年,国务院发布实施《森林病虫害防治条例》后,病

注:在20世纪80年代以前,称"林木病虫害防治",1990年起称"森林病虫防治"。在国家林业局2004年11月召开的全国林业有害生物防治工作会议之后,称"林业有害生物防治",至2010年,从事林业有害生物防治的机构及一些专业常用语,仍沿用"森林病虫防治、检疫"等名称。

虫害防治工作按条例开展。1990年,全国第二次森防工作会议将防治方针确定为"预防为主,综合治理";1992年开始实施森林病虫防治目标管理;林业部于1997年发布经国务院批准的《关于进一步加强森林病虫害防治工作的决定》,提出对重点病虫害实施工程治理;2004年,全国森防站长会议提出"预防为主,科学防控,依法治理,促进健康"的林业有害生物防治方针。全市森林病虫害防治工作实现由过去的重除治向重预防转变,由一般治理向工程治理转变,由化学防治为主向以生物防治为主转变,由治标向标本兼治以治本为主转变。在防治工作中限制大范围、大剂量使用广谱性化学农药,大力推广生物、仿生物制剂和天敌防治技术,强化预防措施和治本措施。发生危害的面积逐年下降,防治率逐年提高。

第二节 森林病虫灾害

张掖林木病虫害种类繁多,至2005年,查到的林木虫害231种,病害83种,鼠害5种,兔害2种。在不同的自然区域都分布有危害比较严重的林木病、虫、鼠害。川灌区有沙枣木虱、沙枣尺蠖、沙枣吐伦蛎蚧、黄褐天幕毛虫、十斑吉丁虫、杨树溃疡病、腐烂病、锈病、梭梭白粉病、大沙鼠等。祁连山地有云杉球果小卷蛾、小蠹虫、云杉阿扁叶峰、青海云杉叶锈病、松苗立枯病。全市危害较为严重的病虫害有90种。

每年林木病虫害发生面积在1.5万公顷以上,其中成灾面积0.5万多公顷。采取有效措施,控制各种病、虫、鼠害发生,保护森林资源,巩固造林绿化成果,保障森林安全,促进林木速生、优质、丰产,是林业生态建设的重要任务。

一、病 害

主要病害有叶枯病、幼苗立枯病、球果锈病、针叶锈病、杨树褐斑病、烂皮病、水泡型溃疡病、破腹病、锈病、胡杨叶锈病。苹果有腐烂病(枝干)、苹果白粉病、苹果锈果病(果)、苹果黄叶病(叶)、苹果炭疽病(果)。梨树病害有腐烂病、梨白粉病、梨黑星病、梨黑胫病、杏疗病(新梢)。枣树病害有枝枯病(枝梢)、葡萄灰霉病、葡萄白粉病、葡萄霜霉病,梭梭白粉病、沙枣叶褐斑病、柽柳枯叶病、花棒白粉病等30余种。

二、虫 害

主要虫害有华北蝼蛄、非洲蝼蛄、大青叶蝉、沙枣木虱、落叶松球蚜、杨叶瘿棉蚜、梨黄粉蚜、槐蚜、内蒙粉毛蚜、谷榆蚜、柏大蚜、糖槭盔蚧、朝鲜球蚧、槐花球蚧、杏球坚蚧、杨圆蚧、沙枣吐伦蛎蚧、梨园蚧、云杉叶蚧、康氏粉蚧、十斑吉丁、黄斑星天牛、青杨天牛、家茸天牛、柳兰叶甲、云杉大小蠹、云杉毛小蠹、光臀八齿小蠹、桃小食心虫、带纹菜粉蝶、树粉蝶、芳香木蠹蛾、杨白潜蛾、杨银潜叶蛾、杨柳细蛾、苹果蠹蛾、梨小食心虫、杨柳小卷蛾、云杉球果小卷蛾、云杉球果螟、白杨透翅蛾、沙枣尺蠖、梨星毛虫、古毒蛾、角斑古毒蛾、灰斑古毒蛾、杨雪毒蛾、小地老虎、黄地老虎、黄褐天幕毛虫、柽柳瘿蚊、云杉阿扁叶蜂、柳叶蜂、梨茎蜂、云杉大树蜂、刺槐种子小蜂、柠条种子小蜂、苹果全爪螨、山楂叶螨、李始叶螨等60种。

病害、虫害分布及危害程度详见附录四。

第三节 预防与除治

一、防治机构

民国时期,张掖没有防治林木病虫害的专门机构,但张掖人民在长期的生产实践中,总结出许多防治病虫害的方法,如用石灰水、红土刷树干等。

中华人民共和国成立后,防治队伍不断壮大。80年代,地区和张掖、临泽、高台、山丹、民乐、肃南6县相继成立林木病虫检疫防治机构,编制47人,专门负责林木病虫检疫防治工作。1982年以来,先后建立地、县(市)森防机构7个,逐步建立起地、县、镇(乡)三级监测网络,有专业技术人员60人,专兼职测报员71人。至2010年,市、县(区)、乡(镇)三级形成由198人组成的森林病虫害检疫、测报、防治队伍。基础设施建设不断加强,森防站分别建成实验室、标本室、药剂药械库,配备专用交通工具。

表 5-12　张掖市(地区)森林病虫害防治机构、人员构成、仪器设备情况表

年度	机构(个)		人员构成(人)					仪器设备(台件)
	市(区)级	县(区)级	总人数	高级职称		中级职称		
				人数	占队伍(%)	人数	占队伍(%)	
1986	1	3	18			4	20	2
1990	1	4	28	1	3.6	11	39	10
1995	1	5	28	2	7.1	11	39	18
2000	1	6	32	2	6.25	17	53	28
2005	1	6	32	3	9.4	17	53	41
2010	1	6	60	5	8.3	28	46.7	61

二、虫害防治

(一)综合防治

自古以来，森林病虫害对森林资源所造成的危害被称为"森林的三大灾害"之一，是"不冒烟的森林火灾"。防治方法主要采取化学、物理、生物防治和营林、育种、检疫监测等措施。化学、物理、生物防治包括药物喷洒、黑光灯诱杀、人工挖蛹(包括幼虫)、消毒灭活、性信息素诱杀、保护天敌等。营林措施、育种、检疫监测等措施包括卫生清理病株、林木抚育间伐、营造混交林、优选树种、检疫监测、开展科学试验等。20 世纪 70 年代末期,寺大隆林场对 1067 公顷云杉林地采取择伐措施,清理林内病弱木,有效控制云杉小蠹虫的危害。1982年—1995 年,全区森林病虫害防治总面积达 12 万余公顷,年均防治面积 0.86万公顷,平均杀虫率 85%以上。1996 以后,祁连山区通过各项生态建设工程,逐步遏制人为不合理开发对森林生态系统的干扰和破坏,促进退化林地的恢复;开展林分综合培育,改善林分结构;应用良种壮苗造林,对部分退化林地进行人工促进更新,增强树体抗性;清理林内灾害性林木,消除害虫发生源;增加虫害天敌生物种群数量;开展病虫鼠害的科学预防和控制,减轻病虫鼠害对林木

的损伤,初步控制保护区林业有害生物的大面积发生与危害。2000 年,东大山保护站在云杉嫩梢小蛾类害虫发生危害严重区域利用黑光灯诱杀,在其盛发期连续诱杀 10 天,防治效果在 80% 以上。2003 年苹果蠹蛾传入张掖,发生面积 1511.33 公顷,占果园总面积 62%。该虫主要危害苹果、苹果梨、杏、桃等,疫情发生区平均被害率 45.06%,最高达 100%,平均蛀果率 11.07%,最高 82%。2004 年开始,全面开展综合治理,使成灾面积得到有效控制。2009 年,对全市经济林实施巩固性防治,果树被害率控制在 6% 以内,蛀果率控制在 0.2% 以内,做到有虫不成灾,控制在经济阈值之内。

(二)喷药防治

1958 年,在张掖九龙江林场、西城驿林场喷撒可湿性"六六六"粉,防治沙枣尺蠖、沙枣木虱、杨树小卷叶蛾、杨柳毒蛾、杨树潜叶蛾等害虫面积 666.67 公顷。1963 年 5 月,在总结历年飞防经验的基础上,在九龙江、红沙窝、三桥湾、碱泉子、五泉、大沙河 6 个国营林场飞防 31 架次,防治沙枣尺蠖、木虱面积 0.23 万公顷,平均杀虫率:尺蠖 90.1%,最高 99.7%;木虱平均 44%,最高 55.9%。1964 年,张掖九龙江、西城驿、红沙窝和临泽五泉林场用飞机喷洒可湿性"六六六"粉面积 2000 余公顷,杀虫率 78.2%。1970 年,张掖九龙江、西城驿、红沙窝、临泽沙河林场、五泉林场、高台三桥湾、三益渠、碱泉子林场用飞机喷撒"六六六"粉、乐果粉,防治沙枣尺蠖、沙枣木虱、杨树小卷叶哦、杨树蚜虫、杨柳毒蛾、

山丹县大黄山林场飞机防治云杉阿扁叶蜂

潜叶蛾面积 0.53 万公顷,杀虫率 85% 以上。1976 年,上述林场飞防面积达 0.75 万公顷,杀虫率 80% 以上。1981 年,张掖市东大山林场 2000 公顷云杉林发生松梢螟危害,九龙江等林场 0.47 万公顷沙枣林发生沙枣木虱等害虫,飞机喷撒可湿性"六六六"粉 93 架次,杀虫率 97.3%。1965 年以后,临泽五泉林场用拖拉机带动大型喷粉、喷雾机械,年防治面积 2000 公顷以上。临泽沙河林场、高台三桥

湾、三益渠、碱泉子林场也用小型喷雾、喷粉机械进行人工防治,各林场年均防治面积 1000 公顷—1670 公顷,杀虫效果较好。1982 年 6 月中旬,在全区首次应用飞机超低容量喷雾防治沙枣木虱取得成功。选用国家林业部指定农药厂生产的杀虫快和敌马油剂,川区 9 个国营林场(张掖市九龙江、红沙窝、十里行宫林场,临泽县沙河林场、地区五泉林场,高台县三桥湾、碱泉子、三益渠林场)防治面积 0.87 万公顷,平均杀虫率 86.9%。对沙枣古毒蛾、沙枣天蛾、天幕毛虫、杨柳小卷蛾和少量沙枣尺蠖等害虫也有防治效果。1983 年,省林业厅下达全区林木病虫兽防治面积 1 万公顷,实际防治面积 1.1 万公顷。其中,化学防治面积 0.98 万公顷,主要防治沙枣木虱、沙枣尺蠖、内蒙粉毛蚜、云杉球卷蛾等病虫,选用马拉松、乐果、敌敌畏、甲胺磷、"741"烟剂、"六六六"粉剂等药剂,平均杀虫率 80% 以上。1985 年—1995 年,山丹县大黄山林场在云杉阿扁叶蜂的 5 个发生年(2 年 1 代)采取施放烟雾剂、喷雾、人工挖捉等措施,防治面积 630 公顷(次),平均杀虫率 80% 以上。但由于防治技术落后,虫口密度大,增殖率高,虽经多次防治,仍未能有效控制其发生与蔓延。

1986 年—2010 年,全市防治林木病虫面积 36.63 万公顷,年均 1.47 万公顷,杀虫率 85% 以上,有效控制林木病虫害扩散蔓延。

表 5-13 张掖市(地区)1986 年—2010 年部分年份森林病虫害防治面积统计表

单位:公顷、%

面积 年度	发生面积				防治面积				防治 率
	小计	病	虫	鼠	小计	病	虫	鼠	
1986	43613		43613		5400		5400		12.4
1990	59040		59040		8800		8800		14.9
1995	18880	580	18300		7460	1893	5567		39.5
2000	21033	7400	13633		13180	4280	8900		62.66
2005	10807	640	10167		10480	593	9887		96.98
2010	25964	1180	15320	9464	24810	1176	14494	9140	96.00

（三）生物防治

1965年，省林业局在张掖机械林场试验用苏云金杆菌防治沙枣尺蠖，防治效果明显。20世纪70年代中期至80年代末，五泉林场用苏云金杆菌、青虫菌等进行沙枣尺蠖防治试验，杀虫率高达95%以上。1983年，张掖、临泽、高台3县用苏云金杆菌防治沙枣尺蠖340公顷，孢子含量1亿的杀虫率88%，孢子含量2亿的杀虫率92.5%。是年，在祁连山林区的寺大隆、康乐林场的青海云杉林挂鸟巢50只，控制害虫效果显著。1989年—1990年，在高台、民乐、张掖3县（市）的乡村果园及国营农（林）场设立8个试验点，引进梨小食心虫信息素对危害张掖核果类的主要害虫梨小食心虫成虫进行诱杀，配合捡拾落果、土壤处理、化学药剂防治，防效明显。

1995年7月，山丹县大黄山天然林区发生云杉阿扁叶蜂面积1020公顷，采用飞机低容量喷雾技术，每公顷施药量为灭幼脲Ⅲ号胶悬剂600克，2.5%功夫乳油105克，另加悬浮剂尿素675克，兑水11.27千克，飞防作业35架次，作业面积1120公顷，杀虫效果达98%，控制了蔓延。防前检查，重灾区2年生侧枝的虫口密度为16头，防治后查2年生侧枝虫口密度为1头左右，每平方米林地上死亡幼虫达183头—400头。经现场观察，药后对林内的瓢虫、蚂蚁等天敌昆虫，基本没有伤害。至2010年，有害种群仍控制在经济容许水平以下。

2001年—2002年4月下旬，在高台、临泽两县春尺蠖幼虫发生期，推广应用尺蠖核多角体病毒、苏云金杆菌进行树冠喷雾防治春尺蠖雌成虫，防治面积966.67公顷，防治效果达87%。2003年—2004年，春尺蠖幼虫发生期，在高台县推广应用Bt乳剂，防治面积776.67公顷，防治效果达89%。引进推广肿腿蜂防治青杨天牛技术，引进推广肿腿蜂100万头，释放面积20公顷，寄生率达40%以上。2005年，引进释放肿腿蜂、花绒坚甲生物控制青杨天牛及黄斑星天牛，释放面积33.34公顷。在临泽红枣食心虫危害严重区，利用桃小食心虫性诱剂进行预测和诱杀，取得明显效果。

2006年—2007年，甘州区上秦镇建立科技示范区43.33公顷，应用高枝截干、树干注射、插毒扦、喷洒绿色威雷、释放肿腿蜂等措施防治黄斑星天牛，取得明显效果，为天牛防治探索新路子。推广农田林网无公害防治技术项目，实施推广面积0.2万公顷，防治效果80%以上；引进释放肿腿蜂、花绒坚甲生物控制青杨天牛及黄斑星天牛,释放面积 33.34 公顷。

2008 年—2009 年,临泽、高台两县在食叶害虫防治中,推广应用新型生物杀虫剂森得宝和高渗苯氧威防治春尺蠖 1333.33 公顷,防效达 90%。2010 年,在临泽新华镇长庄二社、沙河镇兰家堡建立枣食心虫防治示范点 2 处, 面积 13.33 公顷。在示范区,设立桃小食心虫观察点 20 个,挂诱捕器 200 多个,及时掌握生活史,确定防治最佳时机。利用性诱剂对危害严重区域进行预测和诱杀,取得明显效果,示范区虫蛀率下降 15%。

(四)目标管理

1992 年后,全市森林病虫害防治实施目标管理,各年度管理指标由国家林业部下达后,省上再分解到各市。内容简称"四率",即森林病虫害发生率、森林病虫害防治率、林木种苗产地检疫率、森林病虫害监测覆盖率。1996 年—2000 年,省林业厅下达张掖地区目标管理指标为:发生率 8%、防治率 55%、监测覆盖率 65%、种苗产地检疫率 80%。2001 年后,以成灾率替代防治率,并实行以"成灾率"为核心的新"四率"考核体系。2005 年,张掖市林业局出台《重大外来林业有害生物灾害应急预案》,对重大森林病虫害的防治提出更为合理、科学、具体的要求。目标是:到 2010 年,把成灾率控制在 4.5‰ 以下,无公害防治率达 80% 以上,灾害测报准确率达 85% 以上,种苗产地检疫率达 100%。1991 年—2010 年,全市林业有害生物防治目标管理"四率"指标均达到国家林业局的要求。

表 5-14　张掖市森林病虫害防治目标管理情况表

单位:公顷、万株、%、‰

年度	发生		防治		监测		检疫		成灾	
	面积	发生率	面积	防治率	面积	覆盖率	株数	产地检疫率	面积	成灾率
1986			13818				1773	100		
1990	41333		10133	100			198.84		30	
1995	11573	9.49	10707	58.98	66740	73.14	716.08	100		
2000	17953	10.17	12493	69.6	136253	77.2	299.74	92.05		
2005	12600	6.92	10933	88	163667	89.9	1547.79	95	2.86	1.16
2010	33127	4.3	28600	90	38667	86	1973.92	100	1.92	2.85

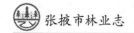

三、病害防治

60 年代,寺大隆柳树园苗圃、大黄山林场苗圃、西营河林场苗圃培育的青海云杉、祁连圆柏等苗木发生立枯病。70 年代以来,国营林场和苗圃在育苗过程中,用 0.3%—1%硫酸铜溶液浸种消毒,或用 1%—2%石灰水浸种 24 小时—36 小时,然后用清水冲洗数次,阴干后播种。土壤消毒用福尔马林、五氯硝基苯、波尔多液、硫酸亚铁、代森铵等药剂。福尔马林消毒:每平方米苗圃用福尔马林 50 毫升加水 10 千克均匀地喷洒在地表,然后用草袋或塑料薄膜覆盖,闷 10 天左右揭掉覆盖物,使气体挥发,2 天后播种或扦插,有效防治立枯病、褐斑病、角斑病、炭疽病等病害。五氯硝基苯消毒:每平方米苗圃地用 75%五氯硝基苯 4 千克、代森锌 5 千克,混合后,再与 12 千克细土拌匀,播种时下垫上盖,防治苗木立枯病、炭疽病、猝倒病、菌核病等有特效。波尔多液消毒:每平方米苗圃地用等量波尔多液(硫酸铜、石灰、水的比例为 1:1:100)2.5 千克,加赛力散 10 千克喷洒土壤,待土壤稍干后即可播种或扦插,能有效防治黑斑病、斑点病、灰霉病、锈病、褐斑病、炭疽病等。硫酸亚铁消毒:用 3%硫酸亚铁溶液处理土壤,每平方米用药液 0.5 千克,可防治针叶花木的苗枯病,桃、杏缩叶病,兼治花卉缺铁引起的病。代森铵消毒:用 50%水溶代森铵 350 倍液,每平方米浇灌 3 千克稀释液,可防治花卉的黑斑病、霜霉病、白粉病、立枯病和球根类的多种病害。

四、森林鼠兔害防治

祁连山浅山区和林缘地带,因人为活动干扰,天敌数量减少,对鼠兔的控制作用降低,几种隐蔽性生活的鼠类种群上升,引起危害。对林业生产构成灾害的啮齿动物主要是中华鼢鼠、达乌尔鼠兔、子午沙鼠、长爪沙鼠、大沙鼠、野兔等,危害对象主要是人工营造和封育的幼林。天然林区、防沙治沙区、退耕还林区和荒山造林区等林业重点生态工程建设区广为发生, 年发生面积约 8 万公顷。主要采取的防治措施:(1)森防部门制定本辖区的森林鼠、兔害防治方案和年度实施计划。根据森林鼠害的发生面积、危害程度、发生规律、地理位置、林分用途等情况,划分不同治理类型,实行分类施策,分区治理。(2)鼠情监测。实行定点、定人、定期调查和监测,监测内容包括林木被害程度和害鼠兔的种群密度等技术指标。(3)根据害鼠、兔的活动习性,发生区域划分在春季和秋季采用物理方法(鼠铗、地箭、弓形铗等物理器械,开展群众性的人工灭鼠)、施用林木保护剂(树干涂防啃剂、拒避剂、多效抗旱驱鼠剂等)和化学药剂(以前如磷化锌类)配制和投放毒饵等措施进行防治(使用方法包括树干涂抹、树根浸蘸及拌种、浇灌、喷施)。营造混交林等营林措施(采取挖防鼠阻隔沟,在树干基部捆扎塑料、金属等防护材料的方式,保护树体),实行封山育林,严格实行禁猎、禁捕等措施,保护鼠、兔类的一切天敌动物,最大限度地减少人们对自然生态环境的干扰和破坏,创造有利于鼠、兔类天敌栖息、繁衍的生活条件。

80年代起,祁连山区林场用弓箭捕杀和投放毒饵等方法,防治人工更新造林地的鼠害,鼠害率控制在3%以下。1991年,推广应用以二次中毒小的抗血凝剂溴敌隆为毒剂的鼢鼠灵毒饵,辅助人工设置弓箭射杀,有效控制1万公顷幼林地的中华鼢鼠,防治效果达96.9%,苗木保存率95.9%,鼠害死亡株率在1.4%。1997年开始,每年发布病虫鼠害发生趋势预报,提出防治对策,组织进行区域防治,指导病虫鼠害发生区开展合理防治。

1996年—2010年,全市在鼢鼠危害严重的区域,利用鼢鼠灵等毒饵、架设招鹰杆、辅助人工设置弓箭射杀等方法,年均治理中华鼢鼠面积0.8万公顷。

第四节　病虫普查

一、第一次普查

按照国家林业部1979年《关于开展森林病虫普查的通知》精神和省林业局的统一部署,1980年—1982年,组织地、县(市)林业系统开展全区林木病虫普查工作。1980年开始,组建由24人组成的普查队伍,制定实施方案,进行培训试点,至1981年9月完成外业调查,1982年6月完成内业汇总,整理出比较完整、系统的林木病虫技术资料和标本。

这次普查的技术标准和做法,根据林业部全国病虫普查办公室1980年2月和1982年5月下发的《全国森林病虫普查实施要点》和《全国森林病虫普查内业整理要点》两个技术规程进行。地区林业局成立由魏克勤、巢竹亭、张威铭等9人组成的森林病虫普查领导小组和办公室,张威铭具体负责组织指导,处理日常事务,汇总整理资料。

对5个主要树种(青海云杉、杨树、沙枣、枣树、梭梭)和10个一般树种(柳树、白榆、刺槐、槭树、柽柳、沙棘、杞柳、花棒、沙拐枣、小蘗等)的病虫害进行普查。主要树种普查面积9.98万公顷,占应普查面积的88.57%。病虫害发生面积5.39万公顷,占普查面积的54%。设线路调查点1487个,标准地87块,固定观察点4个,地下害虫样坑57个。采集标本6634号(次),其中:害虫5605号(次),病害210号(次),天敌1029号(次)。通过普查,初步摸清本市主要林木病虫和天敌种类。查出森林病原26种,森林害虫6目40科113种,天敌昆虫9目26科85种,益鸟21种,益兽3种。按树种分:青海云杉虫害24种,病害6种;杨树虫害30种,病害11种;沙枣虫害9种,病害1种;柳树虫害6种,病3种;刺槐虫害2种;白榆虫害1种;复叶槭虫害1种;柽柳虫害2种;沙棘虫害1种;杞柳病害2种;梭梭病害1种;花棒病害1种;沙拐枣病害1种;小蘗病害1种。

二、第二次普查

1991年—1993年,根据省林业厅《关于开展全省森林病虫鼠害普查的通知》精神,成立由薛德一任组长,何立本、刘贤德为副组长和各县(市)林业局负责人8人组成的森林病虫普查领导小组,抽调技术人员14人组成普查队,具体普查业务由地区林木病虫检疫防治站牵头。在1982年普查的基础上,以《全国森林病虫普查实施要点》和《全国森林病虫普查内业整理要点》为依据,对全区6县(区)的71个乡、172个村、15个国营林场、苗圃和520个乡村林场进行普查。普查林地面积85328.5公顷,占应查林地面积的94.07%,设调查点1917个、标准地261个、固定观察点6个。普查共采集标本7719号(次),其中:昆虫标本6277号(次),病害标本284号(次),天敌标本1158号(次)。经鉴定、整理害虫标本232种(含螨类),病害标本83种。鉴定的有害标本309种(其中虫害标本226种,病害标本83种)。在内业汇总资料的基础上,经过综合分析整理后,汇集以往调查研究成果,编印《张掖地区森林病虫普查成果汇编》,天敌标本1158号(次)。按分类系统分,已鉴定的有害昆虫232种,隶属于8目61科,鉴定天敌昆虫95种,隶属9目31科。

经普查，全区森林病虫害比 80 年代增加 185 种，其中：虫害 118 中，病害 57 种，天敌昆虫 10 种。在已查明的病虫鼠害中，外来有害生物有 5 种，均为 20 世纪 80、90 年代初随苗木调运传入，其余均为本地有害生物。列入国家林业局发布的有害生物名单的有白杨透翅蛾、杨圆蚧两种，省内规定的有害生物沙枣吐伦蛎蚧、刺槐种子小蜂、青杨天牛 3 种，涉及 4 目 5 科。

三、第三次普查

2004 年—2005 年，根据国家林业局《关于在全国开展林业有害生物普查工作的通知》及省林业厅《关于在全省开展林业有害生物普查工作的通知》的要求，市上成立普查领导小组，下设办公室。由张掖市森林病虫害防治检疫站牵头，组织开展普查。这次普查在 1982 年和 1992 年普查的基础上，以前两次普查方案为依据，制定普查方案，按照方案开展普查。全市设线路调查点 1597 个，标准地 115 个，固定观察点 6 个，普查林地面积 14.078 万公顷，占应查林地面积的 86%；普查苗圃地 0.0393 万公顷，占应查苗圃地面积的 80.82%；普查贮木场及木材加工点 262 个，占应查贮木场及木材加工点的 100%；林业有害生物发生面积 12.342 万公顷（次）；贮木场及木材有害生物发生量达 567 立方米，其中轻度发生为 474 立方米，中度发生为 93 立方米；苗圃地有害生物发生面积 0.024 万公顷。主要为害杨树的害虫有黄斑星天牛、青杨天牛、杨兰叶甲、春尺蠖、杨圆蚧、内蒙粉毛蚜、杨毒蛾、杨卷叶蛾、十斑吉丁虫、杨二尾舟蛾，病害有腐烂病为害沙枣的虫害有沙枣木虱、沙枣尺蠖、白眉天蛾；为害柽柳及灌木林地的害虫有条叶甲、柽柳瘿蚊、古毒蛾；为害苹果、杏、桃、苹果梨的害虫有红蜘蛛、球坚蚧、天幕毛虫、食心虫、黄粉蚜，病害有腐烂病、黑星病、梨黑胫病；为害红枣的害虫有枣瘿蚊、枣绮夜蛾、枣食心虫。

本次普查共采集各类标本 7719 号（次），其中：害虫 6277 号（次），病害 284 号（次），天敌 1158 号（次）。按照分类系统划分，已鉴定有害昆虫 231 种，隶属 8 目 61 科，与前两次普查相比，新增 118 种；鉴定天敌昆虫 95 种，隶属 9 目 31 科，与前两次普查相比，新增 10 种；鉴定病害 83 种，属于真菌病害 76 种，类菌质体 1 种，病毒病害 5 种，与前两次普查相比，新增 57 种。通过普查，基本摸清全市主要林木病虫害发生现状，整理编写《张掖市林业有害生物名录》，绘制

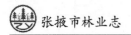

《全市重点林业有害生物分布图》。

四、黄斑星天牛普查

1996年，在高台县首次发现黄斑星天牛。疫情发生后，地委、行署下发《关于迅速扑灭杨树蛀干天牛的紧急通知》，在高台县宣化镇，张掖市太平堡、三闸乡召开三次除治现场会，并于1996年、1998年组织技术人员在全市范围内开展两次普查。在张掖、高台、山丹县发现天牛疫情点9处，发生面积5971亩。2003年在临泽县又发现天牛疫情。为迅速扑灭疫情，四县（区）政府采取果断措施，组织疫区群众，对虫害木进行伐除灭虫处理，清除虫害木及隐患木10万多株。至2010年，疫情点涉及7个乡（镇）的27个村，16个机关单位农林场；分布面积由1997年的398.07公顷扩散到0.467万多公顷（林网控制面积），发生区有虫株率达32%。

五、苹果蠹蛾普查

2003年，苹果蠹蛾传入张掖，发生范围不断扩大，危害日益严重，对果品产业造成重大损失，严重影响果品食用和外销。2007年经"拉网式"普查，除肃南县外，在高台、临泽、甘州、民乐、山丹5县（区）的41个乡镇、370个行政村和68个机关农（林）场均有发生，面积9.15万公顷，占果园总面积的62%，其中特重区0.25万公顷，占11.2%；重发区0.49万公顷，占21.8%；中等发生区0.66万公顷，占29.1%；轻发区0.86万公顷，占37.9%。疫情发生区平均被害率45.06%，最高100%，平均蛀果率11.07%，最高82%。2008年，制定《张掖市苹果蠹蛾预测预报办法》《张掖市苹果蠹蛾综合防治技术规程》，建立《张掖市苹果蠹蛾应急封锁、扑灭、控制预案》、农林生态远程实时监控系统，监测覆盖率86%以上。

第五节　预测预报

张掖市（地区）林木病虫预测预报工作起步较晚，1981年9月，省林业局首次发出《关于搞好林木病虫测报和防治设计工作的通知》,要求各地安排落实防治任务时,要以预测预报为依据,针对当地的主要林木病虫种类,拟定预测预报办法,确定测报点,配备测报员,通过定期踏查和定点观察,分析预测病虫害的繁殖情况和对林分的威胁程度,并做好防治作业设计,做到事先掌握病虫害发生发展趋势,及时开展防治工作,提高防治效果。张掖地区对林木病虫害的预测预报逐年得到加强。

一、沙枣尺蠖测报

1983年开始,地区林木病虫检疫防治站应用挖蛹法,调查越冬蛹基数,预测沙枣尺蠖发生情况,主要预测指标有:

1. 发生期。物候观察沙枣树芽苞开展初期,卵开始孵化;初叶期卵基本孵化;全叶期为危害期,开始防治。

2. 发生量。根据观察,沙枣尺蠖雌雄性比为1.6∶1,蛹的羽化率76%,单雌产卵量104.4粒,卵孵化率80%。根据这些数据,预报指标划分为三级:

一级:株平均有蛹1头以下,为不发生,不做防治准备;

二级:株平均有蛹1—5头,为小发生,可作必要的防治准备;

三级:株平均有蛹6—15头,为大发生,必须充分作好防治准备。

3. 发生面积。以基层测报点(护林站)为单位,根据挖蛹记载表和发生量指标,确定其管辖范围内害虫发生面积。林场根据各护林站虫害发生面积,推算全场害虫发生面积。县林木病虫害防治站根据各林场的测报资料,汇总全县害虫发生面积。张掖地区开展沙枣尺蠖预测预报取得的经验,在全省逐步推广。

二、建立测报网

1985年开始,对内蒙粉毛蚜进行测报。甘肃省林木病虫害防治站印发《甘肃省森林病虫害预测预报试行办法》和落叶松早期落叶病、天幕毛虫、杨毒蛾等主要病虫害测报方法。

1986年,林业部召开全国森林病虫害预测预报座谈会,1987年下发《森林病虫害预测预报管理办法》。张掖地区对测报办法进行修改完善,重点开展地、县两级专职测报队伍的稳定和提高。此后,全区逐步加强预测预报工作,随着林木病虫害防治体系的逐步形成，防治技术和预测预报手段不断更新。1995年，全区森林病虫害实施监测代表面积6.68万公顷，占应监测代表面积9.123万公顷的73.14%，比省上下达指标提高13.14%。设立监测点66个，森林病虫害一次发生面积1.16万公顷，发生率为9.49%，低于省上下达10%的指标。并对普查确定的白杨透翅蛾、内蒙粉毛蚜、杨蓝叶甲等9种主要病虫害进行监测，监测覆盖率达83.18%。

1. 沙枣尺蠖测报网。1983年—1984年，对沙枣尺蠖进行测报，在张掖、临泽、高台、民乐四县的国营林场共设测报点10个，基层测报点30个，测报员40人。每年秋末或春季测报。根据挖蛹记载表和发生量指标，确定管辖范围内尺蠖发生面积。林场根据各护林站虫害发生面积，推算全场害虫发生面积。县（市）森防机构根据各林场的测报资料，汇总全县害虫发生面积。经四年挖蛹测报沙枣尺蠖的发生危害情况，为精准防治提供重要依据，提高防治效果。

2. 梨小食心虫测报网。1989年—1990年，在高台、民乐、张掖3县（市）的乡村果园及国营农（林）场设立8个试验点，引进梨小食心虫信息素对危害我区核果类的主要害虫梨小食心虫成虫进行预测和诱杀，为综合防治提供依据。1996年—2004年，运用黑光诱虫灯监测预报虫情发生。2005年—2010年，在红枣食心虫危害严重区，利用桃小食心虫性诱剂进行预测和诱杀，取得明显效果。

3. 重点害虫测报网。2007年开始，对黄斑星天牛、青杨天牛、白杨透翅蛾、春尺蠖、苹果蠹蛾等主要病虫害进行重点监测。2010年开始，对松材线虫病、枣实蝇、加拿大一枝黄花（有害植物）进行监测。建成市、县（区）、乡三级测报网络，建立测报点69个，有专兼职测报员71人。调查监测虫情，准确分析发生发展动态，及时发布防治信息。按时上报各种监测报表，开展发生期、发生量预报，为防治提供科学依据。至2010年，发布病虫情报、防治通知书48次2868份，监测代表面积22.54万公顷，监测覆盖率90%。

4. 国家、省级中心测报点。2001年以来，在全市建立国家级中心测报点2个，省级中心测报点1个。国家级中心测报点的任务是：对黄斑星天牛、沙枣尺蠖、舞毒蛾、杨树腐烂病四种病虫害进行系统测报，根据国家级中心测报点测报办法要求，建立固定观测点20个，对主测对象进行系统观测。按照省上制定的《苹果蠹蛾监测与封锁控制方案》在重点果园开展疫情监测。全市建立62个监测点,挂苹果蠹蛾性诱捕器 280 个、诱虫灯 80 个,严密监测疫情发生动态,建立苹果毒蛾生活史观察点,专人负责,坚持"三日一查"、定期观测制度,为防控提供依据。实现测报数据网上传输,适时发布主测对象的发生期、发生量预报,报告突发性和重大的森林病虫害发生动态,初步建成预测预报资料库。

甘州区国家级中心测报点　2001 年开始,黄斑星天牛按国家级测报点监测办法实施。每年不定期发布《林木病虫信息》,为林业有害生物有效防治提供了可靠的科学依据。主测报对象:苹果蠹蛾、青杨天牛、白杨透翅蛾、光肩星天牛、杨蓝叶甲、十斑吉丁虫、杨二尾舟蛾、枣瘿蚊、枣小食心虫、云杉嫩梢卷叶蛾等,监测虫种 13 个。其中:林木害虫 7 个,果树害虫 3 个,监测危险性害虫 3 个。

高台县国家级中心测报点　主要测报对象:黄斑星天牛、春尺蠖、杨树腐烂病。测报办法是发育进度预测法、物候预测法、有效虫口基数预测法,测报面积 1.213 万公顷。在全县 8 个乡镇、2 个国营林场建立 18 个固定监测点,监测 6 种病虫,全面实施监测,监测覆盖率 100%。完成上级下达的各项监测任务。

临泽县省级中心测报点　主测对象是黄斑星天牛、春尺蠖、枣实蝇、苹果蠹蛾、杨树腐烂病、桃小食心虫。在全县 7 个乡(镇)、4 个国营林场建立 20 个固定监测调查点,监测 6 种病虫。监测面积 2.1 万公顷,监测覆盖率 100%。基础设施完备,测报网络健全,业务工作全面,职能作用发挥好。

第六节　森林植物检疫

一、检疫队伍

　　1983 年 1 月,张掖地区林业局举办第一期林木病虫检疫员训练班,邀请专家讲授检疫知识与检疫技术,经过考核合格后,由地区林业局审查上报,由省林业厅批准,给 50 名检疫员发给《森林植物检疫员证书》(专职 8 人,兼职 42 人),成为全区第一支森林植物检疫队伍。至 1995 年,地、县(市)、乡(镇)三级配备专职检疫员 21 名,兼职检疫员 119 名。1996 年—2010 年,全市举办检疫防治培训班 5 期,受训 60 人次。有 10 人次参加省林业厅和国家林业部举办的检疫防治培训班,检疫、监测网络不断壮大。配备专职检疫员 25 名,兼职检

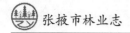

员 71 名。

二、检疫对象及分布

1982 年,通过普查确定,全区成片发生、危害严重、较难防治、携带传播的危险性病虫有:杨圆蚧、柳蛎蚧(杨蛎蚧)、大青叶蝉、十斑吉丁虫、沙枣吐伦蛎蚧、杨树烂皮病、杨树溃疡病 7 种。对发生面积较大的十斑吉丁虫等蛀干害虫划分为疫区,严格实行检疫,控制木材向外出售等措施,禁止带病虫材外出,杜绝蔓延。

1996 年 7 月,在高台县月牙泉、甘州区太平堡火车站,首次发现黄斑星天牛危害;2004 年,在临泽县火车站附近发生黄斑星天牛疫情。甘州区疫情呈不断扩散蔓延之势,至 2010 年,疫情点由 1996 年的 2 个增加到 7 个。疫情点涉及 7 个乡(镇)的 27 个村,16 个机关单位农林场;天牛分布面积由 1997 年的358.07 公顷扩散为 0.467 万多公顷(林网面积),发生区有虫株率 32%。在城区新建街、东环路南段发现天牛疫情。

2003 年,高台县首次捕获苹果蠹蛾,主要为害苹果、梨、桃、杏、李等。蛀果率可达 80% 以上,造成严重经济损失。2006 年传入山丹,发生范围不断扩大,危害日益严重。全市六县(区)均有分布,沿国道 312 线的部分乡镇发生较重,面积约 1.483 万公顷,占果园总面积的 52%。严重制约苹果、梨等果品的生产和流通,造成重大经济损失,严重威胁林果业发展。通过 2007 年—2009 年的综合治理,初步得到控制。

三、检疫措施

1. 严格产地检疫。1982 年以来,按照《植物检疫条例》《甘肃省森林病虫害防治检疫条例》《植物检疫条例实施细则》(林业部分)的要求,严格进行果品、种子和苗木产地检疫。每年从 3 月上旬开始,组织森检人员深入林场、苗圃进行产地检疫,严把苗木出圃关。年检疫苗木 300 万株以上。1995 年,全区产地检疫苗木 716.08 万株。检出白杨透翅蛾被害木 151 株,全部销毁。2005 年,全市产地检疫苗木 1547.79 万株,查出带有白杨透翅蛾、青杨天牛虫瘿的苗木 11.76万株被销毁。2006 年以来,苗木产地检疫面积 0.177 万公顷(次),检疫苗木

9869.6万株,检疫率100%。至2010年,建成甘州区新墩苗圃和山丹县城北苗圃2个无检疫对象苗圃。

2. 加强调运检疫。80年代开始,每年3月—4月份对各县(区)从外省区调入的苗木严格进行复检。民乐、高台两县从江苏调进的榆树苗,集中用乐果等药剂进行消毒处理。1995年,全区检疫调运木材6538立方米,种子1300千克,药材2320千克,果品298.76万千克。至2010年,全市复检各类苗木8080万株、木材14735.7立方米、药材3309吨,复检率95%。对调出的果品及包装物、运输工具严格检疫,不合格的虫木、虫果禁止外运。定期不定期对各木材加工点、储木场、经销户进行严格检查。查处违章收购虫害木11起,其中木材6起290多立方米、苗木5起3.7万多株。销毁带虫木材50多立方米,烧毁疫情苗木0.72万株。

苗木检疫

木材检疫

第四章 自然保护

张掖市辖区内今有祁连山、黑河湿地2个国家级自然保护区和东大山、龙首山2个省级自然保护区。

第一节 自然保护区建立

一、自然保护区的建立

1980年9月，经甘肃省人民政府批准成立东大山森林类型自然保护区。1981年，根据国家林业部、国家农委等八个部委《关于加强自然保护区管理、区划和科学考察工作的通知》，省农委成立"甘肃自然保护区专业组"，依据全省野生动物资源现状，提出"甘肃省区划自然保护区方案"，委托甘肃省林业勘察设计院和张掖地区野生动物资源管理站，分别对森林类型和野生动物类型自然保护区进行区划调查，提交调查报告。为加强祁连山森林资源保护，1987年建立"祁连山自然保护区"，1988年经国务院批准正式成立。1992年，省林业厅请示省人民政府同意，批准成立"山丹县龙首山自然保护区"和"高台县黑河流域自然保护区"。

2004年，省人民政府批准建立"甘肃张掖黑河湿地省级自然保护区"。2008年，市委、市政府决定，将"甘肃张掖黑河湿地省级自然保护区"建立成国家级自然保护区。2009年1月14日，甘肃省自然保护区评审委员会召开甘肃张掖黑河湿地省级自然保护区晋升国家级自然保护区评审会，认定达到晋升国家级自然保护区的标准，按程序上报国家审批。2009年9月13日—16日，国家级自然保护区评审委员会专家组来张掖对张掖黑河湿地自然保护区进行实地考察。2009年11月20日，国家级自然保护区评审委员会通过评审，2011年4

月 16 日,国务院批准建立"张掖黑河湿地国家级自然保护区"。

二、自然保护区的级别与类型

至 2010 年底,张掖市辖区建立自然保护区 4 处,其中国家级自然保护区 1 处,省级 3 处。按类型分,森林生态类型自然保护区 3 处,湿地类型 1 处。总面积 221.16 万公顷,在全国自然保护区建设中处于领先位置。

表 5-15　2010 年前张掖市林业系统自然保护区基本情况表

自然保护区名称	级别	主要保护对象	面积（公顷）	行政区域	建立时间	主管部门
甘肃祁连山国家级自然保护区（张掖段）	国家级	水源涵养林及生态系统	2200650	张掖、金昌、武威市	1987 年 10 月/1988 年 5 月	甘肃省林业厅
张掖市东大山自然保护区	省级	青海云杉林及其生态系统	4921	甘州区	1980 年 9 月	甘州区林业局
山丹县龙首山自然保护区	省级	青海云杉林及其生态系统	1130	山丹县	1992 年 2 月	山丹县林业局
高台县黑河流域自然保护区	省级	鸟类及其栖息环境	4853	高台县	1992 年 2 月	高台县林业局

注:建立时间栏内的后一时间为国家自然保护区的时间。

第二节　国家级自然保护区

一、祁连山国家级自然保护区

地理位置:保护区位于祁连山北坡,海拔 1800 米以上的山地。地处东经 97°25′—102°46′,北纬 36°43′—39°36′。东连永登连城林场,西至玉门石油河,南与青海省接壤,北临河西走廊。东西长 600 多千米,南北宽 50 千米—120 千米,是甘肃省面积最大的自然保护区。

自然环境:祁连山由一系列平行排列的山岭和谷地组成,其中包括走廊南山、冷龙岭、大黄山及毛毛山。属高山、中山地貌。海拔1800米—5000米之间,主峰团结峰(宰吾结勒)海拔5808米。山势陡峻,地形复杂。

气候条件:祁连山属干旱区域。由于地域辽阔,相对高差悬殊,导致气候在水平、垂直方面都有明显差异。降水量自东向西递减,随海拔升高而增加;雪线高度由东向西升高;气温随海拔升高而降低。海拔2500米—3300米为森林草原带,年平均气温在0℃或0℃以下,极端最高气温不超过28℃,极端最低气温可达-36℃。年降水量在300毫米—500毫米之间,其中60%分布在9月,相对湿度50%—70%。年蒸发量为1200毫米。无霜期90天—120天,≥10℃积温在1500℃以下。

水资源:受高原寒冷气候的影响,海拔4200米以上的高山地带,终年积雪,分布有冰川2859条,总面积1972.5平方千米,储水量615.49亿立方米。冰雪融水成为石羊河、黑河、疏勒河三大水系,56条内陆河流的源泉之一,连同降水补给,年径流量为72.6亿立方米,灌溉着河西走廊18.5万公顷的农田,养育着480万人口,是河西工农业生产、生活用水的唯一来源。

动、植物资源:祁连山自然保护区具有独特而典型的自然环境和动植物区系,植物种类丰富,分布有高等植物1044种,隶属84科399属,其中蕨类植物7科13属14种,裸子植物3科6属10种,被子植物74科380属1020种。乔木48种,灌木145种,草本851种,国家重点保护植物有裸果木、星叶草、桃儿七、蒙古扁桃等。分布有陆栖脊椎动物229种,其中兽类47种,鸟类169种,两栖爬行类13种。属国家重点保护的野生动物有51种,其中一级保护动物14种,二级保护动物39种,"三有动物"(即国家保护的有益的、有重要经济或者有科学研究价值的陆生野生动物)140种,中日候鸟协定季节性栖息在保护区境内的候鸟51种。是我国西北今存较大的生物种源库和物种遗传基因库,也是国际生物多样性保护的重点区域。

森林资源:据2000年资源调查,祁连山保护区林业用地60.66万公顷,有林地16.68万公顷,疏林地1.19万公顷,灌木林地41.25万公顷。森林覆盖率21.3%,活立木总蓄积量2419.86万立方米,年净增长率3.12%,林分平均蓄积量149.2立方米/公顷。主要林分为青海云杉林,面积11.32万公顷,蓄积量266.1万立方米;祁连圆柏林面积1.75万公顷,蓄积量135.73万立方米。2004

年,保护区森林被认定为国家重点生态公益林。2008 年,在国家环保部公布的《全国生态功能区划》中,将祁连山区确定为水源涵养生态功能区,将"祁连山山地水源涵养重要区"列为全国 50 个重要生态服务功能区之一。据资源调查结果,林地总面积 87.38 万公顷,其中有林地 17.48 万公顷,灌木林 63.37 万公顷,疏林地 1.51 万公顷,宜林地 3.99 万公顷,森林覆盖率为 22.56%,活立木总蓄积量约为 2651 万立方米。

其他资源:保护区还有丰富的草场资源、矿产资源、旅游资源等。

1990 年,由省林业勘察设计院进行保护区总体设计。按照总体设计,保护区核心区面积 7.3 万公顷,缓冲区面积 43.1 万公顷,经营面积 220 万公顷,功能区标桩和防护栏尚未建设。1987 年 10 月 24 日,省人民政府发出《关于建立祁连山省级自然保护区的批复》,成立省级祁连山自然保护区,林区主要地段位于武威、张掖两地区和金昌市的部分地区,总面积 176.7 万公顷,其中林业占地面积 46 万公顷。据此,将 46 万公顷的林业占地划为自然保护区,其余地区为禁猎区。保护区辖有 22 个自然保护站,张掖境内有 10 个保护站("寺大隆保护站""大黄山保护站""山丹军马场保护站""大河口保护站""西营河保护站""马蹄保护站""西水保护站""康乐保护站""隆畅河保护站""祁丰保护站"),由自然保护区管理局和所在市、山丹军马管理局、县(区)双重领导。1988 年 5 月 9 日,国务院发出《关于公布国家级森林和野生动物类型自然保护区的通知》,批复甘肃祁连山省级自然保护区升格为国家级森林和野生动物类型自然保护区,位于甘肃、青海两省交界处,面积 23 万余公顷。

二、张掖黑河湿地国家级自然保护区

地理位置:保护区位于黑河流域中游。地处东经 99°17′24″—100°30′15″,北纬 38°56′39″—39°52′30″之间。地跨甘州、临泽、高台 3 县(区)14 个乡(镇)。南依祁连山国家级自然保护区,北靠巴丹吉林沙漠,东连甘州区三闸镇新建村,西至高台县罗城乡盐池滩至黑河正义峡出界处,处于河西走廊的"蜂腰"地带,是我国西北地区自然保护区网络的重要节点。保护区总面积 41164.56 公顷,其中核心区 13640.01 公顷,缓冲区 12531.21 公顷,实验区 14993.34 公顷,三个功能区基本各占 1/3。保护区属自然生态系统类内陆湿地和水域生态系统类型的保护区。

自然环境:保护区位于青藏高原和蒙新高原的过渡地带。区域狭长,地理位置独特,生物多样性突出。由内陆山地—荒漠—绿洲三个子系统构成复合系统。典型性和代表性明显,在西北荒漠地区非常珍贵和稀有。保护区主体地貌为河谷平原,区内湖泊、沼泽、滩涂星罗棋布。有天然湿地和人工湿地两大类,河流湿地、湖泊湿地等4个类型,永久性河流、季节性河流等11个类别。海拔1200米—1500米。呈条带状分布。北部为戈壁平原邻近巴丹吉林沙漠,南部为祁连山荒漠戈壁。是黑河中、下游重要的水源涵养地和水生动、植物生境。西北荒漠区的绿洲植被及典型的内陆河流自然景观。

气候条件:保护区深居内陆,降水稀少,气候干旱,蒸发量大。保护区地处我国鸟类迁徙3条路线的西线中段,是鸟类栖息、繁殖、中转之地。

水资源:保护区内水资源较为丰富,有大小河流7条,湖泊、水库16座。保护区沿黑河分布,划入保护区的土地主要是河道、河漫滩、沼泽、水泛地、湿地、水库、盐碱地、公益林、国营林场、戈壁、沙漠,其中湿地类型多样。主要有永久性河流、季节性河流、泛洪平原、永久性淡水湖、季节性淡水湖、草本沼泽、灌丛湿地、内陆盐沼等8个类别的天然湿地,面积29231.54公顷。

动、植物资源:区域内动植物资源丰富,有湿地植物59科221属385种,其中国家重点保护野生植物10种。有野生脊椎动物209种,其中鱼类19种,两栖类2种,爬行类9种,哺乳类24种,鸟类155种。国家重点保护的一级动物6种;二级动物22种,黑鹳、天鹅、白琵鹭是特色种,数量较多。国家"三有"(国家保护的有益的或者有重要经济、科学研究价值的)鸟类126种,有昆虫892种,其中有益昆虫251种,甘肃新记录130种,珍稀昆虫11种。每年春、秋两季,南来北往的大量候鸟在此栖息繁殖,是我国候鸟迁徙的三大西部路线之一,更是全球8条候鸟迁徙通道之一的东亚—印度通道的中转站。

湿地资源:张掖湿地有两大类4个类型13个类别,总面积为210420.42公顷,占全市土地面积的5.02%。其中天然湿地面积为199709.97公顷,占湿地总面积的94.9%;人工湿地面积为10710.45公顷,占湿地总面积的5.1%。在天然湿地中,高山湿地113678.68公顷,占湿地面积的54.02%;河流湿地58110.95公顷,占湿地面积的27.62%;冰川湿地40008.08公顷,占湿地面积的19.01%。

湿地功能:保护区的建设和发展事关甘、青、蒙 3 省(区)乃至我国北方地区的生态屏障,事关国家航天事业和国防建设。保护区的建立,在涵养水源、调节气候、净化水质、防风固沙、减轻沙尘暴危害、阻止巴丹吉林沙漠南侵等方面发挥重要作用。特别是在维系黑河流域经济社会可持续发展,阻断京津地区西路沙尘,确保完成国务院确定的下游年分水指标,维护区域生态安全等方面有极其重要的作用。

其他资源:保护区还有丰富的旅游资源、人文资源、自然遗址和文化古迹资源等。

1992 年,经甘肃省林业厅批准,设立"高台县黑河流域自然保护区"。2004 年经省政府批准建立"甘肃张掖黑河湿地省级自然保护区"。2008 年,市委、市政府决定,在原甘肃高台黑河湿地省级自然保护区的基础上,建立"甘肃张掖黑河湿地国家级自然保护区"。2009 年 1 月 14 日,甘肃省自然保护区评审委员会召开甘肃张掖黑河湿地省级自然保护区晋升国家级自然保护区评审会。会议认为,已达到晋升国家级自然保护区的标准,可按程序上报国家审批。2009 年 11 月 20 日,在北京召开的国家级自然保护区评审委员会,与会专家全票赞同,顺利通过评审。2011 年 4 月 16 日,经国务院审定,批准建立"张掖黑河湿地国家级自然保护区"。

2004 年底,黑河流域内建立自然保护区 3 处,有效保护各类野生动物及其栖息地。在加强宣传教育、实施濒危物种拯救、伤病受困动物救护、制止资源破坏行为等方面做了大量卓有成效的工作,每年救护伤病受困动物 30 余只,使野生动物猎捕、驯养繁殖和经营利用行为步入规范化轨道,为湿地动物资源保护管理创造良好条件。

2006 年 5 月,国家发改委、国家林业局批复《甘肃黑河流域湿地保护建设工程可行性研究报告》,项目总投资 2930.4 万元。成立张掖市黑河流域湿地管理局,编制《张掖市湿地保护与工程规划(2005 年—2030 年)》,规划总投资 10.2 亿元,进行黑河湿地保护与恢复、基础设施建设、科研监测、宣传教育、生态旅游等项目建设。

第三节　省级自然保护区

一、东大山自然保护区

东大山是龙首山的主峰。1949 年前,祁连山林务处在东大山设管护站,派员 1 人,月巡林 1 次。1958 年,建立张掖县东大山国营林场,管护东大山林区野生动、植物资源。1980 年 9 月,经甘肃省人民政府批准建立省级东大山自然保护区,作为沙漠地带的森林分布和演替规律的科学观察场所。1988 年保护区成立,2003 年挂"甘肃祁连山国家级自然保护区管理局东大山自然保护站"牌子,由管理局和甘州区林业局双重领导。内设防火办、天保办、财务室、办公室。保护区划分为 3 个警务区和 20 个责任区。至 2010 年,有在职职工 46 人,保护站设森林派出所 1 处,有民警 5 名,下设闸子沟、危路沟、中林沟、阴帐、二道沟和马圈沟 6 个资源管护站,管护人员 24 人。

地理位置:保护区位于张掖市甘州区东北部,行政区划上属张掖市甘州区平山湖蒙古族乡海拔 2500 米以上的山地。地处东经 100°45′—100°51′,北纬 39°00′—39°04′之间。东连龙首山,西至合黎山,北临平山湖草原,南隔张掖盆地与祁连山相望。南北宽约 7 千米,东西长约 9 千米。

自然环境:东大山是中生代以来发育成的断块山。具有断块山的一般特征,即顶部平坦,边缘陡峭。林区南缘为东大山主脉,南坡陡峭,侵蚀强烈,岩石裸露,几乎寸草不生。林区北缘与阿拉善台块相近,较为平缓,一般坡度在 30°左右,多为陡坡急坡。海拔 2500 米—3637 米。地形特征是东南高西北低,自主峰至老寺顶呈西北走向,由东大山主梁及两侧的大小支梁和沟系组成。

气候条件:保护区四周为大陆性荒漠气候,东大山因海拔较高,气候垂直变化较明显,在山麓地带为大陆性荒漠气候,林区属于半湿润的森林草原气候。年平均气温 4.9℃,最冷月月均温 -10.6℃,最热月月均温 23.5℃;年极端最高温 30.5℃,极端最低温 -28.7℃;年降水量 212.8 毫米,蒸发量 2298.7 毫米,年平均相对湿度 60%;年无霜期 140 天左右,早霜约在 8 月下旬,晚霜约在 4 月下旬。

水资源:保护区分布季节性河流 7 条,分别是榆树河、刺马河、大黑沟、小黑沟、草沟河、沙枣泉河、石落泉河。河流集水面积 5.26 平方千米,河流总长 92.95 千米,流域面积 127.85 平方千米,年径流量 4.92 亿立方米。其余皆为干沟。有闸子沟、黄羯子、冰沟等数处泉水,距保护站站部 150 米处有泉眼 1 处,水质尚可,流量不大,1 昼夜不足 10 立方米水,是保护站人畜饮水的主要来源。

动、植物资源:东大山自然保护区具有独特而典型的自然环境和动、植物区系,植物种类丰富。分布着 26 科 98 种植物,其中木本 33 种,草类 65 种。植被类型有青海云杉林、高山柳灌丛、木紫菀、泡泡刺、荒漠蒿草、苔草亚高山草甸等。区内分布野生动物 80 余种,较珍贵的有甘肃马鹿、岩羊、暗腹雪鸡等,林缘北部东山寺一带分布有黄羊、盘羊等,属国家二级保护动物。鸟类隶属 12 目 26 科,其中夏候鸟 35 种,占 43.75%,留鸟 33 种,占 41.25%,游鸟 12 种,占 15%。

森林资源:东大山自然保护区总经营面积 5200 公顷,林业用地面积 4089.5 公顷,其中有林地 1141.8 公顷,疏林地 8.5 公顷,灌木林地 928.6 公顷,宜林荒山荒地 2010.6 公顷,森林覆盖率 39.8%,活立木总蓄积 150672 立方米,年生长量约 4000 立方米。

其他资源:保护区还有草场资源、旅游资源和菌类资源。经 2003 年—2004 年,河西学院生物系两次调查,林区有大型真菌 68 种,其中食用菌 21 种,占总数的 38.2%,药用菌有 24 种,占总数的 35.3%,其中抗癌、抗肿瘤的大型真菌 13 种,占总数的 19.1%,毒菌有 14 种,占总数的 20.6%。

二、龙首山自然保护区

龙首山林区在 1949 年时,基本无人管理。20 世纪 70 年代至 80 年代中期,由山丹县林业局管理,80 年代中期移交山丹县机械林场代管。1992 年 2 月,成立"龙首山省级自然保护区",纳入祁连山自然保护区,由管理局和山丹县双重领导。2003 年,龙首山保护站正式加挂"甘肃祁连山国家级自然保护区管理局龙首山自然保护站"牌子。1993 年,成立"三防"(防火、防盗、防病虫)领导小组,明确划分管辖范围。组建 2 乡 8 村防火委员会 2 个,主任委员由乡长担任,委员分别由乡武装部长、民兵连长担任;组建森林防火扑救队 2 个,分队 8 个,

114人,扑救队长由村长民兵连长担任、分队长由民兵排长担任。2006年,协调组建县级联防委员会1个、19人,乡级联防委员会2个、10人,村级联防委员会4个、50人,半专业化消防队1个、20人,职工兼职扑火队1个、12人。至2010年底,保护站下设顾家泉和后石门2个资源管护站,拾号护林防火检查站1个,孙家营产业开发基地1处。职工14人,其中干部4人,工人10人。

地理位置:保护区位于河西走廊北山的中部,位于龙首山山脉的西部,距山丹县城50多千米,行政区划属于山丹县。地处东经100°64′—101°0′,北纬38°55′—38°59′之间。南接走廊北山与东乐乡相连,西连张掖市甘州区东大山保护站,北与内蒙古自治区阿拉善右旗接壤。南北宽7千米,东西长8千米。地形特征是西北高、东南低。

自然环境:保护区地貌具有断块山的一般特征,即顶部较平坦,边缘陡峭。龙首山主峰在站区南缘,其坡面陡峭、侵蚀强烈、岩石裸露、寸草不生。林区北缘与阿拉善台块相近,坡度一般在30°左右,多为陡坡、急坡。林区内海拔2100米—3118米。

气候条件:龙首山气候属大陆性荒漠气候,海拔2700米以上的地带属于半湿润的森林草原气候。气候与相邻的东大山自然保护站相似。

水资源:区内大小沟系皆为干沟,只在站周边2.5千米多外有泉眼2处,流量小且水质差。其中顾家泉资源管护站泉水含氟量高而无法饮用。

动植物资源:龙首山自然保护区受大陆性荒漠气候和高山寒冷气候双重影响,植被类型简单,森林类型单一,有林地面积小,且层次结构简单,树种组成单一。主要植被类型为苔藓—青海云杉林、亚高山灌丛和荒漠灌丛。青海云杉主要分布在2750米以上的阴坡、半阴坡。亚高山灌丛分布于2800米以上阴坡、半阴坡、半阳坡及山顶。荒漠灌丛分布于2800米以下的沟谷两边,主要分布在阴坡、半阴坡及坡下冲积扇和台地上。主要树种为青海云杉、山杨零星分布,且生长不良;灌木种类主要有小檗、细叶锦鸡儿、鬼箭锦鸡儿、金露梅、银露梅、沙棘、柠条、爬地柏、忍冬等;林下地被物有苔藓、苔草、莎草、珠芽蓼、棘豆针茅、狼毒等。分布有国家一级保护动物雪豹、盘羊,二级保护动物甘肃马鹿、北山羊、岩羊、豹猫、鹅喉羚等。此外,还分布着石兔、兔子、狎獭、狐狸等。鸟类主要有雀莺、山鹑、啄木鸟、红嘴山鸦、石鸡、沙鸡等。

森林资源:龙首山保护区总经营面积3490公顷,其中:林业用地1095.3公顷,占44%;非林业用地2394.7顷,占56%。在林业用地中,有林地面积204.9公顷,占林业用地的18.7%;灌木林地面积890.4公顷,占81.3%。森林覆盖率31.4%。活立木蓄积量为9676立方米,其中:林分蓄积9451立方米,林分蓄积量占总蓄积量的97.7%;散生木蓄积225立方米,占总蓄积量的2.3%。有林地均为青海云杉林,每公顷平均蓄积46.1立方米。林分郁闭度,0.2—0.3郁闭度组面积16.8公顷,占8.2%,蓄积336立方米,占3.6%;0.4—0.6郁闭度组188.1公顷,占91.8%,蓄积9115立方米,占96.4%。

其他资源:保护区有丰富的草场资源、旅游资源和菌类资源。2000年5月,完成《龙首山保护站森林资源规划设计调查报告》,取得详细、全面、完整的资料。2004年,首次进行林业有害生物普查,汇编完成《甘肃祁连山国家级自然保护区龙首山自然保护站林业有害生物普查报告》。每年筹措经费,设立固定标准地,全面监测辖区森林病虫鼠害,掌握林区森林病虫鼠害动态。

第五章　野生动植物保护

　　张掖市林业局是野生动植物保护管理工作的主管部门，行使本市范围内野生动物与森林植物的行政管理权。张掖市野生动植物保护管理局(张掖市野生动植物鉴定中心)，负责全市野生动植物保护的行政和业务管理工作。6县(区)由林政科(股)兼管野生动植物保护管理工作。隶属县(区)林业局。各乡(镇)林业站负有野生动植物保护管理工作职能。自然保护区、湿地保护区、森林公园对所辖地域负有野生动植物保护管理工作职能。

第一节　野生动物保护

一、野生动物普查

　　1. 1958年—1960年,中国科学院青海、甘肃综合考察队生物资源分队一行17人,在河西走廊地带(包括祁连山区)着重对兽类的区系、地理分布、经济价值和一些种类对高原经济活动影响进行系统调查,对动物资源开发利用作出筹划。

　　2. 1974年2月,"全省珍贵动物资源保护调查座谈会议"召开后,省革命委员会转发省农林局《关于做好我省珍贵动物资源保护和调查工作的报告》,决定成立省、地(州、市)两级珍贵动物资源调查队,对全省珍贵动物资源进行调查。省农林局委托兰州大学生物系编写《甘肃省珍贵动物资源调查手册》,举办40人参加的珍贵动物资源调查学习班。全省抽调191人,组成省、地(州、市)珍贵动物资源调查队12个。1974年8月全面展开调查,1976年完成调查。此次调查将河西走廊和祁连山区的山丹、民乐、肃南县林区作为重点区域,以张掖地区野生动物资源管理站为主组成动物调查队,对珍贵动物资源进行系统调查。经调查,有野生珍贵动物 17 种,其中兽类 13 种,鸟类 4 种。

3. 开展动物多样性研究。1982 年,张掖地区动物管理站等单位初步查明祁连山保护区分布的鸟类、兽类、爬行类野生动物的种类和分布情况。保护区成立后开展暗腹雪鸡人工饲养繁殖技术及其利用价值的研究、濒危动物养殖示范—甘肃马鹿养殖示范、人类经济活动对国家重点保护野生动物影响的研究。

4. 1983 年—1985 年,省林业厅委托张掖地区野生动物资源管理站、西北师范学院生物系、庆阳师范专科学校生物系和兰州大学生物系,调查全省鸟类资源。以河西走廊和祁连山区分布的鸟类资源为调查重点,查出河西地区(包括祁连山区)的鸟类为 268 种和 34 亚种,隶属 17 目 40 科 138 属。

5. 1984 年—1985 年,省林业厅和张掖地区野生动物资源管理站等单位对祁连山北麓马麝资源的数量、分布、习性及消长情况进行调查和研究。

6. 2000 年—2004 年,对野生动物资源进行重点调查。通过实地调查和整理以前的相关资料相结合的方法,完成野生动物资源考察。经考察,祁连山区分布的野生脊椎动物有 28 目 63 科 286 种,分别是:鱼纲 1 目 2 科 4 种,两栖纲 1 目 2 科 2 种,爬行纲 2 目 3 科 5 种,鸟纲 17 目 39 科 206 种,哺乳纲 7 目 17 科 69 种。

二、保护措施

(一)宣传教育

自 1989 年 3 月《野生动物保护法》颁布实施以来,张掖地区采用各种形式,广泛开展宣传。印发各种宣传材料 1250 份(本),张贴各种布告、标语 2700 余幅(条),制定印发乡规民约 3000 多份(条),接受教育人数达 15 万人次。在每年四月“爱鸟周”和“野生动物宣传月”活动期间,采取出动宣传车、张贴标语、举办专栏、展览标本、业务咨询等形式,向干部群众进行教育,不断增强法制观念和法律意识。

全市各国有林场,每年组织开展宣传活动。主要通过走村串户、开座谈会、印制宣传单(册)等进行宣传。1987 年—2010 年,各林场在野生动物主要分布区设立水泥、铁皮宣传标志碑(牌)2400 多块,发放宣传单、画册等宣传资料年

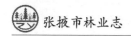

均 24000 份左右。

1982 年 4 月 9 日,甘肃省人民政府批转省林业局、省环保局《关于加强鸟类保护的报告》,确定每年 4 月 24 日—30 日为"爱鸟周"。是年开始,市(地)、县(区)集中时间和力量,每年开展一次"爱鸟周"。通过报刊、电视台、宣传画册、小册子及举办宣讲会、展览会、座谈会等形式,广泛宣传爱护鸟类及其他野生动物的重要意义和有关科学知识,提高广大干部、群众爱护自然,保护野生动物的认识。

1999 年 6 月,张掖市野生动物管理站在张掖市中心广场举办野生动物宣传活动,制作大型广告牌 8 块,印制宣传单 2000 份,参展动物标本 15 件,受教育者 30000 人。

2005 年 4 月 26 日,张掖市林业局和祁连山国家级自然保护区管理局联合举办以"鸟·人·自然·和谐发展"为主题的张掖市"青少年科普月"及第 24 届"爱鸟周"活动。制作图标、条幅和 20 余幅宣传牌,编印《关爱鸟类,保护环境,共建和谐生态家园》《保护农林益鸟,造福子孙后代》《甘肃祁连山国家级自然保护区重点保护野生动物名录》等宣传材料 15 种 4500 份。展示雪豹、大天鹅、蓝马鸡、鼯鼠等野生动物标本 40 余件。现场播放打击非法偷猎野生动物案件的专题录像。

2006 年 6 月 5 日,结合"6·5"世界环境日,在 312 国道边开展主题为"沙漠和荒漠化"宣传活动,制作展板、条幅,讲解人类生存的十大环境问题和"世界环境日"的来历,发放野生动物名录等资料 3000 份。

(二)保护体系

1962 年以前,祁连山区的野生动物基本处于"野生无主,谁猎谁有"的无管理状态,猎捕野生动物司空见惯。

1962 年 9 月 14 日,国务院发布《关于积极保护和合理利用野生动物资源的指示》。省人民委员会制定《甘肃省狩猎事业管理试行办法》。提出禁猎国家Ⅰ、Ⅱ类保护动物。1983 年 4 月,国务院颁布《关于严格保护珍贵稀有野生动物的通令》,省人民政府办公厅将该《通令》转发全省县、团级以上单位贯彻执行,省林业厅将该《通令》翻印 3 万份,分发全省各地执行。祁连山区的野生动物巡护由祁连山区林场下设的护林站及护林人员承担,当时巡护任务主要是防止盗伐林木,而动物巡护只针对少数的珍稀动物。

1988年起,各级林业部门把野生动物保护放在与森林保护同等重要的位置进行管理,建立管理与保护网络,保护的重点对象包括国家一、二级保护动物和省级保护动物,并将具有较高经济及生态价值的野生动物也纳入保护的范围,禁止猎捕。制定有关制度,建立保护与管理机制。实行逐级签订《野生动物资源管护责任书》,每年对责任书进行考核。乱捕滥猎的现象得到遏制,盗猎案件逐年下降。林区发生的破坏野生动物资源的案件多数由管护人员参与侦破。1997年5月,省人民政府授予在保护动物资源中英勇牺牲的冯学诗"革命烈士"称号。

(三)动物救助及放野

1996年以来,全区建立起以林业行政主管部门负总责,野生动物管理机构、资源林政和森林公安三方齐抓共管的管理网络。随着"爱鸟周""保护野生动物宣传月""科普之冬"等法制宣传活动深入开展,人民群众保护野生动物的意识逐渐提高。至2010年,自发救助天鹅、灰鹤、黄羊、红隼、马鹿、金雕等野生动物达300余只(头)。

2000年,张掖市环保局、林业局等单位组织在西水林场放野蓝马鸡2只。2001年,寺大隆林场在向阳台林区放野蓝马鸡1只。

2009年4月29日,临泽县沙河镇兰家堡村村民发现1只雪豹并迅速报警。临泽县公安局、临泽县林业局、张掖市野生动植物资源管理局、肃南县鹿场、甘肃濒危动物研究中心工作人员随即赶到,将其送往甘肃濒危动物研究中心救治。经过1个月的精心呵护调养,使其逐渐恢复体力后,放归祁连山自然保护区西水自然保护站三巴羊的红柳园,此处具有适宜雪豹生存的自然环境。此次活动受到国家及省内媒体的高度关注,中央电视台、甘肃电视台、张掖电视台、武威电视台、《甘肃日报》《兰州晨报》《张掖日报》等多家媒体的记者对放归活动进行全程采访。中央电视台《新闻联播》《走近科学》《科技之光》《讲述》栏目和报刊、网络等媒体进行深度报道。

(四)清理猎捕工具

1983年6月,甘肃省林业厅、公安厅、体委联合发出《关于认真贯彻林业部、公安部、国家体委〈关于严格狩猎用小口径步枪管理的通知〉的通知》,检查总结 1980 年以来小口径步枪管理使用情况,重申加强狩猎枪弹管理的规定。

1989 年—2010 年,一些不法分子为谋取暴利,在祁连山保护区野生动物集中分布区布设钢丝套子、握杆、夹子等猎捕工具,猎捕马麝、马鹿、蓝马鸡、雪鸡、鹰类及猫科动物。野生动物管理单位及时组织清理队伍进行清理。对量少、零星的猎捕工具由管护人员及时进行清理。而针对布设范围大、数量多的猎捕工具,在保护站组织下,由管护人员和当地牧民组成专门清理队进行清理。参加清理者达 5240 人,清理猎捕工具 11493 件,其中:套子 2490 副,扣子 3605 副,夹子 130 副,枪 28 支。

(五)驯养繁殖

1996 年以来,全市野生动物驯养繁殖和经营利用步入法制化、规范化管理轨道。至 2010 年底,建成野生动物驯养繁殖组织 16 个,主要驯养繁殖鹿类(马鹿、梅花鹿)、珍禽类(蓝马鸡、珍珠鸡、绿孔雀)等近 2000 头(只),并开发出鹿血酒、参文茸胶囊等鹿产品系列保健品 10 余种。

表 5-16　张掖市 2010 年驯养繁殖基地建设概况统计表

基地名称	建场概况	发展情况
隆畅河林场马鹿驯养保护基地	主管单位:隆畅河林场。始建于 1993 年 9 月,位于孔岗木林区,占地 50.67 公顷。先期投资 30 万元,架建鹿场围栏 5.2 千米,修建房屋 3 间,圈养马鹿 19 头	驯养马鹿 32 头,从业人员 3 人,年经济效益 2.5 万元
肃南县神鹿鹿业公司	主管单位:肃南县。始建于 1958 年,位于内肃南县大河乡元白公路旁,占地 1667.7 公顷。先期投资 30 万元,圈养马鹿 50 头,年均收入 15 万元	驯养马鹿 151 头,年经济收入 80 万元,从业人员 20 人
肃南县大岔村鹿场	主管单位:肃南县大岔村。始建于 1992 年 7 月,位于隆畅河中游九个泉,养殖场面积 53.53 公顷。先期投资 5 万元,架设鹿场围栏 6 千米,修建房屋 2 间,圈养马鹿 5 头,当年经济收入 0.5 万元	驯养马鹿 26 头,其中雄性成体 6 头、幼体 2 头、雌性成体 13 头、幼体 5 头,年经济收入 3 万元,从业人员 1 人

续表

基地名称	建场概况	发展情况
肃南县皇城镇北峰村养鹿场	主管单位:肃南县皇城镇北峰村。始建于1989年,地点皇城河滩,养殖场面积6.7公顷,权属集体,先期投资4万元,养殖甘肃马鹿10头	养殖甘肃马鹿16头,经济收入每年约0.3万元,从业人员2人
肃南县皇城镇河西村养鹿场	主管单位:肃南县皇城镇河西村。始建于1993年,位于洮翔大干叭脑,养殖场面积133.33公顷,权属集体,投资12万元,始建时养殖甘肃马鹿7头	养殖甘肃马鹿10头,经济收入每年约0.2万元,从业人员1人
肃南县皇城镇北湾村养鹿场	主管单位:肃南县皇城镇北湾村。始建于1989年,位于皇城直河与斜河交汇处,养殖场面积13.33公顷,属集体,投资6万元,始建时养殖甘肃马鹿8头	养殖甘肃马鹿15头,经济收入每年约0.3万元,从业人员2人
西营河林场养鹿场	主管单位:西营河林场。始建于1986年,位于西营河林场,养殖场面积33.33公顷,权属国有,投资8万元,养殖甘肃马鹿11头	养殖甘肃马鹿20头,每年收入约0.1万元,从业人员2人
甘肃祁连山野生动物驯养繁育中心	主管单位:祁连山自然保护区管理局。始建于1996年,位于张掖市九龙江林场,养殖场面积20公顷,投资20万元,养殖甘肃马鹿5头、雪鸡50只	养殖甘肃马鹿140头,年收入约5万元
东大山林场马鹿养殖场	主管单位:东大山林场。始建于2003年,位于东大山林场。是年投资10.4万元,维修养殖场、新建鹿舍100平方米、草料房35平方米,从管理局先后两次引进种马鹿6头开始养殖	甘肃马鹿存栏12只,年产鲜鹿茸12.3千克
甘州区平山湖乡养鹿场	主管单位:平山湖乡。始建于1975年,当年从肃南引进甘肃马鹿6头,开始试验性驯养。翌年又从新疆天山引进种鹿12头	养殖规模达50只,由于饲养技术、资金等原因,圈养的马鹿全部放归东大山林区,任其自由繁衍

(六)案件查处

1987年6月—1995年4月,祁连山林区发生各类森林案件2419起,收缴野生动物279只(头),折款14.5万元。"九五"期间,收缴非法猎捕野生动物47

头(只)。2004年—2005年,收缴野生动物兽皮317件(只、张),收缴野生动物兽肉、油脂制品111千克,收缴的野生动物制品总价值226.69万元。收缴小口径步枪2支,小口径子弹125发,猎枪火药3.5千克,猎枪弹底火86个,猎枪弹壳45枚,半自动步枪子弹2发,雷管1枝,铁夹子1个。收缴罚款261.8万元,违法所得11058元。

案例一:1990年,张掖地区野生动物管理站与肃南县林业、司法部门配合,破获金塔县副县长李某某、县武装部长张某某私借军用枪支,并指使肃南县祁连乡牧民马某、武某某二人非法狩猎国家二级重点保护野生动物岩羊46只两案。马、武两人构成刑事犯罪被逮捕判刑,李、张二人也受到党纪处分和国法制裁。1991年,对非法猎捕国家一级重点保护动物西藏野驴的肃南县区级干部郑伟斌等人,依法捕判。

案例二:1997年12月,青海省祁连县八宝乡卡里岗村村民马某里、马某岗、马某平、喇某某等7人用自制的小口径步枪在祁丰林区高崖泉、陶丰等地连续3次射杀国家Ⅰ级保护动物野驴12头,肃南县森林公安科根据县林业局、公安局领导的批示,成立专案组,在青海省祁连县森林派出所配合下成功侦破。

(七)执行狩猎许可证制度

从1992年起,对全区国有、集体、个人的8个养鹿场、1个蓝马鸡养殖中心等单位驯养的基本情况,进行调查摸底。上报甘肃省林业厅野生动物保护局,核发9个重点保护野生动物《驯养繁殖许可证》,使8个鹿场的近500头甘肃马鹿得到合法驯养繁殖,加快发展。为加强狩猎管理,合理利用野生动物资源,地区行署林业处于1990年5月20日向县(市)和有关林场发出通知,要求坚持狩猎制度、入山制度和持枪制度,核发《狩猎证》86本,《狩猎检查证》320本,使狩猎活动逐步走上合理合法的轨道。至2010年,成功开展以狩猎甘肃马鹿、岩羊为主的国际狩猎活动,受理美国、德国、西班牙、沙特等国外狩猎客户58人次,对科学研究、合理开发利用野生动物资源,筹措保护经费起到重要作用。

(八)开展保护科研工作

野生动物保护管理机构成立以来,参加"甘肃省马鹿试验性狩猎"、全省自然保护区(野生动物类型)的禁牧考察、全省朱鹮调查、河西地区鸟类资源调查、祁连山北麓马麝资源调查等 5 项科研课题,获取大量科技资料,获得科研成果。

(九)疫源疫病监控

张掖地处西部候鸟的迁徙路径,在黑河流域繁殖、越冬或停歇的候鸟有 100 多种,存在着野生候鸟和人畜之间传播导致病性禽流感等疫情的隐患。2005 年 3 月,市野生动物管理站被国家林业局和省林业厅确定为"国家和省级陆生野生动物疫源疫病监测站",各级林业部门成立由分管领导任组长的"陆生野生动物疫源疫病监测实施领导小组"及办公室,成立"陆生野生动物物疫源疫病专家组",制定《张掖市陆生野生动物物疫源疫病应急预案》。2006 年 10 月 18 日,高台县罗城乡天城湖水库、白家明塘湖发现赤麻鸭、绿头鸭、斑嘴鸭等候鸟大量死亡。按照张掖市陆生野生动物疫源疫病监测应急预案要求,及时上报,跟踪监测,从库区打捞出的死亡候鸟 979 只,全部进行无公害化处理。确定高台县黑河流域马尾湖候鸟保护区为野生动物疫源疫病监测示范点,监测面积 518 平方千米。

三、保护成效

至 2010 年底,在重要生态功能区划建森林、野生动物、湿地类型的自然保护区 4 处,在生态脆弱区划定禁牧禁猎区 15 处。全市各类自然保护区总面积 219.03 万公顷,占国土面积的 52%,成为野生动植物的天然庇护所。在历年巡护检查和"春雷行动""绿盾行动"专项严打活动中,查处多起破坏珍稀动植物的行政案件和重大、特大刑事案件,给国内外不法分子以沉重打击和震慑。监测显示,全市分布国家重点保护野生动物种群数量呈上升态势,山地生活的雪豹、岩羊种群明显回升,水域栖息的大天鹅、黑鹳、灰鹤、白鹭、雁鸭等水禽逐年增多,多年不见的鹅喉羚、黄羊不时在荒漠出现。公众保护野生动物的意识不断提高,救护伤病受困野生动物的事例层出不穷,野生动物保护工作成效显著。

(一)扩大种群数量

20 世纪 90 年代以前,岩羊、蓝马鸡、藏野驴等遭到集体性捕杀,数量急剧下降,个别分布区绝迹。2000 年—2007 年间,这几种动物的种群数量变化十分明显。岩羊、蓝马鸡数的遇见率是 20 世纪 90 年代以前的 4 倍—7 倍,在寺大隆保护站岩羊每群达 400 只以上, 在冬季蓝马鸡每群能达 30 只以上;90 年代以前,大黄山等保护站的岩羊几乎绝迹。至 2010 年,每逢巡山就能见到岩羊。据张掖珍贵稀有野生动物资源调查队的调查结果,1976 年,藏野驴的数量下降到102 只。当今藏野驴的数量约达 1000 只以上。

(二)林栖性动物恢复明显

以马鹿、麅、斑尾榛鸡、血雉等为代表的林栖性动物遇见率是 90 年代以前的 2 倍—4 倍,分布范围明显扩大。

(三)猫科、犬科及鹰类等动物稳中有升

草原斑猫、荒漠猫、兔狲等中小型猫科动物及鸟类在 20 世纪 90 年代的基础上有回升。豺、狼是祁连山动物食物链主要组成部分,随着牧业规模的扩大,豺、狼与牧业的矛盾也随之加剧。70 年代—80 年代,肃南县林区牧民大肆猎杀豺、狼,致使豺、狼数量急剧下降,到 90 年代停止捕杀。至 2007 年,豺、狼在肃南林区均有发现,2004 年曾在寺大隆林区内发现 8 只豺。

(四)部分濒临灭绝的动物有恢复态势

雪豹是祁连山最大的食肉猛兽,其数量在全国也相当稀少。据对牧民和护林人员的访问和调查,在肃南林区的部分林区有雪豹活动的迹象。白唇鹿是我国特有动物,20 世纪 80 年代面临灭绝。至 2007 年,在寺大隆、隆畅河、祁丰保护站的高山雪线带又发现白唇鹿的活动。蒙古黄羊在 60 年代—70 年代,在山丹军马场保护站数量较多,但由于当时人们生活困难,黄羊作为食物资源遭到集体性捕杀,到 80 年代几乎被捕杀殆尽。1990 年到 2004 年期间,很难发现其行踪。2005 年 4 月,在山丹马场窟窿峡的山地草原发现 13 只蒙古黄羊。

(五)盘羊、野牦牛、马麝等珍贵动物极为稀少

盘羊、野牦牛、马麝等珍贵动物极为稀少。盘羊于 20 世纪 60 年代,在东大山、祁丰保护站都有分布。如今盘羊在东大山保护站已经灭绝,在祁丰保护站也很难发现其行踪。野牦牛只分布祁丰保护站的高山寒漠生境中,数量稀少,有绝迹的可能。50 年代—60 年代,马麝在祁连山广泛分布。根据 1976 年《张掖地区珍贵动物调查报告》,马麝在肃南县林区分布面积为 8465 平方千米,平均密度为 2.63 只/平方千米,其中西营河林区分布密度达 7.24 只/平方千米,分布

面积为 2035 平方千米;山丹县大黄山保护站分布面积为 200 平方千米,平均密度为 1.4 只/平方千米。2000 年以来,对马麝的初步调查,马麝只在少数林场有缓慢恢复迹象,而肃南县林区马麝的数量十分稀少,西营河林场马麝总数估计不超过 500 只,马麝仍有灭绝的可能。

第二节　野生植物保护

一、国家重点保护植物

国务院 1999 年 8 月 4 日批准《国家重点保护野生植物名录》(第一批)。祁连山自然保护区分布国家二级保护植物 7 种,分别是念珠藻科的发菜(*Nostocaceae Nostoc flaglliforme*),麦角菌科的虫草 (冬虫夏草)(*Clavicipitaceae Cordyceps sinensis*),瓣鳞花科的瓣鳞花(*F. pulverulenta*),半日花科的半日花(*H. soongaricum*),罂粟科的红花绿绒蒿(*M. punicea*),报春花科的羽叶点地梅(*P.filicula*),茄科的山莨菪(*A. tanguticus*)。

1984 年 7 月 24 日原国家环境保护委员会公布《中国濒危珍稀保护植物》名录,保护区分布的二级保护植物 3 种,分别是半日花科的半日花(*H. soongaricum*)、石竹科的裸果木(*G. przewalskii*)星叶草科的星叶草(*C·agrestis*),三级保护植物 3 种,分别是瓣鳞花科的瓣鳞花(*F. pulverulental*)、小檗科的桃儿七(*S·hexandrum*)、蔷薇科的蒙古扁桃(*A·mongolica*)。

二、保护区(张掖辖区)分布的兰科植物类群及分布

保护区分布兰科(*Orchidaceae*)11 属 17 种

1. 红门兰属(*Orchis*)

(1)草甸红门兰(*Orchis latifolia*)分布山区海拔 2700 米以下的阴坡草地、沟底灌丛间。

(2)宽叶红门兰(*Orchis latifolia*)分布玉门、嘉峪关、酒泉、肃南、永昌、天祝。

(3)北方红门兰(*Orchis roborovskii*)分布山丹、天祝、东祁连山地。

2. 凹舌兰属(*Coeloglossum Hartm*).

(1)长苞凹舌兰〔*C·viride*(L)Hartm var *bracteatum*(Willd.)Richter〕分布祁连山林区,包括肃南、民乐、山丹、永昌、古浪、天祝 6 县山区,海拔 2000 米—3000 米的林下或林缘湿地。

(2)凹舌兰〔*Coeloglossum viride*(L)Hartm〕分布肃南、天祝、榆中、夏河、康乐、玛曲、漳县、岷县、迭部、舟曲、清水、天水、徽县、武都、康县、文县。

3. 角盘兰属(*Herminium Guett*).

裂瓣角盘兰〔*H. alaschanicum* Maxim〕分布祁连山区全山系,海拔 2000—4000 米的山坡草地。

4. 兜被兰属(*Neottianthe Schltr*).

(1)二叶兜被兰〔*N·cucullata*(L)Schltr〕分布祁连山区全山系,海拔 2000—3500 米的林下及林缘。

(2)无喙兜被兰(*Nsmithiana Schltr*)分布山区。

5. 手参属(*Gymnadenia R Br*)

(1)手参〔*Gconopsean*(L)*R Br*〕分布祁连山全山系,包括肃南、民乐、山丹、永昌、古浪、天祝 6 县,海拔 2000 米—3000 米的山坡林下及草地。

(2)西南手参(*Gorchidis Lindl*)分布冷龙岭,包括民乐、山丹、永昌、天祝等县,海拔 3100 米的山坡草地、林下。

6. 鸟巢兰属(Neottia Guett).

(1)堪察鸟巢兰〔*N·camtschatea*(L)Spreangel〕分布冷龙岭以东,海拔 2000 米—3000 米的林下或阴坡草地。

(2)高山鸟巢兰〔*Neottia listeroides* Lindl ex Royle〕分布肃南、山丹、天祝、东祁连山地。

7. 绶草属(*Spiranthes L C Rich*).

(1)绶草(*S·sinensis* Ames)分布祁连山全山系,海拔 3200 米的林下或草地。

8. 斑叶兰属(*Goodyera R Br*).

小斑叶兰〔*G. repens*(L)R Br〕分布冷龙岭以东,林下潮湿处。

9. 沼兰属〔*Microstylis*(Nutt)*A Eaton*〕

沼兰〔*M. monophyllos*(L)Sw〕分布山区的阴坡林下。

10. 火烧兰属（*Epipactis Zinn*）

小花火烧兰〔*E helloborine*（L）Crantz〕分布肃南康乐河滩、灌丛、沙地。

11. 珊瑚兰属（*Corallorrhiza*）

珊瑚兰（*Corallorrhiza trifida* Chat）分布肃南（水关）、文县（铁楼）。

三、调查与研究

（一）祁连山北坡森林植物种类调查

1980 年—1985 年，由张掖祁连山水源林研究所魏克勤、姚春云主持，对东起连城林区，西至玉门石油河范围内的祁连山林区植物进行普查。采集植物标本 1700 号（8800 份），经鉴定分属于 84 科 399 属 1044 种，其中蕨类植物 7 科 13 属，裸子植物 3 科 6 属 10 种，被子植物 74 科 388 属 1105 种。按乔、灌、草分计，乔木 48 种，灌木 145 种，草本（包括半灌木）936 种，其中属于国家重点保护植物的有星叶草、裸果木、鬼臼、蒙古扁桃 4 种，饲料植物 50 余种，纤维植物 17 种，芳香植物 20 种，药用植物 90 余种，观赏植物 25 种，农药植物 8 种等，基本查清祁连山北坡的森林植物种类资源，编印《甘肃祁连山北坡高等植物检索表》。

（二）《甘肃河西走廊高等植物检索表》

1994 年—2001 年，由河西学院张勇、李鹏、李彩霞和祁连山水源涵养林研究院刘贤德编写《甘肃河西走廊高等植物检索表》，系统整理记述河西地区微管植物 119 科 600 属、约 1620 种的分类检索和形态特征。2001 年 12 月由兰州大学出版社出版发行。

（三）《祁连山保护区药用植物》

2001 年，由祁连山水源涵养林研究院刘贤德、姚春云、毛晓春与张掖市药品检验所的邸多隆，对祁连山药用植物的形态特征、生境分布、采收加工、性味功能、主治应用进行记述，汇集有关研究成果编著《祁连山保护区药用植物》，收集祁连山区药用植物 86 科 300 属 632 种（包括亚种和变种）。记载各种药用植物的种名、学名、别名、形态特征、生境分布、采收加工、性味功能、主治应用等。2001 年 8 月由兰州大学出版社出版发行。

（四）生物多样性研究

1. 植物多样性研究

1980 年—1985 年,张掖祁连山水源林研究所的魏克勤、姚春云,河西学院张勇等调查研究祁连山区植物物种分布的种类、范围,采集和鉴定大量的标本,为保护区植物物种多样性研究奠定初步的基础。20 世纪生物多样性研究受到国内学者的关注和重视,王金叶、车克钧(祁连山水源涵养林研究所),王国宏(甘肃农业大学林学院)等对祁连山区植物区系进行研究。刘贤德、杨全生在总结以前科技人员研究的基础上,编辑出版《祁连山保护区生物多样性研究》,总结近 20 年来甘肃祁连山水源林研究所和其他研究单位及大专院校在祁连山生物多样性研究方面取得的成果与进展,分析研究重大问题,提出祁连山生物多样性研究的方向。

2. 祁连山自然保护区综合科学考察

2002 年—2005 年,祁连山国家级自然保护区管理局组织专业技术人员,完成保护区综合科学考察。对保护区的自然环境、植物、植被和草场、脊椎动物、昆虫、真菌、森林防火、旅游资源、环境特点和社区、科学研究、保护区建设管理等方面做出全面、细致的调查、分析,编撰出版《祁连山自然保护区综合科学考察报告》。

（五）野生植物栽培

1986 年—1989 年,临泽县科委和治沙站完成《甘草人工栽培技术试验示范》课题,1989 年 10 月通过地级鉴定,1990 年获地区科技进步三等奖。课题实施 4 年,完成面积 28 公顷。栽培方法有种植繁殖、母根栽培、根茎栽培法。

第六章　森林公安

民国三十一年(1942年)农林部成立"祁连山国有林区管理处",下设林警总队。主持祁连山林区造林护林及林区各项建设事宜。林警总队由"陕甘两省保安部队中各抽一团"组成,祁连山森林被规定为国防林区,严禁砍伐。民国三十四年(1945年)12月,护林工作由甘肃省国民政府接管,林区设警察局局长、队长、警察及自卫队兼充林警。

中华人民共和国成立以来,国家对森林资源的保护和发展极为重视。根据林业行政管理体制特点和保护森林资源的实际需要设置林区公安机构,加强林业公安保卫工作。至2010年,张掖市森林公安建设历经从无到有、从小到大、从弱到强的发展历程,机构不断健全,队伍日益壮大,基础设施与装备日趋改善,初具维护国家安全、驾驭林区治安局势、处置突发事件、为经济社会发展提供服务等四种能力,以及预防、控制、打击、协调的综合能力,保持对林区、林缘区和湿地区违法犯罪活动的严打高压态势,确保森林资源安全和林区的稳定,成为依法治林、依法兴林的中坚力量。

第一节　建制·警务

一、市(地)机构

(一)张掖市森林公安机构

1986年12月,张掖地区行署林业处设公安科,正科建制,编制5人,纳入公安部门序列,实行林业、公安部门双重管理。2001年5月,行署林业处公安科更名"张掖地区森林公安局",加挂"张掖地区行政公署公安处森林警察支队"牌子。2002年7月,张掖地区森林公安局更名"张掖市森林公安局"。2010年3

月升格为副县级单位,实行林业和公安部门双重领导,以市林业局管理为主,市公安局业务指导。是年11月,市森林公安局内设办公室、法制科、治安大队、刑侦大队,有民警6名。下辖寺大隆林区派出所、园林湿地派出所。

(二)张掖市寺大隆林区派出所

1993年,设立张掖地区寺大隆林区派出所,副科建制,隶属地区行署林业处公安科管理。2001年5月,更名"张掖地区森林公安局寺大隆林区派出所"。2002年底,更名"张掖市森林公安局寺大隆林区派出所"。2010年4月,根据张掖市机构编制委员会《关于分配森林公安国家政法专项编制的通知》,设置寺大隆林区派出所,科级建制,编制5名。

(三)张掖市森林公安局园林湿地派出所

2008年4月,设立张掖市森林公安局园林湿地派出所,编制5人,科级建制,加挂"张掖市森林公安局园林湿地警察大队"牌子,实行双重管理,行政上受张掖市林业局领导,业务上受张掖市森林公安局领导。

张掖市森林公安局序列图

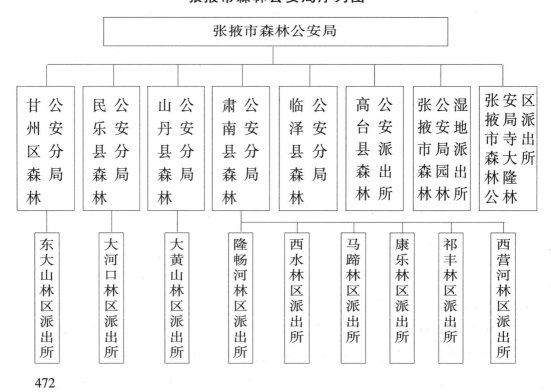

二、县(区)机构

1980 年,设立肃南县公安局隆畅河林区派出所、西营河林区派出所、马蹄林区派出所、祁丰林区派出所、山丹县公安局大黄山林区派出所、民乐县大河口林区派出所。实行林业、公安部门双重领导。1981 年,设立张掖县公安局东大山林区派出所。1986 年 12 月,肃南县林业局设公安科,民乐县林业局设公安股,编入县公安部门序列,实行林业、公安部门双重管理。1993 年,设立肃南县公安局西水林区派出所和康乐林区派出所。

2001 年 10 月,肃南县林业公安科和民乐县林业公安股更名"肃南县公安局森林分局"和"民乐县公安局森林分局"。肃南、民乐两县林区派出所相应更名,并将山丹县大黄山林区派出所更名"山丹县公安局森林分局"。2002 年 6 月,设立临泽县森林公安派出所。2006 年,设立高台县森林公安派出所。

至 2010 年,全市六县(区)建立健全森林公安机构 15 个,甘州、民乐、山丹、肃南 4 县(区)分别设森林公安分局,均为正科建制。甘州区森林公安分局直属东大山林区派出所;山丹县森林公安分局直属大黄山林区派出所;民乐县森林公安分局直属大河口林区派出所;肃南县森林公安分局直属隆畅河、康乐、西水、马蹄、西营河、祁丰 6 个林区派出所,均为副科建制。临泽县、高台县分别设立森林公安派出所,副科建制。

表 5-17　张掖市森林公安机构设置情况表

单位:人、个

年度	森林公安队伍总数	森林公安机关				
		局	分局	科	股	派出所
1990	52			2	1	7
1995	40			2	1	10
2000	47			2	1	10
2005	56	1	4			11
2010	63	1	4			13

表 5-18　张掖市2010年森林公安机构编制情况统计表

单位名称		建制	成立年份	编制人数	实有人数
合　计(18个)				110	63
市属	小计(3个)			20	16
	张掖市森林公安局	副县	1986	10	6
	寺大隆林区派出所	正科	1993	5	5
	园林湿地派出所	正科	2008	5	5
县 区 属	小计(15个)			90	47
	甘州区(2个)			14	8
	甘州区森林公安分局	正科	2000	9	4
	东大山林区派出所	副科	1981	5	4
	山丹县(2个)			13	9
	山丹县森林公安分局	正科	2001	8	7
	大黄山林区派出所	副科	1980	5	2
	民乐县(2个)			13	8
	民乐县森林公安分局	正科	1986	8	6
	大河口林区派出所	副科	1980	5	2
	临泽县(1个)			6	4
	临泽县森林公安派出所	副科	2002	6	4
	高台县(1个)			6	3
	高台县森林公安派出所	副科	2006	6	3
	肃南县(7个)			38	15
	肃南县森林公安分局	正科	1986	8	3
	隆畅河林区派出所	副科	1980	5	2
	康乐林区派出所	副科	1993	5	2
	西水林区派出所	副科	1993	5	2
	马蹄林区派出所	副科	1980	5	3
	祁丰林区派出所	副科	1980	5	2
	西营河林区派出所	副科	1980	5	1

三、队伍建设

全市森林公安队伍经历艰难曲折的发展历程。1986年，全区森林公安队伍总人数36人，1990年为52人，1995年为40人，2000年为47人，2005年为52人，2010年为63人。在森林公安队伍日益壮大的同时，按照《中华人民共和国人民警察法》《公安机关人民警察内务条令》《人民警察职业道德规范》等法律、法规以及"政治建警、依法治警、从优待警、科技强警"的队伍建设方针，落实《中共中央关于进一步加强公安队伍建设的若干意见》，围绕林业公安队伍思想、作风、制度、业务、组织五大建设，做出长期努力，成效明显。

长期在森林公安队伍中开展"立功创模"活动。1986年—2010年，有3名民警荣获公安部"全国优秀人民警察"称号，1名民警荣获甘肃省委组织部、甘肃省委宣传部、甘肃省委政法委、甘肃省人事厅、甘肃省公安厅"全省公安机关维护社会稳定模范卫士"称号，4名民警荣立国家林业局森林公安局个人二等功，13名民警荣立甘肃省森林公安局个人三等功，1名民警被甘肃省森林公安局授予全省森林公安系统先进个人，3名民警被甘肃省林业公安处给予嘉奖。张掖市森林公安局被国家林业局授予"全国绿盾行动先进集体"，2个森林公安分局荣立国家林业部公安局"集体三等功"，2个森林公安分局和1个林区派出所被国家公安部、林业部公安局授予"全国林业公安基层建设先进单位"，张掖市森林公安局、民乐县森林公安分局、肃南县森林公安分局和肃南县马蹄林区派出所荣立甘肃省森林公安局"集体三等功"，3个森林公安分局和1个林区派出所被甘肃省公安厅和甘肃省林业公安处授予"甘肃省林业公安基层建设先进单位"，1个林区派出所被甘肃省林业厅评为"保护野生动物先进单位"。

根据公安方面的法律、法规以及公安部、国家森林公安局出台的有关制度建设的规范性文件，在健全公安机构的基础上，全面加强队伍教育管理，持续开展纪律作风整顿、社会主义法治理念教育等活动，教育民警牢固树立"立警为公，执法为民"意识，森林公安民警法治理念和综合素质明显提高。至2010年，制定完善队伍管理制度21项，坚持用制度管人管事，民警遵守纪律的自觉性显著增强。全力开展业务培训，组织开展"三项教育"、公安"大练兵、大接访、大规范"和"三个必训"等培训，组织民警参加领导初任、警务实战教官、入警、警衔晋升、信息化应用、法制等各类培训,民警政治理论和执法办案水平明显提高,民警身体、心理素质和业务技能得到提升。通过多年的曲折发展和风雨磨砺,全市森林公安队伍建设步入正规化全新的发展轨道。

根据《中华人民共和国警察警衔管理条例》《公安部评定授予人民警察警衔实施办法》《人民警察警衔工作管理办法》《公安机关首次评定授予人民警察警衔审批办法》《人民警察选升警衔的暂行办法》《森林公安机关人民警察警衔评授工作规范》以及甘肃省森林公安局《关于进一步加强和规范警衔申报工作的通知》规定,2005年,全市森林公安系统共有46名民警被授予警衔,其中:警督21人(一级2人、二级6人、三级13人);警司25人(一级7人、二级3人、三级15人)。至2010年,共有57名民警授衔,警督29人,其中一级1人、二级10人、三级18人;警司28人,其中一级8人、二级16人、三级4人。

表5-19　张掖市森林公安机关资金投入统计表

单　　位	投入资金(万元)	文件名称	文　号
张掖市森林公安局	150	甘肃省发展改革委《关于转下和下达2011年第八批建设项目投资计划的通知》	甘发改投资〔2011〕1139号
	17	甘肃省林业厅《关于下达2010年中西部地区森林公安派出所建设投资计划的通知》	甘林发〔2010〕379号
	42	甘肃省财政厅《关于下达2010年中央财政森林公安转移支付资金的通知》	甘财农〔2011〕77号
	14.2	甘肃省财政厅《关于划转2008年第二批市县级基建支出预算的通知》	甘财建〔2007〕158号
甘州区森林公安分局	29	甘肃省林业厅《关于下达2010年中西部地区森林公安派出所建设投资计划的通知》	甘林发〔2010〕379号
	5.5	甘肃省财政厅《关于下达2010年中央财政森林公安转移支付资金的通知》	甘财农〔2011〕77号
山丹县森林公安分局	14	甘肃省林业厅《关于下达2010年中西部地区森林公安派出所建设投资计划的通知》	甘林发〔2010〕379号
	17.27	甘肃省财政厅《关于下达2010年中央财政森林公安转移支付资金的通知》	甘财农〔2011〕77号

续表

单　　位	投入资金（万元）	文件名称	文　号
民乐县森林公安分局	14	甘肃省林业厅《关于下达2010年中西部地区森林公安派出所建设投资计划的通知》	甘林发〔2010〕379号
肃南县森林公安分局	28.4	甘肃省林业厅《关于下达2007年中西部地区森林公安派出所建设项目中央预算内林业基本建设投资计划的通知》	甘林计字〔2007〕321号
	42.6	甘肃省林业厅《关于下达2009年中西部地区森林公安派出所建设投资计划的通知》	甘林发〔2010〕242号
	14	甘肃省林业厅《关于下达2010年中西部地区森林公安派出所建设投资计划的通知》	甘林发〔2010〕379号
高台县森林公安派出所	14	甘肃省林业厅《关于下达2010年中西部地区森林公安派出所建设投资计划的通知》	甘林发〔2010〕379号
	3.7	甘肃省财政厅《关于下达2010年中央财政森林公安转移支付资金的通知》	甘财农〔2011〕77号
临泽县森林公安派出所	17	甘肃省林业厅《关于下达2010年中西部地区森林公安派出所建设投资计划的通知》	甘林发〔2010〕379号
	1.5	甘肃省财政厅《关于下达2010年中央财政森林公安转移支付资金的通知》	甘财农〔2011〕77号
合　　计	424.17		

表5-20　张掖市森林公安机关车辆配备统计表

单　　位	车辆配备数量(辆)				
	1990	1995	2000	2005	2010
张掖市森林公安局	1	2	2	2	2
甘州区森林公安分局			1	4	4
山丹县森林公安分局			1	1	3
民乐县森林公安分局			1	3	4
肃南县森林公安分局			2	4	7
高台县森林公安派出所					1
临泽县森林公安派出所				1	1
合　　计	1	2	7	15	22

表5-21　2010年张掖市森林公安机关警用设备统计表

单　　　位	单警装备	现场勘察箱	执法记录仪	电脑	打印机	照相机	其他
张掖市森林公安局		4		1	1		86
甘州区森林公安分局							
山丹县森林公安分局		1		3	2	1	
民乐县森林公安分局	10	1		3	2	1	30
肃南县森林公安分局		1		6	4	8	20
高台县森林公安派出所							
临泽县森林公安派出所	9	1			1		
合　　　计	19	8	0	13	10	10	136

四、装备设施

1986年,张掖森林公安机构经费投入不足,各类警用装备少,基础设施薄弱。2000年起,基础设施建设得到快速发展,警用汽车由1990年的1辆,增加到7辆、2005年的15辆、2010年的22辆。

2010年,张掖市森林公安局率先加大投入,加强硬件建设,争取森林公安业务技术用房项目等各类资金300多万元,建成800平方米的森林公安业务技术用房。全市6个基层派出所投入102万元完成业务用房建设,基础设施建设明显改善。把信息化建设作为实现森林公安现代化的突破口,市局先后投入资金22.61万元,建成视频会议系统、多媒体室;申请公安IP地址256个,建成市、县(区)7个森林公安信息网门户网站,加入OA网上办公应用平台,接通各县(区)公安专网,实现公安专网接入率100%,线路带宽100兆,民警数字证书全部配备使用。为全市配备单警装备、现场勘查箱等警用设备27个(套、件),电脑13台,打印机10台,照相机10台,其他设备136件(台);为全市民警配备警务用枪63支。

2008年森林公安体制转制以来, 张掖市森林公安机关把警务保障建设作为一项基础性、综合性的系统工程,坚持"人往基层去,物往基层流,钱往基层用,政策往基层倾斜"的警务保障思想,从警用装备配备、基础设施建设和经费保障等多个方面,切实强化警务保障,为确保森林公安履职尽责提供物质基础。加强基层林区派出所建设,从建立健全各项规章制度入手,强化日常警务管理,规范执法办案行为,创新警务运行机制。以开展派出所"等级评定"活动为载体,切实加强以"三情、四网、两管理"为核心的基层基础工作,严格推行形式规范、内容丰富、资料齐备、数据精确的图、表、簿、册等内务、档案管理,积极布建治安耳目、刑事特情及信息员。帮助基层村组、林场建立治安联防机构。2010年,4个派出所被甘肃省森林公安局评定为三级森林公安派出所。

第二节　执法办案

一、案件查处

1986年以来,张掖森林公安队伍一贯秉持"以林为业,以警为荣"的理念,紧紧围绕"保护森林资源安全,维护林区治安稳定"的工作大局,全面履行森林公安神圣职责,严厉打击破坏森林和野生动植物资源违法犯罪行为,不断加大案件查处力度,全力维护林区社会治安稳定。在执法办案中,全市森林公安民警坚持"办案是主业,破案才是硬道理"的思路,敢于碰硬,秉公执法,攻坚克难。先后组织开展"绿盾行动""亮剑行动""春季攻势""天网行动"等专项行动,始终对破坏森林和野生动物资源违法犯罪形成高压态势,严厉打击一批盗伐、滥伐林木、非法运输木材、破坏林地、非法猎捕、杀害、出售、运输国家珍贵、濒危野生动物及其制品的违法犯罪活动。

至2010年,全市森林公安机关查处各类案件9618起,其中:侦破刑事案件160起,抓获犯罪嫌疑人152人;查处治安案件340起,治安拘留105人;查处林业行政案件9118起,处理违法人员8230人。林政罚款256.4885万元,补种幼树10034棵,收缴野生动物242头(只),没收违法所得20.9324万元。在执法办案中,森林公安公信力和影响力显著提升,执法工作多次受到上级森林公安机关的表彰奖励。

表5-22 张掖市森林公安机关 1986年—2002年案件查处情况统计表（一）

年度	案件总数				受处罚人数						收缴财物						损失情况		
	立案(起)	刑事(起)	治安(起)	林政(起)	合计(人)	逮捕(人)	治安拘留(人)	治安罚款(人)	警告(人)	林政罚款(人)	现金总额(元)	治安罚款(元)	林政罚款(元)	赔偿损失(元)	林业两金(元)	没收违法所得(元)	木材(平方米)	幼树(株)	野生动物(头)
1986	334			334							47408			47408			70.3		
1987	364	10	6	348	153					138	134749			134750			121.43		
1988	1547	2	74	1471	367	9	6	21	6	322	261702	2040	14800	103268	282		349.59		7
1989	632	15	37	580	711	3	15	21	5	649	225297	875	27053.5	184413			94.67	1112	150
1990	529	6	26	497	533	21	15	25	6	494	178716	1270	9569	156382	335		112.684	225	59
1991	507	24	23	460	654	2	6	40	3	596	225130	4260	23940.67	190049	160	730	194.62	3647	46
1992	209		7	202	297		19	4		289	112168		4304	102345	340	670	104.135	94	
1993	193	4	6	183	222	1	3	6	1	205	83382	570	3649	73567	33	350	125.49	130	
1994	566	3	7	556	514	3	8	12		490	199180	1650	17998.17	139755	22628	2795.7	768.319	1134	
1995	325		11	314	379		8	12		366	13898.4	100	24937.12	48921	4026.93		93.0892	75	
1996	909	2	42	865	986	2	2	37		945	308064	560	56025	189300	41016	14974	2954.7	1266	26
1997	915	4	6	905	1050	12	1	11	7	1019	463112	600	104435.6	313643	19062				
1998	74	6	7	61	83	1	2	6	1	73	43480.5	440	8563	61536.5					
1999	552	1	19	532	663	1	1	22	10	630	118255	5030	1359949	639558	5230000	120000	85.22		30
2000	304	13	18	273	400	10	1	20	8	371	330529	950	228080.4	83239.8		2304	375.5878	41	41
2001	128	11	12	105	138	14	1	1	2	120	164249		102572.9	56053.5			553.836		43
2002	147	12	21	114	164	4	6	6		149	165404	3200	94243.7	64372.7			18513.87		45
合计	8235	113	322	7800	7314	92	94	244	49	6856	3074729	21545	2080121	2588561	5317883	141824	24517.54	7724	447

表 5-23　张掖市森林公安机关 2003 年—2010 年案件查处情况统计表（二）

年度	刑事案件					治安案件				林业行政案件								
	立案数	破获数	抓获犯罪嫌疑人数	审查起诉数	审查起诉人数	查处案件数	查处违法人数	治安处罚人数	其中:拘留人数	查处数	处理违法人数	罚款数额（万元）	补种幼树（棵）	收缴野生动物数	收缴作案工具（件）	没收违法所得（万元）	挽回经济损失（万元）
2003	123	6	7	6	7	0	0	0	0	117	119	0.93	0	5	0	0	0
2004	327	3	3	3	3	1	1	1	0	323	328	1.635	115	55	0	0	0
2005	215	4	7	3	6	4	5	5	2	207	211	2.5302	235	35	0	0	0
2006	268	12	21	11	19	2	4	4	2	254	262	4.37	160	0	0	0	1
2007	144	5	6	5	6	2	3	3	1	137	157	10.9462	205	0	0	0	2.825
2008	101	8	7	7	7	3	4	4	3	90	92	7.275	430	0	0	0	2
2009	82	3	3	3	3	2	2	2	2	77	83	5.07	305	0	0	6.75	2
2010	123	6	6	6	6	4	4	2	1	113	122	15.72	860	0	0	0	14.2
合计	1383	47	60	44	57	18	23	21	11	1318	1374	48.4764	2310	95	0	6.75	22.025

二、典型案例

（一）猎杀野生动物案件

案例一："12·04"特大非法收购、出售珍贵、濒危野生动物制品系列案

2003年12月1日，群众匿名举报，反映甘州区南大街"雪域高原民族特产专营店"有非法出售国家重点保护野生动物的行为。接到报案后，张掖市森林公安局立即展开调查。通过缜密侦查，查明该店业主马某某藏匿野生动物及其制品的窝点，当场抓获正在非法出售国家二级重点保护野生动物雪鸡的犯罪嫌疑人马某某。经搜查，在其藏匿处所查获国家一级保护动物雪豹皮1张，雪豹骨架1付，藏羚羊带角头骨7个，麝香囊37个，梅花鹿标本2个；国家二级重点保护野生动物黑熊皮1张，黑熊掌5个，黑熊胆6个，猞猁成皮1张，草原斑猫皮1张，盘羊带角头骨4个，鹅喉羚带角头骨1个，金猫骨架2付，马鹿带皮头骨20个，马鹿干角41个，马鹿茸角55个，水鹿鞭37个，带筋鲜鹿蹄4只，雪鸡7只，共计野生动物部件243个（张、只），涉案价值189.55万元。因案情特别重大，张掖市森林公安局抽调6名民警，迅速成立"12·04"专案组。该案涉及本市甘州区，本省临夏市，外省青海、广东、广西、浙江、新疆、辽宁等地，涉案范围广、跨度大，取证困难。专案组民警不畏严寒，不顾疲劳，千里取证，循线追踪，追根溯源，对该案深挖细查，一举破获朵某国、朵某荣特大非法猎捕、杀害珍贵、濒危野生动物以及非法收购、出售珍贵、濒危野生动物制品案，华某某特大非法收购、出售珍贵、濒危野生动物制品案等7起系列野生动物刑事案件（其中特大案件3起，重大案件1起，一般刑事案件3起），收缴雪豹皮、雪豹骨等国家和地方重点保护野生动物及其制品260个（张、只），小口径步枪2支，小口径子弹125发，猎枪火药3.5千克，猎枪弹底火86个，猎枪弹壳45枚，半自动步枪子弹2发，雷管1枚，铁夹子1个。2004年10月，犯罪嫌疑人马某某、朵某国、朵某荣、华某某等4人被甘州区人民法院分别依法判处11年、7年、7年、5年等有期徒刑。

该案涉案赃物来源广、数量大、涉案人员多，涉案价值巨大，是甘肃省历年来破获的一起最大的系列非法猎捕、杀害、收购、出售珍贵、濒危野生动物刑事案件，也是在全国具有重大影响的野生动物刑事案件。案件侦查期间被国家林

业局森林公安局和甘肃省森林公安局立为挂牌督办案件。案件破获后,张掖市森林公安局被国家林业局森林公安局授予集体三等功,专案组2名民警被授予个人二等功,4名民警被授予个人三等功。

案例二:非法猎捕、杀害珍贵、濒危野生动物案

犯罪嫌疑人杨某、徐某、杨某、王某4人于2006年11月18日—11月29日,在甘肃祁连山国家级自然保护区民乐县扁都口林区白舌口林班用钢丝扣、铁锹等工具非法猎捕、杀害国家二级保护动物淡腹雪鸡25只,国家保护的"三有"野生动物黄鼬1只,甘肃省级保护野生动物旱獭13只。11月29日下午15时,当4名犯罪嫌疑人背着非法猎获物行至民乐县扁都口林区小石碑林班时被民乐县森林公安分局巡山民警当场抓获。该案经民乐县森林公安分局侦查终结后移送审查起诉。2007年2月1日,民乐县人民法院对涉嫌非法猎捕、杀害珍贵、濒危野生动物罪的犯罪嫌疑人杨某、徐某、杨某、王某4人分别依法判处有期徒刑2年、缓刑3年。

(二)盗伐林木案件

2005年8月5日,中国农业银行张掖分行内退职工李某某,在负责看守银行农场的大门期间,私自将中国农业银行张掖分行农场西围墙外的30棵杨树,以每棵100元共3000元的价格出售给马某并让其采伐。2005年8月26日—29日,马某雇佣他人趁天黑之际,在李某某的指引下,对中国农业银行张掖分行农场西围墙外国有林场的杨树进行盗伐,8月29日,马某再次盗伐树木时被人发现,随后潜逃。张掖市森林公安局采取多种措施,运用多种侦查手段,准确锁定犯罪嫌疑人马某的踪迹,于2007年1月8日将其抓获归案。经侦查证实:犯罪嫌疑人马某盗伐中国农业银行张掖分行农场西围墙外国有林场的杨树32株,立木蓄积9.0242立方米,犯罪嫌疑人李某某从中非法获利3000元。2007年4月13日,甘州区人民法院依法对马某、李某某盗伐林木案进行审理,对犯罪嫌疑人马某、李某某分别判处有期徒刑1年6个月,缓刑2年,罚金0.5万元。

(三)滥伐林木案件

2006年11月,临泽县平川镇五里墩村村民柏某通过蓼泉镇湾子村二社村民姚某某的介绍,认识了木材经营加工个体业主王某,后柏某将自己在本社三

坝渠北岸、南岸承包地和自己住宅屋后承包地三处地埂上的 70 棵杨树出售给王某。在与王某到耕地上查看出售的树木后,双方商定 70 棵杨树价格为 2 万元。在商量好价格的当天,王某预付给柏某购买树木的定金 1 万元。2007 年 2 月 5 日,王某打电话让柏某雇佣民工帮其伐树,2 月 6 日至 9 日,柏某雇佣本村村民,带着自家的绳子、斧头,王某带着截锯,在没有办理《林木采伐许可证》的情况下,将柏某个人承包地上的 57 棵防护林杨树采伐,立木蓄积达 19.1833 立方米,涉嫌滥伐林木罪。2007 年 6 月 12 日,该案经张掖市森林公安局侦查终结后移送临泽县人民检察院审查起诉。2007 年 8 月 3 日,经临泽县人民法院依法判决,犯罪嫌疑人王某被判处有期徒刑 1 年 6 个月,罚金 1 万元;犯罪嫌疑人柏某被判处有期徒刑 6 个月,罚金 0.5 万元。

森林公安队伍

第六编　科教文化

　　鸦片战争以后,随着东、西方林业经营思想的传入,张掖林业科学思想和科技水平得到发展,形成包括造林学、森林经营学等多个林学学科,在祁连山区开展地理学、植物学、动物学等领域的考察,在川区开展育苗、造林技术等方面的试验研究,林业科学技术不断发展。中华人民共和国成立后,林业科技工作得到新的发展。建立健全林业科研、推广和科技管理机构,开展林业科学研究、试验示范、技术推广和科学普及工作,林业科技水平显著提升,取得引人瞩目的成就。

　　张掖的林业教育历史悠久。民国三十年(1941年),成立张掖农业学校,设有林科班。中华人民共和国成立以来,张掖林业教育事业几经曲折后,走上稳步健康发展道路,尤其是中共十一届三中全会以来,全市林业教育工作在恢复的基础上得到快速发展。

　　张掖市采用多种办法宣传林业,提高干部群众认识,积极造林育林,发展林业,解决缺柴(材、财)问题。随着国家对林业生态建设的高度重视,特别是1999年以后,国家六大重点林业生态工程的陆续实施,国家级、省级和市县各级新闻媒体通过电影、电视、访谈、长篇报道、专场宣传等形式,对张掖生态建设的成就和问题进行全方位、高频度的宣传报道。

　　张掖"生态文化"源远流长,其作品丰富多彩,涵盖散文、诗歌、辞赋、书法、

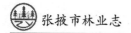

绘画、摄影、雕塑、民间工艺美术等多个门类。

第一章　林业科技

　　张掖林业科技历史悠久。汉代丝绸之路开辟以来,中原先进的科学文化技术传到张掖。为改变自然条件,五凉时广为植树,除桑以外,杨、柳、榆、松都大量栽植,人们还从外地引进槐、楸、柏、漆等新树种。在唐玄宗时,西凉国(在今河西)进炭百条,各长尺余,其炭青色,坚硬如铁,名曰"瑞炭"。这里的群众当时已掌握了较高的木材干馏技术,果品加工技术。唐时肃州"土贡有冬奈,甘人取其汁为膏,印花纹,名'果单皮'"。清代用柏屑作香料,取槐花染黄色,用琐琐柴烧炭。中华人民共和国成立后,张掖的林业科技事业从小到大逐步发展。改革开放以来,林业科技对生态保护和经济增长的贡献率不断提高,对张掖经济社会发展的支撑作用日益增强,取得显著成就。

第一节　发展历程

一、清　代

　　清雍正十年(1732 年),人们认识到森林的防风、防沙、固堤作用,并用于生产实践。在河西垦区鸳鸯湖、麻黄岗、骆驼脖等处农田灌溉渠上,栽植柳桩固堤,并在岸旁插柳,出现"绿柳浓荫,风迥(遥远貌)沙落"的情景,说明当时的人们已认识到风沙与绿柳之间的关系,并因骆驼脖"半在沙山之内,故亦种树,以隔飞沙"。嘉庆七年(1802 年)甘肃提督苏宁阿著文《引黑河水灌溉甘州五十二渠说》《八宝山松林积雪说》,论述森林调节气温和保护水源的必要性。清《肃州新志》记载:"柏,……屑可作香料,为制器美材;榆,性坚而绵,用作车材最良;槐,取其花可染黄色;杨,木性(比较)坚实,民房梁柱皆资焉;琐琐木,生边外沙渍中,……其年久沙壅死者,经风吹出,质虽枯朽而性极坚重,谓之'琐琐柴',取以烧炭,耐久无烟,谓之'琐琐炭'。"说明当时已认识到个别树种的特性,并用于生产实践。光绪三十四年(1908年),抚彝厅年产杏干8石—9石,红枣300石,杏仁5石—6石。梨、枣、桃、杏等果树历年均有栽培,临泽红枣在全国享有殊荣。1840年后,张掖始用烟草水和石灰硫黄合剂喷洒林木果树,防治病害的技术。

二、中华民国

民国时期,于1930年在祁连山林区进行考察,涉及地质地貌、土壤、气象、植物、动物等方面。民国三十四年(1945年)甘肃省政府编印《民众种树浅说》,记述河西民众扦插植树技术。当时林业生产方式简单,树种单一,材质差,成活率低。尤其是经济林木,栽植期长,品种退化,病虫危害严重,产量低,品质差,限制林业发展。

祁连山林区近代的科学研究起始于20世纪30年代,集中于地理学、植物学和动物学等领域,涉及地质地貌、土壤、气象等方面。川区对各种树种的育苗方法、造林方法、果树修剪技术和石灰硫黄合剂、波尔多液防治果树病虫害等技术进行了试验研究。

三、中华人民共和国成立后

林业科学技术受到重视,得到新的发展,主要经历以下4个阶段。

(一)初始阶段(1949年—1958年)

中华人民共和国成立后,张掖专区各级人民政府从当地实际出发,将防护林的营造列为一项重要任务。设立林业工作站和防护林带指挥部,分别从事试验研究和组织实施营造工作。组织科技人员深入基层,总结群众经验,加以推广。召开不同形式的现场会,将先进的技术措施、典型经验,由点到面,逐步推开。在组织群众开展固沙造林活动时,总结推广过去行之有效的"插风墙""护柴湾"和"土埋沙丘"等经验,又将沙枣作为木本粮食树和沙荒盐碱地造林的先锋树种加以推广,对河西治沙造林起到重要作用。

1953年,张掖县灵隐寺苗圃开展沙枣种子育苗试验,解决了沙枣育苗技术措施。1956年,甘肃省制定《甘肃省十二年林业科学技术研究规划》。根据当时林业生产迫切需要科学技术和技术力量不足的状况,提出科研工作应以"解决生产中的技术问题为主,充分发挥有关力量,掌握重点,逐步开展"的方针,并要求科学研究必须结合生产、为生产服务;贯彻群众路线和百家争鸣的方针,充分发挥全省有关科技力量的作用;抓关键、抓中心,避免平均使用力量。张掖专区严格贯彻执行该方针和要求,充分调动技术人员的积极性,结合实际生产,开展科研工作。在步骤上从"总结提高"和"引进介绍"两方面着手,在此基础上力求"创造发明"。1958年,将甘肃省民勤防沙林试验场下放张掖专署领导,主要开展治沙造林试验工作。

(二)曲折发展阶段(1959年—1977年)

1959年4月,原中国科学院治沙队在民勤建立治沙综合试验站,开展研究工作,主要研究课题为河西走廊沙漠戈壁的分布特征、演替规律和人为干预下的发展趋势,解决河西走廊沙漠戈壁改造利用的基础理论问题和重大技术措施。1961年,民勤治沙综合试验站下放地方,先后划归张掖专署、武威专署领导。1962年,省科委、省林业局组织编制《1962年—1972年甘肃省林业科学技术发展规划(草案)》。规划草案分森林经营利用、造林、森林保护、森林水文气象和林业经济五个部分,并分10个大项目39个课题。主要研究项目有:森林合理经营利用的研究,荒山造林和水土保持林的研究,护田林、固沙林的营造研究,木本粮油及特用经济林培育的研究,用材林速生丰产培育的研究,森林保护的研究,林木良种繁育、选种及引种的研究,森林与水文气象的关系及森林地形降雨的研究以及"四旁"植树研究等。全区响应党中央"向科学技术进军"的号召,辖区各县都分别制定科技事业发展远景规划。1964年10月,民勤治沙综合试验站收归省林业局领导,1969年又下放民勤县领导,1972年收归省农科院领导。1964年,建立"西营河林业试验场",开展云杉育苗及水源林经营试验。1965年8月"张掖专区林业试验站"成立,该站主要致力于沙荒地改造,在沙漠边缘营造防风阻沙林带技术研究。对林业生产有着重要影响的项目有《杨树新品种选育》《沙荒地改造利用研究》《青海云杉、华北落叶松育苗试验》等。林业技术推广仍以总结推广典型经验为主。70年代开展大规模的杨树引种,部分国营林场都在进行科研和教学实践,边试验、边推广,取得一定成效,但存在一定的盲目性。

1973年,寺大隆林场成立科研小组,开展育苗更新、森林抚育、病虫害防治、水源效益观测等试验研究。1975年,成立"张掖地区林业科学研究所"。是年,甘肃省科委下达《总结群众治沙造林经验,建立群众治沙样板》试验项目。1976年,在临泽平川公社五里墩大队北部沙漠边缘成立"临泽县治沙试验站",主要从事群众治沙造林经验总结及技术研究。参与单位有中国科学院兰州沙漠研究所、张掖地区林业科学研究所、临泽县林业局、平川公社林业站及平川、板桥等公社7个大队。开展的课题有《群众治沙造林经验总结》《流沙固定技术》《引种试验》《植物水分关系的研究》《沙荒地改造利用研究》《沙荒地开发试验研究》等,历时5年。延伸开辟新华小泉子滩试验区1个,营造防风固沙林533.33余公顷,治沙成果引起国内外同行和专家的瞩目。1983年后,联合国有关组织和外国专家9批46人相继前来参观。1977年8月19日,地区森林经营管理局召开林业技术工作会议,提出林业技术工作的任务及《1978年—1980年林业科学试验三年规划》。

(三)全面发展阶段(1978年—1998年)

1978年3月召开全国科学大会,推动张掖林业科技全面进步。

1.林业科研机构

1978年7月成立"张掖祁连山水源涵养林研究所",1980年成立"高台县治沙站",1989年成立"临泽县治沙试验站"和"小泉子治沙试验站"。全区林业科研队伍迅速壮大,科研条件不断改善。到1995年,全区有林业科技人员420人,占职工总数的25.2%,其中有大专以上学历的科技人员107人,中专学历的307人;评聘技术职称355人,其中高级工程师9人、工程师94人、助理工程师252人。自1980年起,科研项目实行"签订合同、分级负责、同行评议"的专项管理,林业科研、推广项目的提出、论证、立项、实施以及成果鉴定、评奖等管理工作逐步规范。国家重大林业科技及部、省重点科研项目的协作攻关机制逐步形成。

2.重点科研项目

1978年开始,祁连山水涵所、地区林科所和随后成立的林业科技推广站、森林病虫害防治检疫站、林木种苗管理站、野生动物管理站、调查队等单位,先后承担了一批部、省、厅下达的科研项目,主要有:《沙荒地改造利用研究》《祁连山水源涵养林效益的研究》《祁连山水源涵养效能及营林技术的研究》《沙枣吐伦蛎蚧综合防治研究》《杨树良种收集和繁育》《杨树烂皮病综合防治研究》《沙枣木虱防治的初步研究》《河西林木病虫害综合防治试验》《梨小食心虫综合防治试验研究》《祁连山西部(北坡)青海云杉小蠹虫及其综合防治试验研究》《张掖灌区农业区农田防护林网防护效能研究》《高寒干旱山区育苗造林技术研究》等。开展林木病虫普查、"三北"防护林工程调查规划、高等植物种类调查、鸟类资源调查、林木良种普查及选优、绿化树种选育、青海云杉苗圃化学除草技术等基础性调查研究。

1980年—1998年,参加"七五""八五"国家科技攻关或承担部、省重点科研项目。项目主要集中于祁连山林区的生态定位观测、防护林体系示范林营造、抗旱造林系列技术、沙漠综合治理、天然林经营管理技术、经济林良种引进及丰产栽培、河西林木病虫综合防治试验、生态经济型复合林网模式研究等,对青海云杉、侧柏、华北落叶松、祁连圆柏、杨树、白榆、沙枣、花棒、毛条等良种基地建设及其中部分树种的种源试验取得新进展。地区林业局、祁连山水源林研究所与南京林产工业学院协作,编制《青海云杉一元立木材积表》《青海云杉根径立木材积表》《青海云杉测树图表》,为青海云杉资源清查、动态监测及信息管理系统的建立提供了依据,该项成果达到国内先进水平。到1998年,全区经验收、鉴定的林业科技成果97项。

3. 林业技术推广

恢复和健全推广机构　"文革"期间被撤销的县林业工作站从1978年以后逐步恢复和发展。1983年10月,全省林业局长会议后,各县(市)及部分乡林业工作站改为技术推广站。1986年2月,成立"张掖地区林业科学技术推广站",核定编制,落实人员、经费。至1989年,全区成立区、乡(镇)林业推广站32个。1993年,甘肃省编委和省林业厅核定张掖地区乡镇林业站总编制162人(不含肃南县)。至1998年,全区建成乡镇林业推广站标准站59个,投入建站费165万元,其中国家投资106万元,地方投资59万元。

推广重点科技成果　"六五"期间,全区结合科研推广开沟造林,植物措施与工程措施相结合的防风固沙,苹果、梨等经济林砧木建园、密植栽培、新品种引进繁育,樟子松、油松、落叶松等针叶树种育苗造林技术,枣树归圃育苗、林木良种繁育技术和林木病、虫、兽害防治技术等。"七五"期间重点推广14项林业适用技术。1989年制定《1990年—1995年张掖地区林业科技推广规划》,召开全区林业科技推广工作会议,确定"八五"期间进一步加强林业科技推广工作。1980年—1998年,全区共推广适用技术41项,推广面积5.73万公顷。

4. 科研与推广

祁连山水源林保护经营推广　①20世纪60年代初,西营河林业试验场云杉种子育苗试验成功,尔后在部分国有林场、苗圃推广。②1975年—1978年,寺大隆林场进行苗圃芽前化学除草试验。1982年—1984年,祁连山水涵所、寺大隆及西营河等林场开展茎叶化学除草试验均获成功,并在经营林场推广。对灭除禾本科、莎草科、蕨类杂草效果显著,灭草率95%以上。90年代在山区、川区推广,每年化学除草面积100余公顷。③1968年引进华北落叶松种子,在寺大隆、大河口、康乐等林场开展育苗试验。1973年,寺大隆林场培育的华北落叶松苗首批次出圃,用于更新造林试验。此后在西营河、隆畅河、马蹄等林场推广。80年代后,又在民乐县沿山乡村推广,栽植30多万株。④1975年—1980年,祁连山水涵所查清寺大隆林区青海云杉小蠹虫种类分布、生活史及发生规律,采用卫生抚育和设置饵木诱集、在越冬场所喷药和保护天敌相结合等综合措施,6年推广1066.67公顷,林木受害率由16.1%下降到1.5%。

治沙造林技术推广　①1975年开始,临泽县平川治沙站和高台县八坝治沙站,在中科院兰州沙漠所、甘肃省治沙所、地区林科所等单位科技人员帮助下,开展沙丘设障造林、丘间低地营造农田林网,进行土地开发;实行农、林、牧结合,开展沙荒地综合改造利用,效益显著,在全区沙荒地带推广。②1976年,临泽县平川治沙站从辽宁省章固台引进樟子松幼苗0.5万株,在沙地试栽成功,成活率90%以上。1977年—1981年,调进樟子松幼苗2.9万株,进行推广。到1995年,樟子松沙地成片造林50.67公顷,成活率92%,保存面积30多公顷,保存率68.2%;城区绿化、零星栽植樟子松保存50多万株。1996年后推广面积逐年加大。③1970年开始,临泽五泉林场、高台碱泉子、三益渠林场、地区林科所等单位,推广深翻暴晒,种植红柳、金钢刺、沙枣、披碱草,采取灌溉洗盐、封育保护等综合措施,在盐碱地上造林获得成功,并逐步推广。

农田林网建设技术推广 ①70年代后,推广以田、林、渠、路配套的"窄林带、小网格"的农田营造技术。至1981年,张掖、临泽、高台三县有8万余公顷耕地实现农田林网化。1985年农田林网化面积达10.3万公顷。②80年代末期开始,地、县林业科技推广站在民乐县李寨乡闫户、林山村,山丹县花寨乡城南村、高家湖村,推广窄林带、大网格农田林网营造技术。③1984年—1988年,地区林科所在张掖市碱滩乡开展农田林网更新改造试验,在全区推广6666.67公顷。④1988年—1994年,地区林业技术推广站承担省林业厅下达的《祁连山试验示范基地安阳片绿化样板》项目,在张掖市安阳乡8个村营造以渠、路为主的农田林网50余条,营造庭院果树、成片果园、果园防护林带、针叶树试验林,共计植树30余万株。⑤1989年—1995年,在临泽、高台、张掖3县(市)推广林网副林带栽植枣树技术,推广面积267余公顷。

(四)提升阶段(1999年—2010年)

这一阶段,相继实施"三北"防护林、退耕还林、天然林保护、防沙治沙等国家林业重点工程,为提高工程的科技含量,将技术创新、新技术应用与在实践中的再创新作为林业科技的重点方向。重点支持林业公共技术信息平台建设、数字林业技术体系建设、林木良种和名优花卉快繁技术、优良无性系扩繁技术、快速无性繁殖技术、工厂化育苗技术和产业化技术等研究,推动全市林业高新技术和常规技术的组装配套与相互促进。明确各级科技力量的功能定位,即市级"四站一院"(推广站、森防站、种苗站、动管站、规划院)、县(区)及基层科技力量以成果转化和适用高新技术的推广应用为主,两个研究院(林科院、水涵院)以区域林业科技研究及攻关为主,注重纵向和横向联合,发挥龙头带动作用。重点加强林木良种繁育研究,干旱和风沙等困难立地条件下造林技术研究,退化天然林的恢复与重建、荒漠化发生机制与综合治理模式研究,祁连山水源林生态系统定位研究,生态林业工程技术研究,重大森林灾害综合治理技术,湿地和野生动物保护技术等领域的研究与应用。根据生态工程需要,将不同立地条件下退耕还林模式、祁连山土壤呼吸沿海拔梯度变化规律研究、森林可持续经营标准与指示体系研究、祁连山水源涵养林调节径流规律与功能研究、黑河流域荒漠化监测技术研究、黑河流域中游(张掖市北郊)典型退化湿地生态恢复技术研究与示范、黑河流域湿地(张掖段)植物资源调查与保护技术研究、生态垫在沙漠治理中的应用技术研究等作为开展创新研究的重点。至2010年底,全市林业科技贡献率为45%。

2004年开始,为解决全市经济林品种单一、结构不合理、产业化程度低、综合效益差的问题,组织和动员全市林业科技人员,以"整合人力、整合资源、市县合作、联合攻关"为手段,完成临泽小枣无性系选育及丰产示范园区建设、优质杂果丰产栽培技术示范推广、沙棘优良品种选育及早果丰产栽培技术示范推广、仁用杏丰产栽培技术示范推广、优质梨丰产技术示范推广等5个创经济名牌产品技术攻关项目。通过经济优良品种推广、先进适用技术应用、林农科技培训服务等手段,为广大林农及经济林发展提供适用的优良品种、先进的配套栽培技术,建立经济林优质丰产示范基地。

2010年,由市林业局统一组织局直单位,在甘州区党寨镇建设现代林业示范园,建立优良经济林品种区、灌木花卉区、珍禽动物区等7个展示区,总面积4.93公顷,主要展示全市林业系统近年来从国内外引种驯化和培育的优良林草花卉、珍禽动物新品种及相关高新技术,栽植新引进的国内外优良树木、果树、花卉品种182个5.04万株,珍禽动物品种6种6万只。

1. 林业科技进步。"十五""十一五"期间,全市完成各类林业科技项目50余项,其中获省部级以上奖励科研成果15项、地厅级奖励45项。在荒漠化综合治理研究、干旱地区防护林建设研究、祁连山水源涵养林综合培育研究、湿地资源及野生动物保护研究等林业科研的重点难点方面取得多项成果。

2. 林业科技推广。"十五""十一五"期间,全市林业科技推广单位在名优特新品种经济林品种引进与推广、荒漠区药用植物栽培技术推广、治沙造林技术推广、经济林果丰产栽培技术推广、生根保水技术推广等方面都取得较好的成绩。金张掖红提、红枣、红梨、肉苁蓉等林果基地初具规模。全市建立各类林业科技示范点100个,推广新品种317个,新技术63项,各类林业适用技术推广面积达14万余公顷。

3. 林业对外技术合作。本阶段实施国际林业技术合作项目(见本章第六节)。

4. 林业技术标准化。制定技术标准与规程6项,并经甘肃省质量技术监督局审定颁布为地方标准。

5. 林业科技专著。"十五""十一五"期间,全市出版林业专著 12 部,内部图书资料 16 部。

6. 科技人才培养。至 2010 年底,全市林业各类专业技术人员发展到 518 人,占全行业职工总人数的 23.8%。其中:高级职称占专业技术人员总数的 8.4%,中级职称占 24.2%,初级职称占 51%。市林科院、祁连山水涵院、市林业科技推广站等单位通过外援项目、"863"项目及其他林业重点攻关项目的实施,培养了大量的林业科技人才。

7. 重点科技推广项目。"十五""十一五"期间,国家安排本市林业科技推广项目 8 项,经费 600 余万元。

8. 林业科技机构、队伍建设。全市共有市级林业科研单位 2 个,市、县(区)两级林业技术推广站 7 个,省级重点实验室 1 个,国家级野外生态定位站 1 个,国家级沙尘暴及荒漠化野外监测站 1 个,国家级重点林木良种基地 1 个,博士后科研工作站 1 个,市、县(区)各类科技示范基地 260 多个。

至 2010 年,市林科院、祁连山水涵院共有职工 155 人,其中高级职称 20 人(含正高级 2 人)、中级职称 35 人;市、县(区)两级林业科技推广单位有职工 87 人,其中高级职称 11 人、中级职称 33 人。

第二节　科研成果与发明专利

1978 年—2010 年,张掖市获省部级以上奖励的科研成果有 36 项,获市(地、厅)级奖励的科研成果 122 项,获县(市、区)奖励的科研成果 38 项。

一、成　果

(一)获省部级奖励的科研成果

1978 年开始,张掖地区林业系统遵照国家有关科技成果评奖的规定、办法、标准,采取自报公议、自下而上、鉴别比较、综合平衡的办法进行评奖。至 2010 年底,全市林业系统完成的科研项目中获甘肃省科研成果三等奖以上的项目 34 项。

张掖地区《沙荒地改造利用与研究》课题鉴定会（1980年）

表6-1　张掖市林业系统获省级以上科技进步（技术发明、推广）奖项目一览表

序号	项目名称	完成单位	主要完成人	获奖时间	授奖等级
1	青海云杉猝倒病、小蠹虫生物学特性及其防治方法研究	地区寺大隆林场		1978	省科技成果奖
2	沙荒地改造利用研究	中科院兰州沙漠所、临泽县科委、林业局、张掖地区林业科学研究所	董存友、刘新民、冯绍尧	1981 1982	省科技成果一等奖 林业部科技成果三等奖
3	地膜覆盖中间试验	张掖县林业局	戴诵经	1981	省科技进步三等奖
4	东祁连山西段水源涵养林涵养效能及其营林技术研究	祁连山水源涵养林研究所	傅辉恩、宁学成、吴彪	1984	林业部成果三等奖
5	祁连山（北坡）森林植物种类调查	祁连山水源涵养林研究所	魏克勤、张世清、周定国、姚春云	1985	省科技进步三等奖

续表

序号	项目名称	完成单位	主要完成人	获奖时间	授奖等级
6	改造利用沙荒地试验示范	中科院兰州沙漠所、临泽县治沙站、张掖地区林业科学研究所	王宏楼、黄子琛、刘增智、赵树仁、冯绍尧	1985	国家科技进步二等奖
7	祁连山西部青海云杉小蠹虫类及其综合防治试验研究	祁连山水源涵养林研究所	傅辉恩、宁学成、吴彪	1987	林业部科技进步三等奖
8	东祁连山西段(北坡)森林涵养水源效益研究(第一阶段)	祁连山水源涵养林研究所	傅辉恩、宁学成、吴彪	1987	林业部科技进步三等奖
9	苹果梨技术开发	民乐县科委、民乐县园艺场、民乐县园艺站	骆伟天、魏向华、栗广明、文双明、张好祥、冠华	1990	国家星火科技二等奖 省星火科技一等奖
10	杨树烂皮病综合防治研究	西北林学院、地区林木病虫害检疫防治站、地区林果业研究所	景耀、张威铭、段玉忠、张星耀、赵仕光	1990	陕西省科技进步二等奖
11	河西农田防护林调查	地区行署林业处		1990	省科技成果二等奖
12	白榆地理变异及种源选择研究	祁连山水源涵养林研究所	李书靖、杨茂盛、周建文、宋国贤、刘健	1990	省科技进步三等奖
13	祁连山水源涵养林效益的研究(第二阶段)	祁连山水源涵养林研究所	傅辉恩、车克钧、贺红元、张虎、张学龙、闫克林、苗旺	1992 1994	林业部科技进步二等奖

续表

序号	项目名称	完成单位	主要完成人	获奖时间	授奖等级
14	ABT生根粉及增产灵示范推广	省林业科技推广总站、甘肃农业大学林学院、地区林业科技推广站等	李嘉珏、连雪斌、冯达、孙雪新、汤兴贵等	1994 1994 1995	国家科技进步特等奖林业部科技进步特等奖省科技进步二等奖
15	杨树良种收集和繁育	地区林果业研究所	李庆会、赵建才、周元圣、蔡建华、冯谦、韦炜、段玉忠、李小燕、张小平、赵典普	1996	省科技进步二等奖
16	甘肃祁连山水源林生态系统结构与功能的研究	祁连山水源涵养林研究所	车克钧、傅辉恩、王金叶、张学龙、张虎、贺红元	1997	省科技进步一等奖林业部科技进步三等奖
17	东祁连山西段(北坡)青海云杉林毁林案件现场检测定量技术的研究	祁连山水源涵养林研究所	薛德一、傅辉恩、贾永泰、党显荣、郝晓峰、魏治国、车克钧	1997	省科技进步三等奖
18	飞机低量喷洒防治云杉阿扁叶蜂	地区林木病虫检疫防治站	高汉忠、刘贤德	1997	省科技进步二等奖
19	云杉阿扁叶蜂生活规律及生物防治技术的研究	祁连山水源涵养林研究所、祁连山国家级自然保护区管理局、地区林木病虫害防治检疫站	傅辉恩、汪有奎、刘贤德、胥明肃、杨青	1998	省科技进步三等奖
20	侧柏地理种源选择的研究	祁连山水源涵养林研究所	孔东升、马力	1999	省科技进步二等奖
21	《杨树速生丰产用材林主要栽培品种苗木》行业标准的制定	甘州区林业局	徐志强等	1999	国家林业局科技进步三等奖

续表

序号	项目名称	完成单位	主要完成人	获奖时间	授奖等级
22	种苗培育大棚气候监控系统	甘肃工业大学、地区林果业研究所	毛开富、刘建勋、汪国琳、李庆会、骆东松、贾永礼、包广清、柳迪、李智渊、魏德胜、汪子栋	2002	省科技进步三等奖、甘肃省电子系统开发应用优秀成果二等奖
23	青海云杉无性系种子园营建技术研究（第二阶段）	祁连山水源涵养林研究院	孔东升、马力、孟好军、张继义、李秉新、邓延安、任天俊	2002	省科技进步三等奖
24	甘肃祁连山经济菌类及生态区系研究	祁连山水源涵养林研究院	刘贤德、雷玉明、马力、王清忠、张宏斌王兴平、王荣新	2004	省科技进步二等奖
25	祁连山药用植物研究	祁连山水源涵养林研究院	刘贤德、马力、王清忠、姚春云、毛晓春、邸多隆、孟好军、张宏斌	2004	省科技进步二等奖
26	河西走廊食用菌品种引进与高校栽培技术研究推广及产业开发	河西学院、市森防站	魏生龙、李建军	2004	省科技进步三等奖
27	ABT 与 GGR 在河西走廊农林生产中试验示范及推广	张掖市林业科学技术推广站	孔东升、金博文、魏治国、屈虹、陆瑛、温源、汪永洋、薛梅、汤兴贵、姜梅、王耀红、张永福、葛文元、杨永霞、杨春花	2005	省科技进步三等奖
28	祁连山自然保护区森林病虫鼠区系及可持续控制技术研究	祁连山国家级自然保护区管理局、省林木种苗管理总站、市林业调查规划队、祁连山水源林研究院	汪有奎、尹承陇、杨全生、袁虹、孙小霞、李柏春、车克钧、李进军、白志强、王桑、赵刚、陈玉平、管德宁	2005	省科技进步二等奖

续表

序号	项目名称	完成单位	主要完成人	获奖时间	授奖等级
29	祁连山保护区森林昆虫多样性及害虫综合治理研究	甘肃祁连山国家级自然保护区管理局、甘州区东大山自然保护区管理站	倪自银、袁虹、杨全生、李进军、蒋志成、汪有奎、沈海岗、蔡武山、孙小霞	2007	省科技进步二等奖
30	枣树繁殖方法	临泽县科技局	张兴才	2008	省技术发明三等奖
31	甘肃祁连山森林生态系统定位研究	祁连山水源涵养林研究院	张学龙、金铭、张虎、边彪、王顺利、王艺林、敬文茂、苗毓鑫、王荣新	2009	省科技进步二等奖
32	优质红色梨新品种美人酥、满天红、红酥脆的选育与应用	郑州果树研究所、张掖市寺大隆林场	王宇霖、魏闻东、田鹏、金新福、张传来、陈大庆、苏艳丽、夏莎玲、康保珊等	2009	中国农业科学院科技成果一等奖
33	三个红色梨新品种选育及推广应用	郑州果树研究所、张掖市寺大隆林场	王宇霖、魏闻东、田鹏、陈大庆、于振泉、王晓富、冯有才、张传来、孙共明、夏莎玲、苏艳丽、康保珊、王清忠等	2010	全国农牧渔业丰收奖二等奖
34	绿洲农林复合系统水分高效利用研究与示范	中国科学院寒区旱区环境与工程研究所、临泽县科学技术开发中心	苏培玺、王开新、常学向、张智慧、杜明武、苏永中、李云、解婷婷、严巧娣	2010	省科技进步二等奖
35	荒漠区优质樟子松苗木培育及农防林营造技术研究与示范	甘肃省治沙研究所、甘肃省民勤治沙综合试验站、景泰治沙站、武威市林业科学研究所、张掖市林业科学研究院	刘世增、满多清、严子柱、康才周、吴春荣、尉秋实、李银科、李得禄、金红喜	2010	省科技进步二等奖
36	祁连山土壤呼吸沿环境剃度变化规律研究	祁连山水源涵养林研究院	常宗强、孟好军、张宏斌、刘贤德、祝建刚、金铭、罗龙发	2010	省科技进步三等奖

（二）获市（地）厅级奖励的科研成果

至2010年底，全市林业系统完成的科研项目中获地厅级三等奖以上的项目122项。

表6-2　张掖市林业系统获地（市）级科技进步（技改、技术发明、推广）奖项目一览表

序号	项目名称	完成单位	主要完成人	获奖时间	奖励等级
1	1991—2000年治沙造林工程规划	地区林勘队、地区林业处		1983	省林业科技进步二等奖
2	高寒干旱山区育苗造林技术试验研究	地区林业科学研究所	冯绍尧	1984	省林业科技进步鼓励奖
3	张掖灌溉农业区农田林网防护效能研究	地区林业科学研究所	白生录、边成祥、梁克俭、白生林	1986	省林业科技进步三等奖
4	华北落叶松引种调查研究	祁连山水源涵养林研究所	傅辉恩、刘建勋、薛德一	1986	省林业科技进步鼓励奖
5	东祁连山西段（北坡）森林涵养水源效益研究（第一阶段）	祁连山水源涵养林研究所	傅辉恩、宁学成、吴彪等	1986	省林业科技进步三等奖
6	祁连山西段青海云杉小蠹虫综合防治	祁连山水源涵养林研究所	傅辉恩、宁学成、吴彪	1986	省林业科技进步二等奖
7	祁连山（北坡）森林高等植物种类调查	祁连山水源涵养林研究所	魏克勤、张世清、周定国等	1986	省林业科技进步三等奖
8	苹果树叶螨防治研究和示范推广	省果树所、张掖县林业局	徐志强等	1986	省农业技改三等奖
9	绿化树种引种选育	地区林业科学研究所	姚继祖、董存友、冯绍尧、樊华玉	1986	省科技厅技改三等奖
10	梨茎蜂防治技术研究	临泽县农技站	植保组	1987	省科技厅技改三等奖
11	沙枣吐伦蛎蚧综合防治研究	地区林果业研究所	张威铭、段玉忠	1987	省科技厅技改三等奖
12	甘肃省林木病虫普查	省林木病虫站、地区森防站	王树楠、张威铭、汤兴贵等	1987	省林业科技进步一等奖

续表

序号	项目名称	完成单位	主要完成人	获奖时间	奖励等级
13	枣苗繁育及枣树丰产试验	临泽县农牧局、临泽县农技站	董延羡、宋恩泰、杨应明	1987	省林业科技进步三等奖
14	改造利用沙荒地试验示范	临泽县治沙站、中科院兰州沙漠所、张掖地区林业科学研究所	王宏楼、黄子琛、刘增智、赵树仁、冯绍尧	1988	地区科技进步一等奖
15	高台县"三北"防护林建设二期工程规划	高台县林业局	刘廷禄、杨效忠、尚三多	1988	地区科技进步三等奖
16	临泽县"三北"防护林建设二期工程规划	临泽县林业局	张成荣、岳世峰、刘雪芬	1988	地区科技进步三等奖
17	隔离灌溉预防苹果梨黑胫病试验	民乐县园艺场	栗广明、文双明、张好祥	1988	地区科技进步三等奖
18	果树春季芽接试验	张掖市园艺场	张伯云、李万义	1988	地区科技进步三等奖
19	蓝马鸡繁殖驯化试验研究	地区环境保护监测站	孙永夫、薛军、郭应贤	1988	地区科技进步三等奖
20	特质红葡萄酒、精酿白葡萄酒技术引进	张掖市果酒厂	左亮明、王辉、李忠善	1988	地区科技进步三等奖
21	张掖地区林业区划	地区林业勘察设计队	边成祥、秦海霞等	1988	省林业科技进步二等奖
22	青海云杉苗圃化学除草技术研究	地区森林总场	薛德一、王多孔、李进虎、赵东萍	1988	省林业科技进步三等奖
23	河西地区鸟类资源调查	地区野生动物管理站、庆阳师专、甘肃省厅野生动物管理局	胥明肃、李建国、王丕贤、田安顺	1988	省林业科技进步三等奖
24	张掖地区"三北"二期工程规划	地区林业勘察设计队	李远森、周天赟等	1988	省林业科技进步二等奖

续表

序号	项目名称	完成单位	主要完成人	获奖时间	奖励等级
25	白杨透翅蛾和柏大蚜综合防治试验研究	地区林果业研究所	杜国新	1989	地区科技进步三等奖
26	河西林木病虫综合防治试验	地区林木病虫检疫防治站	张威铭、段玉忠	1990	省林业科技进步二等奖
27	白榆地理变异及种源选择研究	祁连山水源涵养林研究所	李书靖、杨茂盛、孔东升	1990	省林业科技进步二等奖
28	张掖地区果树资源普查总结报告	地区园艺站、地区林业处	杨万华、宋明琳、王守魁	1990	地区农业技改三等奖
29	苹果梨技术开发	民乐县科委、民乐县园艺站	骆伟天、魏向华、栗广明、文双明、张好祥、冠华	1990	地区科技进步一等奖
30	苹果低产果园改造	地区园艺站、张掖市蔬菜瓜果所、高台县林业局	杨万华、徐咸学、李勇、孙玉德、魏向华、高增国、张伯云	1990	地区科技进步三等奖
31	新坝乡苹果梨砧木建园试验示范	高台县园艺站、高台县林业局	李莹藩、白成英、张永祥	1990	地区科技进步三等奖
32	甘草人工栽培技术试验示范	临泽县科委、临泽县治沙站	徐正元、刘增智、张吉祥、叶德广、何成生	1990	地区科技进步三等奖
33	祁连山北麓沿山地区造林技术试验研究	地区林果业研究所	古亚奇、赵鲁平、赵典普、王清忠、童令德、李庆会、张小平	1991	省林业科技进步三等奖

续表

序号	项目名称	完成单位	主要完成人	获奖时间	奖励等级
34	张掖灌区农田林网更新改造试验研究	地区林果业研究所	谢元福、贾永礼、韦炜、柳枫、蔡建华	1991	省林业科技进步四等奖
35	祁连山混交林和灌木林营造技术研究	祁连山水源涵养林研究所	邓延安、刘建勋、姚春云	1991	地区科技进步三等奖
36	梨小食心虫综合防治试验研究	地区林木病虫检疫防治站	王军、李建军、刘贤德	1991	地区科技进步三等奖
37	祁连山浅山区造林技术研究	祁连山水源涵养林研究院	魏克勤、刘建勋、孟好军、姚克、邓延安	1991	省林业科技进步三等奖
38	祁连山圆柏育苗造林及果实的害虫生活习性和综合防治的研究	祁连山水源涵养林研究所	米占山、李秉新、王金叶、明海国、孟宪虹	1991	省林业科技进步三等奖
39	祁连山水源涵养林效益的研究(第二阶段)	祁连山水源涵养林研究所	傅辉恩、车克钧、贺红元、张虎、张学龙、闫克林、苗旺	1992	省林业科技进步二等奖
40	龙渠青海云杉种子园建设	祁连山水源涵养林研究所	姚春云、邓延安、马力	1992	省林业科技进步三等奖
41	张掖市小满乡商品经济综合试验示范	地区农科所、地区兽研所、张掖市林业局	马永泰、李梁材、刘绍先、杨介茂、李秀兰	1992	地区科技进步一等奖
42	微粒刨花板生产工艺技术	张掖地区人造板厂	李克英、蔡彬、陈少书	1992	地区科技进步一等奖
43	新疆杨扦插育苗插穗处理技术试验研究	地区五泉林场	蔡风基、袁国钧、张晁南	1992	地区科技进步三等奖
44	果树技术开发	临泽县农业局、临泽县科委	董延羡、徐正元、关志强	1992	地区科技进步三等奖
45	李树新品种引种试验示范	临泽县林果业推广站、张掖市苗圃	孙炳玲、赵树仁、徐正元	1992	地区科技进步三等奖

续表

序号	项目名称	完成单位	主要完成人	获奖时间	奖励等级
46	矮化密植桃树建园示范	临泽县林果业推广站、临泽县农村园艺研究会	赵树仁、兰正国、张林忠	1992	地区科技进步三等奖
47	果茶饮料新产品开发	张掖市果酒厂	丁荣善、左亮明、王辉、左俊明、牛学亮	1993	地区技术推广二等奖
48	杏树良种引种试验示范	地区林果业研究所	古亚奇、边彪、贾永礼、段玉忠、冯军仁、汪永洋、唐军、荆桂兰	1993	地区科技推广三等奖
49	河西走廊农用林业模式化调查研究	张掖祁连山水源涵养林研究所	刘建勋、张继义、李楠	1994	地区科技进步三等奖
50	临泽小枣育苗及高产栽培技术研究	临泽县农业局、临泽县沙河乡政府	董延羡、宋恩泰、杨应明	1994	地区科技进步三等奖
51	张掖地区苹果梨商品生产基地建设	地区林业技术推广站、张掖市林业中心推广站、民乐县林技站	张其湛、汤兴贵、兰俶、宋明琳、黄卫东、韩仲余、赵树仁、孙玉德、钱世鼎	1994	地区技术推广三等奖
52	应用生物技术防治林果病虫害大面积推广	地区林木病虫检疫防治站	王军、刘贤德、李建军、蔡红荣、李兰萍、王丛花、闫卫明、王志义、张天毅	1994	地区技术推广三等奖
53	ABT生根粉及增产灵示范推广	省推广总站、地区林技推广站	李嘉珏、连雪斌、汤兴贵等	1994	省林业科技进步一等奖
54	祁连山北坡森林火灾等级指标的研究	祁连山水源涵养林研究所	车克钧、王金叶、党显荣、贺红元、张学龙	1994	省林业科技进步三等奖

续表

序号	项目名称	完成单位	主要完成人	获奖时间	奖励等级
55	优质杏高产示范及产业技术开发	地区林果业研究所	古亚奇、周元圣、汪永洋	1994	省农业科技进步二等奖
56	二白杨和新疆杨化学防萌和除萌技术的研究	地区行署林业处、地区五泉林场	薛德一、柴洲畔、蔡风基	1995	地区科技进步三等奖
57	桃树良种引种试验研究	地区林果业研究所	边彪、冯军仁、赵鲁平	1995	地区科技进步三等奖
58	张掖地区森林病虫普查	地区林木病虫检疫防治站	刘贤德、李建军、蔡红荣	1995	地区科技进步三等奖
59	果尔除草剂在青海云杉苗床上的应用	地区行署林业处	薛德一、曹军	1995	省林业科技进步四等奖
60	林科教示范乡建设	地区林果业研究所	赵鲁平、李小燕、冯军仁、赵建才、冯谦	1995	省林业科技进步三等奖
61	东祁连山西段（北坡）青海云杉林毁林案件现场检测定量技术的研究	祁连山水源涵养林研究所	薛德一、傅辉恩、贾永泰、郝晓峰、党显荣	1996	地区科技进步一等奖
62	杨树良种收集和繁殖	地区林果业研究所	李庆会、赵建才、周元圣、蔡建华、冯谦	1996	地区科技进步一等奖
63	飞机低量喷洒灭幼脲三号与功夫乳油混配液防治云杉阿扁叶蜂	省森防站、张掖地区林业处、甘肃祁连山国家级自然保护区管理局、地区林业处	高汉忠、张友、汪有奎、刘贤德、武廷荣、曹新明、王玉珍、杨青、薛德一	1996	地区科技推广二等奖
64	苹果幼树树盘地膜覆盖栽培技术研究推广	高台县林业科学技术推广站	孙玉德、王志义、濮文勇、许卉、公维云、于学霞、黄文明、武天荣、殷发贵	1996	地区技术推广三等奖

续表

序号	项目名称	完成单位	主要完成人	获奖时间	奖励等级
65	张掖地区沙漠化土地普查报告	地区行署林业处	邓延安、顾生贵、李远森等	1996	省林业调查规划二等奖
66	张掖森林公园总体规划设计	地区行署林业处	古亚奇、赵鲁平、李远森、赵建才	1996	省林业调查规划二等奖
67	"三北"防护林体系建设张掖地区三期工程规划	地区行署林业处	李远森、周天赟等	1997	省林业调查规划三等奖
68	"三北"防护林体系建设张掖市三期工程规划	张掖市林业局	聂永辉、赵宏、徐志强等	1997	省林业调查规划三等奖
69	张掖市沙漠化土地普查成果报告	张掖市林业局	赵登耀、赵宏、王斌等	1997	省林业科技进步三等奖
70	苹果梨栽培技术推广	张掖市林业局	聂永辉、杨建红等	1997	省林业科技进步三等奖
71	甘肃省祁连山水源林生态系统结构与功能的技术研究	祁连山水源涵养林研究所	车克钧、傅辉恩、王金叶、张学龙、张虎、贺红元	1997	省林业科技进步二等奖
72	侧柏地理种源选择的研究	祁连山水源涵养林研究所	孔东升、马力	1997	省林业科技进步二等奖
73	云杉阿扁叶蜂生活史及发生规律的研究	祁连山水源涵养林研究所、祁连山国家级自然保护区管理局、地区林木病虫检疫防治站	傅辉恩、汪有奎、刘贤德、胥明肃、杨青	1997	地区科技进步一等奖
74	河西灌区节水型高效林业试验研究	祁连山水源涵养林研究所	刘建勋、张继义、孔东升、李楠、黄久常	1997 1998	地区科技进步一等奖 省农业科技推广三等奖

续表

序号	项目名称	完成单位	主要完成人	获奖时间	奖励等级
75	红枣系列产品（枣蜜）开发	临泽县昭武酒业食品有限公司	尹国福、杨宁、泽旦云、陈庆安	1997	地区科技进步二等奖
76	果树滴灌试验	地区水利研究所、地区林果业研究所	陈桂华、周元圣、李庆会、孙清平、宗福生	1997	地区技术推广三等奖
77	年产 10000 立方米刨花板综合利用技术改造项目	地区建筑材料有限责任公司	鲁维俊、周志远、蒲永寿、李兴红	1998	地区技术推广二等奖
78	枣树新品种引进繁育及丰产栽培技术试验示范推广	张掖市小河乡梁家堡村	张虎	1999	地区科技进步二等奖
79	祁连山青海云杉林碳平衡研究	祁连山水源涵养林研究所	王金叶、车克钧、蒋志荣、常学向、张学龙、金博文、张虎	1999	地区科技进步二等奖 省林业科技进步三等奖
80	果园球蚧及其综合防治技术研究与示范推广	地区植保植检站、临泽县农技中心、高台县农技站、市农技中心	张建文、费文祥、李多忠、张文斌、王乐赟、高晓云、王佩汤	2000	地区科技进步三等奖
81	节能日光温室果树栽培技术研究	高台县林业局	孙玉德、李有贤、王磊、王永明、王志义、殷发贵、于学霞	2000	地区科技进步三等奖
82	一万吨优质葡萄酒生产线	甘肃国风葡萄酒有限公司	许福林、李天栋、冯晓霞、朱会儒、刘力、陈建军、亢红基、贾翠云、尉建平	2001	地区科技进步一等奖

续表

序号	项目名称	完成单位	主要完成人	获奖时间	奖励等级
83	青海云杉无性系种子园营建技术研究（第二阶段）	祁连山水源涵养林研究院	孔东升、马力、孟好军、张继义、李秉新、邓延安、任天俊、葛双兰、祝建刚、赵明、康秉成、王荣新、贾玉琴	2001	地区科技进步一等奖
84	人造板微薄木贴面	地区丰汇装饰材料有限责任公司	鲁维俊、林宏光、雷强兴、张忠	2001	地区科技进步二等奖
85	祁连山自然保护区森林鼠害区系及综合治理研究	甘肃祁连山国家级自然保护区管理局、肃南县林业局	汪有奎、杨全生、孙小霞、蒋学财、李晓明、李进军、裴雯、袁振西、管德宁	2001	地区科技进步二等奖
86	人造板浸渍纸贴面	地区丰汇装饰材料有限责任公司	鲁维俊、林宏光、雷强兴、管君	2001	地区科技进步三等奖
87	种苗培育大棚气候监控系统	甘肃工业大学、地区林果业研究所	毛开富、刘建勋、汪国琳、李庆会、骆东松、贾永礼、包广清	2001	地区科技进步三等奖
88	祁连山自然保护区灾害性林木清理的管理及其成效研究	甘肃省祁连山国家级自然保护区管理局	白志强、杨全生、裴雯、孙小霞、汪有奎、马堆芳、蒋学财	2001	地区科技进步三等奖
89	红枣果脯—公主枣、太子枣研制	甘肃西域食品有限责任公司	董恒汕、刘建军、雷前善、董颀、董伟、柴雄、刘国庆、刘忠文、王立庭、尹自天	2002	市科技进步一等奖

续表

序号	项目名称	完成单位	主要完成人	获奖时间	奖励等级
90	河西地区园林花卉病虫害研究	祁连山水源涵养林研究院	刘贤德、雷玉明、马力、李建军、张宏斌、闫卫明、孟好军、陈丽瑛、金铭、王兴平、祝建刚、温娅丽、赵明	2002	市科技进步一等奖 省林业科技进步三等奖
91	优质苗木快繁技术及产业化试验示范	市技术开发中心、市寺大隆林场、市林果业研究所	秦学贵、虎岷、冯谦、王清忠、李庆会、魏德胜、贾永礼、黄慧英、张旭荣、顾文霞、冉永军、董国、边英梅	2002	市科技进步一等奖
92	红枣杏仁露研制	甘肃西域食品有限责任公司	董恒汕、刘建军、董颀、雷前善、董伟、柴雄、刘国庆	2002	市科技进步三等奖
93	阿克塞哈萨克自治县新县城绿地系统规划	祁连山水源涵养林研究院	刘贤德、行胜志、祝建刚、王兴平、孔东升、马力、常学向	2002	省林业科技进步三等奖
94	农业生态环境优化及土地资源持续高效利用技术研究与示范	市农科所、省农科院土肥所、甘州区林业局	杨生茂、武天云、王斌、胡新元、常向东、索东让、邱进怀、郭永杰、芦满济、潘金生、何承刚	2003	市科技进步一等奖
95	实木门	张掖市五色木业有限责任公司	周志远、张凤鹏、付进忠、刘西宏、于登青、闫浩宏	2003	市科技进步二等奖

续表

序号	项目名称	完成单位	主要完成人	获奖时间	奖励等级
96	张掖灌区农田林网可持续经营研究	市林果业研究所	李庆会、魏德胜、丁丽萍、贾永礼、宗福生、蔡建华、冯谦、李小燕、占玉芳	2003	市科技进步二等奖
97	昭武系列"枣儿红"酒开发研制	甘肃昭武酒业食品有限责任公司	尹国福、温凯、卢国胜、师跃、仲艳君	2003	市科技进步三等奖
98	张掖川灌区主要树种病虫害综合防治试验示范	市林果业研究所	李小燕、刘建勋、贾永礼、王文、甄伟玲、段玉忠、宗福生	2003	市科技进步三等奖
99	沙荒地针叶树苗木繁育基地建设技术研究	高台县林业局、高台县三鑫苗圃	刘廷禄、杨苏亭、孙玉德、柴在军、杨效忠、张永勤、韩文礼	2003	市科技进步三等奖
100	河西地区园林花卉病虫害研究	祁连山水源涵养林研究院	刘贤德、雷玉明、李建军、马力、闫卫明、张宏斌、孟好军	2003	省林业科技进步三等奖
101	ABT与GGR在河西走廊农林生产中试验示范及推广	市林业科学技术推广站	孔东升、金博文、魏治国、屈虹、陆瑛、温源、汪永洋、薛梅、汤兴贵	2004	市科技进步二等奖
102	祁连山国家级自然保护区小流域综合流域综合治理试验示范	省祁连山国家级自然保护区管理局、民乐县大河口自然保护站	宋采福、杨全生、丁国民、郝虎、梁兴文、马金宝、朱高红、杨青、王多尧	2004	市科技进步二等奖

续表

序号	项目名称	完成单位	主要完成人	获奖时间	奖励等级
103	民乐县苹果梨浓缩汁生产技术研究开发	民乐县天河饮品有限公司、甘肃省轻工研究院	张军禄、温凯、刘世珍、杨兴全、周志雄、刘忠	2004	市科技进步三等奖
104	张掖市森林分类区划界定	市林业调查规划队	傅筱林、顾生贵、赵文龙、李远森、袁虹、安炜东、邓延安	2004	市科技进步三等奖
105	芦笋新品种示范推广	市科技开发中心、市林果业研究所、市寺大隆林场、市林业调查规划队	冯谦、杜国新、王清忠、傅筱林、孔东升、李敏清、葛红元	2004	市科技进步三等奖
106	山丹县退耕还林试验示范	山丹林业技术工作站	王玉珍、尹萍、张永称、张文、刘建勋、魏德胜、黄汉爱、陈玉琴、陈金龙、石瑛、刘伟茂、李集贤、王积春	2005	市科技进步一等奖
107	农田林网食叶害虫无公害防治技术示范推广	市森林病虫害防治检疫站	柴洲泮、闫卫明、李建军、蔡红荣、李兰萍、葛红霞、杜国新	2006	市科技进步三等奖
108	祁连山排露沟流域管理信息系统研究与应用	祁连山水源涵养林研究院	刘贤德、牛赟、祁元、金铭、孟好军、王顺利、王荣新、边彪、张宏斌	2007	市科技进步二等奖
109	3万亩大果沙棘引种繁育试验示范及推广	民乐县大河口林场	赵华天、张明德、文双明、周鹏儒、樊新华、田贤、周家荣	2007	市科技进步三等奖

续表

序号	项目名称	完成单位	主要完成人	获奖时间	奖励等级
110	祁连山自然保护区森林昆虫多样性及害虫综合治理研究	甘州区东大山自然保护站、祁连山国家级自然保护区管理局、市林业调查规划院	倪自银、袁虹、杨全生、李进军、蒋志成、汪有奎、沈海岗	2007	市科技进步三等奖
111	枣树繁殖方法	临泽县科技局	张兴才	2008	市技术发明奖
112	植苗器	市林业科学技术推广站	李庆会、汪永洋、温源	2008	市技术发明奖
113	甘肃祁连山水源林生态系统定位研究	祁连山水源涵养林研究院	张学龙、金铭、张虎、边彪、王顺利、王艺林、敬文茂	2008	市科技进步三等奖
114	生态垫在沙漠治理中的应用技术研究	市林业科学技术推广站	李庆会、张建生、陆增祥、周全民、汪永洋、温源、魏治国	2008	市科技进步三等奖
115	高甲酸啤酒花引种栽培与示范	甘州区西城驿林场	王迪东、付丽萍、马勇、兰春、申志金	2008	市科技进步三等奖
116	张掖市城北郊湿地资源调查与评价研究	祁连山水源涵养林研究院、市黑河流域湿地管理局、市野生动植物资源管理局	刘贤德、孟好军、周全民、张艳珺、尚海洋、谢建荣、翟玉兴、张国斌、韩俊葆	2009	市科技进步二等奖
117	张掖市园林花卉引种繁育试验研究	市林果花卉种苗培育中心	王文、杜国新、甄伟玲、占玉芳、丁丽萍、胡喜梅、滕玉风	2009	市科技进步三等奖

续表

序号	项目名称	完成单位	主要完成人	获奖时间	奖励等级
118	四翅滨藜引种栽培及繁育试验研究	市林业科学研究院	李小燕、周全民、赵典普、丁丽萍、占玉芳、甄伟玲、滕玉风	2010	市科技进步二等奖
119	高甲酸啤酒花技术集成及产业开发	甘州区西城驿林场、张掖市黄河农林牧科技有限公司	王迪东、付丽萍、马勇、兰春、赵会娟、付新峰、王晓燕、何亮、甘钰年	2010	市科技进步二等奖
120	张掖市黑河流域湿地重点区保护与利用技术研究	市黑河流域湿地管理局	周全民、牛赟、刘宏军、蔡建华、付宗斌、胡毅、王红义、陈刚、王刚	2010	市科技进步二等奖
121	沙区菊芋种植试验及甜菜制糖设备加工菊粉关键技术改造的研究	市云鹏生物技术有限责任公司、祁连山水源涵养林研究院、市寺大隆林场	钱福寿、孟好军、张宏斌、王清忠、高仑、李志强、翟玉兴	2010	市科技进步三等奖
122	祁连山区苔藓植物分类及区系研究	祁连山水源涵养林研究院	孟好军、张宏斌、车宗玺、翟玉兴、郭泽勇、安金玲、边彪	2010	市科技进步三等奖

注:在市(地)、厅级奖项中,有省林业科技进步奖42项,该奖项自2003年起停评。

二、发明专利

2006年以来,全市林业科研推广单位积极开展技术创造和发明,共取得林业发明专利9项。

表6-3 张掖市林业发明专利一览表

专利名称	专利类别	完成单位	完成人	专利号
植苗器	实用新型	市林技推广站	李庆会、汪永洋、温源、魏治国	ZL200620136197.2
一种接穗处理保存方法	发明专利	市林技推广站	李庆会、温源、汪永洋、魏治国	ZL200610104945.3
祁连圆柏种子催芽方法	实用新型	祁连山水涵院	孟好军、刘贤德、李秉新	CN200910117498.9
临泽小枣嫩枝扦插繁育方法	实用新型	祁连山水涵院	孟好军、窦长保、刘贤德	CN200910117496.X
石砾河滩沙棘栽培方法	实用新型	祁连山水涵院	刘贤德、孟好军、翟玉兴	CN200910117494.0
干旱荒山饲料灌木林营造方法	实用新型	祁连山水涵院	刘贤德、孟好军、张宏斌	CN200910117497.4
祁连圆柏扦插繁育方法	实用新型	祁连山水涵院	刘贤德、张宏斌、孟好军	CN200910117499.3
干旱山地祁连圆柏营造方法	实用新型	祁连山水涵院	孟好军、张宏斌、边彪	CN200910117495.5
沙地柏扦插繁育方法	实用新型	祁连山水涵院	张宏斌、张虎、赵明	CN200910117493.6

第三节 技术推广

一、概 况

民国时期,就开始林业建设和造林技术的试验、示范、推广工作,但由于战事频繁、民生凋敝,林业技术推广工作成效甚微。

中华人民共和国成立以来,全市林业科技推广工作得到很大发展。1986年初,成立"张掖地区林业科学技术推广站",各县(区)林业工作站改为"林业技术推广站"。至2010年,全市6县(区)都有林业科技推广站和管理机构,连同区乡(镇)林业站,形成市、县(区)、区乡(镇)三级林业技术推广体系。

20世纪50—70年代,以总结推广群众生产经验为主。70年代后,以推广试验研究成果为主。进入80年代,林业科技推广正式列入林业建设计划,省、市财政设立专项林业科技推广经费。"七五"期间市财政专项林业科技推广经费40多万元;"八五""九五"总投资达150多万元,年均15万元;"十一五"期间投资200多万元。

市林业科学技术推广站1986年成立以来,2002年经市编委批准加挂"张掖市林业工作站管理站"牌子。完成国际合作项目1项,国家"星火计划"项目2项,国家林业局项目2项,省农委、财政厅、林业厅项目4项,市财政项目2项;管理全市林业科技推广项目26项,建立各类科技示范点150个,示范面积1.25万公顷,辐射带动5.86万公顷;培训各层次科技人员25.23万人次。获发明专利2项,其他奖8次。

1980年—2010年,全市推广各类林业项目161项,涉及林木良种、丰产栽培、浅山造林、抗旱造林、设施经济林栽培、有害生物防治等多个方面80余项。

表6-4 1980年—2010年主要林业科技推广项目统计表

序号	名称	序号	名称	序号	名称
1	育苗造林技术推广	18	名优特经济林丰产栽培技术推广	35	林科教示范乡建设
2	川区育苗技术推广	19	生态复合型经济林推广	36	葡萄节水灌溉技术示范推广
3	治沙造林技术推广	20	FA旱地龙技术推广	37	奥普尔液肥应用技术推广
4	华北落叶松速生丰产林营造技术推广	21	温室果树栽培技术推广	38	吸水保水剂示范推广
5	祁连山水源林保护经营技术推广	22	长龙架超短枝葡萄栽培技术推广	39	果树高接换优技术推广
6	农田林网营造技术推广	23	果树高接换优技术推广	40	绿化村建设示范推广
7	林果病虫害防治技术推广	24	沿山地区华北落叶松速生丰产林栽培技术示范推广	41	苹果低产果园改造技术示范推广
8	低产果园改造技术推广	25	果实套袋技术推广	42	园林花卉引种繁育试验示范
9	林果品种引进种植技术推广	26	立体林业种植技术推广	43	杨树速生丰产林营造技术推广
10	机械造林技术推广	27	保水剂及植物生长调节剂应用技术	44	设施葡萄栽培示范推广
11	盐碱地综合治理技术推广	28	良种杏促成栽培技术试验示范	45	祁连山试验示范基地安阳片绿化样板建设
12	开沟造林技术推广	29	露地葡萄栽培技术推广	46	杨树抗寒速生新品种辽育1号造林实验示范
13	混交林营造技术推广	30	葡萄新品种引进试验示范推广	47	新西兰红梨栽培技术示范
14	庭院果树栽培技术的推广	31	经济林杂果栽培技术示范推广	48	沙漠特色产业肉苁蓉高效节水栽培技术示范
15	杨树深栽技术推广	32	生物制剂葡萄病害防治技术推广	49	葡萄病害预防技术推广
16	红富士苹果引种栽培技术推广	33	幼树树盘地膜覆盖栽培技术研究推广	50	杨树良种收集和繁育
17	林业化学除草技术推广	34	栽桑养蚕试验示范	51	应用生物技术防治林果病虫害技术推广

续表

序号	名称	序号	名称	序号	名称
52	优质杏栽培技术的推广	63	旱生泌盐植物四翅滨藜盐渍化治理技术成果转化与优质饲料生产示范	74	优质杏高产示范及产业技术开发
53	果树优质丰产栽培技术推广	64	大果沙棘引种示范推广	75	苹果梨商品基地建设
54	红枣商品基地建设	65	张掖川灌区主要树种病虫害综合防治试验示范	76	祁连山浅山区水源涵养林营造技术推广
55	庭院经济林业开发技术推广	66	ABT、GGR 生长调节剂示范推广	77	祁连山天然林保护区(中段)浅山造林技术示范
56	沙荒地改利用技术推广	67	杨树蛀干天牛综合防治技术推广	78	荒漠区红地球葡萄设施延后栽培技术示范推广
57	林木果树病虫害防治技术推广	68	张掖灌区农田林网永续经营技术推广	79	沙区植被恢复利用示范推广
58	果树地膜覆盖和地膜育苗技术推广	69	名优特经济林基地建设	80	李优良品种高产栽培示范推广
59	优质桃栽培技术的推广	70	林业新技术引进推广	81	苹果梨高密度丰产栽培技术推广
60	双行树、大网格山地农田林网营造技术推广	71	抗旱造林技术推广	82	农田林网食叶害虫无公害防治技术示范推广
61	樟子松优良树种栽培技术推广	72	仁用杏良种引进试验及示范推广		
62	枣粮间作技术推广	73	农田林网萌芽更新技术推广		

二、国家部(委)科技推广项目

1999 年—2010 年,由财政部、国家林业局下达的林业科技推广项目 9 项,总投资 1906.5 万元,其中国家投资 1140.5 万元。按项目来源划分,国家林业局下达的林业科技推广项目 7 项,总投资 700 万元,其中国家投资 520 万元;财政部批准下达的 2 项,总投资 1134 万元,其中国家投资 600 万元。

表6-5 张掖市列入国家部(委、局)林业科技推广项目表

序号	项目名称	下达时间	项目来源	承担单位	经费(万元)	
					总计投入	国家投入
1	财政支持农业科技推广示范园区甘肃张掖示范区林果所示范点建设	1999	财政部	地区林果业研究所	1034	500
2	中央财政预算内资金林果业研究所种苗基础设施建设	2002	国家林业局	地区林果业研究所	13	10
3	甘肃省祁连山天然林保护区(中段)浅山造林技术示范	2003	国家林业局	张掖市林业科技推广站	100	100
4	2002 年度 ABT 与 GGR 系列研究与推广	2003	国家林业局	高台县林业技术推广站	120	110
5	张掖市园林花卉引种繁育试验研究	2004	国家林业局	张掖市林科院	120	70
6	张掖市防沙治沙试验示范基地建设	2005	国家林业局	张掖市林科院	120	80
7	旱生泌盐植物四翅滨藜盐渍化治理技术成果转化与优质饲料生产示范	2008	国家林业局	张掖市林科院	120	70
8	荒漠区红地球葡萄设施延后栽培技术示范推广	2009	国家林业局	张掖市林科院	120	90
9	沙区植被恢复利用示范推广	2010	国家财政部	张掖市林业科技推广站	100	100

三、地厅级科技推广项目

1988 年—2010 年，张掖列入甘肃省的林业科技推广项目 19 项，总投资 405.49 万元，其中国家投资 261.49 万元，地方配套 144 万元。

表 6-6　张掖市列入地厅级林业科技推广项目表

序号	项目名称	项目来源	下达时间	承担单位	经费（万元）	
					总投入	地方投入
	合　计				405.49	144
1	杨树良种收集和繁育	省林业科技推广总站	1987	地区林果业研究所	11.0	11.0
2	祁连山试验示范基地安阳片绿化样板	省林业厅	1988	地区林业科技推广站	19.0	
3	张掖地区苹果梨商品生产基地建设	张掖地区行署	1990	地区林业科技推广站	37.18	
4	张掖地区红枣商品生产基地建设	张掖地区行署	1990	地区林业科技推广站	4.01	
5	林科教示范乡建设	省林业厅	1991	地区林果业研究所	3.0	3.0
6	栽桑养蚕试验示范	省农业委员会、省财政厅	1991	地区林业科技推广站	5.0	
7	优质杏高产示范及产业技术开发	省农业委员会	1993	地区林果业研究所	2.0	2.0
8	张掖川灌区主要树种病虫害综合防治试验示范	省"两西"指挥部	1995	地区林果业研究所	37.8	8.0
9	飞机低量喷洒灭幼脲 3 号与功夫乳油混配液防治云杉阿扁叶蜂		1995	省森防站、地区林业处、山丹县林技推广站等	45.0	45.0
10	云杉阿扁叶蜂生活史及发生规律的研究		1996	祁连山水涵所、地区森防站等		

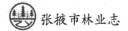

续表

序号	项目名称	项目来源	下达时间	承担单位	经费(万元)	
					总投入	地方投入
	合计				405.49	144
11	奥普尔液肥应用技术推广	省"三北"局	1998	地区林业科技推广站	0.5	
12	祁连山浅山区水源涵养林营造技术		2000	祁连山水涵院	30	
13	杨树抗寒速生新品种辽育1号造林试验示范	中国林科院世界银行贷款项目科技推广办公室辽宁杨树研究所	2004	地区林业科技推广站	1.0	
14	沙棘优良品种选育及早果丰产栽培技术示范推广	张掖市林业局	2006	地区林业科技推广站	2.5	
15	新西兰红梨栽培示范	省财政厅	2007	地区林业科技推广站	0.5	
16	葡萄病害预防技术推广	省财政厅	2009	地区林业科技推广站	7.0	
17	河西沙漠特色产业肉苁蓉高效节水栽培技术集成与示范	省财政厅	2009	地区林业科技推广站	100	
18	樟子松造林技术推广		2009	高台县林业局	65	25
19	高海拔冷凉山区设施红地球葡萄栽培		2010	高台县林业局	135	50

第四节　技术标准

从 80 年代初开始至 2010 年,市、县(区)共组织制定林业技术标准 11 项,经省质量技术监督局审定颁布为地方标准。

表6-7　张掖市林业地方标准名录

标准名称	标准编号	提出（起草）单位	颁布单位
二白杨选优技术标准	DB62/T183-92	地区行署林业处	甘肃省技术监督局
主要造林树种苗木标准	DB62/T548-1998 代替甘 Q/LY12-85	地区林木种苗站	甘肃省技术监督局
甘肃省河西灌区农田防护林营造技术标准	DB62/T167-92	地区行署林业处	甘肃省技术监督局
临泽小枣栽培技术规程	DB62/T697-2001	临泽县林业技术推广站	甘肃省技术监督局
临泽小枣栽培技术规程	DB62/T204—92	临泽县林业技术推广站	甘肃省技术监督局
苹果梨优质丰产综合栽培技术	DB62/T549—1998	地区林果研究所 祁连山水涵所	甘肃省技术监督局
绿色农产品张掖市设施红地球葡萄生产技术规程	DB62/T1876-2009	甘肃农业大学、市葡萄协会、市林业科技推广站	甘肃省质量技术监督局
有机农产品张掖市设施红地球葡萄生产技术规程	DB62/T1877-2009	甘肃农业大学、市葡萄协会、市林业科技推广站	甘肃省质量技术监督局
张掖市葡萄苗木质量检测及包装储存技术规程	DB62/T1878-2009	市葡萄协会、市林业科技推广站、甘肃农业大学	甘肃省质量技术监督局
张掖市葡萄日光温室建造技术规程	DB62/T1879-2009	市葡萄协会、市林业科技推广站、甘肃农业大学	甘肃省质量技术监督局
张掖市设施红地球葡萄果实质量分级	DB62/T1875-2009	市葡萄协会、市林业科技推广站、甘肃农业大学	甘肃省质量技术监督局

第五节　科技专著、论文

一、科技专著

1989年—2010年，全市林业系统科技人员在甘肃科学技术出版社、天则出版社、中国环境科学出版社、兰州大学出版社、中国科学技术出版社、中国农业出版社、甘肃人民美术出版社、甘肃文化出版社等 8 个出版社出版著作 14 部，编印内部图书 30 部。

表 6-8　张掖市林业系统科技人员正式出版的专著和图书登记表

著作名称	作者	作者单位	出版单位	出版年份
甘肃林木病虫图志第一集	王树南、张威铭汤兴贵、刘贤德	甘肃省林业厅、地区林木病虫检疫防治站	甘肃科学技术出版社	1989
甘肃林木病虫图志第二集	刘贤德、张威铭、王军、段玉忠、蔡红荣	地区林木病虫检疫防治站	天则出版社	1995
张掖地区沙产业发展对策与关键技术	樊胜岳、程华芳、金铭、赵鲁平		中国环境科学出版社	1998
甘肃河西地区维管植物检索表	张勇、刘贤德	河西学院、祁连山水涵院	兰州大学出版社	2001
河西园林植物保护	刘贤德、雷玉明	祁连山水涵院、河西学院	兰州大学出版社	2001
祁连山药用植物志	刘贤德、姚春云等	祁连山水涵院、张掖市药检所	兰州大学出版社	2001
红枣优质丰产栽培技术	赵鲁平、王清忠等	张掖市林业局	甘肃科学技术出版社	2003
祁连山经济菌类	刘贤德、雷玉明、马力	祁连山水涵院、河西学院	兰州大学出版社	2004
张掖林业研究	李庆会、王清忠等	市林业科学技术推广站	甘肃科学技术出版社	2004
甘肃祁连山国家级自然保护区画册	车克钧、杨全生、刘兴明		甘肃人民美术出版社	2004
祁连山生物多样性研究	刘贤德、杨全生	祁连山水涵院、祁连山自然保护局	中国科学技术出版社	2005
祁连圆柏	刘贤德、王清忠、孟好军	祁连山水涵院、市寺大隆林场	中国科学技术出版社	2005
农民科技教育读本——林果产业篇	梁军、赵建才	张掖市林业局	甘肃文化出版社	2006
景观植物化学除草技术	薛德一	张掖市林业局	中国农业出版社	2007

表6-9　1981年—2010年张掖市林业系统编印的主要内部资料登记表

图书名称	编印单位	作者	编印年份
青海云杉测树用表	地区林业局、祁连山水涵所		1981
祁连山水源涵养林经营管理资料汇编	地区森林总场		1985
祁连山水源涵养林经营管理资料汇编	地区森林总场、中国林学会张掖地区分会		1985
经济林主要树种病虫害防治	地区林木病虫检疫防治站	张威铭、汤兴贵、刘贤德、李建军	1985
甘肃河西地区鸟类资源调查报告	地区野生动物资源管理站	胥明肃、李建国、张立德、刘红军	1987
民乐县苹果梨栽培	民乐县园艺站	魏向华、骆伟天、栗广明	1989
肃南县林业志	肃南县林业局	朱兴彪、李际顺、赵建民等	1989
农村实用技术资料汇编	地区行署林业处	薛德一、武廷荣	1990
林业苗圃化学除草指南	地区行署林业处	薛德一	1993
果树栽培技术	地区林技推广站	汤兴贵	1993
甘肃省张掖地区农村实用技术培训教材（林业）	地区行署林业处	薛德一、赵鲁平等	1995
果树及温室蔬菜主要病虫害防治	地区林木病虫检疫防治站	刘贤德、李建军	1996
张掖地区林果实用技术问答120题	地区行署林业处	赵鲁平	2000
张掖地区退耕还林政策文件暨种植技术要点选编	地区行署林业处	侯俊民、刘建勋、赵鲁平	2002
张掖地区退耕还林还草种植技术	市林业局退耕办		2002
张掖市国家和省保护野生动物名录	市野生动物资源管理站		2003

续表

图书名称	编印单位	作者	编印年份
张掖地区果树资源普查总结报告	地区果树资源普查技术指导小组	黄士玉、宋明、王林、王守魁、张子和等	1989
城市园林绿化实用技术问答150题	张掖市林业局	赵鲁平	2005
"十五"技术成果及论文汇编（2001—2005）	市林业调查规划院	傅筱林、邓延安、汤兴贵等	2005
迪林飞达草甘膦可溶性固体剂型应用技术	张掖市林业局	薛德一	2005
张掖市第一届学术年会论文集（林业部分）	张掖市科协、市林学会		2005
林业政策法规选编	市林业局办公室		2008
葡萄无公害栽培技术100问	市林业调查规划院	汤兴贵	2008
甘肃省祁连山水源涵养林研究（1978—2008）	祁连山水涵院		2008
张掖市野生动植物名录	市野生动植物源管理局		2008
设施红地球葡萄标准化管理技术	市林业调查规划院	汤兴贵	2009
农村劳动力技能培训暨科普培训教材	市林业调查规划院	汤兴贵	2010
张掖市森林防火应急管理工作手册	张掖市林业局		2010
张掖市林业有害生物灾害应急管理工作手册	张掖市林业局		2010
张掖市主要林果病虫害防治技术手册	张掖市森防站		2010
张掖市沙尘暴应急手册	张掖市林业局		2010

二、科技论文

1977 年—2010 年，全市林业科技人员在各类学术期刊共发表论文 620 余篇，正式出版的论文集发表 116 篇，其他刊物发表 348 篇。在中文核心期刊发表 156 篇。

表 6-10　1977 年—2010 年在国家级核心刊物发表的论文名录

论文名称	作者	作者单位	期　号（年、期）
一、林业类			
《林业科学》（8）			
华北落叶松引种试验研究	傅辉恩、刘建勋	甘肃祁连山水源涵养林研究所	1987(4)
祁连山水源涵养林综合效能的计量研究	车克钧、傅辉恩、贺红元	甘肃祁连山水源涵养林研究所	1992(4)
祁连山水源涵养林效益的研究	车克钧、傅辉恩、贺红元	甘肃祁连山水源涵养林研究所	1992(6)
云杉阿扁叶蜂综合防治技术研究	汪有奎、胥明肃、刘贤德等	祁连山国家级自然保护区管理局　山丹县大黄山林场	1998(4)
祁连山水源林系统结构与功能的研究	车克钧、傅辉恩	甘肃祁连山水源涵养林研究所	1998(5)
干旱半干旱区山地森林的水分调节功能	王金叶、车克钧、王艺林	甘肃祁连山水源涵养林研究院	2001(5)
祁连山青海云杉温度变化对土壤呼吸的影响	罗龙发、牛赟、王艺林等	甘肃祁连山水源涵养林研究院	2007(1)
《林业科学研究》（1）			
祁连山林草复合流域降水规律的研究	王金叶、王顺利、张学龙等	甘肃祁连山水源涵养林研究院	2006(4)
《北京林业大学学报》（8）			
祁连山西部(北坡)青海云杉小蠹虫种类及其防治	傅辉恩等	祁连山水源涵养林研究所	1984
东祁连山西段(北坡)森林涵养水源作用的研究（第一阶段）	傅辉恩等	祁连山水源涵养林研究所	1984

续表

论文名称	作者	作者单位	期 号（年、期）
祁连山北坡小蠹虫区系初步研究	傅辉恩	甘肃祁连山水源涵养林研究所	1988（3）
云杉阿扁叶峰发生规律与综合防治的研究	傅辉恩	甘肃祁连山水源涵养林研究所	1997（2）
祁连山森林冰川和水资源现状调查研究	车克钧、傅辉恩	甘肃祁连山水源涵养林研究所	1998（6）
青海云杉嫁接技术研究	邓延安	张掖市林业调查规划队	2003（12）
祁连山水源涵养林经营现状分析与经营对策	王金叶、王顺利、常宗强	甘肃祁连山水源涵养林研究所	2004（4）
青海云杉半同胞子代测定初探	孔东升等	张掖市林业科学研究院	2006（6）
《东北林业大学学报》（6）			
河西荒漠区持续林业测度指标体系	张继义	甘肃祁连山水源涵养林研究院	2001（6）
河北杨组培苗优化配套移栽技术途径	冯谦、魏德胜、虎岷等	张掖市林果业研究所	2003（5）
自然越冬状态下四翅滨藜抗寒性生理指标的动态变化	李小燕、丁丽萍	张掖市林业科学研究院	2008（5）
四翅滨藜全光照喷雾嫩枝扦插试验研究	占玉芳、滕玉凤、甄伟玲	张掖市林业科学研究院	2008（7）
四翅滨藜改良盐碱地效果动态变化	丁丽萍、李小燕、孔东升等	张掖市林业科学研究院	2008（10）
四种宿根草本花卉的耐盐性	甄伟玲、王文、孔东升等	张掖市林业科学研究院	2009（11）
《福建林学院学报》（1）			
青海云杉木材物理力学性质试验研究	车克钧、贺红元、傅辉恩	甘肃祁连山水源涵养林研究所	1991（2）
《世界林业研究》（3）			
二白杨新疆杨化学出萌技术的研究	薛德一、柴洲泮	张掖地区行署林业处	1994
果尔除草剂防除苹果园杂草适用技术的研究	薛德一、何学福	张掖地区行署林业处	1994

续表

论文名称	作者	作者单位	期 号 （年、期）
果尔除草剂防治青海云杉新育苗床应用技术的研究	薛德一、曹俊	张掖地区行署林业处	1994
《中国林业》（8）			
苹果蠹蛾的危害与综合防治	田贤	民乐县林业技术推广站	2008（650）
紫叶矮樱快速育苗	段玉忠、马力、宗福生	张掖市林业科学研究院	2009（4A）
连翘嫩枝扦插育苗	段玉忠、马力、宗福生	张掖市林业科学研究院	2009（5A）
科学谋划确保湿地资源可持续发展	侯峰	高台县林业局	2010（3）
河西走廊生态环境保护调研	侯峰	高台县林业局	2010（10）
干旱区侧柏快速综合育苗技术	段玉忠	张掖市林业科学研究院	2010（11A）
圆冠榆接穗蜡封保鲜嫁接技术	段玉忠	张掖市林业科学研究院	2010（12B）
彩叶树种在园林景观中的选择与应用	田贤	民乐县林业技术推广站	2010（716）
《林业科技通讯》（改名为：林业实用技术）（20）			
干旱盐碱地高床灌溉造林	杨德育	张掖机械林场	1977（2）
应用 FUZZY 综合评判分析引种华北落叶松的适宜生态环境	车克钧	祁连山水源涵养林研究所	1985（6）
森林土壤涵养水源功能的研究	傅辉恩	祁连山水源涵养林研究所	1985（8）
GGR 在三倍体毛白杨嫁接育苗上的应用	段玉忠	张掖地区林果业研究所	2001（4）
金枝国槐嫁接繁育	陈斌、王红义	张掖市大隆寺林场	2012（6）
樟子松播种育苗技术	陈斌、王红义	张掖市大隆寺林场	2012（7）
河西走廊引种栽培美国黄松试验	陈斌、葛红元	张掖市大隆寺林场	2012（8）
河西走廊双孢菇生产中常见问题及应对措施	李建军	张掖地区林木病虫检疫防治站	2002（9）

续表

论文名称	作者	作者单位	期 号（年、期）
祁连圆柏苗圃应用森草净除草试验	孔东升等	张掖市林果业研究所	2004(10)
应用飞达红防除绿化苗圃地杂草试验	孔建军、刘贤德、孟好军等	甘肃祁连山水源涵养林研究院	2004(12)
杨树抗寒速生新品种引种育苗	魏治国、李庆会、汪永洋等	张掖市林业科学技术推广站	2005(1)
高寒半干旱地区国槐的移栽与养护	程新平、祝建刚	甘肃祁连山水源涵养林研究所	2005(12)
青海云杉、祁连圆柏良种基地化学除草技术研究	孔东升、马力、邓延安等	甘肃祁连山水源涵养林研究院	2007(4)
河西走廊旱地造林保温技术	郑三军	高台县林业局	2007(6)
临泽小枣树合理施肥量研究	孟好军、窦长保、宋恩泰	甘肃祁连山水源涵养林研究院	2007(8)
干旱半干旱地区防治扁桃抽条技术研究	张宏斌、孟好军、杨道虎等	甘肃祁连山水源涵养林研究院	2008(1)
临泽小枣树落花落果规律研究	窦长保、孟好军、宋恩泰等	临泽县林果业技术推广中心	2008(3)
红刺玫全光喷雾嫩枝扦插试验	占玉芳	张掖市林业科学研究院	2008(3)
生长调节剂对金叶莸全光照自动喷雾扦插效果的影响	占玉芳、蔺国菊、王文等	张掖市林业科学研究院	2009(3)
连翘育苗技术	段玉忠	张掖市林业科学研究院	2009(9)
《西北林学院学报》(6)			
祁连山山地森林消洪补枯作用及功能分析	王金叶、常宗强	甘肃祁连山水源涵养林研究所	2001(6)
杏树引种试验研究	贾永礼、郭满寿	张掖地区林果业研究所	1996(1)
不同种源河北杨生长效应及经济效益对比分析	冯谦、李庆会、赵建才等	张掖地区林果业研究所	1997(3)
祁连山水源涵养林土壤渗透功能的分析与评价	牛赟、刘贤德	甘肃祁连山水源涵养林研究所	2001(1)
祁连山森林牧场生态系统特征与可持续管理	常宗强 徐柏林、王金叶等	甘肃祁连山水源涵养林研究所	2001(1)

续表

论文名称	作者	作者单位	期　号 （年、期）
青海云杉半同胞子代测定初探	孔东升、马　力、邓延安等	张掖市林业科学研究院	2007（1）
《中南林学院学报》（1）			
祁连山林草复合流域土壤水分状况研究	王金叶	甘肃祁连山水源涵养林研究所	2006（1）
《林业科技》（2）			
高海拔冷凉区日光温室灵芝栽培技术	李建军	张掖地区林木病虫检疫防治站	2002（1）
河西中部沙漠治理中应用生态垫对沙丘水分的影响	占玉芳、蔺国菊	张掖市林业科学研究院	2007（1）
《森林防火》（1）			
祁连山北坡森林火险等级指标的研究	车克钧、王金叶、党显荣	甘肃祁连山水源涵养林研究所	1994（1）
《林业科技开发》（4）			
荒漠绿洲区樟子松育苗技术	占玉芳	张掖市林果业研究所	2003（5）
石砾河滩沙棘栽培技术	孟好军	甘肃祁连山水源涵养林研究所	2004（1）
河西走廊荒漠区沙棘引种试验	窦长保、张永东、朱耀恒等	临泽县林果业技术推广中心	2006（3）
覆盖地膜草皮在祁连山浅山区造林中的应用	孟好军、董晓莉	甘肃祁连山水源涵养林研究所	2004（4）
《中国森林病虫》（2）			
覆盖地膜草皮在祁连山浅山区造林中的应用	孟好军、董晓莉	甘肃祁连山水源涵养林研究所	2004（4）
河西走廊荒漠区沙棘引种试验	窦长保、张永东、朱耀恒等	临泽县林果业技术推广中心	2006（3）
二、农业基础科学类			
《甘肃农业大学学报》（4）			
不同杨树种类对烂皮病的抗性调查初报	李庆会、王国治	张掖地区林果业研究所	1998（4）
新李1号引种试验研究	徐发辉	山丹县林业技术工作站	1998（33）
河西地区连翘栽培技术	牛赟、张宏斌、杨秋香等	甘肃祁连山水源涵养林研究所	2003（2）

续表

论文名称	作者	作者单位	期 号 (年、期)
河西走廊地区发展设施果树的前景及方向	杨苏亭	高台县林业局	2002(37)
《内蒙古农业大学学报》(1)			
祁连山西水林区土壤水分物理性质特征分析	成彩霞、张学龙、刘占波等	甘肃祁连山水源涵养林研究院	2007(4)
《水土保持学报》(7)			
祁连山寺大隆林区水土流失状况的初步研究	贺红元、车克钧、傅辉恩	甘肃祁连山水源涵养林研究所	1992(1)
祁连山水源涵养林区水质特征分析	王顺利、王金叶、张学龙	甘肃祁连山水源涵养林研究院	2004(6)
祁连山林草复合流域土壤水文效应	王金叶、王顺利、张学龙、葛双兰	甘肃祁连山水源涵养林研究院	2005(3)
祁连山青海云杉林苔藓枯落分布与水文特性	王顺利、王金叶、张学龙等	甘肃祁连山水源涵养林研究院	2006(5)
祁连山林区苔藓垂直分布特征与水文功能分析	车宗玺、刘贤德	甘肃祁连山水源涵养林研究院	2006(6)
祁连山放牧草原土壤呼吸及影响因子分析	车宗玺、刘贤德、王顺利等	甘肃祁连山水源涵养林研究院	2008(5)
祁连山林草复合流域灌木林土壤水文效应研究	金铭、张学龙、刘贤德等	甘肃祁连山水源涵养林研究院	2009(1)
《水土保持通报》(2)			
祁连山不同林地类型土壤特性及其水源涵养功能	孙昌平、刘贤德、雷蕾等	甘肃祁连山水源涵养林研究院	2010(4)
祁连山排露沟小流域土壤物理性质空间差异研究	王顺利、刘贤德、金铭等	甘肃祁连山水源涵养林研究院	2010(4)
《土壤通报》(1)			
祁连山不同森林植被类型对土壤微生物特性研究	孟好军、刘贤德、金铭等	甘肃祁连山水源涵养林研究院	2007(6)
《水土保持研究》(1)			
祁连山北坡主要植被下土壤异质性研究	牛赟、敬文茂	甘肃祁连山水源涵养林研究院	2008(4)

续表

论文名称	作者	作者单位	期　号 （年、期）
《中国生态农业学报》（1）			
栽培技术条件对苹果梨品质影响的数量分析	张继义	甘肃祁连山水源涵养林研究所	200（1）
三、植物保护类			
《农药》（1）			
腈菌唑防治樟子松猝倒病	段玉忠、占玉芳、贾永礼等	张掖地区林果业研究所	1999（1）
《植物保护》（1）			
野西瓜嫁接瓟瓜防治西瓜枯萎病	王文、甄伟玲	张掖地区林果业研究所	1996（6）
《中国植保导刊》（2）			
河西走廊食用菌主要害虫及控制措施	李建军、柴洲泮	张掖地区林木病虫检疫防治站	2002（1）
胡萝卜斑枯病病原菌越冬场所及初侵染来源研究	李建军	张掖市林木病虫检疫防治站	2005（4）
《植物生态学报》（1）			
科尔沁沙地植被恢复系列上群落演替与物种多样性的恢复动态	张继义	甘肃祁连山水源涵养林研究所	2004（1）
《森林病虫通讯》（3）			
沙枣吐伦蛴螬的生活习性及防治	张威铭、段玉忠	张掖地区林业科学研究所	1980（4）
飞机超低容量防治沙枣木虱效果好	张威铭、汤兴贵	张掖地区林木病虫检疫防治站	1983（3）
云杉阿扁叶峰卵分布规律和抽样技术的研究	汪有奎、刘贤德、袁虹	甘肃祁连山水源涵养林研究所	1995（4）
四、园艺期刊			
《中国果树》（10）			

续表

论文名称	作者	作者单位	期 号（年、期）
苹果梨采用长接穗坐地嫁接效果好	汤兴贵	张掖地区林业科学技术推广站	1992（2）
来果灵对苹果梨生长结果的影响	汪永洋、张宏斌、魏治国	张掖地区林业科学技术推广站	1998（2）
苹果梨幼树拉枝试验	张继义、赵国生、董晓莉等	甘肃祁连山水源涵养林研究所	2001（1）
甘肃省临泽枣树冻害调查	宋恩泰	临泽县林业局	2004（1）
河西走廊无公害果品发展思路	徐志强	甘州区林业局	2007（2）
4 个仁用杏品种在甘肃张掖的引种试验	温源、汪永洋、杨自勉	张掖市林业科学技术推广站	2007（124）
苹果蠹蛾在甘肃张掖的发生及防控技术	徐志强	甘州区林业局	2008（4）
2008 年甘肃临泽枣树冻害调查	孟好军、窦长保、刘贤德	甘肃祁连山水源涵养林研究院	2009（1）
梨品种中梨 1 号在甘肃高台的引种表现	邵军辉	高台县林业局	2009（3）
甘肃临泽枣绮夜蛾发生规律及综合防治	王建、刘天忠、窦长保	临泽县林果业技术推广中心	2010（1）
《北方园艺》(19)			
杏树良种耐寒性研究	冯军仁	张掖地区林果业研究所	1994（11）
野西瓜嫁接打瓜抗枯萎病	王文、甄伟玲、蒋迪军	张掖地区林果业研究所	1997（1）
春尺蠖在张掖苹果梨区的发生及防治	李小燕	张掖地区林果业研究所	1998（3）
芭蕉在河西地区引种栽培	赵文龙	张掖地区林果业研究所	1998（4）
室内植物引种布置及管护	胡毅、冯军仁	张掖地区林果业研究所	1999（3）
苹果病毒病的发生及防治趋势	李小燕、蔺国菊等	张掖地区林果业研究所	2002（5）
芦笋特性及其栽培技术	冉永军、丁丽萍等	张掖市林果业研究所	2003（3）

续表

论文名称	作者	作者单位	期 号 (年、期)
美洲斑潜蝇发育历期的室内观测与防治	雷军	甘肃祁连山水源涵养林研究所	2003(5)
沙地李园优质丰产栽培技术	甄伟玲、王文	张掖市林果业研究所	2004(5)
四种药剂防治李园四纹丽金龟比较试验	王文、甄伟玲	张掖市林业科学研究院	2006(6)
宿根福禄考扦插繁育技术	王文、甄伟玲	张掖市林业科学研究院	2007(1)
红叶小檗温室播种育苗试验研究	甄伟玲、王文、占玉芳	张掖市林业科学研究院	2007(2)
荷兰菊嫩枝扦插繁殖试验研究	滕玉凤、胡喜梅、占玉芳	张掖市林业科学研究院	2007(2)
红叶李嫁接繁育技术	甄伟玲、王文	张掖市林业科学研究院	2007(6)
丁香播种育苗及一年生苗木生长规律	占玉芳、甄伟玲、王文等	张掖市林业科学研究院	2007(3)
红王子锦带扦插繁育技术	王文、孔东升、杜国新	张掖市林业科学研究院	2007(4)
紫叶酢浆草繁育及种球贮藏的关键技术	丁丽萍、王文、甄伟玲	张掖市林业科学研究院	2007(11)
一串红种子不同处理方法育苗试验	滕玉凤、甄伟玲、占玉芳等	张掖市林业科学研究院	2008(2)
日光温室珍珠梅播种育苗技术	胡喜梅、滕玉凤、丁丽萍	张掖市林业科学研究院	2008(6)
《食用菌》(1)			
杂木屑玉米芯袋栽平菇试验	赵文龙	张掖地区林果业研究所	1997(2)
《经济林研究》(3)			
苹果引种试验研究初报	郭满寿、贾永礼、甄伟玲等	张掖地区林果业研究所	1996(2)
张掖地区日光温室果树栽培的发展前景及对策浅析	王文、甄伟玲、段玉忠	张掖地区林果业研究所	1997(2)
枣树嫁接综合配套应用技术研究	段玉忠、贾永礼	张掖地区林果业研究所	1999(3)

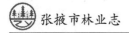

续表

论文名称	作者	作者单位	期 号（年、期）
五、自然科学类			
1.动物学			
《昆虫分类学报》(1)			
寄生云杉树蜂的枝跗瘿蜂一新种	杨忠岐、刘贤德	甘肃祁连山水源涵养林研究所	1992(6)
《昆虫知识》(1)			
榆跳象的生物学特性及防治	李小燕	张掖地区林果业研究所	1999(5)
2.地理学			
《冰川冻土》(3)			
祁连山森林覆盖区河川径流组成与时空变化分析	王金叶、车克钧闫克林等	甘肃祁连山水源涵养林研究所	1999(1)
祁连山排露沟流域水分状况与径流形成	王金叶	甘肃祁连山水源涵养林研究院	2006(1)
祁连山不同植被类型对积雪消融的影响	车宗玺、金铭、张学龙等	甘肃祁连山水源涵养林研究院	2008(3)
《山地学报》(5)			
祁连山北坡中部气候特征及垂直气候带的划分	张虎、马力、温娅莉	甘肃祁连山水源涵养林研究院	2001(6)
祁连山主要植被下土壤水的时空动态变化特征	牛赟、张宏斌	甘肃祁连山水源涵养林研究院	2002(6)
祁连山北坡垂直带土壤碳氮分布特征	胡启武、欧阳华、刘贤德	甘肃祁连山水源涵养林研究院	2006(6)
基于层次分析法的张掖湿地生态功能研究	王清忠、牛赟	甘肃祁连山水源涵养林研究院	2007(5)
祁连山青海云杉林截留对降水的分配效应	张学龙、罗龙发、敬文茂等	甘肃祁连山水源涵养林研究院	2007(6)
《干旱区资源与环境》(3)			

续表

论文名称	作者	作者单位	期 号 （年、期）
荒漠化地区优良种质材料选育	马力、孔东升	甘肃祁连山水源涵养林研究院	2002（1）
黑河流域中游地区生态环境与林业产业体系建设	宗福生、魏德胜、李庆会等	张掖市林果业研究所	2003（5）
祁连山区沙棘人工林生态经济效益分析	孟好军、刘贤德、王顺利	甘肃祁连山水源涵养林研究院	2005（3）
《干旱区地理》（2）			
祁连山森林内外主要气象因子对比研究	刘贤德、牛赟、敬文茂等	甘肃祁连山水源涵养林研究院	2009（1）
干旱半干旱区山地森林类型的土壤水文特征	刘贤德、李效雄、张学龙等	甘肃祁连山水源涵养林研究院	2009（5）
《干旱区研究》（2）			
祁连山不同海拔梯度和放牧强度土壤呼吸变化特征	刘贤德、车宗玺、金铭等	甘肃祁连山水源涵养林研究院	2009（1）
论西部大开发中张掖市生态环境建设	冉永军、丁丽萍等	市林果业研究所	2003（2）
《中国沙漠》（5）			
河西走廊区农田林网防风保水试验研究	刘建勋、张继义、杨秋香	甘肃祁连山水源涵养林研究所	1996（2）
张掖灌区农田林网农业经济效应分析与评价	李庆会	地区林果业研究所	1996 年专辑
河西走廊中部农田防护林防风效应初探	刘建勋、蔺国菊、申桂莲等	地区林果业研究所	1997（4）
甘肃省张掖市土地荒漠发展动态及成因探析	王金叶	甘肃祁连山水源涵养林研究院	2005（3）
祁连山自然保护区不同高度带气候差异性分析	车宗玺、刘贤德、李秉新等	甘肃祁连山水源涵养林研究院	2010（4）
《经济地理》（1）			

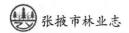

续表

论文名称	作者	作者单位	期 号 （年、期）
祁连山丹霞地貌区生态旅游与可持续发展	刘贤德、孟好军	甘肃祁连山水源涵养林研究院	2007（8）
《湿地科学》（1）			
黑河流域中上游湿地生态功能评价	牛赟、刘贤德、张宏斌等	甘肃祁连山水源涵养林研究院	2007（3）
3.生物科学			
《生态学杂志》（3）			
祁连山森林生态环境与黑河流域径流量的灰色关联分析和拓扑预测	车克钧、贺红元	甘肃祁连山水源涵养林研究所	1992（5）
青甘边区黑河流域森林植被带及其昆虫系的组成	傅辉恩、张友、黄复生	甘肃祁连山水源涵养林研究所	1992（6）
祁连山植被水文效应的多层次FUZZY综合评判	车克钧、傅辉恩	甘肃祁连山水源涵养林研究所	1993（3）
《生态经济学报》（1）			
退耕还林与生态恢复的理论浅析	魏德胜、刘建勋、陈大庆等	张掖市退耕还林办公室	2004（1）
《生物多样性》（1）			
祁连山北坡生物多样性的特点与持续发展	王金叶、车克钧傅辉恩	甘肃祁连山水源涵养林研究所	1997.专辑
4.大气科学			
《气象》（1）			
祁连山青海云杉林辐射平衡研究	王金叶、张虎、闫文德	甘肃祁连山水源涵养林研究所	1997（1）
《高原气象》（1）			
祁连山林区降水特征与森林截流作用研究	常学向	甘肃祁连山水源涵养林研究院	2002（3）

第六节　国际交流

一、国际合作项目

1997 年开始,引进外资项目发展林业,至 2010 年,共引进 3 个外资项目。

1997 年—1999 年,由甘肃省祁连山水源涵养林研究所执行 UNDP(联合国开发计划署)无偿援助的"中国森林可持续经营能力建设研究与推广项目"。项目目标为制定张掖市森林可持续经营标准与指标体系,建立经济林、祁连山水源涵养林、农田防护林 3 个示范点。项目总投资 120 万美元,其中由联合国开发计划署无偿援助 60 万美元,项目已如期完成。

2004 年—2008 年,完成日本协力银行贷款项目——"日元贷款重点风沙区生态环境综合治理",项目涉及甘州、民乐、临泽三县(区)20 多个农林场(站),建设规模 3.35 万公顷,其中:封沙育林(草)1.61 万公顷、工程治沙 0.035 万公顷、营造公益林 1.34 万公顷、经济林 0.36 万公顷,并完成蓄水池、道路、农电工线路等配套工程。

2003 年—2007 年,由市林业科学技术推广站执行的北京市林业国际合作项目管理办公室下达的"生态垫在沙漠治理中的应用技术研究"项目在山丹、甘州区、临泽、市园林绿化局建立生态林、治沙造林、设施葡萄、城区绿化示范点 6 个,示范推广面积 100 公顷。项目总投资 28.4 万元。2008 年获张掖市科技进步三等奖。

二、赴国外考察学习

1991 年—2010 年,全市林业系统有 11 批(次)20 人随团出国进行林事考察。其中 1991 年—2002 年,由林业部"三北"局、省人大、国家科委、中科院沙漠所、亚洲开发银行等组团,分批(次)到美国、德国、俄罗斯、以色列、新西兰、澳大利亚、新加坡等 7 个国家进行考察。2005 年 10 月,市林业科学研究院院长孔东升参加由省人事厅专业人才管理处组织的赴欧洲考察团,就欧洲发达国家林业可持续发展模式进行考察学习。2006年,山丹县林业局局长姚积生,县林业局副局长、大黄山林场场长杨青两人赴欧洲11国考察学习。2007年6月,正高级工程师孔东升等参加由国家外专局组织青海、内蒙古、甘肃、贵州4省区的高级人才培训团赴以色列进行为期14天的荒漠化治理培训。2010年11月,甘肃省祁连山水源涵养林研究院刘贤德研究员参加在加拿大举办的"国际森林碳汇研讨会"。1988年—2007年,祁连山国家级自然保护区管理局及保护站共有21批(次)59人次出国考察、交流或培训。

三、到张掖考察林业的国外团组与人士

到张掖考察的国外团组与人士,大多是经济技术合作项目上的项目专家和特邀专家。除此,多集中在祁连山林区及治沙、野生动物为主要对象的考察。祁连山国家级自然保护区管理局于1986年—2005年,接待到祁连山自然保护区(林区)考察的国外团组5批(次)9人,其中日本考察团2批(次)3人,美国、德国、加拿大各1批(次)6人。

2007年7月19日,省外专局引智项目《祁连山水源涵养林可持续经营研究》实施,德国林业专家Klaus Hermann von Wilpert教授在甘肃省祁连山水源涵养林研究院祁连山森林生态站开展为期12天的合作交流。2010年,中国环境科学研究院何萍研究员、徐杰博士、韩立强博士、天津师范大学满良教授,以及来自德国Greifswald University和意大利Free University of Bolzano的12名中外方专家组成的黑河流域考察组,就中外合作研究项目《中亚内陆干旱区聚落水管理和湿地恢复》,考察黑河流域及张掖近郊湿地恢复情况,并召开黑河流域生态背景、环境状况及湿地水系恢复状况座谈会。

市林业科学研究院于2001年8月邀请德国格哈德·罗依特教授就花卉栽培及葡萄产业化发展问题进行指导和研讨。2007年9月,邀请法国专家咨询协会湿地专家Dejoux Claude博士对实施的《甘肃黑河流域张掖段湿地保护与恢复工程》《黑河流域湿地植物资源调查与保护技术研究项目》进行指导,并召开水生态问题、湿地类型及其生态功能、人类活动与水资源关系的专题讲座。2008年10月,邀请以色列土壤演化、水文地理、水土保持专家噶弗尼·艾维汉姆博士对实施的《干旱区盐碱地改良及造林技术研究项目》进行指导,重点解

决干旱荒漠区盐碱地改良技术、湿地保护和造林技术难题。

1988年—2006年，先后有德国、美国、西班牙、挪威、日本、菲律宾等7个国家的官员、专家、猎人13批26人，对野生动物、湿地等自然保护区进行考察、合作研究和开展狩猎活动。

1991年6月，中日专家及学员一行15人，赴河西沙区等地考察。1997年—2005年，接待"中国森林可持续经营能力建设研究与推广项目""亚洲开发银行技术援助甘肃省优化荒漠化防治方案项目""日元贷款重点风沙区生态环境综合治理项目"的考察专家3批48人次。

第七节　林学会、协会

为充分发挥林业科技人才智力优势，加强林业科技工作者与政府部门的联系，张掖市林业部门相继组建林学会、野生动物保护协会和葡萄协会，成为联系政府部门和广大林业科技工作者的桥梁和纽带，促进了林业事业健康快速发展。

一、林学会

"张掖市林学会"（下称"学会"），是张掖市科学技术协会和中国林学会的组成部分，是由市内林业科技人员、林业工作者自愿组成、依法登记成立的学术性、科普性等非营利性群众团体。1991年，张掖地区行署民政处批复，张掖地区林学会依法登记注册为非法人社会团体。学会的业务主管单位是张掖市科学技术局，社团管理部门为市民政局，接受市科技局、林业局、民政局的业务领导和监督管理。挂靠张掖市林业局。同时，接受甘肃省林学会的业务指导。

（一）发展历程

1. 学会组织机构

1979年3月1日，成立"张掖地区林学会"，2003年更名为"张掖市林学会"。至2010年，历经8次换届，组成各届的组织领导机构。

第一届理事会（1981年6月组成）：理事长魏克勤，副理事长董存友、白生录、傅辉恩，常务理事王宏楼、白生录、傅辉恩、杨德育、张威铭、董存友、薛德一、

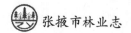

魏克勤,秘书长张威铭,副秘书长薛德一。理事 16 人。

第二届理事会(1983 年 2 月组成):理事长董存友,副理事长魏克勤、庞庆荣、白生录、傅辉恩,秘书长张威铭。理事 16 人。

第三届理事会(1984 年 12 月组成):理事长郑守格,副理事长白生录、傅辉恩、张威铭,秘书长张威铭(兼),副秘书长贾永泰。常务理事 8 人,理事 15 人。

第四届理事会(1986 年 12 月组成):理事长:魏克勤,副理事长白生录、胥明肃,秘书长贾永泰,副秘书长何立本。常务理事 7 人,理事 15 人。

第五届理事会(1992 年 2 月组成):理事长薛德一,副理事长古亚奇、傅辉恩、胥明肃,秘书长刘毅。常务理事 9 人,理事 23 人。

第六届理事会(1997 年 6 月组成):理事长古亚奇,副理事长胥明肃、车克钧、刘建勋,秘书长李庆会,副秘书长冯谦、孟宪虹。常务理事 4 人,理事 21 人。

第七届理事会(2003 年 3 月组成):理事长赵鲁平,副理事长刘兴明、刘贤德、李庆会,秘书长明海国,副秘书长孟宪虹、魏德胜。常务理事 8 人,理事 20 人。

第八届理事会(2007 年 11 月组成):理事长刘建勋,副理事长刘兴明、刘贤德、李庆会,秘书长李庆会(兼),副秘书长梁军、强翔。常务理事 11 人,理事 24 人。

2. 学会专业学组

至 2010 年底,学会有 16 个二级学会(组)、1 个专业委员会,并依法在市民政局登记。

3. 社团整顿与年检

1997 年—1998 年,国家民政部等相关单位在全国部署民间社团整顿工作,市林学会按照市民政局的统一部署,按程序进行整顿。经市民政局审核,市林学会于 1998 年成为准予重新登记的合格社团。根据国务院颁布的《社会团体登记管理条例》规定,地区行署林业处有组织、有计划地进行清理整顿,申请登记。

从 1991 年起,民间组织实行年检制,即每年按市民政局和《社团管理条例》的要求向民政局报告学会活动情况,接受监督审查。至 2010 年各年份均为"年检合格"。

(二)学会会员

1963 年张掖地区有会员 2 人,1964 年为 10 人,1984 年为 41 人,1985 年为 204 人,1995 年 240 人,持全国学会会员证的 137 名,2010 年发展到 540 人。

（三）学会主要活动

1. 第一至四届理事会期间（1979年3月—1992年2月）的主要活动

①邀请国内知名专家作学术报告。1979年8月4日，邀请中国林学会副理事长、中国植物研究所所长朱济凡作《森林与水的关系》及《防风固沙技术》的专题学术报告，国家林业部"三北"防护林建设局顾问、北京林学院教授关君蔚作《森林对自然的塑造作用》学术报告；1980年3月和12月，邀请青海省大通县林业工程师关俊、陈建新作"密度控制图编制技术"专题学术报告；1982年2月和1984年2月，邀请甘肃农业大学副教授薛绍瑄作《病虫害的综合防治问题》学术报告2次；1987年7月，特邀中国科学院动物研究所黄复生研究员作《河西地区昆虫区系》学术报告，参加50多人。②参加国内学术交流会。1979年—1986年，参加全国学术交流会10次12人，交流论文10篇；25人参加省学术交流会议5次，提交论文30篇。③召开学术年会6次。收到学术论文250余篇。汇编《科技兴林·学术讨论会论文集》《1989—1990学术年会论文集》。④发展新会员。在第一、二届理事会期间发展会员119人。⑤召开项目论证会。1986年召开论证会8次，对张掖灌区农田林网更新改造技术的试验研究、祁连山（北坡）灌木林改造利用研究、张掖地区林业区划及"七五"期间经济林规划、国营林场多种经营规划、祁连山水源涵养林保护和发展规划、治沙造林规划、农田林网规划进行论证。⑥成果鉴定验收。召开鉴定验收会15次，验收科研、推广成果20多项。

2. 第五届理事会期间（1993年5月—1997年6月）的主要活动

①召开专题研讨会。1994年3月15日，召开全区经济林及防护林建设专题研讨会，有12位专家作专题发言。②参加省治沙所联谊会暨省治沙专业委员会年会，收到论文40余篇。1994年，被张掖地区表彰为"张掖地区1993年度先进学会"。③召开学术交流会2次，交流学术论文84篇，汇编论文集2部，评选优秀论文18篇。承担部、省、地列科研、推广项目29项。④组织科学技术考察8次，参加150多人次。到辽宁、山东、河北、河南、山西、宁夏、新疆、北京等八省、区、市考察林木良种、高效林业、日光温室果树栽培、滴灌渗透等技术。⑤组织会员出席国际、国内学术会议10次。有25名会员参加会议，28篇论文获优秀论文奖。1996年10月，地区科协召开第一届学术交流会，学会选送的4篇

论文获优秀论文奖。

3. 第六届理事会期间(1997年6月—2003年3月)的主要活动

①召开学术交流会及年会。1997年6月10日换届选举产生第六届理事会,并进行学术交流,收到学术论文52篇,大会交流10余篇。2001年2月,召开2000年度学术年会,参会代表70余人,收到学术论文55篇,大会交流论文28篇。②召开研讨会。1999年1月29日,召开全区经济林发展与对策研讨会。2002年,召开林业生态建设与可持续发展战略研讨会,针对林业发展现状和存在问题,结合"十五"期间实施的"五个一"行动计划和林业生态、绿色通道、林网改造、经济林结构调整等重点工程展开研讨。会议收到论文76篇。有28名会员被中国林学会授予"劲松奖"。③邀请国外知名专家作学术报告。2000年5月,邀请德国专家格哈德·罗伊特教授在地区林果所进行葡萄组培、微型繁殖讲座。

4. 第七届理事会期间(2003年3月—2007年11月)的主要活动

①开展调查研究。按照建设"生态文明、生态安全、生态良好"和谐张掖的目标,按照"南北封育、中间改造、周边退耕"的总体布局,围绕生态建设和林业产业两大主题,开展调查研究。②召开学术年会。组织开展灵活多样的学术活动,组织召开学术年会3次,提交论文184篇,评选优秀论文81篇,汇集论文集3册。2005年12月8日,召开张掖市第一届学术年会林业分会,进行论文交流,编印论文集1册。③举行学术报告会。先后邀请法国咨询协会湿地专家De Joux Claude博士,中科院寒旱所、甘肃农业大学等知名专家10人,就湿地保护、遥感地理信息系统、设施葡萄栽培、退耕还林后续产业培育等,举办学术报告6场次。④召开研讨会。组织会员就大果沙棘产业、刺柏苗木移栽、仁用杏产业发展、杨树蛀干天牛防治等难点问题,举办7次专题研讨会。⑤召开常务理事会,2005年召开常务理事会3次,成立市林学会野生动物保护专业委员会,修改、通过林学会章程。2006年召开常务理事会1次,推荐林业青年科技奖候选人。新发展市林学会会员27名,推荐省林学会会员49名。

5. 第八届理事会期间(2007年11月—2010年12月)的主要活动

2007年11月9日,换届选举产生第八届理事会。①召开学术年会。至2010年,紧紧围绕生态文明大市和现代农业大市建设主题,组织开展灵活多样的学术活动,组织召开学术年会3次,提交论文186篇,评选优秀论文50多篇,出版论文集 3 册。②召开学术研讨会。组织科技人员围绕湿地保护、防沙治沙、红梨及设施葡萄发展定位及对策等难点问题,举办 8 次学术研讨会。③总结设施葡萄栽培经验。总结出的"2+4+3 葡萄病害预防技术"达到国内领先水平。创新总结出"8+4+3 葡萄品质提升技术",突破技术瓶颈,受到全国葡萄行业知名专家好评。④引进、配套先进技术,四年引进林果新品种 160 个、新技术 42 项,推广新品种 83 个、新技术 40 项。⑤制定技术标准,围绕设施葡萄产业发展,制定地方标准 5 项。

表 6-11　中国林学会劲松奖获得者名录

届　次	人数	姓　名	年度
第一届	23	董存友、梁克俭、米占山、魏克勤、贾永泰、白生录、陆启勇、姚继祖、周定国、傅辉恩、樊成高、冯绍尧、蔡廷输、何立本、刘绍先、张威铭、刘生勤、薛德一、屈宗贤、封益民、姚春云、彭世秀、权忠	1984
第二届	31	闫双印、王守魁、钱魏鼎、常桂君、刘丰荣、郝玉福、张其湛、兰俶、王修德、边成祥、张俊弟、瞿龙发、袁国钧、杨茂盛、史进学、胥明肃、巢竹亭、蔡风基、周国儒、闫星、黄先孝、张多寿、赵守纲、杨景铭、许有明、童玲德、韩仲余、白成英、蒋近坤、包学忠、李树山、康金堂、宁学成、王得栋	1988
第五届	27	李进虎、姚春云、胡喜梅、李建国、王丛花、柴洲泮、李远森、王兴平、孟好军、边彪、肖占福、苗旺、王梅桂、宋财儒、曹俊、胡富国、孙玉德、吴谦周、刘廷禄、王国庆、张世清、王君义、滕兴炜、秦克荣、陈学忠、于安、胡荣星	2002
第六届	33	汤兴贵、魏向华、伏世祖、周元圣、赵鲁平、刘建勋、刘贤德、王清忠、贺红元、李庆会、邓延安、魏治国、李兰萍、蔡红荣、李建军、韦炜、徐志强、杨青、徐发辉、曹新明、陈多勤、徐柏林、刘伟茂、王建英、杨苏亭、王玉忠、邵军辉、黄步青、陈鸿、裴延礼、杨效忠、李有贤、屈虹	2008

二、野生动物保护协会

1986 年,经地区行政公署批准成立"张掖地区野生动物保护协会",名誉会长崔岩,会长郑守格,副会长李继唐、吴毓恭、周永槐、贺乾生、屈宗贤、蒋俊魁、魏克勤、胥明肃,秘书长胥明肃(兼),副秘书长杨作义、钟琼芳、何立本,理事44人,常务理事25人。

1991年,根据国务院《社会团体登记管理条例》规定,地区林业处对该协会进行清理整顿,并申请登记注册为非法人社会团体。

三、生态学会

张掖地区生态学会于1991年7月6日甘张地民社复自〔1994〕第027号函批复正式在张掖成立。自成立以来,学会围绕张掖地区生态环境建设和经济建设广泛联系各行业的广大会员,在上级学会和地区各有关部门的领导和大力支持下,在开展学术交流、技术咨询、业务培训及发展会员等学术活动方面取得了一定成绩。学会于1994年2月28日改选换届,产生张掖地区生态学会第二届理事会,共有21名理事当选,第二届理事会共设常委9人。特聘张掖地区行署副专员孙之美为名誉理事长,张掖地区行署副专员刘隽、地区科协主席刑志广为名誉副理事长。理事长:傅辉恩。副理事长:刘慎模、吴焕文、俞康才。秘书长:尚兴。副秘书长:贺红元。

四、葡萄协会

2009年2月19日,经张掖市民政局批准成立"张掖市葡萄协会"。挂靠市林业局,接受市林业局、市民政局的业务领导、指导和监督管理。全市成立市级葡萄协会1个,县级葡萄协会6个,乡镇、村社葡萄专业合作社24个。

第一届理事会 名誉理事长张平,技术顾问常永义,理事长伏世祖,副理事长刘建勋、李庆会、祁振东、岳世峰、张永祥、杨青、张明德、杨志峰,秘书长刘建勋,副秘书长王兴平、张浩林。

第二届理事会 名誉理事长张平,技术顾问常永义,理事长聂斌,副理事长王清忠、李庆会、王迪东、鲁立军、张永祥、杨青、张文学、杨志峰,秘书长王清忠,副秘书长王兴平、张浩林。

2009年9月2日,由中共张掖市委、市人民政府主办,张掖市葡萄协会承办,召开"张掖市设施葡萄延后栽培研讨会";2010年11月24日,组织召开张掖市葡萄协会一届五次理事会,经征求会员、葡萄种植户、企业代表等方面的意见,开通金张掖红提葡萄网站;统一"金张掖红提"品牌,统一质量标准,统一技术标准,统一包装,统一销售价格。

2010 年 12 月 2 日—4 日,由张掖市人民政府主办,林业局、市葡萄协会承办召开"全国设施葡萄科技研讨会暨金张掖红提开园仪式",来自中国农学会葡萄分会、有关高校的 32 位全国知名葡萄专家学者,北京、天津、河南、山东、内蒙古、新疆、宁夏等 17 个省、市、自治区的 120 多名林果业科技工作者及 50 多名葡萄生产经营者、葡萄经纪人代表参加研讨会,举办张掖设施葡萄现场观摩、金张掖名优果品展、葡萄销售签约仪式、全国设施晚熟葡萄评比等活动。

第二章　林业教育

民国三十年（1941年），成立甘肃省张掖地区农业学校，设有林科班，开始林业专业人才培养。中华人民共和国成立后，张掖林业教育事业经历艰难、曲折的发展历程。1958年张掖地区农业学校和张掖农业合作化干部学校合并，成立张掖农学院，设有农业、林业、果树等专业，1961年底改名"甘肃省张掖农业学校"。"文化大革命"期间，林业教育机构全部瘫痪，林业教育遭受严重破坏。中共十一届三中全会以来，张掖林业教育工作在恢复的基础上得到较快发展。1980年初开始，地、县（市）各级林业部门每年举办技术训练班，并鼓励林业职工积极参加学历教育。林业职工培训教育工作以提升综合素质为目标，以提高能力为核心，制定教育培训计划，举办各类培训班。2001年经教育部批准，组建成立河西学院，为张掖地区乃至河西地区现代林业建设提供有力的智力支持和人才保障。

第一节　中、高等教育

一、中等教育

（一）张掖农校

民国三十二年（1943年）、三十四年（1945年）、三十七年（1948年），3期招进林科学生130人，学制5年，于1948年、1950年、1953年学满，共毕业学生34人。1953年—1955年3期招收林科学生116人，于1956年—1958年毕业学生103人。

1958年，将张掖农校和张掖农业合作化干部学校合并，成立张掖农学院（后改为"张掖农业专科学校"），是年招进林科大专班学生33人，于1961年毕业28人。1961年底，甘肃省农业厅决定，恢复甘肃省张掖农校，未毕业的专科学生改为中专班。1964 年张掖农校招进林学班 45 人,1968 年毕业 22 人。

1978 年—1993 年,共招园艺专业学员 700 人(含代培生),毕业 600 人,其中:招二年制学生 340 人,全部毕业;三年制学生 200 人,毕业 120 人;四年制学生 160 人,毕业 140 人。

(二)张掖专区林校

1958 年 6 月成立肃南林校,时有学生 81 人。1958 年 9 月成立张掖专区五泉林校,时有学生 58 人。1959 年 4 月,五泉林校与肃南林校合并,成立张掖专区林校,时有学生 139 人,经过调整,留校学生 63 人。1960 年设三年制林学班 2 个,四年制林学班 1 个。1961 年专区林校撤销,其中有 40 多名学生分配武威、张掖、酒泉等地工作。

(三)甘肃山丹培黎农林牧学校

由国际主义战士、新西兰著名社会活动家路易·艾黎倡导,省政府批准创办的一所具有光荣历史和优良传统的全日制中等专业学校。1985 年,路易·艾黎来甘肃考察时,再次倡议开办"山丹培黎农林牧学校",由甘肃省农业、畜牧、教育诸厅共同筹资和国内外友好组织及人士捐助,于 1987 年 4 月 21 日路易·艾黎来华工作 60 周年之际正式开学招生。学校为中专建制。遵循路易·艾黎"手脑并用,创造分析"的教育思想,坚持立足张掖,面向河西,辐射全省,为经济建设培养人才。全国人大常委会原副委员长习仲勋、省人大常委会原副主任李屺阳、胡慧娥、程有清,新中友好协会主席云达忠教授、中国人民对外友好协会副会长李建平担任学校名誉校长。2007 年成为国家级重点中专学校,形成以重点中专、短期培训并举的多规格、多形式办学体制。到 2010 年开设 15 个专业,在校学生 2120 名。有教职工 148 名,中级以上职称教师占专任教师总数的80%以上,有 20 名教师赴新西兰留学深造返校,每年都有外籍教师来校执教。学校占地面积 8.5 万平方米,校舍建筑面积 5 万多平方米。有多媒体教室、多功能电化教室、各专业实验室 13 个,图书室藏书 3 多万册、报纸杂志 180 余种;日光温室和试验基地齐全。

二、高等教育

2001 年 5 月,经国家教育部批准,在原张掖师范高等专科学校基础上,将张掖农校、张掖职业中专合并,组建河西学院。是甘肃西部和河西走廊唯一以教师教育为主的多科性普通本科院校,担负为河西乃至全省培养基础教育师资和应用型人才的任务。学校设有教师教育学院、农业与生物技术学院等15个二级学院和继续教育学院,11个研究所(中心)。园艺系开设现代园艺技术、园林花卉技术2个专业,学制两年。2005年,园林花卉技术专业暂停招生,现代园艺技术专业晋升为本科。2008年,园艺系和农业资源与环境科学系合并成立植物科学技术系,保留现代园艺技术本科专业,增设园艺技术、园林花卉技术2个专科专业。现代园艺技术专业主要学习遗传学、园艺植物保护学、果树栽培学、蔬菜栽培学等17门专业课程。今有35个本科专业,涉及文学、农学、经济学等10个学科门类。有各类学历教育学生13353人,其中全日制在校普通学生12045人。2001年—2010年,面向全省招生园艺、园林技术、现代园艺等专业学员765余人,毕业296人。

第二节　林业职工教育

一、扫盲教育

1958年、1960年,全区林业职工出现两次大突增,职工文化水平偏低,文盲人数约占职工总数的20%—30%,年龄在14岁—45岁职工和职工家属,文盲人数约占45%—52%。1960年,省林业厅要求各地区林业单位要保证完成14岁—45岁职工(含家属)的扫盲工作。张掖专、县各级林业部门依托夜校识字班,乡(镇)各林场(厂)普设冬学学习班,展开扫除文盲教育工作,是年参加扫盲学习人数达180多人。大部分职工经过扫盲教育,脱离文盲、半文盲状况。60年代初扫盲教育继续进行,既抓扫盲,也抓提高。"文化大革命"中职工扫盲和业余文化学习停止,一些原已脱盲的职工回生复盲,加之山区、林区、林场的初等教育未能普及,新增职工又出现一些文盲和半文盲。1986年甘肃省人民政府颁布《甘肃省扫除文盲试行条例》,全区林业系统职工扫除文盲工作重新启动。至1990年,参加扫盲学习人数达452人,全部扫除文盲。

二、"双补"教育

"双补"是职工文化补课和技术补课,目的是给"文化大革命"中被耽误学习的青壮年职工补上文化和技术课,使之达到初中文化和技术水平。"六五"期间,遵照《中共中央、国务院关于加强职工教育工作的决定》,省林业厅要求各级林业单位加强对职工教育工作的领导,用2年—3年时间完成对在职的青壮年职工普遍进行文化和技术补课,主要补初级技术理论和实际操作技能(应知应会)。以"双补"为主要内容的职工教育在全区林业系统全面展开。

至1985年,全区文化补课完成应补人数的96.5%,技术补课完成95%。此后"双补"进展较快,全区参加文化补课的151人,技术补课121人,基本完成中央规定的"双补"教育任务,累计合格率分别达到98.3%和95%。

1982年8月—1984年5月,地区行署林业处组织局机关及直属单位的五泉林场、寺大隆林场、林科所、水涵所、动管站、林木病虫防治站、林木种子站、林木经销公司、林业技术推广站、林业勘察设计队等单位职工,开展"双补"教育。1.文化补课3期,每期四个半月,补课对象85人,合格63人,占应补总数的63%,不合格32人,于1987年再次进行培训考试,全部合格,合格率100%。2.技术补课。补课对象105人,免补20人,应补85人,1985年10月开始,利用3个月时间进行技术补课,学习结束后统一命题考试,合格率95%。

三、学历教育

(一)高等学历教育

1988年,国家林业部印发《关于加强林业成人教育工作的意见》,地区林业部门委托高等农林院校办班,加强干部职工的学历教育。是年9月,甘肃农业大学在张掖地区林业系统通过考试招收干部专修课学员3人,学制2年。至1990年,甘肃农业大学、西北林学院、地委党校等在张掖地区林业系统招生干部专修课学员25人,毕业22人。

1990年后,普通高校不再举办干部专修科,学历教育转由成人高等院校担任。地、县各级林业部门鼓励在职职工脱产或半脱产到甘肃农业大学、西北农林大学、河西学院等高等农林院校和张掖地委党校大专班、电视大学、职工业余大学、夜大学、干部管理学院等非林业学院学习,培养相应专业的高级人才。1991 年—2010 年, 全区林业系统参加高等农林院校和非林业学院学习的计258 人, 其中 1 人取得博士学位,8 人取得硕士学位,3 人获得研究生进修班毕业证书,90 人取得本科学历,156 人取得大专学历。

1997 年开始,张掖市(地)林业局(处)委托甘肃农业大学林学院在张掖地区设立林学专业函授考试辅导班。由科教宣传科负责招收学生及日常服务工作,甘肃农业大学林学院定期指派教师为自学考试学生辅导,分设林学专业专科班和林业生态环境与管理专业本科班, 是年下半年正式招生开班。至 2010 年,为张掖林业系统培养林业生态环境与管理专业函授本科生 336 人,林学专业函授大专生 125 人。

(二)中等学历教育

1986 年底,林业系统年龄 45 岁以下的职工中,文化程度未达到中专(高中)的有 1100 多人,省林业厅要求张掖农校和省林业学校开设营林专业干部中专班,招收年龄 45 岁以下具有初中学历的干部进行培训。经全省成人中专统考,林业系统 30 人被录取修完课程,经考试成绩合格后,由省教委发给毕业证书。至 1995 年,全区林业系统 126 人参加张掖农校和省林业学校的干部中专班的学习,120 人取得毕业证书。

1984 年,张掖职业中专开办园艺专业干部职工中专班,经全省成人中等统考,录取 38 人。

1986 年,张掖农校首办中专函授,分设林果、森林调查设计 2 个专业,面向林业系统干部、职工招生,学制 3 年,经全省成人统考,录取 45 人。1987 年市委党校办林业专业函授班,招收学员 25 人,学制 3 年。1992 年,因生源不足,停止招生。

1987 年, 中央农业广播电视学校在张掖设张掖分校林业教学班, 学制三年,是年通过校部入学考试,录取学员 256 人,在张掖、山丹、民乐、临泽、高台 5 县(市)各设 1 个教学班。1989 年,全区 6 个县(市)的林业职工报考,经考试录取 242 人,在张掖、山丹、民乐、临泽各设 1 个教学班。

此外,1984 年—1992 年,林业系统有 378 人参加非林业类的职业中等专业学校、广播电视中专、函授中专和党校办的中专班学习。

第三节　培训教育

一、干部培训

林业干部培训始于 20 世纪 50 年代。中共十一届三中全会后,各级各类培训班不断涌现。培训内容包括政治、文化和林业基础知识、经营管理、林业政策、林业技术以及与岗位工作有关的知识和技术。培训对象分两类:一类是在职干部,包括地(市)、县各级林业行政单位的领导干部、技术干部和一般干部;一类是先培训后就业人员。进入 80 年代后,为提高县、乡对林业工作的领导,还培训了县(区)主管林业的正、副县委书记,正、副县长和乡(镇)干部。

对在职林业干部的培训,采取分级负责的办法。即县级以上及相当于县级以上的干部由国家林业部(局)代为培训,县林业局长一级干部由省林业厅负责培训,一般干部则由市(地)、县林业局负责组织培训。专业技术和特殊业务的培训则根据具体条件分别由国家林业部(局)、省林业厅、市(地)林业局或专业单位组织进行。

培训干部的方式主要有:

1. 成立林业干部学校。80 年代初地区林业局在白滩成立培训学校,先后培训干部、工人 1000 余人次。1987 年将该校撤销,教学设施移交地区林科所。

2. 举办各类训练班。这是培训干部的主要方式,由市(地)、县林业行政单位和事业单位根据业务需要和干部情况,举办不定期的各类训练班,进行培训。学习时间有的长达 1 年,有的短至数十天。

3. 选送干部参加其他单位举办的学习班。1981 年—2010 年,选派林业部门县级领导干部,各县主管林业的正、副县委书记和正、副县长以及县林业局长以上干部 25 人,分别参加林业部在东北林学院、西北林学院和北京林学院举办的领导干部训练班和"三北"防护林建设干部培训班。1981 年至 2010 年,有 46 名干部参加林业部各司、局及省林业厅举办的训练班,接受技术、经营管理和业务等培训。至 2010 年底,全市受过各种培训的林业干部 465 人,占林业干部的 22.12%。

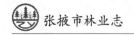

二、职工岗位培训

1966 年以前,林业职工岗位培训由各基层单位自己承担,培训方式除生产季节采取现场技术传授外,冬闲时期结合生产实际开展短期技术培训班。"文革"期间,职工培训停止。

1981 年后,职工培训恢复正常,全区林业系统普遍组织职工进行文化和技术补课的同时,配置专职干部、专职教师,举办各类技术培训班。临泽、山丹、民乐林业局和五泉、寺大隆、西营河等林场,祁连山水源涵养林研究所,林业科学研究所等单位先后举办培训班。1986 年,省林业厅要求各级林业部门开展职工全员培训,重点抓好中级(业务)工人培训。是年,全市 256 余职工参加各类岗位技术培训。1988 年,省林业厅颁布《甘肃省林业企事业单位班组长岗位职务标准》,有计划地开展班组长培训和考评工作。此后,以班组长为重点的职工岗位培训在全市 32 个林业企事业单位展开,有 96 名班组长参加培训。中级技术等级培训在行署林业处推广。这一年,全市参加各类短期、应急岗位培训约 481人。1990 年,开展职工岗位培训单位发展到 55 个,高级技术工人等级业务技术培训工作也有发展,是年参加各类培训的人数达 672 人。

1990 年以后,林业系统以人才培养为重点,职工岗位培训稳步发展,培训方式:(1)各单位根据自己的需要和力量举办培训班,(2)由高中等学校代培。至 2010 年,参加育苗、造林岗位培训的有 574 人,经济林岗位培训的 849 人,其他岗位培训的 134 人;培训专业技术干部 679 人;工人等级岗位培训 196 期3905 人次,其中高级技工 429 人,中级技工 1057 人,初级工 862 人,2108 人取得《工人技术业务培训证书》。通过职工岗位培训,林业系统职工的文化和技术水平明显提升。

三、继续教育

1995 年,国家人事部出台《全国专业技术人员继续教育暂行规定》,要求对专业技术人员进行知识更新、扩展、加深与能力提高的继续教育,每年参加继续教育的学习时间高、中级专业技术人员不少于 40 学时,初级专业技术人员累计不少于 32 学时。至 2010 年,全市林业系统每年有 500 多人参加不同类型和不同专业的继续教育。

四、待业青年培训

1990年3月,根据国家制定的劳动就业方针政策和劳动就业制度,经地区就业服务局批准,地区行署林业处组织编印《育苗技术》《造林技术》《果树栽培技术》《果树病虫害防治技术》《林学基础知识》专业培训教材,聘请资历深厚的林业工程技术人员为教师,采取理论讲授与实际操作相结合的方法,举办林果专业培训班。历时6个月,举办4期,每期理论授课301学时,实际操作245学时,252名城镇待业青年参加培训,培训合格率98.4%。培训结束被分配到地区农广校、电大、林业处等10多个部门就业。

五、林农培训

1981年—1995年,地、县(市)、乡举办各类林业技术培训班2327期,培训21.33万人次;组织林业宣传2327期次,听众20.69万人次;编印培训教材30多种3.1万册,编印《林业科普》73期2.1万份。

1996年—2006年,市(地)、县(区)、乡(镇)结合"3·12植树节""林业科普之冬(春)活动""林业科技宣传月""科技周活动""爱鸟周""环境日""科技三下乡"等各种活动,开展科普宣传和咨询服务、技术推广、科技普及等活动288次,发放林业科技、政策、法规,林果产业、湿地保护等方面的宣传资料20多种7.2万多份,制作宣传展板480块,进行科技咨询16.2万人次。培训林农7.1万余人次。

2007年—2010年,全市实施"112"林农培训工程,林业系统连续抽调115名专业技术人员入户蹲点,对1161户农户开展结对技术指导服务。推行"良种良法到田、科技人员到户、技术要领到人"和"定人、定责、定棚、一定三年不变"的科技培训机制。组织实施30万农村劳动力技能培训工程,主要以送资料、送科技、送新项目、送新成果,开展农村实用技术培训为主要内容的"四送一训"活动。邀请中国农学会葡萄分会会长修德任教授、甘农大常永义教授、中国梨杏分会会长张加延教授、中国科学院新疆分院刘铭庭教授、内蒙古梭梭肉苁蓉研究所陈安平研究员和河南林果研究所金新富研究员等25名专家,组织市林业局选派的 4 名全市科技服务专家团成员、4 名移动惠农平台服务专家、86 名联乡包村挂项科技人员、77 名国家及省市科技特派员组成专家服务团队,采取进村入户、会议培训等多种形式,举办以生产"最好吃、最好看、最安全"的设施葡萄为主要内容的科技竞赛活动,开展以设施葡萄、红枣、枸杞等为主的各类林业实用技术培训班 900 余场次,培训林农技术骨干和示范户 5160 人,辐射带动培训林农 2.05 万人,送农村实用技术 10 项,建成甘州区小满镇五星村日光温室、瓜果种植培训示范基地等市级林果培训基地 11 个、县区级培训基地 24 个,为发展壮大特色林果产业培养了一批骨干力量,为新农村建设培育出一大批"有文化、懂技术、会经营"的新型林农,为推进全市林业增效、林农增收、农村经济发展注入强劲动力。

第三章　宣传·文化

中华人民中华人民共和国成立以来，张掖林业部门把宣传作为政治思想工作的重要内容，坚持组织林业干部职工学习政治理论、政策法规，加强市（区）情、林情教育。通过开展多种形式的宣传教育活动，活跃文化生活，鼓舞士气，激发广大职工的工作热情，林业职工队伍的凝聚力不断增强。张掖林业文化底蕴深厚，成果丰硕，其书法、摄影、绘画及诗词、诗歌、散文、咏、赋等佳作源远流长。

第一节　林业宣传

一、宣传概况

20世纪50年代，林业宣传工作由各级林业机构的人事教育部门分管，也有党委会和办公室兼管的。1951年，贯彻中央林垦部《关于加强林业教育宣传工作的指示》，甘肃省林业主管部门创办刊物，建立宣传阵地，加强宣传工作，张掖专区宣传工作开始起步。1956年，贯彻国家林业部《关于加强林业教育宣传工作的指示》，宣传贯彻林业建设的方针政策，动员和组织群众，推广先进经验，传授技术方法。中共甘肃省委宣传部发出加强林业宣传工作的指示，要求做好爱林护林宣传。1957年，中共甘肃省委、省人委指示"县以上的党政领导，有责任向所有干部，并通过他们向广大农民宣传林业"。除报刊宣传外，张掖专署和各县组建电影放映队，举办各种展览馆，发动广大林业职工开展比先进、学先进、赶先进运动，奖励先进单位和个人。

1960年开始，专区、县农林牧局成立宣传机构或配备专职干部，并加强基础建设。继续贯彻宣传为政治服务、为生产服务的方针，广泛应用报刊、电台、电影、展览、图书、摄影等多种形式开展宣传,专区农林牧局、祁连山林业局和各县办起专业文工团、业余剧团等宣传队伍开展宣传。"文化大革命"开始后,林业宣传机构瘫痪,人员下放,设备和资料散失。

70年代,林业宣传工作逐步恢复和发展。地区森管局,地、县农林牧局和基层林业单位组建电影队、文工团或剧团,林业宣传工作相当活跃。1979年后,随着林业的发展和改革开放,宣传工作全面深入展开。1985年,贯彻全国林业宣传工作会议精神,以宣传《森林法》和林业改革开放为重点。1986年,地区行署林业处设立科教宣传科,加强宣传队伍建设。1987年,中共张掖地委提出"大力加强宣传工作,造成声势,动员各方面力量保护和发展森林资源,为子孙后代造福",地区行署林业处科教宣传科加强新闻报道和林业快报编发工作。

90年代,中共张掖地委、地区行署提出大力发展林果商品基地建设,林业宣传工作紧密配合,动员全社会办林业,全民搞绿化,弘扬艰苦奋斗、开拓进取精神,振兴林业,坚持既育林、又育人。

新世纪以来,林业发展面临新的形势,林业宣传也被赋予全新的理解和认识,创新宣传手段,丰富宣传载体,宣传水平和效率得到全面提升。在电影、展览、图书、摄影等传统宣传形式的基础上,加强信息化建设和新闻媒体宣传,开通张掖林业网并建设网站群,编印《张掖绿化》《湿地工作动态》《设施葡萄产业》等简报,制作宣传挂历、口杯、扑克牌、围裙等,结合时事和节会,在市、县(区)电视台开展专刊、专栏、专题宣传,突出宣传重点生态工程建设、林业产业及设施葡萄为特色的林果产业、林业法制建设、科技兴林、林业典型和模范人物等内容。

2010年,在国家级电视媒体宣传报道5次,省级19次,市级91次;平面媒体在国家级刊物宣传报道17次,省级刊物49次,市级刊物350次;网络媒体报道国家级27次,省级146次,市级1381次。全年设置大型宣传牌27块,大型宣传活动72次,悬挂横幅172条,设置咨询台126次,发放宣传资料8.71万份。全年刊发《张掖绿化》简报168期。在兰州东方红广场、高速公路出口等处制作大型宣传牌18块。

二、宣传内容

(一)宣传普遍护林方针

从 1950 年政务院决定普遍护林、重点造林、合理采伐、节约木材的林业建设方针起,护林一直是林业宣传的重要内容。宣传护林防火的方针、政策和技术措施,动员群众建立各种护林组织,改变生产生活用火习惯,举办护林骨干短期培训班,开展护林防火宣传周、宣传月和山林无火灾等宣传活动。60 年代,宣传国务院颁布的《森林保护条例》、甘肃省森林保护的有关规定,以及省地、县颁布的植树造林、护林布告等,贯彻"防重于治""预防为主,积极消灭"的护林方针。70 年代,国务院发布《关于保护森林制止乱砍滥伐的布告》《关于坚决制止乱砍滥伐森林的紧急通知》,张掖地区随即印发布告,并广泛开展宣传。80 年代,宣传《森林法》关于保护森林是公民应尽的义务的规定和中共中央、国务院颁发的《关于制止乱砍滥伐森林的紧急指示》《关于切实加强护林防火的紧急通知》《森林防火条例》,以及甘肃省人民政府《关于制止乱砍滥伐林木保护森林资源的通知》《关于贯彻国务院指示,坚决制止乱砍滥伐林木的通知》等,在全区范围内开展两次大规模宣传活动, 每次宣传教育人数在 30 万人以上。山丹、民乐、肃南等县还层层签订护林防火责任状,开展无森林火灾竞赛活动。

(二)宣传谁种谁有政策

1951 年,全区土地改革基本结束后进行山林改革,重新分配山林,确定权属。1953 年,开始宣传贯彻"谁种谁收,林权归造林者所有"的政策。1954 年,针对当时群众中存在的怕林木归公等思想,继续宣传"谁种谁收,林权归造林者所有""谁种谁收,县种县有,村种村有"的政策。1956 年,在农业合作化中,实行林木入社。1957 年—1958 年,开展林权调整,林业宣传紧密配合,继续宣传贯彻。1961 年,宣传贯彻中共中央《关于确定林权,保护山林发展林业若干政策规定(试行草案)》(即林业十八条),在开展林权处理过程中,宣传贯彻"社造社有,队造队有,社员在房前屋后零星植树归社员个人所有"。70 年代以后,继续宣传贯彻"谁种谁有,县种县有,村种村有"政策。1981 年开展林业"三定"时,大力宣传稳定山林权属,给社员划定"三荒地",落实林业生产责任制等有关政策。

（三）宣传造林绿化

造林绿化一直是林业宣传的主要内容。1950年起，宣传森林的重要作用，宣传政务院提出的"选择重点，有计划造林"方针，林业部提出的大力营造用材林和工业原材料林的方针。1956年，宣传全国农业发展纲要（草案）提出的"发展林业，绿化一切可能绿化的荒地荒山"和甘肃省十年绿化规划。1961年，宣传全省林业工作会议提出的"营林为主，全面发展"方针。70年代起，宣传植树造林和加快林木良种基地的建设。80年代，大力宣传造林绿化为基本国策，植树造林是公民应尽的义务。1982年起，每年3月12日—4月20日为张掖全区义务植树造林突击月，大力宣传义务植树、造林绿化典型和成就。1991年，为纪念五届全国人大《关于开展全民义务植树运动决议》发布10周年，地区行政公署确定为全区"林业宣传年"，大力宣传全民义务植树运动。2001年，在开展全民义务植树20周年纪念活动中，重点宣传植树造林模范人物和典型，如优秀共产党员，全国绿化劳动模范，全国绿化奖章获得者，地、县（市）造林绿化先进个人。至2010年，全市每年都广泛开展造林绿化宣传活动。

（四）宣传采育并举政策

1954年起，宣传木材采伐管理，协调采伐与育林的步调。1956年，宣传贯彻"谁造林谁抚育""管栽管活"。1958年，"提倡随砍随造，谁砍谁造""采一造二造三造四"，宣传采育结合，多快好省发展林业。1961年，宣传"营林与采伐并举"。1962年，宣传贯彻周恩来总理"合理采伐，采育结合，越采越多，越采越好，青山常在，永续利用"的指示，伐木场贯彻"小型、固定、综合"和"采伐与更新并举"方针。1964年，宣传贯彻"采育结合，永续作业，青山常在"的方针。70年代以后，继续深入宣传"以营林为基础、以造为主、砍造结合"的方针。80年代中期，宣传贯彻限额采伐，全面宣传森林的多种功能和营林生产集约经营和发展经济林的前景与效益，推动全区建设以营造杨树为主的速生丰产商品林基地，扩大后续资源和经济林规模。

（五）宣传《森林法》

1979年，第五次全国人大六次会议通过《中华人民共和国森林法（试行）》，张掖在全区范围内大张旗鼓地开展宣传活动。1984年《森林法》正式通过，张掖当年即在城乡开展《森林法》学习、宣传活动。1985年，是《森林法》实施的第一年,全区普及法律教育把《森林法》作为一项重要内容,各有关部门联合行动,统一部署,提出宣传提纲,在全区普遍开展宣传周、宣传月活动,基本做到家喻户晓。此外,结合经常性宣传,修订和完善护林公约、护林制度。1986 年,国务院批准《森林法实施细则》,省上要求各地在开展宣传中,结合进行执法大检查,加强法制观念,以法治林,表彰一批做出突出贡献的先进单位和个人。1998 年4 月九届全国人大常委会第二次会议再次修订并重新颁布《森林法》,从 1998年 7 月 1 日起施行,在地、县(市)设立新《森林法》宣传台,散发新《森林法》等材料,掀起贯彻实施新《森林法》宣传热潮。1999 年 9 月 26 日,甘肃省第九届人大常委会第十二次会议通过《甘肃省实施〈中华人民共和国森林法〉办法》,地、县(市)林业部门配合宣传部、人大、司法联合开展街头法制宣传活动,重点宣传《森林法》《甘肃省实施〈森林法〉办法》等林业法律法规,散发有关宣传材料和开展专业咨询等,开展"12·4"全国法制日专题宣传。

(六)宣传加快林业发展的决定

2003 年省委宣传部、省林业厅联合向全省发出《关于加强〈中共中央国务院关于加快林业发展的决定〉宣传工作的通知》,全省各级党委宣传部门、林业部门用一年时间分阶段开展中央决策的宣传活动。《张掖日报》全文刊发中央《加快林业发展的决定》,宣传省委、省政府《关于进一步加快林业发展的决定》和市委、市政府《关于进一步加快林业发展意见》,推动全市林业建设持续、快速、健康发展。

(七)宣传《野生动物保护法》

1988 年 11 月 8 日,第七届全国人大常委会第四次会议通过并公布《中华人民共和国野生动物保护法》,自 1989 年 3 月 1 日起施行。每年开展"爱鸟周"宣传活动。地区(市)、县(区、市)在街头设置宣传点,展示省级保护鸟类标本。散发爱鸟护鸟知识宣传材料,组织中小学生参观野生动物园和大学动物标本陈列室,开展学生签名倡议和儿童爱鸟周书画习作。在每年保护野生动物宣传月期间宣传《野生动物保护法》和《甘肃省实施〈野生动物保护法〉办法》,悬挂横幅宣传标语,印发宣传材料。1993 年—2000 年,张掖市林业处(局)印发宣传资料、宣传画 20 多万份,举办动物标本展览 140 场次。2001 年—2010 年,在《张掖日报》、张掖人民广播电台、张掖电视台等新闻媒体,跟踪报道"保护森林资源三号行动""猎鹰行动""春雷行动""候鸟 2 号行动"等打击破坏野生动物的全市集中统一行动,对一些典型违纪案件公开曝光,促进野生动物保护事业的发展。

(八)宣传林业典型

1986 年—1995 年,邀请《张掖日报》、张掖人民广播电台、电视台等新闻单位记者,深入全区地、县(市)采访,重点采访造林绿化领导示范点,苹果梨、红枣基地建设、全社会办林业等新闻,宣传全市 6 县(区)及有关单位造林绿化先进典型,提高张掖造林绿化在全国的知名度。1996 年—2010 年,林业典型宣传全面推开,宣传力度加大。1996 年,配合市委宣传部推荐林业系统先进典型人物参加全省评选。10 多家新闻单位记者共 36 人次,分别深入 6 个县(市、区),陆续发稿,宣传报道绿色长廊、退耕还林、生态公益林、个体林业经济、自然保护区、湿地保护区等建设成就,产生重要影响。至 2010 年,围绕全市林业工作总体目标,突出宣传林业生态建设、集体林权改革、林业产业和城乡园林绿化等重点,充分利用报纸杂志、广播电视、相关网站、制作大型宣传牌等形式开展宣传。

第二节 新闻报道

一、报 刊

(一)民国时期

1933 年第六卷第三期《方志月刊》:陆游图,《据张掖小势推改移民于西部之可能》。

1936 年,上海《大公报》著名记者范长江来张掖采访,描写黑河风光,被收入《中国的西北角》。

1942 年第三卷第一、二期《现代西北》:王德淦,《祁连山北麓考察报告》。

1943 年 4 月 1 日《兰州日报》:清泉,《祁连山歌》。

1943 年 12 月 15 日《西北日报》:齐延斌,《民乐小景》。

1945 年第六期《兰州杂志》:元琳,民乐素描。

1945 年 12 月 19 日、20 日《西北日报》:雪涛,《塞上江南》。

1947 年 7 月 11 日《民国日报》:张体群,张掖山林数祁连——甘浚仙境龙坝河。

(二)中华人民共和国成立以来

《甘肃日报》是林业宣传的主要阵地,至 2010 年底,刊发林业稿件 100 余篇。在《人民日报》《中国绿色时报》(原《中国林业报》)《甘肃农民日报》《甘肃经济日报》等,登载林业稿件 200 余篇。

表 6-12　省级以上报刊文章选录

刊登时间	报纸名称	新闻题目	作者
1952 年 2 月 3 日	甘肃日报	张掖安阳乡防火护林扩大会拟定祁连山防火护林办法	姚继祖
1952 年 4 月 10 日	甘肃日报	封山育林和减少渗漏,是保证农田用水的基本方法	
1952 年 9 月 30 日	甘肃日报	祁连山护林工作经验	汪 星
1953 年 2 月 7 日	甘肃日报	做好封山育林,消灭自然灾害	马性真
1953 年 3 月 3 日	甘肃日报	张掖等县护林工作成绩好	张冠英等
1953 年 3 月 3 日	甘肃日报	人养山,山养人——记祁连山梨园河和连城林区护林工作	龚德福
1954 年 4 月 23 日	甘肃日报	山丹县大黄山林区克服乱砍滥伐现象	山丹县人民政府建设科
1957 年 12 月 7 日	甘肃日报	一个规模宏大、收入惊人的经济林规划	张自修
1958 年 4 月 2 日	甘肃日报	动员起来绿化河西	安 振
1958 年 4 月 6 日	甘肃日报	让道、渠两旁四季花香	评论员
1958 年 4 月 7 日	甘肃日报	张掖专区开始营造绿长城	
1959 年 11 月 3 日	甘肃日报	河西 30 万造林大军为河山增色	《甘肃日报》张掖记者站
1972 年 10 月 27 日	甘肃日报	采育结合　管好森林——张掖森林管理局超额完成今年木材生产、育苗和森林更新任务	张掖地区革委会、张掖地区森林管理局报道组

续表

刊登时间	报纸名称	新闻题目	作者
1973 年 2 月 11 日	甘肃日报	祁连披绿装——祁连山林区散记	本报通讯员
1975 年 3 月 14 日	甘肃日报	正确认识林粮关系,夺取林粮双丰收	中共临泽县委
1978 年 10 月 6 日	甘肃日报	张掖地区广大林业职工积极做好护林防火工作	张述圣
1979 年 4 月 6 日	甘肃日报	张掖地区各林场为加速建设"三北"防护林贡献力量	潘玉军
1979 年 8 月 25 日	甘肃日报	保护水源涵养林迫在眉睫	孟尚贤
1980 年 6 月 7 日	甘肃日报	坚持责任制实现三十年无林火——张掖地区森管局获全国护林防火先进局称号	牛昌奇
1980 年 6 月 27 日	甘肃日报	祁连山水源涵养林研究工作逐步开展	牛昌奇
1980 年 7 月 27 日	人民日报	应保护好祁连山水源林	魏克勤
1982 年 1 月 30 日	甘肃日报	张掖地区"四旁"植树取得效益	屈宗贤、刘崇文
1982 年 2 月 10 日	甘肃日报	祁连山林区连续三十二年无林火	于万举、贾永泰、薛德一
1982 年 3 月 8 日	甘肃日报	祁连山水源涵养林云杉小蠹防治传佳音	冯 晓
1982 年 4 月 9 日	甘肃日报	河西走廊应改变树种单一的状况	《甘肃日报》记者来信
1983 年 12 月 7 日	甘肃日报	张掖地区水源林研究所林业工程师傅辉恩常年工作在祁连山林区	新华社记者张贵生
1984 年 1 月 23 日	甘肃日报	张掖森林总场封山育林五万亩	薛德一
1984 年 5 月 30 日	甘肃日报	正在恢复青春的大黄山	冯 晓
1984 年 10 月 17 日	甘肃日报	祁连山水源涵养林研究取得可喜成果	张 岑
1984 年 10 月 28 日	甘肃日报	专业护林和群众护林相结合——康乐林场护林防火工作搞得好	张 岑
1984 年 11 月 6 日	甘肃日报	深山里的"三代"知识青年	张 岑、苗 地
1984 年 11 月 8 日	甘肃日报	祁连山的"山丹花"	张 岑
1984 年 11 月 10 日	甘肃日报	祁连深山护林人	张 岑

续表

刊登时间	报纸名称	新闻题目	作者
2000 年 12 月 3 日	甘肃日报	临泽营造生态经济防护林	殷尚清
2002 年 12 月 23 日	甘肃日报	临泽木材经销户更新观念栽树忙	殷尚清
2003 年 7 月 7 日	甘肃日报	临泽建设生态型城市	沈玉禄
2003 年 7 月 8 日	甘肃日报	临泽实现人进沙退	沈玉禄
2003 年 7 月 13 日	甘肃日报	临泽生态农业靓乡村	单维合
2003 年 9 月 21 日	甘肃日报	临泽红枣产业富民强县调查	殷尚清
2003 年 9 月 30 日	人民日报	临泽县红枣产业开发建设的调查与思考	宋恩泰
2003 年 12 月 5 日	甘肃日报	临泽激励农村人才兴业富民	单维合
2004 年 9 月 13 日	甘肃日报	临泽农民租赁绿化国有沙荒林地	殷尚清
2004 年 10 月 8 日	甘肃日报	节水节出高效益　治沙治出新天地	王宇兴
2004 年 10 月 18 日	甘肃日报	临泽县红枣飘香	李小龙
2005 年 8 月 1 日	甘肃日报	临泽打造生态园林化县城	沈玉禄
2005 年 9 月 3 日	甘肃日报	临泽产业富民谱新曲	单维合
2005 年 9 月 20 日	甘肃日报	临泽县加快生态园林化城市建设进程	吕建荣
2006 年 1 月 9 日	甘肃日报	临泽反季节葡萄成熟上市	殷尚清
2006 年 2 月 26 日	甘肃日报	临泽日元贷款治理风沙见成效	殷尚清
2006 年 4 月 4 日	甘肃日报	临泽深化农村综合配套改革	杨　恒
2006 年 5 月 8 日	甘肃日报	临泽科技兴农富农家	赵　东
2006 年 6 月 12 日	甘肃日报	临泽县生态文明新村建设解读(上)	侯煜、杨恒
2006 年 6 月 13 日	甘肃日报	临泽县生态文明新村建设解读(下)	侯煜、杨恒
2006 年 6 月 28 日	甘肃日报	临泽县民间治沙方兴未艾	王晓英、张蔚波
2006 年 7 月 13 日	甘肃日报	临泽着力打造"绿色通道"	马玉良
2006 年 8 月 15 日	甘肃日报	临泽县绿色生态家园更秀美	殷尚清

续表

刊登时间	报纸名称	新闻题目	作者
2006 年 9 月 22 日	甘肃日报	龙首山自然保护站巡山查林照片	葛 勤
2006 年 10 月 30 日	甘肃日报	临泽非公有制林业成为绿化生力军	殷尚清
2006 年 11 月 14 日	甘肃日报	临泽县致富农民投资治沙造林见闻	殷尚清
2006 年 12 月 20 日	甘肃日报	临泽县银先科技示范园的实践与探索	殷尚清
2007 年 3 月 22 日	中国绿色时报	张掖规模发展设施葡萄产业	魏德胜
2007 年 4 月 11 日	甘肃日报	张林银创办"袖珍型"科技示范园	王晓霞
2007 年 6 月 8 日	甘肃日报	临泽扎尔墩戈壁荒滩换新颜	殷尚清
2007 年 7 月 17 日	甘肃日报	临泽:生态经济显活力	夏卫凯
2007 年 9 月 14 日	人民日报	农民采摘葡萄忙	范 青
2007 年 9 月 25 日	甘肃日报	临泽小枣喜获丰收	范 青
2007 年 9 月 28 日	甘肃日报	八月十五打枣忙	马玉良
2007 年 10 月 15 日	甘肃日报	我家楼下是绿地	马玉良
2007 年 11 月 24 日	甘肃日报	临泽发展红枣产业见闻	殷尚清
2007 年 11 月 25 日	甘肃日报	临泽年产优质葡萄上百吨	范 青
2007 年 12 月 5 日	甘肃日报	小红枣,大产业	殷尚清
2008 年 1 月 15 日	甘肃日报	临泽戈壁荒滩为农民带来福音	赵 东
2008 年 1 月 18 日	甘肃日报	临泽荣获"全国绿化模范县"称号	殷尚清
2008 年 2 月 11 日	甘肃日报	临泽戈壁大棚"种"出好日子	赵 东
2008 年 4 月 9 日	甘肃日报	全国绿色小康户评选山丹两农户榜上有名	陈文亮、何修仁
2008 年 4 月 19 日	甘肃日报	临泽荣获"全国绿色小康县"称号	马钰良
2008 年 4 月 25 日	甘肃日报	丁文新投资建设荒漠高效栽培示范园	殷尚清
2008 年 5 月 8 日	甘肃日报	绿洲屏障——临泽县全民治沙造林的探索与实践	张学明

续表

刊登时间	报纸名称	新闻题目	作者
2008 年 5 月	中国林业	张掖市退耕还林工程取得五大成效	魏德胜
2008 年 8 月 17 日	甘肃日报	戈壁滩上的绿色农业 临泽设施农业生机盎然	殷尚清
2008 年 8 月	中国林业	下西山上杏花香	魏德胜
2008 年 10 月 2 日	甘肃日报	临泽五泉生态区:风沙线上建起"绿色屏障"	殷尚清
2008 年 11 月 3 日	甘肃日报	大潮激荡满眼绿——临泽集体林权改革的探索与实践	殷尚清
2008 年 11 月 11 日	甘肃日报	临泽:温室葡萄为民增收	曹义成
2008 年 12 月 13 日	甘肃日报	临泽:大棚温室暖如春	曹义成
2009 年 2 月 4 日	甘肃日报	李自福的葡萄得奖了	王晓霞
2009 年 2 月 16 日	中国绿色时报	祁连山	龙雄国
2009 年 4 月 20 日	甘肃日报	临泽大沙河流域综合治理工程正式奠基	赵　东
2009 年 4 月 20 日	甘肃日报	创建国家级生态园林县城	殷尚清
2009 年 4 月 24 日	甘肃日报	荒漠春意浓	殷尚清
2009 年 6 月 17 日	甘肃日报	临泽丹霞倍受青睐	李　鑫
2009 年 7 月 31 日	甘肃日报	临泽大力发展特色优势产业	曹义成
2009 年 8 月 15 日	甘肃日报	临泽创建国家级园林县城	曹义成
2009 年 8 月 18 日	甘肃日报	节水工程带来的新生机 临泽以"生态立县"做活水文章	宋振峰
2009 年 10 月 8 日	甘肃日报	运用新技术保鲜防病提高品质: 临泽银先葡萄获全国金奖	赵　东
2009 年 10 月 16 日	甘肃日报	生态的魅力	宋振峰
2009 年 10 月 21 日	甘肃日报	临泽设施栽培取得高效益	殷尚清

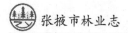

续表

刊登时间	报纸名称	新闻题目	作者
2009年11月6日	甘肃日报	临泽集体林权改革尊重民意稳步推进	殷尚清
2010年4月5日	中国绿色时报	山丹推行"三四五六"工作法	何修仁
2010年4月30日	中国绿色时报	山丹再次启动湿地资源调查	何修仁、田 斌
2010年6月4日	甘肃日报	科学决策与实践创新的结晶——张掖市创建全国绿化模范城市工作纪实	殷尚清 寇克英
2010年6月12日	甘肃日报	县委书记的红色情怀——临泽县县委书记王洁岚保护、利用红色资源的事迹	杨郡清、马联合
2010年8月10日	甘肃日报	生态临泽 文明枣乡	王晓霞
2010年8月	森林与人类	黑河:在戈壁流过	魏德胜
2010年9月17日	中国绿色时报	科技成为张掖肉苁蓉产业发展的助推器	汪永洋、李庆会
2010年9月28日	甘肃日报	沙河清 临泽兴	宋振峰
2010年12月5日	甘肃日报	全国设施葡萄研讨会在张掖临泽召开	张学明
2010年12月11日	甘肃日报	临泽设施葡萄产量达1.2万吨	张学明
2010年12月22日	甘肃日报	临泽扩建县城不忘生态治理	王晓霞

二、林业简报

《张掖绿化》 《张掖绿化》是宣传全市林业的重要窗口之一。为加强林业宣传工作,交流林业工作经验,报道兴林致富信息,1982年张掖地区绿化委员会创办《林业快报》,1995年更名《绿化简报》,2002年更名《张掖绿化》。每年不定期发行若干期,至2010年共发行1200余期。内容包括:造林绿化、领导办点、义务植树、护林防火、模范人物、科研推广、案件查处、生态保护、教育培训、林权改革、政策宣传、林业经济等。

《设施葡萄产业》 随着全市设施葡萄产业的快速发展,张掖市林业局从2008年11月开办《设施葡萄产业》简报,至2010年底发行41期。栏目包括:发展动态、技术创新、栽培管理、政策法规、培训宣传、贮藏运销、科技服务、典型实例、产品展销,成就荣誉等。

《湿地工作动态》 2008 年 8 月,市上全面启动实施中国张掖黑河流域湿地保护工程。为全面反映湿地工程建设进度和成效,由张掖市黑河流域湿地管理委员会办公室负责编印《湿地工作动态》。至 2010 年,设置领导视察、工作动态、调查研究、湿地文化等各类栏目 13 个,共编辑《湿地工作动态》54 期,刊登各类文章信息 2000 余篇。

三、林业网站

1999 年, 地区林果所建成全区第一家林业网站——张掖林果花网。至 2010 年,全市林业系统建成张掖林业网、张掖湿地网、张掖林果花网、张掖设施葡萄网及部分县区林业局门户网站,成为宣传张掖林业的窗口之一。为满足林农对林技、气象和林果生产管理等全领域的信息需求,大力建设张掖林业信息服务网站群,利用网络开展网络专家会诊和 QQ 视频对接等服务,组织市内各领域林业专家在线解答林农提出的病虫害防治、果树栽培等热点难点问题。

四、林业影像

1991 年—1992 年,张掖地区林业科技推广站编写脚本和解说词,邀请甘肃省电大摄制《苹果梨栽培》(上、下集)专题片,被中央广播电视大学录用,面向全国播放。

1993 年—2010 年,中央电视台播放《荒漠治理——中国在行动》专题节目。《金张掖的红葡萄》在央视《每日农经》栏目播出。甘肃电视台制作的宣传张掖林业的专题片《绿色城市金张掖》在甘肃电视台"项目甘肃"栏目播出。张掖市林业局配合有关部门,制作《湿地之光 金耀张掖》《张掖国家湿地公园申报片》《张掖黑河湿地国家级自然保护区申报片》《塞上江南绿潮涌》《金张掖的红葡萄》《秋染寺大隆》等专题片,在省、市电视台播出。山丹县先后制作《绿色在呼唤》《秀色葱茏看劲松》《焉支山森林公园》《倾情播绿铸辉煌》《沙漠边缘护绿人》《发展中的南湖生态植物园》《建设绿色产业、发展绿色经济》等 7 部专题片,高台县林业局制作《创建省级精神文明单位》《集体林权制度主体改革》《创建全国绿化模范县》等专题片 3 部。

第三节　文学作品

　　张掖历史悠久,文化璀璨。距今四千年左右就有先民在这里繁衍生息。在古代民间传说和古典文献"经""史""子""集"中,有不少关于张掖生态方面的作品。《竹书记年》中记曰"帝颛顼高阳氏西巡至流沙"。《尚书·禹贡》中有弱水的记载"弱水既西,泾属渭汭""禹导弱水至于合黎,余波入于流沙"。汉武帝时期流传的《匈奴歌谣》成为千古绝唱。前凉秦州学士郭荷隐居东山寺结庐讲学并进行生态文学创作。隋裴矩著《西域图记》。唐赵武孟、赵彦昭父子在生态文学创作方面有很高的成就。唐代过往张掖的诗人很多,王维、李白、岑参、韦应物等留下许多描写张掖生态建设的诗篇。元蒙古族诗人燕不花,明代陈荣、郭绅、张楷都留有歌颂张掖美景的诗句。清有《甘州赋》《甘泉赋》《祁连山赋》《祁连积雪赋》等。民国时期,曹学禹《张掖竹枝词》《清明郊游》描写张掖美景。抗战时期,于右任作《浪淘沙·咏甘州》。罗家伦写有《五云楼远眺》。1958 年,甘肃著名诗人李季、闻捷来张掖写出大量描写张掖自然风光的诗歌作品。1979 年春,甘肃人民出版社出版了张掖作家田瞳的长篇小说《沙浪河的涛声》。1983 年张掖地区文联创办了张掖第一份文学刊物《甘泉》。20 世纪 80 年代,张掖市小河乡文化站创办"枣花"文学社,油印小刊物《枣花》。1987 年,"甘州青年文学社"编印了微型小说集《甘泉喷绿》。20 世纪 90 年代至 2010 年,韩润东、陈天佑、刘虎、寇克英、王国华、门晓峰、袁泽、王强、曹国魂、张军、吴晓明、武强华、孙瑾、宋云、付聪林、陈增银、李纲、舒眉等人创作了大量文学作品,出版了一批生态文学作品,有田瞳的中篇小说集《青山绿水》,柯英的散文集《行游张掖》、报告文学《注目黑河》、生态文学《湿地》等。林业系统的文学爱好者杨富春、魏德胜、郭晓丽、何宏山、刘亚丽、陈建平等,发表的文学作品、散文见于《中国林业》《甘肃林业》《张掖日报》《黑河水》《生命树》等,并多次在全国和全省生态文化大赛中获奖。

一、诗 歌

匈奴歌谣

〔西汉〕 佚 名

亡我祁连山,使我六畜不蕃息。
失我焉支山,使我妇女无颜色。

秋朝木芙蓉

〔唐〕 赵彦昭

水面芙蓉秋已衰,繁条偏是著花迟。
平明露滴垂红脸,似有朝愁暮落时。

幽州胡马客歌(节选)

〔唐〕 李 白

虽居燕支山,不道朔雪寒。
妇女马上笑,颜如赪玉盘。
翻飞射鸟兽,花月醉雕鞍。
旄头四光茫,争战若蜂攒。

使至塞上

〔唐〕 王 维

单车欲问边,属国过居延。
征蓬出汉塞,归雁入胡天。
大漠孤烟直,长河落日圆。
萧关逢候骑,都护在燕然。

过燕支山寄杜位

〔唐〕 岑 参

燕支山西酒泉道,北风吹沙卷白草。
长安遥在日光边,忆君不见令人老。

调 笑 令

〔唐〕 韦应物

胡马,胡马,远放燕支山下。
跑沙跑雪独嘶,东望西望路迷。
迷路,迷路,边草无穷日暮。

登百丈峰(其一)

〔唐〕 高 适

朝登百丈峰,遥望燕支道。
汉垒青冥间,胡天白如扫。
忆昔霍将军,连年此征讨。
匈奴终不灭,寒山徒草草。
唯见鸿雁飞,令人伤怀抱。

居 延 海

〔唐〕 胡 曾

漠漠平沙际碧天,问人云此是居延。
停骖一顾犹魂断,苏武争禁十九年?

塞下曲四首(录二)

〔元〕 万世德

霓旗西指下高冥,螭虎千屯户百灵。
报道单于今绝幕,祁连膏雨草青青。
龙旗春厌九天闲,稽首名王已汗颜。
冥唱焉支旧时曲,马菙直断合黎山。

竹 枝 词

〔元〕 燕不花(蒙古族)

湖头水荡藕花香,夜深何处有鸣榔。
郎来打鱼三更里,凌乱波光与月光。

合 黎 山

〔明〕 郭 绅

高峰壁立老龙蟠,削出芙蓉作画看。
雨后鬓发当户碧,风前屏障依云寒。
要涂名古夸雄镇,弱水波同涌急湍。
地载天开多秀色,一方永奠万年安。

沙枣清荫

〔明〕 魏谦吉

垂荫逾亩势参天,岁岁幽芳伴昔贤。
谞劣每完公事早,也于树下悟真玄。

题柳塘回文诗

〔明〕 张三丰

桥边院对柳塘湾,夜月明时伴户闲。
遥驾鹤来归洞晚,静琴弹坐片云关。
烧丹觅火无空灶,采药寻仙有好山。
瓢挂树高人隐久,嚣尘绝水响潺潺。

祁 连 山

〔明〕 陈 棐

马上望祁连,连峰高插天。
西走接嘉峪,凝素无青烟。
对峰拱合黎,遥海瞰居延。
四时积雪明,六月飞霜寒。
所喜炎阳会,雪消灌甫田。
可以代雨泽,可以资流泉。
三箭将军射,声名天壤传。
谁是挂弓者,千载能比肩。

黑河古渡

〔明〕 岳 正

城南古渡最清幽,道透居延自古流。
采药鲜闻逢织女,秉槎曾听会牵牛。
滩头矶父攀罾网,崖畔渔翁罢钓钩。
过客停鞭吟未已,不知世上几千秋。

祁连雪山

〔明〕 郭 登

祁连高耸势岩峣，积素凝花尚未消。
色映吴盐迷晓骑，光生玉树晃琼瑶。
寻梅腊外寒春敛，刻玉霄边逸兴飘。
几度豪来诗句险，恍疑策蹇灞陵桥。

楸 子 树

〔明〕 郭 登

窗前新栽楸子树，去岁移自东君家。
根深土厚重莫致，挽以两犍载一车。
方经旬日即蓓蕾，秋深结子如丹砂。
人言此特余气耳，来岁未必能芬葩。
我初闻之稍惊怪，重以土俗相传夸。
今年春风已撩乱，千株万卉皆萌芽。
南山青翠远可见，独有此树犹枯杈。
我征前言苦不乐，行怜坐惜恒咨嗟。
连朝病困闭门卧，梦寐犹忆花如何。
今晨勿药强起坐，眊焉两瞳如隔纱。
推窗一见笑绝倒，葱葱满树开成霞。
冰绡素锦谁剪刻，小红轻翠相交加。
日光照耀春欲醉，翩翩蜂蝶争纷拿。
宾朋来观绕百匝，共疑造化理则那。
花枝烂漫色更好，诐辞轻易可信耶？
岂非阳春有深意，怜我老惫来天涯。
浮生过半身计拙，有足不及蚿怜蛇。
故教相伴慰岑寂，岂敢与物争豪奢。

六年羁鳏入僧定,但未落发披袈裟。

青裙小鬟别来久,泪眼垢腻首不珈。

已闻桂囊化蝴蝶,忍听鹦鹉呼琵琶。

花虽可爱不忍折,无人插向两鬓丫。

钩帘静坐独清赏,天明起看到日斜。

知音未遇寡欢趣,有酒不饮惟烹茶。

前年官司催入贡,六千里路岂不遐。

移根天苑比琼树,有用未必过桑麻。

物生遭遇即珍贵,便应压尽诸般花。

我惭不知花命好,谪官五载辞京华。

住迥边城气萧索,旦暮戚戚闻胡笳。

自怜浅薄不足忌,群儿何以喙竞呀。

方圆凿枘苦难入,冠非豸角强触斜。

古人明哲有深戒,省愆痛欲掩户楄。

穷荒虽觉双眼净,聒耳厌听公私蛙。

再歌南风终不竞,天骄吹唇鲁妇髽。

羌胡杂沓近边鄙,意态诡异声嚣华。

阴雾接旬不成泽,喧喧恒欲噬我豭。

麒麟狮子远将至,尔曹慎勿相邀遮。

驲骑东来蹙山倒,黄口学语声咿哑。

群公罗拜但垂手,践踏不啻虫与虾。

人逃马死金满篚,一掷何足挂齿牙。

我虽无位百忧集,终夜感叹心如瘥。

廿年踪迹半天下,把镜自照两鬓髿。

老怀食蔗如食蜡,岂但无味仍饶查。

行路难行古如此,道多豺狼水鳄鲨。

纷纷儿女竞声利,左蛮右触方争蜗。

金鸡何日解羁去,一竿归钓吴江槎。

箕山颍水迹长往,渔蓑樵檐肩相差。

闲看得意鼠如虎,怕说病聪蚁闻麝。
黄鸡紫蟹且慰意,背痒正得麻姑爬。
羞将口腹累州里,未能不食如匏瓜。
犹胜夷齐待薇蕨,园收芋粟兼梨楂。
老农追随种禾黍,耦耕林下时烧畲。
心淳语真意真率,肝胆相照无疵瑕。
瑶台璇室岂不好,嗫嚅较此犹争些。
囊中黄金尚余几,壶干酒尽还当赊。
颓然一醉玉山倒,世间万事皆由他。

注:《甘镇志·物产志》载:"楸子,色赤,味甘酸,河西俱有,独甘州取其汁煎为果丹。"

石硖山口

〔明〕　张　楷

白沙官道接羌胡,硗确难行是此途。
疑过井陉愁马蹶,似经云栈听猿呼。
两山影逼天多暝,五月风高草已枯。
明日西行望张掖,一川平似洛阳衢。

南山积雪

〔清〕　秦国英

层层青嶂野云铺,不减寒江钓雪图。
一带银屏天外峙,千丛琼树望中敷。
庭前曙色终朝送,眼底尘埃半点无。
想到梁园曾有赋,炉添活火酒添壶。

575

大斗拔谷

〔清〕 郝道遵

扁都隘口气萧森,鱼贯行来溪嶂深。
暗叱段公风烈烈,凄迷隋帝雨淋淋。
巢车好上龙山望,毳幕林教鹿坞侵。
艳说凯歌劳卫国,皇华摇曳碧云岑。

祁连积雪

〔清〕 任万年

山势巍峨接太虚,四时暖气自消除。
常闻树坠冰花蕊,谁见霄排雁字书?
野老采樵依雪窟,羌人牧马宿毡庐。
披裘六月还嫌冻,犹笑三冬冷不如。

黑河夏涨

〔清〕 谢 历

甘州里社,每三四月中,择日祀龙神,不逾三日,黑河水辄涨,泛千畴万顷,咸得种植。陈子昂所云,不假天雨,岁收四十万斛者也。

万壑奔腾震地来,汹汹疑是海门开。
惊湍触石翻晴雪,骇浪排空起暮雷。
百道渠分同潋滟,千畴泽渥乍喧豗。
明灵稔解酬民愿,快对南薰鼓阜财。

冬雨夜坐

〔清〕 陈秀勤（女）

冬寒楼上下帘齐,把卷灯前看旧题。
远听钟声何处寺,桃花庭院雨凄凄。

张掖怀古

〔清〕 周能珂

西被流沙神禹漠,合黎自古隶皇图。
中原逐鹿遗丹岭,外触争蜗拢黑湖。
龙首真源波汗漫,马蹄膺迹字模糊。
举头今望长安近,日照花门尽坦途。

甘泉新柳

〔清〕 秦国英

三月晴光好,甘泉柳色新。
轻烟才弄日,醉眼半窥人。
袅袅摇风细,丝丝带雨匀。
岸容花是伴,疏影月为邻。
莫怨笛声晚,何愁关塞春。
柔条休许折,苍翠绕城闉。

南湖春晓

〔清〕 张联元

东风送暖度龙沙,纵目南郊淑气佳。
鸟唤轻烟归碧柳,春催酒晕上桃花。

岸容解冻呈新翠,草色衔寒吸露华。

近远村墟薰丽日,晴晕霭霭笼桑麻。

雨阻黑河

〔清〕 徐　兰

天地有此河,墨流独浼浼。

黄河曾为圣人清,浊浪咆哮独不改。

迢遥西上势蜿蜒,两旗疆界相钩连。

受降城头坐飞将,牧马不敢争河边。

上有共工触破未补之漏天,

下有鲛人痛哭不测之深渊。

阳春有脚走不到,那得两岸生人烟。

但见奇花塞洲渚,色如人面形如拳。

花里见鱼不见水,一网可以盈一船。

饥儿阻雨不须哭,朝鱼暮鱼食尚足。

雷电光中住过春,脚底莓苔黯然绿。

天晴曝衣上古原,白骨堆边检金镞。

甘州杂咏(二十二首录二)

〔民国〕 袁定邦

绿树森森四野横,江南风景久传名。

而今到处哀鸿是,漫把甘州谱八声。

剥削捶敲到处号,凄凉龟背已无毛。

可怜犹说金张掖,一岁输捐一岁高。

清明郊游(二首)

〔民国〕　曹学禹

清晨雨后不飞红,山色新鲜水色融。
最是芳晨春好处,杏花十里酒旗风。

夕烟明灭短长亭,曲奏梨园尚未停。
饮罢归来二三里,绿柳两岸草青青。

浪淘沙·咏甘州

〔民国〕　于右任

相对亦悠然,始识天山,天教回首看祁连。
同似洛妃乘雾至,冰雪争妍。
乌岭雨沉绵,云起无端,龙吟霜匣剑飞还。
转到甘州开口笑,错认江南。

五云楼远眺

〔民国〕　罗家伦

绿荫丛外麦毿毿,竟见芦花水一湾。
不望祁连山顶雪,错将张掖认江南。

河西道上

〔当代〕　胡　绳

武威张掖早知名,老去河西散漫行。
最爱高杨傲戈壁,绿洲深处水清清。

河 西 行

〔当代〕 袁第锐

古城人道金张掖,一佛金身认六朝。
雪满南山松菊茂,日行西麓阵云消。
天高地迥羊儿壮,马疾蹄轻前途遥。
转绿回黄人事改,筹边不用霍嫖姚。

张 掖

〔当代〕 彭 铎

形胜河西第一州,看花喜共豁双眸。
祁连岳峙千崖迥,臂掖城开万户秋。
稼熟黄金方被垅,渠横白练正经丘。
游人解道江南好,为问江南得似不?

甘 州

〔当代〕 邓伯言

清凉阵阵乐陶然,西去长龙别有天。
河套嘉禾棉涌浪,沿途高树柳生烟。
虹飞电灌霖甘雨,水入平畴润沃田。
毕竟年华风月异,歌旋玉笛漫金川。

沙 荒 草

〔当代〕 郭 普

丝绸大道话农桑,指点残垣溯汉唐。
弱水三千湮瀚海,冰川六月润甘凉。

拓边垦殖树杨柳,建设草场畜马羊。

沙绿山青风雨顺,农牧并举保粮仓。

咏 张 掖

〔当代〕 张 蓁

阿谁堆素上云端?人说祁连即是天。

汉武开边张国臂,渥洼汗血到长安。

颂金张掖

〔当代〕 刘 恭

(一)

当首望祁连,奇峰耸入天。

雪溶化作水,汇集变长川。

(二)

甘泉水不甘,木塔接青天。

破晓晨钟远,卧佛睡犹酣。

(三)

乌江稻米纯,红蒜国宴珍。

桃品知鸭暖,山丹烙画存。

(四)

人杰百兴隆,地灵出产丰。

不观山顶雪,误认江南容。

高新技术示范区

〔当代〕 周三义

渠路林田紧相连,青黄红绿尽情观。

精心巧用高科技,戈壁荒漠变沃田。

祁 连 游

〔当代〕 周光汉

雪山白云悠,进山见绿洲。
峰高古松秀,林密谷更幽。
玉龙眺峡口,青溪天际流。
信口鸟百啭,雨细草油油。
花香游人醉,风凉六月秋。
黄羊饮低水,青羊卧高丘。
鹿茸窥人生,野驼惊蹄鸠。
洲前大草原,原上景更优。
羊群翻白浪,名马遍山沟。
狂欢数新犊,嬉戏几牦牛。
铃响牧人归,歌声飘马头。
原是裕固家,邀我到家休。
引我入毡帐,奶茶饮几瓯。
羊肉加美酒,歌罢酒尚留。
霎时有人来,采药满筐兜。
甜酒重开宴,殷勤将客留。
翌日送我走,远烟千缕柔。
他言是金厂,建在山里头。
出山见深潭,凫水对对鸥。
禽鸟逢盛世,自在又自由。

在 312 国道线上

〔当代〕 施生民

兰新国道特平宽,长驾似风度玉关。
危碛驼铃成旧事,绿杨油井换新开。
凿空故杰功非小,造绿今英志更坚。
铁线连欧几万里,千秋伟业胜张班。

张掖林业建设三咏

〔当代〕 杨富春

南保青龙①

南卧银龙界甘青,古柏苍松映碧空。
叠嶂皓峰涵玉洁,草甸湿地蓄水清。
封禁才使千岭翠,管护方能百流盈。
借得春风融冰雪,哺育绿洲粮果丰。

注①:祁连山位于甘肃河西走廊南部,终年积雪,风景秀丽。雪山,冰川、森林、草原、湿地等资源丰富,是黑河等河流的发源地,张掖人民称为"母亲山"。现为国家级自然保护区、西部重要生态安全屏障。祁连山生态环境保护是张掖林业建设的重大工程。

北锁黄龙②

大漠风尘黄云斜,北筑屏障固流沙。
白杨沙枣傲冬雪,红柳柠条绽春华。
造封并举增绿地,乔灌搭配添草花。
人进沙退生态美,戈壁深处好安家。

注②:张掖北临巴丹吉林沙漠,风沙危害严重,每年投入大量的人力、物力和财力开展治沙造林和沙区植被封禁保护,取得明显成效。张掖被确定为全国防沙治沙综合地级示范园区。

中建绿洲③

浓荫绕城沐春光,槐柳挺立气宇昂。

大街小巷拥翠幕,百村千户披绿装。

道路沟渠林带密,田园庭院果蔬香。

万树临风花烂漫,沃野平畴浸芬芳。

注③:张掖林业建设坚持"南保青龙、北锁黄龙、中建绿洲"战略,在抓好南北封禁保护的同时,大力开展中部绿洲城镇、村屯绿化,改造完善道路、渠系农田林网,筑构城乡绿网体系,绿化美化人居环境,取得显著成效。张掖市被命名表彰为"全国绿化模范城市"。

甘州雪景

〔当代〕 陈生蕃

大雪纷纷一夜频,甘州大地霎时新。

烟囱隐隐浓云重,屋舍濛濛薄雾匀。

几树寒鸦无墨画,一年好景满畴银。

祁连叠素如含笑,不似春光胜似春。

民乐颂

〔当代〕 吴毓恭

祁连高峻入云天,广袤河山碧沃田。

地载天开多秀色,民康物阜颂华年。

紫皮大蒜名中外,苹果晶梨夺状元。

革故鼎新兴百业,政通人喜创新篇。

张掖四季飘果香

〔当代〕 康舒泰

春夏秋冬转轶来,杏桃李枣次第开。

野田羡树无红染，碧瓜惹人醉满怀。
莫到冰天芳未尽，酸梅笑雪争闹街。
最趣抱火啖软果，淋漓甘汁溢过腮。

祁　连

〔当代〕　王登瑞

首尾难相见，巉岩不可攀。
三春水万壑，四季雪千山。
帐幕深云里，牛羊野谷间。
松柏烟草碧，鸟语水流闲。

咏临泽小枣

〔当代〕　万　孚

（一）

临泽小枣郁金香，倒挂碧龙琥珀光。
风来廊外家家醉，哪年人家不争尝？

（二）

昭武小枣蜜饯熬，琼浆千年滋民膏。
一味随风入九霄，王母桃宴顿时嚣。

湿地深秋

〔当代〕　王洪德

杨柳丛中细雨霏，芦花如雪侍时飞。
清秋白鹭择佳境，抛却江南向北归。

临泽五里墩治沙站怀人

〔当代〕 鲁 言

风来古漠沙旋移,沙退平川见米鱼。
天道酬勤心未老,花红叶绿故人稀。

七律·五里墩治沙站

〔当代〕 杨友让

昔日黄沙腾细浪,今岁碧雾映朝阳。
千树婆娑惊墨客,万花袅娜骇骚郎。
洋人也说了不起,国土踵拥探迷障。
莫道天公随人意,齐夸政和海变桑。

我爱听祁连歌声

〔当代〕 王海容

啊!我站在长城脚下,
听到了祁连歌声!
我站在长城脚下,
看到了祁连雪峰;
雪峰如镜,
照亮了征途——锦绣前程!
啊!我站在长城脚下,
听到了祁连歌声!
我站在长城脚下,
看到了祁连青松;
青松苍劲,
旺盛的生命——万古长青!

啊！

祁连！祁连！

雪峰！青松！

愿我的白纸如雪峰；

愿我的蓝笔似青松，

描绘山川美景，

歌颂新的长征。

一萼红

〔当代〕　杨万益

　　故园里，手握苹果梨，味尝口似甜。微风冷腠，弱阳暖面，红萼护定芽点。想当年，挥锹开荒，谈笑间，兔遁显条田。初定幼苗，根深叶茂，绿了荒原。

　　缓步注目春色，生机正盎然，陶醉人间。银花送馨，金果满枝，农家获得香甜。谢党恩，政策英明，人努力，事成顺自然。部颁优质产品，举国喜欢。

龙首山

（新西兰）　路易·艾黎

随着白昼脾气的变幻，

披上了紫、红、蓝、灰的衣衫，

静静地伏卧着，庄重威严；

在那块小小的绿洲上，

露着笑脸，

就是山丹；

有时它用羊毛般的白云遮住双眼，

免得痛苦地望见那么幼小的孩子，

背着煤爬出弯弯曲曲的矿井。

诸如此类的事都不想看；

人生的卑微。

在一切大屠杀中被害者的尸骨，

记下了人类在这些草原、高山、沙漠间踏过的路途。

接着它又睁开双眼，

在中亚西亚的阳光下，

遥望西藏的连绵高山，

望着那些带着大狗的牧羊人，

像这座山一样，

他们是宇宙的主宰，

即将来临的黎明的主人。

护 林 人

〔当代〕 何宏山

你用你的一生守护着

没有记载的许多英雄的事

你用足以踏遍整个世界角角落落的足迹

守护着那些绿洲

长年的孤寂和沉默

你的心已变成一块巨石

像大山那样伟岸、肃静矗立在你

守护着的那些绿洲

繁华名利离你那么遥远

孤寂、沉默伴你身边

积雪压不垮、狂风吹不倒你的身躯

默默地、默默地

你在圆着一代接一代圆着的那个梦

一个护林人心中的梦

设施葡萄栽培"三字经"

〔当代〕　汤兴贵

种红提,要牢记,高投入,高产出。

奔富裕,多付出,经营好,回报高。

选棚址,交通便,有水电,无污染。

定植行,南北向,株行距,要恰当。

选壮苗,巧放线,栽植沟,一样宽。

宽八十,深八十,生熟土,两侧放。

回填时,要注意,铺秸草,底要虚。

土沙肥,一比一,掺均匀,填沉实。

四月份,栽树苗,赶节令,早缓苗。

修完根,植穴中,根舒展,土填实。

浇足水,套膜袋,保温湿,成活高。

垄栽好,温度高,高十五,宽八十。

铺地膜,架滴灌,湿度低,病害减。

控温度,是关键,定植后,分三段。

每一段,各五天,前五天,控十度。

中五天,十五度,后五天,二十度。

温度好,巧卷帘,三段完,全卷帘。

单主干,双主蔓,主干高,八十长。

主蔓长,留五十,冬剪时,五芽上。

结过蔓,重短剪,细弱枝,全疏剪。

斜向上,喇叭状,勤摘心,是关键。

营养枝,五三三,首次摘,五叶上。

二次摘,莫拖延,细弱梢,二至三。

三次摘,莫手软,及时摘,枝条壮。

结果枝,不一样,果穗上,留五片。

再三次,四三三,摘老叶,卷须剪。

葡萄树,最喜肥,土透气,根发育。
施基肥,要注意,离树苗,四十外。
要丰收,全靠肥,有机钙,亩三袋。
温湿度,合理调,各时期,调控好。
红地球,抗病弱,重预防,少花钱。
喷农药,害处多,受污染,难卖果。
违标准,乱喷药,果售后,担法责。
防病虫,看资料,搞不懂,请指导。
治病药,成本高,早预防,效果好。
生石灰,硫磺粉,制合剂,显奇效。
落叶后,发芽前,配五度,细周到。
生长期,保护剂,波尔多,宜四次。
生石灰,硫酸铜,配制比,半量式。
硫酸铜,称一斤,生石灰,量半斤。
一份水,化石灰,九份水,溶酸铜。
喷洒时,应加水,兑水量,二百斤。
现配制,现喷洒,间隔期,半月后。
重时期,巧配料,七八月,尤重要。
喷碧护,保苗壮,用三次,显功效。
活化土,防灾害,根系旺,枝叶茂。
疏果穗,方法巧,强副梢,留单穗。
两年生,留三穗,三年树,留七穗。
掐穗尖,剪副穗,稀果粒,两次宜。
一次疏,绿豆大,疏畸果,取小粒。
二次疏,黄豆大,留果粒,五十五。
单穗重,一斤半,病畸果,早疏落。
叶果比,调适宜,四十片,养一穗。
果疏好,须套袋,套袋法,掌握巧。
果直径,一公分,果熟前,去掉袋。

采摘果,最重要,越晚采,利越高。

两节间,鲜果俏,价格升,果农笑。

特一级,六十上,二级果,四十下。

粉红果,品质佳,标准箱,六穗装。

二、辞　赋

黑水河建桥敕

〔西夏〕　李仁孝

敕镇夷郡境内,黑水河上下,所有隐显一切水土之主——山神、水神、龙神、树神、土地诸神等,咸听朕命:昔贤觉圣光菩萨,哀愍此河,年年暴涨,漂荡人畜,故以大慈悲兴建此桥。普令一切往来有情,咸免徒涉之患,皆沾安济之福,斯诚利国便民之大端也。朕昔已亲临,嘉美贤觉兴造之功,仍罄虔恳,躬祭汝诸神等,自是之后,水患顿息,固知诸神冥歆朕意,阴加护佑之所致也。

今朕载启精虔,幸骥汝等诸多神灵,廓慈悲之心,恢济渡之德,重加神力,密运威灵,庶几水患永息,桥道久长,令此诸方有情,俱蒙利益,佑我邦家,则岂惟上禊十方诸圣之心,抑可副朕之宏愿也。诸神鉴之,勿替朕命。

河 西 赋

〔明〕　刘　宽

环宇茫茫,乾坤荡荡,往古来今,乃咸俯仰。浩浩兮望八极而无垠,悠悠兮历九有而何穷。昔者大禹乘四载,而手足胼胝,始于冀而终于雍,其河右之绩是庸而以成。导积石、涉弱水、度流沙、越三危,昆仑乃定,析支乃臣,渠搜归化,而西戎即叙。至于周室,别星土而分野,次于室壁;西汉武帝,渡湟水而筑令居以西,建酒泉、设武威、分张掖、立敦煌,是为河西之四郡,统县三十有五,用断匈奴之右臂,馨帑藏之储资,启邦基之巩固。金城复增于昭帝,西平实始于东汉,终炎刘而总六郡,为河西之保障。迁凉治于武威,始于曹魏;名敦煌曰沙州,乃自前凉。迄五凉之相继,共分郡为廿二;曰肃、曰甘,岂非元魏。节度河陇,亦自有唐,至肃宗,河湟乃陷,终唐之祚,而莫得并有。宋方取青唐,遂为元昊所制。元建总管,继改中书,居张掖以为治,逮明分设都阃,委任贤良,共统十五卫所,

591

以甘郡乃为纲,沿革备此,损益维常。

若夫形胜,祁连障戎,迄乎三千余里;合黎厄虏,壮乎百雉之城;三危后峙,焉支中蹲;五涧谷之畜牧饶于天下;渥洼水之天马,今古咸称;盐泽浸玉似水晶,而济五味;青海涵山如银盘,而捧双螺;休屠居延之泽,鱼饶西土;乐都流沙之水,农赖浇禾;处处决渠为雨,岁岁丰稔民歌,厥田上上,厥赋中下。是以汉得之而羌胡无援,唐失之而吐蕃猖狂,宋弗克而兴有元之一统,明朝控制而统御万方,安危传此,亦岂轻哉!睹才俊于往昔,乃何地之无人?敦煌擅五龙之美,张掖秀二龙之能,休屠生日 之忠厚,酒泉惟张奂之精勤,立孤则呼延平之笃信,守正则于廷心之忠诚;索靖善楷书而机识铜驼,乌氏蕴韬略而熏著平虏。覆载之内,钟毓秀丽,垂名后世,故不鲜矣。

其土产有禽如畜,则鸟鼠同穴相隐;有肉如陵,则野兕而重千斤;丹奈胜朱,而青奈似黛,白奈如玉,而黄奈若金;苁蓉馥馥以遍原野,枸杞离离而满郊坰,大黄成纹似锦;甘草其大如椽,沙枣芬芳而香闻数里,胡麻秀实则膏涌如泉。若夫奇异:张掖涌宝石,列马、牛、麟、凤之类;武威生异石,显羊、鹿、狼、虎之形;昌松出瑞石,纪唐姓氏;番禾涌醴泉,有酒如渑。若此之类,考诸古而无谬,稽诸今而有验,此河西之大略,乃区区之管见。

祁连积雪赋

〔清〕 杨维元

爰有南山,叠嶂层巅,番儿仰止,呼曰祁连。行踞乎天柱,势压乎边关,草木生而畅茂,牛羊牧而滋蕃。夏凉冬温,毳幕丛焉,凝华结素,望之莹然。千峰堆玉,万壑撒盐。其霁色凌空也,夺皓月之清圆;其皎洁冷艳也,增岩城之暮寒。君不见忠臣吞齿兮,其节弥坚;又不见高士偃卧兮,其致若仙。六月披裘兮,瞻望至止;樵子迷道兮,畏门不前。璧圆兮嘉瑞,冰泮兮丰年。赋梁苑兮词不妍,歌郢曲兮和又难。对景兮不能无言,抽思兮吟料尚慙。临眺踌躇兮,窃恐负此琼峦。

祁连山赋

〔清〕 陈 瑜

原夫汉武开疆,初分郡国。黑水汗漫以西流,天山耸峙于北极。外作轮台之障,羌狄知名;内张函谷之屏,神京壮色。匈奴号曰祁连,自古永遮边塞。尔其祖昆仑之脉一蜿蜒,越瀚海之墟而横亘。探丹霄而突兀,高撑银河;拖白练以岹峣,俯看水以镜。层层耸嶂,柳絮频封;叠叠堆崖,琼华相映。疑是蓬瀛三岛飘来,莫可端倪;恍如太华五峰峻处,谁知究竟。至于倚天拔地,近蔽远徂。翘彼巉岩,芳甸时观黛翠;履兹幽壑,溽暑亦见银铺。一望莹莹,匡庐之瀑布奚异;四围朗朗,峨眉之澹扫无殊。类玉垒之屏藩西蜀,等钟山之崛屼东吴。定襄伯之歌诗,良有以也;虞世南之赋景,亶其然乎？若夫朝霞彩漾长林,峰排火树;夕月波摇澄涧,沼印星蟾。或升粉署,或卷珠帘,或摊琥石。或幔霜缣。或碎子晋之箫,纷飞璠屑;或揉和靖之树,遍洒晶盐。极阴晴之错落,尽冬夏之观瞻。矧其千林竞秀,庶物蕃昌。有松皆作龙鳞,干霄特立;无柏不成鹤盖,凌汉悠扬。雪蛰之蛆生而郁馥,霜苞之卉发而幽香。固乾健之钟灵而得秀,亦坤舆不爱宝而涵光。彼夫合黎之晨雨兮,犹青螺之苗穗;人祖之晚照兮,似绛帐之悬闳。榆木之龙蟠兮,处偏隅而羽立;焉支之虎踞兮,当孔道而云横。虽极冈峦之体势,终少灵异之频生。孰若瑶屏呈地轴之奇,旸谷系天心之属。亦产林邑之金,不匮蓝田之玉。标伟绩兮称博望之猷,谱清音兮发明妃之曲。定三箭于瀚海,争传薛氏遗踪;杭一苇于居延,尽道霍家芳躅。爰作歌曰:"祁连高耸兮,睹墙篱之永树。边塞又安兮,知皇图之巩固。人文蔚起兮,庆驰驱于逵路。生值太平兮,应挥毫以作赋。"钟学院考古取一等一名。

黑河赋

中共张掖市委　张掖市人民政府

一水出祁连,挟两山而奔碛北;三省承天霖,襟四邑而沃河西。南依青藏雪域,北屏蒙古朔风。华夏内河,昭然仲序;黑沙浮尘缘名,弱不负芥别称。和风绿穹野,人文起一方。

江山有兴替,黑河托古今。汉武以降,屯田拓边。千里长河,百代耕耘。岁丰双岸,饶冠三郡。水云之乡甲陇右,丝路古道张掖金。梵音绕梁,塔影飞空,万商云集闻驼铃,市肆繁盛媲江南。文明薪传,烽烟安靖,黑河之功大焉!

水事观政事,河情系庶情。泛垦水土失,滥伐雪线升。连片苇溪成旧忆,八景古戍望新荣。历史赐良机,黑河焕生机。生态兴市谋大业,湿地保护谱新章。

春苇秋池，愿景渐成美景；新楼曲径，蓝图已然画图。民生在心，宏愿可期。覆载之鉴，往来一理；家国之兴，上下同欲。

文明之肇，藉水而盛；天地之脉，因水而存。重水察水，当世之策，爱河护河，后世之荫。国运蒸隆，始信兹今为盛世；郡邑幸眷，喜教天下识甘泉。雄哉，黑河！纳九脉不弃涓滴，汇二源顿生雪涛。劈万仞无惧，历百折不回。泱泱弱水，精魂彰扬，煌煌张掖，风华日新。

张 掖 赋

〔当代〕 张佩荣

万里丝路通西域，千年古城踞河西。汉武开疆，郡因作掖；一泉如饴，州亦称甘。合黎围绕与郡北，祁连屏障于城南，两山峰对，一川如砥。古道咽喉重地，欧亚陆桥通衢。东武威，西酒泉，张掖中峙；南湟水，北居海，古城比邻。弱水西流万顷绿，春风南来一时新。昔也虏骑弛逐，乍离乍合；今也烽烟永靖，天以大同。

斯地也，历史名城。声弗远，乃西汉名郡，北凉旧地，西汉以降，已越两千一百年；古迹微，有北凉彩塑，西夏卧佛，试问寰宇，谁能比肩称第一！北周木塔无钉铆妙手天成，明朝鼓楼有唐钟雄镇西北；黑水古国湮黄沙伊城肇始，汉、明长城两并行华夏无双。追往于典籍兮，知史绵亘，元世祖生大佛寺，开一朝基业；明英宗赐大佛经，为九州最全。永乐佛曲，海内孤本，《大般若经》，稀世之珍。北方佛教中心，西域通商窗口。南贾夸富，邑人自矜。甘州八景旧烟雨，改革风旋新气象。马可道异域情调，明清街流韵溢彩；泥巷开新路，旧城起高楼；广场白叟放鸢，公园青春泛舟。游子寻旧地，不敢认故乡。盛哉张掖！

斯地也，丝路咽喉。匈奴剑逼月氏马，吐蕃兵陷唐王刀。得河西先得斯地，故兵家必争；回望长安山河远，走廊一夫能当关。走西域必走斯处，乃商旅必经。古道西风走马，栏干斜阳赋诗。张骞使西，匈奴无情，十载风雨羁张掖；左公成边，春风有意，两行杨柳绿河西。陈子昂视察上疏，林少穆生情放歌。唐宋元明清，将相士商僧，大将戍边，骚人咏史，迁客伤别离，吏员察民生。往来皆过客，人事成古今。大哉张掖！

斯地也，塞上绿洲。无帝都王气，有边塞风光；长河落日映丹霞奇观，八百里美景收眼底；远客击节赏七彩山岭，亿万年神工叹海内。无青山秀水，有肥土

594

沃野;奔马千群,傍祁连而开苑;农桑四时,因一水而丰穰。无丝竹管弦之悠扬,有铁马金戈之激越;胡马秋肥,羌狄逞勇边地雄割据;将军引弓,骠姚扬威化外归汉册。无莺飞草长二月天,有边庭八月之飞雪;雪积祁连银屏列,晚照东山绛帐开。无南人精藻,有北人豪爽;人家客来茶当酒,举觞称品;我独开怀"丝路春",先干为敬。小桥流水,大漠孤烟,南北景色共一地,东西风物集于斯。天不偏东南,地不欺西北,一分耕耘一分收获;乌江米贡品,苹果梨上品,人无我有;民乐蒜个大,临泽枣核小,人有我优。陇上粮仓,名至实归。纵是他乡春光好,一样天香能醉人。美哉张掖!

斯地也,文化大邑。文可化人,武难服心。汉末起官学,五凉儒教兴。夷风融汉俗,胡服媲汉冠。中原士子避战乱,河西文坛起新风。五方共处一地,演成千年绝唱;甘州调融龟兹乐,成宫廷《国伎》;梵觉音入中原曲,开北朝法乐。一曲《霓裳》人称颂,殊知典籍出于兹!一地兴,兴在文化,一地盛,盛在文化。邑人也,父子同进士,耿国公拜尚书,诗名更比政声高;姊妹女奇才,陈县令课姣娃,文采一如颜色好。郭瑀设绛帐于晋学府名河西在今。开化、教化,功在文化、国学,儒学,业贵勤学。学子问师明理,院士穷治发微。旧是边鄙地,文昌一脉传。兴哉张掖!

斯地也,名因人显。史从地出,人随史现。丝路小城古,人物气象新;张议潮起兵收河西,米剌印抗令反清廷。田大武擒叛将功追紫光阁,孔庆云捉匪首名扬解放军。时代不同,卫国心同。同盟会起,景从有我;革命党兴,献身无地。虽隔京都远,一样与时共。西路军,西风烈,军声壮河西;徐元帅,李将军,军魂招旧部。先烈无意留青史,杨柳有情生五星。光哉张掖!

张掖湿地赋

〔当代〕 杨富春

祁连叠嶂,凝华结素;地冽涌泉,雪融滴玉;水波清涟,汇流吞谷;因势利导,漫以西去。古称羌谷,今谓黑河。地表绕城穿郭,泽沃青畴;地下漏石渗沙,水润绿洲。曰滨浦、曰浜淀、曰潭涧、曰陂池,古之俗名;号湖泊、号沼泽、号苇塘、号湿地,今之雅称。

湿地之广,茫茫苍苍。湖泊傍河水,星罗棋布;苇蒲依沼泽,密云连片。甘泉、双泉、九碗泉,千泉吐溪翠;黑河、沙河、山丹河,百河湍流急;南湖、东湖、月牙湖,众湖荡波清。更有水库、草甸、鱼塘、稻田、渠系,数不胜数。湿地之大,种类之多,概莫能举。可谓:东西三百里,方圆二十万;西北列前茅,河西数第一。

湿地之韵,在水滋润。玉带环绕,银练曲缠;芦苇摇曳,庙宇倒影;水天一色,树绿花红。二龙穿城,一城山光半城塔影;一水绕绿,三面杨柳一面湖光。春风轻拂,碧波荡漾水鸟栖;夏雨细润,绿苇茵茵翠色浓;秋水长天,荻花飞雪大雁鸣;冬阳融融,晶莹如玉湖似镜。甘泉湖,槐柳作荫晓燕春莺花醉人;月牙湖,山亭水榭花街香径引蝶蜂;双泉湖,柳绿枣红老树苍苔锁烟林。润泉湖,七星点水山花海树拾翠题红;大湖湾,天鹅成群野鸭戏水鱼跃龙门。南湖公园,繁花似锦,绿草萋萋芳斗艳;北郊湿地,密苇如茵,红柳丛丛木争荣。有诗云:桥头看月景如画,田畔听水流有声。美哉,张掖湿地。

湿地功能,"地球之肾"。蓄水防洪,涵养水源,胜似人造水库;增湿保水,改善气候,犹如天然空调。降污除腥,排废解毒,净化水质出清流;沉鱼落雁,鸟栖虫戏,野生动物嬉乐园。自然景观,造就优美环境;生态家园,人类休闲之地。

湿地忧患,人祸天灾。气候变暖,雪线升而融水少;沙化加剧,绿洲缩而植被稀。填湖造房,片片苇蒲变砖墙;建厂排废,池池绿水成污塘。人为破坏,胜过天灾。

湿地之福,在人呵护。时逢戊子,政通人和。市委政府,高瞻远瞩;审时度势,明确思路。顺应自然,生态立市;十大工程,深入民心;湿地保护,位列其首。退耕还湿,千亩荒地归水域;恢复植被,万株树苇入清池。清污分流,"壮士断腕"治污染;开发新区,招贤纳谏绘蓝图。基础先行,路湖水电齐配套;绿化并进,乔灌花草巧布局。栈道似龙,芦苇如茵;新区建设,如荼如火。憧憬未来,画卷似锦;万亩芦苇,十里蛙声;千村披绿,五塔连城;商贾云集,货兴本地;生态旅游,客来他乡。地脉、水脉、文脉,脉脉相通;商流、物流、人流,流流汇聚。"河西泽国","戈壁水乡";"湿地之都",金耀张掖。

三、散文、小说

清代左宗棠斩驴护树的流传

左宗棠在任陕甘总督及钦差大臣督办新疆军务的 14 年间,重修陕西潼关经甘肃全境至新疆哈密长达 2000 千米干线驿道,并在泾川至玉门千里驿道旁广植旱柳约 52 万株和部分杨树、榆树,被后人称为"左公柳""左公杨""左公榆",留下了"大将筹边尚未还,湘湖弟子遍天山,新栽杨柳三千里,引得春风度玉关"的千古绝唱。左宗棠驻军酒泉时,一次出大营散步,看到一头驴拴在柳树上啃树皮,左宗棠极为恼怒,当即下令将驴斩杀后挂驴头于树上,并通告民众:"再有驴毁坏树木,驴和驴主于此驴同罪。"左宗棠"斩驴护树"之军令闻名于世,流芳至今。

陶模《种树兴利示》

陶模,字方之,浙江秀水人,清同治七年(1868 年)曾任甘肃文县知县,同治十二年(1874 年)调补皋兰县知县。光绪元年(1875 年)升任秦州(今天水市)知州。光绪五年(1879 年)署甘州府(今张掖)知府,光绪九年(1883 年)署兰州府知府,旋升任兰州道员。光绪二十二年(1896 年)授任陕甘总督。在其任陕甘总督期间,向全省颁布了《种树兴利示》文告,阐述在甘肃地区植树的重大意义,概括有以下几点:

可以控制水土流失,减少水害。他指出:山岗斜坡,古代层层有树。树的根枝与百草连络组成了天然的藩篱,阻止了沙土的流失。但到后世,山木伐尽,泥沙失去保护,随雨水而下,造成泥沙塞川的现象,不仅黄河横溢,而且一些小河也多因泥沙淤塞而不断溃决。所以,只有重新种树于山坡,才能保住泥沙不致随水而下,减轻水患。

可以化碱田为肥沃之田,引导泉流。陶模说,甘肃各地,多为贫瘠之田,大部分荒芜,泉源日益窒息。如果种以密树,则根深蒂固,树能吸收水汽,又互相灌输,由近及远,土脉渐通。这样就能引导泉流,化碱地为沃田。

可以调节气候,增加雨量。他从实地考察中得出烈日范薰蒸,易成干旱。如果有树的话,树叶披拂于空中,能呼吸上下之气,故塞外沙漠之地,无树不雨;终年树密之地,时常有雨。

可以减少疾病,延年益寿。陶模指出:荒原秃山,阴阳隔阂,民多病弱。而树木有收秽气放清水之功能,所以种树能驱除疫病而保养民生。

可以减轻自然灾害,保护农田。陶模在甘肃活动长达 34 年,观察甘肃气候十分细致。甘肃灾害以旱、雹为多,故他对雹灾十分注意观察。通过长期观察,他认为甘肃山峻地寒的自然特点,常常使雨变为雹,毁坏庄稼。然而冰雹有一个特点,即随风而至,且多斜行。如在大片田地中,每隔数亩,种一排树。这样,当风吹来时,由于一排排大树的阻挡作用,可以改变风向、减弱风势,从而阻挡冰雹,起到保护庄稼的作用。

可以增加收入。他主张多种经济树木,以增加百姓收入。

赵彦昭与五松园

〔当代〕　巩子孝　李满国

在张掖城西约一公里的青松村,有一株 1200 年高龄的古松,这就是唐代名胜五松园的遗迹。当年,五松鹤立、夭矫如龙、百花争妍、柳绿池清的五松园中,风流才俊们坐在五松亭上谈笑风生,"赋诗谐韵,把酒入林",可谓高风异趣。但那"百物改观,四时留春"的盛况,已成为遥远的过去,而今只剩下这株疲惫苍老的古松,成为唯一的历史见证。

据《甘州府志》所记,五松园"赵姓业也"。这个"赵",就是唐中宗时的中书侍郎、同中书门下平章事赵彦昭,字焕然,张掖人,"少以文辞出名",后及进士第,官至宰辅。这是张掖史上的第一个宰相,在大漠边地,能有如此功名,足以荣耀乡里,而这才是五松园成为名胜的真正原因。

相传,赵彦昭的父亲赵武孟,年轻时性格豪迈,勇武好猎,他母亲深以为忧。为了教育儿子,她曾流泪说:"你不攻读经书,而终日溺于田猎,我没什么指望了。"以至不吃儿子敬奉的食物。武孟深受感教,从此发愤勤学,博通经史,后来及进士第,任中书侍郎。彦昭出生于这样一个新兴官僚家庭,在良好条件和父亲锐意进取精神的教育和影响下,使他"少以文辞出名",考中进士,官至宰相。

赵彦昭的生平,新旧《唐书》都有记载,《甘州府志》所记也仅限于此。他的仕宦生活,主要是在中宗、睿宗及武则天时代,死于开元初年。

在早期,赵彦昭以文进仕,中宗时虽官至宰辅,但主要是做修文馆大学士,在馆中编修国史,并未见他过多参与政事。

景龙三年(709 年),金城公主出嫁吐蕃赞普,中宗命彦昭为使,这算是他参与政事的开始。可身为宰相,充任外使,未免不太合适。况且在争宠夺利的激烈斗争中,外出很可能意味着失去仅有的恩宠。赵彦昭为此深感忧虑,但又无计可施。当时在朝的赵履温同情赵彦昭,私下帮助,托了安乐公主密奏中宗,才得免去此行。但赵履温是个奸佞之臣,终因勾结安乐公主作乱被谋杀,彦昭也因此受牵连被贬官外放,任宋州、归州等地的刺史。

睿宗时,赵彦昭回到离故乡不远的凉州府任都督。在任上,他"为官清严,将士以下动足股栗",都小心翼翼地侍候他,政绩若何,不见片言只语记载。也许政绩显著,或是恩宠有加,不久便奉召回京,任史部侍郎、检校左御史台大夫等职。

开元元年,太平公主与窦怀贞、萧至忠发动宫廷政变失败后,赵彦昭的好友郭元振、张说等,奏称赵彦昭曾参与平乱密谋有功,遂得到升迁,为刑部尚书,封耿国公,赐实封100户。在武则天时代,巫道受宠、巫风盛行。赵彦昭和许多臣僚一样,热衷于这些迷信活动,与女巫赵五娘"称姑道侄",来往密切,因此受到殿中侍御史郭震的弹劾,指斥他与女巫"潜相影授""同凶相济",为"左道乱常"之事,力奏玄宗"准法处分"。不久之后,姚崇入朝为相,深得玄宗信赖而权重一时。作为一名历经内乱的老臣,深深体会到巫道盛行给朝廷带来很大的混乱和危害,因而对赵彦昭的所作所为也非常厌恶。为整肃朝臣,遂将他贬为江州(今九江)别驾,不久便郁郁而死。

纵观赵彦昭宦海沉浮的一生,他并不是一名成功的政治家,虽几次位居宰辅,但在政治上无多大建树,对朝政也没有产生过大的影响。对于他的为人,时人褒贬不一,但从仅有的历史记载上看,他应该算作一位儒学之士,而不能称治国之臣。赵彦昭"少以文辞出名",性格豪迈且风骨透爽,俨然一位俊儒书生。后进士及第,以文入仕,官至三品,却主要是参与编修国史,为修文馆四大学生之一。也擅长写诗且有一定声望。《全唐诗》中收录他的格律诗21首,足见他在当时的文坛上占有一定的地位。为反对齐梁文风的浮靡,沈佺期、宋之问等倡导新体诗即格律诗。他们的诗虽多是应制奉和之作,但在格律诗的声律形成上却做出了重要贡献。彦昭也是新体诗派的一员。他的诗也是应制之作,但从形式上看,是相当成熟的格律诗。这就是说,他在近体诗的形成上,也是有过贡献的。

对于赵彦昭,同代诗人张说有《赵耿公彦昭》诗赠他。我们从诗中,可以对他的一生再作一次回顾。诗中写道："耿公山岳秀,才杰心亦妙。鸷鸟峻标立,哀玉扣清调。协赞休明启,恩华日月照。何意瑶台云,风吹落江潮,湘流下浔阳,洒泪一投吊。"作者称赵彦昭是山岳一样的俊秀之士,才思出众超群,像鸷鸟一样桀骜刚正,宁为玉碎且掷地有声,可是瑶台彩云,却遭风吹落江潮,一次次被排挤流放,不能不令人同情。

张说是赵彦昭的好友,当然最了解他的品质和才学。这首诗对彦昭一生的概述是真实的,纵有溢美之词,也可以帮助我们从侧面去认识这个张掖的历史人物。

赵彦昭曾写过"崇高唯在德,壮丽岂为谟"的高风亮节的佳句。五松园已成为历史陈迹,但那气节坚贞的古松,虽历经了一千多个春秋的风霜严寒,却仍向人们展示着威武不屈的英姿,而这也正是他预断正确的一个铁证。

树中伟丈夫

〔当代〕 王开堂

穿行在千里河西走廊,看到最多的是挺立在蓝天下的白杨树。一排排整齐地站立在公路两边,像护路卫士,迎送过往的客人。那密密匝匝的枝叶在微风的吹动下,摇曳着绿色的韵律。

阳春三月,土壤里还透着冰碴,春风中还夹着寒意,它的枝头已经冒出翠绿的嫩芽,在沉重的压力下,每一片嫩芽、每一片叶子都是努力向上的,而绝不弯腰屈服,更没有媚俗的面孔。不需要人去施肥,也不需要像娇嫩的草坪那样去浇灌,只要不挥刀斧去砍伐,给它一点宽松的环境,让它吸收自由的空气,它就会挺拔向上。它不枝不蔓,扎根在贫瘠的土壤中,随遇而安,与世无争。迎着和煦的春风,它打开了自己,绽放着属于自己的妩媚。

白杨树的枝条有的是垂着的,有的是向上举着的,就像站立在田埂间耕作的北方汉子,不修边幅地站在那儿。可树上的苞芽却都直直地向上挺着,让人能感觉到它积极而顽强的生命力。向下垂着的枝条为了新生的芽,在空中画着遒劲有力的弧线向上举着,为了新生的芽吸收着阳光的温暖,为了新生的芽看着辽阔的天空,为了新生的芽更好地吮吸春雨的甘甜。

白杨树初生时的稚嫩很有意思。嫩芽初上时,那颜色也不是绝对的鲜绿,从鹅黄、绯红慢慢转变成嫩绿,那鲜艳的绿让人赏心悦目,目睹它的颜色变迁,目睹它的叶片一点点舒展开来,春天的蓬勃唤醒了所有的植物,它不再孤单,万紫千红都是春的壮观,景色铺天盖地而来。

　　白杨树总是在几天内满树挂满毛茸茸的长长的绒絮,那就是苞芽开的花,花的颜色有淡绿色、褐红色、雪白色、深褐色。白杨树的花静静地挂满枝头,朴朴实实,轻易不会引起人们的注意。几天后花悄悄地纷纷落下,地上到处都是白杨树的花。常看见顽皮的孩童们将花捡起来玩,抚摸着它的柔然,也看见他们有时趁哪位同伴正专心地走路,悄悄将花扔进他的衣领里,然后大家开始了欢笑而紧张的追逐,每一个人都在享受着白杨花带来的欢乐。年轻人看见满天飞舞的杨花,或看见有一两缕正落到书桌边,心中便升起无限的柔情,把许多相思或爱意寄予到那轻细的纯洁里。

　　春天的清晨,村子里的地上就会落一层花,那是在静寂的夜晚悄悄地落下的花。白杨树下就变成了素色的厚实的毯子,那毯子也是毛茸茸的,虽然有的地方还露着大地斑斑点点的颜色, 可那是挺拔而又粗犷的杨树带给我们的温柔,它的自然的图案,它的素雅的颜色。

　　在人们还在希望杨花继续落下,再带给大家几日欢乐时,树上已是片片嫩绿的新叶子。叶子一天天长大,远远望去,白杨树就像一树树的绿云,显得那样美丽而又可爱。这时天气彻底暖和了,温暖的阳光照着,别的树也开始跟着吐出绿芽。

　　夏天,白杨树满树是浓绿的大叶子,在阳光下那叶子闪着绿色的光,有一点儿风,白杨树就曼舞高蹈起来,什么时候都这样乐观、直爽。人们曾经常在白杨树下纳凉,听着它"哗啦,哗啦"高歌。那歌声像清清的泉水顺着山间溪流而下,带给人们一个欢乐、凉爽、绿色的夏天。下雨的早晨,片片绿叶便在雨中吟唱,条条枝桠在风中起舞。它伸展出茂密如盖的浓叶,给大地上的鲜花绿草遮阳挡雨,让鸟儿、蜂蝶踩着自己的身体歇凉唱歌。大地在它的点缀下,呈现出无尽的温馨与甜美。

　　烈日下,苍劲的杨树以广阔的绿意遮蔽地面。在道路边上、山坡林地之间,摇曳着赏心悦目的青翠。当白杨树的叶子由绿色变为鹅黄色时, 秋风拂面而来。远远望去,杨树林像披上了一件黄绿色的外衣,富丽华贵,明艳夺目。

河西的人们对白杨树怀有一种特殊的感情。我在这里生活了几十年，常喜欢在深秋时去林子里散步，喜欢看白杨树点缀的大地，喜欢听落叶在秋风中旋转的呻吟。靠着白杨树笔直挺拔的枝体，感到有种踏实的安全感；坐在铺满落叶的草地上，大片树林遮挡着秋日里还有些火辣的太阳，全身像注入了清凉散。

平淡、坚韧是白杨树的品格。它不刻意张扬自己，不像柳树摆弄风韵婆娑的姿态，更不像桃树给人花雨迷蒙的娇艳，它展示给人们的是正直、朴实和严谨。

当深秋的脚步越来越重的时候，风从树梢轻轻掠过，繁茂的枝叶在风中婆娑，发出一阵阵低回的吟唱，极像雨滴纷纷坠落的声音，这里不仅是诗情画意，更是一派神奇。这时节的杨树林酷似一副写意画作，浓墨重彩，热烈奔放。无数棵粗壮的白杨树，伫立在寒秋中，树身被皲起的树皮包裹了，留下白杨树与命运抗争的印记。白杨林青翠的色彩渐渐褪去了，取而代之的是一派金黄，白杨树被这金灿灿的色彩染透了，黄得那么无瑕，黄得那么繁荣，黄得那般灿烂。看着满树的金黄，不由得让人激荡起联想的涟漪，钦佩之情油然而生。环顾四周一棵棵挺拔苍劲的白杨树，微风中发出的轻轻沉吟，似在告诉我们与命运抗争的哲理和启迪。在经年累月与风沙的搏斗中，白杨树巍然屹立，述说着生死荣枯的故事，昭示着顺其自然的法则。

在将告别四季中最美好时光的时候，白杨树释放出所有的生命激情，用无比华丽的金色把生命的璀璨演绎到了极致，给人以心灵上的震撼。仿佛在向世人宣言：生命的历程时时充满着抗争和奋斗！抗争是为了获取生存的权利，而奋斗则是为了这段历程的绚丽多彩。由此想到了人，有的人一生平平庸庸，就像一首乐曲从始至终仅限于一个音符和一种节奏，没有抑扬顿挫跌宕起伏的经历，没有荡气回肠振聋发聩的回响，人生便少了几分精彩，生命的意义也打了折扣。

倚靠着一棵白杨树，默默地问自己，人有的时候，还真不如一棵白杨树么？

时间可以留下逝去的记忆，凋落的黄叶在逐渐褪色，甚至被人慢慢遗忘。但它的从前却是光彩照人、鲜嫩无比的，在阳光的强力照射下，通过光合作用，它把有限的养分输送给了树干，让树干粗壮起来，那一圈圈年轮记载着树叶无私的奉献，这让我想起"落红不是无情物，化作春泥更护花"的诗句来。叶子的飘零承载了凤凰涅槃的再生和梦想,繁华满枝的爱情点燃了秋天鲜红的季节,泥土才是它最后的归宿,它带走了原本属于它的美丽,它燃烧起来的火焰足够温暖整个冬天。当一个新的轮回开始,相信它一定会获得新生。

初冬的寒风来临,白杨树的叶子在大风中纷纷凋落,几天之间,白杨树就光秃秃在那儿安静地站着。虽然脱尽了叶子,单薄的枝条依然透着精气,枝干向上,高昂着头。这时候,杨树依然伫立在寒冷的黄土地,经受着冰雪严寒的考验,蓄积新的生命活力,等待来年的春天再展新颜。对于荒寒贫困的黄土地,它就是树中伟丈夫,在一年四季里,留守着,装点着,给黄土地减少几分贫寒和寂寞,增添几分生动和美丽,它的根已经和黄土地连为一个整体。

白杨树是西北最普通的一种树,只要有水有草的地方,就有白杨树的影子。大路边,田埂旁,荒原上,随处都是它的家。它不追逐雨水,不贪恋阳光,只要能够在哪怕板结的土地上,给一点水分,白杨树的一截枝条就会生根、抽芽。只要挪动一点杂草生存的空间,它就会为黄土地撑起一片绿色。当汽车行驶在无边无际的戈壁滩上,看着黄沙砾石身心有些疲惫时,突然眼前显现出一片绿洲来,那十有八九是绿色的白杨树环抱着的村庄。寻着绿荫走去,那托举着蓝天白云的绿荫丛中,一定有温暖的人家。

仰望祁连

〔当代〕　王立泰

初次认识祁连山,是二十年前的事,那时候来河西考察,匆匆穿过河西走廊,远远望着祁连山从身边滑过,黑黝黝的,和其他山没有两样,只是偶尔看到几座山头有白白的积雪,才能感觉到几份圣洁。而当走近祁连,在它的呵护下生活,才会感知到祁连山不同寻常,已有的关于山的认知和描绘,都难以表达对它的理解。祁连山让人尊敬,也让人崇拜;祁连山让人爱恋,也让人怜惜。越是走进祁连,越是熟悉祁连,越是亲近祁连,对她的感情越就复杂起来,对她的感激、希冀和担忧交织在一起,成为我难以割舍的牵挂,成为我人生的依靠和寄托。

祁连山,不论是从山名还是从历史去追溯,都是一座著名的山,是一座天赋使命的山。也许,人有人的命运,山有山的宿命,远古以来,它就被匈奴看作天之山,迄今也被生活在这里的裕固人称作"腾格里大坂",也还是"天之山"的意思。祁连山的确是座天山,它托起了西部一半的天。从乌鞘岭向西,它绵延上千公里,纵贯了数条山脉,含纳了数个峡谷。从河西走廊南麓向北,祁连山也横跨上百公里,挺进到青藏高原。当你从东而来,扑面见到那条黝黑嶙峋的山壁,一定就是将军岭和乌鞘岭的山峰了,它是祁连众多山峰之一。祁连山峰从东到西,一座高过一座,比赛似的直插云端,让人有种拔地而起的惊叹。山越往西,山形越加陡峻,如斧砍刀刻一般冷峻威严;而越往东,山则平缓而连贯起来。从北向南,祁连山则平行地分布着数个山脉,随着山的升高,山脉依次抬升,奔向青藏高原,奔向青海湖,而山脉中的数个大峡谷,发源出数条著名的内陆河,成为维系祁连生态系统的乳汁。

祁连山天生就要承接两大高原的碰撞。没有哪座山像祁连一样,在两个截然不同的夹缝中生存。它横亘在蒙古高原和青藏高原之间,要承受起两大高原的碰撞。北边是蒙古高原的沙漠、戈壁,干旱和高温侵袭,风暴和沙尘肆虐,始终都想漫过河西走廊,把祁连搂到怀里;南边是青藏高原的季风,西伯利亚的寒流,每个季节都有着不同的挑战,每个岁月都有难以预料的考验。祁连山如同穷人家的长子,背负着不同生态状况的责难,而它坦然面对,默然忍受,把坚强、刚毅和不屈镂刻在山峦沟壑和一草一木之间。难怪《国家地理》曾对祁连山有这样动情的描述:"东部的祁连山,在来自太平洋季风的吹拂下,是伸进西北干旱区的一座湿岛,没有祁连山,内蒙古的沙漠就会和柴达木盆地的荒漠连成一片,沙漠也许会向兰州方向大大推进。"

祁连山早就被人称作"母亲山"了,自古就养育了众多儿女,孕育了两种文明。自汉武帝断匈奴手臂,置河西四郡以来,祁连山就在牧业文明和农耕文明的竞争中阅尽沧桑,它坚守着初衷,坚持最基本的生态,让祁连山川四季如画,山清水秀,广袤草原如千里碧毯,绿草如茵,牛羊成群。古老的游牧民族,在这里过着自给自足、绿色生态的生活。它虽是一座含水不大的贫瘠山脉,但在冰川和雪山的照应中,仍然顽强地涵养出道道浅河弱水,不知疲倦地眷顾着河西的片片绿洲、座座城池。每一条河都串着一片村庄,浸润出一块绿洲,崛起来一座城市。沿着走廊的东西,石羊河灌溉了武威,黑河养育了张掖,疏勒河哺育了嘉峪关、酒泉,还有南下东去的大通河、湟水河滋润了海北的辽阔土地,成就了西部最负盛名的粮仓。"正是有祁连山,有了极高山上的冰川和山区降雨才发育了一条条河流,才养育了河西走廊,才有了丝绸之路。然而祁连山的意义还不仅于此。"

祁连山如同它的构造一样,千沟万壑,千差万别,包容着世间万物,发源出多种民族文化。"祁连山不仅作为地理的屏障分开了蒙古沙漠和青藏高原,也分开了两个古老的人群集团,这两个内涵暧昧的人群集团是羌和胡,南有羌、霍尔、吐蕃,一直传承至今日雪山藏族,北有胡、突厥、蒙古,一片串连遍及欧亚大陆的牧民。"尽管许多的民族已消失在历史的尘埃之中,但许多民族文化的灵魂仍在草原激荡,从裕固族的歌声中,从藏族同胞的舞蹈中,从蒙古音乐的旋律中,不时地传达着历史的涛声。"祁连山对中国的贡献,不仅仅是河西走廊,不仅仅是丝绸之路,不仅仅是引来了宗教,送去了玉石,更重要的是祁连山通过它造就和养育了冰川,河流与绿洲做垫脚石和桥梁,让中国的政治和文化渡过了中国西北海潮的沙漠,与新疆的天山握手相接了,中国人在祁连山的护卫下走向了天山和帕米尔高原。"

祁连山横跨两省,影响西部甚至中亚,自古就受人重视,是一座寄予众多希冀的山。祁连安则西部安,祁连旺则西部旺,祁连山始终是人们尊重和拥戴的神山。冰川、雪山是这座山圣洁的哈达,吉祥且满怀希望。祁连山是西部冰川、雪山最集中的地方。站在乌鞘岭往西瞭望,祁连山脉由黄变黛,由黛变白,像一条巨龙,披云裹雾,逶迤曲折。目光最近处,排排怪石如马牙一样突兀而起,东西绵延十多公里,就是著名的马牙雪山。尽管冰川消融,雪线升高,马牙雪山的神奇已不可同日而语,但在秋冬季节,仍能感受到曾经的荣耀。站在康乐草原,南望祁连山脉,那里的山顶白雪皑皑,由东向西延伸的雪线十分耀眼。更远一点的地方,叫不上名的雪山,一抹银色如幻觉一样缥缈,雪的精灵若隐若现。祁连冰川、祁连雪是天地感应的结晶,但凡有冰川、雪山的地方,总是飘着浓厚的云。烈日里,云是雪的蒸腾,雪是云的凝重。秋雨中,云是飘着的雪,冰是雪凝结的魂。祁连的雪山、冰川把云的眷顾、天的照应传承下来,淡定而坚决。我曾从肃南出发,沿着祁连大峡谷一路西行,追寻雪山、冰川的踪影,穿越二只哈拉达坂,眺望祁连山主峰,班赛尔山和贺大素北山,玉石梁雪山、三道石人雪山、牛头雪山嵌在奇绝嶙峋的山峰之中。最为著名的八一冰川、七一冰川,这些终年积雪形成的宽阔而硕长的冰川,是雪山的一绝,如银装素裹的天女,矗立于白云黑土之间,如披挂在雪山众神身上的哈达,千姿百态。祁连衬托着冰川、雪山,冰川、雪山则养育着祁连。由于冰川、雪山的坚守,才有祁连山的坚守;由于冰川、雪山的哺育,才让祁连生机勃勃,造化无穷。

古老的森林是祁连山最迷人的项链,绿宝石样的珍贵。祁连山原是不容易长树的地方,高寒,植被稀少,且生态脆弱,但森林还是顽强地生长起来,笔直而坚挺的云杉和圆柏,乐观而自信,在祁连山里形成片片树的海洋。绿色是西部人魂牵梦萦的希冀,森林则是绿色中的精英。祁连山周边要么是黄土沟壑,拉羊皮都难贴到草;要么是茫茫戈壁、沙漠,就连祁连浅山区,也难见树木,更难有森林了。但祁连山独有西边最大的原始森林,从乌鞘岭下的小三峡,到焉支山的长寿谷,从扁都口的扁都峡,到康乐草原边幽深的林涛,淋漓地展示绿色的力量。我没有考证过西北的森林,但我认为,祁连山的森林,是生长在海拔最高处的,祁连云杉笔直挺拔,刚劲俊秀,是最有气质和精神的树木。祁连森林的秀色,是森林中的男子汉、大丈夫啊!

草原是祁连山分布最广,也是最令人自豪的。祁连草原看上去粗犷,但本质是温情浪漫的,它被评为"中国最美的草原"。祁连草原美,美在其大。祁连草原铺展在祁连腹地,东边皇城的夏日塔拉草原,围绕焉支山的大马营草原,还有康乐草原、东嶂草原、陶莱草原和祁连草原,我所见到的川地或山地草原,都是一望无际,广袤地铺展开千里碧毯,给人天苍苍、野茫茫的感觉,把祁连山的情怀送到每个人面前。祁连草原美,美在其高。它是高原草场,也是山地草原,波浪起伏的群山,绿草茵茵,碧波绵绵。夏日的草原,浓云厚雾飘浮在草原上,萦绕在草际间,时而像棉花朵朵,忽而似青烟袅袅,把蓝天和绿草粘合在一起,草原也就和雪山一样的高远。祁连草原美,美在山清水秀,美在细雨轻风。夏季祁连多夜雨,次日清晨,草原被细雨梳理得碧绿如茵,淡淡清雾飘逸自如,在山间草地上漫步,不经意间闯进你的怀里,滑过你的脸颊,落到你的心间。秋天的草原,风吹草低,牛羊遍野,金色的草原散发着独有的芬芳,令人产生返璞归真、如入梦境的感觉。祁连草原以其独有的风格,把祁连的美深深印在记忆中!

祁连山中多河,所以灵性生动,始终有着超乎寻常的魅力。祁连山终年覆盖积雪,上千座大小冰川,融化出乳汁般的溪流,从山间沟壑汇流成河,向山外奔涌而出。水滋润着祁连，也抗争着祁连，每一条河谷，都是水和石的较量。东部发源出大通河、湟水河，向东奔流直入黄河，成为中华母亲河的重要部分。北部的石羊河、黑河、疏勒河、党河，在山前形成大片的绿洲，成就着一方水土养一方人的愿望，给人带来生生不息的希望。

湿地伴随祁连走来，是祁连山最稀缺的资源。在祁连山众多的流域里，湿地比森林更加珍贵。祁连山屈指可数的高原湿地，大都在雪山的脚下，同冰川冻土相伴相随。尽管高原的风，高原的雪，吹打得难同其他山地区别，但湿地生长的植物依然顽强。由于它的存在，把冰川融水和降雨蓄存起来，缓缓补给小溪、河流。河流湿地是祁连山最后的绿岛，它同黑河、大通河和党河相互依存，在干旱炎热的戈壁、沙漠里，开辟一块绿地，树起一面旗帜，给飘过的云、飞过的鸟、走过的人增强着信心。

祁连山幅员辽阔，千姿百态，是一座博大仁厚、充满情怀的山。祁连山是座宝山，是给人们带来美好向往和积极追求的地方，不去势利地看地下埋有多少的矿藏，不去贪婪地想怎样发财致富，只要你徜徉祁连山，就会获得额外的收益，超值的享受。祁连山是野花烂漫的地方，祁连草原的花，多的叫不出名字，不同草场上，花也各不相同。记住格桑花，就记住了"夏日塔拉"，这种金黄的小花，精致美艳，在草原上丛丛生长，片片开放，把草原装扮得如花海一样。羊肚花是牧民最贴心的花，认识了羊肚花，也就认识了草原，这种形似小羊羔的白花，是草原朴素的花，羊群最喜好的草。它爬在山坡上，长在山岗上，银白色的花蕾耀眼夺目，如羊群散落在草地上。草原边的马莲花，是草原最亲的花，紫蓝色的马莲花，艳中带媚，芳香怡人。住进裕固人白色的帐篷，唱着山歌，闻着花香，才会真正领略到心旷神怡、沁人心扉呢！

祁连是生长稀有动植物的地方。祁连山本来是一座单薄的山，因为长的过高、过寒，本应没有那么多的动植物生存，但祁连山超乎想象的丰满，不仅孕育了无边无际的草，层峦叠嶂的林，还有五十几种兽，一百多种鸟，十几种爬行动物。我还亲自放生一只来自祁连山的雪豹——是美国科学家跟踪二十年，才抓拍到几张照片的稀有动物。更让人惊奇的是，在雪线以上，还会有雪莲、蚕缀、雪山草，被裕固人称作"岁寒三友"的植物呢！

祁连山是藏着美玉和丹霞的地方。我对玉了解甚少，但知黄金有价玉无价。玉是自然的精灵,大自然的造化,祁连墨玉是祁连山的宝贝。它晶莹剔透,润滑细腻,成就了夜光杯的美誉。它厚重大气,雄奇健美,寄托着无限的祝福和向往。丹霞是祁连的魂,从七彩的神韵,到奇绝的造型,演绎的是祁连千年的梦幻,万年的追寻,难怪《国家地理》杂志会语出惊人,"张掖的丹霞,已经到了不需要借助任何外界的色彩和光源来点染自己的境界。登上西北地区特有的高原地形,琳琅满目的丹霞地貌就会呈现在开阔的视野中。这是让人看过以后终生难忘的情形,光裸的山坡上看不见一株植被的影子,彩色的岩石明亮得有些耀眼。眼前像是一片熊熊燃烧的火海,让人隐隐约约的有一种火焰扑面的感觉。岩层之间的颜色相互区别,交替的颜色在山脉的段坡上形成了一条条光谱,绵延着伸向远方,隐藏入地下。山峦在远观的时候都是一色的火红,在混乱的视觉里上下跃动,像一条条小火苗。颜色之间的更迭有时候依照岩层表现出一定的秩序,有时候却是杂乱无章的,这最终使得整个丹霞群落有一种让人眼花缭乱的感觉,凝视过久,就会有万千幻想的魅影在暗红的峰峦间升腾起来"。

祁连山从历史走来,风风雨雨不间断,经受了太多的磨难,是一座承载许多重负的山。曾经有人问,祁连山是什么?那首古老的歌,让人直白而费解,"失我焉支山,使我妇女无颜色,失我祁连山,使我六畜不蕃息"。这是匈奴自己悲怆的总结? 还是牧歌终结的谶言? 我判断不清。但祁连山已负重累累,气喘吁吁,难以承载最后一根稻草。祁连山是坚强的,但它已不丰美,已不健壮。

祁连山实际是一座蓄水含水量不大的山脉,从峡谷里流出的,只不过是雪山冰川消融的结果。但我走近这些决定河西走廊生态,甚至影响中国乃至亚洲的冰川雪山,却发现雪线上升,冰舌萎缩,母亲山伤痕累累,母亲河危机四伏。从乌鞘岭西行,一路追寻,马牙雪山已很少见雪,金强河快成季节河,养育石羊河的冷龙雪山也已少得可怜,只有秋冬季节可见山顶点点积雪。祁连山中许多小雪山近几年已经绝迹,而几座著名的雪山,则普遍雪线上升,来水量近期有所增加,但长远会渐渐枯竭,"逐年升高的雪线,如同一道看不见的丝带,越来越多的生灵面临着被其缢死的厄运"。

走进祁连之前,都会经过兰州以北的干旱浅山区,缺水是这里最大的苦恼,而河西也开始经受这种苦难。从冷龙岭流出的石羊河,被武威绿洲的城池村庄吞饮后,已到达不了民勤人的嘴边,民勤告急,沙进人退已成不争事实。第二大内陆河的黑河,也难逃出内陆河的厄运,在浇出一片绿洲后终止于绿洲。尽管这些年严格执行节水调水的政令,黑河终于走出了正义峡,灌进了居延海,但水的忧患仍然步步向我们逼近,缺水开始困扰着绿洲的生存。

祁连山养育着河西,河西的生存靠祁连雪水浇灌,但人的增加,草场被犁成耕地。农牧相争由来已久,辽阔的草场,一步步退让,被逼无奈地向着山坡退去,取而代之的是纵横的沟渠、开垦的土地,祁连山被无情地切割,很不情愿地成为性格迥异的草场和耕地。更要命的是矿山开采和不断扩张的城市,压得祁连山神色憔悴,许多地方已是伤痕累累,长期难以修复。祁连山的腹地也在经受超强的冲击,有"黄金草原"美名的皇城,曾经养育过匈奴王庭的牧场,现在草场已严重超载,鼠害严重威胁着原本是格桑花遍开的草地。曾经是世界最大军马场的大马营草原,大半的草场已被铺天盖地的油菜花占去。还有深埋土里的马铃薯,满足着牧马人的发财梦,却将草的根系彻底铲除,把泛黑的土地晒在太阳中。还有祁连山中的康乐草原,尽管有九排松的精神,却也难挡牛羊一遍遍的啃咬,草的身子没有兔子的身高,各种毒草还趁机蔓延开来,使原本生机勃勃的草原伤痕遍地。最刺痛人心的是托勒草原,这个黑河的源头,尽管已经退耕五年有余,但扎在沙砾中的草根,很难发现复发的绿茵。尤其是祁连深处的草地,本来海拔的严酷已让草场失去了精神,而漫山遍野一群赛过一群的羊群,一群比一群爬得高的牦牛,还有处处被鼹鼠垒起的土堆,把祁连山最辽阔、最丰满的身躯践踏得惨不忍睹,祁连山忍受着痛苦、呻吟!

仰望祁连,心生许多感念和感慨;仰望祁连,心有更多祝愿与祝福。

祁连山中的管档人

〔当代〕　张志纯

横亘甘肃河西走廊的祁连山,素有"万宝山""聚宝盆"之美称。她,高峰终年积雪,低丘松柏常青,流水淙淙,绿草茵茵,牛羊满坡,多少人面对大自然的美景流连忘返。然而,山外人要长期居住在这里生活、工作,并非易事。

张掖地区祁连山水源涵养林研究所坐落在祁连山深处的塔尔沟,海拔3600多米,真正的夏天只有一个多月。这里不通班车,不通电话,不通电,是与外界隔绝的"世外桃源"。同志们白天爬山钻林区,夜晚上床钻被窝,屋外风掀松涛,野兽嚎叫,室内油灯照明,形单影只,其苦难以言表。

现为工程师、主任科员的周定国同志,从1956年甘肃林业学校毕业后就被分配到这里,已经默默工作了38个春秋!

1980年,组织上根据需要,挑选这位工作认真、办事细心、事业心强且文化素质较好的同志从事文档、资料工作。接任就职后,他感到:"成千上万件各种文书材料、科研资料和专业图书报刊,不正是山的身世、林的经历、水的曲谱吗?小小的档案室竟是一个科学世界,她容纳着无垠的高山大河和林海雪原!美极了,我就当好一名科学世界的管理员,从一而终,决不动摇!"一个学科学、爱科学、干科学的人就这样暗下了为祖国的山山水水管好档案的决心,从而走上了档案工作道路。

上岗后,面对杂乱无序的文件、材料、资料、书籍,周定国感到"狼吃天爷,无处下嘴"。怎么办?他横下一条心——学。到地区档案馆参观档案库房,学习分类立卷、编号填目和案卷管理的基本知识;订购业务书刊,刻苦自学;邀请地区档案局的同志来本单位具体指导实际操作,边做边学;还把拟定的制度,撰写的文稿,编纂的资料,设计的卡片、目录样张送请行家指教。他坚持实践第一的观点,上班时间抓紧工作,八小时以外带上工作中的问题求教于"书本先生"。干什么学什么,不到一年工夫,他的业务水平达到了"助馆"程度,能独立开展工作,林业专业的同行风趣地说:"老周是条灵虫虫,干什么钻什么,学什么会什么。"

功夫不负用功人,"水到渠成"结硕果。周定国同志为了尽快改变档案资料管理上的混乱局面,每天坚持工作10多个小时,利用大部分星期天和节假日,5年时间干了10年的活:使2万多份各种零散文件材料转化为1965卷整齐有序的档案;使数万份零星科技期刊通过他的双手劳作,成为装订美观的7000多册合订本;原来查档案,有多少翻多少,翻遍才能找到,得花一两天时间,现在查档案,伸手即得,用不上2分钟。他用自己的心血把每份档案文件和每册图书资料的基本要素统统收录于目录、索引、卡片。来自科研第一线的老周深深懂得收管档案资料的根本目的是为了发挥它在科研活动中的作用,所以他最清楚科研活动最需要什么。当成千上万卷册档案资料上架排序后,他把科研项目所需的信息以自编自印自发的50多期《林业科研信息》为媒介传递给各站、队的每个科研人员，他们如鱼得水，络绎不绝地到档案资料室查阅利用。仅1988年以来，一个不足20人的小小科研所，就接待查阅者达660多人次，人均30次，利用档案资料2900多万件。他热情、周到的优质服务，为本单位的科学研究做出了突出贡献，前后为10多个科研课题提供各种数据3000多个。他主动利用科研材料绘制各种地图、曲线图126份，有效地服务于科研工作，使"祁连山森林涵养水源作用的研究""祁连山浅山区造林技术研究"等9个课题通过了省、部鉴定验收，4项被评为优秀科研成果，获得了林业部的表彰奖励。与此同时，科研工作者以他提供的科研信息为依据，撰写了620篇论文和调查报告，有128篇分别被评为地、省、部级交流的优秀论文，地区以上刊物发表256篇。该所所长、高级工程师傅辉恩同志在全所职工大会上讲：我们的科研成果来自于全体同志披星戴月、风雨无阻的试验，更离不开情系科研、甘心服务科研的老周。许多同志拿上自己获得的"优秀成果荣誉证"到老周办公室道谢：多亏您的帮助啊，老周，向您致敬！

人们常说："身体是革命的本钱。"读者可能会觉得，老周的身体肯定是很健壮的，否则长期在那样艰苦的环境中工作是不可能的。然而，事实并非如此。老周1975年患上了青光眼病，左眼失明18年，右眼视力只有0.7。1979年又患上了冠心病，并患十二指肠炎多年。更严重的是1989年心脏病突发，从此在他身体上安置了人工心脏起搏器。就在这样的身体状况下，周定国同志依然没有放松过自己的工作。1982年住院期间，他在医院病床上撰写了科研所交给他的某项课题论证材料；1983年因病后身体十分虚弱，领导安排他在家养病，但他在家名为养病，实际在上班，为单位设计绘制了100多份《祁连山区森林昆虫分布图》。在他家的桌子上，常放着目录、索引、稿纸、文件、卷皮之类的工作用品，见缝插针地做些工作，按他的话说，就是"在有限的生命期，为科研事业多留些优质成果"。

周定国同志在努力搞好本职工作的前提下，充分发挥他长期勤学苦练的写作特长和专业特长，多年来持续不断地为《张掖科技》《张掖科普》《甘肃科技报》《甘肃林业》和《中国林副特产》等10多种各级报刊撰写发表文章116篇，为宣传科学技术和普及科研成果做了许多工作。

由于老周的勤奋工作，他管理的一万多卷册档案资料实现了建档标准化、管理科学化、提供规范化。1992年甘肃省档案局授予科研所"省一级科技事业档案管理单位"称号。他本人多次被评为"优秀共产党员""先进工作者"。荣誉面前,这位身患重病超负荷工作的同志,以他特有的观念和风格说:"党和人民这样关心我,投入的比我做出的要多得多,我只有奋发工作,直到生命的最后一息,才不辜负党对我的厚爱。"周定国就是这样用自己的毕生心血谱写着对祁连山这座绿色宝库的情和爱。

焉支行

〔当代〕 杨桂平

焉支山又名大黄山,谐音胭脂,可想其秀丽。游览焉支山,夏秋之间最为合适。

进入山谷,天高,云淡,山色葱翠,藤草丛生,灌木茂密,潺潺溪流,漫流山川,使人想起白居易的诗句"常恨春归无觅处,不知转入此中来"。

穿行草木间,初觉狭窄。沿小道向里行,便又豁然开朗,一片草地铺在你面前。齐膝深的青草中,俯身摘一朵小花,一股清香扑面而来。走近溪边,倘使河里有一块石头,你坐在上面,两旁的山便映在里边了。不用你抬头,那圣诞树似的青松尽收眼底,又似屏风遮在山前,山显得更加清新了。

这时,你觉得有一种说不出的韵味,但又缺少什么,便顾盼起来。瞧,悠闲散步的牛群,姗姗而行的羊群,都融在山光水色之中了。你走进羊群,和牧羊人攀谈起来,他便告诉你山里的许多奇事。一座山、一块崖石都有一个神奇的故事,再加上山里人浑厚的嗓音,更引起你无边的遐想。附近,山里人亮开嗓子唱起山歌,群山回应,给这寂静的山谷增添生机。

夕阳西坠,使焉支山更加绚丽,夕阳的光彩自然妙不可言,山中村景却也别致。村中犬吠人喊,回家羊儿的咩咩声此起彼伏,牛哞哞的叫声时时随和,再加上牧羊人特有的吆喝声,撩得你嗓子痒痒的,也想喊点什么,拼尽全力喊出一声"噢——"引得羊儿止步惊望,群山回上你几句,便高兴得不得了。牧羊人却"呵呵呵"笑了……人声,犬吠,鞭鸣,群山轰然回应,组成一首高昂、宏大的交响曲。

要游玩,可别忘了带雨具。焉支山夏季多雨,常常会猝不及防地洒下一阵来。这时,你别慌,打起你的旅游伞,在雨中仔细欣赏,雨从天上扯下,交织在天与地之间,洒在山川秀木、花草上,渗进松软的泥土。冒雨行走,脚下丛丛马莲,似令箭直刺天际,又似无数手臂,欢欣鼓舞地伸向高天,你也被振奋了,湿漉漉的草地上便印下了一行清晰的脚印。

穿行雨帘中,你似乎觉得有什么在你的臂间滑动,你便寻找了。找到了什么呢?雾。的确,游焉支山,不临雾境,实在可惜。

当你气喘吁吁地行至山腰,抬眼望去,视线便被一道白纱遮住。那树,那山,那草都躲进白纱中去了。你揉一揉眼,忽而在那白雾中挺起一支火焰般的山丹花,清风一扫,摇摆不定,使你欲摘不忍,欲去不舍……

倘使你在山顶俯瞰,那又是另一番景致了。雾气弥漫,如浩海无际。那偶露的岩石,似叶叶扁舟,独行海上;那松林恰如海上仙女,身裹白纱,欲翩翩起舞,真有点雾在林中流,"人"在雾中行的神韵呢。

在这雾霭迷蒙的山沟里,你顺流而走,在云雾中会碰到一间小房或一排排窑洞。不管敲开哪一扇柴门,好客的山里人便会殷勤地请你进去,一边大声抱怨着:"这鬼雾,闷得山里人出不得门,险些让客人迷路。"你的心就在这窑洞里暖和起来了。油灯下,聆听每一个山里人讲一个个山里的故事,即便是孩子也会唱给你一曲动人的山调,你的心中又装下了一个山里人的梦。

要走了,摄下了满山的风景,可你总觉得在哪儿丢了什么,恋恋的,走出好远了,还回头张望着,眼睛里映出那山里人泉水般的眸子,直到走出很远很远……

我爱金雕

〔当代〕 王世积

我生在大西北甘肃河西走廊中部山丹县的一个农民家庭。很小就跟伙伴们在一望无际的戈壁荒漠草原上放牛,见惯了野兽,玩乐了小鸟,莫说是抓野兔,追狐狸,就是恶狼也曾搏斗过几次。

我玩鸟,多次被老人发现,他们常给我讲,不能伤害性命!我和伙伴们玩的多是山雀、麻雀、小燕子。老人们的话虽有触动,但好奇的我还要玩,玩好了才放它走,也有玩死的。后来上学了,老师也常常对我们讲,要保护益鸟。老师的话可成了"圣旨",使我对保护野生动物逐步有了认识。

家乡干旱缺水,十年九旱,越干旱,鼠越多,灾越重。解放前人们不懂科学,自然就讲迷信,鼠害重了,老爹就领我去田地里献盘、烧香、磕头敬"土地爷"。有时背着胡麻秆,手提老鼠罐到田地里熏老鼠。鼠罐塞进洞口,点燃起火,再用牛蛙皮袋压风,有时还得爬到地上用嘴吹,硬往洞里串烟。不知老鼠是啥滋味,我是一身土、满脸黑、两行泪,嘴吹火、打喷嚏、咳不止。用土法消灭老鼠,保护庄稼。但是,鼠害依然存在,成片的青苗被咬成秃桩桩,老鼠的灾害有时造成庄稼绝收的地步。难怪"老鼠过街,人人喊打"。

年复一年,我发现了鹰会捕鼠。那时我把长得大的都叫老鹰,它们毛色不一,飞速不等,后来询问了专业人员才知道那是金雕,属于国家一级保护动物。

金雕,性孤独,喜居高山,捕食平川,凶猛力大,常盘旋于高空寻找食物。它飞行速度惊人,能疾速滑翔、俯冲,很少扑空,快而准确地直捕食物。我放牛时一旦发现它,就仰卧草地,眺望蓝天,观察它的飞行、盘旋,真好看啊!有一次它正在盘旋中,突然一个"倒栽葱",我惊呼:摔死了!可是它突然又腾空而起,嘴里衔着一只黄老鼠。一次麦正黄,我还没发现它的动作,一只"抢收"果实的老鼠已到了爪上,鼠嘴里的麦穗从空中摔到了地上。在漫长的生活中我与它建立了感情,深知它的本能。它是农田的"保护神"、草原的卫士,不能伤害它。1954年的一个冬天,我进山打柴,在高山上蹲着一只金雕,一位猎人在它的背后要瞄准。那时我已是高年级的学生了,用事实说服了猎人,使它免于遇难。从此,我成了保护野生动物的宣传员。多年来,我在地区工作,又是地方报的通讯员,利用工作之便经常在国家报刊和地方报刊上写稿宣传,让更多的人保护野生动物,恢复生态平衡,造福子孙后代。

仲春登焉支山查勘松林放歌

〔当代〕 许万谷

无草众山死,有树一山活。况复苍苔千万行,招我到此心目豁。貐貀乱窜豺狼逃。摇鞭直上摩天高,虬枝怒拔两崖裂。云青苍兮风萧骚,松花未开松花落。雪在峦头冰在壑,流沙沙强弱水弱。碙口况如水一勺,只仗冬春冰雪积。五月消融灌纤阳,山灵未守羊湖沟。不许樵夫荷锄走,须知松即是苍龙。龙在何愁水卮漏,妇女无色歌匈奴。焉支山今胭脂无,但合褒封为大夫。

我所知道的祁连山

〔当代〕　郭晓丽

迎着朝霞望去,晨雾中的祁连山舒展着狭长的身体,极像一个半睡半醒的少女,等待着接受第一道霞光的沐浴,绯红的脸颊上放出迷人的柔光,在霞光的映衬下,绵延的山体呈现出美妙的轮廓。谁说祁连山一定是粗犷的,粗犷只代表厚重的历史,祁连山的本质绝对是温情浪漫的,要知道祁连山一名就是古代匈奴语"腾格里大坂",也就是"天之山"的意思。

在我的印象里祁连山是美丽、无私的,是她给了河西走廊无限的生机,造就了河西灿烂、瑰丽的文化。祁连山的四季虽然不甚分明,春不像春,夏不像夏,甚至"祁连六月雪"。然而,若是用心去解读,祁连山的四季还是各有风物、各有千秋的,不信,看看我所知道的祁连山。

春之祁连山

历经了严寒的冬,早春的祁连山料峭春寒里陡生了几分活力,不看别的,就看那蓝蓝的天空,褪去冬日浑厚凝重的云层,清净明朗了许多。尽管脚下还是隔冬的衰草,但此时的你如果闭起眼睛来,任由微风拂面,你将会感知那是一抹春风的轻拂,心底里自然多了一份返璞归真的踏实。

春天的祁连山是一副朴素的泼墨山水画,没有细致的雕琢,没有斑斓的色彩,亦没有袭人的花香,有的只是朴实素淡,真切如母亲的容颜。

涉足山涧,在一处灌木丛里,偶尔惊起了几只不知名的鸟儿,一冲云霄,千万别奇怪,南飞的鸟儿,接到了春的捷报,又回到了这一方净土休养生息。水是祁连山灵动的元素,冬日的积雪,经不住春光的热情,化作了涓涓的细流,滋润着祁连山的万物。听,不远处开始解冻的河流发出一声接一声的冰雪坍塌的轰然声响,惊起了"鸥鹭"无数,在清脆的鸟鸣声中,大块大块的冰随清凌凌的水漂流到了不知的远方,也许在那里找到了自己的归宿。

低头看看冰雪融化后露出的地面,不经意间一个嫩绿的质点进入了视线,带着欣喜若狂的激动,俯下身去拨开枯叶,果然是一枝新发的嫩芽,那鲜嫩的颜色煞是耐看,翠色欲滴的芽尖上羞答答地顶着一颗晶莹的露珠,不时泛着夺目的光彩,和着万物复苏的歌调,不由得心头多了一份希望。

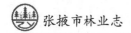

春光注定是短暂的,日渐升高的气温,催开了五颜六色的花瓣,于是,春光被带入了浓浓的夏情。

夏之祁连山

都说祁连山的夏季是最美、最有活力的。的确,那漫山遍野的绿色,衬托着一坡又一坡的花儿,金黄色的金露梅,或紫或白的杜鹃花,还有许许多多叫不上名的花儿,远远望去,好像整个祁连山披上了一件"花的嫁衣",妩媚极了。花海、青山、秀水、奇峰、怪石、冰川哪样都不能错过,最摄人魂魄的是那绿草如茵的大草原。蓝蓝的天空,碧绿的地毯,香甜的空气,翩然起舞的蝴蝶,若隐若现的羊群,不远处依旧银装素裹的雪山,嘹亮的牧歌,一切都是自然流露又仿佛是在续演古丝绸路上的辉煌。

山下阡陌交错,油菜飘香,麦浪滚滚;山上芳草萋萋,松涛柏浪,流水淙淙;山顶白雪皑皑,冰川斜挂,"岁寒三友"傲风雪(雪莲、蚕缀、雪山草又合称为祁连山雪线上的"岁寒三友")。骄阳照耀下的祁连山,将层次美同和谐美完美结合,打造出一幅极具质感的山水模型,为我们诠释了造化之美。一路走来,随着海拔高度的不同,你会惊喜于你的发现,不光是因为涉猎了许多的美景,更会感叹于生命的伟大,哪里有生命哪里就有热情,哪里就会开出灼灼的生命之花。

正沉浸于大草原的辽阔,醉心于风吹草低见牛羊的古韵,突然耳边传来悠长的歌声,夹着一点点的喧闹。循声望去,原来是热情的裕固族姑娘,端着浓烈醇香的青稞酒欢迎远方来的客人,一声声歌唱,一杯杯青稞酒,一条条哈达都满载草原民族的真诚和情意。裕固姑娘舞动的裙袖,飘香的奶茶,在一曲天籁般的"高原红"中浓浓的夏情更迭于色彩斑斓的金秋。

秋之祁连山

如果说夏天的祁连山是一位美丽活泼的少女,载歌载舞用青春活力感染人,那么秋天的祁连山就是成熟大方的少妇,举手投足间,风韵尽显,成熟美融入知性美,美丽而不妖娆,大方而不张扬,以其深刻的内涵感动人,别看繁华一点点地退去,留下的却是无尽的耐人寻味。

由于高海拔的缘故,祁连山的秋天比别的地方来得更早一些,一阵阵山风吹过,空气里的凉意一天比一天浓烈,萧瑟的秋风也拉大了天和地的距离,高远的天空里时不时有鸟儿南飞的身影,划破长空留下一串串恋恋不舍的啼鸣,像是在向世界宣告秋天来了。

天更蓝了,云更淡了,水更清了,昔日葱茏的山野换上了新妆,俨然一位精心打扮等待赴宴的贵妇人,与生俱来的雍容华贵,难饰难掩的万种风情,预示着宴会的焦点非她莫属。层林尽染,草色金黄,还夹着一些惹眼的花儿,徜徉山水间,张开双臂拥抱自然,然后闭起双眼,做一个深呼吸,倏地洗彻心扉的明净,仿佛世界在这一刻停滞,停滞成一个人的永恒。不由得敞开嗓门,对着高山呼喊,喊出尘封在心底的狂野,挣脱钢筋混凝土的禁锢。

时间的流云轻轻漫过了天空,高悬的太阳退回了地平线,展开锦绣晚霞向夜幕做最后的交接,此时的祁连山在金光霞帔里渐趋宁静,晚归的牧人赶着羊群,吆喝着撒下一路欢笑,回头的刹那,来时的路已淹没在了夜幕深处。

一场秋雨一场凉,十场秋雨穿上棉。绵绵的秋雨过后,空气里平添了几分寒气,潮湿的空气渐渐汇集成了雾霭,飘逸山间,似飞天仙子的裙带,又好比嫦娥在轻纱曼舞。夹层的衣衫已然显单薄了,让人想起了棉衣暖暖的感觉,这时的你是否感觉到了冬的临近呢?

冬之祁连山

急劲的寒风在山间呼啸,天空里堆砌了厚厚的云层,气温愈来愈低。终于,在傍晚时分飘起了雪花,洋洋洒洒的不一会儿,地面就盖上了一层薄纱。这白色的精灵在空中随风飞舞,荡净了空气中的尘埃,留下了一个清新洁净的祁连山。

纷纷扬扬,一场接一场的大雪是祁连山的福音,象征着来年的繁荣。如果没有这些来自上苍的福祉,就没有祁连山中奔走的野驴,没有全身是宝的马鹿,没有能歌善舞的草原民族,更没有独具特色的祁连山文化圈。

厚厚的积雪装点出了一个粉妆玉砌的世界,一望无际的大草原如今成了白茫茫的一片,阳光冲开云层的包围,露出了久违的笑脸,映衬着这个冰清玉洁的世界,此刻如果你置身其中,一定会为这般的纯粹所动。这纯白色在我的脑海里无限延伸,最后延伸成画家画案上摊开的画布,等待心有灵犀时的挥毫之作,自然彰显大家风范。

不要以为冬天的祁连山是苍白无力的,除了大雪、寒风、封冻的河流、斜挂的冰川之外就没有别的了。看看地面积雪上或大或小、或圆或尖、或奇或偶的足印,就知道这里是野生动物的天堂。大雪封山同时也封住了人类的脚步,给这些高山居民围起了一堵安全墙,少了人类的打扰,动物们怡然自得地生活,欢快地在雪地里嬉戏,不再时刻警惕躲在阴暗角落里那阴森森的目光和冒着火药味的猎枪。生命在这里依然的灿烂,那厚厚的积雪下的青松,用绿得发亮的针叶,揭开了生命的真谛。

河西白杨

〔当代〕 吴克明

在千里河西走廊上,生长着数以万计挺拔的白杨。这些白杨,个个像英武的士兵,不见弯曲,但见挺拔。散发出与其他地方白杨不一样的气质。在我眼里,它们无疑是英雄。

这片土地,曾是西路军将士突破马匪残杀的战场,有它无法抹去的血泪和无法忘却的记忆。很自然的,在这片土地上生长着的每一棵白杨,都与历史有关,与英雄有缘。

我始终相信树的命运与人的命运是交相辉映的,河西白杨所展露出的神采必定与这片土地有着千丝万缕的联系。在 6 月,我有幸跟随记者千里走河西,零距离亲历了河西白杨的前世今生,感受了白杨树对这片土地的深情厚谊。

在酒泉、张掖、武威、金昌,一路上我没有见着一棵"歪脖子"的白杨,它们全都一个姿态,笔直地站立着,像是对牺牲在这片土地上的西路军将士行注目礼,保持着对这片有着光荣历史土地的敬意!

它们单个站立时,酷似一个个标杆立在旷野之中,传递给人明确坚定的方向感。好像是在告诉看它的人:我就是旗帜,指引着前进的方向;我就是标杆,请向我看齐靠拢!一点一滴,犹如信念在坚守,犹如旗帜在矗立。不由自主地我有了它们并不是白杨的幻觉,反倒认为那是将军的召唤、戈壁灵魂的重现,心中不免涌起对河西白杨无限的崇敬。

"飞鸟千里不敢来"。这是诗人对古时戈壁滩的描绘。而在今天,高矗的白杨筑成了千层浪、万顷绿的新戈壁。这是由怎样坚定的意志打造的?

其实我知道,白杨是西北最普通的一种树,到处都能见着,并不娇贵。难能可贵的是,它的形和质,鲜明地附和着人性的特质,有着河西人坚韧不屈的性格。生长中不需要人去施肥,也不需要更多的浇灌,给它一点宽松的环境,让它吸收自由的空气,它就会挺拔向上,一寸寸地向天伸展,与天相约,从来不对生长的土地说个不字。

这样的气节、架势,铺成的是树树如字、树树有声的无字牌,染就的是河西新气象。当白杨成排成林相簇相拥在一起时,它们聚合起的绿浪,特别像一道宽宽的、长长的绿色长城,相握在土地里,相拥在风沙中,相映在云间。垒起的每一片阴凉都显得那么慷慨大方,随心相送从而成为河西人的绿色心情,飘动在千里走廊上,庇荫这方水土。应该说,河西的绿色几乎就是由白杨织就的。可我想知道,这又是怎样构筑成的?

答案显然是简单的,也许就几个字:众志成城、改天换地。我相信这个过程不会简单,一定会比林林总总的白杨还要多。单从戈壁滩这个地名来讲,顾名思义是个干旱少雨、土地贫瘠的地方。如何在不可能中做到可能,也只有一条道,那就是心往一块想,劲往一块使。

在河西,白杨就是命根子。假若没有白杨,河西除了人和房屋,就只有光秃秃的戈壁滩了。小到西北,大到全国恐怕就少了一座"遮风挡雨的墙"。白杨树不炫耀,不追逐雨水,不贪恋阳光,给了河西生命的延续。在河西的田埂地头、村前屋后、路边沟旁,最高大的是白杨,最茂密的是白杨,最养眼润心的是白杨,最容易成林成材的也是白杨。白杨几乎成了河西的生命树。称其为河西白杨,实在是恰如其分。

在我对河西白杨有所了解后,心中莫名产生了对自己的追问,为何我心独对河西白杨情有独钟? 思来想去,这无疑是情感发散的结果。

曾经,我也多次到过河西,看到过这些白杨。惭愧的是我不曾去想过它,更别说去理解它,总是与之擦肩而过。在我成为一名务林人后,知道栽树不易,才把白杨放在心里。这次的千里之行,我用心了解河西,感受到了河西白杨枝枝向上、叶叶向上的独有气质。我仿佛一下子找到了"精神支柱",遇上了知音。

大地有情,树有义。可以看见,河西白杨显露出的神态有一种循道者的天然气场在树梢间流淌。在树梢上,长出的叶子既不阔大,也不多,多是围着树干贴在四周,少了黄河岸边白杨的飘逸之势,平添了一丝肃然之情。在我看来,分明是在与天诉说着英雄的赞歌,向地表达着对英雄的怀念。偶尔露出的丝丝欢笑,也在诉说对土地的情义,向英雄报告着今日的繁荣。

对河西白杨的大彻大悟,使我心里有了一缕白杨情结。每每看见别处高大的白杨,就会想起直直的河西白杨,勾起心中云朵一般的绵绵怀想。

秋染寺大隆

〔当代〕 韩润东

静卧在祁连山腹地的寺大隆,是一片神奇的沃土。千百年来,她始终如一位志若磐石的守道者,在日月沧桑、时光流变中固守着一种信念,涵养着西部人民赖以生存的祁连雪水。走进寺大隆,是潜藏在我心底已然很久的一个夙愿。

得以实现这个夙愿,是深秋时节一个阳光明丽的日子。

出张掖城向西南行数十里,最先扑入视野的是大野口水库。在群山峡谷的簇拥和祁连雪峰的辉映下,水库大坝如一道长虹,横锁在两山之间。顺流而下的库水,穿越夹道秋林,滋润着山外的平原沃野。

继续在青山峡谷中穿行,潺潺的流水欢快地讴歌,深秋的树林静默着迎接。偶或,一株耸立在悬崖上的树,一如激情澎湃的指挥,张扬臂膀,注解着欢迎仪式的弦乐。那一刻,奔流的碧波,以及倒映在碧波中的蓝色的天、黄色的树、黛色的山坡,构筑起一种天然的默契与和谐。也就在这一刻,寺大隆的山、寺大隆的树携着寺大隆秋日的胜景,渐次铺展在我们眼前。

秋日的寺大隆,就这样深沉而厚重地走进我们的灵魂深处。

是树,牢牢地拽住我们的目光。那些生长了千年的树木,无论是在水边摇曳,还是在山岩上耸立;无论是被深秋染成金黄,还是依然喷吐着苍翠;甚至,无论是高大雄伟大树,还是正在茁壮生长着尚透着稚嫩的小树,坚强,挺拔,傲然如永不屈服的钢铁战士,是他们唯一的形象。这种形象,不正是祁连精魂最真切的展示和写照么?

是夺目的色彩,一次次摇荡着我们的心旌。历经春天雨露的滋润和夏日烈阳的抚慰,秋日里的寺大隆,被自然时令的巨型画笔,点点滴滴间,涂抹得流光溢彩。不必说覆盖了千年的植被,在历经沧桑后依然苍翠如故,点缀其间的是琳琅满目的奇花异草,在青山、蓝天、白云的映衬下,一如一幅山水写意画;也不必说红色或红黄相间的灌木,虽不能说是亭亭静止,却也在深秋的阳光里透出几多诱人的妩媚,那一枝因成熟而红透了的野生酸刺梅,在风中招摇着自己的姿色,甚至没有太多的含蓄;单就一大片一大片红黄绿杂陈的山间林木,在这样的时令里,悠然展现出一种别样的风姿,令人赏心悦目间,会深深地、深深地沉入关于成熟、关于收获甚至关于人生的思考。而那些悠然漫步在林木间的蓝马鸡、火鸡,顾盼生辉间显露的那份安逸,在让人感受到清新温暖的同时,自然想到关于人与自然和谐相处的诸多理性的话题。

是水,那些从山间沟沟岔岔里穿流而下的水,一次次滋润着我们的心怀。青山雪峰是它们的根,不经意间喷涌而出的泉眼是它们的褪褓。它们孩子般欢快,从背负使命离开母亲怀抱的那一刻起,一路欢歌,跳跃着奔流而下,偶或,在山岩上打几个旋子,似乎在为即将远离的青山做一种舞蹈式的告别。在山谷间穿行中,它们汇聚、长大,成汹涌之势,最终,流入平畴沃野,一年年滋养着河西人民丰润的日子。

看到树、看到水、看到被这秋色染遍的山野,不能不让人想到为了这树、这水和这山而终年固守在这儿的那些林业工作者们。为了大山的青黛,为了这千年森林的繁茂,为了河西人民的生命线,一代又一代护林人,远离城市的烦嚣,远离家人的欢乐,在空寂的深山之中,默默奉献着自己的人生。巡山、育苗、演练、管护,他们在播种绿色播种希望的同时,也播种出了寺大隆 50 年无火灾事故的奇迹。寺大隆这份被秋色洗染的迷人金色不就是他们最丰硕的收获么?无论如何,我们应该感激那些默默的奉献者。

学会欣赏,学会在欣赏的同时感激。也许,这就是秋色中的寺大隆给予我们的最大启示。

沙漠三友

〔当代〕 柯 英

花中有梅、兰、竹、菊“四君子”,荒漠植物中的柠条、花棒和梭梭可谓“沙漠三友”。

这样说，只不过是我的一种偏爱或者说喜好。其实，植物喜水喜旱，喜酸喜碱，各有各的喜好，什么样的植物选择什么样的环境安身立命，那是植物们的事，人心实难猜度。物竞天择，适者生存，是植物的天条。柠条、梭梭和花棒既然选择了以荒漠为家、与风沙共舞，自有它们的特异禀赋。

先说柠条。我最初认识它的时候，正是人间四月天，去神沙窝采访一个叫管利的植树造林典型。刚到他们植树的沙窝窝里，我立马被滚滚黄沙捧着的一大片米黄色花丛吸引。那么一片沙漠，广袤得让你找不到北，枯寂得让千年时光骤歇，偏偏满山遍野有一丛丛开着艳丽花色的灌木，在初春的沙窝里，可以说是流光溢彩了。一刹那，我仿佛觉得整个大地都像急于表达一种拔节生长的情绪似的，激情四射，风光万里。这片枯寂的沙漠，刹那间被这些开着黄花的灌木点亮了。它的出现，在我眼里就是这片沙漠的盛装舞女，偌大的沙漠成为它们的舞台。它们的舞蹈是宁静的，优雅的，无法形容的美好。

我不认识这片开花的植物，问主人管利，他告诉我，这叫柠条，也叫毛条、牛筋条，中药里叫老虎刺，有滋阴养血、治疗高血压的功效。他们还说，这东西长得泼实，只要栽进土里，浇点水很容易就活了。听他一说，我立马对这种灌木有了好感。走近仔细端详它：主干只有大拇指粗细，光溜溜，泛着淡黄色，分枝很繁，每个枝上有序地排着羽状叶子，大都是 10 来片，榆钱大小，米黄色的细碎花萼托生在叶间，像挤着一群毛毛虫，紧紧抱成一团。

我以为这些灌木全是他们自己繁殖的，正感慨他们的功绩，劳作的人们告诉我说，人工哪能栽起这么多，这东西根系发达，只要栽活一株，周围就蔓延出一片。管利笑说，这里的老鼠会种树。啊，老鼠种树？我惊奇地问。他们说，秋天种子落下，老鼠把种子当食物运到各处藏起，一个冬天吃不了的，或者遗忘了的，第二年春天，只要下场雨，种子就会发芽，又长出新的柠条。我突然想起沙漠边缘的那些沙打旺、马莲、梭梭之类结籽实的植物，能满山遍野四处落地生根，莫不也有老鼠们的功绩？

老鼠种树，童话故事似的，是这个春天听到的最有意思的一个典故。

柠条落英缤纷的时候，花棒才开始盛装上演。五月下旬，花棒捧着一束束紫红色或粉红色的花，燃起沙漠的又一个传奇。初夏的时候，第一次看到花棒开花，我的确有些抑制不住的兴奋。虽然这个季节正是桃红柳绿的时候，桃花、杏花、梨花次第开放，大自然正在迎来热闹纷繁的花季，而在寂静的黑水国遗址沙漠上，突然看到一大片的紫红色的灌木，实在出乎预料。我原本是考察一座古城的，却为这一片花海所吸引，照相机所有的镜头都给了这个植物。花棒大都是三五株、七八株密集丛生的，每一个主杆上又抽出无数细嫩的针叶状枝条，嬉闹似的，相互穿插，杂乱无章地挤在一起，每个枝头著一朵紫红色的花，蝴蝶状，翩翩欲飞，我真担心一阵风过来，它们立马就飞走了。可是，我到七月份再来，它们依然如故。九月份三顾，一些零星未落的花萼依旧卓然挺立。在酷热缺水的沙漠中，能够保持长达五个月的花期，真不是一件容易的事。我不知道其中的奥秘，只有惊叹给"花棒"起了名字的人真了不起，可谓是一语中的。七月份来的时候，我发现了一个独特的现象，花棒主杆的皮层渐渐胀裂，一条条自动剥离下来，刚开始我以为是一种植物病害，颇为它们担心。等到秋天再来，看到花棒已经把外面的包裹脱得精光，裸露着枝杆立在风中，但精神依旧，没有一点病态。我这才恍然大悟，原来，花棒是靠自动脱落皮层来抵御沙漠高温的，这是沙漠植物特有的一种功能。

植物学词条载，花棒又名细枝岩黄芪。有古籍记载，细枝岩黄芪是采麻用的纤维植物，撕下皮层，稍加揉搓就是拉力大、韧度强的花棒麻。花棒的种子，可做家畜饲料，炒熟后可当豆子吃，也可掺和粮食加工成炒面吃，还带油香味。不过，那么小的种子，收集起来可不是一件容易的事。

再说梭梭。我一开始认识的梭梭只是一种烧柴。那时还小，每年刚入冬，父亲就要借生产队的牛车进南滩打柴。南滩，是巴丹吉林沙漠的一个小尾巴，父亲打的柴就是白刺和梭梭。一车柴薪，就够我们对付一个严寒的冬天了。干枯的梭梭，易燃而且耐久，甚至比那些质地较差的土煤还旺，家家都喜欢。等到若干年后，我在额济纳旗的巴丹吉林沙漠看到一片天然梭梭林时，一直无法把当年的柴薪与这些耐风沙、抗干旱的小半乔木联系在一起。我听说，在严寒、酷暑、盐渍化、降雨量稀少等极端条件下，梭梭是唯一能生存下来的植物。奇特的植物必然有其超常之处，对于梭梭而言，要算是它的种子了。梭梭的种子被认为是世界上寿命最短的种子，但也是发芽时间最短的种子，它脱离母体后只能活几个小时，但只要有一点点水，在两三个小时内就会生根发芽。梭梭一旦发芽，首先是把根往深里扎，把自己牢牢地钉在大地深处。你如果在沙漠里挖一株梭梭就会发现,株高一、二米的梭梭,它的根可能比地表部分的杆还深长。在酷烈的环境中,梭梭的梦想十分现实,是那种给点阳光就灿烂、给点雨水就成长的植物,当年生的枝芽,一般生长三四十厘米,降雨多的年份可达五十厘米以上,成年的梭梭可高达三至八米。梭梭也开花,花期在五月中下旬,开黄色的小花,透明的花瓣,像是塑胶一样,这也是沙漠中开花植物保持水分的一种特性。梭梭的花期只有短短20来天,之后就进入了休眠期,一直到八九月份才结果实。梭梭成年以后,由于环境使然,树形会扭曲得十分奇特,是天然的盆景;枝叶凋零后,那些畸形的梭梭树看上去恰似一幅幅意象派的画作。梭梭不仅能防风固沙,具有生态价值,也具有较高的经济价值,在其根部寄生有传统的珍稀名贵补益类中药材肉苁蓉。

在戈壁大漠中,柠条、花棒和梭梭互不排斥,互不侵犯,甚至相互交织、同生共荣,常常客串到一起,不在乎谁侵略了谁,谁争夺了谁的领地,兄弟一般,团结友好。在它们面前,沙尘安息,大地妖娆。

我为焉支唱首歌

〔当代〕 刘亚丽

提到西部,人们便很自然地想到空旷、荒凉、一览无余没遮挡的不毛之地。

那"雪海边平沙,莽莽入黄天"的景象,那"一川碎石大如斗,随风满地石乱走"的气势,那"春风不度玉门关"的悲凉,使人把西北视为无人的旷野和生命的禁区!

可就在这荒漠的瀚海风库之中,却闪耀着一颗璀璨的明珠。这颗珠犹如深邃夜空中隔天河相望的牛郎织女一样,富有神秘的传奇色彩。这就是我要写的——焉支山。

进入焉支腹地,沿直沟河溯水而上,一幅异彩纷呈的创意画便映入我的眼帘:绿树、清溪、芳草、奇葩、异峰怪石、林海松涛,这一切都磁石般地吸引我的视线,令我目不暇接。

拔地而起的峭壁,屏风般地直耸云天,云移好似山倾,令人无险而惊!每条山沟的支岔,如同城市纵横交错的马路,扑朔迷离。清凉湿润的空气中混着淡淡的馨香,深吸似有微醉之感,在惬意之中飘飘然也……

绿荫之中百鸟引吭高歌,声震空谷,余音绕林。尽管谁也搞不懂这是美声还是通俗唱法,但那清脆悦耳、优美动听的歌喉使你不得不给它一个星级的头衔。

山峰竞秀,万壑横峙,既相互争辉又珠联璧合。霞光照耀下明暗交错地织成一幅绚丽的彩图,把焉支的幽、秀、雄、奇融为一体,使人如入魔幻的迷宫,真有景胜天成,巧夺天工之玄妙……

清晨,新的一天已经开始,但是帷幕却迟迟未能拉开。重重叠叠的绿,托着变幻莫测的雾林间的一切都宛如笼罩在似有若无的轻纱之中,即使你再有丰富的想象,也无法穿透焉支的神秘面纱。

路边的野花洒满露珠,晶莹剔透,饱满欲滴,在阳光下折射出斑斓的七彩光线,使花更显妩媚娇羞。也难怪古人常用"梨花带雨"来形容女子的哭泣。

啊!焉支之美真像一个童话世界。这是安徒生没来得及写的童话!似乎现在我才明白"青山不墨千年画,流水无弦万古琴"的内涵。只可惜我有诗兴而无诗才,否则我一定会仰天长啸,吟唱三百首,来抒发一下我对焉支的情愫!

有人说焉支又名胭脂,她美是因本身就有青春女子的气息:水灵、素雅、娇美、靓丽、柔情似水、摄人魂魄!

有人说焉支又有男子汉的阳刚:剽悍、粗犷、勇猛、顽强、胸阔似海、伟如泰斗!

焉支究竟是何性别,至今也无定论。可从古至今在焉支却发生过许许多多传奇的故事:杨满堂西征,霍去病扎营,隋炀帝会使,陈昌浩隐名,这些历史名人的足迹在焉支都有印证。

东湖落草、西湖落月、石燕高飞、神钟自鸣,著名的"山丹四典"焉支便占其中之一。

就是这座历史名山,时常让我梦牵魂萦,因她不但是生我养我的地方,而且与我有三代的血缘关系:爷爷的一生在这里安葬,父亲的青春在这里丢失,而今我的生命又在这里延续。在这秀美的绿色背后曾饱含着先辈们的辛酸与汗水。在近半个世纪的治荒历程中,先辈们就在这里跋山涉水、栉风沐雨、长年累月地为绿色征战在这大山之中……

今天,在高坡更新基地各个山头,人工栽植的云杉均已冒出灌丛,而且生长旺盛,这是父辈们七八十年代历年全局大会战的成果!

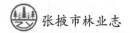

在冰沟一带，自下而上，人工栽植的云杉均已郁闭成林，这是祖辈们五六十年代鏖战的伟绩！

望着这满坡的人工松林，使我对这些极为平凡而又不失伟大的林业先驱们萌生出深深的敬意！

要使这些荒山穿上绿装谈何容易。愚公移山那是寓言，水滴石穿那是比喻，就连铁杵磨针也不过是一种无证可考无据可查的传说。而眼前的这一切都是活生生的现实。这不是我用修饰的语言写出来的，而是先辈们用双手创造出来的。今天的焉支便是第一证人，并由她向世人宣告：只有敢同自然较量的人，才能创造出如此的辉煌！

在我的童年，父亲经常给我们讲大山的故事。我耳朵里茧都听出来了，令人生厌！而今天也只有我自己亲身经历后，才真正体会到林业职工的甘苦！用父亲的话说：林站是没围墙的监狱。这些话听起来似乎危言耸听，可空寂、孤独、人迹罕至却是事实。密林掩映中的林站，一般只有两到三个人。他们与松柏为伍，像人间的鲁滨逊一样，过着罐头盒式的封闭生活。夜里守在昏暗的煤油灯下，或独想心事，或面壁而语。唯一的慰藉就是那架破旧的"红灯"牌收音机，这是父亲第一也是唯一的精神食粮。外界早已是电气化、自动化的时代，可林站的冬季却是用水背雪屋里化，饮水打冰锅里化……

他们都有家，同时也想家！尤其是在冷月如钩的寒夜，北斗横窗的深宵，思亲心情更为迫切！但是责任不允许他们有任何懈怠，天职不允许他们擅自离开！无论环境多么恶劣，无论条件如何艰苦，他们都死守在这无硝烟的战场上……

写到这里，使我想起了那漫山遍野的苍松翠柏。它们就像古代宫殿里的卫士一样，依山挺立。无论严寒酷暑不改常青之色，不管雪压风呼无损铮铮傲骨。用生命的伟力向世人昭示一个不泯的真谛——生活就是竞争，工作就是搏击！由这松柏精神的启示，我终于解开了一道复杂的方程！

苍松翠柏=林业卫士！

今天的焉支在这些卫士的苦心经营和悉心呵护下，的确显得十分年轻。她是美的象征，又是美的化身。她以自己的姿色吸引着四方来客，她以如水的柔情迎接天下宾朋。

今天的焉支在岁月的积累下，又是那样的古老。它是一部无字天书，又是活的历史见证。千百年来它逶迤横卧丝绸古道，用自己的法则评判着千秋功过，以它特有的雄姿，东迎华岳，西接昆仑，南望祁连，北眺龙首，仰视苍穹风云变幻，俯视旷世朝代变更，用哲人的笔触书写着历史篇章。同时也记录着林业卫士为她设计服装的艰辛付出……

今天，我作为一名普通的林业职工，的确无能为焉支作出什么大手笔。但我完全可以为焉支唱首歌，一支赞美的歌！尽管此歌无谱，但是有血有泪，有苦也有乐……

湿地之城　魅力张掖

〔当代〕　陈　鹤

山濛水清的张掖湿地是祁连山脚下的奇迹，是戈壁水乡张掖之源、芦荻胜区百鸟天堂，更是张掖文明的摇篮。张掖因广袤的湿地负有"湿地之城"的盛名，湿地成为这个文化城市骨肉相连的一部分，她用延续千年的情韵，再一次将这座城市的品质拔高。

张掖湿地——祁连山脚下的奇葩。绵延数千里的祁连山脉位于我国青海省东北部与甘肃省西部边界，因位于河西走廊南侧，又名南山。她是河西走廊的生命线，是河西人民的母亲山。天地之间，巍巍祁连雪峰傲然挺立。满山的青柏，大气恢宏，有秦人一般的坚挺，苍翠松杉有效涵养着水源；深山峡谷，沟壑细流潺潺而下，最后相聚汇成了河流，山脚下的张掖湿地正是受其恩泽，汇聚而成的黑河弱水孕育了张掖的历史文明，成就了张掖湿地返璞归真的世外桃源美景。

张掖湿地——张掖之源。弱水曲折蜿蜒，涓涓流淌，所经之处大多水草丰茂，郁郁葱葱，形成了苇溪连片山光倒映的水韵风情，而久负盛名的金张掖正是因这丰富的湿地资源享有"塞上江南"的赞誉。都说水是生命之源，张掖湿地之水无疑是哺育这片热土的乳汁，正是这块湿地，让张掖这片土地凝聚了天地日月之灵气，造就其物华天宝之涵养。人们常说山水、山水，山成就水的风骨，水造就山的灵性。正是这峰林交错的祁连山造就了弱水的风骨，也正是这祁连山冰莹清冽的雪水，造就了张掖的气韵天成。张掖湿地便是这般滋养着古甘州一片沃土,茫茫水域,碧波浩渺,岛屿成群,水鸟游弋,恰似置身江南水乡一般,由此成全了金张掖"塞上江南"的美誉,有诗为证:"不望祁连山顶雪,错把张掖当江南。"

张掖湿地——芦荻胜区。张掖湿地中最让人流连忘返的莫过于一望无际的芦苇。古有《诗经》"蒹葭苍苍,白露为霜",后又有"渺渺凉风起天末,遥望一片雪花出"的绝美诗句。深秋季节,蒹葭吐絮,犹如白云飘渺;清风徐来,芦花弥漫千顷,皎灿炫目。张掖湿地的芦苇偏又不同于江南水乡的哀婉动人,自是另一番苍茫景致:河畔芦苇白茫茫,夜来清露凝成霜,香雾卷着西风,云雾迷蒙,凭高远眺,只见长空万里,云无留迹;伫立在芦苇丛中,远山尽遮,唯有浅滩芦荡,不复天地人间。鸟啼鹤欢的灵动,芦荻曼舞的悠然,构成一幅清灵淡雅的"世外芦园"风情画。

张掖湿地——百鸟天堂。鸟,用其轻歌曼舞的绰约风情成就了湿地的情韵深深,而张掖湿地的一百六十多种鸟儿正是这湿地的主角。春夏季节,围着鸟群的野鸭欢快嬉戏,而那些灰鹤则挺立在河中之洲,大多时候鸟群是在芦苇丛中的,真真是"只闻鸟语不见鸟影",所谓天籁,也不独闻。湿地中间偶尔几处亭榭,虽是人工所成,但点缀其间,却也天人合一。水禽出没的浅滩,清烟疏淡,城北的湿地常年溪流潺潺,苇蒲青葱,成群结队的水鸟遨游天际,婉转唱和;偶尔有雨忽至,惊散了暮鸭,待雨歇川静,日暮泊舟,则又生机盎然,颇有怡趣。早行至此,湿地上空,碧波似染,峰峦如削,群鸟飞翔;沉暮之下,杨柳飘雪,柳絮纷飞,更有"落霞与孤鹜齐飞,秋水共长天一色"的遗世之美。

张掖湿地——戈壁水乡。河西诸地自古至今,水贵如琼脂。张掖因黑河中穿,缘岸阻山,经久了粗犷的北风,整个河西走廊的性格都似乎注定是沙尘一般坚硬。秦时明月汉时关,这里有匆匆而过的西域铁骑,也有昂扬振旅的大汉雄师……河西诸郡,如武威、酒泉、敦煌,给人的印象大多是"大漠孤烟直,长河落日圆"的苍茫。然而就是在这里,有"甘州碧练为衣裳"的独特,这一片辽阔的湿地带给我们的是耳目一新的感触。徜徉在湖滨之畔,垂钓于池塘之上,闲云野鹤般行游于沼泽湿地,在无声之地聆听自然细微的律动,在无字之处披阅天地间最美的画卷,"戈壁水乡",名副其实。

张掖湿地——文化摇篮。可以说历史上所有古文明的出现及发展都离不开河畔三角洲及沼泽湿地,而张掖城就坐落在黑河上游的冲积扇上。她在人类与黑河湿地长达数千年融合中,留下了丰厚的精神财富,形成了国家历史文化名城的厚重底蕴:从大禹导弱水的神工、老子骑青牛的悠然、周穆王西巡至此的欣喜,到隋炀帝召开万国博览会的空前盛世,再经张骞、霍去病和裴矩、法显以及李元昊、马可·波罗等历史人物的增色,赋予了这片土地古老而神奇的恒久魅力。单就民族变迁来说,历史上就先后有西戎、月氏、乌孙、匈奴、羌、吐蕃、回鹘、党项等 14 个民族在这里繁衍生息;张掖以其地处丝绸之路中段的优越地理位置,成为中西文化交汇的重镇;以其得天独厚的自然条件,成为历来兵家必争之地;也正是因为张掖是建立在湿地之上的城市,所以张掖的农耕文化自汉代以来就一直在西北这片荒漠上熠熠生辉。无论是历史风情还是民族融合,无论是丝绸古道还是农耕文化,一切都离不开湿地的哺育。

古人云:"仁者乐山,智者乐水"。张掖有山有水有湿地,祁连山因弱水而活,弱水因湿地而生,湿地因这山水而愈加姝美;张掖湿地,美在自然,美在原始,其飞动与恬静相宜,刚烈与妖娆并济,美景纷呈,如梦如幻,天造地设一片诗情画意。春夏秋冬皆入景,这,才是让人魂牵梦绕的湿地之城。

王老汉的林场

〔当代〕 魏德胜

王老汉一生嗜酒如命,一日三餐,无酒不食,酒几乎成了他生命的一部分。王老汉喝酒是很讲究的,每餐必喝酒,但一次也不多喝,仅二两便止,酒不分好坏,尤喜苞谷烧酒。尽管他一生好酒,但事业却干得风风火火,在村东头的沙窝里开出了一大片地,种上了苹果、梨、桃子,还在林下套种了苜蓿、黄豆、小麦,鲜艳的苹果挂满枝头,红红的枣儿迎风欢笑,黄黄的梨儿香艳欲滴,王老汉把一个小小的林场经营得风生水起,每年为他创收近五六万元。

遗憾的是,王老汉一生好酒,终生未娶,孑然一身,眼看着快 70 岁了,连个继承人也没有,日子过得虽然殷实但有些凄苦。

王老汉在沙窝里开地的那年,有个搞建筑的老板叫李万库,也在王老汉的果园旁边的空地上开出了一块地,准备大干一场,但毕竟搞农业、建果园并不是李万库的强项,而他又舍不得掏钱请个技术员来打理果园,三五年下来,李万库的果园惨淡经营，果树一棵棵成了小老树，索性撂荒不管了，一心在城里经营他的建筑公司。

附近谁都知道，李万库是个奸诈的家伙，王老汉也不怎么爱搭理他，随他的果园撂荒去吧，也无心过问。

隔了两年，李万库一时心血来潮，开着他的宝马轿车去乡里散心，不知不觉来到了他的林场，眼看着王老汉的园子里果繁林茂，而自己的林场因疏于管理却杂草丛生，心里难免有些惆怅。尽管王老汉平时不怎么待见李万库，但多年不见的老邻居登门造访，还是热情地邀请李万库到他的林场做客，赶忙杀了只自家园子里养的虫草鸡盛情款待。吃了香喷喷的鸡肉，自然免不了要喝两杯。王老汉连忙从床底下取出平时自己酿的苞谷烧酒来。"哎，别，别，别，既然喝酒，就得喝我带来的酒"，李万库一边阻拦着，一边从轿车的后备箱里取出一箱酒来，"这个可是上等的青稞酒，58度，是我的手下从青海带来的头道酒，今天我们俩就敞开肚子好好喝一场。"李万库说着就将酒箱子搬进了屋子。

王老汉平素喝酒仅二两而已，而且是自己烧的低度酒。今天李老板敞开肚子喝，自然就得舍命陪君子，不知不觉已经半斤烧酒下了肚。喝到正酣处，李万库眯着眼跟王老汉说，我说老叔啊，您看您这么大年纪了，干脆把您的这果园卖给我算了，我给您50万元，您就好好养老去吧，别再在这么恓惶地守着个果园了吧。

"怎么行呢，这个果园可是我的命根子！你看我干这果园，哪个70岁的老人有我这么硬朗的身板？离了果园，我怕是连三年都挺不过去就进了黄土了。"听了李万库这么一说，王老汉很生气，一边嘟囔着一边弯弯胳膊伸伸腿，还下意识地做了个下蹲的姿势，向李万库展示着，以示自己的身体很硬朗。

"您老别生气，我也就和您开个玩笑嘛，我还希望您老万寿无疆呢"，李万库见王老汉这么执拗，连忙向他道歉。

"但是有一点，我说出来，千万请您老别生气啊！"李万库说。

"那你就说啊！"

"您看您膝下无子，干脆您就把我认作干儿子，我就给您养老送终吧？"

"我看你是黄鼠狼给鸡拜年，没安好心吧，啊？我这么硬朗的身板，暂时还死不了，你就死了这条心吧！"

"这……"

李万库一看情况不对,连忙说:"对不起,对不起,我改天再来看您,咱俩喝剩下的酒,您老就留着喝吧!"一溜烟地开着他的宝马车走了。

李万库走后,王老汉虽然喝了半斤青稞酒,但依然感觉神清气爽,没有醉酒的迹象,很是纳闷:"我平时喝二两自己酿的青稞酒,就感觉有点头晕,今天咋一点酒气都感觉不出,看来李万库这小子带来的这青稞酒还真是好货呢"。

接下来的几天,王老汉每餐喝酒的数量由二两增为半斤,当然喝的是李万库带来的青稞酒,一箱子青稞酒没多少日子就没了。

正是王老汉把李万库带来的酒喝完的这天,李万库又来了,大老远就喊:"王叔啊,上次的酒喝完了没,我又给您带来了!"

"我才不喝你的酒呢!"王老汉头也不抬,依旧眯着眼睛在凉棚下跷着二郎腿坐着。

李万库往墙角一望,上次他带来的青稞酒瓶子不多不少六个都散放在墙角里,一看就是空瓶子。他二话不说,又将一箱子青稞酒放在了客厅,坐在王老汉身边抽了一根烟,见王老汉不爱搭理他,转身就走了。

"这个小子咋就知道我把酒喝完了呢? 既然送来了,那就喝吧",王老汉有些得意也有一些落寞。

接下来的几天,王老汉依旧是每天喝一斤,六瓶酒很快又没了。

第六天,李万库又来了,又给王老汉送来一箱子青稞酒。王老汉本来想说句感谢的话,但顿了顿却没说出口。李万库蹲在院子里边抽烟,边瞅着墙角数了数空酒瓶子。"您老干活要注意身体,您老咋就喝的这么快呢,可千万别喝多了! 喝坏了身子可没人照顾你! 我以后再不给您送酒了",说完就走了。

"我才不会喝多呢!"望着李万库远去的背影,王老汉边打酒瓶边自言自语地低声说了句,声音小得跟蚊子发声一样。"他拿来的这酒,可真不错呢,我以前可真是看错这小子了。"很快,一瓶酒八成就下了肚。王老汉稍微感觉有些醉意了。

接下来的几天,一箱酒很快又喝完了。

"这小子咋不来了呢?"这箱酒喝完的第二天,王老汉从床底下摸出自己酿的苞谷酒边倒到杯子里边说,可他咂了一口,就把杯子放下了,"没味嘛",他有些失落。本想着赶上毛驴车去 10 公里以外的镇上去买李万库送的这种青稞酒,可又怕没人看家,想了想,还是算了。这顿饭,王老汉仅喝了一杯自己酿的苞谷酒。

第三天,当王老汉再次在饭桌上斟上自酿的苞谷酒的时候,依然很是想念青稞酒的味道。这顿饭,王老汉仅喝了半杯自己酿的苞谷酒。

第四天,李万库来了,进了院子,依旧先往墙角瞅了瞅,看着越来越多的空酒瓶子,便心里有底了。

"这小子咋今天来没带酒呢",王老汉依旧不和李万库打招呼,但心里嘀咕着。

"王叔啊,我看您最近是精神越来越好啊。"

"哼,暂时还死不了,就是缺了你送的酒,我吃饭没味嘛。"

"嘿,您看我这记性,你看我咋就忘记了今天没给您带酒来啊。"见王老汉主动跟他提起酒,李万库故意说。

"没带就没带吧,你的那青稞酒可贵着呢。"

"不贵,不贵,只要您老喝,我就给您供应",说着就去后备箱又拿出一箱青稞酒来,还有两只烧鸡。"今天我陪您喝一杯吧。"

"好,喝就喝,你这小子的酒还真是好喝。"王老汉赶忙支起桌子来。

酒到酣处,王老汉依旧眯着双眼问李万库:"你真看上我这果园子了?"

"哪里,哪里,这可是您的命根子,我说啥也不敢要!"李万库不知道王老汉的真实想法,故意打个马虎眼。

"其实我看你这小子还真不错,天天有酒孝顺我,我有心把果园卖给你!"

"好我的叔哩,想你林场,这个想法也确实有,可您才 70 岁,身子骨依然这么硬朗,即便是想,也得到您百年之后嘛!不要,不要,要了您的果园,我可就成了罪人了",李万库连忙说。

"我看还是算了,你还是好好经营你的建筑公司吧,别再打我林场的小算盘了。不过,你的酒也确实好喝,到现在还没有给你付钱呢,更何况喝了这么多!"

"送您两瓶算个啥,您能喝已算是对我的关照了,如果您再需要,我再给您送,天天孝敬您。"

"那怎么好意思呢?"王老汉心里想着,我想喝他的酒,他果然就又提出来了,就顺势答应了。而且爽朗地叫了声"干儿子"。

李万库连忙说:"那就我们找个合适的时间您正式认一下我吧。"

"好啊!"

隔了几日,到公证处做了公证,摆了几桌。

过了一阵子开始风传,王老汉经常喝了酒在附近的村子里转悠,甚至有两回烂醉如泥,是村民把他抬回家里去的。

时至冬日,当院子里的酒瓶子码成垛时,王老汉喝了酒一头倒在雪地里再也没有爬起来。老人孑身一人,只有一个在公证处公证了的干儿子李万库,自然就继承了王老汉的果园。

村里有的老人很是不解地说,这王老汉虽说一辈子好酒,但从来不贪酒,怎么临老了,还成了酒鬼了呢?

王老汉的林场,就这样被李万库继承了。

第四节　书法、绘画、摄影

一、书　法

张掖书法艺术源远流长。明时在张掖担任地方长官的文人学士陈九畴、陈棐、杨一清、岳正、郭绅、沈周等人都工于书法,以歌咏生态美景的诗句进行书法创作。由于战乱,明代书法传世甚少,今仅存杨一清的几片诗笼和沈周的一帧扇面。清左宗棠在张掖留有生态建设的书法作品。张掖籍书法家毛升汉,民间流传有"家有毛字不为贫"之说。其后的书法家有徐昭德、陈元萼、白册侯、曹学禹等人。民国时期,有李源逢、张登科、王兴梓、左应衡、王重义、王修身、彭树勋、尤家泰诸人,或工楷正,或长行草,或精魏碑隶篆。明清至民国,外来和张掖本地培育的书法名家甚多,有不少名家留有以生态美文为题材的墨宝,但留存不多。道光时湖广总督牛鉴的对联,光绪时钦差大臣左宗棠的中堂,民国时于右任的题字和罗家伦的《三台阁》题诗等,皆为翰墨珍品。

中华人民共和国成立后,老一代书法家有袁定邦、王静一等人。20世纪80

年代,谢占儒、王元祯、黄汉翔、王海容、肖根前等以生态美文为题材进行了书法创作。21世纪以来,王训端、张明亮、王有君、王平、张慰宁、张振民、张少华、成自生、何成才、周三义、王洁岚、何格经、陈宝林、柴世丛、陈冈、董恒汕、蒋立伟、巨潮、韩宗勋、王平、牛学伟、刘成、张振虎、尹立发、杨一木、邹紫楠、刘建祯、王琛、顾军等人围绕生态建设创作了大量书法作品。

张掖市林业系统的书法爱好者有杨尚俊、党显荣、蔡风基、柴星斗、孟宪唐、杨富春、李庆会、刘重汉、汤兴贵、梁军、张俊弟、赵永昌、刘建海、赵建才、魏德胜、陈斌、李霞等。有一定成就的有:

刘重汉 甘肃民乐县人,字墨林、翰林,号祁连山人。甘肃省祁连山水源涵养林研究院干部,多年来潜心研究书法,建树颇丰,为中国书法家协会会员。其作品先后荣获建党70周年全国书法大赛二等奖、国际中老年书法创作奖。书法作品入展第六届全国书法中青展、首届全国书法册页展、全国书法西部展,获甘肃省林业生态文化大赛书法三等奖、一等奖。曾在张掖文化馆举办个人书法展。1998年—2002年,举办刘重汉书法讲习班。2003年,举行个人书法震灾义卖活动。

魏德胜 甘肃会宁人,自幼酷爱书法,擅长小楷,结业于甘肃省书协第十一期书法创作提高班。书法作品先后获国家林业局生态文化大赛三等奖、甘肃省第二届生态文化大赛二等奖、甘肃省祁连山生态文化大赛一等奖、张掖市"富民种业杯"书画展优秀奖,张掖市书画精品展优秀奖、张掖市书画展三等奖、甘州区"华大杯"书画展优秀奖。

二、绘 画

张掖森林草原、绿洲湿地、荒漠沙丘、奇花异兽等独特的林业生态环境,为画家创作提供了丰富的营养,培育了画坛英才,为林业留下了丹青珍品。

汉朝已有描绘林景、物的画卷,至魏晋十六国和隋唐诸朝已相当普遍,从区内现存岩画、石窟壁画及出土文物图案,大致可见其端倪。到明朝,张掖的文人画家有贾式古、张心斋和周家惠、周家志兄弟等。贾式古曾去东南沿海各省学画,故其山水画有江南韵味;张心斋擅长山水花鸟;周氏兄弟为山丹人,除画焉支山风光外,更擅长兰竹、花鸟。

对联书法　作者　左宗棠

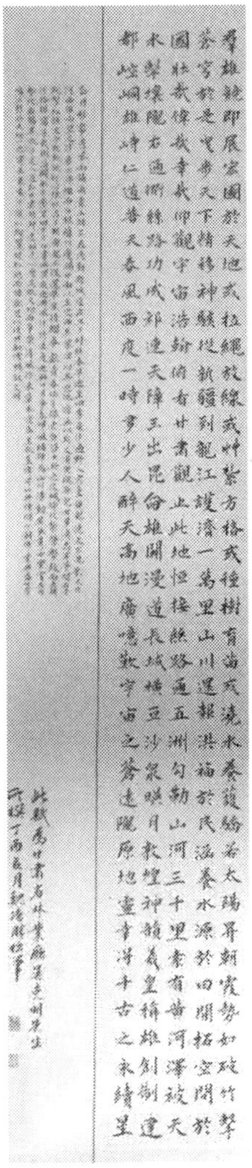

书法　作者　刘重汉

条幅书法　作者　魏德胜

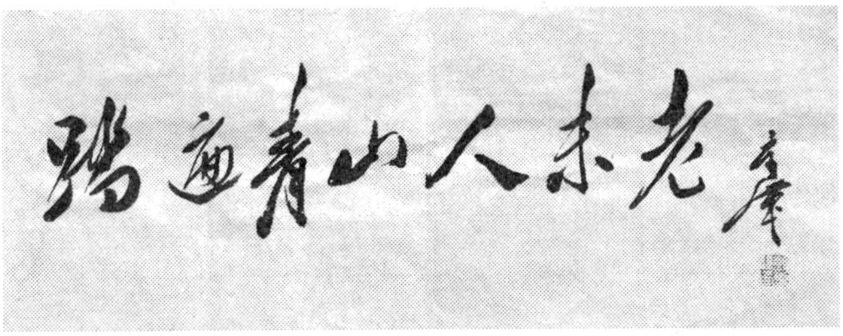

中堂书法　作者　刘重汉

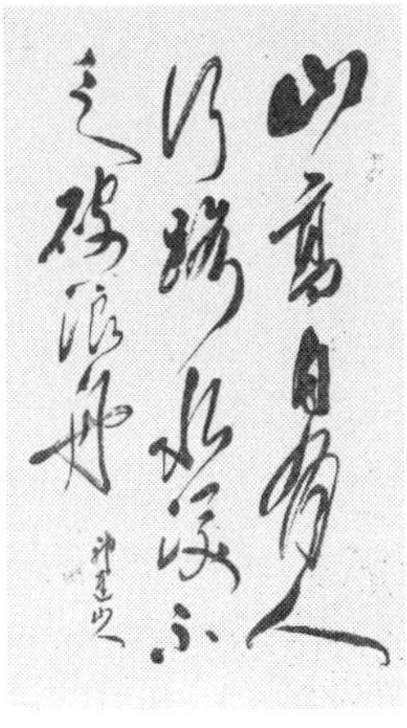

书法　作者　刘重汉

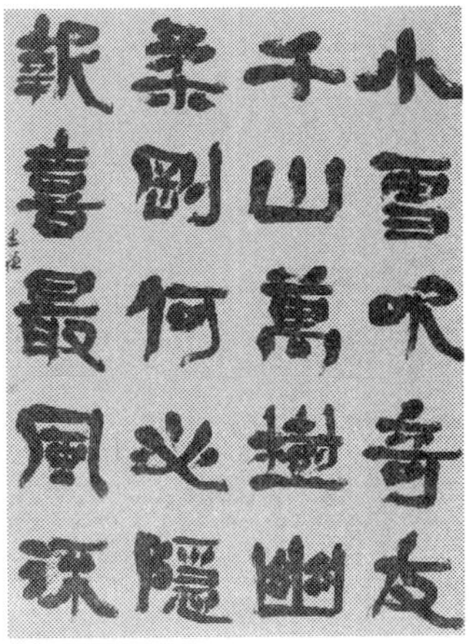

斗方书法　作者　刘建桢

635

至清代,张掖画家辈出,杰出者为冯琳,张掖民间尚有冯琳巧绘《百雀图》的传说。高台画家陈希龄、张廷弼等,颇有声望,惜其作品大都散失无存。

民国以来,张掖画家邢如吾、邢如典兄弟擅长花卉翎习,叶秀、张贤臣擅长田园山水,窦阔然以墨葡萄著称,张长庚善画柏竹梅兰。民国中后期,欧风东渐,西洋画、水彩画、油画、木刻等也传到张掖。外籍画家来张掖,或执教,或办学者,不乏其人。山丹画家王孝,研习油画及水粉画,有一定的成就。所作田园风景画,堪称名作,惜无传存。王修身,善画骏马禽鸟,造诣较深,颇具影响。

中华人民共和国成立后,围绕张掖林业生态环境,画坛英才辈出,既有中

《造林图》 作者 巨潮

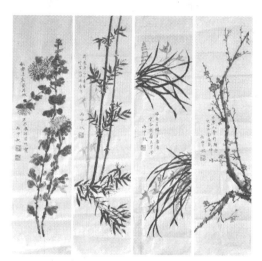

《梅兰竹菊》作者 李霞

《祁连雪峰高 林海青松翠》 作者 巨潮

老年画家,又有众多后起新秀;不仅有国画、油画,还有木刻、烙画等。内容丰富,形式多样。很多作品参加过国内外展出并获奖,有的被国外收藏家收藏。早期的老一辈画家有李希玉、胡有全、秦文、闫贵生、李学勤、李铁军、李积厚、张振民、唐世昌、孙仁儒、魏振沂、冯振国、马永沛、唐鸿发等。20世纪八九十年代以后以生态美景为题材开展创作的画家有曹建华、张葆冬、李欣、赵思友、薛生辉、杨珂、薛生健、曹文海、吴冠伦、李伟、陈兴祝、巨潮、张敏、强东昕、原树勋、刘君、李静、汤睿、田苗、王自刚、魏敏、李军、张祁峰、刘海燕、党玉刚、马文艺、车轩、雷兴福等。

1987年,省林业厅与林业部宣传司组织全国林业系统的画家到张掖写生创作。1988年,由林业部、中国美术家协会、全国林业美协共同在北京举办全国林业美术作品展览,王晓雷以张掖沙区为主创内容的《沙乡行》入展。1993年3月,由林业部、中国美协举办西北林业美术作品展览,以祁连山、张掖生态为主要内容的作品有:陈天岫的《祁连冰雪祁连松》获二等奖,王晓雷的《屏障》、李立长的《高原胜景》、张趋的《祁连深处》、莫小松的《幽情》分获二等奖。2008年,市文联、市林业局和祁连山水涵院举办"水涵院杯书画展",在全市范围内征集反映张掖生态建设的书画作品300余幅。2010年,市林业局邀请中美协会员、省美协理事、市美协主席、河西学院教授巨潮,围绕林业生态建设创作了《造林图》《护林图》《打枣图》《森林晨曲》等绘画作品30多幅,为繁荣林业文化做出了积极贡献。

林业系统爱好绘画的有:孟宪唐、孟宪虹、李霞等。

三、摄　影

据现有资料考证,清末至民国三十年(1941年),国内外一些探险家、旅行者、艺术家和政界人士曾为张掖留下不少影像资料,散见于国内外游记、手记和其他文献资料中。张掖市档案馆亦保存有部分民国时期反映张掖社会、生态建设、生活、文化和文物古迹的照片资料。1931年,来自兰州的陆红德、柴佩夫、李跃庭3人,在张掖开设三友照相馆,是张掖摄影的开始。

20世纪40年代在山丹建立培黎工艺学校的路易·艾黎(新西兰人)也拍摄和保留了部分当年山丹自然风光和风土人情等的照片,今陈列于山丹艾黎捐赠文物陈列馆。

中华人民共和国成立后至 20 世纪 70 年代,鲜见自然风光艺术摄影。1980 年,张掖摄影爱好者田自成、薛勤学、白云洲、张铿道、杨德林等 20 人参加甘肃省摄影家协会举办的摄影学习班,从事摄影的人渐多,并出现了彩色照片,摄影范围从新闻摄影发展到自然风光摄影。

张掖早期的摄影艺术家有刘崇文、田自成、薛勤学、赵玺、刘秀琴、李文道、张铿道、江庭珠、周春林、白云洲、巴爱天等。

20 世纪 90 年代,涌现了陈冈、王政德、张民林、张慰宁、脱兴福、张玉林、钱英文、林江、周俊、孙化瑞、寇克瑞、万建国、张习武、裴明星、刘宗新、李晓燕、苗红、陈钢、佘佐军、姚治中、李立言、杨永贤、韩福善、韩经荣、杜万田、黄峻中、朱万军、秦万寿、曹玉坤、彭以栋、吴强、朱万军、陈礼等一批优秀的摄影家,他们用手中的镜头拍摄了大量反映张掖生态建设和自然风光的佳作。

进入 21 世纪,一大批以生态美景为主要拍摄对象的摄影家有:阎自伟、王将、成林、吴玮、李春、赵谦玺、谈振国、索文年、贾生辉、张玉峰、胡双庆、张存瑞、吴开春、车新利、张勇、赵琳、张渊、宋少卿、白纳新、曹芬华、贺冬梅等。

随着全区摄影事业快速发展,林业系统也涌现出不少摄影爱好者,有古亚奇、张世清、聂斌、魏向华、傅筱林、王兴平、杨青、张永祥、刘海方、李霞等。有一定成就的有:

魏向华 甘肃会宁县人,坚持业余摄影数十年,编辑出版《祁连山黑河水摄影集》。创作的《黑河湿地》作品获由中国摄影家协会和市委、市政府主办,市委宣传部和《中国摄影报》承办的首届"金张掖之夏"全国摄影大展优秀奖。

傅筱林 张掖市甘州区人,甘肃省摄影家协会会员、甘肃省科技界摄影协会会员、张掖市摄影家协会会员。摄影作品 60 余幅被甘肃林业网、中国张掖网等网络媒体刊登,9 幅入选省市级影展,其中《大赛之夜》获"丝路春"杯张掖·中国汽车拉力赛摄影大赛二等奖,《彩绘美丽甘肃》获全省环保绿色摄影大赛一等奖。

第五节 工艺美术

一、烙 画

山丹县在火烫画基础上发展而成的特种工艺美术品。早在汉朝,山丹农牧民用火针在木制农具、器物上烙烫各种花纹和图形,历经隋唐宋元明清诸朝,渐臻完善。清末民国初,由于经济衰败和油漆的广泛使用,烙烫艺术逐渐衰微,濒临失传。1979年,山丹县在民间美术普查中发现这一古老传统工艺,经县文化馆美术工作者10多年的挖掘创新,使烙画成为一种古老而又新颖的工艺美术品,被国内外专家学者誉为"山丹一绝"。其画面处理有重彩、淡彩、素画等不同技艺,装潢制作分高、中、普三个档次,规格品种有中堂、横幅、条屏、立轴、册页、扇面、长方、斗方、椭圆等。有墙上挂的、地下立的、桌上摆的。有大到十几米的巨幅,也有小到十几厘米的袖珍插屏。既可烙烫山水花鸟、中外名胜、古今人物、神话传奇,也可烙烫书籍笔墨。尤其烙制敦煌壁画,更具有神韵,雄浑飘逸。具有装饰、观赏或收藏的艺术价值,是楼堂馆所和家庭客房的高雅装饰品。以独特的艺术魅力赢得省内外一致赞誉,获得国家文化部、中国艺术美术协会"优秀新产品奖",甘肃省"兴陇杯"科技发明成果奖,甘肃省旅游局"天马奖"等多种奖励。路易·艾黎曾购8幅烙画赠给宋庆龄、马海德等著名人士。还被省政府和省外事办、省侨办定为外事活动馈赠礼品。陈希儒的烙画作品《何克陵园》,为英国友人柯文南收藏;《甘肃名胜》等烙画作品参加中国第二届美展,选送美国俄克拉荷马州展出后受到好评,为中国驻俄州领事馆所收藏。

二、油漆制品

张掖油漆工艺历史悠久,遍及城乡。清朝修造的寺庙殿堂和家具器物的油漆工艺到处可见。如橱柜、立柜、方桌、账桌、琴桌、供桌、梳妆台、椅、凳和炕桌、炕柜、衣箱、香床、饭盘、食品盒、帽盒等。在各种漆器上,绘制相应图案,如梅花、翠竹、松柏、嫦娥奔月、鱼篮观音、喜鹊登枝、生命树、富贵龙、莲花娃娃、莲里生子等,然后着色上漆。中华人民共和国成立以来,油漆工艺有了创新,用七色调和漆代替桐油。1990年以来,采用新兴的树脂漆、喷漆和烤漆。工艺造型大方,美观实用,经久耐用,深受群众喜爱。

三、编织品

植物柳条编织的有簸箕、提篮、挑筐、背筐、水垆、笆篓,芨芨草编织的有背斗、抬笆、粮囤、炕席、驮筐、圈笆、鸟笼、兔笼、笊篱,用沙枣核制作的有门帘等。80年代初期,地区五泉林场职工家属开发利用沙枣核制作门帘热火朝天,将饱满的沙枣核清洗干净用水泡软后,再用针线(尼龙线)把沙枣核穿织在一起,喷上精心设计的图案和清漆,别具一格,是林产工艺的上乘精品,备受市民青睐。这些制品原料就地取材,经济实用。很多制品构图独特,花样别致。民乐、山丹一带,有不少编制能手,技艺精湛,堪称一绝。有许多农民编制的工艺品多次参加县、市、省民间艺术展览,有些被征进民俗博物馆。

四、木 雕

张掖木雕按用料质地可分木雕、桃核雕等,按工艺造型又分为浮雕、深雕、浅雕、镂雕(也称"透雕")、圆雕(也称"立体雕")等。木雕多见于古建筑和寺庙门楼,样式有正形彩、竹头彩和跳一彩、跳二彩、跳三彩、跳四彩、跳五彩、跳六彩、跳七彩等。在桌椅、木箱、衣柜等家庭用品上也有木雕作品,总称为"百古",内容为琴棋书画、梅兰竹菊、岁寒三友、文房四宝、十二生肖、八仙八宝等。西来寺金刚殿内明代的藻井,是张掖地区保存最古老的木雕作品。

五、树皮木塑画

民乐县水泥厂职工苏永生,爱好剪纸、雕塑艺术,尤以木塑画艺术作品独特。作品结构明暗相对、虚实相生,技法古朴典雅、疏密有秩,表现形式多样。品种以花鸟、山水、草木、人物见长。利用10多种树皮、树枝,以不同的自然形状,不同的木色搭配,通过雕磨处理等多道工序,塑造出具有环保理念和古色天成的木塑画。画面恬淡素雅,大气而厚重,无论花鸟、人物、山川、水湖都表现得惟妙惟肖、栩栩如生。其作品多次在各级展会参展获奖,受到各界好评,被誉为

"首创精品"。2004年获第五届中国民间文艺山花奖、民间工艺优秀奖。2006年被评为甘肃省农村实用人才副高级职称。2007年,荣获第二届甘肃省民间文艺"百合花奖""民间工艺美术奖"。

六、根　雕

根雕是张掖新出现的树根雕刻艺术。来自民乐农村的民间根雕艺术家朱怀正的根雕作品享誉河西,代表作《拓荒牛》《送子观音》《沙舟遗梦》《犇》《还我丝林》等数十件作品在省城兰洽会上展出,受到一致好评。作品入编《中国民间艺术家卷》,获金张掖"邮政储蓄杯"一等奖和三等奖。2006年被评为甘肃省农村实用人才副高级职称。爱好根雕的还有冯军仁、杨茂祥、王峰等。

第六节　知识竞赛、运动会、文艺演出

一、知识竞赛

20世纪80年代起,结合普法、党建知识、爱国教育、护林防火和科技兴林,市(地)、县(区)多次组织知识竞赛答题活动。2003年6月30日,市林业局举办市第一次党代会知识竞赛。2004年6月,市林业局举办全市林业系统"寺大隆杯"林业政策知识竞赛。2006年9月,市林业局参加"张掖市产业富民新农村建设文化宣传周"活动获组织奖,同时获文化宣传周"甘绿杯"知识竞赛第一名。2007年7月7日,市林业局举办"学习贯彻《党章》知识竞赛"活动。2008年3月,市林业局举行"迎奥运,庆三八"演讲比赛活动,局机关和局直单位10名选手参加演讲比赛。3月底,组织职工参与市文明办举办的"供电杯"礼仪知识书面竞赛活动,有396人参加。5月23日,市林业局举办"学习贯彻十七大精神暨纪念改革开放30周年现场知识竞赛"活动,局直属9个单位参加。

2009年4月9日,市林业局举办学习实践科学发展观现场知识竞赛活动。7月17日,市总工会、市林业局组织的张掖市"十万职工百项技能——嫁接技能竞赛活动"在市寺大隆林场园林站举行。市林业局直系统选拔的干部职工20

余人参加现场嫁接竞赛,内容包括芽接和小枝单芽嫁接两项,以单位时间内嫁接合格数量多者为优胜。竞赛活动由局直单位技术骨干组成的专家评审组,现场进行评定成绩。市寺大隆林场杨林年以总分第一荣获一等奖。2010年7月2日,市林业局组织机关及10个局直单位选拔的10名选手,举办"创先争优建设学习型党组织 加强作风建设"为主题的演讲比赛。

二、体育运动

20世纪70年代,张掖地区森林管理局建立两处灯光球场,多次举办以篮球为主要项目的职工运动会。80年代,地区行署林业处举办各种形式的职工运动会。90年代至2002年6月,地区林业处举行职工运动会3次。2002年撤地建市后至2010年,张掖市林业局举办全市林业系统职工运动会4届。

2003年9月下旬,在临泽县举办第一届"林业杯"职工运动会。由市林业局主办,临泽县林业局承办。共设8个项目,会期3天。市县(区)林业局、祁连山水源涵养林研究院、市林果业研究所、市寺大隆林场等10个代表队参加比赛。2005年9月26日,在山丹县体育中心举办第二届"林业杯"职工运动会,由市林业局主办,山丹县林业局承办。市县(区)林业局、市园林绿化局、祁连山水涵院、市林果所、寺大隆林场等11个代表队参加比赛。设6个项目,会期4天。2008年7月16日在高台县举行"迎奥运"第三届职工运动会。由市林业局主办,高台县林业局承办。市县(区)林业局、河西开发局、甘肃祁连山国家级自然保护区管理局、武警张掖市森林支队、市园林绿化局、祁连山水涵院、市林科院、寺大隆林场等14个代表队的600多名运动员参加,设9个项目,会期4天。16个集体和38名运动员获奖。

2010年7月15日,在民乐县举行第四届全市林业职工运动会,由市林业局主办,民乐县林业局承办,市、县(区)林业局,祁连

林业职工运动会开幕式

山自然保护局,武警张掖市森林支队,市湿地园林绿化局,祁连山水涵院,市林科院,寺大隆林场等单位的 758 名运动员 13 支代表队参加比赛。共设 10 个项目,会期 3 天,3 个团体和 33 名运动员获奖。

三、文艺演出

1972 年开始,为活跃林区职工生活,张掖地区森林管理局特招有文艺专长的在校学生 9 名,与原有文艺专长的职工一起,组建文艺宣传队,通过歌剧、舞蹈、表演唱、样板戏等形式,深入林区生产一线,慰问广大林业职工。同时,组建电影队深入基层播放影片,丰富职工文化生活。

1975 年,文艺宣传队参加张掖地区行署文艺汇演,受到专业评委和广大群众一致好评。

20 世纪 80 年代到 90 年代,广大林业职工和文艺爱好者通过文艺晚会、文艺汇演等形式,围绕改革开放和林业生产,定期、不定期举办各种形式的文艺演出活动。林业系统参演的节目在全区专业、业余混合比赛中黄新进笛子独奏《扬鞭催马送粮忙》获二等奖,张浩林、瞿东升等表演的男声小合唱《春姑娘》获三等奖。

2003 年 3 月,市林业局获得全区"庆三八·展巾帼风貌"歌咏比赛一等奖。

2004 年 12 月 30 日,市林业局举办局直系统"林果杯·庆元旦"职工文艺汇演,市林业科学研究所承办。市林业科学研究所获二、三等奖,并获组织奖;张掖市寺大隆林场获一、三等奖,市林业调查规划院获三等奖。

2006 年 9 月,市林业局参加"张掖市产业富民新农村建设文化宣传周"活动获组织奖,获奖节目一等奖节目 1 项,二等奖 1 项,优秀奖 3 项。是年 12 月 29 日,市林业局举办第二届局直系统"庆元旦·园林杯"职工文艺汇演。节目以演唱、舞蹈、器乐演奏、相声、小品、快板等为主。汇演共评出节目一等奖 1 项,二等奖 3 项,三等奖 4 项,优秀奖 8 项。

2008 年 1 月 26 日,市林业局举办"迎奥运·庆新春"职工文艺汇演,局机关和局直 10 个单位参加。节目以演唱、舞蹈、器乐演奏、快板等为主。汇演共评出节目一等奖 1 项,二等奖 3 项,三等奖 4 项,优秀奖 5 项。

2009 年 1 月 10 日,市林业局举办第四届"庆新春·湿地杯"职工文艺汇演,局机关和局直 10 个单位参加。节目以演唱、舞蹈、器乐演奏、相声、小品、快板等形式为主。汇演共评出节目特等奖 1 项,一等奖 2 项,二等奖 5 项,三等奖 6 项,优秀奖 5 项,组织奖 1 项,创作奖 2 项。

2010 年 2 月 4 日,市林业局举办局直系统"水涵院杯·庆元旦"文艺汇演。市林业局负责组织协调,祁连山水涵院承办。局机关和局直 10 个单位参加。节目以演唱、舞蹈、器乐演奏、相声、小品、快板等形式为主。汇演共评出节目特等奖 1 项,一等奖 2 项,二等奖 3 项,三等奖 3 项,组织奖 1 项。

逛红沟(表演唱)

〔当代〕 张浩林

女:祁连欢笑黑河唱,龙首山下丰收忙。

天寒地冻腊月到,张掖红提尽飘香。

父:女儿在前面走呀,走的忙,老汉我赶的汗呀,汗直淌,

一心想看红沟新气象,迈开大步紧呀紧跟上。

父:哎哎,这片山坡好气派,大棚成片连起来。

女:这片大棚三百多座,集中连片显规模,

节地省水省劳力,结的葡萄甜又大。

啊爸吧,快快走,看看红沟红葡萄。

父:女儿呀,等等哦,看看红沟红葡萄。

快快走来快快行呀,噢哟哟……

哎哎,那一片棚前人真多,忙忙碌碌他们在干什么?

女:张掖红提美名扬,好吃好看质量强,

葡萄现在正成熟,各地客商抢购忙。

啊爸吧,快快走,看看红沟红葡萄。

父:女儿呀,等等哦,看看红沟红葡萄。

快快走来快快行呀,噢哟哟……

哎,哎,这棚葡萄长的怪,不见葡萄怎么挂的纸袋袋。

女:葡萄生产要套袋,防病防虫防尘埃。

你打开套袋看一看,晶莹剔透赛过红玛瑙。

啊爸吧,快快走,看看红沟红葡萄。

父:女儿呀,等等哦,看看红沟红葡萄。

快快走来快快行呀,噢哟哟……

哎,哎,这幢房子修的怪,只有铁门没有窗户人怎么呆?

女:这是一座恒温库,葡萄保鲜全靠它。

远程运输要预冷,不是修它住人来呀。

啊爸吧,快快走,看看红沟红葡萄。

父:女儿呀,等等哦,看看红沟红葡萄。

快快走来快快行呀,噢哟哟……

哎,哎,这间房子真漂亮,修在戈壁滩有点冤枉,

女:这是自动监控室,用的都是高科技。

水肥温度自动调,用在这里一点不冤枉。

啊爸吧,快快走,看看红沟红葡萄。

父:女儿呀,等等我,看看红沟红葡萄。

第七编　林业管理

　　张掖林业行政涉及林业机构设置、规划计划管理、财经物资审计、林政资源管理等诸多方面。1986年以来张掖林业行政管理条件不断改善。进入21世纪，基本实现通讯网络化、办公微机化，加快了林业信息交流，林业行政管理效率显著提高。林业工作机构不断增加，队伍逐步精干，林业立法和依法治林更加完善规范；林业规划计划和资金使用管理严密科学合理；人财物及专项林业工程审计监督更加严格公正，林业行政实现了管理型向管理服务型的职能转变。

第一章　机构演变

　　民国十九年（1930年），甘肃省建设厅内设林务处，全省分设5个区林务局。第四区林务局驻武威县，管辖甘凉区域；第五区林务局驻酒泉县，管辖安肃区域。民国二十二年（1933年），全省林业机构缩减为洮岷、甘凉两局。民国三十一年（1942年）8月成立农林部祁连山国有林区管理处，驻酒泉县，管护祁连山和东大山天然林,兼管河西各县人工造林。民国三十四年(1945年)10月裁撤。民国后期,张掖设立林区管理站,由所在地的乡(镇)公所兼管。林区各大山口设有保林所(宫),值班护林防火,由所在县、区管辖。

中华人民共和国成立后,省人民政府于1950年在张掖设立省人民政府农林厅祁连山林务处,1953年撤销。1955年之后在地方政府和国家林业主管部门的领导下,逐步建立和健全市(专区、地区)和县(区)林业行政机构,加强对林业的有效管理。

第一节　行政机构

一、市(地)直机构

中华人民共和国成立初期,行政督察专员公署的林业行政管理工作,基本由各公署设置的第四科(建设科)办理。1953年成立"武威专区林业局",统管祁连山森林经营保护工作。1955年,武威、酒泉专区合并为张掖专区。1955年10月,张掖专署设"农林水组"。1956年3月成立"张掖专署林业局",下设秘书、造林、经营、木材等科室。1958年4月,设立"专署农林局",10月易名"农林牧局"。1959年1月,分设"专署农业局""林业局""畜牧局""园艺局"。1962年1月,张掖专区划分为酒泉、张掖、武威3专区,张掖专区设"专署农林牧局",内设造林科和地区林业工作站。

1963年12月,成立"甘肃省祁连山林业局",辖区内的西营河、寺大隆、隆畅河、祁连(马蹄)、西水、祁丰、康乐、大河口、大黄山等9个林场由祁连山林业局管理;专署农林牧局主要管理川区的育苗、植树造林、治沙造林等林业工作。1965年11月,祁连山林业局分设为肃南、天祝两个森林经营管理局。肃南森林经营管理局管理张掖地区境内的9个经营林场。1967年1月,原肃南森林经营管理局改名"甘肃省张掖专署森林经营管理局"。1968年3月,成立"张掖专署森林经营管理局革命委员会"。1969年甘肃省张掖专署森林经营管理局易名"张掖地区森林经营总场",1970年改名"张掖地区革命委员会森林经营管理局",1974年1月改名为"张掖地区森林经营管理局"。

1968年8月,专署农林牧局成立"革命领导小组"。1969年4月,专署农林牧局与专署水电局合并为农林水牧工作站,9月改称"农水局";1970年9月分设"地区农牧局",下设办公室、政工、林业等5个组,计45人,其中干部35人。1973年12月,改设"地区农林牧局",下设3个行政科室,农、林、牧3个工作站,有专业技术人员46人。

1980年10月,地区森管局与行署农林牧局造林科、地区林业工作站合并,成立"张掖地区林业局"。1983年11月,改设为"张掖地区行署林业处""甘肃省张掖地区森林总场"。1985年12月,森林总场与林业处合并,下设办公室、造林科、人保科、计财科、经营科、工会、党总支等7个内部机构,5个站队。西营河、马蹄、西水、康乐、隆畅河、祁丰林场划归肃南县管辖,大河口、大黄山林场分别划归民乐、山丹县管辖,寺大隆林场、五泉林场、地区林业科学研究所、张掖祁连山水涵所仍由行署林业处管理。

1986年,行署林业处增设公安科、科技教育科;1988年增设审计科;1989年改设为办公室、计划财务科、人事监察科、业务科、资源管理科、科技教育科、林业公安科、审计科,编制30人;1992年增设老干部管理科,编制增加到32人;1997年,老干部管理科更名为离退休人员管理科,增设护林防火办公室;1999年,资源管理科加挂林政稽查大队牌子;2001年5月,林业公安科更名"张掖地区森林公安局",加挂"张掖地区行政公署公安处森林警察支队"牌子。2002年12月,撤销张掖地区成立张掖市,原张掖地区行署林业处改名为"张掖市林业局"。2003年内设办公室、计划财务科、人事监察科、植树造林科、资源林政科(加挂市林政稽查大队牌子)、科教宣传科(合作开发科)、森林公安局(加挂市森林警察支队牌子)、离退休干部管理科、护林防火办、退耕还林工程建设办公室,编制34人。2004年—2005年,张掖市林业局内设办公室、人事监察科、计划财务科、植树造林科(加挂市绿化委员会办公室牌子)、资源林政科(加挂市林政稽查大队牌子)、科教宣传科(加挂合作开发科牌子)、森林公安局(加挂市公安局森林警察支队牌子)、离退休干部管理科和市护林防火指挥部办公室、退耕还林工程建设办公室10个科(室、局)。

2007年—2008年,张掖市林业局内设办公室、人事监察科、计划财务科、植树造林科(加挂市绿化委员会办公室牌子)、资源林政科(加挂市林政稽查大队牌子)、科教宣传科(加挂合作开发科牌子)、森林公安局(加挂市公安局森林警察支队牌子)、离退休干部管理科和市护林防火指挥部办公室、市退耕还林工程建设办公室、林果产业管理办公室(2008年成立)11个科(室、局)。2009年—2010年5月,张掖市林业局增设林果产业管理办公室,其他科(室、局)未变。2010年6月—12月,市林业局内设办公室、人事监察科、发展规划和资金管理科、植树造林科、森林资源管理科(林政稽查大队)、科教宣传科、林业产业科(合作开发科)、林业改革发展科(生态公益林管理科)8个科(室),两个议事协调机构:市森林防火指挥部办公室、市退耕还林工程建设办公室。

　　2010年6月,根据张掖市委、张掖市人民政府《关于印发〈张掖市人民政府机构改革实施意见〉的通知》和《张掖市人民政府办公室关于印发张掖市林业局主要职责内设机构和人员编制规定的通知》,张掖市林业局为市政府工作部门,并对职能职责进行调整:取消已由国务院和省、市人民政府公布取消的行政审批事项,增加林业改革和农村林业发展,依法维护农民经营林业的合法权益,组织指导城乡园林绿化的职责。加强林业产业发展,保护和合理开发森林、湿地、荒漠和陆生野生动植物资源,促进林业可持续发展的职责;加强湿地保护、荒漠化防治、森林生态效益补偿工作的组织、协调、指导和监督。

　　至2010年底,市林业局机关行政编制25名,暂保留事业编制1名。其中:局长1名,副局长4名,纪检组长1名,总工程师(副县级)1名,科级干部职数12名。保留机关后勤事业编制2名。挂靠市林业局的市护林防火办公室保留原核定的事业编制7名。将张掖市森林公安局(森林警察支队)调整为市林业局管理的直属机构,为副县级建制,实行林业和公安部门双重领导的管理体制,以市林业局管理为主,市公安局协助管理。

表7-1　张掖市(地)林业局(处)部分年份直属单位一览表

年份	主管单位名称	直属单位名称
1964	祁连山林业局(张掖地区)	西营河林场、大黄山林场、大河口林场、康乐(泉源)林场、祁丰林场、祁连林场、西水林场、隆畅河林场、寺大隆林场
1970	地区森林管理局	西营河林场、大黄山林场、大河口林场、康乐林场、祁丰林场、祁连林场、西水林场、隆畅河林场、寺大隆林场

续表

年份	主管单位名称	直属单位名称
1974	地区森林管理局	汽车队、职工医院、动物调查队、农场、办事处、制材厂、大黄山林场、大河口林场、康乐林场、祁丰林场、祁连林场、西水林场、隆畅河林场、寺大隆林场、西营河林场
1980	地区林业局	汽车队、苗圃、动物资源管理站、祁连山水涵所、林木经销公司、林科所、制材厂,大黄山林场、大河口林场、五泉林场、康乐林场、祁丰林场、祁连林场、西水林场、隆畅河林场、寺大隆林场、西营河林场
1984	地区行署林业处	林产品经销公司、林业勘察设计队、林木病虫害检疫站、种子站、林科所、五泉林场
1984	地区森林总场	汽车保养厂、龙渠苗圃、动物资源管理站、祁连山水涵所,大黄山林场、大河口林场、康乐林场、祁丰林场、祁连林场、西水林场、隆畅河林场、寺大隆林场、西营河林场
1988	地区行署林业处	林果业研究所、祁连山水源林研究所,五泉林场、寺大隆试验林场、林业勘察设计队、林木病虫害检疫防治站、林木种子站、林业科技推广站、野生动物管理站、林业招待所、医务所、林产品经销公司、汽车保养厂
1995	地区行署林业处	林果业研究所、祁连山水源林研究所,寺大隆林场、林业勘察设计队、林木病虫害检疫防治站、林木种苗管理站、林业科技推广站、野生动物资源管理站、林产品经销公司、林业汽车保养厂、林业招待所
2000	地区行署林业处	林果业研究所、祁连山水源林研究所,寺大隆林场、林业勘察设计队、林木病虫害检疫防治站、林木种苗管理站、林业科技推广站、野生动物资源管理站、林产品经销公司、林业汽车保养厂、林业招待所、中心苗圃
2003	张掖市林业局	园林绿化局、林果业研究所、祁连山水源涵养研究所、寺大隆林场、林业勘察设计队、林业科技推广站、森林病虫害防治检疫站、林木种苗管理站、野生动物资源管理站、林产品经销公司、林业汽车保养厂、林业招待所、中心苗圃
2010	张掖市林业局	森林公安局、湿地管理局、园林绿化局、林业科学研究院、祁连山水源涵养林研究院、寺大隆林场、林业调查规划院、林业科技推广站、森林病虫害防治检疫站、林木种苗管理站、野生动植物资源管理局、三红公司

表7-2　1950年—2010年张掖市(地)林业(森管)处(局、总场)历任主要领导人名录

姓名	籍贯	出生年月	机构名称职务	任职起止时间	注
龚得福	甘肃兰州市	1920年3月	省农林厅祁连山林务处处长	1950年—1952年2月	
孙光涛	陕西渭南	1910年4月	专署农林水组组长	1955年11月—1958年4月	
王政行	山西河曲	1916年8月	专署农林局局长	1958年4月—1958年6月	
孙光涛	陕西渭南	1910年4月	专署农林牧局局长	1958年10月—1959年2月	
车宏彰	山西柳林	1927年2月	专署农林牧局局长	1962年1月—1966年5月 1966年6月—……	
徐良谟			专署林业局局长	1958年4月—1958年7月 1959年2月—1960年1月	
车宏彰	山西柳林	1927年2月	专署林业局局长	1960年4月—1962年1月	
龚文钰			专署园艺局局长	1960年4月—1961年12月	
齐俊川	山东莱芜	1913年4月	祁连山林业局党委书记	1963年12月—1968年3月	
温阜常	陕西神木	1915年7月	祁连山林业局局长	1964年6月—1965年9月	
卢全金	甘肃		专区森林管理局革委会主任	1969年7月—1970年5月	
黄林兴	江苏如皋	1927年11月	专区森林管理局革委会主任	1969年7月—1973年12月	
			地区森林管理局党委书记、局长	1974年1月—1976年6月	
甄华亭	甘肃甘州	1931年1月	地区森林管理局党委书记、局长	1976年10月—1978年10月	

续表

姓名	籍贯	出生年月	机构名称职务	任职起止时间	注
阎盛文	陕西横山	1914年10月	地区森林管理局党委书记、局长	1979年4月—1980年3月	
申克孝	山西祁县	1912年11月	专区农林牧局革命领导小组组长	1968年8月—1969年9月	
段仰福	山西襄汾	1929年11月	地区农牧局革命领导小组组长	1970年12月—1974年1月	
段仰福	山西襄汾	1929年11月	地区农林牧局党委书记、局长	1974年1月—1978年3月	
杨万益	甘肃民乐	1931年12月	地区农林牧局党委书记、局长	1978年3月—1980年10月	
喻耀忠	甘肃武都	1929年1月	地区林业局党委书记、局长	1980年10月—1982年2月	
王成兴	甘肃高台	1933年7月	地区林业局局长	1982年2月—1983年11月	
王成兴	甘肃高台	1933年7月	地区森林总场党委书记	1983年11月—1986年1月	
郑守格	甘肃民乐	1934年11月	行署林业处党组书记、处长	1984年9月—1989年2月	
魏克勤	甘肃榆中	1931年1月	地区森林总场场长	1983年11月—1986年1月	1986年1月—1992年4月任林业处总工程师
毛光友	河南商城	1940年12月	行署林业处党组书记、处长	1989年2月—1994年1月	

续表

姓名	籍贯	出生年月	机构名称职务	任职起止时间	注
强国林（藏族）	甘肃肃南	1942年11月	行署林业处处长党组书记	1994年1月—2000年8月 2000年9月—2002年9月	
侯俊民	甘肃高台	1955年3月	行署林业处处长	2001年1月—2002年11月	
孟仲	甘肃甘州	1953年4月	市（地）林业局（处）局党组书记、（处）长	2002年10月—2007年4月	2002年10月前为地区林业处
伏世祖	甘肃秦安	1966年7月	市林业局局长、党组书记	2007年4月—2010年12月 2010年1月—2010年12月	
周元圣	甘肃山丹	1963年9月	市林业局党组书记	2007年4月—2009年10月	
聂斌	甘肃山丹	1963年12月	市林业局党组书记、局长	2010年12月到任	

表7-3　1955年—2010年张掖市（地）林业（森管）处（局、总场）历任副职领导名录

姓名	籍贯	出生年月	机构名称与职务	任职时间	注
张树春			专署农林水组副组长	1955年12月—1958年4月	
燕春城	陕西旬邑	1922年4月	专署农林水组副组长	1956年12月—1957年2月	
车宏彰	山西柳林	1927年2月	专署林业局副局长	1956年6月—12月	
车宏彰	山西柳林	1927年2月	专署农林局副局长	1958年4月—1958年12月	
宋克让	甘肃临泽	1929年	专署林业局副局长	1959年12月—1961年12月	代理

续表

姓名	籍贯	出生年月	机构名称与职务	任职时间	注
李　俊			专署林业局副局长	1959 年 2 月—1960 年 5 月	
冯定亚	甘肃天水	1925 年 5 月	专署林业局副局长	1958 年 8 月—1960 年 5 月	
焦占海	甘肃宁县		专署林业局副局长	1958 年 8 月—1961 年 12 月	
傅　祥			专署林业局副局长	1959 年 12 月—1961 年 12 月	代理
谢维柏			专署林业局副局长	1959 年 12 月—1961 年 11 月	
刘　沛	甘肃永昌	1932 年 1 月	专署农林牧局副局长	1962 年 10 月—1968 年 10 月	
曹剑青	陕西西安		专区农林牧局革命领导小组副组长	1970 年 8 月—1971 年 6 月	
杨万益	甘肃民乐	1931 年 12 月	专区农林牧局革命领导小组副组长	1971 年 7 月—1974 年 1 月	
王佳邦	陕西佳县	1919 年	专区农林牧局革命领导小组副组长	1972 年 9 月—1973 年 7 月	
杨万益	甘肃民乐	1931 年 12 月	地区农林牧局副局长	1974 年 1 月—1978 年 3 月	
屈宗贤	甘肃山丹	1936 年 5 月	地区农林牧局副局长	1978 年 6 月—1980 年 10 月	
武世胜	山西临汾	1930 年 10 月	专区森管局革委会、森管局副主任、副局长	1968 年 3 月—1974 年 1 月	1970 年 12 月前为森林总场

续表

姓名	籍贯	出生年月	机构名称与职务	任职时间	注
陈昌	山东		专区森管局革委会、森管局副局长	1968年3月—1974年1月	
范天贵	山西汾阳	1918年4月	专区森管局革委会、森管局副局长	1970年10月—1980年3月	
秦仲华	江苏如东	1931年9月	专区森管局革委会、森管局副局长	1974年1月—1976年10月	
索进陞（藏族）	甘肃肃南	1930年7月	专区森管局革委会、森管局副局长	1972年3月—1980年10月	
周文翔	甘肃甘州	1930年7月	地区森管局副局长	1976年10月—1979年4月	
温阜常	陕西神木	1915年7月	地区森管局副局长	1979年4月—1980年3月	
杨子明	甘肃庆阳	1930年9月	地区林业局副局长	1980年3月—1983年11月	1980年10月前为森林管理局
索进陞	甘肃肃南	1930年7月	地区林业局副局长	1980年10月—1983年11月	
屈宗贤	甘肃山丹	1936年5月	地区林业局副局长	1980年10月—1983年11月	
魏克勤	甘肃榆中	1931年1月	地区林业局副局长	1981年4月—1983年11月	
郑守格	甘肃民乐	1934年11月	行署林业处副处长	1983年11月—1984年9月	主持工作
薛德一	江苏南京	1937年4月	行署林业处副处长	1983年11月—1994年10月	1994年11月—1997年5月任总工程师

续表

姓名	籍贯	出生年月	机构名称与职务	任职时间	注
任道义	河南南召	1939年2月	行署林业处副处长	1984年6月	未到职
白生录	甘肃酒泉	1932年9月	行署林业处副总工程师	1984年1月—1993年10月	
王志仁	陕西西安	1931年6月	地区森林总场副场长	1983年11月—1986年1月	
杨育荣	陕西子长	1948年11月	地区森林总场副场长	1983年11月—1986年1月	
古亚奇（回族）	甘肃武都	1946年10月	行署林业处副处长	1991年4月—1998年12月	
武廷荣	甘肃高台	1955年3月	行署林业处副局(处)长	1994年11月—2007年4月	
赵鲁平（女）	山东济南	1962年9月	行署林业处副总工程师	1995年12月—2000年12月	2002年12月—2007年6月任总工程师
龙海啸	湖北汉口	1944年10月	行署林业处副处长	1996年6月—1998年12月	
赵喜生	陕西韩城	1949年11月	行署林业处副处长	1996年8月—2003年4月	2003年5月—2009年12月任调研员
易元林	甘肃甘州	1942年7月	行署林业处纪检组长	1997年7月—1998年8月	1998年8月—2002年8月任调研员

656

续表

姓名	籍贯	出生年月	机构名称与职务	任职时间	注
杨恩怀	陕西宝鸡	1960年3月	行署林业处(市林业局)、纪检组长	2000年07月—2010年12月	
刘建勋	甘肃会宁	1962年7月	市(地)林业局(处)副局(处)长	2000年10月—2007年12月	2007年4月—2010年8月任总工程师
魏向华	甘肃会宁	1959年10月	市(地)林业局(处)副局(处)长	2001年6月—2010年12月	
周元圣	甘肃山丹	1963年9月	市林业局党组副书记、副局长	2003年4月—2007年4月	
杨富春	甘肃山丹	1962年1月	市林业局副局长	2007年4月—2010年12月	
李太安	甘肃岷县	1968年1月	市林业局副局长	2008年9月—2009年11月	
贺红元	甘肃甘州	1965年1月	市林业局副总工程师	2009年1月—2010年12月	
傅弘	甘肃甘州	1962年12月	市林业局副局长	2010年12月到任	
王清忠	甘肃甘州	1964年月	市林业局副局长	2010年12月到任	

表 7-4 截止 2010 年底张掖市(地)林业系统其他副县级以上待遇干部名录

序号	姓名	性别	出生年月	籍贯	任职单位	职务	备注
1	白加坤	男	1915 年 10 月	陕西绥德	张掖地区森林总场马蹄林场	场长	离休享受副县级待遇
2	韩明喜	男	1916 年 3 月	山西运城	张掖地区森林总场西水林场	场长	离休享受副县级待遇
3	张立刚	男	1916 年 4 月	河北安平	张掖地区五泉林场		离休正县级
4	董学谦	男	1919 年 5 月	山西泽源	张掖地区五泉林场		离休副县级
5	张泽民	男	1919 年 5 月	河北玉田	张掖地区森林总场保卫科	科长	离休享受副县级待遇
6	梁兴才	男	1920 年 7 月	甘肃宁县	张掖地区木材经销公司	经理	离休享受副县级待遇
7	乔德禄	男	1920 年 5 月	甘肃肃南	张掖地区森林总场	工会主席	离休享受副县级待遇
8	李堂生	男	1922 年 11 月	山东费县	张掖市森林总场祁丰林场	场长	离休享受副县级待遇
9	刘生勤	男	1925 年 3 月	甘肃永昌	张掖地区五泉林场	副场长	离休享受正县级待遇
10	孙合起	男	1925 年 12 月	天津静海	张掖地区森林总场大河口林场	场长	离休享受副县级待遇
11	吕怀明	男	1925 年 6 月	山东曹县	张掖地区森林总场制材厂	厂长	离休享受副县级待遇
12	瞿龙发	男	1926 年 9 月	江苏淮安	张掖地区林科所	所长,支部书记	离休享受副县级待遇
13	张自立	男	1927 年 1 月	河南叶县	张掖地区森林总场大黄山林场	场长	离休享受副县级待遇
14	张志强	男	1927 年 11 月	陕西绥德	张掖地区林业处	督导员	离休享受副地级待遇
15	李明让	男	1928 年 10 月	山东商河	张掖地区森林总场	督导员	离休享受正县级待遇
16	李永奎	男	1929 年 5 月	甘肃临泽	张掖地区五泉林场	站长	离休享受副县级待遇
17	乔秉玺	男	1929 年 10 月	陕西宝鸡	张掖地区五泉林场	支部书记	离休享受副县级待遇
18	王照脚	男	1930 年 12 月	河北魏县	张掖地区林业处	支部书记	离休享受副地级待遇

续表

序号	姓名	性别	出生年月	籍贯	任职单位	职务	备注
19	于万举	男	1931 年 8 月	甘肃高台	张掖地区林产品经销公司	经理	离休享受副县级待遇
20	呼崇荣	男	1931 年 8 月	陕西榆林	地区水源涵养林研究所	督导员	离休享受副县级待遇
21	闫双印	男	1934 年 7 月	河南新野	张掖地区林业处	副调研员	副县级
22	李少康	男	1937 年 8 月	河北乐平	张掖地区林业处	副调研员	副县级
23	王守魁	男	1942 年 6 月	甘肃金昌	张掖地区林业处	副调研员	副县级
24	党显荣	男	1943 年 11 月	甘肃甘州	张掖地区林业处	防火办专职副主任	副县级
25	李进虎	男	1945 年 8 月	甘肃张掖	张掖市林业局	副调研员	副县级
26	刘　斌	男	1945 年 12 月	甘肃天水		党总支副书记 工会主席	副县级
27	王兰海	男	1946 年 11 月	甘肃武都	张掖地区人造板厂	副厂长	副县级
28	赵开荣	男	1950 年 9 月	甘肃临泽	张掖地区林业局	调研员	正县级
29	苗　旺	男	1948 年 1 月	甘肃民乐	甘肃省祁连山水源涵养林研究所	支部书记	2000 年享受副县级待遇
30	刘贤德	男	1963 年 2 月	甘肃金塔	甘肃省祁连山水源涵养林研究所	所长	2000 年享受副县级待遇
31	李庆会	男	1962 年 11 月	甘肃凉州	张掖地区林果业研究所	所长	2000 年享受副县级待遇
32	傅筱林	男	1962 年 11 月	甘肃甘州	张掖地区林果业研究所	支部书记	2001 年享受副县级待遇
33	闫劲涛	男	1962 年 11 月	甘肃甘州	张掖市护林防火指挥部办公室	副主任	2003 年任副县级
34	赵文俊	男	1964 年 5 月	甘肃永昌	张掖地区人造板厂	厂长	正县级
35	王　瑛	女	1965 年 1 月	甘肃高台	张掖市森林公安局	局长	2010 年 12 月任副县级

张掖市(专员公署、行政公署)林业行政机构演变示意图

(1955 年 10 月—2010 年)

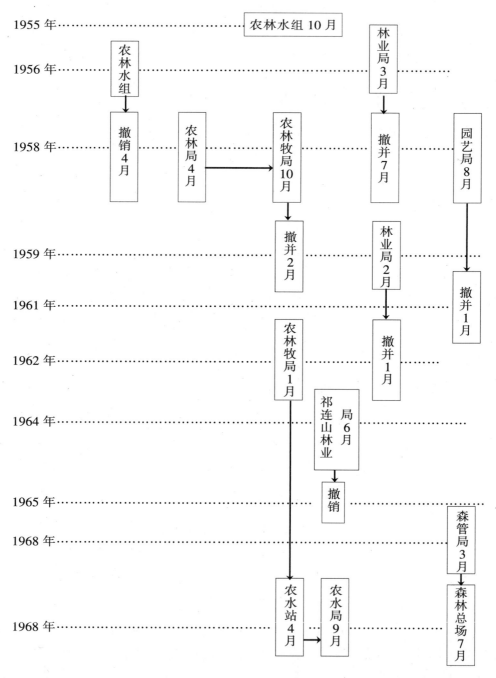

张掖市(专员公署、行政公署)林业行政机构演变示意图(续)
(1969 年—2010 年)

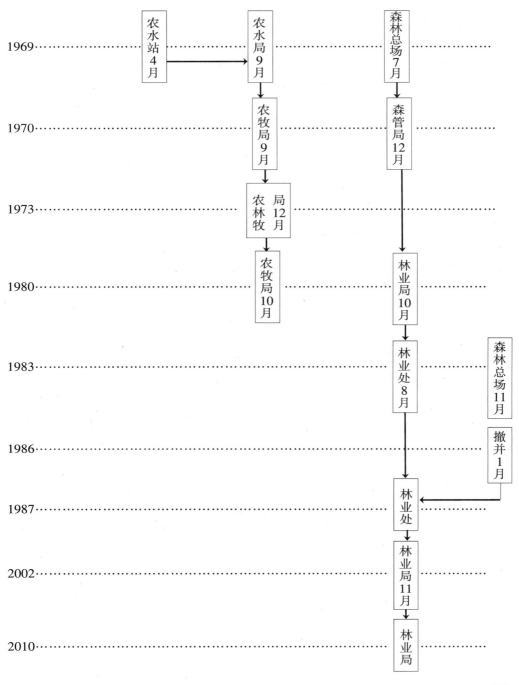

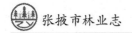

二、县(区)级机构

中华人民共和国成立后到 1952 年,各县人民政府没有专设的林业行政机构,林业工作由县政府建设科或农林科(农建科)负责。到 1957 年,各县先后设立林业科(局)、林业工作站,隶属县人民委员会。1958 年—1959 年,精简机构,部分县把林业与农业、水电等部门合并,成立县水林部,内设林业组(股),部分县成立农业局或农(林)牧局,内设林业组(股)、林业站,分管林业工作。1980年—1982 年,各县相继恢复、成立县林业局。

甘州区林业局 1953 年 5 月成立张掖县人民政府林业科。1965 年成立张掖县林业局。1970 年机构合并,成立县农林牧局。1980 年 11 月成立张掖县林业局,将林业工作划归林业局管理,有工作人员 13 人,其中:正副局长 3 人,技术干部 4 人,内设办公室、业务股、财务股。1985 年张掖县林业局改名"张掖市林业局"。2002 年 12 月更名"甘州区林业局"。至 2010 年内设办公室、造林科、资源科、财务科 4 个科室,行政编制 14 人,其中干部 11 人,工人 3 人。

山丹县林业局 1949 年 10 月,山丹县林业工作由县人民政府四科负责;1950 年 8 月,县人民政府四科改为建设科,负责全县农、林、水、牧、公交等工作。1958 年 12 月,县人民委员会成立水林部,林业由水林部负责;1959 年 6 月,水林部改为水林局,林业由水林局负责;1962 年 7 月水林局改为水林科,林业由水林科负责;1964 年 2 月水林科改为水林局;1968 年 11 月,撤销水林局,分设山丹县水林业建设管理站,林业由水林站负责;1970 年 11 月,撤销水林建设管理站,成立县林业工作站,归口山丹县农业局;1972 年改为县林业管理站;1980 年 11 月,成立山丹县林业局。

民乐县林业局 民国时期,县政府设建设科,监管林木管护。1953 年,成立县林业工作站,有干部职工 7 人。1957 年,成立县人民委员会林业科,1958 年合并于县农牧局,下设林业股。1962 年改设县水林局。1964 年,林业划归农牧局,成立民乐县林业工作中心站,下设南古、新天、三堡 3 个林业工作分站。1968 年,林业中心站合并于县农业管理站,撤销林业工作分站,业务交各人民公社办理。1972 年,林业工作中心站隶属县农牧局,下设林业工作站。1980 年10 月,成立民乐县林业局,下设林业公安股和林业资源股。至 2010 年林业局共有干部职工 204 人。

临泽县林业局 1949 年 9 月起,由县人民政府建设科(简称"四科")主管农、林、牧工作。1954 年成立县林业工作站。1956 年,设林业科主管林业工作。1962 年临泽县恢复时为农林牧局。1963 年恢复县林业工作站。1968 年 6 月,林业工作站并入农林水牧工作组,隶属县革委会生产指挥部。1981 年成立临泽县林业局。至 2010 年内设办公室、财审股、造林绿化办、林业产业开发办、野生动植物保护管理站 5 个股室办,下辖林果业技术推广中心、林木病虫检疫防治站、城市园林绿化队、林政稽查大队、森林派出所、五泉林场、沙河林场、县治沙试验站、小泉子治沙试验站 9 个直属单位。共有干部职工 180 人,其中在职职工 109 人,离退休职工 71 人。

高台县林业局 1952 年成立高台县林业局,1954 年撤销。1980 年恢复成立高台县林业局。至 2010 年,下设林业技术推广站(林木病虫防治检疫站、林木种苗管理站合署办公)、治沙推广站、林政稽查大队、公安局森林派出所、退耕还林办公室、城市园林绿化大队、黑河流域湿地管理站、重点公益林管理办公室、林业调查规划队、野生动物保护管理站、三桥湾林场、三益渠林场、碱泉子林场等 13 个副科级单位和 8 个乡镇林业工作站。

肃南县环林局 1954 年设立县林业工作站;1958 年改设林业科;1958 年成立肃南县林业局,辖 6 个国有林场。1959 年机构合并,成立县农林牧局,1963 年撤销。是年成立甘肃省祁连山林业局,其业务和行政为双重领导。1965 年祁连山林业局撤销,成立肃南、天祝两个森林经营管理局。1967 年肃南森林经营管理局改称"甘肃张掖专员公署森林经营管理局"。1970 年设立肃南县革委会农林水牧革命领导小组。1975 年设立肃南县革委会农林水牧办公室。1981 年成立肃南县林业局。1986 年张掖地区森林总场撤销,所管辖的西营河、马蹄、西水、康乐、隆畅河、祁丰、明海 7 个国营林场及林区派出所移交肃南县林业局管理。2009 年肃南县林业局与肃南县环境保护局合并成立肃南县环境保护与林业局。

表 7-5　1958 年—2010 年六县(区)林业局主要领导名录

县区	姓名	职务	任职时间	单位名称
甘州区	袁克禄	局长	1980 年 11 月—1984 年 1 月	张掖县林业局
		党支部书记	1980 年 11 月—1982 年 5 月	张掖县林业局
	杨景铭	局长	1984 年 2 月—1993 年 3 月	张掖县林业局
		党总支书记	1984 年 5 月—1989 年 5 月	张掖县林业局
	苟天元	局长	1994 年 7 月—1995 年 3 月	张掖市林业局
		党总支书记	1989 年 5 月—1997 年 9 月	张掖市林业局
	万瑛	局长	1995 年 3 月—2001 年 4 月	张掖市林业局
	闵文德	党总支书记	1997 年 9 月—2002 年 7 月	张掖市林业局
	张辅民	局长	2001 年 4 月—2003 年 6 月	张掖市林业局
	高长年	党总支书记	2002 年 12 月—2005 年 1 月	甘州区林业局
	李自威	局长	2003 年 6 月—2008 年 9 月	甘州区林业局
	刘振年	党总支书记	2005 年 4 月—2008 年 10 月	甘州区林业局
	祁振东	局长	2008 年 9 月—2011 年 6 月	甘州区林业局
	代家瑞	党总支书记	2008 年 10 月—2010 年 12 月	甘州区林业局
	王迪东	局长	2010 年 12 月任职	甘州区林业局
山丹县	王继业	局长	1981 年 2 月—1983 年 11 月	山丹县林业局
	马茂林	局长	1983 年 11 月—1989 年 9 月	山丹县林业局
	赵生璧	局长	1989 年 9 月—1998 年 3 月	山丹县林业局
	马茂林	党总支书记	1989 年 9 月—1991 年 3 月	山丹县林业局
	王镇西	党总支书记	1991 年 3 月—1992 年 11 月	山丹县林业局

续表

县区	姓名	职务	任职时间	单位名称
山丹县	何多鼎	党总支书记	1992年11月—1999年1月	山丹县林业局
	梁玉华	局长	1998年3月—2001年3月	山丹县林业局
	周丽琴	党总支书记	1999年1月—2011年1月	山丹县林业局
	姚积生	局长	2001年3月—2007年11月	山丹县林业局
	杨青	局长	2008年3月—2010年12月	山丹县林业局
民乐县	张展虎	局长	1983年11月—1984年3月	民乐县林业局
	刘善国	局长	1984年3月—1989年10月	民乐县林业局
	王作文	局长	1989年10月—1994年12月	民乐县林业局
	陈多林	局长	1994年12月—1998年2月	民乐县林业局
	曹俊	局长	1998年2月—2005年8月	民乐县林业局
	土建雄	局长	2005年8月—2007年2月	民乐县林业局
	张明德	局长	2007年2月—2010年7月	民乐县林业局
	张文学	局长	2007年7月—2010年12月	民乐县林业局
临泽县	钟开祯	局长	1987年10月—1992年2月	临泽县林业局
	杨大林	局长	1981年5月—1983年12月	临泽县林业局
	李春茂	局长	1981年5月—1983年12月	临泽县林业局
	刘兵	局长	1992年2月—1995年2月	临泽县林业局
	宋东昌	局长	1995年2月—1997年9月	临泽县林业局
	褚永明	局长	1997年12月—2001年3月	临泽县林业局
	伏世祖	局长	2001年8月—2004年3月	临泽县林业局
	沈德新	局长	2005年1月—2007年3月	临泽县林业局
	张正东	党总支书记	2001年3月—2010年7月	临泽县林业局
	岳世峰	局长	2007年6月—2010年4月	临泽县林业局
	甘明林	局长	2010年4月—2010年12月	临泽县林业局
	王文学	党总支书记	2010年8月—2010年12月	临泽县林业局

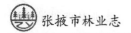

续表

县区	姓名	职务	任职时间	单位名称
高台县	樊成高	局长	1980年3月—1987年2月	高台县林业局
	尚三多	局长	1987年2月—1992年12月	高台县林业局
	寇崇伟	局长	1992年12月—1999年10月	高台县林业局
	张国武	党总支书记	1994年12月—1999年1月	高台县林业局
	刘廷荣	局长	1999年10月—2006年1月	高台县林业局
	孙玉德	党总支书记	2003年3月—2006年1月	高台县林业局
	张永祥	局长	2006年1月—2010年12月	高台县林业局
	刘廷荣	党总支书记	2006年1月—2007年3月	高台县林业局
	张全忠	党总支书记	2007年3月—2010年12月	高台县林业局
肃南县	强国勇	局长	1958年10月—1959年12月	肃南县林业局
	王应仓	局长	1959年12月—1966年10月	肃南县林业局
	钟自军	局长	1983年10月—1985年10月	肃南县林业局
	贺西恒	局长	1985年10月—1992年10月	肃南县林业局
	凯成俊	局长	1992年10月—1997年9月	肃南县林业局
	刘万荣	局长	1997年10月—2010年6月	肃南县林业局
	全有军	局长	2010年7月—2010年12月	肃南县环保林业局

三、乡镇级机构

1950年,中央人民政府政务院发布《关于全国林业工作指示》,其中提出,区公所农业助理员改为"农林助理员",兼管林业。1963年,国家林业部颁发《林业工作站工作条例(试行草案)》,明确林业工作站是指导和组织人民公社、生产队发展林业生产的基层事业单位。在林区、山区、半山区和林业任务较大的平原、沙荒地区,一般可以1个区(公社)设1个站,或按山岭、河流和沙荒等自然条件跨区设站,也可以几个公社设1个站,或1个区(公社)设1名林业技术员。1984年开始筹建区乡林业站,至1989年,经张掖、山丹、民乐、高台、临泽5县(市)政府批准成立"区、乡、镇林业站"32个,占全区88个乡镇总数的36.36%,其中:张掖市的甘浚、安阳、小河、三闸、党寨、碱滩、明永、大满、小满、乌江、新墩11个林业站,山丹县的东乐、李桥、位奇、陈户、清泉、花寨6个乡林业站,民乐县的新天、北部滩、三堡、丰乐4个林业站,临泽县的鸭暖乡林业站,高台县的新坝、合黎、黑泉、正远、南华、罗城、宣化、红崖子、骆驼城、巷道10个林业站。全区32个林业站职工总人数76人。1993年,全区乡(镇)林业站总编制162人(不含肃南县),是年全区54个乡(镇)林业站配备126人,至1998年全区建成乡镇林业站标准站59个,投入建站资金165万元。2010年,全市乡(镇)林业站有职工131人。

表7-6 张掖市2010年乡(镇)林业站设置一览表

县(区)名	乡镇数	林业站名称	林业站数
合计	60		59
甘州区	18	乌江、平山湖、花寨、安阳、上秦、大满、龙渠、碱滩、三闸、小满、党寨、靖安、沙井、明永、长安、甘浚、新墩	17
山丹县	8	霍城、老军、大马营、陈户、李桥、清泉、东乐、位奇	8
民乐县	10	顺化、开发区、洪水、三堡、南丰、新天、六坝、民联、丰乐、永固、南古	11
临泽县	7	平川、沙河、蓼泉、倪家营、鸭暖、新华、板桥	7
高台县	9	新坝、南华、骆驼城、巷道、宣化、罗城、合黎、黑泉、红崖子、正远	10
肃南县	8	明花、康乐、皇城、祁丰、大河、马蹄	6

第二节 事业机构

1950年,辖区有林业事业管理机构5个(省属);1959年有15个,其中地属2个,县属13个;1962年有18个,其中地属10个,县属8个;1978年有28个,其中地属12个,县属16个;1985年有37个,其中地属15个,县属22个;1995

年有 41 个,其中地属 10 个,县属 31 个;2005 年有林业事业机构 61 个;2010 年有 64 个,其中市属 12 个,县(区)属 52 个。

一、林业科学试验研究机构

(一)张掖市林业科学研究院

1965 年 5 月成立张掖专区林业试验站,隶属张掖专署农林牧局领导。1969 年 3 月由林业试验站、地区福利院、职业病休养所三单位合并,改名"张掖地区五七林业站",隶属地区革委会生产指挥部领导。1971 年 8 月,三个单位分设,改名"张掖地区试验苗圃",隶属张掖地区农林牧局。1975 年 3 月,成立张掖地区林业科学研究所,隶属张掖地区农林牧局。1986 年 4 月更名"张掖地区林果业研究所",隶属张掖地区行署林业处。1999 年 11 月,成立张掖地区林果花卉种苗培育中心,与张掖地区林果业研究所合署办公。2003 年 2 月,张掖地区林果业研究所(张掖地区林果花卉种苗培育中心)更名"张掖市林果业研究所"(张掖市林果花卉种苗培育中心)。2005 年 8 月"张掖市林果业研究所"更名为"张掖市林业科学研究院",科级建制,内设综合办公室、科研管理室、种苗生产室、科技推广室、经济林研究室。主要从事本市林业应用技术试验研究及示范推广。

至 2010 年 12 月底,有在职职工 81 人,其中:研究员 1 人,高级工程师 8 人,工程师 7 人,助理工程师 12 人,技术员 3 人,在读硕士学位 4 人。享受国务院特殊津贴专家 1 人,省优秀专家 1 人,甘肃省"555"创新人才工程一、二层次人选 1 人,甘肃省领军人才 1 人,市管拔尖人才 1 人。自收自支事业编制 5 名。

(二)甘肃祁连山水源涵养林研究院

1978 年 7 月,成立张掖祁连山水源涵养林研究所,正科级建制。2001 年 5 月,更名"甘肃张掖祁连山水源涵养林研究院"。2005 年升格为副县级建制。内设办公室、科研管理科。2009 年 7 月,张掖市中心苗圃并入甘肃省祁连山水源涵养林研究院。至 2010 年底,全院有正式职工 73 人,其中行政干部 4 人,技术干部 47 人,技术工人 20 人;按职称分,正高级职称 1 人,副高级职称 10 人,中级职称 19 人,初级职称 18 人;按学历结构分,博士 1 人,硕士 1 人,本科 38 人,大专 8 人,中专 8 人,其他 17 人。下设 4 个科研试验站。

祁连山森林生态定位研究站　位于肃南县西水林区,是国内唯一以青海云杉、祁连圆柏生态系统结构、涵养水源功能及生态过程为研究对象的森林生态站，设有寺大隆和西水2处长期固定监测区。有各类科研观测仪器近百台(件)。建成综合办公区、专家公寓、学术报告厅、职工宿舍、化验室等640平方米。拥有祁连山(北坡)高等植物标本室，今存祁连山高等植物标本84科339属1044种共8000份，图书室藏书1.4万余册，档案资料室现存科技档案422余卷。建成"中国森林生态系统定位研究网络中心祁连山森林生态站""中科院寒旱所黑河流域(上游)综合研究基地""兰州大学水文学科研教学基地""甘肃农业大学林学院科研教学基地"。2000年，被科技部确定为全国第一批进入国家重点野外科学试验台站试点站和国家林业局全国森林生态系统定位研究站。

龙渠种子园科研试验站　地处祁连山浅山区，黑河出山口东侧，总土地面积139.19公顷。其中：青海云杉种子园16.67公顷，祁连圆柏母树林8公顷，育苗面积23.33公顷，示范林80公顷。建成830平方米的综合化验楼1座，小气候对比观测站2座。1995年被甘肃省林业厅确定为甘肃省林业综合科研试验基地，2009年被国家林业局确定为全国首批131个国家重点林木良种基地之一。承担国家林业局青海云杉、祁连圆柏良种基地建设和黑河流域荒漠化定位监测技术研究等多项科研课题。

红沙窝荒漠化综合防治试验站　位于张掖市北部荒漠区，总面积45.33公顷。2006年被纳入国家林业局荒漠化定位监测研究网络，至2010年，投资近1000万元，增加科研设施，改善工作条件，先后在监测核心区设有自动气象观测站2座，配置沙尘暴监测塔1座，其中有沙尘暴垂直降尘采样器4套、KC-1000型大流量沙尘暴采样器1套、SC-1型沙尘暴采样器1套等相关荒漠化监测仪器。成为全国128个典型沙化地区定位监测站之一，并进入国家和省级重大沙尘暴灾害应急监测体系。

塔尔沟科研试验站　地处祁连山腹地，生活区面积1200平方米。建站以来，相继开展青海云杉、祁连圆柏驯化栽培试验，华北落叶松引种试验研究，青海云杉温室容器育苗研究等课题研究。2000年以来，试验站主要承担国家青海云杉、祁连圆柏良种基地建设129个家系子代测定苗培育任务。

依托上述4个科研基地，申报的"祁连山水源涵养林研究院博士后科研工作站""甘肃省森林生态与冻土水文水资源重点实验室培育基地"和"甘肃省引进外国智力示范基地"3 个科研平台,分别被国家人力资源和社会保障部、省科技厅、省外专局批复建设。申报的"甘肃省祁连山水源涵养林研究院院士工作站"经甘肃省院士专家工作站建设领导小组批复成立。

二、林业勘察设计机构

(一)张掖市林业调查规划院

1958 年成立张掖专区林业调查队,1961 年撤销。1974 年,祁连山区成立森林调查队,川区成立林业调查队。1984 年 2 月,成立张掖地区林业勘察设计队,隶属张掖地区行署林业处领导。1995 年有职工 19 人,其中工程师 1 人。2002 年,经地区机构编制委员会批准成立张掖地区森林资源及荒漠化监测中心。2003 年地区林业勘察设计队更名"张掖市林业调查规划队"和"张掖市森林资源及荒漠化监测中心",实行一套人员,两块牌子,合署办公。2005 年"张掖市林业调查规划队"更名"张掖市林业调查规划院"。2008 年,"张掖市森林资源及荒漠化监测中心"更名"张掖市生态环境监测监督管理局"。2008 年,张掖市生态环境监测监督管理局列入参照公务员法管理的事业单位,与张掖市林业调查规划院实行一套人员,两块牌子,合署办公。至 2010 年,有职工 19 人。内设森林资源监测室、3S 信息电算室、营造林规划室、景观园林规划室 4 个业务职能室和办公室、财务室。隶属张掖市林业局领导。

(二)市(地)、县林业勘察设计队(室)

张掖市林业科学研究院设计室 1999 年成立张掖地区林业科学研究所设计室",2005 年改为张掖市林业科学研究院设计室。

张掖市园林绿化局设计室 2008 年成立张掖市园林绿化局设计室,隶属张掖市园林绿化局领导。

甘州区林业勘察设计队 2003 年成立甘州区林业勘察设计队,副科建制,编制 3 人。2010 年在岗人数 7 人,中级职称 1 人,初级 4 人。隶属甘州区林业局领导。

山丹县林业勘察设计队 1984 年成立山丹县林业勘察设计队。与县林业技术工作站、县林木种子管理站、县林木病虫检疫站一套人员,四个牌子,科级建制,隶属山丹县林业局领导。

民乐县林业勘察设计队 1990 年成立民乐县林业勘察设计队。2003 年更名"民乐县林业调查规划设计队"。副科建制,编制4人。2010年在岗人数11人,其中中级职称5人,初级5人。隶属民乐县林业局领导。

临泽县林业勘察设计队 2002年成立临泽县林业勘察设计队。挂靠临泽县林果业技术推广中心。

高台县林业勘察设计队 2008年成立高台县林业勘察设计队。副科建制,编制5人。隶属高台县林业局领导。

肃南县林业勘察设计队 1986年成立肃南县林业勘察设计队。副科建制,编制5人。隶属肃南县林业局。

三、林业科技推广机构

（一）张掖市林业科学技术推广站

1962年1月,成立张掖地区林业工作站,隶属专署农林牧局。1969年4月,与专署水电局合并为农林水牧工作站;1973年12月,改设林业工作站,隶属地区农林牧局。1986年2月,成立张掖地区林业科学技术推广站,正科建制。2002年11月,更名"张掖市林业科学技术推广站",加挂"张掖市林业工作站管理站"牌子。实行一套人员,两块牌子,合署办公。核定事业编制15人,其中干部12人,工勤人员3人。隶属张掖市林业局领导。2008年7月张掖市人民政府批准,具备行政处罚主体资格。至2010年底,有职工14人,其中专业技术人员12人（高级工程师4人,工程师5人,初级职称3人）。

（二）县（区）林业科技推广机构

甘州区林业技术中心推广站 1953年成立张掖县林业工作站,1960年撤销,1965年恢复,下设大满、安阳、甘俊、乌江、上秦、沙井6个基层林业工作站。1968年,县林业工作站和基层6站均撤销。1984年,成立张掖县林业技术推广站、林木病虫害防治站、林木种子站。"三站"一套人马,三块牌子,有事业人员22人。1985年,张掖县林业技术推广站改名"张掖市林业技术中心推广站"。2003年改为"甘州区林业技术中心推广站"。副科建制,隶属甘州区林业局领导。2010年在岗人数22人,其中专业技术人员13人,高级职称2人,中级职称7人,初级职称4人。

山丹县林业技术工作站 1984年,成立山丹县林业技术工作站、山丹县林木种子管理站、山丹县林木病虫检疫站、山丹县林业勘察设计队,一套人员,四块牌子,副科建制,编制 16 人。至 2010 年,在岗 14 人,其中专业技术人员 11人,高级职称 3 人,中级 3 人,初级 5 人。隶属山丹县林业局领导。

民乐县林业技术推广站　1983 年,成立民乐县林业工作站、林木病虫检疫防治站。一套人员,两块牌子,副科级建制,编制 8 人。2010 年在岗 8 人,其中中级职称 6 人。隶属民乐县林业局领导。

临泽县林果业技术推广中心　1981 年成立临泽县林业工作站。1983 年改为县林业技术推广站,成立临泽县林木病虫防治站,一套人员,两块牌子,合署办公。1994 年 2 月县林业技术推广站改为“临泽县林果业技术推广中心”。2002年 11 月加挂“临泽县林业勘察设计队”。副科级建制,编制 18 人,中级职称 5人。隶属临泽县林业局领导。

高台县林业技术推广站　1981 年成立高台县林业工作站。1984 年成立高台县治沙推广站;高台县林业工作站改为“高台县林业技术推广站”,与林木病虫防治站、林木种苗管理站合署办公。副科建制,编制 13 人,其中高级职称 2人,中级职称 10 人,初级职称 5 人。隶属高台县林业局领导。

肃南县林业技术推广站　1980 年,恢复成立肃南县林业工作站。1986 年 4月改为“肃南县林业技术推广站”,副科建制,编制 14 人。2010 年有职工 8 人,其中工程师 2 人。隶属肃南县环境保护和林业局领导。

四、野生动植物管理机构

(一)张掖市野生动植物管理局

1974 年,张掖地区森林管理局设立野生动物调查队,1976 年更名“张掖地区珍贵野生动物资源保护办公室”,1979 年更名 “张掖地区野生动物资源管理站”,1983 年移交张掖地区森林总场领导,1985 年地区森林总场撤销, 该站由行署林业处领导,2002 年撤地建市更名为“张掖市野生动物资源管理站”,2004年加挂“张掖市野生动物鉴定中心”牌子,2005 年加挂“张掖国家级陆生野生动物疫源疫病监测站”牌子,2006 年更名“张掖市野生动植物资源管理局”,加挂“张掖市野生动物鉴定中心”牌子。2009 年批准为参照公务员管理的事业单位,科级建制。编制 12 人,其中干部 6 人、工人 6 人。隶属张掖市林业局领导。

表 7-7 张掖市 2010 年林业科技推广机构基本情况一览表

机构名称	地址	主管部门	建制	经费来源	编制人数	在岗人数	高级	中级	初级	成立年份
张掖市林业科学技术推广站	甘州区南环路 590 号	张掖市林业局	正科	财政全额	15	14	4	4	2	1986
甘州区林业科技中心推广站	甘州区劳动南街 43 号	甘州区林业局	副科	财政全额	16	22	2	7	5	1984
山丹县林业科技推广站	山丹县北环路 3 号	山丹县林业局	副科	财政全额	16	14	3	3	5	1984
民乐县林业科技推广站	民乐县世纪大道彩虹门西面	民乐县林业局	副科	财政全额	8	8		6		1984
民乐县开发区林业工作站	民乐县开发区	民乐县林业局	副科	财政全额	10	10		2	4	1998
临泽县林果技术推广中心	临泽县城关镇东关街 273 号	临泽县林业局	副科	财政全额	18	8		5	2	1984
临泽县治沙试验站	临泽县平川镇五里墩村	临泽县林业局	副科	财政全额	6	6		1	2	1989
临泽县小泉子治沙站	临泽县小泉子滩	临泽县林业局	副科	财政全额	8	8		2	2	1989
高台县林业技术推广站	高台县城关镇人民东路 21 号	高台县林业局	副科	财政全额	13	13	2	6	5	1984
高台县林业治沙推广站	高台县六坝乡八坝村	高台县林业局	副科	财政全额	3	5	2	6	5	1980
肃南县林业技术推广站	肃南县红湾寺镇祁丰路 1 号	肃南县裕固族环境保护和林业局	副科	财政全额	14	8		2		1986

（二）县（区）野生动物管理站

高台县野生动物保护管理站　1999 年成立高台县野生动物保护管理站。副科建制，编制 3 人。隶属高台县林业局领导。

民乐县野生动物保护管理站　2001 年成立民乐县野生动物保护管理站。副科级建制，编制 7 人。2010 年有中级职称 1 人，助理工程师 4 人。隶属民乐县林业局领导。

五、林木种苗管理机构

（一）张掖市林木种苗管理站

1984 年，成立张掖地区林木种子公司，与地区林产品经销公司合署办公，两块牌子，一套人员，企业管理，自负盈亏。1986 年更名"张掖地区林木种子站"。2002 年更名"张掖市林木种苗管理站"。2009 年，列入参照公务员法管理的事业单位。正科建制，编制 9 人。其中工程师 3 人、高级工 2 人。隶属市林业局领导。

（二）县（区）林木种苗管理站

甘州区林木种子站　1984 年成立张掖县林木种子站。1985 年改名为"张掖市林木种子站"，2003 年改名"甘州区林木种子站"。

山丹县林木种苗管理站　1984 年成立山丹县林木种子站。挂靠县林业技术推广站。

临泽县林木种苗管理站　1989 年成立临泽县林木种苗管理站。股级建制，编制 5 人。中级职称 3 人，初级职称 2 人。

高台县林木种子站　1984 年成立高台县林木种子站。挂靠县林业技术推广站，合署办公。

肃南县林木种子站　1986 年成立肃南县林木种子站，副科建制，编制 4 人。隶属县环保林业局。

六、森林病虫害防治检疫机构

（一）张掖市森林病虫害防治检疫站

1981 年 9 月，成立张掖地区林木病虫检疫防治站，科级建制。2003 年改名"张掖市森林病虫害防治检疫站"。2009 年 1 月列入参照公务员管理的事业单位,编制11人。至2010年底,有职工10人,专业技术人员8人,其中高级职称1人,中级职称6人,初级职称1人。隶属市林业局领导。

（二）县（区）森林病虫害防治检疫站

甘州区林木病虫害防治站　1984年成立张掖县林木病虫害防治站,1996年7月改为"张掖市林木病虫检疫防治站",2002年更名"甘州区林木病虫检疫防治站"。副科建制。

山丹县林木病虫害检疫防治站　1984年成立山丹林木病虫害检疫防治站,与山丹县林木种子管理站、山丹县林业技术推广站、山丹县林业勘察设计队合署办公。

民乐县林木病虫害检疫防治站　1984年成立民乐县林木病虫害检疫防治站,与县林业技术推广站合署办公。

临泽县林木病虫害检疫防治站　1983年成立临泽县林木病虫害防治站,股级建制,编制5人。2010年在岗5人,其中干部4人,工勤人员1人。

高台县林木病虫害检疫防治站　1984年成立高台县林木病虫害检疫防治站。与高台县林业技术推广站、高台县林木种苗管理站合署办公。

肃南县林木病虫害检疫防治站　1986年成立肃南县林木病虫检疫防治站,副科建制,编制5人。

七、国有林场

（一）经营林场

1950年,祁连山林务处设立民乐马蹄寺和张掖安阳、康乐、高台红湾寺等4个森林管护站和黑河苗圃。1954年,将高台县六区（大河）管辖的白庄子护林站（今隆畅河林场）、民乐县协和乡管辖的马蹄经营所（今马蹄区）、张掖县管辖的康乐护林站（今康乐林场）收回,由肃南县林业工作站管理。1956年,成立梨园河、黑河、马蹄3个森林经营所,业务由张掖专区农牧局领导,行政由肃南县领导。是年,祁连山水源林区成立民乐县大河口、海潮坝、协和林场和武威县西营河林场。

1958年,成立肃南县隆畅河林场、祁丰林场、黑河林场。1960年,协和林场划归祁连林场（1990年改为"马蹄林场"）和西水林场。黑河林场改为"泉源林场"(1982 年改为"康乐林场"),海潮坝林场并入大河口林场。1956 年和 1962 年,分别在东大山、龙首山建立国营林场和管护站,1978 年合并为"自然保护区管理站"。1990 年,甘肃祁连山国家级自然保护区管理局分别在 9 个经营林场成立自然保护站,实行两块牌子、一套人员的管理体制。

寺大隆林场（保护站） 1956 年成立张掖专区寺大隆林场,1960 年改称"国营肃南县寺大隆林场"。1963 年,划交甘肃省祁连山林业局。1965 年 11 月,省祁连山林业局撤销,成立肃南县森林经营管理局,归属肃南森林经营管理局。1967 年 1 月改称"张掖专区专员公署森林经营管理局"。1968 年经张掖专区革委会批准,更名"张掖专区森林经营管理局向阳林场革命委员会"。1973 年更名为"张掖地区革命委员会森林经营管理局寺大隆林场"。1974 年又更名为"张掖地区森林经营管理局寺大隆林场"。1980 年 10 月,归属张掖地区林业局。1983 年 12 月地区林业局撤销,成立张掖地区森林总场,归属森林总场。1986 年归属地区行署林业处,更名"张掖地区寺大隆林场",是年职工 76 人,其中干部 10 人(技术干部 5 人),工人 66 人。1988 年保护区成立,1990 年成立甘肃祁连山国家级自然保护区管理局寺大隆自然保护站,两块牌子,一套人员,由管理局和张掖行署林业处双重领导。2003 年改名"张掖市寺大隆林场"。科级建制。2010 年底有职工 101 人,其中专业技术人员 11 人(中级职称 6 人,初级 5 人)。下设向阳台、柳树园、大桥、杨哥、宝瓶河、塔尔沟 6 个资源管护站、1 个林区派出所、1 个园林站(寺大隆种苗繁育基地)及办公室和财务室。

西营河林场（保护站） 1951 年 8 月由省农林厅祁连山林务处设立西把截工作站起,西营河林区先后由省农林厅祁连山林务处,武威县、天祝县、肃南县、张掖专区森林经营管理局,张掖地区林业局森林总场,肃南县林业局、祁连山管理局 8 个部门管理,更名 11 次。1986 年职工 69 人,其中干部 8 人(技术干部 2 人),工人 50 人,离退休干部职工 11 人。1988 年保护区建立,1990 年"甘肃祁连山国家级自然保护区管理局西营河自然保护站"挂牌,由管理局和肃南县双重领导。下设皇城、马营、洪翔、铧尖、响水河、西营 6 个资源管护站,2 个苗圃(站部苗圃,九条岭苗圃)。内设机构有党政办公室、财务室、天保办、公益林办。职工 81 人,其中干部 10 人,工人 68 人。工程师 1 人,技术员 1 人。

大河口林场（保护站） 1956 年成立民乐县大河口林场。1960 年成立山丹县大河口林场,由山丹县水林局主管。1962年海潮坝林场(1956年成立)合并到大河口林场。1963年移交省祁连山林业局管理。1965年归属肃南森林经营管理局,1967年归属张掖专区森林经营管理局。1969年相继归属张掖地区森林总场和张掖地区林业局,1986年移交民乐县林业局管理。职工51人,其中干部7人(技术干部1人),工人43人。1988年保护区成立,1990年"甘肃祁连山国家级自然保护区管理局大河口自然保护站"正式挂牌,实行管理局和民乐县双重领导。下设泉沟、板凳沟、海潮坝、窑沟、大河、冰沟、玉带、扁都口8个资源管护站、1个林区派出所、2个苗圃。

大黄山林场(保护站) 1958年成立山丹大黄山林场,由张掖专署农林牧局、山丹县水林局管理,1963年移交祁连山林业局管理,1966年由肃南森林经营管理局管理,1967年移交张掖专员公署森林经营管理局管理。1968年成立张掖森林经营管理局大黄山林场革委会。1980年移交地区林业局管理,1983年由地区森林总场管理,1985年移交山丹县管理。1986年有职工48人,其中干部8人(技术干部2人),工人40人。1988年由甘肃祁连山国家级自然保护区管理局和山丹县林业局双重领导。2010年有职工77人,其中专业技术人员7人(高级职称2人,中级1人,初级4人)。

西水林场(保护站) 1952年成立肃南县西水林场。1954年肃南裕固族自治县成立后,设西水林业工作站。1963年归属省祁连山林业局。1965年11月省祁连山林业局撤销,划归新成立的肃南森林经营管理局。至1969年,先后归属肃南森林经营管理局、张掖专区专员公署森林经营管理局和张掖地区森林总场管理。1986年1月,体制、林权下放,划归肃南县林业局领导。职工67人,其中干部15人(技术干部3人),工人48人,离退休干部职工4人。1990年"甘肃祁连山国家级自然保护区管理局西水自然保护站"挂牌,由管理局和肃南县双重领导。至2010年,设板大口、大口子、冰沟、小野口、酥油口、塔尔沟、观台、大野口8个资源管护站,1个木材检查站。内设机构办公室、财务室、天保办、业务室。职工86人,其中干部13人,工人73人。高级工程师1人,工程师3人。

马蹄林场(保护站) 1950年,祁连山林务处设立民乐马蹄寺森林管护站。1954年,民乐县在马蹄设林业工作站。1956年成立马蹄森林经营所,业务受酒泉专区林业局领导,行政受民乐县领导;1955年业务受张掖专区农牧局领导。

1965 年—1969 年,先后归属肃南森林经营管理局、张掖专区专员公署森林经营管理局和张掖地区森林总场。1980 年归属张掖地区林业局。1983 年归属张掖地区森林总场。1986 年划归肃南县林业局,职工 65 人,其中干部 12 人(技术干部 4 人),工人 44 人,离退休干部职工 9 人。1990 年"甘肃祁连山国家级自然保护区管理局马蹄自然保护站"挂牌,由管理局和肃南县双重领导。设酥油口、河牛口、横路沟、张家沟、大都麻、马蹄、小都麻、车路沟、大坡和南城子 10 个资源管护站,苗圃 3 处(大都麻、场部、小满)。林场内设财务股、业务股、行政股、防火办、天保办。职工 74 人,其中干部 10 人,工人 64 人。工程师 1 人,助理工程师 2 人,技术员 2 人。

康乐林场(保护站) 1950 年祁连山林务处设立康乐森林管护站。1956 年建立肃南县康乐林场(原名"泉源林场"),隶属张掖地区行政公署森林管理局。1967 年更名"继红林场",1976 年复名"康乐林场"。1986 年体制改革移交肃南县林业局管辖,职工 49 人,其中干部 12 人(技术干部 2 人),工人 33 人,离退休干部职工 4 人。1988 年祁连山自然保护局成立后,1990 年"甘肃祁连山国家级自然保护区管理局康乐自然保护站"挂牌,受管理局和肃南县双重领导。至 2010 年,设上游、九个泉、大草滩、牛心墩、红石窝、大瓷窑 6 个资源管护站,防火检查站 1 个,苗圃 1 个。内设机构有业务办公室、财务办公室、行政办公室、天保办公室。有职工 55 人,其中干部 10 人,工人 45 人。工程师 1 人,技术员 2 人。

隆畅河林场 (保护站) 1954 年前,属高台县六区管辖的白庄子护林站。1954 年 2 月肃南县成立后,设林业工作站,将白庄子护林站收归肃南县。1958 年成立隆畅河林场。1963 年归属省祁连山林业局,1965 年至 1969 年先后归属肃南森林经营管理局、张掖专区专员公署森林经营管理局和张掖地区森林总场。1974 年归属张掖地区森林经营管理局。1980 年 10 月归属张掖地区林业局。1983 年归属张掖地区森林总场。1986 年隆畅河林场归属肃南县林业局管辖,职工 64 人,其中干部 14 人(技术干部 5 人),工人 50 人,离退休干部职工 8 人。1990 年"甘肃祁连山国家级自然保护区管理局隆畅河自然保护站"挂牌,实行管理局和肃南县双重领导。至 2010 年,保护站下辖老虎沟、中部、青龙、孔岗木、二坝沟、红沙河、海牙沟 7 个资源管护站和 1 个木材检查站。职工 73 人。

祁丰林场(保护站)　1958年8月建立国营祁丰林场,由张掖专署林业局和肃南县林业局双重领导。1963年,祁丰林场划交省祁连山林业局,其业务和行政分别由省祁连山林业局和县林业局领导。1965年11月业务和行政统一划归肃南森林经营管理局。1967年归属张掖专区专员公署森林经营管理局。1969年4月归属张掖地区森林总场。1974年1月归属张掖地区森林经营管理局。1980年归属张掖地区林业局。1983年归属张掖地区森林总场。1986年归属肃南县林业局,职工33人,其中干部7人(技术干部5人),工人25人,离退休干部职工1人。1990年"甘肃祁连山国家级自然保护区管理局祁丰自然保护站"挂牌,由管理局和肃南县双重领导。至2010年,保护站设黄草坝、甘坝口、丰乐口、红山、文殊沟、腰泉、祁青7个资源管护站,1个林区派出所,3个苗圃(天生场、甘坝口、红山)。职工78人。

(二)造林林场

1958年,成立地区临泽五泉林场,山丹县十里堡、丰城堡林场,民乐县六坝林场,高台县碱泉子、十坝林场,临泽县新华林场,张掖县西城驿、九龙江林场。1959年建立张掖县红沙窝林场。1960年,国营林场进行调整和整顿,山丹县丰城堡、高台县十坝、临泽县新华3个林场停办。建立高台县三桥湾、三益渠林场。从1961年起,中共八届九中全会决定对国民经济实行"调整、充实、巩固、提高"的八字方针,张掖国营林场开始新的发展。1962年建立临泽县沙河林场,经省人民委员会、省林业局批准筹建张掖县机械林场,1963年正式建立,下辖九龙江、西城驿、红沙窝和新建的十里行宫林场。1964年经国家林业部批准建立甘肃省张掖机械林场,由林业部和省林业局双重领导,张掖县机械林场改名"甘肃省张掖机械林场"。1968年张掖机械林场下放张掖县,改名"张掖县机械林场",1970年东大山林场交县机械林场管理。1973年,建立山丹县机械林场和肃南县明海林场。1975年,兰州军区后勤部建在张掖县的西洞堡滩农场移交张掖县机械林场管理,改名"西洞林场"。1984年张掖县机械林场撤销,所辖东大山林场改建为张掖市东大山自然保护区管理站,所辖其他各林场仍由张掖县林业局管理。1958年,在张掖五泉苗圃的基础上建成张掖县五泉国营林场,1959年改为国营张掖五泉林场,1978年更名"张掖地区五泉林场",由地区农林牧局领导,1980年由地区林业局领导。1995年国营林场改革,地区五泉林场下放临泽县领导,更名"临泽县五泉林场"。

1995 年,张掖市十里行宫林场停办,改为东北郊工业开发区。2010 年 9 月成立张掖市红平林场,加挂"张掖市红平荒漠植被管护站"牌子;民乐县开发区林业工作站加挂"民乐县北滩林场"牌子。

甘州区九龙江林场　1958 年建场,名称"甘肃张掖九龙江林场",隶属国家林业部,1964 年成立"甘肃张掖机械林场"。名称"张掖县机械林场九龙江分场",1984 年改称"张掖县九龙江林场"。隶属张掖县林业局管理,副科级建制,事业单位,差额拨款。人员编制 25 人。至 2010 年底,有职工 24 人。其中各类技术人员 9 人(林业工程师 2 人,林业助理工程师 5 人,助理畜牧师 1 人,助理会计师 1 人),工人 15 人。

甘州区西城驿林场场部

甘州区西城驿林场　1959 年建场,是以营造和管理生态公益林为主的国有事业单位,副科级建制,隶属甘州区林业局。1986 年有职工 40 人,其中干部 6 人(技术干部 2 人)。2010 年有职工 36 人,其中技术干部 9 人(林业工程师 2 人,初级职称 7 人)。林场下设护林站 5 个,配备专职护林员 5 人,设苗圃、营林管护、农业畜牧队、葡萄队、啤酒花 5 个生产队(组)。

甘州区红沙窝林场　始建于 1960 年 4 月。林场成立之初,场名"张掖机械林场红沙窝分场",隶属国家林业部领导。1966 年 9 月,更名"张掖机械林场红星分场"。1970 年 4 月,机械林场下放张掖县领导,更名"张掖县机械林场红沙窝分场"。1984 年 9 月更名"张掖县红沙窝林场",属张掖县林业局管辖。1985 年 5 月,改称"张掖市红沙窝林场",职工 25 人,其中干部 7 人(技术干部 2 人)。2002 年 7 月,改称"甘州区红沙窝林场",隶属甘州区林业局领导。副科建制,事业编制 24 人。至 2010 年有职工 18 人。

张掖市十里行宫林场　1964 年 4 月建场,副科建制,财政全额拨款事业单位。1994 年 4 月,林场划拨张掖市东北郊新区管理。2001 年 5 月林场撤销,成立张掖市东北郊工业园区园林站,林木、房屋等固定资产移交东北郊工业园区园林站。

张掖市西洞林场　1966 年,兰州军区后勤部建农场,垦荒 136.67 公顷,种植粮食不成而交地方。1975 年建林场,规划面积 2000 公顷。1984 年改建为张掖地区劳改林场,1986 年撤销劳改林场,复建国营林场,有职工 20 人,隶属张掖市林业局。1993 年 2 月,林场第二次撤销。林木土地、资产移交张掖市农业局,作为张掖市金象种子公司种子培育基地,职工由林业局安置。

山丹县十里堡林场　1958 年成立,隶属山丹县农业局。1979 年后隶属山丹县林业局,属国有林业事业单位。1982 年经张掖地区行署批准,林场接管原大黄山林场所属苗圃 1 处。1993 年 9 月,成立山丹县永兴园艺场,由十里堡林场与马营河水管处、位奇永兴村联办,为股份制企业。1997 年,林场由全额拨款单位变为定额补助单位。林场下设永兴园艺场、孙家营林场 2 个分场,4 个护林站,1 个苗木生产基地,1 处果园。2010 年有职工 31 人,其中干部 8 人(技术干部 5 人),在技术干部中,高级职称 1 人、中级 2 人、初级 3 人。

山丹县机械林场　1974 年 1 月成立。山丹县治沙站成立于 1992 年 6 月,机械林场与治沙站合署办公,两块牌子、一套人员。林场内设办公室、财务室、公益林办公室,下设二号井、北山滩、二十里堡、马寨滩、山马路、花草滩、红石泉 7 个护林站和 1 个育苗基地。2010 年有职工 37 人,其中技术干部 13 人,高级职称 1 人,初级 6 人。

山丹县生态试验林场　林场前身为山丹县苗圃。1952 年,县人民政府建立山丹县城北苗圃,1957 年改为园艺试验苗圃,由县农林科直接管理,后交山丹县农校作为实验基地。1962 年 8 月,确定为永久性苗圃。2007 年 1 月,县政府批准成立山丹县生态试验林场, 与山丹县苗圃合署办公,一套人员、两块牌子,属全额拨款事业单位, 核定编制中含自收自支人员 7 人。至 2010 年,有副科级以上领导干部 2 名,专业技术人员 5 名(高级职称 1 人),工勤技能人员 16 名。

民乐县六坝林场　1958 年, 经张掖专员公署批准成立"国营民乐六坝

民乐县六坝林场场部

机械林场"。1963年,民乐县人民委员会决定撤销六坝林场,在原地设六坝林场造林站1处,保留干部2人,工人10人。1968年更名"东风林业站"。1977年改为"国营民乐县六坝林场"。1986年,有职工29人,其中干部10人(技术干部2人)。2010年林场在册人员28人,在职14人,其中行政干部2人,技术干部2人,工人10人。

民乐县锯条山林场 其前身是民乐县苗圃,始建于1974年9月,是在原民乐县洪水苗圃的基础上建立。于1981年搬迁于民平公路26公里处羊湖滩,更名"民乐县东滩苗圃",副科级建制。1983改为"国营民乐县苗圃"。1996年下半年改为差额拨款事业单位,削减财政经费50%。2010年列入全省国有林场管理序列,加挂"民乐县锯条山林场"牌子。隶属民乐县林业局,为财政全额拨款单位。

民乐县北滩林场 前身是民乐县开发区林业工作站。1998年3月,经民乐县第四届人民政府第一次常务会议研究,决定在开发区成立林业工作站,2001年升格为副科建制,2010年列入全省国有林场管理序列,加挂"民乐县北滩林场"牌子。有职工10人,其中中级职称2人,其他管护人员8人。

临泽县五泉林场 1958年,以原五泉苗圃扩建。场部位于县城北9千米处。下辖3个作业站。境域东西最大距离20千米,南北最大距离8千米,占地总面积6533.33公顷。1953年建立张掖县灵隐寺苗圃。1958年扩建成立"张掖县国营五泉林场",1959年改为"国营张掖五泉林场",1978年改为张掖地区五泉林场,正科建制,隶属地区农林牧局领导。1980年张掖地区林业局成立后,归地区林业局领导。1986年隶属行署林业处领导。1995年国营林场体制改革,下放临泽县管理。2002年,更名"张掖市五泉林场"。2010年在职人员37人,其中干部8人(副科2人、一般干部6人),工勤人员30人。专业技术人员5人,离退休人员45人。下辖5个作业站。

临泽县沙河林场 1962年,以县属沙河苗圃扩建。场部位于临泽县第一中学北面。下设黄家湾、马坑沿、壕洼3个作业站和大鸭护林站。全场占地1986.67公顷。

临泽县沙河林场场部

1990年,全场有职工28人,固定资产24.8万元。2010年,核定事业编制19名,实有在职人员15人,其中干部7人,工勤人员8人,专业技术人员6人。属自收自支的事业单位,副科建制。

临泽县小泉子林场 其前身是1986年成立的小泉子治沙试验站,位于临泽县新华镇明泉村。1990年10月,将原新华治沙站更名"临泽县小泉子治沙试验站",2010年列入全省国有林场管理序列,为副科级财政全额拨款事业单位,核定编制8人,与小泉子治沙站合署办公,一套人员,两块牌子,隶属临泽县林业局管理。有职工6人。

临泽县治沙林场 前身是1976年建立的临泽县治沙试验站,位于平川乡五里墩村北。2010年列入全省国有林场管理序列,与临泽县沙生植物管护站合署办公,三个单位一套人员。隶属临泽县林业局,副科建制,2010年有正式职工7人。

临泽县治沙林场场部

高台县三益渠林场 成立于1958年5月,为副科建制事业单位,隶属高台县林业局。1985年以前为县财政全额拨款事业单位,1986年机构改革时改为自收自支事业单位,核定事业编制11名。今有干部职工18人,其中在职职工12人(干部3人,正式职工9人),退休职工6人。林场下设场部、东滩、上西滩、下西滩4个护林点。

高台县三桥湾林场 1961年6月成立,是高台县林业局下属的以林木资源管护、造林和育苗为主的生态公益型林场,属自收自支事业单位。编制8人,有职工5人,其中干部3人,在职干部职工中大专以上学历2人,中专及高中文化程度4人,管理人员3人。下设3个基层护林站。

高台县碱泉子林场 1958年8月成立,为副科建制事业单位,隶属高台县林业局。1985年前为县财政全额拨款事业单位,1986年改为自收自支事业单位,核定事业编制12人。1997年,县政府常务会议研究决定由县电力公司兼并碱泉子林场。兼并后为电力公司所属企业,保留县碱泉子林场牌子,单位性质、建制不变。

肃南县明海林场 1973年6月成立,副科建制,隶属肃南县林业局。1986

年底有职工 13 人,其中干部 3 人(技术干部 1 人);2010 年有职工 29 人。

张掖市东滩林场 2010 年 9 月 26 日成立,科级建制,编制 3 人,其中科级干部 1 人。为自收自支事业单位。加挂"张掖市红平荒漠植被管护站"牌子,两块牌子,一套人员。隶属市林业局领导。

1986 年底,张掖地区有国营林场 22 个(经营林场 9 个,造林林场 13 个),职工总人数 866 人(经营林场 488 人,造林林场 378 人),其中干部 161 人(行政干部 101 人,技术干部 60 人),工人 705 人。2010 年,全市有国有林场 28 个,有职工 1312 人。

八、国营苗圃

民国三十年(1941 年),张掖县建立大满堡苗圃,经营面积 2 公顷,育苗 1.4 公顷。民国三十一年(1942 年),临泽县在今蓼泉乡建立苗圃,经营育苗 0.27 公顷。民国三十六年(1947 年),高台县在三桥湾建立苗圃,经营面积 1 公顷,培育杨、柳、沙枣、榆树等苗木。1953 年建立"张掖县灵隐寺苗圃",面积 6.67 公顷,后发展到 53.33 公顷。2000 年成立张掖地区中心苗圃,科级建制,隶属地区林业处领导。2002 年 11 月更名张掖市中心苗圃。2003 年,挂靠祁连山水源涵养林研究院。2006 年纳入国家林业局荒漠化定位监测研究网络。至 2010 年底,全市有国有苗圃 3 处,职工 65 人,年育苗面积 38 公顷。

国营民乐县苗圃 民国二十九年(1940 年)创建洪水苗圃,规划面积 9.33 公顷,培育苗木,种植花草。1949 年 9 月,洪水苗圃移交县建设科,专育各类苗木。1950 年出圃苗木 2.75 万株。因气候高寒,苗木生长较慢,1973 年县委决定将苗圃迁到北部滩,分设于东滩、北滩两地。1983 年,将北滩苗圃划归六坝林场,东滩苗圃更名"国营民乐县苗圃",位于民平公路 26 千米处羊湖滩。副科级建制,隶属民乐县林业局。总经营面积 286.67 公顷。1984 年后,全面推行林业生产责任制,每年育苗 6.67 公顷,成片造林 13.33 公顷,零星植树 4 万株。1990 年有职工 28 人。2010 年有职工 21 人,其中工人 13 人。育苗 32.33 公顷。

甘州区新墩苗圃 1951 年建立张掖县新墩苗圃。位于新墩镇双堡村,2003 年更名"甘州区新墩苗圃",副科级建制,隶属甘州区林业局管理。编制 14 人,2010 年有在职人员 14 人,其中林业工程师 2 人,助理工程师 1 人,技术员 2 人,

表7-8　张掖市2010年国有林场一览表

单位名称	地　址	成立年份	业务主管部门	职工人数
合　计				1447
张掖市寺大隆林场	肃南县塔尔沟	1956	张掖市林业局	101
张掖市东滩林场	甘州区老寺庙	2009	张掖市林业局	11
甘州区西城驿林场	甘州区西城驿	1958	甘州区林业局	62
甘州区九龙江林场	甘州区九龙江	1959	甘州区林业局	52
甘州区红沙窝林场	甘州区红沙窝	1964	甘州区林业局	34
山丹县大黄山林场	山丹县大黄山	1958	甘州区林业局	77
山丹县十里堡林场	山丹县十里铺	1958	山丹县林业局	49
山丹县机械林场	山丹县清泉镇长城社区	1974	山丹县林业局	40
山丹县生态试验林场	山丹县	1953	山丹县林业局	28
民乐县锯条山林场	民乐县羊湖滩	2010	民乐县林业局	33
民乐县六坝林场	民乐县六坝滩	1958	民乐县林业局	47
民乐县北滩林场	民乐县北滩	2010	民乐县林业局	24
民乐县大河口林场	民乐大河口	1960	民乐县林业局	111
临泽县五泉林场	鸭沙公路9千米处	1958	临泽县林业局	37
临泽县治沙林场	临泽县五里墩	1976	临泽县林业局	11
临泽县沙河林场	临泽县东关街964号	1962	临泽县林业局	27
临泽县小泉子林场	临泽县小泉子滩	1990	临泽县林业局	8
高台县三桥湾林场	高台三桥湾	1961	高台县林业局	12
高台县三益渠林场	高台县宣化乡	1958	高台县林业局	18
高台县碱泉子林场	高台县南华镇	1958	高台县林业局	25
肃南县康乐林场	肃南县康乐区	1956	肃南县环保林业局	85
肃南县马蹄林场	肃南县马蹄区	1956	肃南县环保林业局	110
肃南县西营河林场	肃南县皇城	1957	肃南县环保林业局	119
肃南县西水林场	肃南县马蹄区西水乡	1958	肃南县环保林业局	113
肃南县祁丰林场	肃南县祁丰藏族乡文殊村	1958	肃南县环保林业局	78
肃南县隆畅河林场	肃南县红湾寺	1958	肃南县环保林业局	106
肃南县明海林场	肃南县许三湾	1973	肃南县环保林业局	29

工人 9 人。经营面积 41.48 公顷。固定资产总额 127 万元。2004 年成立张掖市大地景观园林绿化有限责任公司,园林绿化三级资质,2007 年始承揽张掖市内外各类绿化工程 8 个。2010 年开始租赁九龙江林场残次林开发建立抗天牛林木良种繁育基地 53.33 公顷。建圃以来,累计培育各类苗木 800 公顷,6000 万株。2002 年被国家林业局授予"全国质量信得过苗圃",2002 年被省林业厅授予"甘肃省无检疫对象苗圃",1997 年被原张掖市委、市政府授予"市级文明单位"。

山丹县苗圃　1952 年建立山丹县城北苗圃。1957 年山丹县城北苗圃改名"园艺试验苗圃",由县农林科管理。后移交山丹县农业学校作实验园基地。1962 年 8 月,确定为永久性苗圃,后因城市建设征占。1995 年县政府将原县邮电农场耕地划拨用于育苗。位于清泉镇北滩村。2007 年 1 月,与县生态试验林场合署办公,一套人员、两块牌子,副科建制,隶属山丹县林业局。编制 23 人(自收自支人员 7 人),其中领导干部 2 名,专业技术人员 5 名,工勤人员 16 名。总经营面积 56 公顷。至 2010 年,经营面积 6.93 公顷,育苗 380 万株。每年为全县提供植树造林和城市绿化苗木近 40 万株。2001 年 6 月,被国家林业局授予"全国无检疫对象苗圃"。

表 7-9　2010 年全市国营苗圃一览表

苗圃名称	地　址	建圃年份	职工人数	
			合计	其中工人
合计(3 个)			57	38
民乐县苗圃	民平公路 26 千米处羊湖滩	1949	21	13
甘州区新墩苗圃	甘州区新墩镇双堡村	1951	14	9
山丹县苗圃	山丹县清泉镇北滩村	1952	23	16

九、祁连山自然保护区管理机构

甘肃省祁连山国家级自然保护区管理局(见本章第五节驻张单位)。

(一)山丹军马场保护站

1949 年以前,山丹军马场境内的天然森林属国民党军联合勤务总司令部山丹军牧场管护。1949年,中国人民解放军将场区森林一并接收。1956年,场区交西大河森林经营所管护。永昌西大河林场成立后,场区森林交林场。1962年,中共中央西北局转发国务院有关文件,森林划归马场经管。1963年,甘肃省人民委员会文件规定:森林归山丹军马场所有,由马场经营管理,在林业工作上接受省林业部门的业务指导。1964年,马场建立专业护林队,归一分场管理。1968年,山丹军马四场成立,林业队建制编入四场,归四场管理。1988年保护区成立,设立保护站。1990年"甘肃祁连山国家级自然保护区管理局山丹军马场自然保护站"正式挂牌,受管理局和山丹军马场双重领导。2001年9月10日,山丹马场整体移交中国牧工商总公司管理,更名"甘肃中牧山丹马场"。保护站内设天保、防火、森防、综合、财务办公室。下设寺弯、岔尖、大黄、窟窿峡、平羌口5个管护站,兼职资源管护站2个(扁都口和白石崖),防火检查站1个,苗圃2个。至2010年有在职人员44人。

(二)甘州区东大山自然保护区管理站

1958年建立张掖县东大山国营林场,1980年9月经省人民政府批准成立自然保护区管理站,1981年正式划为省级自然保护区。1985年2月成立张掖市东大山自然保护区管理站,科级建制,2002年改名"甘州区东大山自然保护区管理站",由祁连山国家级自然保护区管理局和甘州区林业局双重领导。

(三)山丹县龙首山自然保护站

1962年县政府将龙首山133.33公顷林木承包给红寺湖公社经营管理。1964年设立龙首山天然林管护站,1992年成立龙首山自然保护区管理站,副科建制,编制8人。2010年在岗人数12人,其中高级职称1人,初级4人。由祁连山国家级自然保护区管理局和山丹县林业局双重领导。

(四)其他自然保护站

西营河自然保护站、马蹄自然保护站、康乐自然保护站、西水自然保护站由肃南县和祁连山自然保护局双重管理,大河口自然保护站由民乐县和祁连山自然保护局双重管理,大黄山自然保护站由山丹县和祁连山自然保护局双重管理。隆畅河自然保护站、祁丰自然保护站,1990年挂牌,由甘肃祁连山国家级自然保护区管理局和肃南县双重领导;寺大隆自然保护站由祁连山自然保护区管理局和张掖市林业局双重领导。

十、湿地保护机构

(一)市级湿地保护机构

张掖市黑河流域湿地管理委员会　2007年3月30日,市政府第三次常务会议研究决定成立张掖市黑河流域湿地管理委员会。市委副书记、市长任主任委员,常务副市长和分管副市长任副主任委员,市政府办、发改委、林业局、水务局、环保局、湿地局等20个部门主要负责人和六县(区)政府主要领导为委员。管理委员会办公室设在市黑河流域湿地管理局。

2008年8月,市委、市政府对市黑河流域湿地管理委员会成员进行调整。市委书记、市人大常委会主任为主任;市委副书记、市长,市委常委、市委政法委书记,市委常委、市纪委书记,市委常委、甘州区委书记,副市长为副主任。委员由市委办、组织部、宣传部、政府办、发改委、财政、公安、民政、科技、环保、农业、林业、水务、湿地等30个部门的主要负责人及甘州、临泽、高台3县(区)政府主要领导人组成。管理委员会下设办公室,王立泰兼任办公室主任,伏世祖、王海峰兼任办公室副主任。从市、区相关部门抽调精干专业技术人员,成立综合组、技术组、宣传组、督查组、策划组。

2010年3月,市委、市政府决定再次对张掖市黑河流域湿地管理委员会成员进行调整。市委书记、市人大常委会主任为主任;市委副书记、市长,市委副书记,市委常委、常务副市长,市委常委、甘州区委书记,市委常委、秘书长,分管副市长为副主任。委员由市委组织部、宣传部、政府办、发改委、财政、民政、人社、国土、农业、林业、水务、湿地等30个部门的主要负责人和甘州、临泽、高台3县(区)政府主要领导组成。

张掖市黑河流域湿地管理局　根据张掖市机构编制委员会《关于成立张掖市黑河流域湿地管理局的通知》,张掖市黑河流域湿地管理局于2006年7月成立,副县级建制事业单位,隶属张掖市林业局管理,与张掖市园林绿化局实行一套人员、两块牌子,合署办公。2009年,根据《中共张掖市委常委会议纪要》,张掖市黑河流域湿地管理局由副县建制升格为正县级,人员由成立时的4人增加到14人。2010年6月,经市编办批复,管理局内设办公室、资源保护科、资源开发科、湿地生态监测站、湿地保护总站5个科室。

（二）县（区）湿地保护机构

至 2010 年底,全市六县(区)设立的湿地保护机构有 5 个。

甘州区湿地保护管理站　2006 年成立甘州区湿地保护管理站。副科建制,编制 5 人。2010 年在岗人数 7 人,中级职称 1 人,初级 4 人。隶属甘州区林业局领导。

山丹县湿地保护站　2007 年成立山丹县湿地保护站。副科建制,编制 10 人。2010 年在岗人数 8 人,高级职称 1 人,中级职称 4 人。隶属山丹县林业局领导。

民乐县湿地保护站　2007 年 11 月,成立民乐县湿地保护管理站,隶属民乐县林业局,副科建制。设站长 1 名、工作人员 3 名,不增编制,人员从林业系统内部调剂解决。

高台县黑河流域湿地管理站　2007 年成立高台县黑河流域湿地管理站。副科建制。编制 5 人。2010 年在岗人数 4 人。隶属高台县林业局领导。

肃南县湿地保护管理局　2008 年 8 月,设立肃南县湿地保护管理局,副科级建制,核定事业编制 5 人,隶属县林业局管理。设局长 1 名(兼职),专职副局长 1 名。

十一、天然植被保护机构

甘州区石岗墩天然植被管护站　1984 年成立张掖市石岗墩植被保护站,2002 年改为"甘州区石岗墩天然植被管护站"。副科建制,编制 24 人。2010 年在岗人数 40 人,中级职称 1 人,初级 4 人。隶属甘州区林业局领导。

甘州区兔儿坝植被管护站　2001 年成立张掖市兔儿坝植被管护站。2002 年改为"甘州区兔儿坝植被管护站"。副科建制,编制 15 人。2010 年在岗人数 28 人,中级职称 1 人,初级 1 人。隶属甘州区林业局领导。

山丹县龙首山自然保护区管理站　1964 年成立山丹县龙首山天然林管护站,1992 年改名"山丹县龙首山自然保护区管理站"。副科建制,编制 8 人。由祁连山国家级自然保护区管理局和山丹县林业局双重管理。2010 年在岗人数 12 人,其中高级职称 1 人,初级职称 4 人。

民乐县天然植被保护站　1983 年成立民乐县天然植被保护站。副科建制,

2010 年编制 9 人。隶属民乐县林业局领导。

临泽县植被保护站 1985 年成立临泽县植被保护站。隶属临泽县林业局领导。

高台县植被管护站 1985 年成立高台县天然植被保护站。隶属高台县林业局领导。

张掖市红平荒漠植被管护站 （见本章第二节国营林场）

十二、城市园林绿化机构

（一）张掖市园林绿化局

2003 年 12 月,成立张掖市园林绿化局,副县级建制,财政全额拨款事业单位,隶属张掖市林业局管理。人员由甘州区环保局绿化站 36 名工作人员和 9 名离退休人员整体上划组成。2005 年,根据张掖市机构编委 3 号和 21 号文件,内设办公室、园林绿化规划设计科、园林绿化建设科、绿化养护管理科、园林绿化监察科、防护林及湿地管理科(对外挂"张掖市防护林及湿地管理站"牌子)等 6 个科室。核定事业编制 53 名,科级干部职数 10 名。2006 年 7 月张掖市黑河流域湿地管理局成立后,与园林绿化局合署办公,实行一个机构、两块牌子的管理体制。

（二）县区城市园林绿化机构

山丹县城市园林绿化局 1980 年成立山丹县城市建设局,统管城区绿化、林木管护。2007 年成立山丹县城市园林绿化局。科级建制,编制 12 人。隶属山丹县林业局领导。2010 年在岗人数 9 人,高级职称 1 人,中级 1 人。

民乐县城市绿化大队 1996 年成立民乐县城区绿化队,股级建制,隶属县林业局。1998 年 12 月成立民乐县城市绿化大队,隶属县城乡建设与环境保护局管理。2001 年 10 月城乡建设局与环境保护局分设,城市绿化大队划归县环境保护局管理。2003 年 7 月成立民乐县城市绿化大队,副科建制。2005 年 2 月移交县城乡建设局管理。2010 年底划归县林业局管理。编制 14 人。

临泽县园林绿化队 2003 年成立临泽县园林绿化队。副科建制,编制 6 人。2010 年在岗人数 5 人,其中干部 2 人,工勤人员 3 人。隶属临泽县林业局领导。

高台县城市园林绿化大队 2006 年成立"高台县城市园林绿化大队"。副科建制,编制 10 人。隶属高台县林业局领导。

十三、林业公安机构（详见第五编资源保护第六章森林公安）

十四、木材检查站

1996 年经省人民政府批准,全省设 62 个木材检查站,张掖设民乐县扁都口木材检查站。2005 年,经省人民政府批准,对木材检查站布局进行调整,张掖境内新增肃南县白庄子木材检查站。

第三节　议事协调机构

一、绿化委员会

（一）张掖市（地区）绿化委员会

1982 年,国务院《关于全民义务植树运动的实施办法》公布后,地、县相继成立绿化委员会,统一领导义务植树和造林绿化工作。市（地）级绿化委员会主任由历任行署专员、市政府市长兼任,分管副专员、副市长任副主任,行署（政府）相关部门负责人为成员。下设办公室,设在市林业处（局）造林科。办公室主任由林业处（局）长兼任。

2007 年,市政府对张掖市绿化委员会组成人员进行调整:

市政府市长任主任,分管副市长和市中级人民法院院长、市检察院检察长、市公安局局长、市政府办公室副主任,市农办主任、市林业局局长任副主任;成员为市委、市政府相关部门、省属驻张有关单位、驻军等单位 22 人组成。绿化委员会办公室设在市林业局。

2009 年 10 月,市政府对张掖市绿化委员会成员进行调整:

主任为市委副书记、市政府市长;副主任为市政府常务副市长,市政府分管副市长,市中级人民法院院长,市检察院检察长,市公安局局长;成员由市委、市政府相关部门,省属驻张有关单位,驻军等单位 25 人组成。绿化委员会办公室设在市林业局。

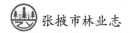

（二）县（区）绿化委员会

1982年2月开始,六县（区）相继成立绿化委员会,主任由历任人民政府县长兼任,县委、政府、人大、政协有一名分管领导任副主任,县农委、计划局、县委办、政府办、林业局、财政局、水电局、城建局等相关部门负责人任委员。下设办公室,设在县（市、区）林业局。

二、森林防火指挥部办公室

张掖市（地区）森林防火指挥部办公室（详见第五编资源保护第二章护林防火）。

三、退耕还林工程建设领导小组及其办公室

张掖市和六县（区）于2002年退耕还林工程实施之初,均成立退耕还林工程领导小组和检查验收领导小组。全市六县（区）相继成立退耕还林工程建设领导小组和退耕还林工程检查领导小组,领导小组办公室设在县（区）林业局。2003年,市编委核定退耕还林办公室事业编制3名,2007年,被列入参照公务员法管理的事业单位（详见第三编退耕还林工程）。

第四节　林业企业单位

一、木材经营机构

1956年1月23日, 中国木材公司甘肃省武威支公司设张掖经营处;2月25日升格为中国木材公司甘肃省张掖县公司;5月7日, 划归省木材公司,受省公司和张掖县林业局双重领导。下辖酒泉、民乐、肃南3个分销处和临泽木材收购站。1957年,在张掖县木材公司的基础上,成立张掖专区木材公司,辖张掖、酒泉、武威、天祝、肃南5个分销处和永昌、民乐2个购销站。

1959年5月22日,张掖、酒泉、天祝3个分销处分别合并到肃南、天祝所属的9个林场。11月1日,成立张掖专区木材分销处。1962年5月16日,将原张掖专署林业局木材经营科与木材分销处合并为甘肃省张掖木材分公司（县

级),其后恢复肃南木材分销处。1963年3月,张掖木材分公司改称"中国木材公司甘肃省张掖分公司";3月21日,成立张掖专员公署物资管理局(含综合公司);7月3日,张掖木材分公司划归物资管理局领导。将原专区计委山丹物资库更名"张掖专署物资局山丹物资供应站";10月27日,综合公司更名"物资公司",并将原张掖专区经计委驻兰物资工作组更名"张掖专区物资管理局驻兰办事处"。

1964年,国家设立物资管理部,物资系统实行垂直管理。1967年5月9日,成立张掖专区物资局抓革命、促生产领导小组。1969年9月12日,张掖木材分公司与专区物资管理局合并成立张掖地区物资供应公司。1970年,成立甘肃省张掖地区革命委员会物资局,与物资供应公司一套人员,两块牌子。1975年2月17日,在山丹东水泉煤矿区域筹建地区物资局84号仓库。1976年2月,张掖、民乐、临泽、高台、肃南相继成立物资供应站。各县站的物资计划由地区计委管理,物流、财务统计、劳动工资由地区物资局管理。1979年4月9日,地区物资局设立木材、金属、机电、建化4个专业科级汽车队;9月4日,增设物资协作办公室。1983年12月2日,地区物资局改为企业建制,代行部分行政职能,与物资公司仍挂两个牌子。1984年9月10日,在原木材、储运等5个业务科基础上,分别成立科级建制的木材公司、物资储运公司等5个专业公司。各县物资站相继改为物资公司。

张掖地区林产品经销公司 1981年11月,成立张掖地区林产品经销公司",科级建制,编制9人,其中干部4人,工勤人员2人。1988年转为自主经营,企业化管理,自负盈亏。到1995年有职工13人,固定资产70万元。上缴税金24万元,创收46.4万元。2006年,保留机构,人员分流。

民乐县木材经销公司 成立于1988年,后改名"林产公司"。1995年因木材市场疲软而撤销。8年调运销售木材1800多立方米,销售收入100万元。

高台县林产品购销站 1984年设,站址县城东南2公里处。1988年有职工5人。

二、木材加工企业

大依玛隆制材厂 1969年,张掖地区森林经营管理局在大依玛隆建立制材厂,有各种木材加工机械15种、41台件,年加工木材能力5000多立方米。1980年停办。

张掖地区人造板厂 1991年张掖地区人造板厂项目启动;是年10月,邀请中国林业科学研究院木材工业研究所编制《张掖地区人造板厂年产5000立方米细木工板和8000立方米干法纤维板项目建议书》。张掖地区计划委员会和地区行政公署林业处联合上报省计划委员会、省林业厅拟建设张掖地区人造板厂项目建议书的报告。1992年经国家林业部批复建设。1994年11月开工奠基,1995年底试车投产,有职工300多人,年加工能力2万立方米。投产后,因资金缺口大,贷款数额多,加之原料不足,生产期短,产品成本高,价格低,至2002年连续亏损经营,资不抵债,资产负债率高达179%。2003年经市中级人民法院宣告破产。

三、其他经营机构

森管局职工医院 1974年3月,成立张掖地区森林经营管理局职工医院,设在塔尔沟。1980年10月,地区森林管理局撤销,职工医院停办。

地区林业汽车保养厂 1976年11月,成立汽车队领导小组,1982年张掖地区林业局下发《关于撤销局汽车队的通知》:"自日起撤销局汽车队,现有修理工继续承担局属单位车辆的保养修理任务。"编制10人,其中干部2人,工勤人员8人。2006年,保留机构,人员分流。

地区林业招待所 根据地区编委〔1988〕23号机构设置文件,林业处招待所暂不定建制规格,编制5名。其中干部2名,工勤人员3名。企业管理,自负盈亏。隶属行署林业处管理。2006年,保留机构,人员分流。2008年,将5名编制划入市东滩沙生植被管护站。2009年7月,根据市编委12号文件撤销张掖市林业局林业招待所。

林业处医务所 根据地区编委〔1988〕23号机构设置文件,林业处医务所暂不定建制规格,编制5名。其中行政人员1名,医务技术人员4名。实行自主经营,企业化管理,自负盈亏。隶属行署林业处管理。2006年,保留机构,人员分流。2008年,将5名编制划入市东滩沙生植被管护站。2009年7月,根据市编委12号文件撤销张掖市林业局医务所。

张掖市三红林果科技开发有限责任公司　2005年市林业局以局直单位出资参股的方式,依法注册成立,注册资金50万元。至2010年底,公司有员工16人。修建5000吨果蔬储藏冷库1处,创办特色产品超市1处,营业面积120平方米,存贮15吨葡萄冷库1座。主要开展林果科技服务、林业后勤物业管理、技术培训、技术咨询、果品生产物资服务、果品产后贮藏及销售服务等经营活动。

甘肃润和特色农产品发展有限责任公司　2010年10月,由市三红林果科技开发有限公司与甘肃云昌蜂业有限公司共同出资设立以特色农产品贮运、加工和经销为主的股份制企业,注册资本200万元,共有员工16人。以教学、科研、推广、生产单位为依托,主要开展农林产品经销、批发、保鲜、贮运,科技咨询服务,承揽造林绿化工程、农林种子、苗木、花卉和农资、农机产品销售等。

第五节　驻张单位

一、祁连山林务处

1950年,省农林厅在张掖设立祁连山林务处,管理东起永登县的连城,西至高台县的祁连山天然林区,1953年撤销。

二、甘肃省祁连山林业局

1963年12月,成立甘肃省祁连山林业局,局址张掖,由省林业局直接领导,管理张掖地区的9个经营林场和武威地区的8个经营林场,1965年11月撤销。

三、甘肃祁连山国家级自然保护区管理局

1988年7月20日,经甘肃省人民政府批准成立甘肃祁连山国家级自然保护区管理局。是省林业厅管理祁连山自然保护区的派出机构,有职工54人,其中:县级干部9人,科级干部17人;专业技术人员42人(研究员1人,高级工程师11人,工程师18人,助理工程师10人,技术员3人)。管理局内设纪律检查委员会、森林公安局、办公室、组织人事科、计划财务科、资源管理科、森林经营科、森林病虫害防治检疫站、护林防火办公室、科研室、产业开发科、野生动

物开发研究中心和工会等机构。祁连山自然保护区是甘肃省面积最大的森林生态系统和野生动物类型的保护区,地跨天祝、肃南、古浪、凉州、永昌、山丹、民乐、甘州8县(区)。下设22个保护站,155个护林站(点),3个木材检查站,1个森林公安局,21个森林公安派出所。由自然保护区管理局和所在市、山丹马场管理局、县(区)双重领导,以市、马场管理局、县(区)管理为主。区划面积272.2万公顷,林业用地60.7万公顷;分布有高等植物1044种、陆栖脊椎动物229种,森林覆盖率21.3%。完成科研项目40多项,3项达到国际先进水平,15项达到国内领先或先进水平。

四、白龙江林管局河西综合开发局

白龙江林管局河西综合开发局1996年成立。位于张掖市高台县,隶属甘肃省白龙江林业管理局领导。1998年开始,从河北、山东等地引进50多个酿酒葡萄品种开展栽培酿酒试验,发展葡萄和葡萄酒产业,兴建万亩葡萄庄园。建成"田成方、林成网、渠相连、路相通"的节水优质高效酿酒葡萄基地1066.67公顷,鲜食葡萄基地33.33公顷。2002年2月,注册成立甘肃祁连葡萄酒业有限责任公司,注册资本8823.5万元。形成集葡萄种植、葡萄酒酿造、葡萄酒销售为一体的专业葡萄酒生产企业。有员工706人,专业技术人员90多人,其中:葡萄酒国家级品酒师2人,省级品酒师5人;注册会计师(注册税务师)1人,高级职称4人,中级职称40多人。建成现代化酒厂1座,年生产能力1.5万吨。生产的"祁连传奇"系列葡萄酒销往甘肃、北京、青海、成都、重庆、江苏、浙江、福建、广东等20多个省(市)。祁连冰酒已得到国内外专家和同行的普遍认可,成为甘肃葡萄酒的特色和名片。2009年"祁连传奇"葡萄酒出口日本,2010年出口马来西亚、澳大利亚等国家。

五、武警张掖市森林支队

2007年11月28日,中央军委、国务院批准组建武警森林指挥部机动支队和福建省、甘肃省森林总队。2008年3月,开始筹建武警张掖市森林支队,是年6月28日挂牌成立,隶属武警甘肃省森林总队管理,正团级建制。下辖甘州区森林大队、肃南森林大队、警通汽车勤务中队和教导队、卫生队。机关下设司令部、政治处、后勤处3个部门。抽组官兵分别来自甘肃、山西、陕西、宁夏4个内卫总队和4个机动师以及黑龙江、吉林、内蒙古、四川、云南、新疆6个森林总队。支队驻防张掖,担负着张掖市6县(区)3.6万多平方千米的森林防火灭火、野生动(植)物保护、抢险救灾和维稳处突等任务。组建至2010年,支队官兵牢记职责使命,多次出色完成灭火作战、湿地巡护、林区执勤、防火宣传、抢险救灾、植树造林等重大急难险重任务,逐步发展成为一支捍卫绿色的生态铁军。

第二章　队伍结构

　　林业专业队伍包括行政管理干部、林业科技人员、林业公安干警和林业事业、企业单位的干部和工人。随着张掖林业建设事业的不断发展,全市林业专业队伍也在不断壮大,干部的文化、技术素质显著提高。至2010年,全市林业系统有干部职工1867人,成为一支庞大的职工队伍,为全市林业生态建设做出重大贡献。

第一节　干部职工队伍

　　1955年10月,张掖专署设有建设科,配备专人管理林业。全区从事林业的干部职工不足百人,其中行政管理人员58人。从1961年起,张掖专区林业战线安置城市高、初中毕业生。首批安置80余人在祁连山经营林场和川区造林林场和苗圃。1962年—1964年,安排支边青年和回乡初、高中毕业生,到国营林场苗圃参加林业建设,充实新生力量,壮大林业队伍。1962年精简机构,压缩人员,全区国营林场职工总数由839人精简为751人。其中干部110人,工人641人。

　　1963年祁连山林业局所属17个经营林场有职工503人,其中干部117人(行政干部76人,技术干部41人),工人387人。张掖辖区所属9个经营林场有职工334人,其中干部57人(行政干部43人,技术干部14人),工人277人。

表7-10　1963年祁连山林业局所属林场职工队伍构成一览表

单位	总人数（人）	干部（人）			工人（人）	备注
		小计	行政干部	技术干部		
合计（17个）	503	117	76	41	386	
张掖辖区（9个）	334	57	43	14	277	
西营河林场	75	9	8	1	66	
大黄山林场	50	6	3	3	44	
大河口林场	25	5	4	1	20	
西水林场	27	6	5	1	21	
泉源林场	22	5	4	1	17	今康乐林场
祁连林场	30	8	6	2	22	今马蹄林场
隆畅河林场	53	7	5	2	46	
寺大隆林场	24	5	4	1	19	
祁丰林场	28	6	4	2	22	
武威辖区（8个）	169	60	33	27	109	

1964年底，全区有林业干部职工546人。其中：专、县林业行政单位48人，事业单位498人。

1966年"文化大革命"开始后，全区林业干部职工大幅度精简，至1968年底减少到280人。其中林业行政单位28人，事业单位252人。1972年全区有林业职工1851人，其中固定工1185人。1975年全区有林业职工1253人，其中固定工1178人。

"文化大革命"后期，林业干部职工人数开始回升，至1976年全区有林业干部职工767人。

1978年后，全区林业职工进入正常的新老交替更新阶段。每年有一批老职工退休，同时招收一批新职工，且随着林业建设逐年发展，干部职工队伍逐年壮大，人数大幅度增加。是年12月底，全区职工总人数1609人，其中固定工1171人；地区森林管理局有职工108人，其中科技干部34人。

1986年底，全区林业职工队伍发展到1528人，其中干部433人（行政干部212人，技术干部221人），工人1330人；按学历分，大学本科20人，大专33

人,中专 209 人,高中 182 人,初中 391 人,小学 480 人,文盲 89 人。在职工总人数中,地属林业单位 433 人,其中干部 156 人(行政干部 63 人,技术干部 93 人),工人 275 人;按学历分,大学本科 19 人,大专 16 人,中专 84 人,高中 74 人,初中 97 人,小学 118 人,文盲 23 人。

表 7-11　张掖地区林业系统 1986 年底职工队伍统计表

单位	职工构成							职工文化程度						
	总人数	干部			工人	男	女	大学	大专	中专	高中	初中	小学	文盲
		小计	行政	技术										
合计	1528	433	212	221	1095	1330	198	20	33	209	182	391	480	89
地直系统	431	156	63	93	275	347	84	19	16	84	74	97	118	23
张掖市	247	65	38	27	182	202	45	1	5	35	22	27	98	9
山丹县	151	41	22	19	110	140	11		1	17	25	37	58	12
民乐县	118	36	19	17	82	114	4		2	15	8	46	31	16
临泽县	51	26	19	7	25	46	5		3	10	3	15	19	1
高台县	178	35	12	23	143	166	12		3	16	18	51	11	5
肃南县	352	74	39	35	278	315	37		2	15	8	46	31	16

　　注:地直系统中含五泉林场、寺大隆林场、林科所、水涵所、动管站、森防站、种子站、经销公司、推广站、调查队。

　　1988 年,全区林业系统职工 1525 人,其中干部 482 人,工人 1043 人。干部中,获得初级专业技术职称 187 人,中级专业技术职称 76 人,高级专业技术职称 6 人。工人中,初级工 347 人,中级工 466 人,高级工 138 人。处直 13 个事业单位 449 人,其中干部 163 人,工人 286 人。工人中,中、高级工 230 人,占总人数 80.4%;初级工 56 人,占 19.6%。

　　至 1995 年底,全区林业系统职工队伍发展到 1665 人。其中干部 360 人,占总人数 21.6%;林业科技人员 420 人,占 25.2%。在林业职工中,地、县(市)林业行政部门 7 个,职工 175 人;营林生产单位 24 个,职工 1160 人,其中造林林场 12 个,职工 518 人;经营林场 9 个,职工 581 人;苗圃 3 个,职工 61 人;林业科技推广站 7 个,职工 77 人;林业科研单位 2 个,职工 141 人;其他部门职工 112 人。全区有乡(区)林业工作站 44 个。县(市)建立林木病虫检疫监测网络,有专职检疫员 21 人,兼职检疫员 119 人。

　　至 2010 年底,全市林业系统干部职工队伍增加到 1867 人,其中干部 763 人(行政干部 264 人,技术干部 489 人),工人 1091 人。市级林业系统干部职工总人数 435 人。林业行政单位 37 人,事业单位 398 人(行政干部 48 人、技术干部 143 人、工人 207 人)。全市六县(区)干部职工总人数 1432 人,其中干部 435 人(行政干部 179 人、技术干部 346 人),工人 884 人。

表 7-12　张掖市 2010 年林业系统职工队伍构成一览表

单　位	总人数(人)	干部(人)			工人(人)
		小　计	行政干部	技术干部	
合计	1867	763	264	489	1091
市直系统	435	228	85	143	207
甘州区	267	175	88	87	82
山丹县	232	69	15	54	163
民乐县	204	86	19	57	118
临泽县	136	60	35	25	76
高台县	104	66	6	60	35
肃南县	489	79	16	63	410

第二节　科技队伍

　　中华人民共和国成立以来,林业科技队伍随着林业建设事业的发展,逐步发展壮大。1962 年,全区国营林场共有技术干部 62 人。60 年代中期虽有较大发展,但在"文化大革命"中,知识分子、科技人员大多受到冲击,有的被逼改行。1985 年以后,引进科技人员,实行技术承包,开展职称改革,实行技术职务聘任制,科技队伍日益巩固、壮大。1986 年底,全区林业系统有各类专业技术人员 221 人,获得技术职称的 121 人。其中林业工程师 18 人,助理工程师 42 人,技术员 57 人;助理会计统计师、会计员 9 人;主治医师、医师 3 人,医护师 6 人;未定职称 100 人。到 1988 年底,获得技术职称的人员增加到 269 人,其中高级职称 6 人,中级职称 76 人,初级职称 187 人。

1995 年,全区林业科技人员增加到 420 人,占职工总人数的 25.2%。有大专以上学历的科技人员 107 人,中专学历的科技人员 307 人,评聘专业技术职称的 355 人,其中高级工程师 9 人,工程师 94 人,助工、技术员 252 人。未定职称的 65 人。

2010 年,全市林业科技队伍发展到 518 人,其中正高级职称 3 人,副高级职称 34 人,中级职称 211 人,助理工程师 179 人,技术员 79 人。构成情况:市属林业行政单位 27 人,事业单位 145 人(中级职称 69 人,助理技术员 61 人,未定技术职称的 6 人);县(区)298 人(高级职称 29 人,中级 123 人,助理级和技术员 85 人,未定技术职称的 14 人)。

表 7-13　张掖地区 1986 年专业技术人员构成一览表

单位	总数	高级职称	中级职称	助理级	技术员级	助理会计统计师	会计员	主治医师	医师	医护士	未定职称
合计	221		18	42	57	2	7	1	2	6	100
地直系统	93		16	22	18	2	3	1	2	4	25
张掖市	27		2	8	3						24
山丹县	19			2	6						11
民乐县	17			2	2						13
临泽县	7			1	6						
高台县	23			1	4	2					15
肃南县	35			6	13		2				12

表7-14　张掖市2010年市直林业系统专业技术人员统计表

单位	职工总数	技术人员	学历					职称					年龄			
			博士生	硕士生	本科生	大专生	中专生	正高级	副高级	中级	助理级	技术员级	35岁以下	36至45岁	46至55岁	56岁以上
合计	435	172	3		123	92	39	3	34	72	75	13	107	114	62	3
林科院	82	46		1	22	12	11	1	8	16	14	3	16	21	9	
水涵院	73	51	1	4	30	8	8	1	10	19	17	3	18	22	10	1
湿地管理局	15	15			13	2			1	2	9		9	4	2	
园林绿化局	61	35			10	22	3		1	4	9	1	16	14	5	
森林公安局	16	15			9	5	1						8	7		
寺大隆林场	93	46		2	12	25	7		1	7	14	6	25	19	1	1
规划院	19	16			8	4	5		4	6	4		3	6	6	
推广站	14	11		2	4	4		1	4	4	2		3	5	3	
森防站	11	10			6	3	1		2	5	1		3	3	7	
种苗站	9	6			2	1	2			3	1		1	1	3	
动管局	12	10			4	5	1			3	1		3	4	3	
局机关	30	27	2	18	3	1			3	3	3		5	8	13	

表 7-15　张掖市 2010 年六县(区)林业专业技术人员统计表

县区	职工总数	技术人员	学历			职称				年龄			
			本科生	大专生	中专生	副高级	中级	助理级	技术员级	35岁以下	36至45岁	45至55岁	56岁以上
合计	1432	346	125	132	92	29	139	104	66	137	126	72	14
甘州区	267	87	32	26	30	4	34	19	30	38	29	15	5
山丹县	232	54	18	21	15	12	15	21	6	19	25	8	2
民乐县	204	57	21	18	18	3	19	16	9	22	23	10	2
临泽县	136	25	11	9	5		12	7	6	11	9	4	1
高台县	104	60	22	27	11	4	29	21	6	18	23	18	2
肃南县	489	63	23	32	8	2	29	16	16	29	17	15	2

第三章　人事管理

第一节　劳动工资管理

一、工资改革调整

地(专)区国家机关、事业单位工作人员的工资福利待遇,由 20 世纪 50 年代的供薪并存,到 90 年代以后的职级工资和职务等级工资制,经历 5 次工资改革和 10 多次工资调整。

(一)供薪并存与工资改革

50 年代,各县政府对留用的职工和公教人员照发原薪;军队转业地方干部仍实行供给制;新吸收的干部,一部分实行工资制,一部分实行供给制。

第一次工资制度改革　1952 年 7 月,对国家机关、事业单位的工资制度进行改革,原享受供给制的人员执行政务院颁布的各级机关 29 级工资标准和津贴标准,技术人员执行 8 种暂行工资标准,工人实行 8 级工资制,其他工种实行新的工资标准。统一"工资分"五种(粮、油、布、盐、煤)含量和计算时间。1955 年 8 月 31 日,今辖区包干制待遇的工作人员全部改为工资制,从此结束供薪并存制。

第二次工资制度改革　1956 年 4 月 1 日起,实行新的工资标准,取消工资分和物价津贴制度,实行直接用货币发放工资的制度。国家机关行政人员新工资标准——职数级,上下交叉,共 31 级。张掖执行 9 类工资区标准。林业系统 24 人,月平均工资由 42.47 元提高到 49.69 元,增长 17%。

第三次工资制度改革　1985 年 7 月 1 日起,中共中央、国务院决定,对国家机关、事业单位行政人员、专业技术人员实行以职务工资为主要内容的结构工资制度;工作人员的工资按照不同职能,分为基础工资、职务工资、工龄津贴和奖励工资四部分。全区林业系统职工全部参加工资套改。套改后,人均增资22.6元,人均月工资增长27.2%。

第四次工资制度改革 1993年10月1日起,地、县(市)对国家机关和事业单位工作人员工资制度进行改革,建立正常的增资制度。国家机关工作人员(除工勤人员)实行职级工资制;事业单位的专业技术人员根据行业的不同特点,实行专业技术职务等级工资制、专业技术职务岗位工资制;事业单位的行政管理人员实行职员职务等级工资制,分为职员职务工资和岗位目标管理津贴。机关和事业单位的技术工人分别实行岗位技术等级工资制和技术等级工资制;普通工人分别实行岗位工资制和技术等级工资制,分为技术等级工资和岗位津贴两部分。工作人员正常晋升职务工资档次,在严格考核的基础上进行,考核优秀和称职的,每两年可在本职务工资标准内晋升一个工资档次;考核不称职的,不得晋升工资档次。定期调整工资标准;实行地区津贴制度,分为艰苦边远津贴和地区附加津贴。

第五次工资制度改革 2006年7月,市、县(区)林业局根据《甘肃省公务员工资制度改革实施意见》对公务员及参照公务员管理人员工资进行重新套改,并实行岗位绩效工资制度。基本工资构成由原来的职务工资、级别工资、基础工资和工龄工资四项调整为职务工资和级别工资两项,取消基础工资和工龄工资。公务员年度考核累计五年称职及以上的可以晋升级别工资,累计两年称职及以上的可以晋升级别工资档次。年度考核结果为合格及以上等次的工作人员,每年增加一级薪级工资。参照公务员管理的事业单位技术工人,不执行机关工人工资制度,执行事业单位工人工资制度。

(二)工资调整

1956年10月—1989年12月,全区调资10次。调资对象主要是工龄较长、工资偏低、表现好、贡献大的干部职工。调资中,有的是普调,有的是按系统或部门调,一般调资额人均月增资不超过10元。1992年按照国家规定,在原奖金标准每人每月35元的基础上,以"适当的拉开档次,不得平均发放"的精神,调整机关事业单位工作人员的奖励工资。

1995年10月,地、县(市)机关事业单位对连续两年(1994年、1995年)考核称职(合格)的工作人员晋升职务工资档次。

表7-16　张掖市各时期林业全民所有制单位职工工资情况表

时期	年份	年末人数	平均人数	工资总额（万元）	年均工资（元）
"六五"时期	1985	1597	1588	176.75	1113
"七五"时期	1990	1583	1593	308.71	1938
"八五"时期	1995	1696	1693	817.76	4830
"九五"时期	2000	1606	1606	1424.7	8871
"十五"时期	2005	1671	1675	2518.34	15035
"十一五"时期	2010	1770	1829	5418.46	29625

二、工资管理

工资管理权限集中在中央和省两级。历次工资改革、职工升级都由中央和省直接部署，工资日常管理工作，随着领导管理体制不同而变化。林业系统工资调整，先由下属各单位申报，再由市、县（区）林业局审核上报市、县（区）工改办审批。

1953年—1957年，全省林业系统实行垂直领导，劳动工资计划由省林业主管部门逐级下达。林业系统的职工归当地管理，但国营林场、苗圃等事业编制归省统管，其劳动工资计划也由省林业厅（局）下达。1956年，林业系统的工资改革方案，由省林业主管部门负责制订，经省劳动工资委员会批准，然后按系统下达贯彻执行。1958年，林业机构下放管理体制，林业企事业单位的劳动工资由专、县管理。但林业工人的工资等级制度、工资标准仍归省上管理。1960年，实行工资基金管理，专、县林业系统的工资基金计划由专、县审批，报省林业厅备案。

1964年10月，林业系统国营林场等事业编制、劳动工资计划由省林业厅管理。1965年10月起，林业系统的劳动工资计划归农林局统一管理。"文化大革命"后，林业系统的劳动工资计划、日常工资管理全部下放地、县管理。1996年—2010年，为确保行政事业单位职工工资足额发放，坚持"一要吃饭，二要建

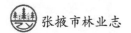

设"的原则,严格执行中央统一的工资发放标准,加强工资专户管理。市上制定和完善《市直行政事业单位经费供给办法》,2001年,开始推行职工工资统一发放制度,至2010年,中央统一口径职工工资未发生拖欠。

第二节 干部管理

一、选拔录用

中华人民共和国成立以来,张掖市(地区)林业系统严格执行党的任人唯贤、德才兼备的干部路线和党管干部的原则,干部制度不断完善。1949年9月—1956年,以"历史清白、年轻有为、有培养前途、在群众中有威信、表现好、本人成分好"为条件选拔录用干部。1957年—1965年,精简机构,部分干部下放。1959年、1962年,以"又红又专"为条件吸收录用干部。1966年—1970年为解决干部不足,只重视政治条件选拔录用。1978年后,根据省、地下达的增人指标或编制有缺额时,采取公开报名考试、择优录用的做法,特别强调把好政治关、专业关、年龄关、文化关。经政审、体检、笔试、口试,择优选定,报送地区人事部门审批后录用。录用后均有一年或几个月的试用期。在试用期内进行认真考察,对不符合条件的予以辞退,符合条件的正式任用,其工资福利待遇按国家有关政策办理。1984年后,逐步开展人事制度改革,为使行政人员能进能出、能上能下,部分事业单位干部实行招聘合同制。

二、考核制度

70年代末期以来,对在职林业人员的考核,采取组织考核与群众评议结合,平时考核和定期考核结合,在全面考核的基础上,做出实事求是、恰如其分的评价,一般情况下,考核结果与本人见面。本人有不同意见,准许申诉理由或保留本人意见,本人正确的意见组织上予以采纳。考核作为干部升降、奖惩、培训、使用的依据。1978年后,考核干部的主要内容是德、能、勤、绩四个方面。考德,主要考核干部的政治立场、政治态度、思想品质和工作作风;考能,主要考核干部的学识水平、工作能力;考勤,主要考核干部的工作态度和事业心;考绩,主要考核干部的工作成绩和工作效率。在考核方法上,注重做到定性与定量分析相结合。

三、奖惩制度

对工作中做出突出贡献的干部职工给予奖励, 受奖人员经过群众评议产生。奖励分晋级和授予"先进工作者"等荣誉称号两种形式,对获奖者颁发奖状、奖品或奖金。1983 年后,国家每年按行政人员总数的 2%下达奖励晋级指标,对工作中做出突出成绩者奖励一级工资(1987 年后停止实行)。通过对先进个人的鼓励和奖赏,使广大工作人员从中受到教育,增强责任感和积极性,提高工作质量和效率。

第三节　劳保福利

一、劳动保护

(一)女工保护

1954 年,行政事业单位女职工生育期享受休假、工资照发等待遇。1964 年1 月起,为女职工免费绝育手术、人工流产和上避孕环。做手术的假期按公假对待,不扣工资,不影响评奖。女工安排在无害于女性生理机能的岗位。女工经期、孕期、生育期、哺乳期实行特别保护;女工生育,享受产假 56 天,难产或多胎,产假为 70 天。1982 年起,产假为 100 天。领取《独生子女证》的女工产假150 天。产假期间工资照发,不影响全勤和评奖。生育接生费、检查费等由单位负担。对独生子女,每年发给 30 元独生子女保健费,发至子女 14 周岁止。

(二)防护用品

50 年代初,林业企事业单位始发劳动防护用品。林业系统一般配发毛巾、手套、工作服、肥皂等,森林经营系统增发皮大衣、皮鞋等。劳动防护用品发放标准、审批金额实行总体控制,并随当年物价浮动而浮动。地区单位和各县享受标准有所不同,山丹、民乐、肃南为甲区,张掖、临泽、高台为乙区。

（三）保健用品

1963 年,对林业企业和事业单位中接触有毒物质、沙尘等工种,每人每月供应肉 1 千克,食油 250 克,糖 0.5 千克。保健品的供应均发实物。1972 年,按接触毒物的危害程度,划分为甲、乙、丙三个等级。供应不同数量的肉、油、糖等。1978 年,享受保健食品的范围扩大到集体所有制单位。1981 年,针对市场副食品价格和发放标准不一样的现象,地区统一规定按甲等 7.29 元,乙等 4.49 元,丙等 3.59 元的标准发放。1991 年,调整职工保健食品购买价格,甲等为 18.61 元、乙等为 13.34 元,丙等为 10 元。自 1993 年 1 月 1 日起,每人每日甲等 1.1—1.5 元,乙等 0.8—1 元,丙等 0.6—0.75 元。每年 7、8、9 三个月,发放防暑降温饮料或解毒剂,标准按保健食品丙等执行,或一次性发放防暑降温费 100 元。

二、职工福利

中华人民共和国成立以来,林业职工除享受劳动保险条例,解决生、老、病、死、伤、残等方面的困难以外,还根据职工的需要和内部条件,举办各项职工福利事业。包括为活跃职工的文化生活而建立阅览室、活动室、球场等设施,为改善职工生活条件而建立农场、兴建职工宿舍等,为解决职工生活困难而建立职工困难补助制度,以及其他集体福利事业。局机关和国营林场、苗圃等基层单位,普遍建立副食品基地,扩种粮食,种菜养猪,改善职工的生产生活条件。

1961 年 10 月起,职工福利费标准按工资总额的 2.5% 提取,解决职工生活困难。1979 年,国家提高粮、油统销价格后,为干部职工发放粮食价格补贴;提高猪肉等 8 种主要副食品的价格后,每人每月发放 5 元副食品价格补贴,1988 年提高到 10 元;1985 年 7 月,放开猪肉的统销价格后肉价上升,每人每月发放 5 元肉食价格补贴。80 年代后期,福利费一般用于大家都能享受的福利开支,年终结余部分发给职工个人。

1995 年起,对职工死亡后的埋葬费和干部牺牲、病故后的抚恤标准,按国家统一标准执行,后多次调整,逐步增加。对遗属生活补助标准,1980 年按不同情况作出规定,后进行数次改进、提高。退休职工在死亡后发放丧葬费、抚恤费、临时遗属生活补助,其符合条件的配偶、父母及子女还可享受遗属补助。

第四节　劳保保险

一、养老保险

1987 年,地区社会保险局成立,即在全区范围内,对国营企业、行政、事业单位 1982 年以后参加工作的劳动合同制工人养老保险实行社会统筹。1990 年底,全区 5 县 1 市和地直单位对全民所有制劳动合同制工人养老保险实行社会统筹。1991 年 12 月,确定在企业工作的全民固定工、劳动合同制工人,实行离退休、退职费用统筹。养老基金统筹项目包括:离休费、退休费、退职生活费和按照国家、省上有关标准统一执行的各种津贴、补贴、生活补助费。并规定:1986 年 1 月 1 日及其以后参加工作的集体企业职工,企业按照职工工资总额的 17%缴纳退休养老基金,按照工资总额的 10%补交从参加工作之月起的养老金。从统筹之月起,职工个人每月按本人工资 3%交退休养老保险金。实行退休养老基金社会统筹的单位,按月向地、县(市)社会劳动保险局交纳,专户储存,专款专用。

1997 年 7 月,系统内各单位职工参加机关事业单位养老保险,行政机关及全额事业单位的干部及固定工个人按 2%缴纳,行政机关及各类事业单位合同制工人的缴费比例为 27%(其中:单位缴纳 22%,个人缴纳 5%),差额事业单位干部和固定工的缴费比例为 23%(其中:单位缴纳 20%,个人缴纳 3%)。2005 年 7 月,行政机关及全额事业单位的干部及固定工暂维持个人缴费 2%不变,统一差额、自收自支事业单位干部职工、行政机关及全额事业单位的合同工的缴费比例。将行政机关及各类事业单位合同制工人的缴费比例和自收自支单位缴费比例由 27%(其中:单位缴纳 22%,个人缴纳 5%)提高到 29%(其中:单位缴纳 23%,个人缴纳 6%),差额事业单位干部和固定工的缴费比例由 23%(其中:单位缴纳 20%,个人缴纳 3%)提高到 29%(其中:单位缴纳 23%,个人缴纳 6%)。2008 年 1 月,按照市政府要求,清退行政及全额拨款事业单位固定职工个人缴纳的养老保险费。对参加1997年机关事业单位养老保险,已退休、死亡或调出的干部职工已缴纳的保险金个人部分进行清退。其他人员按原比例继续缴纳。

二、待业(失业)保险

1986年7月,国务院发布《国营企业职工待业保险暂行条例》。10月,甘肃省人民政府制定贯彻国务院《国营企业职工待业保险暂行规定》实施办法,确定在全省国营企业和国家机关、事业单位及人民团体中实行劳动合同制的工人中实行。国营企业按全部职工标准工资总额的1%缴纳,国家机关、事业单位及人民团体按本单位劳动合同制工人的标准工资总额的1%缴纳,不敷使用时,由财政部门按照有关规定予以补贴。职工待业保险基金,由各县(市)劳动服务公司统一筹集使用。筹集的保险基金,80%留各县(市),15%上交地区劳动服务公司,5%上缴省劳动服务公司,作为调剂使用基金。待业保险基金主要用于宣告破产的企业职工和濒临破产的企业法定整顿期间被精简的职工;在待业期间的待业救济金、医疗费、死亡丧葬补助费、供养直系亲属抚恤费、救济费;上述企业离休、退休职工符合离休、退休条件的离休、退休金;企业辞退的职工和终止、解除合同的工人在待业期间的待业救济金和医疗补助费;待业职工的专业培训费,扶持待业职工的生产自救费;待业职工和待业保险基金的管理费。并规定终止、解除劳动合同制工人,每月按本人标准工资的一定比例发给待业救济金。待业职工医疗费报销标准,凭指定的县以上医院报销单,工龄5年以下的报销30%,5年—10年的报销40%,10年—15年的报销50%,15年—20年的报销60%,20年以上的报销70%。1991年,全区开展职工待业保险基金统筹,标准为全部职工标准工作总额的2%。1993年4月,国务院发布《国有企业职工待业保险规定》,从1993年5月1日起实施,1999年1月废止。1996年—1997年,单位缴纳失业保险费比例为职工工资总额的1%,个人每月缴纳2元的失业保险费;1998年,缴纳失业保险费比例调整为3%,其中单位缴纳2%,个人缴纳1%。1999年1月,国务院《失业保险条例》规定:城镇企业事业单位、城镇企业事业单位职工缴纳失业保险费,其失业人员依照享受失业保险待遇。2001年1月,差额拨款的系统内单位自收自支人员开始缴纳失业保险金,缴纳比例为 3%,其中单位 2%,个人 1%。2006 年 1 月起,全额拨款事业单位工人按 3%缴纳失业保险金,其中单位 2%,个人 1%,单位缴纳部分由财政承担。

三、退休、退职待遇

1956 年,建立职工退休、退职制度。工人和职员,男年满 60 岁,一般工龄 25 年,本单位工龄 5 年以上;女职工年满 55 岁,一般工龄 20 年,本单位工龄 5 年以上;从事特别繁重的体力劳动及其他有害身体健康工种的男工人 55 周岁,女工人年满 50 周岁,经批准予以退休。干部退休费,按工龄长短发给原工资的 50%—70%。工人退休费,按工龄工种不同,分别发给原工资的 60%—75%。不符合退休条件,身体虚弱不能工作者,享受退职待遇,在本人年工资额以内,给予一次性补助。1978 年,国务院颁布《关于工人退休退职的暂行规定》,男年满 60 岁,女年满 50 岁,连续工龄满 10 年的;从事特别繁重体力劳动和其他有害健康的工种工人,男年满 55 岁,女年满 45 岁,连续工龄 10 年的;已完全散失劳动能力的,经批准可以退休。退休费为本人月标准工资的 60%—75%,低于 25 元,按 25 元发给。不具备退休条件的职工,由医院出具证明,经劳动能力鉴定委员会确认完全散失劳动能力者,按退职安置。退职后按月发给本人月标准工资 40%的生活费,低于 20 元的按 20 元发给。从 1983 年起,1949 年 10 月 1 日以前参加工作的职工退休,按本人标准工资全额发给退休费。退休、退职人员最低生活保证费分别提高到 30 元和 25 元。从 1986 年起,退休费按参加工作年限、工龄,分别提高到 80%—100%。

1986 年 9 月,根据国务院劳动制度改革暂行规定,全区建立退休费社会统筹制度。国营企业固定职工退休费用社会统筹比例为工资总额的 19.5%;合同制工人,单位按其工资总额的 17%缴纳,本人按工资总额的 3%缴纳。

干部离休后,除奖金、劳保用品、技术职称聘金不发外,其他一切待遇与在职干部相同。离休干部所在单位,给离休干部管理单位每年交 500 元管理费。离休干部医疗费全额报销。

四、公费医疗及基本医疗保险

1952 年,专区级在编人员正式享受公费医疗待遇。1953 年,县、乡行政事业单位开始实行公费医疗制度。凭证就医看病,由医院按月结算,财政局拨款报销,因重病住院的,经主管部门审批,凭发票实报实销,统一结算。1966年后,职工看病挂号费、出诊费、营养滋补药品由个人负担。1978年,公费医疗实行包干制,按职工人数每人每年拨30元,由单位包干使用。超支部分在集体福利基金中开支。1985年实行定额预算、节约留用、超支自负的办法,按单位职工人数每人每年拨50元,由单位包干使用。1989年改革公费医疗制度,职工医疗费统筹10%用于特重病人,90%按职工不同年龄分别以不同标准发给本人,节约归己,超支不补。按工龄及职称确定标准,工龄10年以下每人每年30元,11年—20年40元,21年—30年50元,30年以上和退休人员60元,中级职称20年以下的60元,20年以上70元,离休和高级职称的80元。

2000年6月,根据国务院《关于建立城镇职工基本医疗保险制度的决定》和甘肃省人民政府《关于建立城镇职工基本医疗保险制度改革总体规划的通知》,制定《张掖地区城镇职工基本医疗保险制度改革实施方案》,于2000年7月1日起实施。地直林业系统固定职工全部参加医疗保险。缴纳医疗保险费的比例为8%,其中单位缴纳6%,个人缴纳2%;山丹、高台缴纳医疗保险费的比例为6%,其中单位缴纳4%,个人缴纳2%。2001年—2003年,市(地)直、山丹、高台缴纳医疗保险费的比例不变;张掖市(原县级市)缴纳医疗保险费的比例为8%,其中单位缴纳6%,个人缴纳2%;民乐、临泽缴纳医疗保险费的比例为7%,其中单位缴纳5%,个人缴纳2%;肃南缴纳医疗保险费的比例为6%,其中单位缴纳4%,个人缴纳2%。2004年—2005年,缴纳医疗保险费的比例为:单位按全部职工工资总额的6%缴纳,职工个人按本人工资的2%缴纳,退休人员个人不缴费,大病互助基金缴纳按照每人每月3元的标准从医疗保险个人账户中划拨。

五、病假待遇

1952年开始实行病假待遇,供给制工作人员病假期间,享受供给标准和津贴;工资制工作人员患病请假在1个月以内,工资照发,1个月以上至6个月,发给本人标准工资的80%。病假超过6个月,供给制人员津贴减半,工资制人员发标准工资的40%—60%。1953年1月,国营企业职工实行病假待遇,职工因病停工在 6 个月以内的，视其工龄长短，分别发给本人标准工资的 60%—100%；超过 6 个月，按其工资的 40%—60%发给生活费直至病愈。1954 年 9 月，对行政事业单位工资制人员的病假待遇修改为：工作满 6 年的原工资照发；工作不满 6 年的，病假在 1 个月以内原工资照发，1 个月以上，从第二个月起，视其工龄长短，发给本人标准工资的 70%—80%。1956 年 1 月又改为：病假在 1 个月以内的，从第 2 个月起，按工作年限发给本人工资的 70%—100%；超过 6 个月的发给 50%—80%，发至恢复工作或退休、退职时止。1978 年 8 月开始，对工伤职工入院治疗时的伙食费，国家报销三分之二。1981 年 4 月后，执行国务院《国家机关工作人员病假期间生活待遇的规定》，病假在两个月以内的，照发原工资；病假超过两个月，工龄不足 10 年的，发本人标准工资的 90%，满 10 年的发 100%；病假超过 6 个月从第 7 个月起，工龄不满 10 年的发 70%，满 10 年的发 80%；1945 年 9 月 2 日以前参加工作的人员，县人民政府正、副县长及相当职务或行政 18 级以上的干部，1937 年 7 月 6 日以前参加工作的人员，在病假期间工资全发。1983 年规定，1949 年新中国成立前参加工作的人员，病假期间工资全发。病假期间工资低于 30 元的，按 30 元发给，高于 30 元的发给原工资。1987 年以后，企业职工病假待遇由各企业职代会确定标准实施。

六、伤残待遇

1950 年，根据劳动部、内务部《革命工作人员伤亡抚恤暂行条例》的规定，区内行政事业单位因公负伤，享受伤残待遇。1951 年，企业职工因公负伤，在指定医院治疗，其诊断费、药费、住院费、就诊路费及住院期间膳食费，均由所在单位负担，本人工资照发。因公负伤残废，完全丧失劳动能力，饮食起居需要人照顾的，发给本人工资 70%的抚恤费，不需人照顾的发 60%，供给终身。因公负伤部分丧失劳动能力者，安排轻便适当工作，并按其伤残程度，发给因公伤残补助费，数额是本人残废前工资的 10%—30%。1958 年规定，因公致残完全丧失劳动能力，够退休条件的作退休处理，按月发给本人工资的 60%—75%；不够退休条件的残废人员按退职处理，根据本人工龄发给一次性生活补助费，数额为本人 30 个月的标准工资。1966 年后，因公伤残入院治疗期间的膳食费，单位负担三分之二。1978 年后，因公伤残需人照顾者，发给本人工资的 90%，并根据实际情况发给一定数额的护理费,其标准不超过一个普通工人的工资;不需要人照顾的发给本人工资的 80%。非因公伤残完全丧失工作能力而退职的职工,退职费为本人月标准工资的 40%,低于 20 元的按 20 元发给。1985 年 5 月后,对因公伤残退休人员,每人每月加发生活补贴费 17 元。

七、探亲假待遇

1981 年以前,国家机关、企业、事业单位的职工,与父母、配偶不在一起居住的,探亲假为 2—3 个星期,探亲期间工资照发,报销往返车船费。1981 年以后,职工探望配偶,每年享受探亲假 1 次,假期为 30 天。未婚职工探望父母,每年 1 次,已婚职工探望父母,每 4 年 1 次,假期均为 20 天。

八、死亡待遇

职工死亡后,按照国家规定发给丧葬费、抚恤费,遗属生活有困难的发给遗属生活补助费。1951 年,职工死亡的丧葬费,因公死亡为职工平均两个月的工资,因公死亡的平均 1 个月的工资。1955 年,行政事业单位职工丧葬费标准 240 元。抚恤费标准按行政级别分等级发放,病故的为 150 元—520 元,牺牲的为 180 元—650 元。1956 年 1 月开始,对退休后死亡,发给 6 至 9 个月退休金额的抚恤费。1963 年,丧葬费标准提高到 300 元。1979 年,提高行政事业单位死亡职工抚恤费标准,地区分 5 个等级,病故为 400 元—600 元,牺牲为 500 元—700 元。1982 年 8 月,丧葬费提高到 500 元。供养直系亲属抚恤费:因公死亡,供养 1 人为本人工资的 25%,供养 2 人为 40%,3 人为 50%;非因公死亡,一次性发给本人生前 6—12 个月的原标准工资。1986 年以后执行新规定,企业职工因公死亡发给抚恤金 500 元,非因公死亡为 250 元,因公或非因公死亡,一律发给 400 元丧葬费。国家机关、事业单位职工,因公死亡的抚恤费按 12 个月原工资计发,非因公死亡发 9 个月工资。遗属生活补助费标准:职工因公死亡,直系亲属居住城镇的,每人每月按 30 元—35 元发给,居住农村的,每人每月按 25 元—30 元发给,独身一人的按 30 元发给。非因公死亡,其遗属生活补助费分别低 5 元,发至市区供养条件为止。1992 年,对企业职工抚恤费、丧葬补助费和遗属生活补助费进行调整:职工不分因公与非因公死亡,丧葬补助费均为 800 元;职工因公死亡,一次性抚恤费为 1000 元,因病和非因公死亡,一次性抚恤费为 500 元。

1997 年 10 月,甘肃省劳动厅、财政厅、总工会颁布《关于调整企业职工和退休人员死亡后抚恤费及遗属生活困难补助费的通知》规定:(1)职工和退休人员因病死亡的一次性抚恤费由现行的 500 元调整为 800 元。(2)职工和退休人员死亡后,其供养直系亲属的定期生活困难补助费,按《甘肃省企业职工和退休人员死亡后供养直系亲属定期生活困难补助费标准表》执行。居住在十一类以上地区的,另加地区生活费补贴。执行本标准后,职工和退休人员遗属生活困难补助费总额,不受死亡职工和退休人员生前工资额及基本养老金的限制。(3)职工和退休人员遗属(生前供养的直系亲属)享受定期生活困难补助费的条件、范围和经费等仍按照省人民政府甘政办发〔1985〕247 号等文件规定执行。供养直系亲属失去供养条件时不再享受定期生活困难补助费。(4)职工因工死亡后遗属的定期生活困难补助、一次性工亡补助金等按照劳动部规定标准执行。2000 年,甘肃省劳动厅财政厅《关于调整企业职工及离退休人员死亡丧葬费的通知》,决定对企业职工及离退休人员死亡后丧葬补助费由 800 元调整为 1200 元。2002 年 10 月,省人事厅、省财政厅《关于适当调整国家机关事业单位职工死亡后遗属生活困难补助标准及有关问题的通知》规定,每人每月补助标准:配偶、父母在城市的为 200 元,农村的为 180 元;子女、弟妹在城市的为 160 元,农村的为 140 元。

第五节　专业技术职称

一、职称评定

1949 年—1965 年,辖区内各类专业技术人员职称主要由各单位行政组织任命,其中高级职称由省行政组织任命,专业技术职称由业务主管部门管理。此期,林业系统董存友取得林业技师职称。此项工作"文革"开始后中断,"文革"结束后逐步恢复。1980 年起,专业技术职称实行评定制。1980 年 11 月,经地区农林牧局技术晋升评定委员会推荐,地区林学会理事评定,7 人晋升为林业助理工程师,3 人套改为助理工程师,2 人套改为技术员。是年地区森林管理局成立林业工程技术干部技术职称评定委员会,1981年4月,地区林业局成立由6人组成的工程技术干部技术职称评定委员会和7人组成的会计干部技术职称评定小组,负责全区各专业中级职称的考核、评定和对高级技术职称人员的推荐。各县(市)也相继成立专业技术职称评定委员会,负责考核、评定各专业初级技术职称。1981年10月,地区成立社会科学职称评审委员会,负责统计、会计、经济等7种专业中级和初级职称的考核、评定、平衡和高级职称人员的推荐。1987年1月以后,全面实行专业技术职务的套改、晋升、评定工作。评定先由个人提出申请,单位评定,经评审委员会评定并推荐,报上级批准。中高级职称任职资格证由省人事厅(局)、省职称改革办公室授予。

二、职称聘任

1987年1月,开始进行专业技术职称的聘任工作。市(地)级事业单位高级专业技术职务人员由市(地)林业局(处)聘任,县(区)的高级技术职务人员由县(区)人民政府聘任。单位行政领导在取得专业技术职务任职资格的人员中,按照岗位设置聘任相应的专业技术职称人员,在其任职期间享受专业技术职务工资。

第四章 经济管理

中华人民共和国成立后,张掖的林业经济,在所有制结构上坚持以公有制经济为主,个体经济为补充的方针。1979年以后,林业生态建设得到较快发展。1950年—1995年,张掖地区林业建设总投资10782.37万元。其中国家投资5909.47万元,地方投资4161.2万元。在总投资中用于国有单位事业费和生产、基建投资5600.16万元,用于群众造林、育苗等营林生产投资5182.21万元。1996年—2010年,国家投资大幅度攀升。国家林业建设项目投资总额151895.5万元。体现了国家关心公益事业发展的社会主义性质。集体、个人也投入大量的人力、物力和财力,对绿化张掖,改善生态环境,做出很大贡献。林业的社会、经济、生态效益十分显著。

第一节 财务管理

一、概 况

中华人民共和国成立后,根据行政事业单位不同业务和具体收支范围,分别实行全额和差额预算管理两种形式。即:对没有收入的国家行政机关和纯事业性质的事业单位,或有少量收入而又全部上缴财政的事业单位,由财政拨款,实行全额预算管理。1958年前,林业事业单位财务管理中的机构经费和事业经费,以条条(行业)管理为主,由省林业局统一预算、拨款。专区、各县、市林业局及重点县林业工作站和苗圃,直接与专区林业局发生报领关系。1958年国家财政管理体制改革,经费预算、拨款划归地方,各级林业部门直接向同级财政部门发生报领关系。1962年恢复1958年以前的条条管理办法,实行一年后,于 1963 年改为专（县、市）管理，专区林业局只管预算分配，并与专区财政部门联合将预算指标下达到各县（市）林业部门，由县林业部门直接和同级财政部门发生报领关系。80 年代后期至 90 年代，地区根据农口事业单位的实际，分别实行全额、差额、自收自支三种预算管理方式。预算包干，鼓励事业单位创办经济实体创收，缓解财政压力。

二、会计制度

1950 年 3 月，全省第一个林业会计制度《甘肃省林业机构暂行会计制度（草案）》下发试行。这一会计制度是以事业性机关企业化的原则，采取权债发生制计算盈亏的形式，属于处理日常生产过扦支的规定，设有固定资产、事业支出等会计科目，对造林、苗圃建设以及造林、育苗、勘察、实验研究、护林等项费用分别核算。会计报表分为日报、旬报、月报、年报四种，以月报为主。

1950 年底，中央人民政府政务院发布规定，实行预算审核和决算制度。1951 年 7 月，政务院通过《预算决算暂行条例》，对财务管理方面的概算、预算、预算的编制、审定、执行作出明确规定，以后国家相继完善和修订预算、决算会计制度，成为各级林业部门实施财务管理的依据。国家林业部和省财政主管部门依照中央规定，对林业企业、事业单位的预决算制定实施办法。

1984 年 12 月，省财政厅、林业厅共同制定《甘肃省国营林场、苗圃财务管理试行办法（草案）》和《甘肃省国营林场、苗圃会计制度（讨论稿）》，下发各地（州、市）、县（区）征求意见，修订后颁发执行。以国营林场、苗圃为主体的事业单位（或实行企业化管理），多年来实行"统收统支"，即机构、业务所需经费按隶属关系列入各级财政预算，对所属场、圃实行经费定额补贴或差额补贴的办法。这些场圃的事业经费主要由各级财政纳入年度计划安排，年终逐级上报决算核销。

三、育林基金管理

（一）育林基金制度

1951 年 7 月，甘肃省农林厅将《西北区森林管理暂行办法》中"采伐林木时，除向林主缴纳山价外，并需向林业主管机关或当地政府缴纳育林费"和"育林费征收暂定为木材调拨价格百分之十,山价百分之五,国有林内伐木共征百分之十五"的规定通知各专署、县、市人民政府,各地林业处、林场将征收的国有林山价及公、私有林育林费随时汇总上报省农林厅,上缴林业部。

1953 年 8 月,甘肃省农林厅根据林业部西北森林工业管理局转发林业部、财政部联合通知,对收缴育林费的范围及标准作出规定:"凡森林工业和森林经营部门为进行生产而使用的自用材及属于育林性质的清理林场和抚育性间伐木材暂不缴育林费外,森林工业机关采伐国有林按调拨数量计算提缴,林区内机关、部队、地方国营企业,经批准自行采伐国有林自己使用,统按每立方米10 万元(合人民币新币 10 元)收缴。经批准合作社采伐国有林以供应群众的木材,育林费收缴率可低于每立方米 10 万元以下。"

1954 年 3 月 31 日,国家林业部颁发《育林基金管理办法》。7 月 8 日,国家林业部、财政部发出《关于征收私有林育林费问题的绿化通知》,对征收、使用、管理育林基金的办法作出明确规定。1955 年上半年,林业部遵照中央人民政府财经委员会批准 1955 年以来基金管理原则,对 1954 年颁发的《育林基金管理办法》进行修订,进一步明确征收标准、使用范围、收支预算管理程序。根据林业部要求,省农林厅拟定下发《甘肃省育林费征收办法实行细则(草案)》。1956年 5 月,甘肃省人民委员会批准实施《甘肃省育林费征收办法(草案)》。1958 年国家进行财政体制改革,实行财权下放,原规定由省汇缴林业部的育林基金停止执行。

1962 年 3 月,林业部、财政部联合颁发的《国有林区育林基金使用管理暂行办法》规定:育林费征收标准,每立方米原木暂按 10 元计征,每月按一、二、三等原木的实际销售量收征,统一汇缴林业部调剂使用,主要用于造林、迹地更新、抚育、经营管理及其他林区基本建设,同年 11 月,省财政厅、林业局联合颁发《甘肃省国有林区育林基金使用管理细则(草案)。1964 年 9 月,甘肃省人民委员会批准省林业局《关于国有林区林副产品征收山价的规定(草案)》,9 月底,省财政厅、省农业银行、省林业局联合转发财政部、林业部《关于建立集体林育林基金的绿化通知》及《集体林育林基金管理暂行办法》。至此,国有林和集体林均建立征收育林基金的制度。张掖育林基金的征收、管理、使用均按上述办法、细则执行。

1971年起,国家下放财权,国有林区育林基金停止向林业部汇缴,改由地方征收、管理、使用。省财政厅、农业局颁布《甘肃省育林基金使用管理暂行办法》,从1973年1月1日起执行。其中关于育林基金征收规定如下:凡采伐国有林的木材,一律按每立方米10元,薪材等均免收育林基金;集体林区每立方米征收7元,其中国营收购或采伐单位缴纳5元,从付给社、队的木材款中代扣2元。关于育林基金的管理、使用规定如下:各单位每年均应编报育林基金收支计划;国有育林基金和山价,实行收入全部上缴,支出由省林业局按核批计划下拨经费的办法,年终结余,可结转下年使用。

1985年,省林业厅开始修订育林基金管理办法。1989年12月,省人民政府正式批准颁发《甘肃省育林基金征收使用管理办法》,自1990年1月1日起执行。规定如下:凡生产、销售木材的单位和个人均须缴纳育林基金,其标准为:国营林场按木材销售收入的20%提取;其他单位、集体和个人经批准采伐的木材,按照张掖木材平均售价的20%,向林业局缴纳;小规格材和薪材,按销售收入的10%征收;凡在林区开矿办厂者,向当地国营林场或县林业局缴纳育林基金,其标准为开采稀有金属矿石每吨3角,一般金属矿石每吨2角,建筑材料矿石和其他矿石每吨1角。个人房前屋后和院内自栽自采自用的木材不征收育林基金。其他育林基金在生产经营、销售过程中,只征收一次,不得重复征收。

1990年5月,省财政厅、林业厅印发《甘肃省育林基金征收使用管理办法实施细则》。

2002年7月,根据《甘肃省人民政府关于修改〈甘肃省国有土地使用权有偿使用收入征收管理实施细则〉等13件政府规章的决定》,对1989年颁布的《甘肃省育林基金征收使用管理办法》进行修正。2009年5月,财政部、国家林业局制定《育林基金征收使用管理办法》,自2009年7月1日执行。育林基金按照最高不超过林木产品销售收入的10%计征。在林木产品的销售环节征收,自产自用或直接用于加工的林木产品,在移送使用环节征收。农村居民采伐自留地和房前屋后个人所有的零星林木,免征育林基金。

(二)育林基金使用范围

1990年至2009年6月,国有育林基金用于森林更新及造林支出,包括迹地更新、整地、造林、补植及幼林抚育等;森林培育支出,包括天然中幼林抚育,低价林改造等;采种、育苗及种子园、母树林、良种基地经营支出;林木病虫、兽害防治、护林防火等森林保护支出;营林林场的管理费,基层营林机构的营林生产科研费用;林场、苗圃营林生产设施费用支出;营林简易设施费,生产用工具、器具的购置费支出;森林资源二类调查、营林调查设计和资源档案管理等补助费支出。用于营林林场的管理费和营林简易设施费两项的支出,不得超过当年总支出的20%。乡村集体和个人育林基金用于乡村集体林场或个人采伐迹地更新、荒山荒地的宜林地造林、合作造林、营造速生丰产用材林、幼林抚育、林木病虫兽害防治、护林防火、以及扶持乡村办林场等项费用的支出。2009年7月,育林基金不分国有和集体育林基金,专项用于森林资源的培育、保护和管理。使用范围包括:种苗培育、造林、森林抚育、森林病虫害预防和救治、森林防火和扑救、森林资源监测、林业技术推广、林区道路维护以及相关基础设施建设和设备购置等。

育林基金按《甘肃省预算外资金暂行办法》进行管理,坚持统筹安排、适当调剂、先提后用、量入为出原则,由林业部门统一调剂,分级管理使用。2009年7月前,县属国营林场提取的育林基金提留比例:国营林场留用80%,上缴县林业局15%,5%上缴市林业局;征收集体和个人的育林基金,80%返还给集体和个人,县林业局留用10%,上缴市林业局10%。

(三)林政资源管理费

张掖市林业系统根据财政部、国家发展改革委、国家林业局《关于全面清理整顿涉及木材生产经营收费项目的通知》和财政部、国家发展改革委、国家林业局《关于全面清理整顿涉及木材生产经营收费项目的通知》公布取消的收费项目有林业保护建设费、森林资源补偿费、自然保护区管理费、护林防火费、森工企业管理费、林业系统公司上缴管理费、林木种子调拨管理手续费、珍贵出口木材资源培植费、出口木片森林资源补偿费、行业管理费、乡镇管理费、联营管理费、林区道路养路费、预留造林更新费等收费项目以及林政管理费、林区管理建设费、植物检疫证费和允许进出口许可证书费。

在执行上述规定中,全市价格主管部门建立健全收费监督检查制度,将日常监督管理、随机抽查、定期执法检查与年度稽查结合起来,实行财政、价格主管部门的专门监督和社会监督相结合，进一步规范涉及木材生产经营的收费管理,对不按规定取消收费或变相继续收费的,各级财政、价格主管部门依照有关规定从严查处;要按照国务院《违反行政事业性收费和罚没收入收支两条线管理规定行政处分暂行规定》提请有关部门追究责任人员的行政责任。

(四)森林资源补偿费

经清理保留林木补偿费、征占用林地安置补偿费等 2 项涉及木材生产经营的行政事业性收费项目,取消森林资源补偿费、山林纠纷调处费等 2 项涉及木材生产经营的行政事业性收费项目和林业公路养路费、预留造林更新费、林区道路养路费、乡镇管理费、教育基金、还贷准备金等 6 项未按规定程序批准的乱收费项目。

(五)森林植物检疫费

根据国务院发布的《植物检疫条例》第十七条"植物检疫机构执行检疫得收取检疫费"的规定,全市各级森林植物检疫部门(以下简称"森检部门")对森林植物、林产品进行产地检疫或调运检疫时,按照《国内森林植物检疫收费标准表》,收取检疫费。收费标准:1.省间的调运检疫必须按照本表所列的收费标准执行;省内的调运检疫收费,各省可根据具体情况,在不超过本规定的收费标准以内,作适当调整。2.每份检疫证书(包括正本一份,副本二份)工本费三角。已收取检疫费的,不再收取证书工本费。3.苗木检疫费超过 1 元/株的,按 1 元/株收;种子检疫费超过 10 元/吨的,按 10 元/吨收;盆景检疫费超过 2 元/盆的,按 2 元/盆收。4.表中的货值指第一道销售环节的价格。5.检疫费由供方负担。

第二节　林业投资

1950 年—1957 年,国家投资 42 万元,全部用于林业事业费,动员城乡干部、群众造林 12633.33 公顷,育苗 3206.67 公顷,以及其他营林生产和基本建设。1958 年—1965 年, 国家投资 313.9 万元, 林业部门自筹资金 28.5 万元。1966 年—1970 年,国家投资 423.95 万元,部门自筹资金 185.8 万元。1971 年—

1975 年,国家投资 745.88 万元,群众集资 70.62 万元,部门自筹资金 527.4 万元。1976 年—1980 年,国家投资 725.38 万元,地方财政投资 128.8 万元,群众集资 94.53 万元,部门自筹资金 401.6 万元,合计 1350.31 万元。其中,用于国有营林 864.96 万元,用于群众造林 485.35 万元。

1981 年—2000 年,全市林业投资额为 12.2 亿元,其中:退耕还林投资 6.7 亿元,"三北"防护林投资 1 亿元,林木种苗投资 2609.5 万元,湿地保护投资 1998 万元,公益林补偿基金 6683.2 万元,日协风沙治理投资 1.7 亿元,农业综合开发资金 1601.8 万元, 其他投资 1.6 亿元。2001 年—2010 年, 国家投资 149998.5 万元。其中:退耕还林工程投资 82458 万元,"三北"防护林工程投资 10665.5 万元,种苗工程 2418.5 万元,湿地保护工程 3248 万元,重点公益林工程投资 8473.2 万元,农业综合开发投资 1713.8 万元,日协贷款 16623 万元,其他投资 24397.9 万元。

1950 年—1995 年,张掖地区林业建设总投资 10782.37 万元。其中:国家投资 5909.47 万元,地方投资 4161.2 万元(地方财政资金 720.03 万元,群众集资 2250.47 万元,林业系统自筹资金 1190.7 万元),国家贷款 613.5 万元,其他 98.2 万元。在总投资中,用于国有单位事业费和生产、基建投资 5600.16 万元,用于群众造林、育苗等营林生产投资 5182.21 万元。1996 年—2010 年,国家投资大幅度攀升。15 年间,国家林业建设项目投资总额 151895.5 万元。

一、投资来源

中华人民共和国成立初期,林业建设投资,绝大部分由列入国家财政预算的省财政支出, 以及上缴国家林业部集中管理的育林基金返还拨款也用于生产建设支出;隶属国家林业部的森工企业和业务直属林业部管理的实验场,由林业部负责投资。

农村集体经济组织,主要以农民投资、投劳和投物形式实施造林、育苗、管护等生产活动。80 年代,农村实行联产承包生产责任制,农民群众个人投入林业建设的比重迅速增加,成为农村发展林业的主要投入来源。

1978 年,国家批准建设"西北、华北、东北防护林体系工程",1983 年批准"三西"(宁夏西海固、甘肃河西走廊、中部定西地区)农业生产建设,以及扶持贫困地区的经济发展项目,增加对大农业的投入。1983年12月召开的省第六次中国共产党代表大会,根据中央领导指示和本省实际,将"种草种树、发展畜牧、改造山河、治穷致富"作为全省农业建设的根本战略方针,全省林业建设资金大幅度增加。

表7-17　张掖地区1972年—1980年林业投资表

单位:万元

年度	投资总额	农业综合开发资金	其他	
			小计	其中:造林费
合计	1513.44	286.6	1210.38	423.26
1972年前	326.83		326.83	
1972	60.52	7.73	36.33	21.6
1973	64.68	22.59	42.09	42.09
1974	99.39	20	79.39	42.15
1975	141.13	62.3	78.83	53.01
1976	123.17	57.03	66.14	66.14
1977	87.36	36.33	51.03	48.03
1978	256.98	18.9	238.08	55.9
1979	154.1	45	109.1	45
1980	199.28	16.72	182.56	49.34

表7-18　张掖市1981年—1999年林业投资表

单位:万元

年 度	投资总额	其 中					
		部拨投资	"两西"资金	"三北"防护林	防沙治沙	农业发展资金	其他投资
合计	5729.4	821.03	1837.43	771.92	551.9	235	1512.12
1981	157.25	73.1					84.15
1982	161.65	61.32					100.33
1983	279.47		121.1	20			138.37
1984	341.62		233.92	30		37.5	40.2
1985	419.2	6	335.2	20			58
1986	323.41	5	306.51	11.9			
1987	288.1		163.5	71			53.6
1988	205.35		110.15	46			49.2
1989	164.65		85	68.3			11.35
1990	150.59		58.89	43		21.5	27.2
1991	227.5	26	67.93	38.58		11	83.99
1992	243.62	59.31	69.23	24.88		15	75.2
1993	290.72		73.5	65.12	13.6	23.5	115
1994	397.19		74.5	69.56		29.5	223.63
1995	293.8	81.3	78	40.6	40	28.3	25.6
1996	269.6	111	6	10.8	57	50.2	34.6
1997	263.2	12		91.1	52.6		107.5
1998	282.38	11	54	121.08	38.7	8	49.6
1999	970.1	375			350	10.5	234.6

表 7-19 2000 年—2010 年项目资金统计表

单位:万元

| 年度 | 投资总额 | 其 中 | | | | | | | |
		退耕还林投资	"三北"防护林投资	种苗工程投资	湿地保护	公益林补偿基金	日协风沙治理投资	农业综合开发资金	其他投资
合计	121919.5	82458	10033	2609.5	1998	6683.2	16623.6	1601.8	15740
2000	1897		660	727					510
2001	8277		2430	162.5				308.2	5376.3
2002	3173.5	1592.3	668	302				308.2	303
2003	11004.5	9620	768.5					192	424
2004	10782.2	9165.5	700			70		120	726.7
2005	19378.1	9165.3	700	219		558.2	7837.6	120	778
2006	20900	8630	650	219	150	1351	8786	117.6	996.4
2007	11889.8	7829	650	200	408	1424		115.8	1263
2008	14659.2	9459.2	1810	297	140	1588		80	1285
2009	19958.2	11168.7	996.5	483	1300	1692		240	4078
2010	29976	15828	1292.5	536	1250	1790		112	9167.5

二、管理形式

(一)国家投资

1. 基本建设投资。1952 年,国家实行划分收支,分级管理的财政体制。西北军政委员会根据政务院财政经济委员会《基本建设工作暂行办法》,制定1952 年度西北区地方基本建设工作暂行办法,规定基本建设规模按总投资数分为"限额以上""限额以下"两种。甘肃省森工企业作为限额以下建设单位,由西北森林工业管理局核准投资并拨款,用于林场办公室、宿舍等房屋建设,林区道路修建,水运河道整治及仪器设备购置等,其他林业项目为零星基本建设单位,由西北行政委员会农林局下达投资。

1952年12月,国家财政部、林业部发出联合通知,规定1953年度国营造林的全部经费、国营特种经济林的全部经费,均属基本建设投资。1964年4月,国家林业部、财政部发出《关于颁发林业资金使用管理暂行规定的通知》,明确林业基本建设投资。(1)用于造林建设费,包括国营造林、国社合作造林的采种、育苗、整地、栽植、补植、幼林抚育的人工费用及材料、饲料、燃料、机械设备的维修和大修等费用;(2)用于经营设施费,包括房屋建筑、打井、挖渠修建和维修林区公路、林道、防火线、瞭望台、架设林区电话线路等费用;(3)用于设备购置费,包括工具、仪器及机械设备、运输设备等费用;(4)其他费用,包括设计费、造林人工培训费及新建机构的办公费等。另外,国有育林基金科按上述使用范围用于基本建设。

1964年11月,国家财政部、林业部下达文件,从1965年起,将原有基本建设投资的次生林抚育改造(包括成林抚育)作业费,改由事业费开支。1978年4月,国家计委、建委、财政部规定:凡用于各种经济林、用材林、防护林的整地、种植和幼林抚育等项费用列为基建投资;新建的行政、事业单位购置设备、仪器、器具等固定资产和进行土建所需费用,以及原有行政、事业单位凡单台设备或单项工程超过2万元的,由基本建设投资开支。

1984年7月,国家计委、财政部《关于基本建设投资与行政、事业费划分问题的补充通知》中,对原有的行政、事业单位购置零星设备、仪器、器具和进行零星土建工程,由基本建设开支的标准提高到5万元以上。1985年,国家开始实行基本建设投资有偿使用,改拨款为建设银行贷款(简称"拨改贷")。林业投资中实行这种改革的主要为林木良种基地建设、商品林基地建设等内容,其他部分仍执行无偿投资的管理办法。

2. 事业费。中华人民共和国成立初期,林业系统的业务费用支出,采取自下而上逐级编制预算,由省农林厅汇总编制全省林业预算,经省财政厅平衡后直接下达专(州、市)、县及所属林场、苗圃。主要包括营林机械管理经费(人员工资、补助工资、公杂费用等)和业务费;林野调查,公私合作造林、育苗、采种的补助费;森林保护、病虫害防治费;宣传奖励费等。1963年3月,国家财政部、林业部制定《关于社队造林补助费使用的暂行规定(草案)》,规定从林业事业费中安排一部分用于重点造林地区,补助社队集体造林。对连片的宜林荒山荒地,按造林、育苗、幼林抚育等提出集体的补助标准,即社队集体及社队林场造林 1 公顷以上,每公顷补助 60 元;幼林抚育 2 公顷以上,每公顷补助 22.5 元;育苗 0.07 公顷以上,每公顷补助 750 元。此项经费由省财政部门和林业部门联合逐级下达县,列入预算管理。

1964 年 4 月,《林业资金使用管理的暂行规定》中明确林业事业费用于营林机械经费、森林保护费、勘察设计费、科学研究费、干部训练费、企业拨款(实行企业经营的林场、苗圃等单位的定额流动资金)、其他林业事业费(包括劳模会议费、宣传奖励费等),以及国有育林基金用于属于林业事业费开支的部分,并规定林业事业费按照隶属关系分别纳入各级预算管理。

1965 年 2 月 16 日,省林业局发出《关于林业事业费预算管理方面有关问题的通知》,对 1965 年的各项林业事业费,改由省财政厅连同农业、水利等农口事业经费不分行业,一个总数下达各地,由专、县级财政平衡安排。林业事业费的安排,由地方财政根据需要与可能确定。余缺亦由专、县财政进行调剂。对经营林场和国营苗圃实行经济核算。在以上管理上采取"全额管理,差额补助(或上缴)"的管理制度。

60 年代开始到 80 年代,营林生产规模扩大,并且相对稳定,全省营林生产方面的事业费,除护林防火、病虫害防治等项事业费由省林业主管部门预算,经省财政平衡后下达外,造林、育苗、抚育改造等生产性支出,纳入全省林业生产计划,统筹安排。

1994 年—2010 年,林业事业费为市(县、区)级财政和林业部门用于支持林业事业发展的经费,包括林业事业单位的机构经费、林业事业专项经费和其他林业事业费。机构经费是用于纳入预算管理的林业事业单位的人员经费、公用经费和业务经费等。专项经费是为完成林业事业任务,由财政部门和林业部门安排的具有专门用途的经费,包括社队造林补助费、林业规划调查费、防火业务费、森林病虫防治费,以及林业科技推广和研究经费等。1994 年—2010年,全市林业事业费共 8 亿元。其中:"九五"时期(1994 年—2000 年)共 1.2 亿元,"十五"时期(2001 年—2005 年)共 1.8 亿元,"十一五"时期(2006 年—2010年)共 5 亿元。

表 7-20　张掖市 1994 年—2010 年林业事业费使用情况一览表

单位:万元

年度	收入	支出	年度	收入	支出
1994	1342.4	1342.4	2003	3439.4	3439.4
1995	1455.7	1455.7	2004	3655.7	3655.7
1996	1494	1494	2005	4822.07	4822.07
1997	1653.5	1653.5	2006	6984.86	6984.86
1998	1760.9	1760.9	2007	7132.29	7132.29
1999	1928	1928	2008	7269.88	7269.88
2000	2186.7	2186.7	2009	11743.36	11743.36
2001	2811.7	2811.7	2010	16970.2	16970.2
2002	3140	3140			

3. 专项建设资金。1978 年国家批准建设"三北防护林体系工程",并拨出专项资金,由国家林业部组织实施。甘肃按资金管理办法和下达的计划,使用该项资金,其中大部分与本省林业生产资金配套安排,少部分基本建设和单项建设单独安排。年度项目资金计划由省林业厅报经林业部"三北"防护林建设局批准下达。1981 年—2010 年,共下达全市"三北"防护林建设资金 10804.92万元。

1982 年 7 月,国务院总理赵紫阳来甘肃河西、定西视察工作,提出"兴河西之利,济定西之贫"。12 月,国务院决定将"三西"(甘肃定西、河西和宁夏西海固)列为全国农业区域性开发建设重点。从 1983 年起,每年国家拨专款 2 亿元用以建设"三西"。1983 年—1995 年,国家下达全区"两西"林业建设专项资金 1858.7 万元,占全区"两西"总投入的 7.1%。

(二)林业周转金和贴息贷款

1. 林业周转金。林业周转金的资金来源有两个部分。(1)林业部借给国营林场发展多种经营的周转金。(2)省财政的支农周转金。若逾期不还者,从逾期之日起按欠缴额加收月息为 10% 的逾期占用费,并从应拨借款方经费或指标中扣还。1982 年—1988 年,全区争取林业周转金 34 万元,其中支农周转金 26万元,多种经营周转金 8 万元。

2. 林业贴息贷款。1988 年—2010 年省下达贷款指标 1.9 亿元,其中林业贷款 1.4 亿元、治沙贷款 5722 万元。贴息总额 1389.5 万元,中央、省财政贴息 1048.5 元、贷款单位贴息 340.96 万元。

林业项目贷款　林业贴息贷款有林业项目贷款和多种经营专项贴息贷款,各县(区)农行计算标准不一,贴息部分均按标准 2.51% 年息计算,超息均由贷款单位承担。1988 年—1999 年省上下达贷款指标 5920.5 万元,林业贷款 198.5 万元、治沙贷款 5722 万元。贴息总额 868.58 万元,中央、省财政贴息 527.61 万元、贷款单位贴息 340.96 万元。

小额贴息贷款　小额贷款贴息资金,由县(市、区)财政部门会同林业主管部门对其申请贴息资金的贷款合同、借款凭证、银行结算单等资料进行审核,按照中央和省上确定贴息率据实计算确定贴息资金数额,小额贴息贷款资金可跨年度滚动使用。2009 年—2010 年省上下达林业贷款指标 13462.55 万元,贴息总额 520.92 万元。

表 7-21　张掖市 1988 年—2010 年林业贷款贴息统计表

单位名称	贷款金额（万元）	其中		贴息额（元）	其中	
		林业贷款	治沙贷款		中央省财政贴息（元）	贷款单位贴息(元)
合计	19383.05	13661.05	5722	13894978.58	10485349.56	3409629.02
小计	5920.5	198.5	5722	8685778.58	5276149.56	3409629.02
1988	18	18		35898.68	6063.36	29835.32
1989	2	2		25087.13	12938.63	12148.5
1990	43.5	43.5		56304.54	42819.59	13484.95
1991	85	85		68178	52763	15415
1992	149	25	124	69086.66	53713.89	15372.77
1993	188	10	178	257522.85	137557.07	119965.78
1994	299	15	284	488609.96	242374.02	246235.94
1995	570		570	881119.11	454851.74	426267.37
1996	881		881	1895449.5	882047.26	1013402.24
1997	2530		2530	1948417.15	1305439	642978.15
1998	175		175	1719736	1152223	567513
1999	980		980	1240369	933359	307010
小计	13462.55	13462.55		5209200	5209200	
2009	4451.55	4451.55		1612000	1612000	
2010	9011	9011		3597200	3597200	

三、林业产值

表 7-22　张掖市历年林业产值

单位：万元

年份	农业总产值	林业产值	占农业总产值%
按 1952 年不变价格计算			
1949	2835.42	2.15	0.08
1950	3426.18	3.65	0.11
1951	3950.65	5.13	0.13
1952	4897.52	8.18	0.17
1953	5911.81	12.96	0.22
1954	6606.93	13.43	0.20
1955	7325.55	22.06	0.30
1956	8185.64	164.91	2.01
按 1957 年不变价格计算			
1957	7033.70	107.63	1.53
1958	8232.06	221.93	2.70
1959	7005.65	264.59	3.78
1960	383.21	73.37	1.90
1961	3094.93	12.20	0.39
1962	3301.32	7.61	0.23
1963	5531.08	37.82	0.68
1964	6580.84	79.83	1.21
1965	6683.55	119.49	1.79
1966	6255.45	112.57	1.80
1967	7403.8	94.58	1.28
1968	6893.48	76.96	1.12
1969	8463.40	90.14	1.07
1970	8849.75	123.22	1.39

续表

年份	农业总产值	林业产值	占农业总产值%
按 1970 年不变价格计算			
1971	11544.14	191.75	1.66
1972	11103.85	213.81	1.93
1973	14156.67	273.01	1.93
1974	15719.40	312.20	1.99
1975	17645.86	346.17	1.96
1976	18780.18	652.72	3.48
1977	18119.63	565.56	3.12
1978	18835.67	240.38	1.28
1979	19166.01	375.88	1.96
1980	22050.97	241.42	1.09
按 1980 年不变价格计算			
1981	24759.63	696.91	1.31
1982	30148.41	855.16	2.84
1983	33156.42	918.62	2.77
1984	36747.53	1795.94	4.71
1985	41498.33	1598.94	3.85
1986	45305.72	1333.06	2.94
1987	49337.65	1033.90	2.10
1988	52746.53	1234.19	2.34
1989	55877.20	1037.50	1.86
1990	116058.28	2798.38	2.41
按 1990 年不变价格计算			
1991	119295.63	2469.71	2.07
1992	131135.98	3223.90	2.46
1993	141458.58	2899.02	2.05

续表

年份	农业总产值	林业产值	占农业总产值%
1994	148936.11	2843.98	1.91
按当年价格计算			
1995	326806.11	2456.64	0.75
1996	356467.78	3089.03	0.87
1997	372603.12	3988.65	1.07
1998	391916.58	7343.31	1.87
1999	365047.2	8428.77	2.31
2000	386706.14	10182.84	2.63
2001	390242.91	10518.09	2.70
2002	429533.94	12409.5	2.89
2003	460703.77	15477.63	3.36
2004	544053.9	11601.55	2.13
2005	589349.5	13126.25	2.23
2006	621671.76	12295.79	1.98
2007	767960.97	13403.61	1.75
2008	852428.69	15178.47	1.78
2009	912827.43	14494.23	1.59
2010	1048335.03	15832.77	1.51

注:1995年以后的农业总产值按当年价格计算。

表 7-23 张掖市非林业系统涉林二、三产业代表年产值统计表

单位:万元

名称	以加工业为主的第二产业产值			以贮运、营销为主的第三产业产值		
	1990 年	1997 年	2004 年	1990 年	1997 年	2004 年
张掖市	5303	6461	7130	2010	3060	3830

四、立木资产

据甘肃祁连山水源涵养林研究院对森林生态效益的研究结果表明,祁连山林区每万公顷天然林,年可生产生态产品的产值达 1 亿元。

表 7-24 张掖市立木资产统计表(至 1997 年)

单位:万元

立木资产	资产总计		森林立木资产			
			合计		活立木资产	
	合计	其中:国有	合计	其中:国有	小计	其中:国有
全市	555193	462731	418536	339238	310357	264479

第五章　文秘档案

张掖林业系统的文书档案包括命令决定、布告、请示、报告、批复、通知、通报、信函、简报、会议记录、计划、总结和各种统计报表等。中华人民共和国成立以来,林业系统重视文书档案工作。特别是 1987 年 9 月《中华人民共和国档案法》颁布后,建立健全档案管理制度,使档案管理工作逐步走向制度化、规范化、科学化。市、县(区)林业局结合各自实际,建立健全和完善档案工作人员岗位职责、档案利用制度、档案保管制度、档案保密制度等,为档案工作进入科学规范的管理创造有利条件。1982 年被地区档案局表彰为档案工作先进单位,1991 年被中共张掖地委、张掖地区行政公署表彰为档案工作先进集体。

第一节　文书处理

一、收　文

凡上级及市、县(区)政府相关单位和直属林业主管部门,主送的文件或重要抄件等,均由办公室统一编号登记,填附《文件处理意见单》,急件迅速请示汇报,随到随送,及时处理;需交有关下属单位主办的文件或重要抄件,有关下属单位指定专人签收处理。林业局办公室不受理越级的请示或报告。

二、分　文

市、县(区)林业局对所有的收文,经编号登记后先送办公室负责人提出拟办意见,收发人员按拟办要求送局领导阅批,再按阅批意见办理;属于急件的,局领导不在机关时,电话请示后交分管领导和相关单位阅办。

三、传　阅

按照拟办要求或领导批示,实行密级文件与普通传阅文件分送传阅。传阅文件本着急用先看的原则,对传阅对象较多的文件,按局领导、主管负责人、其他人员的顺序送阅,也可在相关会议上传达。普通传阅文件转换为电子文档放本局协同办公系统内部网站上传阅,不再传阅纸质文件。

四、催　办

局领导在文件上的批示意见,各相关办公室及时办理和落实,并在规定时间内将办理情况反馈。必要时,办公室及时催办,以防漏办和延误。对不办和拖办等情况及时向领导报告。

五、发　文

凡是以林业局名义发出的文件,按规定程序拟稿、审阅、核稿、会签和签发。由相关科室承办人负责拟稿,分管具体工作的负责人审阅;办公室核稿后再送局长或分管局长签发;以林业局名义向上级的请示性报告,部署全局性工作,必须召开林业局领导班子成员会议布置(含局属各单位)。发文前必须征得局长同意,然后按正常发文程序报批,由局长签发。特殊情况下可由局长委托其他局领导签发;常规性、业务性工作的发文,由分管局领导签发。上述程序办好后再由办公室统一编号、登记,拟稿人将文稿电子文档发送给打字人员排版,由拟稿人校对签字、办公室负责人或秘书审核后交付印刷;印刷后经拟稿人所在单位、科室负责人审阅,再由办公室盖章,按发文范围发送。

六、文　印

打印的文件,经过办文的程序后,交办公室印发。缮印文件分别按轻重缓急进行安排。急件1个工作日内印发,一般文件3个工作日内印发,其他材料5个工作日内印发。送印的文件、材料要附电子文档,纸质文件、材料要用打印稿或碳素、蓝黑墨水书写,字迹要清楚。对用铅笔或圆珠笔起草、修改,或字迹模糊、辨认困难的文稿,则退回抄清楚后再打印。要注意排版艺术,印出的文件、

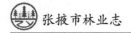

材料要规范、清晰、整洁、美观。

七、借 阅

市、县(区)林业局工作人员因工作需要查阅文件,直接在林业局内部协同办公网站查阅;网站上没有的文件,按阅读范围办理登记手续,在林业局档案室借阅。借阅一般性文件,经办公室分管档案、文书工作人员同意即可。凡涉及领导班子、干部情况的文件和党组会议记录及其他机密(含秘密、绝密)文件等,须经办公室负责人签字方可查阅。外单位人员向本局查阅机密文件和重要资料,应持介绍信,经办公室负责人审批后,在档案室或收发室阅读,不得外借。

八、归 档

(一)重要的文件、函、电、资料、会议文件、记录和图像、照片、电子文档等由林业局办公室统一立卷、归档保存。个人不得私自保存归档公文,全部归公。各科室形成的文件和各种资料,由各科室保管,办公室不作统一登记。

(二)年终需要销毁的本级和下级一般性文件,以及具有一定保密程度的资料,由办公室统一收集、整理,造具清册,报经领导审批后处理,个人不得擅自烧毁或出卖。

(三)干部调离本局,将全部文件、资料移交办公室,不得带走。

(四)中共中央、国务院(含"两办")、中共甘肃省委、省人民政府(含"两办")文件,年底清退市委、市政府办公室(如有本局长期执行的文件,请示"两办"同意后存复印件)。

第二节 秘书机要

一、局机关工作保密范围

(一)野生动物疾病和危险性的森林病虫害疫情,以及未对外公布的国家重点保护野生动、植物的监测调查资料。非法捕杀、出售、收购国家珍稀野生动物及破坏国家珍稀野生植物或者其产品案件的案情和处理情况，森林资源清查成果。

（二）会议记录簿，统计资料；文书、人事、森林公安、计划、财会、统计、科技等档案材料。

（三）林业系统发生的案件，群众检举、揭发、控告材料以及重要的群众来信来访来电。

（四）森林防火、森林公安无线电台的频率、频点及呼号，森林公安的实力和装备以及森林防火的矢量、像素电子地图。

（五）上级下发给林业局的国家秘密文件、资料和其他需要保密的事项。

以上保密范围的载体包括纸介质、磁介质、光盘等。

二、局机关国家秘密及其密级的范围

（一）国家秘密密级分为绝密、机密、秘密三个等级。其基本保密期限分别为：绝密级 30 年，机密级 20 年，秘密级 10 年。保密期限 1 年以上的，以年计；1年以内的，以月计。

（二）国家秘密的确定（以下简称"定密"）分为原初定密和派生定密两类。原初定密指认定某信息为国家秘密的初始决定行为；派生定密指对经过原初定密而确定的国家秘密信息加以合并、阐述、重述，产生一种新形式的秘密信息行为。派生定密具有从属性，如转发、摘登或汇编有密级标识的文件、资料等秘密载体。

（三）密级的标识。国家秘密的标识为"★"。书面形式载体上规范的标识为：密级★期限。无法做出标识的，应书面或口头方式告知。

（四）密级（期限）的变更和解密。依照《保密法》的规定，遵循"谁定密，谁变更"的原则。但也可由上级机关直接变更和解密。

（五）定密的方式、方法和具体程序。定密通常采用"直接确定"和"申报确定"两种方式。直接确定，俗称"对号入座"。其具体方法是：如在保密具体范围中有具体的条款规定的，或相关涉密载体已标识密级，或涉密事项已告之的，可依据其直接确定密级，这是定密的主要方法。申报确定：1.属于不明确事项（即保密范围没有无"号"可对的），或有争议事项，认为应当定密的，可先行拟定密级，并在 10 日内向主管部门或有确定权的保密部门申报确定。2.属科技项目定密,持有者或权利人可先行依照有关规定和方法拟定密级并在 30 日内向所属的科技主管部门申报,最终由国家科技和保密部门确定并定期发布。以上两种方式也可分别称为一般程序和特殊程序。

三、领导干部保密要求

(一) 阅读和使用国家秘密载体应当在符合保密要求的办公场所进行,阅示(办)后及时退回保密员,做到不积压、不私存、不私借、不过夜。

(二)国家秘密载体不得带回家。因工作确需携带的,应经本机关、单位主管领导批准,并办理登记审批手续和采取严格的安全保密措施;禁止携带绝密级秘密载体参加涉外活动。

(三)因工作需要记录或摘录国家秘密资料,必须用保密记录本,并妥善保管,用完销毁;听传达或研究讨论尚未公开或不准公开的会议内容,不得外传;传达国家秘密时,凡不准记录、录音、录像的,要遵章照办。

(四)外出参加各种会议带回的国家秘密文件、资料,应及时交保密员核对登记存放,需要时再行借阅。

(五)领导调离本岗位时,应清理或委托保密员清理文件、资料、保密记录本和计算机内的硬盘、软盘等,做到人走文件清,不泄密。

四、国家秘密载体管理

(一)林业局设立保密办公室,配备专职保密员负责全局国家秘密载体的收发、登记、管理和局保密委员会日常工作。

(二)上级和其他部门发送来的国家秘密载体,由林业局保密员拆封处理;如保密员不在,则指定专人负责处理。

(三)收进发出的国家秘密载体要按《细则》规定,严格履行清点、登记、编号、签收、呈(传)阅、清退等手续。

(四)国家秘密载体要存放在有保密设施的文件柜内。密码电报、地市级文件及绝密级文件要分别专簿登记,专项保管。

(五)印制、制作林业工作秘密载体时,除依照国家规定在封面或首页的左或右上角标明密级、保密期限外,还应在末页按有关规定标明发行(阅读)范围、印制份数,机密级以上的应当编排顺序号。不准复印、翻印,需要收回的文件资料,也应作出明文规定。

（六）汇编有关林业工作的秘密文件、资料,应当经原制发机关或授权单位批准,未经批准不得汇编。绝密级文件不得汇编。

（七）不准在普通传真机上以明码电报方式传输国家秘密文件、资料,不在普通电话、无绳电话或移动电话传达机密事项。

五、计算机保密管理规定

（一）涉密的计算机,应采取有效的保密措施,配置合格的保密专用设备,防泄密、防窃密;所采取的保密措施与处理信息的密级要求相一致,并在物理上把该专用计算机与公共网络完全隔离,同时要建立和健全管理制度。

（二）不得在公共的网络信息系统中存贮、处理、传递涉密信息,包括在对外交流与合作中经审查、批准与境外合法交换的秘密信息。

（三）存储过国家秘密信息的计算机不能降低密级使用,不再使用的应及时销毁。

（四）存储过国家秘密信息的计算机的维修应保证所存储的国家秘密信息不被泄露。

（五）对涉密的电子计算机管理、操作人员,须按照规定选用,并明确其保密责任,严格保密纪律。

（六）严格执行网上信息发布审批程序。网上信息发布的审批原则是"涉密信息不上网,上网信息不涉密",各单位或个人不得提供国家秘密信息在网站发表。其审批流程如下:发布者在信息发布审批表登记初始数据,包括日期、发布者姓名、标题和内容等;上级领导(部门领导和分管行政领导)在审批表上审批;如果审批通过,则发布者在网上发布信息。信息发布审批表由发布者妥善保管,以备检查。

（七）强化涉密计算机等设备的管理。1.设置涉密计算机开机口令,口令长度不少于6位字符,并由字母、数字和符号组成;用户要妥善保管自己的用户名、密码等秘密信息,不得泄露给他人,如有泄露,应及时采取补救措施,并及时向上级报告;2.在涉密计算机的显眼位置贴上专用标签;3.严格执行专机专用原则,涉密计算机只用于处理涉密文件,不能用于上网;4.涉密文件必须分级存储在贴有标签的移动介质(U盘、移动硬盘等)中,标签上注明介质编号和文件密级;5.涉密计算机和移动介质等设备要由各单位保密员存放在保密柜中。

(八)定期进行计算机信息保密检查,检查网上信息发布审批登记情况、非涉密计算机是否处理过涉密文件、涉密计算机是否连接过网络等。

六、林业科技保密规定

(一)科研成果在鉴定时必须进行科技成果密级评价,产生建议密级,各有关组织鉴定单位将建议密级报省林业厅,由省林业厅按《科学技术保密规定》统一审批或报批。

(二)一切绝密级项目的保密内容,不得在公开刊物或内部刊物以及利用其他宣传工具进行报道;机密级和秘密级项目经批准后可以在内部刊物上发表,但关键性的技术秘密不能泄露。

(三)林业科学技术保密项目对外交流时,必需履行审批手续。各级林业科技部门的保密工作实行归口管理,统一报省林业厅审查。

(四)出国访问、考察、学习、进修以及参加国际学术交流活动等人员携带的论文、资料和样品,均不得涉及保密的科学技术内容。

(五)任何单位和个人未经批准,不得向国外和港澳地区及人员投寄或提供涉及保密的科技资料、图纸、样品、苗木和种子等。

(六)各单位应指定专人负责做好科学技术保密管理工作,并提供必要的保管设施;建立利用、销毁科技保密档案制度。

七、局机关干部查阅、阅读密级文件、资料的规定

(一)局机关干部查阅列入保密范围的文件、资料,由文件资料所在科(室)根据有关保密规定处理。

(二)担任领导职务的党外人士阅读文件,除仅限于党内阅读的外,原则上与担任同级职务的党员干部相同。

(三)各级干部和经管密件的人员调动工作时,须将所使用和经管的密件、涉密笔记本移交接替工作人员或单位。

（四）外单位人员查阅、复印秘密文件、资料，须经过局机关负责保密的领导批准。

第三节　档案管理

一、档案管理体制与档案管理人员

自1955年10月，正式设立张掖专区以来的60多年间，林业管理机构多次变动，几经设立、合并、撤销、更名、易称，而机关文书档案管理一直坚持由局（场、处）办公室（秘书科、人事科）统一整理、统一保管、统一提供利用。文档人员既管文书处理、公章监理，又做档案管理。财会档案由财务科整理与保管，科技档案由生产技术科整理与保管。管理人员工作调动时，严格交接手续。由分管秘书工作的领导负责档案移交工作。档案管理业务受市（专、地）档案局（处、馆）的指导、监督和检查。1989年局机关的文书、科技、财会等档案资料实行"一元化"管理，建立综合档案室，各种档案遵照国家《档案法》进行集中统一管理，各项指标符合国家档案局颁发的《机关档案管理条例》，被地区档案局验收上报省档案局复核审批为"省一级档案管理机关"。

二、档案的整理与归档

20世纪五六十年代，机关各科室形成的文件材料，处于分散管理状态，即哪个科室形成的文件材料由哪个科室保存，制度不健全，管理较混乱。"文化大革命"期间的文件材料收发不登记，保存不完整，管理不严格，立卷不规范，重要文件材料不齐全、不系统。1977年3月—5月，地区森管局（驻塔儿沟）参加全区第二批"大打档案工作翻身仗"，邀请地区档案局派人驻局，抽调5人，组成"档案整理突击小组"，用3个月的时间，彻底整理1955年—1976年的历年积存零散文件和不合格不规范的案卷，共组卷3560多卷，编目23400多条，健全了文件级、卷宗级的检索工具；建立立卷归档、保管保密、提供利用等项制度，使档案管理走上正轨。从1978年开始，局机关各科室将上年度的全部文件材料移交办公室，集中统一整理，实行立卷归档"年年清"。各类保管期限的档案,皆由局档案室统一保管。永久、长期卷每10年向市档案馆移交一次,短期卷永存局档案室,届时按规定处理。

三、档案的管理与利用

局档案室建立《档案接收与管理制度》《档案保管与保密制度》《档案借阅与利用制度》《档案移交与销毁制度》《档案人员守则》。档案室具备"七防"(防火、防盗、防光、防潮、防鼠、防虫、防尘)设施。从严明职责、强化措施、科学管理上维护档案的完整与安全。局机关和全系统档案管理保持58年无丢失、无盗窃、无破坏、无霉烂、无鼠咬、无虫蛀、无差错。

在坚持规范整理、严格管理、安全保管的前提下,按需求、按规定、按程序提供利用发挥档案的依据作用、凭证作用、参考作用。历年发挥突出效益有:为首轮及二轮《甘肃省志·林业志》和《张掖地区志》《甘肃省祁连山国家级自然保护区志》《张掖市林业志》编纂提供档案资料4500卷(件),为各级领导参谋决策提供3452卷(件),为局各科室、局属各单位工作参考、查根寻据提供3264卷(件),为专业技术人员科学研究提供2876卷(件),为本地外系统外单位提供3469卷(件),为外地有关方面和个人提供4500卷(件)。总计接待查档用档者15203人次,提供档案资料3796卷(件)。档案资料在不同用途解决不同问题中不同程度地发挥社会和经济效益。

第四节　文献编研

1994年,中共张掖地委、地区行政公署组织修编《张掖地区志》,林业部分由行署林业处负责修编,成立编志领导小组、分设编志专业小组,抽调人员,按期完成编修任务。之后历年,林业局(处)的编研修志工作仅限于收集、编写为市史志办公室提供《张掖市大事记》及《张掖综合年鉴》的林业资料。20世纪80年代至2010年,为适应社会各方面需要,林业处(局)加强编研工作力度,充分发挥科研推广机构、科技人员优势,先后编写专业著作10余部,及具有地方特色的内部参考资料30多部(详见第六编第一章第一节科技专著、论文)。

第六章　林业改革

　　民国期,对林木权属问题已有详细记载,对公有、民营林权有明确规定,林木权属较为清晰。中华人民共和国成立后,随着林业改革的逐步推进,林业投资机制不断健全,促使各级林业管理部门对林权监管、交易、流转等服务设施的完善,逐步实现森林资源向森林资产的转变,推动林业经济的跨越式发展。2008年7月,国家作出的全面推进集体林权制度改革的战略决策,成为农村改革新的里程碑。集体林权制度改革调动农民培育森林的积极性,改善林业治理结构,优化资源配置,加快地方林业经济发展。

第一节　权属变迁

一、民国时期

　　民国元年(1912年),农林部通令各省:"凡国内山林,除已属民有者,由民间自营并责成地方官监督保护外,其余均定为国有,由部直接管理。"民国三年(1914年)11月公布的《中华民国森林法》规定:"确无业主之森林及依法律应归国有者均编为国有林,公有或私有森林,农商部认为经营国有林有重大关系者得以相当价值收归国有。个人或团体愿承领官荒山地造林者得无偿给与之,甘肃林权遵照上述规定执行。"

　　民国四年(1915年)6月公布的《中华民国森林法施行细则》规定:"公有或私有森林自本细则施行之日起6个月以内,应将林地之位置、亩数及森林之种类,报由该管县知事,详由道尹转详地方行政长官咨呈农商部备案,其森林区域涉及二县以上者须分别报告之。森林收归国有除通知业主外,应以相当之方法公告之。自公告之日起,原业主丧失其所有权。"

民国二十一年(1932 年)9 月,国民政府公布《中华民国森林法》规定:"森林依其所有权之归属,分为国有林、公有林及私有林。国有林由主管部设立林区,经营管理。公有林由各该管地方主管官署,或自治团体经营管理。公有林有下列情形之一者,得收归国有:对国土保安上或国有林经营上有收归国有之必要者;关系江河水源,或其他利益,不限于所在地之省区者;私有林于国有林及公有林之经营上有必要时,得依法征收之,或以相当之国有林或公有林,与之交换。国有荒山荒地,编为森林用地者,除保留供国有林之经营者外,中华民国人民,愿承领造林者,得无偿给与之。"

民国二十四年(1935 年)2 月,颁布的《中华民国森林法施行规则》规定:"承领国有荒山荒地造林者,实业部除发给领荒造林执照外,并请中央地政机关转饬主管地政机关依法予以登记发给土地所有权状及勘图。"民国三十四年(1945 年)2 月,修订的《中华民国森林法》规定:"森林依其所有权之归属,分为国有林、公有林及私有林。森林以国有为原则。国有荒山荒地编为森林用地者,除保留供国有林之经营者外,中华民国人民愿承领造林者,得依法承领。"

民国三十六年(1947 年),中国共产党全国土地会议通过的《中国土地法大纲》规定:"废除封建剥削土地制度,实行耕者有其田。没收地主的土地财产,征收富农多余的土地财产;废除一切祠堂、庙宇、寺院、学校、机关团体的土地所有权和乡村在土地改革以前的一切债务;以乡或村为单位统一分配土地,数量上抽多补少,质量上抽肥补瘦,所有权归农户所有。山林、水利、芦苇地、果园、池塘、荒地等可分土地按标准分配;大森林……大荒地、湖泊归政府管理。"《大纲》的制订,改正了"五四指示"中对某些地主照顾过多的不彻底性,明确土地改革的方针、政策和办法。它是解决土地问题的彻底的革命纲领。对各解放区的土地改革运动的顺利开展,彻底消灭封建土地制度,满足农民的土地要求,解放生产力,以及保证人民解放战争和民主革命的胜利,都起了重大的历史作用。

民国三十七年(1948 年)2 月,农林部修正公布的《中华民国森林法施行细则》规定:"森林所有权及所有权以外之森林权利,除提出公有或私有之证件并依法呈准登记者外,概属国有。国有林系指属于国家所有之森林而言,国家领域内一切无主之天然森林均属之。公有林系指省有林、县市有林、乡镇有林或公法人所有之森林而言。私有林系指自然人或私法人依法取得其林地之所有权或他项权利后,于林地投资经营之森林而言。承领荒山荒地造林经核定后,除由农林部发给领荒造林执照外,并于造林完竣后由地政机关依法发给土地所有权状。"

民国时期,张掖地区境内的祁连山、东大山、龙首山等大片天然森林属国家所有。

二、中华人民共和国成立以来

(一)林权改革

1949年9月19日,张掖和平解放。1950年《中华人民共和国土地改革法》规定出台。1951年,张掖全区有计划有步骤地开展土地改革运动,没收地主的成片林收归国有。经过土改,张掖农村的森林、林木、林地的所有权和使用权,分为国有、公有和私有。1956年,组建高级农业生产合作社时,所有耕地上的树木一律折价入社,林权归合作社集体所有,社员庄前屋后的零星树木归个人所有,国营林场造林归国家所有。1958年,张掖地区实现人民公社化,高级农业生产合作社所有的山林、果园和其他林木均转为人民公社所有。1962年,中共八届十中全会通过的《农村人民公社工作条例》规定,集体所有的山林,凡是归生产队所有比较有利的,都归生产队所有。土地、山林的所有权和经营权,经过社员大会或社员代表大会讨论同意,定下来以后,长期不变。确定山林所有权后,张掖的林业生产很快得到恢复和发展。各县人民政府通过清查,重申"国造国有、社造社有、个人造林归个人所有"的政策,稳定了林权。"文化大革命"期间,社员的自留地、零星树木被收缴,社员的副业生产活动受到限制。社员个人的林权受到侵犯,自留果树收归集体所有。林业生产处于缩小和停滞状态,受到严重破坏。农业合作化、树木入社时折价偏低,曾出现乱砍伐树木的现象。部分社队将群众在房前屋后属个人所有的零星树木,也被无偿"平调",林木权属发生混乱。

(二)林业"三定"

1980年3月5日,中共中央、国务院发出《关于大力开展植树造林的指示》,1981年3月作出《关于保护森林发展林业若干问题的决定》,要求稳定山权林权,划定自留山,确定生产责任制,简称林业"三定"。中共张掖地委出台《关于认真贯彻全省林业会议精神的安排意见》,是年9月开始,在全区全面开展林业"三定"(确定林木权属、划定"三荒地"、制定林业生产责任制)工作。经过近3年的努力,全区定权发证的公社85个,占当时公社总数的98.8%;发证大队715个,占大队总数的99.3%;发证生产队5836个,占生产队总数的99.6%;发证国有林场(圃)26个,占总数的89.7%;应发证的565个社队办林场,都全部发了林权证。全区共发放林权证(包括"三荒地"证)83734份,发证的林地面积26.61万公顷,占森林和宜林地面积70%;发证的"四旁"树木总株数2963万株;给社员划"三荒地"1.15万公顷,后将"三荒地"扩划到3万公顷。凡定权发证的公社、大队、生产队,均建立各种形式的林业生产责任制。全区565个社队办林场和29个国有林场、苗圃,有402.7万株,全部建立责任制,其中专业承包面积为23.2万公顷。

1984年,中共张掖地委、地区行署作出《关于进一步放宽林业政策的具体规定》。此后,全区农村给农户划给宜林荒地;小片、稀疏林一次作价归农户所有,林地承包给农户经营;允许农民在承包地的地埂、地边及毛渠岸上植树;允许在承包地内定植经济树木,建立小果园(不得占耕地打围墙);公路旁的植树绿化由国家、集体、个人一齐上;集体林场实行折股联营、联户承包和固定专人看护。

第二节　事业单位改革

至2010年,全市林业事业机构基本形成门类齐全、功能比较完善的林业生产、服务、科技、设计、稽查以及森林资源保护等林业事业单位体系,成为推动全市林业发展的重要力量。但是,全市林业事业单位的情况比较复杂,按设置功能,既有生产经营型的,又有行政管理型的,还有技术服务型的;按财政供给状态,既有全额拨款的,又有差额补贴的,也有自收自支,还有事业单位企业化管理的。类型的多元化,加上全市各地不同的自然条件和社会经济条件,促成事业单位发展基础、发展方向、发展思路以及管理模式、运行机制等方面的差异性,增大改革的难度。

一、改革进程

（一）探索阶段（1978 年—1989 年）

阶段内以国有林场（圃）为主的各级林业事业单位,借鉴农村家庭联产承包责任制的做法,对一些生产项目核定合理的经济技术指标,采取定产、定酬、定效益、定奖罚为内容的承包责任制,工资发放与工作实绩挂钩。并在人事、用工制度等方面也相应进行一些改革,打破计划经济体制下国有林场（圃）固定的发展模式,调动职工的生产积极性,有力地促进和带动全市林业事业的发展。

（二）以改革促产业发展阶段（1990 年—1998 年）

进入 20 世纪 90 年代以后,以认真贯彻落实邓小平南方谈话精神为契机,全市林业事业单位进一步解放思想,转变观念,大胆探索,锐意进取,坚持以林为主,分类指导,因地制宜,大搞多种经营,大办经济实体,推动林业产业开发,促使全市林业事业单位改革迈出新的步伐。

（三）以改革促生态建设阶段（1998 年—2001 年）

1998 年 10 月天然林停伐,重点林业生态工程相继启动,全市林业事业单位总结多年来改革的经验与教训,紧紧围绕全市林业发展新形势,理清思路,以用人、分配、管理三项制度改革为方向,以保护、扩大森林资源和壮大公共积累及提高职工收入为目标,主抓生态,兼抓生产,以改革的不断深入保障各项生态建设任务的完成,也带动和促进整个林业事业单位的发展。

（四）全面深化事业单位改革阶段（2002 年—2010 年）

省林业厅针对自 1978 年以来林业事业单位改革不够深入,成效不尽人意的实情,于 2002 年 5 月开始,组成调研考察组,在省内八个市（州）围绕如何深化改革展开调研,并赴黑龙江、吉林两个省考察林业事业单位的改革做法,形成调研考察报告。随后于同年 9 月在张掖市召开全省林业事业单位改革现场会,会议就林业事业单位的深化改革作出部署,指导着至 2010 年的改革方向。

二、改革方向与实例

（一）林业科技推广单位的改革

全省各级林业科技推广单位不断加大工作力度,立足服务,强化管理,在业务技术岗位上实行岗位责任管理,关键岗位实行质量目标责任管理,一般岗位实行任务指标管理,一律签订合同,做到责、权、利相统一;在用人上,实行保留事业单位职工身份,打破干部、工人界限,业务、管理岗位实行双向选择,经营开发实行承包合同制;在分配上,实行档案工资制,按责任、贡献计酬奖罚,进行二次分配;在技术职务评定上,实行评聘分开,按岗取酬,初步实现干部能上能下、工资能升能降、职务能高能低的动态管理,为全面做好林业技术服务工作提供有力保障。特别是区、乡(镇)林业工作站,本着服务基层、示范推广于田间地头的原则,提供组装配套、试验示范、以点带面,促进林业推广工作向深度和广度发展。据统计,仅"九五"期间,地、县(市)采取引进输入短、平、快先进适用技术,立足资源优势,发展商品经济。围绕双轨合同承包制,在县(市)、乡、村、户之间,科技推广部门和科技人员之间,采取综合承包、单项承包、联合承包和个人承包等形式,层层签订承包合同,采取包计划、包投入、包技术、包产量、包质量,包目标,把推广任务分解到科技人员和农户。地、县(市)领导参加承包的有350人,科技人员参加承包的有140人,共签订承包合同230份,承包面积达8000公顷。市林业科技推广站与电力局园林场、张掖市大满乡马均村等单位建立股份制果园153.33公顷。承担国家、省、市(地)和自列推广项目50余项,有20余项获奖,建立林业科教示范点60多个。科研推广单位先后引进优良品种11类360个,引进新技术30余项,完成科研推广课题102项。其中获国家科技进步奖4项,省科技进步奖10项,省科技进步一、三等奖3项,市(地区)科技进步(推广)三等奖5项;获国家发明专利1项,市技术发明奖1项;发表论文36篇,出版专著1部。

(二)林业科研机构的改革

张掖市两个林业科研机构在保证科研的基础上,通过深化改革,主动面向生态建设实际,面向市场,加强技术创新,加速科技产业化,积极探索适合科研机构改革发展的路子。祁连山水源涵养林研究院坚持走"科研立院,人才兴院,改革活院,创新强院"之路,立足地域、资源优势,瞄准国内外学科研究前沿,在保持科研优势的同时,通过调整结构、转换机制、优化科技力量和科技资源配置,初步形成布局合理、结构优化、精干高效的技术创新与产业开发体系。先后取得科研成果45项,发表学术论文400余篇,出版专著6部,发明专利2项,研究领域涉及森林生态、荒漠化监测、湿地研究、种质资源保护和遗传育种等方面，基本形成高山区、浅山区及绿洲荒漠区布局趋于合理的科研试验条件。在完成国家重大科技攻关项目及省市列项目的同时，先后与国内外 30 多家科研院所和大专院校建立科研合作关系。并选送脱产和在职职工攻读博士研究生 6 名，硕士研究生 4 名，2 人晋升研究员，15 人晋升副研究员和高级工程师。1 名青年科研人员先后获"全国林业科技先进工作者""科技部野外科技工作先进个人""省首届林业青年奖""省优秀专家""省劳动模范"等荣誉称号，享受国务院特殊津贴，入选省"333"科技人才、领军人才工程第一层次人选。市林科院本着精简高效的原则，对内部科室重新设置，中层干部实行竞聘上岗，职工实行全员竞争上岗，增强内部活力。对科研课题实行公开招标，择优选择主持人，实行优化组合；用一手抓科研、一手抓开发的改革措施，加大科研开发力度，由一名主要领导集中抓开发工作，对承揽工程项目和规划设计等项目实行承包制。每年为生态工程建设提供优质树种 100 多个，各类优质苗木 1000 余万株。先后承担国家、省、市科研项目 62 项，有 43 项成果获国家、省、市(厅)级科技进步奖，发明专利 5 项。在省级以上刊物发表学术论文 200 余篇。被评为全省造林绿化先进单位和全省林业十大优秀科技示范园区。

（三）林业调查规划设计单位的改革

全市两级林业规划设计单位增强立足市场能力为改革的主攻方向，不断强化软件建设，在提高林业规划设计水平和质量的同时，取得明显的经济效益。硬件建设上，基本实现计算机办公，提高设计文件的档次。软件建设上，突出以人为本，在不断引进和吸收新鲜血液的同时，对在职各种技术人员通过多种形式的继续教育，不断更新知识，以适应新时期林业建设的需要。在运行机制上，建立各种形式的责任制、项目承包制、奖罚制，调动职工积极性，提高职工收入，壮大公共积累，增强市场竞争力。市林业调查规划院从 1986 开始，在过去个别项目试行经济技术承包制的基础上，逐步把项目管理的范围扩大到整体项目管理。建立以院(队)长为首、全员参加的全面质量管理体系，基本形成风险共担、利益共享的局面。进入 20 世纪 90 年代后，在强化项目管理责任制的同时，增加项目管理责任成本核算内容，确保上缴创收比例，缴后余额用于扩大再生产。通过多年的改革实践，建立适合自身特点的运行机制，逐步实现由依赖型向主动型转变,增强承揽项目的市场竞争意识,承揽的项目逐年增多,经济效益也逐年提高,成本核算体系逐步健全,项目意识、质量意识、成本意识已成自觉。进入 21 世纪后,坚持"科技兴院,人才强院"的宗旨,在人才培养、装备引进等方面取得显著成效。完成 300 多项林业生态建设项目可研报告、实施方案和规划设计成果;办公基本实现自动化,从 20 世纪 80 年代初的 1 台四通打字机发展到现在的 38 台件计算机、绘图仪、GPS 定位仪等设备,制图设备由过去的手工绘制发展到运用计算机数字化绘制,测量仪器由过去的罗盘仪发展到全站仪,林业调查规划设计能力得到显著提高和加强。

第三节　国有林场改革

一、概　况

1958 年,全区国营林场迅速扩张,国营林场由 1957 年的 2 个增加到 24 个,职工人数由 1957 年的 25 人增加到 639 人。1963 年以后,地区在林场经营管理上过分集中统一,县(区)只有护林义务,没有管理权限,管护相互脱节,特别是护草、护林不能协调统一,林牧矛盾不断激化,直接影响到祁连山森林资源的保护和发展。1985 年底,地委、行署对祁连山林区国营林场进行管理体制改革。林区总面积约 213.2 万公顷,其中林业用地 24 万多公顷。在改革中,对 446 名职工,161.6 万元固定资产,208629 公顷林地,均进行妥善处理。

1985 年 11 月,全省国营林场苗圃改革及发展多种经营座谈会召开,总结分析国营林场苗圃改革经验。1985 年,全区国营林场苗圃的各项多种经营总产值达 121.31 万元,实现利润 42.95 万元,分别占国营林场苗圃当年基建投资的 33.6% 和 12%。部分林场通过开展多种经营不仅为扩大再生产提供资金,而且还用多种经营的一部分收入改善居住条件,增加经济收入,改善职工生活。从 1986 年开始,从地到县,各经营林场在依靠群众继续加强护林防火工作的同时,开展各项营林生产。国营林场苗圃自建立以来至 1987 年,总计人工造林面积 3.45 万公顷,保存面积 1.68 万公顷,保存率 48.76%。9 个经营林场管护经营着祁连山区 6.47 万公顷天然林。中共十一届三中全会以来,国营林场先后实行岗位责任制,联产承包责任制和经济承包责任制。1988年,继续深化改革,将竞争机制引入国营林场,面向社会招标承包,由于改革的不断深入,各种形式承包制的实行,给国营林场增添活力,带来生机。国营林场在以林为主的前提下,广开生产门路,调整产业结构,进行多种经营和林副业生产,积累资金,以副养林,以短养长,长短结合。1992年国营林场果园累计面积385公顷,年产果品29万千克,收入达34万多元,占国营林场总收入的17.8%。1994年,全区经济林面积达到2.25万公顷,占人工总面积的21.9%,林果业总产值由1978年的740万元增加到1994年的7928万元,增长10.7倍,占农业总产值的比重由3.9%升到5.6%。

二、体制下放

1985年,中共张掖地委、张掖地区行政公署《关于改革祁连山林区国营林场管理体制的决定》,祁连山水源涵养林是全省的重点林区之一,主要分布在肃南、民乐、山丹县境内,由9个国营林场经营管理。在国有林权不变的前提下,将肃南县境内的西营河、祁连、西水、康乐、隆畅河、祁丰6个林场移交给肃南裕固族自治县管理,将大河口林场和大黄山林场分别移交给民乐县和山丹县管理,林场管理体制改革后,其经营范围不变,林场建制不变,职工政治待遇不变,生活福利待遇不变,包干经费基数不变,现有固定资产不变,人员编制不变。寺大隆林场暂由地区林业处管理,作为水源涵养林研究所的科研试验基地。原国营龙渠苗圃撤销,人财物移交地区祁连山水源涵养林研究所,作为云杉种子园管理站。地区森林总场撤销,和地区林业处合并,重新定编定员,原森林总场人员,除留林业处和加强县林业部门外,量才使用,妥善安置。

三、措施与成效

1981年7月,张掖地区林业局召开直属林场场长会议,提出在国营林场建立和健全林业生产责任制,克服林业单位"吃大锅饭"的弊端。1983年国营林场苗圃开始整顿,经过整顿和改革,调整产业结构,由过去封闭式的生产型开始向开放式的生产经营型转变,并初见成效。1984年地区行署上报关于林业改革意见的报告。1985年起,不少林场通过开展多种经营为扩大再生产提供资金,还用多种经营的一部分收入改善居住条件,增加经济收入,改善职工生活。

1988年,对国营林场深化改革,推行经济承包责任制情况进行总结。1990年以后,全区国营林场狠抓调整结构,不断深化改革,扩大经营自主权,实行各种形式承包责任制,使国营林场的经济实力增强,呈现出新的生机与活力。自1992年全省国营林场脱贫工程启动以来,坚持改革开放,一手抓绿化,一手抓开发,一手抓经营,一手抓管护,不断增资源,增活力,增效益,使国营林场的面貌发生很大变化。1994年,地区林业处《关于请示下发关于扶持国营林场苗圃加快经济发展的若干政策决定的报告》,提出六项扶持政策。1997年,召开全区国有场圃脱贫致富现场观摩会议,对国有场圃工作进行回顾,改革成效显著。2002年,通过开展扶贫,造林林场坚持因地制宜、因害设防,大力营造防风固沙林,生产各类苗木16亿株,生产木材2000立方米,经营范围内的9处沙窝基本得到改造治理,生态效益明显提高。增加林草植被,提高抗御自然灾害的能力,为脱贫致富打下基础。2005年,全市国有林场站21个,苗圃4个,植被保护及治沙站5个。各国有林场(站圃)在抓好正常林业生产的同时,大力调整产业结构,广开发展思路,拓宽发展渠道,充分利用资源优势,开展多种经营,效益明显提升,多种经营收入达到1526.95万元。

各国有林场在不放松营林生产的同时,按照"脱钩、分类、放权、搞活"原则,以"精简、高效、协调"为基本要求,深化管理机制改革,合理配套场站管理机构,推行满负荷工作制,少搞专职,多搞兼职,减少行政管理人员。深化劳动、人事制度改革,结合各自实际,逐步建立平等竞争、择优上岗的激励竞争机制,以贡献定报酬的用人机制,极大地调动广大干部职工的积极性,增强林场发展后劲。林场的规模不断扩大,实力增强;管护工作得到加强,功能增强;林种结构趋于合理,效益提高;多种经营有一定的发展,机制改善;经营管理水平不断提高。为全市经济社会发展起到推动作用,带动森林旅游业发展。

第四节　集体林权制度改革

一、改革依据

2008年6月,中共中央、国务院下发《关于全面推进集体林权制度改革的意见》,9月,省委、省政府下发《关于贯彻落实〈中共中央国务院关于全面推进集体林权制度改革的意见〉的实施意见》(下称"林改")。按照中央和省上的统一部署和要求,组织力量摸清全市集体林资源现状,开展调研,组建工作机构,编制完成《张掖市集体林权制度改革工作方案》。是年10月,临泽县被确定为全省林改7个试点县(区)之一。2009年2月,在抓好试点县工作的基础上,市上又将山丹县、甘州区三闸镇、高台县新坝乡、民乐县永固镇、肃南县明花乡和祁丰乡作为林改市级试点。省级试点临泽县全面完成林改主题试点工作任务,于2010年7月通过省级检查验收。至2010年10月,全市集体林权制度主题改革任务全面完成,顺利通过省级检查验收。

二、改革结果

全市有集体林地面积60020公顷,纳入林改面积55280公顷,确权面积55280公顷,确权率100%。林改涉及55个乡(镇)、373个村、9.87万农户、36.99万人。发放林权证3.13万本,发证面积55280公顷,发证率100%;确权到户面积46473.33公顷,确权到户率84%。落实林改经费321.51万元,资金到位率100%;调处林权纠纷83件,纠纷调处率100%;整理各类林改档案资料6186卷(册)。

第五节　公益林区划界定

一、区划界定依据

建立森林生态效益补偿制度源于林业分类经营的理论,早在1979年颁布的《中华人民共和国森林法(试行)》中就将我国森林按照森林效益的不同划分为五大林种。1981年,中共中央、国务院《关于保护森林发展林业若干问题的决定》中明确提出:各省、市自治区要根据森林不同效益,抓紧搞好主要林区的林种划分,确定不同的经营方针和经营措施。

1995年经国务院同意,在原国家体改委、原林业部联合下发的《林业经济体制改革总体纲要》中,首次从体制改革的角度,正式提出"林业分类经营"与森林生态效益补偿的政策思路。1996年，原林业部成立相应的机构，多次举行林业分类经营改革研讨班，并在14个省区选择60个县进行试点工作。1998年《中华人民共和国森林法》将建立森林生态效益补偿制度写入其条款中，为建立此项基金提供法律依据。1997年，财政部和原林业部向国务院呈报《森林生态效益补偿基金征收管理暂行办法》及有关协调情况的报告。1999年，国家林业局下发《关于开展全国森林分类区划界定工作的通知》，对林业分类经营的基础性工作——森林分类区划界定工作提出可操作的原则、方法、步骤。2001年，国家林业局根据《中华人民共和国森林法》和《中华人民共和国森林法实施条例》的有关规定，发布《国家公益林认定办法》，对国家公益林的划定范围、申报和批准程序作出规定。是年1月，财政部明确表示"同意森林生态效益补偿资金，主要用于提供生态效益的防护林和特用林（统称公益林）的保护和管理"。

2002年3月，省人民政府办公厅批转省林业厅制订的《甘肃省森林分类区划工作方案》。同年6月，省林业厅发出《关于加快全省森林分类区划界定工作有关问题的通知》，对森林分类区划界定工作作出全面安排。制订《甘肃省森林分类区划界定工作方案》《甘肃省森林分类区划界定工作细则》。

2004年5月，国家林业局、财政部下发《重点公益林区划界定办法》，按照国家要求，省林业厅在兴隆山召开会议专门安排部署，以甘肃省森林区划界定成果为基础，采取自下而上的方法，按照《重点公益林区划界定办法》的区划标准，对全省重点公益林重新进行区划界定。是年8月经省林业厅会同省财政厅初审合格，上报财政部、国家林业局。

二、组织实施

2002年，根据省人民政府办公厅批转省林业厅制订的《甘肃省森林分类区划工作方案》和省林业厅《关于加快全省森林分类区划界定工作有关问题的通知》要求，市上确定"政府领导、部门协作、事权明确、分级管理"的工作原则，市政府成立以副市长为组长，林业、财政、计委、水电、土地、畜牧、交通等部门领导为成员的重点公益林区划界定领导小组，下设办公室，开展日常工作。以1996年全市二类资源清查和2001年"三北"防护林体系建设三期检查验收成果为基础数据和图面资料,地图应用1∶1万地形图,采用实地勘察,现场测绘、界定,即在林地权属、界线清楚、没有争议的情况下,由各县(区)林业部门技术人员、乡(镇)人民政府负责人(或国有林场负责人)、乡(镇)林业站负责人、村委会负责人及社长(或个体经营业主)到现场界定、认可、签字。

三、界定结果

根据森林分类区划的原则和要求,按照《张掖市森林分类区划工作方案》,抽调专业技术人员分组进行外业勘察测绘和现场界定,经内业汇总和整理分析,全市共区划界定国家级重点公益林283877.7公顷,商品林28452.8公顷。现场签订区划界定书,划分小班4793个,其中有林地19122.4公顷,灌木林地167981.9公顷,疏林地1476.5公顷,未成林造林地10355.8公顷,宜林地84941.1公顷。

界定工作结束后,市上成立森林分类区划界定质量检查组,并邀请省厅派员对张掖的森林分类区划界定工作所有的外业和内业工作进行全面质量检查。外业重点检查小班面积权属、小班区划、地类、二级林种和事权划分等25项因子调查,抽查采取省市联合的办法进行,全市共抽取公益林小班479个,占小班总数4793个的10%,达到省上10%的技术要求,平均合格率95.2%,其中25项因子全部合格的小班数达456个,占抽样小班的95.2%,不合格的小班23个,占抽样小班的4.8%;内业重点检查图、文、表是否齐全,数据是否一致,是否有遗漏现象,图面是否清楚,内容是否完整。内业和外业的检查面均达到小班个数的10%以上,通过抽查,外业绘图精度达99.5%,林业因子调查合格率达99.7%。界定书项目填写齐全准确,图、表、卡一致,图面资料符合国家技术规程,数据汇总准确无误,符合《甘肃省森林分类区划界定工作细则(试行修订本)》《甘肃省森林分类区划工作方案》和《张掖市森林分类区划界定工作方案》的要求,自查合格率为100%,质量评定为"优"。2002年8月,省森林分类区划界定办公室质量检查组派员对张掖森林分类区划界定工作进行现场验收,综合评定得分100分,质量评定等级为"优"。

第八编　荣誉·人物

中华人民共和国成立以来,张掖林业建设成绩突出,先进集体不断涌现,先进个人层出不穷。张掖市相继荣获"全国绿色生态示范城市""全国防沙治沙地级综合示范区""全国绿化模范城市""甘肃绿化模范城市""甘肃园林城市"等称号;六县(区)获全国林业奖57次。全市获地厅级以上表彰奖励的单位299个、个人344人次,其中132个单位因造林绿化成绩突出获先进称号,144人次获省部级表彰奖励,196人次获地厅级表彰奖励。

第一章　先进单位

1949年—2010年,张掖市政府(行署)因造林绿化成绩突出,先后获全国绿化委员会、国家林业局(部)及省委、省政府表彰奖励7次。市林业局获地厅级以上领导机关表彰奖励44次,6县(区)192个单位获地厅级以上机关的表彰奖励,其中获省部级表彰奖励106个单位,地厅级表彰奖励86个单位。

第一节　国家部委(局)级以上表彰

一、市(地)及省属驻张单位获奖名录

表 8-1

获奖单位	获奖时间	荣誉称号	颁奖机关
张掖公路总段	1984 年	绿化先进单位	全国绿化委员会
张掖地区国营五泉林场	1992 年	全国国营林场先进单位	国家林业部
张掖地区国营五泉林场	1992 年	全国林木采种基地先进单位	国家林业部
张掖祁连山水源涵养林研究所	1994 年	全国林业行业思想政治工作优秀单位	国家林业部
张掖地区电力工业局	1996 年	全国部门造林绿化 400 佳单位	全国绿化委、林业部、人事部
张掖地区行署林业处	1996 年	"三北"防护林体系二期工程建设先进单位	国家林业部
张掖地区森林公园	2000 年	全国"保护母亲河行动"生态教育基地	全国保护母亲河行动领导小组
张掖地区行署林业处	2001 年	全国国土绿化先进单位	全国绿化委员会
张掖市林木种苗管理站	2005 年	全国林木种苗质量年活动先进单位	国家林业局
张掖市	2006 年	全国防沙治沙地级综合示范区	国家林业局
张掖市野生动物资源管理站	2007 年	国际爱护动物行动周优秀组织奖	国际爱护动物基金会
张掖市森林公安局	2007 年	全国绿盾行动先进集体	国家林业局
张掖市林业局	2008 年	"三北"防护林体系建设突出贡献单位	全国绿化委、人社部、国家林业局

续表

获奖单位	获奖时间	荣誉称号	颁奖机关
张掖市供电公司	2008 年	全国绿化模范单位	全国绿化委员会
张掖市	2010 年 4 月	全国绿化模范市	全国绿化委员会
张掖市	2010 年	中国最具投资价值绿色生态城市	中国城市投资环境及绿色生态建设高层论坛
张掖市寺大隆林场	2010 年	国家生态文明教育基地	共青团中央、国家林业局、教育部

二、各县（市）获奖单位名录

表 8-2

获奖单位	获奖时间	荣誉称号	颁奖机关
甘州区（张掖县、市）			
张掖县人民委员会	1958 年	农业先进县	国务院
张掖市林业局	1986 年	"三北"防护林体系一期工程先进单位	国务院"三北"防护林建设领导小组、国家林业部
张掖市东大山自然保护区	1986 年	自然保护区先进单位	国家林业部
张掖市	1987 年	全国平原绿化县	国家林业部
张掖市林业局	1991 年	"三北"防护林体系二期工程建设先进单位	国务院"三北"防护林建设领导小组、国家林业部
张掖市林业局	1991 年	全国造林绿化先进单位	全国绿化委员会、人事部、林业部
张掖市小满镇康宁村	1994 年	全国经济林千亩村	国家林业部
张掖市小满乡	1995 年	全国造林绿化百佳乡	全国绿化委员会
张掖市小满乡康宁村	1995 年	全国造林绿化千佳村	全国绿化委员会
张掖市大满乡马均村	1996 年	全国造林绿化千佳村	全国绿化委员会
张掖市碱滩乡永星村	1998 年	全国造林绿化千佳村	全国绿化委员会

续表

获奖单位	获奖时间	荣誉称号	颁奖机关
甘州区新墩苗圃	2002 年	全国质量信得过单位	国家林业局
张掖市第四中学	2002 年	全国绿色学校	国家环保总局、教育部
甘州区沙井镇三号村	2007 年	全国绿色小康村	全国绿化委、中宣部、中央文明办、国家林业局
山丹县			
山丹县人民委员会	1958 年	农业先进县	国务院
山丹县东乐乡西屯村	2000 年 3 月	全国造林绿化千佳村	全国绿化委员会
山丹县南湖生态植物示范园	2006 年 9 月	AA 级旅游景区	国家旅游局
焉支山森林公园	2010 年 5 月	国家 AAAA 级旅游景区	国家旅游质量评定委员会
山丹县龙首山自然保护站	2010 年 11 月	国家生态文明教育基地	共青团中央、国家林业局、教育部、中国生态文化协会
民乐县			
民乐县人民委员会	1958 年	农业先进县	国务院
民乐县	1978 年	"三北"防护林体系建设先进县	国家林业部
民乐县农牧局	1990 年	"七五"期间优质产品基地建设先进单位	国家计委、农业部
民乐县六坝乡六南村	1996 年 3 月	全国造林绿化千佳村	全国绿化委员会
民乐县李寨乡创业村	1998 年 4 月	全国造林绿化千佳村	全国绿化委员会
民乐县李寨乡阎户村	2000 年 3 月	全国造林绿化千佳村	全国绿化委员会
临泽县			
临泽县平川乡人民政府	1979 年	农业战线全国先进单位	国务院
临泽县人民政府	1987 年	全国绿化先进单位	国家林业部
临泽县	1989 年	全国平原绿化县	国家林业部

续表

获奖单位	获奖时间	荣誉称号	颁奖机关
临泽县人民政府	1991 年 7 月	全国治沙先进单位	全国绿化委员会、林业部、人事部
临泽县林业局	1994 年 3 月	全国平原绿化先进单位	中华人民共和国林业部
临泽县	1995 年 3 月	全国造林绿化百佳县	全国绿化委员会
临泽县林业局	1996 年 3 月	全国绿化先进单位	全国绿化委员会、人事部、林业部
临泽县沙河镇沙河村	1996 年 3 月	全国造林绿化千佳村	全国绿化委员会
临泽县板桥中学	1996 年 3 月	全国青少年绿化祖国先进集体	全国绿化委员会、共青团中央、林业部
临泽县平川乡五里墩村林场	1996 年	全国乡村林场全面质量管理奖	国家林业部
临泽县沙河镇沙河村	1998 年 4 月	全国造林绿化千佳村	全国绿化委员会
临泽县鸭暖乡大鸭村	1998 年 4 月	全国造林绿化千佳村	全国绿化委员会
临泽县	2000 年 7 月	全国经济林建设示范县	国家林业局
临泽县	2001 年 7 月	中国名优特经济林枣之乡	国家林业局
临泽县林业局	2001 年 7 月	"三北"防护林体系建设先进集体	国家林业局
临泽县林业局	2002 年 6 月	全国防沙治沙先进集体	全国绿化委员会、人事部、国家林业局
临泽县	2007 年 9 月	全国绿色小康县	全国绿化委、中央宣传部、中央文明办、国家林业局
临泽县	2007年11月	全国绿化模范县	全国绿化委员会
临泽县	2007 年 1 月	全国 100 个经济林产业示范县	国家林业局
临泽县	2009 年 11 月	中国优质葡萄生产基地	中国果品流通协会

续表

获奖单位	获奖时间	荣誉称号	颁奖机关
临泽县第一中学	2010 年 4 月	全国绿化模范单位	全国绿化委员会
临泽县	2010 年 7 月	全国绿色食品原料标准化生产基地	中国绿色食品发展中心、国家农业部绿色食品管理办公室
高台县			
高台县人民政府	1985 年	全国绿化先进单位	全国绿化委员会
高台县人民政府	1986 年	"三北"防护林建设一期工程先进单位	国务院"三北"防护林建设领导小组、国家林业部
高台县人民政府	1988 年	全国造林绿化先进单位	全国绿化委员会
高台县人民政府	1991 年	全国绿化先进单位	国家林业部
高台县宣化乡贞号村	1996 年 3 月	全国造林绿化千佳村	全国绿化委员会
高台县骆驼城乡果树村	2000 年 3 月	全国造林绿化千佳村	全国绿化委员会
高台县黑泉乡林业站	2006 年	全国文明窗口单位	国家林业局
高台县合黎乡五一村	2007 年 3 月	全国绿色小康村	国家林业局
肃南裕固族自治县			
肃南裕固族自治县人民政府	1989 年	全国护林防火先进集体	国家林业部

第二节　省委、省政府表彰

一、市(地)及省属驻张单位获奖名录

表 8-3

获奖单位	获奖时间	荣誉称号	颁奖机关
张掖公路总段	1984 年	种草种树先进典型	中共甘肃省委、省人民政府
国营张掖农场	1984 年	种草种树先进典型	中共甘肃省委、省人民政府
张掖地区行政公署	1991 年 10 月	造林绿化先进单位	中共甘肃省委、省人民政府
张掖地区林果业研究所	1991 年 10 月	造林绿化先进单位	中共甘肃省委、省人民政府
张掖公路总段	1991 年 10 月	造林绿化先进单位	中共甘肃省委、省人民政府
国营张掖农场	1991 年 10 月	造林绿化先进单位	中共甘肃省委、省人民政府
张掖地区行政公署	1992 年	"两西"农业建设先进地区	甘肃省人民政府
张掖地区农业建设办公室	1992 年	"两西"农业建设先进服务单位	省人民政府
张掖祁连山水源涵养林研究所	1993 年 2 月	甘肃省学雷锋先进集体	中共甘肃省委、省人民政府、省军区
甘肃省轻工机械厂农场	1997 年 10 月	全省造林绿化先进单位	省人民政府
甘肃张掖祁连山水源涵养林研究院	2001 年 7 月	先进基层党组织	中共甘肃省委
张掖地区寺大隆林场	2001 年 10 月	全省半专业森林消防队建设先进单位	省护林防火指挥部

续表

获奖单位	获奖时间	荣誉称号	颁奖机关
河西学院	2003月12月	全省绿化先进单位	省人民政府
河西学院	2004月12月	甘肃绿化模范单位	省人民政府
张掖市寺大隆林场	2006月6月	全省先进基层党组织	中共甘肃省委
甘肃农垦张掖农场	2006年6月	甘肃省造林绿化先进单位	省人民政府
张掖市	2007年11月	甘肃园林城市	省绿化委员会
张掖市林业局	2008年3月	全省绿化模范单位	省人民政府
张掖市寺大隆林场	2008年3月	甘肃省绿化模范单位	中共甘肃省委、省人民政府
张掖市林业局	2008年12月	第九批省级精神文明建设工作先进行业	中共甘肃省委、省人民政府
93956部队	2008年	全省绿化模范单位	省人民政府
张掖市	2010年3月	甘肃绿化模范城市	省人民政府
张掖市林业局	2010年4月	省级文明单位	中共甘肃省委、省人民政府
张掖市人民政府机关事务管理局	2010年4月	甘肃绿化模范单位	省人民政府

二、各县(市)获奖单位名录

表8-4

获奖单位	获奖时间	荣誉称号	颁奖机关
甘州区(张掖县、市)			
张掖县碱滩公社普家庄大队	1982年	植树造林先进单位	中共甘肃省委、省人民政府
张掖县上三渠水管所	1984年	种草种树先进单位	中共甘肃省委、省人民政府
张掖市党寨乡人民政府	1991年10月	造林绿化先进单位	中共甘肃省委、省人民政府

续表

获奖单位	获奖时间	荣誉称号	颁奖机关
甘州区(张掖县、市)			
张掖市大满乡马均村委会	1991年10月	造林绿化先进单位	中共甘肃省委、省人民政府
张掖市环境保护局	1991年10月	造林绿化先进单位	中共甘肃省委、省人民政府
张掖市	1992年	"两西"农业建设先进市	省人民政府
张掖市林业局	1997年10月	全省造林绿化先进单位	省人民政府
张掖市面粉厂	1997年10月	全省造林绿化先进单位	省人民政府
张掖市财政局	1999年8月	全省发展农林特产培置地方财源先进地区	省人民政府
张掖市第四中学	2001年1月	全省创建绿色学校先进单位	中共甘肃省委
甘州区人民政府	2006年	甘肃绿化模范县（市、区）	省人民政府
甘州区红沙窝林场	2007年8月	甘肃省防沙治沙先进单位	省人民政府
山丹县			
山丹县马营河水管所	1991年10月	造林绿化先进单位	中共甘肃省委、省人民政府
山丹县农业建设办公室	1992年	"两西"农业建设先进扶贫组织	省人民政府
山丹县马营河流域管理处	1997年10月	全省造林绿化先进单位	省人民政府
山丹县南湖生态植物园	2010年4月	甘肃省绿化模范单位	省人民政府
民乐县			
民乐县	1988年	护林防火先进集体	省人民政府

续表

获奖单位	获奖时间	荣誉称号	颁奖机关
民乐县六坝乡人民政府	1991 年 10 月	造林绿化先进单位	中共甘肃省委、省人民政府
民乐县	1992 年	"两西"农业建设先进县	省人民政府
民乐县六坝林场	2008 年 3 月	2007 年度甘肃省绿化模范单位	省人民政府
临泽县			
临泽县人民政府	1982 年	植树造林先进单位	中共甘肃省委、省人民政府
临泽县平川人民公社五里墩大队	1982 年	植树造林先进单位	中共甘肃省委、省人民政府
临泽县板桥中学	1988 年	全省植树造林先进单位	省人民政府
临泽县平川乡五里墩村	1988 年 5 月	植树绿化先进集体	省人民政府
临泽县治沙试验站	1991 年 10 月	造林绿化先进单位	中共甘肃省委、省人民政府
临泽县板桥园林中学	1991 年 10 月	造林绿化先进单位	中共甘肃省委、省人民政府
临泽县鸭暖乡大鸭村委会	1991 年 10 月	造林绿化先进单位	中共甘肃省委、省人民政府
临泽县	1994 年 1 月	造林绿化先进县	省人民政府
临泽县林业局	1997 年 6 月	造林绿化先进单位	省人民政府
临泽县	1997 年 10 月	全省林果支柱产业十强县	省人民政府
临泽县平川乡人民政府	1997 年 10 月	全省造林绿化先进单位	省人民政府
临泽县林业局	2001 年 3 月	全省国土绿化先进单位	省人民政府
临泽县	2003 年 12 月	全省绿化模范先进县	省人民政府
临泽县林业局	2007 年 11 月	甘肃省防沙治沙先进单位	省人民政府

续表

获奖单位	获奖时间	荣誉称号	颁奖机关
高台县			
高台县	1982 年	植树造林先进单位	中共甘肃省委、省人民政府
高台县新坝人民公社新沟大队	1982 年	植树造林先进单位	中共甘肃省委、省人民政府
高台县			
高台县林业局	1983 年	植树造林先进单位	中共甘肃省委、省人民政府
高台县骆驼城乡前进村委会	1988 年	植树绿化先进集体	省人民政府
白龙江林管局河西综合开发局	1991 年 10 月	造林绿化先进单位	中共甘肃省委、省人民政府
高台县新坝乡人民政府	1991 年 10 月	全省绿化模范单位	省人民政府
高台县人民政府	1997 年 10 月	全省造林绿化先进单位	省人民政府
高台县巷道乡人民政府	1997 年 10 月	全省造林绿化先进单位	省人民政府
高台县	2010 年 4 月	2009 年度甘肃省绿化模范县	省人民政府
高台县林业局	2010 年	全省精神文明先进单位	省人民政府
肃南裕固族自治县			
肃南县林业局	1988 年 12 月	护林防火先进集体	省人民政府
肃南县隆畅河林场	1991 年 10 月	造林绿化先进单位	中共甘肃省委、省人民政府
肃南县明海土地开发区管理委员会	1997 年 10 月	全省造林绿化先进单位	省人民政府

第三节 省厅(局)级表彰

一、市(地)及省属驻张单位获奖名录

表 8-5

获奖单位	获奖时间	荣誉称号	颁奖机关
甘肃祁连山水源涵养林研究所	1990 年	甘肃省林业推广先进单位	省林业厅
张掖地区林业科学技术推广站	1991年1月	全省林业推广先进单位	省林业厅
张掖地区行署林业处	1991年4月	全省职工教育先进单位	省职工教育管委会、省劳动局
甘肃祁连山水源涵养林研究所	1991 年	甘肃"火炬杯竞赛"先进集体	共青团甘肃省委、省委组织部、省科委
甘肃祁连山水源涵养林研究所	1995年1月	全省林业职工思想政治工作优秀单位	省林业厅
张掖地区行署林业处	1995 年	全省林业知识竞赛第三名	省林业厅
张掖地区林果业研究所	1997 年 9 月	甘肃省林业科技工作先进单位	省林业厅
甘肃省祁连山水源涵养林研究所	1999 年 9 月	全省林业科技工作先进单位	省林业厅
张掖地区林果业研究所	2000 年 10 月	甘肃青年科技创新行动示范基地	共青团甘肃省委
张掖地区行署林业处	2002 年1月	2001 年度全省林业工作责任目标综合考核先进地区	省林业厅
张掖地区林果业研究所	2002 年 9 月	全省林业事业单位改革先进单位	省林业厅

续表

获奖单位	获奖时间	荣誉称号	颁奖机关
张掖市林业调查规划院	2003 年	全省森林分类区划界定先进单位	省林业厅
张掖市林业局	2004 年12 月	全省职工职业道德建设十佳单位	省总工会、省委宣传部、省精神文明建设指导委员会办公室
甘肃祁连山水源涵养林研究院	2004 年12 月	全省职工职业道德建设十佳单位	省总工会、省委宣传部、省精神文明建设指导委员会办公室
张掖市林业局	2005 年12 月	全省林业有害生物防治工作先进集体	省林业厅
森林病虫害防治检疫站	2005 年12 月	全省林业有害生物防治工作先进集体	省林业厅
张掖市林业局	2006 年4 月	甘肃省森林资源林政管理先进单位	省林业厅
张掖市林业科学研究院	2006 年10 月	甘肃省林业十大优秀科技示范园区(基地)	省林业厅
张掖市林业局	2006 年10 月	全省林业科技工作先进单位	省林业厅
张掖市林业局	2006 年10 月	全省退耕还林工程建设先进单位	省林业厅
张掖市林业调查规划院	2006 年	全省资源林政管理先进单位	省林业厅
张掖市林业局	2007 年1 月	全省林业工作综合考核先进单位	省林业厅
张掖市林业局	2008 年3 月	2007 年度全省林业工作综合考核先进单位	省林业厅
甘肃省祁连山水源涵养林研究院	2008 年5 月	全省引进国外智力工作先进集体	省人事厅

续表

获奖单位	获奖时间	荣誉称号	颁奖机关
张掖市林业科学研究院	2008年7月	省级青年文明号	共青团省委、省政府国有资产监管委员会、省劳动和社会保障厅
张掖市林业局	2008年12月	全省林业工作综合考核先进单位	省林业厅
张掖市林业局	2010年2月	2009年度林业工作责任目标综合考核先进单位	省林业厅
张掖市林业局	2010年12月	湿地保护工作先进单位	省林业厅
民乐县			
民乐县林业局	1988年	森林资源连续清查第一次复查先进单位	省林业厅
临泽县			
临泽县治沙试验站	1989年9月	全省治沙造林先进集体	省林业厅
临泽板桥乡妇女联合会	1996年2月	全省"三八绿色工程"活动先进集体	省林业厅、省妇女联合会
高台县			
高台县林业局技术推广站	1990年	林业科技推广先进单位	省林业厅
高台县森林病虫害防治检疫站	1995年	全省森林病虫害防治先进单位	省林业厅
高台县妇女联合会	1996年2月	全省"三八绿色工程"活动先进集体	省林业厅、省妇女联合会
高台县林业局	2006年	全省森林资源管理先进单位	省林业厅
肃南裕固族自治县			
肃南县祁丰林场	1982年	护林防火先进单位	省林业厅
肃南县祁丰自然保护站	1992年10月	保护区建设与野生动物管理先进集体	省林业厅

二、各县(市)单位获奖名录

表 8-6

获奖单位	获奖时间	荣誉称号	颁奖机关
甘州区(张掖县、市)			
张掖市西城驿林场	1989年9月	全省治沙造林先进集体	省林业厅
张掖市东大山自然保护区管理站	1992年10月	自然保护区建设和野生动物管理先进集体	省林业厅
张掖市林业局	1994年12月	机关档案管理省二级单位	省档案局
张掖市林业局	1995年9月	甘肃省林业知识竞赛第三名	省林业厅
张掖市和平乡妇联	1996年2月	全省"三八绿色工程"活动先进集体	省林业厅、省妇女联合会
张掖市林业局	1997年1月	1996年度全省林业工作综合考核先进单位	省林业厅
甘州区红沙窝林场	2002年9月	全省林业事业改革先进单位	省林业厅
山丹县			
山丹县森林病虫害防治检疫站	1995年	全省森林病虫害防治先进单位	省林业厅
山丹县东乐乡西屯村妇代会	1996年	全省"三八绿色工程"活动先进集体	省林业厅、省妇女联合会
山丹县林业局	2006年2月	全省退耕还林工程建设先进县(区)	省林业厅
山丹县林业局	2007年2月	全省退耕还林工程建设先进县(区)	省林业厅
民乐县			
民乐县林业局	1988年	森林资源连续清查第一次复查先进单位	省林业厅
民乐县大河口林区派出所	1990年2月	保护野生动物先进单位	甘肃省林业厅

续表

获奖单位	获奖时间	荣誉称号	颁奖机关
临 泽 县			
临泽县治沙试验站	1989年9月	全省治沙造林先进集体	省林业厅
临泽板桥乡妇女联合会	1996年2月	全省"三八绿色工程"活动先进集体	省林业厅、省妇女联合会
高 台 县			
高台县林业局技术推广站	1990年	林业科技推广先进单位	省林业厅
高台县森林病虫害防治检疫站	1995年	全省森林病虫害防治先进单位	省林业厅
高台县妇女联合会	1996年2月	全省"三八绿色工程"活动先进集体	省林业厅、省妇女联合会
高台县林业局	2006年	全省森林资源管理先进单位	省林业厅
肃南裕固族自治县			
肃南县祁丰林场	1982年	护林防火先进单位	省林业厅
肃南县祁丰自然保护站	1992年10月	保护区建设与野生动物管理先进集体	省林业厅
肃南县隆畅河林区派出所	1999年3月	全国林业公安基层建设先进单位	公安部政治部 林业部公安局

第四节 市(地)委、市政府(行署)表彰

一、市(地)及省属驻张单位获奖名录

表8-7

获奖单位	获奖时间	荣誉称号	颁奖机关
张掖地区行署林业处	1988年	张掖地区绿化先进集体	张掖地区行政公署
张掖军分区	1988年	张掖地区绿化先进集体	张掖地区行政公署

张掖市林业志

续表

获奖单位	获奖时间	荣誉称号	颁奖机关
甘肃省祁连山水源涵养林研究所	1990年12月	学雷锋先进集体	中共张掖地委、地区行政公署
张掖地区行署林业处	1991年	全区社会劳动保险、培训就业、劳服经济先进集体	张掖地区行政公署
张掖地区行署林业处	1991年1月	档案工作先进集体	中共张掖地委、地区行政公署
张掖地区行署林业处	1991年3月	支农联系点先进单位	中共张掖地委、地区行政公署
张掖地区行署林业处	1991年3月	培训工作先进集体	张掖地区行政公署
张掖地区林果业研究所	1991年3月	全区行业绿化先进单位	张掖地区绿化委员会
甘肃祁连山水源涵养林研究所	1993年3月	全区学雷锋先进集体	中共张掖地委、地区行政公署、军分区
张掖地区行署林业处	1995年	"二五"普法先进集体	中共张掖地委
张掖地区林果业研究所	1995年9月	群体活动先进单位	张掖地区行政公署
84892部队	1995年9月	行业绿化先进单位	张掖地区行政公署
张掖地区寺大隆林场石岗墩滩园林站	1995年9月	行业绿化先进单位	张掖地区行政公署
张掖地区建材总厂	1995年9月	行业绿化先进单位	张掖地区行政公署
甘肃祁连山水源涵养林研究所	1996年7月	全区先进基层党组织	中共张掖地委
张掖地区行署林业处	1997年1月	精神文明建设先进集体	中共张掖地委、地区行政公署
张掖地区行署林业处	1997年1月	扶贫工作先进单位	中共张掖地委、地区行政公署
甘肃祁连山水源涵养林研究所	1997年12月	组织实施"千名科技人才工程"中做出显著成绩的先进单位	中共张掖地委、地区行政公署

续表

获奖单位	获奖时间	荣誉称号	颁奖机关
甘肃祁连山水源涵养林研究所	1999年6月	先进基层党组织	中共张掖地委
张掖地区林业处	2001年1月	全面完成2000年度经济目标责任书先进单位	中共张掖地委、地区行政公署
张掖地区林果业研究所	2001年3月	全区造林绿化先进集体	张掖地区行政公署
张掖地区行署林业处	2002年	派出干部下基层先进单位	中共张掖地委
甘肃祁连山水源涵养林研究所	2002年3月	全区政治思想工作先进单位	中共张掖地委
张掖市林业局	2003年5月	2002年度综合目标管理责任书考核先进单位	中共张掖市委、市人民政府
张掖市林业局	2003年5月	营造发展环境工作先进单位	中共张掖市委、市人民政府
张掖市林业局	2004年1月	完成2003年度综合目标管理责任书任务先进单位获一等奖	中共张掖市委、市人民政府
张掖市林业局	2004年5月	2003年全市营造发展环境年活动先进集体	中共张掖市委、市人民政府
张掖市林业局	2005年1月	完成2004年度综合目标管理责任书先进单位一等奖	中共张掖市委、市人民政府
张掖市林业局	2006年3月	全市科普工作先进集体	中共张掖市委、市人民政府
张掖市林业科学研究院	2006年3月	园林化单位	张掖市绿化委员会
甘肃祁连山水源涵养林研究院	2006年3月	园林化单位	张掖市绿化委员会
张掖市森林病虫害防治检疫站	2006年	全市科普工作先进集体	中共张掖市委、市人民政府

续表

获奖单位	获奖时间	荣誉称号	颁奖机关
张掖市林业局	2006 年 10 月	市一届人大代表建议办理工作先进单位	张掖市人大常委会
张掖市林业局	2007年3月	全市造林绿化工作先进单位	中共张掖市委、市人民政府
张掖市寺大隆林场	2007年3月	全市造林绿化工作先进单位	中共张掖市委、市人民政府
张掖市林业局	2008年2月	苹果蠹蛾疫情防控工作先进集体	张掖市人民政府
张掖市寺大隆林场	2008年2月	苹果蠹蛾疫情防控工作先进集体	张掖市人民政府
张掖市林业局	2008年3月	张掖市平安单位	中共张掖市委、市人民政府
张掖市林业局	2008年3月	2007 年度工作责任目标先进单位	中共张掖市委、市人民政府
张掖市林业局	2008年4月	领导班子思想政治建设"五个好"单位	中共张掖市委
甘肃省祁连山水源涵养林研究院	2009年8月	全市思想政治工作先进集体	中共张掖市委
张掖市寺大隆林场	2009年12月	全市护林防火工作先进单位	张掖市人民政府
张掖市林业局	2010 年 12 月	全市人才工作先进集体	中共张掖市委、市人民政府
张掖市林业局	2010 年 12 月	全市依法行政先进单位	张掖市人民政府

二、各县(市)单位获奖名录

表 8-8

获奖单位	获奖时间	荣誉称号	颁奖机关
甘州区(张掖县、市)			
张掖县林业局	1985 年 3 月	张掖地区农业科技工作先进集体	中共张掖地委、地区行政公署
张掖市东大山自然保护区管理站	1986年10月	护林防火先进单位	中共张掖地委、地区行政公署
张掖市东大山自然保护区管理站	1995年9月	行业绿化先进单位	张掖地区行政公署
张掖检察分院	1995年9月	行业绿化先进单位	张掖地区行政公署
张掖市石岗墩园林场	2001年3月	全区造林绿化先进集体	张掖地区行政公署
张掖市林业局	2001年6月	地级"卫生模范单位"	张掖地区爱国卫生运动委员会
张掖市苗圃	2001年6月	地级"卫生模范单位"	张掖地区爱国卫生运动委员会
甘州区林业局	2007年3月	全市造林绿化先进单位	中共张掖市委、市人民政府
甘州区兔儿坝植被管护站	2007年3月	全市造林绿化先进单位	中共张掖市委、市人民政府
甘州区红沙窝林场	2007年3月	市级文明单位	中共张掖市委、市人民政府
甘州区东大山自然保护区管理站	2007年3月	市级文明单位	中共张掖市委、市人民政府
甘州区兔儿坝植被管护站	2007年3月	市级文明单位	中共张掖市委、市人民政府
甘州区红沙窝林场	2007年3月	市级文明单位	中共张掖市委、市人民政府

续表

获奖单位	获奖时间	荣誉称号	颁奖机关
甘州区西城驿林场	2009年2月	市级文明单位	中共张掖市委、市人民政府
甘州区西城驿林场	2009年8月	全市思想政治工作先进集体	中共张掖市委
东大山自然保护区管理站	2009年12月	护林防火先进单位	张掖市人民政府
山 丹 县			
山丹县水电局	1986年3月	城镇绿化先进单位一等奖	张掖地区绿化委员会
甘肃省山丹焦化厂	1986年3月	城镇绿化先进单位二等奖	张掖地区绿化委员会
甘肃省山丹煤矿	1986年3月	城镇绿化先进单位二等奖	张掖地区绿化委员会
中国人民解放军87230部队	1986年3月	城镇绿化先进单位二等奖	张掖地区绿化委员会
张掖地区山丹化工厂	1988年	张掖地区绿化先进集体	张掖地区绿化委员会
山丹县位奇乡卢堡村	1988年	张掖地区绿化先进集体	张掖地区绿化委员会
山丹县林业局	1993年10月	护林防火先进单位	张掖地区护林防火指挥部
山丹县马营河流域水管处	1995年9月	行业绿化先进单位	张掖地区行政公署
中国人民解放军87230部队	1995年9月	行业绿化先进单位	张掖地区行政公署
山丹县大黄山林场	2001年3月	全区造林绿化先进集体	张掖地区行政公署
山丹县大黄山林场	2008年3月	先进基层党组织	中共张掖市委、市人民政府
民 乐 县			
民乐县	1988年	张掖地区绿化先进集体	张掖地区绿化委员会
民乐县六坝林场	1988年	农林牧先进集体	张掖地区行政公署
民乐县沙生植被保护站	1988年	林业科技工作先进集体	张掖地区行政公署
民乐县李寨乡闫户村	1988年	张掖地区绿化先进集体	张掖地区绿化委员会
民乐县大都麻水管处	1988年	张掖地区绿化先进集体	张掖地区绿化委员会

续表

获奖单位	获奖时间	荣誉称号	颁奖机关
民乐县人大常委会	1995 年 9 月	行业绿化先进单位	张掖地区行政公署
民乐县邮电局	1995 年 9 月	行业绿化先进单位	张掖地区行政公署
民乐县童子坝水管所	1995 年 9 月	行业绿化先进单位	张掖地区行政公署
民乐县顺化乡供销社	1995 年 9 月	行业绿化先进单位	张掖地区行政公署
民乐县大河口林场	2001 年 3 月	全区造林绿化先进集体	张掖地区行政公署
民乐县林业局	2001 年	2000 年目标责任书考核一等奖	张掖地区行政公署
民乐县林业调查规划队	2007 年 2 月	造林绿化工作先进单位	中共张掖市委、市人民政府
临泽县			
临泽县平川乡五里墩村	1988 年	张掖地区绿化先进集体	张掖地区绿化委员会
临泽县建设银行	1996 年 9 月	行业绿化先进单位	张掖地区行政公署
驻军某部	1996 年 9 月	行业绿化先进单位	张掖地区行政公署
临泽县板桥乡西湾村	2001 年 3 月	全区造林绿化先进集体	张掖地区行政公署
临泽县林业局	2001 年 3 月	全区造林绿化先进集体	张掖地区行政公署
高台县			
高台县	1988 年	张掖地区绿化先进集体	张掖地区绿化委员会
高台县骆驼城乡前进村	1988 年	张掖地区绿化先进集体	张掖地区绿化委员会
高台县水电局	1988 年	张掖地区绿化先进集体	张掖地区绿化委员会
高台县水利局	1996 年 9 月	行业绿化先进单位	张掖地区行政公署
迭部林业局河西综合开发公司	1996 年 9 月	行业绿化先进单位	张掖地区行政公署
洮河林业局高台开发公司	1996 年 9 月	行业绿化先进单位	张掖地区行政公署
高台县林业局	1998 年 1 月	1997 年目标责任书考核二等奖	张掖地区行政公署
高台县骆驼城乡人民政府	2001 年 3 月	全区造林绿化先进集体	张掖地区行政公署
高台县林业局	2007 年 3 月	全区造林绿化先进集体	中共张掖市委、市人民政府

续表

获奖单位	获奖时间	荣誉称号	颁奖机关
高台县林业局	2008 年 2 月	苹果蠹蛾疫情防控工作先进集体	张掖市人民政府
高台县林业局	2009 年	市级文明单位	中共张掖市委、市人民政府
高台县林业局	2009 年 8 月	思想政治工作先进集体	中共张掖市委
高台县林业局	2009 年 12 月	全市护林防火先进单位	张掖市人民政府
肃南裕固族自治县			
肃南县人民政府	1986 年 10 月	护林防火先进单位	张掖地区行政公署
肃南县人民政府	1987 年 10 月	护林防火先进单位	张掖地区行政公署
肃南县林业局许三湾股份制园林站	1996 年 9 月	行业绿化先进单位	张掖地区行政公署
肃南县委办公室三个墩农场	2001 年 2 月	全区造林绿化先进集体	张掖地区行政公署
肃南县明华乡政府	2007 年 3 月	全区造林绿化先进集体	中共张掖市委
肃南县大河乡	2009 年 12 月	全市森林防火先进单位	张掖市人民政府
肃南县马蹄林场	2009 年 12 月	全市森林防火先进单位	张掖市人民政府

第二章 人物传

唐太宗说:"以铜为鉴,可正衣冠;以人为鉴,可明得失;以史为鉴,可知兴替。"在张掖林业发展史上,涌现出无数可歌可泣的人物,成为今天学习的楷模。民国以前,5人获林业功勋称号;中华人民共和国成立以来,55人获国家部委领导机关表彰奖励。

第一节 民国以前人物

苏宁阿

奉天镶白旗人,副鸟枪护军参领,兼世袭云骑尉。乾隆三十二年(1767年)任甘州大马营游击。乾隆43年(1778年)任甘州守营参将。嘉庆初年升任甘肃提督(驻张掖)。在张掖,重视保护黑河源头。当时,陕西商人意在黑河发源地八宝山开发铅矿,苏宁阿当即带人到八宝山考察,见松柏成林,一望无际,树干粗达数围,都是百年以上的古木,树冠上积雪皑皑,寒气袭人,在阳光照耀下,珠滴玉溅,细水下泻,汇为巨流,奔腾出山,感慨地说:"黑河之源,是甘州百姓的生活之源,岂能让人开山破坏森林,断送资源。"于是上奏朝廷,嘉庆下旨禁伐祁连山森林,以保水源。苏宁阿即收集民间废铁近万斤,铸碑上书"伐树一株者斩",立于八宝山麓。同时还写了《八宝山来脉说》《八宝山松林积雪说》《引黑河水灌溉甘州五十二渠说》,阐述保护黑河源头的重要意义,并绘制黑河与五十二渠图。苏宁阿离任时,张掖人民聚集街头,拦住马头,以示眷恋之情。离任后,为其修建生祠。

左宗棠

（1812年—1885年）字季高，湖南南阴人。清同治五年（1866年）调任陕甘总督。其时沙俄扶植中亚浩罕国军事头目阿古柏侵占新疆伊犁、迪化（今乌鲁木齐）、和田。同治十二年七月（1873年），左宗棠奉命西征，驻军张掖、酒泉等地。其间，左氏组织军民修筑扩建河西粮道，道宽3丈—10丈，路旁遍植杨柳，时人称之为"左公柳"，诗赞："新栽杨柳三千里，引得春风度玉关。"在张掖组织民众开渠7道，修复马子渠56里，灌田387公顷，恢复和新建私塾和义学4所，造福张掖人民。邑人建左公祠，左氏不允，后改建为"甘州南华书院"。左氏在甘州严禁种植罂粟。设立义仓，时捐得小麦1027石，分储本城、六坝、南古和洪水4仓。光绪元年（1875年），左宗棠以钦差大臣督办新疆军务，将甘州军粮组织西运至肃州、敦煌以备进军新疆之用。次年左宗棠平定阿古柏之乱，收复迪化、和田等地。卒后谥为"文襄"。

穆国琠

江苏苏州人。原任南宁（今广西南宁市）知府，既而罢任。雍正十年（1732年）五月，由大学士鄂尔泰保举，受命往陕西委用屯田效力。随后，任高台县主簿。史载，穆国琠昔日镇守商埠重镇，朱节金印，绯衣如火，而后万里漂泊，深感人间沧桑。虽然功民成灰，但思涓埃未报，不能虚度。依然自备口粮，不领奉金，来到高台，负责三清湾（今南华一带），屯田开发，监管柔远堡水利。当时的三清湾，"绝无人烟，山皆沙积，地尽碱土不毛"，开垦非常困难。新垦300余公顷荒地，由于盐碱严重，播种后不能全苗或禾苗不能秀发。穆国琠在总结当地经验的基础上，认为关键应注意灌水方法，"验苗查土，各因其性，迟早有定候，多少有定准，稍不经意，则黍禾受伤"。并提出一套完整的灌水规程，为治理盐碱打下基础。新开的三清渠须过沙漠区，风沙常淤塞渠道，沙堤又易被水冲决。经穆国琠设计采取渠旁砌逼水墩、渠岸插柳等措施防风固渠。逼水墩用柳桩、土堡砌成,均可发芽生根,使渠岸坚固。渠两岸植杨柳 2000 余株,绿树成荫,其业绩为当地世代人民所称颂。

冯玉祥

（1882 年—1948 年）近代著名的爱国将领和民主战士。在他戎马倥偬的岁月里,冯军所到之处,他总是要植树造林或兴修水利、垦荒种田。1925 年 8 月,冯玉祥以西北边防督办兼任督办甘肃军务善后事宜,命他的第二师师长刘郁率部入甘,冯军驻兰的第二年,就参与了"中山林"的营造工程。冯玉祥将军对他权力所及的河南、陕西、甘肃三省,要求各县栽树面积不得少于 20 公顷。尽管有许多县未能如数完成,但还是多少栽了一些树。冯玉祥将军喜欢写白话诗,自称"丘八诗",1926 年屯兵徐州后,率领官兵植树造林,并为了保护树木免遭破坏,写了一首护林诗,公布于众:"老冯驻徐州,大树绿油油,谁砍我的树,我砍谁的头。"1928 年春,他又编写了一首名叫《不踏田苗爱护树木》的诗歌,歌词全文如下:"一切衣食全赖此,这事须认清。春来田禾正发旺,行路要当中,大家不把田苗踏,民众到处都欢迎。森林,森林,关系实业最为深,筑房造器与烧燃,利赖在军民。春来万树皆发长,伤皮如伤根,愿我同志齐爱护,随时随地要留心。"在甘肃河西,民间还流传着这样一个故事,有顽民偷砍了祁连山森林,冯军所部将其抓获后,砍下其头,悬挂在高台县县城城门上方数日,以警示毁林者。此事在地方史志虽无记载,但成为流传甚广的历史佳话。冯玉祥将军在烽火四起的战乱年代里,一贯重视和倡导植树造林,也身体力行,为后人做出了榜样,作为一个旧时代的将军,书写了一段植树护树的青史。

杨如桂

（1894—1941 年）字海汀,民乐县宗家寨人。民国初年毕业于金山书院,品学兼优,热心教育和公益事业,在地方私塾执教多年。民国初年,海潮坝东西两坝人民为了保护水源涵养林,决定把海潮坝下游的"社稷坛",搬迁到海潮坝山口,命名"保林公所",公推杨如桂为"公德主",杨不辞劳苦,劝捐募化,不到一年,修建竣工。民国二十五年(1936年)任民乐县二区区长,一年后,告归务农。民国三十年(1941年)海潮坝护林废弛,森林大遭摧残,杨如桂不忍坐视,组织地方群众于4月25日入山护林。不料毁林者近百人,围打护林人员,杨明知危险,毫不惧怕,堵住山口,与凶徒搏斗,终因人少力单,被当场杀害,时年47岁。海潮坝东西两坝人民怀念杨如桂护林有功,在"保林公所"修建了"杨公祠"世代纪念。

第二节　中华人民共和国成立以来人物
（按出生年月为序）

王　贵

　　男,汉族,1916年8月出生。甘肃民乐县六坝镇王官寨村村民,初中文化程度。1951年,祁连山林务处民乐马蹄寺森林管理站选调他到祁连山五大山口(扁都口、大河口、海潮坝口、小都麻口、大都麻口)义务巡山护林,铁面无私,护林有功。1955年,民乐县林业工作站派他到北部滩创办社办集体林场,组建3人领导小组,任组长,后任场长。他扎根沙漠戈壁,带领30多人白手起家,住地窝、啃干粮,艰苦创业,治理风沙。在干旱缺水、生活十分困难的条件下,一心扑到治沙造林事业上,以场为家,克服种种困难,在荒漠戈壁建起了全区第一个社办集体林场。三年完成治沙造林面积200多公顷,育苗40公顷。率先引进山楂、苹果、杏树、核桃、葡萄等果树并试栽成功,建立成片果园100余公顷。受到各级领导和乡村群众的高度赞扬。1957年2月18日,光荣出席全国首届农业劳动模范表彰会议,被国务院授予"全国劳动模范"称号,受到毛泽东主席、周恩来总理等中央领导的亲切接见,并合影留念。

　　60年代林场造林面积达到1000余公顷。其间,乱砍滥伐树木成风,他带领场员和亲戚朋友日夜护林,在夜晚零下30多度的寒风中巡查,与盗木者进行坚决的斗争,保住了林场。为防止他人偷砍林木,他坚持日夜守护林场,老伴生病也未敢离开岗位,直至去世也未见一面。他对职工关怀无微,不论谁生病,亲自陪护。一次,一位同志住院手术,他为其输血。他在乡林场一干就是 25 年,吃苦耐劳,积劳成疾。直到 1979 年眼睛看不清时,才向六坝公社提出卸任请求,林场交由大儿子王大文、小儿子王大武接任管护和治理。他先后多次受到省、地、县的表彰奖励。1984 年 2 月因病逝世。

郭　普

　　男,汉族,1917 年 10 月出生。甘肃秦安县人。无党派人士。1941 年毕业于金陵大学,曾在省立兰州高级农业职业学校、农业改进所供职。中华人民共和国成立后,曾任张掖农业学校教员、校长,张掖中学副校长兼教导主任,张掖专署农林牧局安西林校、张掖农业专科学校教员。1961 年 10 月起,历任省民勤治沙试验站站长、副研究员,省治沙研究所所长,省林业厅科技委员会副主任兼秘书长,省林业技术推广总站技术顾问兼省干旱造林中心主任,省林业厅研究员等职。是省政协第五、六届委员会委员,中国地理学会沙漠分会第一、二届常务理事,国家科技委员会林业专业组成员,林业部全国高等林业院校治沙专业教材编审委员会委员,省委科技领导小组科技规划办公室专家顾问组成员,省政府农业科技咨询委员会委员,省自然科学研究人员高级职务评审委员会委员,省农业区划委员会地级区划验收组成员,省植物学会名誉理事,《甘肃农民报》农业科技顾问。1990 年 9 月离休。主持的科研项目获全国科技大会奖 1 项,省(部)级科技进步三等奖 3 项,主编、参编各种科技著作 16 部(项),在各级期刊发表论文多篇。1985 年中国林学会为其颁发《从事林业工作五十年荣誉证书》,1989 年获甘肃省“劳动模范”、1991 年获“全国治沙劳动模范”等称号。1994 年 5 月病逝,享年 78 岁。

史三朝

男,汉族,1921年6月出生,小学文化程度,山丹县李桥乡高庙村人。中共党员。1976年开始从事护林工作,承担本村林场和李桥水库以下马营河滩40多万株林木的管护任务。在长期的护林工作中认真负责,敢于向破坏林木的不良行为作斗争;坚持长年在林场植树造林,绿化荒漠河滩,人们称他为绿色林木的"守护神"。1982年被中共甘肃省委、省人民政府授予"全省绿化护林先进个人"。1986年7月病故。

董存友

男,汉族,1924年2月出生。陕西省陇县人。九三学社社员。1947年6月毕业于国立西北农业专科学校森林科,大专文化程度。高级工程师。1947年6月至1950年2月在国立西北农业专科学校森林科任助理员;1950年3月至1951年2月在甘肃省人民政府农林厅林业科工作;1951年3月至1954年7月任省农林厅酒泉防沙林站站长;1954年8月至1959年6月在酒泉专员公署、张掖专员公署林业局工作;1959年7月至1984年2月在张掖地区农科所、地区试验苗圃、地区林科所工作,任所长。主持完成国家和省级科研课题6项,获国家、林业部科技进步一、二、三等奖3项,省科技进步一等奖1项,省林业科技进步三、四等奖2项。1984年获中国林学会"劲松奖"。省林业厅科学技术委员会委员;甘肃省林学会第三届理事会理事;张掖地区林学会筹委会理事长,第一、二届理事会副理事长、理事长。参加《甘肃森林》及《甘肃省志·林业志》编辑与部分志稿撰写工作。1984年退休。2002年1月病故。

刘生勤

　　男,汉族,1925 年 3 月出生。甘肃省永昌县人。林业工程师。1949 年 9 月参加革命工作。1941 年至 1944 年在四川成都黄埔军校受训,1945 年至 1949 年 9 月任新疆七师班长、排长、副连长,1950 年 1 月至 1952 年 12 月在中国人民解放军二十七师七十九团师直农场任连长、队长,1953 年 1 月至 1954 年 1 月在二十七师农林科任科员,1954 年 2 月至 1956 年 12 月在新疆八一农学院学习,1956 年 12 月至 1962 年 5 月任甘肃省林业局造林科科员,1962 年 6 月至 1988 年 1 月任张掖地区五泉林场副场长。1988 年 2 月离休,享受县级待遇。1984 年获中国林学会"劲松奖"。1991 年 9 月病故。

杨万华

　　男,汉族,1928 年 9 月出生。云南省宜良县人。中共党员。高级农艺师。1955 年 7 月毕业于西南农学院园艺系,大学学历。1955 年 8 月至 1956 年 8 月在张掖农场任技术员,1956 年 8 月至 1992 年 8 月先后在张掖地区农业局园艺站、林业站工作。兼任中国园艺学会张掖地区分会理事长,甘肃省园艺学会、中国园艺学会理事。主持承担科研课题 13 项。

获省科技进步三等奖 1 项,市(地)科技进步(推广)一、二、三等奖 3 项。发表论文 30 多篇,参与编写出版专业技术著作 6 部。从事园林工作 30 多年,为张掖园林事业发展做出了突出贡献,被当地农民称为"活财神"。曾多次被地委、地区机关工委,地区农业局表彰为"优秀共产党员"。1984 年 12 月被中共甘肃省委、省政府授予"种草种树先进典型"荣誉称号,1990 年 12 月获甘肃省"星火计划"一等奖,1991 年 12 月获国家"星火计划"二等奖,1998 年 2 月被中国国际名人协会学术委员会、评审委员会编入《中华人物辞海》(当代文化卷)。1992 年 10 月退休。2010 年 5 月病故。

谢进邦

　　男,汉族,1930 年 2 月出生。甘肃高台县黑泉乡九坝村人,小学文化程度,中共党员。1949 年至 1981 年担任高台县黑泉公社九坝大队党支部书记。期间组织发动群众开展治沙造林 1000 余公顷,成效显著。1963 年被甘肃省人民委员会评为"治沙造林先进个人"。2006 年 5 月病故。

张威铭

　　男,汉族,甘肃甘州区人。生于 1931 年 7 月。中共党员。林业高级工程师。1953 年 8 月毕业于张掖农校。1953 年 8 月至 1956 年 8 月在张掖农校任教,1956 年 9 月至 1960 年 9 月在西北农学院学习,1960 年 10 月至 1963 年 1 月在国家林业部森林病理进修班学习,1963 年 1 月至 1971 年 11 月在国家林业部保护司工作,1971 年 11 月至 1982 年 3 月调任张掖地区林科所副所长,1982 年 4 月至 1992 年 2 月任张掖地区林木病虫检疫防治站副站长、站长。兼任张掖地区林学会第一、二届理事会秘书长,第三届理事会副理事长、秘书长。在森林病虫害防治研究方面独树一帜,主持完成防护林病虫防治科研项目 10 多项,获地(厅)级以上项目 10 项。在国内外期刊发表学术论文 20 余篇,编著出版科技著作 3 部。主编出版的《甘肃林木病虫图志》第一集被省委、省政府评为优秀图书。1963 年被国家林业部授予"先进工作者",1984 年 3 月获中国林学会"劲松奖",1990 被中共甘肃省委、省人民政府授予"全省农业科技推广先进个人"荣誉称号。1992 年 2 月退休。2005 年 11 月病故。

白生录

　　男,汉族,1932 年 9 月出生,甘肃酒泉县人。中共党员,高级工程师。1957

年9月毕业于西北农学院林学系,大学学历。1957年9月至1965年8月,任张掖专署林业局、农林牧局技术员,1965年9月至1969年4月任张掖地区林业试验站技术员,1969年5月至1970年2月在张掖地区五七干校劳动学习,1970年3月至1978年7月任张掖地区森林管理局技术员,1978年8月至1980年12月任张掖地区农林牧局林业站副站长,1981年1月至1983年12月任地区林业局造林科副科长,1984年1月至1993年10月任行署林业处副总工程师。1986年4月至6月在北京林学院干部训练班学习结业。兼任中国林学会甘肃省张掖地区分会筹备会、第一至四届理事会副理事长。1984年获中国林学会"劲松奖"。主持完成的"张掖灌溉农业区农田防护林防护效益的研究"课题,1986年获省林业科技进步三等奖;"张掖地区农业区划"1988年获省林业科技进步二等奖。1993年10月退休。2002年4月病故。

王修德

男,汉族,1935年6月出生。甘肃民乐县人。林业工程师。中共党员。1953年6月至1956年5月在甘肃省张掖农业学校森林科读书。1956年5月参加工作。1962年2月至1965年2月在建工部七局四公司工作;1965年3月1966年10月在祁连山林业局大河口林场工作;1966年至1973年在寺大隆林场工委会工作;1974年至1976年在原张掖地区森管局

森林调查队工作;1977年至1979年在原张掖地区森管局祁连林场工作;1980年至1982年10月在张掖地区寺大隆林场工作;1982年11月至1984年5月在张掖地区森林总场寺大隆林场任技术员;1984年6月至1996年9月在张掖地区林业勘察设计队工作,先后任张掖地区林业勘察设计队副队长、队长。1991年获国家林业部"三北"防护林体系二期工程建设(中期)先进工作者。1996年10月退休。2007年4月病故。

杨景铭

男,汉族,1935年12月出生。甘肃甘州区人。林业工程师。中共党员。1956年4月毕业于张掖农校,是年5月被分配到兰州市段家滩林野调查队工作。1962年9月至1963年3月在张掖县九龙江林场担任技术干部。1963年4月调张掖县农林牧局工作,先后担任技术干部、林业工作站副站长等职务。1980年12月任张掖县林业局副局长,1984年2月至1993年3月先后任张掖县(市)林业局局长。1993年被全国绿化委员会授予"全国造林绿化奖章"。1995年12月退休。2006年11月病故。

冯学诗

男,汉族,生于1946年6月。甘肃甘州区小满乡大柏闸村人。1970年8月被张掖市劳动局招工,在东大山保护站参加工作。1995年11月11日,在护林防火巡山查林途中,为保护林区内野生动物,制止不法分子违法狩猎行为,不幸被犯罪分子枪杀殉职。1997年5月,经省民政厅甘民优复字〔1997〕8号文件批准冯学诗为"革命烈士"。被全国绿化委员会、林业部选入全国造林绿化功臣碑。

刘 兵

男,汉族,1947年10月出生。甘肃临泽县人。中共党员。1974年7月至1975年8月任共青团临泽县委书记,1992年2月至1995年2月任临泽县林业局局长。1995年3月任临泽县农业委员会主任。1995年1月被全国绿化委员会授予"全国造林绿化奖章"荣誉称号。2006年1月病故。

792

金七斤

男、汉族,生于 1948 年 8 月。甘肃甘州区上秦镇金家湾村人。1964 年 3 月参加工作。在甘州区九龙江林场从事造林、护林工作 38 年,贡献突出。1995 年被全国绿化委员会授予"全国造林绿化奖章",多次被张掖县(市)林业局、张掖市林业局、九龙江林场评为先进工作者。2002 年 2 月退休。2010 年 9 月病故。

刘积宝

男,汉族,1948 年 11 月生。甘肃山丹县清泉镇祁店村人,初中文化,中共党员。曾任该村党支部书记。自 1972 年任村干部后,带领群众开展苗木培育,实施植树造林。至 1990 年,全村出圃苗木 13 万株,植树造林保存 17 万株,绿化各级渠道 22 条 5000 多米,道路 4 条 3000 多米,植农田林网 31.33 公顷,成片造林 4.67 公顷,定植果园 13.33 公顷。全村 1688 人,人均有树木 101 株,户均有果树 19.4 株,林木覆盖率达 18.5%。1991 年,被省人民政府授予"全省造林绿化先进个人"。1997 年 3 月病故。

第三章　人物录

中华人民共和国成立以来,在张掖林业建设中涌现出大批先进人物。获国务院、国家部委表彰的林业劳模、先进工作者、全国绿化奖章获得者40余人次,获省委、省政府表彰的林业劳模、先进工作者70多人次;获市地、厅级表彰的先进个人200余人次。

第一节　先进人物

（按出生年月为序）

王得栋

男,汉族,1930年6月出生。甘肃高台县人。中共党员。林业工程师。1953年1月毕业于张掖农校,中专学历。1953年1月至1992年11月在张掖地区五泉林场工作,扎根基层40余年。曾任临泽苗圃(五泉林场前身)主任,五泉林场作业站站长、生产股长、工会主席等职。曾兼任五泉林校教师,甘肃省科学技术协会会员,中国林学会会员,报道其先进事迹的《欢乐长留绿树间》在1990年8月7日《中国林业报》登载。1985年3月被中共张掖地委、张掖地区行政公署授予"植树造林先进个人";1989年9月被省林业厅授予"全省治沙工作先进个人";1990年12月被中共张掖地委、张掖地区行政公署授予"学雷锋活动先进个人";1991年3月获中国林学会"劲松奖"荣誉称号。1992年11月退休。

谢成贵

男,汉族,1930年11月出生。甘肃临泽县人。高中文化程度。中共党员。曾任临泽县平川镇三一村林场场长。1972年被甘肃省革命委员会授予"农业先进个人",1991被全国绿化委员会、国家林业部授予"治沙劳动模范"荣誉称号,1996年被全国绿化委员会、国家林业部选入全国绿化功臣碑。

曹明礼

男,汉族,1932年8月出生。甘肃甘州区人。毕业于甘肃省张掖师范,中专学历。1951年6月参加工作。1988年6月取得会计职称。1951年7月至1963年12月,先后在原张掖县大满完校、大满区政府、县人委办公室、黑河三干渠工委会、张掖县水利局从事会计工作。1964年1月至1969年11月在张掖机械林场、十里行宫林场担任财务会计工作。1984年1月至1992年12月在张掖市(今甘州区)林业局任会计。1989年3月被国家财政部授予"财务工作三十年特殊贡献奖"荣誉称号。1992年12月退休。

郭瑞儒

男,汉族,生于1934年5月。甘肃甘州区碱滩镇永星村农民。中共党员。1999年8月取得"农民园艺助理技师"职称。1998年8月至2010年任碱滩镇永星村果树协会会长。1997年至2010年,全村果园面积发展到200公顷,林果总收入达1000万元以上,成为有名的"林果之村"。2007年9月被全国绿化委、中宣部、中央文明办、国家林业局授予"全国绿色小康户"称号,2006年获"甘州区造林绿化先进个人"等荣誉称号。

闫双印

男,1934年7月出生。河南新野县人。中共党员。林业工程师。1958年7月张掖农校造林专业毕业后,分配到民勤防沙林试验场任技术员。1959年7月调张掖专署林业局造林科工作。后相继在张掖专署农林牧局、张掖地区林业局工作。1974年至1979年先后担任地区林业站副站长、站长,1980年后先后担任张掖地区林业局办公室主任、人事科、造林科(业务科)科长,1993年1月任林业局副县级调研员。曾多次受到上级表彰奖励。1986年被中共甘肃省委、省政府评为"全省造林绿化先进个人"荣誉称号,1989年被全国绿化委员会授予"全国造林绿化奖章"荣誉称号。1994年退休。

尚三多

男,汉族,1934年7月出生。陕西西安市人。中共党员。1955年毕业于西安畜牧学校。先后任高台县林业工作站站长,高台县林业局副局长、局长。1992年调祁连山国家级自然保护区管理局任祁连山养鹿集团公司副经理(副县级)。1994年4月任副县级调研员。1991年12月被全国绿化委员会、林业部、人事部授予"全国造林绿化劳动模范"荣誉称号,1996年入选"全国造林绿化功臣碑"。1994年11月退休。

米占山

男,汉族,1935年2月出生。甘肃民乐县人。中共党员。1953年1月在民乐苗圃参加工作。1956年9月至1958年7月在甘肃省林业学校学习。1958年8月至1960年8月先后在民乐县林业站、山丹县农林局工作,1960年9月调山丹县大河口林场任技术员,1980年10月调祁连山水源涵养林研究所工作。1996年退休。从事林业工作43年,把毕生精力奉献于张掖的林业建设。1983年,他率先在塔尔沟祁连圆柏树下发现由圆柏种子长出的小苗。由此精选圆柏种子，经过反复浸湿、沙埋、窖藏，终于育出小苗。1990年8月经省林业厅和张掖地区科委列项，主持"祁连圆柏育苗、造林及果实害虫生活习性和综合防治研究""圆柏嫩枝扦插育苗技术"，填补国内空白。在塔尔沟主持引种驯化各类苗木20多种，成功的有华北落叶松、日本落叶松、天山落叶松和疣枝桦、天水红桦、白桦等。他在引种培育松桦的同时，还培育出适宜祁连山自生自长的灌木20余种，有山桃、沙棘、冰川茶藨子、绣线菊、金露梅、银露梅、圣柳、沙地柏、扎毛锦鸡儿、甘青锦鸡儿、窄叶锦鸡儿、红桃等。先后获中国林学会第一届劲松奖、省林业厅科技进步奖、中共张掖地直机关委员会"优秀共产党员"等荣誉。

李春茂

　　男，汉族，1936年3月出生。甘肃兰州市人。林业工程师。中共党员。1954年8月毕业于兰州农校，中专学历。1954年9月至1957年12月任临泽县农技站助理技术员，1958年1月至1961年12月在张掖地区农林牧局农业科工作，1962年至1987年1月在临泽县林业局工作（1981年5月至1983年12月任临泽县林业局副局长，1984年1月任临泽县林业局局长），1987年2月至1989年10月任临泽县科协主席，1989年11月任临泽县政协主任科员。1981年被省委、省政府授予"全省农业科技先进工作者"荣誉称号。1990年6月退休。

傅辉恩

　　男，汉族，1937年3月出生。四川仁寿县人。大学学历。高级工程师。1978年参加甘肃省张掖祁连山水源林研究所筹建并主持工作，1979年至1988年任所长。兼任中国林学会张掖地区分会第一、四届理事会副理事长。长期从事林业科学研究，其成果《全国森林生态系统结构功能与规律及监测网络研究》和《祁连山水源涵养林效益的研究》获各级组织奖励18项次。在国际、全国、省地学术刊物上发表论文46篇。1991年省人民政府授予其"甘肃省优秀专家"称号,1992年成为"享受国务院政府特殊津贴专家",1997年被中国林学会授予"从事林业工作五十年科技工作者"称号。

薛德一

男,汉族,生于1937年4月。江苏南京市人。中共党员。高级工程师。1955年8月毕业于南京林业学校,大专学历。1955年8月至1969年11月,在肃南县林业站、隆畅河、寺大隆、向阳林场工作(期间在北京林学院函授班学习4年)。1969年11月至1980年10月在张掖地区森林管理局工作。1980年10月至1983年11月任张掖地区林业局副科长,1983年11月至1994年10月任地区林业处副处长、党组成员,1994年11月至1997年5月任地区行署林业处总工程师。兼任地区绿化委员会办公室主任,地区护林防火指挥部办公室主任,中国林学会张掖地区分会理事长,中国林学会化学除草研究会副理事长,西北林业化学除草研究会理事长。主持完成科研项目18项,获地(厅)级以上项目10项,国内外发表学术论文30余篇,出版专著4部。1997年2月获"全国绿化奖章"。2002年被中国林学会授予"从事林业工作五十年科技工作者"荣誉称号。1997年7月退休。

杨临江

男,汉族,1939年出生。甘肃民乐县人。中共党员。中国会计学会林业分会会员,张掖地区会计学会理事。1957年8月参加工作,1958年8月至1959年8月在甘肃兰州林校学习,1959年9月至1960年2月在山丹丰城堡林场工作,1960年3月至1966年5月在大河口林场工作,1966年6月至1969年3月在大黄山林场工作,1969年4月至1972年9月任张掖地区寺大隆工程委员会会计,1972年9月至1974年12月任张掖森林管理局制材厂会计,1975年11月至 1982 年 3 月任西水林场会计,1982 年 4 月至 1986 年 12 月任地区林业局会计,1987 年 1 月至 1999 年 12 月任行署林业处计财科会计、副科长、科长。1989 年被国家财政部授予"财务工作三十年"特殊贡献荣誉称号,1993 年被国家林业部授予"全国林业系统优秀财务工作者"荣誉称号。

杨希发

男,汉族,1940 年 4 月出生。甘肃永昌县人。林业工程师。中共党员。1960 年毕业于天水林校,中专学历。1973 年 7 月任寺大隆林场副场长,1985 年 10 月至 2000 年 5 月任寺大隆林场党支部副书记、书记。1989 年被甘肃省人民政府授予"全省护林防火先进个人"荣誉称号,1990 年被张掖地区行署授予"张掖地区护林防火先进个人"荣誉称号。2000 年 5 月退休。

贺西恒

男,裕固族,1940 年 4 月出生。甘肃肃南县人。中共党员。1985 年 10 月任肃南裕固族自治县林业局局长。1989 年—1998 年先后任祁连山国家级自然保护区管理局党委委员、副局长(供给关系不变)。1992 年调入自然保护区管理局工作,兼任祁连山养鹿集团公司经理(副县级)。1988 年被甘肃省政府授予"全省护林防火先进个人"荣誉称号,1990 年被国家森林防火总指挥部授予"1987 至 1989 年全国森林防火模范"荣誉称号,1993 年由国家林业部、人事部予以嘉奖,1994 年被甘肃省护林防火指挥部授予"先进个人"荣誉称号。1998 年 9 月退休(正县级待遇)。

邹世珍

男,汉族,1940 年 4 月出生。小学文化程度。甘肃山丹县人。1958 年在山丹

县大黄山林场参加工作,从事护林工作30多年,严守工作岗位,以站为家,爱岗敬业,林场职工都称赞他是林场的"老黄牛",山区群众认为他是个好护林员。1988年被甘肃省人民政府授予"全省护林防火先进个人"荣誉称号。2002年退休。

赵占林

男,汉族,生于1940年。甘肃甘州区人。小学文化程度。中共党员。1960年参加工作至1984年3月,在张掖县九龙江林场从事护林工作;1984年4月至2000年12月,任九龙江林场副场长。1997年被甘肃省人民政府授予"全省造林绿化先进个人""甘肃省绿化奖章"。1997年被中共张掖市委、张掖市人民政府授予"张掖市劳动模范"荣誉称号。1980年至1997年,先后8次被张掖县(市)人民政府、中共张掖县机关党委授予"先进工作者""优秀共产党员"荣誉称号。2000年12月退休。

段恒勤

男,汉族,1940年6月出生。甘肃临泽县平川镇人。农民。中共党员。自1968年起先后担任大队和村的领导职务,带领群众坚持治沙造林18年,营造长5千米、宽1.5千米的防风固沙林带1条,造林保存面积500公顷,使全村林木覆盖面积达47.8%。曾3次出席甘肃省劳模会议,1986年被全国绿化委员会授予"全国绿化劳动模范"称号。1996年被全国绿化委员会、国家林业部选入全国绿化功臣碑。

王守魁

男,汉族,1942年6月出生,甘肃永昌县人。中共党员。林业工程师。1966

年9月毕业于甘肃农业大学园艺系,大学学历。1967年9月至1970年6月在临泽县农林牧局、张掖九公里园艺场工作,1970年6月至1980年12月在张掖地区森林管理局任技术员,1980年12月至1983年12月任张掖地区林业局助理工程师;1983年12月至1985年12月任地区行署林业处造林科副科长,1984年4月至1986年3月任地区林木种子公司副经理,1986年3月至1998年11月先后任行署林业处造林(业务)科副科长、科长,1998年11月至2002年6月任地区行署林业处副调研员。先后获"全国绿化劳动模范""全省造林绿化先进个人"等荣誉称号,1997年荣获"全国绿化奖章"。1998年8月退休。

任爱成

男,汉族,1943年2月出生。甘肃临泽县人。林业工程师。中共党员。1961年8月毕业于张掖工业学校,中专学历。毕业后分配到甘肃民勤县农具厂工作。1961年8月至1966年1月在民勤县石羊河林业总场工作,1966年1月至1986年2月任临泽县平川治沙站站长,1987年6月至1994年1月任红西路军临泽县烈士陵园主任。参加完成的《沙荒地改造利用研究》获甘肃省科研成果一等奖、国家科技进步二等奖。1984年2月被国家经济委员会、国家科委、农牧渔业部、林业部授予"先进工作者"荣誉称号。1994年1月退休。

丁文焯

男,汉族,1943年4月出生。甘肃山丹县人。中专文化程度。中共党员。1966年毕业于张掖农业学校,先后在肃南县康乐林场、山丹县大黄山林场、张掖地区森林管理局苗圃、张掖地区森林管理局野生动物管理站工作。1990年,任山丹县大黄山林场副场长。1993年,调任山丹县龙首山自然保护站站长。2001年3

月,被甘肃省人民政府授予"甘肃绿化奖章"荣誉称号。2003年8月退休。

寇崇伟

男,汉族,1943年4月出生。甘肃高台县人。中共党员。1961年毕业于高台县农业技术学校,初中文化程度。1961年7月至1980年10月,先后担任高台县罗城信用社会计,罗城大队文书、副主任、党支部副书记,高台县革委会办公室干事、罗城公社干事、党委委员、革委会副主任;1980年11月至1992年11月,先后任黑泉公社党委委员、革委会副主任、乡党委委员、乡政府乡长、罗城乡党委书记、高台县城关镇党委书记;1992年12月至1999年10月任高台县林业局局长;1999年11月至2000年9月任高台县林业局主任科员;2000年10月至2003年5月任中共高台县委助理调研员。1998年被全国绿化委员会授予"全国绿化奖章"。

王登信

男,汉族,1943年6月出生。甘肃高台县人。中专学历。中共党员。1971年3月在高台县新坝公社工作。1973年9月任高台县正远公社革委会副主任。1974年11月任正远公社党委副书记、管委会主任。1981年1月任合黎乡党委书记。1985年1月任高台县人民政府副县长。1996年11月任中共高台县委常委、县政府常务副县长。1997年11月任高台县第十四届人大常委会主任、党组书记。曾获"全省两西建设扶贫开发先进个人""全国林业工作先进个人"荣誉称号。

苗 旺

男,汉族,1948年1月出生。甘肃民乐县人。中共党员。1970年毕业于张

掖师范学校,中师学历。1975 年 1 月至 1978 年 12 月任张掖地区森林管理局祁连林场革委会副主任,1979 年 1 月至 1986 年 3 月先后任大黄山林场、祁丰林场、大河口林场党支部负责人,1986 年 4 月至 2004 年任祁连山水源涵养林研究院党支部副书记、书记。2000 年 10 月地区行署批准享受副处级待遇。参加完成的祁连山水源涵养林效益研究项目获国家林业部科技进步二等奖。2001 年被中共甘肃省委授予"全省优秀党务工作者"荣誉称号,2001 年被中央组织部授予"全国优秀党务工作者"荣誉称号,2003 年被中共甘肃省委授予"全省优秀思想政治工作者"荣誉称号。

张洪生

男,回族,1950 年出生。宁夏吴忠县人。高中文化程度。1971 年参加工作。先后在张掖供电公司线路检修和用电营业两个一线单位工作。历任张掖电力局供电所班长、张掖电力局行政科副科长。1990 年起任张掖供电公司园林场场长。参加工作以来,多次被张掖供电公司评为"先进生产者"。在担任张掖供电公司园林场场长后,他更是以辛勤的劳动,把一个陷入经营困境的农场建设成为以规模果树种植为主,家禽养殖为副的现代化农林生产基地。1994 年荣获"甘肃省劳动模范"荣誉称号。1991 年被全国绿化委员会、人事部、林业部授予"造林绿化劳动模范"荣誉称号。

姜宏远

男,汉族,1950 年出生。甘肃甘州区人。中共党员。曾任张掖地区森林公安局肃南县隆畅河林区派出所所长。1998 年被国家公安部授予"全国优秀人民警察"荣誉称号。2001 年退休。

刘希荣

男,汉族,1952年4月出生。初中文化程度。甘肃山丹县花寨子乡高家湖村村民。1984年开始,他带领全家老少在马营河滩上开沟造林,五年植树3.65万株,保存3.1万株,人均3875株,绿化河滩6.67公顷,栽植农田林网3000多株,定植杏树200株,生物围栏200米。当地群众夸他是"植树能手",在荒滩上建起"翻耕固沙的绿洲",办起"绿色小银行",造林绿化成绩突出。1985年被省人民政府授予"全省植树绿化先进个人",1988年表彰为"全国绿化祖国突击手",全国绿化委员会授予"全国绿化奖章"荣誉称号。

高 虎

男,汉族,1952年9月出生。甘州区人。二级警督。中共党员。1969年参加工作。2005年任张掖市森林公安局甘州区林业公安分局局长。1997年4月被国家林业部公安局授予二等功,1998年被省林业厅、省旅游局授予"旅游工作先进个人",2002年被国家公安部授予"全国优秀人民警察"荣誉称号、国家林业局颁发"全国森林防火工作纪念奖",2003年被国家公安部授予"全国优秀人民警察"荣誉称号。

刘万荣

男,汉族,1953年3月出生。甘肃酒泉县人。中共党员。1972年3月参加工作,中共中央党校党政管理专业毕业,大专学历。任肃南县林业局局长,2004年2月挂任祁连山自然保护区管理局副局长,肃南县第十四届、十五届人大代表,肃南第十三届党代表。1990、1992、1993、1994、1997、1998年被肃南县授予"优秀共产党员"荣誉称号,2001年被张掖地委授予"优秀共

产党员"荣誉称号,2006 年被省人民政府授予"甘肃绿化奖章"。

汤兴贵

　　男,汉族,1953 年 10 月出生。甘肃甘州区人。中共党员。高级工程师。甘肃省林学会经济林专业委员会委员。1978 年 9 月毕业于甘肃农业大学林果系,大专学历。毕业后分配张掖地区五泉林场工作。1982 年 6 月至 1986 年 3 月在张掖地区林木病虫检疫防治站工作,1986 年 4 月至 1987 年 5 月在地区林业科技推广站工作,1987 年 6 月至 1988 年 12 月任张掖地区五泉林场副场长,1989 年 1 月至 2005 年 6 月任张掖市林业科技推广站副站长（2002 年 1 月至 2005 年 6 月在市退耕还林办公室主持工作）。2005 年 7 月至 2012 年 5 月任市生态环境监测监督管理局（市林业调查规划院）总工程师。完成科研推广项目 10 多项,获奖 6 项。获国家科技进步特等奖 1 项,二等奖 1 项,省科技进步二、三等奖 2 项,省林业科技进步一等奖 1 项,市（地区）科技进步（推广）二、三等奖 2 项。发表论文 40 余篇,获奖论文 20 余篇,参与出版专著 3 部,摄制的《苹果梨栽培》录像片（科学顾问）上、下集被中央广播电视大学录用。编写林业适用技术培训教材 5 部。参加编著的《甘肃林木病虫图志》第一集被省委、省政府评为优秀图书。1985 年获国家林业部南方森林植物检疫所"全国新农药试验先进个人",1998 年 10 月被甘肃省人民政府授予"全省农业科技推广优秀工作者"荣誉称号,2008 年获中国林学会第六届"劲松奖",2010 年被张掖市 30 万劳动力技能培训工程工作小组表彰为"30 万劳动力技能培训工程"工作先进个人。

王有珍

　　男,汉族,1954 年 2 月出生。甘肃山丹县霍城镇下西山村人。中共党员。小学文化程度。曾任该村党支部书记。2002 年,抢抓国家实施退耕还林工程的机遇,组织带领全村群众实行

"整村退耕",累计退耕造林面积 829.8 公顷,户均 3 公顷,人均 0.71 公顷,完成配套荒山造林 65.5 公顷。全村群众依靠林果业和草畜产业增收致富,实现村集体经济飞跃发展。2007 年被甘肃省人民政府授予"甘肃绿化奖章"。

孙玉德

男,汉族,1955 年 12 月出生。甘肃高台县人。中专文化,中共党员。高级工程师。1978 年 9 月毕业于张掖农校林果专业。1978 年 9 月至 1980 年 12 月在高台县林业站工作,1981 年 1 月至 1992 年 2 月先后任高台县黑泉林业站站长、县园艺场副场长、县园艺站副站长、县林业站站长、县治沙站站长。1992 年 3 月至 2006 年 1 月任高台县林业局副局长、党总支书记,2006 年 1 月任高台县卫生局党总支书记,2006 年 5 月任高台县农业局总工程师。主持和参加科研推广课题 12 项,获国家科技进步二等奖 1 项,地区科技进步(推广)三等奖 4 项,县科技进步奖 6 项;发表论文 30 余篇。1990 年 2 月被甘肃省人民政府授予"全省农业科技推广先进个人",是年 3 月被中共甘肃省委组织部、省农业委员会授予"两西地区村级干部培训先进工作者",1997 年 12 月被地区行署确定为地级学术带头人,2001 年 7 月被中共张掖地委确定为地管拔尖人才。

柳 枫

男,汉族,1956 年 8 月出生。甘肃庄浪县人。中共党员。中专学历。造林绿化技师。1971 年 2 月在张掖地区林果业研究所参加工作至今。1984 年 9 月至 1987 年 7 月在甘肃省林校学习。2009 被授予张掖市护林防火先进个人。2010 年 4 月被省人民政府授予"甘肃省绿化奖章"。

张治忠

男,汉族,1957年出生。甘肃甘州区乌江镇平原村农民。中共党员。2000年以来,创办集体林场,在盐碱滩造林8.4公顷,植树3万多株。在林下发展养殖业,饲养生猪300多口,养牛120多头,羊存栏100多只,年均收入13万元。2007年9月被全国绿化委、中宣部、中央文明办、国家林业局授予"全国绿色小康户"荣誉称号。

马柏赟

男,藏族,1957年12月出生。甘肃肃南县人。1980年参加工作。中央广播电视大学植保专业毕业,大专学历。任肃南县祁丰乡林业工作站站长。2006年9月被国家林业局授予"全国基层林业工作站先进工作者"荣誉称号。

赵兴旺

男,汉族,1958年1月出生。甘肃临泽县平川镇五里墩村农民。2002年租赁承包平川镇一工程村134公顷沙荒地植树造林。至2006年底,营造乔灌混交生态防护林106公顷,植树15万株。在风沙线上建成东西长2千米的绿色屏障,使茫茫风沙线向后倒退1千米,被风沙压埋的耕地得到复耕。2009年被全国绿化委员会授予"全国绿化奖章"。

魏向华

男,汉族,1959年10月出生。甘肃会宁县人。中共党员。1983年7月甘肃农业大学果蔬专业毕业参加工作,本科学历,先后在民乐县农牧局、农技站、园艺

站、林业局工作。1997年10月至2001年5月,任民乐县委常委、组织部长。2001年6月至2002年11月,任张掖地区行署林业处副处长、党组成员。2002年12月至2010年12月,任张掖市林业局副局长、党组成员。主持和参加科研(推广)项目5项,获科技进步奖2项,发表论文6篇,出版专著1部。被国家科委评为"七五"期间"全国星火科技先进工作者",1994年1月获国务院特殊津贴专家称号。

王致德

男,汉族,1960年2月出生。甘肃民乐县人。中共党员。1997年7月毕业于西南政法大学。2005年至2010年12月任张掖市森林公安局民乐县分局局长。1997年4月,被国家林业部森林公安局记二等功一次,2001年2月被国家公安部授予"全国优秀人民警察"荣誉称号。2002年8月被省委组织部、省委宣传部、省委政法委员会、省人事厅、省公安厅授予"全省公安机关维护社会稳定模范卫士"荣誉称号。

陈多勤

男,汉族,1960年4月出生。甘肃山丹县人。中共党员。林业工程师。1981年7月甘肃省林业学校毕业,中专学历。1981年7月至1983年11月任山丹县林业局技术干部,1983年11月至1998年3月任山丹县十里堡林场副场长,1998年3月至2010年12月任山丹县林业局副局长。1997年10月被甘肃省人民政府授予"甘肃省造林绿化先进个人"等荣誉称号。

张建成

男,汉族,1960年6月出生。甘肃高台县人。林业工程师。中共党员。1981年

8月毕业于张掖农校果树蔬菜专业,大专文化程度。2001年12月在甘肃省委党校经济管理专业毕业。1981年8月参加工作,至1998年11月,先后在高台县农技站、园艺站任技术员、助理农艺师,三桥湾林场副场长、场长。1998年11月至2010年11月任高台县科学技术协会主席。2010年11月任支部书记。1997年10月被甘肃省人民政府授予"全省造林绿化先进个人",2005年10月被中国科协表彰为"全国农村科普工作先进个人",2008年4月被省科协授予"甘肃省科协系统先进个人"荣誉称号。

兰正国

男,汉族,1960年8月出生。甘肃临泽县人。高中文化程度。中共党员。临泽县平川镇五里墩村农民。1984年被省人民政府授予"先进生产者",1991年3月被省人民政府授予"科技兴农先进个人",1991年5月被共青团中央、国家科委授予"农村青年星火带头人",1992年6月被共青团中央、国家科委授予"农村青年星火带头标兵",1995年被国务院授予"劳动模范"。1996年被共青团中央、农业部、林业部等六部委授予"首届十大杰出青年农民提名奖"荣誉称号。

邓延安

男,汉族,1960年8月出生。甘肃永登县人。中共党员。高级工程师。1982年7月毕业于北京林学院水土保持系水土保持专业,大学学历。1882年8月至1996年9月在甘肃祁连山水源涵养林研究所工作,1996年9月至2003年2月任张掖地区(市)林业勘察设计队副队长,2003年2月至2008年6月任张掖市林业调查规划队(院)副队长(副院长),2008年6月至2010年12月任张掖市生态环境监测监督管理局副局长。参加科研课题8项,获省科技进步三等奖1项,省林业科技进步三等奖1项,市(地区)科技进步一、三等奖3项。2003年在全省森林分类区划界定工作中被省林业厅评为"先进个人",2008年被甘肃省绿化委员会授予"甘肃省防沙治沙先进个人"称号,被中国林学会授予第六届"劲松奖",2010年被张掖市委组织部、市劳动人事和社会保障局评为"优秀公务员"。

李秉新

男,汉族,1960年11月生。山东费县人。中共党员。高级工程师。1983年6月毕业于甘肃省林业学校林学专业,被分配到祁连山水源涵养林研究所工作。2002年取得甘肃农业大学林业生态环境专业自学考试本科学历。参加工作以来,长期在基层从事林业科研工作,先后主持、参加部(省)、地(厅)科研项目20余项,获奖项目10余项,其中获甘肃省科技进步二、三等奖4项,市厅级科技进步二、三等奖5项,《祁连圆柏种子催芽方法》分别获张掖市技术发明二等奖和国家知识产权局发明专利。发表论文25篇。中国林学会化学除草研究会西北分会第六届理事会常务理事,张掖市学术技术带头人,甘肃省555人才工程第三层次人选。先后被共青团甘肃省委授予"甘肃省新长征突击手"、被甘肃省人民政府授予"甘肃省劳动模范"、被中共张掖市委授予"全市优秀共产党员"等荣誉称号。

张永祥

男,汉族,1961年6月出生。甘肃高台县新坝乡西庄子村人。大专文化程度。中共党员。1979年1月至1983年2月任新坝乡西庄子村文书、副大队长,1983年3月至1990年8月任新坝乡林业站站长,1990年9月至1992年8月在张掖农校园艺专业脱产学习,1992年9月至1995年7月在甘肃省林业学校林学专业学习(脱产),1995年8月至1998年10月任新坝乡党委秘书、副乡长,1998年11月至2001年11月任红崖子乡党委副书记、乡长(期间参加甘肃省委党校经济管理大专班学习),2001年12月至2004年4月任红崖子乡党委书记;2004年5月至2005年12月任高台县畜牧局局长,2006年1月至2010年12月任高台县林业局局长。参加实施的"高台县新坝乡山区苹果梨砧木建园试验示范"课题荣获张掖地区科技进步三等奖，发表论文 2 篇。2008 年获甘肃省"防沙治沙绿化奖章"，2009 年被全国绿化委员会、人力资源社会保障部、国家林业局授予"全国'三北'防护林工程建设先进个人"荣誉称号。

柴在军

男，汉族，1961 年 10 月出生。甘肃高台县人。中共党员。1984 年 1 月入伍，1999 年 12 月退役，现任三鑫农林科技有限公司董事长。退伍后，放弃在地质部门端"铁饭碗"的工作，自主创业，历经十多年的艰苦奋斗，在河西走廊中部巴丹吉林沙漠边缘风沙口建起 2000 公顷沙漠绿洲，培育出沙漠农林作物品种 600 多个，有四项技术获得国内领先水平，成为中国北方最大的沙漠农林科技示范园。发展成为集农林试验研究成果转化和示范推广一体化的现代农林科技企业。先后被授予"中国优秀民营科技企业家""中华爱国之星""甘肃省光彩事业先进个人""全国绿化劳动模范""感动张掖 2007 十大骄子""甘肃省十佳复退军人"等十多项荣誉称号。

王志义

男，汉族，1961 年 10 月出生。甘肃渭源县人。中共党员。高级工程师。1981 年 8 月毕业于甘肃省林业学校，2003 年 12 月毕业于甘肃农业大学林业生态环境工程与管理专业，本科学历。1990 年 6 月至 2002 年 12 月任高台县林业技术推广站副站长、站长，2003 年 1 月至 2010 年 12 月任高台县林业局副局长。主持参加林业科技推广项目 5 项，获甘肃省农业委员会"农业技术推广一等奖"1 项，张掖地区行署科技进步（推广）三等奖 2 项。发表论文 5 篇。2000 年 6 月被国家林业局授予"全国森林病虫害防治先进工作者"荣誉称号。

曹　俊

　　男,汉族,1962年2月出生。甘肃山丹县人。林业工程师。中共党员。1981年6月毕业于甘肃省林业学校,大专学历。1981年7月至1984年6月在张掖地区大河口林场工作,1984年6月至1997年9月任民乐县大河口林场副场长、场长,1997年9月至1998年2月任民乐县机关事业保险局局长,1998年2月至2005年8月任民乐县林业局局长,2005年8月至2010年6月任民乐县发展和改革委员会主任,2010年6月任张掖市重点项目办公室副主任。2001年3月被甘肃省人民政府授予"全省国土绿化先进个人"荣誉称号,2002年被国家林业局授予"全国森林防火工作纪念奖章"荣誉称号。

刘建勋

　　男,汉族,1962年7月出生。甘肃会宁县人。研究员,河西学院客座教授。中共党员。1981年12月毕业于甘肃农业大学林学专业,本科学历。毕业后分配甘肃张掖祁连山水源涵养林研究所工作。1988年10月至1997年2月任祁连山水源林研究所副所长;1997年3月至2000年9月任张掖地区林果研究所所长(1997年8月享受副处级待遇);2000年10月至2002年11月任地区行署林业处副处长、党组成员;2002年12月至2007年12月任市林业局副局长、党组成员(期间在中科院兰州分院挂职,任副处长);2007年4月至2010年8月任市林业局党组成员、总工程师;2010年9月任张掖市农业局党组成员,市农科院党委书记、院长。先后参加和主持国家、省、市列项目10余项,获奖6项,发表论文30余篇。1999年被甘肃省委、省政府表彰为"甘肃省先进工作者",2001年入选甘肃省"333"人才工程第二层次人选,是年获"甘肃省首届林业青年科技奖",被国家林业局授予"全国林业科技先进工作者"荣誉称号。

张　虎

　　男,汉族,1962年8月出生。甘肃甘州区沙井镇农民。高中文化。20世纪90年代初,从外省引进枣树新品种50多个,经试验栽培,选出梨枣、骏枣、鸣山大枣、灵宝大枣、吾铺大枣、大白铃等10多个优良品种。2000年承包邻村荒地13.33公顷,建设育苗示范基地,为林业生态建设起到示范带动作用。2001年被甘肃省人民政府授予"甘肃省第二届十大杰出青年农民""全省国土绿化先进个人",省科技厅授予"甘肃省农村青年星火带头人标兵"、共青团甘肃省委授予"省级农业产业化青年带头人"等荣誉称号。1999年至2001年,先后4次受地区教育处、张掖市(今甘州区)绿化委员会、共青团张掖市委、张掖市科委表彰奖励。承担完成的"枣树新品种引进试验与示范推广"课题获张掖地区科技进步二等奖。

赵鲁平

　　女,汉族,1962年9月出生。山东济南人。民革党员。高级工程师。1983年7月毕业于甘肃农业大学林学系,大学学历。2010年7月获甘肃省委党校社会学专业研究生学历。1979年9月至1983年7月在甘肃农业大学林学专业学习,1983年7月参加工作。1983年7月至1992年3月在张掖地区林果业研究所工作;1992年3月至1995年12月任地区林果业研究所副所长,1995年12月至2002年1月任地区行署林业处副总工程师,2002年1月至2007年6月任地区行署林业处、市林业局总工程师,2007年6月至2012年6月任民革甘肃省委驻会副主委兼秘书长,2008年1月至2013年1月任甘肃省政协委员兼副秘书长。中国林学会张掖市分会第一届理事会理事长。主持省、地列科研(推广)课题3项,获省林业科技进步三等奖2项,张掖地区科技进步三等奖1项。出版专著5部。2005年荣获"全国农村科普工作先进个人"荣誉称号。

曹新明

男，汉族，1962年10月出生。甘肃山丹县人。中共党员。工程师。1981年7月毕业于甘肃省林业学校林业专业，大专学历。1981年7月至1986年7月任山丹县机械林场技术干部，1984年1月至1986年7月任山丹县机械林场副场长，1988年7月至1989年4月任山丹县林业工作站技术干部，1989年4月至1992年2月在山丹县李桥乡林业站、山丹县林业局工作，1992年3月至1995年2月任山丹县林业工作站站长，1995年2月至2010年12月先后任山丹县林业局副局长兼护林防火指挥部办公室主任、县退耕还林办公室主任。2007年11月被省人民政府授予"全省防沙治沙工作先进个人"荣誉称号。

傅筱林

男，汉族，1962年11月出生。甘肃甘州区人。中共党员。2002年毕业于甘肃农业大学林业生态环境专业，本科学历。林业工程师。1977年3月参加工作。是年3月至1979年10月在张掖县党寨公社上寨大队插队；1979年11至1983年1月在解放军某部服役；1983年至2001年在张掖地区林果所工作，先后任副所长、党支部书记兼副所长（2001年6月享受副县级待遇）；2002年2月至2009年10月任市林业调查规划院院长；2009年11月至2010年12月任市生态环境监测监督管理局局长(院长)。主持和参加完成科技项目两项，均获张掖市2005年度科技进步三等奖。发表论文25篇。1997年1月被张掖地委、行署授予"精神文明建设先进个人"称号，1999年6月被张掖地委授予"全区优秀共产党员"荣誉称号，2003年6月被甘肃省林业厅表彰为"全省森林分类区划界定先进个人"，2007年2月被甘肃省林业厅表彰为"全省退耕还林工程建设先进个人"，2007年9月被甘肃省林业厅表彰为"全省森林资源连续清查第五次复查先进个人"，2008年被国家林业局授予"沙尘天气监测优秀信息员"称号。

姚积生

男，汉族，1962年12月出生。甘肃山丹县霍城镇下西山村人。大学学历。中共党员。1980年11月至1983年11月在山丹县位奇乡工作。1983年11月至1984年8月在山丹县东乐乡工作。1984年8月至1986年6月在中共张掖地委党校学习。1986年6月至1989年11月在中共山丹县委办公室工作。1989年11月至1992年10月任山丹县位奇乡党委副书记、副乡长。1992年10月至1995年3月任中共山丹县陈户乡党委书记。1995年3月至1996年8月任张掖地区人造板厂办公室主任。1996年8月至1997年8月任山丹县外贸公司经理。1997年8月至2001年3月任中共山丹县大马营乡党委书记。2001年3月至2007年11月任山丹县林业局局长。2007年11月任甘肃安南坝野骆驼自然保护区管理局党委委员、纪委书记、副局长。2007年8月被国家林业局授予"全国退耕还林工程建设先进个人"荣誉称号。

杨　青

男，汉族，1963年12月出生。甘肃山丹县人。中共党员。高级工程师。1984年7月毕业于张掖农校植保专业。2008年6月取得大学学历。1984年7月至1985年7月任山丹县位奇乡林业站技术干部；1985年7月至1994年3月任山丹县林业技术工作站技术干部；1991年5月至2004年1月先后任山丹县林业技术工作站副站长、山丹县大黄山林场副场长、场长；2004年2月至2008年3月任山丹县林业局副局长，兼任大黄山林场场长；2008年3月至2010年12月任山丹县林业局局长。主持或参加完成林业科研推广项目10多项，获省科技进步三等奖1项，市科技进步一等奖2项、二等奖2项，县科技进步奖10项。发表论文10多篇。2004年3月获"甘肃绿化奖章"，2005年3月被市委、市政府授予"地震灾区重建家园工作先进个人"荣誉称号。

盛作新

男,汉族,1964年3月出生。甘肃高台县人。中共党员。新坝乡暖泉村党支部书记。2008年,探索出在不占用耕地的情况下增加生产总量、提高生产效益、发展高效节水农业的新路子。通过考察论证,充分利用丰富的戈壁荒漠资源,破解水、地双缺难题,发展延后设施葡萄。组织发动群众建造日光温室350座,经济效益显著。实现了"戈壁变绿洲,荒漠变良田"的目标。2010年4月被国务院授予"全国劳动模范"荣誉称号。

倪自银

男,汉族,1964年6月出生。甘肃甘州区人。中共党员。高级工程师。1983年7月毕业于甘肃省林业学校,2004年6月取得甘肃农业大学现代园艺系本科学历。1983年8月至11月任张掖市廿里堡乡农林站干部,1983年11月至1987年4月任张掖市东大山自然保护区管理站干部,1987年4月至2008年11月先后任张掖市东大山自然保护区管理站副站长、站长、党支部书记,2008年11月至2010年12月任甘州区林业局副局长、甘州区东大山自然保护区管理站站长、党支部书记。2002年被国家林业局授予"自然保护区先进个人",2009年享受国务院政府特殊津贴,2010年被甘肃省委、省人民政府授予"甘肃省科技领军人才"。

韩旭海

男,汉族,1964年8月出生。山西省运城市人。1980年12月在张掖地区林业局西水林场参加工作,1983年3月调入张掖地区林业局工作,2003年任森林防火办副主任科员。2007年被国家森林防火指挥部、国家林业局授予"从事森林防火工作二十年"荣誉奖章。2009年12月被张掖市人民政府表彰为"全市森林防火先进个人"荣誉称号。

明海国

　　男,汉族,1965年2月出生。甘肃甘州区人。中共党员。林业工程师。1985年毕业于甘肃省林业学校,是年7月参加工作。1998年取得中央党校经济管理专业专科(函授)学历,2002年取得甘肃农业大学自考园艺本科学历。1985年7月至1989年12月在甘肃祁连山水源林研究所工作,1989年12月至2010年先后在张掖地区行署林业处、市林业局工作,2001年9月至2010年12月先后任科教宣传科、植树造林科、森林资源管理科科长兼林政稽查大队大队长、机关党支部书记。参加完成的祁连圆柏育苗及造林技术试验研究成果达到国内先进水平,荣获1990年甘肃省林业科技进步三等奖。发表学术论文2篇。2000年2月被国家林业局授予"全国森林资源林政管理先进个人"荣誉称号。

王迪东

　　男,汉族,1965年4月出生。甘肃甘州区人。高级工程师。大专学历。中共党员。1985年7月参加工作。1985年7月至1989年10月在张掖市林业三站工作,1989年10月至1998年先后任林业三站副站长、站长(1996年至1998年参加甘肃农业大学园林专业专科班学习),1998年至2008年10月任甘州区西城驿林场场长兼党支部书记,2008年10月任甘州区林业局副局长兼任西城驿林场场长,2010年12月任甘州区林业局局长。先后获得国家专利两项,市、区科技进步奖5项,发表论文8篇。2006年10月被甘肃省人民政府授予"甘肃省绿化奖章",2008年被中华全国总工会授予"全国五一劳动奖章"。

孔建军

男,汉族,1966年6月出生。甘肃甘州区人。中共党员。林业高级工程师。1987年7月张掖农校毕业,1987年8月参加工作,2000年取得甘肃农业大学林业生态专业本科学历。1992年至2010年11月先后任甘州区红沙窝林场副场长、场长,2010年12月任甘州区林业局副局长。2006年被张掖市人民政府、张掖市绿化委员会授予"全市造林绿化先进个人",2007年被甘肃省科技厅、甘肃省林业厅授予"甘肃省优秀林业科技工作者",2009年被甘肃省农业综合开发办公室表彰为"甘肃省风沙区生态环境综合治理先进个人",2008年被甘肃省人民政府授予"甘肃省绿化奖章"。

管　利

男,汉族,1968年出生。甘肃甘州区大满镇朝元村农民。1980年起,父子二人在沙漠边缘不懈奋斗20多年,植树造林100多公顷。2003年3月被甘州区人民政府授予全区"植树造林先进个人"荣誉称号。2005年3月被全国绿化委员会授予"全国绿化奖章"。

土建雄

男,汉族,1970年5月出生。甘肃民乐县人。林业工程师。中共党员。1990年毕业于甘肃省林业学校。尔后取得自学考试大学学历。先后担任民乐县大河口林场副场长、场长,民乐县林业局副局长、局长,民乐县丰乐乡、洪水镇党委书记、市湿地局副局长。主持研究(推广)项目6项,获省林业科技进步三、四等奖2项,县科技进步一等奖1项。2002年先后获"张掖地区优秀科技工作者""全省绿化奖章"获得者等荣誉称号。2005年1月被国家林业局授予"全国森林资源管理和第六次森林资源清查先进个人"荣誉称号。

杨忠庆

男,汉族,1970年10月出生。甘肃秦安县人。1991年9月毕业于兰州大学生物系,一直在张掖市野生动植物资源管理局(站)工作。1992年至1993年参加甘肃省黑熊和猞猁资源调查工作。1996年至1998年参加张掖地区第一次全国农业普查工作。2006年至2010年参加张掖市湿地资源调查。1998年12月被全国农业普查办公室授予"第一次全国农业普查国家级先进个人"荣誉称号。

张正东

男,汉族,1971年出生。甘肃临泽县人。林业工程师。中共党员。1990年8月毕业于甘肃农业大学园艺系果树专业,专科学历。2011年在职参加兰州大学项目管理专业,取得大学本科文凭。1990年8月至1998年11月在临泽县治沙试验站工作,1998年12月至2010年2月在临泽县林业局工作,2003年至2010年2月任临泽县林业局副局长、党总支书记,2010年2月任临泽县城市管理行政执法局局长。2006年6月被全国绿化委员会、人事部、国家林业局授予"全国防沙治沙标兵"荣誉称号。

陈学军

男,汉族,1971年4月出生。甘肃甘州区甘浚镇星光村农民。1991年7月毕业于张掖农校园艺专业,中专学历。毕业后曾在石岗墩农业示范园区当技术员,后回本村从事造林绿化事业。2002年至2010年,累计完成退耕还林35.8公顷,栽植杨树、沙棘10万余株,荒滩造林13.33公顷,林地种植紫花苜蓿20公顷,养羊100多只,年经济收入8万多元。2007年9月被全国绿化委、中宣部、中央文明办、国家林业局授予"全国绿色小康户"荣誉称号。

陆 瑛

女,汉族,1972年6月出生。甘肃临洮县人。林业工程师。1990年12月参加工作。1990年12月至1996年8月在甘肃祁连山水源林研究所工作。1993年12月毕业于甘肃农业大学林学系,大专学历。1996年9月至2010年12月在张掖市(地区)林业科学技术推广站工作。2008年10月至2010年10月,挂任临泽县新华镇科技副镇长。2010年12月任张掖市林科院副院长。参加科研、推广课题7项,获张掖市科技进步二等奖1项,省科技进步三等奖1项。2009年2月被中华全国妇女联合会、全国妇女"巾帼建功"活动领导小组授予全国"巾帼建功"标兵荣誉称号,是年3月被甘肃省城镇妇女"巾帼建功"活动协调领导小组授予"甘肃省巾帼建功标兵"荣誉称号。

先进人物魏克勤、孟仲、周元圣、聂斌、杨富春、王清忠见本编本章第二节行政管理人物。刘贤德、车克钧、李庆会、孔东升、马力见本章第三节科技人物。

第二节 行政管理人物

一、历任市(专、地)林业局(处、总场)主要领导(按任职时间排列)

孙光涛

男,汉族,1910年4月出生。陕西渭南人。初中文化程度。中共党员。1949年10月至1955年10月任酒泉分区行政督察专员公署四科(建设科)科长,1955年11月至1958年4月任张掖专署农林水组组长,1958年4月至1959年2月任张掖专署农林牧局局长,1959年2月至1959年12月任张掖专署农业局局长,1963年1月至1963年4月任酒泉专员公署农林水牧办公室主任,1963年11月至1966年5月任酒泉专员公署农林牧局局长,1966年5月至

1967年11月任酒泉专员公署农业局局长,1973年11月至1974年11月任酒泉地区行署农业局副局长。2003年5月病逝,享年93岁。

王政行

　　男,汉族,1916年8月出生。山西河曲县人。中共党员。1938年3月参加工作,先后任保德县区抗联会干事、副主任、主任、区长。1948年4月参加中国人民解放军,任营指导员、政治部民运队队长。1951年2月任中共张掖县委副书记。1954年6月任中共民乐县委书记。1954年9月至1956年11月历任武威地委农工部、财贸部部长。1956年12月至1958年4月任中共张掖地委生产合作部部长,1958年4月至6月任专署农林局局长,1958年10月至1959年3月任专署农垦局局长,1959年3月至1961年10月任中共张掖地区农村工作部部长,1961年10月至1965年2月任高台县委书记处第一书记、书记、县委常委、地委委员。

车宏彰

　　男,汉族,1927年2月出生。山西柳林县人。中共党员。1943年参加工作,先后在晋绥边区第一中学,娄烦抗日救国联合会,静乐县政府教育、司法、财政部门任督学、干事、指导员等职。1949年参加西北战役来甘肃,至1953年先后任敦煌区委书记、酒泉县委宣传部、农村工作部部长、酒泉市委书记等职。1953年至1978年6月先后任张掖专署林业局、地区农林牧局党委(党组)书记、局长,地区农垦局、物资局、农机公司局长、经理等职。1978年6月任甘肃省种子公司经理、党委书记,兼任国家农作物品种审定委员会委员、甘肃省花卉协会常务理事。1990年离休。

温阜常

　　男，汉族，1915 年 7 月出生。陕西神木县人。小学文化程度。中共党员。1934 年 12 月在神木县贺家川参加革命工作。曾任神木县、五区、八区、四区团区委宣传员，神府葭苏维埃特区政府、神府三区教助员、秘书，神木县直属乡乡长，神府县一区行政助理员，神木县二区区长、区委书记，神木县政府建设科科长。中华人民共和国成立后，历任甘肃鼎新县委宣传部长、酒泉专署民政人事科副科长。1955 年 12 月至 1956 年 10 月任张掖专署政法组副组长，1956 年 10 月至 1957 年 12 月任政法组组长，1964 年 6 月至 1965 年 9 月任甘肃祁连山林业局局长，1979 年 4 月至 1980 年 3 月任张掖森林管理局副局长。1980 年 4 月离休，享受副地级待遇。1991 年 3 月病故。

齐俊川

　　男，汉族，1913 年 4 月出生。山东莱芜县人。中共党员。1939 年 4 月在莱芜县人进德乡政府参加工作，任农会主任、党支部宣传委员；1940 年 3 月至 1943 年 3 月任莱芜县工委组织部、八路军联防政治部大光商店会计；1943 年 3 月至 1947 年 9 月任联防司令部卫生部会计股长；1947 年 9 月至 1949 年 11 月任本部纺织工厂主任、财务科副科长、党支部委员；1949 年 12 月至 1950 年 11 月在西北党校学习；1950 年 11 月任西北军政委员会驻兰办事处木料厂厂长；1952 年任甘肃省政府农林厅林业局木料厂厂长；1953 年 3 月至 1963 年 2 月任天水专署林业局局长、支部委员；1963 年 12 月至 1965 年 9 月任祁连山林业局党委书记。1971 年 10 月离休，享受副地级待遇。已故。

申克孝

　　男，汉族，1912 年 11 月出生。山西祁县人。1938 年 8 月加入中国共产党。

初中文化程度。1930年2月至1937年9月先后在山西太原纺织厂、山西祁县纺织厂当工人,1937年10月至1947年8月任太原工卫旅六连排长,1947年9月至1950年7月任三军七师二十一团供给处股长,1950年8月至1952年6月任酒泉专区高台县人民政府建设科科长,1952年7月至1956年6月在西北第二中级党校学习,1956年6月至1959年7月任张掖专区农业局农业科科长,1959年5月至1961年12月任张掖专区农垦局副局长,1961年2月至1965年7月任地区农业试验站党支部书记,1965年8月至1971年12月任地区农林牧局种子站站长。其间,1968年8月至1969年9月任张掖专区农林牧局革命领导小组组长。1971年12月离休。享受副地级待遇。1987年12月病故。

黄林兴

男,汉族,1927年11月出生。江苏如皋县人。中共党员。初中文化程度。1941年1月参加革命,加入新四军,先后在一支队、一师师部、一师三旅七团工作学习。1947年2月起,先后在华东野战军第七纵队、解放军25军、志愿军23军等担任副指导员、政治指导员(教导员)。1958年6月转业后任民乐县副县长兼公安局长,1958年12月任山丹县副县长,1962年1月任民乐县副县长,1965年12月至1969年2月任张掖地区化肥厂厂长,1969年3月至1976年6月任地区森林管理局党委书记、局长,1976年7月任供销社甘肃省土特产公司张掖采购供应站党委书记、经理。1986年5月离休。

阎盛文

男,汉族,1914年10月出生。陕西横山县人。中共党员。1940年5月在陕西横山县石窑区参加工作。1942年3月至1946年12月先后任横山县三乡、八乡和六乡乡长,1947年1月至1949年8月先后任部队营长、游击队队长、神木

独立营营部总支书记、一野四军十师三十团三营七连指导员。1949年9月至1951年2月任永昌县四区区委书记,1951年3月至1952年7月任永昌县建设科科长,1952年8月至1954年8月任永昌县法院院长,1954年8月至1955年8月任武威专区监察处处长,1955年9月至1957年11月任张掖专区监察处处长,1957年11月至1958年12月任天祝县法院院长,1959年1月至1961年9月任张掖专区民政人事局局长,1961年10月至1964年8月任地区中级人民法院院长,1964年8月至1971年12月任专署公安处处长兼政委。1979年至1983年先后任张掖地区森林管理局、地区林业局局长、顾问。1983年11月离休,享受副地级待遇。1990年11月病故。

段仰福

男,汉族,1929年11月出生。山西襄汾人。1945年参加中国共产党。1947年参加工作。1947年12月至1950年6月先后在襄陵县政府战勤科、临汾市政府和临汾县团委会工作,1950年6月参加青年团中央团校学习,1950年11月至1954年12月先后在东北军区后勤油料部押运部、运输科和第一库工作,1953年12月参加青年团中央团校学习,1954年6月在亚洲学生疗养院人事科工作,1955年6月在共青团甘肃省委组织部工作,1956年6月任中共张掖市委组织部干部科科长,1957年12月任中共张掖县委组织部部长,1958年12月任沙河公社党委书记,1959年11至1960年12月在老寺庙农场劳动,1962年2月至1974年3月先后任临泽县政府副县长、山丹县政府副县长、县生产指挥部副主任、山丹县革委会常委、副主任,1974年4月至1978年2月任张掖地区农林牧局党委(党组)书记、局长,1978年3月至1983年11月任中共张掖县委书记,1987年2月任张掖地区农机局局长、党支部书记。1990年12月离休,享受副地级待遇。已故。

甄华亭

男，汉族，1931年1月出生。甘肃甘州区人。中共党员。1949年9月参加工作。1949年9月至1956年先后任中共张掖地委组织部科长，审干办、肃反办主任；1956年8月至1959年1月任中共玉门县委副书记；1959年2月至1962年7月任张掖专署农业局局长、地委农村工作部副部长；1962年7月至1965年4月任中共张掖地委组织部副部长；1965年4月至1970年5月任中共高台县委常委、副书记；1973年6月至1976年9月任中共山丹县委副书记、常委；1976年10月至1978年6月任张掖地区森林管理局党委（党组）书记、局长；1987年11月至1992年4月任张掖公路总段总段长、党委书记。1983年被甘肃省人民政府授予"甘肃省劳动模范"荣誉称号，1989年被国家交通部授予全国交通系统劳模。其事迹于1992年在《中国改革功勋》（甘肃册）登载。1992年5月离休。享受副地级待遇。

喻耀忠

男，汉族，1929年1月出生。甘肃陇南武都区人。中共党员。1949年5月参加革命。1953年12月至1955年6月任武都县工会副主席，1955年7月至1956年6月任武都县政府办公室主任，1956年7月至8月任武都地区工会办事处副主任，1956年9月至1958年8月在省委党校学习，1958年8月至1961年2月在甘肃省委组织部工作，1961年3月至12月任中共高台县委书记处书记、常委，1962年1月至1967年1月任中共临泽县委书记处书记、县委副书记、常委，1970年10月至1974年1月任张掖森林总场革命委员会副主任，1972年3月至1973年12月任山丹县革委会生产指挥部主任，1974年1月至1976年10月任张掖地区水利局副局长，1976年10月至1978年3月任地区农机局副局长，1978年4月至1980年9月任张掖地区农机厂党委书记；1980年10月至1982年2月任张掖地区林业局局长、党委书记。1982年3月至1983年4月任中共金昌市委组织部部长,1983年5月至1987年3月任中共金昌市委常委、纪检委书记,1987年4月至1991年3月任金昌市人大常委会党组副书记、副主任。1991年离休(正地级)。

王成兴

男,汉族,1933年7月出生。甘肃高台县人。中共党员。1955年6月至12月任中共高台县委委员,1955年11月至1956年12月任高台县机关党总支书记,1956年12月至1960年7月任中共高台县委书记处委员,1959年12月至1960年12月任高台县人民委员会副县长;1964年4月至1982年2月任张掖地区水利(水电)局副局长(1970年8月至1972年10月任水电局革命领导小组副组长),1982年2月至1983年11月任张掖地区林业局局长、党委书记;1983年11月至1986年1月任中共张掖地区森林总场委员会书记,1986年11月至1988年3月任地区黑河流域管理处处长,1988年4月至1989年12月任管理处党支部书记。1993年11月退休。2006年2月病故。

杨万益

男,汉族,1931年12月出生。甘肃民乐县人。中师学历。中共党员。1949年9月在张掖分区行政干校参加革命工作。1949年9月至1950年3月在张掖分区行政干校学习,1950年3月至1951年10月在民乐县委宣传部当干事,1951年11月至1952年9月任民乐县委秘书室政策研究员,1952年9月至1953年2月任民乐县城关区委副书记,1953年2月至1953年9月任民乐县顺化区委书记,1953年9月至1955年9月任民乐县委秘书室秘书,1955年9月至1958年8月任张掖专区计委主办干事,1958年8月至1961年1月在酒泉夹边沟农场劳动、任小队长,1961年1月至6月在张掖地委党校学习,1961年6月至1964年12月任张掖地区工交局主办干事,1964年12月至 1968 年 11 月任中共张掖地委宣传部干事,1968 年 11 月至 1970 年 1 月在张掖地区"五七"干校学习,1970 年 1 月至 1971 年 7 月任张掖地区农宣队队长,1971 年 7 月至 1972 年 8 月任张掖地区革委会生产指挥部干事,1972 年 8 月至 1978 年 3 月任张掖地区农林牧局副局长,1978 年 3 月至 1983 年 10 月任局长,1983 年 10 月至 1984 年 12 月任张掖地区能源办公室负责人,1985 年 1 月至 1988 年 6 月任地区农牧处副处长,1988 年 7 月至 1992 年 4 月任地区畜牧中心主任。发表学术论文 16 篇。1992 年 4 月离休。

郑守格

男,汉族,1934 年 11 月出生。甘肃民乐县人。中共党员。初中文化程度。1951 年参加工作,是年参加中国新民主主义青年团。曾任民乐县团区工委、县委宣传干事、县机关党总支书记、县委组织部部长,地委政策研究室秘书,张掖县委常委,和平公社书记、主任,县农办、社教办、规划办、生产指挥部主任,县水电局局长。1975 年 1 月至 1984 年 1 月任中共国营张掖农场党委副书记、革委会副主任、党委书记、场长,1983 年 11 月至 1984 年 9 月任张掖地区行署林业处副处长、党组副书记(主持工作),1984 年 9 月至 1989 年 2 月任行署林业处党组书记、处长,1989 年 2 月至 1994 年 4 月任甘肃祁连山国家级自然保护区管理局党委书记、局长。曾兼任张掖地区绿化委员会副主任,林学会理事长,野生动物保护协会会长,甘肃省科协委员。1994 年 4 月退休。2008 年 10 月病故。

魏克勤

男,汉族,1931 年 1 月出生。甘肃榆中县人。中共党员。高级工程师。1953 年 3 月毕业于西北农学院森林专修科,大专学历。至 1955 年 12 月在兰州农校任教,1956 年 1 月至 1956 年 6 月在临洮农校任教,1956 年 7 月至 1962 年 9 月在兰州林校任教,1963年2月至1964年3月任祁连山林业局技术员,1964年4月至1969年9月任西营河林业试验场技术负责人,1969年10月至1973年3月任张掖地区森林管理局技术干部,1973年4月至1978年8月任地区森林管理局调查队负责人,1978年9月至1981年3月任甘肃祁连山水源涵养林研究所副所长,1981年4月至1983年11月任张掖地区林业局副局长,1983年11月至1986年1月任地区森林总场场长,1986年1月至1992年4月任地区行署林业处总工程师。曾任中国林学会张掖地区分会第一、四届理事会理事长,第二届理事会副理事长。主持参加完成科研课题7项。获省林业厅科技进步三等奖4项。发表论文5篇,翻译论文4篇,出版专著1部。《论祁连山(北坡)水源涵养林的经营管护问题》录入《中国林业文摘》。1991年被中共甘肃省委、省人民政府授予"全省造林绿化先进个人",1984年被中国林学会授予"劲松奖",1997年被中国林学会授予"从事林业工作五十年科技工作者"荣誉称号。1992年4月退休。

毛光友

男,汉族,1940年12月出生。河南商城人。中共党员。1965年8月毕业于甘肃农业大学,本科学历。1965年8月至1974年11月在张掖地区农林牧局任技术员,1974年12月至1976年10月任张掖县沙井公社党委副书记、革委会副主任,1976年11月至1978年1月任中共张掖县委宣传部部长,1978年2月至5月任张掖地区农林牧局办公室主任,1978年5月至1980年6月任张掖地委秘书处副科长,1980年7月至1986年7月先后任山丹县革委会副主任、山丹县人民政府副县长、县委副书记、县长,1986年7月至1987年2月在中共张掖地委落实政策办公室工作,1987年3月至1988年12月任张掖地区乡镇企业处处长,1989年2月至1994年1月任张掖地区行署林业处党组书记、处长,1994年1月至1995年12月任张掖地区农业委员会党组书记、主任,1996年1月至2001年4月任中共张掖地委副地级调研员(副巡视员)。2001年4月退休。

强国林

男,藏族,1942年11月出生。甘肃肃南县人。1968年12月毕业于西北民族学院(今西北民族大学)政治系,大学学历。中共党员。是年12月分配肃南县皇城镇河西村插队锻炼(工龄连续计算)。1970年2月至1975年4月在肃南县文教局工作,1975年5月至1980年5月任肃南县雪泉公社副主任,1980年6月至1981年6月任肃南县科委副主任(主持工作),1981年7月至1982年6月任肃南县政府办公室副主任,1982年7月至1984年7月任肃南县政府办公室主任,1984年8月至1991年12月任中共肃南县委副书记,1992年1月至1994年1月任张掖地区民族事务委员会主任兼行署宗教处处长,1994年2月至2000年8月任张掖地区行署林业处处长、党组书记,2000年9月至2002年9月任中共张掖地区行署林业处党组书记。1988年4月被国务院授予"全国民族团结进步先进个人"荣誉称号,1997年12月被中共张掖地委、张掖地区行署授予"全区民族团结进步模范个人"荣誉称号,2001年3月被甘肃省人民政府授予"全省国土绿化先进个人"荣誉称号。2002年9月退休,享受副地级待遇。

侯俊民

男,汉族,1955年3月出生。甘肃高台县人。中共党员。1976年6月参加工作。中央党校研究生学历。1976年6月在高台县农机站工作,1980年5月至1987年6月任高台县农机站站长;1984年7月至1990年4月任中共张掖地委农村工作部科长;1990年5月至1996年6月任中共张掖地委研究室副主任;1996年7月至2000年12月任张掖地区行署办公室副主任兼高效农业办公室副主任(正县级);2001年1月至2002年11月任张掖地区行署林业处处长;2005年5月至2010年12月任张掖市科技局副局长。1979年获张掖地区"先进科技工作者"荣誉称号,1997年获中共张掖地区行政公署"扶贫工作先进个人"荣誉称号,2007年获国家人事部、科技部"农业科技特派员先进个人"荣誉称号。2010年12月退休,享受副地级待遇。

孟 仲

男,汉族,1953年4月出生。甘肃甘州区人。大专学历。中共党员。经济师。1971年3月在张掖县面粉厂参加工作,1976年4月在张掖地区"五七"干校学习,1977年7月至1979年3月在张掖县公交局工作,1979年3月至1983年11月任张掖县安阳公社团委书记,1983年11月至1986年11月任张掖县安阳乡党委副书记;1986年12月至1995年12月任张掖市新墩乡乡长、党委书记,1995年1月至2000年10月任张掖市人民政府副市长,2000年10月至2002年6月任中共张掖市(今甘州区)第十届委员会副书记,2002年10月至2002年11月任张掖地区行署林业处党组书记、处长,2002年11月至2007年4月任张掖市林业局党组书记、局长;2007年4月至2010年6月任张掖市劳动和社会保障局党组书记、局长,2010年6月任政协张掖市委员会党组成员,2010年9月任政协张掖市委员会党组成员、副秘书长,2010年12月任张掖市政协副主席。2005年获"甘肃省人民政府绿化奖章",2006年被全国绿化委员会授予"全国绿化奖章"。

伏世祖

男,汉族,1966年7月出生。甘肃秦安县人。中共党员。林业工程师。1987年12月参加工作。甘肃省委党校研究生学历。1985年9月在张掖农校园艺专业学习,1987年12月分配临泽县林业局工作,1988年9月在临泽县沙河林场工作,1992年12月任临泽县新华乡副乡长,1995年12月任临泽县沙河乡副乡长,1998年10月任临泽县林业局副局长、枣产业办公室常务副主任,2000年10月任临泽县林业局副局长、党总支书记,2001

年8月至2004年2月任临泽县林业局局长、党总支书记,2004年3月至2006年5月任张掖市园林绿化局局长(副处级),2006年6月至2007年3月任张掖市林业局副局长、党组成员、市园林绿化局局长,2007年4月至2010年12月任张掖市林业局局长、党组副书记、书记。2006年3月被国家建设部授予"全国城市园林绿化先进工作者"荣誉称号,2007年6月被中共甘肃省委授予"全省优秀思想政治工作者"荣誉称号,2009年被全国绿化委员会授予"全国绿化奖章"。

周元圣

　　男,汉族,1963年9月出生。甘肃山丹县人。中共党员。高级工程师。1984年7月参加工作。1984年7月毕业于西北农学院土壤农化系,本科学历。1984年7月至1988年10月任张掖地区林果业研究所室主任;1988年10月至1992年3月任地区林果业研究所副所长,1992年3月至1996年11月任所长(1995年12月升任副处级);1996年11月至2000年8月任张掖宾馆总经理(正处级);2000年9月至2002年11月任张掖地区行署环保处副处长、党组成员(正处级);2002年12月至2003年3月任张掖市环保局副局长、党组成员(正处级);2003年4月至2007年4月任市林业局党组副书记、副局长(正处级);2007年4月至2009年10月任张掖市林业局党组书记、副局长;2009年11月至2010年11月任张掖市农业办公室主任、党组书记、市农村小康建设办公室主任;2010年12月任张掖市委副秘书长、市委办公室主任,市委保密办公室主任、市国家保密局局长、市农村小康建设办公室主任。2007年被全国绿化委员会授予"全国绿化奖章"。

　　历任行政主要领导张树春、徐良谟、龚文钰、卢全金,因资料缺失未作简介,任职时间见第七编第一章第一节表7-2。

二、现任行政领导人

聂 斌

男,汉族,1963 年 12 月出生。甘肃山丹县人。1982 年 7 月毕业于甘肃农业大学农业机械专业,大学学历。中共党员。大学毕业后分配到张掖地区标准产品检验所工作。1984 年 10 月至 1989 年 4 月在张掖地区经济协作办公室工作。1989 年 5 月至 1993 年 3 月在张掖地区计划委员会工作,1993 年 4 月至 1996 年 11 月任张掖地区计划委员会工商计划科副科长,

1996 年 12 月至 2000 年 4 月任张掖地区计划委员会工交商贸科科长,2000 年 5 月至 2002 年 11 月任张掖地区经济建设重点项目协调领导小组办公室副主任,2002 年 12 月至 2003 年 3 月任张掖市重点项目办公室副主任,2003 年 4 月至 2005 年 4 月任张掖市发展计划委员会副主任、党组成员,2005 年 5 月任张掖市发展和改革委员会副主任、党组成员,2005 年 11 月至 2006 年 10 月任中共民乐县委副书记,2006 年 11 月至 2010 年 11 月任中共高台县委副书记,2010 年 12 月任张掖市林业局党组书记、局长。2016 年 3 月被全国绿化委员会授予"全国绿化奖章"。

杨恩怀

男,汉族,1960 年 3 月出生。陕西宝鸡人。中共党员。兰州大学法律系毕业,大专学历。1978 年 11 月在原陆军某师炮兵团一营营部当战士;1981 年 9 月至 1982 年 8 月在兰州军区炮兵教导大队学习,1982 年 9 月任原陆军某师炮兵团一营二连指挥排长,1985 年 8 月至 1989 年 7 月任原陆军某师炮兵团政治处组织干事,1989 年 7 月至 1993 年 4 月任原步兵

某师炮兵团指挥连政治指导员,1993 年 5 月至 1996 年 3 月任原步兵某师炮兵团司令部政治协理员,1996 年 4 月至 1999 年 2 月任原步兵某师高炮营政治教

导员,1999 男 3 月任兰州军区江西沟农场副政治委员,1999 年 6 月任临泽县武装部副部长,2000 年 7 月任张掖市(地区)林业局(处)纪检组长、党组成员。

傅　弘

　　男,汉族,1962 年 12 月出生。甘肃甘州区人。西北师范大学研究生学历。中共党员。1987 年 12 月至 1990 年 3 月在张掖市梁家墩中学任教,1990 年 3 月至 1993 年 5 月在张掖市城关镇任党委秘书,1993 年 6 月至 1995 年 6 月在张掖市人大常委会代表工作委员会工作,1995 年 7 月至 1996 年 10 月,任张掖市小康办副主任,1996 年 11 月至 1998 年 10 月任张掖市乌江镇镇长,1998 年 11 月至 1999 年 11 月任张掖市花寨乡党委书记,1999 年 12 月至 2015 年 11 月任张掖市水务局副局长、党组成员,2010 年 12 月任张掖市林业局副局长、党组成员。先后发表《黑河中游水资源问题及对策》《深化林业改革,发展林下经济》《退耕还林成果及问题探讨》等文章,获奖论文两篇。1996 年至 1999 年,先后 3 次评为优秀公务员,2009 年被甘肃省水利厅授予"先进工作者"称号;2010 年被市直机关工委授予"优秀党务工作者"称号。

杨富春

　　男,汉族,1962 年 1 月出生甘肃山丹县人。中共党员。西北师范大学政治系大专毕业,中央党校在职研究生学历。1981 年 8 月参加工作,先后在山丹县林业局、县农办、县委宣传部、县广电局、县农机局等单位工作。担任干事、党政组长、广电局副局长、农机局副局长、局长等职务。2001 年 12 月经公开选拔任张掖地区行署文化出版处党组成员、副处长,2003 年 1 月至 2007 年 4 月任张掖市文化出版局党组成员、副局长,2007 年 4 月任张掖市林业局党组成员、副局长、市绿委办主任。1999 年被评为"全省农机技术推广先进个人",2004 年被授予"全省文化市场行政执法先进个人"称号,

2005年被评为"全省'扫黄打非'先进个人",2005年被表彰为"张掖市精神文明建设先进工作者",2010年被表彰为"全市语言文字工作达标先进个人",2014年获"甘肃绿化奖章"。为甘肃省作家协会会员、甘肃省诗词学会会员。在《甘肃工作》《甘肃林业》《甘肃文化》《张掖日报》等报刊发表理论文章、诗歌、散文等70多篇(首)。《关于加快张掖生态旅游业发展的思考》论文获张掖市第三届社会科学优秀成果二等奖,《张掖湿地赋》获全省生态文化大赛二等奖、张掖旅游全民宣传三等奖,《张掖绿洲与黑河流域生态安全对策探析》获绿洲论坛征文一等奖。

王清忠

男,汉族,1964年3月出生。甘肃甘州区人。中共党员。硕士学位。高级工程师。1985年7月毕业于甘肃省林业学校林学专业。1985年8月参加工作。1985年8月至1995年10月在张掖地区林科所工作。1995年10月至1997年9月任张掖地区寺大隆林场副场长,1997年10月至2011年1月任寺大隆林场场长,2005年10月至2011年1月任张掖市护林防火指挥部办公室副主任(副县级),2010年12月任张掖市林业局党组成员、副局长。先后主持参与完成科研(推广)课题10余项,获全国农牧渔业丰收奖1项,省科技进步二等奖2项,市科技进步一、三等奖2项,合著出版专著3部。2001年被地区行署授予"全区造林绿化先进个人",2002年被省林业厅授予"全省森林资源连续清查第四次复查先进个人",2003年被省林业厅授予"甘肃省第二届林业青年科技奖",2005年被省林业厅授予"全省林业系统提合理化建议与技术革新先进个人",2006年入选"甘肃省555创新人才工程"第二层次人选,是年被省委组织部、省人事厅、省科协授予"第五届甘肃青年科技奖",2007年被省林业厅授予"全省森林资源连续清查第五次复查先进个人",2008年被省人民政府授予"甘肃绿化奖章"。

贺红元

男,汉族,1965年1月出生。甘肃甘州区人。研究生学历。林业工程师。中共党员。1985年7月毕业于甘肃省林业学校,分配到祁连山水源林研究所工作。1985年7月至1998年11月为甘肃到祁连山水源林研究所技术干部,1998年11月至1999年5月,任祁连山水源林研究所副所长(1995年12月至1999年5月借调林业处工作),2001年9月至2003年7月任张掖市林业局办公室副主任,2003年7月至2009年1月任张掖市林业局办公室主任,2009年1月任张掖市林业局副总工程师。先后参加完成部、省级科研课题5项,获林业部科技进步二、三等奖2项,获省林业科技进步一、二、三等奖4项。发表论文19篇。1995年被确定为张掖地区跨世纪学术技术带头人。2004年被市委组织部、人事局授予全市"人民满意的公务员"称号。2008年荣获中国林学会"劲松奖"。

闫劲涛

男,汉族,1962年11月出生。甘肃甘州区人。中共党员。1982年6月毕业于甘肃省张掖师范学校,1987年毕业于中央党校,本科学历。1982年7月至1985年7月在张掖地区化肥厂工作,1985年8月至1993年3月在地区行署林业处工作,1993年4月至1998年10月任地区行署林业处人事监察科副科长,1998年11月至2002年11月任地区行署林业处人事监察科科长,2002年12月至2003年10月任张掖市林业局人事监察科科长,2003年11月任市护林护草防火指挥部办公室副主任。

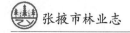

三、历任正县(处)级以上干部

范天贵

男,汉族,1919年4月出生。山西汾阳县人。高小文化程度。中共党员。1937年9月参加革命。1958年5月至1966年2月任中共高台县委书记处常务委员、副县长,1970年10月至1974年1月任张掖地区森林总场革委会副主任,1974年1月至1980年3月任张掖地区森林管理局党委副书记、副局长。1980年4月离休,享受副地级待遇。已故。

张志强

男,汉族,1927年11月出生。陕西绥德县人。初中文化程度。1949年5月参加革命,是年6月加入中国共产党。历任临泽县乡长、区民政干事、公安局治安员、法院书记员、区公安助理员。1952年10月至1953年1月任临泽县第三区副区长,1953年1月任一区工委副书记,是年9月至1955年4月任书记。1955年4月至1956年11月任中共临泽县委组织部副

部长,1956年12月至1958年2月任临泽县人民委员会县长。1980年任张掖地区五泉林场副场长,1981年5月至1983年3月任中共五泉林场支部书记;1983年4月恢复县级干部待遇,任行署林业处督导员。1989年5月离休,享受副地级待遇。

杨子明

男,汉族,1930年9月出生。甘肃庆阳县人。中共党员。1945年11月在原曲子县委参加工作。小学文化程度。1945年11月至1949年12月先后任原中共典子县委警卫员、西北革大四部干事,1950年1月至1958年9月先后任共青团皋

兰县委干部、中共皋兰县永川区委会书记、中共皋兰县委宣传部部长、皋兰县人民委员会县长,1958 年 10 月至 1960 年 12 月在大安铁厂、白银市钢铁厂劳动,1961 年 1 月至 1962 年 10 月任白银市农机厂干部,1962 年 11 月至 1963 年 9 月在白银市物资局工作,1963 年 10 月至 1969 年 8 月在张掖地区水电局农场劳动,1969 年 9 月至 1979 年 3 月张掖地区"五七"干校劳动,1979 年 4 月至 1980 年 2 月任张掖地区行政干校校长,1980 年 3 月至 1992 年先后任地区森林管理局、林业局副局长、森林总场督导员。1992 年 12 月离休,享受副地级待遇。

王照卿

男,汉族,1930 年 12 月出生。河北省魏县人。1946 年加入中国共产党。1942 年 5 月参加革命。1949 年 12 月毕业于华北医科大学,大学学历。1942 年 5 月至 1947 年 7 月在晋冀鲁豫后方留守处工作,1947 年 7 月至 1949 年 12 月在华北医科大学读书,1949 年 12 月至 1951 年 7 月任察哈尔军区骑三师军医;1953 年 3 月至 1954 年 12 月任骑一师二团卫生连连长、主治军医,1954 年 12 月至 1956 年 8 月任骑一师二团后勤卫生所所长、中国人民解放军某部主治军医,1956 年 8 月至 1970 年 5 月在兰州市医疗所工作,1970 年 5 月至 1992 年 3 月任张掖地区森林管理局、行署林业处医务所主治医师、机关党支部书记。1992 年 6 月离休,享受副地级待遇。

屈宗贤

男,汉族,1936 年 5 月出生。甘肃山丹县人。中专文化程度。中共党员。林业工程师。1956 年 6 月参加工作。1958 年 4 月至 1971 年 2 月先后任张掖专署农牧局、地区林业局副科长,1973 年 3 月至 10 月在张掖地区革委会生产指挥部工作,1973 年 11 月至

1978 年 5 月任张掖地区林业站站长,1978 年 6 月至 1993 年 6 月先后任张掖地区农牧局、地区林业局副局长、行署林业处副处长,1996 年 2 月任张掖地区人造板厂党委书记,1996 年 4 月退休。2003 年 4 月病逝。

易元林

男,汉族,1942 年 7 月出生。甘肃甘州区人。高中文化程度。中共党员。1963 年参加工作,在张掖专署外贸局财通科任出纳员;1965 年 1 月至 1969 年 3 月在原陆军某师炮兵团指挥连当战士;1969 年 3 月至 1975 年 9 月在国营七九六矿一工区直属队当测量员;1974 年 9 月至 1980 年 10 月任张掖地区建筑公司行政科科长;1980 年 10 月至 1997 年 8 月任张掖地区纪律检查委员会监察科副科长、科长、案件审理处主任(副县级);1997 年 7 月至1998 年 8 月任地区行署林业处纪检组长;1998 年 9 月至 2002 年 8 月任地区行署林业处调研员(正县级)。2002 年 9 月退休。

赵喜生

男,汉族,1949 年 11 月生。陕西省韩城市人。中共党员。大专学历。1984 年 12 月至 1987 年 5 月参加西北师院高等教育自学考试政治理论专业大专班学习。1969 年 2 月由陕西省韩城市参军,1969 年 2 月至 1971 年 7 月在山丹县中队服役。1971 年 8月至 1984 年 12 月在山丹县人民武装部任助理员、参谋。1985年 1 月至 1986 年 5 月在张掖军分区后勤部任战勤参谋。1986年 6 月随人武部移交地方。1986 年 6 月至 1990 年 10 月任山丹县人民武装部政工科科长,1990 年 11 月至 1996 年 8 月任山丹县人民武装部部长。1994 年 12 月随人武部回收部队,被兰州军区授予上校军衔。1996 年 9 月转业。1996 年 8 月至2002 年 12 月任张掖地区行署林业处副处长、党组成员(正处级),2002 年 12 月至 2003 年 4 月任张掖市林业局副局长、党组成员,2003 年 4 月至 2009 年 12 月任张掖市林业局调研员。2009 年 12 月退休。

赵开荣

　　男,汉族,1950 年 9 月出生。甘肃临泽县人。大学文化程度。中共党员。1967 年 4 月参加工作。1984 年任临泽县委宣传部党员教育组组长(科级)。1985 年 3 月至 1995 年 9 月任市纪委办公室副主任,调研室、监察室主任(副县级);1995 年 9 月至 2000 年 9 月任市物价局党组成员、副局长;2000 年 10 月至 2003 年 5 月任市护林防火指挥部办公室专职副主任;2003 年 5 月任市林业局调研员。2010 年 11 月退休。

周全民

　　男,汉族,1966 年 6 月出生。甘肃甘州人。中共党员,大学学历,林业高级工程师。1985 年 9 月至 1987 年 7 月在西北林学院林学专业学习,1987 年 7 月至 1997 年 3 月在甘肃省张掖祁连山水源林研究所干部(其间:1991 年 1 月至 1996 年 7 月借调地区人造板厂筹建处工作),1997 年 3 月至 2000 年 4 月任张掖地区寺大隆林场副场长(其间:1999 年 10 月至 2000 年 4 月,借调张掖地区行署林业处计划财务科工作),2000 年至 2007 年先后任张掖市林业局计划财务科科长、植树造林科科长、资源林政科科长、黑河流域湿地管理局副局长(正科级),2007 年 7 月任张掖市园林绿化局局长、市黑河流域湿地管理局局长(副处级)。2009 年 11 月任张掖市黑河流域湿地管理局局长(正处级)。先后参编专著 2 部,发表论文 10 余篇。主持和参与的科研项目先后获国家林业局科技推广一等奖 1 项、张掖市科技进步二等奖 2 项、张掖市科技进步三等奖 1 项。

第三节　科技人物

一、享受政府津贴专家

至 2010 年,全市(区)林业系统享受国家特殊津贴的林业专家共 7 人,其中正教授级专家 5 人,副教授级专家 2 人。

表 8-9　张掖市享受国务院特殊津贴林业专家名录

姓 名	获特贴时间	性别	出生年月	工作单位	职 称
傅辉恩	1992	男	1937 年 2 月	祁连山水源涵养林研究所	高级工程师
魏向华	1994	男	1959 年10月	民乐县园艺站	高级工程师
车克钧	1996	男	1958 年2月	祁连山水源涵养林研究所	研究员
李庆会	2002	男	1962 年11月	张掖地区林果业研究所	正高级工程师
刘贤德	2004	男	1963 年2月	祁连山水源涵养林研究院	研究员
马 力	2007	男	1964 年7月	张掖市种苗管理站	研究员
倪自银	2009	男	1964 年6月	甘州区林业局	高级工程师

二、正教授级林业专家简介

车克钧

男，汉族,1958 年 2 月出生。甘肃会宁县人。中共党员。1981 年 12 月毕业于甘肃农业大学林学系,学士学位。研究员。历任张掖祁连山水源涵养林研究所副所长、所长（副处级）。1998 年 9 月调任祁连山自然保护区管理局党委委员、局长。1999 年被教育部批准为甘肃农业大学硕士研究生导师,2006 年被兰州大学聘为兼职教授和硕士研究生导师。主持和参加 26 项科研课题,22 项获省、部级科技进步二、三等奖。1987 年被省计委、省人事厅、省教委评为"甘肃省优秀大学毕业生",1994年被省委、省政府授予"甘肃省劳动模范"荣誉称号,是年享受"国务院政府特殊津贴",1997年入选甘肃省"333人才工程"一、二层次人选;1998年被人事部等七部委选入"国家百千万人才工程"一、二层次人选,被省委、省政府授予"甘肃省优秀专家"荣誉称号,被省委组织部确定为省委直接掌握联系的高级专家;1999年被人事部授予"国家有突出贡献的中青年专家"荣誉称号;2000年5月被国务院授予"全国先进工作者"荣誉称号;2001年和2003年两次被省人民政府推荐为"中国工程院院士候选人";2004年被省人民政府授予"甘肃省绿化奖章"。2004年2月调任甘肃省白龙江林业管理局党委常委、副局长。

刘贤德

男,汉族,生于1963年2月。甘肃金塔县人。中共党员。研究员、项目首席专家,中国科学院自然地理学博士、博士生导师,甘肃农业大学博士生导师。1984年7月毕业于西北农林科技大学林学院森林资源保护专业,大学学历。2006年3月获中国科学院寒区旱区环境与工程研究所自然地理学博士学位。1998年12月至2010年12月任甘肃省祁连山水源涵养林研究院(所)院(所)长,博士生导师,兰州大学资源与环境学院兼职教授,中国林业化学除草研究会副理事长兼西北分会理事长,省治沙专业委员会副理事长。主持承担科研(推广)项目16项,获省部级二等奖4项,市、厅级奖7项;发表论文50余篇,出版专著6部。先后荣获"甘肃省首届林业青年科技奖""甘肃省优秀专家""甘肃省劳动模范"和"享受国务院政府特殊津贴专家""全国优秀林业科技工作者""甘肃省林业十大优秀专家"等荣誉称号,是省"333"创新人才工程第一层次人选。2009年,荣获省内唯一的国家科技部"野外科技工作者先进个人"称号、甘肃省领军人才工程第一层次人选。

李庆会

男，汉族，生于1962年11月。甘肃凉州人。中共党员。森林经理学硕士学位，正高级工程师。1986年毕业于甘肃农业大学林学院林学专业，农学学士学位。1992年至2003年10月任张掖地区林果业研究所副所长、所长（副处级），2003年11月任市林业科学技术推广站站长，2011年1月任市护林护草防火指挥部办公室副主任。2003年3月至2010年兼任地区林学会第六届理事会秘书长，第七届理事会副理事长、秘书长（兼）；2009年兼任市葡萄协会第一、二届理事会副理事长。主持承担科研推广项目9项，获省科技进步一、二、三等奖5项，市（地）科技进步（推广）一、三等奖3项。技术专利发明奖2项。发表学术论文30余篇，出版专著1部。先后被确定为张掖地区跨世纪学术带头人，专业技术拔尖人才，甘肃省"333"科技人才工程第一、二层次人选。2001年获林业厅甘肃省第一届林业青年科技奖，并享受国务院政府特殊津贴。2006年被张掖市委、市政府授予"全市科普先进工作者"荣誉称号。

孔东升

男，汉族，1966年5月出生。甘肃甘州区人。中共党员。研究员。1988年毕业于甘肃农业大学水土保持专业，2009年取得博士学位。1988年8月至2001年4月在张掖祁连山水源林研究所工作，2001年4月至2003年7月任张掖市林业科学技术推广站站长，2003年7月至2008年3月任张掖市林业科学研究院院长，2008年3月至2010年9月任张掖市黑河流域湿地管理局副局长，2010年9月调任河西学院河西生态与绿洲农业研究院副院长。发表论文28篇，主持、参加部（省）、地（厅）级科研项目13项，获省（部）级、地（厅）级奖11项。1999年被张掖地区行政公署授予"张掖地区跨世纪学术技术带头人"称号，2001年被张掖地委确定为"张掖地区地管专业技术拔尖人才"，2004年被中共甘肃省委、省人民政府确定为"甘肃省优秀专家",2005 年被中共甘肃省委组织部、省人事厅确定为甘肃省"555 创新人才工程"第二层次人选,2006 年表彰为"甘肃省优秀林业科技工作者",2009年被甘肃省政府确定为"甘肃省领军人才"。

马 力

男,汉族,生于 1964 年 7 月。甘肃武威市人。中共党员。研究员。1981 年 3 月在祁连山水源涵养林研究所参加工作。1983年 7 月毕业于甘肃省林校,1994 年 6 月毕业于北京林业管理干部学院,2002 年 6 月毕业于甘肃农业大学生态与环境专业,2005 年 11 月毕业于甘肃农业大学水土保持与荒漠化防治专业。本科学历,硕士学位。1997 年 11 月任张掖地区祁连山水源涵养林研究所副所长(副科级),2003 年 7 月任正科,2005 年 1 月任张掖市林木种苗管理站站长,2008 年 3 月至 2010 年 12 月任张掖市林业科学研究院院长。历任中国林学会化学除草研究会西北分会副理事长,张掖市首届青年联合会委员,张掖市林学会常务理事,中国管理科学研究院学术委员会特聘研究员,甘肃省林学会、花卉协会理事,张掖市发明协会理事。先后主持承担国家、部、省、市科技项目及外援项目 15 项,获省科技进步二等奖 2 项,三等奖 3 项,市、厅级科技进步一、三等奖 6 项,获市科技发明一等奖 1 项。发明专利 4 项,实用新型专利 1 项;发表论文 30 余篇,合作出版专著 2 部。2000 年 12 月被确定为张掖地区跨世纪学术带头人;2001 年 7 月被确定为张掖地区地管专业技术拔尖人才;2003 年 10 月被评为"甘肃省优秀青年",被中共张掖市委、市人民政府授予"张掖市首届十大杰出青年"荣誉称号;2005 年 1 月入选甘肃省"555创新人才工程"第二层次人选;2007 年 2 月享受国务院政府特殊津贴,2010 年2 月入选甘肃省领军人才第二层次人选。

三、副教授级林业专家

至 2010 年,全市共有副教授级林业专家 81 人。

表 8-10 张掖市副教授级林业专家名录（1987 年—2010 年）

序 号	姓 名	性 别	民 族	出生年月	获职称时间	工作单位
1	魏克勤	男	汉族	1931 年 11 月	1987 年 2 月	张掖地区行署林业处
2	董存友	男	汉族	1924 年 2 月	1987 年 5 月	张掖地区林业科学研究所
3	白生录	男	汉族	1932 年 9 月	1987 年 10 月	张掖地区行署林业处
4	傅辉恩	男	汉族	1937 年 2 月	1987 年 10 月	甘肃省祁连山水源涵养林研究所
5	胥明肃	男	汉族	1942 年 12 月	1988 年 1 月	张掖地区野生动物管理站
6	张威铭	男	汉族	1931 年 7 月	1988 年 7 月	张掖地区林木病虫检疫防治站
7	王 军	女	汉族	1942 年 5 月	1992 年 12 月	张掖地区林业科技推广站
8	魏向华	男	汉族	1959年 10 月	1992 年 12 月	民乐县园艺站
9	栗广明	男	汉族	1944 年 8 月	1992 年 12 月	民乐县园艺站
10	刘建勋	男	汉族	1962 年 7 月	1993 年 12 月	甘肃张掖祁连山水源涵养林研究所
11	薛德一	男	汉族	1937 年 4 月	1995 年 10 月	张掖地区行署林业处
12	周元圣	男	汉族	1963 年 7 月	1997 年 6 月	张掖地区林果业研究所
13	王富林	男	汉族	1938 年 12 月	1998 年 12 月	张掖市林技中心推广站
14	王国治	男	汉族	1963 年 1 月	1998 年 12 月	张掖市林木病虫检疫防治站
15	赵鲁平	女	汉族	1962 年 9 月	1999 年 12 月	张掖地区行署林业处
16	王金叶	男	汉族	1965 年 1 月	2000 年 12 月	甘肃张掖祁连山水源涵养林研究所
17	徐发辉	男	汉族	1964 年 8 月	2000 年 12 月	山丹县苗圃
18	汤兴贵	男	汉族	1953 年 10 月	2001 年 12 月	张掖市林业科学技术推广站
19	段玉忠	男	汉族	1957 年 2 月	2001 年 12 月	张掖地区林果业研究所
20	徐柏林	男	汉族	1967 年 8 月	2001 年 12 月	山丹县南湖生态植物园
21	孙玉德	男	汉族	1965 年 2 月	2001 年 12 月	高台县林业局
22	张 虎	男	汉族	1963 年 1 月	2002 年 12 月	甘肃省祁连山水源涵养林研究院

续表

序号	姓名	性别	民族	出生年月	获职称时间	工作单位
23	张学龙	男	汉族	1963年8月	2002年12月	甘肃省祁连山水源涵养林研究院
24	邓延安	男	汉族	1960年8月	2002年12月	张掖市林业调查规划院
25	贾永礼	男	汉族	1957年3月	2002年12月	张掖地区林果业研究所
26	滕兴炜	男	汉族	1947年2月	2002年12月	肃南县西水林场
27	张宏斌	男	汉族	1966年12月	2003年12月	甘肃省祁连山水源涵养林研究院
28	李秉新	男	汉族	1960年11月	2003年12月	甘肃省祁连山水源涵养林研究院
29	李远森	男	汉族	1962年8月	2003年12月	张掖市林业调查规划院
30	李小燕	女	汉族	1968年4月	2003年12月	张掖市林果业研究所
31	王清忠	男	汉族	1964年3月	2003年12月	张掖市寺大隆林场
32	边彪	男	汉族	1956年1月	2004年12月	甘肃省祁连山水源涵养林研究院
33	顾生贵	男	汉族	1967年12月	2004年12月	张掖市林业调查规划院
34	杨青	男	汉族	1963年12月	2004年12月	山丹县大黄山林场
35	李继贤	男	汉族	1964年4月	2004年12月	山丹县苗圃
36	宋恩泰	男	汉族	1963年12月	2004年12月	临泽县林业局
37	王志义	男	汉族	1961年1月	2004年12月	高台县林技推广站
38	杨苏亭	男	汉族	1966年9月	2004年12月	高台县林技推广站
39	孟好军	男	汉族	1964年10月	2005年12月	甘肃省祁连山水源涵养林研究院
40	甄伟玲	女	汉族	1970年1月	2005年12月	张掖市林业科学研究院
41	魏治国	男	汉族	1961年1月	2005年12月	张掖市林业科学技术推广站
42	倪自银	男	汉族	1964年6月	2005年12月	甘州区东大山自然保护站

续表

序号	姓名	性别	民族	出生年月	获职称时间	工作单位
43	张　文	男	汉族	1957年11月	2005年12月	山丹县机械林场
44	王玉珍	男	汉族	1965年12月	2005年12月	山丹县林业工作站
45	尹　萍	女	汉族	1963年3月	2005年12月	山丹县林业勘察设计队
46	张永称	男	汉族	1970年9月	2005年12月	山丹县机械林场
47	胡荣星	男	汉族	1953年11月	2005年12月	肃南县马蹄林场
48	刘俊正	男	汉族	1965年6月	2006年11月	山丹县十里堡林场
49	闫卫明	男	汉族	1970年9月	2006年11月	张掖市森林病虫害检疫防治站
50	杨光祖	男	汉族	1968年7月	2006年12月	张掖市黑河流域湿地管理局
51	张著频	男	汉族	1966年12月	2006年12月	民乐县林业局
52	王建英	男	汉族	1971年1月	2006年12月	民乐县林业局
53	王　文	男	汉族	1969年11月	2007年12月	张掖市林业科学研究院
54	汪永洋	男	汉族	1969年7月	2007年12月	张掖市林业科学技术推广站
55	李建军	男	汉族	1962年10月	2007年12月	张掖市森林病虫害防治检疫站
56	孔建军	男	汉族	1966年6月	2007年12月	甘州区林业局
57	王迪东	男	汉族	1965年4月	2007年12月	甘州区林业局
58	徐志强	男	汉族	1956年9月	2007年12月	甘州区林业技术中心推广站
59	周多良	男	汉族	1965年7月	2007年12月	山丹县龙首山自然保护站
60	彭吉廷	男	汉族	1966年9月	2007年12月	肃南县康乐林场
61	周全民	男	汉族	1966年6月	2008年12月	张掖市黑河流域湿地管理局
62	刘伟茂	男	汉族	1970年5月	2008年12月	山丹县城市园林绿化局
63	王兴平	男	汉族	1963年4月	2008年12月	甘肃省祁连山水源涵养林研究院
64	占玉芳	女	汉族	1970年1月	2008年12月	张掖市林业科学研究院
65	袁　虹	女	汉族	1965年1月	2008年12月	张掖市林业调查规划院

续表

序号	姓名	性别	民族	出生年月	获职称时间	工作单位
66	李兰萍	女	汉族	1959年12月	2008年12月	张掖市森林病虫害防治检疫站
67	田 贤	男	汉族	1971年2月	2008年12月	民乐县林业局
68	王国庆	女	汉族	1963年10月	2008年12月	高台县绿化大队
69	牛 赟	男	汉族	1974年10月	2009年12月	甘肃省祁连山水源涵养林研究院
70	杜国新	男	汉族	1963年6月	2009年12月	张掖市林业科学研究院
71	宗福生	男	汉族	1962年8月	2009年12月	张掖市林业科学研究院
72	陈大庆	男	汉族	1969年10月	2009年12月	张掖市林业科学技术推广站
73	温 源	男	汉族	1968年7月	2009年12月	张掖市林业科学技术推广站
74	陈金龙	男	汉族	1972年9月	2009年12月	山丹县机械林场
75	王积春	男	汉族	1970年4月	2009年12月	山丹县龙首山自然保护站
76	陈玉琴	女	汉族	1970年1月	2009年12月	山丹县湿地保护站
77	金 铭	男	汉族	1972年5月	2010年11月	甘肃省祁连山水源涵养林研究院
78	张艳珺	女	汉族	1974年5月	2010年11月	甘州区林业勘察设计队
79	王玉梅	女	汉族	1964年5月	2010年12月	甘州区林业技术中心推广站
80	迟元霞	女	汉族	1966年6月	2010年12月	甘州区林政稽查大队
81	赵典普	男	汉族	1966年2月	2010年12月	张掖市林业科学研究院

第四章 人物表

第一节 国家部委(局)级以上表彰

一、市(地)获表彰者名录

表 8-12

姓 名	性别	籍 贯	工作单位	职 务	获奖时间	先进称谓	授予机关
杨临江	男	甘肃民乐	张掖地区行署林业处财务科	科长	1989年	财务工作30年特殊贡献奖	国家财政部
张洪生	男	宁夏吴忠	地区电力工业局	场长	1991年	造林绿化劳动模范	全国绿化委员会、人事部、林业部
王修德	男	甘肃民乐	张掖地区林业勘察设计队	队长	1991年	"三北"防护林体系二期工程建设(中期)先进工作者	国家林业部
闫双印	男	河南新野	张掖地区行署林业处	科长	1992年2月	全国绿化奖章	全国绿化委员会
杨临江	男	甘肃民乐	张掖地区行署林业处财务科	科长	1993年	全国林业系统优秀财务工作者	国家林业部

续表

姓 名	性别	籍 贯	工作单位	职 务	获奖时间	先进称谓	授予机关
魏向华	男	甘肃会宁	张掖市林业局	副局长	1993 年	全国星火科技先进工作者	国家科委
车克钧	男	甘肃会宁	甘肃祁连山水源涵养林研究所	所长	1996 年	国家级有突出贡献中青年专家重点课题学术带头人	国家人事部国家林业部
薛德一	男	江苏南京	张掖地区林业处	总工程师	1997 年 2 月	全国绿化奖章	全国绿化委员会
王守魁	男	甘肃金昌	张地区林业处	科长	1998 年 4 月	全国绿化奖章	全国绿化委员会
杨忠庆	男	甘肃白银	张掖地区野生动物管理站	工程师	1998 年 12 月	第一次全国农业普查国家级先进个人	全国农业普查办公室
明海国	男	甘肃张掖	张掖地区林业处	科长	2000 年 2 月	全国森林资源林政管理先进个人	国家林业局
苗 旺	男	甘肃民乐	甘肃祁连山水源涵养林研究所	书记	2001 年	全国优秀党务工作者	中央组织部
刘建勋	男	甘肃会宁	张掖地区林业处	副处长	2001 年	全国林业科技先进工作者	国家林业局
赵鲁平	女	山东济南	张掖市林业局	总工程师	2005 年	全国农村科普工作先进个人	国家科学技术协会
韩旭海	男	山西运城	张掖市林业局森林防火办公室	主任科员	2007 年	从事森林防火工作20年荣誉奖章	国家森林防火指挥部、国家林业局

续表

姓 名	性别	籍 贯	工作单位	职 务	获奖时间	先进称谓	授予机关
杨卫东	男	甘肃庆阳	张掖市林业局森林防火办公室	主任科员	2007年	从事森林防火工作20年荣誉奖章	国家森林防火指挥部、国家林业局
孟 仲	男	甘肃甘州	张掖市林业局	局长	2007年4月	全国绿化奖章	全国绿化委员会
周元圣	男	甘肃山丹	张掖市林业局	党组书记	2008年	全国绿化奖章	全国绿化委员会
刘贤德	男	甘肃金塔	甘肃祁连山水源涵养林研究院	院长	2008年	西部之光访问学者野外科技工作者先进个人	中组部、教育部、国家科技部
陆 瑛	女	甘肃临洮	张掖市林业技术推广站	工程师	2009年2月	全国"巾帼建功"标兵	中华全国妇女联合会、全国妇女"巾帼建功"领导小组

二、各县(市)获表彰者名录

表 8-13

姓 名	性别	籍 贯	工作单位	职 务	获奖时间	荣誉名称	授予机关
甘 州 区							
曹明礼	男	甘肃张掖	张掖县林业局	会计	1989年3月	财务工作三十年特殊贡献奖	国家财政部
杨景铭	男	甘肃张掖	张掖县林业局	局长	1993年3月	全国绿化奖章	全国绿化委员会

续表

姓 名	性别	籍 贯	工作单位	职 务	获奖时间	荣誉名称	授予机关
冯学诗	男	甘肃张掖	张掖市东大山自然保护区管理站	护林员	1995年11月	烈士	国家民政部
金七斤	男	甘肃张掖	张掖市九龙江林场	护林员	2001年	全国绿化奖章	全国绿化委员会
倪自银	男	甘肃甘州	甘州区林业局	站长	2002年12月	全国自然保护区先进工作者	国家林业局
邵富存	男	甘肃秦安	张掖市第四中学	校长	2003年	绿色学校"园丁奖"	国家环保总局、教育部
高 虎	男	甘肃张掖	甘州区林业派出所	所长	2003年10月	全国优秀人民警察	中华人民共和国公安部
管 利	男	甘肃甘州	甘州区大满镇朝元村	农民	2005年3月	全国绿化奖章	全国绿化委员会
郭瑞儒	男	甘肃甘州	甘州区碱滩镇永星村	农民	2007年9月	全国绿色小康户	全国绿化委、中宣部、中央文明办、国家林业局
陈学军	男	甘肃甘州	甘州区甘浚镇星光村	农民	2007年9月	全国绿色小康户	全国绿化委、中宣部、中央文明办、国家林业局
张治军	男	甘肃甘州	甘州区乌江镇平原村	农民	2007年9月	全国绿色小康户	全国绿化委、中宣部、中央文明办、国家林业局

续表

姓 名	性别	籍 贯	工作单位	职 务	获奖时间	荣誉名称	授予机关
王迪东	男	甘肃甘州	甘州区林业局	副局长	2008 年	全国五一劳动奖章	中华全国总工会

山 丹 县

姓 名	性别	籍 贯	工作单位	职 务	获奖时间	荣誉名称	授予机关
刘希荣	男	甘肃山丹	山丹县花寨乡高家湖村	农民	1985 年	全国绿化祖国突击手	全国绿化委员会、共青团中央
刘希荣	男	甘肃山丹	山丹县花寨乡高家湖村	农民	1989 年	全国绿化奖章	全国绿化委员会
姚积生	男	甘肃山丹	山丹县林业局	局长	2007 年 8 月	全国退耕还林工程建设先进个人	国家林业局

民 乐 县

姓 名	性别	籍 贯	工作单位	职 务	获奖时间	荣誉名称	授予机关
王 贵	男	甘肃民乐	民乐县六坝乡王官寨村	村民	1957 年	全国劳动模范	国务院
王致德	男	甘肃民乐	民乐县公安局森林分局	局长	2001年2月	全国优秀人民警察	中华人民共和国公安部
曹 俊	男	甘肃山丹	民乐县林业局	局长	2002 年	全国绿化奖章	全国绿化委员会
土建雄	男	甘肃民乐	民乐县林业局	副局长	2005 年 11 月	全国森林资源管理和第六次森林资源清查先进个人	国家林业局

续表

姓　名	性别	籍贯	工作单位	职务	获奖时间	荣誉名称	授予机关
					临　泽　县		
任爱成	男	甘肃临泽	临泽县林业局	干部	1984 年	先进工作者	国家农牧渔业部、林业部
段恒勤	男	甘肃临泽	临泽县平川乡五里墩村	农民	1987 年	全国绿化奖章	全国绿化委员会
谢成贵	男	甘肃临泽	临泽县平川乡三一林场	场长	1991 年	治沙劳动模范	全国绿化委员会、林业部
兰正国	男	甘肃临泽	临泽县平川乡五里墩村	农民	1991 年 5 月	农村青年星火带头人	共青团中央、国家科委
刘　兵	男	甘肃临泽	临泽县林业局	局长	1995 年 1 月	全国绿化奖章	全国绿化委员会
兰正国	男	甘肃临泽	临泽县平川乡五里墩村	农民	1995 年	劳动模范	国务院
兰正国	男	甘肃临泽	临泽县平川乡五里墩村	农民	1996 年 10 月	首届"中国十大杰出青年农民"提名奖	共青团中央、农业部、林业部、水利部、财政部、全国青联
张宏明	男	甘肃临泽	临泽县牛圈子治沙站	站长	1996 年 1 月	"三北"防护林体系建设二期工程建设先进个人	国家林业部
张正东	男	甘肃临泽	临泽县林业局	副局长	2006 年 6 月	全国防沙治沙标兵	全国绿化委员会、人事部、国家林业局

续表

姓 名	性别	籍 贯	工作单位	职 务	获奖时间	荣誉名称	授予机关
赵兴旺	男	甘肃临泽	临泽县平川镇五里墩	农民	2009年	全国绿化奖章	全国绿化委员会、国家林业局
高台县							
尚三多	男	陕西长安	高台县林业局	局长	1990年	全国绿化奖章	全国绿化委员会
尚三多	男	陕西长安	高台县林业局	局长	1991年3月	全国劳动模范	全国绿化委员会、人事部、林业部
王登信	男	甘肃高台	高台县人民政府	副县长	1996年10月	全国林业先进工作者	国家林业部
寇崇伟	男	甘肃高台	高台县林业局	局长	1998年5月	全国绿化奖章	全国绿化委员会
王志义	男	甘肃渭源	高台县林业局	站长	2000年	全国森林病虫害防治先进工作者	国家林业局
柴在军	男	甘肃高台	高台县三鑫花木有限责任公司	经理	2000年3月	全国绿化奖章	全国绿化委员会
张永祥	男	甘肃高台	高台县林业局	局长	2008年1月	三北防护林体系建设突出贡献奖	全国绿化委员会、国家林业局
盛作新	男	甘肃高台	高台县新坝乡暖泉村	党支部书记	2010年4月	全国劳动模范	国务院
肃南裕固族自治县							
马柏赟	男	甘肃肃南	肃南县祁丰林业工作站	站长	2006年9月	全国基层林业工作站先进工作者	国家林业局

续表

姓 名	性别	籍 贯	工作单位	职 务	获奖时间	荣誉名称	授予机关
贺西恒	男	甘肃肃南	祁连山自然保护区管理局	副局长	1989 年	护林防火模范	国家林业部
贺敬农	男	甘肃肃南	肃南县人民政府	县长	1992 年	全国无森林火灾单位活动中突出贡献奖	国家人事部、林业部
姜宏远	男	甘肃甘州	肃南县隆畅河林区派出所	所长	1998 年 3 月	全国优秀人民警察	中华人民共和国公安部

第二节　省委、省政府表彰

一、市(地)获表彰者名录

表 8-14

姓 名	性别	籍 贯	工作单位	职 务	获奖时间	荣誉名称	授予机关
邬宾勤	男	山西河曲	地区森林管理局	干部	1982 年	先进档案工作者	中共甘肃省委省人民政府
郭世浩	男	甘肃肃南	地区林业局祁丰林场	干部	1982 年 11 月	先进工作者	中共甘肃省委省人民政府
宋明琳	男	河南镇平	地区园艺站	站长	1984 年 12 月	种草种树专业生产先进典型	中共甘肃省委省人民政府

续表

姓 名	性别	籍 贯	工作单位	职 务	获奖时间	荣誉名称	授予机关
杨万华	男	云南宜良	地区园艺站	干部	1984年12月	种草种树专业生产先进典型	中共甘肃省委省人民政府
杨希发	男	甘肃永昌	张掖地区寺大隆林场	书记	1989 年	全省护林防火先进个人	甘肃省人民政府
李秉新	男	山东费县	甘肃祁连山水源涵养林研究所	干部	1989 年	甘肃省劳动模范	甘肃省人民政府
张威铭	男	甘肃张掖	张掖地区林木病虫检疫防治站	站长	1990 年	农业科技推广先进个人	中共甘肃省委省人民政府
傅辉恩	男	四川仁寿	祁连山水源涵养林研究所	所长	1991年1月	甘肃省优秀专家	中共甘肃省委省人民政府
魏克勤	男	甘肃榆中	地区行署林业处	总工	1991年11月	造林绿化先进个人	中共甘肃省委省人民政府
闫双印	男	河南新野	地区行署林业处	科长	1991 年 11 月	造林绿化先进个人	中共甘肃省委省人民政府
车克钧	男	甘肃会宁	甘肃祁连山水源涵养林研究所	所长	1992 年	甘肃省劳动模范	中共甘肃省委省人民政府
张洪生	男	宁夏吴忠	地区电力局农场	场长	1994 年	甘肃省劳动模范	甘肃省人民政府
车克钧	男	甘肃会宁	甘肃祁连山水源涵养林研究所	所长	1997 年	甘肃省优秀专家	中共甘肃省委省人民政府

续表

姓名	性别	籍贯	工作单位	职务	获奖时间	荣誉名称	授予机关
王守魁	男	甘肃金昌	张掖地区行署林业处	科长	1997年10月	全省造林绿化先进个人	甘肃省人民政府
苗旺	男	甘肃民乐	甘肃祁连山水源涵养林研究所	书记	1997年	全省优秀党务工作者	中共甘肃省委
汤兴贵	男	甘肃张掖	张掖地区林业科技推广站	副站长	1998年10月	全省农业科技推广优秀工作者	甘肃省人民政府
刘建勋	男	甘肃会宁	张掖地区林果业研究所	所长	1999年	甘肃省先进工作者	中共甘肃省委省人民政府
孙辉	男		张掖地区电力工业局	绿化专干	2001年3月	全省国土绿化先进个人	甘肃省人民政府
袁虹	女	河南南阳	张掖市林业调查队	干部	2003年	省管拔尖人才	中共甘肃省委省人民政府
孔东升	男	甘肃甘州	张掖市林果业研究所	所长	2004年1月	甘肃省优秀专家	中共甘肃省委省人民政府
孟仲	男	甘肃甘州	张掖市林业局	局长	2006年4月	甘肃省绿化奖章	省人民政府
邓延安	男	甘肃永登	张掖市林业调查院	副队长	2008年	全省防沙治沙先进个人	省绿化委员会

续表

姓名	性别	籍贯	工作单位	职务	获奖时间	荣誉名称	授予机关
王清忠	男	甘肃甘州	张掖市寺大隆林场	场长	2008年	甘肃省绿化奖章	省人民政府
刘贤德	男	甘肃金塔	甘肃祁连山水源涵养林研究院	院长	2010年2月	甘肃省领军人才第二层次人选	中共甘肃省委省人民政府
马力	男	甘肃凉州	张掖市林业科学研究院	院长	2010年2月	甘肃省领军人才第二层次人选	中共甘肃省委省人民政府
柳枫	男	甘肃庄浪	张掖市林业科学研究院	技师	2010年4月	甘肃省绿化奖章	省人民政府

二、各县(市)获表彰者名录

表8-15

姓名	性别	籍贯	工作单位	职务	获奖时间	荣誉名称	授予机关
甘州区(张掖县、市)							
李生福	男	甘肃张掖	张掖地区张掖县三闸公社红沙窝大队	农民	1956年	全省造林劳动模范	省人民委员会
陈德禄	男	甘肃张掖		农民	1956年	全省造林劳动模范	省人民委员会

续表

姓名	性别	籍贯	工作单位	职务	获奖时间	荣誉名称	授予机关
杨景铭	男	甘肃张掖	张掖市林业局	局长	1991年11月	全省造林绿化先进个人	中共甘肃省委省人民政府
赵占林	男	甘肃张掖	张掖市九龙江林场	副场长	1997年10月	全省造林绿化先进个人	省人民政府
张虎	男	甘肃张掖	张掖市小河乡梁家堡村	农民	2001年1月	甘肃省第二届十大杰出青年农民	省人民政府
张虎	男	甘肃张掖	张掖市小河乡梁家堡村	农民	2001年3月	全省国土绿化先进个人	省人民政府
王迪东	男	甘肃甘州	甘州区西城驿林场	场长	2006年4月	甘肃省绿化奖章	省人民政府
王斌	男	甘肃甘州	甘州区林业局	副局长	2007年	全省防沙治沙先进个人	省绿化委员会
孔建军	男	甘肃甘州	甘州区红沙窝林场	场长	2008年	甘肃省绿化奖章	省人民政府
倪自银	男	甘肃甘州	甘州区林业局	副局长	2010年2月	甘肃省领军人才第二层次人选	中共甘肃省委省人民政府
山丹县							
史三朝	男	甘肃山丹	山丹县李桥乡高庙村	护林员	1982年11月	绿化护林先进个人	中共甘肃省委省人民政府
邹世珍	男	甘肃山丹	山丹县清泉镇北湾村	农民	1986年3月	护林防火先进个人	省人民政府
刘希荣	男	甘肃山丹	山丹县花寨子乡高家湖村	农民	1988年	全省植树绿化先进个人	省人民政府

续表

姓 名	性别	籍 贯	工作单位	职 务	获奖时间	荣誉名称	授予机关
刘积宝	男	甘肃山丹	山丹县清泉乡祁店村	农民	1991 年	全省造林绿化先进个人	中共甘肃省委省人民政府
章军林	男	甘肃山丹	山丹县林业局	干部	1991 年 1 月	全省计划生育工作先进工作者	中共甘肃省委省人民政府
陈多勤	男	甘肃山丹	山丹县十里堡林场	副场长	1997 年 10 月	全省造林绿化先进个人	省人民政府
丁文焯	男	甘肃山丹	山丹县龙首山自然保护站	站长	2001 年 2 月	甘肃省造林绿化奖章	省人民政府
杨 青	男	甘肃山丹	山丹县大黄山林场	场长	2004 年 3 月	甘肃省绿化奖章	省人民政府
王有珍	男	甘肃山丹	山丹县霍城镇下西山村	书记	2007 年	甘肃省绿化奖章	省人民政府
曹新明	男	甘肃山丹	山丹县林业局	总支书记	2007 年 11 月	全省防沙治沙先进个人	省人民政府
民 乐 县							
傅怀仓	男	甘肃民乐	民乐县六坝乡五坝村	村民	1977 年	林业模范	省革命委员会
冯翠莲	女	甘肃民乐	民乐县北部滩乡北滩村	村民	1982 年	植树造林模范	省人民政府
李凤英（维族）	女	甘肃民乐	民乐县新天公社韩营大队林场	村民	1982 年 11 月	甘肃省劳动模范	中共甘肃省委省人民政府
张文祥	男	甘肃民乐	民乐县北滩乡园林村	农民	1989 年	全省林业劳动模范	省人民政府
杨树友	男	甘肃民乐	民乐县大河口林区派出所	林警	1989 年	全省林业劳动模范	省人民政府

续表

姓　名	性别	籍　贯	工作单位	职　务	获奖时间	荣誉名称	授予机关
刘仁文	男	甘肃民乐	民乐县	农民	1989 年	全省造林绿化先进个人	中共甘肃省委省人民政府
王宝民	男	甘肃民乐	民乐县林业技术推广站	农艺师	1997 年 10 月	全省造林绿化先进个人	省人民政府
土建雄	男	甘肃民乐	民乐县大河口林场	场长	2002 年	甘肃省绿化奖章	省人民政府
临泽县							
李玉芳	女	甘肃临泽	临泽县沙河乡	农民	1954 年	园艺劳模	省人民政府
李春茂	男	甘肃兰州	临泽县林业局	局长	1981 年	农业科技推广先进个人	中共甘肃省委省人民政府
兰正国	男	甘肃临泽	临泽县平川乡五里墩村	农民	1984 年	先进生产者	省人民政府
刘增智	男	甘肃临泽	临泽县治沙站	站长	1988 年	护林先进工作者	省人民政府
程　才	男	甘肃临泽	临泽县板桥乡西柳村	农民	1989 年	全省林业劳动模范	省人民政府
汪世录	男	甘肃临泽	临泽板桥园林中学	校长	1989 年	甘肃省劳动模范	中共甘肃省委省人民政府
兰正国	男	甘肃临泽	临泽县平川乡五里墩村	农民	1991 年 3 月	科技兴农先进个人	省人民政府
顾　聪	男	甘肃临泽	临泽县板桥乡西湾村	农民	1997 年 10 月	全省造林绿化先进个人	省人民政府

续表

姓 名	性别	籍 贯	工作单位	职 务	获奖时间	荣誉名称	授予机关
程翠珍		甘肃临泽	临泽县板桥乡西湾村	农民	2001 年 3 月	全省国土绿化先进个人	省人民政府
赵兴旺	男	甘肃临泽	临泽县平川镇兴旺林场	农民	2004 年 3 月	甘肃省绿化奖章	省人民政府
窦长保	男	甘肃临泽	临泽县林果中心	主任	2007 年 11 月	全省防沙治沙先进个人	省绿化委员会
高 台 县							
谢进邦	男	甘肃高台	高台县黑泉公社九坝村	书记	1965 年	治沙造林先进个人	省人民委员会
许德才	男	甘肃高台	高台县骆驼城乡前进村	书记	1988 年	治沙造林先进个人	省人民政府
曹占雄	男	甘肃高台	高台县罗城乡花墙子村	书记	1988 年	治沙造林先进个人	省人民政府
鲁 华	男	甘肃高台	高台县治沙站	站长	1989 年	全省林业劳动模范	省人民政府
孙玉德	男	甘肃高台	高台县林业技术推广站	站长	1990 年 2 月	农业科技成果推广先进个人	省人民政府
张建成	男	甘肃高台	高台县三桥湾林场	场长	1997 年 10 月	全省造林绿化先进个人	省人民政府
肃南裕固族自治县							
杨万福	男	甘肃肃南	肃南县林业局	副局长	1958 年	学习模范	省人民委员会
陈德文	男	甘肃肃南	肃南县隆畅河林场	书记	1963 年	护林防火先进工作者	省人民委员会
郭世豪	男	甘肃肃南	肃南县祁连林场	护林员	1982 年	先进生产者	省人民政府
白淑萍	女	甘肃肃南	肃南县林业局	干部	1983 年	"三八"红旗手	省人民政府

续表

姓 名	性别	籍贯	工作单位	职务	获奖时间	荣誉名称	授予机关
陈福	男	甘肃武威	肃南县林业局	副局长	1986年	护林防火先进个人	省人民政府
钟自昌	男	甘肃肃南	肃南县隆畅河林场	护林员	1986年	护林防火先进个人	省人民政府
贺西恒	男	甘肃肃南	肃南县林业局	局长	1988年	护林防火先进个人	中共甘肃省委省人民政府
郭正经	男	甘肃肃南	肃南县明花区莲花乡湖边子村	支部书记	1989年	全省林业劳动模范	省人民政府
秦浩贤	男	甘肃酒泉	肃南县祁丰林场	场长	1988年	护林防火先进个人	省人民政府
安风琴	女	甘肃肃南	肃南县明海乡上井村	牧民	1997年10月	全省造林绿化先进个人	省人民政府
刘万荣	男	甘肃肃南	肃南县林业局	局长	2006年4月	甘肃省绿化奖章	省人民政府

第三节 省厅(局)级表彰

一、市(地)获表彰者名录

表 8-16

姓 名	性别	籍贯	工作单位	职务	获奖时间	荣誉名称	授予机关
王修德	男	甘肃民乐	地区林业调查队	队长	1988年	森林资源连续清查第一次复查先进个人	省林业厅

续表

姓 名	性别	籍 贯	工作单位	职 务	获奖时间	荣誉名称	授予机关
王得栋	男	甘肃高台	地区五泉林场	站长	1989年9月	全省治沙工作先进工人	省林业厅
杨临江	男	甘肃民乐	地区行署林业处	科长	1990年	财务决算先进个人	省林业厅
闫双印	男	河南新野	地区行署林业处	科长	1991年	全省绿化先进个人	省林业厅
安炜东	男	甘肃民乐	地区林业调查规划队	干部	1991年	森林资源连续清查先进个人	省林业厅
郑步云	男	甘肃民乐	地区林业调查规划队	工程师	1991年	全省森林资源连续清查第三期复查"先进个人一等奖	省林业厅
李远森	男	河南夏邑	地区林业调查规划队	副队长	1991年	森林资源连续清查先进个人	省林业厅
金森伟	男	甘肃武都	地区林业处	科长	1992年	全省国营林场普查先进个人	省林业厅
张 萍	女	河北玉田	地区林业处	干部	1992年	全省国营林场普查先进个人	省林业厅
刘贤德	男	甘肃金塔	地区森林病虫检疫防治站	站长	1992年	全省森林病虫害防治先进工作者	省林业厅
谢建荣	男	甘肃张掖	地区野生动物管理站	站长	1993年7月	全省森林资源清查先进个人	省林业厅

续表

姓　名	性别	籍　贯	工作单位	职　务	获奖时间	荣誉名称	授予机关
武廷荣	男	甘肃高台	地区林业处	副处长	1994年	全省农村帮扶工作先进个人	省委组织部
李远森	男	河南夏邑	地区林业调查规划队	副队长	1996年	森林资源连续清查第三次复查先进个人	省林业厅
安炜东	男	甘肃民乐	地区林业调查规划队	干部	1996年	森林资源连续清查第三次复查先进个人	省林业厅
张继义	男	甘肃会宁	甘肃祁连山水源涵养林研究所	干部	1997年	全省林业科技工作先进工作者	省林业厅
苗　旺	男	甘肃民乐	甘肃祁连山水源涵养林研究所	书记	1997年	全省林业系统思想政治工作优秀工作者	省林业厅
车克钧	男	甘肃会宁	甘肃祁连山水源涵养林研究所	所长	1998年	甘肃省"333科技人才第一、二层次人选	省委组织部、人事厅
葛宏元	男	甘肃武威	地区林果业研究所	副所长	1998年	森林生态旅游工作先进个人	省林业厅、省旅游局
武廷荣	男	甘肃高台	地区林业处	副处长	1998年	全省森林资源保护与林政管理先进个人	省林业厅
武廷荣	男	甘肃高台	地区林业处	副处长	2000年	全省资源林政管理先进个人	省林业厅

续表

姓 名	性别	籍 贯	工作单位	职 务	获奖时间	荣誉名称	授予机关
王清忠	男	甘肃张掖	地区寺大隆林场	场 长	2001 年	全省森林资源连续清查第四次复查先进个人	省林业厅
刘贤德	男	甘肃金塔	甘肃祁连山水源涵养林研究所	所长	2001 年 1 月	甘肃省第一届林业青年科技奖	省林业厅
马 力	男	甘肃凉州	甘肃祁连山水源涵养林研究所	副所长	2001 年 9 月	甘肃省林业学校优秀毕业生	省委组织部省人事厅
刘建勋	男	甘肃会宁	张掖地区林业处	副处长	2001 年 2 月	甘肃省"333科技人才工程"第一、二层次人选	省委组织部省人事厅
刘贤德	男	甘肃金塔	甘肃祁连山水源涵养林研究所	院长	2001 年 2 月	甘肃省"333科技人才工程"第一、二层次人选	省委组织部省人事厅
李庆会	男	甘肃凉州	张掖市林业科学技术推广站	站长	2001 年 2 月	甘肃省"333"科技人才工程第一、二层次人选	省委组织部省人事厅
马 力	男	甘肃凉州	甘肃祁连山水源涵养林研究所	副所长	2001 年 9 月	甘肃省"555"人才工程一、二层次人选	省委组织部省人事厅
王金叶	男	甘肃张掖	甘肃祁连山水源涵养林研究所	副所长	2001 年	甘肃省"555"人才工程一、二层次人选	省委组织部省人事厅
李远森	男	河南夏邑	张掖地区林业调查规划队	副队长	2001 年	全省森林资源连续清查第四次复查先进个人	省林业厅
李远森	男	河南夏邑	张掖地区林业调查规划队	副队长	2003 年	全省森林分类区划界定先进个人	省林业厅

续表

姓　名	性别	籍　贯	工作单位	职　务	获奖时间	荣誉名称	授予机关
刘贤德	男	甘肃金塔	甘肃祁连山水源涵养林研究所	院长	2003 年	甘肃省林业十大优秀专家	省林业厅
王金叶	男	甘肃甘州	甘肃祁连山水源涵养林研究所	副院长	2003 年	甘肃省第二届林业青年科技奖	省林业厅
刘贤德	男	甘肃金塔	甘肃祁连山水源涵养林研究所	院长	2003 年	甘肃祁连山国家自然保护区建设突出贡献奖	省林业厅
傅筱林	男	甘肃甘州	张掖地区林业调查队	队长	2003 年	"全省退耕还林工程建设"先进个人	省林业厅
刘建勋	男	甘肃会宁	张掖市林业局	副局长	2003 年	全省森林分类区划界定先进个人	省林业厅
邓延安	男	甘肃永登	张掖地区林业调查队	副局长	2003 年	全省森林分类区划界定先进个人	省林业厅
杨自勉	男	甘肃甘州	张掖地区林业调查队	工程师	2003 年	省科技特派员工作先进个人	省科技厅、人事厅、农牧厅
马　力	男	甘肃凉州	张掖市种苗管理站	站长	2003 年 10 月	甘肃省优秀青年	团省委、团青联、甘肃日报社、省电视台、省人民广播电台
孔东升	男	甘肃甘州	张掖市林业科学研究院	院长	2005 年 1 月	甘肃省"555"创新人才工程第二层次人选	省委组织部、省人事厅
高瑞民	男	甘肃庆阳	张掖市森林公安局	局长	2005 年 1 月	个人二等功	国家林业局森林公安局
李雪峰	男	甘肃兰州	张掖市森林公安局	副局长	2005 年 1 月	个人二等功	国家林业局森林公安局

续表

姓 名	性别	籍 贯	工作单位	职 务	获奖时间	荣誉名称	授予机关
张成伟	男	甘肃兰州	张掖市林业科学研究院		2006年12月	甘肃省技术标兵	省总工会、省劳动和社会保障厅、省人事厅、省国有资产监督管理委员会
王 东	男	甘肃甘州	张掖市监察局	主任	2007年	全省退耕还林工程建设先进个人	省林业厅
刘建勋	男	甘肃会宁	张掖市林业局	总工程师	2007年	全省退耕还林工程建设先进个人	省林业厅
傅筱林	男	甘肃甘州	张掖市林业调查规划院	队长	2007年	全省退耕还林工程建设先进个人	省林业厅
魏德胜	男	甘肃会宁	张掖市林业局	科员	2007年	全省退耕还林工程建设先进个人	省林业厅
陆 瑛	女	甘肃临洮	张掖市林业科技推广站	工程师	2009年3月	甘肃省"巾帼建功"标兵	省城镇妇女"巾帼建功"活动协调领导小组

二、各县(市)获表彰者名录

表 8-17

姓 名	性别	籍 贯	工作单位	职 务	获奖时间	荣誉名称	颁奖单位
甘 州 区(张掖县、市)							
倪自银	男	甘肃张掖	甘州区东大山自然保护区管理站	站长	1990年	甘肃省野生动物保护先进个人	省林业厅、省环保局、省渔业公司、省动物学会

续表

姓 名	性别	籍贯	工作单位	职 务	获奖时间	荣誉名称	颁奖单位
高 虎	男	甘肃张掖	张掖市黑河森林公园管理处	主任	1998年	全省森林旅游工作先进个人	省林业厅、省旅游局
张 虎	男	甘肃张掖	张掖市小河乡	农民	2000年12月	省级农业产业化青年带头人	共青团甘肃省委
张 虎	男	甘肃张掖	张掖市小河乡	农民	2000年	甘肃省农村青年星火带头人	共青团甘肃省委、省科技厅
代家瑞	男	甘肃张掖	张掖市新墩苗圃	主任	2001年	甘肃省林业学校优秀毕业生	省林业厅
蔡武山	男	甘肃甘州	甘州区林木病虫检疫防治站	站长	2005年	全省林业有害生物防治工作先进个人	省林业厅
王 斌	男	甘肃甘州	甘州区林业局	副局长	2007年	全省退耕还林工程建设先进个人	省林业厅
孔建军	男	甘肃甘州	甘州区红沙窝林场	场长	2007年	甘肃省优秀林业科技工作者	省科学技术厅、省林业厅
聂永辉	男	甘肃甘州	甘州区林木病虫检疫防治站	工程师	2007年	全省森林资源连续清查第五次复查工作先进个人	省林业厅

续表

姓 名	性别	籍 贯	工作单位	职 务	获奖时间	荣誉名称	颁奖单位
王玉梅	女	甘肃甘州	甘州区林技推广站	副站长	2007 年	甘肃省科技特派员工作先进个人	省科学技术厅、省人事厅、省农牧厅
王迪东	男	甘肃甘州	甘州区林业局	副局长	2008 年	甘肃省农村优秀人才	省委组织部、宣传部、人事厅、农牧厅
倪自银	男	甘肃甘州	甘州区林业局	副局长	2009 年	祁连山国家级自然保护区建设突出贡献奖	省林业厅
孔建军	男	甘肃甘州	红沙窝林场	场长	2009 年	甘肃省风沙区生态环境综合治理先进个人	省农业综合开发办公室
赵 涛	男	甘肃甘州	甘州区石岗墩植被管护站	干部	2009 年	甘肃省风沙区生态环境综合治理先进个人	省农业综合开发办公室
倪自银	男	甘肃甘州	甘州区林业局	副局长	2011 年	甘肃省森林资源天保一期工程建设先进个人	省林业厅
山 丹 县							
陈文科	男	甘肃山丹	山丹县检察院	检察长	1986 年 11 月	全省护林防火先进个人	省林业厅
刘积宝	男	甘肃山丹	山丹县李桥乡高庙村	书 记	1991 年	全省绿化先进个人	省林业厅

续表

姓 名	性别	籍 贯	工作单位	职 务	获奖时间	荣誉名称	颁奖单位
徐柏林	男	甘肃山丹	山丹县南湖生态植物园	主任	1993年7月	全省森林资源清查优秀个人	省林业厅
徐发辉	男	甘肃武威	山丹县林业技术推广站	干部	1993年7月	全省森林资源清查优秀个人	省林业厅
王玉珍	男	甘肃山丹	山丹县林业技术推广站	站长	1997年9月	甘肃省林业科技工作先进个人	省林业厅
徐发辉	男	甘肃武威	山丹县苗圃	主任	2002年1月	全省森林资源连续清查第四次复查先进个人	省林业厅
尹 萍	女	甘肃山丹	山丹县林业勘察设计队	队长	2003年7月	全省森林分类区划界定先进个人	省林业厅
曹新明	男	甘肃山丹	山丹县林业局	副局长	2006年4月	甘肃省森林资源林政管理先进个人	省林业厅
王玉珍	男	甘肃山丹	山丹县林业技术推广站	站长	2006年12月	甘肃省优秀林业科技工作者	省林业厅
姚积生	男	甘肃山丹	山丹县林业局	局长	2007年3月	全省退耕还林工程建设先进个人	省林业厅
陈 涛	男	甘肃山丹	山丹县森林公安分局大黄山派出所	所长	2007年5月	甘肃省优秀共青团员	共青团甘肃省委

续表

姓 名	性别	籍 贯	工作单位	职 务	获奖时间	荣誉名称	颁奖单位
赵东清	男	甘肃山丹	中共山丹县大马营乡党委	书记	2007年2月	全省退耕还林工程建设先进个人	省林业厅
司 健	男	甘肃山丹	山丹县林业局	干部	2009年8月	甘肃省青年岗位能手	省国资委、省社会保障厅、共青团省委
民 乐 县							
朱金花	女	甘肃民乐	民乐县六坝乡铨将村	农民	1996年	全省"三八绿色工程"活动先进个人	省林业厅、省妇女联合会
王致德	男	甘肃民乐	民乐县森林公安分局	局长	2002年8月	全省公安机关维护社会稳定模范卫士	省委组织部、省委宣传部、省委政法委、省人事厅、省公安厅
张守福	男	甘肃民乐	民乐县林业调查队	队长	2003年7月	全省森林分类区划界定工作先进个人	省林业厅
张守福	男	甘肃民乐	民乐县林业调查队	队长	2006年4月	全省森林资源林政管理先进个人	省林业厅
任国斌	男	甘肃民乐	民乐县森林分局大河口林区派出所	干警	2006年1月	保持共产党员先进性教育活动先进个人	中共甘肃省委保持共产党员先进性教育活动领导小组
马多静	男	甘肃民乐	民乐县政府	副县长	2007年2月	全省退耕还林工程建设先进个人	省林业厅

续表

姓 名	性别	籍 贯	工作单位	职 务	获奖时间	荣誉名称	颁奖单位
文双明	男	甘肃永登	民乐县林业局	副局长	2007年2月	全省退耕还林工程建设先进个人	省林业厅
临 泽 县							
窦长保	男	甘肃临泽	临泽县林果中心	主任	2006年12月	甘肃省优秀林业科技工作者	省林业厅
朱耀恒	男	甘肃临泽	临泽县林业局	工程师	2007 年 2 月	全省退耕还林工程建设先进个人	省林业厅
高 台 县							
杨苏亭	男	河南上蔡	高台县林业局	干部	1990 年	甘肃省优秀大学毕业生	省委组织部、人事厅
裴延礼	男	甘肃高台	高台县林业局	干部	1996 年	扶贫工作先进个人	省扶贫领导小组
裴延礼	男	甘肃高台	高台县林业局	干部	2007 年 2 月	全省退耕还林工程建设先进个人	省林业厅
肃南裕固族自治县							
钟进龙	男	甘肃肃南	肃南县森林公安分局	科长	1992 年	自然保护区建设与野生动物管理先进个人	省林业厅
秦浩贤	男	甘肃酒泉	肃南县祁丰林场	场长	1992 年	自然保护区建设与野生动物管理先进个人	省林业厅

续表

姓 名	性别	籍 贯	工作单位	职 务	获奖时间	荣誉名称	颁奖单位
李曦超	男	甘肃肃南	肃南县西营河林场	干部	1992 年	自然保护区建设与野生动物管理先进个人	省林业厅
王叁俊	男	甘肃肃南	肃南县林业局	干部	2007 年	全省退耕还林工程建设先进个人	省林业厅
彭吉庭	男	甘肃甘州	肃南县康乐林场	场长	2009 年	保护区建设突出贡献奖	省林业厅
张义鹏	男	甘肃临泽	肃南县隆畅河林场	干部	2009 年	保护区建设突出贡献奖	省林业厅

第四节　市(地)委、市政府(行署)表彰

一、市(地)获表彰者名录

表 8–18

姓 名	性别	籍 贯	工作单位	职 务	获奖时间	荣誉名称	颁奖单位
张威铭	男	甘肃张掖	张掖地区林业科学研究所	副所长	1978 年 12 月	全区先进科技工作者	地区革命委员会
舒虎福	男	江苏徐州	张掖地区林业科学研究所	干部	1978年12月	全区先进科技工作者	地区革命委员会

续表

姓名	性别	籍贯	工作单位	职务	获奖时间	荣誉名称	颁奖单位
董柱生	男	甘肃武威	张掖地区林业科学研究所	干部	1980年1月	农业科研工作中做出优异成绩的先进工作者	地区行政公署
杨盛文	男	陕西横山	张掖地区林业局	离休干部	1984年	离休干部先进个人	中共张掖地委、地区行政公署
杨德仁	男	甘肃武威	张掖地区寺大隆林场	护林员	1984年12月	优秀护林员	中共张掖地委、地区行政公署
王得栋	男	甘肃高台	张掖地区五泉林场	站长	1985年3月 1990年12月	植树造林先进个人、学雷锋活动先进个人	中共张掖地委、地区行政公署
杨希发	男	甘肃武威	张掖地区寺大隆林场	书记	1990年	护林防火先进个人	地区行政公署
兰俶	男	甘肃张掖	张掖地区林业科技推广站	干部	1991年	科普之冬先进个人	地区行政公署
傅辉恩	男	四川仁寿	祁连山水源涵养林研究所	所长	1995年	千名科技人才工程先进工作者	中共张掖地委
刘贤德	男	甘肃金塔	张掖地区林木病虫检疫防治站	站长	1996年	跨世纪学术技术带头人	地区行政公署

续表

姓 名	性别	籍 贯	工作单位	职 务	获奖时间	荣誉名称	颁奖单位
冯军仁	男	甘肃会宁	地区林果业研究所	工程师	1997 年 12 月	跨世纪学术技术带头人	地区行政公署
赵建才	男	甘肃山丹	地区林果业研究所	工程师	1997年12月	跨世纪学术技术带头人	地区行政公署
傅筱林	男	甘肃张掖	地区林果业科学研究所	书记	1997 年	精神文明建设先进个人	中共张掖地委、地区行署
刘建勋	男	甘肃会宁	地区林果业研究所	所长	1998年12月	全区科技工作先进个人	中共张掖地委、地区行政公署
傅筱林	男	甘肃张掖	地区林业科学研究所	书记	1999 年	全区优秀共产党员	中共张掖地委
张宏斌	男	甘肃张掖	甘肃祁连山水源涵养林研究院	副院长	2000 年 12 月	全区跨世纪学术技术带头人	中共张掖地委
贺红元	男	甘肃张掖	祁连山水源涵养林研究所	副所长	2000 年 12 月	全区跨世纪学术技术带头人	地区行政公署
张 虎	男	甘肃张掖	甘肃祁连山水源涵养林研究院	工程师	2000 年 12 月	跨世纪学术技术带头人	地区行政公署
张学龙	男	甘肃张掖	甘肃祁连山水源涵养林研究院	工程师	2000 年 12 月	全区跨世纪学术技术带头人	地区行政公署
马 力	男	甘肃凉州	甘肃祁连山水源涵养林研究所	副所长	2000 年 12 月	全区跨世纪学术技术带头人	地区行政公署
马 力	男	甘肃凉州	甘肃祁连山水源涵养林研究所	副所长	2001 年 7 月	地管专业技术拔尖人才	中共张掖地委

续表

姓　名	性别	籍　贯	工作单位	职　务	获奖时间	荣誉名称	颁奖单位
刘贤德	男	甘肃金塔	甘肃祁连山水源涵养林研究院	院长	2001 年 7 月	地管专业技术拔尖人才	中共张掖地委
张学龙	男	甘肃张掖	甘肃祁连山水源涵养林研究院	工程师	2001 年 7 月	地管专业技术拔尖人才	中共张掖地委
李庆会	男	甘肃凉州	张掖地区林果业研究所	所长	2001 年 7 月	张掖地区地管专业拔尖人才	中共张掖地委
李庆会	男	甘肃凉州	张掖地区林果业研究所	所长	2001 年 7 月	优秀共产党员	中共张掖地委
刘建勋	男	甘肃会宁	张掖地区行署林业处	副处长	2001 年 7 月	张掖地区地管专业拔尖人才	中共张掖地委
马　力	男	甘肃凉州	祁连山水源涵养林研究院	副院长	2003年12月	张掖市第一届"十大杰出青年"	中共张掖市委、市政府
李秉新	男	山东费县	甘肃祁连山水源涵养林研究院	工程师	2004 年	张掖市学术技术带头人	张掖市人民政府
孟好军	男	甘肃甘州	甘肃祁连山水源涵养林研究院	工程师	2004 年	张掖市学术技术带头人	张掖市人民政府
李小燕	女	甘肃甘谷	张掖市林果业研究所	工程师	2004 年	张掖市学术技术带头人	张掖市人民政府
闫卫明	男	河南新野	张掖市林木病虫检疫防治站	高级工程师	2004 年	张掖市学术技术带头人	张掖市人民政府

续表

姓 名	性别	籍 贯	工作单位	职 务	获奖时间	荣誉名称	颁奖单位
李建军	男	甘肃民乐	张掖市林木病虫检疫防治站	工程师	2004年	张掖市学术技术带头人	张掖市人民政府
刘贤德	男	甘肃金塔	甘肃祁连山水源涵养林研究院	院长	2004年	专业技术拔尖人才	张掖市人民政府
李庆会	男	甘肃凉州	张掖市林业科学技术推广站	站长	2006年4月	全市科普先进工作者	中共张掖市委、张掖市人民政府
王 瑛	女	甘肃高台	张掖市林业局	科长	2006年6月	在保持共产党员先进性教育活动中优秀指导员	中共张掖市委
边 彪	男	甘肃临洮	甘肃祁连山水源涵养林研究院	书记	2006年	造林绿化先进个人	中共张掖市委、市政府
张宏斌	男	甘肃甘州	甘肃祁连山水源涵养林研究院	副院长	2006年	专业技术拔尖人才	中共张掖市委
杜国新	男	甘肃甘州	张掖市林业科学研究院	书记	2007年3月	全市造林绿化先进个人	中共张掖市委、张掖市人民政府
牛 赟	男	甘肃通渭	甘肃祁连山水源涵养林研究院	干部	2009年	专业技术拔尖人才	中共张掖市委
韩旭海	男	山西运城	张掖市森林防火办公室	主任科员	2009年11月	全市护林防火先进个人	张掖市人民政府
张学龙	男	甘肃甘州	祁连山水源涵养林研究院	干部	2009年	专业技术拔尖人才	中共张掖市委
王 瑛	女	甘肃高台	张掖市林业局	科长	2010年3月	全市十佳妇女工作者	中共张掖市委

二、各县(市)获表彰者名录

表 8-19

姓 名	性别	籍 贯	工作单位	职 务	获奖时间	荣誉名称	颁奖单位
甘州区(张掖县、市)							
封益民	男	江苏泰兴	张掖县机械林场九龙江分场	技术员	1981 年	张掖地区科技工作先进个人	地区行政公署
陈建中	男	甘肃张掖	张掖县机械林场西城驿分场	技术员	1981 年	张掖地区科技工作先进个人	地区行政公署
刘绍先	男	辽宁开原	张掖县林业局	副局长	1985 年 3 月	1984 年度农业科技工作先进个人一等奖	中共张掖地委、地区行政公署
郭振刚	男	甘肃张掖	张掖县林业局	技术干部	1985年3月	一九八四年度农业科技工作先进个人二等奖	中共张掖地委、地区行政公署
代家瑞	男	甘肃张掖	张掖市新墩苗圃	主任	1999年2月	全区"十佳公仆"	中共张掖地委、地区行政公署
万 英	男	甘肃张掖	张掖市林业局	局长	2001年2月	全区造林绿化先进个人	地区行政公署
于 挺	男	甘肃兰州	张掖市甘霖公司	总经理	2001年2月	全区造林绿化先进个人	地区行政公署
高晓兰	女	甘肃张掖	张掖市林业技术推广站	工程师	2002年6月	机关干部下基层帮助工作优秀工作队员	中共张掖地委

续表

姓 名	性别	籍贯	工作单位	职务	获奖时间	荣誉名称	颁奖单位
倪自银	男	甘肃甘州	甘州区东大山自然保护区管理站	站长	2004年9月	廉洁勤政好干部	中共张掖市委
孔建军	男	甘肃甘州	甘州区红沙窝林场	场长	2006年3月	张掖市造林绿化先进个人	张掖市人民政府
王玉梅	女	甘肃甘州	甘州区林技推广站	副站长	2006年4月	全市科普工作先进工作者	中共张掖市委、市人民政府
王 斌	男	甘肃甘州	甘州区林业局	副局长	2007年3月	全市造林绿化先进个人	张掖市人民政府
刘兴中	男	甘肃甘州	甘州区碱滩镇林业站	站长	2007年3月	全市造林绿化先进个人	中共张掖市委、市人民政府
倪自银	男	甘肃甘州	甘州区林业局	副局长	2009年6月	全市民族团结进步先进个人	中共张掖市委、市人民政府
刘 杰	男	甘肃甘州	甘州区公安局森林分局	局长	2009 年 12 月	森林防火先进个人	张掖市人民政府
郭 涛	男	甘肃甘州	甘州区九龙江林场	护林员	2009年12月	森林防火先进个人	张掖市人民政府
高龙宝	男	甘肃甘州	甘州区红沙窝林场护林队	队长	2009年12月	森林防火先进个人	张掖市人民政府

续表

姓 名	性别	籍 贯	工作单位	职务	获奖时间	荣誉名称	颁奖单位
山 丹 县							
尹敬臣	男	甘肃山丹	山丹县大黄山林场		1986年10月	护林防火先进个人	地区行政公署
陈文科	男	甘肃山丹	山丹县检察院	检察长	1986年10月	护林防火先进个人	地区行政公署
王玉珍	男	甘肃山丹	山丹县林业技术推广站	站长	1998年12月	科技进步工作先进个人	中共张掖地委地区行政公署
杨 青	男	甘肃山丹	山丹县大黄山林场	场长	2002年5月	市级学术技术带头人	地区行政公署
姚积生	男	甘肃山丹	山丹县林业局	局长	2004年3月	全市抗震救灾先进个人	中共张掖市委、市人民政府
王玉珍	男	甘肃山丹	山丹县林业技术推广站	站长	2004年7月	张掖市学术技术带头人	张掖市人民政府
尹 萍	女	甘肃山丹	山丹县林业技术推广站	副站长	2004年7月	张掖市学术技术带头人	张掖市人民政府
杨 青	男	甘肃山丹	山丹县大黄山林场	场长	2005年3月	地震灾区重建家园工作先进个人	中共张掖市委、市政府
杜文学	男	甘肃山丹	山丹县林业局	主任	2006年6月	保持共产党员先进性教育活动优秀指导员	中共张掖市委
刘伟茂	男	河南商丘	山丹县林业局	副局长	2006年6月	全市优秀共产党员	中共张掖市委
刘伟茂	男	河南商丘	山丹县林业局	副局长	2007年3月	全市造林绿化先进个人	中共张掖市委、市人民政府

续表

姓 名	性别	籍 贯	工作单位	职 务	获奖时间	荣誉名称	颁奖单位
徐柏林	男	甘肃山丹	山丹县南湖生态植物园	主任	2007 年 3 月	全市造林绿化先进个人	中共张掖市委、市人民政府
王有珍	男	甘肃山丹	山丹县霍城乡下西山村	书记	2007 年 3 月	全市造林绿化先进个人	中共张掖市委、市人民政府
徐柏林	男	甘肃山丹	山丹县南湖生态植物园	主任	2008 年 2 月	张掖市第二届青年科技奖获得者	张掖市人民政府
刘伟茂	男	河南商丘	山丹县林业局	副局长	2008 年 2 月	苹果蠹蛾疫情防控先进工作者	张掖市人民政府
关建虎	男	甘肃金塔	山丹县大黄山林场	护林员	2008 年 4 月	张掖市劳动模范	张掖市委、市政府
王玉珍	男	甘肃山丹	山丹县林业技术推广站	站长	2009 年 10 月	专业技术拔尖人才	中共张掖市委
杜文学	男	甘肃山丹	山丹县护林防火指挥部办公室	副主任	2009 年 12 月	全市护林防火工作先进个人	张掖市人民政府
民 乐 县							
庞学德	男	甘肃民乐	民乐县六坝林业站	技术干部	1978 年	农林牧系统先进科技工作者	地区革命委员会
郑茂萍	女	甘肃兰州	民乐县林业局	干部	1988 年	林业科技工作先进个	中共张掖地委、地区行署
胡文礼	男	甘肃民乐	民乐县茂源林木开发公司	经理	2001年2月	全区造林绿化先进个人	地区行政公署

续表

姓 名	性别	籍 贯	工作单位	职 务	获奖时间	荣誉名称	颁奖单位
张 元	男	甘肃民乐	民乐县顺化供销社	主任	2001年2月	全区造林绿化先进个人	地区行政公署
文双明	男	甘肃永登	民乐县林业局	副局长	2006年4月	全市科普工作先进工作者	中共张掖市委、市人民政府
任国斌	男	甘肃民乐	民乐县公安局森林分局大河口林区派出所	教导员	2006年6月	优秀驻村指导员	中共张掖市委
宋财儒	男	甘肃民乐	民乐县林业技术推广站	站长	2008年	全市绿化先进个人	中共张掖市委、市人民政府
临 泽 县							
窦长保	男	甘肃临泽	临泽县林果中心	主任	2006年4月	全市科普先进工作者	中共张掖市委、市人民政府
李天林	男	甘肃临泽	临泽县五泉林场	副场长	2008年2月	全市先进工作者	张掖市人民政府
高 台 县							
郑文军	男	甘肃高台	高台县林业局	干部	2001年	全区造林绿化先进个人	地区行政公署
张天毅	男	甘肃高台	高台县森林病虫防治站	干部	2001年	张掖市森防防治工作先进个人	地区行政公署
赵建军	男	甘肃高台	高台县林业调查队	队长	2009年	全市森林防火先进个人	张掖市人民政府

续表

姓　名	性别	籍　贯	工作单位	职　务	获奖时间	荣誉名称	颁奖单位
肃南裕固族自治县							
陈　福	男	甘肃武威	肃南县林业局	副局长	1986年10月	护林防火先进个人	地区行政公署
王长安	男	安徽长丰	肃南县西营河林区派出所	所长	1986年10月	护林防火先进个人	地区行政公署
王长安	男	安徽长丰	肃南县西营河林区派出所	所长	1987年10月	护林防火先进个人	地区行政公署
王作章	男	甘肃张掖	肃南县马蹄林场	干部	1987年10月	护林防火先进个人	地区行政公署
张天斌	男	甘肃张掖	肃南县隆畅河林场	干部	1996年12月	全区民族团结先进个人	地区行政公署
刘万荣	男	甘肃酒泉	肃南县林业局	局长	2001年7月	优秀共产党员	中共张掖地委
安国栋	男	甘肃肃南	肃南县林业局	副局长	2007年3月	全市造林绿化先进个人	中共张掖市委
郭泽勇	男	陕西神木	肃南县祁丰林场	副场长	2007年3月	全市造林绿化先进个人	中共张掖市委
宋学东	男	甘肃武威	肃南县林业局	副场长	2007年3月	全市造林绿化先进个人	中共张掖市委
王加军	男	甘肃临泽	肃南县隆畅河林场	干部	2009年12月	全市森林防火先进个人	张掖市人民政府

附　录

附录一　碑　记

东乐县保水源烟火碑

在今张掖市民乐县(清称东乐县)有一立于清光绪二十七年(1901年)的东乐封山碑,记录了立碑之缘由及保护森林之要求,碑文如下:

谨按洪水河出西水关口两岸,均系草坡旱地,往往为黠番偷租于汉民耕种,坝民以水源所关,屡与构讼。盖以泉水微小,春资雪液,夏恃天雨,地一犁熟,雨尽渗入土中,不能聚而成流也。此案系清同治元年(1862年)甘州府鲍、山丹县熊所断。至光绪二年(1876年)该番目又翻控一次,蒙甘州府龙仍断职前案;又于光绪二十七年(1901年)山丹县属南滩十庄户民,藉采薪之名,私入西水关口,偷伐水源,大木坝民与该十庄户民,互控府、县各衙门,有甘州府诚、张

掖县杜、山丹县郑、东乐分县蒋断案。碑文照录:

为照录断案,公立界碑,以垂久远,而保水源烟火事。案查光绪二十七年(1901年)据山丹县属南滩十庄士民何其隆等,与东乐属六大坝民刘应试等在府、县各衙门互控争夺双寿寺山地木植水源各等情一案,由府饬县会同秉公讯断,旋经张掖县堂讯。查双寿寺距西水关约有十五里之谱,既不可碍东乐人民水源,亦不可断山丹人民烟火,除西水关以内林木甚繁,自应严禁入山,以顾水源。自西水关以外,以五里留为护山之地,不准采薪;尚有十里至双寿寺,即准采薪,以资烟火。此十五里山场,作为三分,以二分地顾烟火,以一分地护水源,打立界碑,永远遵行。并令采薪人民,入山时只准用镰刀,不准用铁斧。如有砍伐松、柏一株者,查获罚钱二十串文,充公使用,并照案出示晓谕,以使周知。该两造士民当堂悦服,各县遵结附卷完案。详蒙府宪批准,并移东乐、山丹存案。嗣又挖经山丹县断令两县分界,仍照大河为准,所有老林树,两县均不准砍伐,以护水源。尹家庄、展家庄用镰砍伐烧柴,只在老君庙以下,老君庙以上,无论何县田地,均应保护林木,不准砍伐,如有犯者,从重处罚,各有遵结完案。尔士民等自应遵此断案,公立界碑,以息讼端;而垂久远。其各禀遵毋违,须至勒碑者。

清光绪二十七年(1901年)八月二十日立

苏宁阿"伐树一株者斩"万斤铁碑

宁夏将军兼甘肃提督丰宁苏宁阿,奉天镶白旗人,副鸟枪护军参领,兼世袭云骑尉。乾隆三十二年(1767年)任甘州大马营游击。乾隆四十三年(1778年)任甘州守营参将。嘉庆初年升任甘肃提督(驻张掖)。

在张掖时,他重视保护黑河源头森林。当时,陕西商人意在黑河发源地八宝山开发铅矿,苏宁阿当即带人到八宝山考察,见松柏成林,一望无际,树干粗达数围,都是百年以上的古木,树冠上积雪皑皑,寒气袭人,在阳光照耀下,珠滴玉溅,细水下泻,汇为巨流,奔腾出山,感慨地说:"黑河之源,是甘州百姓的生活之源,岂能让人开山破坏森林,断送资源。"于是上奏朝廷,嘉庆下旨禁伐祁连山森林，以保水源。苏宁阿即收集民间废铁近万斤铸碑，上书"伐树一株者斩"，立于八宝山麓。同时还写了《八宝山来脉说》《八宝山松林积雪说》《引黑河水灌溉甘州五十二渠说》，阐述保护黑河源头森林的重要意义，并绘制黑河与五十二渠图。

苏宁阿离任时，张掖人民聚集街头，拦住马头，以示眷恋之情。离任后，为其修建生祠。

苏宁阿《八宝山来脉说》

肃州嘉峪关外北大山，名葱岭。自伊犁之西，来至巴里坤，东起顶结盘，高一百二十里，名盐池山，其东则崭然而下，无小山盘护，即希拉哈戈壁，汉名千里戈壁，瀚海也。为北大干龙之大段落。又自盐池山向南，发脉千余里，至嘉峪关外，沙州之南，起顶东行，名祁连山。入嘉峪关内再东，则总名终南山。由陶赖川东行，其南夹送大通河，为南界水。东行至洞素搭坂过脉，则坤向艮，行至巴尔免搭坂过脉，北分一正支，至八宝山，结盘起顶，高插青霄，根派成莲花形，支支左右环抱，尊成岳体。故八宝山为西宁、凉州、甘州、肃州周围数郡之镇山。山生杉松、穗松，山之草木、牲畜、禽鸟，人无敢动者，动则立见灾祸。附近蒙古熟番，以及牧厂人等，俱皆敬畏戒守，不敢妄行。又自洞素搭坂山向东，行至野马川之东尽头，景阳岭自南向北过脉，东分一支，结凉州等处，西分一支，于插汉俄博过脉。又西行至祁连搭坂过脉，向北分支，结甘州等处，其自景阳岭向北过脉后，再向北，抽一支北行，结中山，又名大王山。再北去，于永昌峡口过脉，北结山丹等处。再西行，作甘州之东护。煞山余气，向西北行，抱护甘州府治。野马川东自景阳岭，其岭东之水向东流，岭西之水向西流。水西流之北，雪山之尽，西二百八九十里，穿峡渡脉，绕梨园，近甘州，则转向西北流去出边。在景阳岭初流，名卧牛河。再西流，汇南雪山一斯门庆沟、红黑诸沟之水，名一斯门庆河。再西咯拉乌素水，自南雪山流出，汇入西流。绕八宝山之西，又有自南向北流之洞素把子、洞河二水，与野马川一斯门庆河会于八宝山之西北，成寅午戌火局，出雪山，则名黑河。即《禹贡》及《水经》所载之黑水也。黑河流出北雪山，开渠五十二道，灌溉甘州水田，为甘郡黎庶生计。是以八宝山之积雪，其功大矣！雪融助河，收水利以敷灌溉之用；若雪小水歉，则五十二渠，大有艰涩窘乏之害。甘府之丰歉，总视黑河雪水之大小。其野马川之基址，东自景阳岭，西至洞素之西大山，东西约二百六十余里，皆系平定青海罗卜藏丹津之后，归入版图。内地川之南北，皆大雪山，而南雪山之外，即缠以大通河，为送龙界水西向东流至平番，归入黄河。此野马川牧厂之四址原委。考诸山川来脉形势，周围数百里之山，再无与八宝山齐高者，是知其为西凉甘肃四郡之镇山也，所以永远禁止樵采。盖为四郡风水攸关，司兹土者，当何如敬慎欤。因作八宝山说，记其大概，以贻后之同志者。

清嘉庆七年孟春月记

苏宁阿《八宝山松林积雪说》

一斯门庆河，西流至八宝山之东，汇归黑河而西，绕过八宝山而北流出山，至甘州之西南，灌溉五十二渠。甘州人民之生计，全依黑河之水。于春夏之交，其松林之积雪初溶，灌入五十二渠溉田，于夏秋之交，二次之雪溶入黑河，灌入五十二渠，始保其收获。若无八宝山一带之松树冬雪，至春末一涌而溶化，黑河涨溢，五十二渠不能承受，则有冲决之水灾；至夏秋二次溶化之雪水微弱，黑河水小而低，则不能入渠灌田，则有报旱之虞。甘州居民之生计，全仗松树多而积雪。若被砍伐，不能积雪，大为民患。自当永远保护。

清嘉庆七年孟春月记

南湖生态园北大门建筑群碑记

南湖公园北大门及两侧建筑群由山丹县人民政府决定，山丹县林业局按照城市总体规划和南湖公园远景规划筹资建设。总建筑面积 3990 平方米，其中门楼建筑面积 226 平方米，建筑高度 11.75 米，耳房建筑面积 34 平方米，前后广场建筑面积 3260 平方米，配房面积 570 平方米，假山长 9 米、宽 5 米、高

5.3 米,五角亭直径 3.8 米、高 6.8 米,主体工程为钢筋混凝土现浇的二层仿明清古代建筑风格门楼。工程总体设计、构图及布景由山丹县林业局完成,门楼图纸设计由湖北省楚风园林建筑有限公司完成,土建工程由湖北楚风园林建筑公司肖永和与山丹县建筑公司赵振宏工程队共同承建,彩绘由甘州李俊海画班完成,工程于 2006 年 8 月 1 日奠基,2007 年 7 月 10 日竣工剪彩。谨此撰文镌刻,以碑记之。

重修南湖公园碑记

山川云物,草木丘壑之属,所以赏心目、悦襟怀者,盖人之所同乐也。若窗之竹、门之松、砌之闲花、庭之怪石、墙角之疏梅、篱落之霜菊,并野桥用亭,飞瀑流云,成万千气象者,概莫外焉。池馆园林之设,往往撷英涵华,蕴蓄点化,自然生趣。非徒骋游观供宴赏而已,亦足平添山水形胜,化成美政风,诚快事也。

丹城风土水木人文之盛,萃于南湖。其地故多槐柳榆杨,林草丰翳。又有泉翻花,清流自碧,为旧时八景之最。二十世纪八十年代之初,辟地为园,因泉凿池,委土堆丘,略起楼亭,间置石雕题刻并少许游乐设施,公园之形粗具。迩来二十载,旱魃肆虐,泉源涸竭,草木因之零败,陂塘浸以荒芜,遂使鳞鸥潜形,风物闲弃,珠玉掩华,锦绫污腻。游人至此,每兴叹惋嗟吁。

逮乎纪元新启,维新有象,宏猷大展,迄可小康,乃重修南湖公园。擘画经营,殊非旧制。峻敞弘廓,规模丰丽。观玩游赏兼顾,生态人文并举。于是阔其容,增其制,除其道,浚其池,因势随形,分区布景。荒秽尽刈,嘉草咸植,松柏花木间焉。更筑常青苑、焉支阁,玉桥九曲,直达湖心,有亭翼然。水气氤氲,仿佛渊沉溟之致。岸柳扶疏,缆舟自横。湖东辟二池,冲波浴浪、静守垂钓者得矣。广场砖铺五色,喷泉溅玉,彩耀星月。其东古柳偃卧,老枝虬结,新芽欲吐。

入其园,但见碧树连障,芳草如茵,小径宛转,楼台掩映。园虽小而幽深,景欲奇而常新。

晓烟初净,春水绿波。明月浮花,影笼香露。清流泛舟,呼朋引侣,或歌舞,或吟诵,或游赏,或酣饮,聊乘四时佳兴,适足畅叙幽情。

湖之南,有堂巍然,名曰昭文。杰构华焕,气象雍容。铜钉朱漆,黛阙连云,穆穆然古风存焉。又其东,发塔高耸,风铃断续。堂前沙枣数株,隐然成林,幽香暗送。更置名贵花木数盆,石雕数屏,碧草环护,俨然园中之园。湖心亭隔水相望,一舟可通。登堂览胜,则菁华敷陈,粲然爽目。举凡山丹建置沿革、地理风物、农工商贸、科教文卫,靡不咸集,洵园中之大观也。且喜丹城文气勃兴,莫盛于今世。时见翰墨华笺,云烟四壁;更闻诗文荟萃,著作纷纭。又有红楼剪纸、兰亭泼墨,曲奏阳春,舞旋胡腾,若句缀四六、月吟三五者往往皆是。人人骋东坡之才,处处为西园雅集,大类乎博雅君子。文物之盛,于是观止。

重建之功,自二零零零年迄于今,历三期,逾六载,醵金凡七百余万,而巨细繁难、斟酌损益无算。县委、政府革故鼎新,首倡其功。社会各界争为捐助,共襄善举。王公明理、兴明,朱公怀玺,张公文林,黄公文明,诸位前贤,奔波悾悾,淹有殊勋焉。是知易旧图新,昭彰文采,承传文明,树非常之绩者,非盛世孰能为之。然则斯堂之肇造,斯园之重整,斯文之隆盛,得无幸乎!因为之记。

梁积功　撰

大黄山林区云杉阿扁叶蜂飞防碑记

大黄山雄居河西走廊中部南侧,距山丹县城 50 公里,属祁连山冷龙岭的分支。大黄山林区总面积 431910 亩,是祁连山自然保护区的重要组成部分,也是山丹县主要的水源涵养林。

1988 年至 1989 年,大黄山林区云杉阿扁叶蜂虫害面积迅速蔓延扩大,林区 5 万亩云杉面临毁林威胁。1989 年至 1993 年,原张掖地委、行署,祁连山自然保护区管理局和山丹县委、县政府组织开展了 3 次大规模的人工防治,完成防治面积 24463 亩次,但不能从根本上遏制虫害蔓延态势。为确保大黄山和祁连山林区森林资源安全,1993 年下半年至 1994 年,山丹县政府多方奔走汇报,省、地、县党政领导和林业科技工作者多次深入林区调研,制定了以飞防为主、人工地面防治为辅的虫害灭治方案,于 1995 年 7 月 28 日至 8 月 4 日组织实施。为确保飞防工作圆满成功,成立由原张掖地区行署、省林业厅、祁连山自然保护区管理局、山丹县政府分管领导和有关单位负责同志组成的飞防领导小组。兰州军区空军司令部,省、地、县党委政府,省森防站,祁连山自然保护区管理局和原行署林业处密切协作。兰州军区空军运输团、解放军86037部队官兵、林业系统干部职工组成的药效、信号、飞行、地勤、安全、后勤6个工作小组在野外一线团结奋战。8天飞防现场作业共出动飞行35架次,完成防治面积16800亩,平均杀虫率达到96.1%,挽回木材损失(蓄积生长量)1630.4立方米。飞防作业坚持依靠科技、科学规划、因地制宜、提高防效,推广应用了当时国内先进的新农药和飞防新技术、新成果,把灭虫药剂对人畜和环境的危害控制在安全范围之内,虫害彻底灭绝,至今再未发生。

大黄山云杉阿扁叶蜂防治工作历时7年,共投资80多万元,出动人力1.4万人次,作业面积4万多亩,保护了大黄山和祁连山林区森林资源安全,为森林虫害防治和旱地协作开展安全应急工作积累了丰富的经验。

1995年8月6日,原张掖地区行署和山丹县委、县政府向兰空运输团、解放军86037部队、甘肃省森防站赠送了锦旗;山丹县人民政府表彰了飞防工作中做出突出成绩的工作人员。2006年4月,山丹县人民政府镌碑立于山丹县文史馆,以志纪念,激励全县民众保护环境,共建绿色家园。

山丹县人民政府
二○○六年四月立

附录二　中华民国时期官民护林文书

行政院训令
（顺叁零四四六九号，中华民国三十一年四月三日）

令甘肃省政府

　　查军事委员会电请组设祁连山国有林区管理处一案，前据农林部拟具该部祁连山国有林区管理处组织规程草案、开办费、经常费概算书、业务计划纲要及林区图等呈请核示。前来经召集各有关机关开会审查提出，本院第五五〇次会议决议"修正通过"并报请国防最高委员会备案在案。

　　兹奉国民政府三十一年三月五日谕文字第二九一号训令开："据本府文官处签呈称：准国防最高委员会秘书厅三十一年二月二十四日国纪字第二四二一八号公函开，案准行政院本年二月二十日顺叁字三一三四号函开，前准军事委员会铣申令一亨思代电，以祁连山森林对西北气候及国防建设关系均极重大，应组设祁连山林区管理局，以一般林区名义按国防林区措施逐步经管，并设置林警主持造林护林及林区内一切应有建设事宜，除饬由军令部会商农林经济各部拟定详细办法由农林部主持办理，并饬由陕甘两省保安部队中各抽一团，由甘肃谷主席负责编练完成后，交农林部接收担任护林外，电请查照转知等由，经即转饬农林经济两部暨陕甘两省政府遵办，旋据农林部拟具该部祁连山国有林区管理处组织规程草案、开办费、经常费概算书、业务计划纲要及林区图等，呈请核示，前来经召集各有关机关审查报告称：祁连山横跨青甘两省，形势极为重要，急应设置国有林区管理处主持造林事宜，并酌配林警，以资防护管理处之组织，据农林部代表报告该林区既有特殊情形，广阔面积，自宜加设分处，现拟在张掖或酒泉附近设一总处，在兴源及安西或其他相

892

当地点设两分处,以县与一般国有林区之组织自较庞大,且该地生产力现甚低弱,而林警总队有两团人之多,为使能自给起见,拟利用其休间时间从事垦牧,增加生产,又计划办理之业务有增辟苗圃,整理保护原有森林、营造军士掩护林、防沙林、经济林、薪炭林、试种行道树及兴办各种森林工程等等,又据军令部代表报告二团林警总队已由军事委员会令甘肃省政府统一抽调,并饬由谷主席负责编练完成后,交农林部接收。林警总队编制尔经核准公布施行,所有该队经费去年十月间并由军事委员会电饬甘肃省政府应行编入该省预算之内各等语。经据将农林部拟呈该部祁连山国有林区管理处组织规程草案详为讨论分别修正,拟俟该项组织规程提会核定后再由农林部另编该处开办、经常两费概算书,呈核当否仍候核夺等语,并提出本院第五五零次会议决议修正通过,除分函军事委员会并令行农林、经济、财政三部外,相应抄同本院院会修正农林部祁连山国有林区管理处组织规程草案,函请查照转陈备案等由,附抄送修正农林部祁连山国有林区管理处组织规程草案一份,准此当经陈奉国防最高委员会第七十八次常务会议决议准予备案,相应抄同原附件函请查照转陈饬知等由理合签,请签核等情,据此,除饬复并查原附组织规程该院有案不另抄发外,合行令仰该院知照并转饬知照,此令。”等因,奉此:除分令农林经济财政三部暨青海省政府并函知军事委员会外,合行抄发农林部祁连山国有林区管理处组织规程,令仰知照,此令。

附抄发农林部祁连山国有林区管理处组织规程一份

院长　蒋中正

甘肃省政府密令　令第七区专员公署
（府秘机字第 283 号）

案奉

委员长蒋寒已令一亨思电内令开:

"查祁连山森林,对西北气候、农产及国防建设均有极大关系,兹拟定祁连山森林为国防林区;正由有关各部会集议核办中,特先电转饬加意(以)保护,严禁砍伐为要。"等因奉此,合亟令仰该专员遵照,对于保护林木、严禁砍伐等事项,速即妥拟计划,切实施行为要。

此令

中华民国三十年七月十七日

主席　谷正伦

甘肃省政府训令

〔建四辰字第3789号　中华民国三十二年五月六日〕

事由:令发《祁连山国有林区管理处公私有林登记规则》及《伐木查验规则》仰遵照由

令民乐县政府

案奉

行政院仁叁字第六六二一号训令开:"据农林部呈送该部祁连山国有林区管理处公私有林登记规则及伐木查验规则,请令行甘肃省政府转饬当地县政府切实协助推行,以利林务等情,应准照办。除指令外,合行检发原规则,另仰遵照并转饬遵照。"等因:附发登记规则及查验规则各一份,奉此。除分令外,合行抄发原规则各一份,令仰该县遵照协助推行,并公告周知为要。此令。

附发《祁连山国有林区管理处公私有林登记规则》及《伐木查验规则》各一份

主席　谷正伦

建设厅厅长　张心一

农林部祁连山国有林区管理处公私有林登记规则

第一条　本规则参照森林法第四十一条之规定制订之。

第二条　凡寺院、学校及其他团体等共有之森林为公有林,私人所有之森林为私有林。

第三条　本林区内公私有林之所有权人及权利关系人，限于本规则公布后三个月内检齐所有权证明文件，填具登记申请书两份，向本处或本处核定地点申请登记。其逾期不履行登记之森林即属国有。

第四条　公私有林申请登记，如无所有权证明文件，或证明文件不完备者，须经本处会同当地县政府详确审查，认为无误再行通知来处登记。

第五条　本处收到森林申请书及证明文件，经派员勘察属实后公告一月，如无异议，即由本处呈请农林部核定发给森林权利书状，准其继续营业，同时将业主原交证明文件发还。

第六条　凡请求登记之森林，经本处勘察该地四至面积或产权不实时，得依据事实予以判定。

第七条　同一森林如有二人以上之业主申请登记或为业权之争执者，本处将事实调查明确予以调解，调解无效，送司法机关处理。

第八条　凡经准予登记之森林，其业主须将林地四至设立永久标志。

第九条　核准登记之森林，其所有权变更时，承受人应另行申请登记，由本处核转农林部换发证书，方准营业。

第十条　核准登记之森林，得享受法律之保护，并依森林法之规定，转请减税或免税。

第十一条　核准登记之森林，其所有权人应于每年终了后二个月内将经营之成绩呈报本处，核转农林部备查。其成绩优良者得以农林部奖励经营林业办法奖励之。

第十二条　本规则自奉农林部核准公布之日施行。

农林部祁连山国有林区管理处组织规程草案
（行政院第五五〇次会议修正）

第一条　农林部依森林法第四条及国有林区管理规则第四条之规定设置祁连山国有林区管理处。

第二条　管理处蒙左列事项：

一、关于林区内森林之整理保护及测量区划事项。

二、关于林区内水源防风防沙等保安林规划经营事项。

三、关于林区内国防林之调查规划管理事项。

四、关于林区内军工用材林木之调查事项。

五、关于林区施业方案之编定与施行事项。

六、关于森林灾害之防除事项。

七、关于林区内副产之经营暨加工制造事项。

八、关于林区内造林及垦殖事项。

九、关于林区内公私有林经营之指导与协助事项。

十、关于林区水土保持之研究实验及气候观测事项。

十一、关于林区之交通及水利整理事项。

十二、关于林区之警卫事项。

十三、其他与林区有关事项。

第三条 本处设处长一人(简任)承部长之命。综理全处事务。设副处长一人(简任或荐任),协助处长办理事务。

第四条 本处设秘书一人(荐任)办理机要文电及长官交办事项。

第五条 本处设总务技术二科及林警总队,各科设科长一人(荐任),视事务之繁简得酌分股,每股设股主任一人(荐任或委任),承长官之命办理各科股事务,林警总队长由副处长兼任,其编制另定之。

第六条 本处设技正三人至四人(荐任,技士三人至六人(荐任或委任),技佐五人至八人(委任),科员八人至十二人(委任),事务员五人至十人(委任),雇员五人至十人。承长官之命分别办理各项事务。

第七条 本处设会计主任一人,会计助理员三人至五人,依照主计法规之规定办理岁计会计统计事项。

第八条 本处处长科长技正及其他荐任人员由部遴员呈请任命之委任人员由处遴员呈部委用之,雇员由处雇用呈部备案。

第九条 本处因工作上之必要,得在林区内相当地点设置管理所,其组织办法另定之,所主任及员警以本处原有人员调充为原则。

第十条 本处办事细则由处另定呈部备案。

第十一条 本规程自呈准公布之日施行。

民国三十一年七月十三日

农林部祁连山国有林区管理处 甘肃省农业改进所 育苗合作办法

一、农林部祁连山国有林区管理处(下称林管处)及甘肃省农业改进所(下称甘农所)为促进河西造林增强苗木供给起见,经双方磋商同意订定本合作办法。

二、甘农所由省府准拨利用之张掖县大满堡官地内划出五百亩借与林管处作为苗圃圃地。

三、林管处借到上项地亩后,须全部从事培育苗木,不得以之充作其他用途,但应办公需要,得建筑必要之办公房屋。

四、所有经营苗圃及建筑办公房屋,以及苗圃地亩,应纳之捐赋等概由林管处负担,甘农所除供给圃地五百亩外,不再负担任何费用。

五、苗圃内育成之苗木,除供林管处造林需用外,所余苗木均无代价交由甘农所分发地方造林。

六、林管处应将育苗情形每年通知甘农所一次,以备查考。

七、林管处对于借用之地亩不得暂租或转借他人,在有效期间已满,或虽未满如有是项情事时,甘农所得将该项借出之地亩收回,林管处不得有异议。

八、本合作办法有效期间定为十年,期满后经双方同意得延长之。

九、本合作办法经双方同意并分别呈报甘肃省政府及农林部核准后施行。

农林部祁连山国有林区管理处处长　徐国杰

甘肃省农业改进所所长　汪国兴

中华民国三十二年三月

农林部祁连山国有林区管理处伐木查验规则

（民国三十二年五月）

第一条 凡本林区内公私有林木之采伐,依本规则办理之。

第二条 公私有林之采伐利用,以维持林租永续更新及不荒废林地为原则。

第三条 公私有林之采伐,须有伐木人于伐木前三个月向本处交验登记证书,填具伐木申请书,并附林区略图,向本处申请。其一次采伐面积在一百市亩以内者,由本处核发许可证准予采伐。如在一百市亩以上者,由本处转呈农林部核发采木执照后始得采伐。

第四条 公私有林有下列情形之一者得禁止采伐:

(一)编入保安林者;

(二)生于石山陡坡不易造林之地点者;

(三)未及采伐年龄或胸高直径不满一市尺之幼稚林木。但与施业有关之疏伐、间伐或有特别用途,经本处许可者不在此限;

(四)经本处点记保留或规定保护之林木。

第五条 伐木人经申请准予采伐时,须将选用于林木之记号或印章报请本处备案,并须设置簿记载明林木之出处、种类、数量及销路,以凭稽查。

第六条 林木采伐时,伐木人须严守下列各项:

(一)采用择伐作业法或天然更新作业法,每市亩至少须保留生长优良之母树两株。如采用轮伐作业法,其轮伐期须参酌作业法及林业经济状况,拟具计划呈请本处核定。

(二)伐木所用工具,须斧锯并用,不得单独用斧,其遗留之树桩高度不得超过一市尺。

(三)伐木时必须选采损害最少之方向,倒树如因不得已而致受伤之林木,应尽量利用。

(四)伐木人在伐木集材时,对于林内之幼树幼苗及萌芽性根株,必须加意(以)保护。非经许可,不得采掘林木根株。

（五）林内之枯朽及受病害之树木,应加以除伐,并尽量利用其未腐部分之木材。

（六）已伐倒之林木,应限期运出林地,不得久置林内,任其腐朽。

（七）伐木造材时,其树皮及边料应搬出林外,尽量利用。

（八）伐木人对于伐木区内森林火灾及工人卫生,须为有效之设备。

（九）伐木人对于林区内设置之界标木牌及其他标记,均应负责保护,不得损坏或移动。

（十）伐木人对于采伐迹地应于采伐后一年内依照原定计划造林更新。

第七条 进行采伐时,本处随时派员前往监督指导,如伐木人不遵本处之规定,得视情节之轻重分别责令遵守,或予以停止采伐之处分,并得没收其已伐之木材。

第八条 凡不合规定尺寸之木材,如有偷运出售者,一经查获,即予没收充公。其执行手续会同当地县政府办理之。

第九条 采伐之木材由本处查验加盖准予放行烙印方得运出,其无放行烙印之木材。任何人均得向本处报告,一俟查明,应予充公,即将充公木材之半数提奖报告人。

第十条 没收充公之木材,定期公开拍卖,所得价款以三成补助地方公益,七成充造林及其他有关林业之用。

第十一条 本规则自奉农林部核准公布之日施行。

东乐县保林公所简章
（民国二十二年十一月）

第一条 本县保林公所由县政府奉建设厅命令组织之。

第二条 本县保林公所以保护森林而顾水源为宗旨。

第三条 本县保林公所镌刊图记,以资进行其图记之,开始并启用日期呈请县政府转呈建设厅备案。

第四条 本县保林公所地点设立洪水镇六大坝龙王庙。

第五条 本县保林公所设所长一人,并得酌设稽查员八名。

第六条 所长由县政府遴选委任之;稽查员由所长遴选酌定,呈请县政府委任之。一并呈请建设厅备案。

第七条 所长承县长之令掌理所内一切事务,鼓励进行,并监督本所职员。

第八条 稽查员承所长之指导办理事项如左(下):

一、森林有关水源者,务须严行稽查,以顾水利;

二、森林有关风气者,亦得认真保护,以培气象;

三、职员于调查期间,按章程规定日期认真于大河口沿山一带切实进行;

四、职员除调查山林外,所有县属乡村森林时加保护勉励,以尽职务;

五、职员凡有应尽职责,务须躬行履践,勿得虚图名义有愧职务。

第九条 本县保护森林在前清时业经府县立案镌碑。凡有西水关附近居民入山采薪,只准用镰刀,不准用铁斧。如有砍伐松柏一株者,查获从重处罚,今兹援以为例仍资遵守。

第十条 西水关以南之山林最为六大坝水源之攸关。兹奉县令应将稽查员八名合四人为一股,拟于本年十一月十八日亲履西水关严加调查。如查获砍伐及偷贩者,每檩子一根罚大洋三元,椽子一根罚大洋一元,木料充公。凡有进山出山之民若身带铁斧者,一经查获罚大洋五元,以儆偷伐偷贩。

第十一条 职员于调查时,若遇刁诈野横之徒强行砍伐者,务须随时报告本所,由所长随呈县长从重处罚。

第十二条 职员每四人合为一股,以在双树寺轮流严加稽查。每股按半月为限,职员克尽厥职,勿得有因循舞弊之咎。

第十三条 本所职员暂尽义职务,以护森林而保水源。俟办理稍有成效,按六大坝民众召集开会筹划经费,呈报县政府备案,以资进行。

第十四条 本所如提倡适宜经费有项,应将办理之成绩备文呈请县政府鉴核,呈转建设厅察核备案。

第十五条 自本所成立后,若有不法之徒私充职员,将偷伐木料及贩运者、有捉获受贿隐匿不报情事者,一经查获,罪与偷伐木料者同。

第十六条 本简章按公布之日施行,如有未尽事宜,得随时修正之。

东乐县保林公所(图记)

民乐县政府指令

令六大坝保林公所所长韩金山

呈一件。呈请拟定简章准予备案并请指出办法,以资进行而顾水源一案由呈暨附件均悉,准予备查。唯"简章"二字应改称"公约"二字。益于该坝水源,每月应轮派稽查二人或四人常以驻守,严防偷伐。不得再令稽查编搜民家,有扰治安为要。此令。

县长江树春

中华民国二十六年六月二日

呈

呈为拟定简章呈请

鉴核备案并请指示办法,以资进行而顾水源事窃。西水关为六大坝水源攸关。山中树木甚繁,每被沿山民户砍伐贩卖,以致水源干涸。前清时,业经府县断案立碑。如有偷伐松柏、红柳一株者,查获从重处罚。至民国二十年县府奉建设厅令设立保林公所,严加保护森林。成立虽历有年矣,而沿山民户偷伐偷贩者仍不免其人。此种原因,如展家庄、尹家庄、冰沟台子、柴家庄、渠湾、王家庄等处在山麓住居,出门即是森林,昼间偷伐,夜晚运至家中贩卖。职员虽有数人,也不能昼夜巡查。唯有调查该庄民户,偷伐森林之家,不时抽查,方足以杜偷砍而茂森林养水源。所长再四思唯除简章、另定缮录附呈裁夺外,理合确具实情,一并呈请钧座鉴核指示办法,伤令祗遵。

谨呈民乐县县长江树春。

民乐县六大坝保林公所所长　韩金山

民国二十六年五月

又附民乐县六大坝保林公所公约

民乐县六大坝保林公所公约

第一条 本坝保林公所由县政府奉建设厅命令组织之。

第二条 本坝保林公所以保护森林而顾水源为宗旨。

第三条 本坝保林公所地点设立县城西门外六大坝龙王庙。

第四条 本坝保林公所设所长一人,并酌设稽查员十名。

第五条 所长、稽查由民众推选,一并呈请县政府委任之。

第六条 所长承县长之令,掌理所内一切事务,鼓励进行并监督本所职员。

第七条 稽查员承所长之指导办理事项如左(下):

(一)森林有关水源者,务须严行稽查,以顾水利;

(二)森林有关风景者,亦得认真保护;

(三)稽查员于调查期间住居于大河口沿山一带,早晚巡查;

(四)稽查员除调查山林外,所有县属乡村森林必须时加保护,以尽职务;

(五)稽查员务须认真尽责,不得虚图名义,有亏厥职。

第八条 本县保护森林在前清时,业经府县立案镌碑,凡有西水关附近居民入山采薪,只准携镰刀,不准用斧锯砍伐松柏。否则,查获从重处罚,今兹援以为例,仍资遵守。

第九条 西水关以南之山林,最为六大坝水源攸关,应将稽查员十人每月轮派二人或四人住居西水关附近之老君庙或双树寺,严加调查。如查获砍伐松柏、红柳一株者,每株罚大洋贰拾元充公使用。凡有进山出山之民,若身带铁斧者,一经查获,罚大洋壹拾元,以儆偷伐。

第十条 稽查员不得向民家藉搜查名义扰累滋事。

第十一条 职员于调查时,若遇刁诈野横之徒强行砍伐,务须随时报告本所,由所长遂呈县长从重处罚。

第十二条 稽查员倘能克尽厥职,酌量奖励。

第十三条 本所职员暂尽义务职,以保护森林而顾水源,俟办理稍有成效,按六大坝民众召集开会,筹划经费,呈报县政府备案,以资进行。

第十四条　本所如提倡适宜经费有项,应将办理之成绩备文呈请县政府鉴核备案。

第十五条　自本所成立后,若有不法之徒冒充稽查员、将偷伐木料及贩运者、有捉获受贿隐匿不报情事者,一经查获,罪与偷伐木料者同。

第十六条　本公约经六大坝保林会议通过,呈请县政府备案后施行。如有未尽事宜,得随时修正之。

民国二十六年五月

甘肃省第六区行政督察专员公署　训令
（署督秘寅字第六二号）

令民乐县政府

案奉

甘肃省政府民一寅字第七〇一号训令节开:"据报祁连山森林,关系该区各县农田水利至钜,自应严禁砍伐,以裕水源等情。应由该署会同有关各县商拟具体办法,呈府核定后切实执行"等因奉此。除分令本署张视察,就近注意、面洽商讨外,合行令仰该县长切实拟具体办法,报署核转为要。此令。

专员兼司令　贡沛诚
民国三十年三月二十三日

附:民乐县政府呈文及民乐县祁连山森林保护办法(略)

甘肃第六区行政督察专员公署兼保安司令部　密令

督秘申字第二〇九号　民国三十年九月二日

令民乐县县长　朱　魁

案查前据本署视察张殿魁报告:"该县正绅杨如桂因保护森林被殴毙命。该县劣绅葛耀堂、穆燕天、刘世元等破坏森林,奴役百姓"等情,经以督秘辰字(106)转报省府在案。兹奉民建四午字第二八八四号指令:饬分别褒扬、惩办等因;兹分别令示于后:(一)杨如桂热心公益,保护森林,应依照褒扬条例,专案迳呈省府核办。(二)葛耀堂、穆燕天、刘世元等平时滥伐森林,奴役百姓,应分别从重惩办。惟该葛耀堂、穆燕天二人,与该县前兵役科长蔡海清之贪污案有关,迭经省府令饬一并押解送省讯办,曾以督一午(231)暨督一未(281)令饬该县长迅即遴派干员,将该劣绅等一并拘捕押解遥送省保安司令部讯办在案。仰仍一并拘押解省。至该县民张其文、傅生清、赵生权、赵生楷、傅得位、张文彪、王秀林、张尚成、赵生模、傅沧清、柏万海、马良贤、李子禄、韩有谟、李子功、刘国经、候生位、胡尔昌、韩有绪、刘世名等附和葛耀堂、穆燕天等破坏森林,破坏林规,仰将该案肇事等人姓名,分别查明后,布告周知,倘嗣后再有伐林事情发生,必从严拿办,勿稍宽贷。(三)对境内森林,应妥为保护,有关保安之森林,尤应严禁伐采,涵养水源,而利农业,并转饬所属一体遵照。以上各节,仰切实遵办为要。

此令

专员兼司令　贡沛诚

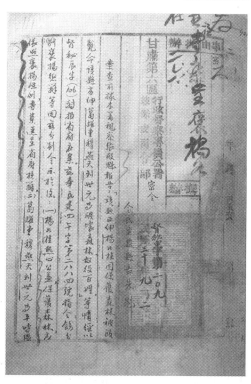

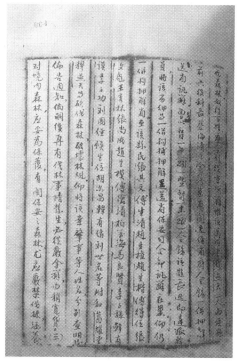

甘肃省第六区行政督察专员公署兼保安司令部褒扬杨如桂令

民乐县政府呈
（府秘寅字第一一五〇号）

案奉

钧署督秘寅字第六二号训令略开："案奉甘肃省政府民一寅字第七〇一号训令节开,据报祁连山森林,关系农田水利至钜。自应严禁砍伐,以裕水源等情。应由该署会同有关各县商拟具体办法,呈府核定后切实执行等因奉此。除分令外,合行令仰该县长切实拟具具体办法,报署核转该视察员为要。此令。"

等因,奉此职等,遵查民乐所属祁连山脉,蔓延共长一百二十余华里,森林分布区域全系各河流发源之地,关系农田水利至深,且钜年来,政府严禁砍伐,以资调和气候,涵养水源,拥固土砂。但农民知识浅薄,不但不加保护,且时有盗窃滥伐而致森林失其鬱(郁)闭状态,且地及暴露,杂草及薛苔之类均遭枯槁,对于水源涵养影响殊深。兹为治本起见,特遵令拟就保护祁连山森林办法一份,理合具文呈请钧署核转实为公便。谨呈甘肃省第六区行政督察专员公署专员贡

附呈民乐县祁连山森林保护办法一份(略)

县长　陈　玠

中华民国三十年四月八日

甘肃省第六行政督察区
民乐县祁连山森林保护办法
（中华民国三十年四月八日）

甲、总则

本办法依照 21 年 9 月 15 日国民政府公布森林法第六条之规定拟定之。

乙、护林机关

一、县设保林公所一处,所址附设县政府内。县所以下分设洪水大河、海潮坝河、大都麻河、小都麻河、酥油口河、童子坝河等保林公所各一处,所址附设于距各该河口附近之乡公所或保公所中,欲专建所址者亦可。

二、县保林公所设委员七人,均为无给职。县长为主任委员,党部书记长为当然委员,其余五委员由县内各机关领袖或绅士中遴选之,并由该六委员中互选副主任委员一人,以协助主任委员工作。各河保林公所各设委员七人至十一人。除主任委员外,均为无给职。该委员等须由各该河地域内之小学校教职员及公正绅士中遴选之,并互选一人为副主任委员。此外,每所得设巡警二名至四名,为有给职。

三、各选任委员任期均以一年为限,连选得连任。

丙、保林经费

一、县保林公所经费由全县分摊之;

二、各分所保林经费由县所核发;

三、各分所主任委员按其所辖河域之大小得予以十至三十元之视察费,巡警得予以八至十二元之薪金。每分所每月并酌给办公费十元至二十元;

四、罚金充造林经费。罚则另定之。

丁、保护及惩罚办法

一、各该林区均命名为"民生"林;

二、各该林区由县所督责各该分所主任委员负专责管理,并按照其管理成绩之优劣与(予)以惩奖;

三、县所每年最低限度须派委员协同各该分所全体委员到各该分所林区巡查两次,并须将巡查情形呈报省府、专署备查;

四、结伙砍伐及擅在林区开垦者,须由各该分所呈报县所予以严惩,并须由县所将处罚情形呈报省府、专署备查;

五、擅在林区砍伐、牧畜及采薪者,须按情节之轻重由各该分所处以罚金,或呈报县所依法惩罚之；

六、依森林保护法第四十八条之规定，森林保护区内不得有引火之行为。若发现时，犯事人得处三年以上、十年以下有期徒刑；

七、凡关于危害森林之其他一切行为，均须依情节之轻重予以适当之处罚；

八、关于两林区交界地之犯禁事宜，由两林区负责人协同处理之。

戊、本办法如有未尽事宜，得由县所呈请专署转请省府核定后修改之。

己、本办法自省府核准后施行之。

甘肃省第七行政区保护祁连山麓林木计划
（民国三十年）

祁连山脉，绵亘数千里，岗峦起伏，峭壁屏障。其间蕴藏之富，林木之美，虽不能大量出产，以供现时代国家之需求，然未雨绸缪，多方培护，则十年树木为期不远。为推行政府护林政策，计拟将七区所属祁连山麓划为若干林区，予以保护，庶产量无尽。而将来直接、间接之富益，亦将利赖于无穷也。兹将计划纲要分述如次：

A、组织保护机构

1. 设置甘肃省第七行政区祁连山麓森林保护委员会（以下简称委员会）。

2. 委员会直属于省政府。

3. 委员会设主任委员一人，委员七人。

4. 委员会主任委员由第七区行政督察专员兼任。除有关各县如酒泉、玉门、安西、敦煌、高台等县县长为当然委员外，其余委员由主任委员聘请之。

5. 委员会得专设秘书一人，承主任委员之命，办理会内外一切事宜；干事一人、事务员一人、书记二人承主任委员之命，受秘书之指导，办理一切护林事宜。

6. 委员会秘书一人,由主任委员遴选合格人员呈请委任之;干事一人、事务员一人、书记二人由主任委员直接委任之。

7. 委员会设森林警察队五队,分驻各保护区。每队设队长一人、附(副)队长一人、警士十人。

8. 队长、附(副)队长由主任委员就当地熟习(悉)遍地情形并热心林业者委任之;警士十人由有关各县征雇之。

9. 警察队人数以事务之繁简及林区之大小随时呈请增减之。

10. 委员会经临各费,拟具予算概算书,呈请省府转请中央核准,由国库开支。

11. 委员会会议分为左(下)列两种:

(甲)常会:每年一次,由主任委员酌定日期召集之;

(乙)临时会:遇有重要事务,由主任委员临时召集之。

B、委员会之任务

1. 专负七区所属祁连山麓森林保护之责及计划保护各事宜。

2. 为发展林业、保护严密起见,得随时派员巡视监督各保护区之保育工作。

3. 指挥各保护区之森林警察,切实严加监视,绝不容有自由砍伐及盗窃情事。

4. 调查七区祁连山麓森林区域之广狭及林木分布状况。

5. 调查保护区之地质、土壤及计划改进事项。

6. 土地业权之清理。凡属林区荒地,如为私人所占用,悉数收为公有,禁止砍伐。

7. 统计原有自然林之范围,以及每年扩充之面积。

8. 整理荒废山林,以谋林业大规模之扩张。

9. 统计保护区森林种类、数量与每年生产高度之比较。

C、保护区之划分

1. 保护区之划分如下:a、酒泉区;b、玉门区;c、安西区;d、敦煌区;e、高台区。

2. 各保护区直隶于七区祁连山麓森林保护委员会。

3. 各保护区每年度工作进行事项，均应遵照委员会所定计划分区实行。

D、保护办法

1. 林警所在保护地必需于山口或支路之处安设牌记，载明护林法规及惩罚办法。

2. 严禁焚山恶习，免致森林歼灭。

3. 严禁滥伐幼苗，保护优良树种。

4. 稀疏林区划为绝对封禁区。

5. 规定间代（伐）时：各保护区均定为每三年砍伐一次，砍伐时用刈枝、疏伐及选伐法。

6. 砍伐林木除灌木等不能成材之木类采作燃料外，其他乔木之属须以成材者为限。

7. 逢砍伐林木之年，须呈请委员会发给执照。

酒泉番民头目为保护山林不被砍伐立具甘结呈甘结是实

具切结人酒泉县河东乡榆林黄草坝番民头目索进义今结到：

专员案下因榆林、黄草坝番民偷在山中砍伐木料，自今具结之日起，所有西至榆林坝、东至马营河一带番民如有偷伐木料者，有头目负责，情愿依法受处，所具切结是实。

谨呈

甘肃省第七区行政督察专员曹

具切结人　索进义

（名章）

民国三十年九月七日

呈甘结是实

具切结人酒泉县河东乡甘坝口、榆林坝、丰乐川番民头目余加益今结到：

专员案下因榆林坝、甘镇口、丰乐川番民偷在山中砍伐木料,自今具结之日起,所有西至丰乐川、甘镇口,东至榆林坝河一带,番民如有偷伐木料者,有头目负责,情愿依法受处,所具切结是实。

谨呈

甘肃省第七区行政督察专员曹

具切结人　余加益

（名章）

民国三十年九月七日

呈甘结是实

具切结人藏民头目今具到：

专员案下因砍伐木料之事,自具结之日起,所有西至红水坝河,东至丰乐川河一带,如有藏民偷砍木料者,有头目负责,所具结人是实。

谨呈

甘肃省第七区行政督察专员曹

具切结人藏民头目　马正有

（名章）

民国三十年九月九日

呈甘结是实

立具甘结头目黄金有情因茂来泉,西至红泉山,东至洪水坝河一代（带）木科树木一概不准伐放壹科（棵），大小一应保护，倘若俱结之后有私卖伐放一科（棵），应受公署罚办。

立具甘结是实

甘肃省第七区督察专员公署　台照

立具甘结头目　黄金有

（名章）

民国三十年九月二十一日

甘肃省政府训令

（建四丑字第 1045 号）

令第七区行政督察专员公署

据祁连山林区管理处电复勘查三山口林区报告关于垦荒部份仰遵照饬属随时会办由

据农林部祁连山国有林区管理处山技字第七一号代电称："国杰于十一月三十日赴酒泉境内三山口林区勘查，兹拟具报告一份，电请鉴核"等情，附报告一份，除电复关于垦荒部分随时与所在地县政府会同办理外，合行抄发原件，令仰转饬所属各县遵照办理。此令。

附抄发原报告一份

主席　谷正伦

建设厅长　张心一

中华民国三十一年二月四日

又附：祁连山三山口林区初步勘查报告

祁连山三山口林区初步勘察报告

一、行　程

三十一年十一月三十日上午七时,由酒泉本处出发,前往酒泉境内祁连山三山口林区勘查,计处长徐国杰、技正杜为宪、技士赵缵统等三人,并约蒙藏委员会河西调查组组长马宁邦、西藏寺小学校长马罗汉同行,以为响(向)导。经茅庵庙、三旅营、总寨等地,夜宿洪山堡。十二月一日,由洪山堡出发,自观山河口入山,沿西沟抵西藏寺,适值大雪纷飞,闻为入冬以来第一次降雪。二日,由西藏寺西行勘查各天然林,以云杉居多。午后,在西藏寺小学召集三山口藏民代表举行座谭(谈)会,征询山中情形,宣布保护森林之意义,并劝民有林登记,以保业权。三日,赴东沟(即观山河正流)勘查各天然林,以柏树居多。因积雪太深,不能前进,乃折回。四日,出观山河勘查火烧沟、红山沟一带天然林及茹家庄一带民有榆树林。五日,由茹家庄赴瓷窑口、大硫磺、喷嚏坑、文殊山、卯来泉一带勘查,均以路被雪封,不能深入,乃返酒泉,晚抵本处。

二、三山口

祁连山向未实测任何地图,均不能详其地形与地名。兹查酒泉境内共有十三山口,自西而东列举如下:(1)西喷嚏坑;(2)大黄沟;(3)卯来泉;(4)东喷嚏坑;(5)大硫磺;(6)瓷窑口;(7)红山口;(8)观山口;(9)丰乐口;(10)干沟;(11)甘坝口;(12)榆林坝口;(13)黄草坝口。后三口总名甘贡口。所谓三山口,乃指卯来泉、磁窑口、甘贡口,而普通则以南山或三山口代表酒泉境内祁连山,故其中藏民统称三山口番。

观山口为观音山河口之简称。该河流域统称观山沟,东临丰乐川,西依红山沟,南至丰乐川河上游五道沟河,北接口外金佛寺、平原山口,海拔二千公尺,山峰当在四千公尺以上。境内地势险要,道路崎崛(岖),山坡陡峻,大部为花岗岩及石英岩所成。中有凸起山梁,分成东西两沟,东沟之水北行,会西沟之水为观山河,出观山口供金佛寺一带农田灌溉之用。山口有前朝屯兵营房,现已作废，盖由酒泉赴青海必取道此口，乃兵家必争之地。近年在红水坝金厂（场）采金者均由此出入，因其他各口多难深入，不便于行旅。

三、森林现状

山内森林本甚郁茂，清代回藏两民族据山抗命，清兵平乱，放火烧山，故人迹易至之处，一片焦土童秃之象，觯髅是山中之寺院，皆系劫后重建，非原有也。有清吏重建寺院之碑文可考证。现仅道路十分险阻陡峻异常之，高坡尚有块状之天然林，近年斧斤不时亦多破坏；山下有散生之榆树、柳树、杨树，给茫茫荒野加以点缀。人迹易至之山坡，有黄柏、野蔷薇、野杏、黄腊梅、枸子、毛柳、睡柳等均不成林。陡坡幸存之块状天然林，其林木生于南坡及西南坡，为阳性之偃柏；北坡及东北坡则为阴性之云杉，土人误认为松，实似是而非也。

上述天然林区以丰乐川河源树本较多，余均有限。就其所在地可分为八个林区，兹列举如次：(1)黄草坝；(2)榆林坝；(3)甘坝口；(4)丰乐川河源；(5)观山河源；(6)瓷窑口；(7)红水河源；(8)白杨河（即北大河上游）。

四、勘查意见

此次入山勘查，适逢降雪，山坡为之掩盖，道路为之阻塞，对于各天然林区面积、种类、数量未能以数目字表示之。兹就六日之见闻，拟具管理办法如下：

(1)编为保安林。查酒泉、金塔等县农田灌溉全仗北大河、红水河、观山河、丰乐川河等。而诸河均发源于祁连山，如将境内天然林砍伐过甚，则不能涵养水源，且雪水骤溶骤泻，更易酿成水灾。为保护两县农田水利，增加生产起见，宜将境内八个林区编为保安林，禁止砍伐，拟派员测定林区面积等项后再行呈报。

(2)设立工作站。在山外办山里事，政令本难推进，加以（之）民族不同风俗，语言文字各异，故公文布告均不易生效。兹定在西藏寺设立本处三山口林区工作站，派技士赵缵统前往督导。为使工作人员易与藏民接近，发生联系，推动林政起见，准担认（任）该寺小学课程一部，纯尽义务，不支该校薪金，此次在山已征得该校董事会及学生家长之同意，决定提前实行。

(3)提倡藏民林垦。藏民以游牧为生，逐水草而居，故保甲诸政令均难实行。近来木材价高，粮食飞涨，藏民不深知其利，祇以不明法令，对于官山荒地未敢从事林垦。此次在山已将请领官山造林荒地开垦,诸法令详加解释,着速申请登记,当依法保障业权。今后本处当推进此项工作,使山中树木繁殖,粮食增产,同时可改变藏民生活,由游牧而定牧,由定牧而兼营林垦俾与土地可发生权利关系,律以恒产恒心之例,将来藏民汉化,安居乐业,地方政府施行一切政令,也较易办理。

(4)派遣林警驻防。查山中牧地向无规划,强者占地有余,弱者乃放牧林地,以致天然幼树不易成林,此宜整理者一;猎户携械入山,漫无限制,安分者因多见财路,劫者无所不免,而围捕猛兽,每每放火烧山,妨碍森林之繁殖,此宜整理者二;入山采药采金,三人以利之所在,争先恐后,固不知水土保持为何事也,此宜整理者三。以上各事应分别制定管理规则,并由林警驻防,以武力监视,方可纳入正轨。查金佛寺堡、洪山堡及观山口三地成"品"字形,为等边三角,各距离十里,均有庙宇可驻守。如能调林警一中队或一分队扼守三地,则境内保护森林工作自可顺利进行,即三山口外各农村治安亦可兼筹并顾矣。

处长　徐国杰报告

祁连山北麓调查报告——边疆调查报告之六

（蒙藏委员会调查室　民国三十一年四月）

前　言

连山北麓,东自张掖东南,西迄酒泉西南,东西宽八百余里,南北长约三百里。全部地势,南枕雪山、北临广漠。水源无论东西,下游皆趋北向。南高北低,犹如半面屋顶,雪山恰为这半面屋顶的顶脊。雪山最高处,海拔一万九千余英尺,北麓最低处亦三千九百余英尺。人口居住地带约在四千公尺至八千公尺的中间。气候方面,虽曾无测量,但以酒泉县的气温（年平均 8.487℃）雨量（88.4mm）来推算,似为高原草地区比较合适的地带。更高枕雪山,致全部地域水流交错、林木畅茂、山脉起伏、矿藏丰富,耕地牧场多待开发。

本区交通,东乐克部——即三山口番——以西藏寺为中心而言,北稍偏西至酒泉县城百一十里（其中西藏寺至观山堡二十里,崎岖难行,观山堡至酒泉城之九十里可通汽车）；东南至洮赖川五站,至西宁十站,此是十一站为酒泉通西宁捷径,亦为高台、酒泉一带金工赴洪水坝采金大道；西北至洪水沟四十里,又二十里瓷窑沟,五十里石羊圈,五十里卯来川,八十里洪泉山,六十里青头山。由青头山东南沿洮赖川以至西南,地势平坦,稍加改善,即可通汽车。最近有山,酒泉修筑汽车路以达西宁议。惟改线路较由西藏寺附近通西宁之道,施工为易,然途程则达三百余里。自西藏寺沿山麓东南行,七十五里至荒草坝,又七十里至慈云寺。维鹘之部（即黄番）,若以红湾寺为中心而论,北至甘新公路至元山子（高台县境）百三十里,此路现为高酒木材运输之道,稍加改善可通行大车。东北至梨园堡五十里（由此东七十里至张掖县城,北七十里至临泽县城,现此路亦为运木大道,稍加修筑,亦可通行马车）,东南沿山麓至康龙寺一百里,又一百九十里至马蹄寺,南一百五十里至八宝,险峻难行。青海置设治局于此。马蹄寺东南十四族,若以马蹄寺为中心,则北至张掖一百一十里,东南民乐县城九十里,路均平坦,民乐现有汽车通西宁。就目前而论,上述三处以马蹄寺较为便利。

　　本区人口有黑番、黄番和马蹄寺东南十四族三大常住部落及蒙、汉、哈、回等一部分暂居人民,合共约七千余口。其中多非土著,而为西康、青海、新疆、外蒙等地的移民。语言风尚,有汉、蒙、回、藏四种,但以长时期之相互交识,以同化归于一俗。这里真是中华民族共同生活的一个陶冶炉,现在仍在陶冶着。我们就调查所及提出这里正在陶冶中原来,研讨其原质与演变中的各种背景与条件,希望当局就各种背景与条件未改善与利用,加速这种陶冶过程。当然这调查是不够的,尤其是有关社会组织方面,以及同化过程中几种文化的相互影响与作用。

本区人口数字及分布地区表

分 别	户数	人口	分布地区	备 考
黑番（东乐克）	208	1637	酒泉南山即甘肃祁连山北麓	亦称"三山口番"
黄番（锡喇维鹘）	586	2869	高台临泽的南山一带	
黑番（马蹄寺东南十四族）	52	1289	张掖南山马蹄寺一带	一说三百余户一千五百余口
蒙古（喀尔喀）	27	100	临泽南山	
其他（蒙治汉回）	405	1000	东乐克部境内	
共　计	1277	6898		

甘肃省第七区行政督察专员公署
保安司令部

指呈拟具保护森林办法一案指令遵照由

令高台县政府

呈一件:拟具保护祁连山森林办法请核示由

呈暨办法均悉。该县所拟办法,既极含混,而责任尤属不明,兹由本部另行制定,随令颁发,仰遵照切实实行。并将遵办情形具报为要。计附颁发办法一份。

此令

司令　曹启文

民国三十一年四月十七日

高台县辖境祁连山森林保护办法

(1)本县辖境内祁连山森林依自然形势划为四个林区:①红沙河林区;②水关寺林区;③长沟寺林区;④摆浪河林区。

(2)每林区设主任一人、副主任一人。主任由毗连各该林区所在之保长充任;副主任由各该区番民首领充任。各区总毗祁连山即以其乡二长总监督之。

(3)主任、副主任均由县政府委任,负保育、防灾、禁伐、驱虫、稽查报告之责。

(4)祁连乡长由县政府正式委令监督负责。

(5)乡长随时传谕各保甲户民公共负保护之责。

(6)如发现私自砍伐情事,一经查觉或被告发,当从严惩处。若有隐匿,以包庇论。

(7)每年由县政府派员勘查二次至三次,编制报告书呈专署核夺。保护成绩优良者,准予呈省府褒奖。

(8)本办法在未春省颁保护办法以前为有效期间。

(9)本办法呈请第七区专员公署核准后施行。

祁连山西藏寺林区初步勘查报告
（中华民国三十二年）

此次勘查，适逢降雪，山坡为之掩盖，道路为之阻塞，故未能窥其全貌，仅就概查所及，拟具报告，详细情形尚须赖请今后勘查。

一、林区概况

西藏寺位于酒泉县城东南一百里，祁连山北麓观山沟之西沟，故又名西沟寺，距沟口二十里，为三山口番之政教中心，三山口番即东乐克族，原居西康省，因奉命击羌辗转来此，散居于祁连山三山口一带，三山口，乃指卯来泉、瓷窑口、甘黄口三入山口而言，其中甘黄口为甘坝口、榆林坝及黄草坝三小山口之结构。

观山沟东临台乐川，西依红山沟，南至台乐川河上游五道沟河，北接沟外平原，进深五十余里，宽窄约十里，海拔高二千五百公尺左右，境内地势险要，道路崎岖，山坡陡峻，大都为花岗岩及石英岩所成，中有凸起山梁，分其为东西二沟，观山河由东沟外向，汇西沟泉流出观山沟口，供灌溉之需，惜河床为沙砾所成，大半流水中途渗入底层，不能尽量利用，致沟口附近农田不可普行灌溉，影响农作物收获至大，且沟内气候以地形繁杂，局部变化甚剧，不可一概而论。

该处居民，皆属三山口番，能少数狩猎，挖取药材为天黄、秦艽外，大多从事游牧，生活至为艰苦，所需食量为青稞、小麦等，因沟内垦地甚少，故皆够自沟处各地，教育程度虽够低甚，但近年来由藏民自动于西藏寺旁设小学一所，有学生三十余人，敬请多方予以赞助指导，则不数年当收效甚宏。

二、森林现状

该区森林管六七十年本□树，因人迹易至，砍伐不断加之火灾频发，已破坏殆尽，仅交通十分险阻陡峻异常之高坡尚余有极少数苍翠郁闭材相结构完整之块状天然林，故荒秃之象，触目皆是，沟口仅有散生之榆树、柳树、杨树等给茫茫荒野以点缀，由沟口溯观山河而上，虽亦有散生杨柳，但至属罕见，惟西藏寺附近有寺内喇嘛栽培之小面积胡杨，增加空谷美景不少，人迹易至之山坡、除栽种灌木为黄柏、野蔷薇、野杏、黄腊梅、枸子、毛柳、睡柳等而外,全为杂草所被,高大乔木已绝迹,然而遗留根株尚隐约可见,至于陡坡幸存之小块状天然林,其林木于南坡及西南坡为阳性之偃柏,于北坡及东北坡则为阳性之云杉。

三、管理方法

该区因森林破坏严重,山坡土根被冲刷,树木生长不易,天然更新无望,水源不能保存,致农田不能普行灌溉,即居民家畜饮水尚有缺口,雪水骤溶骤泻,非但不能利用且造成水灾,为针对此种因素,当今管理要旨,首在划该区为保护林区,设立工作站,施以严厉保护及种树造林,以便保护及造林并顾,现将保护方法和造林步骤列后:

1. 保护方法

(1)绝对禁止砍伐现有林木;(2)禁止烧山;(3)禁止掘取山坡根株、灌木及杂草;(4)水源附近禁止放牧;(5)划定更新区,禁止区内放牧;(6)禁止山坡开垦。

2. 造林步骤

(1)提倡寺院造林;(2)提倡学校造林;(3)援助当地居民造林;(4)开发苗圃,培养苗木,实行人工造林。

甘肃省祁连山天然林区管理暂行办法
(中华民国三十五年)

(一)本办法依照《甘肃省林业规则》第二十条订定之。

(二)祁连山天然林区(以下简称本林区)管理,除法令另有规定外,悉依本办法实施之。

(三)本林区森林关系本省河西水源至钜,故凡公私有林,应得酌情划为保安林。

(四)本林区范围,东起武威,西至酒泉以南之山岳地带。应负责管理者计有六、七两专员公署及武威、永昌、山丹、民乐、张掖、临泽、高台、酒泉等 8 县政府。

(五)上列各专员公署须设林务督导员 1 名,各县政府设林务指导员 1 名。该项人员由各专署、各县政府遴选专门林业人员,呈请省政府委派,或由省政府直接派充之。

（六）本林区为严密实施管理起见，得于各该管林区县政府警察局队内添设林警 10 名，拨由林业指导员指挥。

（七）管理时应办各事如下：

（1）各该县政府应将所管辖林区于五个月内详细绘具草图，呈报省政府核备。

（2）各该县所辖林区内不论公私有林，均应于实施管理一年内向县政府申请登记，并填具申请书连同业权证明文件呈由县政府转呈省政府核发登记证书。其详细办法，应依照农林部公布之公私有林登记规则办理之。

（3）测量并统计林木种类、数量及材积。

（4）按照各该管林区实际情形规定林木天然更新及直接造林方法，初年以 100 亩为准，逐年扩充之。

（5）禁止在林区内放火、开垦与采掘根株地被物等。

（6）分区设立保育林区，并于保育林区内禁止放牧。

（八）本林区公有林木不得随意采伐，如有关国防交通及公共建筑等必需材料，须先拟具翔实计划，呈请省政府核准后以"择伐法"伐采之。

（九）前项伐采木材须按照当地市价收半价款额，此项收益应作为各该林区林木更新管理及造林育苗之需。

（十）本林区私有林木应予严格管理。凡未达采伐年龄之木材及搬运便利之处，不得施行滥伐，须遵照政府规定办理之。

（十一）本办法执行机关员警如有串通当地人民盗伐林木情事，经查明或被告发者，以贪污论罪。

（十二）各该林区工作报告，除紧要事项随时呈报核办外，并于每月月终详细编具工作报告呈核。

（十三）本林区经费由省政府拨付专款，或呈请中央补助之，其每年经费预算另编饬遵。

（十四）省政府为严密考核工作起见，得于每年春秋二季派专门林业人员前往各该林区实地督导。

（十五）本办法如有未尽事宜，得由省政府随时修改之。

（十六）本办法自从公布之日施行。

甘肃省祁连山天然林区三十五年度经费预算书

科目				名　称	每月预算数	全年预算数	注
款	项	目	节				
1				祁连山天然林管理经费		15892000.00	
	1			俸给费	4400	44000	
		1		薪俸	1440	14400	
			1	专员督导员薪俸	320	3200	六、七两专署各置林务督导员1名，月各支薪160元,10月支给如上数
			2	县署指导员薪俸	1120	11200	武威、酒泉等八县各置林业指导员1名，每人月薪140元,10月支给如上数
		2		工饷	2960	29600	
			1	警长工饷	672	6720	各林区设一、三级警长各1名,计设一级警长8名，月各支44元,三级警长8名，月各支44元,10月共支如上数
			2	警长工饷	2288	22880	各林区设一级警士2名,二、三级警士各3名,计共设一级警士16名，月各支38元，二级警士24名，月各支36元，三级警士24名,月各支34元,10月共支如上数
	2			事业费		2460000	
		1		事业费		2460000	
			1	勘查费		640000	各林区实际勘查时所需费用计如上数
			2	登记费		160000	各林区等登记林地时所需费用计如上数
			3	管理费		320000	各指导员及林警巡回视导时所需费用计如上数
			4	造林费		320000	本年拟直播造林100市亩，需款如上数，如本年林木种子缺少时可缓办

续表

款	项	目	节	名称	每月预算数	全年预算数	注
			5	督导费		300000	省府于春秋两季派员前往各林区督导旅费计如上数
			6	服装费		720000	八林区警长警士每人每年支服装费 9000 元,80 人年支如上数
	3			生活补助费	1242800	12428000	
		1		生活补助费	1242800	12428000	
			1	省级人员生活补助费	70000	700000	专署督导员 2 人,比照省级待遇,月各支 35000 元,10 月共支如上数
			2	省级人员薪俸加成	35200	352000	专署督导员 2 人,比照省级待遇,月各支加成 17600 元,10 月支如上数
			3	县级人员生活补助费	288000	2880000	县府指导员 8 人，警长 16 人,警士 64 人,均比照县级待遇,指导员月各支生活费 6000 元，警长、警士月各支生活费 3000 元,10 月共支如上数
			4	县级人员食粮代金	849600	8496000	县府指导员 8 人，警长 16 人,警士 64 人,均比照县级待遇,指导员月各支食粮 9 斗,警长、警士月各支食粮 5 斗，每石小麦以 18000 元计,10 月共支如上数
	4			预备费		960000	
		1		预备费		960000	
			1	预备费		960000	不属于前项费用者，以及将来专署县府预算核定后各督导指导员及警长、警士津贴不足时可补发,支计如上数

附注:本预所列员工待遇均系按照最近政院及本府规定核列,嗣后省、县人员待遇如有调整时,省级人员请于拨发本省人员薪津时一并拨发,县级人员则由本府呈请核发。

甘肃省祁连山天然林区职工员额表

职　别	名　额	注
林业督导员	2(人)	省级待遇
林业指导员	8(人)	县级待遇
警　长	16(人)	县级待遇
警　士	64(人)	县级待遇

农林部祁连山国有林区管理处森林调查表

地名	森林面积	树木种类	年龄	直径	材积	生长状况	自然环境	附　记
1.羊圈沟 2.义字门	1.羊圈沟约十亩（市亩） 2.义字门约三十亩(市亩)	云杉约百分之八十以上，柏树约占百分之二十也	多为二三十年生之幼木，老林亦多，年生之树木，木生长极少	约四至六寸七寸，盈尺者极少		生长极不良好，弯曲不直,傍枝甚多,故无佳良之材	云杉多生于北面山阴湿之处，柏树则生于南面山坡较阳之地	以上所说森林因伐采过甚林相不整，树间距离太远，林地暴露,地力不能维持,故幼木不能生长,即原有林木亦因失去郁闭度,生长极不良好,故今后对于以上所呈森林一方面严格保护原有森林,一方面极力培植下木,以维持林地,循导该林为法,正以保护水源而维民生。此外因林木生长面积不整,株间距离不定,故将材积未能算出。

923

农林部祁连山国有林区管理处森林调查表

中华民国三十二年四月十六日　　　　　　　　　　　　　　调查人:张元吉

地名	森林面积	树木种类	年龄	直径	材积	生长状况	自然环境	附记
红山沟内一头松坡苇台子,血桔子梁、东泉眼沟、香家沟。	约一千亩	云杉、柏、柳等树种。	二十年生至二百年生之树木。	三寸至七寸。		生长稍较良好,但因伐采过甚,皆成片段生长,而无整块之大面积。	在山之北面山坡,因林地湿润,云杉生长较良,山之南面山坡,因地势干燥,云杉全无,仅有散生之柏树,生长亦极不良。	以上所呈林区,为红水所经之地,若加以严格之保护,对于红水之水源增加不少。

农林部祁连山国有林区管理处森林调查表

中华民国三十二年五月一日　　　　　　　　　　　　　　调查人:何汉斌

地名	森林面积	树木种类	年龄	直径	材积	生长状况	自然环境	附记
东海子	学校及寺院总面积约卅余市亩,而零星的几株树,却占其面积十分之二三,在人家住居地方有很少的树木,西南之回回沙窝、五佃冬达及深沟有灌木林,面积亦不大。	桥木之杨树,产木量较桐枣沙虽有不多,余有灌木之红柳。白柳梧及与树	树木年轮有十余年者,有四五年者不等。	细者直径约五寸,粗者约尺余。	材积不甚丰富	杨柳皆由人工插条种植,天然生者全无,所插新条,尽因地方常年牲畜为患,故多掘长方或圆形深沟两三尺,周边以草墙,然后插条可保无殃,校周围本欲多植树,以此工程未就,故暂停止,红柳皆由天然繁殖,但汉番人民,夏至刈条,冬至掘根,摧残太甚,故无繁荣,与年俱衰	本地地皮,似干非干,似湿非湿,干湿两性,兼而有之,每当冬去春来之际,可谓潮湿时期,地内渗出水量弥漫全滩,滑随不堪,所谓东海子及小海子者,亦不过沙窝低地,涌出大量之水而已,非所谓海子故其气候,春间湿润,冬夏干燥,尤其春期,地上处处皆水,诚不失为水泽之田,惟其如此,掘地汲水,甚为易事,三五尺,则有大量之水涌出,中央倡万井运动于西北,而本地实足以当之,若至夏冬,回非不,气候燠热,空气干燥,地面水量全然不有,春间水泽之田,一变而为干壳之地。	1.白杨生长颇为适宜。2.土质中甚咸大,树木有枯者,校园内之菜,三周尚未出土。3.东海子湖无树。

甘肃省河西国防林营造实施办法

〔建四(三十六)未字第 5461 号　中华民国三十六年八月十三日〕

令武威、张掖、酒泉、敦煌县政府

一、本办法遵照行政院颁发之国防线及要塞区造林办法订定之。

二、本省国防林之营造以河西走廊为实施范围本年秋季暂以武威张掖酒泉敦煌四县开始进行。

三、三十六年秋季国防林营造工作即行开始。

四、国防林营造办法如左。

(1)采用适宜当地土质气候之杨柳树种;(2)以插条法栽培之;(3)春秋二季为造林时期春季须于柳树发芽前及土壤解冻后行之, 秋季须于树木开始落叶时行之;(4)插条株行距离悉定位三公分;(5)造林地点须选择要塞区之河渠两旁及河滩地;(6)杨柳插条须选母树壮健及插条皮层嫩绿者;(7)插条直径定为三公分长;(8) 插条须于栽植前十日内以利刀砍采浸甜水中切忌曝于日光下;(9)栽植孔穴直径定为三公分深七公分;(10)栽植时须将土分三次填入并以铁椿或木椿用力镇压愈紧愈佳;(11) 树穴表面用土培作盆状以便灌溉并于栽植后及每次灌溉后将表土锄松以防蒸发。

五、每年春秋造林时由省政府令饬各县府于施工两月前预将各保造林地点及拟植株数据实填报由省政府派技术人员抽查之。

六、各县境内国防线造林所需插条由各该县府自行准备但须以就地取材为原则。

七、造林所需人工在不妨碍农事原则下由所在地各该县政府发动人民义务劳动办理之。

八、凡国防区境内之驻军由省政府商情最高军事机关令饬参加造林工作。

九、造林民工及军队为便于指挥起见应分别编组为大队中队小队大队长中队长及小队长分别由县长建设科长乡镇长兼任部队负责人由该管军事长官指派。

十、造林后须按时灌水二次每次每株须灌水一桶。

十一、苗木栽植后除天然病虫灾害由省政府派技术人员防治外其他人为

925

各种灾害统由各该县政府督饬所在地各乡镇保甲长负责保护之。

十二、国防线境内所植林木一律禁止樵牧如有毁损情事应由各该县政府负责补植并追查责任依法论处。

十三、本办法除按照当地实际情形规定办理外饬悉遵照行政院国防线及要塞区造林办法办理之。

十四、本办法自省政府核准之日实行。

张掖县政府训令

〔建(36)寅字第 0421 号　民国三十六年三月十七日〕

令盈科乡公所

查本县本季度为扩大春季育苗造林起见曾经本府建(36)丑字第(0173)号及建(36)寅字第(0326)号训令附发育苗造林实施计划及办法饬各乡遵办在案,持在拟定植树注意事项一份分令并由本府派员分赴各乡督导外,合行颁注意事项令仰该乡遵照前后颁发计划及办法各项规定切实遵办并于栽植完竣后将所植林木种类数目地点详细列表具报以凭查核为要。

此令

附发植树注意事项

县长　杨慕震

附发植树注意事项

一、各机关学校部队于四月四日植树以前依照分配地段及树苗掘挖树穴数额以便届时栽植(穴深三尺口径一尺为标准)。

二、树苗领回须浸入水以免水分蒸发过多不易成活树穴挖妥后另挽黄土堆积穴旁以便种树时填穴。

三、在种树前三日须在树穴内浇水二桶(潮湿地点不必浇水)并于植树时将树苗端插穴中然后填土砸坚固使其不易动摇切勿伤损树皮。

四、各植树单位将树苗栽好后一律用白蜡缠裹并勤加浇灌保护务使种株成活。

五、各乡城区两镇自行另择地点发动户民按照户口数每户至少植活树木五铢为原则。

六、各乡镇遵照本府须按育苗造林计划规定植树数额选定地点集中种植以便查验如不按规定全力植树该乡镇分别予以惩处。

张掖县政府训令

〔建(36)寅字第 0487 号 民国三十六年三月二十三日〕

令盈科乡公所

甘肃省政府建社(36):将本年度义务劳动植树要点核示如下:(一)植树节照规定于三月十二日举行,切实宣传,(二)于四月四日起,至十日止,按照国民义务劳动工作竞赛通则发动民众办理植树竞赛,最少每户必须植活十五株,(三)本年义务劳动计划另案颁发,仰先切实遵办。等因奉此,除令外,合行令仰该乡长遵照切实办理,栽植后将植树种类株数地点报府以便派员查验为要。

此令

县长杨慕震

张掖县林木管理保护林区实施办法

第一条 本办法依照森林法甘肃省林业规则及省颁办法并参照地方实际情形订定之。

第二条 本县境内公私有林除法令别有规定外均依照本办法保理保护。

第三条 林区行政本府得秉承省政府及六区专署命令执行之或与其他有关机关合作委托办理之。

第四条 公有林区各重要口由本府奉令设置林业指导员,率领林警常年驻守巡视之。

第五条 本县境内林区依下列各项办理之。

1. 勘定林区地界;2. 登记;3. 查验;4. 管理木商;5. 统计林木种类及数量;6. 规定采伐林木种类及数量。

第六条 公私有林区采伐木料时,须在伐木时由伐木人填具申请书,说明木料用途并附林区略图及伐用数目,呈由县府转呈省府核定后发给许可证,以择伐采伐之。

第七条 凡民间集存在天然林区砍伐木料,应限一月向县府申请登记,以便派员查验,在木料上印盖"验讫"二字,方准使用或贩卖,如逾期不登记者由本府查获或被告劝,木料没收并视为盗伐,依森林法惩处之,呈报专署转报省府核定后执行。

第八条 在各林区重要山口内查获盗伐木料或偷运林木时,木料没收,人犯送法院依森林法惩处之。

第九条 没收木料会同党国参议会据市价拍卖,呈报专署转报省府备查,价款交县金库保管充作育苗造林护林费用,但非请准不得动支。

第十条 凡本县所属木商应一律向县政府申请登记,经转呈省府核定后方准营业。

第十一条 在民间私存木料申请登记后应依照下列规定征收登记费。

1. 原木直径一市尺至一尺五寸长,一丈至一丈八尺每根收登记费贰佰元,直径不满一尺不足一丈长木料,应以长一丈直径一市尺征收之,如木料大过长一丈八尺直径一市尺五寸木料加倍征收之。

2. 椽木直径三寸至五寸,长一丈至二丈每根收登记费贰佰元。

3. 大小木料直径均已根径计算。

第十二条 上项征收登记费全部充作育苗造林护林之用,应将收支情形报呈专署转报省府备查。

第十三条 林区有下列情形者得禁止采伐。

1. 经编为保安林者;2. 林木生在山陡坡有风景不易重行种植者;3. 未及采伐年龄者;4. 经政府指定保护者。

第十四条 林区非经政府发给执照者不得采伐者。

第十五条 伐木执照内应填明下列各项。

1. 领执照人姓名住址;2. 采伐林区及略图;3. 林木种类及数目;4. 用途

及采伐时日。

第十六条　凡请准在林区伐木者得请由县政府派员监督指挥并查验木料鉴印后方准出山。

第十七条　伐木人如不听县府派员指挥任意砍伐者，应收回木料执照并呈报省府议处。

第十八条　执行职务人如有故意勒索或串通伐木人员营私舞弊情事，经查明或被告发以贪污论处。

第十九条　林区严禁牧放牲畜、放火燃烧，违者以森林法论处。

第二十条　私有隙地及零星所植之林不受本规则限制。

第二十一条　本办法如有未尽事项得随时修正。

第二十二条　本办法呈报省政府核准后公布施行，修正时亦同。

临泽县各乡镇护林公约暨破坏树木处罚办法
〔临泽县政府三（37）未字第 322 号〕

一、查护林重于造林，本县为切实保护树木，培育森林，务期一株一苗均能成活起见，特订定本办法。

二、公有林应由当地乡镇长责由所属保甲长切实负责保护，并领导及督促人民勤加灌溉。

三、私有林应由植树户民自行负责保护，并受当地保甲长监督指导。

四、每年新植树木务须用白刺和芦苇包扎，以免牲畜舔咬树皮。

五、凡沙滩护地渠坡等处集中植有树木者，应加筑矮墙（约二尺至三尺高），以期所植树木全数生长成材，并指定专人负责管理，必要时得予以津贴，以资鼓励。

六、凡零植树木，应饬附近户民负责保护。

七、成人或儿童因不加注意致破坏树木一株者，处罚五日以下之劳役，或罚小麦一斗，并令补植所损害之树木，以确实种活为止。

八、未经注意或照应未周，致牲畜损坏树木一株或咬舔树皮者，罚其畜主小麦一斗，仍责令补植所损害之树木，至种活时为止。

九、故意拔除或偷伐树木一株,经发觉或被人检举者,处罚十日之劳役或罚小麦三斗至五斗,并责令补植五棵树,至种活时为止。

十、故意纵放牲畜损坏树木一株者,与本办法第九条两样处罚。

十一、损坏或偷伐树木二株以上者,应按其损坏或偷伐之数,用累进法依照第七至第十各条之罚法加重处罚。

十二、以上处罚所得罚金,即就近拨作各该保看管树木负责人之津贴或保内育苗造林费用。

十三、凡依据本办法处罚之案件,均应随时呈报本府备查。

十四、如果损坏或偷伐树木事实昭彰、证据确凿,而恃强不遵处罚者,准其送由本府从严惩办。

十五、本办法自令到之日起施行。

县长　袁第锐

民国三十七年八月三日

附录三　中华人民共和国成立以来林业文书选录

张掖县人民委员会植树造林布告

（63）张议第 76 号

植树造林大事，关系国计民生；

减少旱涝灾害，又能固沙防风；

全民大搞造林，定能增加收成；

用材烧柴困难，没有树木不行；

桃杏梨枣多种，等于两道收成；

林木谁造谁有，政策坚决执行；

渠路沟旁植树，集体社员分明；

社队所造林木，不许别人乱动；

社员栽种树木，永远属于个人；

如有侵犯破坏，酌情处罚批评；

公约各队指定，做到赏罚分明；

林场附近群众，负有护林责任；

护林有功必奖，违约处罚必行；

轻者检讨认错，损失定要赔清；

损坏树木一棵，栽活五株才成；

严重破坏林木，政府依法严惩；

植树造林季节，莫要错过时程；

林地社队规划，种苗积极找寻；

队队都搞育苗，注意多样品种；

人人鼓足干劲,努力植树造林。

县长:唐凤仪

公元一九六三年四月二十二日

甘肃省张掖专员公署　祁连山林业局
关于张掖专区所属祁连山林区国营林场
交接工作的联合报告

(64)署林赵字第 040 号

祁林办字第 44 号

省人民委员会:

根据一九六三年七月二十九日甘肃省人民委员会"关于祁连山、子午岭林区林场交接问题的通知"对张掖专区专县原属的祁连山各国营林场的交接工作,经专署和祁连山林业局共同研究,由祁连山林业局、专署农林牧局、民乐、肃南县人民委员会具体办理,现全部交接工作已基本结束,兹将情况报告如下:

一、交接的范围:此次交接的林场共有九个,即肃南县原属的西营河、寺大隆、隆畅河、西水、祁连、祁丰、泉源等七个林场,民乐县原属的大河口林场,山丹县原属的大黄山林场。

二、交接项目:

1. 人员编制:九个林场共编制职工三三一名,现实有三一八名(不包括临时工十四名),已全部造册移交祁连山林业局接管(详见附表)。各场按编制不足的职工,今后由祁连山林业局负责配备。

2. 森林资源:九个林场共有十二个施业区,林区总面积为 10217520 亩(系经理调查的数字,其中肃南县移交的林区面积为 1738855 亩)。其中:林地面积为 2224775 亩,非林地面积为 5276070 亩,空荒地面积 2616675 亩。总蓄积量为 15558905 立方公尺。其中:乔木林蓄积量 5646220 立方公尺,灌木蓄积量为 854.2 万立方公尺。散疏生林蓄积量为 1370730 立方公尺。这些林木的所有权均归国有,由祁连山林业局统一经营管理。

3. 财务经费:一九六三年的基建投资和事业费收支情况,已由各场按规定做了报销,交接中对全部账据未做翻腾,并按照省上指示,由专、县代管到年底,从一九六四年元月一日起,各场的财务会计等事宜,一律由祁连山林业局审批拨付。关于林业收入的处理问题,应根据省农牧厅、财政厅一九六一年十月七日联合通知和一九六二年七月十一日补充通知精神,在主要安排好扩大再生产所需要的四项资金后,剩余部分的百分之三十,由各场在年终决算核定后,解交县财政部门。至于原交专区林业部门的百分之三十五,是否继续交专区林业部门,还是交祁连山林业局,请省人委指示。

4. 财产物资:九个林场共有汽车一辆,马六十九匹,骡子七头,驴四十四头,牛二百八十头,羊二五六只,房屋(包括圈棚)三百六十七间,连同皮车、铁车、人力车、大小农具、各类家具、各种仪器、各种机械设备等,亦由各场分别造册,交祁连山林业局接管。

5. 几个具体问题的处理意见:

一、山丹县群众用材问题。应由县上提出计划,和祁连山林业局共同研究,在大黄山林场抚育材中,依据需要与可能的原则给予解决。

二、肃南县在移交之前,根据林业十八条规定,已经划给或承包给社队集体经营的森林面积(包括寺院照壁山和"财神林"等)共三千五百四十一亩,移交后仍按原来处理办法,划给或承包给集体经营,不再变动。

三、林区的插花耕地,历来由当地生产队耕种的,继续耕种,但从一九五八年以来,未经批准而在林区内开垦之荒地,一律弃耕还林还牧。今后严禁乱开荒地。

四、林场在"林粮结合"的方针下,占用社队的耕地,应一律退还社队。在林区内开垦之荒地,一律弃耕还林还牧,不再耕种。

五、林权尚未清理,或虽已清理而有遗留问题的地方,交接后,由有关县和祁连山林业局负责,与林场和有关社队,根据中央政策,继续进行清理。已经清理并符合政策规定的,继续有效,不再变动。

六、肃南人委提出的十个问题,最主要的是林牧矛盾问题。应坚决按照党的政策,在保护和不断扩大祁连山水源的原则下,从有利生产,有利团结,便利群众出发,兼顾国家和集体利益,促进农、林、牧、副各项事业全面发展。其他问题,也应本此精神,由专署和肃南县人委具体研究解决。

此次交接工作,由于各级领导认真重视,进行得比较顺利,祁连山林业局已于六三年十月一日起正式接管。今后,各有关县应根据省人委通知中的五项规定,继续加强对国营林场的领导。各国营林场应认真贯彻"以林为主,林副结合,综合经营,永续作业"的方针,进一步促进林业生产的迅速恢复和发展,更好地为社会主义建设服务,为人民生活服务。

以上妥否,请指示。

甘肃省张掖专员公署

祁连山林业局

一九六四年三月二十九日

肃南森林经营管理局
"关于报请执行国有林区林副产品征收山价的规定(草案)几点意见的报告"

(66)肃林经字第 046 号

专署:

祁连山森林是水源林,它起着蓄水保土涵养水源作用,是河西人民生活的有力保障,为了更有效地扩大森林资源,使之青山常在永续利用,为群众生活服务,为国家增加财富和收入。根据"以林养林"和"吃山养山"的方针,我局各场认真贯彻执行了甘肃省人民委员会甘林穆字(64)第 438 号文,批转省林业局"关于国有林区林副产品征收山价的规定(草案)"。但由于各场在贯彻执行中很不一致,存在一些问题。为了全局统一,现根据文件精神,结合林区情况,提出下列几点执行意见:(肃南县仍按本县(64)会林字第 218 号文规定执行)

一、林副产品生产的批准权限。凡是在我局所属林场、林区从事砍烧柴、割柳条、把仗、农具、采集果实等山林副业生产,不论是国家单位,集体单位或个人,都必须经过当地国营林场审批,批准后发给入山证,并必须在指定的生产地区范围内，在国营林场的统一指导和严格遵守山林管理制度护林育林规定条件下，按批准的数量、规格和期限进行生产。

挖野生药料，凡是在有林地以内的，由国营林场审批，凡是在有林地以外，不论林场施业区或草原一律要经当地县、区同意批示后（肃南县）到林场办理手续，发给入山证，准予进山。

打野生动物药材，按国家狩猎规定办理。严防入禁猎区，不准打禁猎动物。

凡未经批准自行生产及违反山林管理制度和护林育林规定者，国营林场有权制止，情节严重者按森林保护条例报请司法机关依法论处。

为了保护森林资源，严禁乱砍滥伐，破坏森林，不论国家单位或集体单位收购烧柴、把仗、农具等山林产品时，必须事先向我局提报计划，以我局按照统一管理，以资定产，以产定购的原则，审查核定后，纳入林业生产计划之内，以便统一安排和指导社、队生产，按计划供应，或由收购单位、生产单位、林场三家协商订立三角合同进行生产和收购。收购单位不得直接和社队签订收购合同和自行收购。

二、征收山价的范围。凡经批准在国有林区内生产，农具、把仗、烧柴、药材、果实等山林副产品，除林区内居住的社队自用的部分外，其他不论是国家单位，集体单位或个人，都必须向林场交纳山价。居住在林区内的社队除自用的部分外，如果出售林副产品，也要交纳山价。

林副产品只征收山价不征收育林费。

木材包括木椽、抬杠等系林木主产品，非副商品，林场生产的木材主副产品统一列入林场林业收入之内，按林业收入规定办理，不交纳育林费和山价。

三、山价征收标准：本着利于林木生长发育的品种少收，不利者多收的原则，分别不同产品种类，按照商业部门或供销社的收购价格，征收百分之五到百分之十五的山价。现为了统一起见，各种产品具体的征收标准：规定，烧柴征收百分之五，农具、把柄征收百分之六，挖药材征收百分之十，割柳条和其他灌木条子征收百分之六，收集种子和果实征收百分之五，猎取野生动物药材按特殊情况处理，最多不超过百分之十五。山价的征收由国营林场办理。没有林场的地区，可由林场委托其他单位代收，由林场付给适当的手续费。

四、山价收入的处理。应按一九六一年甘肃省财政厅，甘肃省农牧厅（61）

财企字第 1316 号，(61)农计祖字第 0623 号"关于林业收入处理问题的若干规定"的联合通知办理。

以上如蒙同意，请批转各农业县执行。

一九六六年七月八日

甘肃省张掖专员公署批转肃南森林经营管理局 "关于报请执行国有林区林副产品 征收山价的规定(草案)几点意见的报告"
(67)署林赵字第 023 号

山丹、民乐、张掖、临泽、高台县人民委员会：

专署同意肃南森林经营管理局"关于报请执行国有林区林副产品征收山价的规定(草案)几点意见的报告"。现转发各县请研究执行，在执行中如发现问题，可随时向肃南森林经营管理局反映。

以下批复妥否，请省人民委员会指示。

甘肃省张掖专员公署
一九六七年三月六日
抄报：省人委

中共张掖地委　张掖地区行政公署 关于改革祁连山林区国营林场管理体制的决定
地委发〔1985〕36 号

各县委、县政府，地区机关各部门：

祁连山水源涵养林是全省的重点林区之一，现由我区管辖的林区土地面积约三千一百九十八万亩。其中：林业用地三百六十多万亩，内有乔木林、灌木林地二百九十九万一千亩，有疏林、未成林地三十万一千亩，宜林地三十万亩。

林木蓄积量一千零八十二万立方米。主要分布在肃南、民乐、山丹县境内，由九个国营林场经营管理。

三十多年来，各国营林场依靠各族人民，积极保护和发展了森林资源，实现了三十六年无火灾，完成更新累计保存五万多亩，封山育林六十五万亩，森林抚育五十八万亩，出材三十一万立方米。党的十一届三中全会以来，各级党政领导和林业部门认真贯彻执行党的一系列林业方针和政策，全面完成了林业"三定"，推行了林业生产责任制，建立健全了护林组织，加强了林业法制宣传教育，坚持依法治林，林区秩序大为好转。

自六三年来，由于地区在经营管理上过分集中统一，县上只有护林的义务，没有管林的权利，管护相互脱节。特别是护草、护林不能协调统一，林牧矛盾日趋突出，地区又不便于从根本解决。影响了祁连山森林的保护和发展。

为了进一步保护和发展祁连山水源涵养林，克服目前管理上存在的问题，让利于民，还利于林，兴林致富，充分调动林区群众造林、护林的积极性，地委、行署决定改革祁连山林区国营林场管理体制。

一、保护和发展祁连山森林

要认真贯彻胡总书记提出的"种草种树，发展畜牧，改造山河，治穷致富"的战略方针，充分调动当地党政领导、林区群众和林业职工护林、造林的积极性，把"以管护为主，积极造林，封山育林，因地制宜地进行抚育，不断扩大森林资源，提高水源涵养能力"的营林方针落在实处，在管护好现有森林的基础上，大搞封山育林，更新造林，种草种树，扩大植被，有计划地实行轮封轮牧，以林促牧，以牧养林，妥善处理林牧矛盾，提高生态效益。祁连山水源林，只能保护，不能破坏，只能发展，不能减少。

二、改革国营林场的管理体制

在国有林权不变的前提下，将肃南县境内的西营河、祁连、西水、康乐、隆畅河、祁丰六个林场移交给肃南裕固族自治县管理，将大河口林场和大黄山林场分别移交给民乐县和山丹县管理。林场管理体制改革后，其经营范围不变，林场建制不变，职工政治待遇不变，生活福利待遇不变，包干经营基数不变（今后需递增时,以 1985 年为基础);现有固定资产不变,人员编制不变。

寺大隆林场暂由地区林业处领导,作为水源涵养林研究所的科研、试验基地。

地区祁连山水源涵养林研究所仍由地区林业处管理,原国营龙渠苗圃建制撤销,人、财、物移交地区祁连山水源涵养林研究所,作为云杉种子园管理站。

地区野生动物资源管理站承担着山区和川区野生珍贵动物管理任务,仍由地区林业处管理。

地区森林总场建制撤销,和地区林业处合并,重新定编定员。原森林总场人员,除留处和加强县林业部门外,量才使用,妥善安置。

三、放宽政策,依靠群众搞好护林、造林

1. 林场管理体制改变后,肃南等县首先要妥善处理好当前存在的林牧矛盾,按照宜林则林、宜牧则牧的原则,切实搞好规划,把林、草、牧三者协调起来,落实规划措施,把封山育林育草结合起来,实行轮封轮牧,从根本上解决林牧矛盾。

2. 要认真搞好退耕还林还牧工作。林区和林区边缘地区二十五度以上的坡地,都要有计划、有步骤地退耕还林还牧,并认真解决好退耕后农牧民的口粮和其他实际问题,退下来的坡地可以作为退耕户的自营山。

3. 为了让群众在林业生产中得到更多实惠,国营林场在保护好森林资源的前提下,应积极组织林区和沿山地区群众,有计划、有组织、有领导地进山挖药材、拾蘑菇、狩猎(除禁猎动物外)和开矿。

4. 国营林区近期能将绿化的荒山荒地或退耕还林的土地,可以作为"三荒地"划给农民,搞承包造林,地权不变,谁种谁有也可以和附近乡村或农民个人搞联营造林。

5. 林场不便经营的小片灌木林、残次林,可以承包给附近群众,长期经营管护。

6. 国营林场开展营林生产和其他建设,除林场职工参加外,要优先照顾附近群众参加,以增加群众收入。

7. 国营林场要贯彻以林为主，多种经营的方针，充分利用林区的资源优势，积极开展种植业、养殖业、采矿业、加工业、服务业、旅游业等，增加林场收入，改善职工生活。

8. 清理"三木"（风倒木、病腐木、枯立木)要经地区主管部门审批，严禁扩大清理范围和数量。清理出的木材县上留百分之七十，解决林区生产、生活用材质;给地区留百分之三十，统筹安排解决农区沿山乡村群众用材。今后，如果进行森林抚育采伐，要按国家有关规定执行。给林区群众解决自清自用的木材，价格要优惠。目前可暂时免征产品税、木材管理费、能源交通费。清理"三木"的收入，百分之八十交县林业主管部门，百分之二十交地区林业主管部门，地、县提留的部分应全部用于林场的营林生产。各林场的多种经营收入，可全部留场使用。主要用于扩大再生产，并提成适当比例，用于职工集体福利事业。

9. 地、县林业部门要进一步简政放权，除保留国营林场主要领导干部的任免权、工资总额、劳动指标、指令性计划、基本建设、木材采伐审批权外，其余人、财、物、产、供、销等均由林场自由决定。林场实行场长负责制，推行以个人和家庭为主的营林生产承包责任制，以增强林场活力。

10. 地区水涵所要搞好灌木林根、茎、叶、花综合利用的研究，当前，着重抓好营造万亩以上灌丛草坡的试验。

四、加强管护，依法治林

各县要认真贯彻《森林法》，建立健全县、区、乡护林组织和护林制度，实行群众护林与专业护林相结合，护林和护草相结合，整顿和巩固现有的护林站和检查站，继续推行护林防火责任制，把护林责任真正落实到千家万户。各有关单位要采取多种形式，在林区广泛开展法制宣传教育，学习、贯彻、落实《森林法》，使广大干部群众不断提高依法治林的自觉性，增强法制观念，真正做到知法、懂法、守法、依法办事。

五、切实加强领导

各县党政领导要充分认识保护和发展森林资源的重要意义。祁连山森林资源，是国务院批准的水源涵养林，它不仅关系到山区农牧业生产的发展，而且是河西人民的"命根子",保护、发展和利用好天然森林资源,对振兴经济,开发河西,使广大群众尽快富裕起来,都有着极其重要的意义和作用。因此,要把保护和发展祁连山森林资源作为经济工作的重要任务之一,列入议事日程,切实抓好。要有一名领导同志专门分管此项工作,经常深入基层,宣传林业法令和政策,发现问题,及时解决。

在体制改革过程中,地、县林业部门和林场要切实加强林业职工的政治思想和遵纪守法教育,不准乘改革之机乱砍滥伐森林;不准转移资金、财产;不准混水摸鱼,私吞国家资财;不准制造混乱,破坏安定团结。如有发现,严肃处理。有关国营林场移交的具体问题,责成地委经济工作部、地区农办牵头,组织有关部门妥善处理,确保移交工作的顺利进行。

中国共产党张掖地区委员会

张掖地区行政公署

一九八五年十二月二十六日

张掖市适龄公民义务植树绿化费收缴管理实施细则
甘肃省张掖市林业局(张绿发〔2003〕01号)

第一条 为了提高全市适龄公民义务植树尽责率,依法管理义务植树工作,规范适龄公民义务植树以资代劳绿化费(以下简称"绿化费")的收缴、使用和管理工作,根据《国务院关于开展全民义务植树运动的实施办法》《甘肃省适龄公民义务植树绿化费收缴管理办法》和省人大常委会、省人民政府关于开展全民义务植树运动的决议及相关法律法规,结合我市实际情况,制定本细则。

第二条 市县(区)政府绿化委员会办公室具体负责绿化费的收缴、使用、管理。未经当地绿化委员会办公室委托,任何部门、单位和个人一律不得收取绿化费。

各级财政、物价部门负责绿化费收支的监督管理。

第三条 绿化费的收缴范围:

(一)凡是长期居住或暂时居住在张掖市境内的我国公民,男18岁至60岁,女18岁至55岁,因故不能履行植树义务的(除丧失劳动能力者外)。

940

附录三

（二）国家机关、社会团体、公有和非公有企事业单位、个体工商户从业人员和外来就业人员中（持有原籍当年已履行义务植树证明者除外）的适龄公民，以及"三资"企业的中方适龄公民不能直接履行义务植树的。

（三）对未完成当年义务植树任务总量，或已完成植树任务但成活率低于规定指标的单位和个人，按其差额折算补缴绿化费。

第四条　绿化费免缴范围：

（一）当地驻军（含武警）按《中国人民解放军绿化条例》执行，不实行以资代劳。

（二）在校的大、中专学生免征绿化费，但适龄学生必须履行植树义务或参加相关活动。

（三）凡专为安置残疾人就业的福利性企事业单位和敬老院、福利院、幼儿园工作的适龄公民，免缴绿化费。

（四）企业严重亏损的下岗职工，待业期间没有领取工资和生活费，并持劳动部门核发下岗证的，可免缴绿化费，但要组织他（她）们参加义务植树活动。

（五）农村适龄公民可免缴绿化费，但乡、村组织必须动员、组织、督促农村适龄公民履行植树义务，对因特殊原因（如经商、外出做工等）不能履行植树义务的，允许由本人自愿出资雇请劳力完成，也可由乡、村经济组织代其完成。

第五条　绿化费收缴标准：适龄公民每人每年至少5—8株义务植树任务，如不能完成义务植树任务的，每人每年按20元的标准收缴。以后，市绿化委员会办公室、市财政局、市物价局可根据全市上年度日平均劳动工资标准和完成义务植树任务所需工日数的变化修订具体标准。

第六条　绿化费由市、县（区）两级政府绿化委员会办公室直接征收。市属单位及中央和省级驻市单位，由市绿化委员会办公室征收。

第七条　因故不能履行义务植树任务的单位，必须经市、县（区）绿化委员会办公室同意，按适龄人数及相关规定，向所在市县（区）绿化委员会办公室一次性缴纳绿化费。

铁路、石油、甘肃矿区等部门所辖单位和个人所缴绿化费，由这几个部门的绿委办公室直接收缴。当地县（区）绿化办公室进行监督检查。

没有固定单位的适龄公民（如个体工商户等），由当地绿化委员会办公室委托乡镇、街道办事处和工商部门等有关部门代收，并按代收绿化费总额的10%提取作为代收管理费。

第八条 各级政府绿化委员会办公室在收费前，必须到同级物价部门领取《收费许可证》，严格按《收费许可证》核准的收费项目和标准执行，并凭《收费许可证》到同级财政部门领取由省财政厅统一印制的收费票据，收缴时必须出示和出具相应的证件和票据。

第九条 不能参加义务植树的单位或个人，必须在植树季节前一个月内，向当地政府绿化委员会办公室提出申请，经批准后，按规定缴纳绿化费。

第十条 缴纳绿化费支出渠道：行政事业单位从经费结余中列支，企业从税后留利中列支，其他单位在自有资金中列支。个人无故不履行植树义务的，其费用由自己承担。

第十一条 各县（区）绿化委员会办公室将年度征收的绿化费总额的15%上缴市绿化委员会办公室，用于市级绿化重点工程和奖励绿化工作先进集体及个人。

第十二条 各级政府绿化委员会办公室必须确定专人负责绿化费的收缴和管理工作。要单独核算，专款专用。

第十三条 绿化费支出分为生产性支出和非生产性支出。生产性支出包括种苗、整地、栽植、灌水、管护等劳务支出和购置生产工具支出。非生产性支出包括义务植树宣传、业务培训、表彰奖励、收缴管理及委托工作所需费用等支出。

绿化费主要用于生产性支出，生产性支出的比例不得低于总支出的80%。

第十四条 各县（区）绿化委员会办公室于每年12月底前将该年度年终决算和义务植树绿化费收缴使用的详细情况上报各县（区）财政局、物价局和市绿化委员会办公室，并报送市财政、物价部门备案。

第十五条 绿化费按纳入预算的行政收费管理。严格执行收支两条线规定。收缴的绿化费，应及时、足额上交同级国库，各县（区）上解市级15%绿化费，按照张市财综〔2002〕38号"关于上解资金按财政级次上划管理的通知"要求实施管理。绿化费先存后用，专款专用。年终结余，可结转下年度使用。使用资金，要编制年度使用计划，连同工程项目和经费概算，向同级财政部门申请用款,经核准后,财政部门按用款计划将资金从国库划拨到绿化委员会办公室账户,组织实施。

第十六条　市绿化委员会办公室会同市财政、物价等部门对各县(区)绿化委员会办公室征收和使用义务植树绿化费的情况进行不定期检查,发现使用不当的应予追缴,并通报批评。

第十七条　对完成义务植树和绿化费收缴任务的先进单位,由当地绿化委员会给予表彰奖励。

第十八条　绿化费必须按当地政府绿化委员会办公室规定的限期交清。逾期不缴者,从滞纳之日起,每日加收 5‰的滞纳金。

第十九条　绿化费征管人员玩忽职守、徇私舞弊、以权谋私或贪污、挪用绿化费的,由所在单位或有关行政事业主管部门给予行政处分,构成犯罪的,依法追究刑事责任。

第二十条　当事人对当地政府绿化委员会办公室的处罚不服的,可以向作出处罚决定机关的上级主管部门申请复议,也可以直接向人民法院起诉。逾期不申请复议、不提起诉讼、又不履行处罚决定的,由作出处罚决定的当地绿化委员会办公室申请人民法院强制执行。

第二十一条　本细则自发布之日起施行。过去与本细则不一致的规定一律按本细则执行。

第二十二条　本细则由张掖市绿化委员会办公室、市财政局、市物价局在各自的职责范围内负责解释。

张掖市封山禁牧实施办法
(张政办发〔2004〕140 号)

第一条　为恢复、培育和保护森林资源,改善生态环境,根据《中华人民共和国森林法》,国务院《退耕还林条例》及省政府《关于在重点区域实施封山禁牧意见的通知》精神,结合我市实际,制定本办法。

第二条　封山禁牧应坚持因地制宜、分类指导、分步实施、统一规划、科学管理、统筹兼顾、依法监督的原则。封山禁牧应以封为主,与禁牧、休牧、轮牧相结合;与发展优质饲料基地、推广舍饲圈养相结合;与增加农牧民经济收入及开展生态移民、发展农村能源建设相结合。

第三条 市、县(区)、乡镇人民政府,要把封山禁牧工作纳入国民经济和社会发展计划,保证封山禁牧工作的顺利进行。封禁工作实行行政领导负责制,县(区)、乡(镇)要实行行政一把手负总责、分管领导具体负责的封山禁牧工作责任制。市上建立由林业局局长牵头召集,财政、计划、畜牧、监察、土地等部门主管领导参加的封山禁牧联席会议制度,定期或不定期召开联席会议,研究决定封山禁牧的有关工作。

第四条 坚持谁的林地谁管护的责任制

(一)国有企事业单位的封山禁牧林地,由国有企事业单位负责封禁。国有企事业单位无力封禁的,可与乡村集体、专业户(组)签定合同,进行封禁管护。

(二)乡(镇)、村集体所有制单位的封山禁牧林地,由乡(镇)、村负责封禁。

(三)个人自留山、未划入基本农田的承包地、退耕还林地,由个人自封、联户封禁或由乡(镇)村统一管护,其权属不变。

第五条 封山禁牧范围:

各县(区)、乡(镇)根据各自的实际,界定本地封山禁牧的范围,摸清底子,逐乡、逐村现地划定本地的封禁范围,将封禁区和非封禁区分开。我市的封山禁牧区主要为:

(一)天然林保护工程区及封山(滩)育林区;

(二)退耕还林工程区;

(三)生态脆弱区(主要包括山丹县的山羊堡滩、北山滩、王成滩,民乐县的北部滩,甘州区的石岗墩滩、南滩、甘竣滩、兔儿坝滩,临泽县的一工程滩、平沙墩滩、双墩子滩,高台县的南华滩、骆驼城滩、阅群滩,肃南县的明花区),植被覆盖度15%以下的区域;

(四)已经确定的生态移民移出区域、海拔3300米以上的高山草甸及黑河流域的各类湿地及库区周围林地;

(五)其他需要封山禁牧的林地。

第六条 封禁区内严禁放牧,严禁乱砍滥伐林木,严禁毁林开荒,严禁毁林造林种草,严禁随意狩猎、砍柴、割条和野外用火。要组织经营单位在主要路口或重要部位设立永久性标志、标牌,注明四至,并加强宣传,人人皆知。

第七条 县(区)、乡(镇)人民政府要督促有关部门建立健全封山禁牧管护组织。做到县(区)级有管护制度,乡(镇)级有管护办法,村级有封山禁牧公约。

第八条 加强护林员队伍建设。要以林业公安派出所、乡镇林业站为依托,护林员由村委会、村民小组、造林大户推荐,乡(镇)人民政府审核,组建封禁管护队伍,由县级人民政府核发护林员证。护林员的主要职责是:巡护封山禁牧区,制止破坏森林资源的行为。对违反《森林法》、封山禁牧公约、破坏森林资源的行为,分别报林业部门或乡、村处理。

第九条 护林员报酬。国有林业企事业单位公益林的护林费由县(区)财政和国有企事业单位共同承担,商品林的护林费由国有企事业单位自行承担;私有林的护林费由所有者承担;合作林、集体所有林地和荒山的护林费,由县(区)、乡(镇)、村共同承担。

第十条 封山禁牧施工设计应由县级以上具有林业调查规划设计资质的专业部门承担。

第十一条 市、县(区)林业、畜牧主管部门要在每年10月底前,对封山禁牧年度计划的执行、实施情况进行全面检查,并向同级人民政府和上级主管部门报告。

第十二条 封育一定时期后,经县级以上林业主管部门批准,可通过修枝、打杈、灌木平茬、采集种子、抚育措施解决群众烧柴问题。或部分地段放牧,或轮封轮牧。

第十三条 勘查及其他建设工程必须占用或者征用林地的,经县级以上人民政府林业主管部门审核同意后,依照《森林法》《土地管理法》的规定办理建设用地审批手续,并由用地单位依照国务院有关规定缴纳森林植被恢复费。

第十四条 违反本办法,有下列行为之一的,由县级以上林业行政主管部门给予处罚:

(一)进入封山禁牧区内砍柴、放牧,致使森林、林木受到毁坏的,依据《森林法》第四十四条第二款、第三款的规定赔偿损失,并责令其补种损毁林木株数1倍以上3倍以下的树木;拒不补种或者补种不符合技术规程的,由林业主管部门代为补种,所需费用由违法者支付。

(二)未经允许进入封山禁牧区,进行非法猎捕野生动物的,依照《陆生野生动物保护实施条例》第三十四条的规定处以罚款的,按照下列规定执行:

1. 有猎获物的,处以相当于猎获物价值8倍以下的罚款。

2. 没有猎获物的,处2000元以下的罚款。

在封山禁牧区破坏国家或者地方重点保护野生动物主要生息繁衍场所的,按照《野生动物保护法》第三十四条的规定处以罚款的,依照《陆生野生动物保护实施条例》第三十六条第二款处以罚款,按照相当于恢复原状所需费用3倍以下的标准执行。

在封山禁牧区破坏非国家或者地方重点保护野生动物主要生息繁衍场所的,由野生动物行政主管部门责令停止破坏行为,限期恢复原状,并处以恢复原状所需费用以下的罚款。

(三)在封山禁牧区内滥伐、盗伐森林或者其他林木的,依照《森林法》第三十九条第一款、第二款之规定处罚。盗伐林木的,处盗伐林木价值3倍以上10倍以下的罚款;滥伐森林或者其他林木的,责令补种滥伐株数5倍的树木,并处滥伐林木价值2倍以上5倍以下的罚款。拒不补种树木或者补种不符合国家有关规定的,由林业主管部门代为补种,所需费用由违法者支付。

(四)未经批准,采挖、移植非珍贵树木的,依据《森林法》第三十九条第一款、第二款,《甘肃省实施〈森林法〉办法》第四十七条,予以处罚。

(五)在封山禁牧区内非法收购明知是盗伐、滥伐林木的,按照《森林法》第四十三条规定进行处罚。由林业主管部门责令停止违法收购的盗伐、滥伐的林木,或者变卖所得,可以并处违法收购林木的价款1倍以上3倍以下的罚款。

(六)在封禁区内违反森林法规定,进行开垦、采石、采砂、采土、采种、采脂和其他活动,致使森林、林木受到毁坏的,按照《森林法》第四十四条规定进行处罚,由林业主管部门责令停止违法行为,补种毁坏株数1倍以上3倍以下的树木,可以处毁坏树木价值1倍以上5倍以下的罚款。非法采集、收购树枝、树叶、掘根和珍贵树木种子、扒剥活树皮及过度修枝,致使森林、林木受到毁坏的,依据《森林法实施条例》第四十一条规定进行处罚,由县级以上人民政府林业主管部门责令停止违法行为,补种毁坏株数1倍至3倍的树木,可以处毁坏林木价值 1 倍至 5 倍的罚款；拒不补种的树木或者补种不符合国家有关规定的，由县级以上人民政府林业主管部门组织代为补种，所需费用由违法者支付。

（七）擅自移动或损坏封山禁牧标志、工程设施的，依照《森林法实施条例》第四十五条规定，由县级以上人民政府林业主管部门责令限期恢复原状；逾期不恢复原状的，由县级以上人民政府林业主管部门组织代为恢复，所需费用由违法者支付。

（八）在封山禁牧区内，抢采掠青、损坏母树的，或者在劣质林内和劣质母树上采种的，依据《种子法》第六十五条规定，责令停止采种行为，没收所采种子，并处以所采林木种子价值 1 倍以上 3 倍以下的罚款。

（九）在森林防火期内，违反规定用火的，但未造成损失的，依据《甘肃省实施〈森林防火条例〉办法》第二十二条，罚款 10 至 50 元或者警告；违反规定用火失火烧毁森林或者其他林木 10 亩以下，造成损失在 500 元以下的，责令限期更新造林，赔偿损失，并处以 50 至 500 元罚款。

以上破坏封山禁牧行为，情节严重，构成犯罪的，移交司法机关追究其刑事责任。

第十五条 从事封山禁牧管理、监督的行政管理人员因玩忽职守、渎职、失职造成损失，由有关部门和监察机关按照干部管理权限和有关规定给予行政处分；构成犯罪的，依法追究刑事责任；护林员因工作失职造成损失的，按有关规定追究责任并予以撤换。

第十六条 当事人对封山禁牧管理部门的行政处罚决定不服的，可以在自接到处罚通知书之日起六十日内，向作出处罚决定部门的上级主管部门申请复议；对复议决定不服的，可以在自接到复议决定书之日起十五日内向人民法院起诉。当事人逾期不申请或者不起诉，又不履行行政处罚决定的，作出处罚决定的部门可申请人民法院强制执行或者依法强制执行。

第十七条 本办法由张掖市林业局负责解释。

第十八条 本办法自二○○四年七月一日起实行。

中共张掖市委、张掖市人民政府
关于进一步加快林业发展的意见

(市委发〔2004〕33号 2004年10月19日)

据党中央、国务院和省委、省政府《关于加快林业发展的决定》,结合我市实际,就进一步加快我市林业发展提出如下意见:

(一)提高思想认识,理清发展思路

林业是重要的公益事业和基础产业,是生态建设的重要内容,也是促进农村产业结构调整、增加农民收入的重要途径。加快林业发展,建设比较完备的森林生态体系和比较发达的林业产业体系,对推动三大战略的实施、全面建设小康社会,实现经济社会可持续发展,具有重大意义。

新中国成立以来,我市林业建设取得了显著成就。但生态环境局部治理、整体恶化的趋势尚未从根本上扭转,干旱、沙尘暴等生态问题仍然突出,林业建设与经济社会发展的需要相比还有一定的差距。各级党委、政府一定要认真学习和贯彻落实党中央、国务院和省委、省政府《关于加快林业发展的决定》,进一步深化认识,解放思想,与时俱进,创新举措,促进林业建设的快速健康发展。

当前和今后一个时期,我市林业发展的指导思想是:以"三个代表"重要思想和党的十六大精神为指导,坚持"南保青龙,北锁黄龙,中建绿洲"的林业发展战略,以项目建设为支撑,调整布局为主线,提高质量为重点,保护与建设并重,造林与封育结合,生态建设和林业产业协调并进,增加林草植被,构建绿色屏障,提高综合效益,努力推进林业建设和生态环境的可持续发展,为实施三大战略,全面建设小康社会提供有力的产业和基础支撑。奋斗目标是:力争到2010年,全市森林面积扩大到760万亩,森林覆盖率达到12%,城镇居民区林草覆盖度达到30%以上,生态恶化趋势得到初步缓解,林业产业结构得到优化调整;到2020年,森林面积达到950万亩,森林覆盖率达15%以上,生态状况明显好转,林业产业实力进一步增强;到2050年,森林面积达到1140万亩,森林覆盖率达18%以上, 建成比较完备的森林生态体系和比较发达的林业产业

948

体系。

(二)突出建设重点,强化项目带动

1. 稳步推进林业生态体系建设。以防沙治沙为核心,抓好"三北"防护林体系建设工程,巩固扩建绿洲边缘大型防风固沙林带,改造提升绿洲内部防护林体系,加快绿色通道建设,加大荒漠区天然植被封育力度,保护好原生植被,建立不同功能的防护林体系。切实抓好退耕还林工程,严格执行《退耕还林条例》,组织山区陡坡耕地和严重沙化耕地的退耕还林,积极探索论证、立项发展后续产业,以产业发展巩固退耕还林成果。认真组织实施天然林保护工程,严格划分核心区、实验区和缓冲区,落实封育措施,严禁毁林毁草开荒和超载放牧,保护和培育森林资源,维护原生系统稳定性和生物多样性。加强野生动植物保护和自然保护区工程建设,争取将黑河流域湿地保护工程列入国家计划,建立候鸟保护区,对重点区域进行围栏保护,退耕还湖,逐步治理恢复湿地资源。

2. 大力发展城镇绿化工程。加快制定和完善城镇林业发展规划,坚持以人为本,积极探索城镇绿化建设管理的新模式和多元化的投入机制,构建良好的人居环境。倡导园林下乡,森林进城,逐步实现城市园林化,城郊森林化,道路林荫化,农村庭院花果化的目标。

3. 认真抓好林业产业体系建设。一是改造提升加工业。突出抓好西域食品为龙头的红枣系列深加工;林河苹果梨浓缩汁为龙头的苹果梨加工;滨河集团、祁连葡萄酒业为龙头的酿酒葡萄加工;积极引进技术和资金,开发沙棘系列产品。不断延伸产业链,拓展市场,实现林果产品的多层次加工增值。二是发展特色基地。以甘、临、高三县(区)为重点,采取枣粮间作、立体种植和生态经济型复合林网更新改造等措施,发展优质红枣基地20万亩;以甘、临、高和肃南明花区为主,建立酿酒葡萄基地2万亩;以山、民两县退耕还林为主,建立沙棘产业基地50万亩。三是开发特色产业。以国有林场为依托、专业苗圃为骨干、育苗大户为主体,以林果所、新墩苗圃为重点,大力发展生态林、经济林和城镇绿化苗木以及干花和鲜切花,壮大种苗花卉业。四是以创建全国优秀旅游城市为契机,依托全市5个省级森林公园,开辟具有特色、优势明显的生态旅游项目,开发旅游产品,完善基础设施,建设完善食、住、行、游、购、娱一体化综合服务体系,大力发展森林旅游业。

(三)深化林业改革,增强发展活力

进一步完善林业产权制度。坚持"谁造谁有、谁经营谁受益"的政策,依法严格保护森林、林地和林木所有者、使用者的合法权益。

依法进行林权登记和发放林权证。林权证是确认森林、林地、林木所有权和使用权的合法凭证。国家和集体所有的森林、林木和林地,个人所有的林木和经营使用的林地,由县级以上人民政府登记造册,发放林权证,确认所有权或使用权。对权属发生变动的,进行变更登记。纳入国家退耕还林规划的土地退耕还林后,由县级人民政府依法办理土地变更登记手续,核发林权证,纳入林地管理。把林权登记、发证作为日常工作,实行动态管理。

依法推进森林、林地、林木使用权的流转。各种社会主体都可通过承包、租赁、转让、拍卖、联营等形式参与流转。森林、林地、林木使用权可以依法继承、抵押、担保、入股和作为合资、合作造林、经营林木的出资或合作条件,但不得乱砍滥伐林木、改变林地用途、改变公益林性质。实行森林资源资产化管理,森林、林地、林木使用权的流转必须经省林业行政主管部门认证的森林资源资产评估机构评估,防止造成国家和集体资产流失。

逐步实行林业分类经营。对风沙危害严重和河流两岸、城镇周围等生态脆弱、区位重要的林业划为生态公益型林业,以政府投资为主,吸引社会力量共同建设。对商品经营型林业,按照基础产业进行管理,主要由市场配置资源,政府给予必要的扶持。

鼓励非公有制经济参与林业建设。各级政府和林业主管部门要将非公有制林业发展纳入本地区林业发展总体规划,为非公有制经济主体投资林业提供宽松环境。鼓励各种社会主体,跨所有制、跨行业投资发展林业,参与生态建设。非公有制林业经济主体与公有制林业经营主体在税赋、融资、规费收取、公益性投入等方面享有同等权利和待遇,并按市委、市政府《关于进一步加快发展非公有制经济的意见》,享受有关政策优惠,营造的公益林,实行生态效益补偿。

(四)坚持科教兴林,推进依法治林

科教兴林是实现林业跨越式发展的根本途径和重要保证。要加强林业科学技术研究和创新,逐步实现林业科研、生产、推广一体化。加快林木良种选育、抗旱造林、防沙治沙、病虫害防治、林果栽培技术、林农复合经营等技术的研究与开发。对现有林业科技成果认真筛选,因地制宜,组装配套,应用推广。加强林业信息化建设,健全林业信息网络,实现资源共享。继续加强与大专院校、科研院所的合作交流,鼓励科技人员开展多种形式的技术承包、技术培训、技术服务,加快科技成果转化,全面提高林业建设质量和效益。完善林业教育和培训体系,切实加大对林业职工的培训力度,提高林业队伍的整体素质。

坚持依法治林。各级林业主管部门要坚持依法行政,加强执法监督,加大违法案件查处力度,认真落实林业执法责任制、错案和执法过错责任追究制。各级人民法院、人民检察院、公安、林业等部门要加强协作,严厉打击乱砍滥伐林木、乱垦滥占林地、乱捕滥猎野生动物、乱采滥挖野生植物等违法犯罪活动,取缔林木和野生动植物非法交易市场,加强森林资源及野生动植物资源管护。认真落实森林防火六长(县区长、乡镇长、村长、社长、场长、护林站长)负责制,加强森林防火基础设施建设,强化监督检查,确保无森林火灾发生。建立森林病虫害预测、预报和防治体系,加大对森林病虫害防治的资金投入和检疫力度,防止危险性病虫和有害生物的入侵。加强森林、野生动物、荒漠和湿地类型自然保护区建设,严格森林、湿地和野生动植物资源管理,保护生物多样性。天然林区、重点林业工程区、生态脆弱区、自然保护区、退耕还林区、封山育林区要实行封山禁牧。对天然林区、自然保护区核心区和生态脆弱地区的农牧民,逐步实施生态移民。建设优质牧草生产基地,发展规模养殖,减少地表破坏,保护林草植被,巩固生态建设成果。积极开展林业重点工程质量、资金使用、效益监测检查和林政执法监察工作。

(五)加强组织领导,推进林业建设

一是大力宣传林业生态建设。全市动员,全民动手,全社会办林业是林业建设的基本方针。各级宣传部门和广播、电视、报社等新闻媒体要把林业宣传纳入公益性宣传范围,大力宣传造林绿化、生态建设的重要意义,宣传普及林业知识、法律法规,提高全社会的生态安全意识,营造加快林业发展的社会环境。

二是健全组织机构。各县区要建立健全绿化委员会,落实办公室编制、人员和经费,充分发挥职能作用,组织和指导国土绿化工作。要进一步明确部门和单位绿化的责任范围,落实分工负责制,加强监督检查。铁路、交通、水利部门,负责完成铁路、公路、河流、干渠、库区用地范围内的绿化任务;城建、园林部门负责城镇规划区内的绿化任务;城建工程必须要有绿地规划设计和专项资金安排,实行绿色图章制度,未经城市绿化主管部门的审核检查,不得开工建设和竣工验收;电力、农垦、厂矿、教育、驻军等部门和单位,要按照全市林业发展总体布局,全面完成造林绿化任务。新建工程项目的厂区、矿区、园区绿化覆盖率不低于 30%,改、扩建工程项目的绿化覆盖率不低于 25%,机关、企事业单位、学校、营区、住宅小区的绿化覆盖率不低于 30%,平原水库用地范围内的绿化覆盖率不低于 50%。

三是落实工作责任。认真落实市、县(区)、乡(镇)政府主要领导为第一责任人、分管领导为主要责任人的林业建设责任制,把林业重点工程建设、森林防火、森林病虫害防治、采伐限额管理、林地管理、义务植树尽责率纳入年度目标管理,层层签订责任书,由同级人民代表大会实施监督。各级党委组织部门和纪检监察机关要把林业目标责任制的落实情况作为干部政绩考核、选拔任用和奖惩的重要依据。建立重大毁林案件、违规使用资金案件和工程质量事故责任追究制度,对违反规定造成重大损失的,要严格追究有关领导的责任。

四是进一步加大对林业建设的投入。各级政府要把公益林建设、管理和林业基础设施建设投资纳入财政预算,并随财政收入的增长有所增加,对林业重点生态工程和外援林业项目建设工程,各级财政部门要积极协调解决配套资金。要逐步增加对林业生产、科研和技术推广工作的投入。征收的育林基金要专项用于造林和营林等林业生产活动。对国家和省上安排的林业建设专项资金,要加强管理,专款专用,及时到位,足额落实。水利部门要大力支持公益林建设,逐步改善生态治理区的灌溉水利设施条件,对重点生态区域内的公益林灌溉免收水费。各级金融机构要加大对林业生态建设工程、重点林业产业开发、防沙治沙等林业项目的扶持力度。对林木育苗、新品种培育、新技术引进以及利用优势资源兴建的林业主导产业项目,要继续按照国家有关政策,由各级政府给予贴息支持。允许林权权利人依法以林木所有权和林地使用权作抵押,申请银行贷款。

五是完善林业社会化服务体系。林业是一项公益性事业,要根据跨越式发展的需要,建立健全林业行政管理体系、森林资源监督体系、林业动态监测体系、林业推广、服务体系和公益性林业事业机构,稳定现有林业职工队伍,理顺管理体制。保证其充分发挥政策宣传、资源管护、林业执法、生产组织、科技推广和社会化服务等职能和作用,加快林业发展步伐。

张掖市造林质量事故行政责任追究办法(试行)
（张政发〔2005〕43 号）

第一章 总 则

第一条 为了加快我市林业发展,加强造林管理,明确目标责任,提高造林质量和效益,预防造林质量责任事故的发生,依据《退耕还林条例》和《甘肃省造林质量管理及事故行政责任追究办法》,结合我市实际,制定本办法。

第二条 本办法适用于在我市实施的退耕还林、三北防护林等国家林业重点工程以及列入省、市计划的其他造林绿化工程。

第三条 所有造林工程必须按照国家和省上的有关政策规定和技术标准实施。

造林树种必须采用明、特、优、新树种品种和耐寒的优良乡土树种。要营造混交林,实行林草(药)间作、林草畜禽规模经营,大力发展后续产业。

第四条 以提高造林成活率为中心,坚持质量第一原则。从规划设计、种苗供应、整地栽植、抚育管护、检查验收、建档立卡等方面实行全程质量管理。

第二章 造林责任

第五条 实行行政领导保护和发展森林资源任期目标责任制。国家和省、市下达的指令性设计年度造林计划,各县(区)、各乡(镇)人民政府必须加强组织领导,落实目标责任,保质保量,按期完成。同时要建立健全各项规章制度,建设必要的管护设施,配备专(兼职)护林员,依法管护森林和新造林地。

第六条 在造林工程规划区域内,属国家所有的宜林地由林业主管部门及其他主管部门组织造林；属集体所有的宜林荒山、退耕地造林，由所在乡（镇）政府组织造林；属个人或集体经济组织以租赁、拍卖、承包等方式获得使用权的宜林地，由个人或集体经济组织负责造林；铁路、公路两旁，河流两岸、水库周围有各主管单位组织造林。

第七条 责任单位的造林任务由所在地县（区）人民政府或林业主管部门下达责任通知书，予以确认。

第八条 实行造林质量管理责任制。市、县（区）、乡（镇）、村、农户（承包造林责任人）层层签订造林质量管理责任书，把任务落实到山头地块，质量责任落实到各级领导和造林者。

第九条 林业主管部门负责造林的作业设计、种苗供应、技术指导、检查验收、档案建立等服务管理工作。

1. 实行造林作业设计质量责任制。所有造林工程作业设计要有设计单位负责人、技术负责人员的签字，严格把关，责任到人。市林业主管部门在审批作业之前，要抽取不少于10%的设计面积进行现场复核。

2. 实行种苗质量责任制。林业主管部门的主要负责人是本行政区林木种苗质量的第一责任人，林木种苗管理部门的主要负责人是直接责任人。造林必须采用有苗木检验证、病虫害检疫证和苗木标签的国家一、二级苗木。

3. 检查验收单位和检查验收人员对造林检查验收结果全面负责、实行谁检查、谁签字、谁负责的工作责任制，并将每次检查的数据记录于相应的造林档案。

4. 林业主管部门要按照各自的管辖区域建立各项造林工程的总体规划、作业设计、种苗工程、检查验收、抚育管护等方面的图、表、册、卡和音响等档案资料。

第十条 所有造林工程必须按规划设计、按设计施工。坚决禁止无作业设计施工或不按作业设计施工。

第十一条 财政、发改委等部门按照各自职能分工、负责造林计划的协调及项目资金的拨付使用管理；林业、监察、财政、审计、档案等部门负责对工程造林的计划执行、组织实施、质量管理、资金使用、退耕还林的补助款兑现等情况进行监督。

第十二条 造林完成后,经检查验收达到造林合格标准的林地、县(区)人民政府要及时颁发林权证、保护林地所有者的合法权益。

第三章 造林质量责任事故

第十三条 除不可抗拒的自然灾害原因外,由下列情况之一的,视为造林质量事故:

1. 当年造林成活率低于40%的, 当年造林成活率在41%—84%之间经第二年补植补造后仍未达到85%的;

2. 造林3年后株树保存率未达到80%(经济林85%)的;

3. 连续两年未完成造林任务的;

4. 植树造林责任单位未按照所在地县(区)人民政府的要求按时完成造林任务的。

第十四条 造林质量事故标准分为三级:一般质量事故、重大质量事故和特大质量事故。

一般质量事故:

国家重点林业工程连片面积10—500亩;其他造林连片面积100—1000亩。

重大质量事故:

国家重点林业工程连片面积501—1000亩以上;其他造林连片面积1001—1500亩以上。

特大质量事故:

国家重点林业工程连片面积1000亩以上;其他造林连片面积1500亩以上。

第十五条 有下列情况之一的,视为造林责任事故:

1. 不按科学进行造林设计或不按科学设计组织施工的;

2. 使用假、冒、伪、劣种子或劣质苗木造林的;

3. 对本行政区内当年造林未依法组织检查验收或检查验收工作中弄虚作假的;

4. 未建立管护经营责任制或经营责任制不落实,毁林严重的;

5. 虚报造林作业数量和质量的；

6. 未经原审批单位批准随意改变项目计划内容的；

7. 退耕还林中擅自复耕、林粮间作的。

第四章　责任追究

第十六条　造林质量责任事故由事故发生地的林业、监察等部门组成调查组进行核查。核查工作应在事故发现日起 30 天内完成，并向本级人民政府提出核查报告，属特大质量责任事故的抄报市人民政府。

情况特殊，经调查组申报本级人民政府或上级主管部门批准后，可适当延长核查时间。

核查报告应包括核查小组人员构成、核查时间、核查方法、核查结果及依照本办法提出对有关责任人追究责任的意见。

核查报告提出日起 30 日内事故发生地人民政府或有关行政主管部门，要对有关责任人按照行政隶属关系做出相应的处理决定。

第十七条　对发生造林责任事故的本级政府及其职能部门的相关责任人，根据情节轻重给予行政处分；对发生造林质量事故的本级人民政府、相关职能部门的相关责任人，根据质量事故等级给予相应的行政处分，触犯刑律的，依法追究刑事责任。

1. 构成一般造林质量事故的，对相关单位进行通报批评，对相关责任人给予警告处分并诫勉谈话，限期整改。

2. 构成重大造林质量事故的，对县（区）人民政府通报批评，对所在乡（镇）人民政府主要领导、分管领导先行免职，并根据情节轻重分别给予记过、记大过或降级处分，对县（区）林业主管部门主要领导及其他相关人根据情节轻重分别给予警告、记过或记大过。

构成连片面积超过 1 万亩的特大质量事故，对县（区）人民政府分管领导根据情节轻重给予警告或记大过处分，对乡（镇）人民政府主要领导给予撤职处分，对县（区）林业局主要领导先行免职，并根据情节轻重分别给予行政记过、记大过或降级处分。是党员干部的，建议党委给予相应的党纪处分。对构成犯罪的，移交司法机关依法追究刑事责任。

第十八条　任何单位和个人有权向当地或上级人民政府及林业、监察等部门举报发生的造林质量责任事故。对举报有功的单位和个人,一经查实,由同级人民政府给予一定的经济奖励。

第十九条　造林质量责任事故发生后,各级林业部门要按照程序和时限如实上报,不得拖延、谎报或隐瞒不报。发生事故的当地人民政府和相关单位要积极主动地配合、协助上级调查组完成调查核实工作,不得以任何借口和方式阻碍、干涉调查。

第五章　附　则

第二十条　本办法由市林业局、监察局负责解释。

第二十一条　本办法自发布之日起施行。

张掖市黑河流域湿地管理办法

（2006年11月13日市政府第8次常务会议讨论通过）

为加强对张掖市黑河流域湿地的管理,保护湿地自然环境和资源,维护黑河中上游地区湿地生态功能和生物多样性,保障资源的可持续利用,根据《中华人民共和国森林法》《中华人民共和国野生动物保护法》《中华人民共和国环境保护法》《中华人民共和国草原法》《中华人民共和国水法》《中华人民共和国水污染防治法》《中华人民共和国野生植物保护条例》《中华人民共和国自然保护区条例》《甘肃省湿地保护条例》等法律、法规,结合实际,制定本办法。

第一条　本办法所称湿地是指天然或人工形成的适宜喜湿野生生物生长、繁衍,具有生态调控功能的水域和潮湿地域。主要包括冰川、高山草甸、常年和季节性河流、湖泊、沼泽地、盐沼地、盐田等。

本办法所称湿地资源是指湿地及其依附湿地栖息、繁衍、生存的野生生物资源。

本办法所称张掖市黑河流域湿地,是指本市行政区域内经市政府批准的《湿地保护与恢复工程规划( )》中划定予以保护和管理的区域。

第二条　凡在划定的黑河流域湿地内从事建设、勘探、科研、旅游、运输、电力、农、工、牧、渔等活动的单位和个人,必须遵守本办法。

第三条 黑河流域湿地的管理遵循全面保护、突出重点、生态优先、科学利用、持续发展的原则。保护管理和开发利用湿地,应当妥善处理与当地经济建设和居民生产、生活的关系。

第四条 张掖市黑河流域湿地管理委员会负责研究制定保护政策,组织、协调、指导、监督湿地管理工作。

第五条 张掖市林业局是湿地管理部门的行政主管部门。张掖市黑河流域湿地管理局(以下简称市湿地管理局)统一管理和保护本市行政区域内的湿地。

各县(区)人民政府按照行政区划做好黑河流域湿地的管理和保护工作,并建立保护站,在市湿地管理部门的指导下,负责辖区内湿地的保护和管理。发展改革、财政、国土资源、林业、环保、水利、建设、公安、科技、农业、畜牧、卫生、旅游、交通等部门按照各自职责,协调配合做好黑河流域湿地的管理工作。

第六条 市湿地管理局的主要职责:

(一)宣传贯彻国家有关法律、法规和政策,开展湿地资源保护重要性的宣传教育工作;

(二)组织实施黑河流域湿地资源保护规划,建立完善管理制度及办法,保护和管理黑河流域湿地内的自然环境和自然资源,指导、督促、检查各县(区)对湿地资源的保护管理工作;

(三)组织开展黑河流域湿地资源管理、监督,健全资源档案,建立监测网络体系,掌握资源动态变化情况;

(四)进行植被、土壤、气象、水文、生态、野生动物等方面的科学考察和研究,探索湿地资源演变规律和合理利用的途径;

(五)对珍稀动物、植物的生态习性进行观察研究,开展珍稀动物、植物资源的引种、驯化、保护和发展,拯救濒危灭绝的物种。

(六)加强交流与合作,吸纳社会团体对湿地保护的投资,为科学实验、资源保护和经济社会发展服务;

(七)组织论证、上报并实施湿地保护与恢复建设项目,协调有关部门开展湿地保护区内建设项目的环境影响评价工作;

(八)科学制定管理办法,依法查处侵占、破坏湿地资源的违法行为。

第七条 各县(区)人民政府应将黑河流域湿地保护与恢复建设工作纳入国民经济和社会发展规划,并将湿地管理部门所需的保护、管理、建设、科研等经费列入地方财政预算。

第八条 任何单位和个人均有保护黑河流域湿地资源和自然环境的义务,并有责任对侵占湿地资源、破坏自然环境的行为进行检举、投诉和控告。

第九条 各县(区)人民政府应当采取有效措施保护黑河流域湿地水资源,做到水资源利用与湿地保护紧密结合。在制定水资源利用规划时,充分兼顾湿地保护生态用水的需要。

第十条 开发利用黑河流域湿地资源,应当坚持经济发展与湿地保护相协调,维护湿地生态平衡,严格按照黑河流域湿地保护规划进行,不得破坏野生动物栖息环境和野生植物生长环境。

第十一条 各县(区)人民政府应当采取有效措施,对退化的黑河流域湿地进行保护与恢复。

鼓励和支持社会各界自愿从事黑河流域湿地保护与恢复的活动。

第十二条 各县(区)人民政府对黑河流域湿地保护与恢复建设的范围和界线,依据《张掖市湿地保护与恢复工程规划(2005—2030年)》予以公告。并根据公布的区界,在水域内以固定浮标,在陆地上以界桩、界碑的形式设置界标。

第十三条 黑河流域湿地的性质、范围和界线的变更或调整,须经市人民政府批准,任何单位和个人不得擅自改变其性质,调整其范围和界线。

第十四条 任何单位和个人不得擅自占用黑河流域湿地,已经占用的应当在规定期限内归还和恢复。因重大建设项目确需改变黑河流域湿地用途的,应当符合下列条件:

(一)具有乙级以上规划资质的单位编制的湿地占用可行性方案;

(二)已通过环境影响评价;

(三)依法办理报批手续。

第十五条 征用、占用湿地应当严格控制。经批准征用、占用的,由征用、占用单位或个人缴纳征占湿地补偿费,并分别按照《甘肃省湿地保护条例》《甘肃省实施土地法管理办法》的有关规定依法办理用地审批手续。

第十六条　因特殊需要临时占用黑河流域湿地的，由林业或其他行政管理部门严格按照相关法律法规的规定，办理审批手续，同时占用单位还应当提出可行的湿地恢复方案，报经湿地管理部门批准后实施。

第十七条　市、县（区）政府有关职能部门，应依据有关法律规定，加大执法力度，加强监督检查，被检查的单位和个人必须积极配合，如实反映情况，提供必要的资料。

第十八条　黑河流域湿地区域内严禁下列活动：

（一）开垦湿地、围湖造田等破坏湿地的行为；

（二）擅自修筑设施；

（三）猎捕、毒害、伤害野生动物，掏鸟窝及捡拾鸟蛋、破坏动物巢穴。

（四）采挖野生植物；

（五）砍伐林木，破坏水、陆生植物；

（六）防火期野外用火；

（七）擅自移动或者破坏浮标、界桩、界碑等界线标志；

（八）向水域或水域周边排放未达到标准或者含有毒物质的废水；

（九）采石、挖土、挖沙、筑坟、烧荒、爆破；

（十）湿地范围内新打机井；

（十一）引入有害物种；

（十二）其他改变和破坏湿地生态环境活动的行为。

第十九条　严禁向黑河流域湿地内倾倒工业、生产、生活及建筑垃圾。

如发生向黑河流域湿地内倾倒工业、生产、生活及建筑垃圾，造成污染的，按照谁污染、谁负责的原则，承担经济赔偿责任和法律责任。

第二十条　禁止在黑河流域湿地边缘一百米范围以内投放任何危害水体及水生生物的化学制品。

因防疫需要向湿地范围内投放药物时，疾病预防控制部门应当会同湿地管理部门，采取预防措施，避免对湿地生物资源造成危害。

第二十一条　在黑河流域湿地内，严禁建设污染环境、破坏资源或者景观的生产设施；建设其他设施，其污染物排放不得超过国家和省规定的污染物排放标准。

第二十二条 在黑河流域湿地区域内进行科学研究、调查、教学实习、标本采集等科研教学活动的,应当事先向市湿地主管部门提交书面申请,经市湿地管理部门批准后方可进行。书面申请应当包括下列内容:

(一)申请人的基本情况;

(二)预定活动的时间、内容、规模、人数、范围以及使用的设备等;

(三)计划捕捉或者采集的野生动植物名称、数量。其中需要捕捉或者采集国家和本省保护的野生动植物的,还应当提供有关管理部门颁发的许可证件。

湿地管理部门认为申请者开展的科研活动对生态环境和生态资源保护有价值的,可以与申请者签订相关协议,约定科研成果的归属及使用等事项。

第二十三条 在黑河流域湿地区域内开展生态旅游、原有物种以及珍稀动植物养殖开发利用活动的,应当事先向市湿地管理部门提交书面申请和征占用湿地的可行性报告,经市湿地管理部门会同其他相关部门审核批准后方可进行。书面申请应包括下列内容:

(一)申请人的基本情况;

(二)开发利用活动的名称、内容、规模、期限以及选址的详细理由;

(三)开发利用活动对环境和资源影响的评价。

第二十四条 凡在黑河流域湿地内从事探矿、开矿和开发建设的,必须进行环境影响评价,编制环境影响报告书(表)和征占用湿地的可行性报告,并报市环保部门和湿地管理部门。

市环保部门会同市湿地管理部门应组织有关专家,对环境影响评价报告进行评审,评审通过后,发改部门方可批准立项。

第二十五条 经批准开发建设的项目在施工过程中对黑河流域湿地内的自然环境与资源造成破坏和影响的,湿地管理部门应组织调查,依据法律限期整改并尽快恢复。市湿地管理部门应参加开发项目的竣工验收。

第二十六条 市、县(区)政府有关职能部门应加强黑河流域湿地内野生动物疫源疫病的监测,制定疫源疫病应急预案,建立健全疫情报告制度;发生疫情时,应组织人力、物力对辖区内人、畜、野生动物及疫区环境实施消毒,并利用媒体等手段进行宣传预防,防止扩散蔓延。

第二十七条 违反本办法规定,有下列情形之一的,由湿地管理部门协同

环保、林业、土地、公安等有关职能部门按照各自的职责,根据不同情节给予警告或者处以罚款:

(一)违反本办法第十七条规定的,依照《中华人民共和国森林法实施条例》的规定进行处罚。

(二)擅自围(开)垦、填埋湿地、采石、挖土、挖沙、采挖野生植物、筑坟、烧荒、爆破的,处以每平方米3元至30元的罚款。

(三)擅自修筑设施的,处以恢复原状所需实际费用一至三倍的罚款。

(四)猎捕、毒害、伤害野生动物的以及掏鸟窝、捡拾鸟蛋或破坏野生动物主要生息繁衍场所的,依照《中华人民共和国野生动物保护法》和《甘肃省实施野生动物保护法办法》的规定予以处罚。

(五)擅自砍伐林木或破坏水、陆生植物的,依照《中华人民共和国森林法》及《甘肃省实施森林法办法》之规定予以处罚。

(六)擅自在防火期野外用火的,责令其停止用火;引起火灾的,依照《森林防火条例》或《草原防火条例》的规定予以处罚。

(七)破坏、损毁或者擅自移动界标以及相关保护设施、设备的,依照《中华人民共和国自然保护区条例》的规定予以处罚。

(八)排放废水、倾倒固体废弃物、投放有害化学制品、引进有害生物物种的,处以300元以上10000元以下的罚款;超过国家规定污染物排放标准的,由环保部门依照有关法律、法规和规章的规定处理。

(九)在湿地范围内新打机井的,依照《中华人民共和国水法》和《甘肃省实施〈中华人民共和国水法〉办法》的规定予以处罚。

(十)未经批准在湿地区进行开发利用活动的,依照《甘肃省湿地保护条例》之规定予以处罚。

第二十八条 凡在黑河流域湿地保护、管理和科研工作中做出显著成绩的单位和个人,由市、区(县)人民政府或黑河流域湿地行政主管部门给予表彰和奖励。

第二十九条 干扰、阻碍、拒绝湿地管理人员依法管理者,依照《中华人民共和国治安法》予以处罚,伤害执法管理人员,依法追究刑事责任。

第三十条 从事湿地保护和管理的工作人员,因玩忽职守、滥用职权、徇私舞弊、索贿受贿造成湿地资源破坏的,依照行政过错责任追究的有关规定追究责任;构成犯罪的,依法追究刑事责任。

第三十一条 当事人对行政处罚决定不服的,可依法申请行政复议或提起行政诉讼,逾期履行行政处罚决定的,由做出处罚决定的行政管理部门申请人民法院强制执行。

第三十二条 本办法由张掖市林业局负责解释。

第三十三条 本办法自公布之日起施行。

张掖市实施甘肃省全民义务植树条例办法

第一条 为加强全民义务植树工作,建设生态张掖,维护和改善生态环境,根据全国人民代表大会《关于开展全民义务植树运动的决议》、国务院《关于开展全民义务植树运动的实施办法》和《甘肃省全民义务植树条例》等有关规定,结合本市实际,制定本办法。

第二条 本办法所称义务植树,是指适龄公民为国土绿化无报酬地完成规定的植树、整地、抚育和管护等绿化任务。

第三条 凡在本市行政区域内居住的年满18周岁的公民,男至60周岁,女至55周岁,除丧失劳动能力的外,均按照本办法规定承担义务植树任务。

第四条 各级人民政府应加强对义务植树工作的领导。各级机关、团体、企事业单位、街道办事处、乡镇人民政府及其他组织,应当组织本部门、本单位和本辖区内适龄公民参加全民义务植树活动。**第五条** 县级以上人民政府绿化委员会及其办事机构指导、协调、监督本行政区域内的义务植树工作,其主要职责是:

(一)宣传义务植树方面的法律、法规和政策;

(二)制定义务植树总体规划和年度实施计划;

(三)组织和协调本行政区域内的义务植树工作;

(四)检查验收义务植树完成情况,组织表彰奖励;

(五)法律、法规规定的其他事项。

第五条 每年4月定为"张掖市集中义务植树活动月"。

第六条　广播电视报刊等新闻媒体应加强对义务植树、国土绿化的公益性宣传,在植树活动月期间,集中宣传报道,增强公民履行植树义务的意识。

公民应爱护林木、绿地,对破坏林木、绿地和其他绿化设施的行为有权制止,并向县级以上人民政府绿化委员会办公室及园林绿化部门举报。

第七条　各级绿化委员会办公室组织有关部门制定本辖区全民义务植树规划和年度实施计划,经同级绿化委员会批准后实施。

第八条　义务植树可选择下列方式进行:

(一)参加义务植树劳动;

(二)缴纳义务植树绿化费;

(三)县级以上绿化委员会确定的其他方式。

第九条　城镇机关、团体、企事业单位及其他组织是义务植树的重点单位。

城镇机关、团体、企事业单位的义务植树,由本单位负责;辖区个体工商户的义务植树由其居住地街道办事处负责;大专院校在校学生的义务植树由其学校负责。

第十条　义务植树活动按下列规定组织实施:

(一)市区范围内的市属机关、团体、学校、企事业单位、私营企业及国家、省属驻张单位的义务植树,由市绿化委员会办公室统筹协调,按照属地管理原则,由甘州区绿化委员会办公室安排;

(二)县(区)范围内所属机关、团体、学校、企事业单位、私营企业以及市属企业的义务植树,由县(区)绿化委员会办公室安排;

(三)各级机关、团体、企事业单位下属单位及分支机构的义务植树任务,由该机关、团体、企事业单位统一组织。

(四)乡镇单位和农民的义务植树(包括县区派出的办事机构),由乡镇人民政府安排。

第十一条　义务植树任务按每人每年完成5棵树计算,或完成相应劳动量的育苗、整地、管护等绿化任务。

第十二条　各级绿化委员会办公室在每年3月底前将《义务植树任务通知书》下达到各机关、团体、学校、企事业单位、街道办事处、乡镇人民政府及其他组织单位。

各单位接到《义务植树任务通知书》后,按照绿化委员会办公室规定的时间、地点及建设要求,组织本单位人员保质保量地完成义务植树任务。

第十三条　当年义务植树任务完成后,机关、团体、学校、企事业单位、街道办事处、乡镇人民政府及其他组织填报义务植树登记卡,向同级绿化委员会办公室申请验收。验收合格后加盖绿化委员会办公室验收专用章,由原单位保存,以备年终目标考核使用。对尚未完成任务或者成活率达不到85%的予以通报,并责成其在次年补植,或者缴纳义务植树绿化费。

第十四条　乡镇人民政府、村民委员会应结合农田林网建设、小流域治理、防风固沙等生态项目建设,组织和动员村民植树造林,鼓励村民在庄前屋后、村旁、路旁、田旁、渠旁栽植树木。

第十五条　各级绿化委员会办公室应鼓励机关、团体、企事业单位及其他组织和个人认植认养林木、林地和绿地,植纪念树、造纪念林,并对参加义务植树和营造纪念林、栽种纪念树的单位和个人给予技术指导。

第十六条　凡本市适龄公民,由所在单位组织参加义务植树。因故不能完成义务植树任务的单位和城镇个体工商户等,应在每年2月底前,由负责主管的单位向绿化委员会办公室提出申请,经批准后以资代劳缴纳绿化费。

第十七条　对因故不能履行义务植树任务的,按照每人每年不超过30元的标准收缴绿化费,或由县区人民政府按每人每年完成5棵植树任务所需的劳动工日确定。

对农村居民、在校学生、敬老院、福利院、幼儿园工作人员及无生活来源的下岗失业职工等免缴义务植树绿化费,但要组织他们参加义务植树活动。

第十八条　机关、团体、各类企业、事业单位的绿化费,由绿化委员会办公室负责收缴;城镇个体工商户及无固定单位的公民由绿化委员会办公室委托辖区单位街道、社区办事机构负责收缴。

收缴的绿化费全额上缴同级财政,专户存储,专款专用,用于组织义务植树活动、重点绿化工程和与造林绿化相关的宣传、管护等工作,任何单位和个人不得截留、挪用、挤占,并接受同级财政、物价和审计部门的监督检查。

绿化费的年度使用计划由各级绿化委员会办公室依照其使用与管理规定

编制,绿化委员会审核后,由财政拨付,绿化委员会办公室组织实施。

第十九条 机关、团体、学校、企事业单位、街道办事处、乡镇人民政府不组织适龄公民履行植树义务的,由县级以上人民政府绿化委员会办公室通报批评,责令其补缴义务植树绿化费;逾期不缴的每日加收千分之五的滞纳金;拒绝缴纳义务植树绿化费的,对其主要负责人,可以按照有关规定由行政监察机关或者有关主管部门给予行政处分。

第二十条 适龄公民不履行植树义务的,由其责任单位批评教育,责令限期补植或者补缴义务植树绿化费。逾期不补植或者不缴纳义务植树绿化费的,按照《甘肃省全民义务植树条例》之规定,由县级以上人民政府绿化委员会办公室处以应缴绿化费一倍的罚款。

第二十一条 义务植树营造的林木、绿地,其所有者或者管护者不履行管护义务造成损失的,由县级以上人民政府绿化委员会办公室依照《甘肃省全民义务植树条例》之规定,责令补植;不补植的,处以损失价值三至五倍的罚款。

第二十二条 切实解决好各级绿化委员会办事机构的自身建设,对绿化委员会及其办事机构所需的工作经费应由同级人民政府予以保障。

各级人民政府应根据义务植树年度计划每年安排一定的种苗费。

第二十三条 义务植树营造的公益林经县级以上人民政府林业行政主管部门验收合格后,按照国家有关规定享受森林生态效益补偿。

第二十四条 对义务植树的树木,由林权所有者或承担管护义务者负责管护,实行选苗、栽植指导、管护责任制,保证成活率达到85%以上。未达到成活率要求的,由承担管护责任者或有关责任单位予以补植。

第二十五条 义务栽植林木的采伐和更新,按照《中华人民共和国森林法》和《城市绿化条例》等有关规定执行。

第二十六条 未按规定组织完成义务植树任务的单位,不得参加当年绿化达标单位、园林化、花园式单位及文明单位的评比。连续两年未按规定组织完成义务植树任务的单位,各级绿化委员会办公室可建议有关部门取消绿化达标单位、园林化、花园式单位及文明单位荣誉称号。

第二十七条 本办法由张掖市绿化委员会办公室负责解释。

第二十八条 本办法自发布之日起施行。

张掖市人民代表大会常务委员会
关于保护黑河湿地建设生态张掖促进科学发展的决议
（2009年11月20日张掖市第二届人大常委会第二十次会议通过）

张掖市第二届人民代表大会常务委员会第二十次会议听取并审议了市人民政府《关于中国黑河流域（张掖）湿地保护工程2009年度工作方案落实情况的报告》和市人大常委会视察组的视察报告。

会议认为，湿地是重要的自然资源，具有保持水土、防风固沙、涵养水源、净化水质、蓄洪防旱、调节气候和维护生物多样性等生态功能。保护黑河湿地、建设生态张掖，是市委深入贯彻落实科学发展观，重新审视和深刻分析"金张掖"市情特征作出的一项重大战略决策；是市委二届四次全委（扩大）会议确定的"坚持特色方向，走好三条路子，推动三大战略，实现科学发展"总体工作部署和市委二届六次全委（扩大）会议提出的"以生态文明推动城镇化建设，靠城镇化建设拓宽'三条路子'，促进三次产业协调发展"工作思路的重要内容；是从张掖实际出发，充分利用湿地资源优势，建设生态文明，促进张掖科学发展的具体实践。反映了全市人民的共同愿望。为切实保护好、利用好黑河湿地资源，走好以建设生态张掖为引领的城市发展路子，促进张掖科学发展，根据有关法律法规，特作如下决议：

一、强化舆论引导，增强全市人民共同参与保护黑河湿地、建设生态张掖、促进科学发展的主动性。黑河是全流域各族人民繁衍生息的母亲河。张掖位于黑河中游冲积扇上，是坐落在黑河湿地上的历史文化名城。黑河、黑河水是张掖的亮点和优势，是张掖绿洲可持续发展的命脉。黑河湿地生态是张掖的特色和名片。保护黑河湿地，建设生态张掖，就是顺应自然规律，依托黑河水和黑河湿地优势，高举节水旗，建设生态市，塑造张掖新形象，再铸"金张掖"辉煌；就是以湿地保护为切入点建设生态张掖，彰显生态特色，用生态魅力聚集生产要素，挖掘发展潜力，扩充承载能力，增强发展后劲；就是以生态张掖提升城市品位、凸现城市特色、塑造城市形象、引领城市发展，靠城镇化建设拓宽"三条路子"，促进三次产业协调发展。做好湿地保护工作，建设生态张掖，是促进张掖

967

科学发展的重要支点,是实现区域经济社会可持续发展的必由之路,是维护黑河全流域生态安全的必然选择,是促进人与自然和谐相处的必然要求,对于保护黑河流域生态屏障、改善人居环境、促进城市与环境有机融合、实现人与自然和谐相处、推动张掖科学发展具有十分重大的战略意义。要进一步加大宣传力度,增强舆论引导效应,着力营造浓厚舆论氛围,使全市广大人民群众充分认识和深刻理解保护黑河湿地、建设生态张掖的重大意义、主要内容和政策措施,不断扩大黑河湿地的影响力,提高生态张掖的知名度,营造全社会共同关注、支持、参与黑河湿地保护、建设生态张掖的良好社会环境。

二、创新工作举措,全力实施中国黑河流域(张掖)湿地保护工程。湿地保护工程是保护黑河湿地、建设生态张掖、促进科学发展的项目支撑和有效载体,由张掖黑河流域国家级湿地自然保护区、张掖国家湿地公园、张掖国家城市湿地公园、湿地恢复与保护工程和滨河新区建设等内容组成。

实施湿地保护工程,要充分发挥湿地的生态、社会、经济效益,实现城市与农村、城市与湿地的有机融合,着力打造"湿地之城",再现"塞上江南"美景,彰显张掖"金"色。要与人文景观建设和保护相协调,体现张掖历史文化名城的独特风貌。要与优质旅游资源开发相统一,构建大旅游格局,展示张掖多姿多彩的自然景观。要与城镇化建设相结合,引领城市发展,突出张掖独具魅力的生态城市特色。要以全面保护为主,适度开发,重视保存自然生态空间和物种资源,保持生态平衡,保障永续利用。

湿地保护工程要坚持高标准规划、高起点建设,充分体现顺应自然、顺势推进、全面保护、生态优先、突出特色、科学利用原则。要严格执行工程总体规划和各专项规划,坚持政府推动、市场运作、项目支撑、分步实施。要加强组织领导,落实目标任务,创新投融资机制,强化质量监管,确保建成人民满意的德政工程和民心工程,为带动城镇化建设,推动张掖经济社会又好又快发展发挥重要的支撑作用。积极申报张掖黑河流域国家级湿地自然保护区、张掖国家湿地公园和张掖国家城市湿地公园。要建立湿地动态监测体系,强化对湿地的依法保护、监测和管理,严格执法,坚决制止破坏、侵占、污染湿地资源等违法行为。

三、坚持统筹协调,为促进张掖科学发展提供生态保障。以科学发展观为指导,以生态建设和环境保护为根本,以黑河水资源的有效保护、科学管理、合理配置、高效利用为核心,从全局利益出发,做好水文章,为建设生态张掖、促进科学发展创造条件、提供保障。上游祁连山区,突出水源涵养,重点加强冰川、湿地、自然植被保护,通过天然林封育、退耕还草、禁牧休牧、生态移民,遏止生态恶化趋势,提高生态自然修复能力。中游平原绿洲区,突出湿地保护、生态建设和全民节水,以实施黑河流域综合治理工程为依托,以提高单方水的产出效益为关键,走好以发展节水、高效现代农业为支撑的新农村建设路子;进一步协调城乡生产、生活、生态用水关系,努力建设制度完善、设施完备、用水高效、生态良好、发展科学的高水平节水型社会。通过不断改善黑河流域生态环境,切实增强可持续发展能力,为张掖科学发展赢得恒久的生态安全保障,促进黑河全流域和谐发展。

会议强调,保护黑河湿地、建设生态张掖、促进科学发展是一项规模宏大、影响深远的系统工程。市人民政府要总揽全局,统筹谋划,突出重点,扎实推进,持之以恒抓落实,为建设生态张掖、促进科学发展做出不懈努力。市中级人民法院和市人民检察院要加大司法力度,为保护黑河湿地、建设生态张掖、促进科学发展提供司法保障和法律服务。市人大常委会通过组织人大代表开展专题调查、视察活动,听取和审议专项工作报告,检查相关法律法规实施情况,保证本决议有效执行。

会议号召,保护黑河湿地、建设生态张掖,功在当代,利在千秋。全市各族人民要进一步增强主人翁意识,以高度的责任心和使命感,积极争当保护黑河湿地、建设生态张掖、促进科学发展的宣传者、实践者和推动者,形成全社会保护湿地、共建生态张掖、促进科学发展的强大合力。

中共张掖市委　张掖市人民政府
关于推进全市集体林权制度改革的实施意见
市委发〔2009〕19号

各县(区)委、县(区)人民政府,市直有关部门:

为了认真贯彻《中共中央国务院关于全面推进集体林权制度改革的意见》

《中共甘肃省委甘肃省人民政府关于贯彻落实〈中共中央国务院关于全面推进集体林权制度改革的意见〉的实施意见》及全省集体林权制度改革工作电视电话会议精神,稳步推进全市集体林权制度改革,进一步调动广大农牧民造林护林的积极性,增加农牧民收入,促进林业生态和林业产业又好又快发展,结合实际,特制定如下实施意见:

一、充分认识集体林权制度改革的重要意义

我市集体林地面积 86.28 万亩,占全市林地面积的 7.2%,在全市林业发展中具有一定地位。但由于长期以来,集体林区农牧民的经营权没有得到落实,广大农牧民从事林业生产经营的积极性不高。现有集体林仅确权到村,存在四至不清、证地不符等情况,造成产权不明晰、经营主体不落实、经营机制不灵活、权责利不统一的问题,林权纠纷时有发生。这些问题和矛盾影响了农牧民经营林业的积极性,制约了林业发展和农牧民增收。因此,通过集体林权制度改革(以下简称"林改"),将林权落实到户、到人,还山、还林、还利于民,使广大农牧民管者有山、护林有责、营林有利、致富有路,促进林业生产要素的合理流动和森林资源的优化配置。同时,林改也是贯彻落实科学发展观、构建社会主义和谐社会、建设新农村的有效举措,既能加快林业发展、振兴林区经济,又能造福广大农牧民,具有很强的现实意义和深远的历史意义。各级、各部门要站在战略和全局高度,充分认识林改工作的必要性和紧迫性,统一思想、明确任务、结合实际、制定方案,切实做好辖区内的集体林权制度改革工作。

二、指导思想、总体目标及基本原则

指导思想。全面贯彻党的十七大和十七届三中全会精神,高举中国特色社会主义伟大旗帜,以科学发展观为指导,大力实施以生态建设为主的林业发展战略,不断创新集体林业经营的体制机制,依法明晰集体林地使用权和林木所有权,放活经营权,落实处置权,保障收益权,规范森林资源流转,建立多元化的林业经营主体,最大限度地调动广大农牧民和其他经营主体造林、护林的积极性,解放和发展林业生产力,加快全市生态屏障建设步伐,促进经济社会全面、协调、可持续发展。

总体目标。从 2008 年 10 月起,在先行试点基础上,用 5 年左右时间,通过改革建立起产权归属清晰、经营主体到位、责权划分明确、利益保障严格、流转规范有序、监管服务有效的现代林业产权制度,实现山有其主、主有其权、权有其责、责有其利,促进林业发展、资源增长、农牧民增收、生态良好、林区和谐的目标。

基本原则。坚持农村基本经营制度,确保农民平等享有集体林地承包经营权;坚持统筹兼顾各方利益,确保农民得实惠、生态受保护;坚持尊重农民意愿,确保农民的知情权、参与权、决策权;坚持依法办事,确保改革规范有序;坚持因地制宜、分类指导,确保改革符合实际;坚持尊重历史,确保政策的连续性和稳定性。

三、深化林权制度改革的范围和任务

(一)改革的范围

本市范围内所有的集体林地。按地类分,包括集体所有的有林地、疏林地、灌木林地、未成林造林地、采伐迹地、火烧迹地、林中空地及宜林荒山、荒滩、荒沙地;按经营类型分,包括集体商品林地和公益林地。

公路与铁路通道绿化工程、环城绿化工程、沿黑河流域等主干河道两岸护堤林及湿地不纳入本次改革范围。

(二)改革的主要内容

1. 明晰产权。在坚持集体林地所有权不变的前提下,依法将林地使用权,通过家庭承包经营等方式落实到本集体经济组织的农户,确立农民作为林地承包经营权人的主体地位。承包期为 70 年。承包期届满,可依法续包。区别不同情况,采取以下方式进行:

(1)对已划定的自留荒山(荒滩、荒沙地),由农户长期无偿使用,发展林业生产,不得强行收回和随意调整。

(2)对已承包到户的集体林地,要保持承包关系稳定。上一轮承包到期后,原承包合同合理且执行较好的可直接续包;承包合同不完善的要进行完善;对合同不合法的要依法纠正,重新签订承包合同;面积、四至不清的,在进一步勘验、明晰产权基础上完善承包合同;对已经续签承包合同,但不到法定承包期

限的,经履行有关手续,可延长至法定期限;农户不愿意继续承包的,在对原合同约定的权责和义务清理后,可交回集体经济组织另行处置。

(3)对目前尚未确权到户的集体林地,原则上要按现有户籍人口折算人均林地面积,确权到户,实行承包经营。对利用贷款营造的集体林,在落实经营主体时,必须按照"债随林权走"的原则明确债务偿还主体,落实抵押物。

(4)对集体统一经营的重点公益林地,群众比较满意且不愿分的,可继续实行集体统一经营;生态区位特别重要、立地条件差、更新造林困难的重点公益林仍实行集体管理;对面积较小,不便分户经营的,要按照"分股不分地,分利不分林"的原则,采取拍卖、租赁、股份合作经营等方式,明确经营主体。

(5)对林权纠纷一时难以协调和不利于林区社会稳定、又不宜采取家庭承包的集体林,仍实行集体统一经营;对不宜采取家庭承包的宜林荒山、荒滩、荒沙地,可通过招标、拍卖、租赁、公开协商等方式依法承包给本集体经济组织内部成员或其他社会经营主体用于发展林业;也可由集体统一组织开发后,再以适当方式确定经营主体后用于发展林业;或者将宜林荒山、荒滩、荒沙地承包经营权折股分配给本集体内部成员后,再实行大户承包经营或股份合作经营。在同等条件下,集体经济组织内部成员优先承包。

(6)对已经依法流转的集体林,经营者的合法权益应得到切实维护。对单位和个人买断、租赁、承包、入股经营的集体林,凡程序合法、合同规范的,要予以维护;对群众意见较大的,要本着尊重历史、依法办事的原则妥善处理;对明显不合理,严重侵害集体和村民利益、经协商难以达成一致意见的,可通过司法程序解决。集体林流转的收益应主要用于本集体经济组织内部成员分配和公益事业。

无论采取何种形式,都要召开村民会议或村民代表会议,经 2/3 以上成员或者村民代表同意方可进行,且林改后林地用途不得随意改变。

2. 放活经营权。实行商品林、公益林分类经营管理。对立地条件好、采伐和经营利用对生态环境不造成危害区域的商品林,承包经营者可自主决定经营方向、经营模式和经营目标;对生态区位重要或生态脆弱区域的公益林,在不影响生态功能和不破坏林木生长的前提下,可科学合理地利用林地资源,开发林下种养业、森林旅游业等,发展林业经济。

3. 落实处置权。在不改变林地用途的前提下,林地承包经营权人可依法对拥有的林地承包经营权进行转包、出租、转让、入股、抵押或作为出资、合作条件,依法经营和开发利用,用于发展林业。

4. 保障收益权。农户承包经营林地林木的收益,全部归农户所有。征收集体所有的林地,要依法足额支付林地补偿费、安置补助费、地上附着物和林木的补偿等费用(省政府规定减免的除外),安排被征林地农民的社会保障费用。经政府划定的重点公益林地,已承包到户的,森林生态效益补偿要落实到户;未承包到户的,要确定管护主体,落实管护报酬,明确管护责任。严禁乱收费、乱摊派、乱罚款,变相加重农民负担。

四、深化林权制度改革的配套措施

(一)加强林木采伐管理体系建设。改进商品用材林采伐审批制度,建立和完善适应家庭承包经营体制的林木采伐管理机制。要坚持生态优先原则,严格控制公益林采伐。因遭受冰雪、病虫等自然灾害,影响林木生长,造成防护和生态功能严重下降的,依法报经省林业厅审核批准后,可进行抚育或更新性质的采伐。对生态公益林允许按规定程序报批后进行抚育或更新性质采伐,并适当降低育林基金征收比例。农牧民个人自产或非林地上的林木采伐,可凭村社证明到林业部门办理采伐许可证后采伐,并降低育林基金征收比例。凡未经批准擅自砍伐,造成生态破坏的,要依法追究责任。

(二)加强森林资源流转体系建设。县区要加强林业综合服务机构建设,建立森林资源资产评估制度,规范评估行为。要建立健全产权交易平台,加强林权流转管理,依法规范流转行为,保障公平交易,防止农民失山失地。

(三)加强财政扶持林业发展体系建设。市、县区人民政府要建立和完善森林生态效益补偿基金制度,按照"谁开发谁保护、谁受益、谁补偿"的原则,多渠道筹集公益林补偿基金。在积极争取中央和省级财政对重点公益林补偿增加投入的同时,市、县区财政从2009年开始,要逐步加大对集体公益林的补偿力度,特别是要按照省委发〔2008〕41号文件精神,将未纳入国家补偿范围的集体公益林纳入地方补偿范围,经费列入同级财政预算,逐年提高补偿标准;要将林业部门行政事业经费纳入财政预算,建立造林、抚育、保护、管理投入补贴制度。对森林防火、病虫害防治、林木良种、林下产业经济开发、珍稀树种培育、沼气建设给予扶持。林区的交通、供水、供电、通信等基础设施建设要纳入市、县区国民经济和社会发展规划,加大对贫困国有林场基础设施建设的投入。

（四）加强林业投融资体系建设。要充分发挥金融机构的职能作用,积极开展集体林信贷业务。研究制定用林权证抵押贷款的信贷管理办法,完善林业信贷担保方式。参照小额贷款和联保贷款政策,为集体林地经营者提供信贷支持。积极探索建立政策性森林保险制度,降低农民经营林业的风险,提高抵御自然灾害的能力。

（五）加强林业社会化服务体系建设。认真落实国务院《关于深化改革加强基层农业技术推广体系建设的意见》精神,进一步加强基层林业机构建设,乡镇林业工作站经费要纳入县区财政预算。大力加强林业协会和林业专业合作组织建设,逐步形成政府主导、部门组织、农民群众广泛参与的社会化服务体系,为集体林业发展提供有效服务。

五、深化林权制度改革的方法步骤

按照"先行试点、全面推开"的要求,各县区要妥善处理各种历史遗留问题,严格程序、规范操作,有步骤、分阶段、积极稳步推进。为加快林改进程,探索有效途径和成功模式,从2008年10月开始,在临泽县进行林改试点,为期一年,为全市林改总结经验。其他县区要结合实际,选择1—2个条件好的乡或村搞好试点,为本县区林改总结经验。在此基础上,2009年下半年在全市全面推开,到2012年底基本完成林改任务。具体分四个阶段进行:

（一）前期准备阶段（2008年10月—2009年3月）

1. 成立领导小组和办事机构。为切实加强对我市集体林权制度改革工作的组织领导,市上成立由市委、市政府分管领导分别任组长和副组长,市委、市政府有关部门负责人为成员的张掖市集体林权制度改革工作领导小组。领导小组下设办公室,办公室设在市林业局。要求各县区、乡镇和村也要成立相应机构。

2. 搞好摸底调查,制定实施方案、编制林地规划。由县区政府组织开展调查摸底,在全面摸清现有集体林经营管理状况,充分了解群众对集体林权制度改革意愿的基础上，制订改革总体实施方案报市政府批准，报送省集体林权制度改革领导小组备案。各乡镇的改革方案根据已批准的县区改革方案制定，并经县区政府批准，报送市集体林权制度改革领导小组备案；村级改革方案由村民会议或村民代表会议通过后，经乡镇政府批准，并报县区集体林权制度改革领导小组备案后实施。经上级政府批准的林改方案，必须进行张榜公布，公示期7天。临泽县作为试点县，林改总体方案须报送市政府审批，其他县区要尽快制定林改实施方案于3月底前报送市政府审批。在编制林改实施方案的同时，各县区林业局要组织完成辖区内林地保护和利用规划的编制，并经本级政府审批后，将林业用地落实到具体地块。

3. 宣传发动，开展培训。要逐级召开集体林权制度改革动员大会，全面部署林改工作，统一思想认识，使广大农牧民充分认识改革的重大意义，掌握有关政策，积极支持、参与改革。各级党委、政府要充分利用各种新闻媒体，加大对集体林权制度改革的目的、意义、做法及相关法律法规和政策的宣传力度，提高群众的认识程度和参与意识。在此基础上，由县区负责完成乡镇、村干部和林改人员的培训，统一方法步骤和标准要求，使参与实施改革的人员能够正确运用相关政策法规，熟练掌握工作标准和操作规程，并能在改革中正确运用。

（二）明晰产权阶段（2009年4月—2010年12月）

1. 实行民主决策，确定林改形式。在确定集体林权制度改革主要形式时，要坚持实事求是，因地制宜，不搞"一刀切"，允许多种形式并存。

2. 调查摸底，登记造册。由县区、乡镇下派人员提供技术指导，村委会负责组织人员核实山林权属、面积和四至界线，落实责任主体，经乡镇林改办审核无误后，将核实结果在所在村组予以张榜公布。公示期7天。

（三）登记发证阶段（2011年1月—2011年12月）

1. 明晰产权，核发证书。在第一榜公示基础上，签订（完善）承包合同。确权完成后，乡镇将审核无误的林权登记基础材料报县区林业局，林业局经核实微机录入后，第二次予以张榜公布，公示期7天。公示无异议后，由县区政府批准发放《林权证》。做到图、表、册一致，人、地、证相符。因流转或其他原因造成林权变化的，应当进行变更登记或换发《林权证》。对权属不清或纠纷尚未解决

975

的,不得登记发放《林权证》。核发《林权证》后,对原有的山林权证要依法予以注销。完成新(换)发《林权证》的地方,今后一切林事活动均凭新证办理。

发(换)林权证必须落实"三榜"定权(即林改实施方案一榜,林改前林权状况二榜,定权发证三榜),并按照"申请、审核、勘查、公示、颁证、建档"六个步骤进行。

2. 建立林改制度,健全工作档案。要建立健全县区、乡镇、村组林权档案管理制度,确保集体林权档案的完整、准确与安全。

县区林改领导小组办公室档案资料包括:

(1)县区、乡镇林改工作方案、制度、总结等有关材料。

(2)县区及乡镇林改情况分布图。

(3)县区林改发证情况明细表。

乡镇林业站档案资料包括:

(1)本乡镇及各村林改工作方案、制度、总结等有关材料。

(2)本乡镇及各村林改情况分布图。

(3)各村林权登记发(换)证申请及审批材料。

(4)各村林权发证情况明细表。

(5)各村林改过程中形成的大会记录、合同协议等相关备案资料。

各村档案资料包括:

(1)本村林改工作方案、制度、总结等。

(2)村民大会或群众代表大会记录。

(3)招投标文件。

(4)承包合同、协议。

(5)林权发证审批材料。

(6)林权发证到户明细表。

(7)本村林改情况分布图。

(四)检查验收,总结完善阶段(2012年1月—2012年10月)

1. 要建立县区、乡镇自查,市级核查验收机制。县区集体林权制度改革领导小组要加强对林改实施情况的跟踪调查,及时发现和解决林改过程中出现的新情况、新问题。强化协调,确保各项林改政策和保障措施落实到位。加强信息报告和交流,实行林改信息月报和定期总结制度,遇有重大问题及时报告。对外业调查勘界、林权登记发证、微机录入建档以及林权流转等进行全面验收,总结完善。

2. 迎接上级集体林权制度改革领导小组组织的全面检查验收。检查验收工作由各级林改领导小组组织逐级逐项进行。市上将成立督导组,协助省督导组完成县区林改工作的质量检查等工作。自查验收工作结束后,各县区集体林改领导小组要向市集体林改办公室上报工作总结和自查报告。

六、深化林权制度改革工作的具体要求

(一)加强领导,靠实责任。各级党委、政府要把集体林权制度改革作为一件大事,列入重要议事日程,精心组织,周密安排,扎实推进。县区、乡镇党政主要领导要亲自抓这项工作。要严格实行主要领导负责制,强化调度、统计、检查、督导和档案管理工作,真正建立起县区直接领导、乡镇组织实施、村组具体操作、部门搞好服务的工作机制。各相关部门要各负其责,密切配合,积极支持改革。各级林业部门要当好政府的参谋和助手,认真做好林改具体协调等各项服务工作。

(二)落实经费,提供保障。集体林权制度改革工作量大,涉及面广,持续时间长,任务繁重,必须在人力、财力上给予支持和保证。根据《中共甘肃省委甘肃省人民政府关于贯彻落实〈中共中央国务院关于全面推进集体林权制度改革的意见〉的实施意见》(省委发〔2008〕41号)文件精神,集体林改工作经费,主要由市、县区财政承担,按照分级负责原则,市、县区所需林改工作经费,从2008年起纳入同级财政预算,以确保全市林改任务的全面完成。

(三)通力协作,形成合力。集体林权制度改革领导小组各成员单位,要认真贯彻落实中央、省、市的决策部署,各司其职,各负其责,密切配合,形成推动改革的强大合力。市、县区林业主管部门要认真履行职责,积极负责地做好集体林权制度改革各项具体工作。同时,要落实林改工作人员责任制,建立责任跟踪和过错追究制度。

(四)规范操作,严肃纪律。集体林权制度改革是一次生产关系的大调整,经济利益的再分配,必须做到公开、公平、公正。党员干部特别是各级领导干部

要以身作则,绝不允许借改革之机,为本人和亲友谋取私利。各级领导要深入集体林权制度改革第一线,及时发现和认真研究工作中出现的新情况、新问题,具体指导和帮助解决林改工作中的实际困难和问题。在改革过程中,必须严格按《村民委员会组织法》及《农村土地承包法》的规定程序操作。要加大检查监督力度,确保林改干净透明,公开公正;要牢固树立质量第一观念,正确处理好质量与进度的关系,严禁违规操作;要明确林改程序,统一林改标准,严肃工作纪律,对出现的违法违纪、损害群众利益的行为,要坚决严肃处理。

(五)加强资源管理,防止乱砍滥伐。在搞好林改的同时,要注意加强森林资源管理,把保护森林资源安全、维护社会稳定贯穿于集体林改工作全过程。要始终坚持"生态受保护、农民得实惠"原则,坚守生态安全底线,坚决杜绝乱砍滥伐、乱垦滥开,依法严厉查处借林改之机破坏森林资源的行为。对在改革中不认真履行领导职责、工作作风不实、落实措施不到位,造成乱砍滥伐林木、群体性上访等严重问题的,要追究有关领导责任。要健全纠纷调处工作机制,妥善解决林权纠纷,及时化解矛盾,确保改革平稳运行。

(六)加强舆论引导,营造良好氛围。推进集体林权制度改革,需要全社会各方面的关心和支持,更需要广大农牧民群众的积极参与。要充分发挥广播电视、报纸杂志、网络和手机短信等各种媒体的作用,广泛宣传改革的目的、意义、具体措施和方法步骤,宣传各地的好经验、好做法,通过宣传发动,做好解疑释惑工作,使广大干部群众了解政策、掌握政策、用好政策,知道改革、支持改革、参与改革,确保集体林权制度改革的顺利进行。

二〇〇九年三月十七日

中共张掖市委　张掖市人民政府
关于建设生态文明大市的意见

(市委发〔2010〕39号)

为了深入贯彻落实党的十七届五中全会精神,加快转变经济发展方式,切实推动生态文明建设,现就建设生态文明大市提出如下意见。

一、建设生态文明大市的重大意义和目标要求

1. 建设生态文明大市的重大意义。生态文明是遵循人、自然、社会和谐发展客观规律而取得的物质成果和精神成果的总和，是以尊重自然规律和保护自然为前提，以资源环境承载能力为基础，以建立可持续的产业结构、生产方式和消费模式为主要内容，实现人与自然环境的相互依存、相互促进、共处共融的文明发展形态。建设生态文明大市，其实质就是举全市之力，建设以资源环境承载力为基础、以自然规律为准则、以可持续发展为目标的资源节约型、环境友好型社会，实现人与自然和谐相处、协调发展。

我市地处河西走廊中部，南依祁连山，北靠巴丹吉林沙漠，黑河穿境而过，生态区位十分重要。近年来，我市以生态文明引领城市建设，依托城镇化建设拓宽"三条路子"，有力地促进了经济社会与人口资源环境的协调发展，为建设生态文明大市提供了宝贵经验和良好基础。当前，我市面临良好的建设生态文明的倒逼态势和顺推机遇，战略位置居中四向，是甘肃联系新疆、青海、内蒙古三省区，东进西出、南引北连的重要交通枢纽和物流节点，境内祁连山森林、黑河湿地、北部荒漠三大生态系统交错更迭，生态资源丰富、生态类型多样，是影响西北地区生态环境和气候变化的重要因素，在构筑国家生态安全屏障中具有十分重要的战略地位。

在新的发展阶段，建设生态文明大市，是深入贯彻落实科学发展观的内在要求，是抢抓政策机遇、顺应时代要求，加快构建西部生态安全屏障的现实选择，是立足张掖实际、转变经济发展方式的必由之路，是全面建设小康社会、推动张掖经济社会和谐发展的战略举措。全市上下一定要从全局和战略的高度，进一步统一思想，深刻认识生态的基础性，绿洲生态的脆弱性和张掖生态的独特性，切实增强建设生态文明大市的紧迫感和责任感。

2. 建设生态文明大市的指导思想。以邓小平理论和"三个代表"重要思想为指导，全面贯彻落实科学发展观，立足"生态安全屏障、立体交通枢纽、经济通道"的区域发展定位，着力改善生态环境，大力发展生态经济，加快建设生态文化，不断推进制度创新，努力形成保护生态环境、节约能源资源的产业结构和发展方式，维系绿洲生态平衡，打造宜居宜游生态张掖，实现人与自然和谐

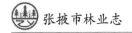

相处和经济社会可持续发展。

3. 建设生态文明大市的目标任务。建设生态文明是一项长期的战略任务，要动员全市上下奋勇争先、共同奋斗，力争通过 5—10 年的努力，建成全国生态文明示范市。"十二五"时期主要目标任务是：

——生态屏障功能强化。祁连山自然资源和生态环境得到有效保护，黑河流域湿地保护和恢复取得积极进展，黑河流域水资源保护进一步加强，绿洲及外围荒漠区生态系统逐步改善，生态服务经济建设的功能逐步增强。

——生态经济加快发展。生态工业、生态农业、生态服务业等高附加值、低消耗、低排放的产业结构初步形成，循环经济形成一定规模，生态经济成为新的经济增长点。

——生态环境质量改善。大气环境得到改善，土壤环境得到改良，水环境得到保护，支撑发展的环境容量不断提高，森林覆盖率、城镇绿化面积稳步增长，城乡环境不断优化，宜居宜游宜商环境条件不断提升。

——生态文化日益繁荣。生态文明教育不断加强，生态创建活动广泛开展，生态文明理念深入人心，资源能源节约意识明显增强，健康文明的生活方式初步形成，推进生态文明建设的精神支撑更加有力。

——制度建设不断创新。推进生态文明建设的综合协调机制、生态补偿机制、投资机制、问责机制和社会协同机制等制度体系初步建立并得到有效实施。

2020 年远景目标是：生态建设步入良性循环发展轨道，自然生态资源得到有效保护和合理利用；以循环经济为核心的生态经济加速发展；生态环境和谐优美，生态文化长足发展，人民生活水平全面提高。

二、着力改善生态环境，不断提高环境质量

4. 构筑生态安全屏障。按照"南保青龙、北锁黄龙、中建绿洲"的保护建设思路，南部争取尽快启动实施祁连山水源涵养区生态环境保护和综合治理规划，实施黑河中上游国家级生态功能保护区建设项目，积极推进国家级自然保护区和生态补偿试验区建设。通过加强天然森林、草原、冰川、湿地保护，实施珍稀濒危野生动植物资源保护、退耕还林、退牧还草、人工造林、封山育林（草）等一批生态恢复和保护工程，逐步将自然保护区核心区的农牧民转为生态管

护人员,加快缓冲区农村剩余劳动力转移,将祁连山国家级自然保护区建设成为集保护、科研、宣教和利用于一体的综合性、开放式生态功能区。中部加快实施黑河流域综合治理,推进甘肃张掖黑河湿地国家级自然保护区、张掖国家湿地公园建设,通过发展现代节水农业,促进黑河流域自然生态环境保护与恢复;全面实施黑河流域盐碱化及沙化治理工程,建设防风固沙综合防护林体系,营造大型防风骨干生态林,实施农田防护林更新改造工程,加强有害生物综合防治,建设绿洲生态安全系统,确保绿洲生态屏障安全。北部全面实施三北防护林、防沙治沙工程,大面积封滩育林育草,恢复扩大荒漠区植被,加强生态公益林保护,构筑绿洲及北部荒漠区生态安全的"绿色长城"。

5. 推进节水型社会建设。认真总结节水型社会建设试点经验,以水资源高效合理利用为核心,严格限制高耗水产业发展,优先保障生活用水,合理配置生产、生态用水。大力优化用水结构,积极推进结构性节水,通过调整种植结构压缩农业用水、退耕还水,努力建立节水农业与生态保护相生相伴的耦合体系,促进自然生态保护恢复和经济社会协调发展。推广使用节水灌溉技术和喷灌、滴灌设备,加强灌溉定额管理,稳步发展常规和高效节水面积,着力发展现代节水农业。继续实施病险水库除险加固、重点灌区节水改造配套、河道整治、引水口门改造等水利工程,加快工程节水进程。推进工业企业清洁生产,引进推广工业用水循环利用新工艺、新技术、新设备,实现一水多用,不断降低单位生产总值水耗。大力推广节水设备和器具,推进城市节水。按照地表水、地下水"统一调度、定额管理、有偿使用、市场调节"的原则,健全完善水权转换制度,规范水权交易办法,深化水资源管理体制改革,优化水资源配置,纵深推进节水型社会建设。

6. 进一步加大污染物减排和治理力度。全面完成"十二五"期间二氧化硫、氮氧化物、烟尘、化学需氧量、氨氮等主要污染物的减排工作,严格控制重金属、持久性有机污染物等有毒有害污染物的排放。高度重视餐饮业环境整治和餐厨废弃物资源化利用与无害化处理,严格治理城市扬尘和建筑施工扬尘,有效控制冬春季城中村炕烟,强化机动车尾气等污染物排放和治理工作。积极推进集中供热,全面拆除供热范围内的自建燃煤蒸汽锅炉,推进燃煤企业除尘脱硫工作。严格落实新建项目环境影响评价制度和"三同时"制度,加强排污企业监管,全面实现污染源达标排放。实施黑河张掖段水环境综合整治项目,加快污水处理厂及配套管网建设,实现生活污水处理设施县城和重点乡镇全覆盖。加快推进矿区资源开发污染综合治理和绿色矿山创建工作,有序推进矿山地质环境保护与恢复治理,严格执行地质环境影响评价制度、土地复垦制度及矿区地质环境恢复治理保证金制度,促进矿区生态恢复。全面推行清洁生产,积极引导企业开展ISO14000环境管理体系认证,对规模以上重点污染企业依法实施强制性清洁生产审核。

7. 不断改善城乡人居环境。健全城镇基础设施网络体系,优化市政公用设施布局。鼓励发展生态型住宅小区,探索推广各种生态型居住方式。积极推进城镇建设技术创新,在城镇建设领域大力推广使用太阳能、风能、浅层地能等可再生能源和新材料、新技术,全面提高城镇生态指数。巩固全国绿化模范城市建设成果,加快城乡绿化进程,完善公园、广场、道路、小品景点和住宅小区绿地网络,全面建设滨河新区生态景观和国家城市湿地公园,提升宜居城市水平。全面推进乡村环境卫生综合整治行动,着力提高环境质量。鼓励推广使用有机肥和无公害农药,开展农村废弃塑料薄膜回收利用,推进养殖业废弃物综合利用和污染防治工程,加大农业面源污染防治力度。加快城市垃圾和危险固体废弃物集中处置设施建设,推行农村生活垃圾"户分拣、村收集、县处理"模式,提高城乡生活垃圾和废弃物集中收集覆盖率和无害化处理率。积极开展生态文明村创建工程和村庄绿化行动,提高村镇绿化水平。

三、大力发展生态经济,积极推进转型升级

8. 优化调整产业结构。编制并实施全市生态环境功能区规划,根据资源环境承载能力,确定不同区域的主体功能,统筹谋划经济布局、土地利用和城市化格局。立足建设生态安全屏障,积极抢抓机遇,以绿洲现代农业试验示范区建设为先导,以特色产业强县(乡、村)为基础,以规模经营带动要素聚集,重点发展制种、肉牛、高山细毛羊、马铃薯、高原夏菜、设施葡萄等特色优势产业,大力发展无公害农产品、绿色食品和有机产品,积极发展循环农业和集生产、休闲、观光为一体的生态农业。立足构建立体交通枢纽,重点推进现代服务业发展。发展壮大商贸流通业,加快现代服务业集聚区建设;继续做好张掖工业园

区工业企业"提转搬"工作,积极培育发展金融服务、现代物流、文化创意和服务外包等现代服务业;整合资源打造核心景区,做精做活特色旅游和生态休闲旅游,努力提高服务业比重。立足经济通道建设,主动融入全省"一体两翼"战略和"西翼"产业体系,通过技术改造、集群发展、品牌营销等途径,提升发展矿产品加工、建筑建材等传统支柱产业,培育发展新能源、新材料、新医药等新兴产业,加快发展光伏发电、生物质能发电等高新技术产业,构建生态工业体系。

9. 大力发展循环经济。按照国务院批复的《甘肃省循环经济总体规划》,突出循环、绿色、低碳三大主题,加快编制我市循环经济发展规划,确定"十二五"时期发展循环经济的重点领域、重大项目,研究制定促进循环经济发展的政策措施。加快发展生态循环农业,积极推广种养结合、农牧结合、林牧结合的生态立体农业循环模式,构建"种植—养殖—沼气—肥料"资源综合利用体系,建设一批生态循环农业示范项目和示范区。积极发展生态循环工业,推动种养加、煤电冶耦合,推行"农产品加工—沼气—发电(有机肥料)""采矿—选矿—冶炼—精深加工"、"清洁能源—电力—蓄能—载能"循环加工模式,走低投入、高产出、低消耗、少排放、能循环、可持续的发展路子,形成资源深加工和循环利用的产业链,实现资源化、减量化、再利用的目标。大力发展生态旅游业,实行绿色生产,推行绿色服务,倡导绿色消费,发展循环经济型旅游产业。加强工业园区基础设施建设,构建循环经济发展的平台,按照"统一规划、产业集聚、资源共享、整体优化"原则;加快市级循环经济生态示范园建设,推进县区工业园区生态化改造。

10. 加强能源资源节约。大力推进国民经济各领域、生产生活各环节的节能降耗,重点抓好电力、水泥、硅铁、有色金属等行业高能耗设备的淘汰和改造,加强工业余热利用,着力提高能源利用效率,促进单位生产总值能耗进一步下降。合理开发利用水电,大力发展生物质能、风能、太阳能等可再生能源,努力打造清洁能源基地。推行固定资产投资项目节能评估和审查制度,推广应用节能降耗新产品、新技术和新工艺,进一步提高能源资源利用水平。加快太阳能光热光电技术在建筑中应用,推进各领域的节材工作,加快可再生材料、新型墙体材料和散装水泥的推广应用。推进土地资源利用方式转变,加强耕地保护,保障生态建设用地需求,统筹城乡土地利用,加快推进土地节约集约利用，加大城镇建设和工业用地挖潜使用力度，推行城乡建设用地增减挂钩制度，进一步优化土地利用结构和布局。

四、建设生态文化，强化生态文明理念

11. 加强生态文明意识培养。将生态文明有关知识和课程纳入国民教育体系和各级党校、行政学校教学计划，编写一批加强生态文明建设的通俗教材，引导党员干部、青少年学生和社会公众树立正确的生态文明观。加强对企业、城乡社区等基层群众的生态文明教育和科普宣传，提高全民生态文明素养，形成生态文明社会新风尚。充分发挥广播、电视、网络、报刊、图书馆、博物馆、展览馆、健身中心、各类活动中心等传播载体的作用，使其成为弘扬生态文化的重要阵地。加强森林公园、湿地公园、丹霞地质公园的建设和管理，使其成为承载生态文化的重要平台。保护和开发生态文化资源，建设生态文化保护区和生态文化宣传教育基地，维护生态文化多样性。

12. 推行健康文明的生活方式。大力开展"节能减排家庭社区行动"，在全社会倡导健康文明的绿色生活方式。积极引导城乡居民广泛使用节能型产品、节水型器具。积极引导鼓励绿色消费，提倡健康节约的饮食文化，抵制过度包装商品，限制一次性用品的使用。建立并完善激励购买无公害、绿色和有机产品的政策措施和服务体系，推行绿色采购制度，推进绿色销售。继续贯彻计划生育基本国策及优生优育方针，促进人口均衡良性发展。倡导文明丧葬新风，提倡新兴丧葬方式，推动绿色殡葬。广泛开展爱国卫生运动，积极推进全民健身，加强疾病疫情防控，推行室内公共场所禁烟，不断提高城乡居民健康水平。

13. 广泛开展生态文明创建活动。积极组织开展"世界环境日""世界湿地日""世界水日""中国水周""中国植树节""爱鸟周"等重要时节的纪念和宣传，动员全社会积极参与各种形式的环保活动。全面启动国家生态市建设，大力推进以生态县为抓手的创建活动，全面实施生态乡镇、生态村、绿色社区、绿色学校、绿色饭店、绿色家庭等生态文明建设"细胞工程"，自下而上、由点到面，市、县两级尽快编制生态市、生态县建设规划，由各级人大审议通过后，用五年左右时间组织实施。到2014年，六县区全部建成国家生态县区，到2015年全市各项指标达到国家生态市标准，通过考核验收命名。大力开展花园式单位、园

林化单位、园林绿化模范单位创建活动。加强各类生态示范创建的动态管理，建立健全淘汰退出机制，确保真正起到示范作用。

五、强化科技支撑，提高生态建设水平

14. 构建科技支撑体系。积极培养、引进国内外高层次生态科技人才，深化生态领域科技合作，加快节能节水、清洁生产、循环利用、生态修复、污染治理等关键技术、共性技术的研究攻关。对现有经济适用科技成果认真筛选，因地制宜，组装配套，应用推广。聘请农业、林业、水利、气象、草原、生态、环保、安全、工业、经济方面的国内外知名专家，成立生态文明大市建设专家组，为政府制定规划、开展重大项目决策提供技术咨询。办好"绿洲论坛"，为指导张掖生态文明建设提供技术支撑。加强信息化建设，健全信息网络，实现资源共享。

15. 完善生态安全保障体系。建立健全生态安全监测体系，开展森林、草原、湿地、荒漠、水体环境、大气环境、土壤环境长期监测研究。加强地质灾害、森林草原火灾、灾害性天气、动植物疫病监测预警体系建设，着力提高生态灾害预测预警能力。加强生态环境问题应急处理能力建设，建立和完善防灾减灾应急保障体系，形成比较完善的应对突发性环境问题和生态安全事件的综合防控体系。

六、加快推进制度创新，健全完善落实机制

16. 建立综合协调机制。市上成立建设生态文明大市领导小组及其办公室，负责编制生态文明大市建设规划和专项规划。切实加强综合协调与决策咨询，全面落实环境与发展综合决策机制，积极推进规划环评、战略环评，完善防洪、抗震、防治地质灾害、应对极端天气变化等应急预案。领导小组要定期召开会议，研究部署建设任务，集中力量解决带有全局性、战略性、前瞻性的重大问题，抓好各项工作的协调和督促。各县区也要成立相应领导机构，负责本县区生态文明建设工作。

17. 探索建立生态补偿机制。发挥市场在资源配置中的基础性作用，加强资源能源的市场化配置改革。按照"谁保护、谁受益"的原则，探索建立生态补偿机制，提高保护生态环境的积极性。积极争取自然保护区和重点生态功能区

生态补偿,建立祁连山、黑河流域生态补偿试验区。完善森林生态效益补偿机制,扩大生态公益林补偿范围,逐步提高生态公益林补偿标准。争取开展草原、湿地、水土保持生态效益补偿试点工作,落实补助政策。探索建立矿产资源开发的生态补偿,逐步落实矿山环境治理和生态恢复责任。

18. 构建多元投资机制。加强各项相关规费的征收、管理和使用,调整公共财政支出结构,建立生态文明建设财政资金稳定增长机制。充分发挥市场机制作用,按照"政府引导、社会参与、市场运作"原则,积极引导企业等社会资金参与城镇和农村污水处理设施、污水配套管网、垃圾处理设施等生态环保基础设施建设和经营。探索发展碳汇林业,积极探索建立林业碳汇交易机制。抓好国家有关发展生态经济、改善生态环境、加强资源节约的各项税收优惠政策的落实,加大对发展循环经济、推进清洁生产、节能减排、节地节水项目的政策扶持。

19. 实施激励问责机制。完善生态文明建设目标责任制,科学制定考核评估指标体系,积极开展工作绩效考核,并将考核结果纳入市对县区"四位一体"考核体系。认真落实生态环境责任追究制度,加大对破坏生态环境行为的处罚力度,对行政不作为或作为不当的实行问责,对在生态文明建设中作出突出贡献的单位和个人给予表彰奖励。

20. 落实社会各方协同机制。充分发挥企业在推进生态文明建设中的重要作用,引导企业履行社会责任,自觉控制污染、推行清洁生产、采用先进技术和工艺,追求绿色效益。充分发挥新闻舆论的导向和监督作用,广播、电视、报刊、网络等主流新闻媒体要广泛持久地开展多层次、多形式的生态文明建设宣传教育活动,加强对先进典型的总结和推广,形成推进生态文明建设的良好氛围。建立生态文明志愿者队伍,更好地发挥其在环保监督、环保宣传、环保专项行动等方面的作用。进一步提高广大干部群众投身生态文明建设的责任意识和参与意识,完善生态环境信息发布和重大项目公示、听证制度,构建多层次的公众参与平台,形成全社会关心、支持、参与和监督生态文明建设的强大合力。

二〇一〇年十二月十九日

附录四 张掖市森林动植物、昆虫、病害、天敌名录

一、张掖市野生动物名录

目	科	种	学名	地理分布	保护级别	备注
			1.两栖类			
无尾目			ANURA			
	蟾蜍科		Bufonidae			
		花背蟾蜍	*Bufo raddei*	全市	三有	[俗]癞蛤蟆
	蛙科		Ranidae			
		中国林蛙	*Rana chensinensis*	全市	省重点	[俗]哈士蟆
			2.爬行类			
龟鳖目			TESTUDOFORMES			
	淡水龟科		Bataguridae			
		乌龟	*Chinemys reevisii*	河西走廊	三有	
	鳖科		Trionychidae			
		鳖	*Trionys siensis*	河西走廊	三有	
			LACERTIFORMES			

续表

目	科	种	学名	地理分布	保护级别	备注
蜥蜴目	蜥蜴科		Lacertidae			
		密点麻蜥	*Eremias mutiocellata*	河西走廊	三有	[俗]麻蛇子、四脚蛇
		荒漠麻蜥	*E. przewalskii*	河西走廊	三有	[俗]麻蛇子、四脚蛇
		虫纹麻蜥	*E. vermiculata*	河西走廊	三有	[俗]麻蛇子、四脚蛇
蛇目			SERPENTIFORMES			
	蟒科		Boidae			
		红沙蟒	*Eryx miliaris*	河西走廊	三有	[俗]土公、两头齐
	奎科		Viperidae			
		中介蝮	*Gloydius intermedius*	全市	三有	[俗]七寸子

3.鸟类

目	科	种	学名	地理分布	保护级别	备注
䴙䴘目	䴙䴘科		PODICIPEDIFPRMES			
			Podicipedidae			
		凤头䴙䴘	*Podiceps cristatus*	河西走廊	三有	夏
鹈形目	鸬鹚科		PELECANIFORMES			
			Phalacrocoracidae			
		普通鸬鹚	*Phalacrocorax carbo*	河西走廊	三有	夏
鹳形目	鹭科		CICONIFORMES			
			Ardeidae			
		大白鹭	*Egrerra*	河西走廊	省重点、三有	旅[俗]白鹤
		池鹭	*Ardeola bacchus*	祁连山	三有	夏

续表

目	科	种	学名	地理分布	保护级别	备注
鹳形目		苍鹭	*Ardea cinerea*	河西走廊	三有	留
		黄斑苇鳽	*Ixobrychus sinensis*	河西走廊	三有	夏
	鹳科		Ciconiidae			
		黑鹳	*Ciconia nigra*	河西走廊	I	夏［俗］老鹳
雁形目			ANSERIFORMES			
	鸭科		*Anatidae*			
		灰雁	Anser anser	河西走廊	省重点、三有	夏［俗］大雁
		大天鹅	*Cygnus sygnus*	河西走廊	II	冬［俗］白天鹅
		小天鹅	*C. columbianus*	河西走廊	II	旅［俗］短嘴天鹅
		疣鼻天鹅	*C. olor*	河西走廊	II	旅
		翘鼻麻鸭	*Tadorna tadorna*	河西走廊	三有	夏
		赤麻鸭	*T. ferruginea*	全市	三有	夏
		绿翅鸭	*Anas crecca*	河西走廊	三有	旅
		绿头鸭	*A. platyrhyncgos*	河西走廊	三有	夏
		斑嘴鸭	*A. poecilorhyncha*	河西走廊	三有	夏
		琵嘴鸭	*A. clypeata*	祁连山	三有	旅
		白眼潜鸭	*A. nyroca*	河西走廊	三有	旅
		凤头潜鸭	*A. fuligula*	祁连山	三有	旅

续表

目	科	种	学名	地理分布	保护级别	备注
雁形目		红胸秋沙鸭	*Mergus serrator*	河西走廊	省重点	冬[俗]
		普通秋沙鸭	*M. marganser*	河西走廊	三有	旅
隼形目			FALCONIFORMES			
	鹰科		Accipitridae			
		鸢	*Milvus korschun*	全市	II	留[俗]老鹰
		苍鹰	*Accipiter gentilis*	祁连山	II	夏[俗]黄鹰
		雀鹰	*A. nisus*	祁连山	II	夏[俗]鹞子
		白头鹞	*Circus aeruginosus*	祁连山	II	夏[俗]鹞子
		白尾鹞	*C.cyaneus*	祁连山	II	冬[俗]白尾鹞子
		大鵟	*Buteo hemilasius*	河西走廊	II	留[俗]花豹
		普通鵟	*B. buteo*	祁连山	II	留[俗]土豹
		棕尾鵟	*B. rufinus*	河西走廊	II	留[俗]鸽虎
		金雕	*Aquila chrysaetos*	全市	I	留[俗]红头雕
		白肩雕	*A. heliaca*	祁连山	I	冬[俗]白膀子老雕
		草原雕	*A. rapax*	祁连山	II	留[俗]大花雕
		玉带海雕	*Haliaeetus leucoryphus*	祁连山	I	冬[俗]黑鹰

续表

目	科	种	学名	地理分布	保护级别	备注
隼形目		白尾海雕	*H. albicilla*	河西走廊	I	冬[俗]洁白雕
		短趾雕	*Circaetus ferox*	河西走廊	II	夏[俗]短趾鹰
		兀鹫	*Cyps fulvus*	祁连山、东大山	II	留[俗]秃鹫
		秃鹫	*Aegypius monachus*	祁连山、东大山	II	留[俗]狗头鹫
		金雕	*Aquila chrysaetos*	全市	I	留[俗]红头雕
		白肩雕	*A. heliaca*	祁连山	II	留[俗]狗头鹫
		胡兀鹫	*Gypaetus barbatus*	祁连山、东大山	I	留[俗]大胡子鹫
		鹗	*Pandion haliaetus*	河西走廊	II	夏[俗]鱼鹰
	隼科		Falconidae			
		猎隼	*Falco cherrug*	全市	II	留
		红隼	*F. tinnunculus*	全市	II	留[俗]红鹞子
		燕隼	*F. subbuteo*	河西走廊	II	夏[俗]青条子
鸡形目			GALLIFORMES			
	松鸡科		Tetraonidae			
		斑尾榛鸡	*Tetrastes sewerzowi*	祁连山	I	留[俗]松鸡子
	雉科		Phasianidae			

续表

目	科	种	学名	地理分布	保护级别	备注
鸡形目		淡腹雪鸡	*Tetraogallus tibetanus*	祁连山	II	留[俗]雪鸡
		暗腹雪鸡	*T. himalayensis*	祁连山、东大山	II	留[俗]雪鸡
		雉鹑	*Tetraophasis obscurus*	祁连山	I	留[俗]锈胸鸡
		石鸡	*Alectoris chukar*	祁连山、东大山	三有	留
		斑翅山鹑	*Perdix dauuricae*	祁连山、东大山	三有	留
		高原山鹑	*P. hodgsoniae*	祁连山	三有	留
		血雉	*Ithaginis cruentus*	祁连山	II	留[俗]柳鸡
		蓝马鸡	*Crossoptilon auritum*	祁连山	II	留[俗]马鸡
		雉鸡	*Phasianus calchicus*	全市	三有	留
鹤形目			GRUIFORMES			
	鸨科		Otidae			
		大鸨	*Otis tarda*	河西走廊	I	旅
	秧鸡科		Rallidae			
		普通秧鸡	*Rallus aquaticus*	河西走廊	三有	留
		骨顶鸡	*Fulica atra*	河西走廊	三有	夏
	鹤科		Gruidae			
		灰鹤	*Grus grus*	全市	II	旅[俗]鹐噜雁
		蓑羽鹤	*Anthropoides virgo*	河西走廊	II	旅[俗]小灰顶鹤

续表

目	科	种	学名	地理分布	保护级别	备注
鸻形目			CHARADRIIFORMES			
	鸻科		Charadiidae			
		凤头麦鸡	*Vanellus vanellus*	河西走廊	国家三有	夏
		金[斑]鸻	*Pluvialis dominica*	河西走廊	国家三有	旅
		金眶鸻	*Charadrius dubius*	河西走廊	国家三有	夏
		环颈鸻	*C. alexandrinus*	河西走廊	国家三有	夏
	鹬科		Scolopacidae			
		黑尾塍鹬	*Limosa lisoma*	河西走廊	国家三有	旅
		鹤鹬	*Tringa erythropus*	河西走廊	国家三有	夏
		红脚鹬	*T. totanus*	河西走廊	国家三有	夏
		白腰草鹬	*T. ochropus*	全市	国家三有	夏
		林鹬	*T. glareola*	河西走廊	国家三有	旅
		矶鹬	*T. hypoleucos*	河西走廊	国家三有	夏
		扇尾沙锥	*Capella gallinago*	全市	国家三有	夏
		红颈滨鹬	*Calidris rufficollis*	河西走廊	国家三有	旅
		长趾滨鹬	*C. subminuta*	东大山	国家三有	旅
		青脚滨鹬	*C. temminchii*	河西走廊	国家三有	旅
		弯嘴滨鹬	*C. ferruginea*	东大山	国家三有	旅
	反嘴鹬科		Recurvirostridae			
		黑翅长脚鹬	*Himantopus imantopus*	河西走廊	国家三有	夏
鸥形目			LARIFORMES			
	鸥科		Laridae			
		鱼鸥	*Larus ichthyaetus*	河西走廊	省重点	夏[俗]钓鱼郎

续表

目	科	种	学名	地理分布	保护级别	备注
鸥形目		遗鸥	*L.relictus*	河西走廊	Ⅰ	旅[俗]钓鱼郎
		红嘴鸥	*L.ridibundus*	河西走廊	三有	夏
		棕头鸥	*L.brunnicephalus*	河西走廊	三有	旅
		普通燕鸥	*Sterna hirundo*	河西走廊	三有	夏
鸽形目			COLUMBIFORMES			
	沙鸡科		Pteroclididae			
		毛腿沙鸡	*Syrrhaptes paradoxus*	河西走廊	三有	留
	鸠鸽科		Columbidae			
		岩鸽	*Columba rupestris*	祁连山、东大山	三有	留
		雪鸽	*C.leuconota*	祁连山	省重点	留[俗]雪鹁鸽
		中亚鸽	*C.eversmanni*	祁连山	三有	留
		欧斑鸠	*Streptopelia turtur*	河西走廊	三有	夏
		山斑鸠	*S.orientalis*	全市	三有	
		火斑鸠	*Oenopopelia tranquebarica*	河西走廊	三有	夏
鹃形目			CUCULIFORMES			
	杜鹃科		Cuculidae			
		大杜鹃	*Cuculus canurus*	全市	三有	夏
鸮形目			STRIGIFORMES			
	鸱鸮科		Strigidae			
		雕鸮	*Bubo bubo*	河西走廊	Ⅱ	留[俗]恨狐、猫头鹰
		纵纹腹小鸮	*Athene noctus*	全市	Ⅱ	留[俗]鸱鸮子
		长耳鸮	*Asio otus*	河西走廊	Ⅱ	留[俗]长耳猫头鹰

续表

目	科	种	学名	地理分布	保护级别	备注
鸮形目		短耳鸮	*A.flammeus*	河西走廊	II	留[俗]猫头鹰
		鬼鸮	*Aegolius funereus*	祁连山	II	留[俗]鬼鸮子
夜鹰目			CAPRIMULGIFORMES			
	夜鹰科		Caprimulgidae			
		欧夜鹰	*Caprimulgus europaeus*	河西走廊	三有	夏
雨燕目			APODIFORMES			
	雨燕科		Apodidae			
		普通楼燕	*Apus apus*	河西走廊	三有	夏
		白腰雨燕	*A.pacificus*	祁连山	三有	夏
佛法僧目			CORACIIFORMES			
			Upupidae			
	戴胜科		Upupa epops			
		戴胜	*Upupa epops*	全市	三有	留
䴕形目			PICIFORMES			
	啄木鸟科		Picidae			
		蚁䴕	*Jynx torquilla*	祁连山	三有	夏
		黑啄木鸟	*Dryocopus martius*	祁连山	三有	夏
		大斑啄木鸟	*Picoides major*	全市	三有	留
		三趾啄木鸟	*P. tridactylus*	祁连山	三有	留
雀形目			PASSERIFORMES			
	百灵科		Alaudidae			
		云雀	*Alauda arvensis*	祁连山	三有	夏
		角百灵	*Eremophila alpestris*	全市	三有	留
	燕科		Hirundinidae			

续表

目	科	种	学名	地理分布	保护级别	备注
雀形目		毛脚燕	*Delichon urbica*	祁连山	三有	夏
		家燕	*Hirundo rastica*	河西走廊	三有	夏
		金腰燕	*H. daurica*	河西走廊	三有	夏
		岩燕	*Ptyonoprogne rupestris*	祁连山	三有	留
	鹡鸰科		Motacillidae			
		黄鹡鸰	*Motacilla flava*	河西走廊	三有	夏
		黄头鹡鸰	*M. citreola*	东大山	三有	夏
		灰鹡鸰	*M. cinerea*	祁连山、东大山	三有	夏
		白鹡鸰	*M. alba*	全市	三有	夏
		树鹨	*Anthus hodgsoni*	祁连山	三有	夏
		草地鹨	*A. pratensis*	河西走廊	三有	旅
		粉红胸鹨	*A. roseatus*	祁连山	三有	夏
	太平鸟科		Bombycillidae			
		太平鸟	*Bombycilla garullus*	祁连山	三有	冬
	伯劳科		Laniidae			
		红尾伯劳	*Lanius cristatus*	河西走廊	三有	夏
		灰背伯劳	*L. tephronotus*	祁连山、东大山	三有	夏
		灰伯劳	*L. excubitor*	河西走廊	三有	旅
		楔尾伯劳	*L. sphenocercus*	河西走廊	三有	旅
	椋鸟科		Sturnidae			
		北椋鸟	*Sturnus sturninus*	河西走廊	三有	旅
		粉红椋鸟	*S. roseus*	河西走廊	三有	旅
		紫翅椋鸟	*S. vulgaris*	河西走廊	三有	旅
		灰椋鸟	*S. cineraceus*	河西走廊	三有	旅

续表

目	科	种	学名	地理分布	保护级别	备注
雀 形 目	鸦科		Corvidae			
		灰喜鹊	*Cyanopica cyana*	祁连山	三有	留
		喜鹊	*Pica pica*	河西走廊	三有	留
		秃鼻乌鸦	*Corvus frugilegus*	河西走廊	三有	留
		渡鸦	*C.corax*	河西走廊	省重点	夏［俗］大老鸹
	岩鹨科		Prunellidae			
		棕眉山岩鹨	*Prunella montanella*		三有	冬
	鹟科		Muscicapidae			
		红喉歌鸲	*Luscinia calliope*	祁连山	三有	夏
		蓝喉歌鸲	*L. svecica*	河西走廊	三有	旅
		红胁蓝尾鸲	*Tarsiger cyanurus*	河西走廊	三有	旅
		贺兰山红尾鸲	*Phoenicurus alaschanicus*	祁连山、东大山	三有	留
		北红尾鸲	*P. auroreus*	祁连山	三有	夏
		黑喉石䳭鸟	*Saxicola torquata*	祁连山	三有	夏
		白眉地鸫	*Zoothera sibiria*	祁连山	三有	旅
		白腹鸫	*Turdus pallidus*	河西走廊	三有	旅
		棕背黑头鸫	*T. Kessleri*	祁连山	三有	留
		山噪鹛	*Garrulax davidi*	祁连山、东大山	三有	留
		橙翅噪鹛	*G. ellioti*	祁连山	三有	留
		山鹛	*Rhopophilus pekinensis*	河西走廊	三有	留
		大苇莺	*Acrocephalu sarundinac-eus*	河西走廊	三有	夏

续表

目	科	种	学名	地理分布	保护级别	备注
		黄腹柳莺	*Phylloscopus affinis*	祁连山	三有	夏
		棕眉柳莺	*P. armandii*	祁连山	三有	夏
		黄眉柳莺	*P. inornatus*	祁连山	三有	夏
		黄腰柳莺	*P. proregulus*	祁连山	三有	夏
		乌嘴柳莺	*P. magnirostris*	河西走廊	三有	夏
		暗绿柳莺	*P. trochiloides*	河西走廊	三有	留
		戴菊	*Regulus regulus*	祁连山	三有	留
		凤头雀莺	*Lophobasileus elegans*	祁连山、东大山	三有	留
雀		红喉［姬］鹟	*Ficedula parva*	祁连山	三有	旅
	山雀科		Paridae			
		大山雀	*Parus major*	祁连山	三有	留
形		煤山雀	*P. ater*	祁连山	三有	留
		黑冠山雀	*P. rubidiventris*	祁连山、东大山	三有	留
		褐头山雀	*P. montanus*	祁连山	三有	留
		白眉山雀	*P. superciliosus*	祁连山	三有	留
目		银喉［长尾］山雀	*Aegithalos caudatus*	祁连山	三有	留
	文鸟科		*Ploceidae*		三有	
		［树］麻雀	*Passer ammodendri*	祁连山、东大山	三有	留
	雀科		Fringillidae		三有	
		燕雀	*Fringilla motifringilla*	全市	三有	旅
		金翅［雀］	*Carduelis sinica*	全市	三有	留
		黄嘴朱顶雀	*C. flavirostris*	祁连山、东大山	三有	留
		拟大朱雀	*Carpodacus rubicilloides*	祁连山、东大山	三有	留

续表

目	科	种	学名	地理分布	保护级别	备注
雀形目		红胸朱雀	*C. puniceus*	祁连山	三有	留
		红眉朱雀	*C. pulcherrimus*	祁连山	三有	留
		白眉朱雀	*C. thura*	祁连山	三有	留
		普通朱雀	*C. erythrinus*	全市	三有	夏
		北朱雀	*C. roseus*	祁连山	三有	旅
		红交嘴雀	*Loxia curvirosta*	祁连山	三有	留
		灰头灰雀	*Pyrrhula erythaca*	祁连山	三有	留
		白头鹀	*Emberiza leucocephala*	祁连山	三有	留
		灰头鹀	*E. spodocephala*	祁连山	三有	留
		灰眉岩鹀	*E. cia*	祁连山	三有	留
		田鹀	*E. rustica*	东大山	三有	旅
		红颈苇鹀	*E. yessoensis*	东大山	三有	旅
		苇鹀	*E. pallasi*	河西走廊	三有	冬
		芦鹀	*E. schoeniclus*	河西走廊	三有	冬
		铁爪鹀	*Calcarius lapponicus*	祁连山	三有	旅

4. 兽类

目	科	种	学名	地理分布	保护级别	备注
食虫目			INSECTIVORA			
	猬科		Erinaceidae			
		达乌尔猬	*Hemiechinus dauricus*	河西走廊	三有	
翼手目			CHIROPTERA			
	蝙蝠科		Vespertilionidae			
		大棕蝠	*Eptesicus serotinus*	全市	三有	
		兔耳蝠	*Plecotus auritus*	全市	三有	

续表

目	科	种	学名	地理分布	保护级别	备注
兔形目			LAGOMORPHA			
	兔科		Leporidae			
		草兔	*Lepus capensis*	河西走廊	三有	
		灰尾兔	*L. oiostolis*	祁连山	三有	
啮齿目			RODENTIA			
	松鼠科		Ssiuridae			
		花鼠	*Eutamias sibiricus*	全市	三有	
食肉目			CARNIVORA			
	熊科		Ursidae			
		棕熊	*Ursus arctos*	祁连山	II	[俗]马熊
	鼬科		Mustelidae			
		石貂	*M. foina*	祁连山	II	[俗]崖貂
		虎鼬	*Vormela peregusna*	河西走廊	三有	
		艾鼬	*Mustela eversmanni*	全市	三有	
		香鼬	*M. altaica*	祁连山	三有	
		狗獾	*Meles meles*	全市	三有	
		水獭	*Lutra lutra*	祁连山	II	渔业行政部门主管
	猫科		Felidae			
		雪豹	*Panthera uncia*	祁连山	I	[俗]艾叶豹
		猞猁	*Lynx lynx*	祁连山	II	[俗]猞猁狲、马猞猁
		兔狲	*Felis manul*	全市	II	[俗]玛瑙、羊猞猁
		荒漠猫	*F.bieti*	河西走廊	II	[俗]野猫
		草原斑猫	*F.silvestris*	全市	II	[俗]野猫

续表

目	科	种	学名	地理分布	保护级别	备注
食肉目	犬科		Canidae			
		豺	*Cuon alpinus*	祁连山	Ⅱ	[俗]豺狗
		狼	*Canis lapus*	祁连山、东大山	三有	
		赤狐	*Vulpes vulpes*	祁连山、河西走廊	省重点	[俗]野狐
		沙狐	*V. corsae*	祁连山、河西走廊	省重点	[俗]草狐
奇蹄目			PERISSODACTYLA			
	马科		Equidae			
		西藏野驴	*Equus kiang*	祁连山	Ⅰ	[俗]野驴、野马
偶蹄目			ARTIODACTYLA			
	麝科		Moschidae			
		马麝	*Moschus sifanicus*	祁连山	Ⅰ	[俗]香獐
	鹿科		Cervidae			
		马鹿	*Cervus elaphus*	祁连山、东大山	Ⅱ	[俗]白臀鹿、青鹿
		白唇鹿	*C. albirostris*	祁连山	Ⅰ	[俗]黄鹿
		狍	*Cpreolus capreolus*	祁连山、东大山	省重点	[俗]狍鹿
	牛科		Bovidae			
		黄羊	*Procapra gutturosa*	河西走廊	Ⅱ	[俗]短尾巴黄羊
		普氏原羚	*P. przewalskii*	河西走廊	Ⅰ	[俗]滩黄羊
		藏原羚	*P. picticaudata*	祁连山	Ⅱ	[俗]白屁股黄羊
		鹅喉羚	*Gazella subgutturosa*	河西走廊	Ⅱ	[俗]粗脖黄羊

续表

目	科	种	学名	地理分布	保护级别	备注
偶蹄目		野牦牛	*Bos grunnieus*	祁连山	I	[俗]牦牛
		盘羊	*Ovis ammon*	祁连山	II	[俗]大头羊
		岩羊	*Pseudois nayaur*	祁连山、东大山	II	[俗]石羊、青羊

注:本表备注栏内的"留"表示留鸟,"夏"表示夏候鸟,"冬"表示冬候鸟,"旅"表示旅鸟,"[俗]"表示俗名或地方名。

二、张掖市珍贵动物名录

目			学名	地理分布	保护级别	备注
食肉目			CARNIVORA			
	熊科		Ursidae			
		棕熊	*Ursus arctos*	祁连山	II	[俗]马熊
	鼬科		Mustelidae			
		石貂	*Martes foina*	祁连山	II	[俗]崖貂
		水獭	*Lutra lutra*	祁连山	II	[俗]鱼猫、水狗
	猫科		Felidae			
		雪豹	*Panthera uncia*	祁连山	I	[俗]艾叶豹
		猞猁	*Lynx lynx*	祁连山	II	[俗]猞猁狲、马猞猁
		兔狲	*Felis manul*	全市	II	[俗]玛瑙、羊猞猁
		荒漠猫	*F. bieti*	河西走廊	II	[俗]野猫

续表

目			学名	地理分布	保护级别	备注
		草原斑猫	*F. silvestris*	全市	II	[俗]野猫
	犬科		Canidae			
		豺	*Cuon alpinus*	祁连山	II	[俗]豺狗
奇蹄目			PERISSODACTYLA			
	马科		Equidae			
		西藏野驴	*Equus kiang*	祁连山	I	[俗]野驴、野马
偶蹄目			ARTIODACTYLA			
	麝科		Moschidae			
		马麝	*Moschus sifanicus*	祁连山	I	[俗]香獐
	鹿科		Cervidae			
		马鹿	*Cervus elaphus*	祁连山、东大山	II	[俗]白臀鹿、青鹿
		白唇鹿	*C. albirostris*	祁连山	I	[俗]黄鹿
	牛科		Bovidae			
		黄羊	*Procapra gutturosa*	河西走廊	II	[俗]短尾巴黄羊
		普氏原羚	*P. przewalskii*	河西走廊	I	[俗]滩黄羊
		藏原羚	*P. picticaudata*	祁连山	II	[俗]白屁股黄羊
		鹅喉羚	*Gazella subgutturosa*	河西走廊	II	[俗]粗脖黄羊
		野牦牛	*Bos grunnieus*	祁连山	I	[俗]牦牛
		盘羊	*Ovis ammon*	祁连山	II	[俗]大头羊
		岩羊	*Pseudois nayaur*	祁连山、东大山	II	[俗]石羊、青羊

续表

目			学名	地理分布	保护级别	备注
鹳形目			CICONIFORMES			
	鹳科		Ciconiidae			
		黑鹳	*Ciconia nigra*	河西走廊	I	夏[俗]老鹳
雁形目			ANSERIFORMES			
	鸭科		Anatidae			
		大天鹅	*Cygnus sygnus*	河西走廊	II	冬[俗]白天鹅
		小天鹅	*C. columbianus*	河西走廊	II	旅[俗]短嘴天鹅
		疣鼻天鹅	*C. olor*	河西走廊	II	旅
隼形目			FALCONIFORMES			
	鹰科		Accipitridae			
		鸢	*Milvus korschun*	全市	II	留[俗]老鹰
		苍鹰	*Accipiter gentilis*	祁连山	II	夏[俗]黄鹰
		雀鹰	*A. nisus*	祁连山	II	夏[俗]鹞子
		白头鹞	*Circus aeruginosus*	祁连山	II	夏[俗]鹞子
		白尾鹞	*C. cyaneus*	祁连山	II	冬[俗]白尾鹞子
		大鵟	*Buteo hemilasius*	河西走廊	II	留[俗]花豹
		普通鵟	*B. buteo*	祁连山	II	留[俗]土豹
		棕尾鵟	*B. rufinus*	河西走廊	II	留[俗]鸽虎
		金雕	*Aquila chrysaetos*	全市	I	留[俗]红头雕
		白肩雕	*A. heliaca*	祁连山	I	冬[俗]白膀子老雕
		草原雕	*A. rapax*	祁连山	II	留[俗]大花雕
		玉带海雕	*Haliaeetus leucoryphus*	祁连山	I	冬[俗]黑鹰

续表

目			学名	地理分布	保护级别	备注
		白尾海雕	H. albicilla	河西走廊	I	冬[俗]洁白雕
		短趾雕	Circaetus ferox	河西走廊	II	夏[俗]短趾鹰
		兀鹫	Cyps fulvus	祁连山、东大山	II	留[俗]秃鹫
		秃鹫	Aegypius monachus	祁连山、东大山	II	留[俗]狗头鹫
		胡兀鹫	Gypaetus barbatus	祁连山、东大山	I	留[俗]大胡子鹫
		鹗	Pandion haliaetus	河西走廊	II	夏[俗]鱼鹰
	隼科		Falconidae			
		猎隼	Falco cherrug	全市	II	留
		短趾雕	Circaetus ferox	河西走廊	II	夏[俗]短趾鹰
		红隼	F.tinnunculus	全市	II	留[俗]红鹞子
		燕隼	F.subbuteo	河西走廊	II	夏[俗]青条子
鸡形目			GALLIFORMES			
	松鸡科		Tetraonidae			
		斑尾榛鸡	Tetrastes sewerzowi	祁连山	I	留[俗]松鸡子
	雉科		Phasianidae			
		淡腹雪鸡	Tetraogallus tibetanus	祁连山	II	留[俗]雪鸡
		暗腹雪鸡	T.himalayensis	祁连山、东大山	II	留[俗]雪鸡
		雉鹑	Tetraophasis obscurus	祁连山	I	留[俗]锈胸鸡
		血雉	Ithaginis cruentus	祁连山	II	留[俗]柳鸡
		蓝马鸡	Crossoptilon auritum	祁连山	II	留[俗]马鸡
鹤形目			GRUIFORMES			

续表

目			学名	地理分布	保护级别	备注
	鸨科		Otidae			
		大鸨	*Otis tarda*	河西走廊	Ⅰ	旅
	鹤科		Gruidae			
		灰鹤	*Grus grus*	全市	Ⅱ	旅[俗]鹊噜雁
		蓑羽鹤	*Anthropoides virgo*	河西走廊	Ⅱ	旅[俗]小灰顶鹤
鸥形目			LARIFORMES			
	鸥科		Laridae			
		遗鸥	*Larus relictus*	河西走廊	Ⅰ	旅[俗]钓鱼郎
鸮形目			STRIGIFORMES			
	鸱鸮科		Strigidae			
		雕鸮	*Bubo bubo*	河西走廊	Ⅱ	留[俗]恨狐、猫头鹰
		纵纹腹小鸮	*Athene noctus*	全市	Ⅱ	留[俗]鸱鸮子
		长耳鸮	*Asio otus*	河西走廊	Ⅱ	留[俗]长耳猫头鹰
		短耳鸮	*A.flammeus*	河西走廊	Ⅱ	留[俗]猫头鹰
		鬼鸮	*Aegolius funereus*	祁连山	Ⅱ	留[俗]鬼鸮子

三、张掖市高等植物名录

科中文名	科拉丁名	属拉丁名	种拉丁名
	属中文名	种中文名	
蕨类植物门 Pteridophyta			
木贼科	Equisetaceae		
	木贼属	*Equisetum*	
		问荆	*arvense* Linn.
		节节草	*ramosissimum* Desf.
中国蕨科	Sinopteridaceae		
	粉背蕨属	*Aleuritopteris*	
		银粉背蕨	*Aargentea*（Gmel.）Fee
	珠蕨属	*Cryptogramma*	
		稀叶珠蕨	*stelleri*（S. G. Gmel.）Prantl
铁线蕨科	Adiantaceae		
	铁线蕨属	*Adiantum*	
		掌叶铁线蕨	*pedatum* Linn.
蹄盖蕨科	Athyriaceae		
	短肠蕨属	*Allantodia*	
		黑鳞短肠蕨	*crenata*（Sommerf.）Ching
	羽节蕨属	*Gymnocarpium*	
		羽节蕨	*jessoense*（Koidz.）Koidz.
	冷蕨属	*Cystopteris*	
		高山冷蕨	*montana*（Lam.）Bernh.
	蹄盖蕨属	*Athyrium*	
		中华蹄盖蕨	*sinense* Rupr.

续表

科中文名	科拉丁名	属拉丁名	种拉丁名
	属中文名	种中文名	
鳞毛蕨科	ryopteridaceae		
	鳞毛蕨属	*Dryopteris*	
		齿头鳞毛蕨	*D. labordei*（Christ）C. Chr.
	耳蕨属	*Polystichum*	
		耳蕨	*P. auriculatum*（Linn.）Presl
水龙骨科	Polygodiaceae		
	瓦韦属	*Lepisorus*	
		扭瓦韦	*L. contortus*（Christ）Ching
	槲蕨属	*Drynaria*	
		中华槲蕨	*D. baronii* Ching
裸子植物门 Gymnospermae			
松科	Pinaceae		
	云杉属	*Picea*	
		青海云杉	*picea crassifolia* Kom.
	松属	*Pinus*	
		油松	*pinus. tabulaeformis* Carr.
	落叶松属	*Larix*	
		华北落叶松	*L. principis-rupprechtii* Mayr
柏科	Cupressaceae		
	圆柏属	*Sabina*	
		祁连山圆柏	*S. przewalskii* Kom.
		爬地柏	*S. vulgaris* Ant.
	刺柏属	*Juniperus*	
		刺柏	*S. formosana* Hayata
	侧柏属	*Platyciadus*	
		侧柏	*P. orientalis*(L)Franco

续表

科中文名	科拉丁名	属拉丁名	种拉丁名
	属中文名	种中文名	
麻黄科	Ephedraceae		
	麻黄属	*Ephedra*	
		木贼麻黄	*E. equisetina* Bge
		中麻黄	*E. intermedia* Schrenk ex Mey.
		单子麻黄	*E. monosperma* Gmel. ex Mey.
		膜果麻黄	*E. Przewalskii* Stapf.
被子植物门 ANGROSPERMAE			
双子叶植物纲 Dicotyledoncae			
杨柳科	Salicaceae		
	杨属	*Populus*	
		胡杨	*P. euphratica* Oliv.
		新疆杨	*P. alba* var. *pyramidalis* Bge.
		青杨	*P. cathayana* Rehd.
		山杨	*P. davidiana* Dode
		二白杨	*P. gansuensis* C. Wang et H. L. Yang
		小青杨	*P. pseudo-simonii* Kitag.
		响叶杨	*P. pseudo-tomentosa* C. Wang et Tung
		长序杨	*P. pseudoglauca* C. Wang et P. Y. Fu
		冬瓜杨	*P. purdomii* Rehd.
		小叶杨	*P. simonii* Carr.
		毛果小叶杨	*P. simonii* Carr. var. *przewalskii* C. Wang et Tung
		箭杆杨	*P. simonii* Carr. var. *thevestina* Bean
	柳属	*Salix*	
		白柳	*S. alba* L.

续表

科中文名	科拉丁名	属拉丁名	种拉丁名
	属中文名	种中文名	
		垂柳	*S. babylonica* L.
		陇山柳	*S. characta* Schneid.
		乌柳	*S. cheilophila* Schneid.
		吉拉柳	*S. gilashanica* C. Wang et P. Y. Fu
		旱柳	*S. matsudana* Koidz.
		山生柳	*S. oritrepha* Schneid.
		康定柳	*S. paraplesia* Schneid.
		红皮柳	*S. purpurea* L.
		小叶青海柳	*S. qinghaiensis* var. *microphylla* Y. L. Chou
		川滇柳	*S. rehderiana* Schneid.
		山丹柳	*S. shandanensis* C. F. Fang
		中国黄花柳	*S. sinica*（Hao）C. Wang et C. F. Fang
		青海柳	*S. qinghaiensis* Y.L.Chou.
		洮河柳	*S. taoensis* Gorz
		线叶柳	*S. wilhelmsiana* M.B.
		光果线叶柳	*wilhelmsiana* M. B. var. *leiocarpa* Ch. Y. Yang
		杯腺柳	*S. Cupularis* Rehd.
胡桃科	Juglandaceae		
	胡桃属	*Juglans*	
		胡桃	*J. regia* Linn.
桦木科	Betulaceae		
	桦木属	*Betula*	
		红桦	*B. albo-sinensis* Burk.
		白桦	*B. platyphylla* Suk.
		糙皮桦	*B. utilis* D. Don
	虎榛子属	*Ostryopsis*	
		虎榛子	*O. davidiana* Decne.

续表

科中文名	科拉丁名	属拉丁名	种拉丁名
	属中文名	种中文名	
榆科	*Ulmaceae*		
	榆属	*Ulmus*	
		旱榆	*glaucescens* Franch.
		大果榆	*macrocarpa* Hance
		榆	*H. pumila* Linn.
		垂榆	*M. pumila L.* var. *pendula*
		园冠榆	*H. densa*Litw.
桑科	Moraceae		
	桑属		Morus
		桑	*M. alba* L.
	葎草属	*Humulus*	
		葎草	*Scandens* Set.
荨麻科	Urticaceae		
	荨麻属	*Urtica*	
		麻叶荨麻	*U. cannabina* L.
		毛果荨麻	*U. triangularis* Hand.–Mazz.subsp. trichocarpa C.J.Chen
		羽裂荨麻	*U. triangularis* Hand.–Mazz. subsp. *pinnatifida*（Hand.–Mazz.）C.J.Chen
		宽叶荨麻	*U. laetevirens* Maxim.
檀香科	Santalaceae		
	百蕊草属	*Thesium*	
		长叶百蕊草	*T. longifolium* Turcz.
桑寄生科	Loranthaceae		
	槲寄生属	*Viscum*	
		槲寄生	*U. coloratum*（Kom.）Nakai
蓼科	Polygonaceae		
	蓼属	*Polygonum*	
		头状蓼	*P. alatum* Buch–Ham

续表

科中文名	科拉丁名	属拉丁名	种拉丁名
	属中文名	种中文名	
		扁蓄	*P. aviculare* Linn.
		拳蓼	*P. bistorta* Linn.
		卷茎蓼	*P. convolvulus* Linn.
		稀花蓼	*P. dissitiflorum* Hemsl.
		水蓼	*P. hydropiper* Linn.
		酸模叶蓼	*P. lapathifolium* Linn.
		圆穗蓼	*P. macrophyllum* D.D
		毛蓼	*P. barbatum* L.
		西伯利亚蓼	*P. sibiricum* Laxm.
		珠芽蓼	*P. viviparum* Linn.
	何首乌属	Fallopia	
		何首乌	*F. multiflorL.* Thunb.
	荞麦属	*Fagopyrum*	
		苦荞麦	*F. tataricum*（Linn.）Gaertn.
	酸模属	*Rumex*	
		酸模	*R. acetosa* Linn.
		皱叶酸模	*R. crispus* Linn.
		尼泊尔酸模	*R. nepalensis* Spreng.
		巴天酸模	*R. patientia* Linn.
	大黄属	*Rheum*	
		掌叶大黄	*Rh. palmatum* Linn.
		小大黄	*Rh. pumilum* Maxim.
		歧穗大黄	*Rh. Przewalskyi* A.Los

续表

科中文名	科拉丁名	属拉丁名	种拉丁名
	属中文名	种中文名	
		单脉大黄	*Rh. uninerve* Maxim.
藜科	Chenopodiaceae		
	轴藜属	*Axyris*	
		轴藜	*A. amaranthoides* Linn.
	滨藜属	*Atriplex*	
		中亚滨藜	*At. centralasiatica* Iljin
		大苞滨藜	*At. centralasiatica* Iljin. var. *mega lotheca* (M. Pop.)G. L. Chu
		野滨藜	*At. fera* (Linn.) Bunge
	藜属	*Chenopodium*	
		菊叶香藜	*C. foetidum* Schrad.
		球花藜	*C. foliosum* (Moench) Aschers.
		灰绿藜	*C. glaucum* Linn.
		杂配藜	*C. hybridum* Linn.
		小白藜	*C. iljinii* Golosk.
		平卧藜	*C. prostratum* Bunge
		圆头藜	*C. strictum* Roth
	虫实属	*Corispermum*	
		中亚虫实	*C. heptapotamicum* Lljin
	盐生草属	*Halogeton*	
		白茎盐生草	*H. arachnoideus* Moq.
		盐生草	*H. arachnoideus* (Bieb.)C.A.Mey.
	盐爪爪属	*Kalidium*	
		尖叶盐爪爪	*K. cuspidatum* (Ung.−Sternb.) Grub.

续表

科中文名	科拉丁名	属拉丁名	种拉丁名
	属中文名	种中文名	
		细枝盐爪爪	*K. gracile* Fenzl
	地肤属	*Kochia*	
		地肤	*K. scoparia*（Linn.）Schrad.
	盐角草属	*Salicornia*	
		盐角草	*S. europaea* Linn.
	猪毛菜属	*Salsola*	
		蒿叶猪毛菜	*S. abrotanoides* Bunge
		木本猪毛菜	*S. arbuscula* Pall.
		猪毛菜	*S. collina* Pall.
		松叶猪毛菜	*S. laricifolia* Turcz. ex Litv.
		珍珠猪毛菜	*S. passerina* Bunge
		刺沙蓬	*S. ruthenica* lljin
	碱蓬属	*Suaeda*	
		角果碱蓬	*S. corniculata*（C. A. Mey.）Bunge
		碱蓬	*S. glauca*（Bunge）Bunge
	合头草属	*Sympegma*	
		合头草	*Sy. regelii* Bunge
石竹科	Caryophyllaceae		
	驼绒藜属	*Ceratoides*	
		华北驼绒藜	C. arborescens
		垫状驼绒藜	C. compacta
		驼绒藜	C. latens
	蚤缀属	*Arenaria*	

续表

科中文名	科拉丁名	属拉丁名	种拉丁名
	属中文名	种中文名	
		甘肃雪灵芝	A. kansuensis Maxim.
		福禄草(西北蚤缀)	A. przewalskii Maxim.
		蚤缀	A. serpyllifolia Linn.
	卷耳属	Cerastium	
		卷耳	C. arvense Linn.
		簇生卷耳	C. fontanum Baumg. subsp. triviale (Link) Jalas
	石竹属	Dianthus	
		石竹	D. chinensis Linn.
		瞿麦	D. superbus Linn.
	裸果木属	Gymnocarpos	
		裸果木	G. przewalskii Maxim.
	石头花属	Gypsophila	
		尖叶霞草	Gy. acutifolia
	薄蒴草属	Lepyrodiclis	
		薄蒴草	L. holosteoides (C.A.Mey.)Fisch. et Mey.
	蝇子草属	Silene	
		女娄菜	S. apricum Turcz. ex Disch.et.Mey
		石生蝇子草	S. tatarinowii Regel
		麦瓶草	S. conoidea Linn.
		蔓茎蝇子草	S. repens Patr.
	孩儿参属	Pseudostellaria	
		蔓孩儿参	P. davidii (Franch.) Pax
	繁缕属	Stellaria	
		贺兰山繁缕	S. alaschanica Y. Z. Zhao

续表

科中文名	科拉丁名	属拉丁名	种拉丁名
	属中文名	种中文名	
		垫状繁缕	S. decumberis Edgew.
		禾叶繁缕	S. graminea Linn.
		叉歧繁缕	S. dichotoma Linn.
		伞花繁缕	S. umbellata Turcz.
	麦蓝菜属	Vaccaria	
		麦蓝菜	V. segetalis（Neck.）Garcke
毛茛科	Ranunculaceae		
	乌头属	Aconitum	
		祁连山乌头	chilienshanicum W. T. Wang
		露蕊乌头	A. gymnandrum Maxim.
		铁棒锤	A. pendulum Busch
		高乌头	A. sinomontanum Nakai
		甘青乌头	tanguticum（Maxim.）Stapf
	类叶升麻属	Actaea	
		类叶升麻	A. asiatica Hara
	侧金盏花属	Adonis	
		蓝侧金盏花	Ad.coerulea Maxim.
	银莲花属	Anemone	
		钝裂银莲花	A. obtusiloba D. Don
		草玉梅	A. rivularis Buch.–Ham.
		小花草玉梅	A. rivularis var. flore–minore Maxim.
		近羽裂银莲花	A. subpinnata W. T. Wang
	耧斗菜属	Aquilegia	
		无距耧斗菜	A. ecalcarata Maxim.
		甘肃耧斗菜	A. var. kansuensis Bruhl

续表

科中文名	科拉丁名	属拉丁名	种拉丁名
	属中文名	种中文名	
		耧斗菜	*A. viridiflora* Pall.
	水毛茛属	*Batrachium*	
		水毛茛	*B. bungei*（Steud.）L. Liou
	驴蹄草属	*Caltha*	
		驴蹄草	*C. palustris* Linn.
	升麻属	*Cimicifuga*	
		升麻	*C. foetida* Linn.
	星叶草属	*Circaeaster*	
		星叶草	*C. agrestis* Maxim.
	铁线莲属	*Clematis*	
		芹叶铁线莲	*C. aethusifolia* Turcz.
		短尾铁线莲	*C. brevicaudata* DC.
		灰叶铁线莲	*C. canescens*（Turcz.）W. T. Wang et M. C. Chang
		灌木铁线莲	*C. fruticosa* Turcz.
		黄花铁线莲	*C. intricata* Bunge
		小叶铁线莲	*C. nannophylla* Maxim.
		甘青铁线莲	*C. tangutica*（Maxim.）Korsh.
	翠雀属	*Delphinium*	
		白蓝翠雀花	*D. albocoeruleum* Maxim.
		三出翠雀花	*D. biternatum* Huth
		蓝翠雀花	*D. caeruleum* Jacq. ex Camb.
		单花翠雀花	*D. candela brum* var. *monanthum*（Hand.-Mazz.）W. T. Wang
		翠雀	*D. grandiflorum* Linn.

张掖市林业志

续表

科中文名	科拉丁名	属拉丁名	种拉丁名
	属中文名	种中文名	
		大通翠雀花	*D. pylzowii* Maxim.
		川甘翠雀花	*D. souliei* Franch.
		疏花翠雀花	*D. sparsiflorum* Maxim.
		毛翠雀花	*D. trichophorum* Franch.
		全裂翠雀花	*D. trisectum* W. T. Wang
	碱毛茛属	*Halerpestes*	
		水葫芦苗	*H. cymbalaria* (Pussh) Green
		长叶碱毛茛	*H. ruthenica* (Jacq.) Ovcz.
	扁果草属	*Isopyrum*	
		扁果草	*I. anemonoides* Kar. et Kir.
	蓝堇草属	*Leptopyrum*	
		蓝堇草	*L. fumarioides* (Linn.) Reichb.
	鸦跖花属	*Oxygraphis*	
		鸦跖花	*O. glacialis* (Fisch.) Bunge
	芍药属	*Paeonia*	
		川赤芍	*P. veitchii* Lynch
	拟耧斗菜属	*Paraquilegia*	
		乳突拟耧斗菜	*P. anemonoides* (Willd.) Engl. ex Ulbr.
	白头翁属	*Pulsatilla*	
		蒙古白头翁	*P. ambigua* Turcz. ex Pritz.
	毛茛属	*Ranunculus*	
		茴茴蒜	*R. chinensis* Bunge
		长茎毛茛	*R. longicaulis* C. A. Mey.
		云生毛茛	*R. longicaulis* var. *nephelogenes* (Edgew.) L. Liou

续表

科中文名	科拉丁名	属拉丁名	种拉丁名
	属中文名	种中文名	
		美丽毛茛	R. pulchellus C. A. Mey.
		石龙芮	R. sceleratus Linn.
	唐松草属	Thalictrum	
		高山唐松草	T. alpinum Linn.
		贝加尔唐松草	T. baicalense Turcz.
		高原唐松草	T. cultratum Wall.
		亚欧唐松草	T. minus Linn.
		瓣蕊唐松草	T. petaloideum Linn.
		长柄唐松草	T. przewalskii Maxim.
		芸香叶唐松草	T. rutifolium Hook. f. et Thoms.
		箭头唐松草	T. simplex Linn.
		短梗箭头唐松草	T. Simolex var. brevipes Hara
		钩柱唐松草	T. uncatum Maxim.
	金莲花属	Trollius	
		矮金莲花	T. farreri Stapf
		毛茛状金莲花	T. ranunculoides Hemsl.
小檗科	Berberidaceae		
	小檗属	Berberis	
		直穗小檗	B. dasystachya Maxim
		鲜黄小檗	B. diaphana Maxim
		置疑小檗	B. dubia Schneid
		刺檗	B. vulgaris L.
		匙叶小檗	B. vernae Shneid

续表

科中文名	科拉丁名	属拉丁名	种拉丁名
	属中文名	种中文名	
罂粟科	Papaveraceae		
	紫堇属	Corydalis	
		灰绿黄堇	C. adunca Maxim.
		地丁草	C. bungeana Turcz.
		迭裂黄堇	C. dasyptera Maxim.
		赛北紫堇	C. impatiens (Pall.) Fisch.
		条裂黄堇	C. lienarioides Maxim.
		暗绿紫堇	C. melanochlora Maxim.
		蛇果黄堇	C. ophiocarpa Hook. f. et Thoms.
		草黄堇	C. straminea Maxim.
		糙果紫堇	C. trachycarpa Maxim.
	荷包牡丹属	Dicentra	
		荷包牡丹	D. spectabilis (Linn.) Lem.
	角茴香属	Hypecoum	
		角茴香	H. erectum Linn.
		细果角茴香	H. leptocarpum Hook. f. et Thoms.
	绿绒蒿属	Meconopsis	
		全缘绿绒蒿	M. integrifolia (Maxim.) Franch.
		五脉绿绒蒿	M. quintuplinervia
十字花科	Cruciferae		
	南芥属	Arabis	
		硬毛南芥	A. hirsuta (Linn.) Scop.
		垂果南芥	A. pendula Linn.
	芸薹属	Brassica	

续表

科中文名	科拉丁名	属拉丁名	种拉丁名
	属中文名	种中文名	
		芸苔	*B. campestris* Linn.
		白菜	*B. pekinensis*（Lour.）Rupr.
	荠属	*Capsella*	
		荠	*C. bursa-pastoris*（Linn.）Medic.
	碎米荠属	*Cardamine*	
		紫花碎米荠	*C. tangutorum* O. E. Schulz
	播娘蒿属	*Descurainia*	
		播娘蒿	*D. sophia*（Linn.）Webb ex Prantl
	葶苈属	*Draba*	
		高山葶苈	*D. alpina* Linn.
		毛葶苈	*D. eriopoda* Turcz.
		苞序葶苈	*D. ladyginii* Pohle
		毛果苞序葶苈	*D. ladyginii* var. *trichocarpa* O. E. Schulz
		蒙古葶苈	*D. mongolica* Turcz.
		葶苈	*D. nemorosa* Linn.
		狭果葶苈	*D. stenocarpa* Hook. f. et Thoms.
	芝麻菜属	*Eruca*	
		芝麻菜	*E. sativa* Mill.
	独行菜属	*Lepidium*	
		独行菜	*L. apetalum* Willd.
		宽叶独行形菜	*L. latifolium* Linn.
	萝卜属	*Raphanus*	
		萝卜	*R. sativus* Linn.

续表

科中文名	科拉丁名	属拉丁名	种拉丁名
	属中文名	种中文名	
	蔊菜属	Rorippa	
		风花菜	R. globsa（Turcz）Hayek
	大蒜芥属	Sisymbrium	
		垂果大蒜芥	S. heteromallum C. A. Mey.
	菥蓂属	Thlaspi	
		菥蓂	T. arevense Linn.
	念珠芥属	Torularia	
		蚓果芥	T. humilis （C. A. Mey.）O. E. Schulz
景天科	Crassulaceae		
	瓦松属	Orostachys	
		瓦松	O. fimbriatus（Turcz.）Berger
	红景天属	Rhodiola	
		唐古红景天	R. algida（Ledeb.）Fish.et Mey.
		小丛红景天	R. dumulosa（Franch）.S.H.Fu.
		狭叶红景天	R. kirilowii（Regel）Maxim.
		四裂红景天	R. quadrifida（Pall.）Fisch. et Mey.
	景天属	Sedum	
		费菜	S. aizoon Linn.
		隐匿景天	S. celatum Frod.
虎耳草科	Saxifragaceae		
	金腰属	Chrysosplenium	
		裸茎金腰	Ch. nudicaule Bge
	梅花草属	Parnassia	

续表

科中文名	科拉丁名	属拉丁名	种拉丁名
	属中文名	种中文名	
		细叉梅花草	*P. oreophila* Hance
		梅花草	*P. palustris* Linn.
		三脉梅花草	*P. trinervis* Drude
	茶藨子属	*Ribes*	
		大刺茶藨子	*R. alpestre Wall. ex Decne.var. gigantem Janczewski*
		糖茶藨子	*R. himalense Royle ex Dence.*
		冰川茶藨子	*R. glaciale* Wall.
		天山茶藨子	*R. meyeri* Maxim.
		甘青茶藨子	*R. var. tanguticum* Jancz.
		宝兴茶藨子	*R. moupinense* Franch.
		美丽茶藨子	*R. pulchellum* Turcz.
		长果茶藨子	*R. stenocarpum* Maxim.
		细枝茶藨子	*R. tenue* Jancz.
	虎耳草属	*Saxifraga*	
		黑虎耳草	*S. atrata* Engl.
		优越虎耳草	*S. egregia* Engl.
		山地虎耳草	*S. montana* H. Smith
		青藏虎耳草	*S. przewalskii* Engl.
		唐古特虎耳草	*S. tangutica* Engl.
蔷薇科		*Rosaceae*	
	龙芽草属	*Agrimonia*	
		龙芽草	*A. pilosa* Ldb.
	桃属	*Amygdalus*	
		蒙古扁桃	*A. mongolica*（Mcmaxim.）

续表

科中文名	科拉丁名	属拉丁名	种拉丁名
	属中文名	种中文名	
	杏属	Armeniaca	
		山杏	A. sibirica (Linn.) Lam.
		杏	A. vulgaris Lam.
	地蔷薇属	Chamaerhodos	
		地蔷薇	Ch. cerecta L. Bge.
	沼委陵菜属	Comarum	
		西北沼委陵菜	C. salesovianum (Steph.) Asch. et Gr.
	栒子属	Cotoneaster	
		灰栒子	C. acutifolius Turcz.
		匍匐栒子	C. adpressus Bois
		水栒子	C. multiflorus Bge.
		毛叶水栒子	C. submultiflorus Popov
		西北栒子	C. zabelii Schneid.
	山楂属	Crataegus	
		甘肃山楂	C. kansuensis Wils.
	草莓属	Fragaria	
		东方草莓	F. orientalis Lozinsk.
	路边青属	Geum	
		路边青	G. aleppicum Jacq.
	苹果属	Malus	
		苹果	M. pumila Mill.
		花叶海棠	M. transitoria (Batal.) Schneid.
	委陵菜属	Potentilla	

续表

科中文名	科拉丁名	属拉丁名	种拉丁名
	属中文名	种中文名	
		星毛委陵菜	*P. acaulis* Linn.
		蕨麻	*P. anserina* Linn.
		二裂委陵菜	*P. bifurca* Linn.
		多茎委陵菜	*P. multicaulis* Bge.
		多裂委陵菜	*P. multifida* Linn.
		雪白委陵菜	*P. nivea* Linn.
		钉柱委陵菜	*P. saundersiana* Royle
	金露梅属	*Dasiphra* Raf	
		银露梅	*P. glabra* Lodd.
		金露梅	*P. fruticosa* L.
		小叶金露梅	*P. Parvifolia* Fisch. ap. Lehm.
	李属	*Prunus*	
		李	*P. salicina* Lindl.
	梨属	*Pyrus*	
		杜梨	*Py. betulifolia* Bge.
		秋子梨	*Py. ussuriensis* Maxim.
		木梨	*Py. xerophila* Yu
	蔷薇属	*Rosa*	
		美蔷薇	*R. bella* Rehd. et Wils.
		月季花	*R. chinensis* Jacq.
		西北蔷薇	*R. davidii* Crep.
		山刺玫	*R. davurica* Pall.
		峨眉蔷薇	*R. omeiensis* Rolfe
		玫瑰	*R. rugosa* Thunb.

续表

科中文名	科拉丁名	属拉丁名	种拉丁名
	属中文名	种中文名	
		钝叶蔷薇	R. sertata Rolfe
		小叶蔷薇	willmottiae Hemsl.
		黄刺玫	xanthina Lindl.
	悬钩子属	Rubus	
		紫色悬钩子	R. irritans Focke
		秀丽莓	R. amabilis Focke
	鲜卑花属	Sibiraea	
		窄叶鲜卑花	R. angustata (Rehd.) Hand.–Mazz.
	珍珠梅属	Sorbaria	
		珍珠梅	S. Sorbifolia (L.) A. Br.
	花楸属	Sorbus	
		天山花楸	S. tianschanica Rupr.
	绣线菊属	Spiraea	
		高山绣线菊	Sp. alpina Pall.
		蒙古绣线菊	Sp. mongolica Maxim.
豆科	Leguminosae		
	黄耆属	Astragalus	
		祁连山黄耆	A. ohilienshanensis Y. C. Ho
		金翼黄耆	A. chrysopterus Bunge
		草木樨状黄耆	A. melilotoides Pall.
		黄耆	A. membranaceus (Fisch.) Bunge
		黑紫花黄耆	A. przewalskii Bge.
		扁茎黄耆	A. complanatus R. Br. ex Bge.
	锦鸡儿属	Caragana	
		短叶锦鸡儿	C. brevifolia Kom.
		鬼箭锦鸡儿	C. jubata (Pall.) Poir.
		柠条锦鸡儿	C. korshinskii kom.

续表

科中文名	科拉丁名	属拉丁名	种拉丁名
	属中文名	种中文名	
		甘蒙锦鸡儿	*C. opulens* Kom.
		甘青锦鸡儿	*C. tangutica Maxim.*
		毛刺锦鸡儿	*C. tibetica* Kom.
		荒漠锦鸡儿	*C. roborovskyi* Kom.
	米口袋属	*Gueldenstaedtia*	
		米口袋	*G. rernaa*(*Georgi*)*Boriss.subsp.mu ltiflora*（Bunge）Tsui
	岩黄蓍属	*Hedysarum*	
		华北岩黄蓍	*H. gmelinii* Ledeb.
		红花岩黄蓍	*H. multijugum Maxim.*
	兵豆属	*Lens*	
		兵豆	*L. culinaris Medic.*
	胡枝子属	*Lespedeza*	
		兴安胡枝子	*L. daurica*（Laxm.）Schindl.
	苜蓿属	*Medicago*	
		野苜蓿	*M. falcata Linn.*
		天蓝苜蓿	*M. lupulina Linn.*
		紫苜蓿	*M. sativa Linn.*
	草木犀属	*Melilotus*	
		白香草木犀	*M. albus Medic. ex Desr.*
		草木犀	*M. officinalis*（Linn.）Pall.
	棘豆属	*Oxytropis*	
		猫头刺	*O. aciphylla* Ledeb.
		镰形棘豆	*O. falcata* Bunge
		小花棘豆	*O. glabra* DC.
		密花棘豆	*O. imbricata* Kom.

张掖市林业志

续表

科中文名	科拉丁名	属拉丁名	种拉丁名
	属中文名	种中文名	
		甘肃棘豆	*O. kansuensis* Bunge
		黑萼棘豆	*O. melanocalyx* Bunge
		黄花棘豆	*O. ochrocephala* Bunge
	苦马豆属	*Sphaerophysa*	
		苦马豆	*S. salsula*（Pall.）DC
	野决明属	*Thermopsis*	
		高山野决明	*T. alpina*（Pall.）Ledeb.
		披针叶野决明	*T. lanceolata* R. Br.
	胡卢巴属	*Trigonella*	
		胡卢巴	*foenum-graecum* Linn.
	野豌豆属	*Vicia*	
		山野豌豆	*V. amoena* Fisch.
		窄叶野豌豆	*V. angustifolia* Linn.
		广布野豌豆	*V. cracca* Linn.
		蚕豆	*V. faba* Linn.
		救荒野豌豆	*V. sativa* Linn.
		歪头菜	*V. unijuga* A. Br.
牻牛儿苗科	Geraniaceae		
	熏倒牛属	*Biebersteinia*	
		熏倒牛	*heterostemon* Maxim.
	牻牛儿苗属	*Erodium*	
		牻牛儿苗	*stephanianum* Willd.
		西藏牻牛儿苗	*tibetanum* Edgew.
	老鹳草属	*Geranium*	
		毛蕊老鹳草	*G. Platyantum* Duthie.

1028

续表

| 科中文名 | 科拉丁名 | 属拉丁名 | 种拉丁名 |
	属中文名	种中文名	
		尼泊尔老鹳草	*G. nepalense* Sweet
		草地老鹳草	*G. pratense* Linn.
		甘青老鹳草	*G. pylzowianum* Maxim.
亚麻科	Linaceae		
	亚麻属	*Linum*	
		野亚麻	*L. stelleroides* Planch.
		亚麻	*L. usitatissimum* Linn.
蒺藜科	Zygophyllaceae		
	白刺属	*Nitraria*	
		小果白刺	*N. sibirica* Pall.
		泡泡刺	*N. sphaerocarpa* Maxim
		白刺	*N. tangutorum* Bobr.
	骆驼蓬属	*Peganum*	
		骆驼蓬	*P. harmala* Linn.
		骆驼蒿	*P. nigellastrum* Bunge
	蒺藜属	*Tribulus*	
		蒺藜	*T. terrestris* Linn.
	驼蹄瓣属	*Zygophyllum*	
		驼蹄瓣	*Z. fabago* L.
	霸王属	Sarcozygium	
		霸王	S. xanthoxylum Bunge
芸香科	Rutaceae		
	花椒属	*Zanthoxylum*	
		花椒(引)	*bungeanum* Maxim.
远志科	Polygalaceae		
	远志属	*Polygala*	
		西伯利亚远志	*P. sibirica* Linn.

续表

科中文名	科拉丁名	属拉丁名	种拉丁名
	属中文名	种中文名	
		远志科	P. tenuifolia Willd.
大戟科	Euphorbiaceae		
	大戟属	Euphorbia	
		泽漆	E. helioscopia Linn.
		大戟	E. pekinensis Rupr.
		地锦草	E. humi−fusa Willd. ex Schlecht
卫矛科	Celastraceae		
	卫矛属	Euonymus	
		白杜(丝棉木)	E. maackii Rupr.
槭树科	Aceraceae		
	槭属	Acer	
		梣叶槭(复叶槭)	A. negundo Linn.
鼠李科	Rhamnaceae		
	枣属	ziziphus	
		临泽小枣	Z. jujuba Mill var. inermis（Bunge）Rehd.
锦葵科	Malvaceae		
	蜀葵属	Althaea	
		蜀葵	A. rosea (Linn.) Cavan.
	锦葵属	Malva	
		锦葵	M. sinensis Cavan.
	苘麻属	Abutilon	
		苘麻	A. theophrasti Medicus
	木槿属	Hibiscus Linn.	
		木槿	Hibiscus syricacus Linn.

续表

科中文名	科拉丁名	属拉丁名	种拉丁名
	属中文名	种中文名	
柽柳科	Tamaricaceae		
	水柏枝属	*Myricaria*	
		具鳞水柏枝	*M. squamosa* Desv.
	红砂属	*Reaumuria*	
		红砂	*R. songarica* (Pall.) Maxim.
	柽柳属	*Tamarix*	
		密花柽柳	*arceuthoides* Bunge
		多枝柽柳	*ramosissima* Ledeb.
		密花柽柳	*T. arceuthoides* Bunge
		多枝柽柳	*T. ramosissima* Ledeb.
		多花柽柳	*T. hoheneckeri* Bunge.
		长穗柽柳	*T. elongata* Ledb.
		短穗柽柳	*T. laxa* willd.
		白花(紫杆)柽柳	*T. androssowii* Litw.
		刚毛柽柳	*T. hispida* willd.
		甘肃柽柳	*T.gansuensis* H. Z. Zhang
堇菜科	Violaceae		
	堇菜属	*Viola*	
		双花堇菜	*V. biflora* Linn.
		裂叶堇菜	*V. dissecta* Ledeb.
		早开堇菜	*V. prionantha* Bge.
瑞香科	Thymelaeaceae		
	瑞香属	*Daphne*	
		唐古特(甘肃)瑞香	*D. tangutica* Maxim.

续表

科中文名	科拉丁名	属拉丁名	种拉丁名
	属中文名	种中文名	
	狼毒属	*Stellera*	
		狼毒	*S. chamaejasme* Linn.
胡颓子科	Elaeagnaceae		
	胡颓子属	*Elaeagnus*	
		沙枣	*angustifolia* Linn.
	沙棘属	*Hippophae*	
		肋果沙棘	*H. neurocarpa* S. W. Liu et T. N. He
		中国沙棘	*H. rhamnoides* L. subsp. *sinensis* Rousi
		西藏沙棘	*H. thibetana* Schlechtend.
柳叶菜科	Onagraceae		
	露珠草属	*Circaea*	
		高山露珠草	*C. alpina* Linn.
	柳叶菜属	*Epilobium*	
		柳兰	*E. angustifolium* Linn.
		毛脉柳叶菜	*E. amurense* Hausskn.
		沼生柳叶菜	*E. palustre* Linn.
		小花柳叶菜	*E. parviflorum* Schreber
杉叶藻科	Hippuridaceae		
	杉叶藻属	*Hippuris*	
		杉叶藻	*H. vulgaris* Linn.
伞形科	Umbelliferae		
	峨参属	*Anthriscus*	
		刺果峨参	*A. nemorosa* (M. Bieb.) Spreng.
	芹属	*Apium*	

续表

科中文名	科拉丁名	属拉丁名	种拉丁名
	属中文名	种中文名	
		旱芹	*A. graveolens* Linn.
	柴胡属	*Bupleurum*	
		北柴胡	*B. chinense* DC.
		紫花大叶柴胡	*B. longiradiatum* var. *porphyranthum* Shan et Y. Li
		红柴胡	*B. scorzonerifolium* Willd.
		小叶黑柴胡	*B. smithii* Wolff var. *parvifolium* Shan et Y. Li
	葛缕子属	*Carum*	
		田葛缕子	*C. buriaticum* Turcz.
		葛缕子	*C. carvi* Linn.
	芫荽属	*Coriandrum*	
		芫荽	*C. sativum* Linn.
	胡萝卜属	*Daucus*	
		野胡萝卜	*D. carota* Linn.
		胡萝卜	*D. carota* var. *sativa* Hoffm.
	阿魏属	*Ferula*	
		硬阿魏	*F. bungeana* Kitagawa
	茴香属	*Foeniculum*	
		茴香	*F. vulgare* Mill.
	独活属	*Heracleum*	
		独活	*H. hemsleyanum* Diels
	藁本属	*Ligusticum*	
		岩茴香	*L. tachiroei* (Franch. et Sav.) Hiroe et Constance
	羌活属	*Notopterygium*	

续表

科中文名	科拉丁名	属拉丁名	种拉丁名
	属中文名	种中文名	
		宽叶羌活	*N. forbesii* de Boiss.
		羌活	*N. incisum* Ting ex H. T. Chang
	棱子芹属	*Pleurospermum*	
		松潘棱子芹	*P. franchetianum* Hemsl.
		青海棱子芹	*P. szechenyii* Kanitz
	变豆菜属	*Sanicula*	
		变豆菜	*S. chinensis* Bunge
	防风属	*Saposhnikovia*	
		防风	*S. divaricata*（Turcz.）Schischk.
	迷果芹属	*Sphallerocarpus*	
		迷果芹	*Sp. gracilis*（Bess.）K.–Pol.
	窃衣属	*Torilis*	
		窃衣	*T. scabra*（Thunb.）DC.
山茱萸科	Cornaceae		
	山茱萸属	*Cornus*	
		川鄂山茱萸（引）	*C. chinensis* Wanger.
		山茱萸（引）	*officinalis* Sieb. et Zucc.
鹿蹄草科	Pyrolaceae		
	鹿蹄草属	*Pyrola*	
		鹿蹄草	*P. calliantha* H. Andr.
杜鹃花科	Ericaceae		
	北极果属	*Arctous*	
		北极果	*A. alpinus*（Linn.）Niedenzu
		红北极果	*A. ruber*（Rehd. et Wils.）Nakai
	杜鹃属	*Rhododendron*	

续表

科中文名	科拉丁名	属拉丁名	种拉丁名
	属中文名	种中文名	
		烈香杜鹃	*Rh. anthopogonoides* Maxim.
		头花杜鹃	*Rh. capitatum* Maxim.
		青海杜鹃	*Rh. qinghaiense* Ching ex W.Y.wang
		千里香杜鹃	*Rh. thymifolicum* Maxim
报春花科	Primulaceae		
	点地梅属	*Androsace*	
		阿拉善点地梅	*A. alaschanica* Maxim.
		玉门点地梅	*A. brachystegia* Hand.–Mazz.
		直立点地梅	*A. erecta* Maxim.
		小点地梅	*A. gmelinii* (Gaertn.) Roem. et Schult.
		白花点地梅	*incana* Lam.
		西藏点地梅	*mariae* Kanitz
		北点地梅	*septentrionalis* Linn.
	海乳草属	*Glaux*	
		海乳草	*G. maritima* Linn.
	羽叶点地梅属	*Pomatosace*	
		羽叶点地梅	*P. filicula* Maxim.
	报春花属	*Primula*	
		粉报春	*P. farinosa* Linn.
		胭脂花	*P. maximowiczii* Regel
		狭萼报春	*P. stenocalyx* Maxim.
		甘青报春	*P. tangutica* Duthie
		天山报春	*P. nutans* Georgi
白花丹科	Plumbaginaceae		

续表

科中文名	科拉丁名	属拉丁名	种拉丁名
	属中文名	种中文名	
	补血草属	*Limonium*	
		黄花补血草	*L. aureum* (Linn.) Hill
		星毛补血草	*L. aureum* var. *potaninii* (Lk.–Gal.) Peng
		二色补血草	*L. bicolor* (Bage.) Kuntze
	鸡娃草属	*Plumbagella*	
		鸡娃草	*P. micrantha* (Ledeb.) Spach
木犀科	Oleaceae		
	丁香属	*Syringa*	
		紫丁香(引)	*S. oblata* Lindl.
		巧玲花(引)	*S. pubescens* Turcz.
		暴马丁香(引)	*S. reticulata* (Bl.) Hara var. *amurensis* (Rupr.) Pringle
	连翘属	*Forsythia*	
		连翘	*F. suspensa* (Thunb.) Vahl
马钱科	Loganiaceae		
	醉鱼草属	*Buddleja*	
		互叶醉鱼草	*B. alternifolia* Maxim.
龙胆科	Gentianaceae		
	喉毛花属	*Comastoma*	
		镰萼喉毛花	*C. falcatum* (Turcz. ex Kar. et Kir.) Toyokuni
		柔弱喉毛花	*C. tenellum* (Rottb.) Toyokuni
	龙胆属	*Gentiana*	
		高山龙胆	*G. algida* Pall.

续表

科中文名	科拉丁名	属拉丁名	种拉丁名
	属中文名	种中文名	
		刺芒龙胆	*G. aristata* Maxim.
		白条纹龙胆	*G. burkillii* H. Smith
		达乌里秦艽	*G. dahurica* Fisch.
		线叶龙胆	*G. farreri* Balf. f.
		管花秦艽	*G. siphonantha* Maxim. ex Kusnez.
		鳞叶龙胆	*G. squarrosa* Ledeb.
		麻花艽	*G. straminea* Maxim.
	假龙胆属	*Gentianella*	
		黑边假龙胆	*G. azurea* (Bunge) Holub
	花锚属	*Halenia*	
		椭圆叶花锚	*H. elliptica* D. Don
	肋柱花属	*Lomatogonium*	
		肋柱花	*L. carinthiacum* (Wulf.) Reichb.
	獐牙菜属	*Swertia*	
		北方獐牙菜	*S. diluta* (Turcz.) Benth. et Hook. f.
	扁蕾属	*Gentianopsis*	
		湿生扁蕾	*G. paludosa* (Hook.f.) Ma
		卵叶扁蕾	*G. paludosa* var. *ovatodeltoidea* (Burk.) Ma
		红直獐牙菜	*S. erythrosticta* Maxim.
		四数獐牙菜	*S. tetraptera* Maxim.
		华北獐牙菜	*S. wolfangiana* Grun.
萝摩科	Asclepiadaceae		
	鹅绒藤属	*Cynanchum*	
		鹅绒藤	*C. chinense* R. Br.

续表

科中文名	科拉丁名	属拉丁名	种拉丁名
	属中文名	种中文名	
		地梢瓜	C. thesioides (Freyn) K. Schum.
旋花科	Convolvulaceae		
	打碗花属	Calystegia	
		打碗花	C. hederacea Wall. ex. Roxb.
	旋花属	Convolvulus	
		银灰旋花	C. ammannii Desr.
		田旋花	C. arvensis Linn.
		刺旋花	C. tragacanthoides Jurcz
	牵牛属	Pharbitis	
		圆叶牵牛	P. purpurea (Linn.) Voigt
花荵科	Polemoniaceae		
	花荵属	Polemonium	
		中华花荵	P. coeruleum L. var. chinense Brand
紫草科	Boraginaceae		
	假紫草属	Arnebia	
		黄花软紫草	A. guttata Bge.
	糙草属	Asperugo	
		糙草	A. procumbens Linn.
	斑种草属	Bothiouspermum	
		斑种草	B. chinense Bge.
		狭苞斑种草	B. kusnezowii Bge.
	琉璃草属	Cynoglossum	
		大果琉璃草	divaricatum Steph. ex Lehm.
	鹤虱属	Lappula	
		蓝刺鹤虱	L. consanguinea (Fisch. et Mey.) Gurke

续表

科中文名	科拉丁名	属拉丁名	种拉丁名
	属中文名	种中文名	
		鹤虱	*L. myosotis* V. Wolf
	狼紫草属	*Lycopsis*	
		狼紫草	*L. orientalis* Linn.
	微孔草属	*Microula*	
		长叶微孔草	*trichocarpa* (Maxim.) Johnst.
	勿忘草属	*Myosotis*	
		区 勿忘草	*M. caespitosa* Schultz
	附地菜属	*Trigonotis*	
		附地菜	*T. peduncularis* (Trev.) Benth. ex Baker et Moore
马鞭草科	Verbenaceae		
	莸属	*Caryopteris*	
		蒙古莸	*C. mongholica* Bunge
		光果莸	*C. tangutica* Maxim.
唇形科	Labiatae		
	水棘针属	*Amethystea*	
		水棘针	*A. caerulea* Linn.
	青兰属	Dracocephalum	
		白花枝子花	*D. heterophyllum* Benth.
		毛建草	*D. rupestre* Hance
		甘青青兰	*D. tanguticum* Maxim.
	香薷属	Elsholtzia	
		密花香薷	*E. densa* Benth.
	鼬瓣花属	Galeopsis	
		鼬瓣花	*G. bifida* Boenn.
	夏至草属	Lagopsis	
		夏至草	*supina* (Steph.) Ik.–Gal.

续表

科中文名	科拉丁名	属拉丁名	种拉丁名
	属中文名	种中文名	
	野芝麻属	Lamium	
		野芝麻	L. barbatum Sieb. et Zucc.
	益母草属	Leonurus	
		益母草	L. artemisia (Lour.) S. Y. Hu
		细叶益母草	L. sibiricus L.
	薄荷属	Mentha	
		薄荷	M. haplocalyx Briq.
	荆芥属	Nepeta	
		荆芥	N. cataria Linn.
		蓝花荆芥	N. coerulescens Maxim.
		康藏荆芥	N. prattii Levl.
		大花荆芥	N. sibirica Linn.
	糙苏属	Phlomis	
		尖齿糙苏	P. dentosa Franch.
	鼠尾草属	Salvia	
		甘西鼠尾草	Sa. przewalskii Maxim.
		粘毛鼠尾草	Sa. roborowskii Maxim.
	裂叶荆芥属	Schizonepeta	
		裂叶荆芥	S. tenuifolia (Benth.) Briq.
	黄芩属	Scutellaria	
		甘肃黄芩	S. rehderiana Diels
		并头黄芩	S. scordifolia Fisch. ex Schrenk.
	水苏属	Stachys	
		甘露子	S. sieboldi Miq.

续表

科中文名	科拉丁名	属拉丁名	种拉丁名
	属中文名	种中文名	
茄科	Solanaceae		
	山莨菪属	*Anisodus*	
		山莨菪	*A. tanguticus* (Maxim.)Pascher
	曼陀罗属	*Datura*	
		曼陀罗	*D. stramonium* Linn.
	天仙子属	*Hyoscyamus*	
		天仙子	*H. niger* Linn.
	枸杞属	*Lycium*	
		宁夏枸杞	*L. barbarum* Linn.
		北方枸杞	*L. chinensis Mill.* var. *potaninii* (Pojarkova) A. M. Lu
		黑果枸杞	*L. ruthenicum* Murray
	茄属	*Solanum*	
		龙葵	*S. nigrum* Linn.
		青杞	*S. septemlobum* Bunge
		阳芋(洋芋、土豆、山药蛋)	*S. tuberosum* Linn.
玄参科	Scrophulariaceae		
	芯芭属	*Cymbaria*	
		蒙古芯芭	*C.mongolica* Maxim.
	野胡麻属	*Dodartia*	
		野胡麻	*orientalis* Linn.
	小米草属	*Euphrasia*	
		小米草	*E. pectinata* Ten.
	肉果草属	*Lancea*	
		肉果草	*L. tibetica* Hook. f. et Hsuan

续表

科中文名	科拉丁名	属拉丁名	种拉丁名
	属中文名	种中文名	
	疗齿草属	*Odontites*	
		疗齿草	*O. serotina* (Lam.) Dum.
	马先蒿属	*Pedicularis*	
		阿拉善马先蒿	*P. alaschanica* Maxim.
		碎米蕨叶马先蒿	*P. cheilanthifolia*
		中国马先蒿	*P. chinensis* Maxim.
		弯管马先蒿	*P. curvituba* Maxim.
		甘肃马先蒿	*P. kansuensis* Maxim.
		长花马先蒿	*P. longiflora* Rudolph
		欧氏马先蒿	*P. oederi* Vahl
		绵穗马先蒿	*P. pilostachya* Maxim.
		普氏马先蒿	*P. przewalskii* Maxim.
		粗野马先蒿	*P. rudis* Maxim.
		穗花马先蒿	*P. spicata* Pall.
	玄参属	*Scrophularia*	
		砾玄参	*S. incisa* Weinm.
	婆婆纳属	*Veronica*	
		北水苦荬	*V. anagallis-aquatica* Linn.
		两裂婆婆纳	*V. biloba* L. Mant.
		长果婆婆纳	*V. ciliata* Fisch.
		毛果婆婆纳	*V. eriogyne* H. Winkl.
紫葳科	Bignoniaceae		
	角蒿属	*Incarvillea*	
		密生波罗花（全缘角蒿）	*I. compacta* Maxim.
		角蒿	*I. sinensis* Lam.
列当科	Orobanchaceae		
	肉苁蓉属	*Cistanche*	

续表

科中文名	科拉丁名	属拉丁名	种拉丁名
	属中文名	种中文名	
		肉苁蓉	*C. deserticola* Ma
		盐生肉苁蓉	*C. salsa*（C. A.May)G. Beck
	列当属	*Orobanche*	
		列当	*C. coerulescens* Steph.
车前科	Plantaginaceae		
	车前属	*Plantago*	
		平车前	*P. depressa* Willd.
		大车前	*P. major* Linn.
茜草科	Rubiaceae		
	拉拉藤属	*Galium*	
		猪殃殃	*G. aparine* Linn. var. *tenerum*（Gren. et Godr.）Rehb.
		北方拉拉藤	*G. boreale* Linn.
		蓬子菜	*G. verum* Linn.
	薄柱草属	*Nertera*	
		薄柱草	*sinensis* Hemsl.
	茜草属	*Rubia*	
		茜草	*R. cordifolia* Linn.
忍冬科	Caprifoliaceae		
	忍冬属	*Lonicera*	
		蓝果忍冬	*L. caerulea* Linn.
		金花忍冬	*L. chrysantha* Turcz.
		葱皮忍冬	*L. ferdinandii* Franch.
		刚毛忍冬	*L. hispida* Pall. ex Roem. et Schult.
		柳叶忍冬	*L. lanceolata* Wall.
		小叶忍冬	*L. microphylla* Willd. ex Roem. et Schult.

续表

科中文名	科拉丁名	属拉丁名	种拉丁名
	属中文名	种中文名	
		红脉忍冬	*L. nervosa* Maxim.
		唐古特忍冬	*L. tangutica* Maxim.
	接骨木属	*Sambucus*	
		接骨木	*S. williamsii* Hance
	莛子藨属	*Triosteum*	
		莛子藨	*pinnatifidum* Maxim.
	荚迷属	*Viburnum*	
		香荚迷	*V. farreri* W. T. stearn
败酱科	Valerianaceae		
	败酱属	*Patrinia*	
		墓头回(异叶败酱)	*P. heterophylla* Bunge
	缬草属	*Valeriana*	
		缬草	*V. officinalis* Linn.
		小缬草	*V. tangutica* Bat.
川续断科	Dipsacaceae		
	刺续断属	*Morina*	
		圆萼刺参	*M. chinensis* (Bat.) Diels
桔梗科	Campanulaceae		
	沙参属	*Adenophora*	
		细叶沙参	*A. paniculata* Nannf.
		泡沙参	*A. potaninii* Korsh.
锁阳科	Cynomoriacene		
	锁阳属	*Cynomorium*	
		锁阳	*C. songaricum* Rupr.

续表

科中文名	科拉丁名	属拉丁名	种拉丁名
	属中文名	种中文名	
		长柱沙参	*A. stenanthina*（Ledeb.）Kitagawa
	党参属	*Codonopsis*	
		党参（引）	*pilosula*（Franch.）Nannf.
菊科	Asteraceae		
	顶羽菊属	*Acroptilon*	
		顶羽菊	*A. repens*（Linn.）DC.
	亚菊属	*Ajania*	
		灌木亚菊	*A. fruticulosa*（Ledeb.）Poljak.
		丝裂亚菊	*A. nematoloba*（Hand.-Mazz.）ling et Shih
		柳叶亚菊	*A. salicifolia*（Mattf.）Poljak.
		细叶亚菊	*A. tenuifolia*（Jacq.）Tzvel.
	香青属	*Anaphalis*	
		淡黄香青	*A. flavescens* Hand.-Mazz.
		铃铃香青	*A. hancockii* Maxim.
		乳白香青	*A. lactea* Maxim.
		珠光香青	*A. margaritacea*（Linn.）Benth.
		尼泊尔香青	*A. nepalensis*（Spreng.）Hand.-Mazz.
	牛蒡属	*Arctium*	
		牛蒡	*A. lappa* Linn.
	蒿属	*Artemisia*	
		莳萝蒿	*A. anethoides* Mattf.
		黄花蒿	*A. annua* Linn.
		艾	*A. argyi Levl. et* Van.
		米蒿	*dalai-lamae* Krasch.

续表

科中文名	科拉丁名	属拉丁名	种拉丁名
	属中文名	种中文名	
		龙蒿	A. dracunculus Linn.
		冷蒿	A. frigida Willd.
		细裂叶莲蒿	A. gmelinii Web. ex Stechm.
		臭蒿	A. hedinii Ostenf. et Pauls.
		大花蒿	A. macrocephala Jacq. ex Bess.
		白沙蒿	A. blepharolepis Bge.
		蒙古蒿	A. mongolica （Fisch. ex Bess.） Nakai
		小球花蒿	A. moorcroftiana Wall. ex DC.
		黑沙蒿	A. ordosica Krasch.
		灰苞蒿	A. roxburghiana Bess.
		猪毛蒿	A. scoparia Waldst. et Kit.
		大籽蒿	A. sieversiana Ehrhart ex Willd.
		裂叶蒿	A. tanacetifolia Linn.
		甘青蒿	A. tangutica Pamp.
	紫菀属	Aster	
		三脉紫菀	A. ageratoides Turcz.
		高山紫菀	A. alpinus Linn.
		重冠紫菀	A. diplostephioides （DC.） C. B. Clarke
		狭苞紫菀	A. farreri W. W. Sm. et J. F. Jeffr.
		萎软紫菀	flaccidus Bge.
	紫菀木属	Asterothamnus	
		中亚紫菀木	centraliasiaticus Novopokr.
	鬼针草属	Bidens	
		小花鬼针草	parviflora L.
	短舌菊属	Brachanthemum	

续表

科中文名	科拉丁名	属拉丁名	种拉丁名
	属中文名	种中文名	
		星毛短舌菊	*B. pulvinatum*（Hand.–Mazz.）Shih
	蟹甲草属	*Cacalia*	
		蛛毛蟹甲草	*C. roborowskii*（Maxim.）Ling
		华蟹甲（羽裂蟹甲草）	*C. tangutica*（Maxim.）B. Nord.
	天名精属	*Carpesium*	
		高原天名精	*C. lipskyi* Winkl.
	蓟属	*Cirsium*	
		刺儿菜（大刺儿菜）	*C. setosum*（Willd.）MB.
		葵花大蓟（聚头蓟）	*C. souliei*（Franch.）Mattf.
	垂头菊属	*Cremanthodium*	
		盘花垂头菊	*C. discoideum* Maxim.
		矮垂头菊	*C. humile* Maxim.
	还阳参属	*Crepis*	
		北方还阳参	*C. crocea*（Lam.）Babc.
		弯茎还阳参	*C. flexuosa*（Ledeb.）C. B. Clarke
	菊属	*Dendranthema*	
		小红菊	*D. chanetii*（Levl.）Shih
	飞蓬属	*Erigeron*	
		飞蓬	*E. acer* Linn.
		长茎飞蓬	*E. elongatus* Ledeb.
	狗娃花属	*Heteropappus*	
		阿尔泰狗娃花	*H. altaicus*（Willd.）Novopokr.
		狗娃花	*H. hispidus*（Thunb.）Less.

续表

科中文名	科拉丁名	属拉丁名	种拉丁名
	属中文名	种中文名	
	旋覆花属	*Inula*	
		欧亚旋覆花	*I. britanica* Linn.
		蓼子朴	*I. salsaloides*（Turcz.）Ostenf.
	小苦荬属	*Ixeriodium*	
		中华小苦荬	*I. chinensis*（Thunb.）Tzcel.
	苦荬菜属	*Ixeris*	
		苦荬菜	*I. Polycephala* Cass.
	莴苣属	*Lactuca*	
		青甘莴苣	*L. roborowskii* Maxim.
		蒙山莴苣	*L. tatarica*（L.）C. A. Mey.
	翅果菊属	*Pterocypsela*	
		翼柄翅果菊	*L. triangulata*（Maxim.）Shih
	火绒草属	*Leontopotium*	
		香芸火绒草	*L. haplophylloides* Hand.-Mazz.
		火绒草	*L. leontopodioides*（Willd.）Beauv.
		长叶火绒草	*L. longifolium* Ling
		矮火绒草	*L. nanum*（Hook. f. et Thoms.）Hand.-Mazz.
	橐吾属	*Ligularia*	
		掌叶橐吾	*L. przewalskii*（Maxim.）Diels
		箭叶橐吾	*L. sagitta*（Maxim.）Mattf.
		黄帚橐吾	*L. virgaurea*（Maxim.）Mattf.
	栉叶蒿属	*Neopallasia*	
		栉叶蒿	*N. petinata*（Pall.）Poljak.
	蝟菊属	*Olgaea*	
		刺疙瘩	*O. tangutica* Iljin

续表

科中文名	科拉丁名	属拉丁名	种拉丁名
	属中文名	种中文名	
	风毛菊属	*Saussurea*	
		柳叶菜风毛菊	*S. epilobioides* Maxim.
		长毛风毛菊	*S. hieracioides* Hook. f.
		水母雪兔子(水母雪莲花)	*S. medusa* Maxim.
		钝苞雪莲(瑞苓草)	*S. nigrescens* Maxim.
		小花风毛菊	*S. parviflora* (Porr.) DC.
		倒羽叶风毛菊	*S. runcinata* DC.
		星状雪兔子	*S. stella* Maxim.
		乌苏里风毛菊	*S. ussuriensis* Maxim.
	鸦葱属	*Scorzonera*	
		拐轴鸦葱	*S. divaricata* Turcz.
		鸦葱	*S. austriaca* Willd.
	麻花头属	*Serratula*	
		缢苞麻花头	*strangulata* Iljin
	千里光属	*Senecio*	
		北千里光	*S. dubilabilis* C. Jeffrey et Y. L
		天山千里光	*S. thianshanicus* Regel et Schmalh.
	苦苣菜属	*Sonchus*	
		苦苣菜	*S. oleraceus* L.
	蒲公英属	*Taraxacum*	
		白花蒲公英	*T. leucanthum* (Ledeb.) Ledeb.
		蒲公英	*T. mongolicum* Hand.-Mazz.
		白缘蒲公英	*T. platypecidum* Diels
		华蒲公英	*T. borealisinense* Kitam.

续表

科中文名	科拉丁名	属拉丁名	种拉丁名
	属中文名	种中文名	
	款冬属	*Tussilago*	
		款冬	farfara L.
	苍耳属	*Xanthium*	
		苍耳	X. sibiricum Patrin ex Widder
	黄缨菊属	*Xanthopappus*	
		黄缨菊	X. subacaulis C. Winkl.
	黄鹌菜属	*Youngia*	
		无茎黄鹌菜	Y. simulatrix （Babc.）Babc. et Stebb.

单子叶植物纲　Monocotyledoneae

香蒲科	Typhaceae		
	香蒲属	*Typha*	
		小香蒲	T. minima Funk.
		水烛	T. angustifolia L.
眼子菜科	Potamogetonaceae		
	眼子菜属	*Potamogeton*	
		鸡冠眼子菜(小叶眼子菜)	P. cristatus Rgl et Maack
		穿叶眼子菜	P. perfoliatus Linn.
	川蔓藻属	*Ruppia*	
		川蔓藻	R. maritima L.
	角果藻属	*Zannichellia*	
		角果藻	Z. palustris Linn.
	水麦冬属	*Triglochin*	
		海韭菜	T. maritimum Linn.
		水麦冬	T. palustre Linn.

续表

科中文名	科拉丁名	属拉丁名	种拉丁名
	属中文名	种中文名	
泽泻科	Alismataceae		
	泽泻属	*Alisma*	
		东方泽泻	*orientale*（Sam.）Juzepcz.
	慈姑属	*Sagittaria*	
		慈姑	*S. tifolia L. var. sinensis*（Sims.）Makino
禾本科	Gramineae		
	芨芨草属	*Achnatherum*	
		醉马草	*inebrians*（Hance）Keng
		光药芨芨草	*psilantherum* Keng
		羽茅	*sibiricum*（Linn.）Keng
		芨芨草	*splendens*（Trin.）Nevski
	冰草属	*Agropyron*	
		冰草	*A. cristatum*（Linn.）Gaertn.
	剪股颖属	*Agrostis*	
		疏花剪股颖	*A. perlaxa* Pilger
	看麦娘属	*Alopecurus*	
		大看麦娘	*A. pratensis* Linn.
	燕麦属	*Avena*	
		野燕麦	*fatua* Linn.
		燕麦	*sativa* Linn.
	菵草属	*Beckmannia*	
		菵草	*syzigachne*（Steud.）Fern.
	雀麦属	*Bromus*	
		无芒雀麦	*B. inermis* Layss.
		雀麦	*B. japonicus* Thunb.

续表

科中文名	科拉丁名	属拉丁名	种拉丁名
	属中文名	种中文名	
		大雀麦	B. magnus Layss.
		多节雀麦	B. plurinodis Keng
		旱雀麦	B. tectorum Linn.
	拂子茅属	Calamagrostis	
		拂子茅	C. epigeos (Linn.) Roth
		假苇拂子茅	C. pseudophragmites (Hall. f.) Koel.
	虎尾草属	Chloris	
		虎尾草	C. virgata Sw.
	隐子草属	Cleistogenes	
		无芒隐子草	C. songorica (Roshev.) Ohwi
		糙隐子草	C. squarrosa (Trin.) Keng
	隐花草属	Crypsis	
		隐花草	C. aculeata (Linn.) Ait.
	发草属	Deschampsia	
		发草	D. caespitosa (Linn.) Beauv.
	披碱草属	Elymus	
		圆柱披碱草	E. cylindricuas (Franch.) Honda
		披碱草	E. dahuricus Turcz.
		垂穗披碱草	E. nutans Griseb.
		老芒麦	E. sibiricus Linn.
	偃麦草属	Elytrigia	
		偃麦草	E. repens (Linn.) Nevski
	画眉草属	Eragrostis	
		大画眉草	E. cilianensis (All.) Link ex Vignolo−Lutati

续表

科中文名	科拉丁名	属拉丁名	种拉丁名
	属中文名	种中文名	
		小画眉草	*minor Host poaeoides* Beaur
	羊茅属	*Festuca*	
		远东羊茅	*extremiorientalis* Ohwi
		中华羊茅	*sinensis* Keng
		羊茅	*F. ovina* L.
	异燕麦属	*Helictotrichon*	
		异燕麦	*H. schellianum*（Hack.）Kitag.
		藏异燕麦	*H. tibeticum*（Roshev.）Holub
	茅香属	*Hierochloe*	
		光稃茅香	*H. glabra* Trin.
		茅香	*H. odorata*（Linn.）Beauv.
	大麦属	*Hordeum*	
		大麦	*H. vulgare* Linn.
		青稞	*H. var. nudum* Hook. f.
	草属	*Koeleria*	
		草	*K. cristata*（Linn.）Pers.
		短芒落草	*litvinowii* Dom.
	扇穗茅属	*Littledalea*	
		扇穗茅	*L. racemosa* Keng
	臭草属	*Melica*	
		甘肃臭草	*M. Przewalskyi* Roshev.
		臭草	*M. scabrosa* Trin.
		藏臭草	*M. tibetica* Roshev.
	固沙草属	*Orinus*	

续表

科中文名	科拉丁名	属拉丁名	种拉丁名
	属中文名	种中文名	
		固沙草	*O. thoroldii* （Stapf ex Hemsl.） Bor
	落芒草属	*Oryzopsis*	
		落芒草	*O. munroi* Stapf ex Hook. f.
	狼尾草属	*Pennisetum*	
		白草	*P. centrasiaticum* Tzvel.
	芦苇属	*Phragmites*	
		芦苇	*Pn. communis* Trin.
	早熟禾属	*Poa*	
		早熟禾	*P. annua* Linn.
		华灰早熟禾	*P. botryoides* Trin.
		疏花早熟禾	*P. chalarantha* Keng
		波伐早熟禾	*P. poiphagorum* Bor
		草地早熟禾	*P. pratensis* Linn.
		蔺状早熟禾	*P. schoenites* Keng
		西伯利亚早熟禾	*P. sibirica* Roshev.
		硬质早熟禾	*P. sphondylodes* Trin.
		西藏早熟禾	*P. tibetica* Munro
	棒头草属	*Polypogon*	
		长芒棒头草	*P. monspeliensis* （Linn.） Desf.
	细柄茅属	*Ptilagrostis*	
		小花细柄茅	*P. cancinna.* （hk.f）Roshev.var. roshevitsiana Tzvel.
	碱茅属	*Puccinellia*	
		小林碱茅	*P. kobayashii* Ohwi

续表

科中文名	科拉丁名	属拉丁名	种拉丁名
	属中文名	种中文名	
		微药碱茅	*P. micrandra*（Keng）Keng
	鹅观草属	*Roegneria*	
		青海鹅观草	*R. kokonorica* Keng
		长颖鹅观草	*R. longiglumis* Keng
		中华鹅观草	*R. sinica* Keng
		窄颖鹅观草	*R. stenachyra* Keng
		肃草	*R. stricta* Keng
		梭罗草	*R. thoroldiana*（Oliv.）Keng
	狗尾草属	*Setarin*	
		金色狗尾草	*S. glauca*（Linn.）Beauv.
		狗尾草	*S. viridis*（Linn.）Beauv.
	冠毛草属	Stephanachne	
		冠毛草	*S. pappophorea*（Hack.）Keng
	针茅属	*Pseudoraphis*	
		异针茅	*S. aliena* Keng
		短花针茅	*breviflora* Griseb.
		长芒草	*bungeana* Trin.
		针茅	*capillata* Linn.
		大针茅	*grandis* P. Smirn.
		长羽针茅	*kirghisorum* P. Smirn.
		疏花针茅	*penicillata* Hand.–Mazz.
		甘青针茅	*przewalskyi* Roshev.
		紫花针茅	*purpurea* Griseb.
	钝基草属	*Timouria*	
		钝基草	*saposhnikowii* Roshev.
	小麦属	*Triticum*	
		普通小麦	*aestivum* Linn.

续表

科中文名	科拉丁名	属拉丁名	种拉丁名
	属中文名	种中文名	
	玉蜀黍属	*Zea*	
		玉米	*Z. mays* L.
莎草科	Cyperaceae		
	苔草属	*Carex*	
		无脉苔草	*enervis* C. A. Mey.
		毛囊苔草	*inanis* Kunth
		甘肃苔草	*kansuensis* Nelmes
		黄囊苔草	*korshinskii* Kom.
		披针苔草	*C. lanceolata* Boott
		沼生苔草	*C. limosa* Linn.
		青藏苔草	*C. moorcroftii* Falc. ex Boott
		白尖苔草	*C. oxyleuca* V. Krecz.
		白颖苔草	*C. rigescens*（Franch.）V. Krecz.
		紫喙苔草	*C. serreana* Hand.–Mazz.
	蒿草属	*Kobresia*	
		蒿草	*K. bellardii*（All.）Dege.
		线叶蒿草	*K. capillifolia*（Decne.）C. B. Clarke
		细叶蒿草	*K. filifolia*（Turcz.）C. B. Clarke
		矮生蒿草	*K. humilis*（C. A. Mey）Serg.
		高山蒿草	*K. pygmaea*（C. B. Clarke）C. B. Clarke
		粗壮蒿草	*K. robusta* Maxim.
		西藏蒿草	*K. schoenoides*（C. A. Mey）Steud.
	藨草属	*Scirpus*	*K. tibetica* Maxim
		扁秆藨草	*S. planiculmis* Fr. Schmidt

续表

科中文名	科拉丁名	属拉丁名	种拉丁名
	属中文名	种中文名	
		细秆蔍草	*S. setaceus* Linn.
灯心草科	Juncaceae		
	灯心草属	*Juncus*	
		小灯心草	*J. bufonius* Linn.
		灯心草	*J. effusus* Linn.
		喜马灯心草	*J. himalensis* Klotzsch
		长柱灯心草	*J. przewalskii* Buchen.
百合科	Liliaceae		
	葱属	*Allium*	
		天蓝韭	*A. cyaneum* Regel
		葱	*A. fistulosum* Linn.
		金头韭	*A. herderianum* Regel
		碱韭	*A. polyrhizum* Turcz. ex Regel
		青甘韭	*A. przewalskianum* Regel
		蒜	*A. sativum* Linn.
		高山韭	*A. sikkimense* Baker
		蒙古韭	*A. mongolicum* Regel
	天门冬属	*Asparagus*	
		天门冬	*A. cochinchinensis*（Lour.）Merr.
		戈壁天门冬	*A. gobicus* Ivan. ex Grubov
		西北天门冬	*A. persicus* Baker
	百合属	*Lilium*	*L. drownii* F. E Brown
		百合	var. *viridulum* Baker
		山丹花	*pumilum* DC.
	舞鹤草属	*Maianthemum*	
		舞鹤草	*M. bifolium*（Linn.）F. W. Schmidt

续表

科中文名	科拉丁名	属拉丁名	种拉丁名
	属中文名	种中文名	
	黄精属	*Polygonatum*	
		卷叶黄精	*P. cirrhifolium* (Wall.) Royle
		玉竹	*P. odoratum* (Mill.) Druce
		黄精	*P. sibiricum* Delar. ex Redoute
鸢尾科	Iridaceae		
	鸢尾属	*Iris*	
		锐果鸢尾	*I. goniocarpa* Baker
		马蔺	*I. easata* Thunb
		卷鞘鸢尾	*I. potaninii* Maxim.
		细叶鸢尾	*I. tenuifolia* Pall.
		粗根鸢尾	*I. tigridia* Bunge
兰科	Orchidaceae		
	手参属	*Gymnadenia*	
		手参	*G. conopsea* (Linn.) R. Br.
		西南手参	orchidis Lindl.
	玉凤花属	*Habenaria*	
		齿片玉凤花	*H. finetiana* Schltr.
	角盘兰属	*Herminium*	
		裂瓣角盘兰	alaschanicum Maxim.
		角盘兰	*H. monorchis* (Linn.) R. Br.
	绶草属	*Spiranthes*	
		绶草	*S. sinensis* (Pers.) Ames
	斑叶兰属	*Goodyera*	
		斑叶兰	*G. schlechtendaliana* Rchb. f.

四、张掖市森林病虫名录

1. 张掖市森林害虫名录

目	科	中名	学名	分布	危害主要树种	危害程度
直翅目 OrthoPtera	蟋蟀科 GryIidae Gryllidae	油葫芦	Gryllus testaceus wallker	临泽（五泉林场）	各种苗木	+
	树蟋科 Oecanthidae	短胸树蟋	OecanthuS indicus Saussure	甘州、临泽、高台	杨树	+
	蝼蛄科 Gfyllotalpidae	华北蝼蛄	Gryllotalpa unispina Saussure	全市	杨、柳、榆、松、柏等幼苗（苗根、种子）	++
		非洲蝼蛄	Gryllotalpa africana palisot de Beauvois	甘州、临泽、高台	苹果、梨、葡萄及各种树木幼苗	++
半翅目 Hemiptera	蝽科 Pentartomidae	沙枣蝽	Rhahigaster nebulosa(poda)	甘州、临泽、高台等县	沙枣、杨、柳等（枝、干）	++
		红足真蝽	PentatoMma rufipes Linnaeus	肃南（祁连山）	杨、柳、榆、杏等（枝干）	+
		紫翅蝽	Carpocoris Purpureipennis De Geer	甘州	沙枣、苹果	++
	长蝽科 Lygaeidae	横带红长蝽	Lygaeus equestris Linna	甘州	榆树	+

续表

目	科	中名	学名	分布	危害主要树种	危害程度
同翅目 Homopt-era	蝉科 Cicadidae	斑头蝉	Onychotympana maculaticollis	祁连山区（隆畅河林场）	杨树、刺槐等	++
		草蝉	Mogannia （Amserv） ebeswalker	肃南、山丹	蔷薇科灌木	+
	叶蝉科 Cicadellidae	大青叶蝉	Cicadella viridis （Linnaeus）	全市普遍发生	杨、柳、榆、沙枣等	+++
		榆叶蝉	Empoasca bipunctata ulmicola A. E.	全市	榆	++
		小叶蝉	Empoasca fiavescens Fahricius	全市	葡萄、杏、桃、苹果、梨、山楂等	+
		白条刻纹叶蝉	Coniagnathus SP	山丹、肃南	柳	+
		（中名待定）	Athysanopsis SP.	肃南、临泽	杨、柳	+
		八字顶带叶蝉	Athysanopsis saticis Matsumara	肃南	杨、柳	+
		杨花片角叶蝉	Idiocerus SP.	甘州	杨、柳	+
	沫蝉科 Cercopidae	尖胸沫蝉	Aphrophora intermedta uhler			
		黑斑沫蝉	Cosmocarta bispecularis white			

续表

目	科	中名	学名	分布	危害主要树种	危害程度
	粉虱科 Aleyrodidae	带刺粉虱	Trialeurodes Vaporariorum westwood	甘州	枸杞	+
	木虱科 Chermidae	沙枣木虱	Trioza magnisetosa Log.	全市普遍发生	沙枣	+++
		枸杞木虱	Trioza SP.	甘州(白滩)	枸杞	+
		柳木虱	Psylla SP.	高台、临泽、甘州	杨树、柳树	+
	球蚜科 Adelgidae	落叶松球蚜	Adelges Laricis Vallot	祁连山区(隆畅河林场)	云杉	++
	棉蚜科 Eriosotidae	杨瘿棉蚜	Pemphigus napaeus Buckton	甘州(新墩、平山湖)	杨树	+
		杨叶瘿棉蚜	Pemphigus bursavuis L.	祁连山区、甘州、临泽、高台等	胡杨、山杨(叶)	+++
		黑腹四脉棉蚜	Tetraneura nigrabdorminalis(sasaki)	甘州、临泽	杨树	++
	根瘤蚜科 Phylloxeridae	梨黄粉蚜	Cincillm iksuiense Kishi	临泽、高台、民乐	梨	++
	蚜虫科 Aphididae	槐蚜	Aphis glycines Masurnura	甘州城区	国槐、刺槐	++
		豆蚜	Aphis craccivora Koch	甘州、临泽、高台	花棒	+++

续表

目	科	中名	学名	分布	危害主要树种	危害程度
		内蒙粉毛蚜	Pterocomma neimogolense zhang	全市普遍发生	杨树（枝干）	+++
		桃蚜	Myzus Persicae (Snlz)	甘州、临泽、高台	杨树、桃、李、杏、梨、槭等	++
		枸杞蚜	Aphis SP	甘州	枸杞	+
		桃瘤蚜	Myzus momonis Matsa	甘州、临泽、高台	梨	++
		梨二叉蚜	Schizaphis (Toxoptera) Pircola Matsumura	甘州、临泽、高台	梨	++
		桃粉大尾蚜	Hyaeopterus amygdalis Blazchaid	甘州、临泽	杨树	++
		柳二尾蚜	Cavariella Saeicicola (mats)	临泽、高台	柳树	++
		柳瘤大蚜	Tuberlachus salignus Gmelin	甘州	柳树	
		谷榆蚜	Tetraneura ulmi L.	全市普遍发生	榆树	++
		柏大蚜	Cinara tuiatietna (Delouercio)		侧柏	+++
		松大蚜	C. Pinea Mordvilko	祁连山区	青海云杉	++
	蚧科 Coccidae	杨绵硬蚧	Pulvinaria SP.	甘州区（城关镇）、临泽（五泉林场）	杨树	++

续表

目	科	中名	学名	分布	危害主要树种	危害程度
		糖槭盔蚧	Parthenole-canium Cor-ni（Bouce）	甘州区（城关镇）	复叶槭	++
		朝鲜球蚧	Didesmoco-ccus Korea-nus Borchs		杏、李、桃	++
		槐花球蚧	Eulecanium Kuwanai	甘州	苹果、沙枣、国槐、榆	+++
		杏球坚蚧	Spnaerc Lecannium Piunastri Fonsc	全市	杏、桃、梨、苹果、枣等	+++
	盾蚧科 Diaspididae	杨牡蛎蚧	Lepidosaphes ulmi Linna-eus	肃南（红湾寺）	杨树	+
		杨圆蚧	Quadraspid-iotus gigas Thiem et Gemeck	甘州（城关镇）、临泽（蓼泉、五泉林场）、山丹城区	杨树	++
		沙枣吐伦蛎蚧	Lepidosaph-es turanica Arch	全市普遍发生	沙枣	+++
		杨白蚧	Chionaspis SP.	祁连山区（大黄山林场）	山杨	++
		梨园蚧	Diaspidiotus perniciosus comstoek	全市	苹果、梨、桃、杏等	++
		云杉叶蚧	学名待定	祁连山区	云杉	++

续表

目	科	中名	学名	分布	危害主要树种	危害程度
	粉蚧科 Pseudococ-cidae	康氏粉蚧	Pseudococ-cus comsto-cki Kuwvang	甘州、临泽、高台	白蜡、杏、梨、柳、桑、刺槐、苹果、桃、李、山楂、葡萄等	++
		苹果粉蚧	Phenacoccus mespili（G-offr）	甘州	苹果、梨、杏、山楂、沙果等	++
鞘翅目 Coleoptera	叩头甲科 Eiateridae	细胸叩头甲	Agriotes fuscicollis Miwa	全市普遍发生	多种树木	+
		褐叩头甲	Melanotus SP.	临泽	多种树木	+
		宽背叩头甲	Selatosomus Latus(F.)	Selatosomus Latus(F.)	苗木	+
	朽木甲科 Alleculidae	朽木甲	Allecula fuliginosa	临泽	不详	+
	吉丁甲科 Buprestidae	十斑吉丁	Melanophila Decastigma Fabr	全市普遍发生	杨树	+++
		六星吉丁	Chrysoboth-ris succedanea Saunders	祁连山区（寺大隆、隆畅河）	杨树	+
		云杉吉丁	Ohrysoboth-ris chrysostigma	祁连山、寺大隆、桦木沟	云杉	+
		金缘吉丁	Lampra Limbata Gebler	甘州、临泽、高台	苹果、梨、杏、桃、沙果	+

续表

目	科	中名	学名	分布	危害主要树种	危害程度
	芫菁科 Meloidae	绿芫菁	Lytta caraganae pallas	全市	刺槐、紫穗槐等	+
		赤带绿芫菁	Lytta suturella Mostschulsky	山丹、肃南、民乐、甘州	水曲柳、柠条	
	鳃角金龟甲科 Melolonthidae	华北大黑鳃金龟	Holotrichia oblita Faldermann	临泽、高台	杨、柳、槐、杏及农作物等	+
		白鳃金龟	Polyphylla alba Pallas	全市普遍发生	杨、柳、苹果等根部及农作物幼苗	++
		云斑金龟	Polyphylla laticolis Lewis	全市	松、杨、榆、柳和多种农作物	+
		朝鲜鳃角金龟	Melolontha . incoma Moetsch	民乐（六坝林场）	杨、柳、榆等	+
		大栗鳃金龟	Melolontha melolonohe L.	山丹	云杉、桦树	+
		赤绒金龟	Maladera vertiealls Faimire	山丹	苹果、梨、葡萄、沙果、刺槐、白杨等	+++
		马铃薯金龟	Amphimallon solialis L.	全市	苗木	+
		天鹅绒金龟（东方金龟子）	Maladera orientalis Motschulsky	甘州(白滩)、临泽（五泉林场）	杨、柳、苹果、沙枣(叶)	+++

续表

目	科	中名	学名	分布	危害主要树种	危害程度
		灰粉鳃角金龟	Hoplosternus incanus Mots hvlshy	祁连山（西营河林场）	各种树幼苗	+
	丽金龟科 Rutelidae	四纹丽金龟子	Popillia guadriguttata Faldermann	甘州（白滩）、临泽（五泉林场）	杨、榆、苹果和多种农作物	+
		粗绿丽金龟子	Mimela holosericea Fabricius	祁连山（康乐林场）	杨（叶、根）	+
		斑喙丽金龟	Adoretus tenuimaculatus waterhonse	甘州（九龙江林场）	杨、槭、苹果等（根部和叶部）	++
		黄褐丽金龟	Anomala exoleta Faldermann	山丹	林木根部	+
	花金龟科 Cetoniidae	白星花金龟	Protaetia brevitarsis Lewis	祁连山（寺大隆林场）	杨、柳、苹果、梨、桃、杏、李（叶、花）	+
	天牛科 Cerambycidae	黄斑星天牛	Anoplopnhora nobilis Ganglbauer	高台、临泽、甘州、山丹、民乐	杨、柳、榆、复叶槭	++
		青杨天牛	Saperda populnea LinnaeusS	分布：高台、临泽、甘州、山丹、民乐	杨树	++
		家茸天牛	Trichofercis campestris (Faldernomn)	山丹、甘州、肃南、民乐	各类干木材、刺槐、杨、柳、榆、椿、桑等	++

续表

目	科	中名	学名	分布	危害主要树种	危害程度
		四斑松天牛	Pachyta quadrimacu-lata（cinnaeus）	山丹	松树	++
		云杉花黑天牛	Monachamus satuarius Gebl	祁连山区	云杉、冷杉	++
		光胸幽天牛	Tetropium castanem L.	祁连山区	云杉、冷杉、落叶松	++
		隆纹幽天牛	Arhopalus quadricostu-latus Krautz	祁连山区	云杉、冷杉、松	+
		苹果幽天牛	Arhopalus SP.	祁连山区	刺槐、榆树、苹果	++
		中名待定	Disteniidae SP.	祁连山区	不祥	
		十二斑花天牛	Laptura duodec imguttata Fabricillus	祁连山区	柳属	+
		橡黑天牛	Leptura aethiops poda	祁连山区	栎、桦、榛	+
		红翅杉天牛	callidium rufipenne motschulsky	祁连山区	云杉、冷杉	+
		核桃虎天牛	Xylotrechus contortus G.	祁连山区	核桃科	+

续表

目	科	中名	学名	分布	危害主要树种	危害程度
		（中名待定）	Eodocadiono-ryk jakowloff	祁连山区	不祥	+
		（中名待定）	Disteniidae SP.	祁连山区	待查	+
	叶甲科 Chrysomeli-dae	杨兰叶甲	Agelastica alni L.	高台、临泽、甘州、山丹、民乐	榆树、杨、柳、苹果、梨等	+
		枸杞龟甲	Cassida deltoides weise	山丹	枸杞	+
		中华萝藦叶甲	Chrysochus chinensis Baly	临泽、甘州	梨、桑	+
		白杨叶甲	Chrysomela populi L.	甘州、肃南	杨、柳	++
		柳隐头叶甲	crytptoceph-alus SP	祁连山	柳树	+
		柽柳隐头叶甲	Crytptoceph-alus SP.	临泽	柽柳	+
		榆紫叶甲	Ambrostoma quabriimpre-ssum Motsch	肃南	白榆、榆	++
		琉璃叶甲	Ambrostoma fortunei Bauly	临泽	白榆	++
		杨梢叶甲	Parnops glasunowi Jacobson	山丹	杨、柳	+++

续表

目	科	中名	学名	分布	危害主要树种	危害程度
		柳兰叶甲	Plagiodera versicolora（Laichart）	高台、肃南	柳、桑	++
		黄臀短柱叶甲	Pachyrachys ochropygus solsky	山丹、肃南	柳	+
		柽柳条叶甲	Diorhabda elongata cleserticola chen	高台、肃南	柽柳	++
		枸杞负泥虫	Lema decempunc-tata weise	临泽	枸杞	+
		二点钳叶甲	Labidostomis bipunctata Mannerheim	甘州	枣、杏、榆	+
		梨光叶甲	梨光叶甲	肃南	梨、杏、苹果、榆	+
		柳叶甲	Flagiodera versicolora Laichart	高台	柳树	++
		白刺叶甲	Galeruca SP.	山丹	不祥	+
		甘薯叶甲	colasposoma dauricum auripenne（Motsculsky）	甘州、临泽、高台	杨、柳、刺槐、核桃	+
		橙胸斜缘叶甲	Prasocuris versicolora（Laichart-ing）			+

续表

目	科	中名	学名	分布	危害主要树种	危害程度
		拟守瓜	Gallerucida SP.	高台	杨	+
	象甲科 Curculion-idae	大灰象甲	sympiezomias velatus（cheurolat）	全市	苹果、梨、桃、杨、榆等	++
		西伯利亚绿象甲	chlorophanus sibirius Gyllenhyl	民乐、肃南、甘州	柳、苹果	++
		短毛草象甲	chopbius psittacinus Boheman	甘州	沙枣、杨、旱柳、花棒	+
		蒙古灰象甲	xylinophorus Mongolicus Faust	甘州	梨、杏、桃、枣、桑、槐、苹果、杨等	+
		甜菜象甲	Bothynoderes punctiventris Germem	甘州、临泽、高台	杨、柳	+
		榆叶跳象	Rhychaenus alni L.	甘州、临泽、高台	榆树	++
		黄褐纤毛象	Tanymecus urbanus Gyll.	甘州	榆、柳、杨、沙枣	+
		松大象甲	Hylobius abietis Linnaeus	肃南	云杉、松树	
		球果象甲	Pissodes validirostris Gyllenhyl	肃南	云杉	++

续表

目	科	中名	学名	分布	危害主要树种	危害程度
		金绿树叶象甲	Phyllobius virdeaeris Laichart	肃南	杨、李	+
		苏枸杞象甲	学名待定	肃南	苏枸杞	+
	小蠹科 Scolytidae	桃小蠹	Scolytas seulensis Maray	甘州、临泽、高台	榆、杏、桃、李等	+ +
		云杉小蠹	Scolytus sinopicens Tsai	祁连山区	云杉	+ +
		云杉大小蠹	Dendroctonus micans Kuger	祁连山区	云杉	+ +
		云杉毛小蠹	Dryocetes hectographus Reitt	祁连山区	云杉	+ +
		上穴星坑小蠹	Pityogenes saalasi Egg	祁连山区	云杉	+ +
		云杉四眼小蠹	Polygraphus polygraphus L.	祁连山区	云杉、冷杉	+ +
		桧韧皮小蠹	Phloeosinus bicolor	祁连山区	桧柏	+
		光臀八齿小蠹	Ips nitidus Egg	祁连山区	云杉	+ +
		中重齿小蠹	Ipsmansfeldi natchtl	祁连山区	云杉	+ +
		黑条木小蠹	xyloterus lineutum oliver	祁连山区	松树、云杉、冷杉	+ +

续表

目	科	中名	学名	分布	危害主要树种	危害程度
		梢小蠹	Cryphaius SP	祁连山区	云杉	++
鳞翅目 Lepidop-tera	蛀果蛾科 Carosinidae	桃小食心虫	Carposina niponensis Walsingham	高台、临泽、甘州	苹果、梨、桃、枣等	++
	粉蝶科 Pieridae	带纹菜粉蝶	Aporia venata Leach	肃南、山丹、甘州	蔷薇科植物	++
		树粉蝶	Aporia creataeg Linnaeua	甘州、临泽、高台	苹果、桃、杏、山楂、李、沙果等	++
		酪色菜粉蝶	Aporia hippa Bremer	肃南	小蘗科植物	+
	蛱蝶科 Nympalidae	白钩蛱蝶	Polygonia c-album Hemigora Butier	甘州、肃南	榆	+
		柳紫闪蛱蝶	Apatura ilia schiff-Denis	全市	柳、杨	++
		黄缘蛱蝶	Nymphalis antiopa L	山丹、甘州、肃南	杨、柳	++
		榆蛱蝶	Nymphalisx-anthomelas Espor	山丹、肃南	榆、杨、柳、桦	++
	凤蝶科 Papilion-idae	黄凤蝶	Papilio macnaon L	祁连山区	芸香科植物	+
	眼蝶科 Satyridae	小型林眼蝶	Aulocera sybillina oberth	高台	不详	+
		霍氏槁眼蝶	Karanasa hulebneri Mr	肃南	不详	不详

续表

目	科	中名	学名	分布	危害主要树种	危害程度
		霍氏稿眼蝶	Karanasa hulebneri Mr	肃南	不详	不详
	木蠹蛾科 Cossidae	榆木蠹蛾	Holcocerus viearius walker	临泽	柳、杨、苹果、枸杞、榆、栎等	+
		芳香木蠹蛾	Cossus cossus L	甘州、临泽、高台	柏、柳、榆、沙枣、梨、苹果、杏等	++
	潜蛾科 Lyonetiidae		Lyonetia elerkelle L	高台、临泽、肃南	桃、杏、苹果、李、梨	+
		杨白潜蛾	Leucoptera susinella Herrich-schaffer	全市	杨树	+++
		杨银潜叶蛾	Phyllocnistis saligna zeller	全市	杨树	++
	细蛾科 Gracilari-idae	杨柳细蛾	Lithocolletis pastorella zeller	全市	杨柳	++
	卷蛾科 Tortricidae	苹果蠹蛾	Laspeyresia pomonella （Linne）	高台、临泽、甘州、山丹、民乐	苹果、梨、山楂、李、杏、桃、核桃等	++
		梨小食心虫	Grapholitha molesta. Busck	甘州	苹果、梨、桃、杏、李	+++
		杨柳小卷蛾	Gypsonoma minutana Hubner	全市	杨柳	+++
		云杉球果小卷蛾	Pseudoto-moides strobilellus L	祁连山区	云杉	++

续表

目	科	中名	学名	分布	危害主要树种	危害程度
		杨灰小卷蛾	Sciaphila branderiana L	甘州、民乐	杨树	+
	麦蛾科	桃条麦蛾	Anarsial: neatella zeller	甘州、临泽、高台	沙枣、桃、杏	++
	螟蛾科 Pyralidae	杨横带螟	Nephopteryx mikadella Ragnot	甘州	杨、柳	+
		云杉球果螟	Dioryctria abietella schiffer-mueller	祁连山区	云杉	++
		梨大食心虫	Myelois perivorella Matsumura	甘州、民乐、临泽	梨	+
	透翅蛾科 Aegeri-idae	苹果透翅蛾	Conopia hector (Butler)	甘州、肃南	苹果、沙果、桃、梨、杏、李等	+
		白杨透翅蛾	Parathrene tabaniformis Rottenberg	甘州、临泽	杨树	++
	尺蛾科 Geometri-dae	雪尾尺蛾	Qurapteryx nivea Butlet	肃南	朴、冬青、栓皮栎	+
		桦尺蛾	Biston betularia L	肃南、甘州	桦、杨、榆、槐、苹果、柳、艾蒿、落叶松等	+

续表

目	科	中名	学名	分布	危害主要树种	危害程度
		沙枣尺蠖	Apocheima cinerarius Erschoff	甘州、临泽、高台	沙枣、杨、柳、柠条、苹果、沙果、梨、榆	+++
		槭烟尺蠖	Phthonosema invenustaria Leech	甘州、肃南	槭、柳、卫矛等	+
		球果尺蠖	Eupithecia abietariagi-gantea staudinger	祁连山区	云杉	+
		云杉尺蠖	Erannis yunshanvora Yang	甘州、临泽、高台	云杉	+
	斑蛾科 Zy-gaenidae	梨星毛虫	Illiberis pruni Dyar	甘州、临泽、高台	梨、沙果、苹果、李、杏、桃、山楂	+++
	舟蛾科 Notodon-tidae	杨二尾舟蛾	Cerura menciana Moore	全市	杨、柳	+++
		黑带二尾舟蛾	Cerura vinula felina (Bufler)	肃南、甘州	杨、柳	+
		腰带燕尾舟蛾	Harpyia Lanigera (Butler)	肃南	杨、柳	+
		杨大双尾舟蛾	Gerurauinula feiina (Butler)	甘州	杨树	+

续表

目	科	中名	学名	分布	危害主要树种	危害程度
	毒蛾科 Lymantri-idae	古毒蛾	Orgyia antiqua（L.）	甘州、临泽、高台	云杉、松、落叶松、大麻、大豆等	+++
		角斑古毒蛾	Orgyia gonostigma L	甘州	杨、柳、蔷薇、梨、李、苹果、山楂等	++
		灰斑古毒蛾	Orgyia erieae Germar	甘州、临泽、高台	杨、柳、沙枣、蔷薇、枣、豆类、苹果	+++
		雪毒蛾	Stilpnotia salicis（L.）	甘州、山丹	柳、杨、槭	+++
		杨雪毒蛾	Stilpnotia candida staudigger	甘州、临泽、高台	柳、杨	+++
	巢蛾科 Yponomeu-tidae	苹果巢蛾	Hyponomeuta padellus（L.	全市	苹果、山楂等	++
	灯蛾科 Arctiidae	黑灯蛾	Spilarctia caesarea （Goeze	肃南	柳	+
	夜蛾科 Noctuidae	苹果剑纹夜蛾	Acronicta incretata Hampson	甘州	苹果、沙果、梨、杏、桃、李、柳	++
		柳剑纹夜蛾	Acronicta SP	甘州	杨、柳	+++
		小地老虎	Agrotis Ypsilon Rottemberg	甘州、民乐、高台、临泽	苹果、桃、葡萄等	++
		黄地老虎	Agrotis segetum schiffermuller	全市	与小地老虎略同	++

续表

目	科	中名	学名	分布	危害主要树种	危害程度
		警纹地老虎	Aguotis exclamationis L	全市	同上	+
		八字地老虎	Agrotis cnigrum(L.)	肃南、甘州	同上	++
		三角地老虎	A. triangutum (Hufnagel)	肃南、甘州	柳、山楂、麦类	+
		茶色地老虎	Hermomassa cecilia Butler			+
		美冬夜蛾	Cirrhia fulvage L.	山丹	柳	+
		暗冬夜蛾	Euscltia inextricata Moore	肃南	小蘖属植物	+
		柳裳夜蛾	Catocola electa Borkhausen	甘州	杨、柳、苹果	++
		杨裳夜蛾	Catoeala nupta L	甘州、肃南、临泽、高台	杨、柳、枣	+
		粉缘金刚钻	Earias pudicana staudinger	甘州、临泽、高台	柳、杨	+
		红棕灰夜娥	Polia illoba Butler	山丹、肃南、甘州	桑树、菊类、苜蓿、荞麦类	+
		甘兰夜蛾	Barathra brasssicae L	全市	桑树、果树、农作物、蔬菜等	+

续表

目	科	中名	学名	分布	危害主要树种	危害程度
		双轮切夜蛾	Euxoa birivia schif-fermtuller			+
		狭翅夜蛾	Hermomasssa consignata walk			+
		间色异夜蛾	Protexarnis poecila Alpheraky			+
		迹幽夜蛾	Scotogramma stigmosa Christoph			+
		庸切夜蛾	Euxoa centralis Staudinger	甘州、肃南		+
	天蛾科 Sphingi-dae	黄脉天蛾	Amorpha amurensis Staudinger	全市	杨、柳、桦	+
		沙枣白眉天蛾	Celerio hippophaes（Eper）	全市	沙枣等胡颓子科植物	+
		榆绿天蛾	Callambulyx tatarinovi（Bremer et Grey）	甘州	榆、刺榆、柳	+
		蓝目天蛾	Smerinthus planus Walker	甘州、高台、肃南	杨、柳、桃、苹果、沙果、李等	++

续表

目	科	中名	学名	分布	危害主要树种	危害程度
		川海黑边天蛾	Haemorrha-gia fuciformis ganssuensis Gr – Grsch.	甘州	丁香	+
		桃天蛾	Marumba gaschke-witschi echephron Boisduval	临泽、高台、甘州	桃、杏、枣、李等	+
		长喙天蛾	Macroglos-sum corythus Inteata（Butler）	祁连山	鸡眼藤、九节木等	+
	大蚕蛾科 Saturniidae	合目大蚕蛾	Caligula boisduvali fallax Jordan	祁连山区	胡枝子、沙棘、栎、榛、核桃、楸	+
	枯叶蛾科 Lasio-campidae	黄褐天幕毛虫	Malacosoma neustria testacea Motschulsky	甘州、临泽、高台	桃、杏、苹果、梨、李、杨、沙枣	+++
		苹果枯叶蛾	Odonestis prni L	甘州	苹果	+
		李枯叶蛾	Gastropacha quercifolia L	甘州	苹果、沙果、李、梨、桃	+
		杨枯叶蛾	Gastropacha populifolia Esper	肃南	苹果、李、杏、梨、桃、杨、柳	+

续表

目	科	中名	学名	分布	危害主要树种	危害程度
双翅目 Diptera	蝇科 Trypetidae	枸杞实蝇	Neoceratitis asiatica（Becker）	临泽、甘州	枸杞	+
	大蚊科 Tipulidae	黄斑大蚊	Nephrotoma SP	临泽、甘州、高台	蚕豆、苜蓿、杨树苗等	+
	瘿蚊科 Cecidomyiidae	柽柳瘿蚊	Rhopalomyla SP	高台、肃南	柽柳	++
膜翅目 Hymenoptera	扁叶蜂科 Pamphiliidae	云杉阿扁叶蜂	Acantholyda Piceacola Xiao et Zhou	山丹	云杉	++
	叶蜂科 Tenthredinidae	柳叶蜂	Dolerus SP	山丹	柳、杨	++
		玫瑰叶蜂	Athalia rosse（L.）	肃南、山丹、民乐	玫瑰等蔷薇科灌木	+
	茎蜂科 Cephidae	梨茎蜂	Janus piri Okeoto et Muramatsn	民乐、甘州、临泽	梨	+++
	树蜂科 Siricidae	蓝黑树蜂	Sirex iunuercus L	山丹	云杉	+
		云杉大树蜂	Sirex gigas L.	肃南	云杉	++
	广肩小蜂科 Eurytomidae	刺槐种子小蜂	Bruchopha-gus caragana Wik	甘州	刺槐	+++

续表

目	科	中名	学名	分布	危害主要树种	危害程度
		柠条种子小蜂	Eurytoma neocarga-ganae Liao	甘州、临泽、高台	柠条	+++
蛛形纲 ACAPINA 八 蜱螨目	叶螨科 Tetranychi-dae	苹果全爪螨	Panonychus ulmi Koch	全市	苹果、沙果、梨等	++
		山楂叶螨	Tetrangchus Veinnensis Zarcher	全市	山楂、李、梨、苹果、杏、桃等	+++
		李始叶螨	Eotetrany-chus pruni Oudemans	全市	苹果	+++
		杨始叶螨	Eotetrany-chus populi Koch	甘州	杨、柳	++
	瘿螨科 Eriophy-oidae	中国瘿螨	Eriophyes chinensis Trotlen	甘州、临泽、高台	杏	++

1081

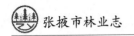
2. 张掖市森林病害名录

危害主要树种	中名	病原	分布
青海云杉 Picea crassifoia kom	叶枯病	Lophodermium macrosporium（Hart. ）	祁连山区
	幼苗立枯病	Fusarium SP，Rhizoctomia SP	全市及祁连山区
	球果锈病（云杉球果 O、I、鹿蹄草 II、III）	Chrysomyxa pyrolae（D. G）Rosfr	祁连山区
	白腐病	Trametes abietis，Sacc	祁连山区
	根腐病（伐根）	Trametes roseus	祁连山区
	针叶锈病	待鉴定	祁连山区
二白杨 Populus nigra var. thevestinax P. Simonii	褐斑病	Stagonospora populi（cda）sacc	甘州、高台、临泽
	烂皮病	Valsa sordida Nitsch	全市
	水泡型溃疡病	Dothiorella gregaria Sacc	全市
	破腹病	冻害	全市
小叶杨 Populus simonil Cart	烂皮病	Valsa sordida Nits Cytospora chrysoperma（Pers.）Fr	全市
	水泡型溃疡病	Dothiorla gregaria Sacc	甘州、临泽、高台
河北杨 Populus hopeiensis Hu. et chow	锈病	Melampsora larici–populina	祁连山区
山杨 Populus tremula var. davidiana schnaid	灰斑病	Caryneum Bres	甘州
	芽瘿病	Eriophyes SP	祁连山区
	白色心腐病	Fomes igniarius f. Tremuiae	祁连山区

续表

危害主要树种	中名	病原	分布
胡杨 Populus diversffolia Schuenk	叶锈病	Molampsora pruinosae Tranz	甘州
旱柳 Salix matsudanan koidz	立木白腐病	Trametes trogii Berk	高台、甘州、临泽
柳 Salix purpurea L	柳叶瘿	Eriophyes SP	甘州
	叶锈病	Melampsora ribesiipurpure-ae Kleb	甘州
苹果树 Marus pumila Mill	苹果腐烂病（枝干）	Valsa mali Miyabe et Yama-da（无性）Cytospora mandshuriea Miura	全市
	苹果白星病（叶）	Coniotnyrium tirolense Bub	全市
	苹果白粉病（叶及嫩枝）	Podosphaero Leucotrica（E11. et EV)salm	全市
	苹果青霉病（果）	Penieillium expansum（Link）Thom	全市
	苹果灰斑病（叶）	Phyllosticta pirina Sace	全市
	苹果园斑病（叶）	Phyllosticta solituria Ell.et EV	全市
	苹果霉心病（果）	Trichothecium roseum（Bull）Lnik	甘州、临泽、民乐、高台
	苹果霉心病（果）	Trichothecium roseum（Bull）Lnik	甘州、临泽、民乐、高台
	苹果锈果病（果）	类菌质体 MLO	全市内零星分布
	苹果花叶病（叶）	Virus	全市
	苹果黄叶病（叶）	缺乏铁元素	全市
	苹果炭疽病（果）	Colletotrichum gleosporisides peng Gloeosporium fructigenum Berk	全市

续表

危害主要树种	中名	病原	分布
梨树 Pyrus L	梨黑斑病(叶)	Alternaria kikuchiana Tomaka	全市零星发生
	梨腐烂病(枝干)	Cytospora corphosperma Fr（无性时期）	全市
	梨轮纹病(叶)	AItelrmaria maorospora zinm	甘州、临泽
	梨白粉病	Erysiphe SP	甘州、民乐、临泽
	梨黑星病	Fusicladium pyrinum（Lib）Fuck	民乐、甘州、临泽
	梨树斑点病(叶)	Phyllosticta prunicola sacc	甘州、民乐
	梨树白点病（枝、干）	Coniothyrium pricola potet	全市
	梨黑胫病	Phytophthora cactorcem（1ebelcohn）	全市
	梨斑纹病(叶)	Leptosphaeria lucilla Sacc	甘州
桃树 Prunus persica stokes	桃杆腐病(小枝)	Leucas toma cincta（Fr）Hohn	全市
	桃杆枯病(枝条)	Leucostoma persoonii（Nit）Togashi	全市
	桃缩叶病（叶、幼枝）	Taphrina deformans（Berk）Tul	甘州、临泽
	桃炭疽病	Gloeosporium laeticllor Berk	临泽、甘州
	桃树腐烂病（枝、干）	Cytospora cincta sacc	临泽
	桃树斑点病(叶)	Pkyllosticta persicae sacc	临泽
	桃穿孔病(叶)	Cercospora cincumscissa sacc	全市

续表

危害主要树种	中名	病原	分布
	桃树流胶病	Botryosphaeria ribis Gross etDugg（无性阶段）Dothiorella Gregaria Sacc	
	桃褐腐病	Monilinia fructicola（Wint）Rebm	全市
杏树 Prunus armenica L.	杏树枝枯病（枝干）	Coniothyrium SP	甘州
	杏斑点病(叶)	Phyllosticta circumscissa cke	甘州
	杏疗病(新梢)	Polystigma deformans syd	全市
	杏枝瘿(枝叶)	瘿螨	甘州
核桃树 Juglaus regia L	核桃叶霉病(叶)	Cladosporium herbarum（Pets）Link	临泽
	核桃白粉病(叶)	Microsphaera Yamaddi（salm）syd	甘州
李树 Pruns salicina Lindi	李子斑点病(叶)	Comiothyrium naistae Hara	甘州
枣树 Zizphus sativa Gaerth	枣枝枯病(枝梢)	Comiothyrium SP.	临泽
葡萄 Vitis vlnifeRA L	枣树圆斑病(叶)	Phyllosticta SP.	临泽
	葡萄叶斑病(叶)	Phyllosticta pilospora sposk	民乐
	葡萄房枯病(果粒和穗轴)	Macrophoma faoeida（viata etRavaz）Cav	甘州、民乐
	葡萄白腐病	Coniotyhyium diplodiella（speq）sace	甘州、临泽
	葡萄灰霉病	Botrytis cinerea Pers	甘州、临泽
山荆子	山荆子腐烂病	Cytospora mandshuria Miura	全市（也造成楸子腐烂病）

续表

危害主要树种	中名	病原	分布
楸子 Malus runifolin (willd)Borkh	楸子白粉病(叶)	Podosphaera Leucotriicha（Ell. et EV）Salm	甘州、临泽、高台
梭梭（Haloxylon Bge）上的寄生菌	梭梭白粉病	Leveillula saxaouli（sorok）Golov	甘州、临泽、高台
	梭梭枝条枯萎病	Stagnosporonsis haloxyli syd	甘州、临泽、高台
	梭梭褐斑病	Camarosporium paletzkjj sereb	甘州、临泽、高台
沙枣（Elaeagnus L)的寄生菌	沙枣白粉病	Leveillula elaeagnacearum Golov	甘州、临泽、高台
	沙枣叶褐斑病	Septoria argyrea Sace	甘州、临泽、高台
	沙枣枝枯病	Cytospora elaeagni Alleseh	甘州、临泽、高台
	沙枣果实黑斑病	Cladosporium SP	甘州、临泽、高台
柽柳 Tramarix L	柽柳枯叶病	Ascochyta tamaricis Golov	甘州、临泽、高台
	柽柳枯叶病	Cytospora tamaricella Syd	甘州、临泽、高台
	柽柳干朽病	Inonotus tamaricis （pat）Maire（Xanthochrous tamaricis Pat.）	甘州、临泽、高台
沙拐枣 Calligonum L	蓼内丝白粉病	Leveillula polygonacearm Golov	全市
	沙拐枣褐斑病	Trichocladia atraphaxis Golov	全市
	沙拐枣枯梢病	Leptothyrium bormiilleri Magn	全市
	沙拐枣白粉病	Ergsiphe polygoni Dc ex Mexat	甘州、临泽、高台
花棒 Hedysarum scoparium Fisch et Mey	白粉病	Leveillula leguminosarum Golov	临泽
骆驼刺 Alhagi	豆内丝白粉病	Leveillula leguminosarum Golov	全市
	骆驼刺褐斑病	Trichocladia alhagi Golov	全市
	骆驼刺黑斑病	Septoria alhaginis szembel	全市
小檗 Berberis SP	叶锈病	Puccinia graminis PL	

3. 张掖市森林害虫天敌名录

目	科	中名	学名	分布	主要寄主
蜻蜓目 Odonata	蜻科 Libellulidae	黄衣	Pantaia flavescens Fabricius	高台、临泽、甘州	捕食蚊、蝇、蛾类、叶蝉等多种害虫
		灰蜻	Pantala flavescens Fabrc	临泽	捕食蚊、蝇、蛾类、叶蝉等多种害虫
			Sympeptrum Speciosum Oguma(中名待定)	临泽	多种昆虫
	蜓科	绿蜓	Anax parthenope Selys	高台、临泽	多种昆虫
		褐蜓	Anax nigrofasciatns oguma	高台、临泽	多种昆虫
螳螂目 Mantodea	螳螂科 Mantidae	薄翅螳螂	Mantis religiosa L	Mantis religiosa L	捕食各种昆虫
革翅目 Dermaptera	蠼螋科 Labiduri-dae	日本蠼螋	Labidurajaponi-ca de Haan	全市	捕食蛾类等各种昆虫
半翅目 Hemiptera	姬猎蝽科 Nabidae	华姬猎蝽	nabis sinoferus Hsiao	高台	蚜虫、叶蝉等
		短翅姬猎蝽	Nabis apicalis Matsumura	肃南	不祥
	猎蝽科 Reduviidae	黄足猎蝽	Sirthenea feavipes(slal)	高台、临泽	蝽象、叶甲、蚜虫、鳞翅目幼虫
	盲蝽科 Miridae	黑点食蚜盲蝽	Deraeocris puuctulatus Fall	肃南	蚜虫

续表

目	科	中名	学名	分布	主要寄主
	花蝽科 Anthocoridae	小花蝽	Orius minutus Linnaeus	全市	蚜虫、叶螨
		微小花蝽	Or（Heterorius）minutus（Linnaeus）	全市	蚜虫、叶螨
脉翅目 Nenroptera	草蛉科 Chrysopidae	大草蛉	Chrysopa septempunctata Wesmael	肃南	蚜虫
		中华草蛉	Chrysopa sinica Tjeder	高台、临泽、甘州	蚜虫
		丽草蛉	Chrysopa formosa Brauer	全市	蚜虫
		黄褐草蛉	Chrysopa Yatsumatsui Kuwayama	全市	蚜虫
		普通草蛉	Chrysopa earnea Stephens	全市	蚜虫
		叶色草蛉	Chrysopa phyllochroma wesmael	全市	蚜虫、叶螨
	蚁蛉科 Myrmeleontidae	追击大蚁蛉	Heoclisis japonica（Mnaclachlan）	肃南	地下害虫和其他小型昆虫
		中华东蚁蛉	Eurolem sinicus（Navas）	肃南	多种小虫
毛翅目 Trichoptera	角石蛾科 Stenopsychidae	中名待定	Nothopsyche SP	肃南	捕食小虫

续表

目	科	中名	学名	分布	主要寄主
鞘翅目 Coleoptera	瓢虫科 Coccinellidae	七星瓢虫	Coccinella septempunctata Linnaeus	全市	蚜虫
		横斑瓢虫	Couinella transversoguttata Faldermann	全市	蚜虫
		横带瓢虫	Coccinella trifasciata L	全市	蚜虫
		十一星瓢虫	Coccinella undecimpnctata L		蚜虫
		多异瓢虫	Adonia variegata (Goeze)	高台、临泽、肃南	蚜虫
		十三星瓢虫	Hippodamia tredecimpunctata (L.)	临泽、高台、甘州	蚜虫
		菱斑和瓢虫	Oenopia conglbata (Linnaeus)	全市	蚜虫
		褐斑和瓢虫	S. conglobata contaminata M'ene'trie'S	高台、临泽、甘州	蚜虫
		二星瓢虫	Adalia bipunctata(L.)	祁连山区	蚜虫
	坚甲科 Colgdiidae	黄绒坚甲	Dastarcus helophorojes (Fatrmaire)	甘州、临泽、山丹	黄斑星天牛

续表

目	科	中名	学名	分布	主要寄主
		龟纹瓢虫	Propylaea japonica（Thunberg）	全市	蚜虫
		异色瓢虫	Harmonia axyridis（pallas）	全市	蚜虫
		黑缘红瓢虫	Chilocorus rubidus Hope	全市	蚧壳虫
		双斑唇瓢虫	Chilocorus bipustulatus(L.)	全市	蚧壳虫
		黑条长瓢虫	Macronaemia hauseri(Weise)	祁连山区	蚜虫
		四斑毛瓢虫	Scymnus（scymnus）frontalis F	祁连山区	瓢虫
		孪斑瓢虫	Coccinella geminopunetata Li	甘州	蚜虫
		多星瓢虫	Synharmonia conglobata(L)	祁连山区	蚜虫
		隐势瓢虫	Cryptogonus SP	临泽	蚜虫
	芫菁科 Meloidae	绿边芫菁	Lytta suturetlla Motsch	祁连山区	蝗虫卵
		中国豆芫菁	Epicauta chinensis Lap		地下害虫
		西北豆芫菁	Epicauta sibirica pallas	肃南	不祥
		苹斑芫菁	Mylabris calida pallas	祁连山区	地下害虫

续表

目	科	中名	学名	分布	主要寄主
		眼斑芫菁	Mylabriscicharii Linnaeus	全市	蝗卵
		小斑芫菁	Mylabris calida pallas	祁连山区	蝗卵
		大斑芫菁	Mylabris phalerata Pallas	祁连山区	地下害虫
		绿芫菁	Lytta caraganae Pallas	全市	蝗虫卵
		蒙古斑芫菁	Mylabris mongolica Dokht	祁连山区	不祥
		园胸地胆	Meloe corvinus Marseul	祁连山区	蝗卵
	虎甲科 Cicindeli-dae	曲纹虎甲	Cicildela (Eugrapha) elisae Mots	高台、临泽	多种昆虫
		散纹虎甲	Cicindela (Eugrapha) Sp	全市	多种昆虫
		丽狭虎甲	Cicinbeia (eylindera) Kaleea Bates	高台、临泽	多种昆虫
		多型虎甲(铜)	Cicindela hybrida transbaicalica Mats	祁连山区	多种昆虫
		多型虎甲(红)	Cicindela hybridanitida Lichtenstein	祁连山区	多种昆虫
		三色虎甲	Cicindela (cicindela) tricolor Adams	祁连山区	多种昆虫

续表

目	科	中名	学名	分布	主要寄主
	郭公甲科 Cleridae	红花毛郭公	Trichodes Sinae Cherr	临泽	各种蜂类(幼虫)
	葬甲科 Silphidae	大红斑葬甲	Nicrophorus japonicuHarold	临泽、甘州、祁连山区	临泽、甘州、祁连山区
	隐翅甲科 Staphylin-idae	黄胸隐翅甲	Paederus fuscipes Curtis	祁连山、临泽	叶蝉、飞虱
	花蚤科 Mordellidae	花蚤	Mordella SP	祁连山	不祥
	花萤科 Cantharidae	花萤	Cantharis SP	祁连山区	不祥
	拟步甲科 Tenebrion-idae	中华琵琶甲	Blaps chinensis Fald	全市	不祥
		伪步行虫	学名待定	全市	不祥
	蚁形甲科 Anthicidae	一角甲	Notoxus monodon F	临泽	沙枣木虱若虫
	步甲科 Carabidae	中国曲胫步甲	Campalita Chinense Kirby	甘州	地老虎等
		中华广肩步行虫	Calosoma Maderae chinense Kirby	全市	地老虎等蛾科幼虫
		毛青步甲	Chlaenius Pallipes Geb	祁连山区、临泽	粘虫、半翅日成虫、地老虎等鳞翅目幼虫
		赤胸步甲	Calathus (Dolichus) halensis Schalll	祁连山区	粘虫、地老虎等鳞翅目幼虫
		地蝼甲	Scarites terricola Bonell	祁连山区	不祥

续表

目	科	中名	学名	分布	主要寄主
		黄缘步甲	Nebria livida Linnaeus	祁连山区	不祥
双翅目 Diptera	寄蝇科 Tachinidae	粘虫长芒寄蝇	Dolichocolon Klapperichi Mesnil	祁连山区	粘虫
		古毒蛾追寄蝇	Exorista Larvarun L.	甘州、临泽	古毒蛾等鳞翅目幼虫
	食蚜蝇科 Syrphidae	短翅细腹食蚜蝇	Sphuerophoria scripta(L.)	全市	蚜虫
		梯斑黑食蚜蝇	Melanostoma Pyrastri(L.)	全市	蚜虫
		斜斑鼓额食蚜蝇	Lasiopticus Pyrastri(L.)	临泽	蚜虫
		月斑鼓额食蚜蝇	Lasiopticus selenitica (Meigen)	全市	蚜虫
		黑带食蚜蝇	Epistrophe balteata De Geer	全市	蚜虫
		大灰食蚜蝇	Syrphus corollae Fabricus	全市	蚜虫
		凹带食蚜蝇	Syrphus nitens Zetterstedt	祁连山区	蚜虫
	食虫虻科 Astlidae	盗虻	Antipalus SP	临泽	多种昆虫
膜翅目 Hymeno- ptera	金小蜂科 Pteromali- dae	蝶蛹金小蜂	Pteromalus puparium(L)	全市	双尾舟蛾蛹

续表

目	科	中名	学名	分布	主要寄主
		奇异小蠹长尾金小蜂	Roptrocerug mirus (Walker)	祁连山区	小蠹虫
		木小蠹长尾金小蜂	Rxylophagorum (Ratzeburg)	祁连山区	同上
		云杉小蠹狄金小蜂	Dinotiscus Picea Yang	同上	同上
		平背罗葩金小蜂	Rhaphitelus quadratus (Ratzeburg)	祁连山区	小虫
		果树小蠹四斑金小蜂	Cheiropachus quadrum (Fabricius)	祁连山区	小蠹虫
		张掖普璐金小蜂	Plutothrix zhangyieensis Yang	祁连山区	小虫
	旋小蜂科 Eupelmidae	祁连山丽旋小蜂	Calosota qilianshanensis Yang	祁连山区	云杉吉丁虫
		青海云杉丽旋小峰	Eusandalum erassifoliae Yang	祁连山区	云杉天牛
	枝跗瘿峰科 Lbalidae	青海云杉枝跗瘿蜂	Lbalia Yunshae Yang et Liu	祁连山区	云杉树蜂
	茧蜂科	粉蝶绒茧蜂	Apanteles glomreatus L.	全市	各类粉蝶(蛹)

续表

目	科	中名	学名	分布	主要寄主
		内蒙粉毛蚜茧蜂	Aphaius SP.	全市	内蒙粉毛蚜
	啮小蜂科	十斑吉丁啮小蜂	Tetrastichus heeringi Delucchi	甘州、临泽	十斑吉丁幼虫
		古毒蛾啮小蜂	Tetrastichus SP.	临泽	古毒蛾（卵）
	蚜小蜂科 Aphelinidae	吐伦蛎蚧蚜小蜂	Aphyfis SP	甘州、临泽	吐伦蛎蚧
	肿腿蜂科 Bethycrdae	管氏肿腿蜂		甘州、山丹、临泽	黄斑星天牛

张掖市地方史志编纂委员会文件

张编委发〔2017〕3号

关于终审《张掖市林业志（远古—2010）》志稿的批复

市林业局：

报来关于终审《张掖市林业志（远古—2010）》志稿的报告及送审稿收悉。

经 2017 年 8 月 8 日市地方史志编委会对《张掖市林业志（远古—2010）》终审稿进行审定，认为《张掖市林业志（远古—2010）》以马列主义、毛泽东思想、邓小平理论、"三个代表"重要思想、科学发展观和习近平总书记治国理政新理念、新思想、新战略为指导，坚持辩证唯物主义和历史唯物主义的观点，坚持实事求是的思想路线，遵循志书编纂原则，客观真实地记述了上至远古、下至 2010 年全市林业资源、区划、建设、保护、管理的发展与变化，志稿体例篇目严谨，内容资料丰富，文字撰写得体，突出了林业工作特点，整体质量符合中国地方志指导小组《地方志书质量规定》的要求，同意定稿。请在此稿基础上再作校订后，按有关规定印刷出版。《张掖市行政区划图》经市民政局审核后入志。

张掖市地方史志编纂委员会

二〇一七年八月八日

公开属性：主动公开

张掖市地方史志办公室　　　　　　　　2017 年 8 月 8 日印

共印 6 份

跋　语

（签名）

　　森林,生态之冠,环境之王,人类生存之托。无森林的生态是什么? 无森林的环境是什么? 无森林的人类生存又是什么状态? 不可思议。

　　张掖的生态,南有四季常青的遍山松柏灌木,涵水蓄源,滋润着广袤的北川绿洲大地,哺佑着世代生灵。我们为生活在如此美好的绿色环境中而欢欣,而自豪。

　　万生万物是人类生存、生活、生衍的条件,这个条件靠人的能动作用去维持、去维护、去维系。只有如此,万生更繁,万物更华,人类所需的必要条件必然走向良性循环。

　　"金张掖"的"金"含量,主要成分在于"绿",绿山、绿水、绿地、绿野,生机盎然,生辉勃勃。绿色生物带给人生命,带给人幸福,带给人美好的向望,无止无尽,无边无际!

　　大地绿色非永固之物,它要人的护佑,人的投入,人的给予,才能永葆绿色遍绿,绿色长绿。张掖当今之绿,非一朝一代之功,也非一祖一辈之工,它来自于世世代代、祖祖辈辈无休止地栽,无停止地植,无限止地护。祁连山的原始森林,张掖川的世纪古树,遍布大地的郁郁葱葱,就是见证。

　　《张掖市林业志》,旨在著录张掖从古到今的森林演变史,记述张掖从山到川的林业发展史,彰显张掖奉献绿化的林业人,以资从政决策者稽考,以育从业播绿者爱林,以存行业的成功、失误或教训。

　　本局修志,历经三届。1994年5月,行署林业处处长强国林与《张掖地区志》编委会签订编写〈林业章〉责任书,遂成立由副处长薛德一为组长的编纂领导小组暨办公室,6万字的"章稿"大部内容先后入选《张掖地区志》和《甘肃省林业志》。接着扩编《林业志》,起步不久,因故搁置。1997年3月,处务会议决定编纂《张掖地区林业志》,由副调研员王守魁负责。工作未几,因故搁浅。2012年3月,市林业局党组决定编纂《张掖市林业志》。2014年3月完成志稿初审;2016年6月完成90余万字的送审稿。2017年1月11日通过省、市林业、史志部门和社会有关方面领导与专家参加的复审。

本届修志,众手成书。时跨5载之余,先后有1人联络,80人供稿,2人录稿,2人编稿,4人审稿,1人纂稿,1人定稿。上下左右,齐心协力,各自都付出了辛劳。

志载百事,事事是实。以"林""木"为核心,从古到今,从远到近;从物到事,从时到人;从普遍到重点,从文字到图表,应有尽有,丰富满目,是百科性的张掖林情总汇。

修志是为了用志。有了这部志书,就可为社会提供在此以前张掖林业的前前后后和方方面面。前车之鉴,后事之师。通过读志,从中得到借鉴,受到启迪,在未来的征途上,事业更辉煌,前景更美好。

值此感谢参与、关心本志的先生们,同志们。

书中错漏、遗憾难免,敬请指正。

聂斌,张掖市林业局党组书记、局长

二〇一七年七月

后　记

　　编志容易修志难。2012年2月,局党组、局务会议决定编修《张掖市林业志》。发文件、拟篇目,开会动员,培训人员,很快启动。局机关科室、局直属单位、县(区)林业局,上下齐动手,左右都配合,全力协同作业。查阅历史档案,抄录现行文件,寻觅文献资料,走访采集口碑,积累素材两千余万字。供稿人员深挖史料资源,尽其全、准、细,力求真、实、精,为编林史著林志具备了丰厚的原材料。撰稿人员遵循原则,择善而从,秉笔直书,述而不论,如实记载了张掖两千多年来的林业变化情况,竖不断线,横不缺项,载录林业百科。2013年3月,各方初稿收拢集中,总字数达150多万字,编辑人员对基础原稿逐一进行梳理归纳,剔重并复,订正事实,修改文字,核对数据。经近1年的编章辑节、处理交叉、压缩水分,完成120万字的稿本,2014年3月提交编委会初审。编辑部根据初审意见,拟出修正方案,对五个方面进行了修改补充:1.重新审视篇目。按"全方位"的要求,权衡张掖林业的纵、横、左、右,做到不缺不倚,涵盖周全。2.认真核对内容。对编、章、节、目所辑内容,按林业既定的范围、分工、职责及里程,缺什么补什么,错什么纠什么,趋于完整。3.统一行文规则。对初稿撰写的公文体、新闻体、论文体、文学体一律改写为方志记述体。4.严格志体文字。剔除初稿中的一切大话空话、套话虚话、假话废话以及可有可无的字、句、段,精炼文字,惜墨如金。5.严格进行校对。对每条事记、事实、史料,每个地名、人名、物名,每则记载、典故、文录等,都进行了"地毯式"地过目、校核,力求不放过一字一词、一丝一毫的误点和差错。一旦有疑,穷追不舍,一查到底。经两年多的订正、补充、修改、校对,于2016年底完成了复审稿。2017年1月11日复审会后,根据所提意见和大部审稿人至5月底陆续反馈的稿本,逐项作了修订。

　　众手成志传千年。这部百万字的巨著,得力于本届领导班子的高度重视,得益于全辖干部职工的大力配合,得惠于全体修志人员的尽心竭力。这是全市林业战线共同劳作的精神文化丰碑,这是每一位参修人员的集体结晶。

为从直观上反映张掖林业的方方面面,书中选录了 300 多幅珍贵的照片。这些照片从不同角度配合了文字记述,给人以极高的真实感、亲切感。因来源复杂,难觅摄影师的尊名,难署贵名,敬请见谅。

编者水平有限,差错难免,诚望读者批评!

《张掖市林业志》编辑部
二〇一七年七月